LANDMANN/ROH…

Anweisung …
der 100. Ergänzungslieferung (Stand: Januar 2023)

Band I

Herauszunehmen:	Zahl der Blätter	Einzufügen:	Zahl der Blätter
Titelblatt (Band I)–**Geleitwort**	2	**Titelblatt** (Band I)–**Geleitwort**	2
Inhalt 1–12	7	**Inhalt** 1–14	7
Bearbeiter 1–6	4	**Bearbeiter** 1–8	4
UVPG 1 § 40 1/2	1	**UVPG 1 § 40** 1–26	13
		UStatG 5 *nach **§ 5** 2 einfügen:*	
		§ 5a 1/2	1
UAG 12.1 § 21 1–**§ 27** 2	10	**UAG 12.1 § 21** 1–**§ 27** 4	12
		USchadG 14 *nach **§ 12** 2 einfügen:*	
		§ 12a 1/2	1
		WHG 1 *nach **§ 11** 20 einfügen:*	
		§ 11a 1/2	1
		*nach **§ 107** 6 einfügen:*	
		§ 108 1/2	1

Band II

Herauszunehmen:	Zahl der Blätter	Einzufügen:	Zahl der Blätter
Titelblatt (Band II)	1	**Titelblatt** (Band II)	1
Inhalt 3/4	1	**Inhalt** 3/4	1
7–10	2	7–10	2
Bearbeiter 1–6	4	**Bearbeiter** 1–8	4
KrWG 6 § 35 1–**§ 36** 34	31	**KrWG 6 § 35** 1–**§ 36** 58	51
		*nach **Anlage 4** 2 einfügen:*	
		Anlage 5 1/2	1
BNatschG 11 § 26 1–12	6	**BNatschG 11 § 26** 1–14	7
		*nach **§ 45a** 16 einfügen:*	
		§ 45b 1–**§ 45d** 6	18
		*nach **§ 74** 4 einfügen:*	
		Anlage 1 1–**Anlage 2** 4	4

Band III

Herauszunehmen:	Zahl der Blätter	Einzufügen:	Zahl der Blätter
Titelblatt (Band III)	1	**Titelblatt** (Band III)	1
Inhalt 1–4	3	**Inhalt** 1–4a	3
Bearbeiter 1–6	3	**Bearbeiter** 1–8	4
BImSchG 1 Text 1–1c	2	**BImSchG 1 Text** 1–1c	2
13–13c	2	13–13c	2
18–18c	2	18–18g	4
§ 6 1–28	14	**§ 6** 1–42	21

(Fortsetzung nächste Seite)

Herausziehen:	Zahl der Blätter	Einzufügen:	Zahl der Blätter
BImSchG 1 § 10 1–108	56	**BImSchG 1 § 10** 1–136	68
§ 16b 1/2	1	**§ 16b** 1–60	30
§ 23b 1–28	15	**§ 23b** 1–40	20
§ 31a 1/2	1	**§ 31a** 1/2	1
		*nach **§ 31d** 2 einfügen:*	
		§ 31e 1–**§ 31l** 2	8

Band IV

Titelblatt (Band IV)	1	**Titelblatt** (Band IV)	1
Bearbeiter 1–6	4	**Bearbeiter** 1–8	4
4. BImSchV 2.4 1/2	1	**4. BImSchV 2.4** 1/2	1
23–24a	2	23–24a	2
107/108	1	107/108	1
30. BImSchV 2.30 1/2	1	**30. BImSchV 2.30** 1–2a	2
19–22	2	19–22	2
36. BImSchV 2.36 1–8	4	**36. BImSchV 2.36** 1–8	4
38. BImSchV 2.38 1/2	1	**38. BImSchV 2.38** 1–2a	2
11–30	10	11–28	9
		TA Luft 3.2 *nach **Inhalt** 6 einfügen:*	
		1 1–8	4
		*nach **5.2.1** 4 einfügen:*	
		5.2.2 1– **5.2.4** 4	10
		*nach **5.2.10** 6 einfügen:*	
		5.3.1 1– **5.3.5** 2	14
		*nach **5.4.9.36** 4 einfügen:*	
		Anhang 3 1–**Anhang 12** 2	19
Insgesamt herauszunehmen:	196	Insgesamt einzufügen:	370

LANDMANN/ROHMER

UMWELTRECHT

BAND I

KOMMENTAR

Herausgegeben von

Prof. Dr. Martin Beckmann
Rechtsanwalt und Fachanwalt für
Verwaltungsrecht,
Honorarprofessor der Universität Münster

Prof. Dr. Dr. Wolfgang Durner LL. M.
Rheinische Friedrich-Wilhelms-Universität
Bonn und Direktor des Instituts für das Recht
der Wasser- und Entsorgungswirtschaft

Prof. Dr. Thomas Mann
Direktor des Instituts für
Öffentliches Recht,
Lehrstuhl für Verwaltungsrecht der
Georg-August-Universität Göttingen

Prof. Dr. Marc Röckinghausen
Hochschule für Polizei und öffentliche
Verwaltung NRW, Abteilung Gelsenkirchen,
Fachbereich Allgemeine Verwaltung/
Rentenversicherung

Stand: 1. Januar 2023
(100. Ergänzungslieferung)

(Zum Bearbeitungsstand im Einzelnen siehe die Datumszeile
am unteren Ende jeder Seite)

C.H.BECK

Dieses Titelblatt stammt aus der 100. Ergänzungslieferung Januar 2023.

(Anschluss an die 99. Ergänzungslieferung September 2022)

ISBN 978 3 406 80443 4

Der Kommentar wurde von der 1. bis zur 50. Ergänzungslieferung von Prof. Dr. Klaus Hansmann und von der 51. bis zur 58. Ergänzungslieferung von Prof. Dr. Martin Beckmann herausgegeben.

Zitiervorschläge:

Beckmann in Landmann/Rohmer UmweltR KrWG § 17 Rn. 1
Landmann/Rohmer UmweltR/*Beckmann* KrWG § 17 Rn. 1

www.beck.de

Grundwerk ISBN 978 3 406 34327 8 ergänzt bis ISBN 978 3 406 80443 4

Wilhelmstraße 9, 80801 München
Druck: Druckerei C. H. Beck, Nördlingen
(Adresse wie Verlag)

Satz: mediaTEXT Jena GmbH, Jena

CO_2 neutral
chbeck.de/nachhaltig

Gedruckt auf säurefreiem, alterungsbeständigem Papier
(hergestellt aus chlorfrei gebleichtem Zellstoff)

Geleitwort zur 100. Ergänzungslieferung

Liebe Leserinnen und Leser!

Sie halten die 100. Ergänzungslieferung des *Landmann/Rohmer* in den Händen, die unseren Großkommentar auf den Stand vom 1. Januar 2023 bringt. Die stolze Zahl der Nachlieferungen verdeutlicht die ungebrochene Dynamik des Umweltrechts, das sich durch ständige Fortentwicklungen, Novellierungen und Neukonzeptionen auszeichnet, zugleich aber auch die Breite des begleitenden Kommentarwerks, das nunmehr bereits seit Jahrzehnten ein wissenschaftliches Spiegelbild dieses Rechtsgebiets und zugleich der Vielgestaltigkeit der ökologischen Herausforderungen unserer Zeit liefert.

Dies gilt auch für die vorliegende Jubiläumslieferung, die einen repräsentativen Querschnitt herstellt. Als neuen Autor begrüßen die Herausgeber dabei herzlich Herrn *Johannes Fabi*, Wissenschaftlichen Mitarbeiter am Lehrstuhl Prof. Dr. Johannes Dietlein an der Universität Düsseldorf. Die Lieferung enthält Erläuterungen zu §§ 21-27 UAG von *Fontana*, die mittlerweile als Lehrstuhlinhaberin in Augsburg wirkt, zu § 40 UVPG von *Wulfhorst*, zu den §§ 35 und 36 KrWG von *Beckmann*, zu den §§ 26, 45b-45d BNatSchG von *Gellermann*, den §§ 6, 10 BImSchG von *Dietlein*, zu den §§ 16b und 23b BImSchG von *Dietlein/Fabi* und schließlich Kommentierungen der 4., 36. und 38. BImSchV von *Röckinghausen* sowie der neuen TA Luft von *Röckinghausen*, *Behnke* und *Remus*.

Allen Autoren gilt wie stets der herzliche Dank der Herausgeber und des Verlags.

Prof. Dr. Dr. Wolfgang Durner
für die Herausgeber

Bonn im März 2023

Inhaltsverzeichnis (Band I)

Inhaltsübersicht (Band I–IV)
Bearbeiterverzeichnis (Band I–IV)

A. Umweltverfassungsrecht

1. Umweltvölkerrecht

2. Vertrag über die Arbeitsweise der Europäischen Union (AEUV)

Kommentierung

3. Grundgesetz (GG)

Kommentierung

B. Umweltrecht Allgemeiner Teil

1. Gesetz über die Umweltverträglichkeitsprüfung (UVPG)

Kommentierung

Teil 1. Allgemeine Vorschriften

Teil 2. Umweltverträglichkeitsprüfung

Abschnitt 1. Voraussetzungen für eine Umweltverträglichkeitsprüfung

3. Umweltinformationsgesetz (UIG)

4. (zur Zeit unbesetzt)

5. Umweltstatistikgesetz (UStatG)

14. Umweltschadensgesetz (USchadG)

Kommentierung

Umweltrecht Besonderer Teil

1. Wasserrecht (WHG)

Kommentierung

Kapitel 1. Allgemeine Bestimmungen

Kapitel 2. Bewirtschaftung von Gewässern

Abschnitt 1. Gemeinsame Bestimmungen

Kapitel 3. Besondere wasserwirtschaftliche Bestimmungen

Abschnitt 1. Öffentliche Wasserversorgung Wasserschutzgebiete, Heilquellenschutz

Abschnitt 2. Abwasserbeseitigung

Abschnitt 3. Umgang mit wassergefährdenden Stoffen

Abschnitt 4. Gewässerschutzbeauftragte

Abschnitt 5. Gewässerausbau, Deich-, Damm- und Küstenschutzbauten

Abschnitt 6. Hochwasserschutz

Bearbeiterverzeichnis (Band I–IV)

Prof. Dr. Martin Beckmann Rechtsanwalt in Münster	Vorb. Abfallrecht, §§ 1–57, 62–68, 70–72 KrWG § 15 UVPG, Umweltschadensgesetz (mit Wittmann)
Anja Behnke Bundesministerium für Umwelt, Naturschutz, nukleare Sicherheit und Verbraucherschutz	TA Luft (mit Hansmann)
Dr. Christian-Dietrich Bracher Rechtsanwalt in Bonn	§§ 41 bis 43 BImSchG, 16. und 24. BImSchV
Prof. Dr. Peter Bruckmann Landesamt für Natur, Umwelt und Verbraucherschutz Nordrhein-Westfalen, Essen	39. BImSchV (mit Strecker und Vogt) 43. BImSchV (mit van Endern und Vogt)
Prof. Dr. Pascale Cancik O. Professorin an der Universität Osnabrück	Vorb. §§ 47a ff. BImSchG, §§ 47a–47f BImSchG (§§ 47a–47c, 47e und 47f mit Hansmann)
Prof. Dr. Johannes Dietlein O. Professor an der Universität Düsseldorf	§§ 1, 2, Vorb. §§ 4–21, 4 bis 8, 9 bis 11, 16a, 16b, 19, 23a–23c und 25a BImSchG, 9. BImSchV (§§ 16b, 23b BImSchG mit Fabi)
Dr. Robert Dix Syndikusrechtsanwalt der EWE AG, Oldenburg	§ 29–32, 70–73 UVPG
Prof. Dr. Matthias Dombert Rechtsanwalt in Potsdam	§§ 4–6, 8, 13, 14, 20, 24, 25 BBodSchG
Rolf-Dieter Dörr Ministerialrat a. D.	OberflächengewässerV (mit Walter)
Prof. Dr. Dr. Wolfgang Durner LL. M. O. Professor an der Universität Bonn	Umweltvölkerrecht, Vorb. §§ 27 ff. WHG, §§ 27–31, 34, 35, 82–85 WHG
Benedikt van Endern Ministerium für Umwelt, Naturschutz und Verkehr des Landes Nordrhein-Westfalen	43. BImSchV (mit Bruckmann und Vogt)
Prof. Dr. Astrid Epiney LL. M. O. Professorin an der Université de Fribourg	Art. 191–193 AEUV
Dr. Friederike Erxleben Umweltbundesamt	UERV (mit Wolke)

Bearbeiter

Prof. Dr. Wolfgang Ewer Rechtsanwalt in Kiel	Vorb. BBodSchG, §§ 9, 15, 16 BBodSchG
Johannes Fabi Wissenschaftlicher Mitarbeiter, Universität Düsseldorf	§§ 16b, 23b BImSchG (mit Dietlein)
Prof. Dr. Kurt Faßbender O. Professor an der Universität Leipzig	§§ 1–5, 33, 36–38 WHG
Dr. Frank Fellenberg LL. M. Rechtsanwalt in Berlin	Fluglärmgesetz (mit Reidt und Schiller), Umweltrechtsbehelfsgesetz (mit Schiller)
Dr. Henrik Flatter Bundesamt für Naturschutz, Bonn	§§ 69–74 BNatSchG
Prof. Dr. Sina Fontana, MLE O. Professorin an der Universität Augsburg	§§ 1, 2, 15–27 UAG
Dr. Matthias Ganske Rechtsanwalt in Bonn	§§ 25, 26, 54–61 WHG
Prof. Dr. Klaus Ferdinand Gärditz O. Professor an der Universität Bonn	Art. 20a GG
Prof. Dr. Martin Gellermann Rechtsanwalt, apl. Professor an der Universität Osnabrück	§§ 4, 7–51, §§ 52–56, §§ 57–68 BNatSchG (§§ 41–43 Mit Sanden)
Nela Gies Richterin am Verwaltungsgericht Gelsenkirchen	§§ 41, 42 WHG
Prof. Dr. Christoph Görisch Hochschule für Polizei und öffentliche Verwaltung NRW, Abteilung Münster	§§ 4–14 UAG
Moritz Grunow Rechtsanwalt in Düsseldorf	Vorb. AwSV, § 1 AwSV
Prof. Dr. Günter Hager † O. Professor an der Universität Freiburg	§§ 6, 7 UmweltHG (mit Rehbinder)
Dr. Joachim Hagman Rechtsanwalt in Münster	§§ 65–69 UVPG

Prof. Dr. Klaus Hansmann † Leitender Ministerialrat a. D.	§§ 17, 18, 20, 21, 26–37, 38–40, 47a–47c, 47e, 47f, 52, 52b–58d, 59, 60, 62, 64–72, 74 BImSchG (§§ 17, 18 mit Ohms, Vor § 26, §§ 26–31 mit Pabst, Vor § 38, §§ 38–40 mit Hofmann, §§ 20, 21, Vor 32, §§ 32–37, 52, 52b, 62, 66 und 67 mit Röckinghausen, §§ 47a–47c, 47e und 47f mit Cancik), Vor § 53, §§ 53–58d mit Maciejewski, 14., 32. und 34. BImSchV, TA Lärm, TA Luft (mit Behnke, Remus, Röckinghausen), 4., 11., 20., 21., 25., 27., 30., 34. und 35. BImSchV (mit Röckinghausen), 2. BImSchV (mit Mahrwald und Röckinghausen), 5. BImSchV mit Maciejewski, 12. BImSchV (mit König), BzBlG, 1. DVO BzBlG
Dr. Felix Hardach Bundesministerium für Umwelt, Naturschutz, nukleare Sicherheit und Verbraucherschutz	§§ 1, 8, 11–13, 17, 20, 22, 23, 26, 31, 32, 35 TEHG
Prof. Dr. Torsten Heilshorn Rechtsanwalt in Freiburg	Vor § 22 BImSchG, §§ 22–25 BImSchG (mit Sparwasser)
Dr. Franziska Heß Rechtsanwältin in Leipzig	§§ 1-3 BNatSchG (mit Wulff)
Michael Heugel Bundesministerium für Umwelt, Naturschutz, nukleare Sicherheit und Verbraucherschutz	§§ 5, 6 BNatSchG
Prof. Dr. Ekkehard Hofmann O. Professor an der Universität Trier	Vorb. § 38, §§ 38–40 BImSchG, §§ 16–23, 54–56 UVPG
Dr. Frank Hofmann Bundesministerium für Umwelt, Naturschutz, nukleare Sicherheit und Verbraucherschutz	§ 23 WHG
Dr. Georg Hünnekens Rechtsanwalt in Münster	§§ 50–53 WHG, Vorb. §§ 64–66, §§ 64–66 WHG, Vorb. §§ 72–81 WHG, §§ 72–81 WHG
Georg Kahl † Ministerialrat a. D.	7. BImSchV
Lutz Keppner Bundesministerium für Umwelt, Naturschutz, nukleare Sicherheit, und Verbraucherschutz	Grundwasserverordnung
Dr. Andreas Kersting Rechtsanwalt in Münster	§§ 58–61 KrWG

Bearbeiter

Dr. Heike Kieserling Deutsche Bahn AG	§§ 13, 14, 25–38 AwSV
Dr. Jens Martin König Hessisches Ministerium für Umwelt, Klimaschutz, Landwirtschaft und Verbraucherschutz	12. BImSchV (mit Hansmann)
Dr. Olaf Konzak Rechtsanwalt in Köln	§§ 2, 3 und 7 VerpackG (mit Körner)
Dr. Michael Körner, LL.M. Rechtsanwalt in Köln	§§ 2, 3 und 7 VerpackG (mit Konzak)
Dr. Philip Kubitza Richter auf Probe, Rheinland-Pfalz	§§ 100–102 WHG
Prof. Dr. Silke Ruth Laskowski O. Professorin an der Universität Kassel	§ 24 WHG, § 58e BImSchG mit der EMASPrivilegV
Prof. Dr. Joachim Lege O. Professor an der Universität Greifswald	§§ 96–99 WHG
Dr. Rasso Ludwig LL. M. Richter am Verwaltungsgericht München	§§ 19, 21–23, 26 BBodSchG
Prof. Dr. Karim Maciejewski Hochschule des Bundes für öffentliche Verwaltung	Vor § 53 BImSchG, §§ 53–58d BImSchG (mit Hansmann), 5. BImSchV (mit Hansmann)
Birgit Mahrwald Bundesministerium für Umwelt, Naturschutz, nukleare Sicherheit und Verbraucherschutz	2. BImSchV (mit Hansmann und Röckinghausen)
Prof. Dr. Thomas Mann O. Professor an der Universität Göttingen	§§ 8a, 12 BImSchG, Vorb. ElektroG, §§ 1, 2 ElektroG, §§ 1–14, 26–28, 30–39, 41, 42, 44–46, 48–50, 52, 53, 57–64, 72 UVPG, §§ 28–38 UAG
Dr. Cedric Christian Meyer Rechtsanwalt in Köln	§§ 46–49, 62–63 WHG
Dr. Uwe Neuser Bundesministerium für Umwelt, Naturschutz, nukleare Sicherheit und Verbraucherschutz	§§ 2, 27, 33, 34 TEHG
Volkmar Nies Landwirtschaftsdirektor bei der Landwirtschaftskammer Rheinland	§§ 1, 2, 7, 17, 18 BBodSchG
Dr. Martin Ohms Rechtsanwalt in Berlin	§§ 17, 18 BImSchG (mit Hansmann), 13. BImSchV, 17. BImSchV (z.T. mit Sahm)
Prof. Dr. Heinz-Joachim Pabst Hochschule des Bundes für öffentliche Verwaltung	Vor § 26, §§ 26–31 BImSchG (mit Hansmann), § 61 BImSchG, 41. BImSchV

Dr. Kay Artur Pape Rechtsanwalt in Bonn	Vorb. WHG, §§ 6–22 WHG
Dr. Malte Petersen LL. M. Ministerium für Umwelt, Naturschutz und Verkehr des Landes Nordrhein-Westfalen	§§ 89–95 WHG
Prof. Dr. Alexander Proelß O. Professor an der Universität Trier	§§ 43–45l WHG
Prof. Dr. Eckard Rehbinder Em. Professor an der Universität Frankfurt/Main	§ 14 BImSchG UmweltHG (§§ 6, 7 mit Hager)
Prof. Dr. Olaf Reidt Rechtsanwalt in Berlin	§ 16 BImSchG (mit Schiller), 18. BImSchV (mit Schiller), Fluglärmgesetz (mit Fellenberg und Schiller), Umweltinformationsgesetz (mit Schiller)
Rainer Remus Umweltbundesamt, Dessau	TA Luft (mit Hansmann)
Dr. Christoph Riese Rechtsanwalt in Berlin	§§ 67–71, 86 WHG
Prof. Dr. Marc Röckinghausen Hochschule für Polizei und öffentliche Verwaltung NRW, Abteilung Gelsenkirchen	§§ 20, 21, Vor § 32, §§ 32–37, 52, 52b, 62, 66, 67 BImSchG (mit Hansmann), §§ 37a bis 37f, Vor §§ 44–47, 52a, 63, 73 BImSchG, 1., 10., 26., 28., 36., 37., 38., 42. BImSchV, 4., 11., 20., 21., 25., 27., 30., 34 und 35. BImSchV, TA Luft (mit Hansmann), 2. BImSchV (mit Hansmann und Mahrwald), Schadstofffreisetzungs- und Verbringungsregistergesetz
Christoph Sahm LL. M. E. ON Kernkraft GmbH	§§ 23–25, 27 der 17. BImSchV (mit Ohms)
Prof. Dr. Dr. Joachim Sanden † Behörde für Stadtentwicklung und Umwelt, Freie und Hansestadt Hamburg, zugl. Apl. Prof. an der Universität Lüneburg	§§ 41–43 BNatSchG (mit Gellermann)
Dr. Gernot Schiller Rechtsanwalt in Berlin	§ 16 BImSchG (mit Reidt), 18. BImSchV (mit Reidt), Fluglärmgesetz (mit Reidt und Fellenberg), Umweltinformationsgesetz (mit Reidt) Umweltrechtsbehelfsgesetz (mit Fellenberg), §§ 14a, 15 BImSchG

Bearbeiter

Matthias Schleifenbaum, LL.M. Rechtsanwalt in Köln	Vorb. BattG, § 1 BattG
Prof. Dr. Hendrik Schoen Hochschule für Polizei und öffentliche Verwaltung NRW, Abteilung Münster	§ 50 BImSchG
Prof. Dr. Meinhard Schröder Em. Professor an der Universität Trier	EG-Abfallverbringungs-VO
Prof. Dr. Max-Jürgen Seibert Vorsitzender Richter am Oberverwaltungsgericht Münster	§ 13 BImSchG
Prof. Dr. Reinhard Sparwasser Rechtsanwalt in Freiburg	Vor § 22 BImSchG, §§ 22–25 BImSchG (mit Heilshorn)
Prof. Dr. Indra Spiecker genannt Döhmann, LL.M. O. Professorin an der Universität Frankfurt a.M.	UStatG BImSchG (mit Heilshorn)
Prof. Dr. Peter-Tobias Stoll O. Professor an der Universität Göttingen	EG-Artenschutzverordnung
Silvia Strecker Ministerium für Umwelt, Naturschutz und Verkehr des Landes Nordrhein-Westfalen	39. BImSchV (mit Bruckmann)
Prof. Dr. Dr. Markus Thiel Deutsche Hochschule der Polizei, Münster	§§ 3, 48–48b BImSchG
Dr. Christian Tünnesen-Harmes Rechtsanwalt in Duisburg	AbfAEV
Dr. Klaus Vogt Landesamt für Natur, Umwelt und Verbraucherschutz Nordrhein-Westfalen	39. BImSchV (mit Bruckmann und Strecker), 43. BImSchV (mit Bruckmann und van Endern)
Anne-Barbara Walter Umweltbundesamt	OberflächengewässerV (mit Dörr)
Dr. Dirk Weinreich Bundesministerium für Umwelt, Naturschutz, nukleare Sicherheit und Verbraucherschutz	Vorb. TEHG, §§ 7, 19 TEHG
Dr. Armin von Weschpfennig Akademischer Rat, Universität Bonn	§§ 13a, 13b, 103–107 WHG
Dr. Antje Wittmann Rechtsanwältin in Münster	UmweltschadensG (zusammen mit Beckmann), § 51 UVPG
Frank Wolke Bundesministerium für Umwelt, Naturschutz, nukleare Sicherheit und Verbraucherschutz	§§ 4, 18, 24 TEHG, UERV (mit Erxleben)
Justus Wulff LL.M. Juristischer Mitarbeiter in der Kanzlei Baumann-Rechtsanwälte, Leipzig	§§ 1-3 BNatSchG (mit Heß)

Dr. Reinhard Wulfhorst §§ 24, 25, 40, 43 UVPG
Ministerium für Wirtschaft, Infrastruktur, Tourismus und Arbeit des Landes Mecklenburg-Vorpommern

Bearbeiter

§ 40 Umweltbericht

(1) [1]Die zuständige Behörde erstellt frühzeitig einen Umweltbericht. [2]Dabei werden die voraussichtlichen erheblichen Umweltauswirkungen der Durchführung des Plans oder Programms sowie vernünftiger Alternativen ermittelt, beschrieben und bewertet.

(2) [1]Der Umweltbericht nach Absatz 1 muss nach Maßgabe des § 39 folgende Angaben enthalten:

1. Kurzdarstellung des Inhalts und der wichtigsten Ziele des Plans oder Programms sowie der Beziehung zu anderen relevanten Plänen und Programmen,
2. Darstellung der für den Plan oder das Programm geltenden Ziele des Umweltschutzes sowie der Art, wie diese Ziele und sonstige Umwelterwägungen bei der Ausarbeitung des Plans oder des Programms berücksichtigt wurden,
3. Darstellung der Merkmale der Umwelt, des derzeitigen Umweltzustands sowie dessen voraussichtliche Entwicklung bei Nichtdurchführung des Plans oder des Programms,
4. Angabe der derzeitigen für den Plan oder das Programm bedeutsamen Umweltprobleme, insbesondere der Probleme, die sich auf ökologisch empfindliche Gebiete nach Nummer 2.6 der Anlage 6 beziehen,
5. Beschreibung der voraussichtlichen erheblichen Auswirkungen auf die Umwelt nach § 3 in Verbindung mit § 2 Absatz 1 und 2,
6. Darstellung der Maßnahmen, die geplant sind, um erhebliche nachteilige Umweltauswirkungen aufgrund der Durchführung des Plans oder des Programms zu verhindern, zu verringern und soweit wie möglich auszugleichen,
7. Hinweise auf Schwierigkeiten, die bei der Zusammenstellung der Angaben aufgetreten sind, zum Beispiel technische Lücken oder fehlende Kenntnisse,
8. Kurzdarstellung der Gründe für die Wahl der geprüften Alternativen sowie eine Beschreibung, wie die Umweltprüfung durchgeführt wurde,
9. Darstellung der geplanten Überwachungsmaßnahmen gemäß § 45.

[2]Die Angaben nach Satz 1 sollen entsprechend der Art des Plans oder Programms Dritten die Beurteilung ermöglichen, ob und in welchem Umfang sie von den Umweltauswirkungen des Plans oder Programms betroffen werden können. [3]Eine allgemein verständliche, nichttechnische Zusammenfassung der Angaben nach diesem Absatz ist dem Umweltbericht beizufügen.

(3) Die zuständige Behörde bewertet vorläufig im Umweltbericht die Umweltauswirkungen des Plans oder Programms im Hinblick auf eine wirksame Umweltvorsorge im Sinne der*) § 3 in Verbindung mit § 2 Absatz 1 und 2 nach Maßgabe der geltenden Gesetze.

(4) Angaben, die der zuständigen Behörde aus anderen Verfahren oder Tätigkeiten vorliegen, können in den Umweltbericht aufgenommen werden, wenn sie für den vorgesehenen Zweck geeignet und hinreichend aktuell sind.

Schrifttum: *Balla*, Der Umweltbericht in der Strategischen Umweltprüfung nach dem neuen UVPG, NuR 2006, 485 ff.; *Beckmann/Kment*, Gesetz über die Umweltverträglichkeitsprüfung (UVPG). Umwelt-Rechtsbehelfsgesetz (UmwRG). Kommentar, 6. Aufl., 2022; *Bundesumweltministerium* (Hrsg.), Leitfaden zur Strategischen Umweltprüfung (Langfassung), März 2010 – https://www.bmuv.de/fileadmin/Daten_BMU/Download_PDF/Umweltpruefungen/sup_leitfaden_lang_

*) Redaktionelle Anmerkung: Richtig ist „des"; grammatikalische Anpassung wurde bei der UVPG-Novelle 2017 versäumt.

bf.pdf; *Bunge/Nesemann,* Das Gesetz zur Einführung einer Strategischen Umweltprüfung und zur Umsetzung der EG-Richtlinie 2001/42/EG, in: Storm/Bunge, Handbuch der Umweltverträglichkeitsprüfung, Stand: August 2022, Kennzahl 0507; *Callies*, Europarechtlicher Hintergrund der SUP, in: Erbguth (Hrsg.), Strategische Umweltprüfung (SUP) – Stand, Rechtsfragen, Perspektiven, Rostocker Umweltrechtstag 2005, 2006, S. 21 ff.; *EU-Kommission*, GD Umwelt (2003): Umsetzung der Richtlinie 2001/42/EG des Europäischen Parlaments und des Rates über die Prüfung der Umweltauswirkungen bestimmter Pläne und Programme, 2003 - https://ec.europa.eu/environment/archives/eia/pdf/030923_sea_guidance_de.pdf; *Erbguth/Schubert,* Das Gesetz zur Einführung der Strategischen Umweltprüfung und zur Umsetzung der Richtlinie 2001/42/EG (SUPG), ZUR 2005, 524 ff.; *Gassner,* UVPG. Kommentar, 2006; *Franzius*, Ansätze einer Verfahrensmodellierung der Stromnetzplanung, 2017; *Ginsky,* Die Richtlinie über die Prüfung der Umweltauswirkungen bestimmter Pläne und Programme – Interpretationen und Umsetzungsempfehlungen, UPR 2002, 47 ff.; *Köck/Bovet/Fischer/Ludwig/Möckel/Faßbender,* Das Instrument der Bedarfsprüfung - Rechtliche Möglichkeiten für und verfahrensrechtliche Anforderungen an ein Instrument für mehr Umweltschutz, Dessau-Roßlau 2017; *Lell/Sangenstedt,* Bezüge zwischen der Plan-UVP und der Projekt-UVP, UVP-report 2001, 123 ff.; *Ministerkonferenz für Raumordnung,* Umweltprüfung von Raumordnungsplänen (Plan-UP). Erste Hinweise zur Umsetzung der Richtlinie 2001/42/EG, 2004; *Peters/Balla/Hesselbarth,* UVPG. Handkommentar, 4. Aufl. 2019; *Pietzcker/Fiedler,* Die Umsetzung der Plan-UP-Richtlinie im Bauplanungsrecht, DVBl. 2002, 929 ff.; *Schiller,* Unionsrechtliche Vorgaben für die Alternativenprüfung, UPR 2016, 457 ff.; *Schink/Reidt/Mitschang,* Umweltverträglichkeitsprüfungsgesetz/Umwelt-Rechtsbehelfsgesetz: UVPG/UmwRG, 2. Aufl., 2023; *Schink,* Umweltprüfung für Pläne und Programme – Gemeinschaftsrechtliche Vorgaben und Fachplanung, in: Gesellschaft für Umweltrecht (Hrsg.), Dokumentation der 28. wissenschaftlichen Fachtagung, 2005, S. 93 ff. (zit.: Umweltprüfung); *ders.*, Umweltprüfung für Pläne und Programme – Verfahrensanforderungen, NuR 2005, 143 ff.; *ders.*, Anforderungen an Alternativenprüfungen, UPR 2022, 206 ff; *Spannowsky,* Notwendigkeit und rechtliche Anforderungen an die Alternativenprüfung in der Bauleitplanung, UPR 2001, 401 ff.; *Steinbach/Franke,* Kommentar zum Netzausbau, 3. Aufl. 2022; *Uebbing,* Umweltprüfung bei Raumordnungsplänen. Eine Untersuchung zur Umsetzung der Plan-UP-Richtlinie in das Raumordnungsrecht, 2004; *Wulfhorst,* Auswirkungen der Umweltverträglichkeitsprüfung auf das Bebauungsplanverfahren, UPR 2001, 246 ff.; *ders.,* Der Umweltbericht nach § 2a BauGB als Instrument der Umweltverträglichkeitsprüfung im Bebauungsplanverfahren, ZfBR 2001, 523 ff.; *ders.,* Die Untersuchung von Alternativen im Rahmen der Strategischen Umweltprüfung, NVwZ 2011, 1099 ff.

Übersicht

A. Einleitung

I. Bedeutung und Grundzüge der Vorschrift

1 Mit dem **Umweltbericht** regelt § 40 das **zentrale Element** der Strategischen Umweltprüfung (SUP). Der Umweltbericht, der die voraussichtlichen erheblichen Umweltauswirkungen des Plans oder Programms beschreibt und bewertet, begleitet das gesamte Prüfverfahren. Er wird bereits in einem frühen Stadium aufgestellt (§ 40 Abs. 1), durchläuft anschließend die Behörden- und die Öffentlichkeitsbeteiligung (§ 41 Satz 1, § 42 Abs. 2, § 60 Abs. 1 Satz 2), wird danach noch einmal überprüft und ist bei der Entscheidung über den Plan bzw. das Programm zu berücksichtigen (§ 43). Bei der abschließenden Auslegung des Plans/Programms sind auch Informationen darüber bekanntzugeben, wie der Umweltbericht berücksichtigt wurde (§ 44 Abs. 2 Nr. 2).

2 Innerhalb dieses Verfahrensablaufes bestimmt § 40 die Inhalte des Umweltberichts. **Absatz 1** trifft einige grundlegende Aussagen: Der Umweltbericht ist frühzeitig aufzustellen **(Satz 1)** und enthält die voraussichtlichen erheblichen Umweltauswirkungen des Plans/Programms sowie vernünftige Alternativen **(Satz 2)**. Diese sind – wie es der dreistufigen Prüffolge der SUP (vgl. § 3 Satz 1) entspricht – zu ermitteln, zu beschreiben und zu bewerten.

3 **Absatz 2 Satz 1** führt die Angaben detailliert auf, die im Umweltbericht enthalten sein müssen. Um der Öffentlichkeit eine wirkungsvolle Beteiligung zu erleichtern, sollen die Informationen Dritten die Beurteilung der eigenen Betroffenheit ermöglichen **(Satz 2)**. Außerdem ist dem Umweltbericht eine allgemein verständliche, nichttechnische Zusammenfassung der Angaben nach Satz 1 beizufügen **(Satz 3)**.

4 **Absatz 3** regelt die vorläufige Bewertung der nach Absatz 2 beschriebenen Umweltauswirkungen und die Maßstäbe, die dafür heranzuziehen sind. Aus verfahrensökonomischen Gründen lässt **Absatz 4** es ausdrücklich zu, dass geeignete und hinreichend aktuelle Angaben aus anderen Verfahren in den Umweltbericht aufgenommen werden.

II. Entstehungsgeschichte

5 § 40 (= § 14g aF) wurde mit dem **Gesetz zur Einführung einer Strategischen Umweltprüfung und zur Umsetzung der Richtlinie 2001/42/EG (SUPG)** von **2005** in das UVPG aufgenommen. Er entspricht der Fassung des Gesetzentwurfes, den die Bundesregierung und die Regierungsfraktionen parallel eingebracht hatten (BT-Drs. 15/3441 und 15/4119). Der Bundesrat wandte dagegen lediglich ein, die „vernünftigen Alternativen" in § 40 (= § 14g aF) Abs. 1 Satz 2 sollten an die Wortwahl des Baugesetzbuches („in Betracht kommende anderweitige Planungsmöglichkeiten") angepasst werden (BT-Drs. 15/4119, 10). Nachdem die Bundesregierung dies unter Verweis auf den Wortlaut der Richtlinie 2001/42/EG über die Prüfung der Umweltauswirkungen bestimmter Pläne und Programme (Plan-UP-RL) zurückgewiesen hatte (BT-Drs. 15/4236, 5), verfolgte der Bundesrat sein Anliegen nicht weiter.

6 Die umfassende **UVPG-Novelle von 2017** hat nur die Paragraphenverweisungen der Vorschrift angepasst (BT-Drs. 18/11499, 99).

III. Anwendungsbereich und Verhältnis zu § 39

7 **1. Anwendungsbereich.** § 40 findet grundsätzlich auf **alle Pläne und Programme** Anwendung, die nach §§ 35 bis 37 einer SUP zu unterziehen sind. Dieser Grundsatz kennt jedoch einige **Ausnahmen**:

8 § 40 gilt nicht für die Aufstellung, Änderung oder Ergänzung von **Bauleitplänen**. Hier erfolgt gem. § 50 Abs. 1 Satz 1, Abs. 2 die Umweltprüfung nach den Vorschriften des Baugesetzbuches.

9 Ähnlich verhält es sich bei den SUP-pflichtigen **Raumordnungsplänen** nach § 7 ROG. Auch hier enthält das Fachgesetz in §§ 8 bis 10 ROG eine abschließende Regelung des SUP-Verfahrens, auf die § 48 Satz 1 verweist.

10 Bei **Landschaftsplanungen** richtet sich gem. § 52 die Durchführung einer SUP nach dem Landesrecht (näher → BNatSchG vor §§ 8–12 Rn. 12 f.). Dieses verdrängt damit § 40, es sei denn, der Landesgesetzgeber entschließt sich, aus Vereinfachungsgründen auf diese bundesrechtliche Vorschrift zu verweisen.

11 **2. Verhältnis zu 39.** Zwischen **§ 39** und **§ 40** besteht ein **enger systematischer Zusammenhang** (Balla NuR 2006, 485). Während § 40 die Angaben beschreibt, die für den Umweltbericht ermittelt und anschließend darin beschrieben und bewertet werden, dient die in § 39 geregelte Festlegung des Untersuchungsrahmens (sog. „Scoping") der Vorbereitung dieses Verfahrensschrittes (Kment in Beckmann/Kment § 40 Rn. 16). Der Gesetzgeber hat die Grenze zwischen diesen beiden Vorschriften augenscheinlich in der Weise zu ziehen versucht, dass er in § 39 und dort insbesondere in Absatz 2 Satz 2 **generelle methodische** Hinweise zum Umfang der Ermittlung und Beschreibung gibt und in § 40 die **konkreten Inhalte** des Umweltberichts bestimmt. Diese Abgrenzung erscheint aber nicht konsequent durchgehalten, was angesichts der **fließenden Übergänge** zwischen beiden Regelungsmaterien kaum verwundert. So bestimmt der Hinweis in § 39 Abs. 2 Satz 1, dass für den Umfang und den Detaillierungsgrad der in den Umweltbericht aufzunehmenden Angaben das jeweilige Fachrecht maßgeblich sein soll, bereits sehr weitgehend und konkret die Inhalte des Umweltberichts. Gleiches gilt für die Abschichtungsregelung in § 39 Abs. 3 (Schink in Schink/Reidt/Mitschang § 40 Rn. 11 m.w.N.). Weiterhin bedient sich § 39 Abs. 2 Satz 2 einer Formulierung („Der Umweltbericht enthält"), die eher in § 40 gehören würde (dazu kritisch Kment in Beckmann/Kment § 40 Rn. 18). Unter dem Strich ist die zuständige Behörde jedenfalls gut beraten, wenn sie beide Vorschriften stets zusammen liest, also bei der Festlegung des Untersuchungsrahmens nach § 39 die Regelung zum Umweltbericht in § 40 mit im Blick hat. Umgekehrt sind bei der Erstellung des Umweltberichts die Maßgaben des § 39 zu beachten, worauf § 40 Abs. 2 Satz 1 ausdrücklich hinweist.

12 Teilweise wird gefordert, dass jede spätere **Abweichung** von dem nach § 39 festgelegten **Untersuchungsrahmen** im Umweltbericht festgehalten und begründet sowie bei der nachfolgenden Beteiligung von Öffentlichkeit und Behörden offengelegt wird (so Balla NuR 2006, 485 f.). Dies würde jedoch die Bindungswirkung des Untersuchungsrahmens überschätzen. Das Scoping nach § 39 hat zwar eine eminente Bedeutung für die effektive Erstellung des Umweltberichts (statt vieler Peters/Balla/Hesselbarth § 40 Rn. 11). Der Untersuchungsrahmen ist aber keine statische Festlegung, sondern muss für neue Erkenntnisse während des weiteren Verfahrens jederzeit und umstandslos offen bleiben. Zudem dient das Scoping bei der SUP allein der Orientierung der Planungsbehörde selbst (Kment in Beckmann/Kment § 39 Rn. 48; ebenso Bunge/Nesemann Nr. 3.2.3,

3.4.1.3, die allerdings eine erneute Beteiligungspflicht nach 39 annehmen). Es hat also – anders als bei § 16 im Verhältnis zum Vorhabenträger – keinerlei Außenwirkung, die irgendwelche Darlegungs- oder Begründungspflichten auslösen könnte.

B. Erläuterung der Vorschrift

I. Europarechtlicher Hintergrund und Funktion des Umweltberichts

Der Umweltbericht ist in seiner **zentralen verfahrensrechtlichen Funktion** durch **Art. 5** der europäischen **Plan-UP-RL** vorgegeben. Welche Bedeutung die Richtlinie diesem Instrument beimisst, zeigt schon der Umstand, dass sie die Umweltberichte einer besonderen Qualitätskontrolle durch die EU-Kommission unterwirft (Art. 12 Abs. 2 und 3 Plan-UP-RL). Der spezifische verfahrensrechtliche Ansatz der Plan-UP-RL manifestiert sich in der nationalen Umsetzungsnorm des § 40 beispielhaft. Der Einfluss des **europäischen Umweltrechts** lässt sich hier gleich unter **sechs Gesichtspunkten** ausmachen. 13

Der Umweltbericht ist – erstens – bereits in der **Anfangsphase** des Aufstellungsverfahrens zu erstellen (§ 40 Abs. 1 Satz 1: „frühzeitig"). Damit wird dem Ziel der SUP Rechnung getragen, dass die Auswirkungen des Plans/Programms auf die Umwelt zu einem Zeitpunkt in den Entscheidungsprozess eingebracht werden, zu dem sie diesen noch beeinflussen können. So soll sichergestellt werden, dass die Umweltauswirkungen in ihrem ganzen Umfang bekannt sind, bevor faktische oder rechtliche Bindungen eine weniger umweltbeeinträchtigende Gestaltung der Planung verhindern. Der Umweltbericht repräsentiert – zweitens – die **Aufgliederung** und **Systematisierung** des Verfahrens in die Einzelschritte der Ermittlung, Beschreibung, Bewertung und anschließenden Berücksichtigung, mit der die SUP eine rationalere Entscheidungsfindung anstrebt. Der Umweltbericht soll – drittens – als Bestandteil der gem. § 42 auszulegenden Unterlagen die **Öffentlichkeit** umfassend über die zu erwartenden Umweltauswirkungen der Planung informieren und Gelegenheit zur Äußerung geben. Diese Regelung zur Öffentlichkeitsbeteiligung setzt ein wesentliches Anliegen der Plan-UP-RL (vgl. 15. Erwägungsgrund) um. Mit der Einbeziehung der Öffentlichkeit sollen die Angaben im Umweltbericht der Kontrolle durch die Bürgerinnen und Bürger unterzogen werden. Die umfassende Partizipation zielt zudem auf eine höhere Transparenz und Akzeptanz des Planungsprozesses und gewährt einen vorgezogenen individuellen Rechtsschutz. Der Bericht wird – viertens – den in ihrem Aufgabenbereich **berührten Behörden** im Rahmen der Beteiligung nach § 41 zur Stellungnahme übermittelt, damit die Entscheidung über den Plan bzw. das Programm auf einer umweltfachlich gesicherten Informationsgrundlage getroffen wird. Der Umweltbericht umfasst – fünftens – eine zwingende und weitreichende Prüfung aller **„vernünftigen Alternativen"** als ein Kernbestandteil jeder Planung (§ 40 Abs. 1 Satz 2). Sechstens enthält der Umweltbericht eine von anderen betroffenen Belangen getrennte **Gesamtschau** der **nachteiligen Folgen** des Plans/Programms für die **Umwelt**. Dies dient dem zentralen Anliegen der SUP, durch verfahrensrechtliche Vorkehrungen die Chance zu erhöhen, dass die Entscheidungsträger die Umweltauswirkungen der Planung in ihrem ganzen Umfang tatsächlich zur Kenntnis nehmen (zu diesem das gesamte U(V)P-Recht bestimmenden Leitgedanken BVerwGE 100, 238 (245 ff., insbes. 246)). 14

Aus diesem besonderen verfahrensrechtlichen Ansatz lassen sich die **Funktionen** des Umweltberichts im Rahmen der SUP ableiten (zum Folgenden insbesondere Kment in Beckmann/Kment § 40 Rn. 5 m.w.N.). Der Umweltbericht belegt, dass und wie eine SUP durchgeführt worden ist (Dokumentationsfunktion), ist die Grundlage für die späte- 15 re Entscheidung (entscheidungsvorbereitende Funktion), informiert Behörden und Öffentlichkeit über die zu erwartenden erheblichen Umweltauswirkungen (Informationsfunktion), fördert die Nachvollziehbarkeit der Entscheidung (Transparenzfunktion) und erleichtert interessierten Bürgerinnen und Bürgern insbesondere durch die allgemein verständliche Zusammenfassung (§ 40 Abs. 2 Satz 3) die Beteiligung am Verfahren (Anstoßfunktion). Diese **multifunktionale Bedeutung** des Umweltberichts sich vor Augen zu führen, ist für das grundlegende Verständnis des § 40, aber auch zur Beantwortung von Detailfragen hilfreich.

II. Behördliche Zuständigkeit (Absatz 1 Satz 1)

16 § 40 Abs. 1 Satz 1 überträgt der zuständigen Behörde die Aufgabe, den Umweltbericht zu erstellen. **Zuständig** ist die Behörde, die nach dem jeweiligen **Fachrecht** den Plan oder das Programm aufzustellen hat (Kment in Beckmann/Kment § 40 Rn. 9). Damit schreibt das Gesetz in Übereinstimmung mit dem europäischen Recht einen wesentlichen Unterschied zwischen der SUP und einer nachfolgenden projektbezogenen UVP fest: Während es bei letzterer zunächst dem (zumeist privaten) Projektträger obliegt, im Zuge der sehr weit reichenden Vorlagepflichten nach § 16 den entscheidungserheblichen Sachverhalt zu ermitteln und zu beschreiben, ist dies bei der SUP **ausschließlich** eine **behördliche** Aufgabe (Peters/Balla/Hesselbarth § 40 Rn. 3). Das ist eine zwangsläufige Folge des Umstandes, dass die SUP-Pflicht nur für behördliche Pläne und Programme gilt (§ 2 Abs. 7 Satz 1).

III. Form des Umweltberichts

17 § 40 enthält keine ausdrücklichen Vorgaben für die **Form** des Umweltberichts. Aus der Vorschrift lassen sich aber mittelbar einige **Anforderungen** ableiten.

18 Zunächst müssen die Umweltauswirkungen in einer **systematisch** ausgearbeiteten und **geschlossenen Form** beschrieben und bewertet werden (Kment in Beckmann/Kment § 40 Rn. 94; Peters/Balla/Hesselbarth § 40 Rn. 35). Dies erfordern bereits die Begriffe „Bericht" und „erstellen". Eine Sammlung einzelner Gutachten genügt dem nicht (eingehend dazu Wulfhorst ZfBR 2001, 523 (524)). Der Bericht kann allerdings im Interesse einer schlanken und verständlichen Darstellung auf beigefügte Gutachten verweisen, die den Bericht aber wiederum nur vertiefen, nicht jedoch ersetzen dürfen.

19 Die SUP unterscheidet die beiden Verfahrensschritte der Beschreibung und der Bewertung sorgsam. Dies muss sich auch im Aufbau des Umweltberichts widerspiegeln. Die Umweltauswirkungen sind deshalb in **getrennten Abschnitten** zu beschreiben und zu bewerten (siehe ausführlicher → Rn. 44, 71).

20 Der Umweltbericht muss ein **eigenständiges Dokument** sein. Diese Eigenständigkeit ist auch dann zu wahren, wenn die zuständige Behörde sich entscheidet, den Bericht in die Begründung zum Plan/Programm zu integrieren (Kment in Beckmann/Kment § 40 Rn. 95; Peters/Balla/Hesselbarth § 40 Rn. 35; Bunge/Nesemann Nr. 3.2.4).

21 Was die **Gliederung** des Umweltberichts anbelangt, so sollte sie sich an der Aufzählung des § 40 Abs. 2 Satz 1 orientieren (Schink in Schink/Reidt/Mitschang § 40 Rn. 17; EU-Kommission Nr. 5.4; vgl. auch das Gliederungsbeispiel in Bundesumweltministerium Arbeitshilfe 3; zurückhaltender Balla NuR 2006, 485 (486); Kment in Beckmann/Kment § 40 Rn. 94). Dies entspricht im Allgemeinen der zeitlichen Abfolge des Planungsprozesses und verleiht dem Umweltbericht eine klare Struktur, die allen Verfahrensbeteiligten den Zugang zu dem zumeist umfangreichen Material erleichtert und sich deshalb in der Praxis durchsetzen sollte. Im Folgenden (→ Rn. 52 und 61) werden allerdings zwei Punkte genannt, bei denen sich Anpassungen in der Abfolge empfehlen.

22 Der Umweltbericht entspricht dem Dokument, für das sich in der jahrzehntelangen U(V)P-Praxis die Begriffe **„UVS"** (Umweltverträglichkeitsstudie) und **„UVU"** (Umweltverträglichkeitsuntersuchung) eingebürgert haben (näher dazu Wulfhorst ZfBR 2001, 523 (524 m.w.N.)). Diese Bezeichnungen sollten jetzt zugunsten des europa- und bundesrechtlichen Terminus „Umweltbericht" **aufgegeben** werden.

IV. Frühzeitigkeitsgebot (Absatz 1 Satz 1)

23 Nach § 40 Abs. 1 Satz 1 hat die zuständige Behörde den Umweltbericht **frühzeitig** zu erstellen. Das Gesetz mahnt eine frühzeitige Erstellung vor allem deswegen an, weil die im Umweltbericht beschriebenen Umweltauswirkungen so rechtzeitig in das Verfahren eingebracht werden sollen, dass sie den Entscheidungsprozess noch beeinflussen können (dazu bereits → Rn. 14). Andererseits darf die zuständige Behörde nicht der Gefahr erliegen, den Umweltbericht zu früh zu erstellen, zu einem Zeitpunkt also, in dem die Konturen des Plans/Programms in wesentlichen Punkten noch völlig unbestimmt sind. Um eine wirksame Umweltprüfung zu gewährleisten, sollten der Plan selbst und der für ihn erforderliche Umweltbericht in einem Prozess wechselseitiger Beeinflussung erarbeitet werden (Kment in Beckmann/Kment § 40 Rn. 10). Man könnte hier von einer Art **„Gegenstromverfahren"** sprechen. Im gesetzlich vorgegebenen Verfahrensablauf muss der Umweltbericht jedenfalls vor Beginn der Behörden- und Öffentlichkeitsbeteiligung erstellt werden (§ 41 Satz 1, § 42 Abs. 2, § 60 Abs. 1 Satz 2).

V. Ermitteln – Beschreiben – Bewerten (Absatz 1 Satz 2)

24 **1. Allgemeines.** § 40 Abs. 1 Satz 2 beauftragt die zuständige Behörde mit der Ermittlung, Beschreibung und Bewertung der voraussichtlichen erheblichen Umweltauswirkungen. Von den drei Stufen dieser die SUP prägenden Verfahrensabfolge (siehe → Rn. 2) betreffen streng genommen nur die beiden letzteren den Umweltbericht unmittelbar: Die Umweltauswirkungen sind nach § 40 Abs. 2 im Umweltbericht zu **beschreiben** und anschließend nach Absatz 3 zu **bewerten**. Die dem vorausgehende **Ermittlung** der Umweltauswirkungen muss hingegen grundsätzlich abgeschlossen sein, bevor der Umweltbericht erstellt werden kann.

25 **2. Ökologieinterne Prüfung.** Wie bereits ausgeführt (→ Rn. 14), ist der Umweltbericht auf die **Umweltauswirkungen** des Plans/Programms zentriert. Andere – etwa wirtschaftliche oder soziale – Belange bleiben bei der Ermittlung, Beschreibung und Bewertung der Umweltauswirkungen (noch) unberücksichtigt (zu zwei Ausnahmen → Rn. 36 und 46). Mit dieser unmittelbar auf Art. 5 Abs. 1 Plan-UP-RL zurückgehenden Fokussierung des Prüfprogramms wollen europäisches und nationales Recht gewährleisten, dass die Umweltauswirkungen gebündelt und in ihrer ganzen Intensität hervortreten und nicht durch eine frühzeitige Gegenüberstellung mit anderen Belangen relativiert werden (Uebbing S. 130 f.; Bunge/Nesemann Nr. 3.5.2; → § 25 Rn. 19; bereits → Rn. 14).

26 **3. Planbezogene Prüfung.** Eine weitere Begrenzung des Untersuchungsauftrages ergibt sich aus der ausschließlichen Bindung der SUP an das Verfahren zur Aufstellung oder Änderung eines **konkreten** Plans oder Programms (§ 33). Keine abstrakten ökologischen Fragestellungen sind also zu untersuchen, sondern ausschließlich Umweltauswirkungen, die aus der Durchführung des Plans/Programms resultieren und nach dem Fachrecht relevant sein können (Kment in Beckmann/Kment § 40 Rn. 78; Sangenstedt/Salm

in Steinbach/Franke § 7 NABEG Rn. 82; zu § 25 → § 25 Rn. 17; ausführlicher unten → Rn. 30).

27 Umstritten ist die Frage, auf welche **Inhalte** des **Plans/Programms** sich die SUP erstreckt. Bei näherem Hinsehen reduziert sich der Dissens allerdings auf feine Formulierungsunterschiede. Einerseits wird die Ansicht, dass die Prüfung ausschließlich auf solche Planinhalte zu beschränken sei, die den Rahmen für UVP-pflichtige Projekte setzen, in der jüngeren Literatur nicht mehr vertreten (zum älteren Meinungsstand Uebbing S. 261 ff.; jetzt z.B. wesentlich offener Ministerkonferenz für Raumordnung S. 6 f.). Eine solche Einschränkung fände in dem Wortlaut des Art. 3 Plan-UP-RL auch keinerlei Stütze (Lell/Sangenstedt UVP-report 2001, 123 (125) mit weiteren Argumenten). Andererseits wird man den Autoren, die den gesamten Plan einer Prüfung unterziehen wollen, nicht unterstellen können, sie würden sich dabei über die gesetzlichen Tatbestandsmerkmale der „voraussichtlichen erheblichen Umweltauswirkungen" hinwegsetzen. Insbesondere bei den allgemeiner gehaltenen Zielaussagen ist also im Einzelnen zu untersuchen, ob aus ihnen bereits auf dieser Planebene hinreichend konkrete Umweltauswirkungen abzuleiten sind, die auf ihre voraussichtliche Erheblichkeit geprüft werden können (in diese Richtung z.B. Kment in Beckmann/Kment § 40 Rn. 52; Balla NuR 2006, 485 (488); Uebbing S. 261 ff.; Bundesumweltministerium S. 11). Ist dies zu verneinen, so ist der Plan oder das Programm insoweit auch nicht weiter Prüfgegenstand der SUP.

28 **4. Ermittlung. a) Allgemeines.** Bei der **Ermittlung** geht es darum, die voraussichtlichen Auswirkungen des Planes/Programmes auf die Umwelt zu suchen und zu identifizieren (Kment in Beckmann/Kment § 40 Rn. 12). Dies geschieht üblicherweise in zwei Schritten. Zunächst wird der gegenwärtige Zustand der Umwelt festgestellt; anschließend prognostiziert man die Veränderungen, die sich bei Umsetzung des Plans/Programms ergeben (vgl. auch die entsprechende Differenzierung in § 40 Abs. 2 Satz 1 Nr. 3 und 5). Die voraussichtlichen Umweltauswirkungen sind **umfassend** zu ermitteln. Dies sah die ursprüngliche Zweckbestimmung in § 1 Nr. 1 aF ausdrücklich vor. Mit dem aus Gründen der Rechtsförmlichkeit erfolgten allgemeinen Verzicht auf solche gesetzlichen Zweckbestimmungen in der UVPG-Novelle von 2017 war aber keine inhaltliche Änderung verbunden (vgl. Gesetzesbegründung, BT-Drs. 18/11499, 73). Auf Grund dieses sehr weit gefassten Ermittlungsauftrages setzt sich zunehmend die Erkenntnis durch, dass im Rahmen von Umweltprüfungen weitergehende Ermittlungspflichten bestehen, als dies bislang für das herkömmliche deutsche Planungsrecht angenommen wurde. Immer wieder gebrauchte Formeln wie die, es brauche zur Wahrung des planungsrechtlichen Abwägungsgebotes nur das untersucht zu werden, was sich der Behörde „aufdränge" (statt vieler BVerwGE 69, 256 (273)), sind damit für SUP-pflichtige Verfahren hinfällig geworden (so bereits Wulfhorst UPR 2001, 246 (249 ff. m.w.N.); aus der zunehmend diese Auffassung vertretenden Literatur z.B. Kment in Beckmann/Kment § 40 Rn. 23 f. m.w.N.; Uebbing S. 146 ff.; weitere Nachweise → Rn. 34). Selbstverständlich gelten diese Ermittlungspflichten **nicht unbeschränkt**. Beides – der umfassende Ermittlungsauftrag einerseits und dessen Grenzen andererseits – lässt sich im Hinblick auf den Gegenstand der Ermittlungen (→ Rn. 29) sowie deren Prüftiefe (→ Rn. 30 ff.) konkretisieren und anhand der für die SUP zentralen Alternativenprüfung (→ Rn. 33 ff.) beispielhaft illustrieren.

29 **b) Gegenstand der Ermittlung.** Die Ermittlung richtet sich auf die in § 2 Abs. 1 Nr. 1 bis 4 aufgezählten **Schutzgüter** des UVPG sowie die **Wechselwirkungen** zwischen diesen (§ 2 Abs. 1 Nr. 5). Mit diesem letztgenannten Begriff hat der Gesetzgeber das positivrechtliche Einfallstor für den **medienübergreifenden** Ansatz der SUP geschaffen.

Neben den traditionellen sektoralen Schutz einzelner Umweltmedien tritt eine integrative Sicht, die das Wirkungsgefüge und die vielfältigen Beziehungen zwischen den Umweltfaktoren in den Blick nimmt, die Umwelt also als ein komplexes System versteht (vgl. nur BVerwGE 100, 238 (246) – zur UVP; Schink NuR 2005, 143 (145 f.); Callies S. 39 f.). Die Ermittlung und die weiteren Verfahrensschritte der SUP dürfen sich demnach nicht auf das sektorale, aneinanderreihende Betrachten einzelner Umweltmedien beschränken. Die Prüfung muss vielmehr auch die Vernetzung der Umweltmedien erfassen.

c) Prüftiefe der Ermittlung. Die SUP ist kein Anwendungsfeld für Grundlagenforschung. Sie soll ausschließlich sicherstellen, dass ein bestimmter Plan (bzw. ein bestimmtes Programm) in einem konkreten Plangebiet auf einer soliden umweltfachlichen Grundlage und in Kenntnis der mit ihm verbundenen Umweltauswirkungen aufgestellt wird (bereits → Rn. 26). Dieser **konkrete Planbezug** ist nicht nur aus verfahrensökonomischen Gründen erforderlich. Eine bis in die letzten mikrobiotischen Zusammenhänge vollständige Ermittlung stieße auch sehr bald an praktische und erkenntnistheoretische Grenzen (dazu näher Wulfhorst UPR 2001, 246 (249 m.w.N.)). Für die SUP gilt Ähnliches, wie es das Bundesverwaltungsgericht zur UVP ausgeführt hat: Diese sei "kein ‚Suchverfahren', in dem alle nur erdenklichen Auswirkungen eines Vorhabens auf Umweltgüter und deren Wertigkeit bis in alle Einzelheiten und feinsten Verästelungen zu untersuchen wären und gar Antworten auf in der Wissenschaft bisher noch ungeklärte Fragen gefunden werden müssten" (BVerwGE 100, 370 (377)). 30

Für den Umweltbericht trägt das UVPG diesen Überlegungen in mehrfacher Hinsicht Rechnung. Zunächst richtet § 40 Abs. 1 Satz 2, Absatz 2 Satz 1 Nr. 5 die SUP auf die voraussichtlichen **erheblichen** Umweltauswirkungen des Plans aus. Diese Einschränkung hat auch das Ziel, den Umweltbericht auf das Wesentliche zu konzentrieren und der Gefahr vorzubeugen, dass in einer Flut von letztlich unbedeutenden Details wichtige Informationen untergehen (EU-Kommission Nr. 5.19). Der genannten einschränkenden Voraussetzung ist allerdings ihrerseits wiederum eine Grenze zu ziehen. Denn mit der Ermittlung (nur) der erheblichen Umweltauswirkungen ist eine Bewertung verbunden, die in der dreistufigen Verfahrensabfolge der SUP erst an letzter Stelle erfolgt. Wird die Erheblichkeit als ein Abschneidekriterium großzügig eingesetzt, so besteht die Gefahr, dass auch solche Umweltauswirkungen bereits vorab aus der Betrachtung ausgeblendet werden, die im Lichte der nachfolgenden Behörden- und Öffentlichkeitsbeteiligung als erheblich bewertet werden könnten. Um die Funktion des Umweltberichts zu wahren, ist das einschränkende Tatbestandsmerkmal der Erheblichkeit zurückhaltend zu handhaben. Nur bei solchen Umweltbestandteilen, für die erhebliche Auswirkungen durch den Plan bzw. das Programm **ausgeschlossen** werden können, darf auf eine Ermittlung (und nachfolgend eine Beschreibung und Bewertung) verzichtet werden (siehe bereits Wulfhorst ZfBR 2001, 523 (526); nunmehr ebenso Kment in Beckmann/Kment § 40 Rn. 57; Bundesumweltministerium S. 27). 31

Weitere Reduktionen der Ermittlungstiefe ergeben sich aus § 39 Abs. 2, der zur Festlegung des Untersuchungsrahmens einige Regelungen trifft, die sich unmittelbar auch auf § 40 auswirken (bereits → Rn. 11). Diese Einschränkungen seien hier nur kurz erwähnt. Zunächst verweist § 39 Abs. 2 Satz 1 hinsichtlich des **Detaillierungsgrades** der Ermittlungen auf das für den Plan oder das Programm maßgebliche **Fachrecht**. Diese fachgesetzliche Akzessiorität der SUP scheidet solche Umstände aus dem Ermittlungsauftrag der Behörde aus, die nach dem Fachrecht keine Relevanz haben. Weiterhin begrenzt § 39 Abs. 2 Satz 2 die Ermittlungen auf einen **zumutbaren Aufwand**. Zu berücksichtigen sind dabei der **gegenwärtige Wissensstand** und der Behörde bekannte **Äußerungen** 32

der Öffentlichkeit sowie **allgemein anerkannte Prüfmethoden**. Ein ganz wesentlicher Begrenzungsfaktor für die Prüftiefe sind schließlich **Inhalt** und **Detaillierungsgrad** des Plans/Programms und dessen **Stellung im Entscheidungsprozess**. Mit diesen Formulierungen trägt § 39 Abs. 2 Satz 2 dem Umstand Rechnung, dass die SUP sich zumeist auf hochstufige Planungen erstreckt, deren Abstraktionsgrad der Ermittlung konkreter Umweltauswirkungen sehr frühe Grenzen setzt.

33 **d) Alternativenprüfung (Absatz 1 Satz 2). aa) Pflicht zur Alternativenpüfung.** § 40 Abs. 1 Satz 2 hebt besonders hervor, dass die voraussichtlichen erheblichen Umweltauswirkungen **„vernünftiger Alternativen"** zu ermitteln sind. Als die UVP-Novelle von 2005 diese eher unscheinbare Formulierung aus Art. 5 Abs. 1 Satz 1 Plan-UP-RL übernahm (→ Rn. 5), beseitigte sie eine wesentliche Schwäche des Umweltprüfungsrechts. Bis dahin hatte sich die Frage der Alternativenprüfung auf die projektbezogene UVP konzentriert, die dafür freilich denkbar ungeeignet ist. Denn sie steht am Ende eines Planungsprozesses, bei dem wesentliche Entscheidungen zum Standort und zur Projektausgestaltung bereits gefallen sind. Der (zumeist private) Projektträger hat seinen Antrag für ein ganz konkretes Vorhaben gestellt und ist für andere Lösungen meist nicht mehr zugänglich. Es ist deshalb in gewisser Weise systemgerecht, dass das UVPG für die Projekt-UVP nur eine freiwillige Alternativenprüfung vorsieht (dazu → § 25 Rn. 37 ff.). Die Plan-UP-Richtlinie hat hieraus die richtigen Konsequenzen gezogen und in Art. 5 Abs. 1 Satz 1 eine zwingende Prüfung vernünftiger Alternativen zum **zentralen Bestandteil** vorgelagerter Pläne und Programme gemacht (Kment in Beckmann/Kment § 40 Rn. 19 f.; Callies S. 21, 47 f.; siehe auch BVerwG NVwZ 2008, 789).

34 **bb) „Vernünftige" Alternativen.** Mit der Begrenzung der Prüfungspflicht auf **„vernünftige"** Alternativen aktivieren Art. 5 Abs. 1 Satz 1 Plan-UP-RL und ihm folgend § 40 Abs. 1 Satz 2 den **Verhältnismäßigkeitsgrundsatz** (OVG Münster ZUR 2021, 689 (692); Spannowsky UPR 2005, 401 (404 f.); Uebbing S. 166; Kment in Beckmann/Kment § 40 Rn. 21). Es müssen also nicht alle auch nur denkbaren Alternativen geprüft werden. Andererseits geht die Einbeziehung sämtlicher „vernünftiger" Alternativen über das hinaus, was die deutsche Rechtsprechung an Anforderungen aus dem planungsrechtlichen Abwägungsgebot abgeleitet hat. Es genügt demnach nicht mehr, nur noch diejenigen Alternativen zu ermitteln, zu beschreiben und zu bewerten, die sich „ernsthaft anbieten" oder „gar aufdrängen" (so die Formeln der Rechtsprechung, z.B. BVerwGE 69, 256 (273); BVerwG NVwZ 2000, 560; BVerwGE 157, 73 Rn. 32; BVerwGE 169, 94 Rn. 75; dagegen zu Recht Bunge/Nesemann Nr. 3.3.2; Schink in Schink/Reidt/Mitschang § 40 Rn. 14; Callies S. 39; Ginsky UPR 2002, 47 (50); Spannowsky UPR 2005, 401 (405); Uebbing S. 173 ff.; Kment in Beckmann/Kment § 40 Rn. 22 ff.; Sangenstedt/Salm in Steinbach/Franke § 7 NABEG Rn. 29; ausführlich Wulfhorst NVwZ 2011, 1099 (1101 f.); für eine Übertragung der Rechtsprechung auf die SUP hingegen Gassner § 14g Rn. 22 und „grundsätzlich" Peters/Balla/Hesselbarth § 40 Rn. 6; bereits → Rn. 28). Die Ermittlungspflicht erstreckt sich also auf alle Alternativen, die **„nicht offensichtlich … fern liegen"** (Kment in Beckmann/Kment § 40 Rn. 24; ähnlich Bunge/Nesemann Nr. 3.3.2; Spannowsky UPR 2005, 401 (405)).

35 **cc) Ablauf der Alternativenprüfung.** § 40 widmet sich über Absatz 1 Satz 2 hinaus auch in Absatz 2 Satz 1 Nr. 8 der Alternativenprüfung. Damit gliedert das Gesetz diese Prüfung in **zwei Phasen** (allgemeine Auffassung; vgl. etwa Ginsky UPR 2002, 47 (51); Peters/Balla/Hesselbarth § 40 Rn. 8, 23; Callies S. 39): Zunächst werden alle vernünftigen Alternativen ausgewählt. Diese Vorauswahl ist gem. § 40 Abs. 2 Satz 1 Nr. 8 kurz zu be-

gründen. In einem zweiten Schritt sind die ausgewählten Alternativen nach § 40 Abs. 1 Satz 2 zu ermitteln, zu beschreiben und zu bewerten.

Die **beiden Phasen** der Alternativenprüfung **unterscheiden** sich in einem für die SUP wichtigen Punkt. Bei der als erstem Schritt vorausgehenden Auswahl „vernünftiger" Alternativen verlässt die SUP kurzzeitig das umweltinterne Prüfprogramm (dazu → Rn. 25) und öffnet sich anderen Belangen etwa der Wirtschaft oder des Verkehrs. Das Kriterium der „Vernünftigkeit" ist ersichtlich nicht auf Umweltaspekte beschränkt (zustimmend Schiller UPR 2016, 457 (462); Köck/Bovet/Fischer/Ludwig/Möckel/Faßbender S. 211 f.). Eine Alternative, die aus ökologischer Sicht durchaus in Betracht kommt, aber jede wirtschaftliche Vernunft vermissen lässt, erfüllt nicht die Anforderungen des § 40 Abs. 1 Satz 2, Abs. 2 Satz 1 Nr. 8 und ist deshalb nicht in die Alternativenprüfung einzubeziehen (so auch Spannowsky UPR 2005, 401 (404 m.w.N.); Uebbing S. 167). Damit ist dieser an sich systemfremde „Ausflug" in die (Vor-)Abwägung verschiedener Belange auch schon beendet. Mit der zweiten Phase der Alternativenprüfung – der Ermittlung, Beschreibung und Bewertung der ausgewählten Alternativen – kehrt die SUP zu ihrer umweltzentrierten Sicht zurück und befasst sich wieder ausschließlich mit den Umweltfolgen der verschiedenen Alternativen. Dieser Blickwechsel lässt sich auch am Wortlaut des § 40 ablesen: Während die in Absatz 1 Satz 2 geregelte zweite Phase ausdrücklich auf die Umweltauswirkungen der Alternativen begrenzt wird, fehlt bei der vorausgehenden Alternativenauswahl in Absatz 2 Satz 1 Nr. 8 dieser Umweltbezug, was innerhalb des Katalogs der Nrn. 1 bis 9 eine besondere Ausnahme darstellt. 36

Diese differierenden Ansätze der beiden Prüfungsphasen sind in der Literatur – soweit ersichtlich – für sich genommen jeweils unstreitig; sie werden aber als bedeutsamer Unterschied nicht ausreichend herausgestellt (angedeutet bei Balla NuR 2006, 485 (490); Spannowsky UPR 2005, 401 (404, 407)). Der Methodenwechsel innerhalb der Alternativenprüfung hat unmittelbare praktische Bedeutung. Denn er gibt die Antwort auf die umstrittene Frage, ob alle ausgewählten Alternativen in gleicher Weise detailliert untersucht werden müssen. Hier hat das Bundesverwaltungsgericht in den Zeiten vor Einführung der SUP die Auffassung entwickelt, dass die Variantenprüfung nicht bis zuletzt offen gehalten werden müsse. Es sei ohne Verstoß gegen das Abwägungsgebot zulässig, Alternativen schon in einem frühen Verfahrensstadium auszuscheiden, wenn diese auf Grund einer Grobanalyse als weniger geeignet erschienen (BVerwG NVwZ 1993, 572 (574); bereits zum UVPG: BVerwGE 100, 238 (249 f.); BVerwGE 157, 73 Rn. 32; BVerwGE 169, 94 Rn. 75). Während der überwiegende Teil der Literatur diese Rechtsprechung auch in SUP-Verfahren anwenden möchte (Balla NuR 2006, 485 (490); Uebbing S. 176 f.; Gassner § 14g Rn. 23 f.; Schiller UPR 2016, 457 (462 f.); wohl auch Kment in Beckmann/Kment § 40 Rn. 34), verlangen andere eine **vergleichbare Untersuchung sämtlicher ausgewählter Varianten** (Peters/Balla/Hesselbarth § 40 Rn. 8; Schink NuR 2005, 143 (146); Köck/Bovet/Fischer/Ludwig/Möckel/Faßbender S. 212; ähnlich Sangenstedt/Salm in Steinbach/Franke § 7 NABEG Rn. 41 ff. (Ausscheiden nur bei „hoher Evidenz"); EU-Kommission Nr. 5.12; so auch amtl. Begründung, BT-Drs. 15/3441, 32). Der vom Bundesverwaltungsgericht aufgezeigte sukzessive Abschichtungsvorgang ist mit dem Zwei-Phasen-Konzept des Art. 5 Plan-UP-RL und des § 40 UVPG nicht in Einklang zu bringen. Denn das vorzeitige Ausscheiden aus der Alternativenprüfung geschieht auf Grund einer Abwägung mit anderen privaten oder öffentlichen Belangen (zu diesem Zusammenhang deutlich BVerwGE 117, 149 (160); Uebbing S. 176 m.w.N.). Ein solcher Abwägungsvorgang ist aber – wie dargestellt – nur zu Beginn der Alternativenprüfung ausnahmsweise statthaft, wenn es darum geht, die prinzipiell unbegrenzte Anzahl denkbarer Varianten durch das Kriterium der „Vernünftigkeit" auf ein beherrschbares Ausmaß zu reduzieren. Ist diese Auswahl einmal getroffen, so beschränkt sich die SUP wieder 37 ausschließlich auf die *Umwelt*auswirkungen der Varianten. In § 40 Abs. 1 Satz 2 finden sich keinerlei Anhaltspunkte dafür, dass die SUP für einzelne der ausgewählten Alternativen vorzeitig abgebrochen werden dürfte. Der fortgesetzte Abwägungsprozess, wie ihn das Bundesverwaltungsgericht skizziert hat, ist demgegenüber darauf angelegt, das abwägende Ausscheiden von Alternativen mit zunehmender Ermittlungsdichte zu wiederholen, sobald eine weitere Variante als weniger geeignet erscheint. Dabei wandert der Blick beständig hin und her: Einerseits zwischen den einzelnen Abwägungsstufen – dem Ermitteln, dem Bewerten und der Abwägung im eigentlichen Sinn – und andererseits zwischen verschiedenen Belangen, um deren gewichtende Gegenüberstellung zu ermöglichen. Beides ist aber mit der streng in getrennte Prüfschritte gegliederten und umweltzentrierten SUP nicht zu vereinbaren (zustimmend Franzius S. 74). Dieses Ergebnis wird durch die Gesetzessystematik bestätigt: Das UVPG statuiert in § 39 Abs. 2 Satz 2 sorgsam austarierte und breit angelegte Begrenzungen von Ermittlungspflichten, die in § 40 Abs. 1 Satz 2 durch die Attribute *erhebliche* Umweltauswirkungen und *vernünftige* Alternativen ergänzt werden. Ein so gravierender Eingriff in den Ermittlungsprozess wie das vorzeitige Ausscheiden von vernünftigen Alternativen hätte also erst Recht eine gesetzliche Regelung nahegelegt, wenn der (europäische oder nationale) Gesetzgeber ihn gewollt hätte. Um diese Herleitung aus dem Gesetz zu entkräften, genügt es nicht, dass die Erwägungsgründe zur Plan-UP-Richtlinie zu dieser Thematik schweigen (darauf läuft jedoch die Argumentation von Schiller UPR 2016, 457 (463) hinaus). Auch die Gefahr einer Ausweitung der SUP zu einem allgemeinen Suchverfahren ist mit der hier vertretenen Auffassung nicht verbunden (so aber Schiller UPR 2016, 457 (463)). Das verhindern schon die erwähnten Restriktionen der Ermittlungspflichten in § 39 Abs. 2 Satz 2 und § 40 Abs. 1 Satz 2, die selbstverständlich auch für die Alternativenprüfung gelten.

38 Nach dem Zwei-Phasen-Konzept des § 40 ist somit die Alternativenprüfung im Rahmen der SUP abgeschlossen, wenn alle vernünftigen Varianten ermittelt, beschrieben und bewertet sind. Die eigentliche **Abwägungsentscheidung** zugunsten einer Alternative und deren Begründung ist nicht mehr Teil der umweltzentrierten SUP, sondern findet statt, wenn das Ergebnis der SUP zusammen mit anderen berührten Belangen in das weitere Planverfahren eingebracht wird (Kment in Beckmann/Kment § 40 Rn. 37 f.; Köck/Bovet/Fischer/Ludwig/Möckel/Faßbender S. 212). Dabei muss keineswegs diejenige Alternative ausgewählt werden, die mit den geringsten Umweltauswirkungen verbunden ist (Peters/Balla/Hesselbarth § 40 Rn. 9, 23; Kment in Beckmann/Kment § 40 Rn. 68; Pietzker/Fiedler DVBl. 2002, 929 (935); Spannowsky UPR 2005, 401 (405)). Dies folgt daraus, dass das Ergebnis der SUP bei der Entscheidung über den Plan bzw. das Programm gem. § 43 Abs. 2 (nur) zu „berücksichtigen" ist (amtl. Begründung, BT-Drs. 15/3441, 34; näher dazu → § 43 Rn. 19 ff.).

39 **dd) Plankonformität.** Inwieweit die Alternativenprüfung **plankonform** erfolgen muss, ist im Einzelnen noch nicht geklärt. Einigkeit herrscht dahingehend, dass sich die Alternativenprüfung (zumindest) auf alle vernünftigen Lösungsmöglichkeiten erstreckt, mit denen die durch den Plan bzw. das Programm verfolgten Ziele erreicht werden können. Fraglich ist aber schon, ob darüberhinaus auch unterschiedliche **Plankonzeptionen** in Betracht gezogen werden müssen, die geeignet sind, die Planziele zu erreichen (dafür Uebbing S. 170; Ginsky UPR 2002, 47 (50); Köck/Bovet/Fischer/Ludwig/Möckel/Faßbender S. 212; ablehnend Kment in Beckmann/Kment § 40 Rn. 25). Das ist zu bejahen. Nach Art. 5 Abs. 1 Satz 1 Plan-UP-RL sind alle vernünftigen Alternativen in den Umweltbericht aufzunehmen, die die Ziele des Plans/Programms berücksichtigen. Tiefer greifende Restriktionen, die bis auf die Ebene der Planungskonzeption ausstrahlen würden, sind der Bestimmung nicht zu entnehmen. Solange sich also eine alternative Konzep-

tion im Rahmen der Planungsziele bewegt, muss sie ermittelt, beschrieben und bewertet werden. Dies bestätigt die Sondervorschrift für Verkehrsplanungen in § 53. In dessen Abs. 2 Satz 1 hat der Gesetzgeber die erwähnte Formulierung aus Art. 5 Abs. 1 Satz 1 Plan-UP-RL wörtlich übernommen und durch zwei Beispiele konkretisiert. Die danach ausdrücklich auch zu prüfenden alternativen Verkehrsnetze und Verkehrsträger berühren in aller Regel den – wie auch immer gearteten – konzeptionellen Ansatz jeder Verkehrswegeplanung.

Eine Grenze für die Prüfung vernünftiger Alternativen bilden hingegen – wie angedeutet – die **Ziele** des **Plans/Programms**. Lösungsvarianten, die abweichende Planungsziele verfolgen, brauchen also nicht geprüft zu werden. Diese in der Literatur (Spannowsky UPR 2005, 401 (405); Uebbing S. 166; Ginsky UPR 2002, 47 (50); Callies S. 39; Kment in Beckmann/Kment § 40 Rn. 25; Schink NuR 2005, 143 (146)) als strikte Regel aufgefasste Grenze kann jedoch nicht uneingeschränkt gelten (so will Bundesumweltministerium S. 33 Zielabweichungen „in geringem Umfang" hinnehmen; offener auch Schiller UPR 2016, 457 (462)). Das Setzen bestimmter Ziele ist zwar eine zentrale Ausprägung der planerischen Gestaltungsfreiheit. Art. 5 Abs. 1 Satz 1 Plan-UP-RL erklärt die Planungsziele aber nicht zu einem absoluten Maßstab für die Alternativenprüfung. Sie sind vielmehr (nur) zu *berücksichtigen*. Damit wählt die Plan-UP-Richtlinie einen Begriff, der auch an anderen Stellen – etwa in Art. 8 – ergebnisoffen verstanden wird. Dies geschieht mit gutem Grund. Denn die zuständige Planungsbehörde kann mit der Festlegung der Planziele auch die Breite der Alternativenprüfung steuern. Es ist ihr grundsätzlich unbenommen, die Zielformulierung sehr eng zu fassen und darin bereits Elemente der Planungskonzeption aufzunehmen (z.B. Ausweisung einer Fläche für eine *thermische* Abfallbeseitigungsanlage in einem Abfallwirtschaftsplan). Eine solche prinzipiell unbegrenzte Restriktion der Alternativenprüfung durch die Planungsbehörde würde aber dem zentralen Anliegen der Plan-UP-Richtlinie zuwiderlaufen, durch formalisierte Verfahrensregelungen eine zwingende Alternativenprüfung einzuführen und diese zu rationalisieren (Wulfhorst NVwZ 2011, 1099 (1103)). Um dem vorzubeugen, bietet es sich an, der in Art. 5 Abs. 1 Satz 1 Plan-UP-RL vorgesehenen Berücksichtigung der Planziele durch eine **„je-desto-Formel"** Rechnung zu tragen: Je enger und konkreter die Ziele des Plans/Programms formuliert werden, desto eher müssen auch „vernünftige" Alternativen einbezogen werden, die jenseits dieser Ziele liegen. Damit wird lediglich eine allzu stark eingeschränkte Alternativenprüfung korrigiert, nicht aber eine Präferenz für eine bestimmte Variante vorgeprägt. Die planerische Gestaltungsfreiheit bleibt also unberührt. Ganz nebenbei wird der planenden Behörde die Begründung der letztlich gewählten Variante überzeugender geraten, wenn sie sich der Prüfung von Alternativen auch an den Rändern ihrer eigenen Planungskonzeption aussetzt. 40

ee) „Nullvariante". In diesen Zusammenhang gehört auch die Diskussion um die Prüfung der sog. **„Nullvariante"**. Bei näherem Hinsehen wird deutlich, dass die Literatur unter diesem Stichwort zwei unterschiedliche Tatbestände debattiert, ohne dass sie sich dies immer bewusst zu machen scheint. Um die „Nullvariante" soll es zunächst in § 40 Abs. 2 Satz 1 Nr. 3 gehen (so etwa Schink NuR 2005, 143 (146); Kment in Beckmann/Kment § 40 Rn. 32, 48; Callies S. 39; Bunge/Nesemann Nr. 3.4.2). Nach dieser Bestimmung sind im Umweltbericht neben den Merkmalen der Umwelt und dem derzeitigen Umweltzustand auch dessen „voraussichtliche Entwicklung bei Nichtdurchführung des Plans oder des Programms" zu beschreiben. Wie der systematische Zusammenhang zeigt, ist das übergreifende Thema des § 40 Abs. 2 Satz 1 Nr. 3 die schlichte Beschreibung der Umwelt. Die Entwicklung ohne den Plan bzw. das Programm bildet demnach einen **Referenzzustand**, an dem die Veränderungen durch den Plan bzw. das Programm ge- 41 messen werden können (Peters/Balla/Hesselbarth § 40 Rn. 9, 17; Uebbing S. 119, 170). Wenn das Gesetz dabei auf die „Entwicklung" des Gebietes abstellt, so wird deutlich, dass es hier nicht so sehr um eine Momentaufnahme des status quo geht, sondern vor allem um die Erfassung von zukünftigen Veränderungen, die dem Plan/Programm nicht zuzurechnen sind, weil sie unabhängig von ihm eintreten könnten. Mit einer eigenständigen Variante des aufzustellenden Plans/Programms hat das nichts zu tun (Balla NuR 2006, 485 (487); Pietzker/Fiedler DVBl. 2002, 929 (935)). Von dieser allenfalls als „unechte" Nullvariante zu bezeichnenden Umweltbeschreibung ist die „echte" zu unterscheiden, bei der die Frage diskutiert wird, ob der **Verzicht** auf die **Planung** als eine eigenständige Variante in die Alternativenprüfung nach § 40 Abs. 1 Satz 2 und Abs. 2 Satz 1 Nr. 8 einzustellen ist. Dies wird unter Verweis auf den soeben (→ Rn. 39 f.) dargestellten Gedanken der Plankonformität überwiegend verneint: Der Verzicht auf die Planung bzw. das Programm entspreche in der Regel gerade nicht den damit verfolgten Zielen (Peters/Balla/Hesselbarth § 40 Rn. 9; Kment in Beckmann/Kment § 40 Rn. 32, 49; Uebbing S. 170 f., 176; Pietzker/Fiedler DVBl. 2002, 929 (935); dagegen aber Callies S. 39; Schink NuR 2005, 143 (146); differenzierend Spannowsky UPR 2005, 401 (405)).

42 Diese Argumentation ist für sich genommen schlüssig. Sie verkennt aber, dass die sog. „Nullvariante" bei Lichte betrachtet eine wesentlich weiter gehende Zielrichtung hat als die einer Alternativenprüfung, die unter verschiedenen Lösungsmöglichkeiten diejenige herauszufiltern bestrebt ist, die die verschiedenen widerstreitenden Belange in einen möglichst schonenden Ausgleich bringt. Unter dem Stichwort „Nullvariante" wird vielmehr die Frage verhandelt, ob die Planung vollständig aufgegeben werden muss, weil ihr in der Abwägung unüberwindliche Belange entgegenstehen. Wird diese Prüfung unterlassen, so liegt ein Abwägungsfehler vor (sehr deutlich zu diesem Zusammenhang z.B. BVerwGE 104, 236 (248 ff.)). Das ist aber kein Thema der SUP, sondern eine Frage, die erst auf der letzten Abwägungsstufe ins Spiel kommt, wenn die konfligierenden Belange gegenübergestellt werden. Die vorausgehende SUP erschöpft sich hingegen darin, gem. § 40 Abs. 2 Satz 1 Nr. 3 die voraussichtliche Entwicklung des Umweltzustandes bei Nichtdurchführung des Plans/Programms darzustellen. Wenn die überwiegende Auffassung in Bezug auf die SUP feststellt, dass eine Nullvariante nicht zu untersuchen sei, weil sie regelmäßig nicht planzielkonform sei, so führt sie diese Diskussion also am unzutreffenden Ort. Mit der vorbehaltslosen Ablehnung einer „Nullvarianten"-Prüfung wird sogar der Weg für Abwägungsfehler bereitet, weil die dahinter stehende Thematik nach der erwähnten Rechtsprechung des Bundesverwaltungsgerichts bei der nachfolgenden Abwägung sehr wohl aufzurufen ist. Das Schlagwort **„Nullvariante"** erweist sich damit in beiden dargestellten Fassungen als eher verwirrend und sollte ganz **vermieden** werden.

43 **ff) Berücksichtigung des geographischen Anwendungsbereichs.** Nach überwiegender Auffassung darf sich die Suche nach Alternativen auf die **geographischen Grenzen des Plangebietes** beschränken (Schink in Schink/Reidt/Mitschang § 40 Rn. 13; Peters/Balla/Hesselbarth § 40 Rn. 7; Pietzker/Fiedler DVBl. 2002, 929 (935)). Dabei ist jedoch schon zweifelhaft, ob der von den Vertretern dieser Ansicht angeführte Wortlaut des Art. 5 Abs. 1 Satz 1 Plan-UP-RL eine derart absolute Einschränkung des Untersuchungsgebietes rechtfertigt (dazu und zum Folgenden Kment in Beckmann/Kment § 40 Rn. 26 ff.; gegen eine Begrenzung der Alternativenprüfung auf das Plangebiet auch OVG Münster ZUR 2021, 689 (692 ff.)). Denn auch in diesem Zusammenhang verlangt Art. 5 Abs. 1 Satz 1 Plan-UP-RL nur, dass der geographische Anwendungsbereich des Plans/Programms zu *berücksichtigen* ist (Wulfhorst NVwZ 2011, 1099 (1103); dazu bereits → Rn. 40). Jedenfalls hat aber der deutsche Gesetzgeber bei ansonsten unverändert übernommenem Wortlaut den Hinweis auf den geographischen Anwendungsbereich gerade weggelassen. Darin kommt eine gewisse Zurückhaltung zum Ausdruck, die nur allzu verständlich ist, wenn man bedenkt, dass es ein entscheidender Beweggrund der Plan-UP-Richtlinie war, der auf den Projektstandort verengten UVP eine räumlich weiter greifende Alternativensuche vorzuschalten (Wulfhorst NVwZ 2011, 1099 (1103); so jetzt auch OVG Münster ZUR 2021, 689 (692); → Rn. 33). Das würde aber konterkarriert, wenn es die zuständige Behörde in der Hand hätte, den räumlichen Umgriff der Standortprüfung durch den Zuschnitt des Plangebietes möglichst klein zu halten (Pietzker/Fiedler DVBl. 2002, 929 (935) wollen dies „bis zur Grenze des missbräuchlichen Plangebietszuschnitts“ hinnehmen). Zwar wird die Alternativenprüfung durch das Plangebiet dergestalt priorisiert, dass dieses zunächst Ausgangspunkt der Ermittlung ist. Die Untersuchung endet jedoch nicht an den Grenzen des Plangebietes. Sie darf allerdings zunehmend grobkörniger werden, je größer die Entfernung zum Plangebiet wird und je weniger ernsthaft sich dort Alternativen anbieten. Strikte Grenze der Untersuchung ist dabei aber stets der räumliche Zuständigkeitsbereich der Planungsbehörde (ebenso OVG Münster ZUR 2021, 689 (692); EU-Kommission Nr. 5.14). Warum der Planungsträger sich bei Flächen außerhalb des von ihm festgelegten Plangebietes auf Kenntnisdefizite berufen können soll, die eine Alternativenprüfung ausschließen, auch wenn die Flächen in seinem Zuständigkeitsbereich liegen (dafür aber Schink UPR 2022, 206 (211)), ist nicht ersichtlich. Denn innerhalb seines Zuständigkeitsbereiches kann und muss sich der Planungsträger die erforderlichen Kenntnisse verschaffen, was in der Praxis der SUP ohnehin in aller Regel durch die Beauftragung eines spezialisierten Büros erfolgt.

5. Beschreibung und Bewertung. Die Beschreibung und die Bewertung als die auf die Ermittlung folgenden Verfahrensschritte werden im Zusammenhang mit ihren detaillierteren Regelungen in Absatz 2 und 3 ausführlicher erläutert (→ Rn. 45 ff. und 70 ff.). An dieser Stelle soll deshalb eine kurze Abgrenzung beider Stationen genügen. Unter der **Beschreibung** versteht das UVPG die schriftliche Dokumentation der ermittelten potentiellen Umweltfolgen eines SUP-pflichtigen Plans oder Programms (Kment in Beckmann/Kment § 40 Rn. 13). Diese deskriptiv-analysierende Darstellung bildet die rechtstatsächliche Grundlage für die anschließende **Bewertung**, die anhand des geltenden Planungsrechts beurteilen soll, ob die beschriebenen Umweltauswirkungen des Plans/Programms entscheidungserheblich sind und ob sie hingenommen werden sollen oder nicht (Kment in Beckmann/Kment § 40 Rn. 14; Bunge/Nesemann Nr. 3.3.3.1; zur Abgrenzung auch → § 24 Rn. 1, 10 und § 25 Rn. 17 m.w.N.). 44

VI. Beschreibung der Umweltauswirkungen (Absatz 2)

1. Inhalt der Beschreibung (Absatz 2 Satz 1). a) Allgemeines. § 40 Abs. 2 Satz 1 enthält eine Aufzählung derjenigen Informationen, die im Umweltbericht enthalten sein müssen. Es handelt sich um **Mindestangaben**, so dass der Katalog nicht abschließend ist (Kment in Beckmann/Kment § 40 Rn. 39 m.w.N.). Weitergehende Darstellungspflichten können sich insbesondere aus den maßgeblichen fachgesetzlichen Grundlagen ergeben, die gem. § 38 Satz 2 UVPG Vorrang haben (Peters/Balla/Hesselbarth § 40 Rn. 5).Die detaillierten Vorgaben des § 40 Abs. 2 Satz 1 bieten nebenbei eine praktische Hilfestellung, weil die zuständige Behörde sie als eine **Checkliste** nutzen kann, wenn sie gem. § 39 zu Beginn des Verfahrens den Umfang der Ermittlungen festlegt. Es ist zudem ratsam, die Gliederung des Umweltberichtes an der Aufzählung zu orientieren (→ Rn. 21; zu Ausnahmen von diesem Grundsatz → Rn. 52 und 61). 45

b) Kurzdarstellung des Plans/Programms (Nr. 1). Nach § 40 Abs. 2 Satz 1 Nr. 1 enthält der Umweltbericht eine **Kurzdarstellung** des Inhalts und der wichtigsten Ziele 46 des Plans oder Programms. Damit soll den zu beteiligenden Behörden und der Öffentlichkeit eine erste Vorstellung von dem Plan/Programm vermittelt werden. Während die nachfolgenden Angaben dem Wesen der SUP entsprechend umweltzentriert sind (→ Rn. 14, 25), geht es hier auch um die anderen, nicht umweltbezogenen Inhalte und Ziele des Plans/Programms (Bunge/Nesemann Nr. 3.4.2; Schink in Schink/Reidt/Mitschang § 40 Rn. 19).

47 Darzustellen sind ebenfalls die (Wechsel-)Beziehungen zu **anderen relevanten Plänen** und Programmen. Die Regelung erinnert die zuständige Behörde daran, dass jeder Plan und jedes Programm in vertikaler und horizontaler Hinsicht in eine vielschichtige und sich gegenseitig beeinflussende „Planungslandschaft" eingebettet ist.

48 **c) Ziele des Umweltschutzes (Nr. 2).** § 40 Abs. 2 Satz 1 Nr. 2 verlangt zunächst von der zuständigen Behörde, die **Umweltschutzziele** dazustellen, die für den Plan oder das Programm gelten. In einem zweiten, eigenständigen Schritt muss die Behörde sich dazu äußern, wie sie diesen **Zielen** bei der Ausarbeitung des Plans/Programms **Rechnung getragen** hat. Die Qualifizierung als „Ziel des Umweltschutzes" setzt dreierlei voraus (zum Folgenden insbesondere Bunge/Nesemann Nr. 3.4.2). Zunächst muss das betreffende Ziel zumindest auch der Sicherung oder Verbesserung der Umwelt dienen. Diese Ziele müssen zum Zweiten für den Plan oder das Programm relevant sein. Hier hat die Behörde insbesondere zu prüfen, welche der in § 2 Abs. 1 genannten Schutzgüter von den Festlegungen des Plans/Programms berührt sein können. Kommt die spätere Beschreibung der voraussichtlichen erheblichen Umweltauswirkungen (dazu → Rn. 53 ff.) zu dem Ergebnis, dass bestimmte Schutzgüter von dem Plan nicht tangiert werden, so kann der Umweltbericht hier darauf verzichten, entsprechende Ziele darzustellen. Drittens macht § 40 Abs. 2 Satz 1 Nr. 2 mit dem Attribut „geltend" deutlich, dass das Ziel einen gewissen Verbindlichkeitsgrad haben muss. Es muss also auf Grund von Rechtsvorschriften zumindest zu berücksichtigen sein. Bei bloßen politischen Beschlüssen wird man wohl differenzieren müssen. Ist ein solcher einfacher Beschluss auf derselben Ebene verabschiedet worden, auf der auch der in Rede stehende Plan aufgestellt wird, so entfaltet er seine Wirkung im Wege der Selbstbindung (in diese Richtung auch Bundesumweltministerium S. 20). Ob aber ohne gesetzliche Ermächtigungsgrundlage beschlossene politische Ziele auch für andere Ebenen innerhalb des Staatsaufbaus „gelten", dürfte zu bezweifeln sein. So wird die in diesem Zusammenhang immer wieder genannte Nachhaltigkeitsstrategie der Bundesregierung wohl keine rechtliche Wirkung für Pläne und Programme von Ländern und Kommunen entfalten können (für uneingeschränkte Geltung hingegen Bunge/Nesemann Nr. 3.4.2; Kment in Beckmann/Kment § 40 Rn. 43; amtl. Begründung, BT-Drs. 15/3441, 32; wie hier mit strikteren Anforderungen an die Verbindlichkeit von Zielen die Regelung in Anlage 1 Nr. 1b) BauGB).

49 An der eher unscheinbaren Vorschrift des § 40 Abs. 2 Satz 1 Nr. 2 lässt sich die **spezifische Verfahrensweise** der **SUP** besonders anschaulich machen. Einerseits strebt die SUP eine Rationalisierung des Verfahrens an, indem sie auf eine gedankliche Trennung von einzelnen Stationen setzt, die im herkömmlichen Planungsverfahren kaum als eigenständiger Verfahrensschritt erkennbar sind. So veranlasst § 40 Abs. 2 Satz 1 Nr. 2 die zuständige Behörde, bereits in einem frühen Stadium des Planungsprozesses eigens schriftlich zu fixieren, welche Umweltschutzziele für den Plan oder das Programm gelten. Andererseits stehen diese Verfahrensschritte nicht in einer unbedingten zeitlichen Abfolge, sondern sind eng miteinander verwoben und überschneiden sich. Dies deutet sich schon bei der nach § 40 Abs. 2 Satz 1 Nr. 2 erforderlichen Darstellung der Umweltschutzziele an, die die Maßstäbe für die Bewertung nach § 40 Abs. 3 setzt und damit einen wichtigen Teil dieser anschließenden Verfahrensstufe vorwegnimmt. Noch klarer wird die wechselseitige

Beeinflussung der einzelnen Verfahrensstationen bei der Frage, wie die Umweltschutzziele bei der Planausarbeitung berücksichtigt wurden. Dies lässt sich nämlich nur dann beantworten, wenn die Behörde sich zuvor (zumindest vorläufig) darüber Klarheit verschafft hat, welche Umweltauswirkungen bei Umsetzung des Plans/Programms zu erwarten sind, wie diese einzuschätzen sind und welche Konsequenzen sie daraus für die Ausgestaltung des Plans/Programms zu ziehen gedenkt. Das sind bereits erste Schritte einer Bewertung nach § 40 Abs. 3 und einer Berücksichtigung nach § 43 Abs. 2 (Bunge/Nesemann Nr. 3.4.2). Diese werden also gerade nicht an das Ende des Planungsprozesses verbannt, sondern sollen die Planung von Beginn an im Sinne eines ständigen Optimierungsprozesses beeinflussen (Peters/Balla/Hesselbarth § 40 Rn. 14 f.; Kment in Beckmann/Kment § 40 Rn. 46).

d) Merkmale der Umwelt (Nr. 3). Im Umweltbericht sind gem. § 40 Abs. 2 Satz 1 50
Nr. 3 die **Merkmale** der **Umwelt**, des derzeitigen **Umweltzustands** sowie dessen voraussichtliche **Entwicklung** bei **Nichtdurchführung** des Plans/Programms darzustellen. Die Beschreibung des gegenwärtigen Umweltzustandes ist erforderlich, um dessen Veränderung bei Umsetzung des Plans/Programms prognostizieren zu können (→ Rn. 28). Gegenstand der Bestandsaufnahme sind die in § 2 Abs. 1 Nr. 1 bis 4 aufgezählten Schutzgüter sowie Wechselwirkungen zwischen diesen. Die Darstellung erfolgt **problemorientiert**. Schwerpunkte sind also bei möglichen Vorbelastungen, besonders schützenswerten Umweltbestandteilen (auch → Rn. 52 zu Nr. 4) und bei denjenigen Schutzgütern zu setzen, auf die sich die Umsetzung des Plans/Programms stärker auswirken wird. Je stärker sich die Darstellungen des Plans/Programms der konkreten Projektebene nähern, desto größer muss der Detaillierungsgrad sein (Schink in Schink/Reidt/Mitschang § 40 Rn. 22). In räumlicher Hinsicht orientiert sich die Beschreibung der Umwelt an den jeweiligen Umweltauswirkungen des Plans/Programms. Diese können abhängig von der Art der Einwirkung (z.B. Luftverunreinigungen, Geräusche) und dem betroffenen Schutzgut (z.B. Menschen, Natur und Landschaft) eine unterschiedliche Ausdehnung haben und über die Grenzen des Planwerks hinausgehen (Kment in Beckmann/Kment § 40 Rn. 47; Peters/Balla/Hesselbarth § 40 Rn. 17).

Für eine umfassende Prognose der mit dem Plan/Programm verbundenen Umweltaus- 51
wirkungen muss auch bekannt sein, wie sich die Umwelt „bei Nichtdurchführung des Plans oder des Programms" voraussichtlich entwickeln würde. Dies ist insbesondere dann von Bedeutung, wenn der Plan bzw. das Programm aufgestellt wird, um ein bestehendes oder zukünftiges Umweltproblem in den Griff zu bekommen. Dadurch wird aber dieser Tatbestand **nicht** zu einer **Nullvariante**, die als eigenständige Lösung in die Alternativenprüfung einzustellen wäre (→ Rn. 41).

e) Bedeutsame Umweltprobleme (Nr. 4). Eine besondere Ausprägung des nach 52
§ 40 Abs. 2 Satz 1 Nr. 3 darzustellenden gegenwärtigen Umweltzustandes benennt Nr. 4. Dieser Tatbestand verlangt eine Analyse der derzeitigen für den Plan oder das Programm **bedeutsamen Umweltprobleme**. Ob ein Umwelt*problem* besteht und ob dieses *bedeutsam* ist, erfordert eine gewisse Bewertung, so dass Elemente dieser nachfolgenden Verfahrensstufe bereits im beschreibenden Teil des Umweltberichts aufscheinen (Bunge/Nesemann Nr. 3.4.2). Besonders hebt das Gesetz Probleme hervor, die sich im Zusammenhang mit **ökologisch empfindlichen Gebieten** stellen, wie sie in Nr. 2.6 der Anlage 6 i.V.m. Nr. 2.3 der Anlage 3 aufgeführt sind. Es sind dies vor allem naturschutzfachlich geschützte Gebiete, solche, in denen Umweltqualitätsnormen bereits überschritten sind, und Gebiete mit einer hohen Bevölkerungsdichte. Auf Grund des engen inhaltlichen Zusammenhanges empfiehlt es sich, die gegenwärtigen Umweltprobleme als einen Unter-

abschnitt der Angaben nach § 40 Abs. 1 Satz 1 Nr. 3 vorzusehen (Bunge/Nesemann Nr. 3.4.2; ähnlich Peters/Balla/Hesselbarth § 40 Rn. 18; Kment in Beckmann/Kment § 40 Rn. 52; EU-Kommission Nr. 5.21). Mit **bedeutsamen Umweltproblemen** sind Vorbelastungen gemeint, die in dem von dem Plan oder Programm erfassten Gebiet bestehen. Bei der Darstellung im Umweltbericht ist ein Schwergewicht auf solche Vorbelastungen zu legen, die durch den Plan oder das Programm noch verstärkt werden könnten. Dies gilt etwa bei bereits stark lärmbelasteten Gebieten, in denen Planungen für neue Verkehrswege ins Auge gefasst werden. Die Auswirkungen dieser Verkehrswegeplanung selbst sind allerdings unter § 40 Abs. 2 Satz 1 Nr. 5 näher darzustellen (Kment in Beckmann/Kment § 40 Rn. 51).

53 **f) Voraussichtliche erhebliche Umweltauswirkungen (Nr. 5).** Unter den nach § 40 Abs. 2 Satz 1 im Umweltbericht darzustellenden Inhalten stellt die Beschreibung der **voraussichtlichen erheblichen Umweltauswirkungen** (Nr. 5) den gewichtigsten dar. Dieser Abschnitt ist der Kernbestandteil jedes Umweltberichts, was sich auch in seinem Umfang niederschlagen sollte.

54 Der ausdrückliche Verweis auf § 3 in Verbindung mit § 2 Absatz 1 und 2 bringt dem Gesetzesanwender nicht nur die einzelnen Schutzgüter des UVPG noch einmal in Erinnerung, sondern auch die besondere Bedeutung, die die SUP mit ihrem medienübergreifenden Ansatz den Wechselwirkungen zwischen den einzelnen Umweltmedien beimisst (→ Rn. 29). Zu den im Umweltbericht zu beschreibenden Umweltauswirkungen gehören nach Anhang I Fn. 1 der Plan-UP-RL auch **kumulative** (also sich durch ihr Zusammentreffen addierende) und **synergetische** (sich gegenseitig verstärkende) Effekte. Solchen aus mehreren Quellen stammenden Umweltauswirkungen ist auf der Ebene der SUP-pflichtigen Planungen besondere Aufmerksamkeit zu schenken, weil sie bei der nachfolgenden Zulassung einzelner Vorhaben oftmals nicht ausreichend erfasst werden können (Schink, Umweltprüfung S. 99 f.; Callies S. 21). Darzustellen sind nach der Plan-UP-Richtlinie auch **positive** Auswirkungen auf die Umwelt, die von dem Plan/Programm ausgehen können (Peters/Balla/Hesselbarth § 40 Rn. 19). Umfang und Detaillierungsgrad der Beschreibung im Umweltbericht richten sich für die verschiedenen Auswirkungen jeweils nach der Bedeutung des Schutzgutes und der Intensität der Beeinträchtigung.

55 Bei der im Gesetz vorgesehenen Beschränkung auf die Darstellung **erheblicher** Umweltauswirkungen gelten dieselben Grundsätze, wie sie für die parallele Fragestellung bei der Ermittlung entwickelt wurden (→ Rdnr. 31). Um der Gefahr von unzulässigen Vorabbewertungen vorzubeugen, darf nur bei offensichtlich unerheblichen Umweltauswirkungen auf eine Beschreibung verzichtet werden (Bunge/Nesemann Nr. 3.4.2; Kment in Beckmann/Kment § 40 Rn. 56 f.; für ein eher weites Verständnis der „Erheblichkeit" auch Peters/Balla/Hesselbarth § 40 Rn. 19). Soweit danach die Auswirkungen auf eines der Umweltmedien eindeutig unterhalb der Erheblichkeitsschwelle bleiben, ist auch das im Umweltbericht kurz zu vermerken. Dies gebietet der integrative Ansatz der SUP, der ein vollständiges Bild der Folgen für die Umwelt und deren einzelne Bestandteile vermitteln will. Außerdem vermindert die planende Behörde so die Gefahr, bestimmte Auswirkungen zu übersehen oder falsch einzuschätzen.

56 Zu der Erheblichkeit tritt nach § 40 Abs. 2 Satz 1 Nr. 5 als weiteres einschränkendes Tatbestandsmerkmal hinzu, dass nur **voraussichtliche** Umweltauswirkungen zu beschreiben sind. Einigkeit besteht hier, dass dieser vom Gesetz nicht näher bestimmte Begriff weit auszulegen ist. Ausreichend ist also ein niedriger Wahrscheinlichkeitsgrad. Es genügt, wenn **Anhaltspunkte** dafür bestehen, dass die Umwelteinwirkungen eintreten können (so Bunge/Nesemann Nr. 3.4.2; Peters/Balla/Hesselbarth § 40 Rn. 19; tendenziell enger

Kment in Beckmann/Kment § 40 Rn. 55). Für diese großzügige Handhandhabung sprechen die Überlegungen, die schon von der Auslegung des Begriffs der Erheblichkeit bekannt sind (soeben → Rn. 55). Mit der Einschätzung als „voraussichtlich" ist eine Prognose verbunden, die in der Systematik der SUP der nachfolgenden Verfahrensstufe der Bewertung vorbehalten bleiben sollte (Bunge/Nesemann Nr. 3.4.2). Schließlich kommt noch hinzu, dass die SUP regelmäßig höherstufige Planungen betrifft, deren mögliche Umweltauswirkungen wesentlich unbestimmter sind als die im Stadium nachfolgender Zulassungsverfahren für einzelne Projekte (darauf verweisen z.B. Kment in Beckmann/Kment § 40 Rn. 55; Peters/Balla/Hesselbarth § 40 Rn. 19). Dem müssen auch die Anforderungen an den Wahrscheinlichkeitsgrad angepasst werden, da anderenfalls die Gefahr besteht, dass dieser Schwerpunkt des Umweltberichts weitgehend ausfällt.

g) Maßnahmen zur Verhinderung, Verringerung und zum Ausgleich von nachteiligen Umweltauswirkungen (Nr. 6). Nach § 40 Abs. 2 Satz 1 Nr. 6 sind die Maßnahmen darzustellen, die geplant sind, um erhebliche nachteilige Umweltauswirkungen aufgrund der Durchführung des Plans/Programms zu **verhindern**, zu **verringern** und soweit wie möglich **auszugleichen**. Angesichts der verfahrensrechtlichen Natur des Umweltberichts ergeben sich aus dieser Vorschrift **keine eigenständigen Pflichten** zur Festlegung solcher Maßnahmen. Die materiell-rechtliche Grundlage dafür ist weiterhin im jeweiligen Fachrecht zu suchen (Balla NuR 2006, 485 (489); Bunge/Nesemann Nr. 3.4.2; Kment in Beckmann/Kment § 40 Rn. 61). Da es bei der SUP zumeist um höherstufige Planungen geht, wird der Plan oder das Programm selbst kaum konkrete Maßnahmen zur Vermeidung, zur Verringerung oder zum Ausgleich von Umweltauswirkungen verbindlich festsetzen. Zudem ist das Ausmaß der mit dem Plan/Programm verbundenen nachteiligen Umweltauswirkungen in diesem Verfahrensstadium in aller Regel noch nicht so weit konkretisiert, dass sich die erforderlichen Schutzmaßnahmen genau bestimmen ließen. Dem trägt der Wortlaut des § 40 Abs. 2 Satz 1 Nr. 6 Rechnung, indem er von Umweltschutzmaßnahmen spricht, die **„geplant"** sind. Auf der Ebene der SUP geht es zumeist darum, mögliche Maßnahmen darzustellen, die in nachfolgenden Planungs- und Zulassungsverfahren verbindlich gemacht werden, und entsprechende Vorsorge zu treffen, soweit dies bereits möglich und erforderlich ist (z.B. Bezeichnung erforderlicher Flächen für Ausgleichsmaßnahmen, damit diese freigehalten werden können; Peters/Balla/Hesselbarth § 40 Rn. 20). 57

h) Aufgetretene Schwierigkeiten (Nr. 7). Nach § 40 Abs. 2 Satz 1 Nr. 7 ist im Umweltbericht auf **Schwierigkeiten** hinzuweisen, die bei der Zusammenstellung der Angaben aufgetreten sind. Das Gesetz nennt als Beispiele technische Lücken oder fehlende Kenntnisse. An diesem Punkt ist der methodische Fortschritt der SUP gegenüber den herkömmlichen Verfahren zur Aufstellung von Plänen oder Programmen besonders deutlich. Auch wenn die traditionelle Planbegründung durchaus die zu erwartenden nachteiligen Umweltauswirkungen beschreibt, so ist ihre Hauptaufgabe letztlich doch, den Plan und die ihn tragenden Erwägungen überzeugend darzustellen. § 40 Abs. 2 Satz 1 Nr. 7 zwingt hingegen die zuständige Behörde ausdrücklich, über die **„Schwächen"** des eigenen Umweltberichts zu informieren. Mit dieser Regelung soll es Dritten ermöglicht werden, die Aussagekraft und Zuverlässigkeit der Angaben im Umweltbericht einzuschätzen (Schink in Schink/Reidt/Mitschang § 40 Rn. 27; Peters/Balla/Hesselbarth § 40 Rn. 22; Kment in Beckmann/Kment § 40 Rn. 61 m.w.N.). Gerade fehlende Kenntnisse spielen im Umweltrecht eine wesentlich größere Rolle, als oftmals angenommen wird. Denn die Umwelt stellt ein hochkomplexes Wirkungsgefüge dar, dessen Zusammenhänge vielfach unerforscht sind und das aus unzähligen, sich ständig verändernden Mikrosyste- 58 men besteht. Für den Umweltbericht genügt es allerdings nicht, in allgemeiner Form auf dieses Phänomen hinzuweisen (Kment in Beckmann/Kment § 40 Rn. 64; Bundesumweltministerium S. 32). Es geht vielmehr um Kenntnislücken, die sich auf das konkrete Plangebiet und die dort möglicherweise zu erwartenden Umweltauswirkungen beziehen (zu der Einbeziehung der methodischen Ausführungen nach Nr. 8 → Rn. 61).

59 **i) Geprüfte Alternativen und Methodik der Umweltprüfung (Nr. 8).** Als ersten Schritt der Alternativenprüfung (dazu näher → Rn. 35) sieht § 40 Abs. 2 Satz 1 Nr. 8 eine **kurze Begründung** für die Auswahl der geprüften Alternativen vor. Mit dem Begriff der „Kurzdarstellung" verzichtet das Gesetz auf eine detaillierte Beschreibung der Gründe. Gefragt sind vielmehr die ausschlaggebenden Erwägungen, die zu der von der Behörde getroffenen Auswahl geführt haben.

60 Nach § 40 Abs. 2 Satz 1 Nr. 8 ist zusätzlich zu beschreiben, wie die Umweltprüfung durchgeführt wurde. Hier muss die Behörde also über ihr methodisches Vorgehen Rechenschaft ablegen. Diese **Beschreibung** erstreckt sich auf die **gesamte Umweltprüfung**. Den insofern engeren Wortlaut der nationalen Regelung, der diesen Teil des Umweltberichts auf die Alternativenprüfung („diese Prüfung") begrenzt hatte, hat das Gesetz zur Umsetzung der Dienstleistungsrichtlinie auf dem Gebiet des Umweltrechts sowie zur Änderung umweltrechtlicher Vorschriften von 2010 korrigiert (BT-Drs. 17/1393, 21; diese Gesetzesänderung übersehen Peters/Balla/Hesselbarth § 40 Rn. 23 und andere; kritisch zur alten Rechtslage Erbguth/Schubert ZUR 2005, 524 (528)). Damit wurde das UVPG insofern an die europarechtliche Regelung in Buchst. h) des Anhanges I der Plan-UP-RL angeglichen.

61 Die vom Gesetz geforderte Beschreibung „wie die Umweltprüfung durchgeführt wurde" darf nicht als Aufforderung zu weitschweifigen methodischen Ausführungen verstanden werden. Gefragt ist vielmehr eine **problemorientierte Darstellung**. Dies wird in der Plan-UP-RL deutlich, die den Passus „Beschreibung, wie die Umweltprüfung vorgenommen wurde" unmittelbar ergänzt durch die Formulierung „einschließlich etwaiger Schwierigkeiten bei der Zusammenstellung der erforderlichen Informationen (zum Beispiel technische Lücken oder fehlende Kenntnisse)". Leider reißt das UVPG in § 40 Abs. 2 Satz 1 diesen inhaltlichen Zusammenhang auseinander, indem es beide Passagen auf die Nummern 7 und 8 verteilt. In der Praxis sollten deshalb die problemorientierten methodischen Ausführungen zur Durchführung der SUP **(Nr. 8)** an den **Beginn** der Ausführungen zu **Nr. 7** gestellt werden, wie dies die Plan-UP-RL vorgibt. Dabei muss der Umweltbericht die entsprechenden Ausführungen **keineswegs** in einem **eigenen** umfassenden **Kapitel** zusammentragen. Vielfach wird es sich im Sinne einer besseren Lesbarkeit anbieten, die methodischen Fragen etwa bei der Prognose von Auswirkungen auf ein bestimmtes Schutzgut im jeweiligen fachlichen Zusammenhang (hier voraussichtliche erhebliche Umweltauswirkungen nach Nr. 5) darzustellen.

62 **j) Überwachungsmaßnahmen (Nr. 9).** § 40 Abs. 2 Satz 1 Nr. 9 sieht vor, dass die geplanten Überwachungsmaßnahmen nach § 45 in den Umweltbericht aufgenommen werden. Obwohl dieses sog. **Monitoring** gem. § 45 Abs. 1 Satz 1 erst mit der Durchführung des Plans/Programms beginnt, ist es sinnvoll, sich mit den erforderlichen Maßnahmen bereits im Umweltbericht zu befassen. Denn die Überwachung wird stark von den übrigen Angaben des Umweltberichts beeinflusst (Peters/Balla/Hesselbarth § 40 Rn. 24). Dies trifft in besonderem Maße auf die voraussichtlichen erheblichen nachteiligen Umweltauswirkungen (§ 40 Abs. 2 Satz 1 Nr. 5) zu, gilt aber auch für andere (Mindest-)Angaben wie den gegenwärtigen Umweltzustand (Nr. 3). Wichtig für die Art und Weise der Überwachung sind auch mögliche Kenntnislücken (Nr. 7), da diese besonders häufig zu

„unvorhergesehenen nachteiligen Auswirkungen" i.S.d. § 45 Abs. 1 Satz 1 führen werden (Balla NuR 2006, 485 (489, 491)). Geeignete Überwachungsschritte sind auch für die geplanten Maßnahmen zur Verhinderung, Verringerung und zum Ausgleich von Umweltauswirkungen (Nr. 6) zu bedenken, auf die sich das Monitoring ebenfalls erstreckt (Balla NuR 2006, 485 (491 m.w.N.)).

Im Umweltbericht **darzustellen** sind insbesondere die geplante Überwachungsmaßnahme mit einer erläuternden kurzen Begründung, die konkrete Umweltauswirkung, auf die sich die Überwachung beziehen soll, der Überwachungsintervall und die für die Überwachungsmaßnahme zuständige Behörde (Peters/Balla/Hesselbarth § 40 Rn. 25; Kment in Beckmann/Kment § 40 Rn. 70). 63

Die Darstellung nach § 40 Abs. 2 Satz 1 Nr. 9 durchläuft mit dem Umweltbericht die Behörden- und die Öffentlichkeitsbeteiligung. Die betreffenden Angaben bilden dann die Grundlage für die abschließende Festlegung des **Überwachungskonzepts** nach § 45 Abs. 1 Satz 2. 64

2. Erleichterungen für die Beteiligung Dritter. Um interessierten Bürgerinnen und Bürgern die Beteiligung am Verfahren zu erleichtern (Anstoßfunktion; bereits → Rn. 15), enthält § 40 Abs. 2 Satz 2 und 3 **zwei Vorgaben** für den Umweltbericht. Beide aus der Plan-UP-Richtlinie wörtlich übernommenen Bestimmungen machen deutlich, dass die SUP die Beteiligung der Öffentlichkeit ausdrücklich wünscht und deshalb eventuelle Hürden möglichst niedrig gehalten werden sollen. 65

a) Beurteilungsmöglichkeit durch Dritte (Absatz 2 Satz 2). Gerade die von der SUP erfassten höherstufigen Planungen und Programme sind oftmals von einem **Abstraktionsgrad**, der es den Bürgerinnen und Bürgern erschwert einzuschätzen, inwiefern sie von den Umweltauswirkungen des Plans/Programms individuell **betroffen** sein können. Deshalb statuiert § 40 Abs. 2 Satz 2 für sämtliche Mindestangaben nach Satz 1 eine **Formulierungsdirektive**: Die Angaben sollen so gefasst werden, dass sie Dritten eine Beurteilung der eigenen Betroffenheit ermöglichen. Damit ist nicht verlangt, dass jede einzelne Passage des Umweltberichts allgemein verständlich sein muss. Dies folgt schon im Umkehrschluss aus § 40 Abs. 2 Satz 3, der dies ausdrücklich, jedoch beschränkt auf die dort geregelte Zusammenfassung fordert (Kment in Beckmann/Kment § 40 Rn. 72). Um die Anstoßfunktion des Umweltberichts zu erfüllen, müssen aber Laien in die Lage versetzt werden zu beurteilen, ob und in welchem Umfang ihre eigenen Belange von dem Plan/Programm berührt werden, um dann zu entscheiden, ob sie sich mit den jeweiligen Sachverhalten näher befassen. Dazu kann es notwendig werden, die betreffenden Fakten mit Hilfe von Graphiken, Karten oder Tabellen zu erläutern und anschaulich zu machen. Dies kommt insbesondere in Betracht, um die räumliche Ausdehnung der jeweiligen Umweltauswirkungen zu verdeutlichen (Peters/Balla/Hesselbarth § 40 Rn. 26). Insoweit können die Darstellungen des Umweltberichts über das für die Behördenbeteiligung erforderliche Maß hinausgehen. 66

b) Allgemein verständliche Zusammenfassung (Absatz 2 Satz 3). Dem Umweltbericht ist zudem gem. § 40 Abs. 2 Satz 3 eine allgemein verständliche, nichttechnische **Zusammenfassung** der Mindestangaben beizufügen. Mit Hilfe dieser Zusammenfassung sollen sich die Bürgerinnen und Bürger innerhalb eines begrenzten Zeitrahmens einen Überblick über alle wesentlichen Ergebnisse des Umweltberichts verschaffen können. Es muss sich also um ein **geschlossenes**, knapp gehaltenes und aus sich selbst heraus verständliches **Dokument** handeln. Deshalb sollte die zuständige Behörde die Zusammenfassung erst dann und möglichst in einem Zuge anfertigen, wenn die Angaben nach 67

§ 40 Abs. 2 Satz 1 vollständig formuliert sind. Entgegen dieser zeitlichen Abfolge beim Formulieren und abweichend von dem, was das Wort „beifügen" nahelegt, ist es angezeigt, die Zusammenfassung an den Anfang des Umweltberichts zu stellen (anders der Gliederungsvorschlag bei Peters/Balla/Hesselbarth § 40 Rn. 35). Denn die Zusammenfassung kann dem Lesenden nur dann dabei helfen, sich den zumeist umfangreichen und komplexen Umweltbericht zu erschließen, wenn er sie nicht erst dann entdeckt, nachdem er sich durch den Umweltbericht „gekämpft" hat. Als weitere Erleichterung sollten in die Zusammenfassung konkrete Verweisungen auf die entsprechenden umfassenderen Ausführungen im Umweltbericht aufgenommen werden, damit der Leser zu einzelnen, ihn besonders interessierenden Themen leichteren Zugang findet.

68 Die allgemein verständliche Zusammenfassung enthält **keine** Ausführungen zur vorläufigen **Bewertung** nach § 40 Abs. 3 (anders Peters/Balla/Hesselbarth § 40 Rn. 27). Das ergibt sich nicht nur aus dem Wortlaut des § 40 Abs. 2 Satz 3 („Zusammenfassung der Angaben *nach diesem Absatz*"), sondern auch aus der für die SUP essentiellen Trennung zwischen Beschreibung und Bewertung (→ Rn. 44): Während die allgemein verständliche Zusammenfassung zum beschreibenden Teil des Umweltberichts nach § 40 Abs. 2 gehört, setzt Absatz 3 die vorläufige Bewertung streng davon ab. Noch deutlicher wird dies bei der UVP, die die Verantwortung für den UVP-Bericht (§ 16) und die Bewertung (§ 25 Abs. 1) zwischen Vorhabenträger und Behörde aufteilt und unterschiedlichen Verfahrensstadien zuordnet; dabei wird die allgemein verständliche Zusammenfassung in § 16 Abs. 1 Satz 1 Nr. 7 eindeutig dem UVP-Bericht zugewiesen.

69 Zu beachten ist, dass Richtlinie und UVPG neben der allgemein verständlichen **„Zusammenfassung"** des Umweltberichts nach § 40 Abs. 2 Satz 3 an benachbarter Stelle einen ähnlich lautenden Begriff verwenden, der leicht zu Verwechselungen Anlass gibt, obwohl zwei ganz unterschiedliche Dinge gemeint sind: Die **„zusammenfassende Erklärung"**, die gem. § 44 Abs. 2 Nr. 2 *nach* der Entscheidung über den Plan oder das Programm auszulegen ist und in Gestalt eines „Abschlussdokuments" darüber informiert, wie die gesamte Umweltprüfung bei der abschließenden Entscheidung berücksichtigt wurde.

VII. Vorläufige Bewertung der Umweltauswirkungen (Absatz 3)

70 Die nach den Vorgaben des § 40 Abs. 2 beschriebenen Umweltauswirkungen sind gem. Absatz 3 **vorläufig** zu **bewerten**. Sieht man einmal von der Vorläufigkeit der Bewertung ab, sind die Formulierungen dieser Bestimmung von der parallelen Norm für die Projekt-UVP in **§ 25** übernommen worden. Dies gilt insbesondere für die seit Inkrafttreten des § 25 heftig umstrittenen Bewertungsmaßstäbe, die auch bei § 40 Abs. 3 gleichzeitig auf eine „wirksame Umweltvorsorge" und die „geltenden Gesetze" Bezug nehmen. Im Folgenden wird deshalb zunächst die Stellung der Bewertung im Umweltbericht (→ Rn. 71) erläutert. Sodann wird beleuchtet, warum die Bewertung „vorläufig" sein soll (→ Rn. 72). Nach einigen Anmerkungen zur Methodik der Bewertung (→ Rn. 73 f.) schließen sich Ausführungen zu den Bewertungsmaßstäben an (→ Rn. 75 ff.). Die beiden letztgenannten Punkte können sich angesichts der Übereinstimmung mit § 25 auf Grundsätzliches beschränken und wegen der Einzelheiten auf die Kommentierung zu § 25 verweisen.

71 **1. Stellung der Bewertung im Umweltbericht.** Die Bewertung ist Bestandteil des Umweltberichts. Dies ergibt sich aus dem eindeutigen Wortlaut des § 40 Abs. 3 („im Umweltbericht"). Damit führt die SUP die Verfahrensschritte der **Beschreibung** und der **Bewertung** in einem Dokument zusammen. Dies könnte dazu verleiten, die Grenzen zwischen diesen beiden Verfahrensstationen zu verwischen. Verstärkend kommt noch

hinzu, dass die Beschreibung und die (vorläufige) Bewertung in zwei benachbarten Absätzen derselben Norm geregelt werden, während der Gesetzgeber bei der Projekt-UVP die Trennung der beiden Verfahrensschritte dadurch betont hat, dass er sie verschiedenen Vorschriften zuweist (vgl. §§ 16, 24 einerseits und § 25 andererseits; zu der damit verbundenen Unterscheidung → § 24 Rn. 10, 24 f. und → § 25 Rn. 16 f.). Da das sorgsame Auseinanderhalten von Beschreiben und Bewerten ein wesentliches Charakteristikum der U(V)P ist (→ Rn. 44), müssen beide in **getrennten Abschnitten** des Umweltberichts erfolgen: Zunächst sind sämtliche Umweltauswirkungen zu beschreiben, um sie anschließend geschlossen zu bewerten.

2. Vorläufigkeit der Bewertung. § 40 Abs. 3 betont besonders, dass der Umweltbericht die Umweltauswirkungen des Plans/Programms **„vorläufig"** bewerten soll. Der Grund dafür erschließt sich am besten, wenn man den Verfahrensablauf der SUP demjenigen der Projekt-UVP gegenüberstellt. Während bei dieser die Bewertung erst nach der Öffentlichkeits- und Behördenbeteiligung erfolgt, also am Ende des Prüfverfahrens, verlagert die SUP diesen Verfahrensschritt auf den frühestmöglichen Zeitpunkt vor. Als Teil des Umweltberichts begleitet sie diesen durch das gesamte Konsultationsverfahren. Dies hat den Vorzug, dass auch die Bewertung der Kontrolle durch die anderen Behörden und die Öffentlichkeit unterzogen wird. Um einer Vorfestlegung vorzubeugen (dazu Wulfhorst ZfBR 2001, 523 (525)), bezeichnet das Gesetz die Bewertung in diesem Verfahrensstadium ausdrücklich als „vorläufig". Darüberhinaus verlangt der Gesetzgeber in § 43 Abs. 1 eine in der Plan-UP-Richtlinie nicht vorgesehene **Überprüfung** dieser Bewertung nach Abschluss der Behörden- und Öffentlichkeitsbeteiligung. Erst mit diesem zusätzlichen Verfahrensschritt, der die vorläufige Bewertung bestätigt oder aber ergänzt bzw. ändert, liegt eine abgeschlossene Bewertung vor (→ § 43 Rdnr. 11). 72

3. Einzel- und Gesamtbewertung. Wie die Ermittlung und die Beschreibung erfolgt die Bewertung ökologieintern und planbezogen (→ Rn. 25 f.). Zusätzlich ist zu beachten, dass der Umweltbericht neben der (auch im herkömmlichen Aufstellungsverfahren schon immer selbstverständlichen) Bewertung der Auswirkungen auf **einzelne Umweltgüter** in einem zweiten Schritt auch das **Gesamtsystem** Umwelt in den Blick nehmen muss (Peters/Balla/Hesselbarth § 40 Rn. 32; Schink in Schink/Reidt/Mitschang § 40 Rn. 33; Uebbing S. 131). Eine solche medienübergreifende Bewertung ist ein wesentliches Charakteristikum der U(V)P (→ Rn. 29). Sie kommt allerdings nicht zu einem zusammenfassenden Gesamturteil, ob das Projekt „umweltverträglich" ist oder nicht. Vielmehr sind die Vor- und Nachteile des Projektes für die Umwelt zu gewichten (Kment in Beckmann/Kment § 40 Rn. 89 f.). Da eine mathematische Saldierung der Auswirkungen auf die verschiedenen Umweltmedien schon mangels Verrechnungseinheiten rasch an methodische Grenzen stößt, genügt es für eine solche **ökologische Gesamtbilanz**, die mit der Durchführung des Plans/Programms verbundene Belastung für sämtliche Umweltgüter **argumentativ zu gewichten** (Peters/Balla/Hesselbarth § 40 Rn. 33; zum Ganzen ausführlich → § 25 UVPG Rn. 21 ff.). 73

Ebenso wie eine quantitative **Saldierung** ist auch eine **qualitative** abzulehnen, die bereits im Rahmen der Bewertung verschiedene konfligierende Umweltbelange gegeneinander aufwiegt (anders Schink in Schink/Reidt/Mitschang § 40 Rn. 33). Denn Ziel der SUP ist nicht eine umweltinterne Abwägungsentscheidung, sondern eine transparente und umfassende Umweltbilanz, die dann in die abschließende fachrechtliche Abwägungsentscheidung einzubringen ist (Kment in Beckmann/Kment § 40 Rn. 90; eingehender auch → § 25 Rn. 23). 74

75 **4. Bewertungsmaßstäbe: „Geltende Gesetze" versus „wirksame Umweltvorsorge".** Die Frage nach den Bewertungsmaßstäben beantwortet § 40 Abs. 3 mit einem Verweis auf die geltenden Gesetze, mahnt aber zugleich eine wirksame Umweltvorsorge an. Mit dieser wörtlichen Übernahme aus § 25 trägt das Gesetz die ungeklärte Auseinandersetzung um die materiellen Steuerungswirkungen der UVP in § 40 hinein. Während das Bundesverwaltungsgericht und ein Teil der Literatur in der U(V)P reines Verfahrensrecht sehen, messen ihr andere auch materiell-rechtliche Wirkungen bei (zum Streitstand und zum Folgenden ausführlich → § 25 Rn. 4, 24 ff.). Aus Entstehungsgeschichte und Wortlaut des § 25 ergibt sich der klare Wille des Gesetzgebers, dieser Vorschrift auch einen materiellen Regelungsgehalt zu verleihen. Auf Grund der wörtlichen Übernahme hat dies auch für § 40 Abs. 3 Gültigkeit. Nach der hier vertretenen Auffassung steckt das Gesetz allerdings mit dem pauschalen Hinweis auf eine „wirksame Umweltvorsorge" nur einen sehr groben Rahmen. Mehr als einen **Mindeststandard** materiell-rechtlicher Anforderungen an einen vorsorgenden und medienübergreifenden Umweltschutz wird man dieser Formulierung nicht entnehmen können. Vor diesem Hintergrund ist die praktische Bedeutung dieses Streites bei der SUP zu vernachlässigen. Denn anders als bei den gebundenen Vorhabengenehmigungen, an denen sich diese Auseinandersetzung vornehmlich entzündet hat, bot das Fachrecht für die SUP-pflichtigen Pläne und Programme schon immer umfassende **Abwägungsklauseln**, die einen vorsorgebezogenen und integrativen Schutz der Umwelt uneingeschränkt ermöglichen.

76 Mit den „geltenden Gesetzen" bindet § 40 Abs. 3 die Bewertung an das jeweilige **Fachrecht** (statt vieler Erbguth/Schubert ZUR 2005, 524 (528)). Da die Gesetze oftmals nur **unbestimmte Rechtsbegriffe** enthalten, können sich Bewertungskriterien vor allem aus konkretisierenden Rechtsverordnungen und Verwaltungsvorschriften ergeben (Uebbing S. 132 ff.). Vielfach werden solche normativen Standards aber noch nicht existieren, weil die für die Zulassung von Einzelvorhaben geltenden nicht ohne Weiteres auf die komplexe Planungsebene übertragbar sind. Hier müssen die Planungsbehörden erst noch eigene Maßstäbe entwickeln (Schink NuR 2005, 143 (146); Bundesumweltministerium S. 36); sie betreten dabei methodisches Neuland.

VIII. Umweltbericht bei Planänderungen

77 Wird ein Plan/Programm nicht erstmals aufgestellt, sondern nur **geändert**, so stellt sich die Frage, welche **Planinhalte** Gegenstand der Ermittlung, Beschreibung und Bewertung sein müssen. Besondere Bedeutung hat dies insbesondere dann, wenn der bestehende Plan noch keiner SUP unterzogen wurde. Hierzu wird die Auffassung vertreten, dass „bei Änderungen und Fortschreibungen" diejenigen Festlegungen nicht in die SUP einbezogen werden müssten, die unverändert in den neuen Plan bzw. das neue Programm übernommen werden (Balla NuR 2006, 485 (488)). Den Begriff der „Fortschreibung" kennt das UVPG nicht. § 33 unterscheidet lediglich zwischen der Aufstellung und der Änderung. Da sog. Fortschreibungen zwar Teile des bestehenden Plans/Programms übernehmen, diese Entscheidung aber in der Regel erst das Ergebnis einer vorangehenden umfassenden Aktualitätsüberprüfung des gesamten Plans ist, handelt es sich bei diesem Vorgang eher um eine (Neu-)Aufstellung als um eine Änderung. Dann richtet sich der Umweltbericht auf den gesamten (fortzuschreibenden) Plan. Aber auch für bloße Änderungen wird man die genannte Aussage nicht uneingeschränkt gelten lassen können. Denn gerade bei den komplexen Plänen und Programmen, die das UVPG einer SUP unterzieht, haben Änderungen oftmals Auswirkungen auf andere Planinhalte, so dass sie sich unter dem Blickwinkel der Umweltauswirkungen nicht isoliert betrachten lassen. Wird z.B. in einem Abfallwirtschaftsplan die Fläche für eine zusätzliche Abfallbeseiti-

gungsanlage ausgewiesen (§ 30 Abs. 1 Satz 3 Nr. 2 KrWG), so hat dies regelmäßig Auswirkungen auf die Abfallströme in größeren Teilen des Plangebietes und damit auf andere Abfallbeseitigungsanlagen. Solche häufigen **Folgewirkungen** sind auch im Umweltbericht zu berücksichtigen (in diese Richtung auch Ministerkonferenz für Raumordnung S. 6, wonach evtl. „Wechselwirkungen" der Planänderung zu berücksichtigen sind).

IX. Angaben aus anderen Verfahren oder Tätigkeiten (Absatz 4)

§ 40 Abs. 4 regelt zweierlei: Dass Angaben, die der Behörde anderweitig bekannt ge- 78
worden sind, in den Umweltbericht **übernommen** werden können, dass dies aber nur geschehen darf, wenn die Informationen für den vorgesehenen Zweck **geeignet** und **hinreichend aktuell** sind. Dieser von Art. 5 Abs. 3 Plan-UP-RL inspirierte Hinweis ist eine verfahrensökonomische Selbstverständlichkeit, die eigentlich keiner gesetzlichen Regelung bedürfte. Besonders relevant sind hier die Landschaftspläne, die nach der ausdrücklichen Vorschrift des § 9 Abs. 5 Satz 2 BNatSchG für die Beurteilung der Umweltverträglichkeit heranzuziehen sind.

§ 40 Abs. 4 ist allerdings keine ausreichende Rechtsgrundlage, um Bestimmungen des 79
Datenschutzes und der **Geheimhaltung** zu überwinden (vgl. § 23 und die Sondervorschriften z.B. in § 10 Abs. 2 BImSchG i.V.m. § 10 Abs. 3 Satz 1 9. BImSchV, § 30 VwVfG; ebenso Kment in Beckmann/Kment § 40 Rn. 93). Sind der planenden Behörde also aus einem immissionsschutzrechtlichen Genehmigungsverfahren Angaben bekannt, die dort als Betriebsgeheimnisse i.S.d § 10 Abs. 2 BImSchG eingestuft wurden, so dürfen sie nicht in den Umweltbericht übernommen werden.

Ob die in Betracht kommenden Daten noch **hinreichend aktuell** sind, ist in jedem 80
Einzelfall zu prüfen. Aus der in § 75 Abs. 4 VwVfG geregelten Frist von fünf Jahren für das Außerkrafttreten eines festgestellten Planes wird teilweise ein regelhafter Anhaltspunkt für die Aktualität von Informationen abgeleitet (so Peters/Balla/Hesselbarth § 40 Rn. 34). Dies ist abzulehnen (ebenso Kment in Beckmann/Kment § 40 Rn. 93; Sangenstedt/Karrenstein in Steinbach/Franke § 23 NABEG Rn. 9). Denn zwischen der gesetzlich festgelegten Geltungsdauer eines Planfeststellungsbeschlusses und der sehr unterschiedlich ausgeprägten Veränderungsdynamik einzelner Umweltfaktoren besteht kein hinreichender sachlicher Zusammenhang.

§ 5a Erhebung des Inverkehrbringens und der Entsorgung bestimmter Erzeugnisse

(1) [1]Die Erhebung erfasst jährlich, beginnend mit dem Berichtsjahr 2022, bei der Zentralen Stelle nach § 3 Absatz 18 des Verpackungsgesetzes folgende Erhebungsmerkmale:

1. Materialart und Menge der erstmals in Verkehr gebrachten systembeteiligungspflichtigen Verpackungen nach § 3 Absatz 8 des Verpackungsgesetzes,
2. Materialart und Menge der Verpackungsabfälle, die bei den privaten Endverbrauchern nach § 3 Absatz 11 des Verpackungsgesetzes von den Systemen nach § 14 Absatz 1 Satz 1 des Verpackungsgesetzes gesammelt oder von den Branchenlösungen nach § 8 Absatz 1 Satz 1 des Verpackungsgesetzes zurückgenommen worden sind, sowie Verbleib und Entsorgung dieser Verpackungsabfälle, gegliedert nach Ländern.

[2]Die Erhebung wird vom Statistischen Bundesamt durchgeführt.

(2) Die Erhebung erfasst jährlich, beginnend mit dem Berichtsjahr 2022, bei denjenigen, die eine gemeinschaftliche Nutzung von Mehrwegverpackungen nach § 3 Absatz 3 des Verpackungsgesetzes durch mehrere Unternehmen ermöglichen, folgende Erhebungsmerkmale:

1. Art und Menge der erstmals an die teilnehmenden Unternehmen abgegebenen Mehrwegverpackungen,
2. Art und Menge der inswgesamt im Verkehr befindlichen Mehrwegverpackungen,
3. Anzahl der Umläufe der Mehrwegverpackungen und
4. Art und Menge der als Abfall ausgesonderten Mehrwegverpackungen sowie deren Verbleib und Entsorgung,

jeweils gegliedert nach Verkaufsverpackungen im Sinne des § 3 Absatz 1 Nummer 1 des Verpackungsgesetzes und sonstigen Mehrwegverpackungen, soweit ihnen diese Daten vorliegen.

(3) [1]Die Erhebung erstreckt sich auf Hersteller nach § 3 Absatz 14 des Verpackungsgesetzes, die mit Ware befüllte Verpackungen in Verkehr bringen. [2]Die Erhebung wird beginnend mit dem Berichtsjahr 2022 alle zehn Jahre als Vollerhebung durchgeführt. [3]In den dazwischenliegenden Jahren wird die Erhebung jährlich, basierend auf den Ergebnissen der vorangegangenen Vollerhebung bezüglich Umfang und Struktur des Berichtskreises, als geschichtete Stichprobenerhebung durchgeführt. [4]Die Erhebung erfasst folgende Erhebungsmerkmale:

1. Art und Menge der erstmals in Verkehr gebrachten Verpackungen nach § 15 Absatz 1 Satz 1 des Verpackungsgesetzes, mit Ausnahme von Mehrwegverpackungen nach § 3 Absatz 3 des Verpackungsgesetzes,
2. Art und Menge der nach § 15 Absatz 1 Satz 1 des Verpackungsgesetzes zurückgenommenen Verpackungen, mit Ausnahme von Mehrwegverpackungen nach § 3 Absatz 3 des Verpackungsgesetzes, sowie deren Verbleib und Entsorgung,
3. Art und Menge der erstmals in Verkehr gebrachten Mehrwegverpackungen nach § 3 Absatz 3 des Verpackungsgesetzes, die Art und Menge der insgesamt im Verkehr befindlichen Mehrwegverpackungen und die Anzahl ihrer Umläufe, jeweils gegliedert nach Verkaufsverpackungen im Sinne des § 3 Absatz 1 Nummer 1 des Verpackungsgesetzes und sonstigen Mehrwegverpackungen, soweit sie nicht nach Absatz 2 erfasst werden und soweit ihnen diese Daten vorliegen,
4. Art und Menge der als Abfall ausgesonderten Mehrwegverpackungen sowie deren Verbleib und Entsorgung, gegliedert nach Verkaufsverpackungen und sonstigen

Mehrwegverpackungen, soweit sie nicht nach Absatz 2 erfasst werden und soweit ihnen diese Daten vorliegen,

5. Art und Menge der erstmals in Verkehr gebrachten Einweggetränkeverpackungen, die der Pfand- und Rücknahmepflicht nach § 31 des Verpackungsgesetzes unterliegen, sowie bei Einwegkunststoffgetränkeflaschen zusätzlich der Rezyklatanteil,

6. Art und Menge der zurückgenommenen Einweggetränkeverpackungen, die der Pfand- und Rücknahmepflicht nach § 31 des Verpackungsgesetzes unterliegen, sowie deren Verbleib und Entsorgung.

(4) **Die Erhebung erfasst jährlich, beginnend mit dem Berichtsjahr 2022, bei den Unternehmen, die sehr leichte Kunststofftragetaschen nach Artikel 3 Nummer 1d der Richtlinie 94/62/EG des Europäischen Parlaments und des Rates vom 20. Dezember 1994 über Verpackungen und Verpackungsabfälle (ABl. L 365 vom 31.12.1994, S. 10), die zuletzt durch die Richtlinie (EU) 2018/852 (ABl. L 150 vom 14.6.2018, S. 141; L 306 vom 30.11.2018, S. 72) geändert worden ist, in der jeweils geltenden Fassung erstmals in Verkehr bringen, das Erhebungsmerkmal Menge der erstmals in Verkehr gebrachten sehr leichten Kunststofftragetaschen.**

(5) **Die Erhebung erfasst jährlich, beginnend mit dem Berichtsjahr 2022, bei den Unternehmen, die in Artikel 13 Absatz 1 der Richtlinie (EU) 2019/904 des Europäischen Parlaments und des Rates vom 5. Juni 2019 über die Verringerung der Auswirkungen bestimmter Kunststoffprodukte auf die Umwelt (ABl. L 155 vom 12.6.2019, S. 1) in der jeweils geltenden Fassung genannte Erzeugnisse erstmals in Verkehr bringen, die Erhebungsmerkmale Art und Menge der erstmals in Verkehr gebrachten Erzeugnisse, soweit sie nicht nach Absatz 1 bis 4 erfasst werden.**

(6) **[1]Die Erhebung erfasst jährlich, beginnend mit dem Berichtsjahr 2022, bei höchstens 400 Behörden oder bei Unternehmen, Körperschaften und Einrichtungen, die in Artikel 13 Absatz 1 der Richtlinie (EU) 2019/904 genannte Erzeugnisse sammeln und entsorgen, die Erhebungsmerkmale Art, Menge, Verbleib und Entsorgung der gesammelten Abfälle aus diesen Erzeugnissen, soweit die Daten nicht nach Absatz 1 bis 5 erfasst werden. [2]Die Erhebung erfolgt bei Behörden, soweit die in Satz 1 genannten Daten bei diesen vorliegen.**

(7) **Die Erhebung erfasst alle zwei Jahre, beginnend mit dem Berichtsjahr 2022, bei den Unternehmen, Körperschaften und Einrichtungen, die mit der Sammlung und Entsorgung passiv gefischter Abfälle nach Artikel 8 Absatz 7 in Verbindung mit Artikel 2 Nummer 4 der Richtlinie (EU) 2019/883 des Europäischen Parlaments und des Rates vom 17. April 2019 über Hafenauffangeinrichtungen für die Entladung von Abfällen von Schiffen, zur Änderung der Richtlinie 2010/65/EU und zur Aufhebung der Richtlinie 2000/59/EG (ABl. L 151 vom 7.6.2019, S. 116) in der jeweils geltenden Fassung befasst sind, das Erhebungsmerkmal Menge der gesammelten und entsorgten Abfälle.**

(Kommentierung folgt)

§ 21 Aufgaben des Umweltgutachterausschusses

(1) Beim Bundesministerium für Umwelt, Naturschutz und nukleare Sicherheit wird ein Umweltgutachterausschuss gebildet. Der Umweltgutachterausschuss hat die Aufgabe,

1. Richtlinien für die Auslegung und Anwendung der §§ 4 bis 18 und der auf Grund dieser Rechtsvorschriften ergangenen Rechtsverordnungen zu erlassen,

2. eine Prüferliste für die Besetzung der Prüfungsausschüsse der Zulassungsstelle zu führen,

3. Empfehlungen für die Benennung von Sachverständigen durch die Widerspruchsbehörde auszusprechen,

4. das Bundesministerium für Umwelt, Naturschutz und nukleare Sicherheit in allen Zulassungs- und Aufsichtsangelegenheiten zu beraten,

5. die Verbreitung von EMAS zu fördern.

Die Richtlinien nach Satz 2 Nr. 1 sind vom Bundesministerium für Umwelt, Naturschutz und nukleare Sicherheit im Bundesanzeiger zu veröffentlichen.

(2) Der Umweltgutachterausschuss erhält von der Zulassungsstelle halbjährlich einen Bericht über Umfang, Inhalt und Probleme der Zulassungs- und Aufsichtstätigkeit. Insbesondere ist zu berichten über

1. die getroffenen Aufsichtsmaßnahmen,

2. die Praktikabilität und den Anpassungsbedarf erlassener Richtlinien nach Absatz 1 Satz 2 Nr. 1 und

3. den Regelungsbedarf durch neue Richtlinien nach Absatz 1 Satz 2 Nr. 1.

Der Umweltgutachterausschuss kann von der Zulassungsstelle Berichte zu besonderen Fragen anfordern.

Schrifttum *Ewer/Lechelt/Theuer*, Handbuch Umweltaudit, 1998; *Kloepfer*, Umweltrecht, 4. Aufl. 2016; *Köck*, Das Pflichten und Kontrollsystem des Öko-Audit-Konzepts nach der Öko-Audit-Verordnung und dem Umweltauditgesetz, VerwArch 1996, 644 ff.; *Kothe*, Das neue Umweltauditrecht, 1997; *Lübbe-Wolff*, Das Umweltauditgesetz, NuR 1996, 217 ff.; *Lütkes*, Das Umweltauditgesetz – UAG, NVwZ 1996, 230 ff.; *Mayen*, Der Umweltgutachterausschuß – ein strukturelles Novum ohne hinreichende demokratische Legitimation?, NVwZ 1997, 215 ff.; *Michael*, Gesetzliche Anreizsysteme zu privater Fremdkontrolle und deren staatliche Überwachung: Umwelt-Audit, in: Ehlers/Fehling/Pünder, Besonderes Verwaltungsrecht – Band 1, 4. Aufl. 2019; *Nissen*, Die EG-Öko-Audit-Verordnung, 1999; *Schneider*, Öko-Audit als Scharnier in einer ganzheitlichen Regulierungsstrategie, DV 1995, 361 ff.; *Sellner/Schnutenhaus*, Umweltmanagement und Umweltbetriebsprüfung ("Umwelt-Audit") – ein wirksames, nicht ordnungsrechtliches System des betrieblichen Umweltschutzes?, NVwZ 1993, 928 ff.; *Vetter*, Das Umweltauditgesetz, DVBl 1996, 1223 ff.

Übersicht

A. Allgemeines

I. Bedeutung der Vorschrift

1 Im Rahmen des dem UAG zu Grunde liegenden **Kooperationsmodels** (Mayen NVwZ 1997, 215) liegen die zentralen Entscheidungen bei der **Zulassungsstelle** (→ § 28 Rn. 2), mit deren Aufgaben eine oder mehrere juristische Personen des Privatrechts betraut werden (vgl. § 28 S. 1). Die Zulassungsstelle wird ergänzt durch einen **Umweltgutachterausschuss**, dessen Aufgaben in § 21 näher umschrieben sind. Rechtsstellung und Eigenart des Umweltgutachterausschusses ergeben sich allerdings erst aus einer **Gesamtschau** der einschlägigen Regelungen, also der §§ 21 bis 27 (Mayen in Ewer/Lechelt/Theuer G Rn. 2).

2 Aus den wechselseitigen Pflichten zwischen Zulassungsstelle und Umweltgutachterausschuss entsteht ein Zulassungs- und Aufsichtssystem, in dem sich der **Staat** der fachlichen Einflussnahme **enthält** und sich auf die Aufsicht beschränkt (BT-Drucks. 13/1192, S. 22; Schneider DV 1995, 361, 370). Auf diese Weise soll die **Akzeptanz und Neutralität** des Zulassungssystems gestärkt werden (BT-Drucks. 13/1192, S. 22; Mayen in Ewer/Lechelt/Theuer G Rn. 11; zur vorhergehenden rechtspolitischen Diskussion Sellner/Schnutenhaus NVwZ 1993, 928, 932 f.). Mit diesem Ansatz **fügt sich** das Kooperationsmodel in den Bereich der Privatisierung von Staatsaufgaben auf dem Gebiet des Umweltrechts (Mayen NVwZ 1997, 215, 215; vgl. Kothe Rn. 472).

II. Rechtsentwicklung

3 Die Vorschrift des § 21 UAG geht zurück auf § 21 des im April 1995 vorgelegten **Gesetzentwurfs der Fraktionen CDU/CSU und FDP** für ein Umweltauditgesetz. § 21 UAG ist am 8.12.1995 in Kraft getreten (vgl. § 39 des UAG i.d.Fass. v. 7.12.1995). Die einzige wesentliche Änderung der Norm erfolgte durch Art. 1 Nr. 25 des Gesetzes zur Änderung des UAG vom 16.8.2002 (BGBl. I S. 3167).

4 § 21 Abs. 1 S. 2 Nummer 5 UAG wurde durch das **Änderungsgesetz 2002** eingefügt. Hinzu kam eine Anpassung in Nummer 3, welche Folge der **Abschaffung des Widerspruchsausschusses beim Bundesumweltministerium** (→ § 24 Rn. 5) war. Es wird weiterhin vorgesehen, dass die Widerspruchsbehörde zur Entscheidungsfindung auch Sachverständige heranzieht, wenn dies erforderlich ist, während es die neue Nummer 5 des § 21 Abs. 1 S. 2 ermöglicht, dem Umweltgutachterausschuss durch Öffentlichkeitsarbeit und andere geeignete Maßnahmen EMAS in der Öffentlichkeit stärker bekannt zu machen und so die Verbreitung von EMAS zu fördern (BT-Drs. 14/8231, S. 25).

5 Zuletzt wurde § 21 im Rahmen des Art. 124 der Elften ZuständigkeitsanpassungsVO vom 19.6.2020 (BGBl. I S. 1328) geändert. Hierbei wurde jedoch nur die **Ministeriumsbezeichnung** „Ministerium für Umwelt, Naturschutz und Reaktorsicherheit" durch „Ministerium für Umwelt, Naturschutz und nukleare Sicherheit" ersetzt.

III. Abgrenzung zu anderen Vorschriften

Die in Absatz 1 S. 2 Nr. 1 normierte Aufgabe des Umweltgutachterausschusses zum Erlass von **Richtlinien** (→ Rn. 12) als untergesetzliche Normen wird ergänzt durch **§ 20**, der die Bundesregierung nach Anhörung des Umweltgutachterausschusses zum Erlass von **Rechtsverordnungen** ermächtigt. Dem Richtlinienerlass durch den Umweltgutachterausschuss kommt weitaus **größere praktische Bedeutung** zu (→ § 20 Rn. 12) 6

IV. Unionsrecht

Zum Erlass von Richtlinien als norminterpretierende Vorschriften (→ Rn. 13) nach Absatz 1 S. 2 Nr. 1 (→ Rn. 12) ergibt sich aus dem unionsrechtlichen Regelungsauftrag (→ § 1 Rn. 1) **keine Verpflichtung**, wohl aber eine **Berechtigung** und damit auch eine Berechtigung zur Schaffung einer entsprechenden gesetzlichen Ermächtigungsgrundlage (Nissen S. 136). 7

B. Rechtsform

I. Körperschaftsstatus

Der Umweltgutachterausschuss ist eine **rechtlich verselbstständigte teilrechtsfähige** (→ Rn. 9) **Körperschaft des öffentlichen Rechts** (BT-Drs. 13/1192, S. 31), die beim Bundesministerium für Umwelt, Naturschutz und nukleare Sicherheit gebildet wird (Abs. 1 S. 1) und dessen Rechtsaufsicht unterliegt (§ 27 Abs. 1 S. 2 → § 27 Rn. 4). Im Übrigen handelt der Umweltgutachterausschuss **autonom und weisungsfrei** (Mayen NVwZ 1997, 215, 216). 8

II. Aufgabenbezogene Teilrechtsfähigkeit

Im Rahmen seiner gesetzlich normierten Aufgaben ist der Umweltgutachterausschuss **teilrechtsfähig** (BT-Drs. 13/1192, S. 31; Lütkes NVwZ 1996, 230, 234; Vetter DVBl 1996, 1223, 1225; Mayen in Ewer/Lechelt/Theuer G Rn. 7; Kothe Rn. 481). Im allgemeinen Rechtsverkehr hat er hingegen keine eigene Rechtspersönlichkeit (Mayen in Ewer/Lechelt/Theuer G Rn. 3; Lüttkes NVwZ 1996, 230, 234). 9

C. Aufgaben

In **Absatz 1 S. 2 Nr. 1 bis 5** sind die **Aufgaben** des Umweltgutachterausschusses abschließend beschrieben. Der Norm wird berechtigender und verpflichtender Charakter zugesprochen, sodass mit ihr neben der **Zuständigkeit** für die Aufgabenwahrnehmung auch die **Verantwortung** für deren Erfüllung einhergehen soll (Mayen in Ewer/Lechelt/Theuer G Rn. 26; Lüttkes NVwZ 1996, 230, 234). 10

I. Aufgabenkreis

Die Aufgaben sind **im Einzelnen** der Erlass von Richtlinien für die Auslegung und Anwendung der das Zulassungssystem betreffenden Vorschriften (Nr. 1 UAG), die Führung einer Prüferliste für die Besetzung der Prüfungsausschüsse (Nr. 2 UAG), das Aussprechen von Empfehlungen für die Benennung von Sachverständigen durch die Wider- 11 spruchsbehörde (Nr. 3), die Beratung des Bundesministeriums für Umwelt, Naturschutz und nukleare Sicherheit in allen Zulassungs- und Aufsichtsangelegenheiten (Nr. 4) sowie die Förderung der Verbreitung von EMAS (Nr. 5).

12 Mit den in den Nummern 1 und 2 genannten Aufgaben, nimmt der Umweltgutachterausschuss **hoheitliche Tätigkeiten** wahr (Mayen NVwZ 1997, 215, 216; ders. in Ewer/Lechelt/Theuer G Rn. 5; Kothe Rn. 479), was in Hinblick auf die demokratische Legitimation auch verfassungsrechtliche Fragen aufwirft (→ Rn. 17).

II. Erlass von Richtlinien

13 Im Erlass von **Richtlinien** nach der Nummer 1 liegt die **zentrale Aufgabe** des Umweltgutachterausschusses (BT-Drs. 13/1192, S. 31; Lüttkes NVwZ 1996, 230, 234; Mayen in Ewer/Lechelt/Theuer G Rn. 26; Vetter DVBl 1996, 1223, 1226; Kothe Rn. 479). Diese Richtlinien sind **allgemeine Verwaltungsvorschriften** der bundeseigenen Verwaltung nach Art. 86 GG, die für die Zulassungsstelle verbindlich sind (BT-Drs. 13/1192, S. 31; Mayen NVwZ 1997, 215, 215; Nissen, Die EG-Öko-Audit-Verordnung, S. 86; Kothe Rn. 479). Sie bedürfen nach § 27 Abs. 3 S. 1 der **Genehmigung** (→ § 27 Rn. 7) des Bundesministeriums für Umwelt, Naturschutz und nukleare Sicherheit als Aufsichtsbehörde (→ § 27 Rn. 4).

14 Von der Kompetenz aus § 21 Abs. 1 S. 2 Nr. 1 umfasst sind sowohl **norminterpretierende Verwaltungsvorschriften** als auch **Ermessensrichtlinien** (Mayen in Ewer/Lechelt/Theuer G Rn. 28). Verbindliche Wirkung entfalten diese Richtlinien ihrer Rechtsnatur nach zwar ausschließlich **verwaltungsintern** gegenüber der nachgeordneten Behörde, also der Zulassungsstelle (vgl. Mayen NVwZ 1997, 215, 215; Kloepfer Rn. 1556; Lüttkes NVwZ 1996, 230, 234; Michael Rn. 34). Eine **Außenwirkung** ergibt sich aber für die Ermessenrichtlinien insoweit, als dem Umweltgutachter im Falle eines auf einer Richtlinie beruhenden Regelverstoßes die gutachterliche Tätigkeit ganz oder teilweise untersagt werden kann (Nissen, S. 32; Mayen in Ewer/Lechelt/Theuer G Rn. 29; zur Untersagung → § 16 Rn. 12 ff.)

III. Weitere Aufgaben

15 Weitere Aufgabe mit ebenfalls hoheitlichem Charakter (→ Rn. 11) ist nach § 21 Abs. 1 S. 2 Nr. 2 das Führen einer **Prüferliste**. Auch dieser Beschluss bedarf gemäß § 27 Abs. 3 S. 1 der **Genehmigung** (→ § 27 Rn. 7) des Bundesministeriums für Umwelt, Naturschutz und nukleare Sicherheit als **Aufsichtsbehörde** (→ § 27 Rn. 4). Als Instrument verwaltungsinterner Lenkung kommt der Aufstellung eine eingeschränkte Bindungswirkung für die Zulassungsstelle zu (Mayen in Ewer/Lechelt/Theuer G Rn. 31). Für **Bewerber um das Prüfungsamt** hat die Nichtaufnahme in die Prüferliste zur Folge, dass eine Berufung in die Prüfungsausschüsse ausscheidet. Angesichts der rein internen Wirkung ausschließlich gegenüber der Zulassungsstelle ist **Rechtsschutz** im Verhältnis zu dieser zu ersuchen (Mayen in Ewer/Lechelt/Theuer G Rn. 97)

16 Das **Aussprechen von Empfehlungen** für die Benennung von Sachverständigen durch die Widerspruchsbehörde (Nr. 3) sowie die **Beratung** des Bundesministeriums für Umwelt, Naturschutz und nukleare Sicherheit in allen Zulassungs- und Aufsichtsangelegenheiten (Nr. 4) haben hingegen weder hoheitlichen Charakter noch bindende Wirkung (Mayen in Ewer/Lechelt/Theuer G Rn. 40, 43). Gleiches gilt für die erst nachträglich im Jahr 2002 (→ Rn. 4) eingefügte Aufgabe zur **Förderung der Verbreitung von EMAS** (Nr. 5). Diese vermittelt dem Umweltgutachterausschuss weitreichende Gestaltungsspielräume.

D. Verfassungsrechtliche Bewertung

Dass der Umweltgutachterausschuss in seiner mehrheitlich privaten Zusammensetzung 17
(→ § 22 Rn.) hoheitliche Aufgaben wahrnimmt (→ Rn. 11) und lediglich der Rechtsaufsicht unterliegt (→ § 27 Rn. 4), hat **verfassungsrechtliche Bedenken** in Hinblick auf das **Demokratie- und Rechtsstaatsprinzip** hervorgerufen (Lübbe-Wolff NuR 1996, 217, 220 f.). Bei Anerkennung des Bedürfnisses nach demokratischer Legitimation wird die Kritik allerdings überwiegend **zurückgewiesen** (Köck VerwArch 1996, 644, 671, Fn. 122; Mayen NVwZ 1997, 215, 217 ff.; ders. in Ewer/Lechelt/Theuer G Rn. 14 ff.; implizit Vetter DVBl 1996, 1223, 1226). Entscheidend für die Bejahung der Verfassungsmäßigkeit wird sein, dass durch die Ausgestaltung des Umweltgutachterausschuss die nach 11 Abs. 3 VO (EWG) Nr. 1221/2009 gebotene **Neutralität** gewahrt wird und die Entscheidungen **nicht von einem solchen Gewicht** sind, dass eine Aufgabenwahrnehmung durch den Umweltgutachterausschuss unzulässig ist (Mayen NVwZ 1997, 215, 217, 218; zu diesen Anforderungen BVerfGE 9, 268, 269; 22, 106, 113)

E. Kommunikation

Absatz 2 regelt die **Kommunikation** zwischen der Zulassungsstelle und Umweltgut- 18
achterausschuss. Diese erfolgt durch **einen halbjährlichen Bericht** über Umfang, Inhalt und Probleme der Zulassungs- und Aufsichtstätigkeit (S. 1), der ein „komplementäres Gegenstück zu den Instrumenten verwaltungsinterner Steuerung“ bildet (Mayen in Ewer/Lechelt/Theuer G Rn. 87). Auf diese Weise soll sichergestellt werden, dass die praktischen Erfahrungen der Zulassungsstelle in die Richtlinientätigkeit des Umweltgutachterausschusses einfließen können (BT-Drucks. 13/1192, S. 31). In der nicht abschließenden Aufzählung in Satz 2 wird der **Gegenstand** des Berichts dahingehend näher konkretisiert, dass dieser **Umfang, Inhalt und Probleme der Zulassungs- und Aufsichtstätigkeit** umfasst.

Im Gesetzgebungsverfahren war der **Turnus** der Berichtspflicht umstritten. Der **Bun-** 19
desrat hielt einen jährlichen Bericht für ausreichend (BT-Drs. 13/1687, S. 6), wohingegen die **Bundesregierung** in ihrer Gegenäußerung eine halbjährliche Berichtspflicht für unverzichtbar erachtete, um dem Informationsbedürfnis der ehrenamtlich tätigen Mitglieder des Umweltgutachterausschusses nachzukommen und damit die praktischen Erfahrungen der Zulassungsstelle in ausreichendem Maße in die Richtlinientätigkeit einfließen lassen zu können (BT-Drs. 13/1687, S. 13). Die Auffassung der Bundesregierung hat sich schließlich durchsetzen können, was auch der wechselseitigen Aufgabenverteilung (→ Rn. 1) besser entspricht.

Über die Berichtspflicht hinaus kann der Umweltgutachterausschuss von der Zulas- 20
sungsstelle Berichte zu **besonderen Fragen** anfordern (S. 3). Auf diese Weise wird sichergestellt, dass die Berichte aufgabenadäquat ausgerichtet sind.

§ 22 Mitglieder des Umweltgutachterausschusses

(1) **Mitglieder des Umweltgutachterausschusses sind**

- **6 Vertreter der Unternehmen oder ihrer Organsiationen,**
- **4 Vertreter der Umweltgutachter oder ihrer Organisationen,**
- **2 Vertreter der Umweltverwaltung des Bundes,**
- **1 Vertreter der Wirtschaftsverwaltung des Bundes,**
- **4 Vertreter der Umweltverwaltung der Länder,**
- **2 Vertreter der Wirtschaftsverwaltung der Länder,**
- **3 Vertreter der Gewerkschaften,**
- **3 Vertreter der Umweltverbände.**

Sie unterliegen keinen Weisungen und sind ehrenamtlich tätig. Die Vorschriften der §§ 83 und 84 des Verwaltungsverfahrensgesetzes sind anzuwenden.

(2) **Die Mitglieder des Umweltgutachterausschusses müssen in Angelegenheiten des betrieblichen Umweltschutzes über gründliche Fachkenntnisse und mindestens dreijährige praktische Erfahrungen verfügen.**

(3) **Das Bundesministerium für Umwelt, Naturschutz und nukleare Sicherheit beruft die Mitglieder des Umweltgutachterausschusses und für jedes Mitglied einen Stellvertreter für die Dauer von drei Jahren auf Vorschlag der Bundesdachverbände der Wirtschaft, der freien Berufe im Einvernehmen mit den Organisationen der Umweltgutachter, der Gewerkschaften und der Umweltverbände sowie der zuständigen obersten Bundes- und Landesbehörden. Für die Stellvertreter gelten die Absätze 1 und 2 entsprechend.**

(4) **Ein Mitglied wird höchstens zweimal in Folge für den Umweltgutachterausschuss berufen. Anschließend muss vor einer erneuten Berufung eine Unterbrechung von mindestens einer Berufungsperiode liegen.**

Schrifttum *Ewer/Lechelt/Theuer,* Handbuch Umweltaudit, 1998; *Kloepfer,* Umweltrecht, 4. Aufl. 2016; *Kothe,* Das neue Umweltauditrecht, 1997; *Lübbe-Wolff,* Das Umweltauditgesetz, NuR 1996, 217 ff.

Übersicht

A. Allgemeines

I. Bedeutung der Vorschrift

§ 22 regelt die **pluralistische** (Mayen in Ewer/Lechelt/Theuer G Rn. 6, 44; Kothe 1
Rn. 472) **Zusammensetzung** des Umweltgutachterausschusses (Abs. 1) und stellt im

Sinne der sachgerechten Aufgabenwahrnehmung **fachliche Anforderungen** für die Mitglieder auf (Abs. 2). Zudem werden das **Besetzungsverfahren** (Abs. 3) und die Voraussetzungen für die **wiederholte Amtszeit** festgeschrieben (Abs. 4).

II. Rechtsentwicklung

2 Die Vorschrift geht zurück auf § 22 des im April 1995 vorgelegten **Gesetzentwurfs** der Fraktionen CDU/CSU und FDP für ein Umweltauditgesetz. Seine Erstfassung ist am 8.12.1995 in Kraft getreten und hat mehrere Änderungen erfahren. Zuerst durch Art. 1 Nr. 26 des Gesetzes zur Änderung des UAG vom 16.8.2002 (BGBl. I S. 3167), dann durch Art. 1 Nr. 16 des Zweiten Änderungsgesetzes vom 6.12.2011 (BGBl. I, S. 2509) sowie durch Art. 124 der Elften ZuständigkeitsanpassungsVO vom 19.6.2020 (BGBl. I S. 1328). Dabei basieren die **Absätze 1 – 3** noch weitestgehend auf der Ursprungsfassung, während **Absatz 4** erst 2011 eingefügt wurde.

3 Gegenstand der **Änderung 2002** war lediglich die Einfügung des Satzteils „im Einvernehmen mit den Organisationen der Umweltgutachter“ hinter den Worten „freie Berufe“, was auf eine Änderung der Verbandsstrukturen zurückzuführen ist (BT-Drs. 14/8231, S. 25).

4 § 22 **Abs. 3 S. 2** sowie **Abs. 4** wurden im Jahre 2011 durch Art. 1 Nr. 16 des Zweiten Änderungsgesetzes zum UAG (BGBl. I S. 2509) neu eingefügt.

5 Seine letzte Änderung erfuhr § 22 durch Art. 124 der Elften Zuständigkeitsanpassungs-VO vom 19.6.2020 (BGBl. I S. 1328). Sie war jedoch **rein terminologischer Natur**, soweit die Bezeichnung „Ministerium für Umwelt, Naturschutz und Reaktorsicherheit“ durch die geänderte **Ministeriumsbezeichnng** „Ministerium für Umwelt, Naturschutz und nukleare Sicherheit“ ersetzt wurde.

B. Zusammensetzung

6 Die Zusammensetzung des Umweltgutachterausschusses ist in Absatz 1 S. 1 geregelt und an der Gewährleistung einer funktionsgerechten Aufgabenwahrnehmung (zu den Aufgaben → § 21 Rn. 10 ff.) ausgerichtet.

I. Kriterien

7 Der Umweltgutachterausschuss hat **insgesamt 25 Mitglieder** verteilt auf **fünf Gruppen** (sog. „Bänke“). Auswahlkriterium für die Gruppen ist die Wahrnehmung von Belangen im Rahmen des Gemeinschaftssystems (BT-Drs. 13/1192, S. 31; Mayen in Ewer/Lechelt/Theuer G Rn. 45; Kothe Rn. 474). Daher entspricht die **personelle** Zusammensetzung den von EMAS besonders betroffenen Interessengruppen (Kloepfer, Umweltrecht, Rn. 1556; krit. Lübbe-Wolf NuR 1996, 217, 221).

8 Kriterien für die **zahlenmäßige** Zusammensetzung des Umweltgutachterausschusses sind die Arbeitsfähigkeit des Ausschusses, die Abstufung der Mitgliederzahl entsprechend der unterschiedlichen Betroffenheit der vertretenen Gruppen durch das Gemeinschaftssystem sowie die Sperrminorität für die Vertreter ökologischer und wirtschaftlicher Belange bei Entscheidungen in Zulassungs- und Aufsichtsangelegenheiten nach § 23 Abs. 3 Nr. 1 (BT-Drs. 13/1192, S. 32). Vertreter der **Unternehmen** und der **Umweltgutachter** bilden demnach die zahlenmäßig größte Gruppe. Mit insgesamt neun Vertretern der **Bundes- und Landesverwaltung** verfügen die staatlichen Vertreter über eine Sperrminorität (vgl. Mayen in Ewer/Lechelt/Theuer G Rn. 51).

II. Mitglieder

Zur Verwirklichung der Kriterien (→ Rn. 7 f.); sind im Umweltgutachterausschuss vertreten (vgl. BT-Drs. 13/1192, S. 31): 9

- Unternehmen, da sie sich der Umweltbetriebsprüfung unterziehen,
- Umweltgutachter, da sie das Vorliegen einer ordnungsgemäßen Umweltbetriebsprüfung begutachten,
- Bund und Länder jeweils mit Wirtschafts- und Umweltverwaltung, da der Staat die Einhaltung der Rechtsvorschriften überwacht,
- Gewerkschaften, da Grundlage der Begutachtung nach Anhang III Buchstabe B Nr. 2 der Verordnung (EWG) Nr. 1836/93 auch Gespräche der Umweltgutachter mit dem Betriebspersonal sind und ein effizientes Umweltmanagementsystem ein umweltbewusstes Verhalten der Betriebsangehörigen voraussetzt,
- Umweltverbände, da die Umwelterklärung nach Artikel 5 Abs. 2 der Verordnung (EWG) Nr. 1836/93 ausdrücklich für die Öffentlichkeit verfasst wird.

III. Rechtsstellung

Absatz 1 Satz 2 bestimmt, dass die Mitglieder des Umweltgutachterausschusses **keinen Weisungen** unterliegen und **ehrenamtlich** tätig sind. Die Weisungsfreiheit besteht sowohl im Verhältnis zum Bundesministerium für Umwelt, Naturschutz und nukleare Sicherheit als Aufsichtsbehörde (→ § 27 Rn. 4) als auch zu den im Umweltgutachterausschuss vertretenen Gruppen, sodass insbesondere keine einheitliche Abstimmung der jeweiligen „Bänke“ erforderlich ist (Mayen in Ewer/Lechelt/Theuer G Rn. 53). 10

Durch Satz 3, der **§§ 83 und 84 VwVfG** für anwendbar erklärt, werden die ehrenamtlich tätigen Mitglieder auf **Gewissenhaftigkeit, Unparteilichkeit und Verschwiegenheit** verpflichtet. Da § 85 VwVfG von der Verweisung ausgenommen ist, sind **Auslagen** und Verdienstausfall der Ausschussmitglieder nicht vom Bund, sondern in der Regel von der entsendenden Institution zu ersetzen. Dahinter steht die Überlegung, dass die Ausschussmitglieder im Interesse der von ihnen vertretenen Gruppen tätig werden (BT-Drs. 13/1192, S. 31 f.). 11

C. Fachliche Anforderungen

Absatz 2 stellt **Mindestanforderungen** an die **fachliche Kompetenz** der Ausschussmitglieder auf, damit sie ihre Aufgaben (→ § 21 Rn. 10 ff.) sachgerecht erfüllen können (BT-Drs. 13/1192, S. 31). Danach müssen sie in Angelegenheiten des betrieblichen Umweltschutzes über **gründliche Fachkenntnisse und mindestens dreijährige praktische Erfahrungen** verfügen. Als implizite Voraussetzung sollen die Anforderungen jedenfalls nicht geringer sein als die für Umweltgutachter (Kothe Rn. 477). Zudem enthält § 24 Abs. 2 S. 2 eine **Inkompatibilitätsregelung** (→ § 24 Rn. 6), nach der die Mitglieder des Umweltgutachterausschusses nicht zugleich dem Widerspruchsausschuss angehören dürfen. 12

D. Berufung und Amtszeit

Absatz 3 S. 1 regelt, dass die Berufung der Mitglieder des Umweltgutachterausschusses durch das **Bundesministerium** für Umwelt, Naturschutz und nukleare Sicherheit er- 13 folgt. Die Amtszeit beträgt **drei Jahre**. Das **Vorschlagsrecht** liegt bei den Bundesdachverbänden der Wirtschaft, der freien Berufe, der Gewerkschaften und der Umweltverbände sowie bei den zuständigen Bundes- und Länderministerien, wobei die Vorschläge aus verfassungsrechtlichen Erwägungen (vgl. → § 21 Rn. 17) nicht verbindliche sein sollen (Mayen in Ewer/Lechelt/Theuer G Rn. 71). Auf dieselbe Weise wird für jedes Mitglied ein Stellvertreter berufen. Zur Klarstellung (BT-Drs. 17/6611, S. 14) erklärt Satz 2 die Absätze 1 und 2 für entsprechend anwendbar.

14 Im Absatz 4 wird die **ununterbrochene Mitgliedschaft** auf zwei aufeinanderfolgende Berufungsperioden **beschränkt**. Nach sechs Jahren der Mitgliedschaft muss eine Person vor einer erneuten Berufung als Ausschussmitglied zunächst mindestens eine Berufungsperiode lang aussetzen. Die Möglichkeit zum Stellvertreter berufen zu werden bleibt von der Beschränkung unberührt (BT-Drs. 17/6611, S. 14).

§ 23 Geschäftsordnung, Vorsitz und Beschlussfassung des Umweltgutachterausschusses

(1) **Der Umweltgutachterausschuss gibt sich eine Geschäftsordnung, die der Genehmigung durch das Bundesministerium für Umwelt, Naturschutz und nukleare Sicherheit bedarf.**

(2) **Der Umweltgutachterausschuss wählt den Vorsitzenden und vier Stellvertreter aus seiner Mitte. Zu ihnen muss jeweils ein Vertreter der Unternehmen, der Umweltgutachter, der Verwaltung, der Gewerkschaften und der Umweltverbände gehören.**

(3) **Der Umweltgutachterausschuss beschließt**

1. in Angelegenheiten nach § 21 Abs. 1 Satz 2 Nr. 1 und 2 mit der Mehrheit von zwei Dritteln der gesetzlichen Mitgliederzahl,
2. in Angelegenheiten der Geschäftsordnung mit der Mehrheit der gesetzlichen Mitgliederzahl und
3. in sonstigen Fällen mit der Mehrheit der anwesenden Mitglieder.

(4) **An den Sitzungen des Umweltgutachterausschusses, einschließlich der Beratung und Beschlussfassung, können einzelne oder alle Mitglieder auch im Wege elektronischer Kommunikation teilnehmen. Einzelheiten, insbesondere zur Durchführung elektronischer Abstimmungen und zur Dokumentation, können in der Geschäftsordnung festgelegt werden.**

Schrifttum *Ewer/Lechelt/Theuer*, Handbuch Umweltaudit, 1998; *Lütkes*, Das Umweltauditgesetz – UAG, NVwZ 1996, 230 ff.

Übersicht

A. Allgemeines

I. Bedeutung der Vorschrift

1 § 23 regelt die **Grundsätze der Willensbildung** des Umweltgutachterausschusses. Dazu gehört der Erlass einer **Geschäftsordnung** mit Genehmigungsvorbehalt für das Bundesministerium für Umwelt, Naturschutz und nukleare Sicherheit (Abs. 1). Geregelt sind außerdem die **Wahl** des Vorsitzenden und seiner Stellvertreter (Abs. 2) sowie die für die **Beschlussfassung** jeweils erforderlichen Mehrheiten (Abs. 3). Seit der Ergänzung um Absatz 4 ermöglicht die Vorschrift zudem eine **elektronische Teilnahme** an Sitzungen.

II. Rechtsentwicklung

2 Die Vorschrift beruht auf der im Gesetzentwurf der Fraktionen CDU/CSU und FDP für ein Umweltauditgesetz vom 1995 **ursprünglich noch als § 22 nummerierten Vorschrift**. Sie ist am 8.12.1995 in Kraft getreten. Geändert wurde die Bestimmung durch Art. 1 Nr. 27 des Gesetzes zur Änderung des UAG vom 16.8.2002 (BGBl. I S. 3167), Art. 124 der Elften ZuständigkeitsanpassungsVO vom 19.6.2020 (BGBl. I 2020, S. 1328) und zuletzt durch Art. 4 Gesetz zur Änderung des Umweltschadensgesetzes, des Umweltinformationsgesetzes und weiterer umweltrechtlicher Vorschriften, v. 25.2.2021 (BGBl. I 2021, S. 306). Die **Absätze 1 – 3** entsprechen dabei in weiten Teilen noch der Ursprungsfassung, **Absatz 4** wurde hingegen erst 2021 eingefügt.

3 **2002** wurden im § 23 Abs. 3 Nr. 1 bloße **Folgeänderungen** vorgenommen, die sich aus der Streichung des § 13 und der Änderung des § 21 Abs. 1 S. 2 ergeben hatten.

4 Ebenfalls **redaktioneller Natur** waren die Änderungen durch Art. 124 der **Elften ZuständigkeitsanpassungsVO** vom 19.6.2020 (BGBl. I S. 1328). Es wurde lediglich die alte Ministeriumsbezeichnung in Abs. 1, die noch „Ministerium für Umwelt, Naturschutz und Reaktorsicherheit" lautete, durch die gegenwärtige Ministeriumsbezeichnung ersetzt.

5 Seine aktuelle Fassung erhielt § 23 erst mit Art. 4 des Gesetzes zur Änderung des Umweltschadensgesetzes, des Umweltinformationsgesetzes und weiterer umweltrechtlicher Vorschriften v. 25.2.2021 (BGBl. I S. 306), mit welchem der **Absatz 4 neu** eingefügt wurde. Ursprünglich konzipiert als **Schutzmaßnahmen zur Eindämmung der COVID-19**-Pandemie (BTDrs. 19/24230, S. 21) legt dieser fest, dass auch eine elektronische Teilnahme an den Sitzungen des Umweltgutachterausschuss möglich sein soll.

B. Geschäftsordnungsautonomie

6 Zunächst sieht Absatz 1 vor, dass sich der Umweltgutachterausschuss eine **Geschäftsordnung** gibt und verleiht diesem damit eine **Geschäftsordnungsautonomie**. Diese bedarf der **Genehmigung** des Bundesministeriums für Umwelt, Naturschutz und nukleare Sicherheit, was Teil der **Rechtsaufsicht** (→ § 27 Rn. 4) ist (BT-Drs. 13/1192, S. 32; Mayen in Ewer/Lechelt/Theuer G Rn. 77). Dieser Genehmigung wird angesichts der Rechtsstellung des Umweltgutachterausschusses als rechtlich verselbstständigte teilrechtsfähige Körperschaft des öffentlichen Rechts (→ § 21 Rn. 8) **Verwaltungsaktqualität** zugesprochen (Mayen in Ewer/Lechelt/Theuer G Rn. 78). Der **Beschluss** erfordert nach § 23 Abs. 3 Nr. 2 eine qualifizierte Mehrheit (→ Rn. 11), hat sich an höherrangigem Recht zu messen und innerhalb des Aufgabenkreises des Umweltgutachterausschusses zu bewegen (Mayen in Ewer/Lechelt/Theuer G Rn. 76).

7 Die **jüngste Geschäftsordnung** wurde am 9.06.2020 vom Umweltgutachterausschuss beschlossen und vom zuständigen Bundesministerium genehmigt. Durch diese erfolgt vor allem eine **Konkretisierung** der gesetzlichen Vorschriften in Hinblick auf die praktische Arbeitsfähigkeit des Gremiums.

C. Vorsitz und Stellvertretung

8 Der Vorsitz wird nach Absatz 2 aus der Mitte des Umweltgutachterausschusses gewählt. Er setzt sich zusammen aus dem **Vorsitzenden** und vier Stellvertretern. Damit sich alle Gruppen (→ § 22 Rn. 7) auch im Vorstand wiederfinden, müssen jeweils ein Vertreter

der Unternehmen, der Umweltgutachter, der Verwaltung, der Gewerkschaften und der Umweltverbände vertreten sein.

D. Beschlussfassung

Im Interesse der Praktikabilität ist die erforderliche Mehrheit **je nach Beratungsgegenstand** unterschiedlich (BT-Drs. 13/1192, S. 32). Die Einhaltung der Mehrheitserfordernisse ist **Wirksamkeitserfordernis** der Beschlüsse (Mayen in Ewer/Lechelt/Theuer G Rn. 86). 9

Nummer 1 sieht eine Mehrheit von **zwei Dritteln** (17 Stimmen) der Mitglieder in **Zulassungs- und Aufsichtsangelegenheiten** vor. Auf diese Weise wird verhindert, dass eine Gruppe den Umweltgutachterausschuss majorisiert (BT-Drs. 13/1192, S. 32; Mayen in Ewer/Lechelt/Theuer G Rn. 81). Die **Sperrminorität** von 9 Stimme hat zur Folge, dass eine Gruppe den Umweltgutachterausschuss nicht blockieren kann, sondern vielmehr jede Gruppe Bündnispartner bei Beschlüssen des Ausschusses gewinnen muss (BT-Drs. 13/1192, S. 32). Wollen die **staatlichen Vertreter** die Sperrminorität ausüben, setzt dies ein einheitliches Abstimmungsverhalten voraus (vgl. Lütkes NVwZ 1996, 230, 234). 10

Nummer 2 verlangt die Mehrheit der **gesetzlichen Mitgliederzahl** (13 Stimmen) in **Geschäftsordnungsangelegenheiten**, damit nicht Zufallsmehrheiten zu Benachteiligungen einzelner Gruppen führen (BT-Drs. 13/1192, S. 32). 11

In allen **sonstigen Fällen** wird nach Nummer 3 die Entscheidung mit der **Mehrheit der anwesenden Mitglieder** getroffen. 12

E. Elektronische Teilnahme

Nach dem im Jahr 2021 (→ Rn. 5) eingefügten Absatz 4 können einzelne oder alle Mitglieder auch im Wege **elektronischer Kommunikation** an den Sitzungen des Umweltgutachterausschusses teilnehmen (S. 1). Wenngleich die Regelung ursprünglich als Schutzmaßnahmen zur Eindämmung der COVID-19-Pandemie erging (BT-Drucks. 19/24230, S. 21 → Rn. 5), ist die Regelung unbefristet und soll unabhängig vom Pandemiegeschehen die Fortsetzung der virtuellen Kommunikation ermöglichen. Dazu weist die Gesetzesbegründung darauf hin, dass Versammlungsmöglichkeiten mittels elektronischer Mittel in einem digitalen Zeitalter immer mehr an Bedeutung gewinnen und diverse Vorteile mit sich bringen, wie etwa die Vermeidung von durch Reisetätigkeiten verursachter Treibhausgasemissionen oder eine Erleichterung der Vereinbarkeit mit persönlichen oder familiären Verpflichtungen, was zugleich der Frauenförderung dienen soll (BTDrs. 19/24230, S. 21). 13

Entsprechend der Vorgabe in S. 2 sind **Einzelheiten** in der Geschäftsordnung geregelt (vgl. §§ 5 Abs. 6, 6 GO UAG). 14

F. Teilnahme Externer

Die eventuelle Teilnahme **Externer** an Sitzungen des Umweltgutachterausschusses ist in der Geschäftsordnung des Umweltgutachterausschusses geregelt. Sie kann nach derzeitiger Rechtslage auf Grund eines Beschlusses des Umweltgutachterausschusses erfolgen und auch eine virtuelle Teilnahme umfassen (vgl. § 7 GO UAG). 15

§ 24 Widerspruchsbehörde

(1) **Zuständig für die Entscheidung über Widersprüche gegen Verwaltungsakte der Zulassungsstelle ist das Bundesverwaltungsamt, das insoweit den fachlichen Weisungen des Bundesministeriums für Umwelt, Naturschutz und nukleare Sicherheit unterliegt.**

(2) **Die Entscheidung ist durch einen Beamten der Bundesverwaltung zu treffen, der die Befähigung zum Richteramt besitzt. Von der Widerspruchsbehörde hinzugezogene Sachverständige dürfen nicht dem Umweltgutachterausschuss angehören. Sie müssen in Angelegenheiten des betrieblichen Umweltschutzes über gründliche Fachkenntnisse und mindestens dreijährige praktische Erfahrungen verfügen.**

(3) **Die Widerspruchsbehörde kann an den Sitzungen des Umweltgutachterausschusses teilnehmen. Ihr ist auf Verlangen das Wort zu erteilen.**

Schrifttum *Kloepfer,* Umweltrecht, 4. Aufl. 2016; *Kothe,* Das neue Umweltauditrecht, 1997; *Lütkes,* Das Umweltauditgesetz – UAG, NVwZ 1996, 230 ff.

Übersicht

A. Allgemeines

I. Bedeutung der Vorschrift

1 § 24 regelt die **Zuständigkeit und personelle Besetzung** der **Widerspruchsbehörde** für Widersprüche gegen Verwaltungsakte der Zulassungsstelle.

II. Rechtsentwicklung

2 Die aktuelle Fassung des § 24 geht zurück auf Art. 1 Nr. 28 des im Februar 2002 vorgelegten Regierungsentwurfs für ein Gesetz zur Änderung des UAG (BT-Drs. 14/8231, S. 12 f.). Das Gesetz wurde am 16.8.2002 im BGBl. verkündet (BGBl I S. 3167), weshalb § 24 UAG gem. Art. 3 des Änderungsgesetzes **am** 17.8.2002 in Kraft getreten ist.

3 **Eine Änderung** hat die Norm nur durch Art. 124 der Elften Zuständigkeitsanpassungs VO vom 19.6.2020 (BGBl. I, 2020, S. 1328) erfahren, bei der die alte **Ministeriumsbezeichnung** „Ministerium für Umwelt, Naturschutz und Reaktorsicherheit" an die neue Ministeriumsbezeichnung angepasst wurde. Passagen des § 24 in der Ursprungsfassung des UAG von 1995 (BGBl. I S. 1591) finden sich heute lediglich noch in Absatz 2 Satz 1 wieder.

B. Zuständigkeit

4 Seit dem Änderungsgesetz von 2002 (→ Rn. 2) liegt die Zuständigkeit für die Bearbeitung von Widersprüchen gegen Verwaltungsakte beim **Bundesverwaltungsamt**, das insoweit der Fachaufsicht des Bundesministeriums für Umwelt, Naturschutz und nukleare Sicherheit unterliegt (Abs. 2 S. 1), also in fachlicher Hinsicht weisungsabhängig ist (Kloepfer Rn. 1554).

5 Nach der **Vorgängerregelung** lag die Zuständigkeit bei einem beim Bundesministerium für Umwelt, Naturschutz und nukleare Sicherheit eingerichteten Widerspruchsausschuss (vgl. § 24 Abs. 1 S. 1 a.F.; dazu Lütkes NVwZ 1996, 230, 232; Kothe Rn. 484). Allerdings war nach **fünf Jahren Erfahrung** deutlich geworden, dass diese nicht originär ministerielle Aufgabe nicht zwingend durch das Bundesministerium wahrgenommen werden muss und sich die **Übertragung** dieser Routineaufgabe auf eine **Bundesoberbehörde** anbietet, die im Einzelfall erforderlichenfalls externe Sachverständige zur Entscheidungsfindung hinzuziehen kann (BT-Drs. 14/8231, S. 25 f.).

C. Fachliche Anforderungen

6 Als **Mindestanforderungen** für die fachliche Kompetenz (vgl. BT-Drucks. 13/1192 S. 32) sieht Absatz 2 S. 1 vor, dass die Entscheidung über Widersprüche durch einen Beamten oder eine Beamtin der Bundesverwaltung zu treffen ist, der oder die die **Befähigung zum Richteramt** besitzt. Es besteht die Möglichkeit, bei der Entscheidung **Sachverständige hinzuziehen**. Diese dürfen nicht dem Umweltgutachterausschuss angehören (S. 2) und müssen – ebenso wie die Mitglieder des Umweltgutachterausschusses (→ § 22 Rn. 12) – in Angelegenheiten des betrieblichen Umweltschutzes über gründliche Fachkenntnisse und mindestens dreijährige praktische Erfahrungen verfügen (S. 3).

D. Recht zur Sitzungsteilnahme

7 Absatz 3 verleiht der Widerspruchsbehörde das Recht zur **Teilnahme** an sowie ein **Rederecht** bei den Sitzungen des Umweltgutachterausschusses. Letzteres ist ihr auf Verlangen zu erteilen (S. 2).

§ 25 Widerspruchsverfahren

(1) **Der Widerspruch soll vor Erlass des Widerspruchsbescheides mit den Beteiligten mündlich erörtert werden. Mit Einverständnis aller Beteiligten kann von der mündlichen Erörterung abgesehen werden. Im Übrigen ist das Widerspruchsverfahren an bestimmte Formen nicht gebunden, soweit die §§ 68 bis 73 der Verwaltungsgerichtsordnung keine besonderen Rechtsvorschriften für die Form des Verfahrens enthalten. Es ist einfach und zweckmäßig durchzuführen.**

(2) **Soweit der Widerspruch gegen Entscheidungen der auf Grund des § 28 beliehenen Zulassungsstelle erfolgreich ist, sind die Aufwendungen des Widerspruchsführers nach § 80 Abs. 1 Satz 1 und 2 des Verwaltungsverfahrensgesetzes von dem privaten Rechtsträger der Zulassungsstelle zu erstatten.**

Schrifttum *Kothe,* Das neue Umweltauditrecht, 1997

Übersicht

A. Allgemeines

I. Bedeutung der Vorschrift

In § 25 sind die **Einzelheiten des Widerspruchsverfahrens** (Abs. 1) sowie die **Kostentragungspflicht** (Abs. 2) geregelt. 1

II. Rechtsentwicklung

Die Vorschrift geht zurück auf § 25 des im April 1995 vorgelegten Gesetzentwurfs der Fraktionen CDU/CSU und FDP für ein Umweltauditgesetz. Nach Verkündung des Gesetzes ist § 25 UAG am 8.12.1995 in Kraft getreten. Eine Änderung hat § 25 nur durch Art. 1 Nr. 29 des Gesetzes zur Änderung des UAG vom 16.8.2002 (BGBl. I, S. 3167) erfahren. 2

Die ursprünglich bindende **Erörterung** des Widerspruchs mit den Beteiligten wurde durch Art. 1 Nr. 29 des Gesetzes zur Änderung des UAG vom 16.8.2002 (BGBl. I, S. 3167) durch eine **„Soll-Vorschrift“** ersetzt. 3

B. Ablauf des Widerspruchsverfahrens

Absatz 1 S. 1 ordnet eine **mündliche Erörterung** des Widerspruches im Regelfall an. Seit der Ausgestaltung als **„Soll-Vorschrift“** (→ Rn. 3) ist mündliche Erörterung nicht mehr obligatorisch, sondern nur noch fakultativ. **Damit** soll einerseits dem Umstand Rechnung getragen werden, dass sich in der Vergangenheit eine mündliche Erörterung in den meisten Fällen als nicht erforderlich erwiesen hat und andererseits eine Verkürzung der Verfahrensrechte der Betroffenen vermieden werden (BT-Drs. 14/8231, S. 26). 4

5 Satz 2 sieht vor, dass im **gegenseitigen Einverständnis** von der mündlichen Erörterung abgesehen werden und ein schriftliches Verfahren durchgeführt werden kann. Seit der fakultativen Ausgestaltung der mündlichen Erörterung (→ Rn. 3 f.) ist diese Regelung allerdings **entbehrlich** geworden. Im Übrigen wird für die Durchführung des Widerspruchsverfahrens auf die **§§ 68 bis 73 VwGO** verwiesen.

C. Kostentragungspflicht

6 Nach Absatz 2 S. 1 sind die zur zweckentsprechenden Rechtsverfolgung notwendigen Aufwendungen des Widerspruchsführers **von dem privaten Rechtsträger** der Zulassungsstelle zu erstatten. **Hinter** dieser ungewöhnlichen Regelung (vgl. Kothe Rn. 484) steht die Überlegung, dass die Kosten von der beliehenen Zulassungsstelle **verursacht** werden und die Beleihung im Interesse einer wirtschaftsnahen Lösung erfolgte (BT-Drs. 14/8231, S. 26). Die **Höhe** der Kosten des Widerspruchsverfahrens richtet sich nach dem Verwaltungskostengesetz des Bundes und der Gebührenverordnung nach § 36 Abs. 2.

§ 26 Geschäftsstelle

Für die Arbeit des Umweltgutachterausschusses wird eine Geschäftsstelle eingerichtet. Sie unterliegt den Weisungen des Vorsitzenden des Umweltgutachterausschusses.

Schrifttum *Ewer/Lechelt/Theuer,* Handbuch Umweltaudit, 1998; *Kothe,* Das neue Umweltauditrecht, 1997; *Lütkes,* Das Umweltauditgesetz – UAG, NVwZ 1996, 230 ff.

Übersicht

A. Allgemeines

I. Bedeutung der Vorschrift

Mit der Einrichtung einer Geschäftsstelle als Regelungsgehalt schafft § 26 die **personellen und organisatorischen Voraussetzungen** für die Arbeitsfähigkeit des Umweltgutachterausschusses (BT-Drs. 13/1192, S. 33). 1

II. Rechtsentwicklung

Die Vorschrift geht wortgleich zurück auf den im April 1995 vorgelegten Gesetzentwurf der Fraktionen CDU/CSU und FDP für ein Umweltauditgesetz. Die Ursprungsfassung des § 26 ist am 17.8.2002 in Kraft getreten und hat seitdem **keine Änderung** erfahren. 2

B. Einrichtung der Geschäftsstelle

Der Umweltgutachterausschuss besitzt als teilrechtsfähige (→ § 21 Rn. 8) Körperschaft des öffentlichen Rechts (→ § 21 Rn. 9) **keine eigene Rechtspersönlichkeit** und kann somit kein Personal einstellen und keine organisatorische Infrastruktur schaffen (Mayen in Ewer/Lechelt/Theuer G Rn. 3; Kothe Rn. 483; Lütkes NVwZ 1996, 230, 234). Daher muss ihm für seine **Arbeitsfähigkeit** eine Geschäftsstelle zur Verfügung gestellt werden (BT-Drs. 13/1192, S. 33). 3

Da der Staat aus Artikel 11 Abs. 3 VO (EWG) Nr. 1221/2009 zur Gewährleistung der **Neutralität und Unabhängigkeit** des Zulassungs- und Aufsichtssystems verpflichtet ist, kann die Einrichtung und Unterhaltung der Geschäftsstelle nicht durch eine im Umweltgutachterausschuss vertretene Gruppe erfolgen, sondern muss **auf gesetzlichem Weg** geschehen. 4

Die sodann eingerichtete Geschäftsstelle hat ihren **Sitz** in Berlin. Ihre Aufgaben werden in der **Geschäftsordnung** (→ § 23 Rn. 6 f.) des Umweltgutachterausschusses näher umschrieben (vgl. § 10 Abs. 2 GO UGA). 5

C. Weisungsabhängigkeit

6 Nach Satz 2 unterliegt die Geschäftsstelle den **Weisungen** des Vorsitzenden des Umweltgutachterausschusses. Über dessen demokratische Rückbindung (vgl. → § 21 Rn. 17) erhält sie auf diese Weise die Erforderliche **demokratische Legitimation**.

§ 27 Rechtsaufsicht

(1) **Der Umweltgutachterausschuss steht unter der Aufsicht des Bundesministeriums für Umwelt, Naturschutz und nukleare Sicherheit (Aufsichtsbehörde). Die Aufsicht erstreckt sich auf die Rechtmäßigkeit der Ausschusstätigkeit, insbesondere darauf, dass die gesetzlichen Aufgaben erfüllt werden.**

(2) **Die Aufsichtsbehörde kann an den Sitzungen des Umweltgutachterausschusses teilnehmen. Ihr ist auf Verlangen das Wort zu erteilen. Sie kann schriftliche oder elektronische Berichte und Aktenvorlage fordern.**

(3) **Beschlüsse nach § 21 Abs. 1 Satz 2 Nr. 1 bis 3 bedürfen der Genehmigung durch die Aufsichtsbehörde. Die Aufsichtsbehörde kann rechtswidrige Beschlüsse des Umweltgutachterausschusses beanstanden und nach vorheriger Beanstandung aufheben. Wenn der Umweltgutachterausschuss Beschlüsse oder sonstige Handlungen unterlässt, die zur Erfüllung seiner gesetzlichen Aufgaben erforderlich sind, kann die Aufsichtsbehörde anordnen, dass innerhalb einer bestimmten Frist die erforderlichen Maßnahmen getroffen werden. Die Aufsichtsbehörde hat die geforderten Handlungen im Einzelnen zu bezeichnen. Sie kann ihre Anordnung selbst durchführen oder von einem anderen durchführen lassen, wenn die Anordnung vom Umweltgutachterausschuss nicht befolgt worden ist.**

(4) **Wenn die Aufsichtsmittel nach Absatz 3 nicht ausreichen, kann die Aufsichtsbehörde den Umweltgutachterausschuss auflösen. Sie hat nach Eintritt der Unanfechtbarkeit der Auflösungsanordnung unverzüglich neue Mitglieder gemäß § 22 Abs. 3 zu berufen. Sie braucht vorgeschlagene Personen nicht zu berücksichtigen, die Mitglieder des aufgelösten Ausschusses waren.**

Schrifttum *Köck,* Das Pflichten und Kontrollsystem des Öko-Audit-Konzepts nach der Öko-Audit-Verordnung und dem Umweltauditgesetz, VerwArch 1996, 644 ff.; *Kothe,* Das neue Umweltauditrecht, 1997; *Lübbe-Wolff,* Das Umweltauditgesetz, NuR 1996, 217 ff.; *Mayen,* Der Umweltgutachterausschuß – ein strukturelles Novum ohne hinreichende demokratische Legitimation?, NVwZ 1997, 215 ff.; *Schneider,* Öko-Audit als Scharnier in einer ganzheitlichen Regulierungsstrategie, DV 1995, 361 ff.; *Vetter,* Das Umweltauditgesetz, DVBl 1996, 1223 ff.

Übersicht

A. Allgemeines

I. Bedeutung der Vorschrift

1 § 27 regelt die **Rechtsaufsicht** über den Umweltgutachterausschuss. Absatz 1 unterstellt den Umweltgutachterausschuss der Aufsicht des Bundesministeriums für Umwelt, Naturschutz und nukleare Sicherheit. Die Absätze 2 bis 4 greifen hierfür die **herkömmlichen Instrumente körperschaftlicher Rechtsaufsicht** auf.

II. Rechtsentwicklung

2 § 27 in der aktuellen Fassung ist **nahezu identisch** mit der Ursprungsfassung der Vorschrift, wie sie in dem im April 1995 vorgelegten Gesetzentwurf der Fraktionen CDU/CSU und FDP für ein Umweltauditgesetz vorgesehen war und am 8.12.1995 in Kraft getreten ist. **Eine marginale Änderung** erfuhr § 27 allein durch Art. 124 der Elften ZuständigkeitsanpassungsVO vom 19.6.2020 (BGBl. I, S. 1328).

3 Durch Art. 124 der Elften ZuständigkeitsanpassungsVO vom 19.6.2020 (BGBl. I S. 1328) wurde in § 27 Abs. 1 S. 1 die **Ministeriumsbezeichnung** in die gegenwärtige Form geändert. Zuvor hatte es „Ministerium für Umwelt, Naturschutz und Reaktorsicherheit" geheißen.

B. Rechtsaufsicht

4 **Aufsichtsbehörde** ist nach Absatz 1 S. 2 das **Bundesministerium für Umwelt, Naturschutz und nukleare Sicherheit**. Wie S. 2 explizit klarstellt, ist die Aufsicht als Rechtsaufsicht auf die **Rechtsmäßigkeitskontrolle** beschränkt (Vetter DVBl. 1996, 1223, 1225; Köck VerwArch 1996, 644, 670; Lübbe-Wolff NuR 1996, 217, 220; Schneider DV 1996, 361, 370). Ein **sachliches Weisungsrecht** mit eigenständigen Gestaltungsspielräumen kommt der Aufsichtsbehörde hingegen **nicht** zu (Mayen NVwZ 1997, 214, 217). Diese Beschränkung ergibt sich aus für den Umweltgutachterausschuss charakteristischen **Selbstverwaltungselementen** (BT-Drs. 13/1192, S. 33).

C. Aufsichtsmittel

5 Die **Aufsichtsmittel** werden in den **Abätzen 2 bis 4** festgelegt. Diese **orientieren** sich insbesondere an den Instrumenten der Kommunalaufsicht, der Aufsicht über die Handwerkskammern (§§ 105, 115 HwO) und der Aufsicht über den „Abfallentsorgungs- und Altlastensanierungsverband Nordrhein-Westfalen" nach dem Gründungsgesetz vom 21. Juni 1988 (GVBl.-NW Nr. 28 vom 18. Juli 1988, 268), der zu den Kooperationsmodellen für das Zusammenwirken von Staat und Wirtschaft im Umweltschutz gehört und die gesetzliche Konzeption des Zulassungs- und Aufsichtssystems mit beeinflusst hat (BT-Drs. 13/1192, S. 33).

I. Sitzungsteilnahme

6 In Absatz 2 S. 1 wird das Recht auf **Sitzungsteilnahme** durch die Aufsichtsbehörde statuiert. Im Zuge dessen ist hier auf Verlangen das Wort zu erteilen (S. 1) und sie kann schriftliche oder elektronische Berichte und Aktenvorlage fordern (S. 2). Auf diese Weise

wird zunächst ermöglicht, dass sich die Aufsichtsbehörde **ein umfassendes Bild** von der Tätigkeit des Umweltgutachterausschusses verschafft.

II. Genehmigung

Zunächst wird in Absatz 3 S. 1 festgelegt, dass **Beschlüsse** des Umweltgutachterausschuss **nach § 21 Abs. 1 S. 2 Nr. 1 bis 3** der **Genehmigung** bedürfen. Dies sind der Erlass von Richtlinien für die Auslegung und Anwendung der das Zulassungssystem betreffenden Vorschriften (Nr. 1 → § 21 Rn. 13 f.), die Führung einer Prüferliste für die Besetzung der Prüfungsausschüsse (Nr. 2 → § 21 Rn. 15) sowie das Aussprechen von Empfehlungen für die Benennung von Sachverständigen durch die Widerspruchsbehörde (Nr. 3 → § 21 Rn. 16). 7

Im **Gesetzgebungsverfahren** war diese Regelung **umstritten**. Der **Bundesrat** regte eine **Streichung** an und verwies auf einen Widerspruch zum Kompromissvorschlag, der von der Bundesregierung, den Ländern und der Wirtschaft erzielt wurde, und vorsah, dass der Umweltgutachterausschuss abschließend und letztverantwortlich die Aufgaben nach § 21 wahrnimmt (BT-Drs. 13/1687, S. 6). Die **Bundesregierung** argumentierte **gegen diesen Vorschlag** und verwies darauf, dass die Genehmigung der Beschlüsse des Umweltgutachterausschusses zu den **herkömmlichen Instrumenten der körperschaftlichen Rechtsaufsicht** gehöre und es das **Demokratie- und Rechtsstaatsprinzip** erforderten, dass mit der Übertragung bestimmter öffentliche Aufgaben auf eine Körperschaft die Notwendigkeit einer zumindest präventiven Rechtsaufsicht einherginge (BT-Drs. 13/1687, S. 13). Dass sich diese Auffassung durchsetzen konnte, ist in Hinblick auf die **verfassungsrechtliche Bewertung** (→ § 21 Rn. 17) begrüßenswert (vgl. Kothe Rn. 482). 8

III. Beanstandung und Aufhebung

Im Wege der Rechtsaufsicht kann die Aufsichtsbehörde (→ Rn. 4) weiterhin rechtswidrige Beschlüsse des Umweltgutachterausschusses **beanstanden** und nach vorheriger Beanstandung **aufheben** (Abs. 3 S. 2). Nach Beanstandung ist **zunächst** dem Umweltgutachterausschuss selbst die Möglichkeit zu geben, rechtmäßige Zustände herzustellen. Erst wenn er von dieser keinen Gebrauch macht, kommt eine Aufhebung in Betracht. 9

IV. Anordnungen

Anordnungen durch die Aufsichtsbehörde kommen nach Absatz 3 in Betracht, wenn der Umweltgutachterausschuss (S. 3) Beschlüsse oder sonstige Handlungen **unterlässt**, die zur Erfüllung seiner gesetzlichen Aufgaben erforderlich sind. Die Aufsichtsbehörde hat eine **bestimmte Frist** zu setzen. Außerdem sind die geforderten Handlungen **im Einzelnen zu bezeichnen** (S. 4). Grundsätzlich sind die Anordnungen **durch den Umweltgutachterausschuss selbst** vorzunehmen. Erst wenn dieser die Anordnung nicht befolgt, kommt eine Wahrnehmung durch die Aufsichtsbehörde oder einen Dritten in Betracht (S. 5). 10

V. Auflösung

Nach Absatz 4 ist auch die **Auflösung** des Umweltgutachterausschusses durch die Aufsichtsbehörde möglich. Die Vorschrift ist der Regelung des § 115 Abs. 2 HwO nachgebildet. Voraussetzung ist, dass die in Absatz 3 normierten Aufsichtsmittel nicht ausreichen. Das Auflösungsrecht ist also **ultima ratio** (Kothe Rn. 482), wenn der Umweltgutachterausschuss seine gesetzlichen Aufgaben nach § 21 nicht mehr erfüllen kann. Als **Beispiel** 11 verweist die Gesetzesbegründung auf eine gegenseitige Blockade der im Umweltgutachterausschuss vertretenen Gruppen durch Ausübung ihrer Sperrminoritäten, was allerdings in der Praxis allein durch das Bestehen des Auflösungsrechtes verhindert werden sollte (BT-Drs. 13/1192, S. 33).

12 Um die **Handlungsfähigkeit** des Ausschusses sicherzustellen, sind nach Eintritt der Unanfechtbarkeit der Auflösungsanordnung **unverzüglich** neue Mitglieder nach Maßgabe des § 22 Abs. 3 (→ § 22 Rn. 13) zu berufen.

§ 12a Vorbereitung der Berichterstattung an die Europäische Kommission

(1) Die zuständigen Behörden der Länder teilen dem für Umweltschutz zuständigen Bundesministerium erstmals bis zum 31. Dezember 2021 und sodann jährlich bis zum 31. Dezember des jeweiligen Jahres zu jedem Fall eines Umweltschadens im Sinne dieses Gesetzes in ihrem Zuständigkeitsbereich folgende Angaben mit:

1. die Art des Umweltschadens im Sinne von § 2 Nummer 1 Buchstabe a bis c;
2. den Ort des Umweltschadens oder die örtlich zuständige Behörde;
3. das Datum des Eintretens oder der Aufdeckung des Umweltschadens;
4. soweit einschlägig die Beschreibung der Tätigkeit oder Tätigkeiten nach Anlage 1, durch die der Umweltschaden verursacht wurde.

(2) Sofern verfügbar, sind ebenfalls sonstige relevante Informationen über die bei der Durchführung dieses Gesetzes gewonnenen Erfahrungen mitzuteilen.

(Kommentierung folgt)

§ 12a Vorbereitung der Berichterstattung an die Europäische Kommission

(1) Die zuständigen Behörden der Länder teilen dem für Umweltschutz zuständigen Bundesministerium erstmals bis zum 31. Dezember 2021 und sodann jährlich bis zum 31. Dezember des jeweiligen Jahres zu jedem Fall eines Umweltschadens im Sinne dieses Gesetzes in ihrem Zuständigkeitsbereich folgende Angaben mit:

1. die Art des Umweltschadens im Sinne von § 2 Nummer 1 Buchstabe a bis c,
2. den Ort des Umweltschadens oder die örtlich zuständige Behörde,
3. das Datum des Eintretens oder der Aufdeckung des Umweltschadens,
4. soweit einschlägig, eine Beschreibung der beruflichen Tätigkeit oder Tätigkeiten nach Anlage 1, durch die der Umweltschaden verursacht wurde.

(2) Sofern verfügbar, sind ebenfalls sonstige relevante Informationen über die bei der Durchführung dieses Gesetzes gewonnenen Erfahrungen mitzuteilen.

(Kommentierung folgt.)

§ 11a[1] Verfahren bei Vorhaben zur Erzeugung von Energie aus erneuerbaren Quellen

(1) [1]Die Absätze 2 bis 5 gelten für die Erteilung einer Erlaubnis oder Bewilligung ergänzend bei folgenden Vorhaben:

1. Errichtung und Betrieb sowie Modernisierung von Anlagen zur Nutzung von Wasserkraft, ausgenommen Pumpspeicherkraftwerke,
2. Errichtung und Betrieb von Anlagen zur Gewinnung von Erdwärme, wenn ein bergrechtlicher Betriebsplan nicht erforderlich ist.

[2]Die Modernisierung im Sinne des Satzes 1 Nummer 1 umfasst Maßnahmen zur Steigerung der Effizienz oder der Kapazität der Anlage, insbesondere den vollständigen oder teilweisen Austausch der Anlage, eines Anlagenteils oder des Betriebssystems.

(2) Auf Antrag des Trägers des Vorhabens werden das Erlaubnis- oder Bewilligungsverfahren sowie alle sonstigen Zulassungsverfahren, die für die Durchführung des Vorhabens nach Bundes- oder Landesrecht erforderlich sind, über eine einheitliche Stelle abgewickelt.

(3) [1]Die einheitliche Stelle nach Absatz 2 stellt ein Verfahrenshandbuch für Träger von Vorhaben bereit und macht diese Informationen auch im Internet zugänglich. [2]Dabei geht sie gesondert auch auf kleinere Vorhaben und Vorhaben zur Eigenversorgung mit Elektrizität ein. [3]In den im Internet veröffentlichten Informationen weist die einheitliche Stelle auch darauf hin, für welche Vorhaben sie zuständig ist und welche weiteren einheitlichen Stellen im jeweiligen Land für Vorhaben nach Absatz 1 Satz 1 zuständig sind.

(4) Nach Eingang der vollständigen Antragsunterlagen erstellt die zuständige Behörde unverzüglich einen Zeitplan für das weitere Verfahren nach Absatz 1 Satz 1 und teilt diesen Zeitplan in den Fällen des Absatzes 2 der einheitlichen Stelle, andernfalls dem Träger des Vorhabens mit.

(5) [1]Die zuständige Behörde entscheidet über die Erteilung der Erlaubnis oder Bewilligung

1. innerhalb eines Jahres bei
   a) Errichtung und Betrieb von Anlagen zur Nutzung von Wasserkraft mit einer Stromerzeugungskapazität von weniger als 150 Kilowatt,
   b) Errichtung und Betrieb von Anlagen zur Gewinnung von Erdwärme, wenn das Vorhaben der Erzeugung von Strom mit einer Kapazität von weniger als 150 Kilowatt dient,
   c) der Modernisierung von Anlagen zur Nutzung von Wasserkraft,
2. innerhalb von zwei Jahren bei
   a) Errichtung und Betrieb von Anlagen zur Nutzung von Wasserkraft mit einer Stromerzeugungskapazität von 150 Kilowatt oder mehr,
   b) Errichtung und Betrieb von Anlagen zur Gewinnung von Erdwärme, wenn das Vorhaben der Erzeugung von Strom in einem Kraftwerk dient.

[2]Die zuständige Behörde kann die jeweilige Frist nach Satz 1 einmalig um bis zu 18 und längstens um 24 Monate verlängern, soweit die Prüfung von Anforderungen nach umweltrechtlichen Vorschriften, die der Umsetzung entsprechender Vorgaben der Europäischen Gemeinschaften oder der Europäischen Union dienen, insbesondere die Prüfung der Einhaltung der Bewirtschaftungsziele, mit einem erhöhten Zeitauf-

---

[1] § 11a eingef. mWv 31.8.2021 durch G v. 18.8.2021 (BGBl. I S. 3901).

wand verbunden ist. [3]Im Übrigen kann die zuständige Behörde die jeweilige Frist nach Satz 1 um bis zu ein Jahr verlängern, wenn außergewöhnliche Umstände vorliegen. [4]Sie teilt die Fristverlängerung nach Satz 2 oder Satz 3 in den Fällen des Absatzes 2 der einheitlichen Stelle, andernfalls dem Träger des Vorhabens mit. [5]Insgesamt beträgt die Höchstdauer der Fristverlängerung nach Satz 2 und Satz 3 18 und längstens 24 Monate. [6]Die Frist nach Satz 1 beginnt mit Eingang der vollständigen Antragsunterlagen. [7]Weitergehende bestehende Rechtsvorschriften der Länder, die kürzere Fristen vorsehen, bleiben unberührt.

(6) **Die Absätze 4 und 5 Satz 1 Nummer 1 Buchstabe b und Nummer 2 Buchstabe b gelten entsprechend für die Erteilung einer Erlaubnis oder Bewilligung bei Errichtung und Betrieb von Anlagen zur Gewinnung von Erdwärme, wenn ein bergrechtlicher Betriebsplan erforderlich ist.**

§ 108 Übergangsbestimmung für Verfahren zur Zulassung von Vorhaben zur Erzeugung von Energie aus erneuerbaren Quellen

Wurde vor dem 31. August 2021 ein Zulassungs- oder Befreiungsverfahren eingeleitet, auf das die Vorschriften des § 11a, auch in Verbindung mit § 38 Absatz 5 Satz 3, § 52 Absatz 1 Satz 4, § 70 Absatz 1 Satz 2 oder § 78 Absatz 5 Satz 3 Anwendung fänden, so führt die zuständige Behörde dieses Verfahren nach dem vor dem 31. August 2021 geltenden Recht fort.

(Kommentierung folgt)

LANDMANN/ROHMER

UMWELTRECHT

BAND II

KOMMENTAR

Herausgegeben von

Prof. Dr. Martin Beckmann
Rechtsanwalt und Fachanwalt für
Verwaltungsrecht,
Honorarprofessor der Universität Münster

Prof. Dr. Dr. Wolfgang Durner LL. M.
Rheinische Friedrich-Wilhelms-Universität
Bonn und Direktor des Instituts für das Recht
der Wasser- und Entsorgungswirtschaft

Prof. Dr. Thomas Mann
Direktor des Instituts für
Öffentliches Recht,
Lehrstuhl für Verwaltungsrecht der
Georg-August-Universität Göttingen

Prof. Dr. Marc Röckinghausen
Hochschule für Polizei und öffentliche
Verwaltung NRW, Abteilung Gelsenkirchen,
Fachbereich Allgemeine Verwaltung/
Rentenversicherung

Stand: 1. Januar 2023
(100. Ergänzungslieferung)

(Zum Bearbeitungsstand im Einzelnen siehe die Datumszeile
am unteren Ende jeder Seite)

C.H.BECK

Dieses Titelblatt stammt aus der 100. Ergänzungslieferung Januar 2023.

(Anschluss an die 99. Ergänzungslieferung September 2022)

ISBN 978 3 406 80443 4

Der Kommentar wurde von der 1. bis zur 50. Ergänzungslieferung
von Prof. Dr. Klaus Hansmann und von der 51. bis zur 58. Ergänzungslieferung
von Prof. Dr. Martin Beckmann herausgegeben.

Zitiervorschläge:

Beckmann in Landmann/Rohmer UmweltR KrWG § 17 Rn. 1
Landmann/Rohmer UmweltR/*Beckmann* KrWG § 17 Rn. 1

www.beck.de

Grundwerk ISBN 978 3 406 34327 8 ergänzt bis ISBN 978 3 406 80443 4

Wilhelmstraße 9, 80801 München
Druck: Druckerei C. H. Beck, Nördlingen
(Adresse wie Verlag)

Satz: mediaTEXT Jena GmbH, Jena

CO_2 neutral
chbeck.de/nachhaltig

Gedruckt auf säurefreiem, alterungsbeständigem Papier
(hergestellt aus chlorfrei gebleichtem Zellstoff)

Dritter Teil. Produktverantwortung

Vierter Teil. Planungsverantwortung

1. Abschnitt. Ordnung und Durchführung der Abfallbeseitigung

2. Abschnitt. Abfallwirtschaftspläne und Abfallvermeidungsprogramme

3. Abschnitt. Zulassung von Anlagen, in denen Abfälle entsorgt werden

Fünfter Teil. Absatzförderung und Abfallberatung

Sechster Teil. Überwachung

(Fortsetzung Seite 5)

Bearbeiterverzeichnis (Band I–IV)

Prof. Dr. Martin Beckmann Rechtsanwalt in Münster	Vorb. Abfallrecht, §§ 1–57, 62–68, 70–72 KrWG § 15 UVPG, Umweltschadensgesetz (mit Wittmann)
Anja Behnke Bundesministerium für Umwelt, Naturschutz, nukleare Sicherheit und Verbraucherschutz	TA Luft (mit Hansmann)
Dr. Christian-Dietrich Bracher Rechtsanwalt in Bonn	§§ 41 bis 43 BImSchG, 16. und 24. BImSchV
Prof. Dr. Peter Bruckmann Landesamt für Natur, Umwelt und Verbraucherschutz Nordrhein-Westfalen, Essen	39. BImSchV (mit Strecker und Vogt) 43. BImSchV (mit van Endern und Vogt)
Prof. Dr. Pascale Cancik O. Professorin an der Universität Osnabrück	Vorb. §§ 47a ff. BImSchG, §§ 47a–47f BImSchG (§§ 47a–47c, 47e und 47f mit Hansmann)
Prof. Dr. Johannes Dietlein O. Professor an der Universität Düsseldorf	§§ 1, 2, Vorb. §§ 4–21, 4 bis 8, 9 bis 11, 16a, 16b, 19, 23a–23c und 25a BImSchG, 9. BImSchV (§§ 16b, 23b BImSchG mit Fabi)
Dr. Robert Dix Syndikusrechtsanwalt der EWE AG, Oldenburg	§ 29–32, 70–73 UVPG
Prof. Dr. Matthias Dombert Rechtsanwalt in Potsdam	§§ 4–6, 8, 13, 14, 20, 24, 25 BBodSchG
Rolf-Dieter Dörr Ministerialrat a. D.	OberflächengewässerV (mit Walter)
Prof. Dr. Dr. Wolfgang Durner LL. M. O. Professor an der Universität Bonn	Umweltvölkerrecht, Vorb. §§ 27 ff. WHG, §§ 27–31, 34, 35, 82–85 WHG
Benedikt van Endern Ministerium für Umwelt, Naturschutz und Verkehr des Landes Nordrhein-Westfalen	43. BImSchV (mit Bruckmann und Vogt)
Prof. Dr. Astrid Epiney LL. M. O. Professorin an der Université de Fribourg	Art. 191–193 AEUV
Dr. Friederike Erxleben Umweltbundesamt	UERV (mit Wolke)

Bearbeiter

Prof. Dr. Wolfgang Ewer Rechtsanwalt in Kiel	Vorb. BBodSchG, §§ 9, 15, 16 BBodSchG
Johannes Fabi Wissenschaftlicher Mitarbeiter, Universität Düsseldorf	§§ 16b, 23b BImSchG (mit Dietlein)
Prof. Dr. Kurt Faßbender O. Professor an der Universität Leipzig	§§ 1–5, 33, 36–38 WHG
Dr. Frank Fellenberg LL. M. Rechtsanwalt in Berlin	Fluglärmgesetz (mit Reidt und Schiller), Umweltrechtsbehelfsgesetz (mit Schiller)
Dr. Henrik Flatter Bundesamt für Naturschutz, Bonn	§§ 69–74 BNatSchG
Prof. Dr. Sina Fontana, MLE O. Professorin an der Universität Augsburg	§§ 1, 2, 15–27 UAG
Dr. Matthias Ganske Rechtsanwalt in Bonn	§§ 25, 26, 54–61 WHG
Prof. Dr. Klaus Ferdinand Gärditz O. Professor an der Universität Bonn	Art. 20a GG
Prof. Dr. Martin Gellermann Rechtsanwalt, apl. Professor an der Universität Osnabrück	§§ 4, 7–51, §§ 52–56, §§ 57–68 BNatSchG (§§ 41–43 Mit Sanden)
Nela Gies Richterin am Verwaltungsgericht Gelsenkirchen	§§ 41, 42 WHG
Prof. Dr. Christoph Görisch Hochschule für Polizei und öffentliche Verwaltung NRW, Abteilung Münster	§§ 4–14 UAG
Moritz Grunow Rechtsanwalt in Düsseldorf	Vorb. AwSV, § 1 AwSV
Prof. Dr. Günter Hager † O. Professor an der Universität Freiburg	§§ 6, 7 UmweltHG (mit Rehbinder)
Dr. Joachim Hagman Rechtsanwalt in Münster	§§ 65–69 UVPG

Prof. Dr. Klaus Hansmann † Leitender Ministerialrat a. D.	§§ 17, 18, 20, 21, 26–37, 38–40, 47a–47c, 47e, 47f, 52, 52b–58d, 59, 60, 62, 64–72, 74 BImSchG (§§ 17, 18 mit Ohms, Vor § 26, §§ 26–31 mit Pabst, Vor § 38, §§ 38–40 mit Hofmann, §§ 20, 21, Vor 32, §§ 32–37, 52, 52b, 62, 66 und 67 mit Röckinghausen, §§ 47a–47c, 47e und 47f mit Cancik), Vor § 53, §§ 53–58d mit Maciejewski, 14., 32. und 34. BImSchV, TA Lärm, TA Luft (mit Behnke, Remus, Röckinghausen), 4., 11., 20., 21., 25., 27., 30., 34. und 35. BImSchV (mit Röckinghausen), 2. BImSchV (mit Mahrwald und Röckinghausen), 5. BImSchV mit Maciejewski, 12. BImSchV (mit König), BzBlG, 1. DVO BzBlG
Dr. Felix Hardach Bundesministerium für Umwelt, Naturschutz, nukleare Sicherheit und Verbraucherschutz	§§ 1, 8, 11–13, 17, 20, 22, 23, 26, 31, 32, 35 TEHG
Prof. Dr. Torsten Heilshorn Rechtsanwalt in Freiburg	Vor § 22 BImSchG, §§ 22–25 BImSchG (mit Sparwasser)
Dr. Franziska Heß Rechtsanwältin in Leipzig	§§ 1-3 BNatSchG (mit Wulff)
Michael Heugel Bundesministerium für Umwelt, Naturschutz, nukleare Sicherheit und Verbraucherschutz	§§ 5, 6 BNatSchG
Prof. Dr. Ekkehard Hofmann O. Professor an der Universität Trier	Vorb. § 38, §§ 38–40 BImSchG, §§ 16–23, 54–56 UVPG
Dr. Frank Hofmann Bundesministerium für Umwelt, Naturschutz, nukleare Sicherheit und Verbraucherschutz	§ 23 WHG
Dr. Georg Hünnekens Rechtsanwalt in Münster	§§ 50–53 WHG, Vorb. §§ 64–66, §§ 64–66 WHG, Vorb. §§ 72–81 WHG, §§ 72–81 WHG
Georg Kahl † Ministerialrat a. D.	7. BImSchV
Lutz Keppner Bundesministerium für Umwelt, Naturschutz, nukleare Sicherheit, und Verbraucherschutz	Grundwasserverordnung
Dr. Andreas Kersting Rechtsanwalt in Münster	§§ 58–61 KrWG

Bearbeiter

Dr. Heike Kieserling Deutsche Bahn AG	§§ 13, 14, 25–38 AwSV
Dr. Jens Martin König Hessisches Ministerium für Umwelt, Klimaschutz, Landwirtschaft und Verbraucherschutz	12. BImSchV (mit Hansmann)
Dr. Olaf Konzak Rechtsanwalt in Köln	§§ 2, 3 und 7 VerpackG (mit Körner)
Dr. Michael Körner, LL.M. Rechtsanwalt in Köln	§§ 2, 3 und 7 VerpackG (mit Konzak)
Dr. Philip Kubitza Richter auf Probe, Rheinland-Pfalz	§§ 100–102 WHG
Prof. Dr. Silke Ruth Laskowski O. Professorin an der Universität Kassel	§ 24 WHG, § 58e BImSchG mit der EMASPrivilegV
Prof. Dr. Joachim Lege O. Professor an der Universität Greifswald	§§ 96–99 WHG
Dr. Rasso Ludwig LL. M. Richter am Verwaltungsgericht München	§§ 19, 21–23, 26 BBodSchG
Prof. Dr. Karim Maciejewski Hochschule des Bundes für öffentliche Verwaltung	Vor § 53 BImSchG, §§ 53–58d BImSchG (mit Hansmann), 5. BImSchV (mit Hansmann)
Birgit Mahrwald Bundesministerium für Umwelt, Naturschutz, nukleare Sicherheit und Verbraucherschutz	2. BImSchV (mit Hansmann und Röckinghausen)
Prof. Dr. Thomas Mann O. Professor an der Universität Göttingen	§§ 8a, 12 BImSchG, Vorb. ElektroG, §§ 1, 2 ElektroG, §§ 1–14, 26–28, 30–39, 41, 42, 44–46, 48–50, 52, 53, 57–64, 72 UVPG, §§ 28–38 UAG
Dr. Cedric Christian Meyer Rechtsanwalt in Köln	§§ 46–49, 62–63 WHG
Dr. Uwe Neuser Bundesministerium für Umwelt, Naturschutz, nukleare Sicherheit und Verbraucherschutz	§§ 2, 27, 33, 34 TEHG
Volkmar Nies Landwirtschaftsdirektor bei der Landwirtschaftskammer Rheinland	§§ 1, 2, 7, 17, 18 BBodSchG
Dr. Martin Ohms Rechtsanwalt in Berlin	§§ 17, 18 BImSchG (mit Hansmann), 13. BImSchV, 17. BImSchV (z.T. mit Sahm)
Prof. Dr. Heinz-Joachim Pabst Hochschule des Bundes für öffentliche Verwaltung	Vor § 26, §§ 26–31 BImSchG (mit Hansmann), § 61 BImSchG, 41. BImSchV

Bearbeiter

Dr. Kay Artur Pape Rechtsanwalt in Bonn	Vorb. WHG, §§ 6–22 WHG
Dr. Malte Petersen LL. M. Ministerium für Umwelt, Naturschutz und Verkehr des Landes Nordrhein-Westfalen	§§ 89–95 WHG
Prof. Dr. Alexander Proelß O. Professor an der Universität Trier	§§ 43–45l WHG
Prof. Dr. Eckard Rehbinder Em. Professor an der Universität Frankfurt/Main	§ 14 BImSchG UmweltHG (§§ 6, 7 mit Hager)
Prof. Dr. Olaf Reidt Rechtsanwalt in Berlin	§ 16 BImSchG (mit Schiller), 18. BImSchV (mit Schiller), Fluglärmgesetz (mit Fellenberg und Schiller), Umweltinformationsgesetz (mit Schiller)
Rainer Remus Umweltbundesamt, Dessau	TA Luft (mit Hansmann)
Dr. Christoph Riese Rechtsanwalt in Berlin	§§ 67–71, 86 WHG
Prof. Dr. Marc Röckinghausen Hochschule für Polizei und öffentliche Verwaltung NRW, Abteilung Gelsenkirchen	§§ 20, 21, Vor § 32, §§ 32–37, 52, 52b, 62, 66, 67 BImSchG (mit Hansmann), §§ 37a bis 37f, Vor §§ 44–47, 52a, 63, 73 BImSchG, 1., 10., 26., 28., 36., 37., 38., 42. BImSchV, 4., 11., 20., 21., 25., 27., 30., 34 und 35. BImSchV, TA Luft (mit Hansmann), 2. BImSchV (mit Hansmann und Mahrwald), Schadstofffreisetzungs- und Verbringungsregistergesetz
Christoph Sahm LL. M. E. ON Kernkraft GmbH	§§ 23–25, 27 der 17. BImSchV (mit Ohms)
Prof. Dr. Dr. Joachim Sanden † Behörde für Stadtentwicklung und Umwelt, Freie und Hansestadt Hamburg, zugl. Apl. Prof. an der Universität Lüneburg	§§ 41–43 BNatSchG (mit Gellermann)
Dr. Gernot Schiller Rechtsanwalt in Berlin	§ 16 BImSchG (mit Reidt), 18. BImSchV (mit Reidt), Fluglärmgesetz (mit Reidt und Fellenberg), Umweltinformationsgesetz (mit Reidt) Umweltrechtsbehelfsgesetz (mit Fellenberg), §§ 14a, 15 BImSchG

Bearbeiter

Matthias Schleifenbaum, LL.M. Rechtsanwalt in Köln	Vorb. BattG, § 1 BattG
Prof. Dr. Hendrik Schoen Hochschule für Polizei und öffentliche Verwaltung NRW, Abteilung Münster	§ 50 BImSchG
Prof. Dr. Meinhard Schröder Em. Professor an der Universität Trier	EG-Abfallverbringungs-VO
Prof. Dr. Max-Jürgen Seibert Vorsitzender Richter am Oberverwaltungsgericht Münster	§ 13 BImSchG
Prof. Dr. Reinhard Sparwasser Rechtsanwalt in Freiburg	Vor § 22 BImSchG, §§ 22–25 BImSchG (mit Heilshorn)
Prof. Dr. Indra Spiecker genannt Döhmann, LL.M. O. Professorin an der Universität Frankfurt a.M.	UStatG BImSchG (mit Heilshorn)
Prof. Dr. Peter-Tobias Stoll O. Professor an der Universität Göttingen	EG-Artenschutzverordnung
Silvia Strecker Ministerium für Umwelt, Naturschutz und Verkehr des Landes Nordrhein-Westfalen	39. BImSchV (mit Bruckmann)
Prof. Dr. Dr. Markus Thiel Deutsche Hochschule der Polizei, Münster	§§ 3, 48–48b BImSchG
Dr. Christian Tünnesen-Harmes Rechtsanwalt in Duisburg	AbfAEV
Dr. Klaus Vogt Landesamt für Natur, Umwelt und Verbraucherschutz Nordrhein-Westfalen	39. BImSchV (mit Bruckmann und Strecker), 43. BImSchV (mit Bruckmann und van Endern)
Anne-Barbara Walter Umweltbundesamt	OberflächengewässerV (mit Dörr)
Dr. Dirk Weinreich Bundesministerium für Umwelt, Naturschutz, nukleare Sicherheit und Verbraucherschutz	Vorb. TEHG, §§ 7, 19 TEHG
Dr. Armin von Weschpfennig Akademischer Rat, Universität Bonn	§§ 13a, 13b, 103–107 WHG
Dr. Antje Wittmann Rechtsanwältin in Münster	UmweltschadensG (zusammen mit Beckmann), § 51 UVPG
Frank Wolke Bundesministerium für Umwelt, Naturschutz, nukleare Sicherheit und Verbraucherschutz	§§ 4, 18, 24 TEHG, UERV (mit Erxleben)
Justus Wulff LL.M. Juristischer Mitarbeiter in der Kanzlei Baumann-Rechtsanwälte, Leipzig	§§ 1-3 BNatSchG (mit Heß)

Dr. Reinhard Wulfhorst
Ministerium für Wirtschaft, Infrastruktur, Tourismus und Arbeit des Landes Mecklenburg-Vorpommern

§§ 24, 25, 40, 43 UVPG

Bearbeiter

§ 35 Planfeststellung und Genehmigung

(1) Die Errichtung und der Betrieb von Anlagen, in denen eine Entsorgung von Abfällen durchgeführt wird, sowie die wesentliche Änderung einer solchen Anlage oder ihres Betriebes bedürfen der Genehmigung nach den Vorschriften des Bundes-Immissionsschutzgesetzes; einer weiteren Zulassung nach diesem Gesetz bedarf es nicht.

(2) Die Errichtung und der Betrieb von Deponien sowie die wesentliche Änderung einer solchen Anlage oder ihres Betriebes bedürfen der Planfeststellung durch die zuständige Behörde. In dem Planfeststellungsverfahren ist eine Umweltverträglichkeitsprüfung nach den Vorschriften des Gesetzes über die Umweltverträglichkeitsprüfung durchzuführen.

(3) § 74 Absatz 6 des Verwaltungsverfahrensgesetzes gilt mit der Maßgabe, dass die zuständige Behörde nur dann an Stelle eines Planfeststellungsbeschlusses auf Antrag oder von Amts wegen eine Plangenehmigung erteilen kann, wenn

1. die Errichtung und der Betrieb einer unbedeutenden Deponie beantragt werden, soweit die Errichtung und der Betrieb keine erheblichen nachteiligen Auswirkungen auf ein in § 2 Absatz 1 des Gesetzes über die Umweltverträglichkeitsprüfung genanntes Schutzgut haben können, oder

2. die wesentliche Änderung einer Deponie oder ihres Betriebes beantragt wird, soweit die Änderung keine erheblichen nachteiligen Auswirkungen auf ein in § 2 Absatz 1 des Gesetzes über die Umweltverträglichkeitsprüfung genanntes Schutzgut haben kann, oder

3. die Errichtung und der Betrieb einer Deponie beantragt werden, die ausschließlich oder überwiegend der Entwicklung und Erprobung neuer Verfahren dient, und die Genehmigung für einen Zeitraum von höchstens zwei Jahren nach Inbetriebnahme der Anlage erteilt werden soll; soweit diese Deponie der Ablagerung gefährlicher Abfälle dient, darf die Genehmigung für einen Zeitraum von höchstens einem Jahr nach Inbetriebnahme der Anlage erteilt werden.

Die zuständige Behörde soll ein Genehmigungsverfahren durchführen, wenn die wesentliche Änderung keine erheblichen nachteiligen Auswirkungen auf ein in § 2 Absatz 1 des Gesetzes über die Umweltverträglichkeitsprüfung genanntes Schutzgut hat und den Zweck verfolgt, eine wesentliche Verbesserung für diese Schutzgüter herbeizuführen. Eine Plangenehmigung nach Satz 1 Nummer 1 kann nicht erteilt werden

1. für Deponien zur Ablagerung von gefährlichen Abfällen,

2. für Deponien zur Ablagerung von nicht gefährlichen Abfällen mit einer Aufnahmekapazität von 10 Tonnen oder mehr pro Tag oder mit einer Gesamtkapazität von 25 000 Tonnen oder mehr; dies gilt nicht für Deponien für Inertabfälle.

(4) § 15 Absatz 1 Satz 1 bis 4 und Absatz 2 des Bundes-Immissionsschutzgesetzes gilt entsprechend. Satz 1 findet auch auf die in § 39 genannten Deponien Anwendung.

(5) Für nach Absatz 4 anzeigebedürftige Änderungen kann der Träger des Vorhabens eine Planfeststellung oder eine Plangenehmigung beantragen.

Schrifttum: *Attendorn*, Die unmittelbar oder mittelbar zulassungsmodifizierende Wirkung von Rechtsnormen in der neueren Umweltgesetzgebung, NVwZ 2011, 327; *Baufeld*, Grenzen der Anordnung wesentlicher Änderungen von Deponien nach §§ 35 Abs. 1, 36 Abs. 2 Nr. 2 KrW-/AbfG bei der Sanierung von Altdeponien, AbfallR 2010, 235; *Beckmann* Eigentumsschutz und enteignungsrechtliche Vorwirkung der abfallrechtlichen Planfeststellung, UPR 2023 (Heft 4); *Beckmann*, Planungsziele und "in Betracht kommende anderweitige Planungsmöglichkeiten" in der Regionalplanung, DVBl 2022, 809; *Beckmann*, Legalisierungswirkung und Bestandsschutz immissionsschutzrechtlicher Genehmigungen und ihre Bedeutung für das Umweltschadensrecht, EuRUP 2020, 238; *Beckmann*, Planfeststellung zwischen Zulassungsverfahren und Planung. Steht die Zukunft der Planfeststellung auf dem Spiel?, in: Gedächtnisschrift für Werner Hoppe, Berlin 2011, S. 119 ff.; *Beckmann*, Rechtsschutz Betroffener bei der Umweltverträglichkeitsprüfung, DVBl. 1991, 358; *Beckmann*, Rechtsschutz des Vorhabenträgers bei der Umweltverträglichkeitsprüfung, NVwZ 1991, 427; *Beckmann*, Die Umweltverträglichkeitsprüfung und das rechtssystematische Verhältnis von Planfeststellungsbeschlüssen und Genehmigungsentscheidungen, DÖV 1987, 944; *Beckmann*, Die Zulassung von Anlagen und Tätigkeiten, in: Handbuch zum europäischen und deutschen Umweltrecht (Hrsg.: Rengeling), Köln u.a. 1998, Bd. II, S. 873 ff.; *Bender/Pfaff*, Zur Standortproblematik im Bereich der Abfallentsorgungsanlagen, DVBl. 1992, 181; *Blümel*, Der Gegenstand der Planfeststellung, VerwArch 83 (1992), 146; *Dippel*, Die Verfüllung von Tagebauen mit ungeeigneten Abfallstoffen, AbfallR 2010, 132 ff.; *Dippel*, Das gemeindliche Einvernehmen, die Veränderungssperre und die planungsrechtliche Privilegierung in der Zulassungspraxis von Entsorgungsanlagen, AbfallR 2020, 57; *Gaentzsch*, Die Planfeststellung als Anlagenzulassung und Entscheidung über die Enteignung, in: Festschrift für Otto Schlichter, München 1995, S. 517; *Götze/Boelling/Löscher*, Photovoltaik-Freiflächenanlagen auf Fachplanungsflächen – Planungsrechtliche und vergütungsrechtliche Rahmenbedingungen am Beispiel der Nachnutzung von Deponien, ZUR 2010, 245 ff.; *Gruber*, Adressaten deponierechtlicher Pflichten, AbfallR 2011, 173, *Hoppe/Beckmann*, Planfeststellung und Plangenehmigung im Abfallrecht – Vorschläge zur Erleichterung des abfallrechtlichen Zulassungsverfahrens, UBA-Texte 27/90, 1990; *Hoppe/Just*, Zur Ausübung der planerischen Gestaltungsfreiheit bei der Planfeststellung und Plangenehmigung, DVBl. 1997, 789 ff.; *Hoppe/Schlarmann/Buchner, Deutsch*, Rechtsschutz bei der Planung von Straßen und anderen Verkehrsanlagen, 4. Aufl., München 2011; *Kersting/Gruber*, Deponie auf Deponie – ein Königsweg für Altstandorte?, AbfallR 2010, 200 ff.; *Kleinschnittger*, Die abfallrechtliche Planfeststellung, 1992; *Klett/Liebscher*, Wer ist Betreiber von Abfallbehandlungsanlagen auf Deponien?, AbfallR 2021, 192; *Kropp*, Abfallverbringung in Bergwerke – Verwertung oder Beseitigung?, AbfallR 2018, 55; *Kümper*, Drittschutz beim Vollzug von Raumordnungsplänen? Zur Anfechtbarkeit von Zielabweichungsbescheiden durch Hoheitsträger und Private, NuR 2021, 588; *Müller-Mitschke*, Die Anwendbarkeit des UVPG in Plangenehmigungsverfahren bei der Erweiterung von Deponien für Inertabfälle, AbfallR 2020, 68; *Müller-Mitschke*, Die endgültige Stilllegung von Deponien, AbfallR 2019, 254; *Paetow*, Zur Struktur der abfallrechtlichen Planfeststellung, in: Festschrift für Horst Sendler, München 1991, 425; *Paetow*, Genehmigung statt Planfeststellung – Zur Austauschbarkeit von Zulassungsverfahren am Beispiel von Abfallentsorgungsanlagen, in: Festschrift für Otto Schlichter, 1995, 499; *Ronellenfitsch*, Standortwahl bei Abfallentsorgungsanlagen, DÖV 1989, 737; *Schink*, Kontrollerlaubnis im Abfallrecht, DÖV 1993, 737; *Schink*, Anforderungen an Alternativenprüfungen, UPR 2022, 206; *A. Versteyl*, Zur Anwendbarkeit des § 38 BauGB bei der Errichtung/Änderung von Müllverbrennungsanlagen und EBS-Kraftwerken, AbfallR 2007, 120; *A. Versteyl/Kersandt*, Voraussetzungen für die Durchführung eines Plangenehmigungsverfahrens bei wesentlicher Änderung einer Deponie, AbfallR 2011, 1; *L.-A Versteyl/Molkenbur*, Die Bedeutung des Umweltschadensgesetzes beim Betrieb von Deponien, AbfallR 2010, 20.; *Weidemann*, Kontrollerlaubnis mit Abwägungsvorbehalt?, DVBl. 1994, 263 ff.; *Weidemann*, Zum Rechtsschutz gegen abfallrechtliche Standortentscheidungen, NVwZ 1989, 1033.

Übersicht

A. Überblick

Gemäß § 28 Abs. 1 Satz 1 dürfen Abfälle zum Zweck der Beseitigung nur in den dafür zugelassenen Anlagen oder Einrichtungen **(Abfallbeseitigungsanlagen)** behandelt, gelagert oder abgelagert werden, sofern nicht einer der Ausnahmefälle des § 28 Abs. 1 Satz 2, Satz 3, Abs. 2 oder Abs. 3 vorliegt. Während § 28 Abs. 1 Satz 1 vorschreibt, dass Abfälle nur in zugelassenen Anlagen beseitigt werden dürfen, regelt § 35 als zentrale Vorschrift des abfallrechtlichen Zulassungsrechts, in welcher Weise die Errichtung und der Betrieb von entsorgungsrelevanten Anlagen zugelassen werden kann. Anders als die Vorgängerbestimmung werden nicht ausschließlich Abfallbeseitigungsanlagen angesprochen, sondern auch solche Anlagen, in denen eine Entsorgung von Abfällen durchgeführt wird. Auffällig ist, dass der Gesetzgeber an dieser Stelle nicht mehr – wie in der Vorgängerbestimmung des § 31 KrW-/AbfG – von ortsfesten Abfallbeseitigungsanlagen, sondern von Anlagen spricht, in denen eine Entsorgung von Abfällen durchgeführt wird und die in der Gesetzesbegründung als **„entsorgungsrelevante Anlagen"** bezeichnet werden (BT-Drs. 17/6052, S. 94). Der Anwendungsbereich der Vorschrift ist insoweit weit gefasst (Fellenberg/Schiller in Jarass/Petersen, KrWG 2022, § 35 Rn. 1). Während die Zahl der zugelassenen Abfallentsorgungsanlagen insgesamt in der Vergangenheit kontinuierlich zunimmt, geht die Zahl der zugelassenen Deponien zurück. Im Jahr 2019 gab es 13.876 zugelassene Abfallentsorgungsanlagen und nur noch 1.027 Deponien (Fellenberg/Schiller in Jarass/Petersen, KrWG 2022, § 35 Rn. 2 unter Verweis auf Statistisches Bundesamt, Abfallentsorgung, abrufbar unter www.destatis.de.). 1

Während die Abfallentsorgungsanlagen nach Abs. 1 einer Genehmigung nach den Vorschriften des BImSchG und keiner weiteren Zulassung nach dem KrWG bedürfen, schreibt Abs. 2 für Deponien grundsätzlich eine Planfeststellung durch die zuständige Behörde vor und ermöglicht Abs. 3 in Ausnahmefällen eine Deponiezulassung im Wege einer abfallrechtlichen Plangenehmigung. Auf den ersten Blick erscheint die Regelung 2 des Abs. 2 im Widerspruch zu Abs. 1 zu stehen, handelt es sich doch auch bei den Deponien um Abfallentsorgungsanlagen. Der Gesetzgeber stellt in der Gesetzesbegründung aber klar, dass Abs. 2 gegenüber Abs. 1 eine Spezialregelung darstellt (BT-Drs. 17/6052, S. 94). Soweit § 35 Abs. 2–5 bestimmen, wann eine Deponie einer Planfeststellung oder einer Plangenehmigung bedarf, steht die Vorschrift in engem Zusammenhang mit den §§ 36–38, die die materiellen Zulassungsvoraussetzungen und das Zulassungsverfahren für Deponien regeln.

3 Die Pflicht, eine **Abfallverwertungsanlage** nur mit einer immissionsschutzrechtlichen Genehmigung zu errichten und zu betreiben, richtet sich nach § 4 Abs. 1 BImSchG i.V.m. den Regelungen der 4. BImSchV und ihres Anhangs. Nach § 4 Abs. 1 Satz 1 BImSchG bedarf die Errichtung und der Betrieb von ortsfesten Abfallentsorgungsanlagen zur Lagerung oder Behandlung von Abfällen, zu denen auch Verwertungsanlagen zählen, der immissionsschutzrechtlichen Genehmigung (zum Begriff der Abfallentsorgungsanlage im Sinne von § 4 Abs. 1 Satz 1 BImSchG und insbesondere dazu, dass sich der Begriff auch auf Verwertungsanlagen bezieht, siehe OVG Berlin-Brandenburg Urt. v. 26.01.2011 – 11 A 3.09, juris Rn. 69; Würtenberger in Schmehl/Klement, KrWG, 2019, § 35 Rn. 12). Kapitel 8 des Anhangs zur 4. BImSchV listet die Anlagen zur Verwertung und Beseitigung von Abfällen und sonstigen Stoffen auf, die einer immissionsschutzrechtlichen Genehmigung bedürfen. Der Katalog enthält auch Verwertungsanlagen. So bezieht sich z.B. Nr. 8.1 des Anhangs der 4. BImSchV ausdrücklich auf Anlagen zur Beseitigung und zur Verwertung von Abfällen durch thermische Verfahren. Aber auch Nr. 8.14 des Anhangs zur 4. BImSchV erstreckt sich ausdrücklich auch auf Verwertungsanlagen. Auch weitere Katalognummern des Anhangs beziehen sich auf Verwertungsanlagen, auch wenn sie dort nur als Behandlungsanlagen beschrieben werden (z.B. Anlagen zur Behandlung von gefährlichen Abfällen zum Zweck der Hauptverwendung als Brennstoff oder der Energieerzeugung oder zum Zwecke der Ölraffination oder zum Zweck der Registrierung von Basen oder Säuren bzw. zur Rückgewinnung oder eigene Regierung von organischen Lösemitteln (Nr. 8.11 des Anhangs zur 4. BImSchV).

4 Die Einordnung einer Anlage als Abfallbeseitigungsanlage oder als Abfallverwertungsanlage ist grundsätzlich nur von anlagenzulassungsrechtlicher Bedeutung. Die Frage, ob Abfälle in einer bestimmten Anlage verwertet oder beseitigt werden, ob sie dementsprechend als Abfall zur Verwertung oder als Abfall zur Beseitigung anzusehen sind, hängt jedoch von dieser anlagenzulassungsrechtlichen Einordnung nicht ab. In Abfallbeseitigungsanlagen können deshalb grundsätzlich auch Abfälle verwertet werden, wie umgekehrt der Einsatz von Abfällen in einer Abfallverwertungsanlage nicht zwingend als Abfallverwertung einzustufen ist. Die Abgrenzung des Kreislaufwirtschaftsrechts ist insoweit nicht anlagen-, sondern stoff- bzw. maßnahmenbezogen. Deshalb gab es abfallrechtlich in der Vergangenheit auch keine Grundlage für die Verleihung eines **Verwerterstatus** für eine bestimmte Anlage mit der Folge, dass Abfälle, die in einer solchen Anlage eingesetzt werden, stets verwertet würden. Das bisherige Recht kannte deshalb auch keinen Anspruch des Betreibers einer Abfallentsorgungsanlage auf behördliche Feststellung ihres Status als Verwertungsanlage (VGH Mannheim Beschl. v. 20.07.1999, NVwZ 1999, 1242). Wenn auf der Grundlage der Anlage 2 des Gesetzes unter Anwendung des Energieeffizienzkriteriums zum Verwertungsverfahren R 1 Abfallverbrennungsanlagen ein Verwerterstatus eingeräumt wird, bedeutet dies nicht, dass alle Abfälle, die in der Anlage verbrannt werden, verwertet werden. Vielmehr besagt ein solcher Verwerterstatus lediglich, dass die Anlage auf Grundlage der Energieeffizienz in der Lage ist, feste Siedlungsabfälle energetisch zu verwerten. Ob das Energieeffizienzkriterium auch auf sonstige Abfälle, die keine Siedlungsabfälle sind, entsprechend angewendet werden kann, ist unklar. Vieles spricht allerdings dafür.

Das Zulassungserfordernis für Abfallentsorgungsanlagen dient einerseits einer präventiven behördlichen Kontrolle, andererseits einem, wenn auch eingeschränkten Investitions-, Planungs- und Bestandsschutz des Vorhabenträgers und nicht zuletzt dem Schutz der Rechte Drittbetroffener (Beckmann EuRUP 2020, 238). Allzu weit ist es mit dem Bestandsschutz immissionsschutzrechtlicher Genehmigungen für Abfallentsorgungsanlagen und von abfallrechtlichen Planfeststellungsbeschlüssen und Plangenehmigungen allerdings nicht her (siehe dazu Würtenberger in Schmehl/Klement, KrWG, 2019, § 35 Rn. 8). Dynamische Grundpflichten des Immissionsschutzrechts und des Kreislaufwirtschaftsrechts, die Möglichkeit des Erlasses nachträglicher Anordnungen, die Notwendigkeit, immissionsschutzrechtliche Genehmigungen regelmäßig zu überprüfen und nötigenfalls auf den neuesten Stand zu bringen (§ 52 Abs. 1 S. 3 BImSchG) und nicht zuletzt die Möglichkeit, dass der Gesetz- und Verordnungsgeber unmittelbar in den rechtlichen Bestand einer Genehmigung eingreifen kann (z.B. durch sog. genehmigungsmodifizierende Rechtsverordnungen), indem er nach Erteilung der Genehmigung die rechtlichen Anforderungen für den genehmigten Anlagenbetrieb verschärft (siehe dazu BVerwG Beschl. v. 03.06.2004, DVBl. 2004, 1544 zur unmittelbaren Verbindlichkeit solcher Verordnungen kritisch Beckmann, AbfallR 2003, 2 ff.; ders., DVBl. 2003, 821 ff.; siehe auch Attendorn NVwZ 2011, 327), lassen von dem Investitions-, Planungs- und Bestandsschutz nicht allzuviel übrig (Beckmann EuRUP 2020, 238). 5

§ 35 regelt, verfassungsrechtlich in unbedenklicher Weise (Fellenberg/Schiller in Jarass/Petersen, KrWG 2022, § 35 Rn. 1), ein Verbot mit (präventivem) Erlaubnisvorbehalt. Eine fehlende Zulassung führt nicht nur zu einem illegalen Anlagenbetrieb, sondern auch zu einer materiell rechtswidrigen Abfallentsorgung. Denn nach § 28 Abs. 1 Satz 1 dürfen Abfälle zum Zweck der Beseitigung nur in den dafür zugelassenen Anlagen oder Einrichtungen behandelt, gelagert oder abgelagert werden. Eine Abfallverwertung, in einer Anlage, für die es an der erforderlichen Genehmigung fehlt, ist nicht ordnungsgemäß im Sinne von § 7 Abs. 3 Satz 1. Denn die Verwertung erfolgt nur dann ordnungsgemäß, wenn sie im Einklang mit den Vorschriften des Kreislaufwirtschaftsgesetzes und anderen öffentlich-rechtlichen Vorschriften steht (§ 7 Abs. 3 Satz 3).

Wer ohne Planfeststellungsbeschluss nach Abs. 2 Satz 1 oder ohne Plangenehmigung nach Abs. 3 Satz 1 eine Deponie errichtet oder ändert, handelt gemäß § 69 Abs. 1 Nr. 3 ordnungswidrig. In Betracht kommen auch die Straftat eines unerlaubten Betreibens einer Abfallentsorgungsanlage nach § 327 Abs. 2 Nr. 3 StGB und ein unerlaubter Umgang mit gefährlichen Abfällen nach § 326 StGB. 6

B. EU-Recht und Entstehungsgeschichte

Nach Art. 23 AbfRRL muss für Abfallbehandlungsanlagen bei der zuständigen Behörde eine Genehmigung eingeholt werden. Art. 24 lit. a AbfRRL erlaubt es den Mitgliedstaaten, von der Genehmigungspflicht für Anlagen, in denen eigene nicht gefährliche Abfälle am Anfallort beseitigt werden, eine Ausnahme zu machen. Davon hat das deutsche Recht bislang keinen Gebrauch gemacht. Eine Genehmigungsfreiheit oder Genehmigungsfiktionen darf der nationale Gesetzgeber somit nicht einführen, selbst wenn dies aus Gründen der Verfahrensökonomie zweckmäßig erscheint (Klages in Beck OK Umweltrecht, § 35 Rn. 11). Die Mitgliedstaaten müssen sogar kontrollieren, ob die von ihnen eingeführte Genehmigungspflicht auch tatsächlich eingehalten wird (EuGH Urt. v. 26.04.2005 NVwZ 2005, 1166; Klages in Beck OK Umweltrecht, § 35 Rn. 11).

Näheres zur Art der Genehmigung schreibt das EU-Recht nicht vor, so dass es nicht zwingend einer abfallrechtlichen Zulassung bedarf, sondern auch eine immissionsschutzrechtliche Genehmigung ausreicht (Fellenberg/Schiller in Jarass/Petersen, KrWG 2022, § 35 Rn. 8).

Art. 23 Abs. 1 UAbs. 2 AbfRRL schreibt für die Zulassung jedoch einen bestimmten **Mindestinhalt** vor. Dazu gehören Festlegungen zu Art und Menge der Abfälle, die behandelt werden dürfen, zu den genehmigten Tätigkeiten, zu technischen und alle sonstigen Anforderungen an den Standort, an die zu ergreifenden Sicherheits- und Vorsorgemaßnahmen, an die für jede Tätigkeit anzuwendende Methode, an die Überwachungs- und Kontrollverfahren, etc.

Weitere Vorgaben zu den materiellen Zulassungsvoraussetzungen, zu verfahrensrechtlichen Anforderungen, zum Genehmigungsantrag und zum Mindestinhalt der Genehmigung für Deponien ergeben sich aus Art. 7–9 der **Deponierichtlinie**, wobei sich der Anwendungsbereich dieser über Deponien hinaus auf sog. sog. Langzeitlager erstreckt, sowie aus der **Industrieimmissions-RL**.

Die in § 35 Abs. 2 Satz 2 geregelte UVP-Pflicht beruht auf der **UVP-Richtlinie 2011/92/EU**, die in ihrem Anhang I N.9 und 10 Abfallbeseitigungsanlagen zur Verbrennung, chemischen Behandlung oder Deponierung gefährlicher Abfälle und Abfallbeseitigungsanlagen zur Verbrennung oder chemischen Behandlung ungefährlicher Abfälle mit einer Kapazität von mehr als 100 Tonnen pro Tag als UVP-pflichtige Vorhaben und in Anhang II Nr. 11b alle übrigen Abfallbeseitigungsanlagen auflistet, für die die Mitgliedstaaten nach Art. 4 Abs. 2 der Richtlinie die UVP-Pflicht festlegen.

I. Abfallgesetz (1972)

7 Die erste bundesrechtliche Vorschrift, die die Errichtung und den Betrieb von Abfallentsorgungsanlagen unter einen abfallrechtlichen Zulassungsvorbehalt stellte, war § 7 AbfG 1972. Bereits vor Inkrafttreten dieser Regelung gab es jedoch Rechtsvorschriften, die für die Errichtung und den Betrieb solcher Anlagen eine behördliche Zulassung vorsahen. So bedurfte es für einen Teil dieser Entsorgungsanlagen einer Genehmigung nach § 16 Gewerbeordnung a.F. Für Deponien konnte eine Baugenehmigung erforderlich sein. Manche Anlage verfügte über eine wasserrechtliche Zulassung, eine Vielzahl von Deponien war mangels einer solchen Erlaubnis wasserrechtlich illegal (BVerwG Urt. v. 01. 12.1982, BVerwGE 66, 298, 299). § 7 AbfG 1972 schrieb erstmalig für alle ortsfesten Abfallbeseitigungsanlagen und damit nicht nur für Deponien die Erforderlichkeit einer Zulassung durch eine abfallrechtliche Planfeststellung vor. Diese konnte für unbedeutende Anlagen durch ein vereinfachtes abfallrechtliches Genehmigungsverfahren ersetzt werden. Das Abfallgesetz 1986 verwendete der Gesetzgeber den Begriff der Abfallbeseitigungsanlagen durch den der Abfallentsorgungsanlagen, hielt aber noch an der Planfeststellungsbedürftigkeit aller erfassten Anlagen fest.

II. Änderungen durch das InvErlWobauldG (1993)

8 Mit dem **Investitionserleichterungs- und Wohnbaulandgesetz vom** 22. 4. 1993 (BGBl. I, S. 466) wurde das Anlagenzulassungsrecht für Abfallentsorgungsanlagen umfassend novelliert und das bis dahin bestehende grundsätzliche Erfordernis der Zulassung von Abfallentsorgungsanlagen durch ein Planfeststellungsverfahren aufgehoben. An seine Stelle trat für die überwiegende Zahl der Abfallentsorgungsanlagen die Genehmigungspflicht nach den Bestimmungen des BImSchG. Allein für die Zulassung von Deponien blieb es bei dem abfallrechtlichen Planfeststellungs- bzw. Plangenehmigungsverfahren. Folgeänderungen dieser Neuordnung des abfallrechtlichen Zulassungsrechts betrafen § 4 Abs. 1 BImSchG, die Verordnung über genehmigungsbedürftige Anlagen (4. BImSchV) und den Fachplanungsvorbehalt des § 38 BauGB (Einzelheiten dazu bei Kutscheidt

NVwZ 1994, 209 (210 f.); Schink DÖV 1993, 725 f.; Klett/Gerhold NuR 1993, 421 f.; VGH München Beschl. v. 29. 7. 2008 – 22 A 08.40 012, juris Rn. 14).

Mit der Neuregelung des Zulassungsrechts durch das Investitionserleichterungs- und Wohnbaulandgesetz sollten die Zulassungsverfahren beschleunigt und weniger rechtsmittelanfällig werden. 9

III. GenBeschlG (1996)

Weitere Änderungen für die frühere Zulassungsbestimmung des § 31 KrW-/AbfG ergaben sich durch das Genehmigungsverfahrensbeschleunigungsgesetz vom 12.9.1996 (BGBl. 996 I S. 1354), mit dem die Plangenehmigung in § 74 Abs. 6 VwVfG fachübergreifend neu geregelt wurde, um sicherzustellen, dass ein Plangenehmigungsverfahren nur dann geführt wird, wenn kein Planfeststellungsverfahren mit integrierter UVP erforderlich ist (siehe dazu Klages in Beck OK Umweltrecht, § 35 Rn. 8 unter Verweis auf BR-Drs. 29/96, 19). § 31 Abs. 3 Nr. 1 KrW-/AbfG wurde dahingehend eingeschränkt, dass unbedeutende Deponien nur dann im Genehmigungsverfahren zugelassen werden können, wenn ihre Errichtung und ihr Betrieb keine erheblichen nachteiligen Auswirkungen auf ein in § 2 Abs. 1 S. 2 UVPG genanntes Schutzgut haben kann. 10

Nachdem durch das Genehmigungsverfahrensbeschleunigungsgesetz auch im Planfeststellungsverfahren Fristen für Stellungnahmen und Einwendungen sowie für den Ablauf der Öffentlichkeitsbeteiligung eingeführt worden sind, dürften – was die Schnelligkeit des Verfahrens angeht – erhebliche verfahrensrechtliche Unterschiede zwischen dem immissionsschutzrechtlichen Genehmigungsverfahren und dem Planfeststellungsverfahren nicht mehr bestehen.

Wesentlich bleibt allerdings, dass es sich bei der immissionsschutzrechtlichen Genehmigung um eine **Kontrollerlaubnis** handelt (OVG Bautzen Urt. v. 8. 6. 2004 – 4 D 24/00, juris Rn. 129), auf deren Erteilung ein Rechtsanspruch besteht, wenn die gesetzlichen Voraussetzungen vorliegen. Demgegenüber bleibt die abfallrechtliche Planfeststellung nach überwiegender Auffassung jedenfalls das Ergebnis eines Abwägungsprozesses, in den alle von dem Vorhaben berührten Belange einzustellen sind. Ob die Planfeststellungsbehörde einen Planfeststellungsbeschluss erlässt oder nicht, steht, wenn die Zulassungsvoraussetzungen vorliegen, grundsätzlich in ihrem planerischen Ermessen. Bei der Ausübung des **Planungsermessens** sind insbesondere auch **Standortalternativen** zu berücksichtigen. Diese Standortalternativenprüfungen und die **Bedarfsprüfung** für die Anlage im Rahmen der Planrechtfertigung führten in der Vergangenheit häufiger zu Abwägungsmängeln und damit zu einer besonderen Rechtsmittelanfälligkeit der Planfeststellungsentscheidung. In diesen rechtssystematischen Unterschieden zwischen Planfeststellung und Kontrollerlaubnis liegt wohl die wesentliche Motivation für die Zurückdrängung des abfallrechtlichen Planfeststellungsverfahrens zugunsten des immissionsschutzrechtlichen Genehmigungsverfahrens (dazu Beckmann, Die Planfeststellung zwischen Zulassungsverfahren und Planung, S. 121 ff.; zur Alternativenprüfung siehe auch Schink UPR 2022, 206; Beckmann DVBl. 2022, 809). Zu berücksichtigen ist allerdings, dass auf der Grundlage des § 75 Abs. 1a VwVfG nicht mehr alle Abwägungsmängel zur Unwirksamkeit des abfallrechtlichen Planfeststellungsbeschlusses führen. Vielmehr sind Mängel bei der Abwägung der von dem Vorhaben berührten öffentlichen und privaten Belange nur erheblich, wenn sie offensichtlich und auf das Abwägungsergebnis von Einfluss gewesen sind. Erhebliche Mängel führen nach § 75 Abs. 1a Satz 2 VwVfG nur dann zur Aufhebung des Planfeststellungsbeschlusses oder der Plangenehmigung, wenn sie nicht durch Planergänzung oder durch ein ergänzendes Verfahren behoben werden können.

IV. KrWG (2012)

11 Mit der Verabschiedung des KrWG entfiel die Beschränkung des Zulassungserfordernisses auf *ortsfeste* Abfallbeseitigungsanlagen. Der Gesetzgeber wollte hierdurch einen wesentlich weiteren Kreis von entsorgungsrelevanten Anlagen in den **Rechtsgrundverweis** einbeziehen (Gesetzesbegründung, BT-Drs. 17/6052, S. 94; siehe auch Fellenberg/Schiller in Jarass/Petersen, KrWG, 2022, § 35 Rn. 12).

Ortsfest im Sinne des § 4 Abs. 1 Satz 1 BImSchG sind solche Anlagen, die aufgrund ihrer Art oder Beschaffenheit über einen längeren Zeitraum an ihren Standort gebunden sind und im Normalfall nicht bewegt werden sollen. Der Begriff der Ortsfestigkeit ist allerdings nicht anlagentechnisch und auch nicht bauordnungsrechtlich zu verstehen. Entscheidend ist vielmehr, dass nach § 1 Abs. 1 Satz 1 der 4. BImSchV die Errichtung und der Betrieb von Anlagen einer immissionsschutzrechtlichen Genehmigung bedarf, soweit den Umständen nach zu erwarten ist, dass sie länger als während der zwölf Monate, die auf die Inbetriebnahme erfolgen, an demselben Ort betrieben werden.

Allerdings gilt für die in Kap. 8 des Anhangs zur 4. BImSchV genannten Abfallentsorgungsanlagen, ausgenommen solcher Anlagen, die der Behandlung von Abfällen am Entstehungsort dienen, diese zeitliche Beschränkung nicht. Sie sind also auch dann immissionsschutzrechtlich genehmigungsbedürftig, wenn sie weniger als während der zwölf Monate, die auf die Inbetriebnahme erfolgen an demselben Ort betrieben werden. Ortsfeste Abfallentsorgungsanlagen im Sinne des § 4 Abs. 1 Satz 1 BImSchG sind damit grundsätzlich alle Anlagen, die über eine gewisse Dauer betrieben werden, ohne dass es auf die erwähnte Frist von zwölf Monaten ankommt (zustimmend Klages in Beck OK Umweltrecht, § 35 KrWG Rn. 21; Mann in Versteyl/Mann/Schomerus, KrWG, 2019, § 35 Rn. 31). Objektive Umstände müssen die Prognose rechtfertigen, dass die Abfallentsorgungsanlage an dem Betriebsstandort höchstens 12 Monate betrieben wird. Das soll regelmäßig nicht anzunehmen sein, wenn die Abfallentsorgungsanlage nach ihrer Konstruktion und/oder Betriebsweise darauf angelegt ist, an verschiedenen Standorten eingesetzt zu werden, und der Einsatz an dem betreffenden Ort für weniger als 12 Monate geplant ist (Mann in Versteyl/Mann/Schomerus, KrWG, 2019, § 35 Rn. 31).

Nicht entscheidend ist außerdem, ob diese Anlagen fest mit dem Boden verbunden sind oder nicht. Der bauordnungsrechtliche Begriff der „ortsfesten Anlage" ist insoweit nicht maßgeblich (Beckmann NVwZ 1993, 305, 310; Reidt NVwZ 1993, 861, 862; Klages in Beck OK Umweltrecht, § 35 KrWG Rn. 21).

12 Keine Anwendung findet die 12-Monats-Frist gem. § 1 Abs. 1 S. 2 der 4. BImSchV bei den in Nr. 8 des Anh. 1 zur 4.BImSchV aufgeführten Anlagen zur Verwertung und Beseitigung von Abfällen und sonstigen Stoffen, sofern sie sich nicht am Ort des Entstehens der Abfälle befinden. Dazu gehören mobile Brechanlagen zur Zerkleinerung der auf einem Abbruchgelände anfallenden Bauabfälle und mobile Bodenreinigungsanlagen zur Behandlung ausgekofferter verunreinigte Böden. Solche Anlagen können daher auch bei kurzer Betriebsdauer genehmigungsbedürftig sein.

13 Abs. 3 wurde aus Gründen der besseren Lesbarkeit umstrukturiert und redaktionell überarbeitet (Gesetzesbegründung, BT-Drs. 17/6052, S. 94). In Abs. 3 wurde die in § 31 Abs. 3 Satz 2 Halbs. 2 enthaltene Einschränkung direkt in die Nr. 3 bzw. in § 35 Abs. 3 Satz 1 Nr. 3 gezogen. Der Gesetzgeber war aber nicht konsequent und hat die beiden Ausnahmetatbestände zu Nr. 1 nicht analog zum ebengenannten in Nr. 1 gezogen, sondern belässt sie weiterhin in einem separaten Satz. Die bisher am Ende des Abs. 3 erfolgte Bezugnahme auf das UVPG wurde nach vorne gezogen, sodass sich die beiden Einschränkungen zu Satz 1 Nr. 1 nicht einmal mehr unmittelbar nach der Aufzählung in Satz 1

findet, sondern systematisch getrennt in Satz 3 wiederfinden. Stringenter wäre es aber ohnehin gewesen, die beiden Ausnahmen zu Satz 1 Nr. 1 unmittelbar dort zu regeln, wie es der Gesetzgeber nunmehr auch in Satz 1 Nr. 3 getan hat. Der Gesetzgeber nutzte diese Änderungen in Abs. 3, um neu festzulegen, dass die zuständige Behörde das Genehmigungsverfahren nur noch durchführen soll, wenn wesentliche Änderungen vorliegen und diese die genannten Auswirkungen auf das Schutzgut hat. Bei der Genehmigung nach Satz 1 Nr. 3 für die Erprobungsdeponie wird der Fristbeginn der Ein-Jahresfrist erstmals auf die Inbetriebnahme gelegt.

C. Genehmigungspflicht nach dem BImSchG (Abs. 1)

Die Errichtung und der Betrieb von Abfallentsorgungsanlagen sowie die wesentliche Änderung einer solchen Anlage oder ihres Betriebes bedürfen nach Abs. 1 der Genehmigung nach den Vorschriften des BImSchG. Einer weiteren Zulassung nach dem KrWG bedarf es nicht. § 35 Abs. 1 bezieht sich grundsätzlich auf alle Abfallentsorgungsanlagen, bei denen es sich nicht um Deponien handelt. 14

I. Gegenstand der Regelung

Ob und inwieweit neben der immissionsschutzrechtlichen Genehmigung eine weitere Zulassung notwendig ist, hängt von den weiteren fachgesetzlichen Zulassungstatbeständen einerseits und dem Umfang der **Konzentrationswirkung** des § 13 BImSchG andererseits ab. Nach § 13 BImSchG schließt die immissionsschutzrechtliche Genehmigung andere die Anlage betreffende behördliche Entscheidungen ein, insbesondere öffentlich-rechtliche Genehmigungen, Zulassungen, Verleihungen, Erlaubnisse und Bewilligungen mit Ausnahme von Planfeststellungen, Zulassungen bergrechtlicher Betriebspläne, behördlichen Entscheidungen aufgrund atomrechtlicher Vorschriften und wasserrechtlichen Erlaubnissen und Bewilligungen nach § 8 i.V.m. § 10 WHG. 15

Von der Konzentrationswirkung umfasst sind aber nur behördliche Entscheidungen, die vom Antragsteller vor Errichtung bzw. Betrieb der Anlage eingeholt werden müssen, die also Voraussetzung für die Errichtung und den Betrieb der Anlage sind und insoweit eine Freigabewirkung für den Betreiber der Anlage haben (OVG Lüneburg Beschl. v. 15.12.2021 – 12 MS 97/21, juris Rn. 21; VGH BW Urt. v. 19.3.2007 - 1 S 1041/05, juris, Rn. 56). Derartige Entscheidungen müssen dabei unter anderem von solchen Zulassungen unterschieden werden, die eine Errichtung der Anlage nur vorbereiten und auf die sich die Konzentrationswirkung nach § 13 BImSchG deshalb nicht erstreckt. Umstritten ist, ob **Zielabweichungsbescheide** nach § 6 Abs. 2 ROG von der Konzentrationswirkung gemäß § 13 BImSchG erfasst werden, weil sie eine dem Genehmigungsverfahren vorgelagerte Verfahrensstufe betreffe. Zunehmend wird angenommen, dass § 13 BImSchG auf Zielabweichungsentscheidungen anzuwenden ist (OVG Lüneburg Beschl. v. 15.12.2021 – 12 MS 97/21, juris Rn. 23; Jarass BImSchG, 2020, § 13 Rn. 6a; Lange in Appel/Ohms/Saurer, BImSchG, 2021, § 13 BImSchG, Rn. 25; Kümper NuR 2021, 588, 589).

II. Maßgeblichkeit des Immissionsschutzrechts

Abs. 1 ist keine bloße Rechtsfolgenverweisung, sondern eine **Rechtsgrundverweisung** (Fellenberg/Schiller in Jarass/Petersen, KrWG, 2022, § 35 Rn. 12; Mann in Versteyl/Mann/Schomerus, KrWG, 2019, § § 35 Rn. 10; Klages in BeckOK UmweltR, § 35 KrWG Rn. 15; Versteyl/Grunow in Schink/Versteyl, KrWG 2016, § 35 KrWG Rn. 7). 16

Damit begründet Abs. 1 auch für Abfallentsorgungsanlagen keine abschließende und originäre Zulassungspflicht, sondern verweist in vollem Umfang auf die Regelungen des BImSchG, und zwar sowohl hinsichtlich des Bestehens der Genehmigungspflicht selbst als auch hinsichtlich der Voraussetzungen, unter denen eine solche Genehmigung nach dem Immissionsschutzrecht erteilt werden kann. Hierbei handelt es sich um eine **dynamische Verweisung**; es gelten stets die Vorschriften in der gegenwärtigen Fassung des BImSchG (*Mann* in Versteyl/Mann/Schomerus, KrWG, § 35 Rn. 12 f.). Das ändert allerdings nichts daran, dass der immissionsschutzrechtliche Begriff der Abfallentsorgungsanlage sich hinsichtlich des darin enthaltenen Abfallbegriffs wiederum an der abfallrechtlichen Definition des Abfalls orientiert (BVerwG Beschl. v. 4. 8. 2007 – 7 B 42/07, juris Rn. 3 f.; Fellenberg/Schiller in Jarass/Petersen, KrWG, 2022, § 35 Rn. 19).

17 Die Pflichten der Betreiber von genehmigungsbedürftigen und nicht genehmigungsbedürftigen Anlagen nach dem BImSchG, diese so zu errichten und zu betreiben, dass Abfälle vermieden, verwertet oder beseitigt werden, richten sich gem. § 13 BImSchG nach den Vorschriften des BImSchG. Allerdings verweist § 5 Abs. 1 Satz 1 Nr. 3 Halbs. 4 BImSchG wiederum auf das KrWG. Demnach erfolgen die Verwertung und Beseitigung von Abfällen nach den Vorschriften des KrWG und den sonstigen für die Abfälle geltenden Vorschriften.

18 Gem. § 4 Abs. 1 Satz 1 BImSchG bedürfen u.a. ortsfeste Abfallentsorgungsanlagen zur Lagerung oder Behandlung von Abfällen einer immissionsschutzrechtlichen Genehmigung. Diese Formulierung geht zwar über den Wortlaut des früheren § 31 Abs. 1 KrW-/AbfG hinaus, wonach (nur) Abfall*beseitigungs*anlagen zur Lagerung oder Behandlung von Abfällen *zur Beseitigung* einer immissionsschutzrechtlichen Genehmigung bedurften. Sie bleibt aber hinter der Formulierung des § 35 Abs. 1 insoweit zurück, als sie sich auf ortsfeste Abfallentsorgungsanlagen beschränkt. Da § 35 Abs. 1 eine Rechtsgrundverweisung darstellt und auf das BImSchG verweist, ergibt sich aus der insoweit weiter gehenden Genehmigungspflicht des § 35 Abs. 1 keine anderweitige rechtliche Behandlung der nicht ortsfesten Abfallentsorgungsanlagen. Diese Genehmigungspflicht nach § 4 Abs. 1 Satz 1 BImSchG gilt unabhängig davon, ob die Abfallentsorgungsanlagen ein besonderes Gefährdungspotential im Sinne von § 4 Abs. 1 Satz 1 Halbs. 1 BImSchG aufweisen (zustimmend Fellenberg/Schiller in Jarass/Petersen, KrWG, 2022, § 35 Rn. 12). § 4 Abs. 1 Satz 2 BImSchG stellt außerdem klar, dass die Einschränkungen, die für Anlagen gelten, die nicht gewerblichen Zwecken dienen und die nicht im Rahmen wirtschaftlicher Unternehmungen Verwendung finden, für Abfallentsorgungsanlagen nicht gelten. Sie sind dementsprechend stets immissionsschutzrechtlich genehmigungsbedürftig, wenn es sich um Anlagen handelt, die in den Katalog des Anhangs der 4. BImSchV aufgenommen worden sind.

III. Bedeutung des Katalogs im Anhang der 4. BImSchV

19 Vereinzelt wird die Auffassung vertreten, dass unabhängig von der Aufnahme in den Katalog des Anhangs der 4. BImSchV alle Abfallentsorgungsanlagen immissionsschutzrechtlich genehmigungsbedürftig seien (Blankennagel in GK-BImSchG, § 4 Rn. 20; Klett/Gerhold NuR 1993, 421, 425). Diese Auffassung ist unzutreffend (Beckmann NVwZ 1993, 305 ff.; zustimmend Klages in Beck OK Umweltrecht, § 35 KrWG Rn. 16; Fellenberg/Schiller in Jarass/Petersen, KrWG, 2022, § 35 Rn. 18). Die immissionsschutzrechtlich genehmigungsbedürftigen Abfallentsorgungsanlagen sind in Kapitel 8 des Anhangs zu 4. BImSchV abschließend aufgelistet. Für die Genehmigungsbedürftigkeit kommt es zumeist auf die Überschreitung bestimmter Leistungsgrenzen und Mengenschwellen an. Bleiben die Anlagen unterhalb dieser im Katalog genannten Mengenschwellen und Leistungsgrenzen, sind sie immissionsschutzrechtlich nicht genehmigungsbedürftig (OVG Lüneburg Beschl. v. 01.08.1996, NVwZ-RR 1997, 407; Kutscheidt NVwZ 1994, 212 f.; Mann in Versteyl/Mann/Schomerus, KrWG, 2019, § 35 Rn. 12). Dies wird bestätigt durch § 28 Abs. 1 Satz 3, wonach die Lagerung oder Behandlung von Abfällen zur Beseitigung in den diesen Zwecken dienenden Abfallbeseitigungsanlagen auch dann zulässig ist, wenn diese als unbedeutende Anlagen nach dem BImSchG keiner Genehmigung bedürfen und in den Rechtsverordnungen nach § 12 Abs. 1 oder nach § 23 BImSchG oder nach den allgemeinen Verwaltungsvorschriften nach § 12 Abs. 2 BImSchG nichts anderes bestimmt ist. **Unbedeutende Abfallbeseitigungsanlagen** könnten deshalb trotz des dem Wortlaut des § 35 Abs. 1 nach unbeschränkten Verweises auf eine immissionsschutzrechtliche Genehmigungspflicht von der Genehmigungsbedürftigkeit nach dem BImSchG ausgenommen sein (Mann in Versteyl/Mann/Schomerus, KrWG, 2019, § 35 Rn. 12). Zweifelhaft ist allerdings, ob eine solche Ausnahme von der Genehmigungspflicht mit den Art. 23-25 AbfRRl vereinbar ist. Dazu wird erläutert, dass die Mitgliedstaaten danach dafür zu sorgen haben, dass Unternehmen, die Abfallverwertungs- oder Abfallbeseitigungsverfahren durchführen wollen, bei der zuständigen Behörde eine Genehmigung einholen. Befreiungen von der Genehmigungspflicht könnten nach Erlass allgemeiner Vorschriften unter den Bedingungen des Art. 25 AbfRRL nur insoweit erteilt werden, als die Beseitigung eigener, nicht gefährlicher Abfälle der Anlagen oder Unternehmen am Anfallort oder die Verwertung von Abfällen in Frage stehe (Art. 24 AbfRRl). Indem die allgemeinen Vorschriften insbesondere festlegen müssten, für welche Abfallarten und -mengen eine Ausnahme gelten könne, welche Behandlungsmethode anzuwenden sei, unter welchen Bedingungen Ausnahmen für gefährliche Abfälle erteilt werden dürften, seien dem Gestaltungsspielraum des Verordnungsgebers der 4. BImSchV Grenzen gesetzt (Mann in Versteyl/Mann/Schomerus, KrWG, 2019, § 35 Rn. 13).

Abfallentsorgungsanlagen, die keiner immissionsschutzrechtlichen Genehmigung bedürfen, sind in aller Regel nicht zulassungsfrei; Errichtung und der Betrieb einer solchen Abfallentsorgungsanlage ist zumeist nur mit einer Baugenehmigung zulässig (Würtenberger in Schmehl/Klement, KrWG, § 35 Rn. 17).

Ist für die Genehmigungsbedürftigkeit die Größe oder Leistung der Anlage maßgeblich, dann kommt es gem. § 1 Abs. 1 S. 4 der 4.BImSchV auf den rechtlich und tatsächlich möglichen Betriebsumfang (OVG NW Beschl. v. 27.11.2008, DVBl 2009, 457) und nicht auf den tatsächlich genutzten Umfang an (Mann in Versteyl/Mann/Schomerus, KrWG, 2019, §“ 35 Rn. 24; Jarass UPR 2011, 202). Mit dem rechtlich möglichen Betriebsumfang ist der Umfang gemeint, der nach der voraussichtlich zu erteilenden bzw. der erteilten Genehmigung möglich ist (OVG RP Beschl. v. 04.01.2019 – 8 B11411/18, 8 B 11411/18 v. 4.1.2019, juris Rn. 24).

IV. Anlagen, in denen eine Entsorgung von Abfällen durchgeführt wird

Die Genehmigungspflicht nach § 35 Abs. 1 besteht für Anlagen, in denen eine Entsorgung von Abfällen durchgeführt wird. Maßgeblich ist somit nicht die Zweckbestimmung, also ob die Anlage dazu gedacht ist, Abfälle zu entsorgen, sondern einzig, ob tatsächlich die Anlage Abfälle entsorgt. Zwar könnte es der Wortlaut des § 28 Abs. 1 Satz 1 nahelegen, von einer Abfallentsorgungsanlage nur dann auszugehen, wenn sie auch für Zwecke der Abfallentsorgung zugelassen ist. Es gibt allerdings auch nicht zugelassene, d.h. illegale Abfallentsorgungsanlagen. Die Errichtung oder der Betrieb einer illegalen Abfallentsorgungsanlage kann nach § 21 Abs. 1 bzw. nach § 20 Abs. 2 BImSchG aufgrund der fehlenden Zulassung stillgelegt bzw. untersagt werden. Für einen Verwaltungsakt, durch den die Behörde dem Betreiber einer formell illegalen Abfallentsorgungsanlage unter Androhung 20 von Zwangsmitteln die Einleitung eines Planfeststellungs- oder Plangenehmigungsverfahrens aufgibt, gibt es grds. keine Rechtsgrundlage (OVG NRW Urt. v. 26.01.2012 – 11 A 2635/09, juris Rn. 49; OVG Lüneburg Urt. v. 07.07.1992, NVwZ-RR 1993, 7).

Zum Begriff der Abfallentsorgungsanlage in § 17 Abs. 4a S. 1 BImSchG erläutert das BVerwG, der dort vom Gesetzgeber verwendete Begriff der „Abfallentsorgungsanlagen" iSd § 4 Abs. 1 S. 1 BImSchG erstrecke sich auf Nebeneinrichtungen oder Teile einer Anlage, die für sich betrachtet genehmigungsbedürftig wären (BVerwG Beschl. v. 03.03.2016, NVwZ 2016, 616). Wortlaut und Systematik der einschlägigen Regelungen sprächen dafür, dass eine genehmigungsbedürftige Anlage in Gestalt einer ortsfesten Abfallentsorgungsanlage auch dann vorliege, wenn die in Rede stehende Anlage Teil einer anderen, ihrerseits genehmigungsbedürftigen Anlage sei. Die immissionsschutzrechtliche Genehmigungsbedürftigkeit einer Anlage ergebe sich im jeweiligen Einzelfall aus § 4 Abs. 1 S. 3 BImSchG in Verbindung mit den Bestimmungen der 4. BImSchV; das gelte auch für Anlagen zur Verwertung und Beseitigung von Abfällen und sonstigen Stoffen. Dabei komme es nicht darauf an, ob die Anlage innerhalb eines Gesamtbetriebs als Haupt- oder Nebenanlage eingesetzt werde (BVerwG Beschl. v. 3.3.2016, NVwZ 2016, 616).

V. Begriffsbestimmung

21 Genehmigungspflichtig sind zwar nach § 35 Abs. 1 Anlagen, in denen eine Entsorgung von Abfällen durchgeführt wird. Allerdings bezieht sich die Genehmigungspflicht in § 4 Abs. 1 Satz 1 BImSchG nach wie vor auf ortsfeste Abfallentsorgungsanlagen zur Lagerung oder Behandlung von Abfällen. Insoweit bedarf es weiterhin der Entscheidung, wie der Begriff der Ortsfestigkeit auszulegen und was unter Lagerung und Behandlung von Abfällen zu verstehen ist (Klages in Beck OK Umweltrecht, § 35 KrWG Rn. 19).

22 **1. Immissionsschutzrechtlicher Anlagenbegriff.** Entscheidend ist nicht ein abfallrechtlicher, sondern der weit zu verstehende immissionsschutzrechtliche Anlagenbegriff des § 3 Abs. 5 BImSchG. Im immissionsschutzrechtlichen Sinne sind Anlagen Betriebsstätten und sonstige ortsfeste Einrichtungen, Maschinen, Geräte und sonstige ortsveränderliche technische Einrichtungen sowie Fahrzeuge, soweit sie nicht der Vorschrift des § 38 BImSchG unterliegen und Grundstücke, auf denen Stoffe gelagert oder abgelagert oder Arbeiten durchgeführt werden, die Emissionen verursachen können, ausgenommen öffentliche Verkehrswege (§ 3 Abs. 5 BImSchG). Ein Grundstück ist dann eine Abfallentsorgungsanlage, wenn die Behandlung, Lagerung oder Ablagerung von Abfällen als typisches, wenngleich nicht einziges Nutzungsmerkmal für den Durchschnittsbetrachter erkennbar ist (OLG Düsseldorf Urt. v. 25.05.1994, NVwZ-RR 1995, 78; siehe auch OVG Greifswald Urt. v. 19.06.1997, NVwZ 1997, 1027).

Die Genehmigungspflicht gilt nicht für **Altanlagen**, die abfallrechtlich nicht zugelassen worden sind, sondern nach dem Abfallbeseitigungsgesetz lediglich angezeigt wurden. Solche Anlagen gelten gem. § 67 Abs. 7 S. 2 BImSchG als nach dem BImSchG angezeigt (OVG Münster Urt. v. 30.08.1999, NVwZ 2000, 89; Fellenberg/Schiller in Jarass/Petersen, KrWG, 2022, § 35 Rn. 19).

23 **2. Lagerung und Behandlung von Abfällen.** Hinsichtlich der Begriffe „Lagerung" und „Behandlung" von Abfällen muss auf die Kommentierung zu § 28 Abs. 1 verwiesen werden.

24 Die **Behandlung** umfasst jede quantitative oder qualitative Veränderung von Abfällen, z.B. durch Zerkleinern, Verdichten, Entwässern, Kompostieren, Verbrennen, Sortieren, Trennen, Vermischen, Entmischen oder Entgiften des Abfalls (vgl. § 3 Abs. 8 Nr. 2). Nicht

ausreichend sind daher die Verdichtung in Presscontainern auf einem Wertstoffhof (VGH München Beschl. v. 03.01.1994, NVwZ-RR 1994, 428, 429) und Sortiermaßnahmen vor Überlassung der Abfälle in Müllmanagementsystemen (BVerwG Urt. v. 13.12.2007, NVwZ 2008, 429, 430).

Lagern ist das vorübergehende Aufbewahren von Abfällen an einem Ort mit einem eigenständigen Gewicht, ohne feste zeitliche Grenze (VG Braunschweig Beschl. v. 21.09. 2004 – 2 B 317/04, juris Rn. 7). Der Begriff des Lagerns wird mit dem des Zwischenlagerns gleichgesetzt. Das Lagern von Abfällen ist abzugrenzen einerseits zur **Ablagerung** und andererseits von dem **Bereitstellen** von Abfällen. Von dem Ablagern unterscheidet sich das Lagern durch seine von vornherein zeitlich begrenzte Dauer. Eine Lagerung liegt insoweit vor, wenn die Aufbewahrung lediglich der Überbrückung eines Zeitraumes bis zur weiteren Verwertung bzw. Beseitigung dient (BVerwG Urt. v. 01.12.1982, BVerwGE 66, 301, 303; VGH München Urt. v. 15. 12.1992, BayVBl. 1993, 274), während die Ablagerung grundsätzlich auf eine dauerhafte Aufbewahrung bzw. Ausschleusung des Abfalls aus dem Stoffkreislauf gerichtet ist. Dient die Aufbewahrung der Abfälle lediglich dazu, sie für eine Überlassung bereitzustellen, dann liegt keine Zwischenlagerung vor. Ebenfalls liegt keine Lagerung vor, wenn die Anlage einzig der Beförderung dient, indem dort lediglich ein den Beförderungsvorgang nur kurzzeitig unterbrechendes, bloßes Umladen von Abfällen auf andere Transportmittel stattfindet (VGH Kassel Beschl. v. 12.03.1996, NVwZ-RR 1997, 404; OVG Lüneburg Beschl. v. 04.01.2005, NVwZ-RR 2006, 25). Auch Anlagen zur Einsammlung von Abfällen bedürfen aus abfallrechtlicher Sicht keiner Zulassung. Deshalb bedarf eine Müllsammelstelle, in der der Abfallbesitzer Abfälle getrennt nach Stoffen in bereitgestellte Container und sonstige Behälter verbringt, keiner abfallrechtlichen Zulassung, weil es sich nicht um einen Vorgang der Lagerung, sondern um einen der Einsammlung handelt (VGH München Urt. v. 15.12.1992, NVwZ-RR 1993, 606; zum immissionsschutzrechtlichen Genehmigungserfordernis für einen Biomüllumschlagplatz siehe VGH Kassel Urt. v. 12.03.1996, NVwZ-RR 1997, 404). Umladestationen sind Abfallentsorgungsanlagen, wenn eine ggf. mehrtägige Zwischenlagerung vorgesehen ist (OVG Lüneburg Urt. v. 04.01.2005 NVwZ-RR 2006, 25; VG Braunschweig Urt. v. 25.1.2006 –2 A 502/04, juris; Klages in Beck OK Umweltrecht § 35 KrWG Rn. 22). 25

Entscheidend für die Einordnung eines Grundstücks, auf dem ständig Abfälle gelagert werden, als Anlage zum Lagern von Abfällen ist, dass das Grundstück tatsächlich dem Zweck des Lagerns von Abfällen dient. Es muss ferner, im Unterschied zu bloß wilden Lagerstätten, vom Eigentümer oder Besitzer im Sinne einer auch nach außen erkennbaren Funktionseinheit für diese Zwecke bestimmt worden sein. Ferner muss die vom Inhaber vorgenommene und auch verwirklichte Zweckbestimmung von einer gewissen Dauer sein und nicht nur geringfügige Abfallmengen betreffen (OVG BB Urt. v. 05.02.2009 – 11 B 19.08, juris Rn. 48). Vom Schutzzweck des Kreislaufwirtschaftsgesetzes ausgehend kommt es alleine auf die tatsächlichen Gegebenheiten und die davon ausgehende mögliche Umweltgefährdung, nicht jedoch auf die mit dem Lagern von Abfällen verbundenen wirtschaftlichen Ziele oder sonstigen subjektiven Vorstellungen des Inhabers, an (VG München Urt. v. 15.02.2011 – M 1 K 10.4520, juris Rn. 23). 26

3. Errichtung, Betrieb und wesentliche Änderung der Anlage. Genehmigungspflichtig nach Abs. 1 sind die Errichtung, der Betrieb und die wesentliche Änderung einer abfallentsorgungsrelevanten Anlage oder ihres Betriebes. 27

a) Errichtung. Unter der Errichtung einer Abfallentsorgungsanlage versteht man ihre Herstellung und Einrichtung. Zur Errichtung der Anlage gehören alle Baumaßnah- 28 men an der Anlage mit Ausnahme bloßer Vorbereitungshandlungen, wie etwa der Planung einer solchen Anlage. Die Errichtung beginnt mit der Vornahme tatsächlicher Handlungen am Standort der Anlage, die ihrer Herstellung dienen, die also die Standortentscheidung des Vorhabenträgers dokumentieren, Dies sind regelmäßig Baumaßnahmen, wie z.B. Ausschachtungs- oder Fundamentierungsmaßnahmen, aber auch die Aufstellung eines Sicherheitszaunes oder die Rodung von für den Bau benötigten Waldflächen, nicht jedoch Erkundungsmaßnahmen (Mann in Versteyl/Mann/Schomerus, KrWG, 2019, § 35 Rn. 18). Abgrenzungsprobleme kann es zu **Vorbereitungshandlungen** am Standort geben, etwa bei Probebohrungen, Baustelleneinrichtungen etc (zustimmend Fellenberg/Schiller in Jarass/Petersen, KrWG, 2022, § 35 Rn. 21; Versteyl/Grunow in Schink/Versteyl, KrWG, 2016, § 35 Rn. 10; Mann in Versteyl/Mann/Schomerus, KrWG, 2019, § 35 Rn. 18). Nach wohl überwiegender Auffassung sind solche vorbereitenden Handlungen noch keine Errichtungsmaßnahmen. Sie setzen deshalb auch noch keine immissionsschutzrechtliche Genehmigung voraus. Diese wird jedoch benötigt, wenn Ausschachtungsarbeiten, Fundamentierungsarbeiten oder sonstige Baumaßnahmen begonnen werden. Im Übrigen können Errichtungsmaßnahmen ohne die erforderliche immissionsschutzrechtliche Genehmigung nur begonnen werden, wenn eine **Zulassung vorzeitigen Beginns** nach § 8a BImSchG vorliegt.

29 **b) Betrieb.** Unter dem Betrieb einer Abfallentsorgungsanlage versteht man die gesamte Betriebstätigkeit einschließlich der Wartung der Anlage und ihrer Unterhaltung, der notwendigen Kontrollmaßnahmen und der Sicherheitsvorkehrungen. Nicht zum Betrieb gehört dagegen die Errichtungsphase. Das ergibt sich bereits aus der Systematik des Gesetzes, die zwischen Errichtung und Betrieb unterscheidet. Der Betrieb beginnt mit der **Inbetriebnahme** der gesamten Anlage entsprechend dem vorgesehenen Zweck. Hierunter fallen auch die Wartung und Unterhaltung der Anlage. Ob zum Anlagenbetrieb auch der **Probebetrieb** zu rechnen ist, ist umstritten (bejahend z.B. Mann in Versteyl/Mann/Schomerus, KrWG, 2019, § 35 Rn. 19; Versteyl/Grunow in Schink/Versteyl, KrWG, 2016, § 35 Rn. 11; a.A. Guckelberger in Fluck/Frenz u.a., § 31 KrW-/AbfG Rn. 86). Dazu wird auch die Auffassung vertreten, dass die Frage nach Maßgabe des Einzelfalls zu entscheiden sei. Es müsse differenziert werden danach, ob der Probebetrieb dazu geeignet sei, ähnliche Gefahren herbeizuführen wie der spätere Betrieb der Anlage. Bejahendenfalls sei der Probebetrieb dem Betrieb zuzuordnen, ansonsten der Errichtung (siehe dazu *Dietlein* in Landmann/Rohmer, Umweltrecht III, § 4 BImSchG Rn. 77).

Eine **Unterbrechung** des Betriebes von mehr als 3 Jahren führt gemäß § 18 Abs. 1 Nr. 2 BImSchG zum Erlöschen der Genehmigung. Ob sie dagegen auch zu einem Betriebsende führt, ist zweifelhaft. Die unerlaubte Fortführung eines Anlagenbetriebes dürfte einem Nichtbetreiben der genehmigten Anlage gleichzusetzen sein (OVG Koblenz Urt. v. 24.10.2018 – 8 A 10287/18.OVG, BeckRS 2018, 39143). Die Weiterführung des Betriebs ist nach einer solchen Unterbrechung von mehr als 3 Jahren grundsätzlich nicht mehr zulässig (zustimmend Fellenberg/Schiller in Jarass/Petersen, KrWG, 2022, § 35 Rn. 22; a.A. Mann in Versteyl/Mann/Schomerus, KrWG, 2019, § 35 Rn. 19).

Wann es sich um eine Betriebseinstellung oder um eine Betriebsunterbrechung handelt, kann im Einzelfall zweifelhaft sein. Bloße Wartungsarbeiten, Funktionsprüfungen oder Probeläufe sollen nicht als „Betrieb" i.S.v. § 18 Abs. 1 Nr. 2 BImSchG anzusehen sein (OVG Koblenz Urt. v. 24.10.2018 – 8 A 10287/18.OVG, BeckRS 2018, 39143). Gleiches soll für einen bloßen Scheinbetrieb gelten, mit dem lediglich das Erlöschen der Genehmigung verhindert werden soll (OVG Koblenz Urt. v. 24.10.2018 – 8 A 10287/18.OVG, BeckRS 2018, 39143). Ein Weiterbetrieb erfordert mithin Handlungen, die ein weiteres Gebrauchmachen von der Genehmigung darstellen.

c) Wesentliche Änderung. Genehmigungspflichtig ist schließlich auch die wesentliche Änderung einer Abfallentsorgungsanlage, wobei sich die wesentliche Änderung sowohl auf die bauliche Anlage als auch auf den Betrieb der Anlage beziehen kann. 30

Genehmigungspflichtig ist nach § 16 Abs. 1 BImSchG eine wesentliche Änderung der Lage, der Beschaffenheit oder des Betriebes. Wesentlich ist die Änderung, wenn sie die Frage nach der immissionsschutzrechtlichen Genehmigung der Anlage neu aufwirft. Betrifft die Änderung nur baurechtliche Aspekte, führt dies nicht zu einer wesentlichen Änderung im vorgenannten Sinne. Hinzufügungen, Beseitigungen, und Veränderungen aller der Sanierung dienenden baulichen Anlagen werden jedoch hiervon erfasst (Versteyl/Kersandt AbfallR 2011, 1, 3). Nur die in § 6 Abs. 1 Nr. 1 BImSchG genannten, spezifisch immissionsschutzrechtlichen Genehmigungsvoraussetzungen können zur Wesentlichkeit einer Änderung führen. Andere, z.B. baurechtliche oder naturschutzrechtliche Anforderungen sind bei der Prüfung der Wesentlichkeit nicht zu berücksichtigen, da § 16 Abs. 1 S. 1 BImSchG lediglich § 6 Abs. 1 Nr. 2 BImSchG in Bezug nimmt (Klages in Beck OK Umweltrecht, § 35 Rn. 27).

Da genehmigungspflichtig nach § 4 Abs. 1 BImSchG nur ortsfeste Anlagen sind, die eine gewisse Dauerhaftigkeit ihres Betriebes voraussetzen, sind Änderungen ebenfalls nur dann wesentlich, wenn sie von einer solchen gewissen Dauer sind (siehe dazu BVerwG Urt. v. 09.07.1992, BVerwGE 90, 296, 298). Eine Änderungsgenehmigung hat grundsätzlich nur die beantragte Änderung zum Gegenstand. Die bereits erteilten Genehmigungen bleiben, soweit sie nicht durch die Änderungsgenehmigung abgeändert werden, wirksam. Hieraus folgt, dass Gegenstand der Änderungsgenehmigung nur die betroffenen Anlagenteile sind und das Prüfprogramm nicht die gesamte Genehmigung, sondern nur die durch die Änderung betroffenen Bereiche erfasst.

Eine Änderung der **Lage** kommt bei ortsfesten Abfallbeseitigungsanlagen regelmäßig nur in Betracht bei kleinräumigen Verschiebungen der Anlage oder einzelner Teile davon, die nicht bereits als Neuerrichtung einer Anlage anzusehen sind. Dabei ist jedoch zu berücksichtigen, dass auch **mobile Anlagen,** die weniger als 12 Monate an einem Standort bleiben sollen, grundsätzlich immissionsschutzrechtlich genehmigungspflichtig sind. 31

Von einer Änderung der **Beschaffenheit** der Anlage ist zu sprechen, wenn bestimmte Teile einer Anlage ersetzt oder beseitigt werden oder wenn die Anlage durch zusätzliche Komponenten ergänzt wird. Eine Änderung des Betriebs liegt vor, wenn die genehmigte Betriebsweise in veränderter Form fortgesetzt werden soll. 32

Änderungen genehmigungsbedürftiger Anlagen bedürfen nach § 15 Abs. 1 Satz 1 BImSchG einer schriftlichen **Anzeige** gegenüber der zuständigen Behörde mindestens 1 Monat bevor mit der Änderung begonnen werden soll, wenn sich die Änderung auf die in § 1 genannten Schutzgüter auswirken kann und sofern nicht eine Genehmigung beantragt wird. Für die nach § 15 Abs. 1 BImSchG anzeigepflichtigen Änderungen kann der Träger des Vorhabens gemäß § 16 Abs. 4 Satz 1 BImSchG eine Genehmigung beantragen, die im vereinfachten Verfahren zu erteilen ist. Nur anzeigepflichtig und nicht genehmigungspflichtig ist gem. § 16 Abs. 5 BImSchG der Ersatz einer veralteten Anlage oder der Austausch von Anlagenteilen, sofern sich Ersatz oder Austausch im Rahmen der erteilten Genehmigungen bewegen. 33

Genehmigungspflichtig ist die Änderung nur, wenn sie *wesentlich* ist. Das ist dann der Fall, wenn durch die Änderung die Genehmigungsfrage neu aufgeworfen wird (BVerwG Urt. v. 06.07.1994, BVerwGE 69, 351, 358). Das wiederum setzt eine Bewertung der Änderung voraus, wobei zu prüfen ist, ob die Änderung – gemessen an den Zulassungsvoraussetzungen – relevante Auswirkungen haben kann. Entscheidend ist die bloße Möglichkeit einer solchen Genehmigungsrelevanz. Ob die Voraussetzungen der Zulassung für die **wesentliche Änderung** eingehalten werden, ist Gegenstand des dann notwendigen 34

Genehmigungsverfahrens. Nach § 16 Abs. 1 Satz 1 BImSchG ist eine Änderung allerdings nur dann wesentlich, wenn durch die Änderung nachteilige Auswirkungen hervorgerufen werden können und diese für die Prüfung nach § 6 Abs. 1 Nr. 1 BImSchG erheblich sein können. Dagegen ist eine Genehmigung nicht erforderlich, wenn die durch die Änderung hervorgerufenen nachteiligen Auswirkungen offensichtlich gering sind und die Erfüllung der sich aus § 6 Abs. 1 Nr. 1 BImSchG ergebenden Anforderungen sichergestellt ist. Nicht erfasst werden positive oder neutrale Auswirkungen (Fellenberg/Schiller in Jarass/Petersen, KrWG, 2022, § 35 Rn. 24; Mann in Versteyl/Mann/Schomerus, KrWG, 2019, § 35 Rn. 21; Versteyl/Grunow in Schink/Versteyl, KrWG, 2016, § 35 Rn. 15). Ob eine UVP aufgrund der Änderungen durchgeführt werden muss, bemisst sich nach § 9 UVPG. Wird ein Vorhaben geändert, für das eine Umweltverträglichkeitsprüfung durchgeführt worden ist, so besteht nach § 9 Abs. 1 S. 1 UVPG für das Änderungsvorhaben die UVP-Pflicht, wenn allein die Änderung die Größen- oder Leistungswerte für eine unbedingte UVP-Pflicht gemäß § 6 erreicht oder überschreitet oder die allgemeine Vorprüfung ergibt, dass die Änderung zusätzliche erhebliche nachteilige oder andere erhebliche nachteilige Umweltauswirkungen hervorrufen kann. Wird ein Vorhaben geändert, für das keine Größen- oder Leistungswerte vorgeschrieben sind, so wird nach § 9 Abs. 1 S. 2 UVPG die allgemeine Vorprüfung durchgeführt.

Der die Änderung anzeigende Genehmigungsinhaber darf die Änderung vornehmen, sobald die zuständige Behörde ihm mitteilt, dass die Änderung keiner Genehmigung bedarf oder sich innerhalb eines Monats nicht äußert.

Keine wesentliche Änderung ist die **Neuerrichtung** der Anlage. Die Abgrenzung von Neuvorhaben und Änderungsvorhaben kann im Einzelfall schwierig sein. Wichtig ist sie auch für die Frage, ob eine UVP erforderlich wird (§ 9 UVPG). Wird durch eine Änderung auch die Identität der bestehenden Anlage verändert, handelt es sich um ein Neuvorhaben (BVerwG Beschl. v. 28.02.2008, NVwZ 2008, 789; siehe dazu auch Beckmann in Beckmann/Kment, UVPG, 2022, § 9 UVPG Rn. 2; Fellenberg/Schiller in Jarass/Petersen, KrWG, 2022, § 35 Rn. 24). Eine Neuerrichtung ist zu bejahen bei einer vollständigen oder überwiegenden **Änderung des Kernbestands** der Anlage, nicht aber bei der bloßen Änderung einer Nebeneinrichtung oder eines betriebstechnisch oder organisatorisch eng mit der Anlage verbundenen Teils.

Im Zusammenhang mit der Erweiterung einer Deponie erläutert das OVG Koblenz, ob lediglich von der Erweiterung einer Deponie auszugehen sei oder ob das Vorhaben sich als Errichtung einer neuen, eigenständig zu beurteilenden Deponie darstelle, unterliege einer am festgestellten Plan orientierten materiellen Bewertung. Hierbei sei zu prüfen, ob auch unter Einbeziehung der neu hinzukommenden Deponieflächen von der Identität der bisherigen Anlage ausgegangen werden könne oder ob eine nach Gegenstand, Art und Betriebsweise wesentlich andersartige Anlage hinzukomme. Dazu sei einerseits auf den Umfang der neu hinzukommenden Deponieflächen und des neu genehmigten Deponievolumens abzustellen. Andererseits sei zu berücksichtigen, ob nach Hinzutreten der neuen Deponieteile die Betriebsweise und die Ablagerungstechnik sich gegenüber der Altanlage als völlig andersartig darstelle und hiervon unabhängig eingerichtet werden solle (OVG Koblenz Urt. v. 13.04.2016 – 8 C 10674/15, BeckRS 2016, 106852, Rn. 48).

35 **4. Verfahren.** Das Verfahren zur Erteilung der immissionsschutzrechtlichen Genehmigung richtet sich nach § 10 BImSchG und nach der 9. BImSchV. Ein Rückgriff auf die Verfahrensvorschriften des UVPG ist unzulässig (BVerwG Urt. v. 28.9.2016, NVwZ-RR 2017, 229; OVG Koblenz Beschl. vom 25.07.2017 – 8 B 10987/17.OVG, BeckRS 2017, 119679 Rn. 6). Die Durchführung der UVP ist unselbständiger Teil des immissi-

onsschutzrechtlichen Genehmigungsverfahrens (§ 1 Abs. 2 Satz 1 der 9. BImSchV). Die Genehmigung kann entweder in einem förmlichen Verfahren mit Öffentlichkeitsbeteiligung nach § 10 BImSchG oder in einem vereinfachten Verfahren nach § 19 BImSchG ohne Öffentlichkeitsbeteiligung erteilt werden. § 19 Abs. 2 BImSchG bestimmt die Abweichungen des vereinfachten Verfahrens gegenüber dem förmlichen Genehmigungsverfahren. Der Genehmigungsbehörde kann nach § 13 VwVfG Nachbarn, die von Auswirkungen der Abfallentsorgungsanlage nachteilig betroffen sein können, zum vereinfachten Verfahren hinzuzuziehen. Für welche Anlagen ein förmliches und für welche Anlagen ein vereinfachtes Verfahren durchgeführt werden kann, bestimmt sich nach dem Anhang zur 4. BImSchV. Ist für die Genehmigung einer Abfallentsorgungsanlage eine UVP erforderlich), muss zwingend gem. § 2 Abs. 1 S. 1 Nr. 1 lit. c der 4. BImSchV das förmliche Genehmigungsverfahren nach § 10 BImSchG durchgeführt werden. Für die Zulassung von Abfallentsorgungsanlagen, die keine Deponien sind, ist ein **Raumordnungsverfahren** durchzuführen, wenn die Anlage im Außenbereich i.S.v. § 35 BauGB errichtet werden soll, einer Genehmigung im förmlichen Genehmigungsverfahren bedarf und in Nr. 8 des Anhangs zum UVPG aufgeführt ist (§ 1 S. 2 Nr. 1 ROV).

5. Zulassungsvoraussetzungen. Die Zulassungsvoraussetzungen ergeben sich aus 36
§ 6 BImSchG. Gem. § 6 Abs. 1 Nr. 1 BImSchG darf die Genehmigung nur erteilt werden, wenn sichergestellt ist, dass die sich aus § 5 BImSchG und einer aufgrund des § 7 BImSchG erlassenen Rechtsverordnung ergebenden Pflichten erfüllt werden. Andere öffentlich-rechtliche Vorschriften und Belange des Arbeitsschutzes dürfen der Errichtung und dem Betrieb der Anlage nicht entgegenstehen (§ 6 Abs. 1 Nr. 2 BImSchG). Auch die materiellen Vorschriften des KrWG sind gemäß § 5 Abs. 1 Nr. 3 und Abs. 3 Nr. 2 BImSchG hinsichtlich der Verwertung und Beseitigung beachtlich (siehe dazu Enders/Krings DVBl. 2001, 1389, 1395).

Die Genehmigungsvoraussetzungen sind ausschließlich anlagenbezogen (BVerwG Beschl. vom 17.06.2014 - 7 B 14.14, juris Rn. 6). Insoweit gehört auch die in § 15 Abs. 2 geregelte Pflicht, Abfälle so zu beseitigen, dass das Wohl der Allgemeinheit nicht beeinträchtigt wird, für eine gem. § 35 Abs. 1 immissionsschutzrechtlich genehmigungsbedürftige Abfallentsorgungsanlage nicht zu den anderen öffentlich-rechtlichen Vorschriften i.S.v. § 6 Abs. 1 Nr. 2 BImSchG. Sie verdrängt deshalb mit ihrem Maßstab der Gemeinwohlverträglichkeit auch nicht Vorschriften, die strengere Anforderungen an die Errichtung und den Betrieb der Abfallentsorgungsanlage stellen (BVerwG Beschl. v. 17.06.2014 - 7 B 14.14, juris Rn. 7; Fellenberg/Schiller in Jarass/Petersen, KrWG, 2022, § 35 Rn. 65; Mann in Versteyl/Mann/Schomerus, KrWG, 2019, § 35 Rn. 51; Versteyl/Grunow in Schink/Versteyl KrWG, 2016, § 35 Rn. 21; Würtenberger in Schmehl/Klement, KrWG, 2019, § 35 Rn. 20).

Die §§ 29-37 BauGB über die **planungsrechtliche Zulässigkeit** von Vorhaben gelten 37
nach § 38 Satz 1 BauGB für die Errichtung und den Betrieb **öffentlich zugänglicher Abfallbeseitigungsanlagen** nicht, auch wenn sie immissionsschutzrechtlich genehmigt werden. Das führt auch dazu, dass das ansonsten geltende **Einvernehmen** der Standortgemeinde entbehrlich ist (dazu Dippel AbfallR 2020, 57, 64). Liegen die Voraussetzungen des § 38 BauGB nicht vor, weil es sich um eine nicht öffentlich zugängliche Abfallbeseitigungsanlage oder um eine Abfallverwertungsanlage handelt, gelten die §§ 29–37 BauGB ohne Einschränkungen. Im Außenbereich sind Abfallentsorgungsanlagen nach § 35 Abs. 1 Nr. 4 BauGB privilegierte Vorhaben, wenn sie aufgrund der nachteiligen Auswirkungen auf die Umgebung nur im Außenbereich ausgeführt werden sollen. Dies wird z.B. für eine Klärschlammtrocknungsanlage angenommen, für Bauschuttrecyclinganlagen und für

Sammelstellen für Gartenabfälle jedoch abgelehnt (Fellenberg/Schiller in Jarass/Petersen, KrWG, 2022, § 35 Rn. 49).

Für die Beurteilung, ob der Gegenstand der Genehmigung eine Abfallbeseitigungsanlage im Sinne von § 38 BauGB oder eine dieser Vorschrift nicht unterfallende Abfallverwertungsanlage (Fellenberg/Schiller in Jarass/Petersen, KrWG, 2022, § 35 Rn. 49; a.A. Versteyl/Grunow in Schink/Versteyl, KrWG, 2016, § 35 Rn. 23) ist, sind die Regelungen des Kreislaufwirtschaftsrechts und die hierzu ergangene Rechtsprechung des EuGH und des BVerwG maßgeblich (Dippel AbfallR 2020, 57, 65). Diese Vorschriften und auch die Rechtsprechung dazu beziehen sich zwar nicht auf die rechtliche Einordnung von Anlagen als Abfallverwertungs- oder Abfallbeseitigungsanlagen, sondern auf die rechtliche Beurteilung des Abfalls (Abfall zur Verwertung oder zur Beseitigung) und den Zweck des Entsorgungsvorgangs. Daraus lässt sich jedoch die gemäß **§ 38 BauGB** erforderliche rechtliche Einordnung der Anlage ableiten. Wird in einer Anlage überwiegend Abfall zur Beseitigung verbrannt, so handelt es sich um eine Abfallbeseitigungsanlage im Sinne von § 38 BauGB. Wird dort dagegen überwiegend Abfall zur Verwertung verbrannt bzw. energetisch verwertet, so ist die Anlage als Abfallverwertungsanlage einzuordnen (OVG Schleswig Urt. v. 02.02.2010 – 1 KS 4/07, juris Rn. 16; Dippel AbfallR 2020, 57, 65; a.A. *A.* Versteyl AbfallR 2007, 120, 128; siehe auch OVG NRW Urt. v. 24.09.2014 – 20 A 2013/12, juris Rn. 37 im Zusammenhang mit der Ablagerung von Abfällen auf einem Grundstück zu Zwecken einer stofflichen Verwertung). Dazu wird insbesondere auch auf § 28 Abs. 1 S. 1 verwiesen. Aus § 28 Abs. 1 S. 1 i.V.m. § 3 Abs. 26 S. 1 und § 3 Abs. 23 S. 1 ergebe sich, dass eine Abfallbeseitigungsanlage eine Anlage oder Einrichtung ist, in der ein Behandeln, Lagern oder Ablagern von Abfällen zum Zweck der Beseitigung erfolgt, also nicht mit dem Hauptergebnis oder dem Hauptzweck, sie innerhalb der Anlage oder in der weiteren Wirtschaft einem sinnvollen Zweck zuzuführen (Dippel AbfallR 2020, 57, 65). Zu Recht kritisiert Dippel, dass die Verwendung des Begriffs „Abfallbeseitigungsanlagen" in § 38 S. 1 BauGB dazu führt, dass der Anwendungsbereich der Privilegierung mit Blick darauf, dass immissionsschutzrechtlich genehmigungsbedürftige Müllverbrennungsanlagen nicht mehr zwingend als Abfallbeseitigungsanlagen eingeordnet werden müssen, stark eingeschränkt ist (Dippel AbfallR 2020, 57, 65). Das erweist sich, so Dippel, heute als nicht mehr sachgerecht und führt dazu, dass die Wirkungen des § 38 BauGB in der Praxis der Genehmigungsverfahren nach dem BImSchG so gut wie nicht mehr zum Tragen kommen würden. Denn das Verständnis von dem, was eine „typische Abfallbeseitigungsanlage" sei, habe sich mittlerweile gewandelt. Die vom Gesetzgeber des BauROG im Jahr 1996 noch als „klassische Abfallbeseitigungsanlage" bezeichnete Müllverbrennungsanlage entspreche diesem Bild heute nicht mehr. In den Genehmigungen solcher Anlagen sei die Festlegung des Anlagenzwecks (Verwertung oder Beseitigung) nicht vorgesehen, wie sich aus der Beschreibung des Anlagentyps in Anhang 1 der 4. BImSchV, Nr. 8.1 ergebe, würden Müllverbrennungsanlagen heute auch nicht mehr mit dem Hauptzweck betrieben, Abfall zu beseitigen. Im Vordergrund stehe vielmehr die Funktion als (Heiz-)Kraftwerk. Erst recht gelte das für industrielle Feuerungsanlagen zur Erzeugung von Prozessdampf und Strom unter Einsatz auch von Abfällen aus der öffentlichen Entsorgung als Brennstoff. Auch diese Anlagen seien regelmäßig Verwertungsanlagen (Dippel AbfallR 2020, 57, 65 ff.).

Die öffentlich zugänglichen Abfallbeseitigungsanlagen sind dadurch gekennzeichnet, dass der Kreis der Anlieferer anders als bei betriebseigenen Anlagen nicht von vornherein begrenzt ist (OVG Weimar Beschl. v. 22. 2. 2006, ThürVBl. 2006, 152). Als nicht öffentlich zugänglich sind also nur solche Anlagen anzusehen, die als betriebseigene Anlagen ausschließlich der Eigenversorgung dienen, also keinen anderen Erzeugern oder Besitzern von Abfällen offenstehen (OVG Lüneburg Urt. v. 22.01.2009 – 12 KS 288/07, juris Rn. 37).

Nicht erforderlich ist es für die Privilegierung des § 38 BauGB, dass öffentlich zugänglichen Abfallbeseitigungsanlagen zusätzlich noch eine **überörtliche Bedeutung** attestiert werden muss, wie dies bei den in § 38 BauGB genannten planfeststellungsbedürftigen Vorhaben erforderlich ist. Das ergibt sich daraus, dass der Gesetzgeber angenommen hat, dass bei den erfassten Abfallbeseitigungsanlagen ohnehin jedenfalls im Regelfall eine überörtliche Bedeutung unstreitig ist (Fellenberg/Schiller in Jarass/Petersen, KrWG 2022, § 35 Rn. 49; Würtenberger in Schmehl/Klement, KrWG, 2019, § 35 Rn. 21). Überörtliche Bedeutung hat ein Vorhaben nach der Rechtsprechung des BVerwG dann, wenn es aufgrund seiner überörtlichen Bezüge bei typisierender Betrachtungsweise einen gemeindeübergreifenden Koordinierungsbedarf hervorruft. Dies setzt nicht voraus, dass das Vorhaben als solches das Gebiet von mindestens zwei Gemeinden berührt (BVerwG, Beschl. v. 30.06.2004 – 7 B 92.03, juris Rn. 11). Ein Koordinierungsbedarf kann vielmehr auch bei einem auf das Gebiet nur einer Gemeinde beschränkten Vorhaben dann vorliegen, wenn dieses in ein übergreifendes Planungsprojekt, insbesondere bei weiträumigen Infrastrukturvorhaben, eingebettet ist (BVerwG Urt. v. 30.03.017 – 7 C 17/15, juris, Rn. 17; BVerwG Beschl. v. 31.07.2000 – 11 VR 5.00, juris Rn. 6; v. 07.02.2005 – 9 VR 15.04, juris Rn. 10). Entsprechendes nimmt das BVerwG an, wenn das örtlich radizierte Vorhaben sich in übergreifende raumbezogene Vorgaben einpassen muss, weil es der Abstimmung mehrerer örtlicher Planungen bedarf. Dies ist etwa dann der Fall, wenn für das Vorhaben ein **Raumordnungsverfahren** durchzuführen ist (BVerwG Urt. v. 30.03.017 – 7 C 17/15, juris, Rn. 17).

Voraussetzung für diese Privilegierung immissionsschutzrechtlich genehmigter Abfall- **38**
beseitigungsanlagen ist allerdings, dass die Gemeinde im Verfahren beteiligt wird und dass städtebauliche Belange berücksichtigt werden. Auch der Abwägungsvorbehalt des § 38 Abs. 1 Satz 1 Halbs. 2 BauGB führt nicht zu einer Änderung des Rechtscharakters der immissionsschutzrechtlichen Genehmigung. Sie wird nicht zu einer (umfassenden) planerischen **Abwägungsentscheidung**, sondern bleibt grundsätzlich eine gebundene Entscheidung, die um ein planerisches Element angereichert ist, so dass in einem Teilbereich eine Abwägung stattzufinden hat (BVerwG Beschl. v. 28.06.2007 – 7 B 4.07, juris), während Fragen des Bedarfs und planerische Alternativen, beispielsweise hinsichtlich des Standorts der Anlage, unerheblich sind (OVG Lüneburg Urt. v. 22.01.2009 – 12 KS 288/07, juris Rn. 34 f.; OVG Weimar Beschl. v. 22. 2. 2006, ZUR 2006, 479; VGH Mannheim Urt. v. 16.06.1999, NVwZ-RR 1999, 298).

Die Wirkung der Privilegierung des § 38 Abs. 1 S. 1 BauGB für immissionsschutzrechtlich genehmigungsbedürftige Abfallentsorgungsanlagen wird als die eines „Weichmachers“ beschrieben, der zwingende bauplanungsrechtliche Vorgaben zu abwägungsrelevanten Belangen abschwächt (Kraft in Spannowsky/Uechtritz, Baugesetzbuch, 2022, § 38 Rn. 25). Auch wenn es sich bei der Berücksichtigung öffentlicher Belange in diesem Zusammenhang nicht um eine planerische Abwägung handelt, ändert dies nichts daran, dass im Rahmen einer nachvollziehenden Abwägung die städtebaulichen Belange zu berücksichtigen sind. Dies bedeutet allerdings nicht nur, dass z.B. Festsetzungen eines Bebauungsplans, wenn schon nicht zwingend zu beachten, sondern doch abwägend zu berücksichtigen sind. Vielmehr müssen im Rahmen der nachvollziehenden Abwägung städtebauliche Belange berücksichtigt werden, die ansonsten von der mit Planungshoheit ausgestatteten Gemeinde berücksichtigt werden. Es geht insoweit nicht nur darum, bei diesen privilegierten Abfallentsorgungsanlagen die Planungshoheit in der Standortgemeinde von nachhaltigen Störungen zu schützen (in diesem Sinne aber Versteyl/Grunow in Schink/Versteyl, KrWG, 2016, § 35 Rn. 23). Vielmehr dient das Erfordernis einer

Berücksichtigung städtebaulicher Belange diesen städtebaulichen Belangen selbst und erst mittelbar auch der Planungshoheit der Gemeinde. Erst für die weitere Frage, ob und inwieweit Gemeinden gegen die immissionsschutzrechtliche Genehmigung, die auf der Grundlage der Privilegierung und gegebenenfalls unter Missachtung der zu berücksichtigenden städtebaulichen Belange erteilt worden ist, klagen können, ist zu entscheiden, worauf sich die Gemeinden zur Begründung ihrer Klage berufen können. Insoweit kommt es nicht darauf an, ob ein städtebaulicher Belang nachteilig betroffen und ggfls. nicht gebührend berücksichtigt worden ist; vielmehr kann die Gemeinde nur rügen, dass ihre Planungshoheit missachtet worden ist, verkannt oder falsch gewichtet worden ist. Für ihre Klagebefugnis ist entscheidend, ob ihre Planungshoheit durch die Erteilung der Genehmigung verletzt worden sein könnte. Die Gemeinde hat insoweit kein Recht darauf, die immissionsschutzrechtliche Genehmigung vollumfänglich überprüfen zu lassen. Sie kann sich vielmehr gegebenenfalls darauf berufen, nicht ordnungsgemäß beteiligt worden zu sein. Außerdem kann sie rügen, dass ihre Planungshoheit missachtet worden ist, weil z.B. eine hinreichend verfestigte, nicht zwingend bereits in Bauleitplänen zum Ausdruck kommende Planung nicht mehr verwirklicht werden könnte, nachträglich geändert werden müsste bzw. nachhaltig gestört würde. Sie kann außerdem einwenden, dass durch ein großräumiges Vorhaben wesentliche Teile des Gemeindegebietes einer durchsetzbaren Planung der Gemeinde gänzlich entzogen würden oder dass eine gemeindliche Einrichtung in ihrer Funktionsfähigkeit erheblich in Mitleidenschaft gezogen würde (Kraft in Spannowsky/Uechtritz, Baugesetzbuch, 2022, § 38 Rn. 26).

6. Genehmigung. Die immissionsschutzrechtliche Genehmigung für eine Abfallentsorgungsanlage ist eine **Realkonzession**, so dass persönliche Anforderungen an den Anlagenbetreiber nicht als Genehmigungsvoraussetzung zu prüfen sind (Klages in Beck OK Umweltrecht, § 35 KrWG Rn. 35; Grunow in Schink/Versteyl, KrWG 2016, Rn. 17). Liegen die Genehmigungsvoraussetzungen, hat der Antragsteller einen Anspruch auf die Erteilung der Genehmigung; ein Ermessen steht der Genehmigungsbehörde insoweit nicht zu (BVerwG Beschl. v. 28.06.2007 – 7 B 4.07, juris Rn. 9). Der obligatorische Inhalt der immissionsschutzrechtlichen Genehmigung für eine Abfallentsorgungsanlage ergibt sich aus § 21 der 9. BImSchV. Die Genehmigung ist schriftlich zu erteilen und im Einzelnen zu begründen (§ 10 Abs. 7 BImSchG).

39 Die **Rechtswirkungen** der immissionsschutzrechtlichen Genehmigung ergeben sich aus den §§ 13 und 14 BImSchG. Sie hängen auch davon ab, ob die Genehmigung im förmlichen oder vereinfachten Genehmigungsverfahren erteilt worden ist. Genehmigungen, die im förmlichen Genehmigungsverfahren erteilt werden, haben Rechtswirkungen, die mit denen des Planfeststellungsbeschlusses für Deponien vergleichbar sind. Die Genehmigung hat eine **Gestattungswirkung** und eine **Konzentrationswirkung** sowie eine **privatrechtsgestaltende Wirkung**. Gem. § 14 BImSchG sind mit Eintritt der Bestandskraft alle privatrechtlichen Ansprüche von Nachbarn auf Einstellung des Betriebs der Anlage, etwa aus den §§ 906, 1004 BGB, ausgeschlossen. Möglich ist die Erteilung einer **Teilgenehmigung** gemäß § 8 BImSchG oder eines **Vorbescheids** nach § 9 BImSchG.

D. Planfeststellung für Deponien (Abs. 2 Satz 1)

40 Die Errichtung und der Betrieb von Deponien sowie die wesentliche Änderung einer Deponie bedürfen gemäß Abs. 2 der Planfeststellung durch die zuständige Behörde. In dem Planfeststellungsverfahren ist eine **Umweltverträglichkeitsprüfung** nach dem

UVPG durchzuführen. Die Beibehaltung des abfallrechtlichen Planfeststellungsverfahrens für Abfalldeponien hat ihren Grund in der Einschätzung, dass Abfalldeponien ihren Standort regelmäßig im bauplanungsrechtlichen Außenbereich haben und wegen ihrer besonderen Standortanforderungen und ihres zumeist weiten Einzugsbereichs einen gegenüber anderen Abfallbeseitigungsanlagen erhöhten Planungsbedarf auslösen, der mit Hilfe eines Planfeststellungsverfahrens und der bei der planerischen Abwägung notwendigen Alternativenprüfung sowie mit dem Erfordernis einer Planrechtfertigung besser zu bewältigen ist (BT-Drs. 12/5672, S. 49; BT-Drs. 12/4047). Im Übrigen handelt es sich bei der abfallrechtlichen Zulassung – im Gegensatz zur immissionsschutzrechtlichen Genehmigung – um eine **Personalkonzession,** vor deren Erteilung die Zuverlässigkeit des Antragstellers zu prüfen ist (dazu Gruber AbfallR 2011, 173, 176; VG Düsseldorf Urt. v. 13. 5. 2008 – 17 K 564/07, juris Rn. 17; Mann in Versteyl/Mann/Schomerus, KrWG § 35 Rn. 2; von einer Mischform sprechen das VG Ansbach Urt. v. 21. 10. 2009 – AN 11 K 08.01990 und das VG Düsseldorf Urt. v. 21.06.2018 – 17 K 2012/17, BeckRS 2018, 13707, Rn. 33). Der Träger des Vorhabens hat nach § 19 Abs. 1 DepV mit dem Antrag auf Erteilung einer Planfeststellung oder Plangenehmigung für eine Deponie nachzuweisen, dass er für die Errichtung, die Betriebs- und Nachsorgephase finanziell leistungsfähig ist. Die Zulassung der Deponie setzt außerdem gemäß § 36 Abs. 1 Nr. 2 voraus, dass keine Tatsachen bekannt sind, aus denen sich Bedenken gegen die Zuverlässigkeit der für die Errichtung, Leitung oder Beaufsichtigung des Betriebes oder der Nachsorge der Deponie verantwortlichen Personen ergeben. Außerdem müssen diese Personen oder das sonstige Personal die erforderliche Sach- und Fachkunde besitzen (§ 36 Abs. 1 Nr. 3). Die Planfeststellung einer Deponie hängt damit von persönlichen Merkmalen wie der Zuverlässigkeit einschließlich der erforderlichen Sach- und Fachkunde sowie der finanziellen Leistungsfähigkeit ab (VG Düsseldorf Urt. v. 21.06.2018 – 17 K 2012/17, BeckRS 2018, 13707, Rn. 33). Das BVerwG geht deshalb zu Recht davon aus, dass eine Deponiezulassung nicht durch ein Rechtsgeschäft übertragen werden kann. Vielmehr bedarf die Übertragung der Deponieplanfeststellung angesichts der ihr anhaftenden personalen Elemente auf einen anderen Betreiber eines Änderungsbescheids (BVerwG Urt. v. 10. 1. 2012 – 7 C 6/11, juris Rn. 12).

Nach Nr. 2 und Nr. 1 Anlage 1 USchadG zählen der Betrieb einer nach § 35 Abs. 2, 3 planfeststellungs- bzw. plangenehmigungsbedürftigen Deponie sowie die Überwachung einer Deponie nach deren Schließung zu den beruflichen Tätigkeiten i.S.d. § 3 Abs. 1 USchadG, für die Schadensersatz zu leisten ist, wenn durch sie Umweltschäden oder unmittelbare Gefahren solcher Schäden hervorgerufen werden (näher zur Verantwortlichkeit nach dem USchadG beim Betrieb einer Deponie Versteyl/Molkenbur AbfallR 2010, 20 ff.). 41

I. Deponiebegriff

Deponien im Sinne des Gesetzes sind gemäß § 3 Abs. 27 Satz 1 Beseitigungsanlagen zur Ablagerung von Abfällen oberhalb der Erdoberfläche – oberirdische Deponien – oder unterhalb der Erdoberfläche – Untertagedeponien (siehe auch § 30 Abs. 1 Satz 3 Nr. 2). Ablagerung ist die zielgerichtete und dauerhafte Entledigung an einem bestimmten Ort. Es kommt nicht darauf an, ob diese Zweckrichtung bereits zum Zeitpunkt der Deponierung vorlag. Es genügt, dass sich aus einem zeitlich begrenzten Lagern ein dauerhaftes Ablagern entwickelt (BVerwG Urt. v. 8.07.2020 – 7 C 19.18, juris Rn. 23). Zu den Deponien zählen gemäß § 3 Abs. 27 Satz 2 auch **betriebsinterne Abfallbeseitigungsanlagen** für die Ablagerung von Abfällen, in denen ein Abfallerzeuger die Abfälle am Erzeugungsort beseitigt. Eine planfeststellungs- oder plangenehmigungsbedürftige Depo- 42 nie kann vorliegen, wenn Erdaushub, der bei einer Neubaumaßnahme entstanden ist, dauerhaft auf einem Grundstück aufgebracht werden soll (VG Trier Urt. v. 7.3.2012 – 5 K 1535/11.TR, juris Rn. 18 f.) oder wenn eine Grube mit schadstoffhaltigem Material verfüllt wird (BVerwG Beschl. v. 12.1.2010 – 7 B 34.09, juris Rn. 8; VG Augsburg Urt. v. 21.12.2011 – Au 4 K 10.1154, juris Rn. 24 f.) oder bei Schlammplätzen zur Austrocknung von Klärschlamm (BVerwG Urt. v. 8.07.2020 – 7 C 19.18, juris Rn. 23).

Keine Deponien sind die sog. **Langzeitlager** nach § 4 Abs. 1 BImSchG iVm Nr. 8.14 Anhang zur 4. BImSchV, weil dort Abfälle nicht dauerhaft abgelagert werden. Die Legaldefinition des Deponiebegriffs im KrWG bleibt insoweit hinter dem Anwendungsbereich der Deponierichtlinie zurück, soweit dieser sich auch auf Langzeitlager erstreckt. Das ist mit EU-Recht vereinbar, weil nach § 1 Abs. 1 Nr. 5 und 6 DepV die Vorschriften der DepV auch auf Langzeitlager und damit im immissionsschutzrechtlichen Genehmigungsverfahren anzuwenden sind (dazu Fellenberg/Schiller in Jarass/Petersen, KrWG 2022, § 35 Rn. 90).

Auch bei der Verfüllung von untertägigen Bergwerken handelt es sich regelmäßig nicht um den Betrieb einer Deponie, da die Verfüllung untertägiger Hohlräume zumeist als Abfallverwertung einzuordnen ist (BVerwG Urt. v. 14.04.05, NVwZ 2005, 954). Werden Abfälle untertägig oder zur Verfüllung von Tagebauen abgelagert, ohne dass es dafür eine bergbauliche Notwendigkeit oder Sinnhaftigkeit gibt, etwa weil für dein Tagebau kein entsprechendes Wiedernutzbarmachungs- oder Renaturierungskonzept besteht, so ist eine abfallrechtliche Planfeststellung erforderlich (BVerwG Beschl. v. 12.01.2010, BeckRS 2010, 48478; Klages in Schink/Versteyl, KrWG, 2016, § 29 Rn. 19; Dippel AbfallR 2010, 132, 136; näher dazu Kropp AbfallR 2018, 55; Stengler NVwZ 2002, 568).

43 Planfeststellungspflichtig sind die Errichtung, der Betrieb und die wesentliche Änderung einer Deponie.

Die **Errichtung** einer Deponie beginnt mit der Aufnahme von Bauarbeiten an der Anlage. Vorbereitungshandlungen, z.B. Probebohrungen im Rahmen einer Deponiestandortsuche, sind noch nicht Teil der Errichtung. Anforderungen an die Errichtung einer Deponie ergeben sich aus § 3 DepV. Deponien oder Deponieabschnitte der Klasse 0, I, II oder III sind danach so zu errichten, dass die Anforderungen nach § 3 Abs. 3 DepV sowie nach Anhang 1 der DepV an den Standort, die geologische Barriere und das Basisabdichtungssystem eingehalten werden. Deponien der Klasse IV sind nach § 3 Abs. 2 DepV nur im Salzgestein und so zu errichten, dass die Anforderungen nach § 3 Abs. 3 DepV und nach Anhang 2 Nr. 1 der DepV an Standort und geologische Barriere sowie nach Anhang 2 Nr. 2 der DepV zur standortbezogenen Sicherheitsbeurteilung eingehalten werden. Der Deponiebetreiber hat nach 3 3 Abs. 3 DepV auf der Deponie außer einem Ablagerungsbereich mindestens einen Eingangsbereich einzurichten. Er hat die Deponie so zu sichern, dass ein unbefugter Zugang zu der Anlage verhindert wird.

Der Deponiebetrieb endet mit der endgültigen Stilllegung der Deponie. Demgemäß wird die Deponie selbst nach Beendigung der Ablagerung bis zum Zeitpunkt ihrer endgültigen Stilllegung betrieben (VGH München Urt. v. 07.10.2010 – 20 B 10.396, juris Rn. 36). Nach anderer Ansicht endet der Betrieb einer Deponie mit dem Ende der Ablagerungsphase. Dabei handelt es sich nach § 2 Nr. 2 DepV um den Zeitraum von der Abnahme der für den Betrieb einer Deponie oder eines Deponieabschnittes erforderlichen Einrichtungen durch die zuständige Behörde bis zu dem Zeitpunkt, an dem die Ablagerung von Abfällen beendet wird. Die nach der Ablagerungsphase beginnende Stilllegungsphase und die Nachsorgephase sollen nach dieser Ansicht nicht zum Betrieb der Deponie zählen. Das soll sich aus dem Wortlaut des § 40 Abs. 2 S. 1 ergeben, wonach, soweit entsprechende Regelungen noch nicht in dem Planfeststellungsbeschluss nach § 35 Abs. 2, der Plangenehmigung nach § 35 Absatz 3, in Bedingungen und Auflagen nach

§ 39 oder den für die Deponie geltenden umweltrechtlichen Vorschriften enthalten sind, die zuständige Behörde den Betreiber der Deponie zu bestimmten, in einzelnen aufgelisteten Stilllegungsmaßnahmen zu verpflichten hat (Würtenberger in Schmehl/Klement, KrWG, 2019, § 35 Rn. 27). Überzeugend ist diese Sichtweise nicht. Aus § 40 Abs. 2 S. 1 ergibt sich das Gegenteil, dass nämlich im Regelfall der Planfeststellungsbeschluss auch Regelungen für die Zeit nach dem Ende der Ablagerung, d.h. insbesondere auch für die Stilllegungsphase enthält. Lediglich dann, wenn es an solchen Regelungen noch fehlt, räumt der Gesetzgeber der Planfeststellungsbehörde die Möglichkeit ein, auf der Grundlage des § 40 Abs. 2 S. 1 anlässlich der Stilllegungsanzeige den Deponiebetreiber zu weiteren Maßnahmen zu verpflichten. Soweit sich die Planfeststellungsbedürftigkeit für die Errichtung und den Betrieb der Deponie ergibt, erstreckt sich der Deponiebetrieb auch auf die Zeit nach dem Ende der Ablagerungstätigkeit.

Ob eine **wesentliche Änderung** vorliegt, ist anhand sämtlicher Zulassungsvoraussetzungen der Planfeststellung zu prüfen. Eine unwesentliche Änderung liegt nur dann vor, wenn eine rechtserhebliche Beeinträchtigung der in einem Planfeststellungsverfahren zu berücksichtigenden Schutzgüter nicht zu erwarten ist (OVG Bautzen Beschl. v. 14.02.2005 – 4 BS 273/04, juris Rn. 22). Wesentlich ist eine Änderung, wenn sie die Zulassungsfrage neu aufwirft und Anlass zu einer erneuten Prüfung der Zulassung gibt (OVG Münster Urt. v. 30.04.2010 – 20 D 119/07. AK, juris Rn. 39; Fellenberg/Schiller in Jarass/Petersen, KrWG 2022, § 35 Rn. 92; Klages in Beck OK Umweltrecht, § 35 KrWG Rn. 60). Maßgeblich sind, anders als bei den sonstigen Abfallentsorgungsanlagen nach § 35 Abs. 1, sämtliche Zulassungsvoraussetzungen der Planfeststellung und nicht nur die abfallrechtlichen Voraussetzungen nach § 36 Abs. 1 und die in § 15 Abs. 2 aufgezählten Schutzgüter. Ausreichend für die Annahme einer wesentlichen Änderung ist es, dass diese sich auf Anforderungen des Bau-, Wasser- oder Naturschutzrechts auswirken kann (Mann in Versteyl/Mann/Schomerus, KrWG 2019, § 35 Rn. 73; Klages in BeckOK Umweltrecht, § 35 Rn. 60; Fellenberg/Schiller in Jarass/Petersen, KrWG 2022, § 35 Rn. 92).

Anders als etwa bei straßenrechtlichen oder wasserstraßenrechtlichen Planfeststellungen bezieht sich die abfallrechtliche Planfeststellung nicht nur auf den Bau einer Anlage, sondern auch auf ihren Betrieb. Das rückt sie in die Nähe klassischer Anlagengenehmigungen, wie denen des Immissionsschutzrechts, die ebenfalls Errichtung und Betrieb von Anlagen zum Gegenstand haben. Werden grundlegende Änderungen an der Basisabdichtung und dem Entwässerungssystem einer Deponie vorgenommen, erfordert dies regelmäßig ein Verfahren nach Abs. 2 bzw. 3 (OVG Bautzen Beschl. v. 14.02.2005 – 4 BS 273/04, juris Rn. 23).

Eine wesentliche Änderung kann auch vorliegen, wenn der Deponiebetreiber die Deponie abweichend von der geltenden Planfeststellung oder Plangenehmigung errichtet oder betreibt, wenn er zum Beispiel das genehmigte Verfüllvolumen um mehr als die Hälfte überschreitet (dazu OVG Saarlouis Beschl. v. 26.03.2020 – 1 B 306/19, BeckRS 2020, 4685, Rn. 30).

Das OVG Lüneburg hatte die Frage zu klären, ob durch die Ansiedlung einer Müllverbrennungsanlage in unmittelbarer Nachbarschaft zu einer Deponie, diese zu einer Gesamtanlage aufgewertet wird, so dass nicht das immissionsschutzrechtliche Verfahren nach § 35 Abs. 1, sondern ein Planfeststellungsverfahren nach Abs. 2 durchzuführen wäre. Das OVG Lüneburg lehnte dies ab und betrachtete die Neuansiedlung der Müllverbrennungsanlage isoliert nach § 35 Abs. 1. Schon die systematische Gegenüberstellung beider Normen belege, dass der Gesetzgeber eine Zuordnung einer Anlage nach Abs. 1 zu einer Deponie i.S.d. Abs. 2 nicht vorgesehen habe. Als untergeordnete Nebenanlage der Deponie ließ sich die Müllverbrennungsanlage u.a. deswegen nicht einordnen, weil sie mit der 44

Erzeugung von elektrischem Strom und Fernwärme eigenständige Zwecke verfolgte (OVG Lüneburg Urt. v. 22.01.2009 – 12 KS 288/07, juris Rn. 32).

Wird auf einer bereits stillgelegten Deponie eine neue Deponie errichtet, ist zweifelhaft, ob es sich dabei um ein Neuvorhaben oder um ein Änderungsvorhaben handelt (für Neuvorhaben Fellenberg/Schiller in Jarass/Petersen, KrWG, 2022, § 35 Rn. 92; für Änderungsvorhaben Kersting/Gruber AbfallR 2010, 200, 203). Entscheidend dürften die Umstände des jeweiligen Einzelfalls sein. Auch bei einem **Betreiberwechsel** liegt eine Änderung (des Betriebs) vor. Eine Übertragung der Deponie auf einen anderen Betreiber setzt wegen der personalen Elemente der Planfeststellung bzw. Plangenehmigung (§ 36 Abs. 1 Nr. 2 und 3) eine Mitwirkung der Behörde voraus (BVerwG Urt. v. 10.01.2012, NVwZ 2012, 888 Rn. 12; Gruber AbfallR 2012, 238; Versteyl/Grunow in Schink/Versteyl KrWG, 2016, § 35 Rn. 26, 28; Fellenberg/Schiller in Jarass/Petersen, KrWG, 2022, § 35 Rn. 92).

45 Im Einzelfall kann auch die Frage zweifelhaft sein, ob es sich bei einem Vorhaben lediglich um die Änderung einer bestehenden oder um die Errichtung einer neuen Anlage handelt. Ob etwa die Zulassung neuer Deponieflächen neben einer bestehenden Deponie die Errichtung einer neuen oder bloß die Änderung der bestehenden Abfallentsorgungsanlage ist, beurteilt sich danach, ob durch die Einbeziehung der neuen Deponieflächen die Identität der alten Anlagen gewahrt bleibt oder eine nach Gegenstand, Art und Betriebsweise im Wesentlichen andersartige Anlage hinzu kommt (BVerwG Urt. v. 24. 10. 1991, NVwZ 1992, 789; zur Errichtung einer Deponie bzw. eines Deponieabschnitts auf bestehenden Deponieflächen Kersting/Gruber AbfallR 2010, 200).Die Abgrenzung von Neuvorhaben und Änderungsvorhaben ist auch für den Umfang der Pflicht zur Umweltverträglichkeitsprüfung wichtig: Während bei Neuvorhaben nach § 6 UVPG eine unbedingte UVP-Pflicht bestehen kann, hängt die UVP-Pflicht bei Änderungsvorhaben nach § 9 UVPG von weiteren Voraussetzungen ab. Die Erweiterung einer Anlage ist grundsätzlich dann keine Neuanlage, wenn es sich um die bloße Vergrößerung oder die Errichtung einer gleichartigen Anlage handelt. Erreichen die Änderung, Erweiterung in quantitativer Hinsicht, Änderung der Beschaffenheit der Bestandsanlage in qualitativer Hinsicht eine Dimension, dass der Kernbestand der Anlage überwiegend oder sogar vollständig verändert wird und ändert sich die Gesamtkonzeption der Anlage, bedarf es einer Neugenehmigung. Dies soll z.B. dann der Fall sein, wenn die Änderung zu einer Verdoppelung der Anlagenkapazität führt oder sogar darüber hinaus reicht.

46 Nach der Rechtsprechung des BVerwG ist **Inhaber einer Deponie**, wer sie betreibt oder zuletzt betrieben hat. Nach dem Gesetzeszweck sei derjenige als Deponieinhaber anzusehen, der für die Deponie rechtlich und tatsächlich verantwortlich sei. An ihn richteten sich die zur Gewährleistung des ordnungsgemäßen Betriebs bestimmten gesetzlichen Pflichten. Verantwortlich für die Deponie sei deren Betreiber, weil nur er tatsächlich und rechtlich in der Lage sei, den Betrieb der Deponie entsprechend den gesetzlichen Anforderungen zu führen. Er sei Inhaber der Verfügungsgewalt über die Abfallentsorgungsanlage, nehme die Betriebsführung wahr und trage damit die Verantwortung dafür, dass das Wohl der Allgemeinheit nicht gefährdet werde. Die Begriffe Inhaber und Betreiber einer Deponie würden daher regelmäßig synonym verwendet. Ihre Verknüpfung stelle zugleich klar, dass der Grundstückseigentümer, der nicht selbst Betreiber einer Deponie sei, den abfallrechtlichen Anforderungen an den Deponieinhaber nicht unterliege (Beschl. v. 22.07.2010 – 7 100 12/10, juris Rn. 14; Urt. v. 31.08.2006 – 7 C 3.06, juris Rn. 12). § 2 Nr. 12 DepV definiert als Deponiebetreiber die natürliche oder juristische Person, die die rechtliche oder tatsächliche Verfügungsgewalt über eine Deponie innehat.

Verantwortlich für eine Deponie ist deren Betreiber, weil nur er tatsächlich und rechtlich in der Lage ist, den Betrieb der Deponie entsprechend den gesetzlichen Anforderungen zu führen. An ihn richten sich die zur Gewährleistung des ordnungsgemäßen Betriebes bestimmten gesetzlichen Pflichten (VG Düsseldorf Urt. v. 21.06.2018 – 17 K 2012/17, juris Rn. 29). Er ist Inhaber der Verfügungsgewalt über die Abfallentsorgungsanlage, nimmt die Betriebsführung wahr und trägt damit die Verantwortung dafür, dass das Wohl der Allgemeinheit nicht gefährdet wird. Die Frage, wer im Einzelfall Betreiber ist, ist abgesehen davon nicht allein nach formal-rechtlichen Gesichtspunkten, sondern unter Berücksichtigung der rechtlichen, wirtschaftlichen und tatsächlichen Einzelfallumstände zu beurteilen ((VG Düsseldorf Urt. v. 21.06.2018 – 17 K 2012/17, juris Rn. 29; BVerwG Beschl. v. 22.07.2010 - 7 B 12.10, juris Rn. 14 ff.; BVerwG Urt. v. 31.08.2006 - 7 C 3.06, juris Rn. 12; BVerwG Beschl. v. 07.12.2000 - 3 B 148.00, juris Rn. 4, 7; OVG NRW Beschl. v. 27.11.2008 - 8 B 1476/08, juris Rn. 16; ThürOVG Urt. v. 10.07.2015 - 3 KO 702/11, juris Rn. 51).

Da eine Abfalldeponie nicht ohne die dafür erforderliche abfallrechtliche Planfeststellung oder Plangenehmigung betrieben werden darf, muss der Deponiebetreiber grundsätzlich auch **Inhaber der Planfeststellung** sein. Verfügt er über keine abfallrechtliche Zulassung, ist sein Betrieb formell illegal. Er hat deshalb vor dem Beginn der Errichtung der Deponie auch den entsprechenden Planfeststellungsantrag zu stellen und das Planfeststellungsverfahren zu betreiben. 47

Daraus folgt umgekehrt allerdings nicht, dass der Inhaber der Planfeststellung stets auch der Deponiebetreiber ist. Denn das BVerwG ist zutreffend der Ansicht, dass es mit Sinn und Zweck der gesetzlichen Regelungen nicht vereinbar wäre, wenn man die Betreibereigenschaft immer schon dann verneinen würde, wenn der Betreffende nicht über eine eigene Zulassung verfüge. Das BVerwG spricht in diesem Zusammenhang von einem **faktischen Betreiber** (BVerwG Urt. v. 10.01.2012 - 7 C 6.11, juris Rn. 13; BVerwG Beschl. v. 22.07.2010 - 7 B 12.10, juris Rn. 17; siehe dazu auch BayVGH Urt. v. 07.10.2010 - 20 B 10.396, juris Rn. 37; Gruber AbfallR 2011, 170, 175). Grundsätzlich ist dies der Anlagenbetreiber bzw. der Vorhabenträger. 48

II. Zuständige Behörden

Die zuständige Behörde für die Durchführung des Planfeststellungsverfahrens einerseits und den Erlass des Planfeststellungsbeschlusses andererseits wird durch das Landesrecht bestimmt. Grundsätzlich werden verfahrensrechtlich die Funktionen der **Anhörungsbehörde** und der **Planfeststellungsbehörde** unterschieden. Regelmäßig werden diese Funktionen jedoch nach dem jeweiligen Landesrecht bei einer Behörde zusammengeführt. Nach der Rechtsprechung ist die Identität von Anhörungs- und Planfeststellungsbehörde sowohl hinsichtlich des Rechtsstaatsprinzips als auch hinsichtlich des Grundsatzes eines fairen Verfahrens grundsätzlich unbedenklich (OVG Magdeburg Beschl. v. 03.03.2010 – 3 R 284/09, juris Rn. 8). Selbst eine Identität zwischen Vorhabenträger und Planfeststellungsbehörde ist vom BVerwG akzeptiert worden (BVerwG Beschl. v. 9. 4. 1987, UPR 1987, 356). Nach Auffassung des Gerichts kann aber eine organisatorische Trennung bei den Funktionen, wie sie im Fachplanungsrecht auch üblich ist, wesentlich dazu beitragen, die Gefahr und den äußeren Schein zu vermeiden, dass der Planfeststellungsbehörde die notwendige Distanz gegenüber dem Vorhabenträger fehlt. Der Verstoß gegen eine Regelung zur instanziellen Zuständigkeit zwischen unterer und höherer Fachbehörde führt nicht zur Verletzung eigener Rechte des von einem abfallrechtlich planfestgestellten Vorhaben betroffenen Dritten (VGH Mannheim Urt. v. 21. 10. 1991, NVwZ-RR 1992, 600). 49

III. Zulassungsart

50 Die abfallrechtliche Planfeststellung ist eine Mischform zwischen Planungsentscheidung und anlagenbezogener Genehmigung (Beckmann Planfeststellung zwischen Zulassungsverfahren und Planung, S. 119 ff.; Beckmann NwVBl. 1995, 81, 88). Das zeigt sich nicht nur – wie bereits erwähnt – daran, dass auch der Betrieb von Deponien und die wesentliche Änderung des Betriebes grundsätzlich planfeststellungsbedürftig sind, sondern auch daran, dass es sich bei der abfallrechtlichen Planfeststellung um einen Fall der rein privatnützigen Planfeststellung handeln kann (a.A. BVerwG Urt. v. 09.03.1990, DVBl. 1990, 589; siehe dazu auch Beckmann Eigentumsschutz und enteignungsrechtliche Vorwirkung der abfallrechtlichen Planfeststellung, UPR 2023 (Heft 4)) und dass auch die Zulassungsvoraussetzungen für die Planfeststellung ähnlich denen einer Kontrollerlaubnis formuliert sind.

51 Das abfallrechtliche Zulassungsrecht kennt für die Zulassung von Abfallentsorgungsanlagen die beiden Grundmodelle der immissionsschutzrechtlichen Kontrollerlaubnis und der abfallrechtlichen Planfeststellung. Die immissionsschutzrechtliche Kontrollerlaubnis zeichnet sich dadurch aus, dass der Antragsteller einen Genehmigungsanspruch hat, wenn die Zulassungsvoraussetzungen für sein Vorhaben an dem von ihm gewählten Standort erfüllt sind. Eine planerische Abwägung, wie sie von der herrschenden Meinung regelmäßig der Planfeststellungsbehörde abverlangt wird, ist bei der Erteilung einer immissionsschutzrechtlichen Genehmigung nicht erforderlich. Des Weiteren bedarf es bei der Erteilung einer immissionsschutzrechtlichen Genehmigung keiner Bedürfnisprüfung. Es kommt insoweit für die Zulassung einer nach dem Immissionsschutzrecht zu genehmigenden Abfallentsorgungsanlage nicht darauf an, ob es einen Bedarf für eine solche Anlage gibt. Nicht zuletzt sind dem Recht der Kontrollerlaubnis und damit auch der immissionsschutzrechtlichen Genehmigung Alternativenprüfungen, seien es Standort- oder Produktionsalternativen grundsätzlich fremd (OVG Bautzen Urt. v. 08.06.2004 – 4 D 24/00, juris Rn. 129). Daran hat auch das UVPG nichts geändert (*Beckmann* in Beckmann/Kment, UVPG, 6. Aufl. 2022, § 25 Rn. 71).

52 Das Alternativmodell der Planfeststellung wird nach h.M. durch eine **planerische Abwägung** gekennzeichnet, die grundsätzlich mit jeder Planfeststellung verbunden sein soll. Dabei ist allerdings der Umfang des planerischen Gestaltungsfreiraums unterschiedlich und davon abhängig, welche Voraussetzungen von der Planfeststellungsbehörde bei der jeweiligen Planfeststellung zu prüfen sind. Für die abfallrechtliche Planfeststellung ist zu beachten, dass die Zulassungsvoraussetzungen des § 36 bereits weite Teile des bei der Zulassung zu beachtenden Entscheidungsprogramms auf die Seite der Zulassungsvoraussetzungen ziehen, so dass dementsprechend der Raum für die Ausübung von Planungsermessen schrumpft. Im bergrechtlichen Planfeststellungsverfahren ist der zuständigen Behörde sogar nach allgemeiner Auffassung überhaupt kein planerischer Gestaltungsfreiraum eingeräumt (BVerwG, Urt. v. 15.12.2006 – 7 C 1/06, NVwZ 2007, 700; Beckmann in Frenz, BBergG, 2019, § 57a Rn. 87; a.A. Durner Konflikte räumlicher Planungen, Tübingen 2005, S. 368 ff.; von Weschpfennig, Strukturen des Bergrechts, 2022, S. 240). Letztlich ist es eine Frage der einfachgesetzlichen Ausgestaltung, inwieweit die zuständige Behörde Planungsermessen ausüben kann. Abwägungsbeachtlich sind nur solche Belange, die entweder im Verlauf des Planfeststellungsverfahrens geltend gemacht worden sind oder die von der Planfeststellungsbehörde im Rahmen des Untersuchungsgrundsatzes aufgeklärt worden sind oder die sich aufdrängen mussten (OVG Bautzen Urt. v. 08.07.1999, SächsVBl. 2000, 86). Das Abwägungsgebot gibt auch einer durch einen abfallrechtlichen Planfeststellungsbeschluss in ihrem Eigentum betroffenen Gemeinde einen Anspruch auf

ordnungsgemäße Abwägung ihrer Belange mit den für das Vorhaben sprechenden Belangen (VGH Mannheim Urt. v. 08.12.1994, NVwZ 1996, 281). Die durch Art. 28 Abs. 2 Satz 1 GG garantierte kommunale Selbstverwaltung umfasst den Schutz der Planungshoheit, die Funktionsfähigkeit kommunaler Einrichtungen und das Selbstgestaltungsrecht der Gemeinde. Eine unverhältnismäßige Beeinträchtigung der Planungshoheit kommt nur dann in Betracht, wenn durch das zugelassene Vorhaben eine hinreichend konkrete und verfestigte eigene Planung der Gemeinde nachhaltig gestört wird oder wenn das Vorhaben wegen seiner Großräumigkeit wesentliche Teile des Gemeindegebiets einer durchsetzbaren kommunalen Planung entzieht. Das Vorhaben darf ferner von der Gemeinde konkret in Betracht gezogene städtebauliche Planungsmöglichkeiten nicht unnötig verbauen (BVerwG Urt. v. 23.06.2022 – 7 C 1/21, juris; Urt. v. 15.12.2006 – 7 C 1.06, BVerwGE 127, 259 Rn. 31). Eine Verletzung des kommunalen Selbstverwaltungsrechts mit Bezug auf den Betrieb kommunaler Einrichtungen kommt allerdings nur in Betracht, wenn solche Einrichtungen durch das Vorhaben in ihrer Funktionsfähigkeit erheblich beeinträchtigt werden (BVerwG Urt. v. 23.06.2022 – 7 C 1/21, juris Rn. 11). Auch der private Vorhabenträger einer planfeststellungsbedürftigen Abfallentsorgungsanlage hat einen Anspruch auf fehlerfreie Ausübung des Planungsermessens, der sich auf alle abwägungsbeachtlichen Gesichtspunkte einschließlich des öffentlichen Entsorgungsinteresses erstreckt (BVerwG Urt. v. 24.11.1994, DVBl. 1995, 468; zum Drittschutz eines privaten Entsorgungsunternehmens bei Änderung einer Abfallsatzung siehe BVerwG Urt. v. 18.03.2021 – 7 CN 1/20, BVerwGE 172, 37).

Grundsätzlich und unabhängig davon jedoch haben Planfeststellungsbehörden naheliegende oder sich aufdrängende **Alternativen** zu dem beantragten Vorhaben und dem Standort bei ihrer Entscheidung zu berücksichtigen. 53

Sollen für das Vorhaben fremde Grundstücke notfalls im Wege einer Enteignung in Anspruch genommen werden, bedarf es einer **Planrechtfertigung,** d.h. der Darlegung des öffentlichen Bedarfs für die beantragte Deponie, der die Inanspruchnahme fremden Eigentums rechtfertigt (siehe dazu Beckmann, UPR 2023 (Heft 4)). 54

Angesichts der umfassenden Abwägung aller durch das Vorhaben betroffenen Belange kann auf der Grundlage eines Planfeststellungsbeschlusses notfalls privates Grundstückseigentum für das Vorhaben in Anspruch genommen werden. Der Planfeststellungsbeschluss kann insoweit **enteignungsrechtliche Vorwirkung** entfalten, wenn eine solche enteignungsrechtliche Vorwirkung im jeweiligen Landesrecht für die abfallrechtliche Planfeststellung vorgesehen ist (Klages in Beck OK Umweltrecht, § 35 KrWG Rn. 63; Mann in Versteyl/Mann/Schomerus, KrWG, 2019, § 35 Rn. 96). Die enteignungsrechtliche Vorwirkung eines Planfeststellungsbeschlusses hat zur Folge, dass der Enteignungsbetroffene in einem dem Planfeststellungsverfahren nachfolgenden Enteignungsverfahren die Frage der rechtlichen Zulässigkeit der Enteignung als solche nicht mehr aufwerfen kann, ihm also der Einwand verwehrt ist, die Enteignung sei nicht durch Gründe des Wohls der Allgemeinheit im Sinne von Art. 14 Abs. 3 GG gerechtfertigt. Im nachfolgenden Enteignungsverfahren ist somit nur noch über die Modalitäten der Eigentumsübertragung einschließlich der Entschädigung zu entscheiden. Dazu wird die Auffassung vertreten, die enteignungsrechtliche Vorwirkung der Planfeststellung ergebe sich bereits aus der Gestaltungswirkung des Planfeststellungsbeschlusses gem. § 75 Abs. 1 S. 2 VwVfG (in diesem Sinne Schink in Knack/Henneke, VwVfG, 2020, § 75 Rn. 28). In der Tat werden nach § 75 Abs. 1 S. 2 VwVfG durch die Planfeststellung alle öffentlich-rechtlichen Beziehungen zwischen dem Träger des Vorhabens und durch den Plan Betroffenen rechtsgestaltend geregelt. Eine Feststellung des Planfeststellungsbeschlusses, dass für das planfestgestellte Vorhaben auch enteignet werden kann, könnte im Sinne dieser Rechtsauffassung auch 55 eine rechtsgestaltende Regelung der öffentlich-rechtlichen Beziehungen zwischen dem Vor-habenträger und Drittbetroffenen sein.

Für eine solche Sichtweise könnte mit Blick auf die abfallrechtliche Planfeststellung auch sprechen, dass das BVerwG für die Zulassung von Abfallentsorgungsanlagen entschieden hat, es gebe grundsätzlich überhaupt keine rein privatnützigen abfallrechtlichen Planfeststellungsbeschlüsse. Denn eine geordnete, gemeinwohlverträglichen Entsorgung von Abfällen diene immer dem Allgemeinwohl, weil mit ihr Grundpflichten der Abfallbeseitigung nach § 15 Abs. 1 S. 1 erfüllt würden. Abfallerzeuger und Abfallbesitzer, die diesen Pflichten entsprechend eine Abfalldeponie errichten und führen wollen, betreiben insoweit nicht nur ein gemeinwohlverträgliches, sondern grundsätzlich auch ein gemeinnütziges bzw. allgemeinwohldienliches Vorhaben. Das gilt jedenfalls dann, wenn das Vorhaben die Voraussetzungen des § 36 Abs. 1 erfüllt und seine nachteiligen Auswirkungen auf öffentliche Belange und private Rechte im Rahmen einer Abwägung mit den öffentlichen Belangen, die für das Vorhaben sprechen, zurückgestellt werden können. Deshalb soll nach der Rechtsprechung des BVerwG im Prinzip jeder abfallrechtliche Planfeststellungsbeschluss enteignungsrechtliche Vorwirkungen haben können. Ob die einzelne planfestgestellte Abfallentsorgungsanlage dem Wohl der Allgemeinheit dient und dafür eine Enteignung nach Art. 14 Abs. 3 Satz 1 GG zulässig ist, entscheidet sich nach Ansicht des BVerwG aber nach dem Prüfungsmaßstab des planerischen Abwägungsgebots (BVerwG, Urt. v. 09.03.1990 – 7 C 21/89, BVerwGE 85, 44, juris Rn. 9 ff.; ob es sich dabei tatsächlich um die planerische Abwägung oder nicht doch eher um eine zusätzlich zur nachfolgenden planerischen Abwägung erforderliche, nachvollziehende Abwägung bei der Auslegung des Begriffs der Allgemeinwohldienlichkeit auf der Tatbestandsseite handeln müsste, ist fraglich). Das BVerwG ist der Ansicht, dass für den Fall, dass die Planfeststellungsbehörde auf der Basis einer planerischen Abwägung zu dem abwägungsfehlerfreien Ergebnis kommt, dass die planfestzustellende Abfallentsorgungsanlage dem Wohl der Allgemeinheit dient, dass also die das Gemeinwohl befördernden Aspekte des Vorhabens allgemeinwohlabträgliche Belange überwiegen, der Planfeststellung auch eine enteignungsrechtliche Vorwirkung zukommt.

Die Rechtsprechung des BVerwG könnte man so verstehen, dass die enteignungsrechtliche Vorwirkung eines abfallrechtlichen Planfeststellungsbeschlusses allein von dem Ergebnis der beschriebenen Abwägung abhängt, dass dementsprechend eine weitergehende Regelung zur enteignungsrechtlichen Vorwirkung der Planfeststellung genauso wenig erforderlich ist, wie eine konkretere Beschreibung des Enteignungszwecks, selbst wenn es sich um ein Deponievorhaben handelt, dessen Träger ein privates Unternehmen ist. Gleichwohl wird heute zu Recht von der überwiegenden Meinung eine spezielle Regelung zur enteignungsrechtlichen Vorwirkung erwartet, sodass allein die Gestaltungswirkung des § 75 Abs. 1 S. 2 VwVfG eine enteignungsrechtliche Vorwirkung nicht legitimiert (Neumann/Külpmann in Stelkens/Bonk/Sachs, VwVfG, 2018, § 75 Rn. 26; Wysk in Kopp/Ramsauer, VwVfG, 2021, § 75 Rn. 20; BGH Urt. v. 24.10.2003, NVwZ 2004, 377, 379; VGH BW Beschl. v. 23.08.2010 – 1 S 975/10, juris Rn. 53; OVG NRW Beschl. v. 24.01.2008 – 20 B 1789/07, juris Rn. 16; Deutsch in Mann/Sennekamp/Uechtritz, VwVfG, 2019, § 75 Rn. 101; Huck in Huck/Müller, VwVfG, 2020, § 75 Rn. 12; Beckmann in Beckmann/Kment, UVPG/UmwRG, 2022, § 67 UVPG Rn. 66; für Bebauungspläne haben auch das BVerfG und das BVerwG eine enteignungsrechtliche Vorwirkung abgelehnt, BVerfG, Nichtannahmebeschl. v. 08.07.2009 – 1 BvR 2187/07, juris Rn. 9; BVerwG, Beschl. v. 21.02.1991, NVwZ 1991, 873). Für das Erfordernis einer speziellen Ermächtigungsgrundlage spricht, dass der Gesetzgeber selbst nach der Rechtsprechung des BVerfG gerade auch für Vorhaben privater Personen entscheiden muss, ob und ggfls. zu welchem Zweck enteignet werden kann. Dem Planfeststellungsbeschluss eine enteignungsrechtliche Vorwirkung beizumessen, mit der Folge, dass die Planfeststellungsbehörde über die Zulässigkeit einer Enteignung zugunsten auch eines privaten Vorhabenträgers abschließend entscheidet, ohne dass der Gesetzgeber eine solche enteignungsrechtliche Vorwirkung anordnet oder ausdrücklich zulässt, wäre mit den Bestimmtheitsanforderungen des Art. 14 Abs. 3 GG wohl unvereinbar.

Dem abfallrechtlichen Planfeststellungsbeschluss kann demnach eine enteignungsrechtliche Vorwirkung nur zugebilligt werden, wenn und soweit eine entsprechende gesetzliche Grundlage dies auch ausdrücklich vorsieht. Das Kreislaufwirtschaftsgesetz des Bundes selbst enthält eine solche Regelung zur enteignungsrechtlichen Vorwirkung der Planfeststellung nicht. Jedoch haben die meisten Länder in ihren Landeskreislaufwirtschaftsgesetzen oder in ihren Landesenteignungsgesetzen eine Enteignungsmöglichkeit und zumeist darüber hinaus auch eine enteignungsrechtliche Vorwirkung des abfallrechtlichen Planfeststellungsbeschluss vorgesehen (siehe dazu Beckmann, UPR 2023 (Heft 4)).

IV. Verfahren

Gem. § 38 Abs. 1 Satz 1 gelten für das **Planfeststellungsverfahren** die §§ 72–78 des Verwaltungsverfahrensgesetzes des Bundes. Die Vorschriften der Landesverwaltungsverfahrensgesetze finden aufgrund dieses Verweises keine Anwendung. Dort ist auch der Ablauf des Planfeststellungsverfahrens geregelt. Auf die Kommentare zum VwVfG wird insoweit verwiesen. Weitere Einzelheiten des abfallrechtlichen Planfeststellungsverfahrens sind speziell in der DepV geregelt. Das betrifft z.B. Art und Umfang der Antragsunterlagen (§ 19 Abs. 1 DepV), Regelungen zur grenzüberschreitenden Behörden- und Öffentlichkeitsbeteiligung (§ 20 DepV) sowie zur Prüfung der Antragsunterlagen durch einen Sachverständigen (§ 21 Abs. 4 DepV). 56

Das in den §§ 72 ff. VwVfG geregelte Planfeststellungsverfahren lässt sich in drei **Abschnitte** gliedern. In einem ersten Abschnitt der **Planaufstellung,** der im VwVfG vorausgesetzt und nicht förmlich geregelt wird, stellt der Vorhabenträger den Plan auf. Diesen reicht er bei der zuständigen Behörde ein. Mit der Einreichung des Planes beginnt das **Anhörungs- und Erörterungsverfahren** im Sinne von § 73 VwVfG, das den zweiten Abschnitt des Planfeststellungsverfahrens bildet. Das Verfahren endet schließlich in einer dritten Phase der **Entscheidung** mit dem Erlass des Planfeststellungsbeschlusses bzw. mit der Ablehnung des Antrages gem. § 74 VwVfG. 57

Diesen einzelnen Stufen des Planfeststellungsverfahrens können auch die **Verfahrensschritte der Umweltverträglichkeitsprüfung** zugeordnet werden. Der **Vorbereitungsphase** der Planaufstellung werden das Verfahren zur Feststellung der UVP-Pflicht der §§ 5–14a UVPG, das Scoping-Verfahren zur Unterrichtung über den Untersuchungsrahmen gem. § 15 UVPG und die Beibringung der Antragsunterlagen sowie des UVP-Berichts durch den Vorhabenträger nach § 16 UVPG zugerechnet. Dem **Entscheidungsverfahren** ist § 24 UVPG mit seinen Bestimmungen zur zusammenfassenden Darstellung der Umweltauswirkungen und § 25 UVPG mit der Verpflichtung zur Bewertung und Berücksichtigung der Umweltauswirkungen zuzuordnen. Da das Vorprüfungsverfahren und das Scoping-Verfahren nicht im VwVfG, sondern ausschließlich im UVPG geregelt sind, kann insoweit auf die Kommentierung zu diesen Vorschriften verwiesen werden. 58

1. Anhörungsverfahren. Gem. § 73 Abs. 1 Satz 1 VwVfG hat der Träger des Vorhabens den Plan der Anhörungsbehörde zur Durchführung des Anhörungsverfahrens einzureichen. Für Errichtung und Betrieb einer Deponie nach § 35 Abs. 2 und 3 sowie für die Zulassung vorzeitigen Beginns nach § 37 hat der Träger des Vorhabens nach § 19 Abs. 1 DepV einen schriftlichen Antrag bei der zuständigen Behörde einzureichen, der einen Mindestinhalt enthalten muss, der in § 19 Abs. 1 DepV im Einzelnen aufgelistet ist. Das 59 gilt nach § 19 Abs. 1 S. 2 DepV auch für die wesentliche Änderung einer Deponie oder ihres Betriebes entsprechend, beschränkt auf die die Änderung betreffenden Angaben. Die Antragstellung kann mit Zustimmung der zuständigen Behörde elektronisch oder in elektronischer Form erfolgen (§ 19 Abs. 1 S. 3 DepV).

§ 73 VwVfG geht von einer Unterscheidung zwischen **Anhörungsbehörde** und **Planfeststellungsbehörde** aus. Allerdings können Anhörungsbehörde und Planfeststellungsbehörde auch identisch sein, wenn das im konkreten Fall anwendbare Gesetz oder eine sonstige Rechtsvorschrift die Zuständigkeit entsprechend regelt. Die Bestimmung der Zuständigkeiten und insbesondere die Entscheidung, ob die Aufgaben der Anhörungsbehörde und der Planfeststellungsbehörde zu trennen sind, ist Aufgabe der Landesgesetzgeber.

60 **a) Planunterlagen.** Der einzureichende **Plan** besteht gem. § 73 Abs. 1 Satz 2 VwVfG aus den Zeichnungen und Erläuterungen, die das Vorhaben, seinen Anlass und die von dem Vorhaben betroffenen Grundstücke und Anlagen erkennen lassen. Die **Unterlagen** müssen inhaltlich so vollständig und klar sein, dass sie den gem. § 73 Abs. 2 VwVfG zu beteiligenden Behörden eine sachgemäße Stellungnahme ermöglichen. Außerdem müssen Dritte erkennen können, inwieweit ihre Belange von der Planung berührt werden und ob sie deshalb im Anhörungsverfahren zur Wahrung ihrer Rechte Einwendungen erheben sollen. Über § 73 Abs. 1 Satz 2 VwVfG hinaus sind auch die Anforderungen des § 16 UVPG zur Vorlage eines UVP-Berichts zu beachten.

61 Genügen die eingereichten Planunterlagen den Anforderungen des § 73 Abs. 1 Satz 2 VwVfG und des § 16 UVPG nicht, dann muss die zuständige Behörde den Antragsteller um die **Vervollständigung der Unterlagen** bitten. Bleibt der Antrag trotz einer solchen Aufforderung unvollständig, so darf die Planfeststellungsbehörde (nicht die Anhörungsbehörde) den Antrag ablehnen.

62 **b) Aufforderung der Behörden zur Stellungnahme.** Sind die vorgelegten Planunterlagen vollständig, hat die Anhörungsbehörde gem. § 73 Abs. 2 VwVfG innerhalb eines Monats nach Zugang des vollständigen Plans die **Behörden,** deren Aufgabenbereich durch das Vorhaben berührt wird, zur Stellungnahme aufzufordern und zu veranlassen, dass der Plan in den Gemeinden, in denen sich das Vorhaben auswirkt, ausgelegt wird. Da § 17 Abs. 1 UVPG keine bestimmte Frist für die Unterrichtung der zu beteiligenden Behörden vorsieht, bleibt diese Regelung hinter § 73 Abs. 2 VwVfG zurück, so dass die Regelung des § 73 Abs. 2, 3a VwVfG vorgeht. Die Behörden haben ihre Stellungnahme nach § 73 Abs. 3a S. 1 VwVfG innerhalb einer von der Anhörungsbehörde zu setzenden Frist abzugeben, die drei Monate nicht überschreiten darf. Stellungnahmen, die nach Ablauf der Frist nach § 73 Abs. 3a S. 1 VwVfG eingehen, sind zu berücksichtigen, wenn der Planfeststellungsbehörde die vorgebrachten Belange bekannt sind oder hätten bekannt sein müssen oder für die Rechtmäßigkeit der Entscheidung von Bedeutung sind; im Übrigen können sie berücksichtigt werden.

Zu berücksichtigen sind auch noch die Bestimmungen über eine **grenzüberschreitenden Behördenbeteiligung** der §§ 54 ff. UVPG, wenn das UVP-pflichtige Vorhaben erhebliche grenzüberschreitende Umweltauswirkungen haben kann. In diesem Fall benachrichtigt die zuständige deutsche Behörde frühzeitig die von dem anderen Staat benannte Behörde durch Übersendung geeigneter Unterlagen über das Vorhaben.

63 **c) Auslegung und Abgabe der Stellungnahmen; Präklusion.** Die Gemeinden, in denen sich das Vorhaben auswirkt, haben nach § 73 Abs. 3 Satz 1 VwVfG den Plan innerhalb von 3 Wochen nach Zugang für die Dauer eines Monats zur Einsicht auszule-

gen. Auf eine Auslegung kann verzichtet werden, wenn der Kreis der Betroffenen bekannt ist und ihnen innerhalb angemessener Frist Gelegenheit gegeben wird, den Plan einzusehen. Die zu beteiligenden Behörden haben gem. § 73 Abs. 3a VwVfG ihre **Stellungnahmen** innerhalb einer von der Anhörungsbehörde zu setzenden Frist abzugeben, die 3 Monate nicht überschreiten darf. Eine unvollständige Auslegung der Planfeststellungsunterlagen führt nicht zwingend zur Rechtswidrigkeit des Planfeststellungsbeschlusses, sondern grundsätzlich nur zum Ausschluss der Präklusionswirkung insoweit (BVerwG Beschl. v. 07.11. 2007, NVwZ 2008, 217).

Nach dem Erörterungstermin eingehende Stellungnahmen werden nicht mehr berücksichtigt, es sei denn, die vorgebrachten Belange sind der Planfeststellungsbehörde bereits bekannt oder hätten ihr bekannt sein müssen oder sind für die Rechtmäßigkeit der Entscheidung von Bedeutung. Die damit vorgesehene **Präklusionsregelung** ist allerdings von durchaus zweifelhaftem Wert. Denn grundsätzlich sind alle abwägungserheblichen öffentlichen Belange letztlich für die Rechtmäßigkeit der Entscheidung von Bedeutung. Das hat zur Folge, dass verspätet vorgebrachte Belange nur dann unberücksichtigt bleiben können, wenn sie nicht abwägungsrelevant sind. Dazu bedarf es allerdings einer solchen Präklusionsregelung nicht. 64

Ergibt sich bereits aus den Stellungnahmen der Behörden ein zwingender, durch Nebenbestimmungen nicht behebbarer **Versagungsgrund** oder werden unvollständige Planunterlagen trotz Aufforderung der Anhörungsbehörde vom Träger des Vorhabens nicht ordnungsgemäß vervollständigt, kann nach Durchführung des Beteiligungsverfahrens der Planfeststellungsantrag bereits ohne Einleitung des Offenlegungsverfahrens abgelehnt werden. Liegt ein solcher zwingender Versagungsgrund nicht vor, dann bedarf es – wie erwähnt – der **öffentlichen Auslegung** nach § 73 Abs. 3 Satz 1 VwVfG. Die Gemeinden, in denen der Plan auszulegen ist, haben gem. § 73 Abs. 5 Satz 1 VwVfG die Auslegung vorher ortsüblich bekannt zu machen. In der **Bekanntmachung** ist darauf hinzuweisen, wo und in welchem Zeitraum der Plan zur Einsicht ausgelegt ist, dass etwaige Einwendungen bei den in der Bekanntmachung zu bezeichnenden Stellen innerhalb der Einwendungsfrist vorzubringen sind, dass bei Ausbleiben eines Beteiligten in dem Erörterungstermin auch ohne ihn verhandelt werden kann, dass die Personen, die Einwendungen erhoben haben, von dem Erörterungstermin durch öffentliche Bekanntmachung benachrichtigt werden können, dass die Zustellung der Entscheidung über die Einwendungen durch öffentliche Bekanntmachung ersetzt werden kann, wenn mehr als 50 Benachrichtigungen oder Zustellungen vorzunehmen sind. Nicht ortsansässige Betroffene, deren Person und Aufenthalt bekannt sind oder sich innerhalb angemessener Frist ermitteln lassen, sollen auf Veranlassung der Anhörungsbehörde von der Auslegung mit dem Hinweis nach § 73 Abs. 5 Satz 2 VwVfG benachrichtigt werden. Auszulegen sind grundsätzlich nur die Planunterlagen. Die Stellungnahmen der beteiligten Behörden sowie von der Anhörungsbehörde eingeholte Gutachten müssen nicht offengelegt werden. 65

d) Erhebung von Einwendungen. Gem. § 73 Abs. 4 Satz 1 VwVfG kann jeder, dessen Belange durch das Vorhaben berührt werden, bis 2 Wochen nach Ablauf der Auslegungsfrist schriftlich oder zur Niederschrift bei der Anhörungsbehörde oder bei der Gemeinde Einwendungen gegen den Plan erheben (dazu im Einzelnen Hoppe/Schlarmann/Buchner/Deutsch, Rechtsschutz, Rn. 235 ff.). Zu den Einwendungen zählt jede Art von Bedenken, die gegen das Vorhaben aus Sicht der Nachbarschaft oder der Allgemeinheit erhoben werden können. Einwendungen sind sachliches, auf die Verhinderung oder Änderung des beantragten Vorhabens abzielendes Gegenvorbringen. Einwendungen müssen so konkret sein, dass die Planfeststellungsbehörde erkennen kann, in welcher Weise sie 66 bestimmte Belange einer näheren Betrachtung unterziehen soll (BVerwG Urt. v. 09.10.2008, NVwZ 2009, 55). Die Anforderungen an Umfang und Detailliertheit der Einwendungen eines Planbetroffenen richten sich nach der Konkretheit der ausgelegten Planunterlagen (BVerwG Urt. v. 09.07.2008, NVwZ 2009, 302, 317). Gemeinden, die auch im Rahmen der Behördenbeteiligung Stellung nehmen, müssen, wenn sie sich gegen ein Vorhaben wenden wollen, mit einem gesonderten Schreiben Einwendungen erheben, aus dem sich ergibt, dass es sich bei dem Schreiben nicht nur um eine Behördenstellungnahme, sondern um ein fristwahrend des Einwendungsschreiben zur Wahrung des Selbstverwaltungsrechts handelt (OVG NRW Beschl. v. 29.08.2005 – 11 A 4823/03, juris). Das setzt die Unterzeichnung durch eine nach dem Gemeinderecht zur Vertretung der Gemeinde berechtigte Person voraus.

67 Mit **Ablauf der Einwendungsfrist** sind alle Einwendungen ausgeschlossen, die nicht auf besonderen privatrechtlichen Titeln beruhen. Hierauf ist in der Bekanntmachung der Auslegung oder bei der Bekanntgabe der Einwendungsfrist hinzuweisen (vgl. § 73 Abs. 4 VwVfG). Auch nach § 18 Abs. 1 Satz 1 UVPG hat die zuständige Behörde die Öffentlichkeit zu den Umweltauswirkungen des Vorhabens zu beteiligen. Der betroffenen Öffentlichkeit wird im Rahmen der Beteiligung Gelegenheit zur Äußerung gegeben. Dabei sollen nach dem Umwelt-Rechtsbehelfsgesetz anerkannte Vereinigungen die zuständige Behörde in einer dem Umweltschutz dienenden Weise unterstützen (§ 18 Abs. 1 S. 2 und 3 UVPG). Das Beteiligungsverfahren muss gem. § 18 Abs. 1 Satz 4 UVPG den Anforderungen des § 73 Abs. 3 S. 1, 5 bis 7 VwVfG entsprechen.

68 Der Einwendungsausschluss ist mit dem Unionsrecht vereinbar. Hierbei handelt es sich aber auch nur um eine formelle Präklusion, so dass die Einwendung im Planfeststellungsverfahren nicht mehr berücksichtigt werden muss. Soweit der Vorschrift auch eine materielle Präklusionswirkung entnommen wird, gilt dies bei Deponien gem. § 7 Abs. 4 UmwRG nicht (siehe dazu Fellenberg/Schiller in Jarass/Petersen, KrWG, 2022, § 38 Rn. 45). Der Einwendungsausschluss erstreckt sich dem Umfang nach nicht nur auf eine gänzlich unterlassene Einwendung als solche, sondern auch auf einzelne nicht gerügte Belange (Fellenberg/Schiller in Jarass/Petersen, KrWG, 2022, § 38 Rn. 45).

69 **e) Erörterung der Einwendungen.** Nach Ablauf der Einwendungsfrist hat die Anhörungsbehörde gem. § 73 Abs. 6 S. 1 VwVfG die rechtzeitig erhobenen Einwendungen gegen den Plan und die Stellungnahmen der Behörden zu dem Plan mit dem Träger des Vorhabens, den Behörden, den Betroffenen sowie den Personen, die Einwendungen erhoben haben, zu erörtern. Der **Erörterungstermin** ist mindestens 1 Woche vorher ortsüblich bekannt zu machen. Die Behörden, der Träger des Vorhabens und diejenigen, die Einwendungen erhoben haben, sind von dem Erörterungstermin zu benachrichtigen.

70 Wenn ein Vorhaben erhebliche Umweltauswirkungen in einem anderen Staat haben kann, kann sich gem. § 56 Abs. 1 UVPG die Öffentlichkeit des anderen Staates am Verfahren nach den § 18 bis 22 UVPG beteiligen. Die zuständige deutsche Behörde wirkt nach § 56 Abs. 2 UVPG darauf hin, dass 1. das Vorhaben in dem anderen Staat auf geeignete Weise bekannt gemacht wird und 2. dabei angegeben wird, a) wo, in welcher Form und in welchem Zeitraum die Unterlagen nach § 19 Absatz 2 der Öffentlichkeit des anderen Staates zugänglich gemacht werden, b) welcher deutschen Behörde in welcher Form und innerhalb welcher Frist die betroffene Öffentlichkeit des anderen Staates Äußerungen übermitteln kann sowie c) dass im Verfahren zur Beteiligung der Öffentlichkeit mit Ablauf der festgelegten Frist alle Äußerungen für das Verfahren über die Zulässigkeit des Vorhabens ausgeschlossen sind, die nicht auf besonderen privatrechtlichen Titeln beruhen.

71 Die Anhörungsbehörde schließt die Erörterung innerhalb von drei Monaten nach Ablauf der Einwendungsfrist ab (§ 73 Abs. 6 Satz 7 VwVfG). In dem Erörterungstermin hat

die Anhörungsbehörde die rechtzeitig erhobenen Einwendungen gegen den Plan und die Stellungnahmen der Behörden zu erörtern. Der Erörterungstermin ist nicht öffentlich. Teilnahmeberechtigt sind der Träger des Vorhabens, die in ihrem Aufgabenbereich berührten Behörden, die nach § 3 UmwRG anerkannten Vereinigungen, die vom Plan Betroffenen, und zwar unabhängig davon, ob sie Einwendungen vorgebracht haben, sowie die Personen, die Einwendungen erhoben haben.

f) Planänderung. Soll ein ausgelegter Plan geändert werden und wird dadurch der Aufgabenbereich einer Behörde oder Belange Dritter erstmalig oder stärker als bisher berührt, so ist diesen die Änderung gem. § 73 Abs. 8 Satz 1 VwVfG mitzuteilen und ihnen Gelegenheit zu Stellungnahmen und Einwendungen innerhalb von 2 Wochen zu geben. Wird sich die Änderung voraussichtlich auf das Gebiet einer anderen Gemeinde aus, so ist gem. § 73 Abs. 8 Satz 2 VwVfG der geänderte Plan in dieser Gemeinde auszulegen. 72

g) Stellungnahme der Anhörungsbehörde; zusammenfassende Darstellung. Das Anhörungsverfahren wird mit einer Stellungnahme der Anhörungsbehörde gem. § 73 Abs. 9 VwVfG abgeschlossen. Die Behörde gibt zum Ergebnis des Anhörungsverfahrens eine Stellungnahme ab und leitet diese innerhalb eines Monats nach Abschluss der Erörterung mit dem Plan, den Stellungnahmen der Behörden und der Vereinigungen nach § 73 Abs. 4 S. 5 VwVfG sowie den nicht erledigten Einwendungen der Planfeststellungsbehörde zu. 73

Die zuständige Behörde erarbeitet nach § 24 Abs. 1 S. 1 UVPG eine zusammenfassende Darstellung 1. der Umweltauswirkungen des Vorhabens, 2. der Merkmale des Vorhabens und des Standorts, mit denen erhebliche nachteilige Umweltauswirkungen ausgeschlossen, vermindert oder ausgeglichen werden sollen, und 3. der Maßnahmen, mit denen erhebliche nachteilige Umweltauswirkungen ausgeschlossen, vermindert oder ausgeglichen werden sollen, sowie 4. der Ersatzmaßnahmen bei Eingriffen in Natur und Landschaft. Die Erarbeitung erfolgt nach § 24 Abs. 2 UVPG auf der Grundlage des UVP-Berichts, der behördlichen Stellungnahmen nach § 17 Absatz 2 UVPG und § 55 Absatz 4 UVPG sowie der Äußerungen der betroffenen Öffentlichkeit nach den §§ 21 und 56 UVPG. Die Ergebnisse eigener Ermittlungen sind nach § 24 Abs. 1 S. 3 UVPG einzubeziehen. Die zusammenfassende Darstellung soll nach § 24 Abs. 2 UVPG möglichst innerhalb eines Monats nach dem Abschluss der Erörterung im Beteiligungsverfahren erarbeitet werden.

2. Entscheidungsverfahren. Auf der Grundlage der Planunterlagen, der behördlichen Stellungnahmen sowie der Äußerungen der Öffentlichkeit und der Einwendungen sowie der Ergebnisse des Erörterungstermins und schließlich auch der zusammenfassenden Darstellung der Umweltauswirkungen hat die zuständige Planfeststellungsbehörde über den eingereichten Plan zu entscheiden. Erfüllt der vorgelegte Plan die Zulassungsvoraussetzungen des § 36 nicht, ist der Antrag abzulehnen, soweit nicht durch Nebenbestimmungen im Sinne von § 36 Abs. 2 eine Zulassung ermöglicht werden kann. Liegen die Zulassungsvoraussetzungen dagegen vor, dann steht der Erlass des Planfeststellungsbeschlusses im **Ermessen** der zuständigen Behörde. Sieht die Planfeststellungsbehörde bei der Ausübung ihres planerischen Ermessens keine der Zulassung entgegenstehenden Gründe, dann stellt sie gem. § 74 Abs. 1 Satz 1 VwVfG den Plan fest (zur planerischen Gestaltungsfreiheit bei der Planfeststellung und zu ihrer gerichtlichen Kontrolle im Einzelnen *Hoppe/Schlarmann/Buchner/Deutsch* Rechtsschutz, Rn. 751 ff.). 74

75 Im **Planfeststellungsbeschluss** entscheidet die Planfeststellungsbehörde gem. § 74 Abs. 2 Satz 1 VwVfG über Einwendungen, über die bei der Erörterung von der Anhörungsbehörde keine Einigung erzielt worden ist. Der Planfeststellungsbeschluss kann mit **Bedingungen** versehen, mit **Auflagen** verbunden und **befristet** werden, soweit dies zur Wahrung des Wohls der Allgemeinheit zur Erfüllung von öffentlich-rechtlichen Vorschriften, die dem Vorhaben entgegenstehen können, erforderlich ist. Die Aufnahme, Änderung oder Ergänzung von Auflagen über Anforderungen an das Vorhaben ist auch nach dem Ergehen des Planfeststellungsbeschlusses zulässig. Soweit eine abschließende Entscheidung noch nicht möglich ist, ist diese gem. § 74 Abs. 3 VwVfG im Planfeststellungsbeschluss vorzubehalten. Dem Träger des Vorhabens ist danach im **Planvorbehalt** aufzugeben, noch fehlende oder von der Planfeststellungsbehörde bestimmte Unterlagen rechtzeitig vorzulegen.

77 Der Planfeststellungsbeschluss ist gem. § 74 Abs. 4 Satz 1 VwVfG dem Träger des Vorhabens, den bekannten Betroffenen und denjenigen, über deren Einwendungen entschieden worden ist, zuzustellen. Eine Ausfertigung des Beschlusses ist mit einer Rechtsbehelfsbelehrung und einer Ausfertigung des festgestellten Plans in den Gemeinden 2 Wochen zur Einsicht auszulegen (§ 74 Abs. 4 Satz 2 VwVfG).

V. Rechtswirkungen der Planfeststellung

78 Die Rechtswirkungen der Planfeststellung ergeben sich aus § 75 VwVfG, der durch § 38 ebenfalls ausdrücklich für anwendbar erklärt wird. Zu den Rechtswirkungen der Planfeststellung zählen die **Gestattungswirkung** (§ 75 Abs. 1 Satz 1 Halbs. 1 VwVfG), die **Konzentrationswirkung** (§ 75 Abs. 1 Satz 1 Halbs. 2 VwVfG), die **Gestaltungswirkung** (§ 75 Abs. 1 Satz 2 VwVfG) und die **Ausschlusswirkung** (§ 75 Abs. 2 Satz 1 VwVfG).

Eine weitere Rechtswirkung der Planfeststellung, die in § 75 VwVfG nicht ausdrücklich erwähnt ist und zum Teil aus der Gestaltungswirkung nach § 75 Abs. 1 S. 2 VwVfG abgeleitet wird, ist ihre **enteignungsrechtliche Vorwirkung.** Sie hat zur Folge, dass mit der Unanfechtbarkeit eines Planfeststellungsbeschlusses die Zulässigkeit der Enteignung zugunsten des Vorhabenträgers dem Grunde nach feststeht (zur enteignungsrechtlichen Vorwirkung abfallrechtlicher Planfeststellungsbeschlüsse siehe BVerwG Urt. v. 9. 3.1990, DVBl. 1990, 589; BVerwG Urt. v. 24. 11. 1994, DVBl. 1995, 238 gegenüber Gemeinden). Voraussetzung für eine solche enteignungsrechtliche Vorwirkung ist eine ausdrückliche gesetzliche Regelung dazu, die zumeist in den Landeskreislaufwirtschaftsgesetzen oder in Landesenteignungsgesetzen enthalten ist.

79 Gem. § 74 Abs. 6 Satz 2 VwVfG hat die **Plangenehmigung** die Rechtswirkungen der Planfeststellung mit Ausnahme dieser enteignungsrechtlichen Vorwirkung (zu den Rechtswirkungen von Planfeststellungsbeschluss und Plangenehmigung im Einzelnen Hoppe/Schlarmann/Buchner/Deutsch Rechtsschutz, Rn. 277 ff. bzw. 317).

80 **1. Gestattungswirkung.** Gem. § 75 Abs. 1 Satz 1 VwVfG wird durch die Planfeststellung die Zulässigkeit des Vorhabens einschließlich der notwendigen Folgemaßnahmen an anderen Anlagen im Hinblick auf alle von ihm berührten öffentlichen Belange festgestellt. Zwar wird nach dieser Regelung durch die Planfeststellung die Zulässigkeit des Vorhabens lediglich festgestellt und – jedenfalls was den Wortlaut angeht – nicht auch die Durchführung des Vorhabens gestattet. Gleichwohl ist nach allgemeiner Auffassung davon auszugehen, dass mit dem Planfeststellungsbeschluss auch die Durchführung des Vorhabens genehmigt wird. Diese **Gestattungswirkung** erstreckt sich allerdings nicht darauf, auch fremdes Eigentum zum Zwecke der Vorhabendurchführung in Anspruch zu nehmen. Dazu bedarf es, wenn eine einvernehmliche Lösung nicht möglich ist, eines Enteig-

nungsverfahrens. Die Planfeststellung berechtigt zur Durchführung des Vorhabens, sie verpflichtet jedoch den Vorhabenträger nicht dazu, das planfestgestellte Vorhaben auch zu verwirklichen. Gem. § 75 Abs. 4 VwVfG tritt der Planfeststellungsbeschluss allerdings außer Kraft, wenn mit der Durchführung des Plans nicht innerhalb von 5 Jahren nach Eintritt der Unanfechtbarkeit begonnen wird.

2. Konzentrationswirkung. Gem. § 75 Abs. 1 Satz 1 Halbs. 2 VwVfG sind neben 81
der Planfeststellung andere behördliche Entscheidungen, insbesondere öffentlich-rechtliche Genehmigungen, Verleihungen, Erlaubnisse, Bewilligungen, Zustimmungen und Planfeststellungen nicht erforderlich. § 75 Abs. 1 Satz 1 Halbs. 2 VwVfG befreit nicht nur im Außenverhältnis von sonstigen Zulassungsentscheidungen, sondern ersetzt zugleich auch Mitentscheidungsbefugnisse anderer Behörden, die ansonsten ein Einvernehmen herzustellen oder eine Zustimmung zu erteilen hätten. Sie erstreckt sich auch auf notwendige Ausnahmen oder Befreiungen (BVerwG Urt. v. 26.03.1998, UPR 1998, 382, 383). Die Konzentrationswirkung ist zunächst eine *Zuständigkeits- und Entscheidungskonzentration*. Das bedeutet, dass die Planfeststellungsbehörde diejenigen Fachbehörden, die für den Erlass ansonsten notwendiger paralleler Genehmigungen zuständig wären oder ihr Einvernehmen zu erteilen hätten, lediglich wie andere von dem Vorhaben berührte Behörden zu beteiligen hat. Die Entscheidung trifft aber allein die für die Planfeststellung zuständige Planfeststellungsbehörde. Des Weiteren führt die Konzentrationswirkung auch zu einer *Verfahrenskonzentration* (BVerwG Urt. v. 14.04.1989, BVerwGE 82, 17, 22 f.). Die Planfeststellungsbehörde wendet das Verfahrensrecht an, das für ihr Planfeststellungsverfahren vorgesehen ist. Die Planfeststellungsbehörde entscheidet also nicht in verschiedenen Verfahren, sondern in einem einheitlichen Planfeststellungsverfahren. Demgegenüber besitzt die Planfeststellung jedoch *keine materielle Konzentrationswirkung*. Es werden deshalb durch die Konzentrationswirkung keine materiell-rechtlichen Anforderungen unbeachtlich, die für die Erteilung der ersetzten Genehmigungen zu beachten wären. Die materiell-rechtliche Bindung bleibt insoweit trotz der Konzentrationswirkung des Planfeststellungsbeschlusses vollständig erhalten.

3. Gestaltungswirkung. Gem. § 75 Abs. 1 Satz 2 VwVfG werden durch die Planfest- 82
stellung alle öffentlich-rechtlichen Beziehungen zwischen dem Träger des Vorhabens und den durch den Plan betroffenen Rechtsgestalten geregelt. Damit steht gegenüber allen Behörden und öffentlich-rechtlichen Körperschaften die Zulässigkeit des Vorhabens fest. Auch die durch den Plan Betroffenen können sich bei der Unanfechtbarkeit des Planfeststellungsbeschlusses nicht mehr darauf berufen, dass das planfestgestellte Vorhaben dem öffentlichen Recht widerspricht. Die **Gestaltungswirkung** der Planfeststellungsentscheidung erstreckt sich allerdings nur auf die öffentlich-rechtlichen Beziehungen. Ob der Träger des Vorhabens auch privatrechtlich auf das Grundstück zugreifen darf, hängt davon ab, inwieweit der Planfeststellungsbeschluss enteignungsrechtliche Vorwirkung besitzt oder auf andere Weise die Voraussetzungen für eine Enteignung geschaffen werden können.

4. Ausschlusswirkung. Ist der Planfeststellungsbeschluss unanfechtbar geworden, so 83
sind gem. § 75 Abs. 2 Satz 1 VwVfG Ansprüche auf Unterlassung des Vorhabens, auf Beseitigung oder Änderung der Anlagen oder auf Unterlassung ihrer Benutzung ausgeschlossen (BVerwG Urt. v. 19.12.2007, NVwZ 2008, 561). Treten nicht voraussehbare Wirkungen des Vorhabens oder der dem festgestellten Plan entsprechenden Anlagen auf das Recht eines anderen erst nach Unanfechtbarkeit des Planes auf, so kann der Betroffene Vorkehrungen oder die Errichtung und Unterhaltung von Anlagen verlangen, die die

nachteiligen Wirkungen ausschließen. Sie sind dem Träger des Vorhabens durch Beschluss der Planfeststellungsbehörde aufzuerlegen. Sind solche Vorkehrungen oder Anlagen untunlich oder mit dem Vorhaben unvereinbar, so richtet sich der Anspruch auf angemessene **Entschädigung** in Geld. Werden Vorkehrungen oder Anlagen im Sinne des § 75 Abs. 2 Satz 2 VwVfG notwendig, weil nach Abschluss des Planfeststellungsverfahrens auf einem benachbarten Grundstück Veränderungen eingetreten sind, so hat die hierdurch entstehenden Kosten der Eigentümer des benachbarten Grundstücks zu tragen, es sei denn, dass die Veränderungen durch natürliche Ereignisse oder höhere Gewalt verursacht worden sind. Angesichts dieser **Ausschluss- oder Duldungswirkung** haben Körperschaften und private Betroffene das Vorhaben nach Eintritt der **Bestandskraft** zu dulden. Diese Duldungsverpflichtung erstreckt sich auch auf den Rechtsnachfolger des Grundstückseigentümers, der den Planfeststellungsbeschluss unanfechtbar werden lässt (BVerwG Beschl. v. 09.05.1989, NVwZ 1989, 967). Auch privatrechtliche **Abwehransprüche sind** angesichts dieser Ausschlusswirkung neben den öffentlich-rechtlichen Abwehransprüchen ausgeschlossen. Das gilt allerdings nicht, wenn der Vorhabenträger zur Durchführung seines Vorhabens Grundstückseigentum Dritter unmittelbar in Anspruch nehmen muss. Eine solche unmittelbare Inanspruchnahme des Eigentums gegen den Willen des Eigentümers ist nur durch Enteignung möglich (Mann in Versteyl/Mann/Schomerus, KrWG, 2019. § 35 Rn. 94; Klages in Beck OK Umweltrecht, § 35 Rn. 66; Beckmann UPR 2023 (Heft 4)).

84 **5. Enteignungsrechtliche Vorwirkung.** Der Erlass eines Planfeststellungsbeschlusses berechtigt den Inhaber dieses Beschlusses nicht dazu, fremde Grundstücke zu nutzen. Räumt der Grundstückseigentümer dem Vorhabenträger das für die Vorhabenrealisierung notwendige Nutzungsrecht nicht ein, kommt unter Beachtung der dafür geltenden gesetzlichen Voraussetzungen eine Enteignung und gegebenenfalls auch eine sofortige Besitzeinweisung in Betracht. Das Planfeststellungsverfahren und das Enteignungsverfahren sind zwei unterschiedliche Verfahren. Allerdings kann die Planfeststellung Bindungswirkung für ein nachfolgendes Enteignungsverfahren haben, wenn die entsprechenden Fachplanungsgesetze bzw. die Landesenteignungsgesetze oder die Landeskreislaufwirtschaftsgsetze eine enteignungsrechtliche Vorwirkung regeln (VGH Mannheim Beschl. v. 23.08.2010, NVwZ-RR 2011, 143, 147; zur enteignungsrechtlichen Vorwirkung siehe auch OVG Münster Beschl. v. 24.01.2008, NWVBl. 2009, 316).

85 Aufgrund der enteignungsrechtlichen Vorwirkung ist der im Planfeststellungsbeschluss festgestellte Plan einem möglichen **Enteignungsverfahren** zugrunde zu legen und für die Enteignungsbehörde bindend. In dem der Planstellung möglicherweise nachfolgenden Enteignungsverfahren geht es deshalb im Wesentlichen nur noch um die Modalitäten des Erwerbs durch den Vorhabenträger, ob ein freihändiger Erwerb möglich ist, ob ein Tausch gegen Ersatzland in Frage kommt und in welcher Höhe eine Entschädigung zu zahlen ist. Ob die einzelne planfestgestellte Abfallentsorgungsanlage dem Wohl der Allgemeinheit dient und dafür eine Enteignung nach Art. 14 Abs. 3 Satz 1 GG zulässig ist, entscheidet sich insbesondere nach dem Prüfungsmaßstab des planerischen Abwägungsgebots (BVerwG Urt. v. 09.03.1990, NVwZ 1990, 969; siehe auch BVerwG Urt. v. 07.12.1988, NVwZ-RR 1989, 241).

Allerdings sind diese Regelungen in den Bundesländern sehr uneinheitlich: So sieht z.B. § 2 Nr. 2c LEntG BW vor, dass nach dem LEntG BW für Vorhaben, die dem Wohl der Allgemeinheit dienen, insbesondere um Einrichtungen für die öffentliche Versorgung oder Entsorgung zu schaffen und zu verändern, enteignet werden kann (inhaltsgleich dazu z.B. Art. 1 Abs. 1 S. 1 Nr. 3 BayEntG, § 16 Abs. 7 KrW-AbfG Berlin, § 2 Abs. 1 Nr. 2d) ThürEntG). § 2 Abs. 1 Nr. 2c EntGBbg listet bei den nach dem EntGBbg möglichen Enteignungszwecken „Vorhaben zur Entsorgung von Abfällen“ auf. Weitere Konkretisierungen oder Einschränkungen, etwa mit Blick auf öffentlich-rechtliche oder private Entsorgungsträgerschaften bzw. Vorhabenträger oder bezüglich einer öffentlichen Zugänglichkeit der Entsorgungsanlage enthält diese Enteignungszweckbestimmung des thüringischen Landesgesetzgebers nicht. Dasselbe gilt für das Kreislaufwirtschafts- und Abfallgesetz des Landes Bremen. § 7 BremAGKrW-/AbfG bestimmt, dass zur Ausführung eines Plans, der für eine Anlage zur Ablagerung von Abfällen nach dem Kreislaufwirtschafts- und Abfallgesetz „rechtsbeständig“ festgestellt ist, die Enteignung zulässig ist und dass der festgestellte Plan dem Enteignungsverfahren zugrunde zu legen ist und die Enteignungsbehörde bindet. Entscheidend ist danach die sogenannte „Rechtsbeständigkeit“ der Planfeststellung, nicht jedoch die Aufgabenträgerschaft oder die Einordnung der Abfallentsorgungsanlage als eine, rein betrieblichen Zwecken dienende Anlage.

§ 28 Abs. 1 NAbfG bestimmt, dass eine Enteignung zulässig ist, soweit sie zur Ausführung eines nach § 35 Abs. 2 festgestellten Plans notwendig ist. Der festgestellte Plan ist nach § 28 Abs. 2 NAbfG dem Enteignungsverfahren zu Grunde zu legen und für die Enteignungsbehörde bindend. Inhaltsgleich bestimmt auch § 15 LKrWG NRW, dass zur Ausführung eines vollziehbaren Planfeststellungsbeschlusses nach § 74 Abs. 1 oder 3 VwVfG NRW öffentlich-rechtliche Entsorgungsträger oder Träger der Maßnahmen das Enteignungsrecht haben, dass der festgestellte Plan dem Enteignungsverfahren zu Grunde zu legen und für die Enteignungsbehörde bindend ist. Als Träger der Maßnahmen haben demnach in NRW auch private Deponiebetreiber zur Ausführung des abfallrechtlichen Planfeststellungsbeschlusses ein Enteignungsrecht.

Nach § 17 Abs. 1 S. 1 LAbfWG SH haben die für die Zulassung (Planfeststellung nach § 35 Abs. 2 oder Genehmigung nach § 35 Abs. 3) zuständigen Behörden das Recht zur Enteignung, soweit diese zur Ausführung eines nach § 35 Abs. 2 festgestellten Planes oder einer nach § 35 Abs. 3 erteilten Genehmigung erforderlich ist. Der Planfeststellungsbeschluss oder die Plangenehmigung müssen nach § 17 Abs. 1 S. 2 LAbfWG SH lediglich vollziehbar sein. Restriktiver formuliert allerdings der Landesgesetzgeber in § 8 HmbAbfG: „Wenn die Errichtung oder wesentliche Änderung einer Abfallentsorgungsanlage dem Wohl der Allgemeinheit dient, kann bei der Feststellung eines Plans gem. § 35 Abs. 2 KrWG bestimmt werden, dass für seine Ausführung die Enteignung zulässig ist.“ Der hamburgische Landesgesetzgeber unterstellt danach möglicherweise abweichend von der erwähnten Rechtsprechung des BVerwG, dass eine planfestgestellte oder plangenehmigte Abfallentsorgungsanlage nicht unbedingt allgemeinwohldienlich sein muss, konkretisiert allerdings die Kriterien zur Bestimmung der Allgemeinwohldienlichkeit nicht und überlässt der zuständigen Behörde das Recht zur Bestimmung der Allgemeinwohldienlichkeit und damit der Enteignungsmöglichkeit. Bei einer solchen Regelung, die jedenfalls ihrem Wortlaut nach nur den Begriff der Allgemeinwohldienlichkeit des Art. 14 Abs. 3 GG wiederholt, stellt sich die Frage, ob der Gesetzgeber die Unterscheidung zwischen allgemeinwohldienlichen (gemeinnützigen) und (rein) privatnützigen Vorhaben nicht näher selbst ausformulieren muss, besonders dringlich.

§ 13a Abs. 1 LKrWG RP lautet hingegen wie folgt: „Zugunsten von öffentlich-rechtlichen Entsorgungsträgern ist die notwendige Enteignung zur Ausführung einer in einem förmlichen Verfahren nach dem BImSchG genehmigten oder nach § 35 Abs. 2 KrWG festgestellten Abfallentsorgungsanlage zulässig, soweit die Genehmigung oder die Planfeststellung unanfechtbar ist oder ein Rechtsbehelf gegen sie keine aufschiebende Wirkung hat.“ Zugunsten sonstiger zur Abfallentsorgung Verpflichteter kann nach § 13a Abs. 2 LKrWG RP für eine öffentlich zugängliche Abfallentsorgungsanlage das Enteignungsverfahren durchgeführt werden, soweit die Voraussetzungen des § 13a Abs. 1 LKrWG RP vorliegen und die oberste Abfallbehörde die Zulässigkeit der Enteignung festgestellt hat.

Die Genehmigung oder die Planfeststellung ist nach § 13a Abs. 3 LKrWG RP dem Enteignungsverfahren zugrunde zu legen und für die Enteignungsbehörde bindend. Der Landesgesetzgeber Rheinland-Pfalz unterscheidet demnach nach der Trägerschaft: Planfeststellungen oder Genehmigungen von Anlagen öffentlich-rechtlicher Entsorgungsträger sind von Gesetzes wegen mit enteignungs-rechtlicher Vorwirkung ausgestattet, für die Planfeststellung oder Genehmigung von Anlagen sonstiger zur Abfallentsorgung Verpflichteter kann die oberste Abfallbehörde die Zulässigkeit einer Enteignung feststellen. Mit dieser Differenzierung trägt der Landesgesetzgeber in Rheinland-Pfalz der Erkenntnis Rechnung, dass nach der zitierten Rechtsprechung des BVerfG das Grundgesetz Enteignungen zugunsten Privater nicht ausschließt, jedoch besondere Anforderungen an die Bestimmung des verfolgten Gemeinwohlziels, an die gesetzliche Ausgestaltung der Voraussetzungen und an die weiteren Geltungsbedingungen einer solchen Enteignung stellt. Öffentlich-rechtliche Entsorgungsträger sind nach § 17 Abs. 1 S. 1 die nach Landesrecht zur Entsorgung verpflichteten Personen. Das sind zumeist Körperschaften des öffentlichen Rechts und in aller Regel Kommunen und damit keine privaten Personen. Insoweit erscheint es durchaus sachgerecht, eine enteignungsrechtliche Vorwirkung der Zulassung von Anlagen öffentlich-rechtlicher Entsorgungsträger von Gesetzes wegen unmittelbar anzuerkennen, bei privaten Entsorgungsträgern jedoch zusätzliche Prüfanforderungen zu stellen. Allerdings enthält auch das LKrWG RP für die Frage, wann die Zulassung von Vorhaben privater Entsorgungsträger allgemeinwohldienlich sein soll, keine Antwort, sondern überlässt die Entscheidung der zuständigen Behörde.

Die Landesgesetzgeber haben, was im Rahmen ihres weiten gesetzgeberischen Ermessens ihr gutes Recht ist, von der Möglichkeit, für Abfallentsorgungsanlagen eine Enteignungsgrundlage zu schaffen, ganz unterschiedlich Gebrauch gemacht: Teilweise, insbesondere in Landesenteignungsgesetzen, werden Abfallentsorgungsanlagen stets und uneingeschränkt als allgemeinwohldienlich eingeordnet und den Planfeststellungen enteignungsrechtliche Vorwirkungen zugebilligt. Nach anderen landesgesetzlichen Regelungen setzt die enteignungsrechtliche Vorwirkung jedoch voraus, dass es sich um eine öffentlich zugängliche Anlage handelt, wiederum andere Regelungen fordern, dass die zuständige Behörde für Vorhaben privater Entsorgungsträger feststellt, dass es sich um ein allgemeinwohldienliches Vorhaben handelt, ohne dafür allerdings der Behörde noch weitere Definitionskriterien mit auf den Weg zu geben. Die insoweit weitreichenden Enteignungsmöglichkeiten nach den genannten Landeskreislaufwirtschaftsgesetzen auch zugunsten privater Vorhabenträger beruhen vermutlich auf der Sichtweise des BVerwG, für die Zulassung von Abfallentsorgungsanlagen gebe es eigentlich keine rein privatnützigen abfallrechtlichen Planfeststellungsbeschlüsse. Deshalb könne grundsätzlich jeder abfallrechtliche Planfeststellungsbeschluss enteignungsrechtliche Vorwirkung haben. Soweit die enteignungsrechtliche Vorwirkung nicht allein aus der Gestaltungswirkung der Planfeststellung nach § 75 Abs. 1 S. 2 VwVfG abgeleitet, sondern vom (Landes-)Gesetzgeber ausdrücklich angeordnet wird, dürfte es verfassungsrechtlich auch nicht zu beanstanden sein, planfestgestellten Abfallentsorgungsanlagen wegen ihrer Bedeutung für eine allgemeinwohlverträgliche Abfallbeseitigung unabhängig von der Trägerschaft und unabhängig von ihrer öffentlichen Zugänglichkeit eine Allgemeinwohldienlichkeit zu bescheinigen und ihrer Planfeststellung eine enteignungsrechtliche Vorwirkung einzuräumen.

86 **6. Zeitpunkt und Dauer der Rechtswirkungen.** Die Rechtswirkungen eines Planfeststellungsbeschlusses beginnen grundsätzlich sowohl gegenüber dem Vorhabenträger als auch gegenüber den vom Plan Betroffenen mit seiner **Bekanntgabe** gem. § 43 Abs. 1 VwVfG. Durch die Einlegung eines **Rechtsbehelfs** wird die Wirksamkeit des

Planfeststellungsbeschlusses hinausgeschoben, soweit nicht die Behörde die sofortige Vollziehung anordnet und das Gericht nicht die aufschiebende Wirkung wiederherstellt.

Die Rechtswirkungen des Planfeststellungsbeschlusses enden mit der **Aufgabe des Vorhabens.** Gem. § 77 Satz 1 VwVfG hat die Planfeststellungsbehörde den Planfeststellungsbeschluss aufzuheben, wenn ein Vorhaben, mit dessen Durchführung begonnen worden ist, endgültig aufgegeben wird. In dem Aufhebungsbeschluss sind dem Träger des Vorhabens die Wiederherstellung des früheren Zustandes oder geeignete andere Maßnahmen aufzuerlegen, soweit dies zum Wohl der Allgemeinheit oder zur Vermeidung nachteiliger Wirkungen auf Rechte anderer erforderlich ist (§ 77 Satz 2 VwVfG). Werden solche Maßnahmen notwendig, weil nach Abschluss des Planfeststellungsverfahrens auf einem benachbarten Grundstück Veränderungen eingetreten sind, so kann gem. § 77 Satz 3 VwVfG der Träger des Vorhabens durch Beschluss der Planfeststellungsbehörde zu geeigneten Vorkehrungen verpflichtet werden; die hierdurch entstehenden Kosten hat jedoch der Eigentümer des benachbarten Grundstücks zu tragen, es sei denn, dass die Veränderungen durch natürliche Ereignisse oder höhere Gewalt verursacht worden sind. 87

Selbstverständlich enden die Rechtswirkungen des Planfeststellungsbeschlusses auch mit seiner gerichtlichen Aufhebung. Im Übrigen bleiben die Rechtswirkungen erhalten, solange die planfestgestellten Anlagen bestimmungsgemäß genutzt werden. Enthält der Planfeststellungsbeschluss Anordnungen für die Zeit nach der Nutzung, dann bleiben die Rechtswirkungen selbstverständlich auch nach Einstellung der bestimmungsgemäßen Nutzung erhalten. 88

E. UVP-Pflicht für Deponien (Abs. 2 Satz 2)

Gemäß Abs. 2 Satz 2 ist in dem Planfeststellungsverfahren eine Umweltverträglichkeitsprüfung nach den Vorschriften des UVPG durchzuführen. Der Ablauf der UVP ist im Einzelnen im UVPG geregelt. Die Liste der UVP-pflichtigen Vorhaben befindet sich in Anlage 1 des UVPG. Nach Nr. 12.1 dieses Anhangs sind die Errichtung und der Betrieb einer Deponie zur Ablagerung von gefährlichen Abfällen i.S.d. KrWG stets UVP-pflichtig. Dasselbe gilt für die Errichtung und den Betrieb einer Deponie zur Ablagerung von nicht gefährlichen Abfällen, mit Ausnahme der Deponien für Inertabfälle nach Nr. 12.3 dieser Liste, mit einer Aufnahmekapazität von 10 t oder mehr je Tag oder mit einer Gesamtkapazität von 25 000 t oder mehr. 89

Hat eine solche Deponie zur Ablagerung von nicht gefährlichen Abfällen eine Aufnahmekapazität von weniger als 10 t je Tag oder eine Gesamtkapazität von weniger als 25.000 t, dann bedarf es nach Nr. 12.2.2 einer *standortbezogenen* **Vorprüfung** des Einzelfalls gem. § 7 Abs. 2 Satz 1 UVPG. Einer *allgemeinen* Vorprüfung des Einzelfalls im Sinne von § 7 Abs. 1 Satz 1 UVPG bedarf es schließlich noch für die Errichtung und den Betrieb einer Deponie zur Ablagerung von Erdabfällen gem. Nr. 12.3 des Anhangs zum UVPG. 90

Nach Abs. 3 kann die zuständige Behörde auf Antrag oder von Amts wegen nur dann anstelle eines Planfeststellungsverfahrens mit Öffentlichkeitsbeteiligung eine Plangenehmigung ohne Öffentlichkeitsbeteiligung nach § 74 Abs. 6 VwVfG erteilen, wenn die in Abs. 3 genannten Voraussetzungen erfüllt sind. Ein Anspruch auf Durchführung eines Planfeststellungsverfahrens existiert grundsätzlich nicht (Versteyl/Kersandt AbfallR 2011, 1, 6). Sollten allerdings die Rechte einer nach § 3 UmwRG anerkannten Umweltschutzvereinigung beeinträchtigt worden sein, kann sie zumindest auf die Durchführung eines ergänzenden Verfahrens klagen. Abs. 3 steuert damit das Ermessen der Zulassungsbehörde bei ihrer Entscheidung, ob von der Durchführung eines Planfeststellungsverfahrens abgesehen werden kann. Abs. 3 stellt sicher, dass eine Plangenehmigung nicht erteilt wird, 91 wenn eine Umweltverträglichkeitsprüfung durchzuführen ist. Abs. 3 Satz 3 schreibt die Durchführung eines Planfeststellungsverfahrens mit Öffentlichkeitsbeteiligung für die Deponien vor, für die eine Umweltverträglichkeitsprüfung notwendig ist.

F. Plangenehmigung für Deponie (Abs. 3)

92 § 35 Abs. 3 verweist zur Möglichkeit, in bestimmten und im einzelnen aufgeführten Fällen statt eines Planfeststellungsbeschlusses eine Plangenehmigung zu erteilen, auf § 74 Abs. 6 Satz 1 VwVfG. Danach kann anstelle eines Planfeststellungsbeschlusses eine Plangenehmigung erteilt werden, wenn Rechte anderer nicht beeinträchtigt werden oder die Betroffenen sich mit der Inanspruchnahme ihres Eigentums oder eines anderen Rechts schriftlich einverstanden erklärt haben und mit den Trägern öffentlicher Belange, deren Aufgabenbereich berührt wird, das Benehmen hergestellt wird. Es handelt es sich um einen **Rechtsgrundverweis**; die Voraussetzungen für die Erteilung einer Plangenehmigung des § 74 Abs. 6 VwVfG müssen zusätzlich erfüllt sein (VG Augsburg Urt. v. 30.6.2010 – Au 6 K 10.389, juris Rn. 34, 41 f.; Versteyl/Kersandt AbfallR 2011, 2, 3 f. Versteyl/Grunow in Schink/Versteyl KrWG, 2016, § 35 Rn. 40; Fellenberg/Schiller in Jarass/Petersen, KrwG, 2022, § 35 Rn. 98; aA Klages in BeckOK Umweltrecht, § 35 Rn. 70). Stellt sich heraus, dass die Voraussetzungen für die Erteilung einer Plangenehmigung anstelle eines Planfeststellungsbeschlusses nicht oder nicht mehr vorliegen, dann muss zum Planfeststellungsverfahren gewechselt werden (Würtenberger in Schmehl/Klement, 2019, § 35 Rn. 37).

Von vornherein nicht in Betracht kommt eine Plangenehmigung für Deponien zur Ablagerung von gefährlichen Abfällen und für Deponien zur Ablagerung von nicht gefährlichen Abfällen mit einer Aufnahmekapazität von zehn Tonnen oder mehr pro Tag oder mit einer Gesamtkapazität von 25.000 Tonnen oder mehr (§ 35 Abs. 3 S. 3). Der Ausschluss einer Plangenehmigung gilt für diese Deponien auch dann, wenn von ihnen keine wesentlichen Umweltauswirkungen erwartet werden können. Deponien für Inertabfälle, können, wenn es sich nicht um gefährliche Abfälle handelt, im Wege einer Plangenehmigung zugelassen werden, auch wenn die Kapazitätsgrenzen von § 35 Abs. 3 S. 3 Nr. 2 überschritten werden. Was **Inertabfälle** sind, definiert § 3 Abs. 6 S. 1 Inertabfälle sind danach mineralische Abfälle, 1. die keinen wesentlichen physikalischen, chemischen oder biologischen Veränderungen unterliegen, 2. die sich nicht auflösen, nicht brennen und nicht in anderer Weise physikalisch oder chemisch reagieren, 3. die sich nicht biologisch abbauen und 4. die andere Materialien, mit denen sie in Kontakt kommen, nicht in einer Weise beeinträchtigen, die zu nachteiligen Auswirkungen auf Mensch und Umwelt führen könnte. Die gesamte Auslaugbarkeit und der Schadstoffgehalt der Abfälle sowie die Ökotoxizität des Sickerwassers müssen nach § 3 Abs. 6 S. 2 unerheblich sein und dürfen insbesondere nicht die Qualität von Oberflächen- oder Grundwasser gefährden.

Ob die zuständige Behörde anstelle eines Planfeststellungsverfahrens ein Plangenehmigungsverfahren durchführt, liegt bei Vorliegen der Voraussetzungen dafür in ihrem Ermessen. Der Vorhabenträger hat insoweit nur einen Anspruch auf fehlerfreie Ermessensausübung. Einen Grundsatz, dass das Ermessen im Interesse der Vorhabenträger und der Drittbetroffenen regelmäßig zugunsten der Verfahrensbeteiligten auszuüben sei, gibt es nicht (a.A. *Versteyl/Grunow* in Schink/Versteyl 2016, § 35 Rn. 48; *Mann* in Versteyl/Mann/Schomerus, 2019, § 35 Rn. 113). Es ist im Übrigen zweifelhaft, ob zwischen den Verfahrensbeteiligten insoweit überhaupt ein übereinstimmendes Interesse festgestellt werden kann. Während der Vorhabenträger daran interessiert sein kann, im Sinne einer Verfahrensbeschleunigung auf eine Beteiligung der Öffentlichkeit zu verzichten, dürften

Drittbetroffene regelmäßig Wert auf ihre Beteiligung legen. Angesichts der Verpflichtung der Behörde, das Verfahren einfach, zweckmäßig und zügig durchzuführen (§ 10 S. 2 VwVfG), dürfte allerdings bei Vorliegen der Voraussetzungen für ein Plangenehmigungsverfahren in aller Regel kaum Spielraum dafür sein, im Rahmen des Ermessens auf einem Planfeststellungsverfahren zu beharren (Versteyl/Grunow in Schink/Versteyl 2016, § 35 Rn. 48).

Die zuständige Behörde soll nach § 35 Abs. 3 S. 2 ein Genehmigungsverfahren durchführen, wenn die wesentliche Änderung keine erheblichen nachteiligen Umweltauswirkungen hat und den Zweck verfolgt, eine wesentliche Verbesserung für diese Schutzgüter herbeizuführen **(Verbesserungsgenehmigung)**. Daraus folgt, dass die Behörde die materielle Beweislast für die Gründe hat, die eine Abweichung von der Regelvorgabe rechtfertigen (Versteyl/Grunow in Schink/Versteyl 2016, § 35 Rn. 49). Diese Soll-Regelung zur **Ermessensreduzierung** gilt allerdings nur für wesentliche Änderungen von Deponien und nicht für die Errichtung und den Betrieb von unbedeutenden Deponien und Versuchsanlagen.

Die Plangenehmigung ist wie der Planfeststellungsbeschluss eine fachplanerische Ent- 93
scheidung (BVerwGE 98, 100 (103). Sie ergeht als **Allgemeinverfügung** gem. § 35 S. 2 VwVfG (BVerwG Urt. v. 07.12.2006, BVerwGE 127, 208 Rn. 10). Die Plangenehmigung hat gem. § 74 Abs. 6 Satz 2 VwVfG die **Rechtswirkungen** der Planfeststellung mit Ausnahme der enteignungsrechtlichen Vorwirkung. Auf ihre Erteilung finden gem. § 74 Abs. 6 Satz 2 Halbs. 2 VwVfG die Vorschriften über das Planfeststellungsverfahren keine Anwendung. Vor Erhebung einer verwaltungsgerichtlichen Klage bedarf es gem. § 74 Abs. 6 Satz 3 VwVfG keiner Nachprüfung in einem Vorverfahren. Nach § 75 Abs. 4 VwVfG gilt gem. § 74 Abs. 6 Satz 4 VwVfG entsprechend. Das bedeutet, dass auch die Plangenehmigung außer Kraft tritt, wenn mit der Durchführung des Vorhabens nicht innerhalb von 5 Jahren nach Eintritt der Unanfechtbarkeit der Plangenehmigung begonnen wird.

Diese Regelungen über die Plangenehmigung nach § 74 Abs. 6 VwVfG gelten gem. 94
§ 35 Abs. 3 für die Errichtung und den Betrieb von Deponien mit der Maßgabe, dass die zuständige Behörde nur dann anstelle eines Planfeststellungsbeschlusses auf Antrag oder von Amts wegen eine Plangenehmigung erteilen kann, wenn eine der in § 35 Abs. 3 Satz 1 genannten Alternativen vorliegt. Sind diese Voraussetzungen für die Wahl einer Plangenehmigung anstelle einer Planfeststellung erfüllt, besteht für die zuständige Behörde keine Verpflichtung, ein solches Plangenehmigungsverfahren zu wählen. Vielmehr steht diese Entscheidung über die Auswahl des Zulassungsverfahrens im Ermessen der zuständigen Behörde. Gem. § 35 Abs. 3 Satz 2 soll die zuständige Behörde jedoch ein Genehmigungsverfahren durchführen, wenn die Änderung keine erheblichen nachteiligen Auswirkungen auf einen in § 2 Abs. 1 Satz 2 UVP genanntes Schutzgut hat und den Zweck verfolgt, eine wesentliche Verbesserung für diese Schutzgüter herbeizuführen. In einem solchen Fall ist die zuständige Behörde grundsätzlich zur Durchführung eines Plangenehmigungsverfahrens verpflichtet. Will sie davon abweichen, bedarf es einer besonderen Rechtfertigung. Eine bei der Ermessensausübung zu beachtende Priorität des Planfeststellungsverfahrens als eines Regelverfahrens gegenüber dem Plangenehmigungsverfahren gibt es grundsätzlich nicht (a.A. VGH Mannheim Beschl. v. 17. 11. 1992, NuR 1993, 144). Wenn die Voraussetzungen für die Erteilung einer Plangenehmigung vorliegen und die Behörde Ermessen auszuüben hat, spricht dies eher mehr dafür, dass der Gesetzgeber für diese Fälle eine Plangenehmigung präferiert, es jedoch in das Ermessen der zuständigen Behörde stellt, trotz Vorliegens der Voraussetzungen von einem Plangenehmigungsverfahren zugunsten eines Planfeststellungsverfahrens im Einzelfall aufgrund besonderer Gründe abzuweichen. Die Entscheidung der Behörde, anstelle eines Planfeststellungsver-

fahrens ein Genehmigungsverfahren durchzuführen, kann nicht von Drittbetroffenen mit Erfolg angegriffen werden. Etwas anderes kann sich für anerkannte Naturschutzverbände ergeben, deren Beteiligungsrecht durch eine rechtswidrige Entscheidung zur Verfahrenswahl verletzt werden kann (BVerwG Urt. v. 31.10.1990 NVwZ 1991, 162; OVG Hamburg Beschl. v. 09.11.1999, NuR 2001, 51).

95 Die Wahl einer Plangenehmigung anstelle einer Planfeststellung ist grundsätzlich möglich für die Errichtung und den Betrieb einer **unbedeutenden Deponie,** soweit die Errichtung und der Betrieb dieser unbedeutenden Deponie keine erheblichen nachteiligen Auswirkungen auf ein in § 2 Abs. 1 Satz 2 UVPG genanntes Schutzgut haben kann. Das Gesetz definiert nicht, wann eine Deponie unbedeutend ist. Aus dem Gesetz lässt sich allerdings auch nicht ableiten, dass eine Deponie im Zweifel immer bedeutend sei (so aber Dippel AbfallR 2010, 132, 136 f., ihm zustimmend Fellenberg/Schiller in Jarass/Petersen KrWG, 2022, § 35 Rn. 100). Ausschlaggebend ist weder die Sicht des Vorhabenträgers noch die eines Drittbetroffenen noch die der zuständigen Behörde. Vielmehr muss die Frage nach der Bedeutung der Anlage objektiv beantwortet werden (Hoppe/Beckmann Planfeststellung und Plangenehmigung im Abfallrecht, S. 111 f.; a.A. Würtenberger in Schmehl/Klement, KrWG, 2019, § 35 Rn. 41: „entscheidend ist die Behördensicht"). Je einfacher die Anlage technisch ist, je weniger Abfallarten auf der Grundlage des zugelassenen Abfallartenkatalogs ablagerungsfähig sind, je geringer der Einzugsbereich der Deponie hinsichtlich ihrer Umweltauswirkungen und der Berührung nachbarlicher Belange ist, je geringer die Kapazität oder die Lagerdauer sind, desto mehr spricht z.B. für eine unbedeutende Anlage. Unbedeutende Deponien sind regelmäßig solche für weitestgehend unschädliche Abfälle wie Erd- oder Bauschuttdeponien, sofern sie nicht übermäßig Fläche in Anspruch nehmen. Da das Plangenehmigungsverfahren ohne Beteiligung der Öffentlichkeit abläuft, ist es als Trägerverfahren für eine UVP untauglich. Wenn mit erheblichen Umweltauswirkungen zu rechnen ist, muss daher ein Planfeststellungsverfahren stattfinden und zwar entweder eben auch für eine unbedeutende Deponie oder weil man annimmt, dass eine Deponie mit erheblichen Umweltauswirkungen bei Beachtung des EU-UVP-Rechts nicht unbedeutend sein kann. Erheblich sind die Auswirkungen dann, wenn sie abwägungserheblich sind (siehe auch Würtenberger in Schmehl/Klement, KrWG, 2019, § 35 Rn. 39, der annimmt, dass Deponien, die keine nachteiligen Umweltauswirkungen verursachen, in der Regel auch unbedeutend sind).

Eine Plangenehmigung kommt auch für **einzelne Abschnitte** oder Teile einer Deponie in Betracht (Hoppe/Beckmann Planfeststellung und Plangenehmigung S. 490; Mann in Versteyl/Mann/Schomerus, KrWG, 2019, § 35 Rn. 115; zustimmend auch Fellenberg/Schiller in Jarass/Petersen KrWG, 2022, § 35 Rn. 99).

Eine Plangenehmigung kann auch für die **wesentliche Änderung einer Deponie oder ihres Betriebs** erteilt werden. Ob die Deponie bedeutend oder unbedeutend ist, ist insoweit unerheblich (Mann in Versteyl/Mann/Schomerus, KrWG, 2019, § 35 Rn. 110; Fellenberg/Schiller in Jarass/Petersen KrWG, 2022, § 35 Rn. 103). Eine wesentliche Änderung kann bei Änderungen der Organisation, bei erheblichen Erweiterungen der Deponiefläche, der Änderung der Deponieklasse oder der Zulassung weiterer Abfallschlüsselnummern vorliegen (Fellenberg/Schiller in Jarass/Petersen KrWG, 2022, § 35 Rn. 99). Auch eine wesentliche Änderung kann nur dann im Wege einer Plangenehmigung zugelassen werden, wenn sie keine erheblichen nachteiligen Auswirkungen auf die in § 2 Abs. 1 S. 2 UVPG genannten Schutzgüter haben kann. Schon die Möglichkeit solcher Auswirkungen schließt die Erteilung einer Plangenehmigung aus.

Eine Plangenehmigung kann schließlich auch für eine **Deponie zur Erprobung** neuer Verfahren erteilt werden. Wann eine Deponie der Erprobung neuer Beseitigungsverfahren dient, richtet sich nach dem aktuellen Stand der Technik, über den das Ablagerungsverfahren hinausgehen soll. Der Betrieb einer Versuchsdeponie muss auf einen Zeitraum von max. zwei Jahren nach Inbetriebnahme beschränkt werden..

Eine Plangenehmigung darf nach § 35 Abs. 3 S. 3 nicht erteilt werden 1. für Deponien zur Ablagerung von gefährlichen Abfällen, 2. für Deponien zur Ablagerung von nicht gefährlichen Abfällen mit einer Aufnahmekapazität von 10 Tonnen oder mehr pro Tag oder mit einer Gesamtkapazität von 25 000 Tonnen oder mehr; dies gilt nicht für Deponien für Inertabfälle. Der Grund für diese Einschränkung einer Plangenehmigungsfähigkeit ergibt sich aus den UVP-Vorschriften, die in diesen Fällen UVP verlangen (Fellenberg/Schiller in Jarass/Petersen KrWG, 2022, § 35 Rn. 99). Von dem Genehmigungsverbot ausdrücklich ausgenommen sind Deponien für Inertabfälle, da für sie keine zwingende UVP-Pflicht besteht.

Nach § 38 Abs. 1 S. 1 findet grundsätzlich auch § 74 Abs. 7 VwVfG bei der abfallrechtlichen Zulassung von Deponien Anwendung. Planfeststellung und Plangenehmigung entfallen danach in Fällen von unwesentlicher Bedeutung. Diese liegen nach § 74 Abs. 7 S. 2 VwVfG vor, wenn 1. andere öffentliche Belange nicht berührt sind oder die erforderlichen behördlichen Entscheidungen vorliegen und sie dem Plan nicht entgegenstehen, 2. Rechte anderer nicht beeinflusst werden oder mit den vom Plan Betroffenen entsprechende Vereinbarungen getroffen worden sind und 3. nicht andere Rechtsvorschriften eine Öffentlichkeitsbeteiligung vorschreiben, die den Anforderungen des § 73 Abs. 3 Satz 1 und Abs. 4 bis 7 VwVfG entsprechen muss. Die recht strengen Voraussetzungen für einen Verzicht auf Planfeststellung und Plangenehmigung dürften in aller Regel für Deponievorhaben nicht vorliegen (Mann in Versteyl/Mann/Schomerus, KrWG, 2019, § 35 Rn. 102; Fellenberg/Schiller in Jarass/Petersen, KrWG, 2022, § 35 Rn. 119). Ein Absehen von einer Zulassungsentscheidung nach § 74 Abs. 7 VwVfG ist auch angesichts der Verpflichtung der Mitgliedstaaten nach Art. 23 Abs. 1 AbfRRL, für Abfallentsorgungsanlagen ein Genehmigungsverfahren durchzuführen, problematisch (Fellenberg/Schiller in Jarass/Petersen, KrWG, 2022, § 35 Rn. 119).

G. Anzeigepflicht für Änderungen (Abs. 4 und 5)

Abs. 4 Satz 1 erklärt § 15 Abs. 1 und 2 BImSchG für entsprechend anwendbar. Das hat 96
zur Folge, dass Änderungen der Lage, der Beschaffenheit oder des Deponiebetriebs einer Anzeige bedürfen, es sei denn es wird eine Planfeststellung oder eine Plangenehmigung beantragt. Sonstige Abfallentsorgungsanlagen nach Abs. 1 werden nicht erfasst. Ferner gilt das Anzeigeverfahren ausdrücklich auch für Altdeponien nach § 39 (Abs. 4 Satz 2).

Die Anzeige ist gegenüber der zuständigen Behörde mindestens einen Monat vor Beginn der Änderung schriftlich abzugeben, wenn sich die Änderung auf die in § 1 BImSchG genannten Schutzgüter auswirken kann. Der Anzeige sind gemäß § 15 Abs. 1 Satz 2 BImSchG Unterlagen beizufügen, soweit diese für die Prüfung erforderlich sein können, ob das Vorhaben genehmigungsbedürftig ist. Die zuständige Behörde hat den Eingang der Anzeige und der beigefügten Unterlagen unverzüglich schriftlich zu bestätigen. Sie teilt dem Träger des Vorhabens nach § 15 Abs. 1 Satz 4 BImSchG nach Eingang der Anzeige unverzüglich mit, welche zusätzlichen Unterlagen sie zur Beurteilung der Voraussetzungen des § 16 Abs. 1 benötigt. Nach § 15 Abs. 2 Satz 1 BImSchG hat die zuständige Behörde unverzüglich, spätestens innerhalb eines Monats nach Eingang der Anzeige und der erforderlichen Unterlagen zu prüfen, ob die angezeigte Änderung genehmigungsbedürftig ist. Der Vorhabenträger darf gemäß § 15 Abs. 2 Satz 2 BImSchG die angezeigte Änderung vornehmen, sobald die zuständige Behörde ihm mitteilt, dass die Änderung keiner Genehmigung bedarf, oder sich innerhalb der Monatsfrist nicht geäußert hat. Die Anzeige dient der Risikominimierung für den Deponiebetreiber, da sie ihn vor dem Vorwurf der formellen Illegalität der Änderungsmaßnahme bewahren kann (OVG Saarlouis Beschl. v. 26.03.2020 – 1 B 306/19, BeckRS 2020, 4685, Rn. 31).

Die entsprechende Anwendung dieser Regelung für die abfallrechtliche Planfeststellung führt dazu, dass Art und Umfang des zugelassenen Deponiebetriebs sich nicht mehr abschließend aus dem Planfeststellungsbeschluss in der Gestalt der ihn ändernden Bescheide, die mit ihm zu einer einheitlichen Planungsentscheidung zusammenwachsen, ergeben müssen. Denn sogar wesentliche Änderungen der Deponie oder ihres Betriebes können ohne Änderungsgenehmigung oder Änderungsplanfeststellung zulässig sein, wenn sich die Behörde nicht innerhalb der erwähnten Frist geäußert hat. Die entsprechende Anwendung des § 15 Abs. 1 und 2 BImSchG gilt gemäß Abs. 4 Satz 2 auch für bestehende Abfallbeseitigungsanlagen im Sinne von § 35 Abs. 4 Satz 2, die also bereits vor dem 11.06.1972 betrieben wurden oder mit deren Errichtung zu diesem Zeitpunkt begonnen war.

97 Nach Abs. 5 kann der Träger des Vorhabens für nach Abs. 4 anzeigebedürftige Vorhaben eine Planfeststellung oder eine Plangenehmigung beantragen. Die Erteilung eines Planfeststellungsbeschlusses oder einer Plangenehmigung kann trotz des damit verbundenen größeren Verfahrens- und Zeitaufwands für den Vorhabenträger vorteilhaft sein, weil die Zulassungsentscheidungen Bestandsschutz für die Deponie vermitteln (Fellenberg/Schiller in Jarass/Petersen, KrWG, 2022, § 35 Rn. 132; Mann in Versteyl/Mann/Schomerus, KrWG 2019, § 35 Rn. 8).

§ 36 Erteilung, Sicherheitsleistung, Nebenbestimmungen

(1) **Der Planfeststellungsbeschluss nach § 35 Absatz 2 darf nur erlassen oder die Plangenehmigung nach § 35 Absatz 3 darf nur erteilt werden, wenn**

1. sichergestellt ist, dass das Wohl der Allgemeinheit nicht beeinträchtigt wird, insbesondere

a) keine Gefahren für die in § 15 Absatz 2 Satz 2 genannten Schutzgüter hervorgerufen werden können,

b) Vorsorge gegen die Beeinträchtigungen der in § 15 Absatz 2 Satz 2 genannten Schutzgüter in erster Linie durch bauliche, betriebliche oder organisatorische Maßnahmen entsprechend dem Stand der Technik getroffen wird und

c) Energie sparsam und effizient verwendet wird,

2. keine Tatsachen bekannt sind, aus denen sich Bedenken gegen die Zuverlässigkeit des Betreibers oder der für die Errichtung, Leitung oder Beaufsichtigung des Betriebes oder für die Nachsorge der Deponie verantwortlichen Personen ergeben,

3. die Personen im Sinne der Nummer 2 und das sonstige Personal über die für ihre Tätigkeit erforderliche Fach- und Sachkunde verfügen,

4. keine nachteiligen Wirkungen auf das Recht eines anderen zu erwarten sind und

5. die für verbindlich erklärten Feststellungen eines Abfallwirtschaftsplans dem Vorhaben nicht entgegenstehen.

(2) **Dem Erlass eines Planfeststellungsbeschlusses oder der Erteilung einer Plangenehmigung stehen die in Absatz 1 Nummer 4 genannten nachteiligen Wirkungen auf das Recht eines anderen nicht entgegen, wenn sie durch Auflagen oder Bedingungen verhütet oder ausgeglichen werden können oder der Betroffene den nachteiligen Wirkungen auf sein Recht nicht widerspricht. Absatz 1 Nummer 4 gilt nicht, wenn das Vorhaben dem Wohl der Allgemeinheit dient. Wird in diesem Fall der Planfeststellungsbeschluss erlassen, ist der Betroffene für den dadurch eingetretenen Vermögensnachteil in Geld zu entschädigen.**

(3) **Die zuständige Behörde soll verlangen, dass der Betreiber einer Deponie für die Rekultivierung sowie zur Verhinderung oder Beseitigung von Beeinträchtigungen des Wohls der Allgemeinheit nach Stilllegung der Anlage Sicherheit im Sinne von § 232 des Bürgerlichen Gesetzbuchs leistet oder ein gleichwertiges Sicherungsmittel erbringt.**

(4) **Der Planfeststellungsbeschluss und die Plangenehmigung nach Absatz 1 können von Bedingungen abhängig gemacht, mit Auflagen verbunden und befristet werden, soweit dies zur Wahrung des Wohls der Allgemeinheit erforderlich ist. Die zuständige Behörde überprüft regelmäßig sowie aus besonderem Anlass, ob der Planfeststellungsbeschluss und die Plangenehmigung nach Absatz 1 dem neuesten Stand der in Absatz 1 Nummer 1 bis 3 und 5 genannten Anforderungen entsprechen. Die Aufnahme, Änderung oder Ergänzung von Auflagen über Anforderungen an die Deponie oder ihren Betrieb ist auch nach dem Ergehen des Planfeststellungsbeschlusses oder nach der Erteilung der Plangenehmigung zulässig. Die Bundesregierung wird ermächtigt, nach Anhörung der beteiligten Kreise (§ 68) durch Rechtsverordnung mit Zustimmung des Bundesrates zu bestimmen, wann die zuständige Behörde Überprüfungen vorzunehmen und die in Satz 3 genannten Auflagen zu erlassen hat.**

Schrifttum: *Baufeld,* Grenzen der Anordnung wesentlicher Änderungen von Deponien nach §§ 35 Abs. 1, 36 Abs. 2 Nr. 2 KrW-/AbfG bei der Sanierung von Altdeponien, AbfallR 2010, 235; *Beckmann,* Über Sinn und Unsinn der Einführung einer Soll-Pflicht zur Gestattung von Zielabweichungen durch Änderung des § 6 Abs. 2 ROG, BauR 2023, 18; *ders.,* Wertminderungen von Grundstücken als abwägungsrelevanter Belang im Planfeststellungs-verfahren, BauR 2021, 768; *ders.*, Verwaltungsermessen bei Anordnung und Auswahl von Sicherheitsleistungen für Abfallentsorgungsanlagen?, UPR 2020, 121; *ders.*, Planfeststellung zwischen Zulassungsverfahren und Planung. Steht die Zukunft der Planfeststellung auf dem Spiel?, in: Erbguth (Hrsg.) Tagungsband, Nomos-Verlag 2011, S. 123 ff.; *ders.* Die Umweltverträglichkeitsprüfung und das rechtssystematische Verhältnis von Planfeststellungsbeschlüssen und Genehmigungsentscheidungen, DÖV 1987, 944; *ders.*, Verwaltungsgerichtlicher Rechtsschutz im raumbedeutsamen Umweltrecht, Münster 1987; *ders.*, Rechtsfragen des Vollzugs der Deponieverordnung und der Abfallablagerungsverordnung, DVBl 2003, 821 ff.; *ders.*, Rechtliche Vorgaben für Abfallwirtschaftsplanung und Deponiezulassung zum Weiterbetrieb und zur Stilllegung von Deponien, in: Tagungsband zu den 11. Kölner Abfalltagen, Köln 2003, S. 119 ff.; *ders.*, Zur Umsetzung von Anforderungen der Deponieverordnung und der Abfallanlagerungsverordnung für den Weiterbetrieb von Deponien, AbfallR 2003, 1 ff.; *ders.*, Verfahrensrechtliche Anforderungen an die Standortsuche für Abfalldeponien, DVBl. 1994, 236; *ders.*, Umweltverträglichkeitsprüfung im Abfallrecht, in: *Erbguth (*Hrsg.), Die Umweltverträglichkeitsprüfung. Neuregelung. Entwicklungstendenzen, Nomos-Verlag, 2003, S. 121 ff.; *Beckmann/Gesterkamp,* Sicherheitsleistungen für Abfallentsorgungsanlagen und Entsorgungsdienstleistungen, UPR 2003, 206; *Bender/Pfaff,* Zur Standortproblematik im Bereich der Abfallentsorgungsanlagen, DVBl 1992, 181; *Berkemann,* Zur Abwägungsdogmatik: Stand und Bewertung, ZUR 2016, 323; *Buch,* Sicherheitsleistungen für Abfallentsorgungsanlagen, AbfallR 2008, 2; *Dippel,* Das gemeindliche Einvernehmen, die Veränderungssperre und die planungsrechtliche Privilegierung in der Zulassungspraxis von Entsorgungsanlagen, AbfallR 2020, 57; *Dolde,* Standortfestlegung kooperierender Entsorgungsträger und abfallrechtliche Planfeststellung, NVwZ 1996, 526; *Erbguth,* Rechtliche Anforderungen an Alternativenprüfungen in (abfallrechtlichen) Planfeststellungsverfahren und vorgelagerten Verfahren, NVwZ 1992, 209; *ders.*, Abwägung als Merkmal rechtsstaatlicher Planung – die Anforderungen des Rechtsstaatsprinzips, UPR 2010, 281; *ders,* Die Abfallwirtschaftsplanung und ihre Auswirkungen auf die Zulassung von Abfallanlagen, UPR 1997, 60; Franßen/*Grunow,* Standortbezogene Rechtsfrage bei der Zulassung von Deponievorhaben auf neuen Flächen, AbfallR 2017, 46; *Gaßner/Schmidt,* Standortsuche und Geologie – Anforderungen der TA Siedlungsabfall für Deponien, NVwZ 1994, 975; *Hoppe/Beckmann,* Zur Berücksichtigung von Standortalternativen bei der Zulassung von Abfallentsorgungsanlagen, DÖV 1990, 769; *Hoppe/Beckmann,* Planfeststellung und Plangenehmigung im Abfallrecht – Vorschläge zur Erleichterung des abfallrechtlichen Zulassungsverfahrens, UBA-Texte 27/90, 1990; *Hoppe/Bleicher,* Rechtsprobleme bei der Verfahrensprivatisierung von Standortauswahlverfahren im Abfallrecht, NVwZ 1996, 421; *Jarass,* Festlegung von Einzugsbereichen für Abfallentsorgungsanlagen, DVBl 1991, 7; *Kraus/Greb,* Die Sperrgrundstückstückrechtsprechung des BVerwG - eine verfassungsrechtliche Betrachtung, ZUR 2020, 650; *Paetow,* Teilbarkeit von Planungsentscheidungen, DVBl 1985, 369; *Paetow,* Zur Struktur der abfallrechtlichen Planfeststellung, in: Festschrift für Horst Sendler, 1991, S. 425; *Petersen/Krohn,* Der Planfeststellungsbeschluss als Schutzschild für Deponiebetreiber? – Zur unmittelbaren Geltungswirkung der Abfallablagerungsverordnung, AbfallR 2003, 60; *Ronellenfitsch,* Standortwahl bei Abfallentsorgungsanlagen: Planfeststellungsverfahren und Umweltverträglichkeitsprüfung, DÖV 1989, 737; *Kleinschnitger,* Die abfallrechtliche Planfeststellung, 1992; *Versteyl/Grunow,* Standortalternativenprüfung bei Deponievorhaben auf eigenen Flächen, AbfallR 2017, 25.

Übersicht

A. Überblick

§ 36 regelt die materiell-rechtlichen Anforderungen an den Erlass eines Planfeststellungsbeschlusses und an die Erteilung einer Plangenehmigung für Deponien, die Verpflichtung zur Erbringung von Sicherheitsleistungen sowie die Möglichkeit, Nebenbestimmungen mit dem Planfeststellungsbeschluss bzw. der Plangenehmigung bei deren Erteilung oder auch nachträglich zu verbinden. Für das Zulassungsverfahren verweist § 38 auf die §§ 72–78 VwVfG. 1

Planfeststellungsbeschluss und Plangenehmigung müssen alle wesentlichen Inhalte der Zulassung regeln und eine Begründung enthalten, aus der die wesentlichen tatsächlichen und rechtlichen Gründe, die die zuständige Behörde zu ihrer Entscheidung bewogen haben, und die Behandlung der Einwendungen hervorgehen sollen (§ 38 i.V.m. §§ 74 Abs. 1 S. 2, 69 Abs. 2 S. 1 VwVfG; § 21 Abs. 1 Nr. 16 DepV). Für den Planfeststellungsbeschluss und die Plangenehmigung gelten die allgemeinen Anforderungen an Verwaltungsakte, insbesondere an die **inhaltliche Bestimmtheit**.

Aus § 21 DepV ergibt sich der **Mindestinhalt**. Dieser umfasst die grundlegenden Daten zur Deponie und deren Vorhabenträger und Betreiber, die Deponieklasse, die Bezeichnung der Deponie, Standortangaben, die zu deponierenden Abfallarten, Zuordnungskriterien sowie das zulässige Deponievolumen, die zulässige Größe der Ablagerungsfläche, die Oberflächengestaltung und Endhöhen. Außerdem müssen der Planfeststellungsbeschluss und die Plangenehmigung die Anforderungen vor Inbetriebnahme der Deponie, die Anforderungen an den Deponiebetrieb während der Ablagerungsphase und die Anforderungen an die Stilllegungs- und Nachsorgephase regeln. Dazu gehören Schutzvorkehrungen und Ausgleichsmaßnahmen, Mess- und Überwachungsverfahren, einschließlich der Maßnahmenpläne, die sog. Auslöseschwellen, Vorgaben zum Einsatz von Deponieersatzbaustoffen, die Verpflichtung des Vorhabenträgers, der zuständigen Behörde Jahresberichte vorzulegen sowie Art und Höhe der Sicherheitsleistung.

Auf sonstige Abfallentsorgungsanlagen i.S.v. § 35 Abs. 1, für die eine immissionsschutzrechtliche Genehmigung erforderlich ist, findet § 36 keine Anwendung. Angesichts des hohen Konfliktpotentials, das mit der Errichtung und dem Betrieb von Abfallentsorgungsanlagen verbunden sein kann, ist die Vorschrift von hoher praktischer Bedeutung (Dippel Kreislaufwirtschafts- und Abfallrecht, in Redeker/Uechtritz, Anwaltshandbuch, 2020, S. 630; Dippel Entsorgungsinfrastruktur im Regelungssystem der §§ 36 KrWG, 38 BauGB, in: Schlacke/Beaucamp/Schubert, Festschrift für Erbguth, 2019, S. 397), wenngleich die Zahl der in Deutschland betriebenen Abfälle abnimmt. Im Jahr 2019 gab es in Deutschland nach Angaben auf der Homepage des Bundesumweltministeriums noch

1.027 Deponien, davon 728 der Klasse 0 für Inertabfälle und 148 Siedlungsabfalldeponien.

§ 36 entspricht – abgesehen von einigen sprachlichen Klarstellungen und Anpassungen der Verweise – inhaltlich der Vorgängerregelung des § 32 KrW-/AbfG. Lediglich Abs. 3 wurde von einer Kannbestimmung in eine „Soll-Vorschrift" verändert, um einen Gleichklang der Anforderungen mit § 12 Abs. 1 Satz 2 BImSchG sicherzustellen und den Anforderungen der Deponierichtlinie zu genügen (zur Rechtsentwicklung siehe Kropp in v. Lersner/Wendenburg/Versteyl, Recht der Abfallbeseitigung, § 36 KrWG Rn. 6 ff.).

§ 36 dient der Umsetzung der AbfRRL, der Dep-RL sowie der RL 2010/75/EU sowie der IE-RL (siehe dazu Kropp in v.Lersner/Wendenburg/Versteyl, Recht der Abfallbeseitigung, § 36 KrWG Rn. 1 ff.; Fellenberg/Schiller in Jarass/Petersen, KrWG, 2022, § 36 Rn. 8). Nach Art. 10 und 11 AbfRRL muss sichergestellt werden, dass die Abfallbewirtschaftung ohne Gefährdung der menschlichen Gesundheit oder Schädigung der Umwelt stattfindet und nennt bestimmte Schutzgüter (Wasser, Luft, Boden, Tiere, Pflanzen, etc). Verbindliche materielle Umweltstandards enthält die AbfRRL nicht. Die Dep-RL begründet zusätzlich zu den verfahrensrechtlichen Anforderungen auch materiell-rechtliche Zulassungsvoraussetzungen, die durch § 36 und die DepV umgesetzt werden. Dazu gehören z.B. Anforderungen an den Boden- und Gewässerschutz, den Umgang mit Deponiegas sowie den Schutz vor Belästigungen und Gefährdungen. Der Deponiebetrieb muss nach Art. 8a Ziffer ii Dep-RL von einer Person geführt werden, die die technische Kompetenz zur Leitung der Deponie besitzt. Außerdem muss für die berufliche und technische Weiterbildung und Einarbeitung von Betreibern und Dienstpersonal gesorgt sein. Art. 8a Ziffer iv Dep-RL verpflichtet den Betreiber, vor Beginn des Deponiebetriebs eine Sicherheitsleistung für die Nachsorge- und Stilllegungsphase beizubringen. Weitere unionsrechtliche Vorgaben enthält die IE-RL, deren Art. 1–27 auf Deponien mit einer Aufnahmekapazität von über 10t Abfall pro Tag oder einer Gesamtkapazität von über 25.000t Abfall mit Ausnahme von Inertstoffdeponien anzuwenden sind (Art. 10 Abs. 1 iVm Nr. 5.4 Anhang 1 der IE-RL). Die IE-RL bestimmt formelle und materielle Anforderungen an die Zulassung von Deponien. Art. 21 Abs. 1 IE-RL enthält unter anderem die Pflicht zur regelmäßigen Überprüfung und Aktualisierung der Genehmigungsauflagen von bereits zugelassenen Deponien, die in Abs. 4 S. 2 und 3 umgesetzt wurde (Fellenberg/Schiller in Jarass/Petersen, KrWG, 2022, § 36 Rn. 10 f.).

2 Der abfallrechtliche Planfeststellungsbeschluss nach § 35 Abs. 2 und die abfallrechtliche Plangenehmigung nach § 35 Abs. 3 dürfen nach Abs. 1 nur erteilt werden, wenn die im Einzelnen dort aufgelisteten Voraussetzungen vorliegen. Allerdings sind die in Abs. 1 geregelten Voraussetzungen nicht abschließend. Zwar verweist § 36 Abs. 1 nicht ausdrücklich auf andere öffentlich-rechtliche Vorschriften, die zu beachten sind. Die Beachtlichkeit dieser Vorschriften ergibt sich jedoch aus dem Anwendungsbereich dieser Vorschriften selbst. Das gilt nicht nur für die Zulassungsvoraussetzungen solcher Genehmigungen, die von der **Konzentrationswirkung** der abfallrechtlichen Planfeststellung erfasst werden und deren Zulassungsvoraussetzungen von der Planfeststellungsbehörde schon insoweit mit zu prüfen sind. Beachtlich sind vielmehr unabhängig davon auch materiell-rechtliche Anforderungen anderer Fach- und Umweltgesetze. So müssen etwa die von einer Deponie ausgehenden Eingriffe in Natur und Landschaft mit dem Naturschutzrecht vereinbar sein. Auch die Anforderungen des UVPG müssen gewahrt werden. Nicht zuletzt sind bauplanungsrechtliche Anforderungen im Sinne des § 38 BauGB zu berücksichtigen oder gar, soweit § 38 BauGB nicht zur Anwendung kommt, weil das Vorhaben nicht von überörtlicher Bedeutung ist, zu beachten.

3 Dem Vorhabenträger steht kein Anspruch auf die beantragte Planfeststellung, sondern nur ein Anspruch auf die fehlerfreie Ausübung des Planungsermessens zu, wenn die Zu-

lassungsvoraussetzungen erfüllt sind (Versteyl in Schmehl/Klement, KrWG, 2019, § 36 Rn. 5; Fellenberg/Schiller in Jarass/Petersen, KrWG, 2022, § 36 Rn. 12; Kloepfer Umweltrecht, 2016, § 20 Rn. 271). Der Zulassungsbehörde soll danach ein planerischer Gestaltungsspielraum oder ein **Planungsermessen** eingeräumt sein, das nur in Ausnahmefällen auf Null reduziert ist (BVerwG Beschl. v. 12.07.2018, AbfallR 2019, 55 Rn. 16; BVerwG Urt. v. 24.11.1994, BVerwGE 97, 143, 148; Wysk in Kopp/Ramsauer, VwVfG, 2021, § 72 Rn. 33a; Fellenberg/Schiller in Jarass/Petersen, KrWG, 2022, § 36 Rn. 12; Dippel Kreislaufwirtschafts- und Abfallrecht, in: Redeker/Uechtritz, Anwaltshandbuch, 2020, S. 644; Deifuß-Kruse in Jahn/Deifuß-Kruse/Brandt, KrWG, 2014, § 36 Rn. 3). Der Vorhabenträger hat einen Anspruch auf Durchführung des Planfeststellungsverfahrens und auf ermessensfehlerfreie Entscheidung über den eingereichten Plan (BVerwG Urt. v. 29.06.2017 – 3 A 1.16, juris Rn. 32; Neumann/Külpmann in Stelkens/Bonk/Sachs, VwVfG, 2018, § 74 Rn. 266; VGH München Urt. v. 30.03.2006 – 22 A 01.40059, BeckRS 2006, 24080).

Das **Gebot zügiger Verfahrensdurchführung**, das in § 10 Satz 2 VwVfG für nichtförmliche Verwaltungsverfahren aufgestellt ist, gilt auch im Planfeststellungsrecht, gibt aber keine feste Zeitgrenze dafür vor, welche Verfahrensdauer angemessen ist. Die Angemessenheit variiert vor allem mit der Komplexität eines Vorhabens und den im Einzelfall zu überwindenden Widerständen. Vorrangig sind in jedem Fall die Pflichten zur Optimierung des Vorhabens und zur vollständigen Problembewältigung (BVerwG Urt. v. 29.06.2017 – 3 A 1.16, juris Rn. 32).

Bei der Ausübung des Planungsermessens sind die allgemeinen rechtsstaatlichen **Anforderungen des Abwägungsgebots** – wie bei anderen Fachplanungsentscheidungen auch – zu beachten (BVerwG Urt. v. 07.07.1978, BVerwGE 56, 110, 119; BVerwG Urt. v. 24.11.1994, BVerwGE 97, 143, 148).

Nach § 36 Abs. 1 Nr. 4 dürfen der abfallrechtliche Planfeststellungsbeschluss bzw. die 4
abfallrechtliche Plangenehmigung u.a. nur dann erteilt werden, wenn keine nachteiligen Wirkungen auf das Recht eines anderen zu erwarten sind. Nach Abs. 2 Satz 1 stehen solche nachteiligen Wirkungen auf das Recht eines anderen der abfallrechtlichen Zulassung nicht entgegen, wenn sie durch Auflagen oder Bedingungen verhütet oder ausgeglichen werden können oder der Betroffene ihnen nicht widerspricht. Wenn das Vorhaben dem **Wohl der Allgemeinheit** dient, kann sich die abfallrechtliche Zulassung auch über zu erwartende nachteilige Wirkungen auf das Recht eines anderen hinwegsetzen. Sie müssen in diesem Fall hingenommen werden. Wird in einem solchen Fall die Planfeststellung erteilt, so ist der Betroffene nach Abs. 2 Satz 3 für den dadurch eingetretenen **Vermögensnachteil** in Geld zu entschädigen.

Abs. 3 sieht vor, dass die zuständige Behörde dem Deponiebetreiber eine **Sicherheits-** 5
leistung abverlangen soll. Näheres dazu ist in § 18 DepV geregelt (vgl. dazu Beckmann/Gesterkamp UPR 2003, 206 ff.; Beckmann UPR 2020, 121).

Abs. 4 **Satz 1** regelt die Zulässigkeit von Bedingungen, Auflagen und Befristungen. 6
Nach Abs. 4 Satz 2 überprüft die zuständige Behörde regelmäßig sowie aus besonderem Anlass, ob der Planfeststellungsbeschluss und die Genehmigung dem neuesten Stand der in Abs. 1 Nr. 1–3 und 5 genannten Zulassungsvoraussetzungen entsprechen. Die Aufnahme, Änderung oder Ergänzung von Auflagen über Anforderungen an die Deponie oder ihren Betrieb ist auch nach dem Ergehen des Planfeststellungsbeschlusses oder nach der Erteilung der Genehmigung gemäß Abs. 4 Satz 3 zulässig.

Abs. 4 Satz 4 schließlich enthält eine Ermächtigung für die Bundesregierung, nach An- 7
hörung der beteiligten Kreise durch Rechtsverordnung mit Zustimmung des Bundesrates zu bestimmen, wann die zuständige Behörde **Überprüfungen** vorzunehmen und die in Satz 3 genannten Auflagen zu erlassen hat. Die Abstände der regelmäßigen Überprüfun-

gen werden in § 22 DepV festgelegt. Die zuständige Behörde hat nach § 22 Abs. 2 S. 1 DepV die abfallrechtlichen Planfeststellungsbeschlüsse und Plangenehmigungen alle vier Jahre darauf zu überprüfen, ob zur Einhaltung des Standes der Technik im Sinne des § 3 Abs. 28 sowie der in § 36 Abs. 1 Nr. 1 bis 3 und 5 genannten Anforderungen weitere Bedingungen, Auflagen oder Befristungen angeordnet oder bestehende geändert werden müssen. Die zuständige Behörde nimmt nach § 22 Abs. 2 S. 2 DepV Prüfungen entsprechend § 22 Abs. 2 S. 1 DepV sowie Anordnungen oder Änderungen der behördlichen Entscheidungen vor, soweit die von der Deponie verursachten Beeinträchtigungen des Wohls der Allgemeinheit, die Betriebssicherheit oder neue umweltrechtliche Vorschriften dies erfordern.

B. Allgemeines

8 § 36 Abs. 1 regelt die Voraussetzungen einer abfallrechtlichen Zulassung für den abfallrechtlichen Planfeststellungsbeschluss und die abfallrechtliche Plangenehmigung in gleicher Weise. Deshalb besteht zwischen abfallrechtlicher Plangenehmigung und Planfeststellung, was die materiell-rechtlichen Anforderungen angeht, kein Unterschied (Deifuß-Kruse in Jahn/Deifuß-Kruse/Brandt, KrWG, 2014, § 36 Rn. 3). Die abfallrechtliche Plangenehmigung ist wie die abfallrechtliche Planfeststellung eine **fachplanerische Entscheidung** (Versteyl in Schmehl/Klement, KrWG, 2019, § 36 Rn. 2; Mann in Versteyl/Mann/Schomerus, KrWG, 2019, § 36 Rn. 11). Das gilt nicht nur für die Zulassungsvoraussetzungen des § 36 Abs. 1 und das auszuübende Planungsermessen, sondern auch für die Überwindbarkeit der Rechte Dritter nach Abs. 2, für die Forderung nach einer Sicherheitsleistung nach Abs. 3 und nicht zuletzt auch für die Aufnahme von Bedingungen, Auflagen und Befristungen entweder bereits in der abfallrechtlichen Zulassung selbst oder aber nachträglich nach ihrem Erlass.

9 Schließlich sind auch die **Rechtswirkungen** der abfallrechtlichen Plangenehmigung mit denen der abfallrechtlichen Planfeststellung vergleichbar. Gem. § 74 Abs. 6 Satz 2 VwVfG hat die Plangenehmigung die Rechtswirkungen der Planfeststellung mit Ausnahme der enteignungsrechtlichen Vorwirkung, über die der Planfeststellungsbeschluss aber auch nur verfügt, wenn das entsprechende Landesrecht eine solche Vorwirkung vorsieht. Aus dem KrWG ergibt sich eine enteignungsrechtliche Vorwirkung der abfallrechtlichen Planfeststellung nicht (Beckmann UPR 2023 Heft 4). Neben der Gestattungswirkung hat auch die abfallrechtliche Plangenehmigung somit eine Konzentrationswirkung und eine privatrechtsgestaltende Wirkung.

10 **Fehler des Verwaltungsverfahrens** führen auf die Klage eines Drittbetroffenen hin auch bei einer von planerischer Abwägung geprägten Zulassungsentscheidung nur dann zu deren Aufhebung, wenn sie sich auf diese Entscheidung ausgewirkt haben können (§ 46 VwVfG). Letzteres ist bezogen auf die planerische Abwägung dann der Fall, wenn die konkrete Möglichkeit besteht, dass die Behörde ohne den Fehler anders, für den jeweiligen Kläger günstiger entschieden hätte (BVerwG Beschl. v. 21. 1. 2008, BauR 2008, 784). Die Wahl des falschen Verfahrens (Plangenehmigung statt Planfeststellung) beeinträchtigt Rechte Drittbetroffener angesichts derselben Zulassungsvoraussetzungen und derselben planerischen Abwägung grundsätzlich nicht. Bei einer unterbliebenen Umweltverträglichkeitsprüfung oder einer Vorprüfung nach dem UVPG ist § 4 UmwRG zu beachten. Die Durchführung eines **Raumordnungsverfahrens** ist weder formell noch materiell Voraussetzung für die Rechtmäßigkeit einer Planfeststellung. Ewas anderes folgt auch nicht aus § 4 UmwRG (VG Neustadt (Weinstraße) Urt. v. 21.09.2020 – 4 K 1390/19.NW, juris Rn. 50; BayVGH Urt. v. 25.10.2019 – 8 A 16.40030, juris).

Die grundsätzliche Erforderlichkeit einer abfallrechtlichen Planfeststellung für die Errichtung und den Betrieb von Deponien nach § 35 Abs. 2 Satz 1 ist eine materielle Ermächtigung der zuständigen Planfeststellungsbehörde zu einer abfallrechtlichen **Planungsentscheidung.** Damit wird der Behörde ein Planungsermessen eingeräumt, das einerseits die Verwirklichung eines gesetzlichen Planungsauftrags und andererseits die Bewältigung und Berücksichtigung aller von dem Deponievorhaben in seiner räumlichen Umgebung aufgeworfenen Probleme zum Gegenstand hat. Das bei der abfallrechtlichen Zulassung für Deponien auszuübende **Planungsermessen** hat – wie bei anderen Fachplanungsvorhaben auch – allgemeinen Grundsätzen rechtsstaatlicher Planung zu genügen. Dazu werden regelmäßig Planungsschranken aufgelistet, zu denen die Bindung an vorgeschaltete Planungen, das Erfordernis der **Planrechtfertigung,** die Vereinbarkeit mit **Planungsleitsätzen** und das **Abwägungsgebot** aufgezählt werden (*Wysk* in Kopp/Ramsauer, VwVfG, 2021, § 72 Rn. 36; BVerwG Urt. v Urt. v. 24.11.1994, BVerwGE 97, 143, 148; Dippel Kreislaufwirtschafts- und Abfallrecht in Redeker/Uechtritz, Anwaltshandbuch, 2020, S. 644). Die abfallrechtliche Planfeststellung ist insoweit nicht nur eine Entscheidung über die Zulässigkeit der Deponie, sondern zugleich eine **planerische Raumnutzungsentscheidung**. Durch die abfallrechtliche Planfeststellung wird verbindlich die planungsrechtliche Zulässigkeit der Deponie in ihrer räumlichen Umgebung entschieden (BVerwG Urt. v Urt. v. 24.11.1994, BVerwGE 97, 143, 148; Mann in Versteyl/Mann/Schomerus, KrWG, 2019, § 36 Rn. 2, 7: „echte Raumnutzungsentscheidung"; Kropp in v. Lersner/Wendenburg/Versteyl, Recht der Abfallbeseitigung, § 36 KrWG Rn. 15; Berthold in Kopp-Assenmacher, KrWG, 2015, § 36 Rn. 2). 11

Während bei der Erteilung einer Genehmigung für immissionsschutzrechtliche genehmigungsbedürftige Abfallentsorgungsanlagen die planungsrechtlichen Zulässigkeitsanforderungen des Baurechts grundsätzlich zu beachten sind, wird im Rahmen einer abfallrechtlichen Planfeststellung unter Berücksichtigung städtebaulicher Belange die Planungsentscheidung selbst getroffen. Dabei ist allerdings zu berücksichtigen, dass nach **§ 38 BauGB** auch immissionsschutzrechtlich genehmigungsbedürftige Abfallbeseitigungsanlagen unter den dort genannten Voraussetzungen bauplanungsrechtlich privilegiert sein können, so dass auch insoweit eine Abwägung städtebaulicher Belange notwendig wird (siehe dazu auch Dippel AbfallR 2020, 57; Versteyl AbfallR 2007, 120). Abfallverbrennungsanlagen und andere immissionsschutzrechtlich genehmigungsbedürftige Abfallentsorgungsanlagen werden mit einer gebundenen Kontrollerlaubnis nach §§ 4, 6 BImSchG genehmigt, die bei Vorliegen der gesetzlichen Voraussetzungen zu erteilen ist. Auch der Abwägungsvorbehalt des § 38 Abs. 1 Satz 2 BauGB führt nicht zu einer Änderung des Rechtscharakters dieser Genehmigung. Sie wird nicht zu einer planerischen Abwägungsentscheidung, sondern bleibt eine gebundene Entscheidung, die allerdings um ein planerisches Element angereichert ist, so dass in einem Teilbereich eine Abwägung stattzufinden hat (*OVG Lüneburg* Urt. v. 22.01.2009 – 12 KS 288/07, juris Rn. 34; BVerwG Beschl. v. 28. 6. 2007 – 7 B 4.07, juris), während Fragen des Bedarfs und planerischer Alternativen, beispielsweise hinsichtlich des Standortes der Anlage, unerheblich sind (*OVG Weimar* Beschl. v. 22.02.2006, ZUR 2006, 479). § 38 Satz 1 2. Halbsatz BauGB betrifft allerdings nur öffentlich zugängliche Abfallbeseitigungsanlagen und nicht öffentlich nicht zugängliche Abfallbeseitigungsanlagen sowie alle Abfallbehandlungs-, -lagerungs- bzw. -verwertungsanlagen (OVG Berlin-Brandenburg Urt. v. 28.04.2022 – OVG 11 A 18/20, juris Rn. 37). 12

Für öffentlich zugängliche Deponien von überörtlicher Bedeutung ergibt sich aus § 38 BauGB ein **Vorrang**. Die §§ 29–37 BauGB finden keine Anwendung auf Planfeststellungsverfahren und sonstige Verfahren mit den Rechtswirkungen der Planfeststellung für Vorhaben von überörtlicher Bedeutung. Das überörtliche Deponievorhaben wird insoweit von der strikten Beachtlichkeit der §§ 29 ff. BauGB freigestellt. Gleichwohl sind jedoch die städtebaulichen Belange nach § 38 S. 1 Hs. 2 BauGB zu berücksichtigen; sie können aber bei einer ordnungsgemäßen Abwägung überwunden werden. Darstellungen des FNP bleiben maßgeblich, wenn der Vorhabenträger oder die Planfeststellungsbehörde nicht bei der Planaufstellung widersprochen haben (Fellenberg/Schiller in Jarass/Petersen, KrWG, 2022, § 36 Rn. 33).

Ob eine Deponie **überörtliche Bedeutung** iSd § 38 S. 1 BauGB hat, hängt von den Umständen des Einzelfalls ab. Eine überörtliche Bedeutung kann in der Regel angenommen werden, wenn sich das geplante Einzugsgebiet der Deponie auf mehrere Gemeinden erstreckt (siehe auch VG Potsdam Urt. v. 21.10.2022 – 14 K 2060/18, juris, zur Frage, was eine Abfallbeseitigungsanlage i.S.v. § 38 S. 1 BauGB ist; Fellenberg/Schiller in Jarass/Petersen, KrWG, 2022, § 36 Rn. 33).

Durch die Beschränkung auf **öffentlich zugängliche** Abfallbeseitigungsanlagen soll sichergestellt werden, dass nicht sämtliche, im immissionsschutzrechtlichen Verfahren zu genehmigenden Abfallanlagen der Wirtschaft privilegiert werden (OVG Berlin-Brandenburg Urt. v. 28.04.2022 – OVG 11 A 18/20, juris Rn. 37). Voraussetzung für eine öffentliche Zugänglichkeit soll es sein, dass Private, Einzelpersonen wie auch Unternehmen, ihre Abfälle anliefern können, dass die Deponie dementsprechend nicht nur der Abfallentsorgung des Betreibers oder einem engen Kreis von Betrieben dient (OVG Berlin-Brandenburg Urt. v. 28.04.2022 – OVG 11 A 18/20, juris Rn. 3). Für das Merkmal der öffentlichen Zugänglichkeit ist es hingegen nicht von Bedeutung, in welcher Rechtsform der Deponiebetreiber auftritt oder ob der Deponiebetrieb öffentlich-rechtlich oder privatrechtlich ausgestaltet wird (Dippel AbfallR 2020, 57, 66; VG Aachen Urt. v. 29.06.2012 – 9 K 855/11, juris Rn. 80). Umstritten ist allerdings, ob ein privater Deponiebetreiber zumindest als beauftragter Dritter i.S.v. § 22 in die öffentliche Abfallentsorgung eingebunden sein muss (bejahend OVG Koblenz Beschl. v. 13.09.1994, NVwZ 1995, 290, 291; verneinend OVG Lüneburg Beschl. v. 04.01.2005, NVwZ-RR 2006, 25; siehe dazu Dippel AbfallR 2020, 57, 67; Reidt in Battis/Krautzberger/Löhr, BauGB, 2022, § 38 Rn. 17; Kraft in Spannowsky/Uechtritz, BauGB, 2022, § 38 Rn. 17).

13 Die Planungsentscheidung, die bei der abfallrechtlichen Zulassung einer Deponie erforderlich ist, unterscheidet sich von der hoheitlichen Planung im Rahmen der Bauleitplanung. Denn die Planfeststellungsbehörde verfügt – anders als die kommunale Bauleitplanung – nicht über eine originäre Planungskompetenz. Die abfallrechtliche Planfeststellungsbehörde ist vielmehr auf die Beurteilung eines Antrags des Vorhabenträgers beschränkt (Dippel Kreislaufwirtschafts- und Abfallrecht, in: Redeker/Uechtritz, Anwaltshandbuch, 2020, S. 639; BVerwG Urt. v. 24.11.1994, DVBl. 1995, 238 ff.). Sie kann nicht abweichend von den Planungsvorstellungen des Vorhabenträgers ein eigenes Planungskonzept entwerfen oder Deponien an Standorten planen, für die kein Vorhabenträger einen entsprechenden Antrag einreicht. Dementsprechend kann die Planfeststellungsbehörde dem Vorhabenträger keinen Standort und auch keine Anlage aufzwingen. Sie muss sich im Wesentlichen darauf beschränken, das Planungskonzept des Vorhabenträgers zu überprüfen und dieses auf der Grundlage eigener planerischer Überlegungen entweder zuzulassen oder abzulehnen bzw. es durch Nebenbestimmungen einzuschränken, Schutzvorkehrungen vorzusehen und Ausgleichsmaßnahmen zu verlangen. Nach außen und insbesondere gegenüber den Drittbetroffenen übernimmt die Planfeststellungsbehörde allerdings mit ihrer Planfeststellungsentscheidung die Verantwortung für die Planung (BVerwG Urt. v. 24.11.1994, BVerwGE 97, 143, 148 f.; Dippel Kreislaufwirtschafts- und Abfallrecht, in Redeker/Uechtritz, Anwaltshandbuch Verwaltungsverfahren, 2020, S. 643).

14 Das Verhältnis zwischen den Zulassungsvoraussetzungen und der Ausübung des bei Vorliegen der Voraussetzungen bestehenden Planungsermessens ist allerdings nach wie vor erläuterungsbedürftig. Bereits bei den Zulassungsvoraussetzungen ist eine Berücksichtigung privater und öffentlicher Belange in sehr weitem Umfang notwendig. Liegen die Voraussetzungen für die Erteilung eines abfallrechtlichen Planfeststellungsbeschlusses bzw. einer Plangenehmigung vor, dann ist sichergestellt, dass das Wohl der Allgemeinheit nicht beeinträchtigt wird, dass keine nachteiligen Wirkungen auf das Recht eines anderen zu erwarten sind und dass auch die für verbindlich erklärten Feststellungen eines Abfallwirtschaftsplans dem Vorhaben nicht entgegenstehen. Bei der Weite dieser Zulassungsvoraussetzungen stellt sich die Frage, welche planerischen Ermessensgründe der Zulassung des Vorhabens noch entgegenstehen sollen, wenn das Vorliegen der Zulassungsvoraussetzungen bejaht worden ist. Nach der herrschenden Auffassung ist gleichwohl davon auszugehen, dass der Vorhabenträger auch dann, wenn die Zulassungsvoraussetzungen vorliegen, keinen Zulassungsanspruch besitzt. Praktisch dürfte allerdings eine Versagung bei einer Bestätigung der Zulassungsvoraussetzungen kaum noch in Betracht kommen (Beckmann DÖV 1987, 944, 947; zustimmend Deifuß-Kruse in Jahn/Deifuß-Kruse/Brandt, KrWG, 2014, § 36 Rn. 3). Jedenfalls bestünde die große Gefahr, dass eine solche Entscheidung ermessensfehlerhaft wäre. Die Versagung einer beantragten Deponieplanfeststellung mit Ermessenserwägungen dürfte deshalb auch ein seltener Ausnahmefall sein.

Das BVerwG erläutert dazu, obwohl der Antragsteller im abfallrechtlichen Planfeststellungsverfahren keinen Zulassungsanspruch habe, sei aber seine rechtliche Position nicht so schwach ausgestaltet, dass sie - wie etwa die Interessen eines planbetroffenen Dritten - nur einer unter vielen abwägungserheblichen Belangen wäre. Vielmehr habe der Vorhabenträger einen Rechtsanspruch auf die fehlerfreie Ausübung des Planungsermessens, der sich auf alle abwägungserheblichen Gesichtspunkte erstrecke. Daraus folge, dass der Planfeststellungsbehörde kein eigenständiges Versagungsermessen mehr zustehe, wenn dem Vorhaben unter dem Blickwinkel der planerischen Abwägung keine rechtlichen Hindernisse entgegenstehen würden. Auch ein privater Träger einer Abfallentsorgungsanlage besitze einen solchen Anspruch (BVerwG Urt. v. 24.11.1994 – 7 C 25/93, juris Rn. 22).

C. Zulassungsvoraussetzungen (Abs. 1)

15 Nach Abs. 1 dürfen der Planfeststellungsbeschluss und die abfallrechtliche Plangenehmigung nur erteilt werden, wenn die im Abs. 1 Satz 1 genannten Voraussetzungen erfüllt sind. Anders als die Vorgängerregelung des § 8 Abs. 3 Satz 2 AbfG sind die Zulassungsanforderungen nicht als Versagungsgründe negativ, sondern als positive Mindestvoraussetzungen für die Zulassung formuliert (Deifuß-Kruse in Jahn/Deifuß-Kruse/Brandt, KrWG, 2014, § 36 Rn. 3). Soweit es sich lediglich um Mindestvoraussetzungen für die Zulassung handelt, können sich weitere Zulassungsvoraussetzungen ergänzend aus anderen Gesetzen oder Verordnungen. Bei den Anforderungen der DepV an die Ablagerung von Abfällen handelt es sich allerdings um Konkretisierungen der Zulassungsvoraussetzungen des Abs. 1, wie sich aus der Formulierung der Ermächtigungsgrundlage der DepV in § 43 Abs. 1 S. 1 „zur Erfüllung des § 36 Abs. 1" ergibt (a.A. Kropp in v. Lersner/Wendenburg/Versteyl, Recht der Abfallbeseitigung, 2019, § 36 KrWG Rn. 14). Dass die Zulassungsvoraussetzungen des § 36 Abs. 1 erfüllt sein könnten, obwohl zwingende Anforderungen der DepV verfehlt werden, ist deshalb nicht denkbar (a.A. Kropp in v.Lersner/Wendenburg/Versteyl, Recht der Abfallbeseitigung, § 36 KrWG Rn. 14).

Sind die Voraussetzungen nicht erfüllt, dann muss der beantragte Planfeststellungs- oder Genehmigungsantrag abgelehnt werden. Liegen die Voraussetzungen hingegen vor, kann grundsätzlich die beantragte Planfeststellung immer noch abgelehnt werden, wenngleich eine entsprechende Ermessensentscheidung angesichts der weiten Zulassungsvoraussetzungen und des Fehlens eines eigenständigen Versagungsermessens in aller Regel kaum zu begründen sein dürfte. Der Vorhabenträger hat lediglich einen Anspruch auf Durchführung des Planfeststellungsverfahrens, wenn er vollständige Antragsunterlagen vorlegt, und bei Vorliegen der Zulassungsvoraussetzungen einen Anspruch auf fehlerfreie Ausübung des Planungsermessens (BVerwG Urt. v. 24.11.1994 – 7 C 25/93, juris Rn. 22; *Wysk* in Kopp/Ramsauer, VwVfG, 2021, § 72 Rn. 70; Kropp in v. Lersner/Wendenburg/Versteyl, Recht der Abfallbeseitigung, § 36 KrWG Rn. 15). Soweit nachteilige Wirkungen auf das Recht eines anderen zu erwarten sind, trifft Abs. 2 hierzu eine spezielle Regelung.

I. Allgemeinwohlverträglichkeit

16 Ein Deponievorhaben kann nach § 36 Abs. 1 Nr. 1 nur zugelassen werden, wenn es allgemeinwohlverträglich ist. Das Wohl der Allgemeinheit ist ein unbestimmter Rechtsbegriff; die Allgemeinwohlverträglichkeit eines Vorhabens muss im jeweiligen Einzelfall unter Berücksichtigung der konkreten Umstände festgestellt werden (VGH BW Beschl. v. 14.11.2011 – 8 S 1281/11, BeckRS 2011, 56026). Voraussetzung einer Allgemeinwohlverträglichkeit des Deponievorhabens ist nach Abs. 1 Nr. 1, dass Gefahren für die in § 15 Abs. 2 Satz 2 genannten Schutzgüter nicht hervorgerufen werden können und dass Vorsorge gegen die Beeinträchtigung der Schutzgüter, insbesondere durch bauliche, betriebliche und organisatorische Maßnahmen entsprechend dem Stand der Technik getroffen und dass schließlich Energie sparsam und effizient verwendet wird. Die Auflistung in § 36 Abs. 1 Nr. 1 ist insbesondere wegen des Verweises auf die in § 15 Abs. 2 Satz 2 genannten Schutzgüter nicht nur sehr breit angelegt, sondern, was sich aus der Verwendung des Begriffs „insbesondere" ergibt, zudem noch lediglich beispielhaft. Auch die in § 15 Abs. 2 Satz 2 genannten Schutzgüter sind ebenfalls nur beispielhaft aufgelistet.

Eine Allgemeinwohlbeeinträchtigung liegt nach § 15 Abs. 2 Satz 3 Nr. 6 auch dann vor, wenn die öffentliche Sicherheit und Ordnung gefährdet oder gestört werden. Auch über diese **Auffangvorschrift** (Versteyl in Schmehl/Klement, KrWG, 2019, § 36 Rn. 17; Schomerus in Versteyl/Mann/Schomerus, KrWG, 2019, § 15 Rn. 21; Garrelmann in Schink/Versteyl, KrWG, 2016, § 15 Rn. 40) werden andere öffentlich-rechtliche Vorschriften bei der abfallrechtlichen Zulassung beachtlich. Neben den in § 15 Abs. 2 S. 2 genannten Belangen sollen als ungeschriebene Beeinträchtigungen auch Störungen der vorhandenen Entsorgungsstrukturen, abfallwirtschaftlich oder wirtschaftspolitische Belange, Beeinträchtigungen der Sicherheit und Leichtigkeit des Verkehrs durch den Anlieferverkehr, Gefahren für den Brandschutz, die gesicherte Erschließung in Betracht kommen (Fellenberg/Schiller in Jarass/Petersen, KrWG, 2022, § 36 Rn. 15, 35; Berthold in Kopp-Assenmacher, KrWG, 2015, § 36 Rn. 9).

17 Die Entscheidung darüber, ob eine Deponie dem Wohl der Allgemeinheit entspricht, setzt eine **Abwägung** zwischen den für und gegen das Vorhaben sprechenden öffentlichen Belangen voraus, da sich der Schutz der in § 15 Abs. 2 Satz 2 beispielhaft aufgelisteten Belange nicht umfassend erreichen lässt (OVG Saarlouis Urt. v. 09.07.2010 – 3 A 482/09, juris Rn. 92; BVerwG Urt. v. 21.02.1992 – 7 C 11/91, juris Rn. 19; Versteyl in Schmehl/Klement, KrWG, 2019, § 36 Rn. 7; Deifuß-Kruse in Jahn/Deifuß-Kruse/Brandt, KrWG, 2014, § 36 Rn. 6; Fellenberg/Schiller in Jarass/Petersen, KrWG, 2022, § 36 Rn. 16; Klages in Beck OK Umweltrecht, 2018, § 36 Rn. 5; Mann in Versteyl/Mann/Schomerus, KrWG, 2019, § 36 Rn. 20). Ganz zu Ende gedacht, dürfte die Frage, in welchem Umfang bestimmte Belange in der Abwägung zurückgestellt und Anforde-

rungen einschlägiger Vorschriften relativiert werden können oder müssen, noch nicht sein. Jedenfalls wirken die Ansichten dazu rechtssystematisch noch nicht völlig überzeugend.

Regelmäßig ist eine Allgemeinwohlunverträglichkeit bereits dann anzunehmen, wenn im Einzelfall ein einzelnes der aufgelisteten Schutzgüter beeinträchtigt wird. Rechtsvorschriften, die Beeinträchtigungen des Gemeinwohls untersagen, sind grundsätzlich so zu verstehen, dass bereits jedes entgegenstehende öffentliche Einzelinteresse die negative Rechtsfolge auslöst, eine Kompensation mit gleichzeitig geförderten öffentlichen Interessen also im Regelfall nicht möglich ist. Ausnahmsweise kann eine Allgemeinwohlklausel jedoch die Berücksichtigung positiv und negativ beeinflusster öffentlicher Interessen im Sinne einer Kompensation voraussetzen (vgl. Hoppe/Beckmann Umweltrecht, § 28 Rn. 31; Beckmann DÖV 1987, 944, 951; BVerwG Urt. v. 9.11.1984, NWZ 1985, 414). In diesem Sinne kann eine Bilanzierung öffentlicher und privater Interessen notwendig sein. Auch im Abfallrecht ist zur Feststellung einer Beeinträchtigung des Wohls der Allgemeinheit eine Abwägung widerstreitender Interessen erforderlich. § 15 Abs. 2 S. 2 spricht einzelne Schutzgüter nicht „absolut" an, sondern im Rahmen dessen, was das Wohl der Allgemeinheit jeweils im Einzelfall erfordert. Die wohl überwiegende Auffassung im Abfallrecht geht davon aus, dass die in anderen Gesetzen geregelten Ge- und Verbote im Rahmen des Allgemeinwohlbegriffs relativiert werden können. Ob dies allerdings auch für zwingende Anforderungen gilt, die in Vorschriften außerhalb des KrWG geregelt sind, ist zweifelhaft (Dieckmann in Jarass/Petersen, KrWG, 2022, § 15 Rn. 42). Zusammenfassend wird erläutert, einer Abwägung nicht zugänglich seien die menschliche Gesundheit, die Ziele der Raumordnung und zwingende materielle Vorgaben des Fachrechts, zu denen die Anforderungen der DepV, Vorschriften des BNatSchG zum Flächen- und Artenschutz, die §§ 22 ff. BImSchG und des sonstigen Immissionsschutzrechts, insbesondere der TA Lärm, der TA Luft und der GIRL zählen sollen (Kropp in v.Lersner/Wendenburg/Versteyl, Recht der Abfallbeseitigung, § 36 KrWG Rn. 30 ff.).

So führen zwar die Errichtung und der Betrieb einer Deponie nahezu zwangsläufig zu Beeinträchtigungen der Bodenfunktionen; zumeist lässt sich auch eine nachteilige Beeinflussung des Grundwassers selbst bei einer ausreichenden Basisabdichtung zumindest langfristig nicht sicher ausschließen. Hinzu kommt, dass eine Wechselbeziehung zwischen den verschiedenen Schutzgütern dahingehend besteht, dass sich ein stärkerer Schutz des einen Schutzguts tendenziell negativ auf den Schutz eines anderen auswirken kann. Überwiegen bei einer solchen Abwägung die für das Vorhaben sprechenden Gemeinwohlbelange, sollen die Errichtung und der Betrieb der Deponie nicht zu einer Gemeinwohlbeeinträchtigung führen (BVerwG Urt. v. 09.11.1984 – 7 C 15/83, BVerwGE 70, 244, 244; BVerwG Urt. v. 21.02.1992 – 7 C 11/91, juris Rn. 19; BVerwG Urt. v. 27.03.1992, BVerwGE 90, 96, 100; Versteyl in Schmehl/Klement, KrWG, 2019, § 36 Rn. 7; Mann in Versteyl/Mann/Schomerus, KrWG, 2019, § 36 Rn. 21).

Das soll auch für die nach § 15 Abs. 2 Satz 2 Nr. 2 unzulässige Beeinträchtigung von **Tieren und Pflanzen** gelten. Die Zulassungsvoraussetzungen räumen insoweit keinen absoluten Schutz im Sinne des Verbots der Beeinträchtigung einzelner Tier- und Pflanzenexemplare ein. Zu schützen sind vielmehr Tier- und Pflanzenarten im Sinne eines biologischen Gleichgewichts (Fellenberg/Schiller in Jarass/Petersen, KrWG, 2022, § 36 Rn. 21). Der Schutz von Tieren und Pflanzen wird allerdings durch das Naturschutzrecht von Bund und Ländern konkretisiert, wobei die naturschutzrechtlichen Bestimmungen zwingend zu beachten sein können, etwa im Zusammenhang mit dem Gebiets- und Artenschutz. Teilweise liegt ihnen auch ein zwingend zu beachtender individuenbezogener Ansatz zugrunde (Fellenberg/Schiller in Jarass/Petersen, KrWG, 2022, § 36 Rn. 21).

Auch für das naturschutzrechtliche Vermeidungsgebot in § 15 Abs. 1 Nr. 1 BNatSchG wird angenommen, dass es als strikt zu beachtender Planungsgrundsatz nicht im Wege einer Abwägung relativiert werden kann (Klages in Beck OK Umweltrecht, 2018, § 36 Rn. 4; Guckelberger in Frenz/Müggenborg, BNatSchG, 2021, § 15 Rn. 14). Darüber hinaus sollen jedoch Belange des Naturschutzes und der Landschaftspflege im Rahmen der Abwägung zurückgestellt werden können (Mann in Versteyl/Mann/Schomerus, KrWG, § 36 Rn. 23). Es bleibt insoweit fraglich, in welchem Umfang sich die Planfeststellungsbehörde im Rahmen ihrer nachvollziehenden Abwägung bei der Auslegung des Allgemeinwohlbegriffs über Vorschriften des Naturschutzrechts hinwegsetzen darf.

Soweit zur Prüfung der Allgemeinwohlverträglichkeit des Vorhabens die für und gegen das Vorhaben sprechenden Belange abgewogen werden, kommt es nach h.M. bereits zur Entscheidung über die Zulassungsvoraussetzungen und nicht erst bei Betätigung des Planungsermessens zur Gegenüberstellung planungsrelevanter und gegenläufiger Belange im Rahmen einer nachvollziehenden Abwägung (*Kümper* in Schink/Fellenberg, WHG, 2021, § 68 Rn. 51; OVG SA Beschl. v. 18.05.2015, NVwZ-RR 2015, 809, 813; OVG RP Urt. v. 12.02.2009 – 1 A 10722/08, juris Rn. 171, 173; VGH BW Urt. v. 23.09.2013 – 3 S 284/11, juris Rn. 125). Die insoweit notwendige Abwägung der Behörde ist allerdings, anders als eine planerische Abwägung, uneingeschränkt gerichtlich nachprüfbar (BVerwG Urt. v. 22.10.2015 – 7 C 15.13, NVwZ 2016, 308; BayVGH Urt. v. 15.03.2021 – 8 A 18.40041, BeckRS 2021, 6122 Rn. 49; BayVGH Beschl. v. 15.12.2021 – 8 ZB 21.668, juris Rn. 20).

Zutreffend wird erläutert, dass auch der **Schutz von Gewässern** bei der Zulassung von Deponien von zentraler Bedeutung ist (siehe dazu Fellenberg/Schiller in Jarass/Petersen, KrWG, 2022, § 36 Rn. 22). Vor allem der wasserrechtliche **Besorgnisgrundsatz** der §§ 32 Abs. 2, 48 Abs. 2 WHG sei aber für die Zulassung von Deponien eine kaum zu überwindende Hürde. Denn dass Sickerwasser einer Deponie eine Grundwasserbeeinträchtigung verursachen könne, sei über die gesamte Betriebs- und Nachsorgezeit einer Deponie kaum sicher auszuschließen. Da es sich bei dem Besorgnisgrundsatz grundsätzlich um eine zwingende Planungsschranke handele, könne dieser im Wege der Abwägung auch nicht einfach überwunden werden. Eine Zulassung von Deponien wäre damit in den meisten Fällen ausgeschlossen, was aber den Zielsetzungen des § 15 widerspräche. Die Vorschriften der §§ 32 Abs. 2, 48 Abs. 2 WHG würden daher bei der Deponiezulassung von § 15 Abs. 2 S. 2 Nr. 3 als Spezialvorschrift überlagert bzw. relativiert, so dass geringfügige Gewässerverunreinigungen hingenommen werden könnten (BVerwG Beschl. v. 17.06.2014-7 B 14.14, BeckRS 2014, 54718; Fellenberg/Schiller in Jarass/Petersen, KrWG, 2022, § 36 Rn. 22; Deifuß-Kruse in Jahn/Deifuß-Kruse/Brandt, KrWG, 2014, § 36 Rn. 9).) Diese Relativierung soll sich jedoch auf die Anwendung des Besorgnisgrundsatzes beschränken. Eine Ausweitung etwa auf die **Bewirtschaftungsziele** nach den §§ 27 ff. WHG wird hingegen als Verstoß gegen die zwingenden Vorgaben der WRRL angesehen (Fellenberg/Schiller in Jarass/Petersen, KrWG, 2022, § 36 Rn. 22; BVerwG Urt. 28.04.2016, NVwZ 2016, 1735; OVG Lüneburg Urt. v. 04.07.2017, DVBl. 2017, 1440 Rn. 224). Auch insoweit ist die dogmatische Schlüssigkeit des Konzepts der zwingend zu beachtenden und der im Rahmen der Abwägung relativierbaren Bestimmungen noch nicht überzeugend ersichtlich.

Ob und inwieweit die jeweils geschützten Belange einer Abwägung zugänglich oder durch zwingend zu beachtende Vorschriften geschützt sind, soll durch Auslegung der maßgeblichen Vorschriften im Einzelfall ermittelt werden (Fellenberg/Schiller in Jarass/Petersen, KrWG, 2022, § 36 Rn. 16). So gelten bestimmte Anforderungen der DepV als zwingende Anforderungen, die nicht im Rahmen einer Abwägung relativiert werden können. Das soll z.B. für Vorgaben der DepV zur Überwachung und zu Gegenmaßnahmen (§ 21 Abs. 1 Nr. 14 DepV) und zu den hierzu zu beachtenden Auslöseschwellen iSd § 2 Nr. 4 DepV gelten, bei denen es sich um Grundwasserüberwachungswerte handelt, bei deren Überschreitung Maßnahmen zum Schutz des Grundwassers eingeleitet werden müssen (s. § 12 Abs. 1 S. 1 DepV). Anhang 5 Ziff. 6 DepV enthält außerdem Vorgaben für den Umgang mit Sickerwasser.

Die sich aus der **Vorsorgepflicht** ergebenden Anforderungen sollen nach allgemeinen Grundsätzen in die Abwägung einbezogen werden. Anders als bei der Gefahrenabwehr, bei der bestimmte Rechtsgüter des § 15 Abs. 2 S. 2 absoluten Schutz genießen würden, stünden die für diese Güter geltenden Vorsorgeanforderungen generell unter Abwägungsvorbehalt. Etwas anderes soll allerdings dann gelten, wenn die Vorsorgepflichten in einem untergesetzlichen Regelwerk im Sinne strikter Anforderungen konkretisiert worden sind (Mann in Versteyl/Mann/Schomerus, KrWG, § 36 Rn. 23).

Das Wohl der Allgemeinheit wird nach § 15 Abs. 2 S. 2 Nr. 4 auch beeinträchtigt, wenn von der Deponie **schädliche Umwelteinwirkungen** durch Luftverunreinigungen oder Lärm verursacht werden. Der Begriff der schädlichen Umwelteinwirkungen wird in § 3 Abs. 1 BImSchG definiert. Danach sind schädliche Umwelteinwirkungen Immissionen, die nach Art, Ausmaß oder Dauer geeignet sind, Gefahren, erhebliche Nachteile oder erhebliche Belästigungen für die Allgemeinheit oder die Nachbarschaft herbeizuführen. Luftverunreinigungen sind nach § 3 Abs. 4 BImSchG Veränderungen der Zusammensetzung der Luft, insbesondere durch Rauch, Ruß, Staub, Gase, Aerosole, Dämpfe oder Geruchsstoffe. Deponien müssen auch den Anforderungen des § 22 BImSchG genügen. Nach § 22 Abs. 1 S. 1 BImSchG sind immissionsschutzrechtlich nicht genehmigungsbedürftige Anlagen so zu errichten und zu betreiben, dass schädliche Umwelteinwirkungen verhindert werden, die nach dem Stand der Technik vermeidbar sind und unvermeidbare schädliche Umwelteinwirkungen auf ein Mindestmaß beschränkt werden. Im Rahmen der Zulassung von Deponien sind regelmäßig Lärm-, Staub-, Geruchs- und gegebenenfalls Gasimmissionen von Bedeutung (Fellenberg/Schiller in Jarass/Petersen, KrWG, 2022, § 36 Rn. 24). § 15 Abs. 2 S. 2 Nr. 4 soll aber keinen Abwägungsvorbehalt zu Lasten des Immissionsschutzrechts enthalten (Mann in Versteyl/Mann/Scho-merus, KrWG, § 36 Rn. 22).

Nach der Rechtsprechung des BVerfG folgt aus der Garantie effektiven Rechtsschutzes grds. die Pflicht der Gerichte, die angefochtenen Verwaltungsakte in rechtlicher und tatsächlicher Hinsicht vollständig nachzuprüfen. Soweit sie bei der Kontrolle behördlicher Planungsentscheidungen über **Prognosen** befinden müssen, ist die gerichtliche Überprüfung ihrem Wesen nach auf die Frage beschränkt, ob der Sachverhalt zutreffend ermittelt und der Prognose eine geeignete Methode zugrunde gelegt worden ist (BVerfG Beschl. v. 01.06.2021 – 1 BvR 2374/15, juris Rn. 8). Dabei ist nach Ansicht des BVerfG eine volle gerichtliche Überprüfung geboten, ob der Sachverhalt zutreffend ermittelt und der Prognose eine geeignete Methode zugrunde gelegt worden ist. Dies setze jedoch nicht zwingend die Kenntnis sämtlicher Tatsachengrundlagen voraus. Insoweit gebiete Art. 19 Abs. 4 GG die Offenlegung von Tatsachen, die ein Sachverständiger seinem Gutachten zugrunde gelegt habe, regelmäßig nur, wenn die Kenntnis der einzelnen tatsächlichen Umstände zur Nachprüfung des Sachverständigengutachtens unentbehrlich sei (BVerfG Beschl. v. 01.06.2021 – 1 BvR 2374/15, juris Rn. 9).

Der Allgemeinwohlbegriff erfasst nur öffentliche Belange. Private Belange können bei der Planfeststellung und der Plangenehmigung erst im Rahmen des Abwägungsgebots berücksichtigt werden, das aber wiederum nur dann zum Tragen kommt, wenn zwingende Versagungsgründe nicht vorliegen (BayVGH Beschl. v. 15.12.2021 – 8 ZB 21.668, juris Rn. 21 f.).

18 Die Auflistung zur Konkretisierung des Allgemeinwohls in § 36 Abs. 1 Satz 1 Nr. 1 ist, wie sich aus der Verwendung des Begriffs" insbesondere „ergibt, lediglich beispielhaft. Auch andere öffentliche Belange können daher der Erteilung eines Planfeststellungsbeschlusses entgegenstehen, wenn sie durch das Vorhaben beeinträchtigt werden (*Kümper* in Schink/Fellenberg, WHG, 2021, § 68 Rn. 49 zu dem grundsätzlich inhaltsgleichen Allgemeinwohlbegriff im WHG). § 36 Abs. 1 Nr. 1 unterscheidet – insoweit der Systematik des § 5 Abs. 1 BImSchG folgend – zwischen der *Gefahrenabwehr* und der *Gefahrenvorsorge* entsprechend dem Stand der Technik.

19 **1. Gefahrenabwehr.** Die Zulassung der Deponie setzt voraus, dass keine Gefahren für die in § 15 Abs. 2 Satz 2 genannten Schutzgüter durch die Errichtung und den Betrieb der Deponie hervorgerufen werden können. § 36 Abs. 1 Nr. 1a dient demnach der Gefahrenabwehr. Eine Gefahr liegt vor, wenn ein Zustand bei ungehindertem Ablauf des Geschehens in überschaubarer Zukunft mit hinreichender Wahrscheinlichkeit zu einem Schaden für die Schutzgüter der öffentlichen Sicherheit führen würde (VG Köln Urt. v. 30.03.2022 – 1 K 5519/20, juris Rn. 28; VG Minden Urt. v. 15.03.2022 – 7 K 3145/20, juris Rn. 45; BVerwG Urt. v. 28.06.2004 – 6 C 21/03, juris Rn. 24; OVG Münster Beschl. v. 10.01.1985, NVwZ 1985, 355, 356; VGH München Beschl. v. 13.11.2007, NJW 2008, 1549 f.). Je größer der mögliche Schaden ist, desto geringer sind die Anforderungen an die Wahrscheinlichkeit seines Eintritts und umgekehrt (BVerwG Beschl. v. 13.05.1083, NVwZ 1984, 374; VGH München Urt. v. 18.02.2004, DÖV 2004, 579, 580).

20 Diese allgemeinen Grundsätze des Polizei- und Ordnungsrechts gelten auch hier. Nach § 36 Abs. 1 Nr. 1 muss **„sichergestellt** sein", dass das Wohl der Allgemeinheit nicht beeinträchtigt wird. Dazu wird die Auffassung vertreten, sichergestellt sei eine Allgemeinwohlverträglichkeit eines Vorhabens nur dann, wenn Beeinträchtigungen nach dem „Maßstab der praktischen Vernunft" nicht zu erwarten seien (Fellenberg/Schiller in Jarass/Petersen, KrWG, 2022, § 36 Rn. 14; Deifuß-Kruse in Jahn/Deifuß-Kruse/Brandt, KrWG, 2014, § 36 Rn. 5; Mann in Versteyl/Mann/Schomerus, KrWG, 2019, § 36 Rn. 14; Versteyl/Grunow in Schink/Versteyl, KrWG, 2016, § 36 Rn. 8; Berthold in Kopp-Assenmacher, KrWG, 2015, § 36 Rn. 6). Es ist allerdings zweifelhaft, ob der Maßstab der praktischen Vernunft an dieser Stelle nicht zu hoch ansetzt (zustimmend Versteyl in Schmehl/Klement, KrWG, 2019, § 36 Rn. 8; Klages in Beck OK Umweltrecht, 2018, § 36 Rn. 2; Kropp in v.Lersner/Wendenburg/Versteyl, Recht der Abfallbeseitigung, § 36 KrWG Rn. 17). Dies gilt jedenfalls dann, wenn man ihn verwendet, um von normalen Risiken zu unterscheidende Restrisiken auszublenden. Restrisiken sind solche Risiken, die auch unter Berücksichtigung eines Maßstabs praktischer Vernunft nicht mehr minimiert werden können. Solche Restrisiken sind im atomrechtlichen Genehmigungsverfahren, jedoch nicht in einem Planfeststellungsverfahren für eine Abfalldeponie relevant. Ungewissheiten jenseits der Schwelle praktischer Vernunft haben ihre Ursache in den Grenzen des menschlichen Erkenntnisvermögens und sind als unentrinnbare und insofern sozialadäquate Lasten von allen Bürgern zu tragen. Die Schutzpflicht des Gesetzgebers endet regelmäßig dort, wo ein nach Beachtung der einschlägigen gesetzlichen Vorgaben verbleibendes Restrisiko praktisch nicht mehr quantifizierbar ist (BVerwG Urt. v. 19.04.2012 – 4 CN 3.11, juris Rn. 26). Es ist nicht geboten, bei der Planfeststellung stets bis an die Grenze des menschlichen Erkenntnisvermögens zu gehen. Versteht man den Maßstab der praktischen Vernunft hingegen als eine Relativierung der Prüfungsanforderungen dahingehend, dass sich die Planfeststellungsbehörde nicht stets vollständige Gewissheit darüber verschaffen muss, dass Beeinträchtigungen nicht auftreten werden, sondern es dort, wo dies vertretbar ist, auch bei einer Plausibilitätsprüfung bewenden lassen

darf (in diese Richtung z.B. OVG Lüneburg, Urt. v. 04.07.2017– 7 KS 7/15, juris Rn. 169; zu gerichtlichen **Plausibilitätsprüfungen** Beckmann in FS Seibert, 2020, S. 13 ff.), dann ist gegen die Verwendung eines solchen Maßstabs nichts einzuwenden. Allerdings darf die Planfeststellungsbehörde sich nicht vorschnell mit der Behauptung eines wahrscheinlichen Eintritts der Beeinträchtigungen zufriedengeben; sie muss sich vielmehr im Rahmen des Untersuchungsgrundsatzes nach § 24 VwVfG darum bemühen, eine möglichst sichere Prognose auf der Grundlage des wissenschaftlichen-technischen Erkenntnisstandes und der allgemeinen Lebenserfahrung zur Grundlage ihrer Entscheidung zu machen. Erst wenn sich auch bei Beachtung aller Anforderungen an eine solche Prognose nicht sicher klären lässt, ob das Wohl der Allgemeinheit durch das Vorhaben gefährdet wird, kann die hohe Wahrscheinlichkeit eines Schadenseintritts genügen.

Eine Beeinträchtigung des Wohls der Allgemeinheit liegt nach § 15 Abs. 2 Satz 2 Nr. 3 **21** insbesondere dann vor, wenn die Gesundheit der Menschen beeinträchtigt wird, wenn Tiere und Pflanzen gefährdet werden, wenn Gewässer und Boden schädlich beeinflusst werden, wenn schädliche Umwelteinwirkungen durch Luftverunreinigungen oder Lärm herbeigeführt werden, wenn die Ziele der Raumordnung nicht beachtet, die Grundsätze und sonstigen Erfordernisse der Raumordnung nicht berücksichtigt und die Belange des Naturschutzes und der Landschaftspflege sowie des Städtebaus nicht gewahrt und wenn schließlich die öffentliche Sicherheit und Ordnung gefährdet oder gestört werden.

Die **menschliche Gesundheit** wird uneingeschränkt geschützt. Bei ihrer Beeinträchtigung ist stets auch von einer Beeinträchtigung des Wohls der Allgemeinheit auszugehen. Eine Deponie, die Gesundheitsgefahren verursacht, darf nicht planfestgestellt werden (Deifuß-Kruse in Jahn/Deifuß-Kruse/Brandt, KrWG, 2014, § 36 Rn. 7; Fellenberg/Schiller in Jarass/Petersen, KrWG, 2022, § 36 Rn. 20; siehe dazu auch BVerfG Beschl. v. 29.07.2009, NVwZ 2009, 1494). Keine Gesundheitsgefährdungen in diesem Sinne sind Beeinträchtigungen des Wohlbefindens, etwa im Zusammenhang mit Geruchsbelästigungen, die, wenn sie nicht ekelerregend sind und nur zu bestimmten Zeiten wahrnehmbar sind, nicht als Gesundheitsgefahren einzuordnen sind (Deifuß-Kruse in Jahn/Deifuß-Kruse/Brandt, KrWG, 2014, § 36 Rn. 7; Versteyl in Schink/Versteyl, KrWG, 2016, § 36 Rn. 10; Mann in Versteyl/Mann/Schomerus, KrWG, 2019, § 36 Rn. 19). Unterhalb der Schwelle zur Gesundheitsgefahr liegende Beeinträchtigungen des menschlichen Wohlbefindens sind im Rahmen der (planerischen) Abwägung zu berücksichtigen und bei höher zu gewichtenden, gegenläufigen Belange ggfls. hinzunehmen (Fellenberg/Schiller in Jarass/Petersen, KrWG, 2022, § 36 Rn. 20).

Einer Konkretisierung des Allgemeinwohlbegriffs dient nicht nur § 15 Abs. 2 Satz 2. **22** Vielmehr können sich Maßstäbe zur Konkretisierung des Allgemeinwohls aus speziellen fachgesetzlichen Anforderungen und aus untergesetzlichen Regelwerken ergeben. Es darf insofern kein ernsthafter Zweifel daran bestehen, dass bei einer Realisierung des Vorhabens auch sämtliche umweltrechtlichen und sonstigen öffentlich-rechtlichen Vorschriften eingehalten werden. Wenn durch Zulassungsentscheidungen, die vom Planfeststellungsbeschluss auf der Grundlage seiner Konzentrationswirkung ersetzt werden, von bestimmten Vorschriften befreit werden kann, dann stehen diese Vorschriften dementsprechend auch der Zulassung nicht entgegen.

Insbesondere die **Deponieverordnung** konkretisiert für die Errichtung und den Be- **23** trieb von Deponien den unbestimmten Rechtsbegriff des Wohls der Allgemeinheit (Deifuß-Kruse in Jahn/Deifuß-Kruse/Brandt, KrWG, 2014, § 36 Rn. 4; zur unmittelbaren Verbindlichkeit der ehemaligen AbfAblV und der DepV siehe BVerwG Beschl. v. 03.06.2004, UPR 2004, 430 f.; OVG NRW Beschl. v. 18. 8. 2003 – 20 B 233/03; AbfallR 2004, 42; *Beckmann* DVBl. 2003, 821 ff.; *Petersen/Krohn* AbfallR 2003, 60; *Petersen/Krohn* AbfallR 2003, 298). Aus der DepV ergibt sich im Einzelnen, in welcher Weise

Deponien errichtet und betrieben werden dürfen. Allgemeine Anforderungen an die Errichtung, den Betrieb, die Stilllegung und Nachsorge von Deponien regeln die §§ 3–13 DepV. Die §§ 14–17 DepV) enthalten Anforderungen an die Verwertung von Deponiebauersatzstoffen, die §§ 18–22 DepV sonstige Vorschriften zur Sicherheitsleistung, zu behördlichen Entscheidungen und zu ihrer Überprüfung. Der fünfte Teil der Verordnung enthält Bestimmungen zu Langzeitlagern.

24 **2. Vorsorgepflicht.** Eine Zulassung der Deponie setzt nach § 36 Abs. 1 Nr. 1b außerdem voraus, dass Vorsorge gegen die Beeinträchtigung der Schutzgüter, insbesondere durch bauliche, betriebliche oder organisatorische Maßnahmen entsprechend dem Stand der Technik getroffen wird. Die Gefahrenvorsorge ist der Gefahrenabwehr vorgelagert (Versteyl in Schmehl/Klement, KrWG, 2019, § 36 Rn. 18). Sie verlagert die Grenze des Schutzes jenseits der Gefahrenschwelle in den Risikobereich (VG Düsseldorf Beschl. v. 11.01.2010 – 17 L 1451/09, BeckRS 2010, 48555; Deifuß-Kruse in Jahn/Deifuß-Kruse/Brandt, KrWG, 2014, § 36 Rn. 13).

25 Definiert wird der **Stand der Technik** in § 3 Abs. 28. Danach ist Stand der Technik im Sinne des KrWG der Entwicklungsstand fortschrittlicher Verfahren, Einrichtungen oder Betriebsweisen, die die praktische Eignung einer Maßnahme zur Begrenzung von Emissionen in Luft, Wasser und Boden, zur Gewährleistung der Anlagensicherheit, zur Gewährleistung einer umweltverträglichen Abfallentsorgung oder sonst zur Vermeidung oder Verminderung von Auswirkungen auf die Umwelt zur Erreichung eines allgemein hohen Schutzniveaus für die Umwelt insgesamt gesichert erscheinen lässt. Bei der Bestimmung des **Standes der Technik** sind gemäß § 3 Abs. 28 Satz 2 die in der Anlage 3 des Gesetzes aufgeführten Kriterien zu berücksichtigen. Danach sind bei der Bestimmung des Standes der Technik unter Berücksichtigung der **Verhältnismäßigkeit** zwischen Aufwand und Nutzen möglicher Maßnahmen sowie des Grundsatzes der Vorsorge und der Vorbeugung, jeweils bezogen auf Anlagen einer bestimmten Art, bestimmte Kriterien zu berücksichtigen.

Mit dem Verweis auf den Stand der Technik sollen die Anforderungen an die Errichtung und den Betrieb von Deponien dynamisiert an die technische Entwicklung angepasst werden (zu den sich daraus ergebenden Einschränkungen des Bestandsschutzes von Genehmigungen und Planfeststellungen siehe Beckmann EuRUP 2020, 238; Schink NVwZ 2017, 339). Die Behörde sorgt nach Abs. 4 S. 2 durch regelmäßige Überprüfung dafür, dass der Planfeststellungsbeschluss bzw. die Plangenehmigung dem Stand der in Abs. 1 Nr. 1–3 und 5 genannten Anforderungen entspricht und stellt sicher, dass planfestgestellte Deponien in regelmäßigen Abständen an den jeweiligen Stand der Technik angepasst werden. Dazu kann die Planfeststellungsbehörde unter Berücksichtigung auch von Vorgaben zur Vorsorge aus der DepV nach Abs. 4 S. 3 Auflagen aufnehmen oder ändern.

26 § 16 Abs. 1 ermächtigt die Bundesregierung als **Verordnungsgeber,** zur Erfüllung der Pflichten nach § 15 entsprechend dem Stand der Technik Anforderungen an die Beseitigung von Abfällen nach Herkunftsbereich, Anfallstelle sowie nach Art, Menge und Beschaffenheit festzulegen, insbesondere Anforderungen an das Getrennthalten und die Behandlung von Abfällen, an das Bereitstellen, Überlassen, Sammeln und Einsammeln, die Beförderung, Lagerung und Ablagerung von Abfällen sowie an Verfahren zur Prüfung der Anforderungen festzulegen. Durch Rechtsverordnung kann nach § 16 Abs. 1 Satz 2 vorgeschrieben werden, dass derjenige, der bestimmte Abfälle, an deren Behandlung, Sammlung, Einsammlung, Beförderung, Lagerung und Ablagerung nach Maßgabe des § 15 auf Grund ihrer Art, Beschaffenheit oder Menge besondere Anforderung zu stellen sind, in Verkehr bringt oder beseitigt, dies anzuzeigen hat, dazu einer Erlaubnis bedarf,

bestimmten Anforderungen an seine Zuverlässigkeit genügen muss oder seine notwendige Sach- oder Fachkunde in einem näher festzulegenden Verfahren nachzuweisen hat.

Konkrete Anforderungen dazu ergeben sich aus § 3 Abs. 1 i.V.m. Anhang 1 DepV. Nach Nr. 1.1 Anhang 1 DepV ist die **Eignung des Standorts** eine notwendige Voraussetzung für die Allgemeinwohlverträglichkeit der Deponie. Bei der Standortwahl müssen insoweit bestimmte Kriterien beachtet werden. Dazu gehören geologische und hydrogeologische Bedingungen des Gebietes einschließlich eines permanent zu gewährleistenden Abstandes der Oberkante der geologischen Barriere vom höchsten zu erwartenden freien Grundwasserspiegel von mindestens 1 m. Außerdem müssen besonders geschützte oder schützenswerte Flächen wie Trinkwasser- und Heilquellenschutzgebiete, Wasservorranggebiete, Wald- und Naturschutzgebiete, Biotopflächen bei der Standortwahl berücksichtigt bzw. beachtet werden. Und außerdem gilt es einen ausreichenden Schutzabstand zu sensiblen Gebieten wie z.B. zu Wohnbebauungen, Erholungsgebieten etc. zu halten sowie die Gefahr von Erdbeben, Überschwemmungen, Bodensenkungen, Erdfällen, Hangrutschen oder Lawinen auf dem Gelände und eine Ableitbarkeit gesammelten Sickerwassers im freien Gefälle zu bedenken. Nr. 1.2 Anhang 1 DepV stellt außerdem spezifische Anforderungen an den **Untergrund** einer Deponie. Nr. 2 Anhang 1 DepV richtet allgemeine und besondere Anforderungen an die geologische Barriere, das Basisabdichtungssystem und an das Oberflächenabdichtungssystem.

3. Sparsame und effiziente Energieverwendung. § 36 Abs. 1 Nr. 1c) setzt voraus, 27
dass bei der Errichtung und dem Betrieb der Deponie Energie sparsam und effizient verwendet wird. Diese Regelung wurde durch Art. Nr. 6a) aa) cc) des Artikelgesetzes 2001 erstmalig in das deutsche Recht aufgenommen. Sie beruht auf Art. 9 Abs. 1 i.V.m. Art. 3 Satz 1d) IVU-Richtlinie, wonach die Mitgliedstaaten die erforderlichen Vorkehrungen dafür zu treffen haben, dass die zuständigen Behörden sich vergewissern, dass die Anlage so betrieben wird, dass Energie sparsam und effizient verwendet wird. Außerdem ist mit dieser Regelung eine Umsetzung der Genehmigungsvoraussetzung des Art. 8a) i) i.V.m. Anhang I Nr. 4 der Deponie-Richtlinie erreicht. Danach setzt die Zulassung einer Deponie voraus, dass das Vorhaben alle maßgeblichen Anforderungen der Richtlinie einschließlich der Anhänge erfüllt. Nach Anhang I Nr. 4.2, Satz 1 der Deponie-Richtlinie ist Deponiegas von allen Deponien, auf denen biologisch abbaubare Abfälle abgelagert werden, zu sammeln, zu behandeln und zu nutzen. Nur wenn das gesammelte Gas nicht für die Energiegewinnung genutzt werden kann, muss es abgefackelt werden (Anhang I Nr. 4.2, Satz 2 Deponie-Richtlinie). Nach Nr. 7 des Anhangs 5 der DepV hat der Betreiber einer Deponie der Klasse I, II oder III Deponiegas, das auf Grund biologischer Abbauprozesse auf der Deponie relevanten Mengen entsteht, in der Verlagerung Fahrstuhl zu fassen und zu behandeln sowie nach Möglichkeit energetisch zu verwerten. Die Deponiegaserfassung, die Deponiegasbehandlung und die Deponiegasverwertung sind nach dem Stand der Technik durchzuführen.

II. Zuverlässigkeit

§ 36 Abs. 1 Nr. 2 setzt für die Zulassung der Deponie voraus, dass keine Tatsachen 28
vorliegen, aus denen sich Bedenken gegen die Zuverlässigkeit der für die Errichtung, Leitung oder Beaufsichtigung des Betriebes oder der Nachsorge der Deponie verantwortlichen Personen ergeben (dazu BVerwG Urt. v. 10.01.2012 – 7 C 6/11, juris Rn. 12). Ähnliche Zuverlässigkeitsanforderungen stellt der Gesetzgeber für Drittbeauftragte im Sinne des § 22 Satz 3 und für Sammler, Beförderer, Händler und Makler von Abfällen nach § 53 Abs. 2 Satz 1. An der Zuverlässigkeit fehlt es, wenn ernstliche Zweifel daran

bestehen, dass die verantwortlichen Personen die Anlage ordnungsgemäß errichten und betreiben werden.

Bei der abfallrechtlichen Planfeststellung bzw. der Plangenehmigung handelt es sich insoweit um eine **Personalkonzession** und nicht um eine Realkonzession (Gruber AbfallR 2011, 173, 176; Versteyl in Schmehl/Klement, KrWG, 2019, § 36 Rn. 21; Kreislaufwirtschafts- und Abfallrecht, in: Redeker/Uechtritz, Anwaltshandbuch, 2020 S. 645; VG Düsseldorf, Urt. v. 13. 5. 2008 – 17 K 564/07, juris Rn. 17; Versteyl in Schink/Versteyl, KrWG, § 36 Rn. 19; von einer Mischform sprechen das VG Ansbach Urt. v. 21. 10. 2009 – AN 11 K 08.01 990 und Fellenberg/Schiller in Jarass/Petersen, KrWG, 2022, § 36 Rn. 13). Das BVerwG erwähnt „anhaftende personale Elemente" der Zulassung (Urt. v. 10.01.2012 -7 C 6/11, juris Rn. 12) und geht deshalb zu Recht davon aus, dass eine Deponiezulassung nicht allein durch ein Rechtsgeschäft übertragen werden kann. Vielmehr bedarf die Übertragung der Deponieplanfeststellung angesichts der ihr anhaftenden personalen Elemente auf einen anderen Betreiber eines Änderungsbescheids (BVerwG Urt. v. 10.01.2012 – 7 C 6/11, juris Rn. 12). Dass sich die Zuverlässigkeit auch auf die Nachsorgephase erstrecken muss, ergibt sich aus § 40 Abs. 2 S. 1 Nr. 2).

Die Übertragung der Planfeststellung auf einen anderen Betreiber ist eine planfeststellungs- bzw. plangenehmigungspflichtige wesentliche Änderung i.S.d. § 35 Abs. 2. Nur so kann verhindert werden, dass ein Betreiber sich seiner abfallrechtlichen Verpflichtungen entledigen und ohne behördliche Vorabkontrolle einen unzuverlässigen und möglicherweise nicht oder weniger leistungsfähigen Rechtsnachfolger installieren kann (Fellenberg/Schiller in Jarass/Petersen, KrWG, 2022, § 36 Rn. 13). Das BVerwG weist in diesem Zusammenhang darauf hin, dass ein befreiender Pflichtenübergang von dem Inhaber der Deponiegenehmigung auf einen Käufer kann auch nicht mit dem Hinweis auf dessen Stellung als „faktischer Betreiber" begründet werden kann. Ein solcher illegaler, lediglich faktischer Betrieb einer Deponie habe nur zur Folge, dass neben dem ursprünglichen legalen Betreiber auch der neue faktische Betreiber – grundsätzlich jeweils für den eigenen „Ablagerungsbeitrag" – verantwortlich werde (BVerwG Urt. v. 10.01.2012 – 7 C 6/11, juris Rn. 13). Durch die lediglich faktische Fortführung einer Deponie werde der ursprüngliche Betreiber nicht von einer bestandskräftig festgestellten Ordnungspflicht befreit.

29 Der Gesetzgeber verlangt für eine Zulassung, dass keine Tatsachen vorliegen, aus denen sich Bedenken gegen die Zuverlässigkeit ergeben. Ausreichend ist insoweit bereits ein auf Tatsachen gestützter Zweifel an dieser Zuverlässigkeit. Ein solcher ernstlicher Zweifel kommt insbesondere bei Verstößen gegen einschlägige Vorschriften des Umweltrechts, aber auch gegen sonstige, für den Wirtschaftsverkehr bedeutsamen Bestimmungen, so z.B. Vorschriften des Steuer- und Arbeitsschutzrechts, Bestrafungen wegen Betruges oder Unterschlagung in Betracht (Versteyl in Schmehl/Klement, KrWG, 2019, § 36 Rn. 21; zustimmend Fellenberg/Schiller in Jarass/Petersen, KrWG, 2022, § 36 Rn. 45). Die Zuverlässigkeit muss sich konkret gewerbebezogen auf den Betrieb der Deponie beziehen. Verfehlungen im privaten Bereich, etwa die Verletzung von Unterhaltspflichten gegenüber Familienangehörigen, begründen Zuverlässigkeitszweifel regelmäßig nicht (Klages in Beck OK Umweltrecht, 2018, § 36 KrWG Rn. 13). Die Anforderungen an die Zuverlässigkeit können unter Berücksichtigung des jeweiligen Gefährdungspotentials der Anlage – etwa einer eher unbedeutenden Bodendeponie einerseits und einer Sonderabfalldeponie andererseits – unterschiedlich streng sein. Nicht entscheidend, ist ob dem Verantwortlichen ein Verschulden vorgeworfen oder nachgewiesen werden kann (VG Koblenz Urt. v. 17.11.2009 – 7 K 724/09, BeckRS 2010, 45146, Klages in Beck OK Umweltrecht, 2018, § 36 KrWG Rn. 13).

Die Zuverlässigkeitsprüfung bezieht sich auf die Personen, die für die Leitung oder Beaufsichtigung des Betriebes oder der Nachsorgedeponie verantwortlich sind (Versteyl in Schmehl/Klement, KrWG, 2019, § 36 Rn. 20; Fellenberg/Schiller in Jarass/Petersen, KrWG, 2022, § 36 Rn. 45). Das muss nicht der Vorhabenträger selbst sein. Soweit es sich bei dem Vorhabenträger um eine juristische Person handelt, muss ohnehin auf die **Leitungspersonen** abgestellt werden. Allerdings kann auch der Vorhabenträger, soweit es sich um eine natürliche Person handelt, Gegenstand von Zuverlässigkeitsbedenken sein. Denn er wird regelmäßig, unabhängig davon, ob und inwieweit er verantwortliche Personen für die Leitung der Baubeaufsichtigung bestellt hat, einen maßgeblichen Einfluss auf die Errichtung und den Betrieb der Anlage haben. 30

Für die Zuverlässigkeitsprüfung ist eine Bewertung des Gesamtverhaltens der verantwortlichen Personen und ihrer Gesamtpersönlichkeit hinsichtlich ihrer künftigen Tätigkeit erforderlich. Das setzt eine **Prognoseentscheidung** voraus, bei der aus dem bisherigen Verhalten der verantwortlichen Personen auf ihr zukünftiges Verhalten geschlossen wird (Fellenberg/Schiller in Jarass/Petersen, KrWG, 2022, § 36 Rn. 45). Es genügt deshalb nicht, ein Fehlverhalten in der Vergangenheit festzustellen; es muss sich aus diesem Fehlverhalten vielmehr ein Indiz für auch in Zukunft nicht ordnungsgemäßes Betreiben der Deponie ergeben. Solche Tatsachen können insbesondere einschlägige Verstöße gegen umweltrechtliche Vorschriften sein. Ob angesichts des Prognosecharakters der Zuverlässigkeitsprüfung eine volle gerichtliche Nachprüfung möglich ist, kann man bezweifeln (a.A. Fellenberg/Schiller in Jarass/Petersen, KrWG, 2022, § 36 Rn. 48; Mann in Vertseyl/Mann/Schomerus, KrWG, 2019, Rn. 34; Klages in Beck OK Umweltrecht, 2018, § 36 KrWG Rn. 14). 31

Nach h.M. soll sich aus den Regelungen über die Zuverlässigkeitsanforderungen kein **Drittschutz** ergeben (Versteyl in Schmehl/Klement, KrWG, 2019, § 36 Rn. 22; Versteyl/Grunow in Schink/Versteyl, KrWG, 2016, § 36 Rn. 21; *Mann* in Versteyl/Mann/Schomerus, KrWG, § 36 Rn. 34; Fellenberg/Schiller in Jarass/Petersen, KrWG, 2022, § 36 Rn. 17; Klages in Beck OK Umweltrecht, 2018, § 36 KrWG Rn. 14; Kropp in v.Lersner/Wendenburg/Versteyl, Recht der Abfallbeseitigung, § 36 KrWG Rn. 42). Überzeugend ist dies nicht. Denn die Zuverlässigkeit des Anlagenbetreibers bzw. der verantwortlichen Personen dient u.a. auch dazu, eine Beachtung aller für den Betrieb geltenden Zulassungsvoraussetzungen, insbesondere auch der nachbarschützenden Voraussetzungen zu gewährleisten. Die Leitung des Betriebes durch eine unzuverlässige Person gefährdet somit auch die Beachtung nachbarschützender Bestimmungen (vgl. für den Bereich des Atomrechts BVerwG Beschl. v. 17.04.1990, DVBl. 1990, 1167, 1168). 32

Stellt sich nach Erteilung der abfallrechtlichen Zulassung die Unzuverlässigkeit der verantwortlichen Personen heraus, dann kann die zuständige Behörde über **nachträgliche Auflagen** gem. § 36 Abs. 4 Satz 3 den Deponiebetreiber veranlassen, das unzuverlässige Personal auszuwechseln. Die Anlagenbezogenheit der Ermächtigung zum Erlass nachträglicher Auflagen für den Deponiebetrieb schließt eine Regelung, die sich auf die Zulassungsvoraussetzung der Zuverlässigkeit bezieht, nicht aus, weil die Zuverlässigkeit der verantwortlichen Personen auch den Deponiebetrieb selbst betrifft. Folgt der Deponiebetreiber einer entsprechenden Anordnung nicht, kommt der **Widerruf** der Zulassung in Betracht. 33

III. Sach- und Fachkunde

§ 36 Abs. 1 Nr. 3 setzt voraus, dass nicht nur die verantwortlichen Personen, sondern auch das sonstige Personal die für die Errichtung und den Betrieb erforderliche Fach- und Sachkunde besitzt. Nach überwiegender Auffassung erstreckt sich bereits die Zuver- 34 lässigkeitsprüfung hinsichtlich der verantwortlichen Personen auf die Fach- und Sachkunde. § 36 Abs. 1 Nr. 3 geht insoweit darüber hinaus, dass diese Fach- und Sachkunde auch von dem sonstigen Personal verlangt wird.

35 Die erforderliche Sach- und Fachkunde setzt voraus, dass im Hinblick auf die zu errichtende bzw. zu betreibende Deponie die erforderlichen Kenntnisse vorliegen, die in einer Ausbildung erworben und durch berufliche Erfahrung vertieft werden. Die Gewährleistung einer hinreichenden Fach- und Sachkunde erfordert eine berufliche und technische Weiterbildung von Betreibern und Personal. § 4 DepV sieht dazu vor, dass der Deponiebetreiber seine Deponie so zu organisieren hat, dass jederzeit fach- und sachkundiges Personal für die wahrzunehmenden Aufgaben vorhanden und dass die erforderliche Überwachung und Kontrolle der durchgeführten abfallwirtschaftlichen Tätigkeiten sichergestellt ist. Außerdem hat der Deponiebetreiber nach § 4 Nr. 2 DepV sicherzustellen, dass die für die Leitung und Beaufsichtigung der Deponie verantwortlichen Personen sowie das sonstige Personal durch geeignete **Fortbildung** für die Tätigkeit über den erforderlichen aktuellen Wissensstand verfügen (Dippel Kreislaufwirtschafts- und Abfallrecht, in Redeker/Uechtritz, Anwaltshandbuch Verwaltungsverfahren, 2020, S. 645). Der Deponiebetreiber muss außerdem die erforderliche Überwachung und Kontrolle der durchgeführten abfallwirtschaftlichen Tätigkeiten sicherstellen.

36 Die für die Leitung und Beaufsichtigung verantwortlichen Personen haben mindestens alle 2 Jahre an Lehrgängen teilzunehmen. Die **Lehrgänge** müssen Kenntnisse zu bestimmten Sachgebieten vermitteln. Dazu gehören die Vorschriften des Abfallrechts und des für die abfallrechtlichen Tätigkeiten geltenden sonstigen Umweltrechts, Fragen der Deponieerrichtung, des Deponiebetriebs, der Deponiestilllegung und der Deponienachsorge, Fragen der Umwelteinwirkungen und sonstigen Gefahren und Belästigungen, die von der Deponie ausgehen können, und Maßnahmen zu ihrer Verhinderung oder Beseitigung, sowie Kenntnisse über Art und Beschaffenheit von Abfällen, über die Bezüge zum Gefahrgutrecht, über Vorschriften der betrieblichen Haftung und über den Arbeitsschutz. Hinsichtlich des sonstigen Personals hat der Deponiebetreiber den Fortbildungsbedarf zu ermitteln und die Fortbildung sicherzustellen.

IV. Schutz der Rechte Dritter

37 Gemäß § 36 Abs. 1 Nr. 4 dürfen grundsätzlich keine nachteiligen Wirkungen auf das Recht eines anderen zu erwarten sein. § 32 Abs. 1 Nr. 4 schützt die Rechte privater Dritter, insbesondere Gesundheit und Eigentum, vor unzulässigen Immissionen, Gerüchen, Geräuschen etc. Die Vorschrift setzt im Regelungszusammenhang mit § 36 Abs. 2 Satz 1 die äußerste Grenze, die durch eine gerechte Abwägung nicht mehr überwunden werden kann und ab deren Überschreiten Schutzvorkehrungen zur Vermeidung nachteiliger Wirkungen anzuordnen sind (OVG Münster Urt. v. 14. 2. 2012 – 20 D 85/09.AK, juris Rn. 30; Fellenberg/Schiller in Jarass/Petersen, KrWG, 2022, § 36 Rn. 53). Diese Schwelle ist erreicht, wenn die mit der Zulassung verbundenen Nachteile das Maß des dem Drittbetroffenen auch unter Berücksichtigung bestehender Vorbelastungen insbesondere durch die Deponie nicht mehr Zumutbaren überschreiten. Solche Wirkungen sind zu erwarten, wenn sie nach allgemeiner Lebenserfahrung und anerkannten fachlichen Regeln wahrscheinlich und ihrer Natur nach annähernd voraussehbar sind. Dabei sind an die Wahrscheinlichkeit des Schadenseintritts umso geringere Anforderungen zu stellen, je größer und folgenschwerer der möglicherweise eintretende Schaden ist (OVG NRW Urt. v. 14. 2. 2012 – 20 D 85/09.AK, juris Rn. 31; BVerwG Beschl. v. 13.05.1983, NVwZ 1984, 374).

Bei **Änderungen einer bereits planfestgestellten oder plangenehmigten Deponie** kann sich ein Drittbetroffener nur auf Beeinträchtigungen berufen, die durch die Änderung hervorgerufen werden, während bereits bestehende Beeinträchtigungen grundsätzlich angesichts der Bestandskraft des ursprünglichen Planfeststellungsbeschlusses hinzunehmen sind (OVG NRW Urt. v. 14. 2. 2012 – 20 D 85/09.AK, juris Rn. 28; Fellenberg/Schiller in Jarass/Petersen, KrWG, 2022, § 36 Rn. 58). Davon unbenommen kann allerdings bei Beeinträchtigungen durch den planfestgestellten Deponiebetrieb ein Anspruch auf Erlass nachträglicher Anordnungen entstehen.

Nach der Rechtsprechung des BVerwG können sich Klagen von Umweltverbänden, gestützt auf § 1 Abs. 1 S. 1 Nr. 6 UmwRG, in zulässiger Weise auch auf die Aufhebung (Widerruf oder Rücknahme) eines bestandskräftigen Planfeststellungsbeschlusses richten (BVerwG Urt. v.23.06.2020, BVerwGE 168, 368). Das BVerwG erläutert dazu, bei der Rücknahme eines Planfeststellungsbeschlusses handele es sich zwar nicht um eine typische Aufsichtsmaßnahme i.S.v. § 1 Abs. 1 S. 1 Nr. 6 UmwRG. Der Begriff der Überwachungs- und Aufsichtsmaßnahme könne aber in einem weiten Sinne als Umschreibung von Maßnahmen des Gesetzesvollzugs verstanden werden, die im Zusammenhang mit einer Zulassungsentscheidung stünden. In diesem Sinne stelle die nachträgliche (teilweise) Aufhebung eines Planfeststellungsbeschlusses die stärkste Form einer Überwachung oder Aufsicht dar. Diese weite Auffassung werde den Zweck der Norm gerecht, den gerichtlichen Rechtsschutz zu erweitern, und entspreche der Vorgabe des Art. 9 Abs. 3 Aarhus-Konvention. Es wäre nicht sachgerecht, den Umweltvereinigungen zwar die Befugnis zuzusprechen, den Erlass eines Planfeststellungsbeschlusses zum Gegenstand eines gerichtlichen Verfahrens zu machen, nicht aber den umgekehrten Akt seiner (teilweisen) behördlichen Aufhebung (BVerwG Urt. v. 23.06.2020, BVerwGE 168, 368 Rn. 17 f.; kritisch dazu Schieferdecker in Beckmann/Kment, UVPG/UmwRG, 2022, § 1 UmwRG Rn. 102).

§ 36 Abs. 1 Nr. 4 ist drittschützend (Versteyl in Schmehl/Klement, KrWG, 2019, § 36 **38** Rn. 25). Das ergibt sich bereits aus dem Wortlaut und entspricht der allgemeinen Auffassung. § 36 Abs. 1 Nr. 4 und Abs. 2 betreffen nicht den Fall einer unmittelbaren **Enteignung** im Sinne eines gezielten Zugriffs auf das Grundstückseigentum für Zwecke der Deponieerrichtung bzw. des Deponiebetriebes (BVerwG Urt. v. 09.03.1990, NVwZ 1990, 971; Dippel Kreislaufwirtschafts- und Abfallrecht, in Redeker/Uechtritz, Anwaltshandbuch Verwaltungsverfahren, 2020, S. 646; Versteyl in Schmehl/Klement, KrWG, 2019, § 36 Rn. 25; Mann in Versteyl/Mann/Schomerus, KrWG, 2019, § 36 Rn. 36). Die genannten Vorschriften regeln vielmehr nur, inwieweit sonstige nachteilige Wirkungen des Vorhabens auf das Eigentum oder andere private Rechte zulässig sind und gegebenenfalls Ausgleichsansprüche auslösen. Eine geplante Enteignung ist vielmehr nach den Grundsätzen des Abwägungsgebots zu berücksichtigen. Dafür muss insbesondere eine Planrechtfertigung vorliegen und das zu enteignende Eigentum muss unter angemessener Bewertung seiner Bedeutung im Rahmen der Abwägung berücksichtigt werden (dazu Beckmann Enteignungsverfahren, in: Redeker/Uechtritz, Anwaltshandbuch Verwaltungsverfahren, 2020, Teil 3 D Rn. 30 ff.).

1. Nachteilige Wirkungen auf Rechte Dritter. Nachteilige Wirkungen auf Rech- **39** te Dritter setzen grundsätzlich eine Rechtsbeeinträchtigung voraus. Eine solche Rechtsbeeinträchtigung kann sich aus ganz unterschiedlichen Rechtspositionen ergeben. Dazu zählen insbesondere zivile Nachbarrechte im Sinne der §§ 906, 908 BGB, die über § 1004 BGB zu einem Unterlassungsanspruch führen können. Zu den Rechten, die insoweit in Betracht kommen, gehören das Eigentum, das Recht auf Leben und körperliche Unversehrtheit, sonstige dingliche Rechte, das Recht am eingerichteten und ausgeübten Gewerbebetrieb, Fischerei- und Jagdrechte etc. Nachteilige Wirkungen können sich auch für öffentlich-rechtliche Nachbarrechte ergeben, die z.B. die Abwehr schädlicher Umwelteinwirkungen im Sinne von § 3 Abs. 1 BImSchG betreffen. Gesundheitsgefährdungen durch Trinkwasserverbrauch als Folge von **Grundwasserverunreinigungen** zählen bei einer Trinkwasserversorgung aus privaten Brunnen grundsätzlich zu den nachteiligen Wirkungen i.S.v. § 36 Abs. 1 Nr. 4 KrWG (VG München Urt. v. 07.04.2016 – M 17 K 15.3470).

Vorhabenbedingte nachteilige Auswirkungen auf Rechte Dritter im Sinne von § 36 Abs. 1 Nr. 4 sind nur solche Auswirkungen, die von dem Vorhaben selbst herrühren. Im Hinblick auf den Klimaschutz und die insoweit grundrechtlich geschützten Rechtspositionen Dritter sind Auswirkungen anderer umweltbeeinträchtigender Maßnahmen nach Ansicht des OVG NRW nicht in die Betrachtung einzubeziehen (OVG NRW Beschl. v. 29.12.2021, ZUR 2022, 241).

Die bloße **Nachbarschaft zu einer Deponie** führt nicht zu einer solchen nachteiligen Wirkung. Es kommt also immer darauf an, ob etwa im Sinne der §§ 906, 908 BGB eine unzumutbare Beeinträchtigung vorliegt oder ob im Sinne des § 3 Abs. 1 BImSchG unzulässige Lärmbeeinträchtigungen, Gerüche oder Luftverunreinigungen festzustellen sind. Auch der **Wertverlust** eines Grundstücks, der sich zweifellos im Einzelfall aus der Errichtung und dem Betrieb einer Deponie in der Nachbarschaft ergeben kann, berechtigt für sich genommen nicht zu der Annahme, dass eine nachteilige Wirkung auf das Recht eines Dritten vorliegt (näher dazu Beckmann BauR 2021, 768; siehe auch BVerwG Beschl. v. 10.02.1989, NVwZ-RR 1989, 619, 620; Fellenberg/Schiller in Jarass/Petersen, KrWG, 2022, § 36 Rn. 56; Klages in Beck OK Umweltrecht, 2018, § 39 KrWG Rn. 18).

40 Nachteilige Wirkungen auf das Recht eines anderen sind zu erwarten, wenn sie nach allgemeiner Lebenserfahrung und anerkannten fachlichen Regeln wahrscheinlich und vorhersehbar sind. Erforderlich ist eine **Prognose,** bei der entsprechend der im Ordnungsrecht allgemein geltenden Formel gilt, dass je schwerwiegender die mögliche Rechtsverletzung, desto geringer die Anforderungen an die Wahrscheinlichkeit ihres Eintritts sind.

41 Geschützt werden auch die Rechte von öffentlich-rechtlichen Körperschaften, insbesondere auch von **Kommunen.** Die durch Art. 28 Abs. 2 Satz 1 GG garantierte kommunale Selbstverwaltung umfasst nach ständiger Rechtsprechung des BVerwG den Schutz der **Planungshoheit**, die **Funktionsfähigkeit kommunaler Einrichtungen** und das **Selbstgestaltungsrecht der Gemeinde** (BVerwG Urt. v. 23.06.2022 – 7 C 1/21, juris Rn. 11; Dippel Kreislaufwirtschafts- und Abfallrecht, in Redeker/Uechtritz, Handbuch Verwaltungsverfahren, 2020, S. 646; a.A. Fellenberg/Schiller in Jarass/Petersen, KrWG, 2022, § 36 Rn. 55 und Mann in Versteyl/Mann/Schomerus, KrWG, 2019, § 36 Rn. 44, die annehmen, die gemeindliche Planungshoheit als Ausprägung der kommunalen Selbstverwaltungsgarantie sei kein Recht anderer iSd Abs. 1 Nr. 4; sie sei im Rahmen des Wohls der Allgemeinheit nach Abs. 1 Nr. 1 lit. a iVm § 15 Abs. 2 S. 2 Nr. 5 als Belang des Städtebaus sowie im Rahmen der planerischen Abwägung zu berücksichtigen).

Eine unverhältnismäßige Beeinträchtigung der Planungshoheit kommt nach der Rechtsprechung des BVerwG nur dann in Betracht, wenn durch das zugelassene Vorhaben eine hinreichend konkrete und verfestigte eigene Planung der Gemeinde nachhaltig gestört wird oder wenn das Vorhaben wegen seiner Großräumigkeit wesentliche Teile des Gemeindegebiets einer durchsetzbaren kommunalen Planung entzieht. Das Vorhaben darf, so das BVerwG, außerdem von der Gemeinde konkret in Betracht gezogene städtebauliche Planungsmöglichkeiten nicht unnötig verbauen (BVerwG Urt. v. 23.06.2022 – 7 C 1/21, juris Rn. 11; BVerwG Urt. v. 15.12.2006, BVerwGE 127, 259 Rn. 31). Eine Verletzung des kommunalen Selbstverwaltungsrechts mit Bezug auf den Betrieb kommunaler

Einrichtungen kommt in Betracht, wenn solche Einrichtungen durch das Vorhaben in ihrer Funktionsfähigkeit erheblich beeinträchtigt werden (BVerwG Urt. v. 23.06.2022 – 7 C 1/21, juris Rn. 11; Urt. v. 15.12.2016, BVerwGE 157, 73 Rn. 58). Aus dem Selbstgestaltungsrecht erwachsen einer Gemeinde nach Ansicht des BVerwG Abwehransprüche allenfalls dann, wenn die Gemeinde durch Maßnahmen betroffen wird, die das Ortsbild entscheidend prägen und hierdurch nachhaltig auf das Gemeindegebiet und die Entwicklung der Gemeinde einwirken.

Dass durch eine Deponieplanung die gemeindliche **Planungshoheit** beeinträchtigt wird, weil eine hinreichend konkretisierte Planung verhindert wird oder gar wesentliche Teile des Gemeindegebiets einer durchsetzbaren Planung entzogen werden, dürfte nur selten in Frage stehen, da es den Deponien dazu zumeist an einer dafür hinreichenden räumlichen Ausdehnung fehlen dürfte. Planerische Erschwernisse und planerischer Anpassungsbedarf führen jedenfalls noch nicht zu einer Beeinträchtigung der Planungshoheit.

Die Privilegierung des **§ 38 BauGB** ermöglicht bei einer ordnungsgemäßen Berücksichtigung der städtebaulichen Belange auch eine Abweichung von konkreten Festsetzungen eines Bebauungsplans. Die Errichtung einer Deponie im landwirtschaftlichen Außenbereich beeinträchtigt grundsätzlich die kommunale Planungshoheit trotz entsprechender Außenbereichsdarstellungen im Flächennutzungsplan nicht. Auch aus einer reinen **Negativplanung,** die lediglich dazu dient, ein Deponievorhaben zu verhindern und kein darüberhinausgehendes städtebauliches Planungskonzept verfolgt, kann sich eine Verletzung der Planungshoheit nicht ergeben. Nachteilige Wirkungen auf Rechte von Kommunen können sich auch aus erheblichen Beeinträchtigungen ihrer kommunalen Einrichtungen ergeben. Das kann z.B. bei einer Gefährdung der kommunalen Wasserversorgung aus einer Brunnenanlage durch den Austritt von Deponiesickerwasser der Fall sein (OVG Saarlouis Urt. v. 09.07.2010, BauR 2010, 2162 f.).

2. Schutzvorkehrungen. Nachteilige Wirkungen auf das Recht eines anderen stehen allerdings der Deponiezulassung gemäß § 36 Abs. 2 Satz 1 dann nicht entgegen, wenn sie durch Auflagen oder Bedingungen verhütet oder ausgeglichen werden können oder der Betroffene ihnen nicht widerspricht. 42

Die Aufnahme derartiger **Nebenbestimmungen** ist regelmäßig gegenüber einer Versagung der Deponiezulassung aus Gründen der Verhältnismäßigkeit vorrangig (zustimmend Versteyl in Schmehl/Klement, KrWG, 2019, § 36 Rn. 47; Fellenberg/Schiller in Jarass/Petersen, KrWG, 2022, § 36 Rn. 59). Die Anordnung von Schutzvorkehrungen steht insoweit nicht im **Ermessen** der Planfeststellungsbehörde (Versteyl in Schmehl/Klement, KrWG, 2019, § 36 Rn. 47; Mann in Versteyl/Mann/Schomerus, KrWG, 2019, § 36 Rn. 38; Versteyl/Grunow in Schink/Versteyl, KrWG, 2016, § 36 Rn. 844).

Umgekehrt haben Drittbetroffene grundsätzlich einen Anspruch darauf, dass vorrangig vor einer Entschädigung mögliche Schutzvorkehrungen angeordnet werden (Versteyl in Schmehl/Klement, KrWG, 2019, § 36 Rn. 47; Mann in Versteyl/Mann/Schomerus, KrWG, 2019, § 36 Rn. 50). Als Schutzvorkehrungen kommen unterschiedlichste Maßnahmen und Einrichtungen, so z.B. geruchsmindernde Abdeckungen der Schüttflächen, Maßnahmen des aktiven und passiven Lärmschutzes, Neubau einer Zufahrtsmöglichkeit für benachbarte Grundstücke etc., in Betracht.

Die **Auswahl der konkreten Schutzvorkehrungen** steht zwar grundsätzlich im Ermessen der Behörde (Fellenberg/Schiller in Jarass/Petersen, KrWG, 2022, § 36 Rn. 60). Allerdings ist auch insoweit der Grundsatz der **Verhältnismäßigkeit** zu beachten. Es kommen deshalb nur solche Bedingungen oder Auflagen in Betracht, die geeignet, erforderlich und auch gegenüber dem Anlagenbetreiber angemessen sind. Bietet der Deponiebetreiber eine Schutzvorkehrung an, mit deren Hilfe nachteilige Wirkungen auf das Recht eines anderen zuverlässig vermieden werden können, steht es nicht im Ermessen der zuständigen Behörde, eine andere Schutzvorkehrung anzuordnen.

43 Solcher Nebenbestimmungen bedarf es grundsätzlich nicht, wenn der Betroffene Einwirkungen auf sein Recht nicht widerspricht. Denn § 36 Abs. 2 Satz 1 nennt den fehlenden **Widerspruch** des Betroffenen als Alternative zu möglichen Auflagen oder Bedingungen. Allerdings kann ein fehlender Widerspruch keine Gesundheitsbeeinträchtigungen rechtfertigen (zustimmend Versteyl in Schmehl/Klement, KrWG, 2019, § 36 Rn. 48). Voraussetzung ist allerdings, dass der Betroffene, der keinen Widerspruch erhebt, Kenntnis vom Deponievorhaben und seinen Auswirkungen hatte bzw. hätte haben können (Berthold in Kopp-Assenmacher, KrWG, 2015, § 36 Rn. 23; Kropp in v.Lersner/Wendenburg/Versteyl, Recht der Abfallbeseitigung, § 36 KrWG, 2019, Rn. 72).

Im Planfeststellungsverfahren ist dies bei einer ordnungsgemäßen Durchführung der Öffentlichkeitsbeteiligung gesichert. Für die Plangenehmigung kommt es darauf nicht an, weil eine Plangenehmigung nur erteilt werden kann, wenn Rechte anderer nicht beeinträchtigt werden oder sich die Betroffenen mit der Inanspruchnahme ihrer Rechte schriftlich einverstanden erklärt haben (Fellenberg/Schiller in Jarass/Petersen, 2022, § 36 Rn. 62; siehe aber auch Mann in Versteyl/Mann/Schomerus, KrWG, 2019, § 36 Rn. 47). Sonstige nachteilige Wirkungen auf das Recht eines anderen, die zugleich das Wohl der Allgemeinheit beeinträchtigen, müssen von der Behörde natürlich auch dann berücksichtigt werden, wenn ein Widerspruch gegen die Rechtsbeeinträchtigung nicht erhoben worden ist (Hoppe/Beckmann Planfeststellung und Plangenehmigung, S. 77; zustimmend Mann in Versteyl/Mann/Schomerus, KrWG, 2019, § 36 Rn. 46; Kropp in v.Lersner/Wendenburg/Versteyl, Recht der Abfallbeseitigung, § 36 KrWG Rn. 72).

44 Nachteilige Wirkungen auf das Recht eines anderen stehen gemäß § 36 Abs. 2 Satz 2 auch dann einer Deponiezulassung nicht entgegen, wenn das Vorhaben dem Wohl der Allgemeinheit dient, wobei mit der **Allgemeinwohldienlichkeit** gesteigerte Anforderungen gegenüber der ohnehin erforderlichen Allgemeinwohlverträglichkeit gemeint sind (Versteyl in Schmehl/Klement, KrWG, 2019, § 36 Rn. 50; Fellenberg/Schiller in Jarass/Petersen, KrWG, 2022, § 36 Rn. 65). Das Vorhaben muss dementsprechend nicht nur mit den Allgemeinwohlbelangen vereinbar sein, sondern dieses Allgemeinwohl positiv befördern. Das ist wiederum in einer Abwägung zwischen dem Interesse der Allgemeinheit an dem Vorhaben und den widersprechenden Interessen der Allgemeinheit und der Betroffenen zu klären (Hoppe/Beckmann Planfeststellung und Plangenehmigung im Abfallrecht, S. 79). Daraus folgt, dass nicht jede Rechtsbeeinträchtigung, die nicht durch Schutzvorkehrungen vermieden werden kann, durch Kompensationszahlungen ausgeglichen werden kann.

Allgemeinwohldienlich sind nicht nur Deponievorhaben öffentlich-rechtlicher Entsorgungsträger. Auch die Deponien privater Betreiber können allgemeinwohldienlich sein. Dass neben den gemeinwohlorientierten Zielen auch privatwirtschaftliche **Gewinnerzielungsabsichten** verfolgt werden, steht der Allgemeinwohldienlichkeit der Deponie nicht entgegen (BVerwG Urt. v. 09.03.1990, BVerwGE 85, 44, 46; Versteyl/Grunow in Schink/Versteyl, KrWG, 2016, § 36 Rn. 48).

Dass eine geordnete und umweltverträgliche Beseitigung stets auch öffentlichen Interessen dient, führt aber noch nicht zur generellen Allgemeinwohldienlichkeit aller Deponievorhaben (zustimmend Fellenberg/Schiller in Jarass/Petersen, KrWG, 2022, § 36 Rn. 67; Versteyl in Schmehl/Klement, KrWG, 2019, § 36 Rn. 50; Kropp in v.Lersner/Wendenburg/Versteyl, Recht der Abfallbeseitigung, § 36 KrWG Rn. 74; siehe aber auch Dippel Kreislaufwirtschafts- und Abfallrecht, in Redeker/Uechtritz, Handbuch Verwaltungsverfahren, 2020, S. 646; BVerwG Urt. v. 09.03.2990, NVwZ 1990, 979 ff., wonach eine Allgemeinwohldienlichkeit bei der Errichtung und dem Betrieb regelmäßig angenommen werden soll, da sie einem öffentlichen Interesse an einer ordnungsgemäßen Abfallentsorgung und insoweit der Daseinsvorsorge und dem Umweltschutz dienen).

Zwar sieht § 36 Abs. 2 Satz 3 eine Entschädigungsmöglichkeit anstelle der Anordnung von Schutzvorkehrungen nur für planfestgestellte Deponievorhaben vor. Das dürfte jedoch auf einem redaktionellen Versehen beruhen, so dass auch bei plangenehmigten, allgemeinwohldienlichen Deponien auf Schutzvorkehrungen zugunsten einer Entschädigung verzichtet werden kann (zustimmend Versteyl in Schmehl/Klement, KrWG, 2019, § 36 Rn. 51).

3. Entschädigungspflicht. Ist das Vorhaben allgemeinwohldienlich und kann deshalb die Deponie trotz entgegenstehender Rechte privater Dritter zugelassen werden, dann bedarf es nach § 36 Abs. 2 Satz 3 einer Entschädigung des Betroffenen für die Vermögensschäden. Über die Entschädigung ist bereits in der abfallrechtlichen Zulassung zu entscheiden (Fellenberg/Schiller in Jarass/Petersen, KrWG, 2022, § 36 Rn. 68; Kropp in v.Lersner/Wendenburg/Versteyl, Recht der Abfallbeseitigung, § 36 KrWG Rn. 79). Ist eine Bezifferung des Ausgleichsanspruchs noch nicht möglich, ist zumindest dem Grunde nach über den Anspruch zu befinden. Lehnt die Planfeststellungsbehörde im Planfeststellungsbeschluss eine Entschädigungsverpflichtung ab, kann der Drittbetroffene einen Anspruch auf Planergänzung um eine entsprechende Nebenbestimmung zur Ausgleichspflicht im Wege einer Verpflichtungsklage verfolgen. Lässt der Betroffene den Planfeststellungsbeschluss bestandskräftig werden, kann er seinen Ausgleichsanspruch nicht mehr durchsetzen (BVerwG Urt. v. 22.05.1987, BVerwGE 77, 295, 297). Die Entschädigungspflicht nach § 36 Abs. 2 Satz 4 macht deutlich, dass eine Unbeachtlichkeit des § 36 Abs. 1 Nr. 3 nur dann in Betracht kommt, wenn ein finanzieller Ausgleich möglich ist. **Gesundheitsbeeinträchtigungen,** die nicht durch Nebenbestimmungen abgewendet werden können, können nicht durch einen Geldausgleich kompensiert werden (so auch Mann in Versteyl/Mann/Schomerus, KrWG, 2019, § 36 Rn. 51). 45

Nicht eindeutig geregelt ist, ob bei allgemeinwohldienlichen Vorhaben Schutzvorkehrungen vorrangig gegenüber der Entschädigungspflicht sind. Aus einem Rückgriff auf den über § 38 Abs. 1 anwendbaren § 74 Abs. 2 Satz 2 und 3 VwVfG lässt sich ableiten, dass von Schutzvorkehrungen zugunsten einer Entschädigungsleistung nur abgesehen werden darf, wenn Schutzvorkehrungen untunlich oder mit dem Vorhaben unvereinbar sind (zustimmend Fellenberg/Schiller in Jarass/Petersen, KrWG, 2022, § 36 Rn. 64; Mann in Versteyl/Mann/Schomerus, KrWG, 2019, § 36 Rn. 53).

Der Ausgleichsanspruch sichert keine Enteignungsentschädigung (Versteyl in Schmehl/Klement, KrWG, 2019, § 36 Rn. 51; Mann in Versteyl/Mann/Schomerus, KrWG, 2019, § 36 Rn. 54; Beckmann UPR 2023, Heft 4); er dient vielmehr der verhältnismäßigen Bestimmung von Inhalt und Schranken des Eigentums im Sinne von Art. 14 Abs. 1 Satz 2 GG und ist deshalb gem. § 40 Abs. 2 Satz 1 Halbs. 2 VwGO auf dem Verwaltungsrechtsweg geltend zu machen. Der Drittbetroffene kann mit einer Verpflichtungsklage einen Anspruch auf Ergänzung des Planfeststellungsbeschlusses um eine Nebenbestimmung, die seine Entschädigung regelt, geltend machen (Versteyl in Schmehl/Klement, KrWG, 2019, § 36 Rn. 51).

Die Entschädigungsmöglichkeit als Kompensation für unterbliebene Schutzvorkehrungen bei allgemeinwohldienlichen Deponievorhaben bedeutet nicht, dass Rechte Dritter generell durch eine Kompensation in Geld überwunden werden könnten. Die Rechte Dritter sind zunächst als gewichtige Belange im Rahmen der planerischen Abwägung zu berücksichtigen; ihnen kann dabei im Einzelfall ein derart starkes Gewicht zukommen, dass eine fehlerfreie Abwägung nur zu ihren Gunsten möglich ist (Fellenberg/Schiller in Jarass/Petersen, KrWG, 2022, § 36 Rn. 64).

V. Bindung an vorgeschaltete Planungen

46 Bei der Zulassung von Abfalldeponien ist nicht nur die Bauleitplanung zu berücksichtigen. Vielmehr können auch verbindliche Fachplanungen, etwa aus den Bereichen des Naturschutzrechts oder des Wasserrechts, nicht zuletzt auch die Abfallwirtschaftsplanung sowie Erfordernisse der Raumordnung beachtlich sein.

47 **1. Feststellungen eines Abfallwirtschaftsplans.** Gemäß § 36 Abs. 1 Nr. 5 dürfen der abfallrechtliche Planfeststellungsbeschluss nur erlassen und die abfallrechtliche Plangenehmigung erteilt werden, wenn die für verbindlich erklärten Feststellungen eines Abfallwirtschaftsplans dem Vorhaben nicht entgegenstehen. Dementsprechend darf bei Vorliegen eines für verbindlich erklärten wirksamen Abfallwirtschaftsplans kein von den Feststellungen des Plans abweichender Standort oder eine Anlage mit anderer Entsorgungstechnik planfestgestellt oder genehmigt werden (BVerwG Beschl. v. 14.05.1996, DVBl. 1997, 48; OVG Lüneburg Beschl. v. 01.06.1978, DVBl. 1979, 195), wobei allerdings konkret festzustellen ist, ob die Ausweisung des Abfallwirtschaftsplans so zu verstehen ist, dass kein anderer Standort zulässig sein soll (Versteyl in Schmehl/Klement, KrWG, 2019, § 36 Rn. 29; Fellenberg/Schiller in Jarass/Petersen, KrWG, 2022, § 36 Rn. 71). Grundsätzlich ist die Flächenausweisung im Abfallwirtschaftsplan nach § 30 Abs. 1 keine Voraussetzung für die Planfeststellung oder Genehmigung einer Deponie (§ 30 Abs. 3 Satz 2).

48 Entspricht das Vorhaben den für verbindlich erklärten Feststellungen eines Plans, dann bedeutet dies noch nicht, dass das beantragte Vorhaben an dem planerisch ausgewiesenen Standort auch zugelassen werden kann. Denn die Planfeststellungs- oder Plangenehmigungsbehörde muss eine eigene **Detailprüfung** der Zulassungsvoraussetzungen durchführen. Die Behörde muss abschließend prüfen, ob das beantragte Vorhaben an dem vorgesehenen Standort den einschlägigen Rechtsvorschriften entspricht. Diese Frage kann durch den Abfallwirtschaftsplan nicht endgültig entschieden werden, weil der Plan sich insoweit auf die Berücksichtigung überörtlicher Gesichtspunkte beschränken muss (BVerwG Beschl. v. 20.12.1988, BVerwGE 81, 128, 133 f.; *Hoppe/Beckmann* DÖV 1990, 769, 772).

49 Abfallwirtschaftspläne können insoweit vorstufige verbindliche Planungsentscheidungen für die nachfolgende abfallrechtliche Planfeststellung oder Plangenehmigung der einzelnen Deponie sein. Soweit es an einer Verbindlichmachung im Sinne von § 30 Abs. 4 fehlt, kommt eine Berücksichtigung des Planinhalts bei der Prüfung der Planrechtfertigung, im Rahmen der planerischen Abwägung und mittelbar möglicherweise auch bei der Konkretisierung der Allgemeinwohlverträglichkeit des Vorhabens im Sinne von § 36 Abs. 1 Nr. 1a) in Verb. m. § 15 Abs. 2 in Betracht (BVerwG Beschl. v. 20.12.1988, BVerwGE 81, 128, 135).

50 Welche Feststellungen eines Abfallwirtschaftsplans für verbindlich erklärt werden können, ergibt sich aus § 30 Abs. 4. Danach können die Ausweisungen im Sinne des § 30 Abs. 1 Satz 3 Nr. 2 und Satz 4 für verbindlich erklärt werden. Nach § 30 Abs. 1 Satz 3 Nr. 2 weisen die Abfallwirtschaftspläne geeignete Flächen für Deponien und für sonstige Abfallentsorgungsanlagen aus. Solche **Flächenausweisungen** können dementsprechend für verbindlich erklärt werden. Nach § 30 Abs. 1 Satz 4 können die Pläne ferner bestimmen, welcher **Entsorgungsträger** vorgesehen ist und welcher Abfallentsorgungsanlage sich die Entsorgungspflichtigen zu bedienen haben.

Das **Verfahren zur Verbindlicherklärung** regeln gem. § 31 Abs. 4 S. 1 die Länder. Zumeist wird die Verbindlichkeit über den Erlass einer Rechtsverordnung oder einer ordnungsbehördlichen Verordnung erreicht. Soweit Planaussagen für verbindlich erklärt worden sind, entfalten sie für die Planadressaten eine rechtliche strikte Bindungswirkung. In dem Maße, in dem die Pläne durch Rechtsverordnung für verbindlich erklärt werden, werden sie zu außenverbindlichen Rechtsnormen. Aber auch Planaussagen, die nicht für verbindlich erklärt worden sind, sind nicht rechtlich unverbindlich. Vielmehr werden die Abfallwirtschaftspläne mit ihrer Bekanntgabe als Verwaltungsvorschriften verbindlich für nachgeordnete Fachplanungsinstanzen. Als behördeninterne Verwaltungsvorschrift kann ein nicht für verbindlich erklärter Plan auch das Ermessen der abfallrechtlichen Planfeststellungsbehörde binden (zustimmend Klages in Beck OK Umweltrecht, 2018, § 36 KrWG Rn. 22). 51

Weist der Plan eine geeignete Fläche für eine Deponie aus, dann kann diese Fläche als geeignet angesehen werden, soweit bei der Ausweisung eine **Standortprüfung** vorgenommen worden ist. Dabei ist allerdings zu berücksichtigen, dass die Abfallwirtschaftspläne lediglich nach überörtlichen Gesichtspunkten aufgestellt werden. Wurden die Ausweisungen nicht für verbindlich erklärt, sind diese als öffentlicher Belang im Rahmen der Planabwägung zu berücksichtigen. 52

Eine Prüfung aller Belange, die für oder gegen einen Standort sprechen können, findet im Rahmen der Aufstellung eines Abfallwirtschaftsplans nicht statt. Deshalb ersetzt eine Ausweisung im Abfallwirtschaftsplan keineswegs eine konkrete Standortprüfung und Abwägung aller betroffenen Belange im abfallrechtlichen Planfeststellungsverfahren. Fehlt es an einer Flächenausweisung oder ist sie nicht hinreichend bestimmt, so bleibt ohnehin eine Standortalternativenprüfung im Rahmen des Planfeststellungsverfahrens erforderlich. Dagegen besteht grundsätzlich kein Raum für eine verpflichtende **Alternativenprüfung** für immissionsschutzrechtlich genehmigungsbedürftige Abfallentsorgungsanlagen (BVerwG Beschl. v. 09.04.2008 – 7 B 2/08, juris Rn. 6; zur Alternativenprüfung in der Regionalplanung Beckmann DVBl. 2022, 809). 53

Ob und inwieweit die Ausweisung einer geeigneten Fläche im Abfallwirtschaftsplan dazu führt, dass eine Deponie an anderer Stelle nicht mehr zugelassen werden darf, ist zweifelhaft. Regelmäßig dürfte die Ausweisung einer geeigneten Fläche nicht bedeuten, dass andere geeignete Flächen im Plangebiet nicht vorhanden sind und dementsprechend auch eine Deponie an anderer Stelle im Plangebiet nicht mehr zugelassen werden kann (BVerwG Beschl. v. 14.05.1996, BVerwGE 101, 166; Dolde NVwZ 1996, 526, 528, a.A. Versteyl in Schmehl/Klement, KrWG, 2019, § 36 Rn. 29). Eine abschließende Auflistung geeigneter Flächen im Plan würde nicht nur eine Untersuchung aller in Frage kommenden Planbereiche voraussetzen. Sie wäre auch wenig sinnvoll. Stellt sich nämlich im Planfeststellungsverfahren die mangelnde Eignung der ausgewiesenen Flächen aus Gründen, die erst im Planfeststellungsverfahren zu prüfen sind heraus, dann wäre vor einer Anlagenzulassung zunächst die Änderung des Abfallwirtschaftsplans erforderlich, was den Verfahrensablauf behindern würde (Hoppe/Beckmann DÖV 1990, 769, 772). 54

Für Abfallwirtschaftspläne, die einen Standort ausweisen, bedarf es einer **Umweltprüfung** mit Öffentlichkeitsbeteiligung (Beckmann Umweltverträglichkeitsprüfung im Abfallrecht, S. 121, 131 ff.). Abfallwirtschaftspläne gehören gem. § 35 Abs. 1 Nr. 2 i.V.m. Anlage 5 Nr. 2.5 UVPG zu den SUP-pflichtigen Plänen, wenn sie Festlegungen mit Bedeutung für spätere behördliche Zulassungsentscheidungen enthalten. Insbesondere Standortfestlegungen und verbindliche Planfestlegungen mit Bedeutung für Anlagenzulassungen bedürfen damit einer strategischen Umweltprüfung (Kropp in Beck OK Umweltrecht, 2021, § 30 KrWG Rn. 4). Unabhängig davon bedarf es nach § 32 Abs. 1 Satz 1 einer Beteiligung der Öffentlichkeit bei der Aufstellung von Abfallwirtschaftsplänen. 55

56 Da Feststellungen eines Abfallwirtschaftsplans dem Vorhaben nicht entgegenstehen dürfen, führt ein gänzliches Fehlen eines solchen Plans oder auch nur verbindlicher Festsetzungen nicht zu einer Genehmigungsunfähigkeit (BVerwG Beschl. v. 10.02.1983, DÖV 1983, 599; Kropp in v.Lersner/Wendenburg/Versteyl, Recht der Abfallbeseitigung, § 36 KrWG, 2019, Rn. 68). Aus der Verpflichtung gem. § 31 Abs. 5, die Abfallwirtschaftspläne alle sechs Jahre auszuwerten und bei Bedarf fortzuschreiben, ergibt sich nicht, dass insoweit überholte, weil nicht fortgeschriebene Festsetzungen eines Abfallwirtschaftsplans ihre rechtliche Bedeutung verlören. Abfallwirtschaftspläne und insbesondere ihre für verbindlich erklärten Festsetzungen gelten insoweit grundsätzlich nicht nur befristet, es sei denn der Plan oder die Verordnung zur Verbindlichmachung sehen eine solche Befristung selbst vor. Zulässig sind dagegen „Abweichungsklauseln" der Länder, mit denen der Landesgesetzgeber Abweichungen von verbindlichen Festlegungen eines Abfallwirtschaftsplans ermöglicht (BVerwG Beschl. v. 27.05.1986, NVwZ 1986, 837).

57 Umstritten ist, ob ein Verstoß gegen § 36 Abs. 1 Nr. 5 **Abwehrrechte** privater Dritter oder von Kommunen begründen kann (verneinend Hoppe/Beckmann Planfeststellung und Plangenehmigung im Abfallrecht, S. 42; Kropp in v.Lersner/Wendenburg/Versteyl, Recht der Abfallbeseitigung, § 36 KrWG Rn. 69; bejahend Ibler DVBl. 1989, 639, 646; Versteyl in Schmehl/Klement, KrWG, 2019, § 36 Rn. 31; VGH Mannheim Urt. v. 28.06.1995, NVwZ 1996, 297). Zutreffend ist, dass § 36 Abs. 1 Nr. 5 für sich genommen nicht drittschützend ist. Ganz überwiegend dürften Abfallwirtschaftspläne und ihre verbindlichen Festlegungen öffentlichen Interessen dienen. Das schließt es allerdings nicht aus, dass einzelne verbindliche Festlegungen zumindest auch dem Schutz privater Anlagenbetreiber dienen, deren Anlagen z.B. bestimmte Entsorgungspflichtige mit ihren Abfällen nach § 30 Abs. 1 Satz 3 zugeordnet werden. Insoweit können sich aus der Nichtbeachtung verbindlicher Ausweisungen eines Abfallwirtschaftsplans bei der Zulassung einer Abfalldeponie nachteilige Wirkungen auf das Recht eines Dritten im Sinne von § 36 Abs. 1 Nr. 5 ergeben (zustimmend Versteyl in Schmehl/Klement, KrWG, 2019, § 36 Rn. 31). Standortgemeinden, die durch eine dem Abfallwirtschaftsplan missachtende Planfeststellung beeinträchtigt werden, können sich ggfls. auf einen Verstoß gegen Abs. 1 Nr. 5 berufen (OVG Lüneburg Beschl. v. 19.06.1987, NVwZ 1987, 997, 999; Mann in Versteyl/Mann/Schomerus, KrWG, 2019, § 36 Rn. 55; Fellenberg/Schiller in Jarass/Petersen § 36 Rn. 72; Kropp in v. Lersner/Wendenburg/Versteyl, Recht der Abfallbeseitigung, § 36 KrWG Rn. 69; a.A. Ronellenfitsch DÖV 1989, 737, 745 f.).

58 **2. Erfordernisse der Raumordnung.** Gem. § 30 Abs. 5 Satz 1 sind bei der Abfallwirtschaftsplanung die Ziele der Raumordnung zu beachten, die Grundsätze und sonstigen Erfordernisse der Raumordnung zu berücksichtigen. Die Erfordernisse der Raumordnung sind aber nicht nur vermittelt über die Abfallwirtschaftsplanung für die Zulassung von Abfalldeponien beachtlich. Denn unabhängig von der Abfallwirtschaftsplanung sind bei der abfallrechtlichen Planfeststellung und der Plangenehmigung gem. § 4 ROG Ziele der Raumordnung, Grundsätze der Raumordnung und sonstige Erfordernisse von Bedeutung. Nicht zuletzt liegt eine über § 36 Abs. 1 Nr. 1a in Verbindung mit § 15 Abs. Satz 2 Nr. 5 beachtliche Allgemeinwohlbeeinträchtigung vor, wenn die Ziele der Raumordnung nicht beachtet und die Grundsätze der Raumordnung nicht berücksichtigt werden.

59 **Ziele der Raumordnung** sind gem. § 3 Abs. 1 Nr. 2 ROG verbindliche Vorgaben in Form von räumlich und sachlich bestimmten oder bestimmbaren, vom Träger der Landes- oder Regionalplanung abschließend abgewogenen textlichen oder zeichnerischen Festlegungen in Raumordnungsplänen zur Entwicklung, Ordnung und Sicherung des Raumes. **Grundsätze der Raumordnung** sind gem. § 3 Abs. 1 Nr. 3 ROG allgemeine Aussagen

zur Entwicklung, Ordnung und Sicherung des Raumes in oder aufgrund von § 2 ROG als Vorgaben für nachfolgende Abwägungs- und Ermessensentscheidungen. **Sonstige Erfordernisse der Raumordnung** sind gem. § 3 Abs. 1 Nr. 4 ROG in Aufstellung befindliche Ziele der Raumordnung, Ergebnisse förmlicher landesplanerischer Verfahren wie des Raumordnungsverfahrens und landesplanerische Stellungnahmen.

Ziele der Raumordnung sind wegen der Beachtenspflicht im Rahmen der Abwägung nicht überwindbar, Grundsätze und sonstige Erfordernisse der Raumordnung müssen dagegen zwar berücksichtigt werden. Sie können jedoch im Rahmen der planerischen Abwägung zugunsten überwiegender anderer Belange zurückgestellt werden (dazu im Einzelnen Beckmann Raumordnungsrecht, in: Hoppenberg/de Witt, Handbuch des öffentlichen Baurechts, 2019, Rn. 118 ff.). Enthält ein Raumordnungsplan für eine Deponie eine Standortfestlegung im Sinne eines **Vorranggebiets**, das zugleich die Ausschlusswirkung für andere Standorte im Plangebiet im Sinne eines Eignungsgebiets (§ 8 Abs. 7 S. 1 Nr. 2 und S. 2 ROG) hat, dann kommt die Planfeststellung der Deponie ohne Änderung des Raumordnungsplans oder ohne eine Zielabweichung nach § 6 Abs. 2 ROG nicht in Betracht (Versteyl in Schmehl/Klement, KrWG, 2019, § 36 Rn. 14; zu **Zielabweichungen** und der Absicht, § 6 Abs. 2 ROG zu ändern, siehe Beckmann BauR 2023, 18; Kümper UPR 2021, 121 ff.; 171 ff.; Kment UPR 2022, 329). Bei einer Klage gegen den Planfeststellungsbeschluss für eine Deponie kann die Zielabweichungsentscheidung wegen ihrer Tatbestandswirkung nur mit Blick auf eine evtl. mögliche Nichtigkeit inzident überprüft werden (OVG Lüneburg Beschl. v. 30.08.2017, DVBl 2017, 1440). Festlegungen eines Raumordnungsplans zum Schutz anderer Belange, etwa zum Schutz der Natur oder zum Gewässerschutz können als Ziel der Raumordnung einer abfallrechtlichen Planfeststellung für eine Deponie ebenfalls entgegenstehen (OVG Lüneburg Beschl. v. 30.08.2017, DVBl 2017, 1440 Rn. 123; Versteyl in Schmehl/Klement, KrWG, 2019, § 36 Rn. 14; Franßen/Grunow AbfallR 2015, 296 f.). 60

VI. Schranken des Fachplanungsrechts

Neben den Zulassungsvoraussetzungen des § 36 Abs. 1 sind weitere allgemeine Anforderungen des Fachplanungsrechts an die gebotene planerische Abwägung zu beachten. Regelmäßig werden dazu die **Planrechtfertigung,** die Einhaltung von **Planungsleitsätzen** sowie das **Abwägungsgebot** genannt, wobei die Übergänge fließend sind, denn im Sinne der Systematik des Planungsrechts dürften die Zulassungsvoraussetzungen des § 36 Abs. 1 Planungsleitsätze sein (zu den Schranken der planerischen Gestaltungsfreiheit bei der Zulassung einer Deponie siehe auch Dippel Kreislaufwirtschafts- und Abfallrecht, in Redeker/Uechtritz, Anwaltshandbuch Verwaltungsverfahren, 2020, S. 647; Versteyl in Schmehl/Klement, KrWG, 2019, § 36 Rn. 33 ff.). 61

1. Planrechtfertigung. Die Planrechtfertigung ist nach der Rechtsprechung des BVerwG ein ungeschriebenes Erfordernis jeder Fachplanung und eine Ausprägung des Prinzips der Verhältnismäßigkeit staatlichen Handelns, das mit Eingriffen in private Rechte verbunden ist. Dem mit der Planrechtfertigung verfolgten Anliegen kann aber nach in der Literatur vertretener Ansicht auch im Rahmen des Abwägungsgebots Rechnung getragen werden. Die mit einer nicht zielkonformen Deponie verfolgten Interessen seien von vornherein objektiv ungeeignet, entgegenstehende öffentliche oder private Belange zu überwinden. Daher habe das Kriterium der Planrechtfertigung im Wesentlichen nur theoretischen Erkenntniswert, weshalb für die gerichtliche Kontrolle von Zulassungsentscheidungen auf diesen Prüfungsschritt verzichtet werden sollte (Mann in Versteyl/Mann/Schomerus, KrWG, 2019, § 36 Rn. 58; Jarass DVBl 1998, 1202, 1205; Versteyl/Grunow 62 in Schink/Versteyl, KrWG, 2016, § 36 Rn. 33). Dass allerdings die Rechtsprechung auf eine Prüfung der Planrechtfertigung verzichten könnte, ist nicht erkennbar.

Die Planrechtfertigung betrifft eine der vollständigen gerichtlichen Überprüfung zugängliche Rechtsfrage. Das Erfordernis der Planrechtfertigung soll die Planung im Hinblick auf die mit ihr verbundenen Rechtswirkungen in Einklang mit den gesetzlich zulässigen Planungszielen bringen (OVG Lüneburg Beschl. v. 22.7.2016, NordÖR 2016, 436; OVG NRW Urt. v. 14.02.2012 – 20 D 85/09, BeckRS 2012, 50010; OVG NRW Beschl. v. 28.08.2014 – 20 A 1923/11, juris Rn. 76; BVerwG Urt. v. 26.04.2007, BVerwGE 128, 358, Rn. 45 f.; Beckmann in Beckmann/Kment, UVPG/UmwRG, 2022, § 65 UVPG Rn. 43). Zu einem privaten Sonderlandeplatz und die dafür erforderliche luftverkehrsrechtliche Planfeststellung hat das BVerwG dementsprechend entschieden, dass eine Planrechtfertigung auch für die Anlegung oder Änderung eines nur privaten Verkehrszwecken dienenden Sonderflugplatzes zu verlangen ist, weil die Planfeststellung – anders als die immissionsschutzrechtliche Genehmigung einer Industrieanlage – nicht nur die öffentlich-rechtliche Zulassung des Vorhabens, sondern darüber hinaus eine verbindliche Raumnutzungsentscheidung enthält, mit der abschließend über die raumplanerische Zulässigkeit der Bodeninanspruchnahme befunden wird (BVerwG Urt. v. 26.04.2007, NVwZ 2007, 1074, 1077; BVerwG Urt. v. 24.11.1994, NVwZ 1993, 364; a.A. Kümper in Schink/Fellenberg, WHG, 2021, § 68 Rn. 44, der annimmt, dass es für eine privatnützige Planfeststellung keiner Planrechtfertigung bedarf; die Frage nach dem fachplanerischen „Bedarf" lasse sich für rein privatnützige Gewässerausbauvorhaben nicht sinnvoll stellen).

Bejaht man dementsprechend das Erfordernis einer Planrechtfertigung, dann muss das Deponievorhaben als solches objektiv erforderlich, d.h., vernünftigerweise geboten sein und dabei der Zielbestimmung des KrWG mit hinreichender Plausibilität entsprechen (OVG RP Urt. v. 13.04.2016 – 8 C 10674/15, juris; OVG Lüneburg Urt. v. 22.04.2016 – 7 KS 27/15, juris; Urt. v. 04.07.2017 – 7 KS 7/15, juris Rn. 115; *Wysk* in Kopp/Ramsauer, VwVfG, 2021, § 72 Rn. 41; OVG NRW, Urt. v. 14. 2. 2012 – 20 D 85/09.AK, juris Rn 39; BVerwG Urt. v. 09.11.2006, NVwZ 2007, 445).

Die Errichtung und der Betrieb von Abfalldeponien dürften in diesem Sinne dann vernünftigerweise geboten sein, wenn sie für eine gemeinwohlverträgliche Abfallbeseitigung im Sinne des § 15 Abs. 2 erforderlich sind (OVG RP Urt. v. 13.04.2016 – 8 C 10674/15, juris Rn. 84). Das betrifft allerdings nicht nur die Erforderlichkeit der Deponie an sich, sondern auch ihres räumlichen Umfangs und ihrer Laufzeit. Das Vorliegen einer Planrechtfertigung ist voll gerichtlich überprüfbar (*Wysk* in Kopp/Ramsauer, VwVfG, 2021, § 72 Rn. 42). Die Planrechtfertigung zur Errichtung einer Abfalldeponie ist gegeben, wenn die Deponie dem öffentlichen Interesse an einer gemeinwohlverträglichen Abfallbeseitigung dient (VG Neustadt Urt. v. 21.09.2020 – 4 K 1390/19.NW, juris Rn. 57).

63 Die Planrechtfertigung ist nicht nur dann erforderlich, wenn für die Durchführung des planfestzustellenden Vorhabens eine Inanspruchnahme der Rechte Dritter notwendig ist. Wenn und soweit ihnen nach dem jeweiligen Landesrecht enteignungsrechtliche Vorwirkung zukommt, müssen sich abfallrechtliche Planfeststellungen schon im Hinblick auf Art. 14 Abs. 1 GG rechtfertigen (BVerwG Urt. v. 14.02.1975, BVerwGE 48, 56, 59; BVerwG Urt. v. 07.07.1978, BVerwGE 56, 110, 119; a.A. OVG Münster, Urt. v. 14. 2.2012 – 20 D 85/09.AK, juris Rn. 39). Die Planrechtfertigung ist aber, wie erwähnt, nach der Rechtsprechung nicht nur dann zu prüfen, wenn die Planung Dritte mit enteignungsrechtlicher Vorwirkung betrifft, sondern auch dann, wenn Dritte durch das Vorhaben als Eigentümer mittelbar, durch Immissionen, betroffen werden (BVerwG Urt. v.

09.11.2006, NVwZ 2007, 445; OVG NRW Urt. v. 30.04.2010 – 20 D 119/07, juris Rn. 52).

Soweit Deponien für eine ordnungsgemäße Abfallbeseitigung benötigt werden, lässt 64
sich eine Planrechtfertigung unter Berücksichtigung des **Abfallwirtschaftskonzepts** des öffentlich-rechtlichen Entsorgungsträgers im Einzelfall rechtfertigen. Entsorgungsnotstände jedenfalls dürfen nicht auftreten. Allerdings ist stets zu prüfen, ob und in welcher Weise Deponiekapazitäten anderer öffentlich-rechtlichen Entsorgungsträger zu einem Verzicht auf eigene Deponieplanungen führen können. In dem Maße, in dem auf eine Ablagerung verzichtet werden kann, wird auch die Planrechtfertigung für die Errichtung neuer Deponien oder auch nur für die Erweiterung alter Deponien zweifelhaft. Das ist jedoch eine Frage des Einzelfalls.

Ob ein entsprechender Bedarf für eine Deponierung besteht, ist im Rahmen einer **Prognose** zu ermitteln. Diese wird vom Gericht nur daraufhin überprüft, ob sie mit den zu ihrer Zeit verfügbaren Erkenntnismitteln unter Beachtung der für sie erheblichen Umstände sachgerecht erarbeitet worden ist (VG Neustadt Urt. v. 21.09.2020 – 4 K 1390/19.NW, juris Rn. 57). Die Prognose ist daraufhin zu überprüfen, ob ihr eine geeignete fachspezifische Methode zugrunde liegt, ob der der Prognose zugrunde liegende Sachverhalt ordnungsgemäß ermittelt wurde und ob das Ergebnis einleuchtend begründet worden ist (OVG RP Urt. v. 13.04.2016 – 8 C 10674/15, juris Rn. 85; BVerwG Urt. v. 05.12.1986, BVerwGE 75, 214). Es bedarf insoweit keiner mathematisch schlüssigen Ableitung der Dimensionierung der Deponie (OVG RP Urt. v. 13.04.2016 – 8 C 10674/15, juris Rn. 85; BayVGH Beschl. v. 11.10.2004 – 20 ZB 04.1835, juris Rn. 3). Anknüpfungspunkt für die Frage, ob eine Deponieerweiterung der gemeinwohlverträglichen Abfallbeseitigung im Sinne des § 15 Abs. 2 Satz 1 dient, sind u.a. die bestehenden Verhältnisse und die Aussagen des maßgeblichen Abfallwirtschaftsplanes. Die Planrechtfertigung kann z.B. dann fehlen, wenn es möglich und auch wirtschaftlich zumutbar ist, die zur Deponierung vorgesehenen Abfälle auf den vorhandenen Märkten vollständig zu verwerten (Fellenberg/Schiller in Jarass/Petersen, KrWG, 2022, § 36 Rn. 75).

Maßgeblicher Bezugspunkt für die Beurteilung des Bedarfs sind bei einer Änderung 65
bzw. Erweiterung der Deponie nicht die durch die **Änderungszulassung** geregelten Änderungen der Deponie und ihres Betriebs als solche. Vielmehr kommt es für die Planrechtfertigung auf den Bedarf für die Deponie als Ganzes, also in ihrer durch die Änderungszulassung geänderten Gestalt, an. Denn Gegenstand dieser Änderungszulassung (Plangenehmigung oder Planfeststellung) ist eine Änderung von Teilen des begonnenen und in der Phase der Umsetzung befindlichen Deponievorhabens. Der bisher festgestellte Plan für die noch nicht abgeschlossene Deponie wird in einigen für ihre Errichtung und ihren Betrieb wesentlichen Punkten neu gefasst. Die Änderungszulassung führt zusammen mit dem Planfeststellungsbeschluss in seiner bisherigen Fassung zu einem einzigen – geänderten – Plan für das Gesamtvorhaben der Deponie. Für die Deponie gibt es nur einen Plan (BVerwG Urt. v. 09.06.2010, NVwZ 2011, 175; OVG NRW Urt. v. 14.02.2012 – 20 D 85/09.AK, juris Rn. 41). Bei einer solchen Änderung des Plans nach Erlass des Planfeststellungsbeschlusses und vor Fertigstellung des Vorhabens muss nicht für die Änderung als solche ein Bedarf im Sinne der Planrechtfertigung bestehen. Der Bedarf muss für das Gesamtvorhaben in seiner geänderten Gestalt gegeben sein (BVerwG Urt. v. 17.12.2009, NVwZ 2010, 584).

Die zur Feststellung einer Planrechtfertigung zu ermittelnden Tatsachen müssen von der Planfeststellungsbehörde im Rahmen des **Untersuchungsgrundsatzes** nach § 24 VwVfG geklärt werden (BVerwG Beschl. v. 07.12.1988 – 7 B 98/88, juris Rn. 5). Die Behörde muss nach Ansicht des BVerwG nur solche Umstände aufklären und sodann abwägend berücksichtigen, die für sie als entscheidungserheblich erkennbar sind. Dies sei, so das BVerwG, der Fall, wenn sich die Abwägungsbeachtlichkeit entweder aufdränge oder wenn ein Planbetroffener Umstände, die nicht ohne weiteres als abwägungserheblich erkennbar seien, im Zuge der Bürgerbeteiligung oder auf andere zulässige Weise rechtzeitig in das Planungsverfahren einbringe (BVerwG Beschl. v. 07.12.1988 – 7 B 98/88, juris Rn. 5). Diese Beschreibung der Amtsermittlungspflicht der Planfeststellungsbehörde durch das BVerwG dürfte allerdings zu kurz greifen. Denn die zuständige Behörde ist nach § 24 VwVfG nicht nur verpflichtet, sich ihr aufdrängende oder ihr von dem Vorhabenträger oder von Drittbetroffenen zugetragene Sachverhalte auszuermitteln; sie muss vielmehr grundsätzlich eigenverantwortlich dafür sorgen, dass alle für die Entscheidung erforderlichen Tatsachen auch aufgeklärt werden. Eine **Beweisführungslast** für Antragsteller oder Drittbetroffene regelt § 24 VwVfG nicht. Sie haben nach § 26 Abs. 2 S. 1 VwVfG lediglich Obliegenheiten der Mitwirkung bei der Sachverhaltsaufklärung. Erst wenn sich eine Tatsache als nicht erweislich erweist, stellt sich die Frage, zu welchen Lasten dies geht.

Zweifelhaft ist, ob im Rahmen der Planrechtfertigung auch die **Bemessung der Deponiekapazitäten** hinterfragt werden muss. Dazu wird erläutert, die Behörde dürfe dem privaten Vorhabenträger keine Prognose der Marktchancen des Vorhabens abverlangen. Eine solche Anforderung liefe darauf hinaus, im Rahmen der Planrechtfertigung eine **Bedürfnisprüfung** zu fordern, die die Auswahl eines raumplanerisch optimalen Standorts beinhalten würde. Das sei jedoch nicht die Funktion der Planrechtfertigung (Versteyl in Schmehl/Klement, KrWG, 2019, § 36 Rn. 35 unter Verweis auf BVerwG Urt. v. 11.07.2001, BVerwGE 114, 364, 372). Auch in zeitlicher Hinsicht könne einem Deponievorhaben eine Planrechtfertigung nicht abgesprochen werden, weil es sich auf eine längere Laufzeit erstrecke. Ein Ablagerungszeitraum von 20 oder gar von 50 Jahren sei mit Blick auf eine erforderliche Planrechtfertigung nicht zu beanstanden (Versteyl in Schmehl/Klement, KrWG, 2019, § 36 Rn. 35 unter Verweis auf BVerwG Beschl. v. 07.12.1988 – 7 B 98/88, juris). Ganz überzeugend ist diese Sichtweise wohl nicht. Bei der Prüfung der Planrechtfertigung dürfte der Bedarf für das Deponievorhaben nicht auszublenden sein, so dass mit Blick auf den Bedarf das Vorhaben insgesamt oder jedenfalls in seiner räumlichen oder auch zeitlichen Dimension hinterfragt werden muss. Welche Laufzeit für ein Deponievorhaben noch gerechtfertigt ist, ob selbst eine Ablagerungskapazität für einen Zeitraum von mehr als 50 Jahren zu rechtfertigen ist, muss im Einzelfall entschieden werden. Dabei mögen die Investitionskosten, die Deponieklasse bzw. die Arten der ablagerungsfähigen Abfälle, der geplante Einzugsbereich der Deponie etc. eine Rolle spielen und für eine lange Laufzeit sprechen.

Bei betriebseigenen Deponien für produktionsspezifische Abfälle, die von der Pflicht zur Überlassung an den öffentlich-rechtlichen Entsorgungsträger ausgeschlossen sind, kann es an einer Planrechtfertigung fehlen, wenn es für die anfallenden Abfälle auch langfristig Verwertungsmöglichkeiten gibt, die eine Ablagerung entbehrlich machen (Versteyl in Schmehl/Klement, KrWG, 2019, § 36 Rn. 36; VG Augsburg Urt. v. 28.04.2004– 3 K 04. 263/265, juris Rn. 21 ff.).

66 **2. Planungsleitsätze.** Nach der (früheren) Rechtsprechung sind Planungsleitsätze Vorschriften, die bei der Entscheidung über die Zulassung eines Planungsvorhabens zwingend zu beachten sind und damit nicht im Rahmen einer planerischen Abwägung überwunden werden können (BVerwG Urt. v. 22.03.1985, BVerwGE 71, 163, 165). Kritisiert wird insoweit, die Beachtung verbindlicher Vorschriften sei eine Selbstverständlichkeit, so dass dadurch keine eigenständige Prüfungsstufe entstehe (Mann in Versteyl/Mann/Schomerus, KrWG, 2019, § 36 Rn. 59). Zu Recht tauche das Kriterium des Planungsleitsatzes in der neueren abfallrechtlichen Rechtsprechung des BVerwG nicht mehr auf und

sollte, so die Kritik, möglichst ganz aufgegeben werden (Mann in Versteyl/Mann/Schomerus, KrWG, 2019, § 36 Rn. 59; Versteyl/Grunow in Schink/Versteyl KrWG § 36 Rn. 30). Letztlich dürfte sich ein Meinungsstreit dazu kaum lohnen. Interessanter ist die Frage, welche einschlägigen Vorschriften im Sinne eines sogenannten Planungsleitsatzes zwingend zu beachten sind und welche Bestimmung im Rahmen einer Abwägung relativiert werden dürfen. Das ist m.E. keineswegs dogmatisch zufriedenstellend geklärt.

Ob eine Vorschrift strikte Beachtung verlangt oder lediglich eine Berücksichtigung im Rahmen der planerischen Abwägung fordert, soll durch Auslegung zu ermitteln sein (*Jarass* DVBl. 1998, 1202, 1206). Als Planungsleitsätze in diesem Sinne sind bei der abfallrechtlichen Planfeststellung insbesondere die Zulassungsvoraussetzungen des § 36 Abs. 1 zu beachten (BVerwG Urt. v. 21.02.1992, BVerwGE 90, 42, 47; BVerwG Urt. v. 24.11.1994, BVerwGE 97, 143, 148). Daran ändert nichts, dass bei der Auslegung der § 36 Abs. 1 Nr. 1a in Verb. m. § 15 Abs. 4 eine Abwägung zwischen den einzelnen Belangen im Sinne einer Kompensation erforderlich werden kann. Daneben sind allerdings zahlreiche andere Vorschriften zu beachten.

3. Abwägungsgebot. Schließlich sind die betroffenen öffentlichen und privaten Belange auf der dritten Planungsebene gegeneinander und untereinander gerecht abzuwägen. Zutreffend wird darauf hingewiesen, dass im Rahmen des Abwägungsgebots bei der abfallrechtlichen Planfeststellung keine umfassende Abwägung sämtlicher öffentlichen und privaten Belange in Betracht kommt, weil und soweit diese Belange bereits bei der Prüfung der Zulassungsvoraussetzungen des § 36 zu beachten sind (Versteyl in Schmehl/Klement, KrWG, 2019, § 36 Rn. 39; Fellenberg/Schiller in Jarass/Petersen, KrWG, 2022, § 36 Rn. 82). Wenn bei der Prüfung der Allgemeinwohlverträglichkeit i.S.v. § 36 Abs. 1 Nr. 1a eine Übereinstimmung mit dem Allgemeinwohl festgestellt wird, kann im Rahmen des Abwägungsgebots eigentlich nichts anderes herauskommen. 67

Im Rahmen der planerischen Abwägung sind jedoch **private Rechtspositionen**, anders als bei der Prüfung der Allgemeinwohlverträglichkeit, berücksichtigungsfähig (BayVGH Beschl. v. 15.12.2021 – 8 ZB 21.668, juris Rn. 22; BVerwG Urt. v. 12.07.2018 – 7 B 15.17, juris Rn. 16). Zu den in die Abwägung einzustellenden privaten Belangen zählt vor allem das Eigentum an Grundstücken. Muss das Grundeigentum eines Dritten zur Verwirklichung des Vorhabens in Anspruch genommen werden und verfügt der Planfeststellungsbeschluss nach dem jeweiligen Landesrecht über eine enteignungsrechtliche Vorwirkung, muss die Planfeststellungsbehörde bei ihrer Abwägung das verfassungsrechtlich verbürgte Bestandsinteresse des Eigentümers berücksichtigen, sein Grundstück behalten und in der bisherigen Weise nutzen zu können (BVerwG Urt. v. 12.07.2018 – 7 B 15/17, juris Rn. 17; Urt. v. 24.11.2011, BVerwGE 141, 171 Rn. 64). Die Planfeststellung genügt dem Abwägungsgebot nur, wenn der Eingriff in das Eigentum durch gewichtige Gründe des Wohls der Allgemeinheit gefordert ist und sich als verhältnismäßig erweist. Die Enteignung ist nur erforderlich, wenn und soweit sie für die Verwirklichung des jeweiligen Vorhabens unverzichtbar ist, hierfür also kein milderes, gleich geeignetes Mittel – etwa die Inanspruchnahme öffentlichen oder in anderer Weise weniger schutzwürdigen Eigentums – zur Verfügung steht (BVerwG Urt. v. 12.07.2018 – 7 B 15/17, juris Rn. 17; BVerfG Urt. v. 17.12.2013, BVerfGE 134, 242 Rn. 183).

Bei einer lediglich mittelbaren Betroffenheit ist zu bedenken, dass es gem. § 36 Abs. 1 Nr. 4 bereits zu den Zulassungsvoraussetzungen zählt, dass grundsätzlich keine nachteiligen Wirkungen auf das Recht eines anderen zu erwarten sein dürfen. Eine nachteilige Beeinflussung des Verkehrswerts von Grundstücken stellt nach der Rechtsprechung auch dann, wenn sie von Veränderungen des Wohnumfelds ausgeht, für sich genommen keinen eigenständigen Abwägungsbelang dar (BVerwG Beschl. v. 14.12.2021 – 4 B 10/21, juris

Rn. 18; OVG NRW Urt. v. 31.08.2020 – 20 A 1923/11, juris Rn. 669; BVerwG Urt. v. 28.03.2007, NuR 2007, 488, BVerwG Urt. v. 04.05.1988 NVwZ 1989, 151; siehe auch Kropp in v. Lersner/Wendenburg/Versteyl, Recht der Abfallbeseitigung, § 36 KrWG Rn. 61). Den Betroffenen steht insbesondere kein „Milieuschutz" des Inhalts zu, dass die negative Bewertung der Nähe zu einer Anlage im Grundstücksmarkt und eine damit verbundene Verkehrswertminderung abgewehrt werden kann oder wirtschaftlich ausgeglichen werden muss. Der durch eine solche Anlage hervorgerufene Lagenachteil kann unter dem Gesichtspunkt seiner wirtschaftlichen Auswirkungen abwägungserheblich sein. Sofern sich demgegenüber faktische vorhabenbedingte Beeinträchtigungen, beispielsweise Immissionen oder konkrete Standort- und Lagenachteile auf das Grundstück auswirken und damit den Verkehrswert mindern, kann ein solcher planbedingter Wertverlust als privater Belang im Rahmen der Abwägungsentscheidung zu berücksichtigen sein, und zwar auch dann, wenn ein finanzieller Ausgleich nach § 74 Abs. 2 Satz 3 VwVfG nicht geboten ist. Dem Planungsträger bleibt es unbenommen, solche Wertminderungen nach den zum Abwägungsgebot entwickelten Grundsätzen hinter gegenläufige Interessen zurücktreten zu lassen, sofern er hierbei nicht eine äußerste, durch Abwägung nicht überwindbare Schwelle überschreitet (BVerwG Beschl. v. 14.12.2021 – 4 B 10/21, juris Rn. 18; siehe auch Beckmann BauR 2021, 768).

Nicht abwägungserheblich und damit nicht zu berücksichtigen sind private Belange, wenn sie nur unwesentlich, geringfügig betroffen sind. Dies kann z.B. dann der Fall sein, wenn eine Betroffenheit sehr unwahrscheinlich ist oder wenn es sich um objektiv geringwertige oder nicht schutzwürdige Belange handelt (Fellenberg/Schiller in Jarass/Petersen, KrWG, 2022 § 36 Rn. 82).

68 a) **Allgemeine Anforderungen.** Das Abwägungsgebot verlangt, dass eine Abwägung überhaupt stattfindet, in die Abwägung alle Belange eingestellt werden, die nach Lage der Dinge in die eingestellt werden müssen, weder die Bedeutung der betroffenen öffentlichen und privaten Belange verkannt noch der Ausgleich zwischen ihnen in einer Weise vorgenommen wird, die zur objektiven Gewichtigkeit einzelner Belange außer Verhältnis steht. Unter Beachtung dieser Grundsätze kann die Planungsbehörde sich bei der Kollision verschiedener Belange für die Bevorzugung des einen und damit notwendig für die Zurückstellung eines anderen entscheiden. Die Anforderungen des Abwägungsgebots richten sich nach herrschender Meinung grundsätzlich sowohl an den Abwägungsvorgang als auch an das Abwägungsergebnis (BVerwG Urt. v. 07.10.2021 – 4 A 9/19, juris Rn. 56 f.; OVG BB, Urt. v. 12.01.2021 – OVG 10 A 10.13, juris Rn. 111; im Einzelnen dazu Beckmann BauR 2016, 1417).

69 Der von der Planfeststellungsbehörde durchzuführende Abwägungsvorgang beginnt mit der Zusammenstellung des Abwägungsmaterials, wird fortgesetzt mit einer Gewichtung der einzelnen Belange und endet mit der eigentlichen Abwägung, bei der entschieden werden muss, welche Belange vorgezogen und welche zurückgestellt werden sollen. **Mängel der Abwägung** sind nach § 75 Abs. 1a Satz 1 VwVfG nur erheblich, wenn sie offensichtlich und auf das Abwägungsergebnis von Einfluss gewesen sind.

70 Abwägungsbeachtlich sind nach den konkreten Umständen des Einzelfalls alle betroffenen Belange, die mehr als geringwertig und schutzwürdig sind. Allerdings ist die Abwägungsbeachtlichkeit von Belangen aus unterschiedlichen Gründen eingeschränkt. Nach der Rechtsprechung des BVerwG ist die Verpflichtung der Planfeststellungsbehörde zur **Zusammenstellung des Abwägungsmaterials** begrenzt auf solche Umstände, die für die Behörde als entscheidungsbeachtlich erkennbar sind. Das ist der Fall, wenn sich die Abwägungsbeachtlichkeit entweder aufdrängt oder wenn ein Planbetroffener Umstände im Zuge einer Bürgerbeteiligung oder auf andere Weise rechtzeitig in das Planverfah-

ren einbringt. Nach der Rechtsprechung braucht die Planfeststellungsbehörde nicht zu berücksichtigen, was sie nicht sieht und was sie nach den Umständen auch nicht zu sehen braucht (BVerwG Beschl. v. 09.11.1979, BVerwGE 59, 87, 102; BVerwG Beschl. v. 07.12.1988, DVBl. 1989, 510, 511; BGH Urt. v. 26.01.1989, NJW 1989, 977).

Gem. § 73 Abs. 3a Satz 2 VwVfG werden nach dem **Erörterungstermin** eingehende behördliche Stellungnahmen nicht mehr berücksichtigt, es sei denn, die vorgebrachten Belange sind der Planfeststellungsbehörde bereits bekannt oder hätten ihr bekannt sein müssen oder sind für die Rechtmäßigkeit der Entscheidung von Bedeutung. Gem. § 73 Abs. 4 Satz 3 sind außerdem mit Ablauf der Einwendungsfrist grundsätzlich alle **Einwendungen** ausgeschlossen, die nicht auf besonderen Titeln beruhen. Voraussetzungen für diesen Einwendungsausschluss sind, dass eine entsprechende Belehrung in der Bekanntmachung der Auslegung oder bei der Bekanntgabe der Einwendungsfrist stattgefunden hat (§ 73 Abs. 4 Satz 4 VwVfG). Zu den Einwendungen zählt jede Art von Bedenken, die gegen das Vorhaben aus der Sicht der Nachbarschaft oder der Allgemeinheit erhoben werden können. Einwendungen sind sachliches, auf die Verhinderung oder Änderung des beantragten Vorhabens abzielendes Gegenvorbringen. Einwendungen müssen so konkret sein, dass die Planfeststellungsbehörde erkennen kann, in welcher Weise sie bestimmte Belange einer näheren Betrachtung unterziehen soll (BVerwG Beschl. v. 09.10.2008, NVwZ 2009, 55). Die Anforderungen an Umfang und Detailliertheit der Einwendung eines Planbetroffenen richten sich nach der Konkretheit der ausgelegten Planunterlagen (BVerwG Beschl. v. 09.10.2008, NVwZ 2009, 303, 317). Gemeinden, die auch im Rahmen der Behördenbeteiligung Stellung nehmen, müssen, wenn sie sich gegen ein Vorhaben wenden wollen, mit einem gesonderten Schreiben Einwendungen erheben, aus dem sich ergibt, dass es sich bei dem Schreiben nicht nur um eine Stellungnahme der Behörde, sondern um ein fristwahrender Einwendungsschreiben zur Wahrung des Selbstverwaltungsrecht der Gemeinde handelt. Das setzt die Unterzeichnung durch einen nach dem Gemeinderecht zur Vertretung der Gemeinde berechtigten Person voraus (OVG NRW Beschl. v. 29. 8. 2005 – 11 A 4823/03, juris). 71

Das Abwägungsgebot fordert nicht nur eine Zusammenstellung des Abwägungsmaterials, sondern auch die Bewertung der durch das Vorhaben betroffenen Belange. Grundsätzlich gibt es keine situationsunabhängigen Vorränge einzelner Belange, insbesondere hat der Umweltschutz keinen abstrakten Vorrang vor anderen betroffenen Belangen (Mann in Versteyl/Mann/Schomerus, KrWG, 2019, § 36 Rn. 16, 67). 72

Etwas anderes ergibt sich auch nicht aus Art. 20a GG. Ein abstrakter oder absoluter Vorrang besteht auch nicht für den Klimaschutz, dessen relatives Gewicht allerdings mit der zunehmenden Bedrohlichkeit der **Klimafolgen** des Klimawandels wächst (BVerfG Beschl. v. 24.03.2021-1 BvR 2656/18 u.a., juris Rn. 198; kritisch dazu Beckmann UPR 2021, 241; VGH Mannheim Urt. v. 06.07.2021 – 3 S 2103/19, BeckRS 2021, 33854, Rn. 167 ff.; Uechtritz/Ruthoff NVwZ 2022, 9, 12; Wickel ZUR 2021, 332, 337; Schlacke EurUP 2020, 338, 343 f.; Kment NVwZ 2020, 1537, 1544; Sauthoff KlimR 2022, 11, 12). Schon § 13 Abs. 1 S. 1 KSG verlangt, dass sämtliche Träger öffentlicher Aufgaben bei ihren Planungen und Entscheidungen den Zweck des KSG und die zu seiner Erfüllung festgelegten Ziele zu berücksichtigen haben. Im Wesentlichen unbestritten löst § 13 Abs. 1 KSG zwar keine strikte Beachtenspflicht aus und führt auch nicht zu einem (absoluten) Vorrang des Klimaschutzes. Klimaschutzbelange können daher bei der planerischen Abwägung zugunsten anderer Belange auch zurückgestellt werden. Der Schutz des Klimas ist auch nicht als Optimierungsgebot gesetzlich vorgesehen (zur Bauleitplanung siehe OVG BB Beschl. v. 25.01.2022 – OVG 10 S 17/21, juris Rn. 48; Dirnberger in Jäde/Dirnberger, BauGB, 2018, § 1a Rn. 33; a.A. unter Verweis auf § 13 Abs. 2 KSG Schlacke/Römling DVBl 2021, 144, 150: Klimaschutz als Optimierungsgebot bei Planfeststellungsbeschlüssen; ausführlicher zum Begriff der Optimierungsgebote Stüer Bauleitplanung, in Hoppenberg/deWitt, Handbuch des öffentlichen Baurechts, Stand. Juli 2021, Rn. 1215 ff.).

Der Gesetzgeber kann die Gewichtung einzelner Belange im Rahmen der planerischen Abwägung durch gesetzliche Vorgaben lenken (BVerwG Beschl. v. 21.08.1990, NVwZ 1991, 69). Zumeist bleiben die gesetzlichen **Gewichtungsvorgaben** allerdings vage; für die planerische Abwägung wird auf die konkreten Umstände des jeweiligen Einzelfalles verwiesen. Dazu dienen insbesondere **Optimierungsgebote,** mit denen der Gesetzgeber eine möglichst weitgehende Beachtung bestimmter Belange verlangt. Diese Optimierungsgebote verschieben die Argumentationslast zugunsten eines hervorgehobenen Belanges. Allerdings sind derartige Optimierungsgebote im Einzelfall im hohen Maße konkretisierungsbedürftig. Als Optimierungsgebote in diesem Sinne gelten z.B. § 50 BImSchG (Trennung unverträglicher Nutzungen) und die Bodenschutzklausel des § 1a Abs. 2 Satz 1 BauGB. Bei der Bewertung der Gewichtigkeit betroffener Belange können jedoch gesetzliche Vorgaben eine Rolle spielen. Insoweit können insbesondere Berücksichtigungs- oder Optimierungsgebote beachtlich sein. Im Kern fehlt es jedoch für die Bewertung der Gewichtigkeit betroffener Belange an festen Maßstäben. Die (subjektive) Gewichtung der betroffenen Belange ist im Planfeststellungsverfahren gerade ein zentraler Punkt des der Planfeststellungsbehörde eingeräumten Planungsermessens. Erst wenn die Bewertung der Planfeststellungsbehörde zu einer „objektiven" Gewichtung des betroffenen Belangs außer Verhältnis gerät, soll dies nach der Rechtsprechung zur Rechtswidrigkeit der Planungsentscheidung führen.

Zu Recht wird darauf hingewiesen, dass es bei der planerischen Abwägung auf die Umstände des Einzelfalles ankommt. Für sie ist deshalb die im Rahmen der **UVP** zu leistende Bewertung nach Maßgabe der jeweils geltenden Fachgesetzlichkeit und der Erfahrungssätze entscheidend. Die UVP dient insoweit auch dazu, zu erkennen, was nach Lage der Dinge, also situationsgebunden zum Abwägungsmaterial zählt. Die Gewichtung von Belangen im Bereich der UVP kann insoweit durch die Bewertung im Sinne des § 25 Abs. 1 UVPG, die ebenfalls durch gesetzliche Vorgaben gelenkt, im Kern aber genauso wenig ein reiner Vorgang der Subsumtion unter umweltrelevante Zulassungsvoraussetzungen ist, beeinflusst werden.

73 Auf der Grundlage des zusammengestellten Materials und der gewichteten Belange muss schließlich im Rahmen der planerischen Abwägung ein **Ausgleich** zwischen den betroffenen Belangen in einer Weise gewonnen werden, der zur objektiven Gewichtigkeit dieser Belange im Verhältnis steht. Im Rahmen der Abwägung ist insoweit zu entscheiden, ob die ermittelten und bewerteten Umweltfolgen Vorrang haben sollen vor den für das Vorhaben sprechenden Belangen und damit zu einer Unzulässigkeit des Vorhabens führen sollen, oder ob sie gegenüber diesen Belangen zurückgestellt werden sollen, mit der Folge, dass trotz der zu erwartenden Umweltfolgen das Projekt zugelassen werden kann. Im Rahmen der planerischen Abwägung kann nicht zuletzt entschieden werden, ob angesichts der zu erwartenden Umweltauswirkungen Schutzvorkehrungen oder Ausgleichsmaßnahmen notwendig werden.

74 **b) Alternativenprüfung.** Für das Planfeststellungsverfahren im Allgemeinen und das abfallrechtliche Planfeststellungsverfahren im Besonderen spielt die Forderung nach der Berücksichtigung von Standortalternativen eine erhebliche Rolle (OVG NRW Beschl. v. 29.12.2021 – 20 B 1690/21, juris Rn. 73; BayVGH Urt. v. 15.03.2021 – 8 A 18.40041, juris Rn. 54; BVerwG Urt. v. 12.04.2018, NVwZ 2018, 1799; BVerwG, Urt. v. 18.03.2009, BVerwGE 133, 239 Rn. 131; BayVGH Beschl. v. 14.06.2017 – 8 ZB 16.955, juris Rn. 16; zur Alternativenprüfung bei der Festsetzung eines Wasserschutzge-

biets siehe BVerwG Beschl. v. 22.10.2021 – 7 BN 1/20, juris Rn. 11; zur Alternativenprüfung beim vorhabenbezogenen Bebauungsplan OVG NRW, Urt. v. 26.08.2021 – 10 D 40/15.NE, ZUR 2021, 689; OVG Lüneburg Urt. v. 31.07.2018 – 7 KS 17/16 , juris Rn. 439 ff.). Das Erfordernis einer Alternativenprüfung gilt auch für den Bereich der Planung von Deponievorhaben. Für eine Einschränkung des Prüfprogramms gibt das einschlägige Fachrecht (§§ 35 ff. KrWG i.V.m. §§ 72 ff. VwVfG) nichts her (OVG Lüneburg Urt. v. 31.07.2018 – 7 KS 17/16, juris Rn. 439; Urt. v. 04.07.2017 - 7 KS 7/15, juris; siehe auch Fellenberg/Schiller in Jarass/Petersen, KrWG 2022, § 38 Rn. 85; zu unionsrechtlichen Vorgaben der Alternativenprüfung siehe Schiller UPR 2016, 457).

Das UVPG schreibt eine Alternativenprüfung durch den Projektträger bzw. durch die Zulassungsbehörde nicht vor (näher dazu Beckmann in Beckmann/Kment, UVPG/UmwRG, 2022, § 25 UVPG Rn. 72 ff.; BVerwG Urt. v. 27.10.00, BVerwGE 112, 140, 150; Beschl. v. 09.04.08, NVwZ 2008, 789; OVG NRW Urt. v. 15.05.15 – 11 D 12/12.AK, juris Rn. 15 ff.; Jarass BImSchG, 2020, § 10 Rn. 18; Schiller UPR 2016, 457, 459; Feldt/Schumacher NuR 2015, 391; Versteyl/Grunow in Schink/Versteyl, KrWG, 2016, § 36 Rn. 42; Mann in Versteyl/Mann/Schomerus, KrWG, 2019, § 36 Rn. 73). Die Prüfung nach § 25 UVPG ist eine strikt projektbezogene Untersuchung. Vorhabenträger und Planfeststellungsbehörde sind rechtlich befugt, die UVP auf diejenige Variante zu beschränken, die nach dem aktuellen Planungstand ernstlich in Betracht kommt. Zwar muss nach § 16 Abs. 1 Satz 1 Nr. 6 UVPG der UVP-Bericht des Vorhabenträgers eine Beschreibung der vernünftigen Alternativen enthalten, die für das Vorhaben und seine spezifischen Merkmale relevant und vom Vorhabenträger geprüft worden sind, und die Angabe der wesentlichen Gründe für die getroffene Wahl unter Berücksichtigung der jeweiligen Umweltauswirkungen. Daraus ergibt sich jedoch keine Pflicht des Vorhabenträgers, Alternativen für sein Projekt zu prüfen. Vielmehr trifft den Vorhabenträger lediglich die Pflicht, die von ihm (freiwillig) untersuchten Projektalternativen auch der zuständigen Behörde vorzulegen. Im Rahmen der UVP sind deshalb nur solche Alternativen zu bewerten, die auch nach dem jeweiligen Fachrecht in die Prüfung einzubeziehen sind. Umweltauswirkungen sind für Vorhaben- oder Trassenvarianten insoweit nur darzustellen, soweit diese nach Fachrecht zu prüfen sind. Lässt das jeweilige Fachrecht einen Alternativenvergleich nicht zu, bedarf es eines solchen auch nicht im Rahmen der UVP. Das jeweilige Fachrecht kann auch zu der Prüfung verpflichten, ob in der Abwägung unüberwindliche Belange zu einem Verzicht auf das Vorhaben zwingen (sog. Null-Variante).

Eine **naturschutzrechtliche Pflicht zur Alternativenprüfung** kann sich für unterschiedlichste Vorhaben, auch für Deponien, aus § 34 Abs. 3 Nr. 2 BNatSchG ergeben. Grundsätzlich ist ein Projekt, das zu Beeinträchtigungen eines in § 34 Abs. 1 BNatSchG genannten Natura 2000-Gebiets in seinen für die Erhaltungsziele oder den Schutzzweck maßgeblichen Bestandteilen führen kann, gem. § 34 Abs. 2 BNatSchG unzulässig. Abweichend von diesem Verbot kann jedoch das Projekt ausnahmsweise unter bestimmten Voraussetzungen nach § 34 Abs. 3 BNatSchG zugelassen werden. Zu diesen Voraussetzungen zählt, dass es zumutbare Alternativen, die den mit dem Projekt verfolgten Zweck an anderer Stelle ohne oder mit geringeren Beeinträchtigungen erreichen, nicht gibt (OVG Lüneburg, Beschl. v. 24.11.2020 – 4 ME 199/20, juris Rn. 31; BVerwG Urt. v. 27.01.2000, BVerwGE 110, 302; Urt. v. 17.01.2007, BVerwGE 128, 1). Eine in Betracht zu ziehende Alternative zur Durchführung eines Plans oder Projekts in einem FFH-Gebiet ist nicht vorhanden, wenn sich diese Alternative nur mit einem unverhältnismäßigen Kostenaufwand verwirklichen ließe. Für die artenschutzrechtliche Alternativenprüfung i.S.v. § 45 Abs. 7 Satz 2 BNatSchG gilt Entsprechendes. Auch die naturschutzrechtliche **Eingriffsregelung** kann eine Alternativenprüfung erforderlich machen.

Auch im Rahmen des **Artenschutzes** ist für die Erteilung von Ausnahmen von den Verboten für besonders geschützte und bestimmte andere Tier- und Pflanzenarten des § 44 BNatSchG ist nach § 45 Abs. 7 Satz 2 BNatSchG eine Alternativenprüfung erforderlich. Eine Ausnahme darf danach nur zugelassen werden, wenn es keine zumutbaren Alternativen gibt. Lassen sich die Planungsziele an einem nach dem Schutzkonzept der Habitatrichtlinie günstigeren Standort oder mit einem geringeren Eingriff verwirklichen, so muss der Vorhabenträger von dieser Möglichkeit Gebrauch machen, wenn er eine Ausnahme von den genannten Verboten benötigt. Allerdings kann von einer Alternative nicht mehr die Rede sein, wenn sie auf ein anderes Projekt hinausläuft, weil die vom Vorhabenträger zulässigerweise verfolgten Ziele nicht verwirklicht werden können (Bick/Wulfert NVwZ 2017, 346, 350; siehe auch Lau NVwZ 2017, 830, 823 ff.).

Für das **Raumordnungsverfahren** sieht § 49 Abs. 1 UVPG vor, dass die Umweltverträglichkeitsprüfung nach dem Planungsstand des jeweiligen Vorhabens, einschließlich der Standortalternativen nach § 15 Abs. 1 Satz 3 ROG durchgeführt wird, soweit das Landesrecht nicht etwas anderes bestimmt. Gegenstand der Prüfung nach § 15 Abs. 1 Satz 2 ROG sind nach § 15 Abs. 1 Satz 3 ROG auch die vom Träger der Planung oder Maßnahme eingeführten Standort- oder Trassenalternativen.

Zumeist wird das Erfordernis der Prüfung von **Standortalternativen im Planfeststellungsverfahren** mit der Formel umschrieben, der Abwägungsvorgang sei fehlerhaft, wenn die Planfeststellungsbehörde ernsthaft in Betracht kommende Planungsvarianten nicht beachte. Dies setze jedoch voraus, dass eine bestimmte Alternativlösung sich nach Lage der Dinge anbiete oder gar aufdränge (BVerwG Urt. v. 30.05.1984, BVerwGE 69, 256, 273). Als Alternative sind nur solche Planungen anzusehen, die nicht die Identität des Vorhabens berühren und insoweit nicht auf ein anderes Projekt hinauslaufen, weil damit die vom Vorhabenträger in zulässiger Weise verfolgten Planungsziele nicht verwirklicht werden können (BayVGH Urt. v. 15.03.2021 – 8 A 18.40041, juris Rn. 54; BVerwG Urt. v. 12.04.2018 – 3 A 10.15, NVwZ 2018, 1799, Rn. 54; BVerwG Urt. v. 17.01.2007 – 9 A 20.05, juris Rn. 143; Urt. v. 22.06.2015 – 4 B 61.14, juris Rn. 17).

Im Urteil des BVerwG zum Flughafen München II führte das Gericht aus, die Auffassung, die Planfeststellungsbehörde habe einen beantragten Standort im Hinblick auf einen Alternativstandort nur dann zu verwerfen, wenn sich ihr dieser als eindeutig besser geeignet habe aufdrängen müssen, sei verfehlt oder zumindest missverständlich. Für die von der Planfeststellungsbehörde vorzunehmende Abwägung der einzustellenden Belange komme es stets darauf an, rechtsmindernde Eingriffe nach Möglichkeit zu vermeiden. Dabei könne es zu rechtlich erheblichen Fehlgewichtungen bereits dann kommen, wenn die Behörde die Bedeutung der (objektiv) betroffenen öffentlichen und privaten Belange verkannt und die Abwägung in einer Weise vorgenommen habe, die zur objektiven Gewichtigkeit einzelner Belange außer Verhältnis stehe. Wenn die Planfeststellungsbehörde infolge einer derartigen Fehlgewichtung die Vorzugswürdigkeit eines anderen Standortes verkenne, handele sie rechtswidrig. Dazu werde nicht vorausgesetzt, dass sich der Behörde ein anderer Standort als offensichtlich besser geeignet aufdrängen müsse (BVerwG Urt. v. 05.12.1986, BVerwGE 75, 214, 236 f.).

75 Für die abfallrechtliche Planfeststellung hat das BVerwG wiederholt den Zusammenhang zwischen Standortalternativenprüfung und Inanspruchnahme privaten Grundstückseigentums hervorgehoben. Die Tatsache, dass eine geplante Entsorgungsanlage nur unter Inanspruchnahme von Grundstücken, die dem Vorhabenträger nicht gehörten, errichtet werden könne, sei ein bestimmender Faktor für die von der Planfeststellungsbehörde vorzunehmende Einzelfallprüfung. Von Bedeutung sei unter anderem, ob und ggfls. welche fachbezogenen Gründe gerade für den gewählten Standort im Unterschied zu den in

Betracht kommenden Alternativstandorten sprächen. Je gewichtiger etwaige standortspezifische Vorzüge seien (z.B. Bodenbeschaffenheit, Entwässerungsmöglichkeiten, verkehrsmäßige Anbindung, günstige Immissionssituation, geringe Beeinträchtigung von Natur und Landschaft), desto eher könne das private Eigentum eingeschränkt werden. Ähnliches gilt im Übrigen auch dann, wenn eine öffentliche Abfallentsorgungsanlage, etwa eine Müllverbrennungsanlage, immissionsschutzrechtlich genehmigt werden soll und für die Inanspruchnahme von Grundstücken eine Enteignung erforderlich wird. In einem solchen Fall stellt sich die Frage nach weniger beeinträchtigenden Alternativen zwar nicht im immissionsschutzrechtlichen Genehmigungsverfahren, jedoch im Enteignungsverfahren (Beckmann DVBl. 1994, 236 ff.).

Bereits im Jahre 1979 hat das BVerwG außerdem ausgeführt, die Tatsache, dass der Planfeststellungsbehörde auch bei der abfallrechtlichen Planfeststellung ein planerischer Gestaltungsfreiraum zukomme, bedeute nicht, dass die Behörde – gleichsam nach Gutdünken – jeden nicht von vornherein abwegigen Standort wählen und die kontrollierende Gerichtsbarkeit dies tolerieren müsse, solange nicht ein anderer Standort sich geradezu aufdränge. Vielmehr setze die Standortwahl nach den in der ständigen Rechtsprechung des BVerwG entwickelten Gesichtspunkten voraus, dass ernsthaft in Betracht kommende Alternativstandorte auch ernsthaft in Betracht gezogen und erwogen würden. Lasse es die Planfeststellungsbehörde daran fehlen, obwohl sich nach Lage der Dinge die Anlage an anderer Stelle als Alternativlösung anbiete oder gar aufdränge, so werde sich dies im Allgemeinen auf die materielle Rechtmäßigkeit der Planungsentscheidung auswirken. Dabei überschreite die Planfeststellungsbehörde jedoch nur dann die Grenzen ihrer planerischen Gestaltungsfreiheit, wenn ein anderer Standort eindeutig besser geeignet gewesen wäre. Dies sei nicht schon dann der Fall, wenn man über den am besten geeigneten Standort – je nach Betrachtungsweise und unterschiedlicher Gewichtung der verschiedenen Abwägungskriterien – so oder anders denken könne, also für den einen wie den anderen Standort und auch dagegen einleuchtende Gründe angeführt werden könnten (BVerwG Beschl. v. 20.07.1979, NJW 1980, 953). 76

Dieser Rechtsprechung des BVerwG haben sich die Obergerichte weitgehend angeschlossen. Zu den Anforderungen des Abwägungsgebots bei der abfallrechtlichen Planfeststellung führt beispielsweise der VGH Mannheim aus, die Geeignetheit eines Standortes sei regelmäßig von einer Abwägung unterschiedlicher, teilweise gegenläufiger Belange öffentlicher und privater Art abhängig. Die rechtliche Schutzwürdigkeit der entgegenstehenden Belange könne grundsätzlich durch eine alle erheblichen Belange berücksichtigende planerische Abwägung überwunden werden. Bei der Überprüfung der Auswahl eines geeigneten Standortes unter mehreren geeigneten Standorten gehe es um die Frage, ob sich an einem Standort eine bessere Lösung – auch für die betroffene Umgebung – finden lasse. Dabei setze nach den vom BVerwG entwickelten Maßstäben bei der abfallrechtlichen Fachplanung die Standortwahl voraus, dass ernsthaft in Betracht kommende Alternativstandorte auch ernsthaft in Betracht gezogen und erwogen würden. Anlass zu rechtlichen Bedenken bestehe unter diesem Blickwinkel aber nur dann, wenn ein anderer Standort eindeutig besser geeignet wäre, sich also nach Lage der Dinge anböte oder aufdränge. Die Grenzen ihrer planerischen Gestaltungsfreiheit überschritte die Planfeststellungsbehörde dagegen nicht schon, wenn man über den am besten geeigneten Standort – je nach Betrachtungsweise und unterschiedlicher Gewichtung der verschiedenen Abwägungskriterien – so oder anders denken könne, also für den einen wie für den anderen Standort – und auch dagegen – einleuchtende Gründe angeführt werden könnten (VGH BW Urt. v. 26.10.1989, NVwZ 1990, 487, 489).

Nach Ansicht des OVG Lüneburg ist das Ergebnis einer vergleichenden Bewertung von Standortalternativen durch einen Sachverständigen für den Planungsträger bei der

Standortwahl selbst dann nicht bindend, wenn er der grundlegenden Eignungsbeurteilung und dem dabei verwendeten Bewertungsschema des Sachverständigen folge. Eine Standortwahl werde nicht allein deswegen fehlerhaft, weil es sich bei der Feinprüfung des gewählten Standortes herausstelle, dass Merkmale, die zu seiner Wahl geführt hätten, überbewertet worden seien (OVG Lüneburg Urt. v. 21.02.1991, UPR 1991, 459).

81 Ganz überwiegend wird aus dieser Rechtsprechung keine Pflicht zu einer **flächendeckenden Standortsuche** abgeleitet (Versteyl in Schmehl/Klement, KrWG, 2019, § 36 Rn. 44; Mann in Versteyl/Mann/Schomerus, KrWG, 2019, § 36 Rn. 68 f.). Das Planfeststellungsverfahren sei für eine solche flächendeckende Standortsuche grundsätzlich ungeeignet. Standortalternativenprüfungen müssten deshalb im Sinne einer flächendeckenden Standortsuche Gegenstand einer vorgelagerten Planung sein. Fehlende Planungen führten insoweit nicht zu einer grundsätzlichen Aufgabenverschiebung dergestalt, dass nunmehr im Rahmen der Planfeststellung die dem vorgelagerten Planungsträger gesetzlich überantwortete umfassende Alternativenprüfung durchzuführen sei (Hoppe/Beckmann DÖV 1990, 769 ff.; Beckmann DVBl. 1994, 236, 237 ff.; L. Schlarmann Die Alternativenprüfung, S. 1 ff.; Heute/Bluhm VBlBW 1993, 206 ff.).

82 Da die Berücksichtigung von Standortalternativen Teil der planerischen Abwägung ist, hängt auch die Frage nach dem Zeitpunkt der Alternativenprüfung davon ab, zu welchem **Zeitpunkt** die Planfeststellungsbehörde ihre planerische Abwägung vornehmen muss. Grundsätzlich ist der entscheidende Zeitpunkt für die Frage der Rechtmäßigkeit der Planungsentscheidung der Zeitpunkt der letzten Verwaltungsentscheidung. Da gegenüber dem Planfeststellungsbeschluss ein Widerspruch nicht zulässig ist (vgl. §§ 72, 70 VwVfG), ist maßgeblich insoweit der Zeitpunkt des Erlasses des Planfeststellungsbeschlusses. Die Berücksichtigung von Standortalternativen muss demnach in dem Planfeststellungsbeschluss erfolgen. Bei der Abwägungsentscheidung können auch Standortuntersuchungen Berücksichtigung finden, die bereits vor Beginn des Planfeststellungsverfahrens erstellt worden sind. Etwas anderes kann jedoch gelten, wenn angesichts des Zeitablaufs zu befürchten wäre, dass sich die maßgebliche Sach- oder Rechtslage seit Durchführung des Standortsuchverfahrens so wesentlich geändert hätte, dass die Ergebnisse dieses Suchverfahrens vor dem Hintergrund der geänderten Sach- oder Rechtslage keine Verwendung bei der planerischen Abwägung mehr finden könnten.

83 Bei der Entscheidung der Planfeststellungsbehörde ist der zeitliche Ablauf der Entscheidungsfindung gebührend zu berücksichtigen. Stellt sich nach einem langen Planfeststellungsverfahren heraus, dass die Entscheidung des Vorhabenträgers für eine bestimmte Standortalternative von der Planfeststellungsbehörde nicht geteilt wird, weil sich ihr aufgrund anderer oder neuerer Erkenntnisse ein anderer Standort als vorzugswürdig darstellt, kann sie gleichwohl die Standortentscheidung des Vorhabenträgers bestätigen, wenn der Wechsel zum neuen Standort mit neuen Planfeststellungsverfahren aufgrund der zeitlichen Verzögerung zu – Entsorgungsengpässen oder anderen erheblichen Nachteilen führen würde (Beckmann DVBl. 1994, 236, 240).

Es wird zwar die Ansicht vertreten, eine Alternativenprüfung sei als Teil des planerischen Abwägungsgebots nur dann erforderlich, wenn rechtliche Interessen Privater hinreichend betroffen seien (Versteyl in Schmehl/Klement, KrWG, 2019, § 36 Rn. 44; Versteyl/Gruner AbfallR 2018, 25 26). Ein insoweit erforderlicher rechtsmindernder Eingriff liege in der Regel bei einer Beeinträchtigung von Rechten Dritter auf Grund einer enteignungsrechtlichen Vorwirkung des Planfeststellungsbeschlusses vor. Solle die Deponie jedoch ausschließlich auf privatem Grund errichtet und betrieben werden, sei ein Eingriff in das Eigentumsrecht ausgeschlossen. Die Notwendigkeit einer Alternativenprüfung dränge sich dann nicht auf (Versteyl in Schmehl/Klement, KrWG, 2019, § 36 Rn. 44). Diese Ansicht ist nicht zutreffend (a.A. deshalb zu Recht OVG Lüneburg Urt.

v. 04.07.2017 – 7 KS 7/15; Urt. v. 31.07.2018 – 7 KS 17/16 , juris Rn. 441; Fellenberg/Schiller in Jarass/Petersen, KrWG, 2022, § 36 Rn. 85). Eine Alternativenprüfung ist nicht nur zum Schutz privater Interessen, sondern vor allem zur Beachtung des Verhältnismäßigkeitsgrundsatzes auch zum Schutz öffentlicher Interessen erforderlich.

Einem privaten Vorhabenträger mit nur beschränkt zur Verfügung stehenden Flächenangeboten kann jedoch, wie das OVG Lüneburg zutreffend erläutert, keine unbegrenzte Standortsuche abverlangt werden (OVG Lüneburg Urt. v. 04.07.2017 – 7 KS 7/15; Urt. v. 31.07.2018 – 7 KS 17/16, juris Rn. 441; Urt. v. 04.07.2017 - 7 KS 7/15, juris). Nach der Rechtsprechung des BVerwG sei die Tatsache, dass eine geplante Abfallentsorgungsanlage nur unter Inanspruchnahme von Grundstücken, die dem Träger des Vorhabens nicht gehörten, errichtet werden könne, ein bestimmender Faktor für die von der Planfeststellungsbehörde vorzunehmende Einzelfallprüfung. Bei dem Prüfschritt der Einhaltung des Abwägungsgebotes stelle sich die entscheidende Frage, ob die mit dem Vorhaben verfolgten Gemeinwohlinteressen so gewichtig seien, dass der Träger des Vorhabens auf das konkret betroffene fremde Eigentum soll zugreifen dürfen, anstatt die Anlage auf eigenem oder freihändig zu erwerbendem Grund und Boden zu verwirklichen. Das hänge zum einen davon ab, wie gewichtig die durch das Vorhaben zu erfüllende Aufgabe der umweltgerechten Abfallentsorgung sei, ein Gesichtspunkt, der besonders bei privaten Trägern sorgfältiger Prüfung bedürfe. Zum anderen sei von Bedeutung, ob und gegebenenfalls welche fachbezogenen Gründe gerade für den gewählten Standort im Unterschied zu in Betracht kommenden Alternativstandorten sprächen (OVG Lüneburg Urt. v. 31.07.2018 – 7 KS 17/16, juris Rn. 441; Urt. v. 04.07.2017 – 7 KS 7/15; unter Verweis auf BVerwG Urt. v. 09.03.1990 - 7 C 21.89, juris). Nach diesen Maßstäben unterliege es keinen Zweifeln, dass der Umstand, dass ein privater Vorhabenträger über die Deponieflächen frei verfügen und somit das Eigentum Dritter (weitgehend) geschont werden könne, als Belang mit einigem Gewicht zu seinen Gunsten in die Abwägung eingestellt werden dürfe. Allerdings stelle die fehlende Flächenverfügbarkeit an anderen Standorten nach der zitierten Rechtsprechung des BVerwG nicht per se ein unüberwindbares Zulassungshindernis dar, so dass es mit diesem Argument nicht gerechtfertigt werden könne, Standortalternativen von vornherein nicht in Erwägung zu ziehen (OVG Lüneburg Urt. v. 31.07.2018 – 7 KS 17/16, juris Rn. 441; Urt. v. 04.07.2017 - 7 KS 7/15, juris).

Ein Gericht kann das Planungsermessen nur in Grenzen überprüfen, die überschritten sind, wenn der Behörde bei der Auswahl infolge einer fehlerhaften Ermittlung, Bewertung oder Gewichtung einzelner Belange ein rechtserheblicher Fehler unterlaufen ist oder wenn sich unter Berücksichtigung aller abwägungserheblichen Belange eine andere als die gewählte Variante eindeutig als die bessere hätte aufdrängen müssen. Letzteres ist nicht bereits dann anzunehmen, wenn für eine andere planerische Lösung einleuchtende Gründe angeführt werden können. Die Grenze der planerischen Gestaltungsfreiheit bei der Auswahl zwischen verschiedenen Varianten ist erst dann überschritten, wenn eine alternative Variante sich unter Berücksichtigung aller abwägungserheblichen Belange eindeutig als die bessere, weil öffentliche und private Belange insgesamt schonendere darstellen würde (OVG NRW Beschl. v. 29.12.2021 – 20 B 1690/21, juris Rn. 75; BVerwG Urt. v. 12.04.2018, NVwZ 2018, 1799). Die Planfeststellungsbehörde muss den Sachverhalt allerdings nur soweit klären, wie dies für eine sachgerechte Entscheidung und eine zweckmäßige Gestaltung des Verfahrens erforderlich ist.

D. Sicherheitsleistung

84 Gemäß § 36 Abs. 3 soll die zuständige Behörde verlangen, dass der Inhaber einer Deponie für die Rekultivierung sowie zur Verhinderung oder Beseitigung von Beeinträchtigungen des Wohls der Allgemeinheit nach Stilllegung Sicherheit im Sinne von § 232 BGB leistet oder ein gleichwertiges Sicherungsmittel erbringt. Die Verpflichtung, eine Sicherheit zu leisten, setzt keine Zweifel an der Solvenz des Deponiebetreibers voraus (BVerwG Urt. v. 13.03.2008 – 7 C 44/07, juris Rn. 21). Das BVerwG bezieht sich bei seinem grundlegenden Urteil zu Sicherheitsleistungen für Abfallentsorgungsanlagen aus dem Jahre 2008 auf eine **Zahlungsunfähigkeit** des Anlagenbetreibers, die nicht mit einer **Insolvenz** gleichzusetzen ist. Denn die Zahlungsunfähigkeit ist nach § 17 Abs. 1 InsO lediglich ein allgemeiner Eröffnungsgrund für ein Insolvenzverfahren. Nach § 17 Abs. 2 S. 1 InsO ist der Schuldner zahlungsunfähig, wenn er nicht in der Lage ist, seine fälligen Zahlungspflichten zu erfüllen. Nach § 17 Abs. 2 S. 1 InsO ist eine Zahlungsunfähigkeit in der Regel anzunehmen, wenn der Schuldner sei-ne Zahlungen eingestellt hat. Ein weiterer Grund für die Eröffnung eines Insolvenzverfahrens ist bei juristischen Personen nach § 19 Abs. 1 InsO aber auch die **Überschuldung**. Eine Überschuldung liegt gem. § 19 Abs. 2 InsO vor, wenn das Vermögen des Schuldners die bestehenden Verbindlichkeiten nicht mehr deckt, es sei denn, die Fortführung des Unternehmens ist nach den Umständen überwiegend wahrscheinlich (siehe dazu Beckmann UPR 2020, 121 ff.).

Der VGH BW erläutert dazu, dass in Fällen, in denen eine Bürgschaft den Fall der Insolvenz des Anlagenbetreibers absichern soll, hieraus zugleich folge, dass sie alle Eröffnungsgründe (§§ 16 ff. InsO) erfasse, auf die ein Insolvenzantrag gestützt sein könne. Ob und wann der Bürge danach in Anspruch genommen werden könne, also der Bürgschaftsfall eintrete und die Bürgschaftsforderung fällig werde, richte sich nach den einschlägigen zivilrechtlichen Bestimmungen, wobei der selbstschuldnerische Charakter der Bürgschaft zu berücksichtigen sei. Auch wenn im Zusammenhang mit dem Gesetzeszweck des § 17 Abs. 4a Abs. 1 BImSchG in der Rechtsprechung die Gefahr der Zahlungsunfähigkeit herausgehoben werde (vgl. BVerwG Beschl. v. 03.03.2016 - 7 B 44.15, juris Rn. 12; OVG Berlin-Brandenburg Beschl. v. 07.06.2021 - 11 S 16/21, juris Rn. 7; BayVGH Urt. v. 19.03.2021 - 22 B 20.1347, juris Rn. 26), ergebe sich hieraus keine Beschränkung auf diesen allgemeinen insolvenzrechtlichen Eröffnungsgrund. Der Gesetzeszweck des Ausfallschutzes greife vielmehr bei Vorliegen anderer Insolvenztatbestände gleichermaßen. Dementsprechend werde im Einklang mit den Gesetzesmaterialien (vgl. etwa BT-Drs. 16/13301 S. 7) gemeinhin darauf abgestellt, dass ohne eine Sicherheitsleistung die Sanierungskosten für in die Insolvenz gegangene Anlagenbetreiber häufig durch die öffentliche Hand aus Steuermitteln getragen werden müssten (VGH BW Urt. v. 11.05.2021 – 10 S 709/19, juris Rn. 41).

Der Sinn und Zweck der Sicherheitsleistung besteht darin, die öffentliche Hand bei Zahlungsunfähigkeit des Betreibers einer Abfallentsorgungsanlage vor dem möglicherweise erheblichen Sicherungs-, Sanierungs- und Entsorgungskosten zu schützen (BVerwG Beschl. v. 03.03.2016, NVwZ 2016, 616; BVerwG Urt. v. 13.03.2008, BVerwGE 131, 11 Rn. 27 f; Beckmann UPR 2020, 121; Holz VBlBW 2018, 177, 178).

§ 43 Abs. 4 ermächtigt die Bundesregierung, durch Rechtsverordnung mit Zustimmung des Bundesrates zu bestimmen, dass die Betreiber bestimmter Deponien eine Sicherheit im Sinne von § 232 BGB leisten oder ein anderes gleichwertiges Sicherungsmittel erbringen müssen. Die Verordnung darf auch Vorschriften über Art, Umfang und Höhe der nach § 36 Abs. 3 zu leistenden Sicherheit im Sinne von § 232 BGB oder eines anderen gleichwertigen Sicherungsmittel enthalten sowie bestimmen, wie lange die Sicherheit geleistet oder ein anderes gleichwertiges Sicherungsmittel erbracht werden muss. In der Rechtsverordnung können auch Verfahren zur Überprüfung der dort festgelegten Anforderungen bestimmt werden (§ 43 Abs. 5). Dieser Ermächtigung entsprechen die Regelung des § 18 DepV, mit denen zugleich Anforderungen der Deponierichtlinie umgesetzt worden sind.

Der Deponiebetreiber hat nach § 18 Abs. 1 Satz 1 DepV vor Beginn der Ablagerungs- **85**
phase der zuständigen Behörde die Sicherheit für die Erfüllung von Auflagen und Bedingungen zu leisten, die mit dem Planfeststellungsbeschluss oder der Plangenehmigung für die Ablagerungs-, Stilllegungs- oder Nachsorgephase zur Verhinderung oder Beseitigung von Beeinträchtigungen des Wohls der Allgemeinheit angeordnet wird. Diese Pflicht gilt zur Erfüllung der Auflagen und Bedingungen einer Änderungsgenehmigung nach § 18 Abs. 1 Satz 2 DepV entsprechend. Die Behörde setzt nach § 18 Abs. 2 Satz 1 DepV Art und Umfang der Sicherheit fest. Neben den in § 292 Abs. 1 BGB vorgesehenen Art der Sicherheit kann die Behörde nach § 18 Abs. 2 Satz 2 DepV zu lassen, dass die Sicherheit durch die Stellung eines tauglichen Bürgen, insbesondere einer Konzernbürgschaft, oder eine Garantie oder ein Zahlungsversprechen eines Kreditinstituts bewirkt wird. Bürgen und Kreditinstitute haben sich unwiderruflich gegenüber der Behörde zu verpflichten, auf deren erstes Anfordern den festgesetzten Betrag zu zahlen (§ 18 Abs. 2 Satz 3 DepV). Die Behörde kann gemäß § 18 Abs. 2 Satz 4 DepV vom Deponiebetreiber verlangen, die Tauglichkeit eines Bürgen nachzuweisen.

Bei der Festsetzung der Höhe der Sicherheit ist nach § 18 Abs. 2 S. 4 DepV ein planmäßiger Nachsorgebetrieb zu Grunde zu legen. Dabei ist von einem Nachsorgezeitraum von 30 Jahren, bei Deponien der Klasse 0 von 10 Jahren auszugehen. Die Höhe der zu fordernden Sicherheit ergibt sich grds. aus dem abzuschätzenden Aufwand für die Rekultivierung und Nachsorge. § 18 Abs. 3 DepV verpflichtet die zuständige Behörde, die angeordnete Sicherheitsleistung regelmäßig nach Erlass des Planfeststellungsbeschlusses oder der Plangenehmigung zu überprüfen, um den Erhaltung des realen Werts der Sicherheit zu gewährleisten. Auch der Deponiebetreiber kann eine Überprüfung fordern, wenn sich das Verhältnis zwischen Sicherheit und angestrebtem Sicherungszweck erheblich geändert hat. Nicht (mehr) erforderliche Sicherheiten müssen unverzüglich freigegeben werden.

Handelsrechtlich zu bildende betriebliche Rückstellungen dürfen nicht mehr als **86**
gleichwertige Sicherheit zugelassen werden. Das BVerwG hat eine entsprechende Regelung der DepV für unvereinbar mit der Deponierichtlinie angesehen (BVerwG Urt. v. 26. 6. 2008 – 7 C 50/07, juris Rn. 14).

Für die Berechnung der **Höhe der Sicherheit** ist bei Deponien ein planmäßiger **87**
Nachsorgebetrieb zugrunde zu legen und bei Deponien der Klasse 0 von einem Nachsorgezeitraum von mindestens zehn Jahren, bei den Deponien der Klasse I-IV von mindestens 30 Jahren auszugehen (§ 18 Abs. 2 Satz 5 DepV).

Die finanzielle Sicherheit ist regelmäßig von der zuständigen Behörde mit dem Ziel **88**
der Erhaltung des realen Werts der Sicherheit zu überprüfen. Sie ist erneut festzusetzen, wenn sich das Verhältnis zwischen Sicherheit und angestrebtem Sicherungszweck erheblich geändert hat. **Nachträgliche Änderungen** der Sicherheitsleistung werden mit einer als Verwaltungsakt ergehenden Auflage festgelegt (Mann in Versteyl/Mann/Schomerus, KrWG, 2019, § 36 Rn. 80; VGH München Beschl. v. 28.12.1989, NVwZ 1990, 992; VG Halle Urt. v. 01.09.2014 – 4A 62/13, BeckRS 2014, 59528; zum Erfordernis hinreichender Bestimmtheit einer nachträglichen Anordnung einer Sicherheitsleistung VGH BW Urt. v. 11.05.2021, juris Rn. 34 ff.).

Hat sich das Verhältnis zwischen Sicherheit und angestrebtem Sicherungszweck erheblich geändert, kann der Deponiebetreiber bei der zuständigen Behörde eine Überprüfung der Sicherheit beantragen. Gebildete **Rücklagen** sollen bei der Höhe der erforderlichen Sicherheit angerechnet werden, soweit sie in der zur Sicherung des Sicherungszwecks erforderlichen Höhe der Verfügungsbefugnis des Deponiebetreibers entzogen sind (zur steuerrechtlichen Rückstellungspflicht siehe BFH Urt. 5. 5. 2011 – IV R 32/07, juris). Ergibt die Überprüfung, dass die Sicherheit zu erhöhen ist, kann die zuständige Behörde dem Deponiebetreiber für die Stellung der erhöhten Sicherheit eine Frist von längstens sechs Monaten setzen. Ergibt die Überprüfung, dass die Sicherheit zu verringern ist, hat die zuständige Behörde die nicht mehr erforderliche Sicherheit umgehend freizugeben. Die Sicherheit ist insgesamt freizugeben, wenn die zuständige Behörde den Abschluss der Nachsorgephase festgestellt hat (§ 18 Abs. 3 DepV).

89 Nach § 36 Abs. 3 steht die Forderung einer Sicherheitsleistung nicht im freien **Ermessen** der zuständigen Behörde. Vielmehr soll die zuständige Behörde eine Sicherheit verlangen. Mit dieser „Soll-Regelung" trägt der Gesetzgeber der Verpflichtung aus Art. 8a Deponierichtlinie Rechnung, wonach die Genehmigung für eine Deponie nur erteilt werden darf, wenn der Antragsteller vor Beginn des Deponiebetriebs angemessene Vorkehrungen in Form einer Sicherheitsleistung oder etwas anderem Gleichwertigen getroffen hat. Das BVerwG hatte schon zuvor entschieden, dass das Gesetz richtlinienkonform dahin auszulegen war, dass der Behörde über ein Tätigwerden im Regelfall hinaus eine Verpflichtung erwächst (BVerwG Urt. v. 26. 6. 2008 – 7 C 50/07, juris Rn 13). Das hat der Gesetzgeber nun auch im Wortlaut der Neuregelung klargestellt. Die Festsetzung einer Sicherheitsleistung ist nicht von Zweifeln an der Liquidität oder Solvenz des Deponiebetreibers abhängig (BVerwG Urt. v. 13.03.2008 – 7 C 44/07, juris).

Die Sollpflicht des § 36 Abs. 3 bezieht sich – wie auch die §§ 12 Abs. 1 S. 2, 17 Abs. 4a S. 1 BImSchG – auf ein **Regel-Ausnahme-Verhältnis**. Im Regelfall muss eine Sicherheitsleistung gefordert werden. Liegen jedoch atypische Umstände vor, aus denen sich ergibt, dass eine Sicherheitsleistung nicht erforderlich ist, muss die Behörde auch von einer Sicherheitsleistung absehen. Es besteht auch insoweit kein Ermessen der Behörde. Sie hat sich deshalb vor Erlass einer Nebenbestimmung oder einer nachträglichen Anordnung zur Sicherheitsleistung zu vergewissern, ob der Regelfall oder ein atypischer Fall im Sinne dieser Vorschrift vorliegt. Ein atypischer Fall kann nicht nur dann vorliegen, wenn eine Abfallentsorgungsanlage von einer Kommune oder einer juristischen Person des öffentlichen Rechts betrieben wird, die nicht insolvent werden kann. Es kommen insoweit durchaus weitere Ausnahmefälle in Betracht. Es gilt der Untersuchungsgrundsatz des § 24 VwVfG. Den Deponiebetreiber trifft insoweit keine Pflicht, nachzuweisen, dass ein atypischer Sonderfall gegeben ist. Vielmehr ist lediglich von einem Regelfall auszugehen, wenn die Behörde im Rahmen ihrer Amtsermittlung keinen atypischen Sachverhalt feststellt, der eine Ausnahme von der Regelverpflichtung gebietet (Beckmann UPR 2020, 121).

Aus dem Urteil des BVerwG vom 13.03.2008 ergibt sich nichts anderes. Das BVerwG hat dort zwar erläutert, dass die Anordnung einer Sicherheitsleistung gemäß § 17 Abs. 4a S. 1 BImSchG weder Zweifel an der Seriosität bzw. Liquidität des Betreibers noch Anhaltspunkte für das Fehlen eines Verwertungskonzepts voraussetzt. Vielmehr reiche das allgemeine, latent vorhandene **Liquiditätsrisiko** grundsätzlich aus, um von Betreibern einer Abfallentsorgungsanlage eine Sicherheitsleistung zu verlangen. Eines konkreten Anlasses für die Forderung einer Sicherheit bedürfe es daher nicht. Das BVerwG hat damit jedoch nur festgestellt, dass es auf der Grundlage der früheren Rechtslage nicht ermessensfehlerhaft war, von dem Betreiber einer Abfallentsorgungsanlage zur Sicherstellung der Anforderungen nach § 5 Abs. 3 BImSchG eine Sicherheit auch ohne konkrete Zweifel an dessen Liquidität zu verlangen. Das BVerwG hatte aber keinen Anlass, sich zu der

Frage zu äußern, ob und in welchen Fällen eine Sicherheitsleistung von den Behörden im Regel- oder Ausnahmefall zu verlangen ist.

Zwar reicht grundsätzlich das allgemeine, latent vorhandene Liquiditätsrisiko nach der Rechtsprechung des BVerwG aus, um von dem Betreiber einer Abfallentsorgungsanlage eine Sicherheitsleistung zu verlangen. Das spezifische Risiko der öffentlichen Hand, auf den Kosten der Nachsorge eines Standortes hängen zu bleiben, ergibt sich jedoch allein daraus, dass diese Kosten erst nach Einstellung des Betriebs und damit in einer Zeit anfallen, in der mit der stillgelegten Anlage kein Geld mehr verdient werden kann. Das betrifft allerdings nur die Fälle, in denen die Abfallentsorgungsanlage von einer Anlagenbetreiberin betrieben wird, die sich auf den Betrieb der in Rede stehenden Abfallentsorgungsanlage beschränkt.

Die typischen Risiken der Betriebseinstellung von Abfallentsorgungsanlagen bestehen dagegen nicht bei Anlagenbetreibern, die sich nicht als Betreibergesellschaft einer einzelnen Abfallentsorgungsanlage auf den Betrieb einer bestimmten Abfallentsorgungsanlage beschränken, sondern zahlreiche Anlagen betreiben, weitere Dienstleistungen erbringen und Vertragspartner zahlreicher gewerblicher Abfallerzeuger und öffentlich-rechtlicher Auftraggeber sind, die sie unabhängig davon entsorgen, ob ein einzelner Betrieb am jeweils in Rede stehenden Betriebsstandort fortgesetzt oder eingestellt wird (Beckmann UPR 2020, 121; Jarass BImSchG, § 12 Rn. 21 für den Fall eines Nachweises, dass der Anlagenbetreiber in dem Zeitpunkt, in dem die fraglichen Pflichten erfüllt werden müssen, finanziell ausreichend leistungsfähig sein wird; a.A. VGH BW Urt. v. 11.05.2021 – 10 S 709/19, juris Rn. 41, nicht aufgehoben durch BVerwG Beschl. v. 14.09.2022 – 7 B 18/21, juris).

Nach Einschätzung des Gesetzgebers besteht für den Fall der Einstellung des Betriebs einer Abfallentsorgungsanlage ein Risiko, das sich daraus ergibt, dass einerseits Abfälle zumeist wertlos sind, so dass sich die nach der Betriebseinstellung auf dem Betriebsgelände noch vorhandenen Abfälle regelmäßig nicht gegen Entgelt veräußern lassen, sondern im Gegenteil entgeltlich entsorgt werden müssen, und dass andererseits nach der Einstellung des Betriebs nicht mehr mit Einnahmen zu rechnen ist. Den Entsorgungskosten stehen in dieser Phase der Nachsorge möglicherweise keine Erlöse mehr gegenüber. Das rechtfertigt gegenüber den Betreibern von Abfallentsorgungsanlagen die Forderung einer Sicherheitsleistung, die anderen Betreibern immissionsschutzrechtlich genehmigungsbedürftiger Anlagen, bei denen ebenfalls noch Abfälle in erheblichem Umfang auf dem Betriebsgelände vorhanden sein können, nicht abverlangt wird. Das finanzielle Risiko der Nachsorge ist insoweit mit Risiken vergleichbar, die nach Einstellung des Ablagerungsbetriebs einer Deponie für deren Nachsorge entstehen. Auch bei der Nachsorge von Deponien stehen den noch zu deckenden Nachsorgekosten keine weiteren Erlöse mehr gegenüber.

Die typische Risikolage der Deponienachsorge ergibt sich daraus, dass nach der Einstellung des Deponiebetriebs mit der Deponie keine Einnahmen mehr erzielt werden, aber noch für lange Zeiträume hohe Nachsorgekosten finanziell zu sichern sind. Den in § 36 Abs. 3 benannten Regelfall bilden insoweit Deponiebetreiber, die angesichts einer auf den Betrieb der Deponie beschränkten Geschäftstätigkeit als Betreibergesellschaft in der Gefahr stehen, nicht mehr für Kosten der Entsorgung der noch nicht entsorgten Abfälle einstehen zu können, weil es an entsprechenden Rückstellungen oder an hinreichender sonstiger finanzieller Vorsorge für die einnahmelose Zeit nach der Betriebseinstellung fehlt. Das ist das allgemeine und latent vorhandene Risiko eines Betreibers einer Deponie, das eine Sicherheitsleistung rechtfertigt. Handelt es sich bei dem Deponiebetreiber nicht um eine Betreibergesellschaft im vorgenannten Sinne, sondern um ein Unternehmen, das neben dem Betrieb dieser Deponie eine Vielzahl weiterer Unternehmensaktivitäten entfaltet, mit denen Erlöse erzielt werden, droht die typische Gefahr der Insolvenz des Anlagenbetreibers bei der Betriebseinstellung gerade nicht. Es handelt sich – gemessen an den Gesetzeszweck – um einen Ausnahmefall, bei dem die Forderung nach einer Sicherheitsleistung nicht ohne Weiteres berechtigt ist (Beckmann UPR 2020, 121 ff.; a.A. VGH BW Urt. v. 11.05.2021 – 10 S 709/19, juris Rn. 41). Auch eine besondere wirtschaftliche Leistungsfähigkeit oder Zuverlässigkeit des Betreibers soll nach Ansicht des VGH BW für sich genommen keinen Verzicht auf eine Sicherheitsleistung rechtfertigen, weil das allgemeine Insolvenzrisiko auch bei einer aktuell guten wirtschaftlichen Situation nicht für die Zukunft ausgeschlossen werden könne (VGH BW Urt. v. 11.05.2021 – 10 S 709/19, juris Rn. 41).

90 Gemäß § 18 Abs. 4 DepV soll die zuständige Behörde von der Verpflichtung, eine Sicherheit zu fordern, absehen, wenn eine **öffentlich-rechtliche Körperschaft,** einen Eigenbetrieb oder einer eigenen Gesellschaft einer öffentlich-rechtlichen Körperschaft, ein Zweckverband oder eine Anstalt des öffentlichen Rechts die Deponiebetreiberin sichergestellt ist, dass über Einstandspflichten von Bund, Ländern oder Kommunen der angestrebte Sicherungszweck jederzeit gewährleistet ist. Ob diese Begünstigung der öffentlichen Seite mit der Deponierichtlinie vereinbar ist, ist fraglich, weil auch die Richtlinie insoweit nicht differenziert. Man könnte zwar die Ansicht vertreten, dass angesichts eines fehlenden Insolvenzrisikos der öffentlich-rechtlichen Körperschaften auf eine Sicherheitsleistung verzichtet werden kann. Zu bedenken ist jedoch, dass die Forderung nach kostendeckenden Entgelten einerseits und Sicherheitsleistungen andererseits bewirken sollen, dass die finanziellen Mittel für die Sanierung und Nachsorge auch real zur Verfügung stehen. Der Druck, angesichts fehlender Mittel auf eine an sich gebotene Nachsorge- und Sanierungsmaßnahme zu verzichten, stellt sich bei öffentlichen Anlagenbetreibern nicht minder als bei den privaten Entsorgern (a.A. Fellenberg/Schiller in Jarass/Petersen, KrWG, 2022, § 36 Rn. 100; Mann in Versteyl/Mann/Schomerus, KrWG, 2019, § 36 Rn. 76; keine Bedenken auch beim OVG RP Urt. v. 13.04.2016, BeckRS 2016, 45885, Rn. 145).

Das der Planfeststellungsbehörde eingeräumte Ermessen kann nicht hinsichtlich der Notwendigkeit einer Sicherheitsleistung, sondern auch hinsichtlich der Auswahl der **Art der Sicherheit** begrenzt sein. Überwiegend wird zwar angenommen, dass der Gesetzgeber der Behörde hinsichtlich der Auswahl des Sicherungsmittels **Ermessen** einräumt (VGH BW Urt. v. 11.05.2021 – 10 S 709/19, juris Rn. 44; VGH München Urt. v. 19.03.2021, juris Rn. 32; Beschl. v. 14.05.2020 - 22 ZB 20.245, VGH München Beschl. v. 09.01.2019 – 22 CS 18.2003, juris Rn. 7; OVG Berlin-Brandenburg Urt. v. 26.01.2011 – 11 A 3.09, juris Rn. 62 ff.; OVG SA Urt. v. 25.10.2012 – 2 L 87/11, juris Rn. 45). Ein Ermessen wird man im Sinne dieser Rechtsprechung der Behörde aber nur dann zubilligen können, wenn der Antragsteller im Zulassungsverfahren oder auch nachträglich nicht von sich aus eine geeignete Sicherheit vorlegt bzw. anbietet (Beckmann UPR 2020, 121 ff.).

Ermessenserwägungen bei der Auswahl des Sicherungsmittels, wonach eine **Konzernbürgschaft** abzulehnen ist und auf der Vorlage einer Bank- oder Versicherungsbürgschaft bestanden werden muss, weil Nichtkonzernunternehmen nicht auf eine Muttergesellschaft setzen können und deswegen einen Wettbewerbsnachteil erleiden könnten, wenn konzernverbundene Unternehmen eine für sie kostengünstige Bürgschaft ihres Mutterunternehmens vorlegen dürften, sind sachwidrig (VGH BW Urt. v. 11.05.2021 – 10 S 709/19, juris Rn. 60). Denn eine solche Erwägung ist, so zutreffend der VGH BW, vom Zweck der Ermächtigungsgrundlage, der ausschließlich im Ausfallschutz der öffentlichen Hand besteht, nicht gedeckt. Es ist nicht Aufgabe des Kreislaufwirtschafts- und des Immissionsschutzrechts, Vorteile, über die ein Unternehmen im Wettbewerb mit anderen

Unternehmen in tatsächlicher Hinsicht verfügt, auszugleichen. Immissionsschutz- und Kreislaufwirtschaftsrecht sind vielmehr in wettbewerbsneutraler Weise anzuwenden, so dass es der Immissionsschutzbehörde nicht gestattet ist, Wettbewerbsvorteile, die sich hier aus der Integration in einen Konzern ergeben können, zu nivellieren. Ein Ausschluss der Konzernbürgschaft zum Schutz von Wettbewerbern lässt sich auch nicht durch den Gleichbehandlungsgrundsatz des Art. 3 Abs. 1 GG rechtfertigen, der lediglich eine gleichmäßige Ermessenspraxis, nicht jedoch identische Ergebnisse der Ermessenspraxis gebietet (VGH BW Urt. v. 11.05.2021 – 10 S 709/19, juris Rn. 60).

Für eine gleichmäßigen Verwaltungspraxis kann sich die Verwaltung in ihrer Ermessensausübung durch **Verwaltungsvorschriften** intern binden (vgl. in Bezug auf die Festsetzung von Sicherheitsleistungen VGH BW Urt. v. 11.05.2021 – 10 S 709/19, juris Rn. 49; BVerwG Urt. v. 13.03.2008 - 7 C 44.07, juris Rn. 39; OVG Sachsen-Anhalt Urt. v. 25.10.2012 - 2 L 87/11, juris Rn. 45; OVG Lüneburg Urt. v. 16.11.2009, UPR 2010, 151). Auch insoweit muss allerdings den Besonderheiten des Einzelfalls Rechnung getragen werden können und darf insoweit der gesetzlich eingeräumte Ermessensspielraum jedenfalls nicht völlig beseitigt werden.

E. Nebenbestimmungen

Der Planfeststellungsbeschluss und die Plangenehmigung können nach § 36 Abs. 4 Satz 1 von Bedingungen abhängig gemacht, mit Auflagen verbunden und befristet werden, soweit dies zur Wahrung des Wohls der Allgemeinheit erforderlich ist. Bedingungen sind Nebenbestimmungen, nach denen der Eintritt oder der Wegfall einer Vergünstigung oder einer Belastung von dem ungewissen Eintritt eines zukünftigen Ereignisses abhängt (§ 36 Abs. 2 Nr. 2 VwVfG). **Bedingungen** betreffen damit das „ob" der Zulassung. Bei einer *aufschiebenden* Bedingung wird die Errichtung der Deponie erst zugelassen, wenn die Bedingung eintritt. Bei einer *auflösenden* Bedingung verliert die Deponiezulassung ihre Wirksamkeit, wenn die Bedingung eintritt. **Auflagen** sind Nebenbestimmungen, durch die den Begünstigten ein Tun oder Unterlassen vorgeschrieben wird (§ 36 Abs. 2 Nr. 4 VwVfG). Dabei geht es um Anforderungen, die sich auf Art und Weise des Deponiebetriebes oder auf die Beschaffenheit der Deponie beziehen. Nach § 29 Abs. 1 Satz 1 kann der Deponiebetreiber verpflichtet werden, einem Dritten die Mitbenutzung seiner Deponie gegen Zahlung eines angemessenen Entgelts zu gestatten. 91

Die Missachtung einer Auflage führt nicht zum Verlust der Wirksamkeit der abfallrechtlichen Zulassung. Insoweit unterscheidet sich eine Auflage von einer Bedingung, bei deren Nichterfüllung bzw. bei deren Eintritt der Planfeststellungsbeschluss oder die Plangenehmigung ihre Wirkung verlieren. Die Unterscheidung von Bedingungen und Auflagen hat insoweit auch straf- und ordnungswidrigkeitsrechtliche Konsequenzen (Berthold in Kopp-Assenmache, KrWG, 2015, § 36 Rn. 30 ff.; Kropp in v.Lersner/Wendenburg/Versteyl, Recht der Abfallbeseitigung, § 36 KrWG Rn. 90). Wird eine Bedingung nicht eingehalten, fehlt es an einer wirksamen Planfeststellung. Ein gleichwohl stattfindender Deponiebetrieb kann nach §§ 326, 327 StGB strafbar sein. Die Nichterfüllung einer Auflage ändert nichts an der Wirksamkeit der Planfeststellung, kann aber als Ordnungswidrigkeit verfolgt werden (Kropp in v.Lersner/Wendenburg/Versteyl, Recht der Abfallbeseitigung, § 36 KrWG Rn. 90).

Der Planfeststellungsbeschluss kann nicht zuletzt auch mit einem **Widerrufsvorbehalt** i.S.v. § 36 Abs. 2 Nr. 3 VwVfG versehen werden. Ein solcher Widerrufsvorbehalt kommt z.B. in Betracht, wenn bei der Planfeststellung es im Hinblick auf schädliche Langzeitwirkungen im Einzelfall Erkenntnisdefizit gibt (Versteyl/Grunow in Schink/Versteyl, KrWG, 2016, § 36 Rn. 55).

92 Abzugrenzen sind die Nebenbestimmungen von **Inhaltsbestimmungen.** Das sind Regelungen, die die Gestaltung und Beschaffenheit der Deponie selbst prägen, z.B. Regelungen zur Untergrundabdichtung, zu den Böschungen, dem Entwässerungssystem etc. Sie kennzeichnen den Inhalt der Deponiezulassung (BVerwG Urt. v. 21.02.1992, BVerwGE 90, 42, 48; Mann in Versteyl/Mann/Schomerus, KrWG, 2019, § 36 Rn. 83; siehe auch Tegethoff UPR 2003, 416).

93 Die in § 36 Abs. 4 Satz 1 genannten Nebenstimmungen dienen dazu, eine Allgemeinwohlverträglichkeit des Vorhabens zu sichern. Sie sind deshalb auch nur zulässig, soweit sie zur Wahrung des Wohls zur Allgemeinheit auch erforderlich sind. Allerdings können sich Nebenbestimmungen nicht nur auf die Zulassungsvoraussetzung des § 36 Abs. 1 Nr. 1 beziehen. Vielmehr sind auch Nebenbestimmungen zur Sicherung weiterer Zulassungsvoraussetzungen zulässig, die sich z.B. aus anderen fachgesetzlichen Anforderungen der Zulassungen ergeben, die durch die Konzentrationswirkung der abfallrechtlichen Zulassung ersetzt werden (zustimmend Fellenberg/Schiller in Jarass/Petersen, KrWG 2022, § 36 Rn. 91; Mann in Versteyl/Mann/Schomerus, KrWG, 2019, § 36 Rn. 83). Hinsichtlich der Vermeidung nachteiliger Auswirkungen auf das Recht eines anderen ergibt sich dies ausdrücklich aus § 36 Abs. 2 Satz 1. Aber auch hinsichtlich der Zuverlässigkeit, der Sach- und Fachkunde und der Vereinbarkeit mit den für verbindlich erklärten Feststellungen eines Abfallwirtschaftsplans können und müssen Nebenbestimmungen die Genehmigungsfähigkeit sicherstellen (zustimmend Mann in Versteyl/Mann/Scho-merus, KrWG, 2019, § 36 Rn. 90).

Zwar steht die Auswahl der beizufügenden Nebenbestimmungen grundsätzlich im Ermessen der Planfeststellungsbehörde (Versteyl in Schmehl/Klement, KrWG, 2019, § 36 Rn. 56). Allerdings dürfen sie nur zu dem bereits benannten Zweck dem Planfeststellungsbeschluss beigefügt werden; sie müssen außerdem dem Grundsatz der **Verhältnismäßigkeit** genügen, d.h. gemessen an dem mit ihnen verfolgten Zweck geeignet, erforderlich und angemessen sein.

Grundsätzlich müssen sich die Nebenbestimmungen auf eine Anordnung von Maßnahmen beschränken, die in den einschlägigen Gesetzen und Regelwerken, insbesondere auch in der DepV als Stand der Technik konkretisiert werden. In atypischen Sachverhalten können allerdings weitergehende oder abweichende Anforderungen geboten sein (Mann in Versteyl/Mann/Schomerus, KrWG, 2019, § 36 Rn. 87). Nebenbestimmungen sind nur zulässig für **typische Folgewirkungen** des Vorhabens; zwischen dem Vorhaben und den nachteiligen Wirkungen, denen mit Hilfe von Nebenbestimmungen entgegengewirkt werden soll muss ein **adäquater Ursachenzusammenhang** (BVerwG Urt. v. 17.11.1972, BVerwGE 41, 178, 186; Mann in Versteyl/Mann/Schomerus, KrWG, 2019, § 36 Rn. 87).

Zulässig sind nach Abs. 4 S. 1 auch **Befristungen** der Planfeststellung. Sie können im Einzelfall gerechtfertigt sein für Deponien, deren Betrieb zur Sicherstellung der Entsorgung noch erforderlich ist, die aber nach den Festlegungen eines in Aufstellung befindlichen Abfallwirtschaftsplans voraussichtlich nicht mehr benötigt werden (Mann in Versteyl/Mann/Schomerus, KrWG, 2019, § 36 Rn. 91; Kropp in v. Lersner/Wendenburg/Vertseyl, Recht der Abfallbeseitigung, § 36 KrWG, 2019, Rn. 91). Außerdem kommen Befristungen in Betracht bei Deponien, die bestimmungsgemäß nur vorübergehend betrieben werden sollen.

F. Überprüfung der Zulassungsentscheidung

Nach § 36 Abs. 4 Satz 2 überprüft die zuständige Behörde regelmäßig sowie aus besonderem Anlass, ob der Planfeststellungsbeschluss und die Genehmigung nach § 36 Abs. 1 dem neuesten Stand der in Abs. 1 Nr. 1 bis 3 und 5 genannten Anforderungen entsprechen. Mit dieser Regelung setzt der Gesetzgeber Art. 13 der IVU-Richtlinie um. An sich sind eine solche regelmäßige Überprüfung und die Möglichkeit, auf der Grundlage einer solchen Überprüfung nachträgliche Anordnungen an den Deponiebetreiber zu richten, nicht neu. Indem der zuständigen Behörde eine regelmäßige Überprüfung neben einer solchen Überprüfung aus besonderem Anlass auferlegt wird, muss mit einer schnelleren Anpassung an den Stand der Technik gerechnet werden. Der über eine abfallrechtliche Zulassung vermittelte, ohnehin relativ geringe Bestandsschutz wird damit weiter eingeschränkt (dazu Beckmann EuRUP 2020, 238; Beckmann NuR 2003, 715; Weidemann/Krappel DVBl. 2011, 1385). 94

Der Gesetzgeber ermächtigt in § 36 Abs. 4 S. 3 die Bundesregierung, nach Anhörung der beteiligten Kreise (§ 68) durch Rechtsverordnung mit Zustimmung des Bundesrates zu bestimmen, wann die zuständige Behörde Überprüfungen vorzunehmen und die in Satz 3 genannten Auflagen zu erlassen hat. Von dieser Ermächtigung hat die Bundesregierung mit der DepV Gebrauch gemacht. Gemäß § 22 DepV hat die zuständige Behörde abfallrechtliche Planfeststellungsbeschlüsse nach § 35 Abs. 2 und Plangenehmigungen nach § 35 Abs. 3 alle 4 Jahre darauf zu überprüfen, ob zur Einhaltung des Standes der Technik nach § 3 Abs. 28 sowie der in § 36 Abs. 1 Nr. 1 bis 3 und 5 genannten Anforderungen weitere Bedingungen, Auflagen oder Befristungen angeordnet werden müssen. 95

G. Nachträgliche Auflagen

Gemäß § 36 Abs. 4 Satz 3 ist die Aufnahme, Änderung oder Ergänzung von Auflagen über Anforderungen an die Deponie oder ihrem Betrieb auch nach dem Ergehen des Planfeststellungsbeschlusses oder nach der Erteilung der Genehmigung zulässig. Diese Regelung sieht lediglich den Erlass nachträglicher Auflagen, nicht jedoch weiterer Bedingungen oder Befristungen vor. Insoweit stellt sich die Frage, ob § 22 DepV, der eine regelmäßige Überprüfung vorschreibt, ob zur Einhaltung des Standes der Technik auch weitere Bedingungen oder Befristungen nachträglich angeordnet werden müssen, mit dem Gesetz übereinstimmt (verneinend Fellenberg/Schiller in Jarass/Petersen, KrWG, 2022, § 36 Rn. 124). 96

Nachträgliche Auflagen können bei **Veränderungen des Standes der Technik** geboten sein; sie können aber auch der **Korrektur von Mängeln** des Planfeststellungsbeschlusses dienen (Mann in Versteyl/Mann/Schomerus, KrWG, 2019, § 36 Rn. 97). In Betracht kommt eine nachträgliche Auflage auch zur Durchsetzung einer höheren Sicherheitsleistung (OVG SA Urt. v. 25.10.2012, ZUR 2013, 284; VG Halle, Urt. v. 1.9.2014 – 4 A 62/13, BeckRS 2014, 59528).

Die Möglichkeit nachträglicher Auflagen führt zu einer Einschränkung des **Bestandsschutzes** und des Vertrauensschutzes des Deponiebetreibers (Mann in Versteyl/Mann/Schomerus, KrWG, 2019, § 36 Rn. 95; näher dazu Beckmann EURUP 2020, 238). Nachträgliche Anordnungen können zur nachträglichen Korrektur fehlerhafter Zulassungsentscheidungen genutzt werden. Im Wege einer nachträglichen Auflage können allerdings keine Änderungen der planfestgestellten Anlagen verfügt werden, die nur im Wege einer Änderungsplanfeststellung zugelassen werden können. In einem solchen Fall 97 kann möglicherweise eine **Zielanordnung** verfügt werden, die den Inhaber der Planfeststellung zu einem Änderungsantrag veranlasst (dazu BVerwG, Urt. v. 21.02.1992 – 7 C 11/91, juris Rn. 14; Kropp in v. Lersner/Wendenburg/Versteyl, Recht der Abfallbeseitigung, § 36 KrWG Rn. 101). Lässt sich auch durch Auflagen ein ordnungsgemäßer und allgemeinwohlverträglicher Deponiebetrieb nicht sicherstellen, dann ist eine **Aufhebung** der abfallrechtlichen Zulassung im Wege eines Widerrufs oder einer Rücknahme nach den §§ 48, 49 VwVfG zu erwägen. Das BVerwG hat zudem entschieden, dass eine anerkannte Umweltvereinigung nach dem UmwRG befugt ist, auf Rücknahme oder Widerruf eines bestandskräftigen Planfeststellungsbeschlusses zu klagen. Die präjudizielle Wirkung der Rechtskraft eines Urteils, mit dem die Anfechtungsklage gegen einen Planfeststellungsbeschluss als unbegründet abgewiesen worden sei, stehe einem Anspruch auf Rücknahme dieses Planfeststellungsbeschlusses nicht entgegen (BVerwG Urt. v. 23.06.2020 - 9 A 22/19, juris Rn. 14 ff, 36; kritisch dazu Schieferdecker in Beckmann/Kment, UVPG/UmwRG, 2022, § 1 UmwRG Rn. 86).

98 Der Erlass einer nachträglichen Anordnung steht im **Ermessen** der zuständigen Behörde. Drittbetroffene haben einen Anspruch auf ermessensfehlerfreie Entscheidung. Selbstverständlich müssen auch nachträgliche Auflagen verhältnismäßig, d.h. geeignet, erforderlich und angemessen sein (BVerwG Urt. v. 29.11.1991, BVerwGE 89, 215, 217).

99 Nachträgliche Anordnungen können allerdings nicht einseitig eine wesentliche Änderung der Deponie oder ihres Betriebes veranlassen. Solche wesentlichen Änderungen bedürfen nach § 35 Abs. 2 oder Abs. 3 der Zulassung durch eine abfallrechtliche Planfeststellung bzw. eine Plangenehmigung. Die wegen einer wesentlichen Änderung erforderliche abfallrechtliche Zulassung kann insoweit nicht durch eine nachträgliche Auflage ersetzt werden. Nach überwiegender Auffassung dürfte jedoch eine **Zielanordnung** zulässig sein, mit der dem Deponiebetreiber aufgegeben wird, bestimmte Änderungen an der Deponie bzw. an dem Betrieb vorzunehmen (BVerwG Urt. v. 21.02.1992, BVerwGE 90, 42, 45; OVG NRW Beschl. v. 18. 8. 2003 – 20 B 233/03, juris Rn. 31; Mann in Versteyl/Mann/Schomerus, KrWG, § 36 Rn. 100). Wenn eine solche Änderung wesentlich ist, dann kann und soll eine solche Zielanordnung den Deponiebetreiber veranlassen, innerhalb des gesteckten Rahmens einen Antrag auf Zulassung dieser Änderung zu stellen. Unterlässt der Deponiebetreiber einen solchen Änderungsantrag, dann kommt möglicherweise der Widerruf der Zulassung in Betracht.

100 Abzugrenzen sind nachträgliche Auflagen im Sinne des § 36 Abs. 4 Satz 3 von Anordnungen im Sinne von § 40 Abs. 2 Satz 1. Dazu wird die Ansicht vertreten, dass nach der Verfüllung der Deponie für nachträgliche Auflagen, mit denen der ursprüngliche Planfeststellungsbeschluss ergänzt werde, kein Raum mehr sei. Rekultivierungsanordnungen könnten zum einen im Rahmen der Zulassung einer Deponie, zum anderen durch nachträgliche Anordnungen gem. § 36 Abs. 4 Satz 3 und schließlich im Rahmen der **Stilllegung** gem. § 40 Abs. 2 verfügt werden. Anordnungen nach § 36 Abs. 4 Satz 3 beziehen sich nach Auffassung des *VGH* München ausschließlich auf die Betriebsphase im Sinne der Abfallablagerung, während Anordnungen entsprechender Maßnahmen für die Nachbetriebsphase § 40 Abs. 2 unterfallen (VGH München Beschl. v. 23.02.1996, NVwZ-RR 1997, 21, 22). Diese Auffassung ist nicht zutreffend. Nachträgliche Anordnungen im Sinne dieser Vorschrift müssen sich nicht ausschließlich auf die Ablagerungsphase einer Deponie beziehen. Da bereits der Planfeststellungsbeschluss Anforderungen an die Rekultivierung und Nachsorge durch Nebenbestimmungen regeln darf und soll (vgl. dazu § 40 Abs. 2 Satz 1 „soweit entsprechende Regelungen noch nicht in dem Planfeststellungsbeschluss … enthalten sind"), kommt auch eine nachträgliche Auflage während des noch laufenden Ablagerungsbetriebes für den Zeitraum nach der Einstellung der Ablagerung in Betracht. Hinzu kommt, dass auf der Grundlage der DepV davon auszugehen ist, dass

auch die Stilllegungsphase, das heißt die Zeit nach Einstellung des Ablagerungsbetriebs bis zur endgültigen Stilllegung (vgl. § 2 Nr. 32 DepV) Teil der Betriebsphase ist. Zeitlich sind nachträgliche Auflagen im Sinne von § 36 Abs. 4 Satz 3 für die Rekultivierung und Nachsorge jedoch auf die Zeit bis zur Stilllegungsanzeige beschränkt. Denn Anordnungen entsprechender Maßnahmen für die Nachbetriebsphase anlässlich einer Stilllegungsanzeige fallen in den Anwendungsbereich des § 40 Abs. 2. Insoweit ist § 40 bei stillzulegenden oder stillgelegten Anlagen eine Spezialvorschrift für Anordnungen zur Rekultivierung und zu sonstigen Vorkehrungen (BVerwG Beschl. v. 02.05.1995, DVBl. 1996, 38).

H. Verwaltungsgerichtlicher Rechtsschutz

Rechtsstreitigkeiten im Zusammenhang mit der Zulassung von Abfalldeponien sowie **101**
mit dem Erlass nachträglicher Anordnungen sind regelmäßig öffentlich-rechtliche Streitigkeiten nichtverfassungsrechtlicher Art im Sinne des § 40 Abs. 1 Satz 1 VwGO, so dass der **Verwaltungsrechtsweg** zulässig ist.

Erstinstanzlich ist für mögliche Klagen des Vorhabenträgers und der Drittbetroffenen **102**
gem. § 45 VwGO das Verwaltungsgericht zuständig. Abweichend davon entscheidet das Oberverwaltungsgericht im ersten Rechtszug über sämtliche Streitigkeiten, die Verfahren für die Errichtung, den Betrieb und die wesentliche Änderung von ortsfesten Anlagen zur Verbrennung oder thermischen Zersetzung von Abfällen mit einer jährlichen Durchsatzleistung von mehr als 100.000 t und von ortsfesten Anlagen, in denen ganz oder teilweise Abfälle im Sinne des § 48 Abs. 1 gelagert oder abgelagert werden. Diese erstinstanzliche Zuständigkeit des Oberverwaltungsgerichts gilt gem. § 48 Abs. 1 Satz 2 VwGO für Streitigkeiten über Genehmigungen, die anstelle einer Planfeststellung erteilt werden sowie für Streitigkeiten über sämtliche für das Vorhaben erforderlichen Genehmigungen und Erlaubnisse, auch soweit sie Nebeneinrichtungen betreffen, die mit ihm in einem räumlichen und betrieblichen Zusammenhang stehen. Bei den Abfällen im Sinne des § 48 Abs. 1 handelt es sich um gefährliche Abfälle, die in der AVV mit einem Sternchen versehen als gefährlich definiert werden. Die erstinstanzliche Zuständigkeit des Oberverwaltungsgerichts bezieht sich insoweit auf Sonderabfalldeponien. Für die nicht gefährlichen Abfälle bleiben die Verwaltungsgerichte erstinstanzlich zuständig. Die Verwaltungsgerichte bleiben ebenfalls erstinstanzlich zuständig, wenn es um die nachträgliche Aufhebung des Planfeststellungsbeschlusses oder der Plangenehmigung für eine Sonderabfalldeponie geht. Auch für isolierte behördliche Anordnungen gem. § 36 Abs. 4 Satz 2 für eine Sonderabfalldeponie sind die Verwaltungsgerichte zuständig. Für einen Rechtsstreit um die **Zulassung vorzeitigen Beginns** im Sinne von § 37 im Rahmen eines Planfeststellungsverfahrens für eine Deponie zur Ablagerung von gefährlichen Abfällen ist das Oberverwaltungsgericht erstinstanzlich zuständig (BVerwG Beschl. v. 30.04.1991, DVBl. 1991, 877).

Vor Erhebung einer Anfechtungsklage sind gem. § 68 Abs. 1 Satz 1 VwGO die Recht- **103**
mäßigkeit und die Zweckmäßigkeit des Verwaltungsakts in einem **Vorverfahren** nachzuprüfen. Einer solchen Nachprüfung in einem Vorverfahren bedarf es allerdings nach § 68 Abs. 1 Satz 2 VwGO in bestimmten Fällen nicht, insbesondere wenn dies durch Gesetz bestimmt wird. Für die Verpflichtungsklage gilt dies entsprechend, wenn der Antrag auf Vornahme des Verwaltungsakts abgelehnt worden ist (§ 68 Abs. 2 VwGO). Das Vorverfahren beginnt mit der Erhebung des Widerspruchs gem. § 69 VwGO. Für die Anfechtungs- oder Verpflichtungsklage gegen einen abfallrechtlichen Planfeststellungsbeschluss ergibt sich eine solche gesetzliche Ausnahmebestimmung aus § 74 Abs. 1 Satz 2 i.V.m. § 70 VwVfG. Grundsätzlich bedarf es deshalb vor Erhebung einer Anfechtungsklage gegen den

abfallrechtlichen Planfeststellungsbeschluss bzw. für eine Verpflichtungsklage auf Erteilung eines solchen abfallrechtlichen Planfeststellungsbeschlusses keines zuvor durchgeführten Widerspruchsverfahrens. Etwas anderes gilt allerdings dann, wenn der Planfeststellungsantrag ohne formelles Verfahren bereits als unzulässig abgewiesen ist. In diesem Fall gilt § 70 VwVfG nicht, so dass wiederum ein Widerspruchsverfahren durchzuführen ist (*VGH* Mannheim Urt. v. 01.03.1984, NVwZ 1986, 234). Vor Erhebung einer verwaltungsgerichtlichen Klage gegen eine abfallrechtliche Plangenehmigung bedarf es gem. § 74 Abs. 6 Satz 3 VwVfG ebenfalls keiner Nachprüfung in einem Vorverfahren. Gegen den Erlass einer nachträglichen Anordnung nach § 36 Abs. 4 Satz 2 VwVfG kann eine Klage ohne vorherige Durchführung eines Vorverfahrens erhoben werden, wenn die Anordnung von einer obersten Landesbehörde erlassen worden ist oder wenn das jeweilige Landesrecht den Verzicht auf ein Vorverfahren ausdrücklich regelt.

104 Versagt die zuständige Behörde die beantragte Zulassung der Errichtung bzw. des Betriebs einer Abfalldeponie, dann kann der Vorhabenträger grundsätzlich eine Verpflichtungsklage erheben. Allerdings steht der zuständigen Behörde nach ganz überwiegender Auffassung bei der Entscheidung über die beantragte Planfeststellung ein Planungsermessen zu, so dass die Planfeststellungsbehörde in aller Regel nicht zum Erlass des abfallrechtlichen Planfeststellungsbeschlusses verurteilt werden kann, sondern im Wege einer **Bescheidungsklage** nur zu einer neuen Entscheidung unter Berücksichtigung der Rechtsauffassung des Gerichts.

105 Erteilt die Planfeststellungsbehörde die beantragte Planfeststellung mit Nebenbestimmungen, die den Vorhabenträger belasten, so kommt es für die Wahl seiner Klage darauf an, ob diese Nebenbestimmungen abtrennbar und isoliert anfechtbar sind. Das hängt davon ab, ob die Zulassungsentscheidung bei dem Wegfall der beanstandeten Nebenbestimmung rechtmäßig weiterbestehen kann (OVG NRW Beschl. v. 29.11.2022 – 4 A 1444/16, juris Rn. 10; BVerwG Urt. v. 22.11.2000, BVerwGE 112, 221; Beschl. v. 29.3.2022 - 4 C 4.20, juris, Rn. 8; OVG NRW Urt. v. 16.4.2018 - 4 A 589/17, juris, Rn. 24 f.).

Fehlt es an einer **isolierten Anfechtbarkeit**, weil der abfallrechtliche Planfeststellungsbeschluss oder aber auch die abfallrechtliche Plangenehmigung ohne die belastende Nebenbestimmung ein unvollständiger und/oder rechtswidriger Verwaltungsakt wäre, kommt eine Anfechtungsklage nicht in Betracht. Die richtige Klageart ist in diesem Fall die Verpflichtungsklage mit dem Ziel, den abfallrechtlichen Planfeststellungsbeschluss oder die abfallrechtliche Plangenehmigung ohne die belastende Nebenbestimmung beschieden zu bekommen. Als untrennbare Bestandteile der abfallrechtlichen Zulassung, die im Wege einer isolierten Anfechtungsklage nicht angreifbar sind, gelten Bedingungen und Befristungen sowie „modifizierende Auflagen", die den Genehmigungsinhalt der abfallrechtlichen Zulassung selbst betreffen.

106 Für die **Klagen Drittbetroffener** kommt grundsätzlich sowohl eine Anfechtungsklage als auch eine Verpflichtungsklage in Betracht. Wendet sich der Drittbetroffene gegen den abfallrechtlichen Planfeststellungsbeschluss oder die abfallrechtliche Plangenehmigung insgesamt, so ist die **Anfechtungsklage** zulässig. Kann dagegen die gerügte Rechtsverletzung durch den Erlass ergänzender Auflagen oder Bedingungen vermieden werden, dann ist das Rechtsschutzbegehren im Wege der Verpflichtungsklage als **Planergänzungsanspruch** zu verfolgen (vgl. dazu BVerwG Urt. v. 07.07.1978, BVerwGE 56, 110, 132 f.). Die Verpflichtungsklage ist auch für Klage auf Festsetzung einer Entschädigung im Sinne von § 32 Abs. 2 Satz 3 die richtige Klageart (BVerwG Urt. v. 22.05.1987, DVBl. 1987, 1011, 1012; BVerwG Urt. v. 29.01.1991, BVerwGE 87, 332, 380 f.). Wenn allerdings mit der begehrten Nebenbestimmung das Gesamtkonzept der Planungsentscheidung tangiert wird, so dass die Ausgewogenheit dieser Gesamtplanung in Frage steht, dann kann und muss das Rechtsschutzbegehren im Wege einer Anfechtungsklage, möglicherweise auch mit einem Teilaufhebungsantrag verfolgt werden.

Bei Zweifeln über die richtige Klageart sollte der Drittbetroffene als Hauptantrag einen 107
Aufhebungsantrag und hilfsweise einen Verpflichtungsantrag auf Planergänzung stellen.

Die **Klagebefugnis** eines Vorhabenträgers ist in aller Regel unproblematisch. Wendet 108
er sich gegen die Ablehnung seines Zulassungsantrags, dann liegt in dieser Versagung die Möglichkeit einer Rechtsverletzung. Nichts anderes gilt, wenn sich der Vorhabenträger gegen eine ihn belastende Nebenbestimmung oder auch gegen eine ihn belastende nachträgliche Anordnung zur Wehr setzt. Bei den Klagen Drittbetroffener ist zu differenzieren:

Eigentümer, deren Grundstücke für eine Abfalldeponie mit enteignungsrechtlicher 109
Vorwirkung in Anspruch genommen werden sollen, können als unmittelbar Betroffene grundsätzlich jeden Rechtsmangel des abfallrechtlichen Planfeststellungsbeschlusses bzw. der abfallrechtlichen Plangenehmigung rügen und sich insoweit auf ihr Eigentumsgrundrecht berufen. Wirkt sich allerdings ein gerügter Rechtsmangel nicht auf die Rechtstellung des Grundstückseigentümers aus, etwa weil sich dieser Rechtsmangel räumlich auf andere Teilflächen des geplanten Deponiegrundstücks bezieht, dann kann es auch einem unmittelbar betroffenen Grundstückseigentümer an der Klagebefugnis fehlen.

Mit Ablauf der Einwendungsfrist sind zwar alle Einwendungen ausgeschlossen, die 110
nicht auf besonderen privatrechtlichen Titeln beruhen (§ 73 Abs. 4 S. 3 VwVfG). Hierbei handelt es sich jedoch nur um eine formelle Präklusion, d.h. dass die Einwendung muss im Planfeststellungsverfahren nicht mehr berücksichtigt werden müssen. Soweit der Vorschrift auch eine materielle Präklusionswirkung entnommen wird, gilt dies bei Deponien nicht (§ 7 Abs. 4 UmwRG). Ob das Deponievorhaben UVP-pflichtig oder unter die IE-RL fällt, ist dafür unerheblich (Fellenberg/Schiller in Jarass/Petersen, KrWG, 2022, § 38 Rn. 45).

Eine Einschränkung der Klagebefugnis kann sich bei sogenannten **Sperrgrundstücken** ergeben (vgl. dazu BVerfG Beschl. v. 30.04.2020 – 1 BvR 2376/19, juris; BVerwG Urt. v. 27.07.1990, NVwZ 1991, 781; BVerwG Urt. v. 27.10.2000, BVerwGE 112, 135; OVG Hamburg Beschl. v. 11.09.2019, ZUR 2020, 94; Kraus/Greb ZUR 2020, 650). Dient ein erworbenes Grundeigentum allein als Mittel, um eine Interessentenklage im Gewand der Verletztenklage zu erheben, rechtfertigt dies nach der Rechtsprechung des BVerwG den Vorwurf der unzulässigen Rechtsausübung auch dann, wenn der Erwerber Volleigentum und nicht nur eine "formale Hülle" erworben hat (BVerwG Urt. v. 25.01.2012, NVwZ 2012, 567). Die gegen die Rechtsprechung des BVerwG zu den Sperrgrundstücken vorgebrachten grundsätzlichen Einwände hat das BVerwG zurückgewiesen. Die mit dieser Rechtsprechung verbundenen Einschränkungen der Klagemöglichkeiten von Grundstückseigentümern fänden ihren Grund in der durch die Rechtsweggarantie des Art. 19 Abs. 4 GG vorgegebenen subjektiv-rechtlichen Konzeption des Rechtsschutzes gegen die öffentliche Gewalt (§ 42 Abs. 2 und § 113 VwGO). § 42 Abs. 2 VwGO eröffne nur der Verletztenklage den Zugang zur sachlichen Überprüfung des angefochtenen Verwaltungsakts durch die Verwaltungsgerichte und beschränke damit gleichzeitig inzident die Reichweite der Kontrolle der Gerichte gegenüber der Verwaltung. Mit dieser für das Verwaltungsstreitverfahren tragenden Systementscheidung habe sich der deutsche Gesetzgeber gegen eine allgemeine Gesetzmäßigkeitskontrolle im Wege der Interessentenklage entschieden. Auch das Garzweiler-Urteil des BVerfG (Urt. v. 17.12.2013, 1 BvR 3139, 3386/08, BVerfGE 134, 242 ff.) zwingt nicht dazu, die sog. Sperrgrundstücks-Rechtsprechung aufzugeben (OVG Hamburg Beschl. v. 11.09.2019, ZUR 2020, 94).

Lediglich **mittelbar Betroffene** können – anders als die unmittelbar in ihrem Eigen- 111
tum Betroffenen – nicht auch objektive Rechtsmängel der abfallrechtlichen Zulassung

rügen; sie müssen sich auf die sie schützenden Rechtsnormen stützen. Drittschützend in diesem Sinne ist insbesondere § 32 Abs. 1 Nr. 4. Nachteilige Wirkungen auf das Recht eines Dritten in diesem Sinne können sich aus unterschiedlichen öffentlich-rechtlichen Rechtsvorschriften ergeben. Zu den mittelbar von einer Abfalldeponie Betroffenen können Grundstückseigentümer, aber auch Mieter oder Arbeitnehmer in der Nachbarschaft zählen. Die Nachbarschaft in diesem Sinne wird maßgeblich durch den Einwirkungsbereich der Deponie begrenzt. Insoweit kommt es auf die jeweils in Rede stehenden nachteiligen Wirkungen an, etwa auf die von einer Deponie ausgehenden Deponiegasemissionen, auf Gerüche oder aber auf den mit dem Deponiebetrieb verbundenen Lärm.

112 Darüber hinaus sind die Belange der mittelbar von der abfallrechtlichen Zulassung betroffenen Nachbarn bei der Ausübung des Planungsermessens zu berücksichtigen. Den Drittbetroffenen steht insoweit ein **Anspruch auf gerechte Abwägung** ihrer eigenen Belange zu (BVerwG Urt. v. 21.02.1992, BVerwGE 90, 42, 49).

Der Drittbetroffene kann ohne enteignungsrechtliche Betroffenheit durch das planfestgestellte Vorhaben keine vollumfängliche gerichtliche Überprüfung des Planfeststellungsbeschlusses verlangen, sondern nur eine Prüfung im Hinblick auf seine eigenen Rechte und Belange und - wegen der Wechselbeziehung zwischen den in die Abwägung einzustellenden Belangen – auf die seinen Belangen gegenübergestellten, für das Vorhaben sprechenden öffentlichen Belange sowie die gleichgerichteten Belange des Deponiebetreibers (OVG NRW Beschl. v. 29.12.2021 – 20 B 1690/21, juris Rn. 8 ff.).

Ein weitergehender Rechtsschutz ergibt sich für den Drittbetroffenen auch nicht aus dem Unionsrecht. Dieses verlangt nicht, dass ein Individualkläger Verstöße gegen umweltrechtliche Vorschriften unabhängig von einer Verletzung eigener Rechte geltend machen kann. Eine Popularklage fordert das Unionsrecht auch unter Berücksichtigung von Art. 9 Abs. 2 Unterabs. 1 Aarhus-Konvention in Verbindung mit dem Gebot effektiven Rechtsschutzes nach Art. 47 GRCh nicht (OVG NRW Beschl. v. 29.12.2021 – 20 B 1690/21, juris Rn. 11; BVerwG Urt. v. 17.02.2021, NVwZ 2021, 984, m.w.N.). Ein von der Verletzung eigener Rechte unabhängiges Klagerecht ergibt sich auch nicht aus Art. 9 Abs. 3 AK. Danach stellt jede Vertragspartei der Aarhus-Konvention sicher, dass Mitglieder der Öffentlichkeit, sofern sie etwaige in ihrem innerstaatlichen Recht festgelegte Kriterien erfüllen, Zugang zu verwaltungsbehördlichen oder gerichtlichen Verfahren haben, um die von Privatpersonen und Behörden vorgenommenen Handlungen und begangenen Unterlassungen anzufechten, die gegen umweltbezogene Bestimmungen ihres innerstaatlichen Rechts verstoßen. Die Vorschrift enthält keine Verpflichtung, welche die rechtliche Situation Einzelner unmittelbar regeln könnte (OVG NRW Beschl. v. 29.12.2021 – 20 B 1690/21, juris Rn. 13; BVerwG Urt. v. 17.02.2021 NVwZ 2021, 984).

113 Die **Gemeinden** können zur Begründung einer Klage gegen einen abfallrechtlichen Planfeststellungsbeschluss geltend machen, dass dieser Beschluss ihr Selbstverwaltungsrecht verletzt. Eine solche Verletzung des Selbstverwaltungsrechts kommt bei einer Beeinträchtigung der Planungshoheit und bei einer Beeinträchtigung kommunaler Einrichtungen in Betracht. Eine Beeinträchtigung der Planungshoheit ist möglich, wenn eine hinreichend konkretisierte Planung der Gemeinde nachhaltig gestört wird oder wenn sogar wesentliche Teile des Gemeindegebiets einer durchsetzbaren Planung entzogen werden.

Hinsichtlich ihres **zivilrechtlichen Eigentums** kann sich die Gemeinde nicht auf Grundrechte, sondern nur auf den einfachgesetzlichen Eigentumsschutz stützen. Gemeinden stehen keine Grundrechte zu. Soll gemeindliches Eigentum, das nicht der Erfüllung kommunaler Aufgaben dient, unmittelbar enteignend oder lediglich mittelbar betroffen in Anspruch genommen werden, kann sich die Gemeinde – wie ein mittelbar betroffener privater Eigentümer – nur auf den Schutz vor einer abwägungsfehlerhaften Berücksichtigung ihres Eigentums beziehen (Mann in Versteyl/Mann/Schomerus, KrWG, 2019, § 36 Rn. 109; OVG Lüneburg Urt. v. 4.7.2017, KommJur 2018, 34, 35; BVerwG Urt. v. 15.12.2016 – 4 A 3. 15 BeckRS 2016, 116275, Beschl. v. 6.11.2013 – 9 A 13/12, BeckRS 2014, 48870, Urt. v. 17.12.2013 – 4 A 1/13, NVwZ 2014, 669, 670). Gemeinden sind allerdings keine „Sachwalter" des Gemeinwohls, die Belange ihrer Bürger geltend machen können (OVG Lüneburg, Urt. v. 4.7.2017, KommJur 2018, 34, 35; BVerwG Urt. v. 28.4.2016, KommJur 2016, 397; Urt. v. 15.12.2016 – 4 A 3.15, BeckRS 2016, 116275; Mann in Versteyl/Mann/Schomerus, KrWG, 2019, § 36 Rn. 109).

Anerkannte Umweltvereinigungen nach § 3 UmwRG können gegen den Planfeststellungsbeschluss klagen, ohne eine Verletzung in eigenen Rechten iSd § 42 Abs. 2 VwGO geltend machen zu müssen. Die Umweltvereinigung muss geltend machen, dass der Planfeststellungsbeschluss entscheidungserheblichen Rechtsvorschriften widerspricht (§ 2 Abs. 1 S. 1 Nr. 1 UmwRG). Drittschützend muss die Vorschrift nicht sein (BVerwG Beschl. v. 12.07.2018 AbfallR 2019, 55 Rn. 19). Die Vereinigungen muss sich außerdem darauf berufen, in ihrem satzungsgemäßen Aufgabenbereich der Förderung der Ziele des Umweltschutzes durch die Planfeststellung berührt zu sein (§ 2 Abs. 1 Nr. 2 UmwRG). Die Vereinigung muss nach § 2 Abs. 1 Nr. 3 lit. a UmwRG zur Beteiligung am Planfeststellungsverfahren berechtigt gewesen sein. Die Klage einer Umweltvereinigung ist nach § 2 Abs. 4 S. 1 Nr. 1 UmwRG begründet, wenn und soweit der Planfeststellungsbeschluss gegen Rechtsvorschriften verstößt und der Verstoß Belange des Umweltschutzes berührt, die zu den Zielen gehören, die die Vereinigung nach ihrer Satzung fördert. Bei UVP-pflichtigen Deponien muss außerdem noch eine UVP-Pflicht bestehen (§ 2 Abs. 4 S. 2 UmwRG).

Welcher **Zeitpunkt** für die Beurteilung der Sach- und Rechtslage maßgebend ist, 114
beantwortet nach der Rechtsprechung des BVerwG nicht das Prozessrecht, sondern das einschlägige materielle Recht (vgl. BVerwG Urt. v. 17.12.2021 – 7 C 7/20, juris Rn. 14). Danach ist bei Planfeststellungsverfahren für die Begründetheit der Anfechtungsklage wie der auf § 74 Abs. 2 VwVfG gestützten Verpflichtungsklage auf Planergänzung grundsätzlich die Sach- und Rechtslage zum Zeitpunkt des Erlasses des Beschlusses maßgeblich (BVerwG Urt. v. 17.12.2021 – 7 C 7/20, juris Rn. 14; BVerwG Urt. v. 23.04.1997, BVerwGE 104, 337, 347; Urt. v. 01.04.2004, BVerwGE 120, 276, 283). Dies ergibt sich, so erläutert das BVerwG, daraus, dass Kern der planerischen Entscheidung die fachplanerische Abwägung durch die Planfeststellungsbehörde ist. Die jeweiligen Vorschriften des Fachplanungsrechts räumten ihr eine planerische Gestaltungsfreiheit ein, die sich auf alle Gesichtspunkte erstreckt, die zur Verwirklichung des gesetzlichen Planungsauftrags und zugleich zur Bewältigung der von dem Vorhaben in seiner räumlichen Umgebung aufgeworfenen Probleme von Bedeutung seien. Diese im Zusammenhang mit Anfechtungsklagen Dritter entwickelte Struktur der fachplanerischen Zulassungsentscheidung sei grundsätzlich auch dann maßgebend, wenn der Vorhabenträger gegen eine ablehnende Entscheidung der Planfeststellungsbehörde klage (BVerwG Urt. v. 17.12.2021 – 7 C 7/20, juris Rn. 14; Urt. v. 24.11.1994, BVerwGE 97, 143, 148). Für den Erfolg der Versagungsgegenklage sei aber entscheidend, ob im Zeitpunkt der letzten mündlichen Tatsachenverhandlung ein Rechtsanspruch des Vorhabenträgers auf eine abwägungsfehlerfreie Entscheidung über seinen Antrag auf Erlass des Planfeststellungsbeschlusses bestehe. Dies beurteile sich nach dem materiellen Recht, dass sich in diesem Zeitpunkt für das Verpflichtungsbegehren Geltung beimesse. Bei Rechtsänderungen, die nach der letzten mündlichen Verhandlung oder Entscheidung in der Tatsacheninstanz eintreten und die das Tatsachengericht zu berücksichtigen hätte, sei der Zeitpunkt der Entscheidung in der Revisionsinstanz maßgeblich (BVerwG Urt. v. 17.12.2021 – 7 C 7/20, juris Rn. 14).

115 Ob und inwieweit die Anfechtungsklage eines Drittbetroffenen zur Aufhebung des Planfeststellungsbeschlusses führt, hängt wesentlich davon ab, ob bei einem festgestellten Rechtsmangel der Planfeststellungsbeschluss teilbar ist. Das setzt voraus, dass der Planfeststellungsbeschluss auch ohne den abgetrennten Regelungsteil eine selbstständige und rechtmäßige, vom Träger des Vorhabens und der Planungsbehörde auch so gewollte Planung weiterhin zum Inhalt hat. Nach § 75 Abs. 1a VwVfG haben Mängel bei der Abwägung nur dann die Aufhebung des Planfeststellungsbeschlusses oder der abfallrechtlichen Plangenehmigung zur Folge, wenn sie nicht durch **Planergänzung** oder durch ein **ergänzendes Verfahren** behoben werden können. Liegen diese Voraussetzungen vor, hat das Gericht lediglich die Rechtswidrigkeit des angefochtenen Planfeststellungsbeschlusses und dessen Nichtvollziehbarkeit, nicht jedoch die Unwirksamkeit des Planfeststellungsbeschlusses festzustellen (BVerwG Urt. v. 21.03.1996, BVerwGE 100, 370).

In Ausnahmefällen können Drittbetroffene nach den §§ 48, 49 VwVfG auch einen **Anspruch auf Rücknahme eines Planfeststellungsbeschlusses** haben. Dieser Anspruch auf Rücknahme eines Planfeststellungsbeschlusses kann allerdings nicht weitergehen als der Aufhebungsanspruch bei fristgerechter Anfechtung des Planfeststellungsbeschlusses. Der in § 75 Abs. 1a VwVfG zum Ausdruck kommende Grundsatz der Planerhaltung begrenzt auch die Reichweite eines Rücknahmeverlangens. Daher scheidet eine vollständige Rücknahme des Planfeststellungsbeschlusses aus, wenn der Mangel, der seine Rechtswidrigkeit begründet, durch Planergänzung oder durch ein ergänzendes Verfahren behoben werden kann (BVerwG Urt. v. 23.06.2020 – 9 A 23/19, juris Rn. 27; Neumann/Külpmann in Stelkens/Bonk/Sachs, VwVfG, 2018, § 72 Rn. 117; Deutsch in Mann/Sennekamp/Uechtritz, VwVfG, 2019, § 75 Rn. 189; Ziekow, VwVfG, 2020, § 72 Rn. 33a). Es kann daher nur die **Außervollzugsetzung** des Planfeststellungsbeschlusses zur Ermöglichung eines ergänzenden Verfahrens beansprucht werden.

Beruht der Planfeststellungsbeschluss auf einem beachtlichen formellen oder materiellen Mangel, ist er grundsätzlich aufzuheben. Mängel bei der Abwägung sind jedoch nur erheblich, wenn sie offensichtlich und auf das Abwägungsergebnis von Einfluss gewesen sind; auch erhebliche Mängel bei der Abwägung führen nur dann zur Aufhebung des Planfeststellungsbeschlusses oder der Plangenehmigung, wenn sie nicht durch Planergänzung oder durch ein ergänzendes Verfahren behoben werden können (§ 38 iVm § 75 Abs. 1a VwVfG). Mängel bei der Abwägung der von dem Vorhaben berührten öffentlichen und privaten Belange sind nach § 75 Abs. 1a S. 1 VwVfG nur erheblich, wenn sie offensichtlich und auf das Abwägungsergebnis von Einfluss gewesen sind. Offensichtlich sind sie dann, wenn sie zur „äußeren" Seite des Abwägungsvorgangs gehören. Das betrifft Mängel bei der Zusammenstellung und Aufbereitung des Abwägungsmaterials, die Erkenntnis und Einstellung aller wesentlichen Belange in die Abwägung sowie die Gewichtung der Belange. Fehler, die die „innere" Seite des Abwägungsvorgangs betreffen wie fehlerhafte Planungsmotive oder Planungsvorstellungen, sind dagegen idR nicht offensichtlich (Fellenberg/Schiller in Jarass/Petersen, KrWG, 2022, § 36 Rn. 144).

Ein **offensichtlicher Mangel** ist erheblich, wenn er auf das Abwägungsergebnis von Einfluss gewesen sein kann, d.h. wenn die konkrete Möglichkeit besteht, dass die Behörde ohne den Abwägungsmangel eine andere Entscheidung getroffen hätte, was anhand der Planunterlagen oder sonst erkennbaren bzw. naheliegenden Umstände zu beurteilen ist (Fellenberg/Schiller in Jarass/Petersen, KrWG, 2022, § 36 Rn. 144). **Erhebliche Mängel** führen nach § 75 Abs. 1a S. 2 VwVfG nur zur Aufhebung, wenn sie nicht durch Planergänzung oder durch ein ergänzendes Verfahren behoben werden können. Die Planergänzung ermöglicht bei bestimmten Mängeln anstelle der Aufhebung der Zulassung eine Verpflichtung, den Planfeststellungsbeschluss im Wege eines Planfeststellungsänderungs- oder Ergänzungsbeschluss zuheilen Eine solche Planergänzung ist zulässig, wenn der Mangel nicht die Ausgewogenheit der Gesamtplanung betrifft, seine isolierte Behebung möglich ist und mit der Umsetzung des Planfeststellungsbeschlusses bereits zuvor ohne die Verletzung von Rechten Dritter begonnen werden kann (BVerwG Urt. v. 09.06.2004, BVerwGE 121, 72, 181).

Ein ergänzendes Verfahren ist durchzuführen, wenn der Mangel nicht isoliert behoben werden kann. Das Gericht erklärt den Planfeststellungsbeschluss in diesem Fall für rechtswidrig und nicht vollziehbar (BVerwG Urt. v. 21.03.1996 BVerwGE 100, 370). Voraussetzung dafür ist, dass die Mängel durch ein ergänzendes Verfahren auch behebbar sind. Im ergänzenden Verfahren müssen die Verfahrensschritte des Planfeststellungsverfahrens wiederholt oder erstmalig durchgeführt werden, die nach Ansicht des Gerichts mängelbehaftet sind.

Anfechtungsklagen gegen den abfallrechtlichen Planfeststellungsbeschluss oder die ab- **116**
fallrechtliche Plangenehmigung haben gem. § 80 Abs. 1 VwGO grundsätzlich aufschiebende Wirkung. Diese **aufschiebende Wirkung** entfällt, wenn die zuständige Behörde die sofortige Vollziehung der abfallrechtlichen Zulassung anordnet. Der Drittbetroffene kann bei Wegfall der aufschiebenden Wirkung seines Rechtsmittels die Anordnung bzw. die Wiederherstellung der aufschiebenden Wirkung gem. §§ 80a Abs. 3, 80 Abs. 5 VwGO beantragen.

Anlage 5[1] (zu § 6 Absatz 3)

Beispiele für wirtschaftliche Instrumente und andere Maßnahmen zur Schaffung von Anreizen für die Anwendung der Abfallhierarchie

1. Gebühren und Beschränkungen für die Ablagerung von Abfällen auf Deponien und die Verbrennung von Abfällen als Anreiz für Abfallvermeidung und Recycling, wobei die Ablagerung von Abfällen auf Deponien die am wenigsten bevorzugte Abfallbewirtschaftungsoption bleibt,
2. verursacherbezogene Gebührensysteme, in deren Rahmen Abfallerzeugern ausgehend von der tatsächlich verursachten Abfallmenge Gebühren in Rechnung gestellt werden und die Anreize für die getrennte Sammlung recycelbarer Abfälle und für die Verringerung gemischter Abfälle schaffen,
3. steuerliche Anreize für die Spende von Produkten, insbesondere von Lebensmitteln und Textilien,
4. Produktverantwortung für verschiedene Arten von Abfällen und Maßnahmen zur Optimierung der Wirksamkeit, Kosteneffizienz und Steuerung dieser Produktverantwortung,
5. Pfandsysteme und andere Maßnahmen zur Förderung der effizienten Sammlung gebrauchter Erzeugnisse, Materialien und Stoffe,
6. solide Planung von Investitionen in die Infrastruktur zur Abfallbewirtschaftung, auch über die Unionsfonds,
7. ein auf Nachhaltigkeit ausgerichtetes öffentliches Beschaffungswesen zur Förderung einer besseren Abfallbewirtschaftung und des Einsatzes von recycelten Erzeugnissen, Materialien und Stoffen,
8. schrittweise Abschaffung von Subventionen, die nicht mit der Abfallhierarchie vereinbar sind,
9. Einsatz steuerlicher Maßnahmen oder anderer Mittel zur Förderung des Absatzes von Erzeugnissen, Materialien und Stoffen, die zur Wiederverwendung vorbereitet oder recycelt wurden,
10. Förderung von Forschung und Innovation im Bereich moderner Recycling- und Generalüberholungstechnologie,
11. Nutzung der besten verfügbaren Verfahren der Abfallbehandlung,
12. wirtschaftliche Anreize für Behörden, insbesondere zur Förderung der Abfallvermeidung und zur verstärkten Einführung von Systemen der getrennten Sammlung, bei gleichzeitiger Vermeidung der Förderung der Ablagerung von Abfällen auf Deponien und der Verbrennung von Abfällen,
13. Kampagnen zur Sensibilisierung der Öffentlichkeit, insbesondere in Bezug auf die Abfallvermeidung, die getrennte Sammlung und die Vermeidung von Vermüllung, sowie durchgängige Berücksichtigung dieser Fragen im Bereich Aus- und Weiterbildung,
14. Systeme für die Koordinierung, auch mit digitalen Mitteln, aller für die Abfallbewirtschaftung zuständigen Behörden,
15. Förderung des fortgesetzten Dialogs und der Zusammenarbeit zwischen allen Interessenträgern der Abfallbewirtschaftung sowie Unterstützung von freiwilligen Vereinbarungen und der Berichterstattung über Abfälle durch Unternehmen.

---

[1] Anl. 5 angef. mWv 29.10.2020 durch G v. 23.10.2020 (BGBl. I S. 2232).

§ 26 Landschaftsschutzgebiete

(1) **Landschaftsschutzgebiete sind rechtsverbindlich festgesetzte Gebiete, in denen ein besonderer Schutz von Natur und Landschaft erforderlich ist**

1. zur Erhaltung, Entwicklung oder Wiederherstellung der Leistungs- und Funktionsfähigkeit des Naturhaushalts oder der Regenerationsfähigkeit und nachhaltigen Nutzungsfähigkeit der Naturgüter, einschließlich des Schutzes von Lebensstätten und Lebensräumen bestimmter wild lebender Tier- und Pflanzenarten,

2. wegen der Vielfalt, Eigenart und Schönheit oder der besonderen kulturhistorischen Bedeutung der Landschaft oder

3. wegen ihrer besonderen Bedeutung für die Erholung.

(2) **In einem Landschaftsschutzgebiet sind unter besonderer Beachtung des § 5 Abs. 1 und nach Maßgabe näherer Bestimmungen alle Handlungen verboten, die den Charakter des Gebiets verändern oder dem besonderen Schutzzweck zuwiderlaufen.**

(3) **In einem Landschaftsschutzgebiet sind die Errichtung und der Betrieb von Windenergieanlagen sowie der zugehörigen Nebenanlagen nicht verboten, wenn sich der Standort der Windenergieanlagen in einem Windenergiegebiet nach § 2 Nummer 1 des Windenergieflächenbedarfsgesetzes vom 20. Juli 2022 (BGBl. I S. 1353) befindet. Satz 1 gilt auch, wenn die Erklärung zur Unterschutzstellung nach § 22 Absatz 1 entgegenstehende Bestimmungen enthält. Für die Durchführung eines im Übrigen zulässigen Vorhabens bedarf es insoweit keiner Ausnahme oder Befreiung. Bis gemäß § 5 des Windenergieflächenbedarfsgesetzes festgestellt wurde, dass das jeweilige Land den Flächenbeitragswert nach Anlage 1 Spalte 2 des Windenergieflächenbedarfsgesetzes oder der jeweilige regionale oder kommunale Planungsträger ein daraus abgeleitetes Teilflächenziel erreicht hat, gelten die Sätze 1 bis 3 auch außerhalb von für die Windenergienutzung ausgewiesenen Gebieten im gesamten Landschaftsschutzgebiet entsprechend. Die Sätze 1 bis 4 gelten nicht, wenn der Standort in einem Natura 2000-Gebiet oder einer Stätte, die nach Artikel 11 des Übereinkommens vom 16. November 1972 zum Schutz des Kultur- und Naturerbes der Welt (BGBl. 1977 II S. 213, 215) in die Liste des Erbes der Welt aufgenommen wurde, liegt.**

Schrifttum: *Carlsen/Fischer-Hüftle,* Rechtsfragen des Landschaftsschutzes, NuR 1993, 311 ff.; *Ell,* „Öffnungsklauseln" in Landschaftsschutzverordnungen, NVwZ 2004, 182 ff.; *Gellermann,* Das Vierte Gesetz zur Änderung des Bundesnaturschutzgesetzes, NuR 2022, 589 ff.; Stellungnahme zum Entwurf eines Vierten Gesetzes zur Änderung des Bundesnaturschutzgesetzes (BT-Drs. 20/2354) aus Anlass der öffentlichen Anhörung des Umweltausschusses des Deutschen Bundestages, A-Drs. 20(16)71; *Kerkmann,* Naturschutzrecht in der Praxis, 2. Aufl. 2010, § 5 Rn. 106 ff.; *Mahlberg/Müller,* Rechtsfragen bei der Ausweisung von Landschaftsschutzgebieten in Sachsen, SächsVBl. 2000, 15 ff.; *Müller,* Zur Zulässigkeit von Öffnungsklauseln in Landschaftsschutzgebietsverordnungen, NVwZ 2005, 526 ff.; *Rosenstock,* Zur Stellung des Landschaftsschutzgebietes innerhalb eines Naturschutzprogramms, NuL 1983, 65 ff.; *Wolff,* Die „Wiederherstellung" geschädigter Natur und Landschaft durch Landschaftsschutzgebiete, NuR 1998, 298 ff.

Übersicht

A. Allgemeines

1 Das Landschaftsschutzgebiet zählt zu den traditionellen Schutzkategorien des Naturschutzrechts. Schon die §§ 5, 19 RNG ermöglichten einen Schutz für „sonstige Landschaftsteile" im Sinne eines flächenmäßigen Ausschnitts aus einer größeren Landschaft, für den sich der im Reichsnaturschutzgesetz nicht verwendete Begriff des „Landschaftsschutzgebietes" einbürgerte (zur Rechtsentwicklung *Albrecht* in BeckOK UmweltR § 26 Rn. 1 ff; *Hendrischke* in Schlacke § 26 Rn. 3 ff.; eingehend *Meßerschmidt* § 26 Rn. 7 ff.). Hieran anknüpfend übernahm § 15 BNatSchG a.F. das Konzept des Landschaftsschutzgebietes, passte die Schutzkategorie indes zugleich den gewandelten Erfordernissen der Praxis an (*Louis/Engelke* § 15 Rn. 1). Diese Entwicklungslinie setzte § 26 BNatSchG a.F. fort, indem er unter Übernahme des bisherigen Rechtsbestandes neben einigen redaktionellen Änderungen im Wesentlichen zwei Neuerungen einführte. Einesteils wurde der in § 26 Abs. 1 Nr. 1 BNatSchG a.F. umschriebene Schutzgrund um den Entwicklungsaspekt im Hinblick auf die Leistungs- und Funktionsfähigkeit des Naturhaushaltes erweitert, andererseits bestimmte § 26 Abs. 1 Nr. 2 BNatSchG die kulturhistorische Bedeutung der Landschaft ausdrücklich zum Kreis der die Einrichtung eines Landschaftsschutzgebietes rechtfertigenden Gründe (BT-Drs. 14/6378, 52). Im Zuge der Novelle des Bundesnaturschutzgesetzes (2010) wurde die Vorschrift weitgehend unverändert übernommen. Klarstellend wird nunmehr in § 26 Abs. 1 Nr. 1 BNatSchG betont, dass diese Schutzkategorie mit dem Ziel des Schutzes von Lebensstätten und Lebensräumen wild lebender Tier- und Pflanzenarten eingesetzt werden kann (BT-Drs. 16/12274, 62).

2 In Deutschland gibt es 8.788 Landschaftsschutzgebiete mit einer Gesamtfläche von rund 10 Mio. Hektar (Stand: 31.12.2017). Damit steht etwa 26 % der Fläche des Gebietes der Bundesrepublik Deutschland unter Landschaftsschutz (Angabe nach Bundesamt für Naturschutz (BfN), Landschaftsschutzgebiete, https://www.bfn.de/land- schaftsschutzgebiete). Angesichts ihrer Großräumigkeit können sich Landschaftsschutzgebiete für den zügigen Ausbau der Windenergie als hinderlich erweisen (*Agatz* ZUR 2020, 584 (590 f.)), weil die Schutzerklärungen zumeist das Verbot der Errichtung baulicher Anlagen umfassen, das im Einzelfall nur im Wege der Erteilung einer Ausnahme oder Befreiung überwunden werden kann. Um diese Hürden aus dem Weg zu räumen, sah sich der Gesetzgeber veranlasst, die Landschaftsschutzgebiete mit dem vom so genannten „Osterpaket" umfassten **Vierten Gesetz zur Änderung des Bundesnaturschutzgesetzes** vom 20.7.2022 (BGBl. I 1362) für Zwecke der Windenergienutzung zu öffnen. Nach § 26 Abs. 3 S. 1 BNatSchG sind Windenergieanlagen in einem Landschaftsschutzgebiet auch bei anders lautenden Regelungen der Schutzerklärung nicht verboten, wenn sich

ihr Standort in einem Windenergiegebiet im Sinne des § 2 Nr. 1 des Windenergieflächenbedarfsgesetzes (WindBG) vom 20. Juli 2022 (BGBl. I S. 1353) befindet. Nach § 26 Abs. 3 S. 4 BNatSchG gilt dasselbe im gesamten Landschaftsschutzgebiet auch für Standorte außerhalb von Windenergiegebieten, solange das jeweilige Land den Flächenbeitragswert nach Anlage 1 Spalte 2 WindBG bzw. der jeweilige regionale oder kommunale Planungsträger ein daraus abgeleitetes Teilflächenziel nicht erreicht hat. Lediglich Gebiete des Netzes Natura 2000 und Welterbegebiete, die über den Status eines Landschaftsschutzgebietes verfügen, bleiben von der Neuregelung unberührt (§ 26 Abs. 3 S. 5 BNatSchG)

Mit § 26 Abs. 3 S. 4 BNatSchG wird dem **„Wildwuchs der Windkraft"** in den Landschaftsschutzgebieten unabhängig von den dort verfolgten Schutzzwecken und daher selbst dann Raum gegeben, wenn sie im Interesse des Schutzes von Lebensstätten und Lebensräumen wildlebender Tier- und Pflanzenarten eingerichtet wurden. Aus völker- und unionsrechtlicher Perspektive ist dies unbedenklich, zumal die zum Landschaftsschutzgebiet erklärten Natura 2000-Gebiete sowie Welterbegebiete von der Anordnung nicht betroffen sind (§ 26 Abs. 3 S. 5 BNatSchG). Dagegen lässt sich dies in Ansehung des **Staatsziels „Umweltschutz"** (Art. 20a GG) angesichts des Abbaus bestehender Schutzstandards und der zu befürchtenden Beeinträchtigungen von Lebensräumen in den Schutzgebieten nicht ohne weiteres behaupten (*Gellermann* NuR 2022, 589 (599); *Heß*, Stellungnahme, A-Drs. 20(16)71, 5). Auch wenn Art. 20a GG den Bestand des einmal geschaffenen einfachen Rechts nicht garantiert, lässt sich daraus doch zumindest ein **allgemeines Verschlechterungsverbot** ableiten (*Murswiek* in Sachs Grundgesetz 9. Aufl. 2021 Art. 20a Rn. 44; ferner *Epiney* in von Mangold/Klein/Starck Grundgesetz 7. Aufl. 2018 Art. 20a Rn 65, 68)). Angesichts des fortschreitenden Lebensraumschwundes sowie dramatischer Biodiversitätseinbußen, denen in der zeitlichen Phase nach der Einführung des Art. 20a GG (1994) bis heute kein Einhalt geboten wurde, dürfte es mit diesem Staatsziel kaum vereinbar sein, wenn die im Interesse der Windkraftnutzung erfolgende Absenkung des Schutzniveaus der großräumig ausgeprägten Landschaftsschutzgebiete nicht zumindest durch gegenläufige Maßnahmen des Lebensraumschutzes kompensiert wird. Die mit dem Vierten Änderungsgesetz zugleich eingeführten nationalen **Artenhilfsprogramme** (§ 45d BNatSchG) leisten dies schon deshalb nicht, weil sie auf den dauerhaften Schutz von Lebensstätten abzielen (§ 45d Abs. 1 S. 1 BNatSchG) und daher keinen Beitrag zur Erhaltung der hiervon zu unterscheidenden Lebensräume erbringen. Außerdem müssen solche Programme erst einmal entwickelt und umgesetzt werden, während die lebensraumbeeinträchtigende Wirkung der Windkraftnutzung in den Landschaftsschutzgebieten sofort zum Tragen kommen kann. 3

B. Einrichtung eines Landschaftsschutzgebietes

Landschaftsschutzgebiete sind rechtsverbindlich festgesetzte Gebiete. Auch wenn die Form der Schutzerklärung bundesrechtlich nicht vorbestimmt ist (§ 22 Abs. 2 BNatSchG), bedarf es doch in jedem Fall eines außenwirksamen und mit allgemeiner Verbindlichkeit begabten Rechtsaktes (BVerwG NVwZ 2007, 589 Rn. 9). Verbreitet ist die Ausweisung durch Rechtsverordnung der zuständigen Naturschutzbehörde, indessen kommen auch satzungsgemäße Festsetzungen in Frage (*Kerkmann* in ders. Naturschutzrecht 2. Aufl. 2010 § 5 Rn. 107). 4

I. Schutzgegenstand

5 Den Gegenstand eines Landschaftsschutzgebietes bildet – nicht anders als bei einem Naturschutzgebiet – ein **flächenhafter Ausschnitt der Landschaft** (OVG Schleswig NVwZ-RR 2005, 703 (704); *Agena* in Blum/Agena/Brüggeshemke NAGBNatSchG § 19 Rn. 8), während Einzelbestandteile oder Einzelobjekte als Schutzgegenstand eines solchen Gebietes nicht in Frage kommen (*Kerkmann in ders.* Naturschutzrecht 2. Aufl. 2010 § 5 Rn. 109; *Schink* Naturschutz- und Landschaftspflegerecht NRW 1989 Rn. 595)). Hinsichtlich der Größe eines Landschaftsschutzgebietes trifft § 26 BNatSchG keine näheren Aussagen. Die in § 26 Abs. 1 Nr. 1–3 BNatSchG umschriebenen Schutzzwecke werden sich aber zumeist nur erreichen lassen, wenn sich die Ausweisung nicht auf kleinräumige Areale, sondern auf Landschaftsräume oder großflächige Landschaftselemente mit einheitlichem Gesamtcharakter bezieht (*Rosenstock* NuL 1983, 65). Insoweit bilden die jeweils verfolgten Schutzzwecke den eigentlichen Maßstab zur Bemessung der Gebietsgröße (BVerwG NuR 2018, 488). Zumindest in der Praxis sind Landschaftsschutzgebiete zumeist großflächige Areale, die mitunter den gesamten Außenbereich einzelner Gemeinden überdecken (zur Zulässigkeit OVG Greifswald LKV 1995 156 (161); VGH Mannheim NVwZ 1994, 1024 (1029); OVG Münster NVwZ-RR 2001, 662 f.; OVG Schleswig NuR 2010, 420 (421); *Dreier* in Hoppenberg/de Witt HdbÖffBauR Kap. E Rn. 334).

6 Auch wenn sich Landschaftsschutzgebiete oftmals als in sich geschlossene Areale darstellen, ist dies keineswegs zwingend. Da eine Unterschutzstellung von Grundstücken, die keinen Beitrag zur Erreichung der im jeweiligen Gebiet verfolgten Schutzzwecke erbringen, nicht erforderlich ist und es im Übrigen aus Gründen der Verhältnismäßigkeit geboten sein kann, bestimmte Grundstücksflächen vom Schutzumgriff auszunehmen, kann dies dazu führen, dass ein Landschaftsschutzgebiet aus mehreren **geografisch voneinander getrennten Teilgebieten** besteht. Dagegen ist nichts zu erinnern, solange diese Teilgebiete „durch die vom Verordnungsgeber gesetzmäßig verfolgten Schutzzwecke verklammert sind" (BVerwG NuR 2018, 487; NuR 2018, 488; OVG Lüneburg BeckRS 2017, 117896 Rn. 63). Da sich die Bestimmung der Schutzwürdigkeit nach dem Gesamteindruck richtet, können aber auch Flächen in die Kulisse eines Landschaftsschutzgebietes integriert werden, die – bei isolierter Betrachtung – nicht oder wenig schutzwürdig sind, wenn nur dem Gebiet in seiner Gesamtheit eine Schutzwürdigkeit zu attestieren ist (BVerwG NVwZ 2019, 1047 Rn. 14; *Albrecht* in BeckOK UmweltR § 26 Rn. 7). Ebenso können **Randzonen** einbezogen werden, die nur im Wesentlichen noch die Merkmale aufweisen, aus denen sich die Schutzwürdigkeit der übrigen Bereiche ergibt (vgl. hierzu OVG Lüneburg NVwZ-RR 2005, 703 (704); OVG Greifswald RdL 1995, 215 (218); RdL 2000, 51 (53); *Schumacher/Schumacher/Fischer-Hüftle* in Schumacher/Fischer-Hüftle § 26 Rn. 11). Es können aber auch für sich betrachtet nicht schutzwürdige Flächen in ein Landschaftsschutzgebiet integriert werden, um diesem ein gewisses Vorfeld zu verschaffen und es auf diesem Wege gegenüber der schutzgebietsfreien Umgebung abzuschirmen (vgl. nur BVerwG NVwZ-RR 1997, 92; OVG Hamburg NordÖR 1998, 443; OVG Lüneburg NuR 2007, 271 (273); NuR 2018, 51 (53)). Die durch § 22 Abs. 1 S. 3 BNatSchG ausdrücklich eröffnete Möglichkeit einer Einbeziehung der für den Schutz notwendigen Umgebung ist freilich begrenzt und darf nicht dazu genutzt werden, auch solche Flächen unter Landschaftsschutz zu stellen, die nicht einmal mehr als Pufferzonen Bedeutung für die Sicherung der eigentlich schutzwürdigen Flächen besitzen (*Gassner/Bendomir-Kahlo/Schmidt-Räntsch* § 26 Rn. 11). Im Übrigen können **intensiv genutzte land- und forstwirtschaftliche Flächen** in ein Landschaftsschutzgebiet einbezogen werden, wenn der

Schutzzweck dies rechtfertigt (BVerwG NuR 2018, 488 (489); OVG Lüneburg NuR 2021, 475 (479)). Dasselbe gilt für bebaute Flächen, sofern die einbezogenen Grundstücke trotz ihrer Bebauung in einer Weise in die umgebende Landschaft eingebettet sind, dass sie sich noch als deren Teil darstellen (BVerwG LKV 1995, 370 (371)). Einzelne **Gehöfte** oder **Splittersiedlungen** im Außenbereich müssen daher bei der Abgrenzung des Gebietes nicht ausgenommen werden (*Schumacher/Schumacher/Fischer-Hüftle* in Schumacher/Fischer-Hüftle § 26 Rn. 12), während dies bei Bereichen einer **verdichteten Bebauung** zumeist erforderlich sein wird (*Appel* in Frenz/Müggenborg § 26 Rn. 9).

Über die konkrete Abgrenzung eines Landschaftsschutzgebietes entscheidet der Verord- 7
nungs- bzw. Satzungsgeber nach seinem Ermessen. Bei der Festlegung der Grenzen bietet sich die Orientierung an äußerlich erkennbaren Markierungen (z.B. Gewässer, Straßen, Eisenbahnlinien) an, teilweise erfolgt die Grenzziehung aber auch anhand vorhandener Verwaltungsgrenzen (*Kerkmann* in ders. Naturschutzrecht, 2. Aufl. 2010 § 5 Rn. 109). Um der Klarheit und Genauigkeit willen kommt aber auch eine Abgrenzung in Betracht, die den Flurstückgrenzen folgt (VGH Mannheim NuR 2008, 723 (725 f.)).

II. Schutzzwecke

Der Kreis der Schutzzwecke, die mit Mitteln des Landschaftsschutzes verfolgt werden 8
können, ist weit gespannt. Der Katalog der in § 26 Abs. 1 BNatSchG genannten Schutzzwecke gliedert sich in **drei Gruppen**: Während sich Nr. 1 auf ökologische Aspekte bezieht und Nr. 2 auf landschaftsästhetische sowie kulturhistorische Zwecke verweist, werden erholungsmäßige Ziele in Nr. 3 thematisiert. Die Schutzzwecke sind gleichrangig und es genügt, wenn einer von ihnen erfüllt ist; die **Kumulation** verschiedener Schutzzwecke ist zulässig (BVerwG NuR 2018, 488; *Hendrischke* in Schlacke § 26 Rn. 11) und in der Praxis auch geläufig. Werden mehrere Schutzzwecke in einem Gebiet verfolgt, müssen diese nicht gleichmäßig in allen Teilen des Landschaftsschutzgebietes vorliegen; stattdessen können verschiedene Bereiche jeweils unterschiedlichen Schutzzwecken dienen (BVerwG NuR 2018, 488; OVG Lüneburg BeckRS 2019, 29234 Rn. 21; *Appel* in Frenz/Müggenborg § 26 Rn. 11; *Schumacher/Schumacher/Fischer-Hüftle* in Schumacher/Fischer-Hüftle § 26 Rn. 14). Angesichts ihrer breit gestaffelten Schutzzwecke ist die Schutzkategorie des Landschaftsschutzgebietes flexibel einsetzbar und verfügt über ein breites Anwendungsfeld (*Carlsen/Fischer-Hüftle* NuR 1993, 311 (319)).

1. Naturhaushalt, Naturgüter. Dass der Landschaftsschutz mit einer **ökologischen** 9
Zielsetzung betrieben werden kann, folgt aus § 26 Abs. 1 Nr. 1, 1. Alt. BNatSchG. Landschaftsschutzgebiete können hiernach zur Erhaltung, Entwicklung oder Wiederherstellung der Leistungs- und Funktionsfähigkeit des Naturhaushaltes ausgewiesen werden. Da zu den Bestandteilen des komplexen Wirkungsgefüges des Naturhaushaltes neben Boden, Wasser, Luft und Klima auch die Tiere und Pflanzen zählen (§ 7 Abs. 1 Nr. 2 BNatSchG), sind Landschaftsschutzgebiete für Zwecke des Arten- und Biotopschutzes einsetzbar (*Hendrischke* in Schlacke § 26 Rn. 12; *Heugel* in Lütkes/Ewer § 26 Rn. 6; *Carlsen/Fischer-Hüftle,* NuR 1993, 311 (312); *Louis* in Dolde, Umweltrecht im Wandel, S. 510; *Schink* Naturschutz- und Landschaftspflegerecht NRW 1989 Rn. 597). In seiner jetzigen Fassung stellt § 26 Abs. 1 Nr. 1 BNatSchG dies ausdrücklich klar, indem der Schutz von Lebensstätten und Lebensräumen bestimmter Tier- und Pflanzenarten zu einem der mit den Mitteln des Landschaftsschutzes verfolgbaren Schutzzwecke erklärt wird. Landschaftsschutzgebiete können daher zum Schutz von Moorwaldresten oder bachbegleitenden Gehölzen oder zur Sicherung von Feuchtgrünland, Streuobstwiesen, Waldflächen oder Heckenlandschaften ausgewiesen werden, um Habitate dort vorkommender Vogel-, Amphibien- oder Reptilienarten zu erhalten (vgl. nur VGH München NuR 1991, 492; VGH Mannheim

NuR 1996, 260 (261); OVG Lüneburg NuR 2002, 565; OVG Greifswald BeckRS 2009, 32507; *Carlsen/Fischer-Hüftle,* NuR 1993, 311 (312)); daneben können Landschaftsschutzgebiete – ungeachtet der Vorschrift des § 22 Abs. 1 S. 3 BNatSchG – nach wie vor zur Abpufferung von Naturschutzgebieten eingesetzt werden (zu so genannten dienenden Landschaftsschutzgebieten VGH Mannheim NuR 1994, 447) oder zum Aufbau von Biotopverbundsystemen und in diesem Kontext vor allem zur Absicherung von Verbindungsflächen zwischen den Kernzonen beitragen (vgl. § 21 Abs. 3 Nr. 4 BNatSchG). Mit Blick auf andere Bestandteile des Naturhaushaltes kann ein Landschaftsschutzgebiet zur Sicherung ökologisch wertvoller, empfindlicher oder schlicht erosionsgefährdeter Böden dienen, zur Vermeidung von Gewässerbelastungen eingesetzt werden (VGH Mannheim NuR 1994, 239 (241)) oder als Mittel zur Freihaltung von Frischluftschneisen fungieren (vgl. *Mühlbauer* in Lorz/Konrad/Mühlbauer/Müller-Walter/Stöckel, § 26 Rn. 8). Da die Ausweisung eines Landschaftsschutzgebietes sowohl der Erhaltung als auch der Entwicklung oder Wiederherstellung der Leistungs- und Funktionsfähigkeit des Naturhaushaltes dienen kann (zur Wiederherstellung *Wolff* NuR 1998, 298 ff.), beschränkt sich der Landschaftsschutz nicht auf die Bewahrung des Vorhandenen, sondern kann zugleich im Interesse einer Verbesserung des Naturzustandes eingesetzt werden, sofern ein entsprechendes Entwicklungspotenzial vorhanden ist (BVerwG NuR 2018, 776 f.; OVG Lüneburg NuR 2021, 475 (480); *Agena* in Blum/Agena/Brüggeshemke NAGBNatSchG § 19 Rn. 15c; *Kerkmann* in ders. Naturschutzrecht 2. Aufl. 2010 § 5 Rn. 116). § 26 Abs. 1 Nr. 1 BNatSchG bietet daher die Möglichkeit zur Einrichtung von **Landschaftsentwicklungs- und Renaturierungsgebieten** (*Appel* in Frenz/Müggenborg § 26 Rn. 13), in denen das Ziel der Behebung landschaftlicher Schäden oder der Verbesserung des ökologischen Zustandes zur Stärkung der Leistungs- und Funktionsfähigkeit des Naturhaushalts verfolgt wird.

10 Der in § 26 Abs. 1 Nr. 1 BNatSchG zugleich angesprochene Schutzgrund der Regenerations- und nachhaltigen Nutzungsfähigkeit der Naturgüter orientiert sich an den Interessen des Menschen, die Naturgüter für seine Zwecke in Anspruch nehmen zu können (*Albrecht* in BeckOK UmweltR § 26 Rn. 12). Da es um die Regenerations- und nachhaltige Nutzungsfähigkeit des Wassers, der Böden, der Luft etc. geht, können Landschaftsschutzgebiete auch zur Verhinderung von Raubbau an den Naturgütern oder zur Beseitigung bereits eingetretener Schäden ausgewiesen werden. Zu denken ist in diesem Kontext etwa an die Unterschutzstellung eines nutzungsbedingt von Bodenerosionen betroffenen Bereichs (*Louis/Engelke* § 15 Rn. 5).

11 **2. Landschaftsbild.** In Anknüpfung an die bereits unter der Geltung des Reichsnaturschutzgesetzes verfolgten ideellen Zielsetzungen betrifft § 26 Abs. 1 Nr. 2 BNatSchG den nichtökologischen Teil des Landschaftsschutzes, dem es – im Unterschied zu § 25 Abs. 1 Nr. 1 BNatSchG – einzig um die Bewahrung des Vorhandenen geht, während eine Verfolgung regenerativer oder kreativer Zielsetzungen in diesem Kontext nicht in Frage kommt (*Schink* Naturschutz- und Landschaftspflegerecht NRW 1989 Rn. 601). Die Vielfalt einer Landschaft äußert sich in einer Vielzahl unterschiedlicher Erscheinungen und Strukturen (*Appel* in Frenz/Müggenborg § 26 Rn. 17). Hinsichtlich der Begriffe der Eigenart und Schönheit kann auf die Kommentierung zu § 23 BNatSchG verwiesen werden (→ § 23 Rn. 13). Auch wenn der Wortlaut des § 26 Abs. 1 Nr. 2 BNatSchG in eine andere Richtung deutet, müssen die Merkmale nicht kumulativ erfüllt sein (BVerwG NuR 2019 622 Rn. 16; ebenso *Hendrischke* in Schlacke § 26 Rn. 15; wohl a.A. *Appel* in Frenz/Müggenborg § 26 Rn. 17); es genügt daher, wenn eine Landschaft vielfältig, schön oder von besonderer Eigenart ist, um sie unter Landschaftsschutz zu stellen, Da sich diese Merkmale auf die Landschaft beziehen, bildet – ungeachtet des in dieser Hinsicht gewandelten Wortlauts – nach wie vor das **Landschaftsbild** den maßgeblichen Bezugspunkt (BT-Drs. 14/6378, 52; OVG Lüneburg BeckRS 2019, 29234 Rn. 25). Angesprochen ist damit der sich aus dem Wechselgefüge aller Landschaftselemente ergebende optisch wahrnehmbare Zusammenhang einzelner Landschaftserscheinungen (BVerwG NuR 1991, 124 (127); OVG Münster NuR 2000, 51 (52)). In Rede steht das Erscheinungsbild der Landschaft (OVG Münster BeckRS 1991, 8510 Rn. 12), nicht einzelner seiner Teile, wobei allerdings bestimmte Teilelemente (z.B. Einzelbäume, Baumgruppen, Felsen) durchaus einen das Bild der Gesamtlandschaft prägenden Einfluss nehmen können (*Mühlbauer* in Lorz/Konrad/Mühlbauer/Müller-Walter/Stöckel § 26 Rn. 9). Ob eine Landschaft schön, vielfältig oder eigenartig ist, verlangt nach einer Wertung, für die es nicht auf das subjektive Empfinden des Mitarbeiters der zuständigen Behörde ankommt. Maßgeblich ist stattdessen eine Beurteilung, die vom Standpunkt eines gebildeten, für den Gedanken des Natur- und Landschaftsschutzes aufgeschlossenen Durchschnittsbetrachters aus vorzunehmen ist (vgl. BVerwG NVwZ-RR 1994, 77 f.; OVG Münster NuR 1994, 95 (96); OVG Lüneburg NuR 2002, 757 (758); *Gassner/Bendomir-Kahlo/Schmidt-Räntsch* § 26 Rn. 17 m.w.N.). Unter diesen Vorzeichen können nicht nur unberührte und im ursprünglichen Zustand erhaltene Landschaften, sondern gerade auch durch menschliches Wirken geschaffene reizvolle oder reichhaltig strukturierte Kulturlandschaften unter Schutz gestellt werden (OVG Lüneburg BeckRS 2019, 29234 Rn. 25). Da landschaftliche Schönheit eine hinreichende, aber keine notwendige Bedingung ist, können auch solche Landschaften Anteil an den Sicherungen eines Landschaftsschutzgebietes haben, die „von eher bescheidener Anmut oder von stiller Herbheit" sind (*Mühlbauer* in Lorz/Konrad/Mühlbauer/Müller-Walter/Stöckel, § 26 Rn. 9). Da es auf eine Gesamtbetrachtung ankommt, hindert es die Unterschutzstellung nicht, wenn einzelne Flächen innerhalb des maßgeblichen Raumes den Anforderungen des § 26 Abs. 1 Nr. 2 BNatSchG nicht genügen. Auf Details kommt es nicht entscheidend an, solange sie sich innerhalb des die Landschaft prägenden Gesamtrahmens halten (*Gassner/Bendomir-Kahlo/Schmidt-Räntsch* § 26 Rn. 17 m.w.N.). Wird der Landschaftsteil dagegen durch Eingriffe geprägt, die der Eigenart der Landschaft zuwiderlaufen, kommt eine Unterschutzstellung nicht in Frage (VGH München NuR 2002, 412 (413)).

In Übereinstimmung mit der in § 1 Abs. 4 Nr. 1 BNatSchG zum Ausdruck kommenden Zielsetzung des Naturschutzes und der Landschaftspflege betont § 26 Abs. 1 Nr. 2 BNatSchG die Möglichkeit, die Kategorie des Landschaftsschutzes zum Zwecke der Erhaltung solcher Landschaften einzusetzen, denen eine **kulturhistorische Bedeutung** zukommt. Allein der Umstand, dass eine Landschaft oder ein Landschaftsteil Zeugnis von geschichtlichen Ereignissen oder bestimmten Stufen der menschlichen Entwicklung ablegt, kann zum Anlass einer Unterschutzstellung genommen werden. Auf Grundlage des § 26 Abs. 1 Nr. 2 BNatSchG können daher beispielsweise Alm- oder Flößwiesen, Niederwälder (Hauberge), Ackerterrassen oder Weinbergterrassen unter Landschaftsschutz gestellt werden, die sich als Relikte früherer Landnutzungsformen darstellen (vgl. *Heugel* in Lütkes/Ewer § 26 Rn. 7). Ob dies allerdings auch für Natursteinmauern oder Einzelbäume gilt (Beispiel nach *Gassner/Bendomir-Kahlo/Schmidt-Räntsch* § 26 Rn. 18), muss schon deshalb bezweifelt werden, weil der Landschaftsschutz als eine flächenhafte Schutzkategorie nicht zur Sicherung einzelner Objekte eingesetzt werden kann. 12

3. Erholung. Der in § 26 Abs. 1 Nr. 3 BNatSchG angesprochene Erholungszweck zählt zu den traditionellen Schutzzwecken eines Landschaftsschutzgebietes. Dabei ist unter **Erholung** ausweislich der Legaldefinition des § 7 Abs. 1 Nr. 13 BNatSchG keineswegs jede Form der Erholung, sondern nur das natur- und landschaftsverträglich ausgestaltete Natur- und Freizeiterleben einschließlich natur- und landschaftsverträglicher sportlicher 13

Betätigung zu verstehen (BVerwG NuR 2018, 487 (488); *Appel* in Frenz/Müggenborg § 26 Rn. 21; *Hendrischke* in Schlacke § 26 Rn. 19; *Schumacher/Schumacher/Fischer-Hüftle* in Schumacher/Fischer-Hüftle § 26 Rn. 29). Besondere Bedeutung für die so verstandene Erholung ist einem Gebiet zu attestieren, wenn es gegenüber anderen Landschaftsteilen gerade in dieser Hinsicht über einen herausgehobenen Wert verfügt. Das richtet sich nach den Gegebenheiten des Einzelfalles und hängt davon ab, ob dem jeweiligen Gebiet aus Gründen der vorfindlichen Gegebenheiten (z.B. Schönheit der Landschaft, Ungestörtheit und Freiheit von störenden Zivilisationserscheinungen, günstige klimatische Bedingungen) ein besonderer Erlebnis- und Erholungswert zukommt (BVerwG NuR 2018, 487 (488); *Meßerschmidt* § 26 Rn. 56). Das kann selbst bei ästhetisch nur wenig ansprechenden Gebieten der Fall sein, wenn sie aus Gründen ihrer Nähe zu städtischen Verdichtungsräumen oder ihrer guten Erreichbarkeit der Feierabend- oder Naherholung dienen (*Appel* in Frenz/Müggenborg § 26 Rn. 21).

III. Erforderlichkeit des Schutzes

14 Landschaftsschutzgebiete dürfen nur eingerichtet werden, wenn und soweit dies um der Verwirklichung der vorbezeichneten Zwecke willen erforderlich ist (§ 26 Abs. 1 BNatSchG). Das setzt die Schutzwürdigkeit und Schutzbedürftigkeit der hierfür in Frage kommenden Landschaft voraus. Hinsichtlich der Einzelheiten darf auf die Kommentierung zu § 22 BNatSchG verwiesen werden (→ § 22 Rn. 16 ff.).

C. Schutzwirkungen

15 Die Schutzwirkungen eines Landschaftsschutzgebietes umschreibt § 26 Abs. 2 BNatSchG dahin, dass unter besonderer Beachtung des § 5 Abs. 1 BNatSchG und nach Maßgabe näherer Bestimmungen alle Handlungen verboten sind, die den Charakter des Gebietes verändern oder dem besonderen Schutzzweck zuwiderlaufen.

I. Ausgestaltende Konkretisierung der Verbote

16 Der in den Normtext des § 26 Abs. 2 BNatSchG integrierte Hinweis auf die „nach **Maßgabe näherer Bestimmungen**" geltenden Verbote verdeutlicht die Notwendigkeit zur konkretisierenden Ausgestaltung der Schutzregelungen. Die im jeweiligen Gebiet zum Tragen kommenden Verbote, derer es zur Wahrung des Gebietscharakters oder zur Verwirklichung des besonderen Schutzzwecks bedarf, müssen daher in der jeweiligen Erklärung zum Landschaftsschutzgebiet enthalten sein. Anders als in einem Naturschutzgebiet sind in einem Landschaftsschutzgebiet nicht sämtliche das jeweilige Gebiet oder seine Bestandteile betreffenden Änderungen (→ § 23 Rn. 16 ff.), sondern nur solche Handlungen zu untersagen, die den Gebietscharakter verändern oder dem besonderen Schutzzweck zuwiderlaufen. Im Unterschied zum „absoluten Veränderungsverbot" des Naturschutzgebietes sind die Verbote eines Landschaftsschutzgebietes stets auf den jeweiligen Schutzzweck einschließlich des Gebietscharakters bezogen und werden mitunter als „relativ" bezeichnet (*Schumacher/Schumacher/Fischer-Hüftle* in Schumacher/Fischer-Hüftle § 26 Rn. 34; *Hendrischke* in Schlacke § 26 Rn. 21). Dabei dürfen die Schutzregelungen nicht weiter gehen als dies zur Vermeidung einer Veränderung des Gebietscharakters oder einer Verletzung des spezifischen Schutzzwecks erforderlich ist. Sie haben sich dem verfassungsrechtlichen Grundsatz der Verhältnismäßigkeit zu fügen, und dies bringt es mit sich, dass **repressive Verbote**, die nur im Wege einer naturschutzrechtlichen Befreiung überwunden werden können, einzig dann in Frage kommen, wenn von vornherein feststeht, dass

die betroffenen Handlungen mit dem Gebietscharakter oder seinem besonderen Schutzzweck **schlechterdings unvereinbar** sind (vgl. VGH München NuR 1989, 182 (183); OVG Lüneburg NuR 2003, 567 (696); NuR 2021, 475 (483); *Agena* in Blum/Agena/Brüggeshemke NAGBNatSchG § 19 Rn. 55; *Hendrischke* in Schlacke § 26 Rn. 21; *Heugel* in Lütkes/Ewer § 26 Rn. 11; *Carlsen/Fischer-Hüftle* NuR 1993, 311 (318)). Steht dagegen nicht von vornherein fest, dass eine Handlung den Gebietscharakter zwangsläufig verändert oder dem besonderen Schutzzweck zuwiderläuft, kommt aus Gründen der Verhältnismäßigkeit nur ein **präventives Verbot mit Erlaubnisvorbehalt** in Betracht (OVG Lüneburg NuR 2021, 475 (483); *Schumacher/Schumacher/Fischer-Hüftle* in Schumacher/Fischer-Hüftle § 26 Rn. 36). Stellt sich im Rahmen der behördlichen Prüfung entsprechender Handlungen deren Vereinbarkeit mit dem Schutzzweck heraus, ist sie zu gestatten. Vor diesem Hintergrund erhellt, dass die Charakterisierung des Landschaftsschutzes als eines **„relativen Veränderungsverbotes"** den rechtlichen Gegebenheiten keinen zutreffenden Ausdruck verleiht (eindringlich *Carlsen/Fischer-Hüftle* NuR 1993, 311 (316 ff.); *Mahlburg/Müller,* SächsVBl. 2000, 15 (18)).

II. Land-, Forst- und Fischereiwirtschaft

Land- und Forstwirtschaft prägen das Bild der Landschaft in vielerlei Hinsicht. Gerade die in Mitteleuropa über Jahrhunderte extensiv betriebene Acker-, Wald- und Weidewirtschaft hat eine vielgestaltige und reich strukturierte Landschaft hervorgebracht, die einer Vielzahl von Tier- und Pflanzenarten Lebensraum bot. In Anerkennung dessen, aber auch unter Berücksichtigung des Umstandes, dass Naturschutz und Landschaftspflege auf eine ihre Ziele berücksichtigende Land- und Forstwirtschaft angewiesen sind, bestimmt § 26 Abs. 2 BNatSchG, dass im Zuge der näheren Konkretisierung der Schutzregelungen eines Landschaftsschutzgebietes die Vorschrift des § 5 Abs. 1 BNatSchG besonders zu beachten ist. Diese Regelung betrifft von vornherein nur die **tägliche Wirtschaftsweise** der Land-, Forst- und Fischereiwirtschaft, während Veränderungen, die eine Bewirtschaftung erst ermöglichen, erleichtern oder ertragreicher gestalten, hiervon nicht erfasst werden (ebenso *Endres* in Frenz/Müggenborg § 5 Rn. 6; *Krohn* in Schlacke § 5 Rn. 10; *Meßerschmidt* § 5 Rn. 15; a.A. *Müller-Walter* in Lorz/Konrad/Mühlbauer/Müller-Walter/Stöckel § 5 Rn. 4; *Vagedes* in Lütkes/Ewer § 5 Rn. 9). Aber auch soweit diese Vorschrift greift, verbindet sich hiermit keine Privilegierung einer „ordnungsgemäßen" oder einer „der guten fachlichen Praxis" entsprechenden Land-, Forst- und Fischereiwirtschaft (a.A. *Gassner/Bendomir-Kahlo/Schmidt-Räntsch* § 26 Rn. 24), sondern es wird lediglich betont, dass es natur- und landschaftsverträgliche und als solche mit den Zielen des § 1 BNatSchG in Einklang stehende Formen der Bodennutzung im Rahmen der Ausgestaltung von Landschaftsschutzverordnungen besonders zu berücksichtigen gilt. Das ist in Ansehung der Bedeutung einer solchen Land-, Forst- und Fischereiwirtschaft an sich eine Selbstverständlichkeit, dennoch ist der diesbezügliche Hinweis des § 26 Abs. 2 BNatSchG durchaus sinnvoll. Denn der Rückverweis auf § 5 Abs. 1 BNatSchG stellt klar, dass in einem Landschaftsschutzgebiet regelmäßig nur die natur- und landschaftsverträglichen Formen der Bodennutzung als erwünscht zu erachten sind und daher bei Festlegung der Schutzregelungen besonderer Rücksichtnahme teilhaftig werden müssen. 17

Das bedeutet nun keineswegs, dass eine ordnungsgemäße und den Anforderungen des § 5 Abs. 2–4 BNatSchG entsprechende Land-, Forst- oder Fischereiwirtschaft ohne weiteres untersagt werden könnte. Selbstredend sind die Belange dieser Wirtschaftszweige in die aus Gründen des § 2 Abs. 3 BNatSchG erforderliche **Abwägung** einzubeziehen. Nur besteht keine Veranlassung, auf eine mit den Zielen des Naturschutzes und der Landschaftspflege nicht zu vereinbarende Bodennutzung besondere Rücksichten zu nehmen. 18

Sie kann daher Beschränkungen erfahren, soweit dies um der Sicherung des Landschaftscharakters oder der Verwirklichung besonderer Schutzzwecke willen erforderlich ist.

III. Veränderung des Gebietscharakters

19 Soweit nach § 26 Abs. 2 BNatSchG in einem Landschaftsschutzgebiet alle Handlungen verboten sind, die den **Gebietscharakter** verändern, dürfen die Schutzregelungen nicht jeden Zugriff auf das Gebiet und seine Bestandteile, sondern nur solche Einwirkungen unterbinden, die die Wesensart des Gebietes in Mitleidenschaft ziehen (vgl. nur VGH Mannheim NuR 1988, 288; *Mühlbauer* in Lorz/Konrad/Mühlbauer/Müller-Walter/Stöckel § 26 Rn. 17), sich auf den Gesamteindruck des Gebietes negativ auswirken und seinen Gesamtwert für den Landschaftsschutz mindern (OVG Lüneburg NuR 2019, 269 (272); *Appel* in Frenz/Müggenborg § 26 Rn. 27; *Hendrischke* in Schlacke § 26 Rn. 22). Dabei handelt es sich typischerweise um massive Eingriffe, die die Eignung der geschützten Fläche für den Landschaftsschutz berühren oder das Wesen der Landschaft antasten. Zu denken ist etwa an Veränderungen der Bodengestalt durch Abgrabungen oder Aufschüttungen (vgl. BVerwG NuR 1986, 251; VGH München NuR 1987, 181; OVG Lüneburg BeckRS 2005, 22275), die Errichtung baulicher Anlagen (z.B. Geräteschuppen VGH Mannheim NuR 1998, 145; Flugzeughalle VGH Kassel NuR 1998, 105 mit Anm. *Carlsen* NuR 1998, 106; Baustoffsortier- und Aufbereitungsanlage OVG Schleswig NVwZ-RR 2005, 620; Bienenhaus VG Freiburg NuR 2009, 437 (439)), die Beseitigung landschaftsprägender Baumgruppen, Hecken oder Streuobstwiesen oder die Zerschneidung der Landschaft durch Verkehrswege oder Leitungstrassen (VGH Mannheim NuR 2000, 272; *Agena* in Blum/Agena/Brüggeshenke NAGBNatSchG § 19 Rn. 63a m.w.N.). Von einer den Landschaftscharakter verändernden Art ist schließlich auch die Anlegung von Weihnachtsbaumkulturen jedenfalls dann, wenn sie in einer offenen Feldlandschaft erfolgt; soweit in der Rechtsprechung anderes angenommen wird, wenn solche Kulturen in einer abwechslungsreichen Waldlandschaft angelegt werden sollen (OVG Münster NuR 1997, 410 (411); NuR 1999, 409 f.), ist dem nur beizupflichten, solange diese Landschaft nicht infolge der Anzahl und Größe solcher Kulturen eine ihren Charakter betreffende Umprägung erfährt.

IV. Schutzzweckorientierte Regelung

20 Nach § 26 Abs. 2 BNatSchG können sich die Verbote auch an dem **besonderen Schutzzweck** orientieren, der mit der Einrichtung des jeweiligen Landschaftsschutzgebietes verfolgt wird. Solche Schutzregelungen bieten Gewähr dafür, dass der jeweilige Zweck, der in der Schutzerklärung mit der gebotenen Bestimmtheit zu umschreiben ist (→ § 22 Rn. 31), erreicht werden kann. Welche Regelungen im Einzelfall in Frage kommen, hängt davon ab, welchem der in § 26 Abs. 1 Nr. 1–3 BNatSchG genannten Schutzzwecke das Landschaftsschutzgebiet zu dienen bestimmt ist. Unter dem Aspekt der Erhaltung, Sicherung oder Wiederherstellung der Leistungs- und Funktionsfähigkeit des **Naturhaushaltes** können beispielsweise Einschränkungen der land- und forstwirtschaftlichen Bodennutzung (→ Rn. 17 f.; OVG Lüneburg NuR 2018, 51 (56 f.); NuR 2021, 475 (483 f.)), Befahrens- und Nutzungsverbote für Uferzonen und Wasserflächen (vgl. OVG Münster NuR 2000, 106 (108)) oder bestimmte Störungsverbote ausgebracht werden (Reitverbot OVG Lüneburg NVwZ-RR 2002, 343 (345 f.); Tauchverbot OVG Lüneburg, BeckRS 2007, 20931). Steht die Sicherung der Schönheit des **Landschaftsbildes** in Rede, kommen namentlich Verbote der Errichtung baulicher Anlagen oder der Veränderung oder Vernichtung der das Erscheinungsbild der Landschaft prägenden Elemente in Frage (zahlreiche Beispiele bei *Mühlbauer* in Lorz/Konrad/Mühl-

bauer/Müller-Walter/Stöckel § 26 Rn. 20). Mit Blick auf die **Erholungsfunktion** wäre etwa an Lärmverbote, Verbote des Betriebs von Modellflugzeugen oder an Beschränkungen des „Freizeitrummels“ (z.B. Volksläufe, Wettfischen, Drachenfliegen) zu denken (eingehend mit zahlreichen Beispielen *Agena* in Blum/Agena/Brüggeshemke NAGBNatSchG § 19 Rn. 76 ff.). Werden mehrere Schutzzwecke gleichzeitig verfolgt, liegt es auf der Hand, dass sich die Schutzregelungen an sämtlichen für die Einrichtung des jeweiligen Landschaftsschutzgebietes maßgeblichen Schutzgründen ausrichten.

D. Windenergienutzung in Landschaftsschutzgebieten

In den Landschaftsschutzgebieten heutiger Prägung ist die Errichtung baulicher Anlagen, zu denen auch Windenergieanlagen zählen, zumeist verboten und kann allenfalls im Wege der Erteilung einer in der Schutzerklärung vorgesehenen Ausnahme oder einer sich auf § 67 BNatSchG gründenden Befreiung zugelassen werden. In Landschaftsschutzgebieten konnte sich die Windkraftnutzung daher zumeist nicht entfalten. Durch § 26 Abs. 3 BNatSchG werden diese Schutzgebiete für Zwecke der Windkraftnutzung geöffnet, um die Flächenverfügbarkeit für den Ausbau der Windenergie zu verbessern (BT-Drs. 20/2354, 24). 21

I. Standorte in Windenergiegebieten

In einem Landschaftsschutzgebiet sind die Errichtung und der Betrieb von Windenergieanlagen einschließlich zugehöriger Nebenanlagen nach § 26 Abs. 3 S. 1 BNatSchG nicht verboten, wenn sich der Anlagenstandort in einem Windenergiegebiet im Sinne des § 2 Nr. 1 WindBG befindet. Da dies auch dann gilt, wenn die jeweilige Schutzerklärung anderslautende Bestimmungen enthält, bedarf es für die Durchführung eines im Übrigen zulässigen Vorhabens **keiner Ausnahme oder Befreiung**, wenn die Anlage in einem der in § 2 Nr. 1 WindBG genannten Gebiete errichtet werden soll. Zu diesen Windenergiegebieten zählen namentlich Vorranggebiete in Raumordnungsplänen (§ 7 Abs. 3 Nr. 1 ROG) sowie Sonderbauflächen und Sondergebiete im Sinne des § 11 Abs. 2 BauNVO, die im Wege der Bauleitplanung ausgewiesen wurden (vgl. *Kment* NVwZ 2022, 1153 (1154 f.). In Landschaftsschutzgebieten befindliche Windenergiegebiete dürften derzeit eher eine Ausnahmeerscheinung sein, zumal unter Landschaftsschutz gestellte Areale in der bisherigen **Planungspraxis** als „harte“, zumindest aber als „weiche“ Tabuzonen eingestuft und der Windkraftnutzung zumeist nicht verfügbar gemacht worden sind (vgl. nur OVG Berlin-Bbg. NVwZ 2020, 253 mit Anmerkung *Albrecht/Zschiegner*; OVG Münster BeckRS 2020, 3062 Rn. 89 f; OVG Lüneburg NuR 2020, 482 (487); *Scheidler* NuR 2011, 848 (855)). § 26 Abs. 3 S. 1-3 BNatSchG ist daher vor allem für künftige Planungen von Windenergiegebieten von Bedeutung, weil die Vorschrift es mit sich bringt, dass die Erforderlichkeit entsprechender Raumordnungs- oder Bauleitpläne nicht mehr unter Hinweis auf deren mangelnde Vollzugsfähigkeit (§ 1 Abs. 3 BauGB) in Frage gestellt werden kann. 22

II. Standorte außerhalb von Windenergiegebieten

Damit allein hat der Gesetzgeber es sein Bewenden aber noch nicht haben lassen und in § 26 Abs. 3 S. 4 BNatSchG angeordnet, dass die Sätze 1 bis 3 entsprechend auch außerhalb von für die Windenergienutzung ausgewiesenen Gebieten gelten, bis nach Maßgabe des § 5 WindBG festgestellt wurde, dass das jeweilige Land den ihm in Anlage 1 Spalte 2 zugewiesenen **Flächenbeitragswert** bzw. der jeweilige regionale oder kommunale Pla- 23 nungsträger ein daraus abgeleitetes **Teilflächenziel** erreicht hat. Windenergieanlagen können daher übergangsweise ohne eine vorlaufende Planung innerhalb der Kulisse eines Landschaftsschutzgebietes verwirklicht werden, ohne dass es dazu einer Ausnahme oder Befreiung von den in einschlägigen Schutzerklärungen regelmäßig enthaltenen Bauverboten bedarf. An dieser Rechtslage ändert sich erst dann etwas, wenn der zuständige Planungsträger die Feststellung trifft, dass der bis zum 31.12.2032 zu erreichende Flächenbeitragswert bzw. ein daraus abgeleitetes Teilflächenziel erreicht ist. Bis zu dieser Feststellung werden die an sich vor baulichen Aktivitäten geschützten Lebensräume und Lebensstätten wildlebender Tiere und Pflanzen in den Landschaftsschutzgebieten dem Zugriff der Windenergie schutzlos preisgegeben.

III. Natura 2000-Gebiete und Welterbegebiete

24 Nach § 26 Abs. 3 S. 5 BNatSchG gelten die Sätze 1 bis 4 nicht, wenn sich der Standort einer Windenergieanlage in einem zum Landschaftsschutzgebiet erklärten Natura 2000-Gebiet oder einem Welterbegebiet im Sinne des § 2 Abs. 5 S. 2 BNatSchG befindet. In den jeweiligen Schutzerklärungen enthaltene Bauverbote sind daher strikt zu beachten und allenfalls durch die Erteilung einer Ausnahme oder Befreiung zu überwinden.

E. Landschaftsschutz und Bauleitplanung

25 Jenseits der in § 26 Abs. 3 S. 1-3 BauGB getroffenen Regelung kommt es im Verhältnis zwischen dem Landschaftsschutz und der kommunalen Bauleitplanung immer wieder zu Konfliktlagen, wenn Landschaftsschutzgebiete überplant werden. Da rechtverbindliche Ausweisungen des Natur- und Landschaftsschutzes im Rahmen der Bauleitplanung als striktes Recht zu beachten sind (vgl. nur BVerwG NVwZ 1991, 1074 f.; DÖV 2002, 75 f. m.w.N.), kann die zur Aufstellung eines Bauleitplans entschlossene Gemeinde keine Ausweisungen vornehmen, die mit den naturschutzrechtlichen Vorgaben nicht vereinbar sind. Stehen Darstellungen oder Festsetzungen eines Bauleitplans in Widerspruch zu den bindenden Schutzregelungen einer Landschaftsschutzverordnung, entbehren sie im Regelfall der **Vollzugsfähigkeit**, sind als solche im Sinne des § 1 Abs. 3 BauGB nicht erforderlich und verfallen dem Verdikt der Unwirksamkeit (vgl. BVerwG NVwZ 2004, 1242 (1243); *Appel* in Frenz/Müggenborg, § 26 Rn. 31; *Gellermann* in Schrödter BauGB, 9. Aufl. 2019 § 1a Rn. 239; *Meßerschmidt* § 26 Rn. 110).

26 Dieser Grundsatz hat in der Rechtsprechung allerdings insoweit eine Relativierung erfahren, als einem Bauleitplan eine mangelnde Vollzugsfähigkeit ungeachtet seiner Unvereinbarkeit mit Schutzregelungen einer Landschaftsschutzverordnung jedenfalls dann nicht vorgehalten werden kann, wenn den bauleitplanerisch vorbereiteten Vorhaben oder Maßnahmen im Wege der Erteilung einer naturschutzrechtlichen Befreiung (§ 67 Abs. 1 BNatSchG) zur Realität verholfen werden kann. Ist bereits im Verfahren zur Aufstellung des Bauleitplans absehbar, dass Maßnahmen zur Verwirklichung der Planung die Voraussetzungen für eine Befreiung erfüllen und der Planvollzug daher nicht an dauerhaft unüberwindliche rechtliche Hindernisse stößt, kann in diese **„objektive Befreiungslage“** hineingeplant werden (vgl. nur BVerwG NVwZ 2003, 742 (743); VGH Mannheim, BeckRS 2015, 122079 Rn. 38 f.; OVG Berlin-Bbg. BeckRS 2022, 1711 Rn. 62; *Dreier* in Hoppenberg/de Witt HdbÖffBauR Kap. E Rn. 464; *Külpmann* in Bischopink/Külpmann/Wahlhäuser Der sachgerechte Bebauungsplan, 5. Aufl. 2021 Rn. 410). Das kommt freilich nur dann in Betracht, wenn der mit der Erklärung zum Landschaftsschutzgebiet verfolgte Schutzzweck nicht oder nur unerheblich berührt wird und im Übrigen nur eine

Inanspruchnahme weniger Grundflächen in Rede steht (*Louis/Engelke* § 12 Rn. 30; *Müller* NVwZ 2005, 526; eingehend *Egner* NuR 2003, 738 f.).

Fehlt es an einer „objektiven Befreiungslage“, kann der Bauleitplanung an sich nur durch eine teilweise oder vollständige Aufhebung zur Realität verholfen werden (hierzu BVerwG NVwZ 2004, 729 (731)), die als „actus contrarius“ zur Einrichtung des Landschaftsschutzgebietes dem Normsetzungsermessen der hierzu berufenen staatlichen Stelle überantwortet ist. Soll der Landschaftsschutz den gegenläufigen Planungsabsichten der Gemeinde weichen, hat diese Stelle die Ziele der Bauleitplanung in den Blick zu nehmen und abwägend darüber zu befinden, ob sie eine Zurückstellung der in der Schutzerklärung zum Ausdruck kommenden Belange des Landschaftsschutzes rechtfertigen (BVerwG NVwZ 1988, 728 (730)). Zu klären ist dabei namentlich, ob die in Aussicht stehende Bauleitplanung überhaupt an für sie unüberwindliche tatsächliche oder rechtliche Hindernisse stößt, zumal eine Aufhebung der Schutzerklärung andernfalls nicht erforderlich ist und rechtlicher Beanstandung unterliegt (BVerwG NVwZ 2004, 729 (731)). 27

Als weitere Möglichkeit zur Bewältigung etwaiger Konfliktlagen hat das Bundesverwaltungsgericht so genannte **„Öffnungsklauseln“** akzeptiert, nach denen Flächen innerhalb des Geltungsbereichs der Erklärung zum Landschaftsschutzgebiet nicht mehr zu deren Bestandteilen zählen, sobald sie durch einen Bebauungsplan überplant werden (BVerwG ZUR 2004, 41). Im Schrifttum ist diese richterliche Erkenntnis auf Kritik gestoßen, die sich vor allem darauf gründet, dass die nachträglich erfolgende Änderung im Gebietszuschnitt die der Einrichtung des Gebietes zugrunde liegende Abwägung fehlerhaft macht, die Schutzerklärung vom falschen Normgeber geändert wird und der Schutzgegenstand nicht mehr in einer den Anforderungen des § 22 Abs. 1 S. 2 BNatSchG entsprechenden Weise bestimmt ist (vgl. nur *Ell* NVwZ 2004, 182 ff.; *Fischer-Hüftle* NuR 2003, 127 ff.; zurückhaltender *Müller* NVwZ 2005, 526 ff., der nicht die Möglichkeit der Öffnungsklauseln in Frage stellt, aber deren rechtliche Grenzen aufzeigt). 28

§ 45b Betrieb von Windenergieanlagen an Land

(1) **Für die fachliche Beurteilung, ob nach § 44 Absatz 5 Satz 2 Nummer 1 das Tötungs- und Verletzungsrisiko für Exemplare kollisionsgefährdeter Brutvogelarten im Umfeld ihrer Brutplätze durch den Betrieb von Windenergieanlagen signifikant erhöht ist, gelten die Maßgaben der Absätze 2 bis 5.**

(2) **Liegt zwischen dem Brutplatz einer Brutvogelart und der Windenergieanlage ein Abstand, der geringer ist als der in Anlage 1 Abschnitt 1 für diese Brutvogelart festgelegte Nahbereich, so ist das Tötungs- und Verletzungsrisiko der den Brutplatz nutzenden Exemplare signifikant erhöht.**

(3) **Liegt zwischen dem Brutplatz einer Brutvogelart und der Windenergieanlage ein Abstand, der größer als der Nahbereich und geringer als der zentrale Prüfbereich ist, die in Anlage 1 Abschnitt 1 für diese Brutvogelart festgelegt sind, so bestehen in der Regel Anhaltspunkte dafür, dass das Tötungs- und Verletzungsrisiko der den Brutplatz nutzenden Exemplare signifikant erhöht ist, soweit**

1. **eine signifikante Risikoerhöhung nicht auf der Grundlage einer Habitatpotenzialanalyse oder einer auf Verlangen des Trägers des Vorhabens durchgeführten Raumnutzungsanalyse widerlegt werden kann oder**
2. **die signifikante Risikoerhöhung nicht durch fachlich anerkannte Schutzmaßnahmen hinreichend gemindert werden kann; werden entweder Antikollissionssysteme genutzt, Abschaltungen bei landwirtschaftlichen Ereignissen angeordnet, attraktive Ausweichnahrungshabitate angelegt oder phänologiebedingte Abschaltungen angeordnet, so ist für die betreffende Art in der Regel davon auszugehen, dass die Risikoerhöhung hinreichend gemindert wird.**

(4) **Liegt zwischen dem Brutplatz einer Brutvogelart und der Windenergieanlage ein Abstand, der größer als der zentrale Prüfbereich und höchstens so groß ist wie der erweiterte Prüfbereich, die in Anlage 1 Abschnitt 1 für diese Brutvogelart festgelegt sind, so ist das Tötungs- und Verletzungsrisiko der den Brutplatz nutzenden Exemplare nicht signifikant erhöht, es sei denn,**

1. **die Aufenthaltswahrscheinlichkeit dieser Exemplare in dem vom Rotor überstrichenen Bereich der Windenergieanlage ist aufgrund artspezifischer Habitatnutzung oder funktionaler Beziehungen erhöht und**
2. **die signifikante Risikoerhöhung, die aus der erhöhten Aufenthaltswahrscheinlichkeit folgt, kann nicht durch fachlich anerkannte Schutzmaßnahmen hinreichend verringert werden.**

Zur Feststellung des Vorliegens eines Brutplatzes nach Satz 1 sind behördliche Kataster und behördliche Datenbanken heranzuziehen; Kartierungen durch den Vorhabenträger sind nicht erforderlich.

(5) **Liegt zwischen dem Brutplatz einer Brutvogelart und der Windenergieanlage ein Abstand, der größer als der in Anlage 1 Abschnitt 1 für diese Brutvogelart festgelegte erweiterte Prüfbereich ist, so ist das Tötungs- und Verletzungsrisiko der den Brutplatz nutzenden Exemplare nicht signifikant erhöht; Schutzmaßnahmen sind insoweit nicht erforderlich.**

(6) **Fachlich anerkannte Schutzmaßnahmen für die in Anlage 1 Abschnitt 1 genannten Brutvogelarten sind insbesondere die in Anlage 1 Abschnitt 2 genannten Schutzmaßnahmen. Die Anordnung von Schutzmaßnahmen, die die Abschaltung von Windenergieanlagen betreffen, gilt unter Berücksichtigung weiterer Schutzmaßnahmen auch für andere besonders geschützte Arten als unzumutbar, soweit sie den Jahresenergieertrag verringern**

1. um mehr als 8 Prozent bei Standorten mit einem Gütefaktor im Sinne des § 36h Absatz 1 Satz 5 des Erneuerbare-Energien-Gesetzes vom 21. Juli 2014, das zuletzt durch Artikel 4 des Gesetzes vom 20. Juli 2022 (BGBl. I S. 1353) geändert worden ist, von 90 Prozent oder mehr oder
2. im Übrigen um mehr als 6 Prozent.

Die Berechnung nach Satz 2 erfolgt nach Anlage 2. Dabei werden Investitionskosten für Schutzmaßnahmen ab 17 000 Euro je Megawattstunde angerechnet. Schutzmaßnahmen, die im Sinne des Satzes 2 als unzumutbar gelten, können auf Verlangen des Trägers des Vorhabens angeordnet werden.

(7) Nisthilfen für kollisionsgefährdete Vogel- und Fledermausarten dürfen in einem Umkreis von 1 500 Metern um errichtete Windenergieanlagen sowie innerhalb von Gebieten, die in einem Raumordnungsplan oder in einem Flächennutzungsplan für die Windenergienutzung ausgewiesen sind, nicht angebracht werden.

(8) § 45 Absatz 7 gilt im Hinblick auf den Betrieb von Windenergieanlagen mit der Maßgabe, dass

1. der Betrieb von Windenergieanlagen im überragenden öffentlichen Interesse liegt und der öffentlichen Sicherheit dient,
2. bei einem Gebiet, das für die Windenergie ausgewiesen ist
   a) in einem Regionalplan oder
   b) unter Berücksichtigung artenschutzrechtlicher Belange in einem Flächennutzungsplan,

   Standortalternativen außerhalb dieses Gebietes in der Regel nicht im Sinne des § 45 Absatz 7 Satz 2 zumutbar sind, bis gemäß § 5 des Windenergieflächenbedarfsgesetzes festgestellt wurde, dass das jeweilige Land den Flächenbeitragswert nach Anlage 1 Spalte 2 des Windenergieflächenbedarfsgesetzes oder der jeweilige regionale oder kommunale Planungsträger ein daraus abgeleitetes Teilflächenziel erreicht hat,
3. bei einem Standort, der nicht in einem Gebiet im Sinne der Nummer 2 Buchstabe a oder b liegt, Standortalternativen außerhalb eines Radius von 20 Kilometern nicht nach § 45 Absatz 7 Satz 2 zumutbar sind, es sei denn, der vorgesehene Standort liegt in einem Natura 2000-Gebiet mit kollisionsgefährdeten oder störungsempfindlichen Vogel- oder Fledermausarten,
4. die Voraussetzungen des § 45 Absatz 7 Satz 2 hinsichtlich des Erhaltungszustandes vorliegen, wenn sich der Zustand der durch das Vorhaben jeweils betroffenen lokalen Population unter Berücksichtigung von Maßnahmen zu dessen Sicherung nicht verschlechtert,
5. die Voraussetzungen des § 45 Absatz 7 Satz 2 hinsichtlich des Erhaltungszustandes auch dann vorliegen, wenn auf der Grundlage einer Beobachtung im Sinne des § 6 Absatz 2 zu erwarten ist, dass sich der Zustand der Populationen der betreffenden Art in dem betroffenen Land oder auf Bundesebene unter Berücksichtigung von Maßnahmen zu dessen Sicherung nicht verschlechtert,
6. eine Ausnahme von den Verboten des § 44 Absatz 1 zu erteilen, wenn die Voraussetzungen des § 45 Absatz 7 Satz 1 bis 3 vorliegen.

(9) Wird eine Ausnahme nach § 45 Absatz 7 Satz 1 bis 3 erteilt, dürfen daneben fachlich anerkannte Schutzmaßnahmen für die in Anlage 1 Abschnitt 1 genannten Brutvogelarten, die die Abschaltung von Windenergieanlagen betreffen, unter Berücksichtigung weiterer Schutzmaßnahmen auch für andere besonders geschützte Arten, nur angeordnet werden, soweit sie den Jahresenergieertrag verringern

1. um höchstens 6 Prozent bei Standorten mit einem Gütefaktor im Sinne des § 36h Absatz 1 Satz 5 des Erneuerbare-Energien-Gesetzes von 90 Prozent oder mehr oder
2. im Übrigen um höchstens 4 Prozent.

Die Berechnung nach Satz 1 erfolgt nach Anlage 2. Dabei werden Investitionskosten für Schutzmaßnahmen ab 17 000 Euro je Megawatt angerechnet.

Schrifttum: *Bernotat/Dierschke*, Übergeordnete Kriterien zur Bewertung der Mortalität wildlebender Tiere im Rahmen von Projekten und Eingriffen, Teil II.3: Arbeitshilfe zur Bewertung der Kollisionsgefährdung von Vögeln an Windenergieanlagen (an Land), 4. Fassung, Stand: 31.8.2021; *Bundesamt für Naturschutz* (BfN), Methodenvorschlag des Bundes zur Prüfung und Bewertung eines signifikant erhöhten Tötungsrisikos von Vögeln an WEA, 2020, https://stiftung-umweltenergierecht.de/wp-content/uploads/2020/04/BfN_methodenvorschlag_signifikanz_bei-voegeln_2020.pdf; *Faller*, Die Novelle des Bundesnaturschutzgesetzes vom 20. Juli 2022 und das Recht der Europäischen Union, Rechtsgutachten vom 10.8.2022, https://naturschutz-initiative.de/neuigkeiten/1319-08-09-2022-bundesnaturschutzge setz-verstoesst-gegen-europaeisches-recht; *Frenz*, Energieversorgung – Sicherheit vs. Artenschutz, EnVZ 2022, 452 ff.; *Gellermann*, Das Vierte Gesetz zur Änderung des Bundesnaturschutzgesetzes, NuR 2022, 589 ff.; *ders.*, Stellungnahme zum Entwurf eines Vierten Gesetzes zur Änderung des Bundesnaturschutzgesetzes (BT-Drs. 20/2354) aus Anlass der öffentlichen Anhörung des Umweltausschusses des Deutschen Bundestages, A-Drs. 20(16)66; *Heß*, Stellungnahme zum Entwurf eines Vierten Gesetzes zur Änderung des Bundesnaturschutzgesetzes (BT-Drs. 20/2354) aus Anlass der öffentlichen Anhörung des Umweltausschusses des Deutschen Bundestages, A-Drs. 20(16)71; *Hofmann*, Artenschutz und Europarecht im Kontext der Windenergie – Der Klimaschutz und die Auslegung der Ausnahmeregelungen der Vogelschutzrichtlinie, NuR 2021, 217 ff.; *Karabas*, Wohnumfeld und Artenschutz als Dauerproblem der Zulassung von Windenergieanlagen, ZUR 2022, 400 ff.; *Leisner-Egensperger*, Artenschutzrechtliche Ausnahmen für Windenergieanlagen, NVwZ 2022, 745 ff.; *Lukas*, Die Zumutbarkeit der Abschaltung von Windenergieanlagen, Naturschutz und Landschaftsplanung 2022, 38 f.; *Rieger*, Neue Regelungen für die Prüfung der artenschutzrechtlichen Vorschriften im Rahmen der Genehmigung von Windenergieanlagen an Land – der neue § 45b BNatSchG, UPR 2022, 453 ff.; *Scheidler*, Naturschutz- und artenschutzrechtliche Vorgaben für die immissionsschutzrechtliche Genehmigung, NuR 2022, 395 ff.; *Trautner*, Zulässigkeit von Nisthilfen in bestimmten Räumen, NuR 2022, 770 f.; *Wagner*, Zur Rolle artenschutzrechtlicher Ausnahmen im Rahmen der raumordnerischen Konzentrationsflächenplanung für die Windenergie: Ausnahmevoraussetzungen nach § 45 Abs. 7 S. 2 BNatSchG und Regelhaftigkeit der Ausnahmeerteilung, NuR 2022, 149 ff.; *Wissenschaftsplattform Klimaschutz* (WPKS), Die Beschleunigungsgesetzgebung (Osterpaket") 2022: Zukunftsorientiert über Windenergie an Land hinausdenken, Stellungnahme Oktober 2022; *Wulfert/Lau/Köstermeyer*, Vögel und Windenergienutzung – Vorgaben zur Signifikanzbewertung und Ausnahme, NuR 2022, 441 ff.

Übersicht

A. Allgemeines

1 Mit dem Gesetz zur Erhöhung und Beschleunigung des Ausbaus von Windenergieanlagen an Land vom 20.7.2022 (BGBl. I 1353) läutet der Gesetzgeber eine neue Ära beim Ausbau von Windenergieanlagen ein (*Kment* NVwZ 2022, 1153 ff.). Erklärtes Ziel der gesetzlichen Regelung ist es, dem Mangel an verfügbaren Flächen abzuhelfen und genehmigungsrechtliche Hemmnisse zu beseitigen, die sich nicht zuletzt aus jenen artenschutzrechtlichen Vorschriften ergeben sollen (BT-Drs. 20/2355, 1 f.), die in Erfüllung völker- und unionsrechtlicher Verpflichtungen erlassen wurden und deren Funktion darin besteht, einen Beitrag zu leisten, um der dramatischen Biodiversitätskrise und dem fortschreitenden Artensterben Einhalt zu gebieten. Mit dem Vierten Gesetz zur Änderung des Bundesnaturschutzgesetzes vom 20.7.2022 (BGBl. I 1362) wurden verschiedene Regelungen in das Gesetz aufgenommen, die neben einer Öffnung der Landschaftsschutzgebiete für die Windkraftnutzung (→ § 26 Rn. 21 ff.) Sondervorschriften für den Betrieb von Windenergieanlagen umfassen (§ 45b BNatSchG), Vorgaben für das Repowering von Windenergieanlagen an Land erteilen (§ 45c BNatSchG) und nationale Artenhilfsprogramme insbesondere für die vom Ausbau der erneuerbaren Energien betroffenen Arten und ihre Lebensstätten vorsehen (§ 45d BNatSchG). Die neuen Bestimmungen sollen den beschleunigten Ausbau der Windenergie ohne Absenkung der Schutzstandards des Artenschutzrechts gewährleisten (BT-Drs. 20/2354, 1).

2 Windenergieanlagen geraten mit den artenschutzrechtlichen Verboten (§ 44 Abs. 1, 5 BNatSchG) in Konflikt, wenn ihr Betrieb das Risiko der Schädigung oder Tötung kollisionsempfindlicher Vogel- oder Fledermausarten in signifikanter Weise erhöht, während der Bau- oder Betriebsphase erhebliche Störungen streng geschützter Arten hervorgerufen werden oder die ökologische Funktionalität von Fortpflanzungs- oder Ruhestätten in Mitleidenschaft gezogen wird. In der verwaltungsbehördlichen Praxis birgt insbesondere die zutreffende Beurteilung der **Aktivierung des Schädigungs- und Tötungsverbots** (§ 44 Abs. 1 Nr. 1, Abs. 5 S. 2 Nr. 1 BNatSchG) erhebliche Schwierigkeiten in sich (vgl. nur *Agatz* ZUR 2020, 584 (591 f.)). Mit dem Gesetz zur Änderung des Bundesnaturschutzgesetzes vom 15.9.2017 (BGBl. I 3434) bestätigte der Gesetzgeber den zuvor in der Rechtsprechung entwickelten **„Signifikanzansatz"**, beließ aber im Unklaren darüber, unter welchen Voraussetzungen von einer die Signifikanzschwelle überschreitenden Erhöhung des Schädigungs- und Tötungsrisikos geschützter Individuen auszugehen ist. Das Bundesverfassungsgericht nahm dies schon im Jahre 2018 zum Anlass, daran zu erinnern, dass der Gesetzgeber Verwaltung und Gerichten im grundrechtsrelevanten Bereich nicht ohne weitere Maßgaben auf Dauer Entscheidungen in einem fachwissenschaftlichen „Erkenntnisvakuum" abverlangen kann, sondern auf längere Sicht zumindest für eine untergesetzliche Maßstabsbildung Sorge tragen muss (BVerfG NVwZ 2019, 52 LS 2).

3 Mit § 45b BNatSchG unternahm der Gesetzgeber nun erste Schritte, um dem verfassungsrechtlichen Postulat zu genügen. Während das Profil des artenschutzrechtlichen

Schädigungs- und Tötungsverbots durch § 45b Abs. 1-5 BNatSchG geschärft wird, werden in Absatz 6 fachlich anerkannte Schutzmaßnahmen sowie Schwellen benannt, bei deren Überschreitung die Anordnung einer temporären Abschaltung von Windenergieanlagen zum Schutz windkraftempfindlicher Arten als unzumutbar einzustufen ist. Zur Konkretisierung dieser Regelungen tragen die in den Anlagen 1 und 2 enthaltenen Vorgaben bei, die Bereiche zur Prüfung bei kollisionsgefährdeten Brutvogelarten umfassen, fachlich anerkannte Schutzmaßnahmen benennen sowie Begriffsbestimmungen und Rechenformeln enthalten, anhand derer ua die Schwelle der Zumutbarkeit berechnet werden kann. Im Anschluss an das **„Eckpunktepapier"** des BMUV und des BMUK vom 4.4.2022 (https://www.bmuv.de/fileadmin/Daten_BMU/Download_PDF/Artenschutz/eckpunkte_windenergie_land_artenschutz_bf.pdf) begründet § 45b Abs. 7 BNatSchG das Verbot der Anbringung von Nisthilfen im Umfeld von Windenergieanlagen sowie in planerisch für die Windkraftnutzung ausgewiesenen Gebieten. § 45b Abs. 8 BNatSchG enthält Maßgaben für die Erteilung der sich auf § 45 Abs. 7 BNatSchG gründenden Ausnahmen von artenschutzrechtlichen Verboten, während Absatz 9 den „Basisschutz" umschreibt, der auch im Falle der Erteilung einer Ausnahme zu gewährleisten ist.

B. Normative Konkretisierung artenschutzrechtlicher Verbote

Die korrekte Anwendung der Zugriffsverbote des § 44 Abs. 1, 5 BNatSchG erweist sich als ein anspruchsvolles Unterfangen. Die Vorschriften setzen naturschutzfachliche Beurteilungen voraus, für die in den einschlägigen ökologischen Fachwissenschaften oftmals noch keine allseits anerkannten Maßstäbe und Methoden entwickelt wurden. Um behördliche Entscheidungen im **„fachwissenschaftlichen Erkenntnisvakuum"** zu vermeiden, hält § 45b Abs. 1 bis 5 BNatSchG normative Beurteilungsmaßstäbe bereit, die die Anwendung artenschutzrechtlicher Verbote erleichtern. 4

Der hiermit erreichte Stand der normativen Konkretisierung ist noch vergleichsweise begrenzt. § 45b Abs. 1-5 BNatSchG betreffen einzig das sich mit dem Betrieb von Windenergieanlagen verbindende Tötungs- und Verletzungsrisiko kollisionsgefährdeter Brutvögel, während für die nicht minder gefährdeten **Fledermäuse** sowie **ziehende Vögel** keine Regelung getroffen wurde (BT-Drs. 20/2354, 25). Bestimmungen, die Auskunft über nachweislich wirksame Maßnahmen zur Vermeidung **baubedingter Schädigungen** geschützter Individuen (z.B. Wildkatze, Luchs, Haselmaus) geben (exemplarisch VGH Kassel NVwZ-RR 2022, 494 (496 f.)), sucht der Rechtsanwender vergebens. Ebenso wenig informieren die neuen Regelungen darüber, welche Vogelarten im Sinne des § 44 Abs. 1 Nr. 2 BNatSchG **störungsempfindlich** sind und welche Abstände sie von Windenergieanlagen bei der Brutansiedlung oder während der Zug- und Überwinterungsphasen einhalten (hierzu OVG Münster BeckRS 2022, 15996 Rn. 32 ff.). Mag der Beitrag, den § 45b Abs. 1 bis 5 BNatSchG zur Vereinfachung und Beschleunigung der Genehmigungsverfahren erbringt, auch nicht gering zu achten sein, wurde der verfassungsrechtliche Auftrag zur Konkretisierung der artenschutzrechtlichen Zugriffsverbote doch in einem sehr begrenztem Umfang erfüllt. 5

C. Normative Konkretisierung des Schädigungs- und Tötungsverbots

Immerhin schärft § 45b Abs. 1-5 BNatSchG das Profil des Tötungs- und Verletzungsverbots (§ 44 Abs. 1 Nr. 1, Abs. 5 S. 2 Nr. 1 BNatSchG), mit dem es – vorbehaltlich einer zugelassenen Ausnahme – nicht vereinbar ist, wenn der Betrieb einer Windenergieanlage 6 das Risiko der Tötung von Individuen kollisionsgefährdeter Vogelarten in signifikanter Weise erhöht, ohne dass dies durch fachlich anerkannte Schutzmaßnahmen vermieden wird (→ § 44 Rn. 51 f.). Daran anknüpfend entfaltet § 45b Abs. 1-5 BNatSchG ein System gestaffelter, **brutplatzbezogener Abstandsvorgaben**, die für die Beurteilung der Signifikanz der Erhöhung des Kollisionsrisikos der in Anhang 1 Abschnitt 1 bezeichneten Brutvogelarten maßgeblich sind. Welche **Schutzmaßnahmen** im Sinne des § 44 Abs. 5 S. 2 Nr. 1 BNatSchG fachlich anerkannt und in welchen Grenzen temporäre Abschaltungen von WEA zumutbar sind, wird in Absatz 6 des § 45b BNatSchG normativ festgelegt.

I. Kollisionsgefährdete Brutvögel

7 Den zentralen Bezugspunkt für die Anwendung der Vorschriften bildet die in Anlage 1 Abschnitt 1 enthaltene **Liste kollisionsgefährdeter Brutvogelarten**, die lediglich 15 Arten umfasst. In der Gesetzesbegründung wird diese Liste als abschließend gekennzeichnet (BT-Drs. 20/2354, 25; *Faller* Rechtsgutachten, S. 8), indessen findet dies im Wortlaut des § 45b Abs. 1 BNatSchG keinen Rückhalt. Dort wird angeordnet, dass „für Exemplare kollisionsgefährdeter Brutvogelarten im Umfeld ihrer Brutplätze" die Maßgaben der Absätze 2 bis 5 gelten. Dagegen ist keine Rede davon, dass „nur" die in Anlage 1 Abschnitt 1 genannten Brutvogelarten kollisionsempfindlich wären oder die behördliche Prüfung der Aktivierung des Verletzungs- und Tötungsverbots ausschließlich in Fällen einer betriebsbedingten Betroffenheit der in Anlage 1 Abschnitt 1 aufgeführten Brutvögel vorzunehmen wäre. Ein derartiges Verständnis hätte zur Konsequenz, dass zahlreichen weiteren Vogelarten, die ihres artspezifischen Verhaltens wegen durch den Betrieb von Windenergieanlagen gefährdet werden und nach dem aktuellen Stand der fachwissenschaftlichen Erkenntnis kollisionsempfindlich sind (Zusammenstellung bei *BfN* Methodenvorschlag S. 11 f., Tabelle 2; *Bernotat & Dierschke* Arbeitshilfe Kollisionsgefährdung S. 27 Tabelle 12-8), der Schutz des § 44 Abs. 1 Nr. 1, 5 S. 2 Nr. 1 BNatSchG entzogen würde. Da die natürlichen Lebensgrundlagen nicht bloß durch die Klima-, sondern zugleich auch durch die Biodiversitätskrise bedroht werden, und das erklärte Ziel des Gesetzgebers darin besteht, zügige und rechtssichere Genehmigungsverfahren **ohne Absenkung des ökologischen Schutzniveaus** zu erreichen (BT-Drs. 20/2354, 1), liefe es dem Regelungszweck zuwider, wenn kollisionsempfindliche Brutvögel, die in Anlage 1 Abschnitt 1 nicht erwähnt werden, den negativen Auswirkungen des Betriebs von Windenergieanlagen schutzlos preisgegeben würden.

8 Das gilt umso mehr, als dies mit dem **Artenschutzrecht der Europäischen Union** in Widerstreit geriete (ebenso *Frenz*, EnVZ 2022, 452 (454); *Rieger* UPR 2022, 453 (456) a.A. OVG Münster BeckRS 2022, 38652 Rn. 170). Wäre die in Anlage 1 Abschnitt 1 des Gesetzes enthaltene Liste kollisionsgefährdeter Brutvögel als abschließend zu verstehen, liefe dies der durch Art. 5 Buchst. a VRL begründeten Pflicht zuwider, vermöge derer die Mitgliedstaaten einen vollständigen und wirksamen Rechtsrahmen zu schaffen haben (vgl. EuGH ECLI:EU:C:2018:255 Rn. 252 m.w.N), der sicherstellt, dass die absichtliche Tötung sämtlicher Vögel der europäischen Arten – vorbehaltlich zugelassener Ausnahmen (Art. 9 Abs. 1 VRL) – unterbunden wird. Da das unionsrechtliche Merkmal der Absichtlichkeit erfüllt ist, wenn die Tötung geschützter Individuen zumindest in Kauf genommen wird (EuGH ECLI:EU:C:2006:329 Rn. 71), dürfen Windenergieanlagen nur unter strikter Wahrung der sich aus Art. 9 Abs. 1 VRL ergebenden Anforderungen zugelassen werden, wenn ihr Betrieb das Tötungsrisiko in einer deutlich wahrnehmbaren und in diesem Sinne signifikanten Weise erhöht. Das schließt es nicht aus, das Tötungsverbot auf Exemplare jener Vogelarten zu beschränken, die tatsächlich kollisionsgefährdet sind, indessen liefe es den unionsrechtlichen Regelungsvorgaben zuwider, diesen Vogelarten den Schutz

des Art. 5 Buchst. a VRL vorzuenthalten bzw. zu entziehen und auf diesem Wege die Prüfung der in Art. 9 Abs. 1 VRL genannten Ausnahmevoraussetzungen zu umgehen.

Abgesehen von den eingangs genannten Erwägungen (→ Rn. 7) nötigt die Pflicht zur **richtlinienkonformen Interpretation** daher dazu, § 45b BNatSchG in der Weise auszulegen, dass die in Anlage 1 Abschnitt 1 enthaltene **Liste kollisionsgefährdeter Brutvögel nicht abschließend** ist. Abschließend festgelegt werden in den Absätzen 2 bis 5 lediglich die Kriterien, anhand derer die Aktivierung der Verbotsfolge des § 44 Abs. 1 Nr. 1, Abs. 5 S. 2 Nr. 1 BNatSchG zu beurteilen ist, wenn Brutvögel der in Anlage 1 Abschnitt 1 genannten Arten betroffen sein können. Dagegen hat es bei den dort nicht genannten kollisionsgefährdeten Brutvögeln, zu denen neben einigen vom Aussterben bedrohten Vogelarten (Uferschnepfe, Bekassine, Großtrappe) auch der Mäusebussard zählt (vgl. OVG Lüneburg Beschl. v. 24.9.2021 – 12 ME 45/21, juris Rn. 113; VG Gießen NuR 2020, 206 (210); *Gellermann* NuR 2020, 178 (179); *Heß* Stellungnahme, A-Drs. 20(16)71, 9; *Sprötge/Sellmann/Reichenbach* Windkraft Vögel Artenschutz, 2018, S. 189; a.A. *Bernotat/Dierschke* Arbeitshilfe Kollisionsgefährdung, S. 19), sein Bewenden damit, dass die Verwaltungspraxis ihre Entscheidung auch weiterhin ohne normative Konkretisierung in Anwendung des § 44 Abs. 1 Nr. 1, Abs. 5 S. 2 Nr. 1 BNatSchG zu treffen hat (ebenso *WPKS*, Beschleunigungsgesetzgebung, S. 12; *Schlacke/Wentzien/Römling*, NVwZ 2022, 1577 (1580)). 9

II. Gestaffeltes System brutplatzbezogener Abstandsvorgaben

Sofern der Träger eines Windkraftprojekts keine wirksamen Vermeidungsmaßnahmen vorsieht, wird die für die Aktivierung des Schädigungs- und Tötungsverbots maßgebliche **Signifikanzschwelle** überschritten, wenn das räumliche Umfeld des Standortes einer Windenergieanlage von kollisionsempfindlichen Vögeln häufig frequentiert wird (vgl. nur BVerwG NVwZ 2017, 1294 Rn. 84; NuR 2018, 625 Rn. 11; BeckRS 2020, 1633 Rn. 5). Einen die maßgebliche Intensität der Raumnutzung betreffenden Schwellenwert (z.B. Anzahl der Flüge im Gefahrenbereich in Relation zur Beobachtungsdauer) legt § 45b BNatSchG nicht fest. Diesbezüglich soll ausweislich des § 74 Abs. 6 BNatSchG eine **probabilistische Methode** zur Berechnung der Kollisionswahrscheinlichkeit geprüft werden, deren Nutzbarkeit allerdings begrenzt sein dürfte (eingehend *Wulfert/Lau/Köstermeyer* NuR 2022, 441 (445 ff.). Wohl nicht zuletzt deshalb hat der Gesetzgeber es einstweilen bei der Etablierung **dreifach gestufter Abstandsvorgaben** belassen, die zwischen einem „Nahbereich" im direkten Umfeld des Brutplatzes, einem „zentralen Prüfbereich" und einem „erweiterten Prüfbereich" unterscheiden. 10

1. Der Nahbereich des Horstes. In dem in Anlage 1 Abschnitt 1 Spalte 2 definierten Nahbereich im direkten Umfeld des Horstes einer der dort genannten Brutvogelarten ist die Signifikanzschwelle kraft der Anordnung des § 45b Abs. 2 BNatSchG stets überschritten. Die Vorschrift begründet die **unwiderlegliche gesetzliche Vermutung** (ebenso *Rieger* UPR 2022, 453 (455)), dass der Betrieb einer Windenergieanlage innerhalb dieser engeren Horstzone in jedem Fall und unabhängig von etwaigen Vermeidungsmaßnahmen die Verbotsfolge des § 44 Abs. 1 Nr. 1, Abs. 5 S. 2 Nr. 1 BNatSchG auslöst. Der Gesetzgeber trägt damit der fachwissenschaftlichen Erkenntnis Rechnung, dass es innerhalb einer engeren Zone um den Horst schon wegen des Territorialverhaltens der Vögel und der häufigen horstnahen Flüge zu einem sehr hohen und selbst durch Vermeidungsmaßnahmen nicht hinreichend zu reduzierenden Kollisionsrisiko kommt (BT-Drs. 20/2354, 32). Auch wenn der Betrieb einer Windenergieanlage in dieser Zone stets mit dem Zugriffsverbot in Konflikt gerät, ist der Nahbereich dennoch keine „absolute Tabuzone", indessen dürften Windenergieanlagen dort nur zugelassen werden, wenn zu 11 ihren Gunsten eine artenschutzrechtliche Ausnahme erteilt werden kann. § 45b Abs. 2 BNatSchG schafft daher schnell Rechtsklarheit und trägt zur Vereinfachung des Vollzuges bei, weil die Ermittlung der Horste und ihres Abstandes zum Standort einer WEA keinen sonderlichen Zeit- und Arbeitsaufwand erfordert.

12 § 45b Abs. 2 BNatSchG stellt auf den Abstand zwischen dem Brutplatz und der Windenergieanlage ab, besagt aus sich heraus aber nicht, ob es dabei auf die Entfernung zwischen der Niststätte und dem Anlagenturm oder der Distanz zwischen dem Brutplatz und der Spitze des Rotors ankommt. Letzteres hätte an sich nahegelegen, weil Vögel regelmäßig nicht am Mast, sondern an den Rotoren zu Tode kommen. In einer Sternchenfußnote der in Anlage 1 Abschnitt 1 enthaltenen Tabelle wird dagegen klargestellt, dass der **Abstandsbereich stets vom Mastfußmittelpunkt** aus bemessen wird. Da der Radius der Rotoren moderner Windenergieanlagen mittlerweile 80 m und mehr beträgt (z.B. Vestas V162, Nordex N175, Enercon E160), ist der Nahbereich bei den in der Tabelle aufgeführten Arten geringer, als dies auf den ersten Blick den Anschein hat.

13 Die sich zudem aufdrängende Frage, ob sich § 45b Abs. 2 BNatSchG nur auf aktuell von kollisionsgefährdeten Vögeln besetzte Brutplätze oder auch auf **Ausweichnester (Wechselhorste)** bezieht, ist in letztgenanntem Sinne zu beantworten (*Gellermann* NuR 2022, 589 (592)). Die Vorschrift betrifft das Tötungsrisiko *„der den Brutplatz nutzenden Exemplare"*, besagt aber eben nicht, dass der Horst in der zeitlichen Phase des Genehmigungsverfahrens besetzt sein müsste. Da Wechselhorste in der Praxis nicht anders als aktuell besetzte Horste behandelt werden und kein Anhaltspunkt dafür ersichtlich ist, dass der Bundesgesetzgeber dies in Frage stellen wollte, ist § 45b Abs. 2 BNatSchG auch auf unbesetzte Horste anzuwenden, wenn mit deren Wiederbesetzung während der Betriebsphase der Anlage zu rechnen ist.

14 **2. Die Prüfbereiche.** Um die artenschutzrechtlichen Verbote handhabbar zu machen, entsprach es der bisherigen Praxis, im Anschluss an Empfehlungen der Fachwissenschaft (z.B. *LAG VSW* Ber. Vogelschutz 51 (2014), 15 (18) – **„Helgoländer Papier"**) zwischen einem Mindestabstand und einem Prüfbereich zu unterscheiden. Vergleichbare Vorstellungen haben in § 45b Abs. 3 und 4 BNatSchG ihren Niederschlag gefunden, zumal dort zwischen einem zentralen und einem erweiterten Prüfbereich unterschieden wird, die dem Nahbereich räumlich vorgelagert sind und artspezifisch in Anlage 1 Abschnitt 1 festgelegt werden.

15 **a. Abweichung von Abstandsempfehlungen der Fachwissenschaft.** Bei einem Vergleich der fachwissenschaftlich vorgesehenen Abstände mit den nunmehr normativ festgelegten Prüfbereichen fällt auf, dass die in Anlage 1 Abschnitt 1 genannten Bereiche mitunter deutlich hinter den **Empfehlungen der ornithologischen Wissenschaft** zurückbleiben. Während der zentrale Prüfbereich bei einigen Arten mit den fachwissenschaftlich empfohlenen Mindestabständen übereinstimmt (z.B. Fischadler, Schwarzmilan, Wespenbussard) und bei anderen Arten (z.B. Rotmilan, Baumfalke) nur geringfügig reduziert wurde, wird er bei der vom Aussterben bedrohten Kornweihe und dem in gleicher Weise gefährdeten Schreiadler um 50 % reduziert. Welche Gründe den Gesetzgeber dazu bewogen haben, gerade bei diesen vom Aussterben bedrohten Vogelarten eine drastische Kürzung des Abstandes vorzunehmen, ist der Gesetzesbegründung nicht zu entnehmen.

16 Dennoch bietet die **Abweichung von den fachwissenschaftlich empfohlenen Mindestabständen** im Ergebnis keinen Anlass zu unionsrechtlicher Beanstandung. Die Gegenauffassung, die auf eine Verfehlung des Maßstabes der „besten verfügbaren wissenschaftlichen Erkenntnisse" erkennt (*Faller*, Rechtsgutachten, S. 14), lässt unberücksichtigt, dass der Gerichtshof der Europäischen Union diesbezügliche Anforderungen ausschließ-

lich an die Erteilung artenschutzrechtlicher Ausnahmen von den Verboten des Art. 12 Abs. 1 FFH-RL bzw. des Art. 5 VRL stellt (EuGH ECLI:EU:C:2019:851 Rn. 51; ECLI:EU:C:2020:458 Rn. 58; ECLI:EU:C:2021:211 Rn. 68). Der Schluss, dass die Mitgliedstaaten genötigt wären, schon die Aktivierung der Verbotsfolge vom besten verfügbaren wissenschaftlichen Erkenntnisstand abhängig zu machen, findet in der Rechtsprechung des Gerichtshofs keinen Rückhalt. Davon abgesehen sind die Mitgliedstaaten selbst bei unionsrechtlich zugelassenen Ausnahmen von artenschutzrechtlichen Verboten wohl zur „Berücksichtigung", nicht aber zur Beachtung des besten Standes der wissenschaftlichen Erkenntnis verpflichtet. Unionsrechtliche Bedenken erscheinen auch deshalb unberechtigt, weil die Aktivierung des Verletzungs- und Tötungsverbots im zentralen Prüfbereich vermutet wird, während die gegenläufige Vermutung im erweiterten Prüfbereich der Widerlegung im Einzelfall zugänglich ist. Zieht man überdies in Betracht, dass sich die ornithologische Fachwissenschaft darauf beschränkt hat, Empfehlungen für einzuhaltende Mindestabstände zu erteilen, die einer Anpassung an landesspezifische Gegebenheiten zugänglich (*LAG VSW* Ber. Vogelschutz 51 (2014), 15 (16)) und zudem in mancher Hinsicht vorsorgeorientiert sind, lässt auch dies den Schluss zu, dass eine Reduzierung der Abstände nicht gleichsam automatisch ins unionsrechtliche Abseits führt.

b. Der zentrale Prüfbereich. Befindet sich eine Windenergieanlage mit dem Mittelpunkt des Mastfußes (→ Rn. 12) in dem zentralen Prüfbereich, der dem Nahbereich räumlich vorgelagert ist und artspezifisch in Anlage 1 Abschnitt 1 Spalte 3 festgelegt wird, bestehen nach § 45b Abs. 3 BNatSchG in der Regel Anhaltspunkte für eine signifikante Erhöhung des Tötungsrisikos. 17

aa. Gesetzliche Vermutung der Aktivierung des Schädigungs- und Tötungsverbots. Die Formulierung der Vorschrift ist unglücklich, zumal die Verbotsfolge des § 44 Abs. 1 Nr. 1, Abs. 5 S. 2 Nr. 1 BNatSchG nicht bereits durch in diese Richtung weisende Anhaltspunkte, sondern erst dann aktiviert wird, wenn das Kollisionsrisiko tatsächlich in signifikanter Weise erhöht ist (*Heß* Stellungnahme, A-Drs. 20(16)71, 10). Mit Rücksicht auf den systematischen Zusammenhang zwischen den Absätzen 2 bis 4 und die gestufte Abfolge der normativen Anordnungen erschließt sich jedoch mit hinreichender Deutlichkeit, dass § 45b Abs. 3 BNatSchG für den zentralen Prüfbereich eine **gesetzliche Vermutung** der Überschreitung der Signifikanzschwelle begründet, die aber im Unterschied zu der Vermutung des Absatzes 2 widerlegt werden kann (*Rieger* UPR 2022, 453 (455)). 18

bb. Wiederlegung durch Habitat- und Raumnutzungsanalyse. Soll eine Windenergieanlage innerhalb des zentralen Prüfbereichs errichtet werden, kann die auf eine Aktivierung des Zugriffsverbots weisende Vermutung nach § 45b Abs. 3 Nr. 1 BNatSchG zunächst durch eine vom Träger des Vorhabens nach Maßgabe des § 4 Abs. 2 der 9. BImSchV vorzulegende **Habitatpotenzialanalyse (HPA)** widerlegt werden. Damit geht eine deutliche Reduzierung des Untersuchungsaufwandes einher, zumal es sich bei einer HPA um eine Untersuchung handelt, die sich darauf beschränkt, die potenzielle Habitateignung und -bedeutung, aber auch die mangelnde Eignung von Flächen und Räumen für eine Brutvogelart auf Basis einer möglichst standardisierten Ermittlung und Abschätzung arttypischer Habitattypen, Habitatstrukturen und sonstiger Habitatparameter im Raum zu analysieren (*BfN* Methodenvorschlag, S. 15). Die konkreten Standards, von deren Wahrung es abhängt, ob eine HPA geeignet ist, den zur Widerlegung der gesetzlichen Vermutung erforderlichen vollen Beweis des Gegenteils zu erbringen, haben keine normative Regelung erfahren. Insoweit hat der Gesetzgeber es damit sein Bewenden 19 haben lassen, die Bundesregierung zu ermächtigen, die Anlage 1 um die an eine HPA zu stellenden Anforderungen zu ergänzen (§ 54 Abs. 10c BNatSchG).

20 Die Aussagekraft derartiger Untersuchungen ist namentlich dann begrenzt, wenn auf ihrer Grundlage Aussagen zum Raumnutzungsverhalten von Generalisten und Nahrungsopportunisten (z.B. Rotmilan) getroffen werden sollen, die keine besonderen Habitatpräferenzen erkennen lassen (*Wulfert/Lau/Köstermeyer* NuR 2022, 441 (443)). Die gesetzliche Vermutung auf der Grundlage der Ergebnisse einer HPA zu widerlegen, dürfte daher auf **Ausnahmefälle** beschränkt bleiben. Die hiermit einhergehende Verringerung des dem Vorhabenträger abverlangten Untersuchungsaufwandes hat ihren Preis, der zumeist darin bestehen wird, dass die Vermutung der Überschreitung der Signifikanzschwelle durch eine HPA nicht widerlegt werden kann.

21 Wohl nicht zuletzt deshalb hat der Gesetzgeber die in der Praxis auch schon bisher übliche **Raumnutzungsanalyse (RNA)** als ein weiteres Mittel zur Widerlegung der gesetzlichen Vermutung vorgesehen, die allerdings nur auf **Verlangen** des Vorhabenträgers durchzuführen ist. Diese Regelung entlastet den Vorhabenträger, der nicht mehr genötigt ist, die arbeitsaufwändigen Untersuchungen selbst vorzunehmen bzw. zu beauftragen. Stattdessen kann er sich darauf beschränken, die Erstellung einer RNA zu verlangen, die dann von der Behörde bzw. in deren Auftrag durchzuführen ist (*Heß* Stellungnahme A-Drs. 20(16) 71, 11; *Rieger* UPR 2022, 453 (455)). Die Mühe, womöglich auf freiwilliger Basis eine RNA den Antragsunterlagen beizufügen, kann sich der Vorhabenträger ersparen, weil eine von ihm beauftragte Untersuchung zur Widerlegung der gesetzlichen Vermutung von vornherein ungeeignet ist.

22 Es mag ungewohnt erscheinen, wenn der Behörde die Aufgabe zur Erstellung einer RNA überantwortet wird, indessen sieht sich dies mit Blick auf das unionsrechtliche **Verursacherprinzip** (Art. 191 Abs. 2 S. 2 AEUV) keinen Bedenken ausgesetzt (so aber *Faller* Rechtsgutachten, S. 17), zumal hier nicht die Vermeidung oder Beseitigung von Umweltbelastungen (vgl. hierzu nur *Epiney* Umweltrecht der Europäischen Union, 4. Aufl. 2019 Kap. 5 Rn. 27 ff.), sondern die Feststellung in Rede steht, ob derartige Belastungen durch den Anlagenbetrieb hervorgerufen werden können. Der Vorteil dieser Regelung besteht darin, dass die Behörde den Fachgutachter auswählt, der mit der Aufgabe zur Erstellung einer RNA nach den behördlichen Vorgaben betraut wird. Da die Behörde auf die Sachkunde und Neutralität des Fachgutachters achtet (*Czajka* in Feldhaus Bundesimmissionsschutzrecht, 59. Update 2021/22 § 13 der 9. BImSchV Rn. 49; → *Dietlein* BImSchG § 13 der 9. BImSchV Rn. 3), trägt die normative Gestaltung zur Verbesserung der Qualität und Verlässlichkeit der Ergebnisse der RNA bei. Das mindert nicht bloß die Streitanfälligkeit der Genehmigungsentscheidungen, sondern verbessert zugleich die praktische Wirksamkeit des unionsbasierten Schädigungs- und Tötungsverbots.

23 **cc. Risikominderung durch fachlich anerkannte Schutzmaßnahmen.** Kann die gesetzliche Vermutung des § 45b Abs. 3 BNatSchG durch eine HPA oder eine auf Verlangen des Vorhabenträgers durchgeführte RNA nicht widerlegt werden, wird die Signifikanzschwelle dennoch nur überschritten, wenn die entsprechende Risikoerhöhung nicht durch **fachlich anerkannte Schutzmaßnahmen** in hinreichender Weise gemindert werden kann (§ 45b Abs. 3 Nr. 2 HS 1 BNatSchG). Ausweislich des § 45b Abs. 6 S. 1 BNatSchG sind insbesondere die in Anlage 1 Abschnitt 2 genannten Schutzmaßnahmen fachlich anerkannt, zu denen neben kleinräumigen Verlagerungen des Anlagenstandortes („Micro-Siting“) der Einsatz von Antikollisionssystemen, die temporäre Abschaltung bei bestimmten landwirtschaftlichen Bewirtschaftungsereignissen, die Anlage attraktiver Ausweichnahrungshabitate, die Gestaltung des Maßfußbereichs und die phänologiebedingte Abschaltung gehören.

Dem schließt sich zwangsläufig die Frage an, wann und unter welchen Voraussetzungen der Einsatz solcher Schutzmaßnahmen zu einer hinreichenden Absenkung des signifikant erhöhten Schädigungs- bzw. Tötungsrisikos führt. Diese Frage beantwortet § 45b Abs. 3 Nr. 2 HS 2 BNatSchG in der Weise, dass „in der Regel" von einer hinreichenden Minderung des erhöhten Risikos auszugehen ist, wenn entweder Antikollisionssysteme genutzt, Abschaltungen bei landwirtschaftlichen Ereignissen angeordnet, attraktive Ausweichnahrungshabitate angelegt oder phänologische Abschaltungen angeordnet werden. Die Vorschrift erweckt den Eindruck, als genügte im Regelfall der Einsatz einer der sich dem Wortlaut nach als Alternativen darstellenden Schutzmaßnahmen, um ein Überschreiten der Signifikanzschwelle auszuschließen (OVG Münster BeckRS 2022, 38652 Rn. 135). Schon die **Beschreibungen in Anlage 1 Abschnitt 2** lassen indes erkennen, dass die in § 45b Abs. 3 Nr. 2 HS 2 genannten Schutzmaßnahmen keineswegs jeder Vogelart gleichermaßen Schutz bieten und es offensichtlich auch nicht genügt, wenn eine Maßnahme isoliert eingesetzt wird. Wenn – wie sich aus der entsprechenden Beschreibung ergibt – der Wespenbussard durch die Anordnung einer Abschaltung bei landwirtschaftlicher Flächenbewirtschaftung nicht profitiert, kann eine diesbezügliche Anordnung die gesetzliche Regelvermutung naturgemäß nicht auslösen. Die Maßnahmenbeschreibung lässt erkennen, dass „attraktive Ausweichnahrungshabitate" auch nur „ergänzend zu weiteren Maßnahmen" eingesetzt werden können; die durch § 45b Abs. 3 Nr. 2 HS 2 BNatSchG begründete Vermutung wird daher schon durch die vom Gesetz umfasste Maßnahmenbeschreibung widerlegt. Zieht man überdies in Betracht, dass ein nachweislich wirksames „Antikollisionssystem" aktuell nur für den Rotmilan existiert, in der Maßnahmenbeschreibung aber zugleich der Einsatz solcher Systeme im Testbetrieb erwähnt wird, deren Wirksamkeit noch nicht belegt ist, liegt auf der Hand, dass derartige Systeme zur Aktivierung der gesetzlichen Vermutung auch nicht geeignet sind (ebenfalls kritisch *Rieger* UPR 2022, 453 (457). Angesichts der skizzierten Unwägbarkeiten ist der Praxis schon um der Vermeidung rechtlicher Beanstandung willen anzuraten, über die Zulassung von Windenergieanlagen tunlichst nicht unter Rückgriff auf diese Regelvermutung zu entscheiden. 24

c. Der erweiterte Prüfbereich. Jenseits des zentralen Prüfbereichs befindet sich der erweiterte Prüfbereich, der in Anlage 1 Abschnitt 1 Spalte 4 für die dort genannten Brutvögel differenziert festgelegt wird und Bereiche umfasst, die sich – gemessen vom Mastfußmittelpunkt – in Entfernungen von 2.000 m (Weißstorch) bis 5.000 m (z.B. Seeadler, Schreiadler) befinden. 25

Stehen die Zeichen im zentralen Prüfbereich eher auf Aktivierung des Tötungsverbots, kehren sich die Verhältnisse im erweiterten Prüfbereich um. Nach § 45b Abs. 4 S. 1 BNatSchG ist das Verletzungs- und Tötungsrisiko in diesem Bereich **nicht signifikant erhöht**, es sei denn, die Aufenthaltswahrscheinlichkeit wäre aufgrund der artspezifischen Habitatnutzung oder funktionaler Beziehungen deutlich erhöht, ohne dass dem durch fachlich anerkannte Schutzmaßnahmen begegnet werden kann. Abgesehen davon, dass die räumliche Ausdehnung dieser Prüfbereiche hinter den Empfehlungen der Fachwissenschaft zurückbleibt, ohne dass erkennbar wäre, welche Gründe den Gesetzgeber dazu bewogen haben, verbindet sich mit der normativen Regelung keine wesentliche Änderung der rechtlichen Lage, zumal es auch schon bisher wegen der potenziellen Weite der von der Fachwissenschaft empfohlenen Prüfbereiche zumindest **greifbarer Anhaltspunkte** für die Notwendigkeit einer Prüfung außerhalb der Mindestabstände bedurfte (OVG Weimar NuR 2010, 368 (371); OVG Magdeburg NuR 2012, 196 (202); VGH Kassel NuR 2014, 371 (372)). 26

27 Die Vorschrift des § 45b Abs. 4 S. 1 BNatSchG stellt die Praxis vor Herausforderungen, die kaum zu bewältigen sein dürften. Verantwortlich zeichnet dafür der Umstand, dass zur Feststellung des Vorliegens eines Brutplatzes nach § 45b Abs. 4 S. 2 BNatSchG auf behördliche **Kataster und Datenbanken** zurückgegriffen werden soll, während Kartierungen des Vorhabenträgers nicht für erforderlich erklärt werden. Die Vorschrift geht zurück auf eine Empfehlung des Umweltausschusses des deutschen Bundestages, dem daran gelegen war, die Behörden anzuhalten, auf verfügbare Daten zurückzugreifen, um den Kartierungsaufwand des Vorhabenträgers zu verringern (BT-Drs. 20/2593, 2 und BT-Drs. 20/2658, 13). Dabei wurde übersehen, dass es keine behördlichen Kataster oder Datenbanken gibt, die über Brutplätze der in Anlage 1 Abschnitt 1 genannten Brutvögel informieren. Die Behörden werden daher auf andere Informationen zurückgreifen müssen, die ihnen ggf. von Seiten des ehrenamtlichen Naturschutzes, im Zweifel aber nicht flächendeckend zur Verfügung gestellt werden können. Die Regelung über den erweiterten Prüfbereich droht daher in der Praxis leer zu laufen. Das sieht sich aus unionsrechtlicher Perspektive Bedenken ausgesetzt, zumal die Mitgliedstaaten auch in Ansehung des Art. 5 VRL verpflichtet sind, einen vollständigen und wirksamen Rechtsrahmen zu erlassen und spezifische Schutzmaßnahmen zu ergreifen, die Gewähr dafür bieten, dass die Verbote tatsächlich beachtet werden (EuGH ECLI:EU:C:2018:255 Rn. 252). Eine nationale Regelung, die zur Folge hat, dass Genehmigungsbehörden in Ermangelung der erforderlichen Sachverhaltskenntnisse nicht beurteilen können, ob der Betrieb einer Windenergieanlage gegen das unionsbasierte Tötungsverbot verstößt, stellt deren praktische Wirksamkeit grundlegend in Frage und wird sich schwerlich als unionsrechtskonform bewerten lassen.

28 **d. Räume jenseits der Prüfbereiche.** Für Teile der Landschaft, die sich abseits der in Anlage 1 Abschnitt 1 festgelegten Prüfbereiche befinden, ordnet § 45b Abs. 5 BNatSchG an, dass das Tötungs- und Verletzungsrisiko der den Brutplatz nutzenden Exemplare dort nicht signifikant erhöht ist und Schutzmaßnahmen entbehrlich sind. Nicht anders als § 45b Abs. 2 BNatSchG begründet auch diese Vorschrift eine **unwiderlegliche Vermutung** (*Rieger* UPR 2022, 453 (456). Abgesehen von den erwähnten praktischen Schwierigkeiten, diese Bereiche der Landschaft zu identifizieren, wenn die Brutplätze schon für Zwecke der Anwendung des § 45b Abs. 4 BNatSchG nicht ermittelt werden können, begrenzt § 45b Abs. 5 BNatSchG den Anwendungsbereich des § 44 Abs. 1 Nr. 1, Abs. 5 S. 2 Nr. 1 BNatSchG in einer Weise, die im Unionsrecht keinen Rückhalt findet. Art. 5 Buchstabe a VRL kennt keine räumlichen Begrenzungen (*GA Kokott* ECLI:EU:C:2020:93 unter Hinweis auf EuGH NuR 2013, 718 Rn. 63), sondern erhebt einen **ubiquitären Geltungsanspruch.** Den Mitgliedstaaten ist es daher nicht gestattet, den räumlichen Anwendungsbereich der zur Umsetzung der unionsrechtlichen Vorgaben bestimmten nationalen Vorschriften zu verengen. Da § 45b Abs. 5 BNatSchG den unionsrechtlichen Regelungsvorgaben zuwiderläuft, darf die Vorschrift im behördlichen Vollzug mit Rücksicht auf den Vorrang des Unionsrechts nicht angewendet werden. Mag die praktische Relevanz des § 45b Abs. 5 BNatSchG auch begrenzt sein, ist doch daran zu erinnern, dass in der verwaltungsgerichtlichen Rechtsprechung bereits über Fälle befunden wurde, in denen sich intensiv genutzte Nahrungsflächen außerhalb der nunmehr in Anlage 1 Abschnitt 1 Spalte 4 festgelegten Prüfbereiche befanden (VGH Kassel NuR 2014, 371 (372); *Gellermann* NdsVBl. 2016, 13 (14)). Eine Anwendung des § 45b Abs. 5 BNatSchG in derartigen Fällen hätte daher mit dem Unionsrecht unvereinbare behördliche Entscheidungen zur Folge.

III. Schutzmaßnahmen und Zumutbarkeitsschwelle

Wie sich aus § 44 Abs. 5 S. 2 Nr. 1 BNatSchG, daneben aber auch aus § 45b Abs. 3 Nr. 2 und Abs. 4 S. 1 Nr. 2 BNatSchG ergibt, kann die Aktivierung des Schädigungs- und Tötungsverbots durch fachlich anerkannte Schutzmaßnahmen abgewendet werden. 29

1. Fachlich anerkannte Schutzmaßnahmen. Daran anknüpfend stellt § 45b Abs. 6 S. 1 BNatSchG klar, dass es sich „insbesondere" bei den in Anlage 1 Abschnitt 2 aufgeführten Handlungen und Aktivitäten um fachlich anerkannte Schutzmaßnahmen handelt. Indem der Gesetzgeber diese Maßnahmen als **fachlich anerkannt** kennzeichnet, werden die Genehmigungsbehörden der Aufgabe enthoben, im Einzelfall unter Rückgriff auf Fachkonventionen, Handlungsleitfäden oder sonstige Orientierungshilfen zu klären, ob sich die jeweilige Schutzmaßnahme der fachwissenschaftlichen Anerkennung erfreuen darf. Das mag als Vereinfachung erscheinen, indessen verbindet sich damit für den praktischen Vollzug ein allenfalls geringer Gewinn. Die Erkenntnis, dass die in Anlage 1 Abschnitt 2 aufgeführten Schutzmaßnahmen als fachlich anerkannt einzustufen sind, hilft nicht wesentlich weiter, wenn nicht zugleich **Mindestbedingungen** genannt werden, von deren Erfüllung die Wirksamkeit der Maßnahmen abhängt. So mag die Herstellung eines attraktiven Ausweichnahrungshabitats als Schutzmaßnahme für den Rotmilan genutzt werden können, indessen entbindet dies die Genehmigungsbehörde nicht von der Prüfung, ob deren Dimensionierung und Ausgestaltung im Einzelfall ausreicht, um den angestrebten Schutzeffekt tatsächlich zu entfalten. Der in der Maßnahmenbeschreibung enthaltene Hinweis, die Maßnahme wäre „artspezifisch in ausreichend großem Umfang" vorzunehmen, erleichtert die behördliche Entscheidung nicht, zumal das Spektrum der fachwissenschaftlichen Vorstellung beim Rotmilan von 5 Hektar/Brutpaar über 5 ha Grünland + 5 ha sonstige Nahrungsfläche bis zu 70 ha portionsweise zu mähende Luzerneflächen reicht (hierzu *Gellermann* NuR 2022, 589 (594) m.N.). Solange die Frage nach der konkreten Ausgestaltung der Schutzmaßnahmen nicht beantwortet wird, müssen die Behörden in jedem Einzelfall darüber befinden, ob die jeweilige Schutzmaßnahme nach Art und Umfang ihrer Ausgestaltung genügt, um ein signifikant erhöhtes Risiko in hinreichendem Umfang zu mindern. 30

2. Zumutbarkeit von Abschaltanordnungen. Da kollisionsempfindliche Tierarten direkt von den sich drehenden Rotoren geschlagen werden oder infolge des hinter den Rotorblättern auftretenden Druckabfalls und der Verwirbelungen zu Tode kommen (Barotrauma), erweist sich die Abschaltung der Anlagen während der Anwesenheitszeiten der betreffenden Tierarten als probates Mittel, um eine Aktivierung der Verbotsfolge des § 44 Abs. 1 Nr. 1, Abs. 5 S. 2 Nr. 1 BNatSchG auszuschließen. Nachtabschaltungen zum Schutz von Fledermäusen in der Zeit vom 1. April bis zum 31. Oktober gehören zum behördlichen Standardrepertoire; zum Schutz windkraftempfindlicher Greifvögel werden in der Praxis Anordnungen getroffen, die eine Tagabschaltung während der gesamten Brutperiode vorsehen (OVG Münster BeckRS 2021, 6850 Rn. 21). Konflikte mit dem Artenschutzrecht lassen sich auf diesem Wege verhindern, indessen gehen temporäre Abschaltungen naturgemäß mit einer – mehr oder weniger großen – Minderung der Energieerträge und der vom betroffenen Anlagenbetreiber angestrebten Gewinne einher. Um diese Einbußen in Grenzen zu halten, legt § 45b Abs. 6 S. 2 bis 4 BNatSchG eine Zumutbarkeitsschwelle fest, die nach Satz 5 der Bestimmung nur auf Verlangen des Trägers des Vorhabens überschritten werden darf. 31

Die behördliche Anordnung einer temporären Abschaltung von Windenergieanlagen „gilt" nach § 45b Abs. 6 S. 2 BNatSchG unter Berücksichtigung weiterer Schutzmaßnah- 32 men auch für andere Arten (z.B. Fledermäuse) als unzumutbar, soweit hierdurch der Jahresenergieertrag um mehr als 8% an einem windreichen Standort (§ 36h Abs. 1 S. 5 EEG) und an allen übrigen Standorten um mehr als 6% verringert wird. Die Berechnung vollzieht sich anhand der **Formeln in Nr. 2 der Anlage 2** (§ 45b Abs. 6 S. 3 BNatSchG), die sich auf den maximal zumutbaren Energieverlust (Z_{EV}), den prozentualen Anteil der Abschaltungen (Z_{ABS}) und die monetäre Zumutbarkeit der Maßnahmen (Z_{MO}) beziehen. Angerechnet werden dabei Investitionskosten für Schutzmaßnahmen ab 17.500 €/MW. Übersteigt der anhand der Formel in Nr. 2.2 errechnete prozentuale Anteil der Abschaltungen zum Schutz von Fledermäusen und Vögeln den als Prozentwert im Verhältnis zum **Jahresenergieertrag** ausgedrückten Schwellenwert von 8% bzw. 6%, gelten die Abschaltungen als unzumutbar (Nr. 2.2 S. 5 der Anlage 2). Aber selbst wenn eine im Einzelfall erforderliche Abschaltung den Jahresenergieertrag an einem windreichen Standort um weniger als 8% bzw. an einem weniger ertragsstarken Standort um weniger als 6% reduziert, ist dennoch nur auf eine Zumutbarkeit zu erkennen, wenn die **finanziellen Einbußen** des jeweiligen Betreibers sich anhand einer Berechnung der in Nr. 2.3 genannten Formel als zumutbar erweisen. Anders als § 45b Abs. 6 S. 2 BNatSchG nahelegt, sind neben der Minderung des Jahresenergieertrages auch die reduzierten Gewinnerwartungen des Vorhabenträgers sowie die für sonstige Schutzmaßnahmen aufgewendeten Kosten für die Ermittlung der Zumutbarkeitsschwelle von Belang.

33 Die Formeln sind überaus komplex und litten in ihrer Ursprungsfassung auch noch an Mängeln, denen der Gesetzgeber zwischenzeitlich mit dem Erlass des Zweiten Gesetzes zur Änderung des Elektro- und Elektronikgerätegesetzes (BGBl. 2022 I 2240) abgeholfen hat. Das ändert allerdings nichts daran, dass sich die Genehmigungsbehörden vor neue Herausforderungen gestellt sehen, wenn sie die Zumutbarkeit von Abschaltanordnungen anhand von Rechenformeln ermitteln müssen. Um deren Anwendung zu erleichtern, wurde zwischenzeitlich eine Anwendungshilfe (Rechentool Version V1.0) sowie eine Kurzinformation (Stand: November 2022) erstellt, die im Internet unter der Adresse https://www.fachagentur-windenergie.de/themen/natur-und-artenschutz/anwendungshilfe-zu-anlage-2-des-bundesnaturschutzgesetzes/ abgerufen werden kann (*Lukas* Naturschutz und Landschaftsplanung 2022, 38 (39)). Die Anwendung des Rechentools mag zur Entlastung der Behörden beitragen, entbindet sie aber nicht davon, in jedem Einzelfall gesondert zu prüfen, ob die Schwelle der Zumutbarkeit tatsächlich überschritten ist, und enthebt sie auch nicht der Verantwortung für die zu treffende Entscheidung.

34 Wird die normativ festgelegte **Schwelle der Zumutbarkeit** im Einzelfall überschritten, ist es der Behörde versagt, die als unzumutbar geltende Abschaltung anzuordnen, es sei denn, der Träger des Vorhabens würde dies verlangen (§ 45b Abs. 6 S. 5 BNatSchG; hierzu *Lukas* Naturschutz und Landschaftsplanung 2022, 38 (39)). Sieht der Vorhabenträger davon ab und kann das erhöhte Risiko nicht auf andere Weise als durch eine temporäre Abschaltung unter die Signifikanzschwelle abgesenkt werden, darf eine Genehmigung vorbehaltlich der Zulassung einer sich auf § 45 Abs. 7 i.V.m. § 45b Abs. 8 BNatSchG gründenden Ausnahme nicht erteilt werden. Eine derartige Abweichung von dem Verbot kommt aus unionsrechtlichen Gründen allerdings nur in Frage, wenn es „keine anderweitige zufriedenstellende Lösung" gibt (Art. 9 Abs. 1 VRL, Art. 16 Abs. 1 FFH-RL). Dies erfordert einen Vergleich verschiedener in Frage kommender Lösungen, der unter Einbezug der besten verfügbaren Techniken mit dem Ziel vorzunehmen ist, diejenige Option zu bestimmen, „die als im größten Maße zufriedenstellend erscheint" (EuGH ECLI:EU:C:2021:211 Rn. 37, 39). Da die Ausnahmeregelungen restriktiv auszulegen sind (EuGH, ECLI:EU:C:2018:477 Rn. 47; ECLI:EU:C:2021:211 Rn. 29), begründen sie ein **strikt beachtliches Vermeidungsgebot** (→ § 45 Rn. 29; OVG Lüneburg Urt. v. 5.7.2022 – 12 KS 121/21, juris Rn. 93; *Müller-Walter* in Lorz/Konrad/Mühlbauer/

Müller-Walter/Stöckel § 44 Rn. 16), das im Grundsatz der Verhältnismäßigkeit seine Grenzen findet (vgl. *GA Kokott* ECLI:EU:C:2006:752 Rn. 24; ECLI:EU:C:2019:394 Rn. 47). Lassen sich daher mit artenschutzrechtlichen Verboten unvereinbare Beeinträchtigungen mit zumutbarem Aufwand vermeiden, kommt die Erteilung einer Ausnahme von dem betreffenden Verbot nicht in Frage. Dabei hängt das Maß der zumutbaren Vermeidungsanstrengungen nicht allein von wirtschaftlichen Einbußen, sondern gerade auch von dem sich damit verbindenden **Gewinn für den Schutz der betreffenden Arten** ab.

Genau diesem Umstand trägt § 45b Abs. 6 S. 2 bis 4 BNatSchG nicht Rechnung, weil 35
sich die Zumutbarkeitsschwelle danach ausschließlich anhand des reduzierten Jahresenergieertrages und den wirtschaftlichen Einbußen der Vorhabenträger orientiert. Dagegen wird dem Umstand keine Bedeutung beigemessen, ob die Abschaltung dem Schutz einer vom Aussterben bedrohten Brutvogelart (z.B. Schreiadler, Kornweihe, Sumpfohreule) dient oder im Interesse einer ungefährdeten Art (z.B. Weißstorch) angeordnet werden soll. Ertragseinbußen und die hierdurch verursachten finanziellen Verluste sind fraglos relevant, indessen ist zugleich zu berücksichtigen, dass selbst eine sich auf die gesamte Brutzeit beziehende Tagabschaltung zumutbar sein kann, wenn sich hierdurch der Verlust von Exemplaren stark gefährdeter oder womöglich gar vom Aussterben bedrohter Arten (z.B. Schreiadler) verhindern lässt. Indem § 45 Abs. 6 S. 2 bis 4 BNatSchG die behördliche Anordnung derartiger Abschaltungen verhindert, obwohl sich diese Schutzmaßnahme in Ansehung der Gegebenheiten des Einzelfalles durchaus als die „im größten Maße zufriedenstellende" Option im Sinne des Art. 9 Abs. 1 VRL darstellen kann, erweist sich die nationale Regelung als kontraproduktiv. Die ohne Rücksicht auf das Gewicht und die Bedeutung der betroffenen Integritätsinteressen des Artenschutzes erfolgende Festlegung der Zumutbarkeitsschwelle kann zur Folge haben, dass aus unionsrechtlicher Perspektive als „andere zufriedenstellende Lösung" zu bewertende Abschaltungen mit der Folge unterbunden werden, dass für Windkraftprojekte schon um der Vermeidung unionsrechtlicher Beanstandungen willen keine artenschutzrechtliche Ausnahme in Anspruch genommen werden kann, dieselben aber auch ohne eine derartige Entscheidung nicht zulassungsfähig sind, weil es den Behörden versagt wird, **saisonale und brutzeitbezogene Abschaltungen** anzuordnen (BT-Drs. 20/2354, 32). Aus dieser „rechtlichen Sackgasse" führt nur dann ein Weg heraus, wenn der Träger des Vorhabens von der ihm durch § 45b Abs. 6 S. 5 BNatSchG eröffneten Option Gebrauch macht, Abschaltungen zu verlangen, deren Anordnung den Behörden wegen einer Überschreitung der Zumutbarkeitsschwelle versagt ist.

D. Anbringung von Nisthilfen

§ 45b Abs. 7 BNatSchG begründet das für jedermann beachtliche Verbot, Nisthilfen 36
für kollisionsgefährdete Vogel- und Fledermausarten im Umkreis von 1.500 m um errichtete WEA sowie innerhalb der für die Windenergienutzung ausgewiesenen Gebiete anzubringen. Auch wenn der Begriff des **„Anbringens"** eher an das Aufhängen etwa von Nistkästen an Bäumen oder künstlichen Strukturen (z.B. Mast der Windenergieanlage) erinnert, dürfte auch das Aufstellen von Storchenmasten in dem betreffenden Raum untersagt sein. Die Erhaltung und Pflege bereits vorhandener Nisthilfen ist dagegen nicht verboten; deren Beseitigung kann daher auf Grundlage des § 3 Abs. 2 BNatSchG auch nicht angeordnet werden.

Ob das Anbringungsverbot dem Schutz der Arten oder – worauf das eingangs erwähnte 37
Eckpunktepapier des BMUV und BMWK hindeutet (→ Rn. 3) – doch eher dem Schutz

der Betreiber vor nachträglichen Abschaltanordnungen dient (vgl. hierzu nur OVG Lüneburg BeckRS 2022, 17341 Rn. 33 m.w.N.), mag dahinstehen. Die Regelung birgt jedenfalls für andere Vorhaben und private Initiativen erhebliches Problempotenzial namentlich dann in sich, wenn **vorgezogene Ausgleichsmaßnahmen** (z.B. Nisthilfen für Fledermäuse), derer es zur Vermeidung des Eintritts artenschutzrechtlicher Zugriffsverbote bedarf, nicht mehr in dem von § 44 Abs. 5 S. 3 BNatSchG vorausgesetzten **räumlichen Zusammenhang** durchgeführt werden dürfen (hierzu *Trautner* NuR 2022, 770 f.). Zumindest aber bestätigt die Vorschrift erneut, dass der **Kreis der kollisionsgefährdeten Vogelarten** in Anlage 1 Abschnitt 1 nicht als abschließend begriffen werden kann. Andernfalls wäre das Anbringen eines marktgängigen Nistkorbes (z.B. RK BU 01) für den in der Anlage genannten Rotmilan im Abstand von 1.500 m zu einer Bestandsanlage untersagt, nicht aber die Anbringung desselben Korbes für den Mäusebussard, der ebenfalls kollisionsgefährdet, in der Anlage aber nicht genannt ist. Das kann schwerlich der Sinn der Vorschrift sein, zumal der Rotmilan nicht gehindert ist, in einen für den Mäusebussard aufgehängten Nistkorb einzuziehen.

38 Mit diesem Verbot gibt der Gesetzgeber zu erkennen, dass die im Umkreis von 1.500 m um eine Windenergieanlage reproduzierenden Exemplare kollisionsempfindlicher Fledermaus- oder Vogelarten einem erhöhten Schlagrisiko ausgesetzt sein können. Dies ist zumindest ein **Orientierungswert** für die Praxis, die auch in Ansehung der in Anlage 1 Abschnitt 1 nicht genannten Arten zu prüfen hat, ob deren Verletzungs- und Tötungsrisiko in signifikanter Weise erhöht ist. Beispielsweise dient der Abstand von 1.500 m beim Mäusebussard aus fachwissenschaftlicher Sicht zur Abgrenzung des Untersuchungsgebietes (*LAG VSW* Beschluss 19/02 vom 24.4.2020, S. 9).

E. Sonderregelung für die Erteilung artenschutzrechtlicher Ausnahmen für den Betrieb von Windenergieanlagen

39 Während sich § 45b Abs. 2-6 BNatSchG darauf beschränkt, konkretisierende Vorgaben für die Anwendung des Verletzungs- und Tötungsverbots zu regeln, enthält Absatz 8 der Vorschrift verschiedene Maßgaben für die Erteilung von Ausnahmen aus Anlass artenschutzrechtlicher Konfliktlagen, die durch den Betrieb von Windenergieanlagen ausgelöst werden. Die Sondervorschrift, die auch in Fällen der Betroffenheit streng geschützter Arten des Anhangs IV FFH-RL (z.B. Fledermäuse) zum Tragen kommt, bezieht sich ausschließlich auf die **betriebsbedingte Aktivierung** der in § 44 Abs. 1, 5 BNatSchG normierten Zugriffsverbote. Dagegen gelten die Maßgaben nicht, wenn Individuen geschützter Tierarten schon durch den Bau von Windenergieanlagen in artenschutzrechtlich relevanter Weise in Mitleidenschaft gezogen werden. Ist die Tötung von Zauneidechsen, Haselmäusen oder Kammmolchen durch die Freimachung der Baufelder unvermeidlich oder werden Brutreviere der Feldlerche schon durch den Anlagenbau vollständig vernichtet, darf die Genehmigung nur unter strikter Wahrung der sich allein aus § 45 Abs. 7 BauGB ergebenden Anforderungen und unabhängig von den Maßgaben des § 45b Abs. 8 BNatSchG erteilt werden. Die erforderliche **Doppelprüfung** anhand unterschiedlicher Maßstäbe, die bei einer Windenergieanlage notwendig wird, deren Bau und Betrieb gleichermaßen gegen Zugriffsverbote verstößt, trägt zur angestrebten Beschleunigung und Vereinfachung der Genehmigungsverfahren nicht bei.

I. Ausnahmegründe

40 **1. Die Maßgabe des § 45b Abs. 8 Nr. 1 BNatSchG.** Nach § 45 Abs. 7 S. 1 BNatSchG darf eine artenschutzrechtliche Ausnahme nur aus einem der im Katalog ge-

nannten Gründe erteilt werden (→ § 45 Rn. 22 ff.). Für die in § 45 Abs. 7 S. 1 Nr. 4 und 5 BNatSchG genannten Gründe enthält § 45b Abs. 8 Nr. 1 BNatSchG die Maßgabe, dass der Betrieb einer Windenergieanlage im überragenden öffentlichen Interesse liegt und der öffentlichen Sicherheit dient. Die Formulierung dieser Maßgabe erweckt den Eindruck, als könnten diese Ausnahmegründe den Anlagenbetrieb in jedem Fall und ganz unabhängig von den ihn prägenden Gegebenheiten rechtfertigen. Ein derartiges Verständnis sähe sich allerdings erheblichen unionsrechtlichen Bedenken ausgesetzt.

In erster Linie ist daran zu erinnern, dass Gründe des **überwiegenden öffentlichen** 41 **Interesses** wohl in Fällen der Betroffenheit von Tierarten des Anhangs IV FFH-RL herangezogen werden können, zur Rechtfertigung einer Abweichung von den zum Schutz europäischer Vögel bestimmten Verboten aber nicht bemüht werden dürfen, solange der Gerichtshof der Europäischen Union an seiner gegenläufigen Auffassung festhält (→ § 45 Rn. 27 a.A. OVG Münster BeckRS 2022, 38652 Rn. 248). Davon abgesehen ist auch noch nicht ausgemacht, ob der Betrieb von Windenergieanlagen das dem Unionsrecht entstammende und daher unionsweit einheitlich auszulegende Merkmal der **öffentlichen Sicherheit** erfüllt (→ § 45 Rn. 26).

Selbst wenn sich diese Hindernisse ausräumen ließen, haben Art. 9 Abs. 1 VRL und 42 Art. 16 Abs. 1 FFH-RL **„besondere Situationen"** im Auge und erfordern eine konkrete und gezielte Anwendung (EuGH, Slg. 1987, 3057 Rn. 7; ECLI:EU:C:2019:851 Rn. 41 m.w.N.), die unter Berücksichtigung der besten einschlägigen wissenschaftlichen und technischen Erkenntnisse sowie der den Einzelfall prägenden Umstände zu erfolgen hat (EuGH ECLI:EU:C:2019:851 Rn. 51). Insoweit bedarf es stets einer Abwägung zwischen den Erfordernissen des Artenschutzes und der gegenläufigen Belange (z.B. öffentliche Sicherheit), die zugunsten des Betriebs von Windenergieanlagen ins Feld geführt werden. Da diese Abwägung unter Einbezug der Gegebenheiten des Einzelfalles und der ihn prägenden Umstände vorzunehmen ist, muss die Entscheidung über das Vorliegen eines Ausnahmegrundes der Genehmigungsbehörde vorbehalten bleiben (vgl. hierzu *Versteyl/Marschhäuser* KlimR 2022, 74 (77)). Das Ergebnis dieser Abwägung vorwegzunehmen und der Windkraftnutzung einen „absoluten Vorrang" selbst dann einzuräumen, wenn der Betrieb einer kleinen und wenig leistungsfähigen Einzelanlage ein hohes Tötungsrisiko für Exemplare stark gefährdeter (z.B. Wiesenweihe) oder vom Aussterben bedrohter Arten (z.B. Kornweihe, Schreiadler) hervorruft, kommt daher schon aus unionsrechtlicher Sicht nicht in Frage. § 45b Abs. 8 Nr. 1 BNatSchG besagt daher nicht, dass der Betrieb einer Windenergieanlage in jedem Einzelfall die Ausnahmegründe des § 45 Abs. 7 S. 1 Nr. 4, 5 BNatSchG erfüllt. Stattdessen verweist die Vorschrift auf die besondere Bedeutung des öffentlichen Interesses an der Windkraftnutzung, dem die Behörden bei der ihnen abverlangen Abwägung hinreichend Rechnung zu tragen haben, das sie aber nicht daran hindert, den Integritätsinteressen des Artenschutzes im Einzelfall den Vorrang zuzuerkennen (in dieser Hinsicht BT-Drs. 20/2354, 27).

2. Dringlichkeitsverordnung der Europäischen Union. Am 22.12.2022 nahm 43 der Rat vor dem Hintergrund der aktuellen Energiekrise auf Vorschlag der Kommission die sich auf Art. 122 Abs. 1 AEUV stützende VO (EU) 2022/2577 zur Festlegung eines Rahmens für den beschleunigten Ausbau der Nutzung erneuerbarer Energien an (ABl.EU 2022 Nr. L 335/36). Die Dringlichkeitsverordnung trat am 30.12.2022 in Kraft und gilt für alle danach neu beginnenden Genehmigungsverfahren, in denen über die Planung, den Bau, und den Betrieb von Anlagen zur Erzeugung von Energie aus erneuerbaren Quellen befunden wird. Die Mitgliedstaaten können die Verordnung auch auf laufende Genehmigungsverfahren anwenden, bei denen vor dem 30.12.2022 noch keine endgültige Entscheidung ergangen ist; dies gilt freilich nur unter der Voraussetzung, dass hierdurch das Verfahren verkürzt wird und bestehende Rechte Dritter gewahrt werden.

44 Die übergangsweise für einen **Zeitraum von 18 Monaten** geltende Verordnung begründet auch mit Blick auf die artenschutzrechtlichen Ausnahmeregelungen (Art. 16 Abs. 1 FFH-RL, Art. 9 Abs. 1 VRL) die **widerlegliche Vermutung** („wird angenommen"), dass Anlagen und Einrichtungen zur Erzeugung erneuerbarer Energien unter Einschluss von Windenergieanlagen im überwiegenden öffentlichen Interesse liegen und der öffentlichen Gesundheit und Sicherheit dienen (Art. 3 Abs. 1 S. 1 VO (EU) 2022/2577). Die Mitgliedstaaten können die Anwendung dieser Bestimmung auf Teile ihres Hoheitsgebietes oder bestimmte Technologien beschränken (Art. 3 Abs. 1 S. 2 VO (EU) 2022/2577), müssen aber im Hinblick auf jene Projekte, die als Projekte von überwiegendem öffentlichen Interesse anerkannt werden, sicherstellen, dass ihnen bei der fallweisen Abwägung der Interessen ein **Vorrang** eingeräumt wird (Art. 3 Abs. 2 S. 1 VO (EU) 2022/2577). In Bezug auf das Artenschutzrecht gilt diese Vorrangregelung allerdings nur, wenn und soweit geeignete Artenschutzmaßnahmen, die zur Erhaltung oder Wiederherstellung eines günstigen Erhaltungszustands der Populationen der Art beitragen, ergriffen und für diesen Zweck ausreichende Finanzmittel und Flächen bereitgestellt werden (Art. 3 Abs. 2 S. 2 VO (EU) 2022/2577).

45 Anders als dies noch der Vorschlag der Europäischen Kommission (COM(2022) 591 final) vorsah, bleiben die artenschutzrechtlichen Verbote (Art. 5 VRL, Art. 12 Abs. 1 FFH-RL) von der Dringlichkeitsverordnung unberührt. Die Erteilung artenschutzrechtlicher Ausnahmen von den Verboten erfährt eine Erleichterung, indem klargestellt wird, dass die Ausnahmegründe des überwiegenden öffentlichen Interesses sowie jene der öffentlichen Sicherheit und Gesundheit während des begrenzten Geltungszeitraums der Verordnung zugunsten der Anlagen zur Erzeugung erneuerbarer Energien in Anspruch genommen werden können. Ein Vorrang ist ihnen im Rahmen der auch weiterhin erforderlichen Abwägung aber nur zuzuerkennen, wenn sowohl Finanzmittel als auch Flächen für Artenschutzmaßnahmen bereitgestellt werden, die Gewähr dafür bieten, dass ein günstiger Erhaltungszustand gewahrt bzw. wiederhergestellt wird. Fehlt es daran, muss den Anlagen zur Erzeugung von Energie trotz der gravierenden Schwierigkeiten im Energiebereich kein Vorrang zuerkannt werden. Deutlicher kann kaum noch zum Ausdruck gebracht werden, welches Gewicht und welche Bedeutung den Belangen des Artenschutzes auf europäischer Ebene beigemessen wird. Das gilt umso mehr, als die Notwendigkeit der Prüfung anderweitiger zufriedenstellender Lösungen durch die Dringlichkeitsverordnung nicht in Frage gestellt wird.

II. Räumliche Alternativen

46 Nach § 45 Abs. 7 S. 2 BNatSchG darf eine artenschutzrechtliche Ausnahme nur erteilt werden, wenn es keine zumutbaren Alternativen gibt. Neben schonenderen Ausführungsvarianten sind **räumliche Alternativen** in den Blick zu nehmen (→ § 45 Rn. 29), für deren Prüfung § 45b Abs. 8 Nr. 2 und 3 BNatSchG nähere Maßgaben bereithält.

47 **1. Anlagenstandorte innerhalb eines für die Windenergienutzung ausgewiesenen Gebietes.** Soll eine Windenergieanlage in einem für die Windenergienutzung ausgewiesenen Gebiet betrieben werden, sind **Standortalternativen außerhalb dieses Gebietes** in der Regel nicht im Sinne des § 45 Abs. 7 S. 2 BNatSchG zumutbar, bis in Anwendung des § 5 WindBG festgestellt wird, dass das jeweilige Bundesland den ihm zugewiesenen Flächenbeitragswert (§ 3 Abs. 1 i.V.m. Anlage 1 Spalte 2) oder der regionale oder kommunale Planungsträger das daraus abgeleitete Teilflächenziel erreicht hat. Die Regel gilt für die Erteilung von Ausnahmen für Anlagen in Gebieten, die in einem

Raumordnungsplan oder unter Berücksichtigung artenschutzrechtlicher Belange in einem Flächennutzungsplan ausgewiesen wurden (§ 45b Abs. 8 Nr. 2 Buchst. a, b BNatSchG). In einem solchen Fall soll sich die Prüfung regelhaft auf solche alternativen Standorte beschränken, die sich innerhalb des für die Windenergienutzung ausgewiesenen Gebietes befinden (BT-Drs. 20/2354, 27). Das schränkt den Kreis denkbarer Alternativstandorte deutlich ein, was in Ansehung der im Flächennutzungsplan ausgewiesenen Sondergebiete allerdings nur gilt, wenn die Belange des Artenschutzes im Rahmen der Planaufstellung tatsächlich abwägend berücksichtigt worden sind. Da dieses Erfordernis vom Gesetzgeber ausdrücklich betont wurde, obwohl sich jede Darstellung eines Gebietes für die Windkraftnutzung als Produkt einer den Belangen des Artenschutzes gebührend Rechnung tragenden Abwägung darstellen muss (§ 1 Abs. 6 Nr. 7 Buchst. a, Abs. 7 BauGB), liegt die Annahme nahe, dass die Voraussetzung im Kontext des § 45b Abs. 8 Nr. 2 BNatSchG gesonderter behördlicher Prüfung bedarf. Stellt sich dabei heraus, dass Belange des Artenschutzes bei der Planaufstellung nicht ermittelt oder unter Verfehlung der Anforderungen des Abwägungsgebotes berücksichtigt wurden, kann die von § 45b Abs. 8 Nr. 2 BNatSchG aufgestellte Regel nicht zum Tragen kommen und die Prüfung standörtlicher Alternativen nicht auf das Plangebiet beschränkt werden.

Die **regelhafte Unzumutbarkeit** standörtlicher Alternativen außerhalb der planerisch 48
für die Windenergienutzung ausgewiesenen Gebiete kommt nur bis zur Feststellung der Erreichung des Flächenbeitragswertes des jeweiligen Landes bzw. eines daraus abgeleiteten Teilflächenziels zum Tragen. § 48b Abs. 8 Nr. 2 BNatSchG verweist insoweit auf den sich aus Anlage 1 Spalte 2 WindBG ergebenden Wert und bringt damit zum Ausdruck, dass es auf die Feststellung des Flächenbeitragswertes ankommt, den das jeweilige Bundesland spätestens bis zum 31.12.2032 erreicht haben muss. Der in Anlage 1 Spalte 1 genannte Zwischenwert ist von vornherein nicht von Belang. Verpflichtet sich ein Bundesland zur Übernahme eines Teils des Flächenbeitrages eines anderen Landes (hierzu *Kment* NVwZ 2022, 1153 (1154)), ist im Kontext des § 45b Abs. 8 BNatSchG in Ansehung des übernehmenden Landes auf den erhöhten und mit Blick auf das abgebende Land auf den entsprechend ermäßigten Wert abzustellen, zumal die in der Sondervorschrift in Bezug genommene Anlage 1 WindBG unter solchen Vorzeichen auf Grundlage der Verordnungsermächtigung des § 6 Abs. 4 vom BMWK angepasst wird.

Eine Überprüfung am **Maßstab des Unionsrechts** hält § 45b Abs. 8 Nr. 2 BNatSchG 49
nicht stand (wohl ebenso *Frenz*, EnWZ 2022, 452 (454); *Rieger* UPR 2022, 453 (460)). Die Vorschrift verengt den Kreis möglicher Alternativstandorte übergangsweise bis zur Erreichung des Flächenbeitragswertes bzw. eines daraus abgeleiteten Teilflächenziels, ohne dass dies in Art. 9 Abs. 1 VRL bzw. Art. 16 Abs. 1 FFH-RL einen Rückhalt fände. Unbedenklich wäre die nationale Regelung allenfalls, wenn schon im Rahmen der Planung der für die Windenergienutzung vorgesehenen Gebiete eine Prüfung standörtlicher Alternativen stattfände, die den strengen Anforderungen der genannten Richtlinienbestimmungen vollauf genügte. Unter solchen Vorzeichen wäre sichergestellt, dass es außerhalb der Vorrang- oder Sondergebiete für die Windkraftnutzung keine Alternativstandorte gäbe, die aus Sicht des Artenschutzes unproblematisch sind. Eine derartige Prüfung findet bei der raum- und bauleitplanerischen Ausweisung solcher Gebiete aber gerade nicht statt, weil im Rahmen der räumlichen Gesamtplanung lediglich zu prüfen ist, ob sich die Verbote des Artenschutzrechts im „Planvollzug" als unüberwindliche Hindernisse erweisen (vgl. hierzu *Gellermann* in Schrödter BauGB, 9. Aufl. 2019 § 1a Rn. 181; *Kment* ROG, 7. Aufl. 2018 § 2 Rn. 43 f.). Der Umstand, dass bei der Aufstellung eines solchen Plans eine sich dem rechtsstaatlichen Abwägungsgebot verdankende Alternativenprüfung durchzuführen ist (*Söfker* in Ernst/Zinkahn/Bielenberg/Krautzberger BauGB, 144. Lfg. 2021 § 1 Rn. 202), stellt dies nicht in Frage, weil diese Prüfung den strengen Anforderun-

gen des Art. 9 Abs. 1 V-RL bzw. Art. 16 Abs. 1 FFH-RL nicht genügt. Selbst der Umstand, dass § 45b Abs. 8 Nr. 2 BNatSchG es mit einer **Regelvermutung der Unzumutbarkeit** außerhalb des Plangebietes befindlicher Standorte sein Bewenden haben lässt, ändert nichts daran, dass der Vorschrift eine Vereinbarkeit mit dem Unionsrecht nicht attestiert werden kann. Die Umsetzung unionsrechtlicher Richtlinien hat sich stets in einer Weise zu vollziehen, die weder tatsächlich noch theoretisch die Gefahr einer Verfehlung richtliniengestützter Vorgaben heraufbeschwört (EuGH ECLI:EU:C:1987:196 Rn. 12) Wird den Genehmigungsbehörden durch § 45b Abs. 8 Nr. 2 BNatSchG signalisiert, dass sich die Prüfung alternativer Standorte auf das planerisch ausgewiesene Gebiet beschränken kann, während standörtliche Alternativen außerhalb desselben in der Regel unzumutbar sind, birgt dies mit gleicher Regelmäßigkeit die Gefahr in sich, dass von einer den strengen Anforderungen des Art. 9 Abs. 1 VRL bzw. Art. 16 Abs. 1 FFH-RL entsprechenden Alternativenprüfung abgesehen wird.

50 **2. Anlagenstandorte außerhalb eines für die Windenergienutzung ausgewiesenen Gebietes.** Befindet sich der Anlagenstandort außerhalb eines für die Windenergie ausgewiesenen Gebietes, sind räumliche Alternativen abseits eines **Radius von 20 km** nach § 45b Abs. 8 Nr. 3 BNatSchG unzumutbar, es sei denn, der vorgesehene Standort läge in einem Natura 2000-Gebiet mit kollisionsgefährdeten oder störungsempfindlichen Vogel- oder Fledermausarten (§ 45b Abs. 8 Nr. 3 BNatSchG). Im Unterschied zu Nr. 2 der Vorschrift gilt dies nicht bloß „in der Regel"; stattdessen hat der Gesetzgeber den 20 km-Radius als äußerste Grenze für die Betrachtung räumlicher Alternativen bestimmt. Einer darüber hinausgehenden Alternativenprüfung bedarf es nur, wenn sich der Anlagenstandort in einem Natura 2000-Gebiet mit kollisions- oder störungsempfindlichen Vogel- oder Fledermausarten befindet. Nichts anderes gilt allerdings auch bei Natura 2000-Gebieten, in denen keinen windkraftempfindlichen Arten (z.B. Wolf, Luchs, Kammmolch, Gelbbauchunke) geschützt sind, zumal § 34 Abs. 3 Nr. 2 BNatSchG eine räumliche Begrenzung der aus habitatschutzrechtlichen Gründen erforderlichen Alternativenprüfung nicht kennt.

51 Ob die von § 45b Abs. 8 Nr. 3 BNatSchG angeordnete Begrenzung des Betrachtungsraumes auf einen Radius von 20 km in einer dem Unionsrecht (Art. 9 Abs. 1 V-RL, Art. 16 Abs. 1 FFH-RL) entsprechenden Weise vorgenommen werden kann, ist zu bezweifeln (ebenso *Rieger*, UPR 2022, 453 (460)). Namentlich ist kein Grund ersichtlich, der eine derartige Grenze rechtfertigen könnte, wenn sich im Abstand von etwas mehr als 20 km ein Windenergiegebiet befindet, das noch Raum für die Errichtung zusätzlicher Anlagen bietet. Schon um der Vermeidung unionsrechtlicher Beanstandung willen empfiehlt es sich, den Radius von 20 km eher als eine Orientierungsgröße und keinesfalls als strikt beachtliche Grenze zu begreifen.

III. Ausbleiben einer Verschlechterung des Erhaltungszustandes

52 **1. Wahrung des Erhaltungszustandes der lokalen Population.** Nach § 45 Abs. 7 S. 2 BNatSchG darf eine Ausnahme von den Zugriffsverboten nur erteilt werden, wenn sich der Erhaltungszustand der Populationen einer Art nicht verschlechtert, soweit sich aus Art. 16 Abs. 1 FFH-RL und Art. 9 Abs. 2 VRL keine weitergehenden Anforderungen ergeben (→ § 45 Rn. 30 ff.). Diese Voraussetzung ist nach der Maßgabe des § 45b Abs. 8 Nr. 4 BNatSchG erfüllt, wenn sich der Erhaltungszustand der durch das Vorhaben betroffenen **lokalen Population** (→ § 44 Rn. 12) unter Berücksichtigung von Maßnahmen zu deren Sicherung nicht verschlechtert. Diese Regelung ist insoweit bedenkenfrei, als es im Kontext der Ausnahmeermächtigung auf die Erhaltungssituation der Population in ihrem natürlichen Verbreitungsgebiet ankommt (→ § 45 Rn. 30; BVerwG NVwZ 2010,

1221 Rn. 10). Bleibt der Erhaltungszustand auf der niedrigeren Ebene des örtlichen Bestandes gewahrt, besteht Grund zu der Annahme, dass Verschlechterungen auch in dem räumlich weiter gefassten Bereich des natürlichen Verbreitungsgebietes der Population ausbleiben (BVerwG NuR 2011, 866 Rn. 151; NuR 2011, 866 Rn. 151).

2. Wahrung des Erhaltungszustandes der Population. Kann eine Verschlechte- **53**
rung des Erhaltungszustandes der lokalen Population selbst unter Einbezug von Maßnahmen zu dessen Sicherung nicht ausgeschlossen werden, ist die Voraussetzung des § 45 Abs. 7 S. 2 BNatSchG kraft der Anordnung des § 45b Abs. 8 Nr. 5 BNatSchG dennoch erfüllt, wenn auf Grundlage einer **Beobachtung im Sinne des § 6 Absatz 2 BNatSchG** zu erwarten ist, dass sich der Zustand der Populationen der betreffenden Art in dem betroffenen Land oder auf Bundesebene unter Berücksichtigung populationsstärkender Maßnahmen (FCS-Maßnahmen → § 45 Rn. 32) nicht verschlechtert. Dem schließt sich die Frage an, ob damit etwaige vom Träger des Vorhabens vorgesehene Maßnahmen zur Vermeidung des Ausbleibens einer Verschlechterung gemeint sind oder ob mit Blick auf § 45d BNatSchG auch solche Maßnahmen berücksichtigt werden können, die im Rahmen nationaler Artenhilfsprogramme zur Stabilisierung der Erhaltungssituation der betreffenden Populationen beitragen. § 45b Abs. 8 Nr. 5 BNatSchG trifft dazu keine Aussage. Mit Rücksicht darauf, dass Vorhabenträger unter den in § 45d Abs. 2 BNatSchG genannten Voraussetzungen zur Finanzierung nationaler Artenhilfsprogramme beizutragen haben, dürften auch die in der Verantwortung des BfN entwickelten und bereits umgesetzten Maßnahmen bei der Erteilung einer Ausnahme berücksichtigungsfähig sein. Zu erinnern ist allerdings daran, dass die staatliche Stelle, die über die Erteilung einer Ausnahme befindet, die Ausnahmevoraussetzungen unter Einbezug der „besten verfügbaren wissenschaftlichen Erkenntnisse“ zu prüfen hat (EuGH ECLI:EU:C:2019 Rn. 51; ECLI:EU:C:2021:211 Rn. 68) und für deren Vorliegen beweispflichtig ist (EuGH Slg, 2005, I-11033 Rn. 39, 60; Slg. 2007, I-5939; ECLI:EU:C:2021:211 Rn. 29). Da die Ausnahmeentscheidung im Übrigen mit einer genauen, die Einzelmerkmale der Ermächtigung in Bezug nehmenden Begründung zu versehen ist (EuGH Slg. 2006, I-5083 Rn. 34; ECLI:EU:C:2018:477 Rn. 47; ECLI:EU:C:2021:211 Rn. 29), kann es mit schlichten Hinweisen auf ein nationales Artenhilfsprogramm sowie darin ggf. vorgesehene Maßnahmen zur Stärkung der betroffenen Population sein Bewenden nicht haben.

Die Maßgabe des § 45b Abs. 8 Nr. 5 BNatSchG gibt insoweit zu unionsrechtlichen **54**
Bedenken Anlass, als die Prüfung der Voraussetzung des Ausbleibens einer Verschlechterung auf Populationsebene einzig auf Grundlage der Daten und Sachinformationen erfolgen soll, die im Rahmen der Beobachtung von Natur und Landschaft durch den Bund und die Länder gewonnen werden (§ 6 Abs. 2 BNatSchG). Diese Einschränkung verfehlt die Anforderungen des Unionsrechts, weil Ausnahmeentscheidungen danach unter Berücksichtigung der **„besten verfügbaren wissenschaftlichen Erkenntnisse“** zu treffen sind (→ Rn. 50). Außerdem muss nicht bloß das Ausbleiben einer Verschlechterung gewiss sein; soll eine Ausnahme zulasten einer sich in ungünstigem Erhaltungszustand befindenden Art des Anhangs IV FFH-RL erteilt werden, kommt dies allenfalls in Betracht, wenn hierdurch die Wiederherstellung eines günstigen Zustandes nicht behindert wird (→ § 45 Rn. 31).

IV. Rechtlich gebundene Entscheidung

Die Entscheidung über die Erteilung einer artenschutzrechtlichen Ausnahme überant- **55**
wortet § 45 Abs. 7 BNatSchG dem pflichtgemäß zu betätigenden Ermessen der zuständigen Behörde. Die Maßgabe des § 45b Abs. 8 Nr. 6 BNatSchG stellt nun klar, dass eine für den Betrieb von Windenergieanlagen erforderliche Ausnahme bei Vorliegen der Vor-

aussetzungen des § 45 Abs. 7 S. 1 bis 3 BNatSchG zu erteilen ist. Das behördliche **Versagungsermessen** entfällt, so dass der Antragsteller die Erteilung einer Ausnahme beanspruchen kann (BT-Drs. 20/2354, 28). Der Rückverweis auf § 45 Abs. 7 S. 1 bis 3 BNatSchG ist allerdings missverständlich, dürfte aber so zu verstehen sein, dass es auf die Erfüllung der durch § 45b Abs. 8 BNatSchG modifizierten Voraussetzungen des § 45 Abs. 7 BNatSchG ankommt. Da die Sonderregelung des § 45b Abs. 8 BNatSchG nur die Erteilung von Ausnahmen aus Anlass einer betriebsbedingten Aktivierung der Zugriffsverbote betrifft (→ Rn. 39), bleibt das behördliche Versagungsermessen unberührt, sofern artenschutzrechtliche Ausnahmen schon wegen einer **baubedingten** Tötung oder Störung geschützter Individuen oder der Vernichtung geschützter Fortpflanzungs- und Ruhestätten erforderlich werden.

V. „Basisschutz" bei Erteilung einer artenschutzrechtlichen Ausnahme

56 Wird eine artenschutzrechtliche Ausnahme erteilt, dürfen temporäre Abschaltungen der betreffenden Anlage zum Schutz der in Anlage 1 Abschnitt 1 genannten Brutvogelarten nach § 45b Abs. 9 BNatSchG nur angeordnet werden, wenn sie den Jahresenergieertrag um mehr als 6 % an besonders windhöffigen oder um mehr als 4 % an sonstigen Standorten verringern. Die in § 45b Abs. 6 BNatSchG festgelegte Schwelle der Zumutbarkeit von Schutzmaßnahmen, die die Abschaltung von Anlagen betrifft, wird daher für diejenigen Vorhabenträger nochmals abgesenkt, denen für den Betrieb ihrer Anlage eine artenschutzrechtliche Ausnahme erteilt wird. Wer eine solche Ausnahme erhält, wird zugleich in gewissem Umfang davon entbunden, die an sich aus Gründen des § 45b Abs. 6 BNatSchG zumutbaren Möglichkeiten zur Verhinderung der Aktivierung der Zugriffsverbote und zur Vermeidung unnötiger Schäden durch temporäre Abschaltung der Anlagen zu nutzen. Stattdessen wird ihm nur noch der so genannte **„Basisschutz"** abverlangt (BT-Drs. 20/2354, 28).

57 Der tiefere Grund für diese Regelung scheint darin zu liegen, dass Träger von Windkraftprojekten, denen eine artenschutzrechtliche Ausnahme erteilt wird, zur **Finanzierung des nationalen Artenhilfsprogramms** beitragen sollen, wenn Ausnahmen erteilt werden, ohne dass Maßnahmen zur Sicherung des Erhaltungszustandes der betroffenen Art durchgeführt werden (§ 45d Abs. 2 S. 1 BNatSchG). Eine Überprüfung am Maßstab des Art. 9 Abs. 1 VRL bzw. Art. 16 Abs. 1 FFH-RL hält § 45b Abs. 9 BNatSchG allerdings nicht stand, zumal diese Bestimmungen eine Abweichung von den ansonsten strikt beachtlichen Verboten einzig im Hinblick auf solche Schädigungen erlauben, die sich trotz zumutbarer Maßnahmen nicht vermeiden lassen (→ Rn. 34). Ein *„Ersatzgeld"*, durch dessen Zahlung das Maß der physisch-realen Vermeidungsanstrengungen reduziert werden könnte, sieht das Unionsrecht nicht vor. § 45b Abs. 9 BNatSchG gerät daher mit den Vorgaben des Sekundärrechts in Konflikt, verstößt aber zugleich auch noch gegen das primärrechtlich verankerte **Prinzip der Vorsorge** (Art. 191 Abs. 2 AEUV) einschließlich des hiervon umfassten Grundsatzes der „Schadensvermeidung vor Schadensbeseitigung" (*Kahl* in Streinz EUV/AEUV, 3. Aufl. 2018 Art. 191 AEUV Rn. 77; *Appel* in Koch/Hofmann/Reese Umweltrecht, 5. Aufl. 2018 § 2 Rn. 32), der für die Mitgliedstaaten beachtlich ist, wenn sie europäisches Umweltrecht umsetzen, durchführen und anwenden (*Epiney* Umweltrecht der Europäischen Union, 4. Aufl. 2019 1. Teil, Kap. 5 Rn. 52 m.w.N.)

F. Ausblick

Auch wenn zu begrüßen ist, dass sich der Gesetzgeber der Aufgabe angenommen hat, 58
die Signifikanzschwelle des § 44 Abs. 1 Nr. 1, Abs. 5 S. 2 Nr. 1 BNatSchG in einer den Anforderungen der Praxis gerecht werdenden Weise zu konkretisieren, erweckt die Sondervorschrift des § 45b BNatSchG doch insgesamt eher den Eindruck, dass unionsbasierte Schutzstandards des Artenschutzrechts im Interesse der Erleichterung der Windkraftnutzung abgesenkt werden sollten. Seinen Abschluss hat dieser Prozess noch nicht gefunden.

In seiner 89. Sitzung am 03.03.2023 nahm der Deutsche Bundestag aufgrund einer 59
Beschlussempfehlung und des Berichts des Ausschusses für Wohnen, Stadtentwicklung, Bauwesen und Kommunen den von der Bundesregierung eingebrachten Entwurf eines Gesetzes zu Änderung des Raumordnungsgesetzes und anderer Vorschriften an (BR-Drs. 95/23). In seiner 1031. Sitzung fasste der Bundesrat den Beschluss, den Vermittlungsausschuss nicht anzurufen (BR-Drs. 95/23). Die Bekanntmachung im Bundesgesetzblatt steht derzeit noch aus.

Durch Art. 13 des Gesetzes wird § 6 WindBG in Anpassung an die Vorgaben des Art. 6 60
VO (EU) 2022/2577 im Interesse der weiteren Erleichterungen der Genehmiung von Windenergieanlagen an Land geändert. Die Vorschrift sieht vor, dass im Genehmigungsverfahren für die Errichtung und den Betrieb oder die Änderung der Lage, der Beschaffenheit oder des Betriebs einer Windenergieanlage in einem zum Zeitpunkt der Genehmigungserteilung ausgewiesenen Windenergiegebiet (§ 2 Nr. 1 WindBG), bei dessen Ausweisung eine Umweltprüfung nach § 8 ROG oder § 2 Abs. 4 BauGB durchgeführt wurde und das nicht in einem Natura 2000-Gebiet, einem Naturschutzgebiet oder einem Nationalpark liegt, keine Umweltverträglichkeitsprüfung und in Abweichung von § 44 Abs. 1 BNatSchG auch **keine artenschutzrechtliche Prüfung** durchzuführen ist (§ 6 Abs. 1 S. 1, 2 WindBG). Um die Einhaltung der artenschutzrechtlichen Zugriffsverbote zu gewährleisten, hat die zuständige Behörde auf der Grundlage vorhandener Daten geeignete und verhältnismäßige **Minderungsmaßnahmen** anzuordnen, sofern die Daten eine ausreichende räumliche Genauigkeit aufweisen und im Genehmigungszeitpunkt **nicht älter als fünf Jahre** sind (§ 6 Abs. 1 S. 3 WindBG). Von der Verhältnismäßigkeit solcher Maßnahmen ist auszugehen, wenn die Zumutbarkeitsschwelle des § 45b Abs. 6 S. 2 BNatSchG (→ Rn. 32) nicht überschritten wird; für kollisionsgefährdete Brutvogelarten sollen insbesondere die fachlich anerkannten Schutzmaßnahmen nach Anlage 1 Abschnitt 2 zu § 45b Abs. 1 bis 5 BNatSchG als geeignet anzusehen sein (BT-Drs. 20/5830, 48). Zum Schutz der **Fledermäuse** wird die Behörde durch § 6 Abs. 1 S. 4 WindBG verpflichtet, temporäre Abschaltungen vorzusehen, die im Rahmen eines zweijährigen Gondelmonitorings anzupassen sind. Sind keine geeigneten und verhältnismäßigen Maßnahmen verfügbar, hat der Betreiber eine **zweckgebundene Abgabe** an den Bund zu leisten (§ 6 Abs. 1 S. 5 WindBG), die für Maßnahmen nach § 45d Abs. 1 BNatSchG (**Nationale Artenhilfsprogramme** → § 45d Rn. 8) zu verwenden sind (§ 6 Abs. 1 S. 10 WindBG) und deren Höhe in § 6 Abs. 1 S. 7 WindBG festgelegt wird. Die Einzelheiten der Zahlungen sollen durch eine Rechtsverordnung des Bundeswirtschaftsministeriums bestimmt werden, die im Einvernehmen mit dem Bundesumweltministerium und mit Zustimmung des Bundesrates erlassen wird (§ 6 Abs. 1 S. 11 WindBG). Ausdrücklich wird zudem betont, dass es keiner sich auf § 45 Abs. 7 BNatSchG gründenden Ausnahme bedarf (§ 6 Abs. 1 S. 12 WindBG).

§ 6 Abs. 2 WindBG bestimmt den **Anwendungsbereich und die zeitliche Gel-** 61
tungsdauer der in Absatz 1 vorgesehenen Verfahrenserleichterungen. Die Vorschrift ist nach Satz 1 auf Genehmigungsverfahren anzuwenden, bei denen der Antrag bis zum

30.06.2024 gestellt wird. Die Regelung knüpft dabei an die **Antragstellung**, nicht an die Vollständigkeit der Antragsunterlagen an. Der Antragsteller hat bei der Antragstellung aber ausweislich des § 6 Abs. 2 S. 2 WindBG nachzuweisen, dass er das Grundstück, auf dem die Windenergieanlage errichtet werden soll, vertraglich so gesichert hat, dass ihm der Eigentümer die Errichtung und den Betrieb der Windenergieanlage gestattet. Ein Nachweis über die Sicherung der Abstandsflächen ist bei Antragstellung hingegen nicht erforderlich (BT-Drs. 20/5830, 49). In laufenden Genehmigungsverfahren, bei denen der Antragsteller den Antrag vor dem Inkrafttreten des Gesetzes gestellt hat, soll § 6 Abs. 1 WindBG nur anwendbar sein, wenn der **Antragsteller dies verlangt**.

62 Ohne auf die Einzelheiten eingehen zu können, erscheint doch jedenfalls der Hinweis angebracht, dass § 6 Abs. 1 WindBG erkennbar von den **Vorgaben des Art. 6 VO (EU) 2022/2577** abweicht. Während das Unionsrecht die Möglichkeit eröffnet, Ausnahmen von den Bewertungen des Artenschutzrechts gemäß Art. 12 Abs. 1 FFH-RL und Art. 5 VRL vorzusehen, bestimmt § 6 Abs. 1 S. 1 WindBG, dass abweichend von § 44 Abs. 1 BNatSchG keine artenschutzrechtliche Prüfung durchzuführen ist. Das betrifft allerdings auch Beeinträchtigungen der Wuchsorte streng geschützter **Pflanzenarten des Anhangs IV FFH-RL** (z.B. Echter Frauenschuh), obwohl Art. 6 S. 1 VO (EU) 2022/2577 keine Erleichterung der Prüfung im Hinblick auf die von Art. 13 Abs. 1 FFH-RL erfassten Pflanzenarten vorsieht. Während die zuständige Behörde nach Art. 6 S. 2 VO (EU) 2022/2577 sicherzustellen hat, dass „auf der Grundlage vorhandener Daten" geeignete und verhältnismäßige Minderungsmaßnahmen ergriffen werden, enthält § 6 Abs. 1 S. 3 WindBG insoweit eine Einschränkung, als die **Daten** eine ausreichende räumliche Genauigkeit aufweisen müssen und im Genehmigungszeitpunkt **nicht älter als fünf Jahre** sein dürfen. Eine derartige zeitliche Begrenzung sieht das Unionsrecht nicht vor. Auch wenn davon auszugehen ist, dass Art. 6 S. 2 VO (EU) 2022/2577 die Nutzung einer repräsentativen Datengrundlage fordert, bietet die Vorschrift keinen Anhaltspunkt dafür, dass von der Nutzung älterer Datengrundlagen abgesehen werden dürfte, wenn sich deren Aktualität und Aussagekraft im Einzelfall keinen Zweifeln ausgesetzt sehen (vgl. BVerwG, Urt. v. 03.11.2020 – 9 A 7.19, juris Rn. 319; Urt. v. 07.07.2022 – 9 A 1.21, juris Rn. 96; *Trautner/Mayer* NuR 2021, 315 ff.). Art. 6 S. 2 VO (EU) 2022/2577 verlangt den Einsatz geeigneter und **verhältnismäßiger Minderungsmaßnahmen**, indessen hängt das Maß der zumutbaren Vermeidungsanstrengungen aus unionsrechtlicher Sicht stets auch von dem sich damit verbindenden Gewinn für den Schutz der betreffenden Arten ab. Da § 45b Abs. 6 S. 2 BNatSchG diesem Aspekt nicht Rechnung trägt (→ Rn. 34 f.), darf diese nationale Vorschrift – anders als dies in der Beschlussempfehlung des Ausschusses zum Ausdruck kommt (BT-Drs. 20/5830, 49) – im Interesse der Vermeidung unionsrechtlicher Beanstandung zur Bestimmung des verhältnismäßigen Minderungsaufwandes nicht herangezogen werden. Stattdessen ist gerade in Fällen der Betroffenheit stark gefährdeter oder gar vom Aussterben bedrohter Arten (z.B. Schreiadler) eine Anlagenabschaltung während der gesamten Anwesenheitszeiten der Individuen als eine geeignete und den obwaltenden Verhältnissen gemäße Maßnahme in Erwägung zu ziehen, selbst wenn dies die Gewinnerwartungen des Betreibers enttäuscht. Im Übrigen sieht sich die in § 6 Abs. 1 S. 12 WindBG getroffene Anordnung, vermöge derer eine auf § 45 Abs. 7 BNatSchG gestützte **Ausnahme nicht erforderlich** ist, unionsrechtlichen Bedenken ausgesetzt. Auch wenn Art. 6 S. 3 VO (EU) 2022/2577 es mit einer finanziellen Ausgleichsleistung der Betreiber sein Bewenden haben lässt, wenn keine geeigneten und verhältnismäßigen Maßnahmen verfügbar sind, um die Einhaltung der in Art. 12 Abs. 1 FFH-RL und Art. 5 VRL geregelten Verbote zu gewährleisten, ergibt sich doch aus der sechsten Begründungserwägung, dass **Ausgleichsmaßnahmen** ergriffen werden müssen, um den Artenschutz sicherzustellen. Von dem Erfordernis einer sich auf Art. 16 Abs. 1

FFH-RL bzw. Art. 9 Abs. 1 VRL gründenden Verbotsabweichung kann die Ausgleichszahlung daher nur entbinden, wenn Artenschutzprogramme tatsächlich existieren, deren Durchführung den Erhaltungszustand der betroffenen Arten sichert oder verbessert. § 45d Abs. 1 BNatSchG verpflichtet das Bundesamt für Naturschutz (BfN) zur Aufstellung und Durchführung eines Nationalen Artenhilfsprogramms. Der Antwort der Bundesregierung vom 01.11.2022 auf eine Kleine Anfrage von Abgeordneten des Bundestages ist allerdings zu entnehmen, dass sich die Förderrichtlinien für das Nationale Artenhilfsprogramm noch in der Abstimmung befinden und dem Bundesamt aktuell lediglich erste Projektskizzen zur Bewertung vorliegen; ein konkreter Termin für die Vorlage des nationalen Artenhilfsprogramms könnte noch nicht benannt werden (BT-Drs. 20/4252, 3 f.). Dann aber dürfte es mit Art. 6 VO (EU) 2022/2577 kaum vereinbar sein, wenn § 6 Abs. 1 S. 12 WindBG schon jetzt artenschutzrechtliche Ausnahmen rundheraus für entbehrlich erklärt, obwohl die grundlegenden Voraussetzungen dafür noch nicht einmal geschaffen worden sind.

§ 45c Repowering von Windenergieanlagen an Land

(1) Die nachfolgenden Absätze gelten für Vorhaben zur Modernisierung von Windenergieanlagen an Land nach § 16b Absatz 1 und 2 des Bundes-Immissionsschutzgesetzes. Abweichend von § 16b Absatz 2 Satz 2 des Bundes-Immissionsschutzgesetzes werden auch neue Windenergieanlagen erfasst, die innerhalb von 48 Monaten nach dem Rückbau der Bestandsanlage errichtet werden und der Abstand zwischen der Bestandsanlage und der neuen Anlage höchstens das Fünffache der Gesamthöhe der neuen Anlage beträgt.

(2) Der Umfang der artenschutzrechtlichen Prüfung wird durch das Änderungsgenehmigungsverfahren nach § 16b Absatz 1 des Bundes-Immissionsschutzgesetzes nicht berührt. Die Auswirkungen der zu ersetzenden Bestandsanlagen müssen bei der artenschutzrechtlichen Prüfung als Vorbelastung berücksichtigt werden. Dabei sind insbesondere folgende Umstände einzubeziehen:

1. die Anzahl, die Höhe, die Rotorfläche, der Rotordurchgang und die planungsrechtliche Zuordnung der Bestandsanlagen,

2. die Lage der Brutplätze kollisionsgefährdeter Arten,

3. die Berücksichtigung der Belange des Artenschutzes zum Zeitpunkt der Genehmigung und

4. die durchgeführten Schutzmaßnahmen.

Soweit die Auswirkungen der Neuanlagen unter Berücksichtigung der gebotenen, fachlich anerkannten Schutzmaßnahmen geringer als oder gleich sind wie die der Bestandsanlagen, ist davon auszugehen, dass die Signifikanzschwelle in der Regel nicht überschritten ist, es sei denn, der Standort liegt in einem Natura 2000-Gebiet mit kollisionsgefährdeten oder störungsempfindlichen Vogel- oder Fledermausarten.

(3) Bei der Festsetzung einer Kompensation aufgrund einer Beeinträchtigung des Landschaftsbildes ist die Kompensation abzuziehen, die für die zu ersetzende Bestandsanlage bereits geleistet worden ist.

(4) Abweichend von § 45b Absatz 8 Nummer 2 und 3 gilt § 45 Absatz 7 Satz 2 für Repowering von Windenergieanlagen an Land nach § 16b Absatz 1 und 2 des Bundes-Immissionsschutzgesetzes mit der Maßgabe, dass Standortalternativen in der Regel nicht zumutbar sind, es sei denn, der Standort liegt in einem Natura 2000-Gebiet mit kollisionsgefährdeten oder störungsempfindlichen Vogel- oder Fledermausarten.

Schrifttum: *Gellermann,* Das Vierte Gesetz zur Änderung des Bundesnaturschutzgesetzes, NuR 2022, 589 ff.; *Hentschel,* Verfahrenserleichterungen für Repowering – kein Grund zum Aufatmen, KommP spezial 2021, 135 ff.; *LAI/LANA,* Vollzugshinweise zu § 10 Absatz 5 Satz 2 und Satz 3, § 16b und § 23b Absatz 3a Nummer 4 BImSchG, Stand: 20. April 2022; *Lang,* in: Säcker/Ludwigs, Berliner Kommentar zum Energierecht, 5. Aufl. 2022, § 16b Rn. 8 ff.

Übersicht

A. Allgemeines

1 § 45c BNatSchG enthält eine artenschutzrechtliche Sonderregelung für das **Repowering von Windenergieanlagen an Land**. Die Vorschrift knüpft an die letztmalig durch Art. 3 des Gesetzes vom 8.7.2022 (BGBl. I 1054) geänderte Vorschrift des § 16b BImSchG an, die das Repowering von Anlagen zur Erzeugung von Strom aus erneuerbaren Energien betrifft. § 45c BNatSchG tritt an die Stelle des bisherigen § 16b Abs. 4 BImSchG, der den Umfang der artenschutzrechtlichen Prüfung betraf und durch Art. 2 des Vierten Gesetzes zur Änderung des Bundesnaturschutzgesetzes aufgehoben wurde.

B. Repowering im Sinne des Artenschutzrechts

2 § 45c Abs. 1 S. 1 BNatSchG stellt klar, dass die folgenden Absätze für Vorhaben zur Modernisierung von Windenergieanlagen an Land im Sinne des § 16b Abs. 1 und 2 BImSchG gelten. Während sich aus § 16b Abs. 1 BImSchG erschließt, dass mit dem Begriff der Modernisierung das **Repowering** gemeint ist, ergibt sich aus Absatz 2 Satz 1 dieser Bestimmung, dass darunter der vollständige oder teilweise Austausch von Anlagen oder Betriebssystemen zum Austausch von Kapazität oder zur Steigerung der Effizienz oder der Kapazität der Anlage zu verstehen ist. § 16b Abs. 2 S. 2 BImSchG benennt in zeitlicher und räumlicher Hinsicht zusätzliche Anforderungen, von deren Erfüllung es abhängt, ob der vollständige Austausch als Modernisierung einer Anlage anzusprechen ist (*Hentschel* KommP spezial 2021, 135 (136)), über den im Rahmen eines immissionsschutzrechtlichen Änderungsgenehmigungsverfahrens (§ 16 Abs. 1 BImSchG) befunden werden kann. In zeitlicher Hinsicht muss die neue Anlage innerhalb von 24 Monaten nach dem Rückbau der Bestandsanlage erfolgen (Nr. 1), während in räumlicher Hinsicht der Abstand zwischen der Bestandsanlage und der neuen Anlage höchstens das Zweifache der Gesamthöhe der neuen Anlage umfassen darf. Sind diese Anforderungen nicht erfüllt, kommt eine Anwendung des § 16b Abs. 1 BImSchG nicht in Frage (*LAI/LANA* Vollzugshinweise, S. 5).

3 Abweichend von § 16b Abs. 2 S. 2 BImSchG werden nach § 45c Abs. 1 S. 2 BNatSchG allerdings auch neue Anlagen erfasst, die innerhalb von **48 Monaten** nach dem Rückbau der Bestandsanlage errichtet werden und deren Abstand zur Bestandsanlage das **Fünffache der neuen Anlage** beträgt. Diese Bestimmung geht auf einen Vorschlag des Umweltausschusses des Bundestages zurück, dem daran gelegen war, für eine größere Flexibilität bei der Anwendung der nachfolgenden Repowering-Vorschriften im Fall eines vollständigen Austausches von Bestandsanlagen zu sorgen (BT-Drs. 20/2658, 13). Da moderne Windenergieanlagen Gesamthöhen von bis zu 250 m erreichen, würde die Sonderbestimmung des § 45c BNatSchG selbst dann noch zur Anwendung gelangen, wenn sich der Standort der neuen Anlage in einem Abstand von 1.250 m zu jenem der Bestandsanlage befände. Der Sinn dieser Regelung erschließt sich nicht (*Gellermann* NuR 2022, 589 (596)), weil § 45c Abs. 1 S. 1 BNatSchG zum Ausdruck bringt, dass die nachfolgenden Absätze für Vorhaben im Sinne des § 16b Abs. 1 BImSchG gelten. Hiermit übereinstimmend beziehen sich § 45c Abs. 2 S. 1 und Abs. 4 BNatSchG ausdrücklich auf die Situation eines immissionsschutzrechtlichen Änderungsgenehmigungsverfahrens, das bei einem vollständigen Austausch der Anlage aber nur dann in Frage kommt, wenn der Abstand zwischen Bestands- und Neuanla-

ge dem Zweifachen der Gesamthöhe der Neuanlage entspricht (vgl. *LAI/LANA* Vollzugshinweise, S. 9). Wird eine Neuanlage mit einer Gesamthöhe von 250 m im Abstand von mehr als 500 m zu einer Bestandsanlage errichtet, ist dies kein Fall des § 16b Abs. 1 BImSchG und es müsste eine **Neugenehmigung** beantragt werden (*Hentschel* KommP spezial 2021, 135 (136)). Denkbar wäre allenfalls, dass § 45b Abs. 3 BNatSchG auch bei größeren räumlichen Distanzen zwischen Bestands- und Neuanlage anzuwenden ist, zumal sich diese Vorschrift nicht ausdrücklich auf Änderungsgenehmigungsverfahren bezieht. Einem derartigen Verständnis steht die klare Anordnung des § 45c Abs. 1 S. 1 BNatSchG allerdings im Wege, die keinen Zweifel daran lässt, dass „die nachfolgenden Absätze" unter Einschluss des dritten Absatzes nur für Vorhaben zur Modernisierung von Windenergieanlagen im Sinne des § 16b Abs. 1 BImSchG gelten, für die auf Antrag des Vorhabenträgers ein Änderungsgenehmigungsverfahren durchgeführt wird. Die Anordnung des § 45c Abs. 1 S. 2 BNatSchG läuft daher **„ins Leere"**.

C. Artenschutzrechtliche Prüfung

Nach § 45c Abs. 2 S. 1 BNatSchG wird der Umfang der artenschutzrechtlichen Prüfung durch das Änderungsgenehmigungsverfahren des § 16b Abs. 1 BImSchG nicht berührt. Das entspricht der bisherigen Bestimmung des § 16b Abs. 4 S. 1 BImSchG und bringt zum Ausdruck, dass die artenschutzrechtliche Prüfung auch im Rahmen eines Antrags nach § 16b Abs. 1 BImSchG vollen Umfangs durchzuführen ist (BT-Drs. 19/30954, 12). In einem Änderungsgenehmigungsverfahren aus Anlass der Modernisierung einer Windenergieanlage hat die Behörde daher die bau- und betriebsbedingten Auswirkungen in den Blick zu nehmen und zu prüfen, ob die Zugriffsverbote des § 44 Abs. 1 BNatSchG der Erteilung einer Genehmigung für das Repowering-Vorhaben im Wege stehen. Mag das Verletzungs- und Tötungsverbot auch im Vordergrund stehen, stellt § 45c Abs. 2 S. 1 BNatSchG doch klar, dass der **Umfang der artenschutzrechtlichen Prüfung** nicht berührt wird (vgl. *Lang* in Säcker/Ludwigs, Berliner Kommentar zum Energierecht, 5. Aufl. 2022 § 16b Rn. 13). In Konsequenz dessen müssen auch das Störungsverbot des § 44 Abs. 1 Nr. 2 BNatSchG sowie die Verbote zum Schutz der Lebensstätten bzw. Wuchsorte (§ 44 Abs. 1 Nr. 3, 4 BNatSchG) ohne Einschränkung geprüft werden. 4

I. Berücksichtigung der Vorbelastung

Bei dieser Prüfung sind die Auswirkungen der zu ersetzenden Bestandsanlage nach § 45c Abs. 2 S. 2 BNatSchG als „Vorbelastung" zu berücksichtigen. Da die Bestandsanlage im Rahmen des Repowerings zurückgebaut wird, soll damit zum Ausdruck gebracht werden, dass der Wegfall der von der Altanlage verursachten Belastungen bei der artenschutzrechtlichen Beurteilung als **Entlastungsfaktor** in Ansatz zu bringen ist (*Hentschel* KommP spezial 2021, 135 (138)). Dabei sind die exemplarisch („insbesondere") in § 45c Abs. 2 S. 3 BNatSchG genannten Umstände in die Betrachtung einzubeziehen. Neben anlagenbezogenen Kriterien (Nr. 1), die sich auf die Anzahl, Höhe, Rotorfläche und den Rotordurchgang beziehen, zählt dazu die Lage der Brutplätze kollisionsgefährdeter Arten (Nr. 2); angesprochen sind damit Veränderungen des Abstandes zwischen dem Anlagenstandort und Brutplätzen gefährdeter Arten, der im Rahmen des Repowerings sowohl vergrößert als auch reduziert werden kann (BT-Drs. 19/30954, 12). Daneben spielt eine Rolle, ob im Zeitpunkt der Genehmigung der abzubauenden Bestandsanlage artenschutzrechtliche Belange berücksichtigt (Nr. 3) und ob Schutzmaßnahmen durchgeführt worden sind (Nr. 4). Da die **Liste der Kriterien** nicht abschließend ist, können weitere Umstände wie die nachträgliche Ansiedlung einer gefährdeten Art bedeutsam sein. Im 5

Übrigen wurde zutreffend darauf hingewiesen, dass eine differenzierte und artbezogene Betrachtungsweise unerlässlich ist (vgl. *LAI/LANA* Vollzugshinweise, S. 12).

II. Signifikanzschwelle des Verletzungs- und Tötungsverbots

6 Nach § 45c Abs. 2 S. 4 BNatSchG ist davon auszugehen, dass die Signifikanzschwelle im Regelfall unterschritten wird, soweit die Auswirkungen der Neuanlage unter Berücksichtigung der gebotenen fachlich anerkannten Schutzmaßnahmen geringer oder gleich sind wie diejenigen der Bestandsanlage. Der Hinweis auf die **Signifikanzschwelle** verdeutlicht, dass diese Bestimmung nur für die Beurteilung von Belang ist, ob die betriebsbedingten Auswirkungen der Neuanlage mit dem Verletzungs- und Tötungsverbot des § 44 Abs. 1 Nr. 1, Abs. 5 BNatSchG in Konflikt geraten. Für die weiteren Verbote des § 44 Abs. 1 Nr. 2-4 BNatSchG hat der Gesetzgeber keine vergleichbare Vermutungsregelung geschaffen. Insoweit haben die Behörden ohne normative Anleitung darüber zu befinden, wie sich die mit dem Rückbau der Bestandsanlage einhergehende Entlastung auswirkt.

7 **1. Die Vermutungsregelung des § 45c Abs. 2 S. 4 BNatSchG.** Nach § 45c Abs. 2 S. 4 BNatSchG gerät die Neuanlage mit dem Verletzungs- und Tötungsverbot des § 44 Abs. 1 Nr. 1, Abs. 5 BNatSchG in der Regel nicht in Konflikt, wenn ihre Auswirkungen geringer als jene der Bestandsanlage oder gleich sind (BT-Drs. 20/2354, 29). Diese Vermutungsregelung, die bei Standorten in Natura 2000-Gebieten mit kollisionsgefährdeten oder störungsempfindlichen Vogel- oder Fledermausarten nicht gilt, erklärt eine Überschreitung der Signifikanzschwelle durch die Auswirkungen der Neuanlage regelhaft für unbedenklich, wenn schon der Betrieb der Bestandsanlage das Kollisionsrisiko in deutlich spürbarer Weise erhöhte. Nichts anderes soll gelten, wenn der Betrieb der Neuanlage die Signifikanzschwelle für sich betrachtet überschreitet, das Ausmaß der Gefährdung aber gegenüber der bestehenden Situation durch den Rückbau der Bestandsanlage verringert wird. Zu denken ist dabei etwa an den Fall einer Bestandsanlage, die sich im Abstand von 200 m zum langjährig besetzten Horst eines Rotmilans befindet und durch eine neue Anlage ersetzt wird, die in einem Abstand von über 400 m zu dem besagten Horst errichtet werden soll. Die bisherige Vorbelastungssituation berücksichtigend ginge mit dem Repowering eine Verbesserung mit der Folge einher, dass eine Unterschreitung der Signifikanzschwelle nach § 45c Abs. 2 S. 4 BNatSchG zu vermuten wäre, obwohl sich der neue Standort noch innerhalb des Nahbereichs befindet, in dem eine Aktivierung des Zugriffsverbots aus Gründen des § 45b Abs. 2 BNatSchG unwiderleglich vermutet wird (→ § 45b Rn. 11).

8 **2. Unionsrechtliche Beurteilung.** Einer Überprüfung am Maßstab des Unionsrechts hält die Vermutungsregel des § 45c Abs. 2 S. 4 BNatSchG nicht stand. Mit Blick auf das vorstehende Beispiel ist daran zu erinnern, dass Art. 5 Buchst. a V-RL jede **absichtliche Tötung** von Exemplaren geschützter Vogelarten unabhängig davon unterbunden wissen will, ob dieser Erfolg durch eine gänzlich neue oder eine WEA hervorgerufen wird, die mit dem Abbau einer Bestandsanlage im Zusammenhang steht. Die mit dem Rückbau der Altanlage einhergehende Entlastung der betroffenen Individuen stellt weder die Erfüllung des Absichtsmerkmals (hierzu EuGH Slg. 2006 I-4536 Rn. 71; ECLI:EU:C:2021:166 Rn. 51) in Frage noch handelt es sich um einen Umstand, der von der Beachtung der allgemeinen Schutzregelung entbinden könnte. Vielmehr darf auch die neue Anlage nur unter strikter Wahrung der in Art. 9 Abs. 1 VRL genannten Voraussetzungen zugelassen werden. Indem § 45c Abs. 2 S. 4 BNatSchG davon im Regelfall entbindet, werden die strengen Ausnahmevoraussetzungen unterlaufen.

Es kommt hinzu, dass die Mitgliedstaaten in Ansehung des Art. 5 VRL verpflichtet sind, einen **vollständigen und wirksamen Rechtsrahmen** zu schaffen, der alle absichtlichen Formen der Tötung geschützter Arten unterbindet (vgl. EuGH ECLI:EU:C:2018:255 Rn. 252). Überschreitet der Betrieb der zum Rückbau vorgesehenen Bestandsanlage die Signifikanzschwelle, rechtfertigt dies keine Erleichterung für ein Repowering-Vorhaben, weil die staatlichen Behörden in Erfüllung der Pflicht zur Durchsetzung der unionsrechtlichen Verbote dafür hätten Sorge tragen müssen, dass der durch die Bestandsanlage verursachte artenschutzrechtliche Konflikt behoben wird (Art. 4 Abs. 3 EUV; vgl. hierzu EuGH ECLI:EU:C:2012:103 Rn. 43; BVerwG NVwZ 2017, 1634 Rn. 18). Die mangelnde Erfüllung der **Loyalitätspflicht** kann schwerlich der Grund sein, um Vorhaben zur Modernisierung von Windenergieanlagen unter erleichterten Bedingungen zuzulassen, weil der Mitgliedstaat andernfalls aus seinem Fehlverhalten Vorteile zöge. 9

III. Prüfung standörtlicher Alternativen

Werden artenschutzrechtliche Zugriffsverbote durch den Betrieb einer an die Stelle der Bestandsanlage tretenden Neuanlage ausgelöst, darf dieses Vorhaben nur unter Inanspruchnahme einer artenschutzrechtlichen Ausnahme zugelassen werden. Im Hinblick auf die insoweit erforderliche Prüfung **räumlicher Alternativen** ordnet § 45c Abs. 4 BNatSchG an, dass § 45 Abs. 7 BNatSchG abweichend von § 45b Abs. 8 Nr. 2, 3 BNatSchG mit der Maßgabe anzuwenden ist, dass Standortalternativen in der Regel nicht zumutbar sind, es sei denn, der Standort läge in einem Natura 2000-Gebiet mit kollisionsgefährdeten oder störungsempfindlichen Vogel- oder Fledermausarten. Damit geht eine weitere Privilegierung der Repowering-Vorhaben einher (BT-Drs. 20/2354, 29), die es mit sich bringt, dass eine Prüfung standörtlicher Alternativen in der Regel verzichtbar ist. Mit den **unionsrechtlichen Regelungsvorgaben** des Art. 9 Abs. 1 VRL bzw. Art. 16 Abs. 1 FFH-RL ist dies nicht vereinbar. Nach diesen restriktiv auszulegenden Bestimmungen dürfen Verbotsausnahmen nur zugelassen werden, wenn es keine anderen zufriedenstellenden Lösungen gibt. Da die staatliche Stelle, die über die Erteilung der Ausnahme im Einzelfall befindet, im Hinblick auf das Fehlen von Alternativen beweispflichtig ist, läuft es den unionsrechtlichen Regelungsvorgaben zuwider, wenn Alternativstandorte regelhaft für unzumutbar erklärt und die Behörden mit gleicher Regelmäßigkeit von der Prüfung standörtlicher Alternativen absehen. Derartige Erleichterungen sieht das Unionsrecht auch in Fällen eines Repowerings nicht vor. 10

D. Kompensationsleistungen

§ 45c Abs. 3 BNatSchG ordnet an, dass bei der Festsetzung einer Kompensation aufgrund einer Beeinträchtigung des Landschaftsbildes diejenige **Kompensationsleistung** abzuziehen ist, die für die zu ersetzende Bestandsanlage bereits geleistet wurde. Die Vorschrift übernimmt die bisherige Regelung des § 16b Abs. 4 S. 3 BImSchG (hierzu *Hentschel* KommP spezial 2021, 135 (138)), befindet sich aber am systematisch falschen Ort, weil sie mit dem Artenschutzrecht in keinem Zusammenhang steht, sondern die Anrechnung von Kompensationsleistungen betrifft, die aus Gründen der naturschutzrechtlichen Eingriffsregelung im Zusammenhang mit der Zulassung der Bestandsanlage erbracht wurden. Da dem Eingriffsverursacher aus Anlass einer erheblichen Beeinträchtigung des Landschaftsbildes zumeist die Zahlung eines Ersatzgeldes abverlangt wird (*Lang* in Säcker/Ludwigs Berliner Kommentar zum Energierecht, 5. Aufl. 2022 § 16b Rn. 16), dürfte der Begriff der Kompensationsleistung in einem weiten, das **Ersatzgeld umfassenden** 11

Sinne zu verstehen sein, zumal § 45c Abs. 3 BNatSchG keinen praktisch relevanten Anwendungsbereich besäße, wenn danach ausschließlich Maßnahmen der Naturalkompensation im Sinne des § 15 Abs. 2 BNatSchG anzurechnen wären. Eine Anrechnung von Maßnahmen zum Ausgleich oder Ersatz für erhebliche **Beeinträchtigungen des Naturhaushaltes** sieht die Vorschrift im Übrigen nicht vor.

§ 45d Nationale Artenhilfsprogramme

(1) Das Bundesamt für Naturschutz stellt nationale Artenhilfsprogramme auf zum dauerhaften Schutz insbesondere der durch den Ausbau der erneuerbaren Energien betroffenen Arten, einschließlich deren Lebensstätten, und ergreift die zu deren Umsetzung erforderlichen Maßnahmen. Im Rahmen der Umsetzung ist der Erwerb von landwirtschaftlich genutzten Flächen nur in begründeten Ausnahmefällen zulässig, die die Bundesregierung durch Rechtsverordnung näher bestimmt.

(2) Wird eine Ausnahme nach § 45 Absatz 7 nach Maßgabe des § 45b Absatz 8 Nummer 5 zugelassen, ohne dass Maßnahmen zur Sicherung des Erhaltungszustands der betreffenden Art durchgeführt werden, hat der Träger des Vorhabens eine Zahlung in Geld zu leisten. Die Zahlung ist von der zuständigen Behörde zusammen mit der Ausnahmeentscheidung für die Dauer des Betriebs als jährlich zu leistender Betrag im Zulassungsbescheid festzusetzen. Sie ist als zweckgebundene Abgabe an den Bund zu leisten. Die Höhe des jährlich zu leistenden Betrages errechnet sich nach Anlage 2 Nummer 4. Dabei ist der nach § 45b Absatz 6 verringerte Energieertrag abzuziehen. Die Mittel werden vom Bundesministerium für Umwelt, Naturschutz, nukleare Sicherheit und Verbraucherschutz bewirtschaftet. Sie sind für Maßnahmen nach Absatz 1 zur Sicherung oder Verbesserung des Erhaltungszustands der durch den Betrieb von Windenergieanlagen betroffenen Arten zu verwenden, für die nicht bereits nach anderen Vorschriften eine rechtliche Verpflichtung besteht. Die Verpflichtungen nach § 15 bleiben unberührt.

Schrifttum: *Gellermann*, Das Vierte Gesetz zur Änderung des Bundesnaturschutzgesetzes, NuR 2022, 589 ff; *Kompetenzzentrum Naturschutz und Energiewende* (KNE), Anfrage Nr. 181 Artenschutz- und Artenhilfsprogramme, -projekte und -konzepte für windenergiesensible Brutvogelarten, Stand: 20.01.2022, https://www.naturschutz-energiewende.de/wp-content/uploads/KNE-Antwort_181_Artenhilfsprogramme_wind energiesensible_Brutvogelarten.pdf; *Tumbrinck*, Das nationale Artenhilfsprogramm, Folien zum Vortrag gehalten auf der DOG-Tagung am 24.9.2022.

Übersicht

A. Allgemeines

In ihrem Koalitionsvertrag haben sich die regierungstragenden Parteien darauf verständigt, ein nationales Artenhilfsprogramm aufzulegen, dass insbesondere den **Schutz jener Arten verbessern** soll, die unter dem forcierten Ausbau der Erneuerbaren Energien besonders leiden werden (Koalitionsvertrag 2021 – 2025 Mehr Fortschritt wagen, 1

07.12.2021, S. 30). Mit Erlass des Vierten Gesetzes zur Änderung des Bundesnaturschutzgesetzes wurde mit § 45d BNatSchG eine Vorschrift erlassen, die die Aufstellung und Umsetzung **nationaler Artenhilfsprogramme (AHP)** und deren Kofinanzierung durch Träger von Windvorhaben regelt.

I. Windkraftnutzung und nationale Artenhilfsprogramme

2 Windenergieanlagen, die mit den artenschutzrechtlichen Zugriffsverboten in Konflikt geraten, dürfen nur zugelassen werden, wenn zu ihren Gunsten eine sich auf § 45 Abs. 7 i.V.m. § 45b Abs. 8 BNatSchG gründende Ausnahme erteilt werden kann. Das kommt allerdings nur in Frage, wenn sich der Zustand der Populationen der betreffenden Art in dem betroffenen Bundesland oder auf Bundesebene nicht verschlechtert (§ 45b Abs. 8 Nr. 5 BNatSchG). Vor diesem Hintergrund weist § 45d BNatSchG dem **Bundesamt für Naturschutz** (BfN) die Aufgabe der Aufstellung und Durchführung nationaler AHP zu und bestimmt zugleich, dass sich Träger von Windkraftprojekten, denen eine artenschutzrechtliche Ausnahme erteilt wird, unter bestimmten Bedingungen an der Finanzierung der Programme beteiligen müssen, soweit diese dem Schutz der durch den Betrieb von Windenergieanlagen betroffenen Arten dienen (BT-Drs. 20/2354, 29). Die nationalen AHP sollen einen **dauerhaften Schutz** insbesondere der vom Ausbau der erneuerbaren Energien besonders betroffenen Tierarten gewährleisten, tragen durch die angestrebte Stabilisierung der Populationen dieser Arten aber zugleich auch dazu bei, die Erteilung artenschutzrechtlicher Ausnahmen zu erleichtern. Insoweit flankiert § 45d BNatSchG sowohl die weitreichenden Ausbauziele für erneuerbare Energien als auch das Bekenntnis der Bundesregierung zum Schutz und zur Verbesserung der Biodiversität (BT-Drs. 20/2354, 30).

3 Die Aufstellung nationaler AHP ist eine **neue Aufgabe des Bundes**, die sich noch in der Vorbereitungsphase befindet. Um Maßnahmen zur Verbesserung des regionalen und nationalen Erhaltungszustandes fördern zu können, wird derzeit eine Förderrichtlinie erarbeitet (BT-Drs. 20/4252, 3 f.), auf deren Grundlage Artenschutzprojekte Dritter (z.B. anerkannte Umweltvereinigungen) finanziell gefördert werden. Im Bundeshaushalt stehen dafür 82,4 Mio. € bis 2026 zur Verfügung, während noch nicht absehbar ist, in welchem Umfang und in welcher Höhe **Träger von Windkraftvorhaben** zur Finanzierung beitragen. Erste Modellprojekte, die den Schutz des Schreiadlers, der Wiesenweihe und der Brandseeschwalbe betreffen, sollen bereits in 2022 beginnen (*Tumbrinck* Artenhilfsprogramm, Folien 9, 10).

II. Unionsrechtliche Aspekte

4 Um den Anforderungen des Art. 12 Abs. 1 FFH-RL sowie des Art. 5 VRL gerecht zu werden, müssen die Mitgliedstaaten ein strenges Schutzsystem etablieren, das den Erlass **kohärenter und koordinierter vorbeugender Maßnahmen** umfasst (EuGH ECLI:EU:C:2018:255 Rn. 231, 252). Artenhilfsprogramme zugunsten der Arten des Anhangs IV FFH-RL und europäischer Vogelarten können dazu einen wichtigen Beitrag leisten. Zugleich erleichtern sie die Erteilung artenschutzrechtlicher Ausnahmen (Art. 16 Abs. 1 FFH-RL, Art. 9 Abs. 1 VRL), zumal auf der Hand liegt, dass Abweichungen von den zum Schutz der Arten bestimmten Verboten umso eher in Frage kommen, je besser sich der Erhaltungszustand der betroffenen Populationen darstellt. Artenhilfsprogramme, deren Durchführung sich stabilisierend auf die Erhaltungssituation der Arten auswirken, können daher zugleich Gewähr dafür bieten, dass die Erteilung artenschutzrechtlicher Ausnahmen nicht an dem unionsrechtlichen Verschlechterungsverbot scheitert (→ Vor § 37 Rn. 23, 27).

Die besondere Bedeutung wirksamer Artenhilfsprogramme wird zudem durch die am 30.12.2022 in Kraft getretene **EU-Dringlichkeitsverordnung** (ABl. EU 2022 L 335, 36; → § 45b Rn. 43 ff.) nachdrücklich unterstrichen. Während die Mitgliedstaaten nach Art. 3 Abs. 2 S. 1 VO (EU) 2022/2577 sicherzustellen haben, dass den im überwiegenden öffentlichen Interesse gelegenen Projekten zur regenerativen Energieerzeugung bei der einzelfallbezogenen Abwägung der Vorrang zuerkannt wird, gilt dies nach Satz 2 der Bestimmung in Bezug auf den Artenschutz nur, wenn geeignete **Artenschutzmaßnahmen** ergriffen werden, die zur Erhaltung oder Wiederherstellung eines günstigen Erhaltungszustandes der Populationen der Art beitragen. Die Funktion von Artenhilfsprogrammen besteht gerade darin, derartige Schutzmaßnahmen zu konzipieren und umzusetzen. In Art. 6 S. 3 VO (EU) 2022/2577 werden Artenschutzprogramme ausdrücklich angesprochen, deren Existenz eine Vorbedingung dafür ist, dass Betreiber den dort angesprochenen finanziellen Beitrag erbringen können. Auch daran zeigt sich, dass Artenhilfsprogramme einen wesentlichen Baustein darstellen, um eine Beschleunigung der Genehmigungsverfahren für Projekte der regenerativen Energieerzeugung zu erreichen. 5

III. Verfassungsrechtliche Aspekte

Vor dem Hintergrund der dramatischen Biodiversitätskrise und des fortschreitenden Artensterbens sind nationale AHP aus der Perspektive des Artenschutzes fraglos zu begrüßen. Mit der Aufgabenzuweisung an das BfN birgt § 45d BNatSchG allerdings **verfassungsrechtlichen Zündstoff** in sich (*Gellermann* NuR 2022, 589 (598 f.)). Verfügt der Bund – wie auf dem Felde des Naturschutzrechts (Art. 74 Abs. 1 Nr. 29 GG) – über die Gesetzgebungskompetenz, kann er auf der Grundlage des Art. 87 Abs. 3 S. 1 GG selbstständige Bundesoberbehörden einrichten oder bestehenden Bundesoberbehörden wie dem BfN neue Aufgaben übertragen (BFH DStRE 2015, 1365 Rn. 38). Das gilt allerdings nur für Aufgaben, „die der Sache nach für das ganze Bundesgebiet von einer Oberbehörde ohne Mittel- oder Unterbau und ohne Inanspruchnahme von Verwaltungsbehörden der Länder – außer für reine Amtshilfe – wahrgenommen werden können" (BVerfG NJW 2004, 2213 (2214)). Dies setzt voraus, dass die jeweilige Aufgabe nach ihren typischen Merkmalen einer **zentralen Erledigung** zugänglich ist (BVerfG NJW 2004, 2213 (2214); BVerwG Urt. v. 30.6.2005 – 7 C 26.04, juris Rn. 48; *Hermes* in Dreier Grundgesetz, 3. Aufl. 2018 Art. 87 Rn. 87). Daran mit Blick auf nationale AHP zu zweifeln besteht schon deshalb Anlass, weil **§ 38 Abs. 2 BNatSchG** den Ländern die Aufgabe zuweist, Artenhilfsprogramme aufzustellen. Die mit § 45d Abs. 1 BNatSchG einhergehende Verdrängung von Länderkompetenzen ist ein Indiz dafür, dass es sich bei der Aufstellung von AHP nicht um eine zentral zu erledigende Aufgabe handelt (vgl. hierzu *Durner* DVBl. 2011, 853 (857)). Es kommt hinzu, dass die vom BfN artspezifisch zu konzipierenden Artenhilfsmaßnahmen umgesetzt und vor Ort verwirklicht werden müssen. Das lässt einen starken Bezug zu den örtlichen Gegebenheiten erkennen, der die Zentralität der in § 45d BNatSchG thematisierten Aufgabe gleichfalls in Frage stellt (vgl. hierzu *Britz* DVBl. 1998, 1167 (1173)). 6

Unabhängig davon weisen § 45d Abs. 1 BNatSchG und § 38 Abs. 2 BNatSchG in Ansehung des Spektrums der Arten, für die es Artenhilfsprogramme aufzustellen gilt, einen beträchtlichen Überschneidungsbereich auf. Insoweit kommt es zu einer **Verdoppelung der Verwaltungszuständigkeiten**, die mit dem verfassungsrechtlichen Gebot der funktionalen und organisatorischen Trennung der Verwaltungen von Bund und Ländern (Art. 30, 83 ff. GG) und der hierzu erforderlichen klaren und auf Vollständigkeit angelegten Zuordnung der Kompetenzen (vgl. BVerwG NVwZ 2008, 183 Rn. 155 f.) kaum vereinbar sein dürfte. 7

B. Aufstellung und Umsetzung nationaler Artenhilfsprogramme

8 Artenhilfsprogramme können in Abhängigkeit von der Art ihrer Ausgestaltung und der Effektivität ihrer praktischen Umsetzung wichtige Beiträge erbringen, um dem Artensterben Einhalt zu gebieten. In Anerkennung dessen haben sich einzelne Bundesländer der in § 38 Abs. 2 BNatSchG thematisierten Aufgabe angenommen und solche Programme für windkraftempfindliche Vogelarten aufgestellt (*KNE* Anfrage Nr. 181, S. 2 f.). Da sich noch nicht alle Bundesländer engagiert haben und auch noch längst nicht sämtliche windenergiesensiblen Tierarten von den bestehenden Programmen profitieren, können nationale AHP eine deutliche Verbesserung der Erhaltungssituation gefährdeter Arten herbeiführen.

I. Ausgestaltung und Umsetzung der Programme

9 Nach § 45d Abs. 1 S. 1 BNatSchG obliegt es dem BfN, nationale AHP aufzustellen und umzusetzen, die den dauerhaften Schutz „insbesondere" der vom Ausbau der erneuerbaren Energien betroffenen Arten einschließlich ihrer Lebensstätten gewährleisten sollen. Im Vordergrund werden dabei sicherlich die in Anlage 1 Abschnitt 1 BNatSchG genannten **kollisionsgefährdeten Vogelarten** stehen, die unter den Auswirkungen der Windkraftnutzung besonders leiden. Das Spektrum der Arten, die von den Programmen profitieren sollen, ist aber deutlich breiter, zumal es nicht allein um die Bewältigung der Konflikte der Windkraftnutzung, sondern sämtlicher erneuerbarer Energien geht. Dazu gehört die Nutzung der für Fischarten gefährlichen Wasserkraft ebenso wie die Errichtung von Flächen-PV-Anlagen, die das Tötungsrisiko bestimmter Vogelarten erhöhen können, und der Betrieb von Biomasseanlagen, der infolge der hiermit einhergehenden Vermaisung der Landschaft zur Schädigung der Lebensräume gefährdeter Vögel der Agrarlandschaft führt. Da § 45d Abs. 1 S. 1 BNatSchG die von dem Ausbau der erneuerbaren Energien betroffenen Arten nur **beispielhaft** erwähnt („insbesondere"), können nationale AHP auch für Arten und Artengruppen aufgestellt werden, die unter anderen Gefährdungsfaktoren leiden oder für deren Erhaltung die Bundesrepublik Deutschland eine besondere Verantwortung trägt.

10 Während das zu schützende Artenspektrum keine Begrenzung erfährt, beschränkt § 45d Abs. 1 S. 1 BNatSchG – nicht anders als § 38 Abs. 2 BNatSchG – das Aufgabenfeld der Artenhilfsprogramme auf den Schutz der Arten einschließlich ihrer Lebensstätten. Zu denken ist dabei etwa an den Horst- oder Nestschutz bei Arten wie dem Schreiadler oder der Wiesenweihe, an die Bekämpfung illegaler Verfolgung von Greifvögeln (Abschuss, Vergiftung) oder an Maßnahmen zur Verhinderung der Prädation bodenbrütender Vögel (z.B. Aufstellen von Elektrozäunen). Da ein dauerhafter Schutz die Pflege, Entwicklung und Wiederherstellung der **Lebensstätten** umfasst (§ 1 Abs. 1 S. 1 HS 2 BNatSchG), können nationale AHP auch Maßnahmen zur Pflege, Entwicklung oder Wiederherstellung von Lebensstätten einbeziehen. Das beträfe etwa die Entwicklung von Schilfröhrichten als Brutplatz der Rohrweihe, die Aufwertung von Waldflächen für den Schreiadler oder die Anlage von Nestschutzzonen für Kiebitze in der Agrarlandschaft (hierzu *Cimiotti et al.* NuL 2022, 537 ff.). Begrenzend wirkt sich der Bezug auf die Lebensstätten aus, unter den nur die regelmäßigen Aufenthaltsorte wild lebender Tiere zu verstehen sind (§ 7 Abs. 2 Nr. 5 BNatSchG). Ein dauerhafter Schutz der **Lebensräume** der Tierarten gehört daher nicht zu den Aufgaben der nationalen AHP.

II. Erwerb landwirtschaftlich genutzter Flächen

Im Rahmen der Umsetzung der AHP ist der **Erwerb landwirtschaftlicher Nutzflächen** kraft der Anordnung des § 45d Abs. 1 S. 2 BNatSchG nur in begründeten Ausnahmefällen zulässig, die die Bundesregierung durch Rechtsverordnung näher bestimmt. Diese Regelung wurde auf Vorschlag des Umweltausschusses in das Gesetz aufgenommen, dem daran gelegen war, das Verhältnis von landwirtschaftlich genutzten Flächen und dem im Rahmen der nationalen AHP notwendigen Flächenzugriff zu regeln (BT-Drs. 20/2658, 13). Abgesehen davon, dass verabsäumt wurde, eine den Anforderungen des Art. 80 Abs. 1 GG entsprechende **Verordnungsermächtigung** zu schaffen, wird eine effektive und nachhaltig wirkende Umsetzung der Artenhilfsprogramme in der Agrarlandschaft dadurch maßgeblich erschwert. Auch wenn Maßnahmen des **Vertragsnaturschutzes** nicht gering zu achten sind, bietet doch der Flächenerwerb deutlich bessere Möglichkeiten für einen auf Dauer angelegten Schutz, als dies im Rahmen vertraglicher und zumeist zeitlich begrenzter Vereinbarungen möglich ist. Immerhin bleibt es dem BfN unbenommen, im Rahmen der Umsetzung nationaler AHP forstwirtschaftlich genutzte Flächen im Interesse der Pflege, Entwicklung oder Wiederherstellung der Lebensstätten der in Wäldern vorkommenden Arten zu erwerben. Das ist freilich ein schwacher Trost, zumal gerade die Vogelarten des Offenlandes unter massiven Bestandseinbußen leiden (BT-Drs. 18/12195, 2). 11

C. Finanzierungsbeiträge der Träger von Windkraftprojekten

Schon im Eckpunktepapier des BMUV und des BMWK vom 4.4.2022 wurde zum Ausdruck gebracht, dass für den Vogelschutz ein neues Artenhilfsprogramm aufgelegt werden sollte, „in das die Windenergie-Betreiber einzahlen, wenn sie die Ausnahmeregelung nutzen". Der Gesetzgeber hat dies aufgegriffen und in § 45d Abs. 2 BNatSchG festgelegt, dass die Anlagenbetreiber unter bestimmten Bedingungen zur Finanzierung der nationalen AHP beitragen müssen. 12

I. Zahlungspflichtige Vorhabenträger

Zahlungspflichtig sind nach § 45d Abs. 2 S. 1 diejenigen **Träger von Windkraftprojekten**, denen eine Ausnahme nach § 45 Abs. 7 i.V.m. § 45b Abs. 8 Nr. 5 BNatSchG erteilt wird, ohne dass Maßnahmen zur Sicherung des Erhaltungszustandes der betreffenden Art durchgeführt werden. Das grenzt den Kreis der Zahlungspflichtigen deutlich ein, weil eine Ausnahme angesichts des Gefährdungsgrades zahlreicher Tierarten sowie der Schwierigkeiten einer zutreffenden Beurteilung ihrer Auswirkungen auf den Erhaltungszustand der betroffenen Population in der Praxis (wohl) eher selten erteilt werden dürfte, wenn der Vorhabenträger keine populationsstärkenden Maßnahmen (FCS-Maßnahmen) vorsieht. Denkbar ist dies allenfalls bei Arten, bei denen sich der Verlust einzelner Individuen auf den Erhaltungszustand der Population nicht verschlechternd auswirkt (z.B. Weißstorch, Uhu), während Ausnahmen von den Zugriffsverboten zu Lasten stark gefährdeter oder vom Aussterben bedrohter Arten wie dem Schreiadler, den drei Weihenarten (Wiesen-, Rohr-, Kornweihe) oder der Sumpfohreule (vgl. BT-Drs. 20/2354, 28) nicht erteilt werden dürfen, wenn der Träger des Vorhabens keine populationsstärkenden Maßnahmen ergreift. 13

II. Festsetzung, Verwaltung und Einsatz der Mittel

14 Sind die Voraussetzungen des § 45d Abs. 2 S. 1 BNatSchG im Einzelfall erfüllt, wird die Zahlung durch die zuständige Behörde für die Dauer des Betriebs der jeweiligen Anlage als jährlich zu leistender Betrag im **Zulassungsbescheid** festgesetzt und muss als zweckgebundene Abgabe an den Bund geleistet werden (§ 45d Abs. 2 S. 2, 3 BNatSchG). Es handelt sich um eine **Sonderabgabe**, deren Höhe nach der in Anlage 2 Nr. 4 BNatSchG enthaltenen Formeln berechnet wird (§ 45d Abs. 2 S. 4 BNatSchG), wobei der nach § 45b Abs. 6 BNatSchG verringerte Energieertrag als Abzugsposten anzusetzen ist. Der auf diesem Wege errechnete Betrag scheint überschaubar zu sein, wenn die in der Gesetzesbegründung enthaltene Beispielsrechnung (BT-Drs. 20/2354, 23) zutreffend sein sollte. Die vom BMUV verwalteten Mittel sind **zweckgerichtet** für Maßnahmen zur Sicherung und Verbesserung des Erhaltungszustandes der durch den Betrieb von WEA betroffenen Arten zu verwenden (§ 45a Abs. 2 S. 6 BNatSchG).

III. Pflichten des Eingriffsverursachers

15 § 45d Abs. 2 S. 8 BNatSchG stellt klar, dass die sich aus § 15 BNatSchG ergebenden Verpflichtungen **unberührt** bleiben. Ein aus Gründen des § 45d BNatSchG zu zahlender Geldbetrag entbindet Vorhabenträger daher nicht davon, im Einzelfall erforderliche Vermeidungsmaßnahmen zur ergreifen (§ 15 Abs. 1 BNatSchG), Ausgleichs- oder Ersatzmaßnahmen durchzuführen (§ 15 Abs. 2 BNatSchG) und/oder ein Ersatzgeld (§ 15 Abs. 6 BNatSchG) zu zahlen.

Anlage 1[1)]

(zu § 45b Absatz 1 bis 5)

Abschnitt 1 Bereiche zur Prüfung bei kollisionsgefährdeten Brutvogelarten

Brutvogelarten	Nahbereich*	Zentraler Prüfbereich*	Erweiterter Prüfbereich*
Seeadler *Haliaeetus albicilla*	500	2 000	5 000
Fischadler *Pandion haliaetus*	500	1 000	3 000
Schreiadler *Clanga pomarina*	1 500	3 000	5 000
Steinadler *Aquila chrysaetos*	1 000	3 000	5 000
Wiesenweihe[1] *Circus pygargus*	400	500	2 500
Kornweihe *Circus cyaneus*	400	500	2 500
Rohrweihe[1] *Circus aeruginosus*	400	500	2 500
Rotmilan *Milvus milvus*	500	1 200	3 500
Schwarzmilan *Milvus migrans*	500	1 000	2 500
Wanderfalke *Falco peregrinus*	500	1 000	2 500
Baumfalke *Falco subbuteo*	350	450	2 000
Wespenbussard *Pernis apivorus*	500	1 000	2 000
Weißstorch *Ciconia ciconia*	500	1 000	2 000
Sumpfohreule *Asio flammeus*	500	1 000	2 500

1) Anl. 1 angef. mWv 29.7.2022 durch G v. 20.7.2022 (BGBl. I S. 1362).

Brutvogelarten	Nahbereich*	Zentraler Prüfbereich*	Erweiterter Prüfbereich*
Uhu[1] *Bubo bubo*	500	1 000	2 500

* Abstände in Metern, gemessen vom Mastfußmittelpunkt

[1] Rohrweihe, Wiesenweihe und Uhu sind nur dann kollisionsgefährdet, wenn die Höhe der Rotorunterkante in Küstennähe (bis 100 Kilometer) weniger als 30 m, im weiteren Flachland weniger als 50 m oder in hügeligem Gelände weniger als 80 m beträgt. Dies gilt, mit Ausnahme der Rohrweihe, nicht für den Nahbereich.

Abschnitt 2 Schutzmaßnahmen

Zur Vermeidung der Tötung oder Verletzung von Exemplaren europäischer Vogelarten nach Abschnitt 1 durch Windenergieanlagen sind insbesondere nachfolgend aufgeführte Schutzmaßnahmen fachlich anerkannt:

Schutzmaßnahme	Beschreibung/Wirksamkeit
Kleinräumige Standortwahl (Micro-Siting)	**Beschreibung:** Im Einzelfall kann durch die Verlagerung von Windenergieanlagen die Konfliktintensität verringert werden, beispielsweise durch ein Herausrücken der Windenergieanlagen aus besonders kritischen Bereichen einer Vogelart oder durch das Freihalten von Flugrouten zu essentiellen Nahrungshabitaten. **Wirksamkeit:** Vermeidung bzw. Verminderung des Eintritts von Verbotstatbeständen oder des Umfangs von Schutzmaßnahmen. Für alle Arten der Tabelle in Abschnitt 1 wirksam.
Antikollisionssystem	**Beschreibung:** Auf Basis automatisierter kamera- und/oder radarbasierter Detektion der Zielart muss das System in der Lage sein, bei Annäherung der Zielart rechtzeitig bei Unterschreitung einer vorab artspezifisch festgelegten Entfernung zur Windenergieanlage per Signal die Rotordrehgeschwindigkeit bis zum „Trudelbetrieb" zu verringern. **Wirksamkeit:** Nach dem derzeitigen Stand der Wissenschaft und Technik kommt die Maßnahme in Deutschland derzeit nur für den Rotmilan in Frage, für den ein nachweislich wirksames, kamerabasiertes System zur Verfügung steht. Grundsätzlich erscheint es möglich, die Anwendung von Antikollisionssystemen zukünftig auch für weitere kollisionsgefährdete Großvögel, wie Seeadler, Fischadler, Schreiadler, Schwarzmilan und Weißstorch, einzusetzen. Antikollisionssysteme, deren Wirksamkeit noch nicht belegt ist, können im Einzelfall im Testbetrieb angeordnet werden, wenn begleitende Maßnahmen zur Erfolgskontrolle angeordnet werden.

Schutzmaßnahme	Beschreibung/Wirksamkeit
Abschaltung bei landwirtschaftlichen Bewirtschaftungsereignissen	**Beschreibung:** Vorübergehende Abschaltung im Falle der Grünlandmahd und Ernte von Feldfrüchten sowie des Pflügens zwischen 1. April und 31. August auf Flächen, die in weniger als 250 Metern Entfernung vom Mastfußmittelpunkt einer Windenergieanlage gelegen sind. Bei Windparks sind in Bezug auf die Ausgestaltung der Maßnahme gegebenenfalls die diesbezüglichen Besonderheiten zu berücksichtigen. Die Abschaltmaßnahmen erfolgen von Beginn des Bewirtschaftungsereignisses bis mindestens 24 Stunden nach Beendigung des Bewirtschaftungsereignisses jeweils von Sonnenaufgang bis Sonnenuntergang. Bei für den Artenschutz besonders konfliktträchtigen Standorten mit drei Brutvorkommen oder, bei besonders gefährdeten Vogelarten, mit zwei Brutvorkommen ist für mindestens 48 Stunden nach Beendigung des Bewirtschaftungsereignisses jeweils von Sonnenaufgang bis Sonnenuntergang abzuschalten. Die Maßnahme ist unter Berücksichtigung von artspezifischen Verhaltensmustern anzuordnen, insbesondere des von der Windgeschwindigkeit abhängigen Flugverhaltens beim Rotmilan. **Wirksamkeit:** Die Abschaltung bei Bewirtschaftungsereignissen trägt regelmäßig zur Senkung des Kollisionsrisikos bei und bringt eine übergreifende Vorteilswirkung mit sich. Durch die Abschaltung der Windenergieanlage während und kurz nach dem Bewirtschaftungsereignis wird eine wirksame Reduktion des temporär deutlich erhöhten Kollisionsrisikos erreicht. Die Maßnahme ist insbesondere für Rotmilan und Schwarzmilan, Rohrweihe, Schreiadler sowie den Weißstorch wirksam.
Anlage von attraktiven Ausweichnahrungshabitaten	**Beschreibung:** Die Anlage von attraktiven Ausweichnahrungshabitaten wie zum Beispiel Feuchtland oder Nahrungsgewässern oder die Umstellung auf langfristig extensiv bewirtschaftete Ablenkflächen ist artspezifisch in ausreichend großem Umfang vorzunehmen. Über die Eignung und die Ausgestaltung der Fläche durch artspezifische Maßnahmen muss im Einzelfall entschieden werden. Eine vertragliche Sicherung zu Nutzungsbeschränkungen und/oder Bearbeitungsauflagen ist nachzuweisen. Die Umsetzung der Maßnahmen ist für die gesamte Betriebsdauer der Windenergieanlage durch vertragliche Vereinbarungen zwischen dem Vorhabenträger und den Flächenbewirtschaftern und -eigentümern sicherzustellen. Die Möglichkeit und Umsetzbarkeit solcher vertraglichen Regelungen ist der Genehmigungsbehörde vorab darzulegen.

Schutzmaßnahme	Beschreibung/Wirksamkeit
	Wirksamkeit: Die Schutzmaßnahme ist insbesondere für Rotmilan, Schwarzmilan, Weißstorch, Baumfalke, Fischadler, Schreiadler, Weihen, Uhu, Sumpfohreule und Wespenbussard wirksam. Die Wirksamkeit der Schutzmaßnahme ergibt sich aus dem dauerhaften Weglocken der kollisionsgefährdeten Arten bzw. der Verlagerung der Flugaktivität aus dem Vorhabenbereich heraus. Eine Wirksamkeit ist, je nach Konstellation und Art auch nur ergänzend zu weiteren Maßnahmen anzunehmen.
Senkung der Attraktivität von Habitaten im Mastfußbereich	**Beschreibung:** Die Minimierung und unattraktive Gestaltung des Mastfußbereiches (entspricht der vom Rotor überstrichenen Fläche zuzüglich eines Puffers von 50 Metern) sowie der Kranstellfläche kann dazu dienen, die Anlockwirkung von Flächen im direkten Umfeld der Windenergieanlage für kollisionsgefährdete Arten zu verringern. Hierfür ist die Schutzmaßnahme regelmäßig durchzuführen. Auf Kurzrasenvegetation, Brachen sowie auf zu mähendes Grünland ist in jedem Fall zu verzichten. Je nach Standort, der umgebenden Flächennutzung sowie dem betroffenen Artenspektrum kann es geboten sein, die Schutzmaßnahme einzelfallspezifisch anzupassen. **Wirksamkeit:** Die Schutzmaßnahme ist insbesondere für Rotmilan, Schwarzmilan, Schreiadler, Weißstorch und Wespenbussard wirksam. Die Maßnahme ist als alleinige Schutzmaßnahme nicht ausreichend.
Phänologiebedingte Abschaltung	**Beschreibung:** Die phänologiebedingte Abschaltung von Windenergieanlagen umfasst bestimmte, abgrenzbare Entwicklungs-/Lebenszyklen mit erhöhter Nutzungsintensität des Brutplatzes (z.B. Balzzeit oder Zeit flügger Jungvögel). Sie beträgt in der Regel bis zu 4 oder bis zu 6 Wochen innerhalb des Zeitraums vom 1. März bis zum 31. August von Sonnenaufgang bis Sonnenuntergang. Die Zeiträume können bei bestimmten Witterungsbedingungen wie Starkregen oder hohen Windgeschwindigkeiten artspezifisch im Einzelfall beschränkt werden, sofern hinreichend belegt ist, dass auf Grund bestimmter artspezifischer Verhaltensmuster während dieser Zeiten keine regelmäßigen Flüge stattfinden, die zu einer signifikanten Erhöhung des Tötungs- und Verletzungsrisikos führen. **Wirksamkeit:** Die Maßnahme ist grundsätzlich für alle Arten wirksam. Da sie mit erheblichen Energieverlusten verbunden ist, soll sie aber nur angeordnet werden, wenn keine andere Maßnahme zur Verfügung steht.

Anlage 2[1)]
(zu § 45b Absatz 6 und 9, zu § 45d Absatz 2)

Zumutbarkeit und Höhe der Zahlung in Artenhilfsprogramme

1. Begriffsbestimmungen

Im Sinne dieser Anlage ist

– A_{AHP} der prozentuale Anteil des Jahresertrages der Windenergieanlage, der mindestens im Rahmen des jährlich zu leistenden Beitrags in ein Artenhilfsprogramm zu leisten ist und der mit 2 Prozent festgelegt wird,
– A_{KSa} die anzunehmende Abschaltung bei Verwendung eines Antikollisionssystems je Jahr, die mit 3 Prozent festgelegt wird,
– *AW* der anzulegende Wert in Euro je Megawattstunde, auf Grundlage der durchschnittlichen, mengengewichteten Zuschlagswerte der vergangenen drei Ausschreibungen von Windenergieanlagen an Land, veröffentlicht durch die Bundesnetzagentur für Elektrizität, Gas, Telekommunikation, Post und Eisenbahnen,
– B_{Abs} der prozentuale Anteil der Abschaltungen auf Grund individueller fachlich anerkannter Schutzmaßnahmen im Basisschutz; der Basisschutz umfasst alle fachlich anerkannten Schutzmaßnahmen inklusive Fledermausabschaltungen,
– B_{MK} die monetären Kosten in Euro aller individuellen fachlich anerkannten Schutzmaßnahmen im Basisschutz,
– B_{MV} der maximal zumutbare monetäre Verlust in Euro im Basisschutz über 20 Jahre,
– B_S der als Prozentwert im Verhältnis zum Jahresertrag ausgedrückte Schwellenwert für die Verringerung des Jahresertrages infolge von als Basisschutz erfolgenden Anordnungen von Schutzmaßnahmen, der in der artenschutzrechtlichen Ausnahme nicht überschritten werden darf, und der mit 4 Prozent für einen Regelfall-Standort oder mit 6 Prozent für einen windreichen Standort festgelegt wird,
– *d* die prognostizierte Mindestnutzungsdauer einer Windenergieanlage an Land in Höhe von 20 Jahren,
– E_r der reale Energieertrag der Windenergieanlage in Megawattstunden des vergangenen Kalenderjahres,
– E_{rnte} die durchschnittliche Häufigkeit je Jahr eines Erntevorgangs je Flurstück, die mit 1 festgelegt wird,
– Flm_a die anzunehmende Abschaltung zum Schutz von Fledermäusen, die mit 2,5 Prozent festgelegt oder auf Grundlage eines Gutachtens oder einer Untersuchung der Fledermausaktivitäten ermittelt wird; sollte der Antragsteller ein Gutachten oder eine Untersuchung der Fledermausaktivitäten beauftragen, ist der Prozentwert der Abschaltung im Verhältnis zum Jahresertrag aus dem Gutachten oder der Untersuchung anzusetzen,
– $Flst_{Ausn}$ die Anzahl der Flurstücke in einem Umkreis von 250 Metern um den Mastfußmittelpunkt der Windenergieanlage, auf denen drei Brutvorkommen oder zwei Brutvorkommen bei besonders gefährdeten Vogelarten betroffen sind,
– $Flst_{Ernte}$ die Anzahl der Flurstücke in einem Umkreis von 250 Metern um den Mastfußmittelpunkt der Windenergieanlage mit Feldfrüchten, auf denen Erntevorgänge erfolgen,

[1)] Anl. 2 angef. mWv 29.7.2022 durch G v. 20.7.2022 (BGBl. I S. 1362); geänd. mWv 14.12.2022 durch G v. 8.12.2022 (BGBl. I S. 2240).

– $Flst_{Mahd}$ die Anzahl der Flurstücke in einem Umkreis von 250 Metern um den Mastfußmittelpunkt der Windenergieanlage mit Grünland, auf denen Mahdvorgänge erfolgen,
– $Flst_{Pflügen}$ die Anzahl der Flurstücke in einem Umkreis von 250 Metern um den Mastfußmittelpunkt der Windenergieanlage mit Ackerland, auf denen Pflugvorgänge erfolgen,
– h die anzunehmende Stundenanzahl bezogen auf die Abschaltung bei einem landwirtschaftlichen Bewirtschaftungsereignis (Ernte, Mahd, Pflügen), die mit 14 festgelegt wird,
– h_a die Anzahl der Stunden eines Jahres, die mit 8 760 festgelegt wird,
– IK die Summe der Investitionskosten in Euro aller Schutzmaßnahmen,
– K_{AS} der Selbstbehalt von den Investitionskosten für den Antragsteller in Höhe von 17 000 Euro je Megawatt zu installierender Leistung,
– M_{ahd} die durchschnittliche Häufigkeit je Jahr eines Mahdvorgangs je Flurstück, die mit 4 festgelegt wird,
– M_r der reale monetäre Ertrag der Windenergieanlage in Euro im vergangenen Kalenderjahr,
– P die zu installierende Leistung der geplanten Windenergieanlage an Land in Megawatt, das heißt, die elektrische Wirkleistung, die eine Anlage bei bestimmungsgemäßem Betrieb ohne zeitliche Einschränkungen unbeschadet kurzfristiger geringfügiger Abweichungen technisch erbringen kann,
– $P_{flügen}$ die durchschnittliche Häufigkeit je Jahr eines Pflugvorgangs je Flurstück, die mit 0,5 festgelegt wird,
– $P_{häno}$ die Anzahl der Tage mit phänologischen Abschaltungen,
– Regelfall-Standort ein Standort mit einem Gütefaktor ≤ 90 Prozent; die Prognose des Gütefaktors ist aus dem Ertragsgutachten zu entnehmen,
– VBH die Anzahl der Vollbenutzungsstunden der Windenergieanlage, die aus den Ertragsgutachten zu entnehmen ist,
– VBH_r die Anzahl der realen Vollbenutzungsstunden der Windenergieanlage des vergangenen Kalenderjahres,
– windreicher Standort ein Standort mit einem Gütefaktor > 90 Prozent; die Prognose des Gütefaktors ist aus dem Ertragsgutachten zu entnehmen,
– Z_{Abs} der prozentuale Anteil der Abschaltungen auf Grund individueller fachlich anerkannter Schutzmaßnahmen,
– Z_{AHPa} die Höhe des jährlich zu leistenden Beitrags in Euro in ein Artenhilfsprogramm,
– Z_{Mo} die monetären Kosten in Euro der individuellen, fachlich anerkannten Schutzmaßnahmen in der Zumutbarkeit,
– Z_{MV} der maximal zumutbare monetäre Verlust in Euro über 20 Jahre,
– Z_{um} der als Prozentwert im Verhältnis zum Jahresertrag ausgedrückte Schwellenwert, oberhalb dessen Verringerungen des Jahresertrages infolge der Anordnung von Schutzmaßnahmen als nicht mehr zumutbar gelten, und der mit 6 Prozent für einen Regelfall-Standort oder mit 8 Prozent für einen windreichen Standort festgelegt wird; die Zumutbarkeitsschwelle umfasst alle fachlich anerkannten Schutzmaßnahmen inklusive Fledermausabschaltungen.

2. Berechnung der Zumutbarkeitsschwelle

Die Zumutbarkeitsschwelle für die Anordnung von Schutzmaßnahmen für Windenergieanlagen an Land nach § 45b Absatz 6 wird nach folgenden Formeln bestimmt, bei deren Berechnung auf zwei Nachkommastellen zu runden ist:

2.1 Maximal zumutbarer monetärer Verlust. $Z_{MV} = P \cdot VBH \cdot Z_{um} \cdot AW \cdot d$

2.2 Prozentualer Anteil der Abschaltungen.

$$Z_{Abs} = \frac{(((Flst_{Mahd} \cdot M_{ahd}) + (Flst_{Ernte} \cdot E_{rnte}) + (Flst_{Pflügen} \cdot P_{flügen})) \cdot h + (Flst_{Ausn} \cdot h) + (P_{häno} \cdot h)) \cdot \frac{P \cdot VBH}{h_a}}{P \cdot VBH} + Flm_a + A_{KSa}$$

Werden keine Abschaltungen auf Grund landwirtschaftlicher Bewirtschaftungsereignisse angeordnet, ist

$((Flst_{Mahd} \cdot M_{ahd}) + (Flst_{Ernte} \cdot E_{rnte}) + (Flst_{Pflügen} \cdot P_{flügen})) \cdot h + (Flst_{Ausn} \cdot h)$

bei der Berechnung aus der Formel zu streichen.

Werden nur einzelne Abschaltungen auf Grund landwirtschaftlicher Bewirtschaftungsereignisse (nur Mahd, nur Ernte oder nur Pflügen oder eine andere Kombination dieser drei Ereignisse) angeordnet, ist das nicht angeordnete Ereignis aus der Formel zu streichen, das heißt

$(Flst_{Mahd} \cdot M_{ahd})$ oder $(Flst_{Ernte} \cdot E_{rnte})$ oder $(Flst_{Pflügen} \cdot P_{flügen})$.

Werden keine phänologischen Abschaltungen angeordnet, ist $(P_{häno} \cdot h)$ bei der Berechnung aus der Formel zu streichen.

Ist $Z_{Abs} \leq Z_{um}$ können die Abschaltungen zumutbar sein, sofern sie auch monetär zumutbar sind (Berechnung durch Nummer 2.3).

Ist $Z_{Abs} > Z_{um}$ gelten die Abschaltungen als unzumutbar und die Berechnungen ab Nummer 3 sind durchzuführen.

2.3 Monetäre Zumutbarkeit der Maßnahmen. $Z_{Mo} = P \cdot VBH \cdot Z_{Abs} \cdot AW \cdot d + (IK - K_{AS})$

Ergibt sich bei der Berechnung von $(IK - K_{AS})$ ein Wert kleiner null, wird das Ergebnis der Subtraktion von $(IK - K_{AS})$ mit null festgesetzt.

Ist $Z_{Mo} \leq Z_{MV}$ sind die Schutzmaßnahmen zumutbar und es erfolgt keine Zahlung in Artenhilfsprogramme.

Ist $Z_{Mo} > Z_{MV}$ gelten die Schutzmaßnahmen als unzumutbar und die Berechnungen ab Nummer 3 sind durchzuführen.

3. Berechnung des Basisschutzes in der artenschutzrechtlichen Ausnahme

3.1 Maximal zulässiger monetärer Verlust im Basisschutz. $B_{MV} = P \cdot VBH \cdot B_S \cdot d \cdot AW$

3.2 Prozentualer Anteil der Abschaltungen im Basisschutz.

$$B_{Abs} = \frac{(((Flst_{Mahd} \cdot M_{ahd}) + (Flst_{Ernte} \cdot E_{rnte}) + (Flst_{Pflügen} \cdot P_{flügen})) \cdot h + (Flst_{Ausn} \cdot h) + (P_{häno} \cdot h)) \cdot \frac{P \cdot VBH}{h_a}}{P \cdot VBH} + Flm_a + A_{KSa}$$

Werden keine Abschaltungen auf Grund landwirtschaftlicher Bewirtschaftungsereignisse angeordnet, ist

$((Flst_{Mahd} \cdot M_{ahd}) + (Flst_{Ernte} \cdot E_{rnte}) + (Flst_{Pflügen} \cdot P_{flügen})) \cdot h + (Flst_{Ausn} \cdot h)$

bei der Berechnung aus der Formel zu streichen.

Werden nur einzelne Abschaltungen auf Grund landwirtschaftlicher Bewirtschaftungsereignisse (nur Mahd, nur Ernte oder nur Pflügen oder eine andere Kombination dieser drei Ereignisse) angeordnet, ist das nicht angeordnete Ereignis aus der Formel zu streichen, das heißt

$(Flst_{Mahd} \cdot M_{ahd})$ oder $(Flst_{Ernte} \cdot E_{rnte})$ oder $(Flst_{Pflügen} \cdot P_{flügen})$.

Werden keine phänologischen Abschaltungen angeordnet, ist $(P_{häno} \cdot h)$ bei der Berechnung aus der Formel zu streichen.

Ist $B_{Abs} > B_S$, sind die Maßnahmen unzulässig und müssen reduziert werden, bis $B_{Abs} \leq B_S$.

Ist $B_{Abs} \leq B_S$, sind die Maßnahmen zulässig und werden bei der Berechnung der Zahlung in Artenhilfsprogramme (Nummer 4) berücksichtigt.

3.3 Monetäre Kosten der Maßnahmen im Basisschutz. $B_{MK} = B_{Abs} \cdot P \cdot VBH \cdot AW \cdot d + (IK - K_{AS})$

Ergibt sich bei der Berechnung von $(IK - K_{AS})$ ein Wert kleiner null, wird das Ergebnis der Subtraktion von $IK - K_{AS}$ mit null festgesetzt.

Ist $B_{MK} > B_{MV}$ sind die Maßnahmen unzulässig und müssen reduziert werden, bis $B_{MK} \leq B_{MV}$.

Ist $B_{MK} \leq B_{MV}$ sind die Maßnahmen zulässig und werden bei der Berechnung der Zahlung in Artenhilfsprogramme (Nummer 4) berücksichtigt.

4. Berechnung der Zahlungen in Artenhilfsprogramme

4.1 Berechnung des realen Energieertrags im vergangenen Kalenderjahr. $E_r = P \cdot VBH_r$

4.2 Berechnung des realen monetären Ertrags im vergangenen Kalenderjahr. $M_r = E_r \cdot AW$

4.3 Berechnung der Höhe des zu zahlenden Beitrags in das Artenhilfsprogramm für das vergangene Kalenderjahr.

$$Z_{AHPa} = \frac{B_{MV} - B_{MK}}{d} + (A_{AHP} \cdot M_r)$$

LANDMANN/ROHMER

UMWELTRECHT

BAND III

KOMMENTAR

Herausgegeben von

Prof. Dr. Martin Beckmann
Rechtsanwalt und Fachanwalt für Verwaltungsrecht,
Honorarprofessor der Universität Münster

Prof. Dr. Dr. Wolfgang Durner LL. M.
Rheinische Friedrich-Wilhelms-Universität Bonn und Direktor des Instituts für das Recht der Wasser- und Entsorgungswirtschaft

Prof. Dr. Thomas Mann
Direktor des Instituts für Öffentliches Recht,
Lehrstuhl für Verwaltungsrecht der Georg-August-Universität Göttingen

Prof. Dr. Marc Röckinghausen
Hochschule für Polizei und öffentliche Verwaltung NRW, Abteilung Gelsenkirchen,
Fachbereich Allgemeine Verwaltung/ Rentenversicherung

Stand: 1. Januar 2023
(100. Ergänzungslieferung)

(Zum Bearbeitungsstand im Einzelnen siehe die Datumszeile am unteren Ende jeder Seite)

C.H.BECK

Dieses Titelblatt stammt aus der 100. Ergänzungslieferung Januar 2023.

(Anschluss an die 99. Ergänzungslieferung September 2022)

ISBN 978 3 406 80443 4

Der Kommentar wurde von der 1. bis zur 50. Ergänzungslieferung
von Prof. Dr. Klaus Hansmann und von der 51. bis zur 58. Ergänzungslieferung
von Prof. Dr. Martin Beckmann herausgegeben.

Zitiervorschläge:

Beckmann in Landmann/Rohmer UmweltR KrWG § 17 Rn. 1
Landmann/Rohmer UmweltR/*Beckmann* KrWG § 17 Rn. 1

www.beck.de

Grundwerk ISBN 978 3 406 34327 8 ergänzt bis ISBN 978 3 406 80443 4

Wilhelmstraße 9, 80801 München
Druck: Druckerei C. H. Beck, Nördlingen
(Adresse wie Verlag)

Satz: mediaTEXT Jena GmbH, Jena

CO2 neutral
chbeck.de/nachhaltig

Gedruckt auf säurefreiem, alterungsbeständigem Papier
(hergestellt aus chlorfrei gebleichtem Zellstoff)

Inhaltsverzeichnis (Band III)

Inhaltsübersicht (Band I–IV)
Bearbeiterverzeichnis (Band I–IV)

D. Umweltrecht Besonderer Teil

1. Bundes-Immissionsschutzgesetz (BImSchG)

BImSchG Text

Kommentierung

Erster Teil. Allgemeine Vorschriften

Zweiter Teil. Errichtung und Betrieb von Anlagen

Erster Abschnitt. Genehmigungsbedürftige Anlagen

Dritter Teil. Beschaffenheit von Anlagen, Stoffen, Erzeugnissen, Brennstoffen, Treibstoffen und Schmierstoffen; Treibhausgasminderung bei Kraftstoffen

Erster Abschnitt. Beschaffenheit von Anlagen, Stoffen, Erzeugnissen, Brennstoffen, Treibstoffen und Schmierstoffen

Zweiter Abschnitt. Treibhausgasminderung bei Kraftstoffen

Vierter Teil. Beschaffenheit und Betrieb von Fahrzeugen, Bau und Änderung von Straßen und Schienenwegen

Fünfter Teil. Überwachung und Verbesserung der Luftqualität, Luftreinhalteplanung

Sechster Teil. Lärmminderungsplanung

Siebenter Teil. Gemeinsame Vorschriften

Achter Teil. Schlussvorschriften

(Fortsetzung Seite 5)

Bearbeiterverzeichnis (Band I–IV)

Prof. Dr. Martin Beckmann Rechtsanwalt in Münster	Vorb. Abfallrecht, §§ 1–57, 62–68, 70–72 KrWG § 15 UVPG, Umweltschadensgesetz (mit Wittmann)
Anja Behnke Bundesministerium für Umwelt, Naturschutz, nukleare Sicherheit und Verbraucherschutz	TA Luft (mit Hansmann)
Dr. Christian-Dietrich Bracher Rechtsanwalt in Bonn	§§ 41 bis 43 BImSchG, 16. und 24. BImSchV
Prof. Dr. Peter Bruckmann Landesamt für Natur, Umwelt und Verbraucherschutz Nordrhein-Westfalen, Essen	39. BImSchV (mit Strecker und Vogt) 43. BImSchV (mit van Endern und Vogt)
Prof. Dr. Pascale Cancik O. Professorin an der Universität Osnabrück	Vorb. §§ 47a ff. BImSchG, §§ 47a–47f BImSchG (§§ 47a–47c, 47e und 47f mit Hansmann)
Prof. Dr. Johannes Dietlein O. Professor an der Universität Düsseldorf	§§ 1, 2, Vorb. §§ 4–21, 4 bis 8, 9 bis 11, 16a, 16b, 19, 23a–23c und 25a BImSchG, 9. BImSchV (§§ 16b, 23b BImSchG mit Fabi)
Dr. Robert Dix Syndikusrechtsanwalt der EWE AG, Oldenburg	§ 29–32, 70–73 UVPG
Prof. Dr. Matthias Dombert Rechtsanwalt in Potsdam	§§ 4–6, 8, 13, 14, 20, 24, 25 BBodSchG
Rolf-Dieter Dörr Ministerialrat a. D.	OberflächengewässerV (mit Walter)
Prof. Dr. Dr. Wolfgang Durner LL. M. O. Professor an der Universität Bonn	Umweltvölkerrecht, Vorb. §§ 27 ff. WHG, §§ 27–31, 34, 35, 82–85 WHG
Benedikt van Endern Ministerium für Umwelt, Naturschutz und Verkehr des Landes Nordrhein-Westfalen	43. BImSchV (mit Bruckmann und Vogt)
Prof. Dr. Astrid Epiney LL. M. O. Professorin an der Université de Fribourg	Art. 191–193 AEUV
Dr. Friederike Erxleben Umweltbundesamt	UERV (mit Wolke)

Bearbeiter

Prof. Dr. Wolfgang Ewer Rechtsanwalt in Kiel	Vorb. BBodSchG, §§ 9, 15, 16 BBodSchG
Johannes Fabi Wissenschaftlicher Mitarbeiter, Universität Düsseldorf	§§ 16b, 23b BImSchG (mit Dietlein)
Prof. Dr. Kurt Faßbender O. Professor an der Universität Leipzig	§§ 1–5, 33, 36–38 WHG
Dr. Frank Fellenberg LL. M. Rechtsanwalt in Berlin	Fluglärmgesetz (mit Reidt und Schiller), Umweltrechtsbehelfsgesetz (mit Schiller)
Dr. Henrik Flatter Bundesamt für Naturschutz, Bonn	§§ 69–74 BNatSchG
Prof. Dr. Sina Fontana, MLE O. Professorin an der Universität Augsburg	§§ 1, 2, 15–27 UAG
Dr. Matthias Ganske Rechtsanwalt in Bonn	§§ 25, 26, 54–61 WHG
Prof. Dr. Klaus Ferdinand Gärditz O. Professor an der Universität Bonn	Art. 20a GG
Prof. Dr. Martin Gellermann Rechtsanwalt, apl. Professor an der Universität Osnabrück	§§ 4, 7–51, §§ 52–56, §§ 57–68 BNatSchG (§§ 41–43 Mit Sanden)
Nela Gies Richterin am Verwaltungsgericht Gelsenkirchen	§§ 41, 42 WHG
Prof. Dr. Christoph Görisch Hochschule für Polizei und öffentliche Verwaltung NRW, Abteilung Münster	§§ 4–14 UAG
Moritz Grunow Rechtsanwalt in Düsseldorf	Vorb. AwSV, § 1 AwSV
Prof. Dr. Günter Hager † O. Professor an der Universität Freiburg	§§ 6, 7 UmweltHG (mit Rehbinder)
Dr. Joachim Hagman Rechtsanwalt in Münster	§§ 65–69 UVPG

Prof. Dr. Klaus Hansmann † Leitender Ministerialrat a. D.	§§ 17, 18, 20, 21, 26–37, 38–40, 47a–47c, 47e, 47f, 52, 52b–58d, 59, 60, 62, 64–72, 74 BImSchG (§§ 17, 18 mit Ohms, Vor § 26, §§ 26–31 mit Pabst, Vor § 38, §§ 38–40 mit Hofmann, §§ 20, 21, Vor 32, §§ 32–37, 52, 52b, 62, 66 und 67 mit Röckinghausen, §§ 47a–47c, 47e und 47f mit Cancik), Vor § 53, §§ 53–58d mit Maciejewski, 14., 32. und 34. BImSchV, TA Lärm, TA Luft (mit Behnke, Remus, Röckinghausen), 4., 11., 20., 21., 25., 27., 30., 34. und 35. BImSchV (mit Röckinghausen), 2. BImSchV (mit Mahrwald und Röckinghausen), 5. BImSchV mit Maciejewski, 12. BImSchV (mit König), BzBlG, 1. DVO BzBlG
Dr. Felix Hardach Bundesministerium für Umwelt, Naturschutz, nukleare Sicherheit und Verbraucherschutz	§§ 1, 8, 11–13, 17, 20, 22, 23, 26, 31, 32, 35 TEHG
Prof. Dr. Torsten Heilshorn Rechtsanwalt in Freiburg	Vor § 22 BImSchG, §§ 22–25 BImSchG (mit Sparwasser)
Dr. Franziska Heß Rechtsanwältin in Leipzig	§§ 1-3 BNatSchG (mit Wulff)
Michael Heugel Bundesministerium für Umwelt, Naturschutz, nukleare Sicherheit und Verbraucherschutz	§§ 5, 6 BNatSchG
Prof. Dr. Ekkehard Hofmann O. Professor an der Universität Trier	Vorb. § 38, §§ 38–40 BImSchG, §§ 16–23, 54–56 UVPG
Dr. Frank Hofmann Bundesministerium für Umwelt, Naturschutz, nukleare Sicherheit und Verbraucherschutz	§ 23 WHG
Dr. Georg Hünnekens Rechtsanwalt in Münster	§§ 50–53 WHG, Vorb. §§ 64–66, §§ 64–66 WHG, Vorb. §§ 72–81 WHG, §§ 72–81 WHG
Georg Kahl † Ministerialrat a. D.	7. BImSchV
Lutz Keppner Bundesministerium für Umwelt, Naturschutz, nukleare Sicherheit, und Verbraucherschutz	Grundwasserverordnung
Dr. Andreas Kersting Rechtsanwalt in Münster	§§ 58–61 KrWG

Bearbeiter

Dr. Heike Kieserling Deutsche Bahn AG	§§ 13, 14, 25–38 AwSV
Dr. Jens Martin König Hessisches Ministerium für Umwelt, Klimaschutz, Landwirtschaft und Verbraucherschutz	12. BImSchV (mit Hansmann)
Dr. Olaf Konzak Rechtsanwalt in Köln	§§ 2, 3 und 7 VerpackG (mit Körner)
Dr. Michael Körner, LL.M. Rechtsanwalt in Köln	§§ 2, 3 und 7 VerpackG (mit Konzak)
Dr. Philip Kubitza Richter auf Probe, Rheinland-Pfalz	§§ 100–102 WHG
Prof. Dr. Silke Ruth Laskowski O. Professorin an der Universität Kassel	§ 24 WHG, § 58e BImSchG mit der EMASPrivilegV
Prof. Dr. Joachim Lege O. Professor an der Universität Greifswald	§§ 96–99 WHG
Dr. Rasso Ludwig LL. M. Richter am Verwaltungsgericht München	§§ 19, 21–23, 26 BBodSchG
Prof. Dr. Karim Maciejewski Hochschule des Bundes für öffentliche Verwaltung	Vor § 53 BImSchG, §§ 53–58d BImSchG (mit Hansmann), 5. BImSchV (mit Hansmann)
Birgit Mahrwald Bundesministerium für Umwelt, Naturschutz, nukleare Sicherheit und Verbraucherschutz	2. BImSchV (mit Hansmann und Röckinghausen)
Prof. Dr. Thomas Mann O. Professor an der Universität Göttingen	§§ 8a, 12 BImSchG, Vorb. ElektroG, §§ 1, 2 ElektroG, §§ 1–14, 26–28, 30–39, 41, 42, 44–46, 48–50, 52, 53, 57–64, 72 UVPG, §§ 28–38 UAG
Dr. Cedric Christian Meyer Rechtsanwalt in Köln	§§ 46–49, 62–63 WHG
Dr. Uwe Neuser Bundesministerium für Umwelt, Naturschutz, nukleare Sicherheit und Verbraucherschutz	§§ 2, 27, 33, 34 TEHG
Volkmar Nies Landwirtschaftsdirektor bei der Landwirtschaftskammer Rheinland	§§ 1, 2, 7, 17, 18 BBodSchG
Dr. Martin Ohms Rechtsanwalt in Berlin	§§ 17, 18 BImSchG (mit Hansmann), 13. BImSchV, 17. BImSchV (z.T. mit Sahm)
Prof. Dr. Heinz-Joachim Pabst Hochschule des Bundes für öffentliche Verwaltung	Vor § 26, §§ 26–31 BImSchG (mit Hansmann), § 61 BImSchG, 41. BImSchV

Dr. Kay Artur Pape Rechtsanwalt in Bonn	Vorb. WHG, §§ 6–22 WHG
Dr. Malte Petersen LL. M. Ministerium für Umwelt, Naturschutz und Verkehr des Landes Nordrhein-Westfalen	§§ 89–95 WHG
Prof. Dr. Alexander Proelß O. Professor an der Universität Trier	§§ 43–45l WHG
Prof. Dr. Eckard Rehbinder Em. Professor an der Universität Frankfurt/Main	§ 14 BImSchG UmweltHG (§§ 6, 7 mit Hager)
Prof. Dr. Olaf Reidt Rechtsanwalt in Berlin	§ 16 BImSchG (mit Schiller), 18. BImSchV (mit Schiller), Fluglärmgesetz (mit Fellenberg und Schiller), Umweltinformationsgesetz (mit Schiller)
Rainer Remus Umweltbundesamt, Dessau	TA Luft (mit Hansmann)
Dr. Christoph Riese Rechtsanwalt in Berlin	§§ 67–71, 86 WHG
Prof. Dr. Marc Röckinghausen Hochschule für Polizei und öffentliche Verwaltung NRW, Abteilung Gelsenkirchen	§§ 20, 21, Vor § 32, §§ 32–37, 52, 52b, 62, 66, 67 BImSchG (mit Hansmann), §§ 37a bis 37f, Vor §§ 44–47, 52a, 63, 73 BImSchG, 1., 10., 26., 28., 36., 37., 38., 42. BImSchV, 4., 11., 20., 21., 25., 27., 30., 34 und 35. BImSchV, TA Luft (mit Hansmann), 2. BImSchV (mit Hansmann und Mahrwald), Schadstofffreisetzungs- und Verbringungsregistergesetz
Christoph Sahm LL. M. E. ON Kernkraft GmbH	§§ 23–25, 27 der 17. BImSchV (mit Ohms)
Prof. Dr. Dr. Joachim Sanden † Behörde für Stadtentwicklung und Umwelt, Freie und Hansestadt Hamburg, zugl. Apl. Prof. an der Universität Lüneburg	§§ 41–43 BNatSchG (mit Gellermann)
Dr. Gernot Schiller Rechtsanwalt in Berlin	§ 16 BImSchG (mit Reidt), 18. BImSchV (mit Reidt), Fluglärmgesetz (mit Reidt und Fellenberg), Umweltinformationsgesetz (mit Reidt) Umweltrechtsbehelfsgesetz (mit Fellenberg), §§ 14a, 15 BImSchG

Bearbeiter

Matthias Schleifenbaum, LL.M. Rechtsanwalt in Köln	Vorb. BattG, § 1 BattG
Prof. Dr. Hendrik Schoen Hochschule für Polizei und öffentliche Verwaltung NRW, Abteilung Münster	§ 50 BImSchG
Prof. Dr. Meinhard Schröder Em. Professor an der Universität Trier	EG-Abfallverbringungs-VO
Prof. Dr. Max-Jürgen Seibert Vorsitzender Richter am Oberverwaltungsgericht Münster	§ 13 BImSchG
Prof. Dr. Reinhard Sparwasser Rechtsanwalt in Freiburg	Vor § 22 BImSchG, §§ 22–25 BImSchG (mit Heilshorn)
Prof. Dr. Indra Spiecker genannt Döhmann, LL.M. O. Professorin an der Universität Frankfurt a.M.	UStatG BImSchG (mit Heilshorn)
Prof. Dr. Peter-Tobias Stoll O. Professor an der Universität Göttingen	EG-Artenschutzverordnung
Silvia Strecker Ministerium für Umwelt, Naturschutz und Verkehr des Landes Nordrhein-Westfalen	39. BImSchV (mit Bruckmann)
Prof. Dr. Dr. Markus Thiel Deutsche Hochschule der Polizei, Münster	§§ 3, 48–48b BImSchG
Dr. Christian Tünnesen-Harmes Rechtsanwalt in Duisburg	AbfAEV
Dr. Klaus Vogt Landesamt für Natur, Umwelt und Verbraucherschutz Nordrhein-Westfalen	39. BImSchV (mit Bruckmann und Strecker), 43. BImSchV (mit Bruckmann und van Endern)
Anne-Barbara Walter Umweltbundesamt	OberflächengewässerV (mit Dörr)
Dr. Dirk Weinreich Bundesministerium für Umwelt, Naturschutz, nukleare Sicherheit und Verbraucherschutz	Vorb. TEHG, §§ 7, 19 TEHG
Dr. Armin von Weschpfennig Akademischer Rat, Universität Bonn	§§ 13a, 13b, 103–107 WHG
Dr. Antje Wittmann Rechtsanwältin in Münster	UmweltschadensG (zusammen mit Beckmann), § 51 UVPG
Frank Wolke Bundesministerium für Umwelt, Naturschutz, nukleare Sicherheit und Verbraucherschutz	§§ 4, 18, 24 TEHG, UERV (mit Erxleben)
Justus Wulff LL.M. Juristischer Mitarbeiter in der Kanzlei Baumann-Rechtsanwälte, Leipzig	§§ 1-3 BNatSchG (mit Heß)

Dr. Reinhard Wulfhorst §§ 24, 25, 40, 43 UVPG
Ministerium für Wirtschaft, Infrastruktur, Tourismus und Arbeit des Landes Mecklenburg-Vorpommern

Bearbeiter

Umweltrecht Besonderer Teil (BImSchG)

1. Gesetz zum Schutz vor schädlichen Umwelteinwirkungen durch Luftverunreinigungen, Geräusche, Erschütterungen und ähnliche Vorgänge (Bundes-Immissionsschutzgesetz – BImSchG)

In der Fassung der Bekanntmachung vom 17. Mai 2013

(BGBl. I S. 1274; 2021 I S. 123, geändert durch Art. 1 d. 11. BImSchG-ÄnderungsG v. 2.7.2013, BGBl. I S. 1943, berichtigt am 7.10.2013, BGBl. I S. 3753, durch Art. 1 d. 12. BImSchG-ÄnderungsG v. 20.11.2014, BGBl. I S. 1740, durch Art. 76 d. 10. ZuständigkeitsanpassungsV v. 31.8.2015, BGBl. I S. 1474, durch Art. 3 d. G. v. 26.7.2016, BGBl. I S. 1839, durch Art. 1 d. G v. 30.11.2016, BGBl. I S. 2749, durch Art. 55 d. G. v. 29.3.2017, BGBl. I S. 626, durch Art. 3 d. G. v. 29.5.2017, BGBl. I S. 1298, durch Art. 3 d. G. v. 18.7.2017, BGBl. I S. 2771, durch Art. 1 d. 13. BImSchG-ÄnderungsG v. 8.4.2019, BGBl. I S. 432, durch Art. 103 d. 11. ZuständigkeitsanpassungsV v. 19.6.2020, BGBl. I S. 1328, durch Art. 3 d. InvestitionsbeschleunigungsG v. 3.12.2020, BGBl. I S. 2694, durch Art. 2 d. G. v. 9.12.2020, BGBl. I S. 2873, durch Art. 10 d. G. v. 27.7.2021, BGBl. I S. 3146, durch Art. 14 d. MoPeG v. 10.8.2021, BGBl. I S. 3436, durch Art. 1 d. G. v. 18.8.2021, BGBl. I S. 3901, durch Art. 1 d. G. zur Weiterentwicklung der Treibhausgasminderungs-Quote v. 24.9.2021, BGBl. I S. 4458, berichtigt am 17.6.2022, BGBl. I S. 1024, durch Art. 3 d. G. zur Bereithaltung von Ersatzkraftwerken v. 8.7.2022, BGBl. I S. 1054, durch Art. 2 d. 4. BNatSchG-ÄnderungsG v. 20.7.2022, BGBl. I S. 1362, durch Art. 2 d. G. zur Änderung des EnergiesicherungsG v. 8.10.2022, BGBl. I S. 1726, und durch Art. 1 d. 14. BImSchG-ÄnderungsG v. 19.10.2022, BGBl. I S. 1792)

Inhaltsübersicht

(Fortsetzung Seite 2)

§ 16b Repowering von Anlagen zur Erzeugung von Strom aus erneuerbaren Energien, Sondervorschriften für Windenergieanlagen.

(1) Wird eine Anlage zur Erzeugung von Strom aus erneuerbaren Energien modernisiert (Repowering), müssen auf Antrag des Vorhabenträgers im Rahmen des Änderungsgenehmigungsverfahrens nur Anforderungen geprüft werden, soweit durch das Repowering im Verhältnis zum gegenwärtigen Zustand unter Berücksichtigung der auszutauschenden Anlage nachteilige Auswirkungen hervorgerufen werden und diese für die Prüfung nach § 6 erheblich sein können.

(2) [1]Die Modernisierung umfasst den vollständigen oder teilweisen Austausch von Anlagen oder Betriebssystemen und -geräten zum Austausch von Kapazität oder zur Steigerung der Effizienz oder der Kapazität der Anlage. [2]Bei einem vollständigen Austausch der Anlage sind zusätzlich folgende Anforderungen einzuhalten:

1. Die neue Anlage wird innerhalb von 24 Monaten nach dem Rückbau der Bestandsanlage errichtet und
2. der Abstand zwischen der Bestandsanlage und der neuen Anlage beträgt höchstens das Zweifache der Gesamthöhe der neuen Anlage.

(3) Die Genehmigung einer Windenergieanlage im Rahmen einer Modernisierung nach Absatz 2 darf nicht versagt werden, wenn nach der Modernisierung nicht alle Immissionsrichtwerte der technischen Anleitung zum Schutz gegen Lärm eingehalten werden, wenn aber

1. der Immissionsbeitrag der Windenergieanlage nach der Modernisierung niedriger ist als der Immissionsbeitrag der durch sie ersetzten Windenergieanlagen und
2. die Windenergieanlage dem Stand der Technik entspricht.

(4) Die Prüfung anderer öffentlich-rechtlicher Vorschriften, insbesondere des Raumordnungs-, Bauplanungs- und Bauordnungsrechts, und der Belange des Arbeitsschutzes nach § 6 Absatz 1 Nummer 2 bleibt unberührt.

(5) Auf einen Erörterungstermin soll verzichtet werden, wenn nicht der Antragsteller diesen beantragt.

(6) [1]§ 19 findet auf Genehmigungsverfahren im Sinne von Absatz 1 für das Repowering von bis zu 19 Windenergieanlagen Anwendung. [2]§ 2 Absatz 1 Satz 1 Nummer 1 Buchstabe c der Verordnung über genehmigungsbedürftige Anlagen bleibt unberührt. [3]Im vereinfachten Verfahren ist die Genehmigung auf Antrag des Trägers des Vorhabens öffentlich bekannt zu machen. [4]In diesem Fall gilt § 10 Absatz 8 Satz 2 bis 6 entsprechend.

(7) [1]Werden bei einer genehmigten Windenergieanlage vor der Errichtung Änderungen am Anlagentyp vorgenommen oder wird er gewechselt, müssen im Rahmen des Änderungsgenehmigungsverfahrens nur dann Anforderungen geprüft werden, soweit durch die Änderung des Anlagentyps im Verhältnis zur genehmigten Anlage nachteilige Auswirkungen hervorgerufen werden und diese für die Prüfung nach § 6 erheblich sein können. [2]Die Absätze 5 und 6 sind entsprechend anzuwenden.

(8) [1]Wird die Leistung einer Windenergieanlage an Land ohne bauliche Veränderungen oder ohne den Austausch von Teilen und ohne eine Änderung der genehmigten Betriebszeiten erhöht, sind ausschließlich die Standsicherheit sowie die schädlichen Umwelteinwirkungen durch Geräusche und nachteilige Auswirkungen durch Turbulenzen zu prüfen. [2]Die Absätze 5 und 6 sind entsprechend anzuwenden.

§ 17 Nachträgliche Anordnungen.

(1) [1]Zur Erfüllung der sich aus diesem Gesetz und der auf Grund dieses Gesetzes erlassenen Rechtsverordnungen ergebenden Pflichten können nach Erteilung der Genehmigung sowie nach einer nach § 15 Absatz 1 angezeigten Änderung Anordnungen getroffen werden. [2]Wird nach Erteilung der Genehmigung sowie nach einer nach § 15 Absatz 1 angezeigten Änderung festgestellt, dass die Allgemeinheit oder die Nachbarschaft nicht ausreichend vor schädlichen Umwelteinwirkungen oder sonstigen Gefahren, erheblichen Nachteilen oder erheblichen Belästigungen geschützt ist, soll die zuständige Behörde nachträgliche Anordnungen treffen.

(1a) [1]Bei Anlagen nach der Industrieemissions-Richtlinie ist vor dem Erlass einer nachträglichen Anordnung nach Absatz 1 Satz 2, durch welche Emissionsbegrenzungen neu festgelegt werden sollen, der Entwurf der Anordnung öffentlich bekannt zu machen. [2]§ 10 Absatz 3 und 4 Nummer 1 und 2 gilt für die Bekanntmachung entsprechend. [3]Einwendungsbefugt sind Personen, deren Belange durch die nachträgliche Anordnung berührt werden, sowie Vereinigungen, welche die Anforderungen von § 3 Absatz 1 oder § 2 Absatz 2 des Umwelt-Rechtsbehelfsgesetzes erfüllen. [4]Für die Entscheidung über den Erlass der nachträglichen Anordnung gilt § 10 Absatz 7 bis 8a entsprechend.

(1b) Absatz 1a gilt für den Erlass einer nachträglichen Anordnung entsprechend, bei der von der Behörde auf Grundlage einer Verordnung nach § 7 Absatz 1b oder einer Verwaltungsvorschrift nach § 48 Absatz 1b weniger strenge Emissionsbegrenzungen festgelegt werden sollen.

(2) [1]Die zuständige Behörde darf eine nachträgliche Anordnung nicht treffen, wenn sie unverhältnismäßig ist, vor allem wenn der mit der Erfüllung der Anordnung verbundene Aufwand außer Verhältnis zu dem mit der Anordnung angestrebten Erfolg steht; dabei sind insbesondere Art, Menge und Gefährlichkeit der von der Anlage ausgehenden Emissionen und der von ihr verursachten Immissionen sowie die Nutzungsdauer und technische Besonderheiten der Anlage zu berücksichtigen. [2]Darf eine nachträgliche Anordnung wegen Unverhältnismäßigkeit nicht getroffen werden, soll die zuständige Behörde die Genehmigung unter den Voraussetzungen des § 21 Absatz 1 Nummer 3 bis 5 ganz oder teilweise widerrufen; § 21 Absatz 3 bis 6 sind anzuwenden.

(2a) § 12 Absatz 1a gilt für Anlagen nach der Industrieemissions-Richtlinie entsprechend.

(2b) [1]Abweichend von Absatz 2a kann die zuständige Behörde weniger strenge Emissionsbegrenzungen festlegen, wenn

1. wegen technischer Merkmale der Anlage die Anwendung der in den BVT-Schlussfolgerungen genannten Emissionsbandbreiten unverhältnismäßig wäre und die Behörde dies begründet oder
2. in Anlagen Zukunftstechniken für einen Gesamtzeitraum von höchstens neun Monaten erprobt oder angewendet werden sollen, sofern nach dem festgelegten Zeitraum die Anwendung der betreffenden Technik beendet wird oder in der Anlage mindestens die mit den besten verfügbaren Techniken assoziierten Emissionsbandbreiten erreicht werden.

[2]§ 12 Absatz 1b Satz 2 und 3 gilt entsprechend. [3]Absatz 1a gilt entsprechend.

(3) Soweit durch Rechtsverordnung die Anforderungen nach § 5 Absatz 1 Nummer 2 abschließend festgelegt sind, dürfen durch nachträgliche Anordnungen weitergehende Anforderungen zur Vorsorge gegen schädliche Umwelteinwirkungen nicht gestellt werden.

(3a) [1]Die zuständige Behörde soll von nachträglichen Anordnungen absehen, soweit in einem vom Betreiber vorgelegten Plan technische Maßnahmen an dessen Anlagen oder an Anlagen Dritter vorgesehen sind, die zu einer weitergehenden Verringerung der Emissionsfrachten führen als die Summe der Minderungen, die durch den Erlass nachträglicher Anordnungen zur Erfüllung der sich aus diesem Gesetz oder den auf Grund dieses Gesetzes erlassenen Rechtsverordnungen ergebenden Pflichten bei den beteiligten Anlagen erreichbar wäre und hierdurch der in § 1 genannte Zweck gefördert wird. [2]Dies gilt nicht, soweit der Betreiber bereits zur Emissionsminderung auf Grund einer nachträglichen Anordnung nach Absatz 1 oder einer Auflage nach § 12 Absatz 1 verpflichtet ist oder eine nachträgliche Anordnung nach Absatz 1 Satz 2 getroffen werden soll. [3]Der Ausgleich ist nur zwischen denselben oder in der Wirkung auf die Umwelt vergleichbaren Stoffen zulässig. [4]Die Sätze 1 bis 3 gelten auch für nicht betriebsbereite Anlagen, für die die Genehmigung zur Errichtung und zum Betrieb erteilt ist oder für die in einem Vorbescheid oder einer Teilgenehmigung Anforderungen nach § 5 Absatz 1 Nummer 2 festgelegt sind. [5]Die Durchführung der Maßnahmen des Plans ist durch Anordnung sicherzustellen.

(4) [1]Ist es zur Erfüllung der Anordnung erforderlich, die Lage, die Beschaffenheit oder den Betrieb der Anlage wesentlich zu ändern und ist in der Anordnung nicht abschließend bestimmt, in welcher Weise sie zu erfüllen ist, so bedarf die Änderung der Genehmigung nach § 16. [2]Ist zur Erfüllung der Anordnung die störfallrelevante Änderung einer Anlage erforderlich, die Betriebsbereich oder Bestandteil eines Betriebsbereichs ist, und wird durch diese Änderung der angemessene Sicherheitsabstand erstmalig unterschritten, wird der bereits unterschrittene Sicherheitsabstand räumlich noch weiter unterschritten oder wird eine erhebliche Gefahrenerhöhung ausgelöst, so bedarf die Änderung einer Genehmigung nach § 16 oder § 16a, wenn in der Anordnung nicht abschließend bestimmt ist, in welcher Weise sie zu erfüllen ist.

(4a) [1]Zur Erfüllung der Pflichten nach § 5 Absatz 3 soll bei Abfallentsorgungsanlagen im Sinne des § 4 Absatz 1 Satz 1 auch eine Sicherheitsleistung angeordnet werden. [2]Nach der Einstellung des gesamten Betriebes können Anordnungen zur Erfüllung der sich aus § 5 Absatz 3 ergebenden Pflichten nur noch während eines Zeitraumes von einem Jahr getroffen werden.

(4b) Anforderungen im Sinne des § 12 Absatz 2c können auch nachträglich angeordnet werden.

(5) Die Absätze 1 bis 4b gelten entsprechend für Anlagen, die nach § 67 Absatz 2 anzuzeigen sind oder vor Inkrafttreten dieses Gesetzes nach § 16 Absatz 4 der Gewerbeordnung anzuzeigen waren.

§ 18 Erlöschen der Genehmigung.

(1) Die Genehmigung erlischt, wenn

1. innerhalb einer von der Genehmigungsbehörde gesetzten angemessenen Frist nicht mit der Errichtung oder dem Betrieb der Anlage begonnen oder
2. eine Anlage während eines Zeitraums von mehr als drei Jahren nicht mehr betrieben worden ist.

(2) Die Genehmigung erlischt ferner, soweit das Genehmigungserfordernis aufgehoben wird.

(3) Die Genehmigungsbehörde kann auf Antrag die Fristen nach Absatz 1 aus wichtigem Grunde verlängern, wenn hierdurch der Zweck des Gesetzes nicht gefährdet wird.

§ 19 Vereinfachtes Verfahren.

(1) [1]Durch Rechtsverordnung nach § 4 Absatz 1 Satz 3 kann vorgeschrieben werden, dass die Genehmigung von Anlagen bestimmter Art oder bestimmten Umfangs in einem vereinfachten Verfahren erteilt wird, sofern dies

(Fortsetzung Seite 14)

(3) Wird bei einer Anlage nach der Industrieemissions-Richtlinie festgestellt, dass Anforderungen gemäß § 6 Absatz 1 Nummer 1 nicht eingehalten werden, hat der Betreiber dies der zuständigen Behörde unverzüglich mitzuteilen.

(4) Der Betreiber einer Anlage nach der Industrieemissions-Richtlinie hat bei allen Ereignissen mit schädlichen Umwelteinwirkungen die zuständige Behörde unverzüglich zu unterrichten, soweit er hierzu nicht bereits nach § 4 des Umweltschadensgesetzes oder nach § 19 der Störfall-Verordnung verpflichtet ist.

(5) [1]Der Betreiber der Anlage hat das Ergebnis der auf Grund einer Anordnung nach § 26, § 28 oder § 29 getroffenen Ermittlungen der zuständigen Behörde auf Verlangen mitzuteilen und die Aufzeichnungen der Messgeräte nach § 29 fünf Jahre lang aufzubewahren. [2]Die zuständige Behörde kann die Art der Übermittlung der Messergebnisse vorschreiben. [3]Die Ergebnisse der Überwachung der Emissionen, die bei der Behörde vorliegen, sind für die Öffentlichkeit nach den Bestimmungen des Umweltinformationsgesetzes mit Ausnahme des § 12 zugänglich; für Landesbehörden gelten die landesrechtlichen Vorschriften.

Vierter Abschnitt. Sonderregelungen zur Bewältigung einer Gasmangellage[1)]

§ 31a Abweichungen nach Artikel 30 Absatz 5 der Richtlinie 2010/75/EU.

(1) Die zuständige Behörde kann eine Abweichung von der Verpflichtung zur Einhaltung der in der Verordnung über Großfeuerungs-, Gasturbinen- und Verbrennungsmotoranlagen vom 6. Juli 2021 (BGBl. I S. 2514), in der jeweils geltenden Fassung, vorgesehenen Emissionsgrenzwerte für Schwefeldioxid für eine Dauer von bis zu sechs Monaten bei Feuerungsanlagen zulassen, in denen zu diesem Zweck normalerweise ein schwefelarmer Brennstoff verfeuert wird, wenn der Betreiber aufgrund einer sich aus einer ernsten Mangellage ergebenden Unterbrechung der Versorgung mit schwefelarmem Brennstoff nicht in der Lage ist, diese Grenzwerte einzuhalten.

(2) [1]Die zuständige Behörde hat unverzüglich eine Ausfertigung der Zulassung der Abweichung nach Absatz 1 dem Bundesministerium für Umwelt, Naturschutz, nukleare Sicherheit und Verbraucherschutz zur Weiterleitung an die Europäische Kommission zuzuleiten. [2]Das Bundesministerium für Umwelt, Naturschutz, nukleare Sicherheit und Verbraucherschutz unterrichtet die Europäische Kommission unverzüglich über jede nach Absatz 1 gewährte Abweichung.

§ 31b Abweichungen nach Artikel 30 Absatz 6 der Richtlinie 2010/75/EU.

(1) [1]Die zuständige Behörde kann eine Abweichung von der Verpflichtung zur Einhaltung der in der Verordnung über Großfeuerungs-, Gasturbinen- und Verbrennungsmotoranlagen vom 6. Juli 2021 (BGBl. I S. 2514), in der jeweils geltenden Fassung, vorgesehenen Emissionsgrenzwerte in den Fällen zulassen, in denen eine Feuerungsanlage, in der nur gasförmiger Brennstoff verfeuert wird, wegen einer plötzlichen Unterbrechung der Gasversorgung ausnahmsweise auf andere Brennstoffe ausweichen muss und aus diesem

---

[1)] Dieser Abschnitt dient mit den §§ 31a und 31b der Umsetzung der Richtlinie 2010/75/EU des Europäischen Parlaments und des Rates vom 24. November 2010 über Industrieemissionen (integrierte Vermeidung und Verminderung der Umweltverschmutzung) (Neufassung) (ABl. L 334 vom 17.12.2010, S. 17) und mit den §§ 31c und 31d der Umsetzung der Richtlinie (EU) 2015/2193 des Europäischen Parlaments und des Rates vom 25. November 2015 zur Begrenzung der Emissionen bestimmter Schadstoffe aus mittelgroßen Feuerungsanlagen in die Luft (ABl. L 313 vom 28.11.2015, S. 1).

Grund mit einer Abgasreinigungsanlage ausgestattet werden müsste. [2]Eine solche Abweichung darf nur für einen Zeitraum von nicht mehr als zehn Tagen zugelassen werden, es sei denn, es ist ein vorrangiges Bedürfnis für einen längeren Zeitraum im Hinblick auf die Aufrechterhaltung der Energieversorgung gegeben.

(2) Der Betreiber unterrichtet die zuständige Behörde umgehend über jeden einzelnen Fall im Sinne des Absatzes 1.

(3) § 31a Absatz 2 ist entsprechend anzuwenden.

§ 31c Abweichungen nach Artikel 6 Absatz 11 der Richtlinie (EU) 2015/2193.

(1) Die zuständige Behörde kann für eine Dauer von bis zu sechs Monaten eine Abweichung von der Verpflichtung zur Einhaltung der in den §§ 10 bis 16 und 18 der Verordnung über mittelgroße Feuerungs-, Gasturbinen- und Verbrennungsmotoranlagen vom 13. Juni 2019 (BGBl. I S. 804), die durch Artikel 3 Absatz 1 der Verordnung vom 6. Juli 2021 (BGBl. I S. 2514), geändert worden ist, in der jeweils geltenden Fassung, vorgesehenen Emissionsgrenzwerte für Schwefeldioxid bei mittelgroßen Feuerungsanlagen zulassen, in denen normalerweise ein schwefelarmer Brennstoff verfeuert wird, wenn der Betreiber aufgrund einer sich aus einer erheblichen Mangellage ergebenden Unterbrechung der Versorgung mit schwefelarmem Brennstoff nicht in der Lage ist, diese Emissionsgrenzwerte einzuhalten.

(2) [1]Die zuständige Behörde hat unverzüglich eine Ausfertigung der Zulassung der Abweichung nach Absatz 1 dem Bundesministerium für Umwelt, Naturschutz, nukleare Sicherheit und Verbraucherschutz zur Weiterleitung an die Europäische Kommission zuzuleiten. [2]Das Bundesministerium für Umwelt, Naturschutz, nukleare Sicherheit und Verbraucherschutz unterrichtet die Europäische Kommission innerhalb eines Monats über jede nach Absatz 1 gewährte Abweichung.

§ 31d Abweichungen nach Artikel 6 Absatz 12 der Richtlinie (EU) 2015/2193.

(1) [1]Die zuständige Behörde kann eine Abweichung von der Verpflichtung zur Einhaltung der in den §§ 10 bis 16 und 18 der Verordnung über mittelgroße Feuerungs-, Gasturbinen- und Verbrennungsmotoranlagen vom 13. Juni 2019 (BGBl. I S. 804), die durch Artikel 3 Absatz 1 der Verordnung vom 6. Juli 2021 (BGBl. I S. 2514) geändert worden ist, in der jeweils geltenden Fassung, vorgesehenen Emissionsgrenzwerte in den Fällen zulassen, in denen eine mittelgroße Feuerungsanlage, in der nur gasförmiger Brennstoff verfeuert wird, wegen einer plötzlichen Unterbrechung der Gasversorgung ausnahmsweise auf andere Brennstoffe ausweichen muss und aus diesem Grund mit einer sekundären Emissionsminderungsvorrichtung ausgestattet werden müsste. [2]Eine solche Abweichung darf nur für einen Zeitraum von nicht mehr als zehn Tagen zugelassen werden, es sei denn, der Betreiber weist der zuständigen Behörde nach, dass ein längerer Zeitraum gerechtfertigt ist.

(2) § 31c Absatz 2 ist entsprechend anzuwenden.

§ 31e Zulassung vorzeitigen Beginns bei einer Gasmangellage.

(1) § 8a ist nach Maßgabe der Absätze 2 bis 5 anzuwenden, wenn eine Genehmigung beantragt wird

1. im Zusammenhang mit einem Brennstoffwechsel wegen einer ernsten oder erheblichen Gasmangellage,
2. weil wegen einer ernsten oder erheblichen Gasmangellage notwendige Betriebsmittel für Abgaseinrichtungen nicht ausreichend zur Verfügung stehen oder

3. wegen einer anderen durch die ernste oder erhebliche Gasmangellage ausgelösten Notwendigkeit.

(2) [1]§ 8a Absatz 1 Nummer 1 findet mit der Maßgabe Anwendung, dass die Genehmigungsbehörde den vorzeitigen Beginn bereits vor dem Vorliegen vollständiger Antragsunterlagen zulassen kann, wenn

1. die Erstellung der fehlenden Unterlagen im Hinblick auf die Eilbedürftigkeit des Vorhabens bislang nicht möglich war und
2. auch ohne Berücksichtigung der fehlenden Unterlagen mit einer Entscheidung zugunsten des Antragstellers gerechnet werden kann.

[2]In diesem Fall hat der Antragsteller das Vorhaben, die voraussichtlichen Auswirkungen des Vorhabens und den Grund für die nicht rechtzeitige Erstellung der vollständigen Unterlagen darzulegen. [3]Der Antragsteller hat die fehlenden Unterlagen unverzüglich nachzureichen.

(3) § 8a Absatz 1 Nummer 1 findet mit der Maßgabe Anwendung, dass die Genehmigungsbehörde den vorzeitigen Beginn bereits vor der Beteiligung der Öffentlichkeit zulassen soll.

(4) In den in Absatz 1 genannten Fällen besteht ein öffentliches Interesse oder ein berechtigtes Interesse des Antragstellers an dem vorzeitigen Beginn im Sinne des § 8a Absatz 1 Nummer 2.

(5) [1]In einem Verfahren zur Erteilung einer Genehmigung kann die Genehmigungsbehörde unter den in § 8a Absatz 1 genannten Voraussetzungen auch den Betrieb der Anlage vorläufig zulassen. [2]Die Absätze 1 bis 4 gelten entsprechend. [3]Satz 1 ist nicht anzuwenden, soweit die Richtlinie 2010/75/EU oder die Richtlinie 2012/18/EU entgegenstehen.

§ 31f Beteiligung der Öffentlichkeit in Genehmigungsverfahren

(1) [1]§ 10 ist nach Maßgabe der Absätze 2 bis 4 anzuwenden, wenn ein Genehmigungsverfahren nach § 10, auch in Verbindung mit § 16 oder § 16a, durchzuführen ist

1. im Zusammenhang mit einem Brennstoffwechsel wegen einer ernsten oder erheblichen Gasmangellage,
2. weil wegen einer ernsten oder erheblichen Gasmangellage notwendige Betriebsmittel für Abgaseinrichtungen nicht ausreichend zur Verfügung stehen oder
3. wegen einer anderen durch die ernste oder erhebliche Gasmangellage ausgelösten Notwendigkeit.

[2]§ 16 Absatz 2 Satz 1 und 2 sowie § 19 Absatz 4 Satz 2 bis 4 bleiben unberührt.

(2) Abweichend von § 10 Absatz 3 Satz 2 sind der Antrag und die vom Antragsteller vorgelegten Unterlagen, mit Ausnahme der Unterlagen nach § 10 Absatz 2 Satz 1, sowie die entscheidungserheblichen Berichte und Empfehlungen, die der Behörde im Zeitpunkt der Bekanntmachung vorliegen, nach der Bekanntmachung eine Woche zur Einsicht auszulegen.

(3) Abweichend von § 10 Absatz 3 Satz 4 kann die Öffentlichkeit bis eine Woche nach Ablauf der Auslegungsfrist gegenüber der zuständigen Behörde schriftlich oder elektronisch Einwendungen erheben; diese Frist gilt auch bei Anlagen nach der Richtlinie 2010/75/EU.

(4) Die Genehmigungsbehörde soll auf die Durchführung eines Erörterungstermins nach § 10 Absatz 6 verzichten.

§ 31g Entbehrlichkeit einer Änderungsanzeige oder Änderungsgenehmigung

(1) [1]Es bedarf weder einer Anzeige nach § 15 noch einer Änderungsgenehmigung nach § 16, wenn der Betreiber einer Anlage bei der zuständigen Behörde die Zulassung einer Ausnahme nach einer der in Absatz 2 genannten Vorschriften beantragt

1. im Zusammenhang mit einem Brennstoffwechsel wegen einer ernsten oder erheblichen Gasmangellage,
2. weil wegen einer ernsten oder erheblichen Gasmangellage notwendige Betriebsmittel für Abgaseinrichtungen nicht ausreichend zur Verfügung stehen oder
3. wegen einer anderen durch die ernste oder erhebliche Gasmangellage ausgelösten Notwendigkeit.

[2]Ausnahmen nach den in Absatz 2 genannten Vorschriften sollen erteilt werden, wenn die Voraussetzungen hierfür vorliegen.

(2) Ausnahmevorschriften im Sinne des Absatzes 1 sind

1. die §§ 31a bis 31d,
2. § 23 der Verordnung über Großfeuerungs-, Gasturbinen- und Verbrennungsmotoranlagen in der jeweils geltenden Fassung,
3. § 6 Absatz 6 und § 24 der Verordnung über die Verbrennung und die Mitverbrennung von Abfällen vom 2. Mai 2013 (BGBl. I S. 1021, 1044, 3754), die durch Artikel 2 der Verordnung vom 6. Juli 2021 (BGBl. I S. 2514) geändert worden ist, in der jeweils geltenden Fassung,
4. § 16 der Verordnung über Anlagen zur biologischen Behandlung von Abfällen vom 20. Februar 2001 (BGBl. I S. 305, 317), die zuletzt durch Artikel 2 der Verordnung vom 13. Dezember 2019 (BGBl. I S. 2739) geändert worden ist, in der jeweils geltenden Fassung,
5. § 11 der Verordnung zur Begrenzung der Emissionen flüchtiger organischer Verbindungen bei der Verwendung organischer Lösemittel in bestimmten Anlagen vom 21. August 2001 (BGBl. I S. 2180), die zuletzt durch Artikel 13 des Gesetzes vom 27. Juli 2021 (BGBl. I S. 3146) geändert worden ist, in der jeweils geltenden Fassung und
6. § 32 der Verordnung über mittelgroße Feuerungs-, Gasturbinen- und Verbrennungsmotoranlagen in der jeweils geltenden Fassung.

§ 31h Abweichungen von der Vierten Verordnung zum Bundes-Immissionsschutzgesetz

[1]Anlagen nach Nummer 9.1.1 des Anhangs 1 der Verordnung über genehmigungsbedürftige Anlagen in der Fassung der Bekanntmachung vom 31. Mai 2017 (BGBl. I S. 1440), die durch Artikel 1 der Verordnung vom 12. Januar 2021 (BGBl. I S. 69) geändert worden ist, in der jeweils geltenden Fassung, die nicht länger als zwei Jahre betrieben werden und ein Fassungsvermögen von nicht mehr als 200 Tonnen haben, sind

1. im Zusammenhang mit einem Brennstoffwechsel wegen einer ernsten oder erheblichen Gasmangellage,
2. weil wegen einer ernsten oder erheblichen Gasmangellage notwendige Betriebsmittel für Abgaseinrichtungen nicht ausreichend zur Verfügung stehen oder
3. wegen einer anderen durch die ernste oder erhebliche Gasmangellage ausgelösten Notwendigkeit

im vereinfachten Verfahren nach § 19 des Bundes-Immissionsschutzgesetzes zu genehmigen. [2]Die Genehmigung ist entsprechend zu befristen. [3]§ 19 Absatz 4 des Bundes-Immissionsschutzgesetzes bleibt von dieser Vorschrift unberührt.

§ 31i Abweichungen von der Technischen Anleitung zur Reinhaltung der Luft

(1) [1]Die zuständige Behörde soll auf Antrag des Betreibers nach der Nummer 5.1.1 der Neufassung der Ersten Allgemeinen Verwaltungsvorschrift zum Bundes-Immissionsschutzgesetz (Technische Anleitung zur Reinhaltung der Luft – TA Luft) vom 18. August 2021 (GMBl S. 1050) Abweichungen von den Anforderungen der Nummer 5 der Ersten Allgemeinen Verwaltungsvorschrift zum Bundes-Immissionsschutzgesetz (Technische Anleitung zur Reinhaltung der Luft – TA Luft) vom 18. August 2021 (GMBl S. 1050) oder den Anforderungen der Nummer 5 der Ersten Allgemeinen Verwaltungsvorschrift zum Bundes-Immissionsschutzgesetz (Technische Anleitung zur Reinhaltung der Luft – TA Luft) vom 24. Juli 2002 (GMBl S. 511) zulassen, solange und soweit diese Abweichungen erforderlich sind

1. im Zusammenhang mit einem Brennstoffwechsel wegen einer ernsten oder erheblichen Gasmangellage,
2. weil wegen einer ernsten oder erheblichen Gasmangellage notwendige Betriebsmittel für Abgaseinrichtungen nicht ausreichend zur Verfügung stehen oder
3. wegen einer anderen durch die ernste oder erhebliche Gasmangellage ausgelösten Notwendigkeit.

[2]Bei Anlagen, die von der Richtlinie 2010/75/EU erfasst werden, müssen die Anforderungen der Richtlinie 2010/75/EU eingehalten werden.

(2) Es bedarf weder einer Anzeige nach § 15 noch einer Änderungsgenehmigung nach § 16, wenn der Betreiber einer Anlage bei der zuständigen Behörde Abweichungen nach Absatz 1 beantragt.

§ 31j Überschreitung von Immissionsrichtwerten der Technischen Anleitung zum Schutz gegen Lärm

(1) Die zuständige Behörde soll auf Antrag des Betreibers nach der Nummer 7.1 der Sechsten Allgemeinen Verwaltungsvorschrift zum Bundes-Immissionsschutzgesetz (Technische Anleitung zum Schutz gegen Lärm – TA Lärm) vom 26. August 1998 (GMBl S. 503), geändert durch die Allgemeine Verwaltungsvorschrift vom 1. Juni 2017 (BAnz AT 08.06.2017 B5) die Überschreitung von Immissionsrichtwerten zulassen, solange und soweit diese Überschreitung erforderlich ist

1. im Zusammenhang mit einem Brennstoffwechsel wegen einer ernsten oder erheblichen Gasmangellage,
2. weil wegen einer ernsten oder erheblichen Gasmangellage notwendige Betriebsmittel für Abgaseinrichtungen nicht ausreichend zur Verfügung stehen oder
3. wegen einer anderen durch die ernste oder erhebliche Gasmangellage ausgelösten Notwendigkeit.

(2) Es bedarf weder einer Anzeige nach § 15 noch einer Änderungsgenehmigung nach § 16, wenn der Betreiber einer Anlage bei der zuständigen Behörde eine Überschreitung nach Absatz 1 beantragt.

§ 31k Abweichungen von Vorgaben zu nächtlichen Geräuschwerten und zur Vermeidung von Schattenwurf bei Windenergieanlagen

(1) Bei Vorliegen der Alarmstufe oder der Notfallstufe nach Artikel 8 Absatz 2 Buchstabe b und Artikel 11 Absatz 1 der Verordnung (EU) 2017/1938 des Europäischen Parlaments und des Rates vom 25. Oktober 2017 über Maßnahmen zur Gewährleistung der sicheren Gasversorgung und zur Aufhebung der Verordnung (EU) Nr. 994/2010 (ABl. L 280 vom 28.10.2017, S. 1), die durch die Delegierte Verordnung (EU) 2022/517 (ABl.

L 104 vom 1.4.2022, S. 53) geändert worden ist, in Verbindung mit dem Notfallplan Gas des Bundesministeriums für Wirtschaft und Energie vom September 2019, der auf der Internetseite des Bundesministeriums für Wirtschaft und Klimaschutz veröffentlicht ist, soll die zuständige Behörde auf Antrag des Betreibers Abweichungen von einzelnen in der Genehmigung enthaltenen Anforderungen an die Geräusche zur Nachtzeit unter Abweichung von den Immissionsrichtwerten der Technischen Anleitung zum Schutz gegen Lärm und an die optischen Immissionen der Windenergieanlage zulassen,

1. um die Strommenge einer Windenergieanlage zu erhöhen, deren Betriebszeit zur Verminderung oder Vermeidung von Schattenwurf beschränkt ist, oder
2. um die Leistung oder die Strommenge einer Windenergieanlage in der Nachtzeit zu erhöhen, soweit sich der Schallpegel der Anlage in dieser Zeit um maximal 4 Dezibel gegenüber dem bisher genehmigten Wert erhöht.

(2) [1]Dem Antrag sind die zur Beurteilung erforderlichen Unterlagen beizufügen. [2]Die zuständige Behörde hat dem Betreiber den Eingang des Antrags unverzüglich zu bestätigen.

(3) Eine beantragte Abweichung gilt nach Ablauf eines Monats nach Eingang des Antrags als zugelassen, wenn der Antrag hinreichend bestimmt ist, sich die beantragte Abweichung auf Anforderungen an die Geräusche zur Nachtzeit oder die optische Immission beschränkt und alle weiteren Anforderungen des Absatzes 1 eingehalten sind.

(4) [1]Über die Zulassung der Abweichungen nach Absatz 1 hinaus bedarf es weder einer Änderungsgenehmigung nach § 16 noch einer Anzeige nach § 15. [2]Nach Absatz 1 zugelassene Abweichungen sind bis zum 15. April 2023 befristet. [3]Hebt das Bundesministerium für Wirtschaft und Klimaschutz die Alarmstufe oder Notfallstufe im Sinne des Absatzes 1 vor dem 15. April 2023 auf, endet die Zulassung der Abweichungen bereits zum Ablauf des letzten Tages des auf die Aufhebung folgenden Quartals.

§ 31l Übergangsregelungen zu den §§ 31e bis 31k

(1) [1]Die Regelungen der §§ 31e bis 31k sind auf bereits vor ihrem Inkrafttreten begonnene, aber noch nicht abgeschlossene Verfahren anzuwenden. Ein Verfahrensschritt, der bereits begonnen, aber noch nicht abgeschlossen wurde, ist neu zu beginnen, wenn er nach den §§ 31e bis 31k durchgeführt wird. [2]Ein Verfahrensschritt nach Satz 2 muss nicht beendet werden, wenn er nach den §§ 31e bis 31k entfallen kann.

(2) Abweichend von Absatz 1 soll ein Verfahrensschritt, der bereits begonnen, aber noch nicht abgeschlossen wurde, nach den Vorschriften, die zum Zeitpunkt des Beginns des Verfahrens galten, beendet werden, wenn der Verfahrensschritt hiernach schneller abgeschlossen werden kann.

(3) Für Verfahrensschritte, bei denen von einer Regelung nach den §§ 31e bis 31k Gebrauch gemacht worden ist und die bei Außerkrafttreten der §§ 31e bis 31k noch nicht abgeschlossen sind, gelten die Bestimmungen der §§ 31e bis 31k bis zum Abschluss des jeweiligen Verfahrensschrittes weiter.

Dritter Teil. Beschaffenheit von Anlagen, Stoffen, Erzeugnissen, Brennstoffen, Treibstoffen und Schmierstoffen; Treibhausgasminderung bei Kraftstoffen

Erster Abschnitt. Beschaffenheit von Anlagen, Stoffen, Erzeugnissen, Brennstoffen, Treibstoffen und Schmierstoffen

§ 32 Beschaffenheit von Anlagen.

(1) [1]Die Bundesregierung wird ermächtigt, nach Anhörung der beteiligten Kreise (§ 51) durch Rechtsverordnung mit Zustimmung des Bundesrates vorzuschreiben, dass serienmäßig hergestellte Teile von Betriebsstätten und sonstigen ortsfesten Einrichtungen sowie die in § 3 Absatz 5 Nummer 2 bezeichneten Anlagen und hierfür serienmäßig hergestellte Teile gewerbsmäßig oder im Rahmen wirtschaftlicher Unternehmungen nur in den Verkehr gebracht oder eingeführt werden dürfen, wenn sie bestimmten Anforderungen zum Schutz vor schädlichen Umwelteinwirkungen durch Luftverunreinigungen, Geräusche, Erschütterungen oder nichtionisierende Strahlen genügen. [2]In den Rechtsverordnungen nach Satz 1 kann insbesondere vorgeschrieben werden, dass

1. die Emissionen der Anlagen oder der serienmäßig hergestellten Teile bestimmte Werte nicht übersteigen dürfen,
2. die Anlagen oder die serienmäßig hergestellten Teile bestimmten technischen Anforderungen zur Begrenzung der Emissionen entsprechen müssen.

[3]Emissionswerte nach Satz 2 Nr. 1 können unter Berücksichtigung der technischen Entwicklung auch für einen Zeitpunkt nach Inkrafttreten der Rechtsverordnung festgesetzt werden. [4]Wegen der Anforderungen nach den Sätzen 1 bis 3 gilt § 7 Abs. 5 entsprechend.

(Fortsetzung Seite 19)

§ 6 Genehmigungsvoraussetzungen

(1) **Die Genehmigung ist zu erteilen, wenn**

1. **sichergestellt ist, dass die sich aus § 5 und aus einer auf Grund des § 7 erlassenen Rechtsverordnung ergebenden Pflichten erfüllt werden, und**
2. **andere öffentlich-rechtliche Vorschriften und Belange des Arbeitsschutzes der Errichtung und dem Betrieb der Anlage nicht entgegenstehen.**

(2) **Bei Anlagen, die unterschiedlichen Betriebsweisen dienen oder in denen unterschiedliche Stoffe eingesetzt werden (Mehrzweck- oder Vielstoffanlagen), ist die Genehmigung auf Antrag auf die unterschiedlichen Betriebsweisen und Stoffe zu erstrecken, wenn die Voraussetzungen nach Absatz 1 für alle erfassten Betriebsweisen und Stoffe erfüllt sind.**

(3) **Eine beantragte Änderungsgenehmigung darf auch dann nicht versagt werden, wenn zwar nach ihrer Durchführung nicht alle Immissionswerte einer Verwaltungsvorschrift nach § 48 oder einer Rechtsverordnung nach § 48a eingehalten werden, wenn aber**

1. **der Immissionsbeitrag der Anlage unter Beachtung des § 17 Absatz 3a Satz 3 durch das Vorhaben deutlich und über das durch nachträgliche Anordnungen nach § 17 Absatz 1 durchsetzbare Maß reduziert wird,**
2. **weitere Maßnahmen zur Luftreinhaltung, insbesondere Maßnahmen, die über den Stand der Technik bei neu zu errichtenden Anlagen hinausgehen, durchgeführt werden,**
3. **der Antragsteller darüber hinaus einen Immissionsmanagementplan zur Verringerung seines Verursacheranteils vorlegt, um eine spätere Einhaltung der Anforderungen nach § 5 Absatz 1 Nummer 1 zu erreichen, und**
4. **die konkreten Umstände einen Widerruf der Genehmigung nicht erfordern.**

Schrifttum: A. Erläuterungswerke und sonstige Schriften: *Appel/Ohms/Saurer*, Bundes-Immissionsschutzgesetz, 2021; *Battis/Krautzberger/Löhr*, Baugesetzbuch, 15. Aufl. 2022; *Dietlein*, Nachfolge im Öffentlichen Recht 1999; *Engelhardt/Schlicht*, Bundes-Immissionsschutzgesetz, 4. Aufl. 1997; *Ernst/Zinkahn*, Baugesetzbuch, Loseblatt, 147. Ergänzungslieferung (August 2022); *Feldhaus*, Bundesimmissionsschutzrecht, Loseblatt, 223. Ergänzungslieferung (September 2022); *Führ*, Gemeinschaftskommentar zum Bundes-Immissionsschutzgesetz, 2. Aufl. 2019; *Himmelmann/Pohl/Tünnesen-Harmes*, Handbuch des Umweltrechts, 4. Aufl. 2000; *Giesberts/Reinhardt*, Beck'scher Onlinekommentar Umweltrecht, 65. Edition (Januar 2023); *Hoppe/Beckmann/Kauch*, Umweltrecht, 2. Aufl. 2000; *Jarass*, Bundes-Immissionsschutzgesetz, 14. Aufl. 2022; *Kloepfer*, Umweltrecht, 4. Aufl. 2016; *Koch/Hofmann/Reese*, Umweltrecht, 5. Aufl. 2018; *Kotulla*, Bundes-Immissionsschutzgesetz, Loseblatt, 24. Ergänzungslieferung (Januar 2022); *Maslaton*, Windenergieanlagen, 2. Aufl. 2018; *Ohms*, Praxishandbuch Immissionsschutzrecht, 2. Aufl. 2011; *Rehbinder/Schink*, Grundzüge des Umweltrecht, 5. Aufl. 2018; *Rinke*, Das Vorsorgegebot nach § 5 Nr. 2 BImSchG als Genehmigungsvoraussetzung und die Verschärfungen des Instrumentariums zur Durchsetzung der Betreiberpflichten aus § 5 BImSchG nach der Zweiten Novelle zum Bundes-Immissionsschutzgesetz, 1985; *Sach*, Genehmigung als Schutzschild?, 1994; *Schoch/Schneider*, Verwaltungsrecht, Band VwVfG, Loseblatt, 3. Ergänzungslieferung (August 2022); *Schoch/Schneider*, Verwaltungsrecht, Band VwGO, Loseblatt, 43. Ergänzungslieferung (August 2022); *Sellner/Reidt/Ohms*, Immissionsschutzrecht und Industrieanlagen, 3. Aufl. 2006; *Sparwasser/Engel/Voßkuhle*, Umweltrecht, 5. Aufl. 2003; *Spieth*, Europäischer Immissionshandel und deutsches Industrieanlagenrecht, 2002; *Trute*, Vorsorgestrukturen und Luftreinhalteplanung im Bundes-Immissionsschutzgesetz, 1987; *Ule/Laubinger/Repkewitz*, Bundes-Immissionsschutzgesetz, Loseblatt, 244. Ergänzungslieferung (Dezember 2022); *Wolf*, Umweltrecht, 2002.

B. Aufsätze: *Burgi/Müller*, Das Emissionshandelssystem in Deutschland, ZUR Sonderheft 2004, 419; *Dietlein/Thiel*, Altes und Neues zum Vorbescheid. Rechtsfragen des immissionsschutzrechtlichen Vorbescheides in gestuften Anlagenzulassungsverfahren, Die Verwaltung Bd. 38 (2005), 211; *Erbguth/*

Stollmann, Die Verzahnung der integrativen Elemente von IVU- und UVP-Änderungs-Richtlinie, ZUR 2000, 379; *Erbguth/Stollmann*, Zum Anwendungsbereich des Bundes-Bodenschutzrechts, NuR 2001, 241; *Gillich*, Anspruch auf baurechtliche „Verbesserungsgenehmigung"?, DÖV 2021, 931; *Hansmann*, Änderungen von genehmigungsbedürftigen Anlagen im Sinne des Immissionsschutzrechts, DVBl. 1997, 1421; *Hansmann*, Beschleunigung und Vereinfachung immissionsschutzrechtlicher Genehmigungsverfahren?, NVwZ 1997, 105; *Hoffmann-Riem*, Immissionsschutzrechtliches Genehmigungsverfahren mit Umweltverträglichkeitsprüfung, in: Zwanzig Jahre Bundes-Immissionsschutzgesetz, 1994, 74; *Hoffmann-Riem*, Von der Antragsbindung zum konsentierten Optionenermessen. Überlegungen zum immissionsschutzrechtlichen Genehmigungsverfahren mit UVP, DVBl. 1994, 605; *Jarass*, Effektierung des Umweltschutzes gegenüber bestehenden Anlagen. Nachträgliche Maßnahmen, Drittklagen, Absprachen und Kompensation, DVBl. 1985, 193; *Jarass*, Änderung und Ersatz von genehmigungsbedürftigen Anlagen im Immissionsschutzrecht, UPR 2006, 45; *Kment*, Rechtsbehelfe von Umweltvereinigungen, NVwZ 2018, 921; *Koehl*, Aufbau und Prüfungsinhalt einer immissionsschutzrechtlichen Nachbaranfechtungsklage gegen eine Anlagengenehmigung – zugleich Darstellung des immissionsschutzrechtlichen Genehmigungsverfahrens, DVP 2004, 447; *Krauß*, Bedarfsprüfung für Energieversorgungsanlagen im immissionsschutzrechtlichen Genehmigungsverfahren, NVwZ 1995, 959; *Kutscheidt*, Zulassung von Abfallentsorgungsanlagen – ein Schnellschuß des Gesetzgebers, NVwZ 1994, 209; *Kutscheidt*, Emissionsbegrenzungen, DVBl. 2000, 754; *Louis/Wolf*, Allgemeine Grundsätze zur Anwendung umweltrechtlichen Fachrechts in Zulassungsverfahren und bei ordnungsbehördlichen Anordnungen – dargestellt am Bodenschutzrecht, NuR 2003, 213; *Maaß*, Schutz der natürlichen Lebensräume und Böden vor stofflichen Immissionen, ZUR 2000, 308; *Moormann*, Die Änderung des Bundes-Immissionsschutzgesetzes durch das Gesetz zur Beschleunigung und Vereinfachung immissionsschutzrechtlicher Genehmigungsverfahren, UPR 1996, 408; *Müggenborg*, Immissionsschutz contra Arbeitsschutz: Beurteilungspunkte im immissionsschutzrechtlichen Genehmigungsverfahren, I+E 2013, 72; *Rebentisch*, Die Änderungsgenehmigung im Lichte des Krümmel-Urteils – Ein Problem für die Praxis?, DVBl. 1997, 810; *Rolshoven*, Wer zuerst kommt, mahlt zuerst? Zum Prioritätsprinzip bei konkurrierenden Genehmigungsanträgen – Dargestellt anhand aktueller Windkraftfälle, NVwZ 2006, 516 ff.; *Scheidler*, Die Verbesserungsgenehmigung für Industrieanlagen und Gewerbebetriebe nach § 6 Abs. 3 BImSchG, GewArch 2022, 315; *Schink*, Die Verbesserungsgenehmigung nach § 6 Abs. 3 BImSchG, NuR 2011, 250; *Schink*, Neue rechtliche Anforderungen an Genehmigung und Betrieb von Anlagen in der Stahlindustrie, DVBl. 2012, 197; *Schlacke/Wentzien/Römling*, Beschleunigung der Energiewende: Ein gesetzgeberischer Paradigmenwechsel durch das Osterpaket?, NVwZ 2022, 1577; *Schlacke*, Aktuelles zum Umwelt-Rechtsbehelfsgesetz, NVwZ 2019, 1392; *Schlick*, Die Rechtsprechung des BGH zu den öffentlich-rechtlichen Ersatzleistungen – Amtshaftung, NJW 2011, 3341; *Schuh*, Normative Konkretisierungen im Verwaltungsrecht am Beispiel erheblicher Immissionen, JuS 2022, 819; *Seibert*, Bodenschutz durch Begrenzung von Emissionen und Immissionen nach dem Bundes-Immissionsschutzgesetz, NVwZ 1993, 16; *Seibert*, Die Fehlerbehebung durch ergänzendes Verfahren nach dem UmwRG, NVwZ 2018, 97; *Spiegels*, Klagebefugnis aufgrund einer immissionsschutzrechtlichen Genehmigung. Zum anlagenbezogenen Nachbarschutz, NVwZ 2003, 1091; *Spieth/Hamer*, Rechtsprobleme des Treibhaus-Emissionshandelsgesetzes, ZUR Sonderheft 2004, 427; *Steinberg*, Zulassung von Industrieanlagen im deutschen und europäischen Recht, in: Dokumentation 18. Fachtagung, 1994, 38; *Tegethoff*, Projektbezogene Umweltabsprachen in der Verwaltungspraxis – Eine Untersuchung am Beispiel des immissionsschutzrechtlichen Genehmigungsverfahrens, BayVBl. 2001, 648; *Trute*, Vom Obrigkeitsstaat zur Kooperation – Zur Entwicklung des umweltrechtlichen Instrumentariums zwischen klassischem Ordnungsrecht und moderner Verwaltung, in: Rückzug des Ordnungsrechts im Umweltschutz: 14. Trierer Kolloquium zum Umwelt- und Technikrecht, 1998, 13; *Uechtritz/Ruttloff*, Der Klimaschutz-Beschluss des Bundesverfassungsgerichts, NVwZ 2022, 9; *Wickel*, Die Zulassung von Industrieanlagen und die „gebundene" Vorhabengenehmigung, UPR 2000, 92; *Wagner*, Zum Verhältnis von Festlegungen der Raumordnung zum Immissionsschutz- und Emissionshandelsrecht, 522.

Übersicht

A. Allgemeines[1)]

I. Bedeutung der Vorschrift

§ 6 regelt die **Voraussetzungen zur Erteilung einer** immissionsschutzrechtlichen (Voll- bzw. Teil-)**Genehmigung** für die Errichtung bzw. den Betrieb genehmigungsbedürftiger Anlagen iSd Ersten Abschnittes des Zweiten Teils des Gesetzes abschließend (Kotulla in Kotulla Rn. 1). Sind die in § 6 Abs. 1 näher bezeichneten Anforderungen kumulativ erfüllt, besteht ein **Rechtsanspruch** auf Genehmigungserteilung (Storost in Ule/Laubinger/Repkewitz Rn. B 1; Engelhardt/Schlicht Rn. 1; Gärditz in Appel/Ohms/Saurer Rn. 10 ff.; Scheidler in Feldhaus BImSchR Rn. 5; Jarass Rn. 45; Kotulla in Kotulla Rn. 40; Ohms Praxishandbuch Immissionsschutzrecht Rn. 550; Sparwasser/Engel/Voßkuhle Umweltrecht, § 10 Rn. 170: kein „Bewirtschaftungsermessen"; Hoffmann-Riem in 20 Jahre BImSchG, 74 (83): „gebundene Kontrollerlaubnis"; Koch/Hofmann in Koch/Hofmann/Reese Umweltrecht § 4 Rn. 92, 205: keine Abwägungsentscheidung). Es handelt sich mithin um eine **gebundene Entscheidung** (Enders in BeckOK UmweltR Rn. 2 f.; teilw. anders, unter Verweis auf faktisch gelockerte Bindungen der Behörde Wasielewski in GK-BImSchG Rn. 10 f.; Wolf Umweltrecht Rn. 844 (897), unter Hinweis auf die „Freiraumtheorie" zur Vorsorgegrundpflicht, die Verweisungsstruktur des § 6, die nicht eindeutige tatbestandliche Festlegung und die Planungselemente innerhalb der Genehmigungsvoraussetzungen; Trute Vorsorgestrukturen und Luftreinhalteplanung im Bundes-Immissionsschutzgesetz, 300 (336 f.); zu alternativen Regulierungsmöglichkeiten des Gesetzgebers Gärditz in Appel/Ohms/Saurer Rn. 9; Hoffmann- 1

1) Die Anpassung der Kommentierung erfolgte unter Mitarbeit von Wiss. Mit. Ass. Jur. Johannes Fabi.

Riem DVBl. 1994, 605 ff.; zu Vor- und Nachteilen gebundener Entscheidungen allg. Wickel UPR 2000, 92 ff.). Der **maßgebliche verfahrensrechtliche Zeitpunkt** für das Vorliegen der Genehmigungsvoraussetzungen ist dabei grundsätzlich der der behördlichen Entscheidung (Scheidler in Feldhaus BImSchR Rn. 5, 11; Jarass Rn. 5; Kotulla in Kotulla Rn. 42). Modifiziert wird dieser Grundsatz für Anlagen zur Nutzung erneuerbarer Energien iSd Richtlinie 2018/2001/EU (RED-II) allerdings durch die **Neuregelung des § 10 Abs. 5 S. 3**, der auf Antrag des Vorhabenträgers nach Ablauf der Monatsfrist für die Behördenbeteiligung (§ 10 Abs. 5 S. 2) die Sach- und Rechtslage zu diesem Zeitpunkt für maßgeblich erklärt (eingehend zu dieser Neuregelung → § 10 Rn. 108a ff.).

2 Wegen der in §§ 5 und 6 verwendeten unbestimmten Rechtsbegriffe, der hinsichtlich der Erfüllung der Betreibergrundpflichten in § 5 notwendigen Prognoseentscheidungen und der „Verweisungsstruktur" der Genehmigungsvoraussetzungen darf der Charakter als insoweit „gebundene" Entscheidung freilich nicht überbewertet werden. Zwar erscheint es wegen der Unterscheidung zwischen Tatbestands- und Rechtsfolgenseite als zu weit gehend, eine Annäherung an eine Ermessensentscheidung anzunehmen (so etwa Jarass Rn. 46; s. aber Kotulla in Kotulla Rn. 40: kein Raum für Ermessen; kritisch auch Scheidler in Feldhaus BImSchR Rn. 11, der von einer gebundenen Entscheidung ausgeht; mit rechtspolitischer Kritik und für eine Neuregelung im Planfeststellungsverfahren Gärditz in Appel/Ohms/Saurer Rn. 9), weil bei Vorliegen der Genehmigungsvoraussetzungen ein Spielraum der Genehmigungsbehörde auf Rechtsfolgenseite nicht (mehr) besteht. Die anzustellenden Prognoseentscheidungen räumen der Behörde aber immerhin gewisse Entscheidungsspielräume auf der Tatbestandsseite ein. Unzutreffend ist es jedenfalls, wenn § 6 insgesamt als Ermessensvorschrift gedeutet würde. Dagegen spricht auch, dass bisherige Ansätze zu einer Umwandlung der Norm in eine Vorschrift mit Versagungsermessen erfolglos geblieben sind (Hoffmann-Riem in 20 Jahre BImSchG, 74 (83)). Auch unionsrechtliche Direktiven gebieten keine andere Deutung, insbesondere lässt sich Art. 8 IVU-RL bzw. nunmehr Art. 5 Abs. 1 IE-RL nicht entnehmen, dass die Genehmigungsentscheidung eine Ermessensentscheidung sei (Enders in BeckOK UmweltR Rn. 3; dazu bereits Erbguth/Stollmann ZUR 2000, 379 (382)).

3 § 6 dient damit einerseits dazu, geplante genehmigungsbedürftige Anlagen einer **präventiven** behördlichen **Kontrolle** zu unterziehen, verschafft aber andererseits dem potenziellen Anlagenbetreiber durch die „Bindung" der Entscheidung **Planungssicherheit** (zu weiteren Funktionen der Genehmigung s. etwa Sach Genehmigung als Schutzschild?, 19 f., 44 ff.). Absatz 1 der Vorschrift enthält dabei die eigentlichen Genehmigungsanforderungen, während Absatz 2 die Möglichkeit einer sog. Rahmengenehmigung für unterschiedliche Betriebsarten (sog. Mehrzweckanlagen) bzw. Einsatzstoffe (sog. Vielstoffanlagen) eröffnet. Absatz 3 sieht unter den hier geregelten Voraussetzungen eine Genehmigungserteilung auch dann vor, wenn nicht alle Immissionswerte einer Verwaltungsvorschrift nach § 48 oder einer Rechtsverordnung nach § 48a eingehalten werden. Die Genehmigungsvoraussetzungen in § 6 sind **zwingendes Recht**, so dass substituierende Abreden zwischen Antragsteller und Genehmigungsbehörde nicht zulässig sind (so auch Jarass Rn. 1; Tegethoff BayVBl. 2001, 648 f.). Auch kann die Genehmigung nicht durch eine Duldung durch die Genehmigungsbehörde substituiert werden (BVerwG DVBl. 1991, 381 (383); BVerwGE 55, 118 (124 f.); Engelhardt/Schlicht Rn. 1; Kotulla in Kotulla Rn. 40).

II. Entstehung

4 Vorläufervorschriften des § 6 Abs. 1 waren die **§§ 18, 19 GewO aF.** § 18 GewO aF hatte folgenden Wortlaut:

„Werden keine Einwendungen angebracht, so hat die Behörde zu prüfen, ob die Anlage erhebliche Gefahren, Nachteile oder Belästigungen für das Publikum herbeiführen könne. Auf Grund dieser Prüfung, welche sich zugleich auf die Beachtung der bestehenden bau-, feuer- und gesundheitspolizeilichen Vorschriften erstreckt, ist die Genehmigung zu versagen oder, unter Festsetzung der sich als nötig ergebenden Bedingungen, zu erteilen. Zu den letzteren gehören auch diejenigen Anordnungen, welche zum Schutze der Arbeiter gegen Gefahr für Gesundheit und Leben notwendig sind."

Nach § 19 GewO aF hatte sich die Prüfung auch auf Einwendungen der Besitzer oder Bewohner der benachbarten Grundstücke (§ 16 Abs. 1 GewO aF) zu erstrecken (zur Begründung des § 18 GewO aF vgl. Scheidler in Feldhaus BImSchR Rn. 2 f.; s. auch Sach Genehmigung als Schutzschild?, 80 f.; aus der Rspr. zu § 18 GewO aF vgl. etwa BVerwG, NJW 1956, 482; BVerwGE 6, 294 ff.).

Die aktuell geltende Regelung in **Absatz 1** entspricht im Kern den Bestimmungen der §§ 18, 19 GewO aF (s. Kotulla in Kotulla Rn. 3). Das Spektrum zu berücksichtigender Rechtsvorschriften und Interessen ist freilich gegenüber den gewerberechtlichen Vorschriften deutlich erweitert worden und erfasst nunmehr namentlich (1.) die Bestimmungen zur Normierung der sog. Grundpflichten des Betreibers nach § 5 BImSchG (s. dazu die Kommentierung zu dieser Vorschrift), (2.) Anforderungen, die sich aus einer auf der Grundlage des § 7 erlassenen Rechtsverordnung ergeben, (3.) Belange des Arbeitsschutzes sowie (4.) sämtliche übrigen einschlägigen öffentlich-rechtlichen Vorschriften (zur „Verschärfung" gegenüber der Gewerbeordnung s. auch Sach Genehmigung als Schutzschild?, 81). 5

Durch das Gesetz zur Beschleunigung und Vereinfachung immissionsschutzrechtlicher Genehmigungsverfahren vom 9.10.1996 (BGBl. I 1498; s. auch BT-Drs. 13/3996, 8 (12); BR-Drs. 31/96; vgl. auch Kotulla in Kotulla Rn. 4; Moormann UPR 1996, 408 ff.) wurde – unter anderem zur Förderung des Standortes Deutschland – **Absatz 2** angefügt. Die neue Regelung dient der Klarstellung, dass auf Antrag die Genehmigung auf unterschiedliche Betriebsweisen und Einsatzstoffe zu erstrecken ist, wenn die Genehmigungsvoraussetzungen hinsichtlich dieser Betriebsweisen und Stoffe erfüllt sind (sog. **Rahmengenehmigung** für Mehrzweck- oder Vielstoffanlagen; davon zu unterscheiden ist der bloße Austausch einer genehmigten Anlage oder ihrer Teile ohne Veränderung von Betriebsweise oder Einsatzstoffen, der gemäß § 16 Abs. 5 keiner (Änderungs-)Genehmigung bedarf). Diese Möglichkeit entsprach bereits gängiger Verwaltungspraxis (Hansmann NVwZ 1997, 105 (106); vgl. auch Nr. 5.1.5. VV NRW v. 16.7.1993, NWSMBl. 7129). Die amtliche Begründung (BT-Drs. 13/3996, 8) führt hierzu aus: 6

„Bei der Genehmigung von Anlagen, die durch eine Vielfalt und Variationsbreite von Verfahrenstypen oder Stoffklassen in der Produktion gekennzeichnet sind, können insofern Probleme bei der Erteilung der immissionsschutzrechtlichen Genehmigung auftreten, als rechtlich nicht eindeutig festliegt, ob und inwieweit die Erteilung einer „Rahmengenehmigung" genügt.

Durch die neue Vorschrift wird klargestellt, daß die Erteilung einer Rahmengenehmigung in solchen Fällen möglich ist, wenn

- der Genehmigungsumfang hinreichend bestimmt gefaßt ist und die Beurteilung, ob ein bestimmter Betrieb zulässig ist, nicht der Bewertung des Anlagenbetreibers überlassen wird, sondern nach objektiven Kriterien (z.B. Klassifikation von Stoffen, Ausschluß bestimmter Substituenten, physikalische und chemische Eigenschaften) erfolgt sowie
- die Genehmigungsvoraussetzungen für alle erfassten Betriebsweisen erfüllt sind. In Zweifelsfällen ist die Genehmigung anhand objektiv nachprüfbarer Kriterien (z.B. physikalische und chemische Eigenschaften, Toxizität des Stoffes) einzuschränken.

  Bei der Genehmigung derartiger Anlagen soll der Antragsteller durch eine Auflage verpflichtet werden, der zuständigen Behörde die erstmalige Herstellung oder Verwendung eines neuen Stoffes mitzuteilen (…)."

Zur Bedeutung und zum Regelungsgehalt des Absatzes 2 → Rn. 59 ff.

6a Art. 2 des Rechtsbereinigungsgesetzes Umwelt vom 11.8.2009 (BGBl. I 2585; vgl. den Gesetzentwurf BT-Drs. 16/12277) hat mit Wirkung zum 1.3.2010 neben weiteren Änderungen in § 6 einen neuen Absatz 3 eingefügt. Die Vorschrift enthält eine Sonderregelung für die Erteilung von Änderungsgenehmigungen bei der Sanierung bestehender Anlagen. S. dazu eingehend → Rn. 62a ff.

6b Durch Art. 1 Ziff. 5 des Gesetzes zur Umsetzung der Richtlinie über Industrieemissionen vom 8.4.2013 (BGBl. I 734 ff.) wurden mit Wirkung zum 2.5.2013 redaktionelle Folgeänderungen in § 6 Abs. 3 Nr. 3 vorgenommen, die wegen der Streichung des § 5 Abs. 1 S. 2 und S. 3 erforderlich waren.

B. Erteilung der Genehmigung (Absatz 1)

I. Gegenstand der Genehmigung

7 **1. Realkonzession.** Die Genehmigung nach § 6 ist nach ganz hM **anlagenbezogen,** nicht (auf den Antragsteller bzw. den Adressaten oder den jeweiligen Anlagenbetreiber) **personenbezogen.** Es handelt sich daher um eine reine Sachgenehmigung (**„Realkonzession“**; vgl. auch VGH München NVwZ 2006, 1201; Scheidler in Feldhaus BImSchR Rn. 14; Jarass Rn. 4; Kotulla in Kotulla Rn. 43; Ohms Praxishandbuch Immissionsschutzrecht Rn. 550; Gärditz in Appel/Ohms/Saurer Rn. 46; Enders in BeckOK UmweltR Rn. 5; differenzierend Dietlein Nachfolge im Öffentlichen Recht, 414 ff.), die das grundsätzliche Verbot von Errichtung und Betrieb genehmigungsbedürftiger Anlagen für das jeweilige Vorhaben beseitigt. § 25 Abs. 1 GewO aF bestimmte in seiner zuletzt geltenden Fassung ausdrücklich:

> „Die Genehmigung einer unter § 16 fallenden oder die Erlaubnis zu einer in § 24 bezeichneten Anlage bleibt so lange in Kraft, als keine Änderung in der Lage oder Beschaffenheit vorgenommen wird, und bedarf unter dieser Voraussetzung auch dann, wenn die Anlage an einen neuen Erwerber übergeht, einer Erneuerung nicht.“

§ 6 erwähnt diese Fortgeltung der Genehmigung bei einem Wechsel des Anlagenbetreibers nicht mehr. Da aber die Wertungen der Gewerbeordnung für die Anlagenzulassung vom Gesetzgeber bei der Schaffung des Gesetzes weitgehend auch in das Bundes-Immissionsschutzgesetz übernommen worden sind, ist die immissionsschutzrechtliche Genehmigung weiterhin als rein anlagenbezogene Zulassung anzusehen und aus diesem Grund nicht an die Person des Genehmigungsadressaten bzw. des gegenwärtigen Betreibers gebunden (s. dazu auch → § 5 Rn. 28 ff. zum Begriff des „Betreibers“; eingehend Dietlein Nachfolge im Öffentlichen Recht, 415 ff.). Obwohl die Genehmigung eine Realkonzession ist, bilden § 20 Abs. 3 und die Betreibergrundpflichten nach § 5 „Einfallstore“ auch für **personenbezogene Elemente** in das Recht der genehmigungsbedürftigen Anlagen (vgl. Jarass § 20 Rn. 56). Unter Umständen kann daher zB die Einstellung unzuverlässigen Personals eine Verletzung der Pflichten nach § 5 darstellen und aus diesem Grund zu nachträglichen Anordnungen führen (s. Kloepfer Umweltrecht § 15 Rn. 402).

8 Wird dem Anlagenbetreiber – zB auf der Grundlage einer gewerberechtlichen Verbotsverfügung, etwa wegen Unzuverlässigkeit gemäß § 35 GewO – der Betrieb einer genehmigungsbedürftigen Anlage untersagt, bleibt die immissionsschutzrechtliche Genehmigung als Realkonzession grundsätzlich unberührt (s. auch Jarass Rn. 4). Die Genehmigung kann allenfalls unter den engen Voraussetzungen des **§ 21 widerrufen** werden. Daneben kann der weitere Betrieb einer genehmigungsbedürftigen Anlage durch den Betreiber oder einen mit der Leitung des Betriebs Beauftragten nach Maßgabe des **§ 20 Abs. 3 untersagt** werden (vgl. Jarass § 20 Rn. 56 ff.; Kotulla in Kotulla Rn. 43; Sparwas-

ser/Engel/Voßkuhle Umweltrecht Rn. 171). Die Untersagung ist dann zulässig, wenn bei bereits erteilter Genehmigung Tatsachen vorliegen, welche die Unzuverlässigkeit des Betreibers oder des mit der Betriebsleitung Beauftragten in Bezug auf die Einhaltung von Rechtsvorschriften zum Schutz vor schädlichen Umwelteinwirkungen dartun, und wenn die Untersagung zum Wohl der Allgemeinheit geboten ist (→ § 20 Rn. 60 ff.). Dabei ist eine Prognose hinsichtlich drohender künftiger Verletzungen der entsprechenden Betreiberpflichten nach § 5 anzustellen. Die praktische Bedeutung des § 20 Abs. 3 ist bislang gering geblieben (zur Frage, ob die Behörde den Antrag auf Genehmigungserteilung mangels **Sachbescheidungsinteresse** ablehnen kann, wenn eine Genehmigung noch nicht erteilt wurde und die **Unzuverlässigkeit** des Antragstellers nachgewiesen ist, s. → § 20 Rn. 56).

Wird die genehmigungsbedürftige Anlage ohne Genehmigung betrieben, so soll die 9
Behörde anordnen, die Anlage nach **§ 20 Abs. 2 stillzulegen** bzw. **zu beseitigen** (→ § 20 Rn. 38 ff.; vgl. VGH München NVwZ 2003, 496; zum Charakter als „Soll"-Vorschrift OVG Berlin NVwZ 1985, 756). Eine Pflicht zum Erlass einer solchen Beseitigungsanordnung besteht nach § 20 Abs. 2 S. 2 zumindest dann, wenn die Allgemeinheit bzw. die Nachbarschaft (zu diesen Begriffen vgl. → § 5 Rn. 85 ff.) nicht auf andere Weise ausreichend geschützt werden kann.

2. Errichtung der Anlage. Die Genehmigung gestattet zunächst die **Errichtung** 10
der Anlage, also die Durchführung von Baumaßnahmen. Der Begriff der Errichtung erfasst nicht (nur) den abgeschlossenen Vorgang der Anlagenherstellung, sondern bereits den (faktischen, vgl. BayObLG BayVBl. 1986, 251) Beginn der Bautätigkeit einschließlich der Ausschachtungsarbeiten, die Errichtung einzelner (Teil-)Bauwerke sowie die Aufstellung und Einrichtung von Maschinen und Geräten etc., nicht jedoch lediglich vorbereitende Handlungen, die keinen Bezug etwa zur Aufbereitung des Grundstücks haben (→ § 4 Rn. 70 f.; zum Begriff der Errichtung ferner Storost in Ule/Laubinger/Repkewitz § 4 Rn. C 2; Feldhaus/Schenk in Feldhaus BImSchR § 4 Rn. 50 f.; Jarass § 4 Rn. 54 ff.; Kotulla in Kotulla § 4 Rn. 70 ff.). Der Errichtung zuzuordnen sind aber darüber hinaus insbesondere auch die technisch-konstruktive Beschaffenheit der Anlage einschließlich ihrer Funktionsweise, die apparative Ausstattung einschließlich der Hilfsaggregate wie Filter oder Schallschutzvorrichtungen, die Nebeneinrichtungen, die verwendeten Materialien, die Abgasführung, die Schornsteine, die Betriebsstraßen. Ferner gehören zur Errichtung der Anlage auch die räumliche Anordnung der Anlagengebäude zueinander, notwendige Sicherheitsabstände, eine bestimmte Höhe der Schornsteine, Einrichtungen für das Betriebsverhalten der Anlage, insbesondere Vorrichtungen für das Einhalten eines bestimmten Abscheidegrades sowie die Geräuschentwicklung, aber auch Vorrichtungen für bestimmte feste oder flüssige Abfälle, insbesondere für ihre Verwertung bzw. Beseitigung.

3. Betrieb der Anlage. Neben der Errichtung der Anlage gestattet die Genehmi- 11
gung nach § 6 auch ihren **Betrieb.** Als Verwaltungsakt mit Dauerwirkung erfasst sie die gesamte Betriebsweise, insbesondere den regulären Betriebsablauf zum vorgesehenen Zweck, die Wartung und die Unterhaltung der Anlage (Böhm in GK-BImSchG § 4 Rn. 103 f.; Feldhaus in Feldhaus BImSchR § 4 Rn. 15; Jarass § 4 Rn. 57; Kotulla in Kotulla § 4 Rn. 73 ff.). Dieser Begriff ist vom Begriff des Betriebs in Art. 3 Nr. 1 RL 2012/18/EU zur Beherrschung der Gefahren schwerer Unfälle mit gefährlichen Stoffen, zur Änderung und anschließenden Aufhebung der Richtlinie 96/82/EG (Seveso-III-Richtlinie) zu unterscheiden, der eine störfallrechtlich relevante Anlagengesamtheit meint und in der Legaldefinition des Betriebsbereichs (§ 3 Abs. 5a) Einzug ins deutsche Recht gefun-

den hat (→ § 3 Rn. 97). Zum „Betrieb" ist regelmäßig und in erster Linie die **Produktion,** also die Herstellung eines bestimmten Produktes, zu zählen. Dazu gehört der eigentliche Produktionsvorgang, die Nutzung der Maschinen und Geräte, Art und Menge der Einsatzstoffe, der Zwischen-, Neben- und Endprodukte, der Hilfsmittel und der Energieträger. Ein Wechsel des Produktionsverfahrens bedarf als wesentliche Änderung iSv § 16 regelmäßig der erneuten Genehmigung (vgl. → § 16 Rn. 58), es sei denn, die Genehmigung gestattet in Gestalt einer „Rahmengenehmigung" im Sinne von § 6 Abs. 2 die Verwendung alternativer Produktionsverfahren (dazu → Rn. 59 ff.). Insbesondere die nicht bloß unerhebliche Steigerung der **Produktionskapazität** über den genehmigten bisherigen Umfang hinaus bedarf als wesentliche Änderung gemäß § 16 der Änderungsgenehmigung.

12 Gegenstand des Betriebs ist zudem der **Betriebsablauf,** insbesondere die Betriebsorganisation einschließlich des **Werkverkehrs** sowie des Zu- und Abgangsverkehrs, soweit er durch die Anlage initiiert wird, sich im Rahmen eines überschaubaren räumlichen Bereichs bewegt und vom allgemeinen Straßenverkehr unterscheidbar bzw. abzugrenzen ist (BVerwG NVwZ 1999, 523 (527); Kotulla in Kotulla § 4 Rn. 74). Dem Betrieb der Anlage sind daher etwa auch Maßnahmen zuzurechnen, mit denen Brände und Explosionen oder sonstige Störfälle innerhalb der Anlage vermieden werden sollen. Auch die **Betriebsdauer** ist Bestandteil des gestatteten „Betriebs", vor allem die Einteilung in einen Ein- oder Mehrschichtenbetrieb. Die Umstellung von einem Zwei- auf einen Dreischichtenbetrieb wird regelmäßig eine wesentliche Änderung im Sinne von § 16 darstellen, die eine Änderungsgenehmigung erfordert, da bei einem kontinuierlichen Betrieb insbesondere die Lärmschutzanforderungen zur Nachtzeit eingehalten werden müssen.

13 Soweit umstritten gewesen ist, ob dem Betrieb der Anlage auch die Verursachung von **Emissionen** zuzurechnen ist mit der Folge, dass ihre Art und Menge Gegenstand der Genehmigung sein konnte und deren Änderung eine weitere Genehmigung erforderlich machte (ablehnend etwa Hansmann DVBl. 1997, 1421 (1427); Rebentisch DVBl. 1997, 810 f. sowie Spieth/Hamer ZUR Sonderheft 2004, 427, mit der Begründung, das Recht zu emittieren werde nicht vom Staat gewährt, sondern sei Ausdruck der Grundrechtsbetätigung des Anlagenbetreibers; aA Kutscheidt DVBl. 2000, 754: Emissionen sind Bestandteil der Genehmigung, eine Überschreitung der „gestatteten Emissionen" macht ein weiteres Genehmigungsverfahren erforderlich; ähnlich auch Burgi/Müller ZUR Sonderheft 2004, 419 (426): bei „Altanlagen" ist die Emission von der Genehmigung gedeckt), ist diese Problematik zumindest für den Geltungsbereich des **Treibhausgas-Emissionshandelsgesetzes (TEHG)** vom 21.7.2011 (BGBl. I 1475) gelöst. Der ordnungsrechtliche Ansatz des Immissionsschutzrechts ist in diesem Sektor zugunsten eines bewirtschaftungsrechtlichen Konzeptes unter Verwendung ökonomischer Anreizinstrumente verdrängt worden (s. dazu im Einzelnen die Kommentierung zum TEHG, Bd. IV, Nr. 5.1; vgl. Spieth/Hamer ZUR Sonderheft 2004, 427 f.; Spieth Europäischer Immissionshandel und deutsches Industrieanlagenrecht 19 f., 66 ff. sowie insgesamt Trute Rückzug des Ordnungsrechts im Umweltschutz 13 ff.). Die immissionsschutzrechtliche Genehmigung gilt für Anlagen, die vor dem 1.1.2013 genehmigt worden sind, auch als **„Emissionsgenehmigung" iSd TEHG** (vgl. § 4 Abs. 4 S. 1 TEHG), so dass die Verursachung von Emissionen hier als genuiner Regelungsgegenstand der Erlaubnis anzusehen ist. Bei den sog. „Altanlagen" ist § 4 Abs. 4 TEHG zu beachten. Nach § 4 Abs. 4 S. 2 kann der Anlagenbetreiber allerdings eine gesonderte Genehmigung nach Abs. 1 beantragen. In diesem Fall gilt gem. S. 3 die immissionsschutzrechtliche Genehmigung nur bis zur Erteilung der gesonderten Genehmigung nach § 4 Abs. 1 fort. Etwaige Anpassungen der Genehmigung zur Durchsetzung der Pflichten hat die Behörde dann über nachträgliche Anordnungen nach § 29 vorzunehmen (vgl. Burgi/Müller ZUR Sonderheft 2004, 419 (426 ff.); zur

Unterscheidung von Alt- und Neuanlagen s. auch Spieth/Hamer ZUR Sonderheft 2004, 427 (430)). Doch auch außerhalb des Anwendungsbereichs des TEHG ist die Frage, ob und inwieweit die Emissionserzeugung Gegenstand des genehmigten Betriebs der Anlage ist, im Ergebnis zu bejahen. Die Verfahrensregelungen der 9. BImSchV verlangen detaillierte Angaben über die Emissionsquellen, so dass – wenngleich nicht stets von einer Kongruenz von Prüfungsprogramm und Genehmigungsinhalt auszugehen ist (s. für den Vorbescheid etwa Dietlein/Thiel Die Verwaltung 38 (2005), 211 (234 f.)) – die Gestattung von Emissionen zum Inhalt der Genehmigung zu rechnen ist. Überschreitet der Anlagenbetreiber die gestatteten Werte, so ist ein erneutes Genehmigungsverfahren erforderlich. Damit korrespondiert freilich ein subjektiv-öffentliches Recht des Betreibers auf Ausnutzung der Genehmigung, in das die Genehmigungsbehörde nur auf der Grundlage einer Rechtsverordnung oder mittels nachträglicher Anordnung gemäß § 17 eingreifen darf. Insoweit schließen sich die Annahme einer staatlicherseits verliehenen „Emissionserlaubnis" und der Einstufung der emittierenden Betätigung als Grundrechtsausübung nicht gegenseitig aus.

II. Genehmigungsvoraussetzungen im Einzelnen

1. Genehmigungsbedürftigkeit. § 6 legt Genehmigungsvoraussetzungen – selbstverständlich – nur **für genehmigungsbedürftige Anlagen** iSv § 4 Abs. 1 S. 3 iVm der Verordnung über genehmigungsbedürftige Anlagen (4. BImSchV) fest. Eine Genehmigung darf daher nur dann erteilt werden, wenn hierfür ein Erfordernis besteht (Jarass Rn. 3). Handelt es sich um eine in der 4. BImSchV als grundsätzlich genehmigungsbedürftig qualifizierte Anlage, ist also gleichwohl zu prüfen, ob die konkrete Anlage (noch) der Genehmigung bedarf. Ist die Anlage etwa bereits unter der Geltung der §§ 16 ff. GewO aF nach § 16 oder § 25 Abs. 1 GewO aF genehmigt worden, so gilt diese Genehmigung gemäß § 67 Abs. 1 als Genehmigung iSd Bundes-Immissionsschutzgesetzes fort (zu Einzelheiten vgl. die Kommentierung zu → § 67); eine neue Genehmigung ist nicht erforderlich. Wird ein Anlagentypus dagegen erst nach Inbetriebnahme diesem Typus entsprechender Anlagen in den Kreis der genehmigungsbedürftigen Anlagen aufgenommen, so dürfen diese Anlagen zunächst ohne Genehmigung weiter betrieben werden. Dies ergibt sich aus § 67 Abs. 2, der lediglich eine Anzeige-, nicht aber eine (Nach-)Genehmigungspflicht für solche Anlagen normiert. Ihre wesentliche Änderung ist jedoch nach Maßgabe des § 16, ihre störfallrelevante Änderung über § 16a genehmigungspflichtig. Diese Regelungen zur Genehmigungsbedürftigkeit finden auch auf § 16b Abs. 1, Abs. 7 und Abs. 8 entsprechende Anwendung (→ § 16b Rn. 18). Sonstige Änderungen müssen gemäß § 15 angezeigt werden. **Keine Anwendung** findet § 6 auf im **störfallrechtlichen Verfahren der §§ 23a f.** zu genehmigende (im klassischen immissionsschutzrechtlichen Sinne weiterhin aber „genehmigungsfreie") Anlagen, hier enthält § 23b Abs. 1 S. 1, 2 spezielle Voraussetzungen zur Genehmigungsbedürftigkeit, § 23b Abs. 1 S. 5 spezielle Voraussetzungen zur Genehmigungsfähigkeit entsprechender Störfallanlagen (→ § 23b Rn. 9 ff., 50 ff.). 14

Keine Anzeige- oder Änderungsgenehmigungspflicht besteht nach den durch das Ersatzkraftwerkebereithaltungsgesetz vom 8.7.2022 (BGBl. I 1054 ff.) mit Wirkung zum 12.7.2022 eingeführten **speziellen Abweichungsregeln der §§ 31a–d** im Rahmen der Bekämpfung der **Gasmangellage** für die dort umfassten Anlagen iSd IE-RL 2010/75/EU oder der RL 2015/2193/EU, die den Vorgaben der 13. oder der 44. BImSchV unterliegen (vgl. auch die LAI-Vollzugshinweise „Immissionsschutz in der Gasmangellage", Stand: 31.10.2022, 5). Ähnliches gilt nach den durch das Vierzehnte Gesetz zur Änderung des Bundes-Immissionsschutzgesetzes vom 19.10.2022 (BGBl. I 1792 ff.) neu 14a eingefügten **§§ 31g–i** für sonstige Anlagen bzw. Vorhaben, die nicht unter die **§§ 31a–d** fallen (vgl. auch § 10 → Rn. 28e ff.). Voraussetzung hierfür ist jeweils, dass es um Abweichungen von Grenzwerten infolge eines durch die **Gasmangellage** notwendig gemachten Brennstoffwechsels, das Nichtzurverfügungstehen gewisser Betriebsmittel infolge einer Gasmangellage bzw. eine sonstige durch eine erhebliche oder ernste Gasmangellage ausgelöste Notwendigkeit geht (→ § 10 Rn. 28h). So regelt § 31g, dass für die in § 31g Abs. 2 benannten Ausnahmevorschriften ein Anzeige- oder Änderungsgenehmigungsverfahren iSd §§ 15 f. nicht erforderlich ist, und darüber hinaus zusätzlich die Ausnahmen erteilt werden „sollen", womit das für die Ausnahmen vorgesehene Ermessen auf eine grundsätzliche Pflicht zur Ausnahmeerteilung verdichtet wird. In ähnlicher Weise erleichtert § 31i auf Antrag des Betreibers Abweichungen von Nr. 5 der TA Luft, wobei die Anforderungen nach der IE-RL 2010/75/EU weiterhin einzuhalten sind (§ 31i Abs. 1 S. 2). Parallel hierzu werden über § 31j Abweichungsmöglichkeiten von den Immissionsrichtwerten der TA-Lärm normiert. Für Windenergieanlagen gibt es spezielle (zeitlich bis zum 15.4.2023 befristete) Abweichungsmöglichkeiten ohne Anzeige- oder Änderungsgenehmigungsverfahren in § 31k (→§ 16b Rn. 19a). Übergangsregelungen sind in § 31l vorgesehen.

15 Der Träger des Vorhabens kann überdies für **anzeigepflichtige Änderungen** eine Genehmigung im vereinfachten Verfahren beantragen (§ 16 Abs. 4; Jarass Rn. 3). Ebenso kann er nach mittlerweile wohl einhelliger Auffassung für bereits vor Einführung der Genehmigungsbedürftigkeit errichtete Anlagen die Erteilung einer (nachträglichen) Genehmigung beantragen (BVerwGE 55, 118 (125); → § 67 Rn. 31 mit näheren Ausführungen zum früheren Streitstand; Jarass § 67 Rn. 27; die Empfangsbestätigung der Anzeige ist jedoch keine Genehmigung und ersetzt diese auch nicht, s. Czajka in Feldhaus BImSchR § 67 Rn. 16). Über diese Fallgruppen hinaus ist die Genehmigung einer nicht genehmigungsbedürftigen Anlage rechtswidrig, nicht aber nichtig (Jarass Rn. 3; Scheidler in Feldhaus BImSchR Rn. 8).

16 **2. Unterscheidung zwischen § 6 Abs. 1 Nr. 1 und Nr. 2.** Die Anwendungsbereiche von § 6 Abs. 1 Nr. 1 und Nr. 2 besitzen vielfältige Überschneidungspunkte, so beispielsweise hinsichtlich des Abfallrechts, das zumindest partiell schon über die Grundpflicht des § 5 Abs. 1 Nr. 3 in das Prüfungsprogramm der Behörde einbezogen ist, andererseits aber auch „andere öffentlich-rechtliche Vorschriften" iSv Nr. 2 enthält. Auch die anlagenbezogenen Anforderungen des TEHG sind einerseits über § 5 Abs. 2 S. 1 und 2 in den Grundpflichtenkatalog einbezogen (→ § 5 Rn. 154a ff.), können aber auch als „andere öffentliche-rechtliche Vorschriften" Genehmigungsvoraussetzung sein. Die Frage, ob eine Genehmigungsvoraussetzung nach Nr. 1 oder nach Nr. 2 in Rede steht, besitzt namentlich im Zusammenhang mit **Änderungsgenehmigungen** nach § 16 praktische Bedeutung (s. Jarass Rn. 10; → § 16 Rn. 79 ff.). Denn gemäß § 16 Abs. 1 S. 1 ist eine Änderung der Lage, der Beschaffenheit oder des Betriebs einer genehmigungsbedürftigen Anlage „wesentlich" und damit ihrerseits genehmigungsbedürftig, wenn „durch die Änderung nachteilige Auswirkungen hervorgerufen werden können und diese für die Prüfung nach § 6 Abs. 1 Nr. 1 erheblich sein können". Abgesehen von den Fällen einer störfallrelevanten Änderung iSd § 16a (→ § 16a Rn. 8 f.) sind nur die Genehmigungsanforderungen nach § 6 Abs. 1 Nr. 1 und die Grundpflichten nach § 5 für eine Änderungsgenehmigungspflicht relevant (vgl. Czajka in Feldhaus BImSchR § 16 Rn. 38, der aber zu Recht darauf hinweist, dass die Änderung wegen Verletzung anderer öffentlich-rechtlicher Vorschriften unzulässig sein und die Genehmigung daher in nicht immissionsschutzrechtlichen Zulassungsverfahren – insoweit gilt die Konzentrationswirkung des § 13 nicht – versagt werden könne). Ähnliches gilt für das Änderungsgenehmigungsverfahren

für das **Anlagen-Repowering iSd § 16b (sowie die Sondervorschriften für Windenergieanlagen iSd § 16b Abs. 7 f.)**, für welches ebenso eine wesentliche Änderung iSd § 16 Abs. 1 S. 1 Voraussetzung ist (→ § 16b Rn. 18). Der in § 16 Abs. 1 S. 1 enthaltenen Relevanzklausel wegen ist eine Zuordnung gesetzlicher oder in Verordnungen geregelter Genehmigungsanforderungen zu Nr. 1 oder zu Nr. 2 erforderlich. Vielfach sind die im Schrifttum als „andere öffentlich-rechtliche Vorschriften" benannten und bei den Ausführungen zu Nr. 2 aufgezählten Rechtsgebiete und Bestimmungen auch schon im Rahmen der Grundpflichten zu berücksichtigen. So stehen § 6 Abs. 1 Nr. 1 und Nr. 2 insbesondere nicht in einem strikten Exklusivitätsverhältnis, da über § 5 erfasste Direktiven nämlich ggf. auch als „andere öffentlich-rechtliche Vorschriften" qualifiziert werden können (für eine Exklusivität und ein Zurücktreten von Nr. 2 hinter Nr. 1 indes Enders in BeckOK UmweltR Rn. 30). So ist eine Überschneidung in der Weise möglich, dass Vorgaben iSd § 6 Abs. 1 Nr. 2 betroffen sind und zugleich auch die Grundpflichten iSd § 5 berührt werden (vgl. Jarass Rn. 10). Auch in diesem Falle sind also die Voraussetzungen des § 16 erfüllt. Soweit also im Folgenden Rechtsgebiete unter den Anforderungen nach § 6 Abs. 1 Nr. 2 aufgeführt werden, sind die Vorgaben dieser Normen gegebenenfalls auch schon im Rahmen der Grundpflichten nach § 5 zu berücksichtigen. Vgl. zur strittigen Frage, ob das aus **Art. 13 Abs. 2 Seveso-III-RL folgende Abstandsgebot** über § 6 Abs. 1 Nr. 1 oder Nr. 2 zu prüfen ist → § 23b Rn. 57a f.

3. Anforderungen des § 6 Abs. 1 Nr. 1. a) Grundpflichten gemäß § 5. Voraussetzung für die Erteilung einer immissionsschutzrechtlichen Genehmigung ist zunächst, dass die Erfüllung der sich aus § 5 ergebenden Pflichten sichergestellt ist. Zum **Inhalt der** einzelnen **Grundpflichten** in § 5 wird auf die Kommentierung zu dieser Vorschrift verwiesen (→ Rn. 51 ff., 131 ff., 168 ff., 197 ff., 207 ff.; 234 ff.; vgl. zusammenfassend auch Kloepfer Umweltrecht § 15 Rn. 272 ff.; Sparwasser/Engel/Voßkuhle Umweltrecht Rn. 143 ff.; Sach Genehmigung als Schutzschild?, 83 ff.; kritisch Wolf Umweltrecht Rn. 885, der § 6 und § 5 für „disparat" hält). 17

Die vereinzelt anzutreffende Auffassung, einige der in § 5 genannten Betreiberpflichten seien nicht Genehmigungsvoraussetzung iSd § 6 Abs. 1 Nr. 1, ist wegen des eindeutigen Wortlauts der Vorschrift abzulehnen. Dies gilt namentlich für den Versuch, die sog. **Nachsorgepflichten** nach § 5 Abs. 3 aus dem Prüfprogramm des Genehmigungsverfahrens auszuklammern. Dieser Ansatz beruht auf der Prämisse, dass lediglich die Errichtung und der Betrieb, nicht aber die Einstellung des Anlagenbetriebs genehmigungsbedürftig seien (s. dazu → § 5 Rn. 213; Kloepfer Umweltrecht § 15 Rn. 343). Indes bezieht § 6 Abs. 1 Nr. 1 die Betreibergrundpflichten nach § 5 insgesamt in den Kreis der Genehmigungsvoraussetzungen ein. Die Problematik, bereits vor Genehmigungserteilung und Betriebsaufnahme Prognosen über die Einhaltung der Nachsorgepflichten anstellen zu müssen (vgl. Himmelmann in Himmelmann/Pohl/Tünnesen-Harmes HdbUmwR B 1.1. Rn. 97: „erheblicher Auslegungsaufwand"), kann nicht dazu führen, die Anforderungen an die Genehmigungserteilung zu lockern. Allerdings sind hinsichtlich der Pflichten, die erst nach Einstellung zu erfüllen sind, die Anforderungen an die „Sicherstellung" nicht zu hoch zu setzen. 18

Die eigentliche Schwierigkeit besteht vor diesem Hintergrund darin festzustellen, unter welchen Bedingungen die Erfüllung der Betreibergrundpflichten in § 5 als **„sichergestellt"** angesehen werden kann. § 6 erfordert insoweit eine (günstige) Prognose der Genehmigungsbehörde auf der Grundlage der vom Antragsteller vorgelegten Unterlagen, die beispielsweise auch auf einer Ausbreitungsrechnung nach Anhang 2 der TA Luft beruhen kann (vgl. Linnartz die neue TA Luft 2021, 412 ff.; Jarass Rn. 13). Da es sich um eine Prognoseentscheidung handelt (Gärditz in Appel/Ohms/Saurer Rn. 18; Jarass Rn. 11, 13; 19

vgl. auch Engelhardt/Schlicht Rn. 5: Entscheidung „in die Zukunft gerichtet"; Dietlein/Thiel Die Verwaltung 38 (2005), 211, (221 f.)), läge es nahe, die **hinreichende Wahrscheinlichkeit der Pflichterfüllung** als genügend anzusehen. Insbesondere hinsichtlich der Nachsorgepflichten nach § 5 Abs. 3 (dazu → § 5 Rn. 207 ff.) und der Rückführungspflichten nach § 5 Abs. 4 (→ § 5 Rn. 234 ff.), jedenfalls soweit sie sich auf Maßnahmen nach Einstellung des Betriebs beziehen, sind die prognostischen Elemente der behördlichen Prüfung besonders ausgeprägt. Es dürfte hier regelmäßig genügen, wenn die Erfüllung der übrigen Grundpflichten „sichergestellt" ist und der Betreiber darüber hinaus keine Anhaltspunkte für eine Unzuverlässigkeit bietet. Für die übrigen Grundpflichten muss dagegen schon den Antragsunterlagen eindeutig und ohne verbleibenden ernsthaften Zweifel (vgl. Jarass Rn. 11; Gärditz in Appel/Ohms/Saurer Rn. 18 f.; ähnlich Kotulla in Kotulla Rn. 11: mit hinreichender Wahrscheinlichkeit; so auch Ohms Praxishandbuch Immissionsschutzrecht Rn. 552) entnommen werden können, dass der Betreiber diese Pflichten erfüllen wird (besonders hohe Voraussetzungen bestehen etwa hinsichtlich der TA Lärm oder in Bezug auf Geruchsbelästigungen, vgl. Enders in BeckOK UmweltR Rn. 8). Dies freilich wird sich meist schon aus den Unterlagen über die technische Gestaltung der Anlage ergeben. Die Beweislast trägt der Antragsteller (Gärditz in Appel/Ohms/Saurer Rn. 22; Jarass Rn. 12).

20 **b) Pflichten auf Grund einer Rechtsverordnung nach § 7.** Eine Genehmigung darf nach § 6 Abs. 1 Nr. 1 ferner nur erteilt werden, wenn (auch) die Einhaltung der Pflichten aus **Rechtsverordnungen nach § 7** sichergestellt ist. Genehmigungsvoraussetzung ist damit auch eine günstige Prognose hinsichtlich der Einhaltung der anlagenbezogenen Anforderungen aus den auf der Grundlage von § 7 erlassenen Rechtsverordnungen, die die Anforderungen des § 5 konkretisieren (vgl. Kotulla in Kotulla Rn. 8; Scheidler in Feldhaus BImSchR Rn. 26; vgl. auch Jarass Rn. 7: „klarstellender Charakter"; zu den sich aus § 7 ergebenden Anforderungen s. auch Kloepfer Umweltrecht § 15 Rn. 349 ff.). Eine Übersicht über diejenigen Rechtsverordnungen (Durchführungsverordnungen zum Bundes-Immissionsschutzgesetz), die zumindest auch auf der Grundlage des § 7 erlassen worden sind, findet sich bei → § 7 Rn. 10.

21 Soweit also Rechtsverordnungen nach § 7 Regelungen über die Errichtung, die Beschaffenheit oder den Betrieb genehmigungsbedürftiger Anlagen enthalten, ist die Sicherstellung (→ Rn. 19) ihrer Beachtung Voraussetzung für die Genehmigungserteilung. In der Regel wird die Verordnung die Pflichten für bestimmte Typen genehmigungsbedürftiger Anlagen abschließend bestimmen, es bedarf dann keiner weiteren Konkretisierung. Bilden jedoch in den Rechtsverordnungen angegebene Emissionsbegrenzungen lediglich eine Berechnungsgrundlage, so bedarf es der Festlegung im Genehmigungsbescheid oder einer nachträglichen Anordnung im Einzelfall.

22 **c) Sonstige Rechtsverordnungen.** Rechtsverordnungen, die auf anderen Ermächtigungsnormen des BImSchG beruhen, etwa auf § 48a oder auf § 49 (→ § 5 Rn. 15 f.), werden vom Wortlaut des § 6 Abs. 1 Nr. 1 nicht erfasst. Dies gilt selbst dann, wenn die Rechtsverordnungen eigentlich (auch) auf § 7 hätten gestützt werden müssen (vgl. Kotulla in Kotulla Rn. 9, für die 22. BImSchV und die 25. BImSchV). Gleichwohl sind die Anforderungen dieser Verordnungen im Rahmen des immissionsschutzrechtlichen Genehmigungsverfahrens zu berücksichtigen. Es stellt sich jedoch die Frage, ob § 6 Abs. 1 Nr. 1 für diese Verordnungen entsprechend angewandt werden kann (ähnlich auch Jarass Rn. 9; Wasielewski in GK-BImSchG Rn. 17), oder ob sie als „andere öffentlich-rechtliche Vorschriften" iSv § 6 Abs. 1 Nr. 2 zu gelten haben (vgl. Storost in Ule/Laubinger/Repkewitz Rn. C 18; Kotulla in Kotulla Rn. 9; Gärditz in Appel/Ohms/Saurer Rn. 26; Enders

in BeckOK UmweltR Rn. 10). Wegen der Bedeutung der Zuordnung zu Nr. 1 oder Nr. 2 im Zusammenhang mit den Voraussetzungen der Änderungsgenehmigung nach § 16 (→ Rn. 16) ist dieser Streit durchaus relevant, die Auffassungen führen nicht etwa zu identischen Ergebnissen. Es wird daher zu differenzieren sein: Handelt es sich um Rechtsverordnungen, die ebenso wie diejenigen auf der Grundlage des § 7 die Grundpflichten des § 5 konkretisieren, so ist die günstige Prognose hinsichtlich der Einhaltung ihrer anlagenbezogenen Anforderungen entsprechend § 6 Abs. 1 Nr. 1 Genehmigungsvoraussetzung. In allen anderen Fällen handelt es sich um „andere öffentlich-rechtliche Vorschriften" iSv § 6 Abs. 1 Nr. 2 (dazu sogleich → Rn. 23 ff.).

4. Anforderungen des § 6 Abs. 1 Nr. 2. a) Andere öffentlich-rechtliche Vorschriften. Die Genehmigung darf nach § 6 Abs. 1 Nr. 2 ferner nur dann erteilt werden, wenn **„andere öffentlich-rechtliche Vorschriften"** nicht entgegenstehen. Gemäß dem anlagenbezogenen Charakter der Genehmigung kann es sich hierbei nur um solche materiell-rechtlichen Vorschriften handeln, die **Anforderungen an die Anlage** stellen. Verhaltensbezogene Anforderungen sind hierbei grundsätzlich nicht zu überprüfen, auch eine **Fehlbedienung der Anlage** bleibt außer Betracht, bei der Überprüfung ist vielmehr von einem **ordnungsgemäßen Betrieb** auszugehen (Gärditz in Appel/Ohms/Saurer Rn. 23). Ansonsten ist der Begriff weit zu fassen, da § 6 Abs. 1 Nr. 2 zu einer umfassenden Sach- und Rechtsprüfung führen soll, so dass neben bundes- auch landesrechtliche Vorgaben erfasst werden (Scheidler in Feldhaus BImSchR Rn. 32; dort auch zur – hier unproblematischen – Frage der Gesetzgebungskompetenz), aber auch – sofern sie unmittelbare Anwendung finden – unionsrechtliche Anforderungen (Jarass Rn. 23a; Wasielewski in GK-BImSchG Rn. 20). Schon § 18 GewO aF bezog ausdrücklich die bestehenden bau-, feuer- und gesundheitspolizeilichen Vorschriften in den Kreis der Genehmigungsvoraussetzungen ein. Nach herrschender Auffassung war diese Aufzählung jedoch nur beispielhaft und daher nicht abschließend. Dieses weite Verständnis ist offenkundig auch in das geltende Immissionsschutzrecht übernommen worden. Dies gebietet allein schon die in § 13 geregelte **Konzentrationswirkung** immissionsschutzrechtlicher Genehmigungen: Sollen Entscheidungen auf der Grundlage anderer Fachgesetze ersetzt werden, so ist die diesen Entscheidungen üblicherweise zu Grunde liegende fachgesetzliche Prüfung der gesetzlichen Rahmenbedingungen zwingend auch von der Genehmigungsbehörde vorzunehmen. 23

Aus dem Bezug zur Konzentrationswirkung gemäß § 13 lässt sich freilich nicht im Umkehrschluss folgern, dass nur solche öffentlich-rechtlichen Vorschriften gemäß § 6 Abs. 1 Nr. 2 ein Hindernis für die Erteilung der Genehmigung bilden könnten, die für die von der Konzentrationswirkung erfassten Entscheidungen relevant sind (aA terd. Enders in BeckOK UmweltR Rn. 12). Dann nämlich würden die maßgeblichen Vorschriften für Entscheidungen, die nicht der Konzentrationswirkung unterliegen, aus dem Prüfungsprogramm nach § 6 Abs. 1 Nr. 2 ausgeklammert. Dies würde namentlich für die nach § 13 ausdrücklich nicht von der Konzentrationswirkung erfassten Entscheidungen gelten, also für Planfeststellungen, Zulassungen bergrechtlicher Betriebspläne, behördliche Entscheidungen auf Grund atomrechtlicher Vorschriften sowie wasserrechtliche Erlaubnisse und Bewilligungen nach § 8 WHG. Nach der Gegenauffassung besteht auch eine umfassende Prüfungspflicht hinsichtlich aller öffentlich-rechtlichen Vorschriften (so wohl Koch/Hofmann in Koch/Hofmann/Reese Umweltrecht § 4 Rn. 79.; ähnlich Sparwasser/Engel/Voßkuhle Umweltrecht Rn. 234: volle Entscheidungskompetenz der Behörde; für ein umfassendes Prüfprogramm wohl auch BVerwGE 121, 182 ff.; Gärditz in Appel/Ohms/Saurer Rn. 23). Zwischen diesen beiden Gegenpolen finden sich zahlreiche vermittelnde Ansichten. Denkbar wäre es etwa, eine umfassende Prüfungspflicht der immis- 24 sionsschutzrechtlichen Genehmigungsbehörde zwar zu bejahen, die Entscheidungskompetenzen jedoch zu begrenzen. In eine ähnliche Richtung zielt die Auffassung von Jarass, der zwischen Genehmigungsvoraussetzungen und Regelungsgegenstand differenzieren will (Jarass Rn. 24; so auch Scheidler in Feldhaus BImSchR Rn. 38). Die materiell-rechtlichen Voraussetzungen für solche Entscheidungen, die von der Konzentrationswirkung nicht erfasst werden, sollen zwar zu den Genehmigungsvoraussetzungen gehören, aber nicht am Regelungsgehalt der Verfügung und damit auch nicht an der umfassenden Bindungswirkung der Vollgenehmigung teilnehmen. Teilweise wird aus dieser Differenzierung die Möglichkeit abgeleitet, auf die Prüfung materiell-rechtlicher Direktiven zu verzichten, wenn und soweit ihre Einhaltung noch Gegenstand zu erteilender Fachgenehmigungen nach anderen Gesetzen ist (so Hoppe/Beckmann/Kauch Umweltrecht § 21 Rn. 92; zur Möglichkeit eines solchen „Verzichts" unter Hinweis auf weitere erforderliche Zulassungen s. auch Kotulla in Kotulla Rn. 18, der also keine umfassende Prüfungspflicht annimmt). Auch wenn der Ansatz einer Unterscheidung zwischen Prüfungsprogramm und Regelungsgehalt der Genehmigung durchaus überzeugt (vgl. für den Vorbescheid Dietlein/Thiel Die Verwaltung 38 (2005), 211 (234 f.)), dürfte einer **umfassenden Prüfung** – zumindest in Gestalt einer „Evidenzprüfung" – aus verfahrensökonomischen Gründen der Vorzug zu geben sein (s. auch → Rn. 39 zum Umfang der Prüfung wasserrechtlicher Vorgaben). Die immissionsschutzrechtliche Genehmigung muss nach § 6 Abs. 1 Nr. 2 versagt werden, wenn die Genehmigungsbehörde im Rahmen ihrer Prüfung feststellt, dass eine nicht nach § 13 von der immissionsschutzrechtlichen Genehmigung substituierte weitere Genehmigung offenkundig nicht wird erteilt werden können (oder wenn sie bereits versagt worden ist, vgl. Scheidler in Feldhaus BImSchR Rn. 38), der Errichtung bzw. dem Betrieb der Anlage also unüberwindbare Hindernisse entgegen stehen (so iErg auch Jarass Rn. 24). Für eine umfassende Prüfung spricht auch, dass § 13 primär als Norm zur Verfahrenskonzentration betrachtet werden muss (vgl. Hoppe/Beckmann/Kauch Umweltrecht Rn. 91) und daher die Anordnung der Konzentrationswirkung selbst keinen Einfluss auf das materielle Prüfungsprogramm hat. Andernfalls würde die Behörde „sehenden Auges" Errichtung und Betrieb einer Anlage gestatten, die später aus anderen Gründen wieder stillgelegt werden müsste. Nicht zuletzt dürfte einem entsprechenden Antrag regelmäßig das notwendige Sachbescheidungsinteresse fehlen. Sind solche Hindernisse nicht ohne weiteres erkennbar, dürfte es jedoch auch zulässig sein, im Falle zusätzlich erforderlicher Zulassungen auf die entsprechende Prüfung zu verzichten und den Antragsteller auf die späteren Verfahren zu verweisen (ähnlich Scheidler in Feldhaus BImSchR Rn. 38, der ein Aussetzen des immissionsschutzrechtlichen Genehmigungsverfahrens bis zur Entscheidung der anderen Behörde für statthaft hält). In der Praxis kann es daher zur Vermeidung von Zeitverlusten angebracht sein, die von der Konzentrationswirkung nach § 13 nicht erfassten Genehmigungen zeitgleich mit der immissionsschutzrechtlichen Genehmigung zu beantragen (so Ohms Praxishandbuch Immissionsschutzrecht Rn. 555; Enders in BeckOK UmweltR Rn. 12).

25 Die dargestellte Problematik wird zudem durch die Regelung des § 10 Abs. 5 S. 4 entschärft. Nach dieser Bestimmung hat die immissionsschutzrechtliche Genehmigungsbehörde „eine **vollständige Koordinierung der Zulassungsverfahren** sowie der Inhalts- und Nebenbestimmungen sicherzustellen", soweit „für das Vorhaben selbst oder für weitere damit unmittelbar in einem Zusammenhang stehende Vorhaben, die Auswirkungen auf die Umwelt haben können und die für die Genehmigung Bedeutung haben, eine Zulassung nach anderen Gesetzen vorgeschrieben ist". Diese Koordinierungsaufgabe dient der Durchsetzung der Konzeption eines medienübergreifenden, integrierten Umweltschutzes und setzt insoweit die unionsrechtlichen Direktiven insbesondere der IVU und der IE-RL in nationales Recht um (vgl. dazu → § 10 Rn. 103 ff. mwN).

Da die Vorschrift von „öffentlich-rechtlichen" Vorschriften spricht, liegt die Annahme nahe, dass **privatrechtliche Bestimmungen** aus dem Prüfprogramm des § 6 ausgenommen sind. Dies trifft indes nur teilweise zu. Richtig ist, dass dem Privatrecht zuzuordnende Anforderungen nicht von Amts wegen zu prüfen sind. Davon zu unterscheiden ist jedoch die Frage, ob und inwieweit die Genehmigungsbehörde im Genehmigungsverfahren solche Einwendungen zu berücksichtigen hat, die auf privatrechtlichen Normen beruhen. Grundsätzlich gilt hier, dass die Behörde nach § 10 Abs. 3 erhobene Einwendungen in ihre Erwägungen einzubeziehen hat, sofern es sich nicht um solche handelt, die auf besonderen privatrechtlichen Titeln beruhen und die daher ohne weitere Erörterung auf den ordentlichen Rechtsweg zu verweisen sind (s. dazu → § 10 Rn. 131 f. sowie Kotulla in Kotulla Rn. 15). 26

Unerheblich ist es, in welcher **Form** die öffentlich-rechtlichen Vorschriften **Anforderungen** an die Anlage stellen. Es kann sich um eine Normierung selbstständiger sachlicher Pflichten handeln, aber auch um die ausdrückliche Regelung von Genehmigungsvoraussetzungen (vgl. Jarass Rn. 23a). 27

Unter **„Entgegenstehen"** ist sinngemäß dasselbe zu verstehen wie unter dem „Sicherstellen" iSv § 6 Abs. 1 Nr. 1 (Jarass Rn. 25; Wasielewski in GK-BImSchG Rn. 28; Enders in BeckOK UmweltR Rn. 11; aA Kotulla in Kotulla Rn. 20, der die „entscheidungsleitenden Anforderungen" für Nr. 2 als gegenüber Nr. 1 „abgeschwächt" sieht). Es darf mithin kein ernsthafter Zweifel an der (gegenwärtigen und zukünftigen) Einhaltung der betreffenden Vorschriften bestehen. Mit dem weiten Prüfungsprogramm korrespondiert daher der Charakter der Genehmigung als **„umfassender Unbedenklichkeitserklärung"** (Engelhardt/Schlicht Rn. 6; Kotulla in Kotulla Rn. 2; Scheidler in Feldhaus BImSchR Rn. 32; zum Problem der „Überforderung" der Genehmigung wegen des hohen Komplexitätsgrads vgl. aber Steinberg in Dokumentation 18. Fachtagung, 38 ff.). 28

Im Einzelnen können der Genehmigungserteilung Bestimmungen der folgenden öffentlich-rechtlichen Regelungsbereiche entgegenstehen (Aufzählung nicht abschließend): 29

aa) Bauplanungsrecht. „Andere öffentlich-rechtliche Vorschriften" iSv § 6 Abs. 1 Nr. 2 sind insbesondere die Bestimmungen des **Bauplanungsrechts** (vgl. OVG Lüneburg Beschl. v. 4.1.2005, Az. 7 ME 249/04; s. Ohms Praxishandbuch Immissionsschutzrecht Rn. 557; zur Bedeutung des Bauplanungsrechts auch Storost in Ule/Laubinger/Repkewitz Rn. C 31 ff.; vgl. aber Jarass Rn. 31, der darauf hinweist, dass die bauplanungsrechtlichen Vorgaben hinsichtlich der Immissionen regelmäßig keinen über § 5 hinaus gehenden Schutz gewährten; s. dazu auch BVerwGE 68, 58 (60); VGH Kassel NVwZ 1991, 88 (90); VGH Mannheim NVwZ 1990, 985 (987)). Die materiell-rechtlichen Anforderungen des BauGB, insbesondere der §§ 30 ff. BauGB, an die Errichtung der Anlage sind uneingeschränkt zu erfüllen. Die Prüfung nach § 6 Abs. 1 Nr. 2 schließt damit auch eine umfassende bauplanungsrechtliche Prüfung ein (BVerwG NVwZ 2000, 679; zu Ausnahmen s. → Rn. 36). Daneben können insbesondere Bebauungspläne auch der Vorsorge iSv § 5 Abs. 1 S. 1 Nr. 2 dienen (vgl. BVerwG DVBl. 1989, 1050; BVerwG DVBl. 1988, 1167; BVerwG DVBl. 1989, 369). 30

Auch der **angemessene Sicherheitsabstand iSd Art. 13 Abs. 2 der Seveso-III-RL** fällt nach § 3 Abs. 5 der 12. BImSchV nicht als Betreiberpflicht unter § 6 Abs. 1 Nr. 1, sondern wird nach der hM der Literatur ebenso über das Bauplanungsrecht und die Regelung des § 6 Abs. 1 Nr. 2 für die Genehmigungsentscheidung relevant (→ § 23b Rn. 57a, 61 ff.; Jarass Rn. 35). Auswirkungen auf den Fortbestand der Betreiberpflichten zur Störfallvermeidung bzw. Störfallauswirkungsbegrenzung hat dies allerdings nicht, 30a überdies wird auch die Möglichkeit (anderer) betreiberpflichtenspezifischer Sicherheitsabstände nicht ausgeschlossen (→ § 23b Rn. 57b).

31 **(1) Bebauungsplan.** Befindet sich der geplante Standort der Anlage in einem Gebiet, für das ein **Bebauungsplan nach § 30 Abs. 1 BauGB** – der als Minimalanforderung allein oder gemeinsam mit sonstigen baurechtlichen Vorschriften mindestens Festsetzungen über die Art und das Maß der baulichen Nutzung enthalten muss – erstellt worden ist, so ist die Anlage zulässig, wenn sie den Festsetzungen des Planes nicht widerspricht und die Erschließung gesichert ist (vgl. Kotulla in Kotulla Rn. 23). Besteht dagegen nur ein **einfacher Bebauungsplan nach § 30 Abs. 3 BauGB,** der die in § 30 Abs. 1 BauGB genannten Mindestanforderungen nicht erfüllt, so richtet sich die Zulässigkeit von Vorhaben nach den §§ 34 oder 35 BauGB, also nach den Regelungen für den unbeplanten Innenbereich oder den Außenbereich (dazu näher → Rn. 33, 34). Auf der Grundlage bisheriger Fassungen des BauGB wirksame oder übergeleitete Bebauungspläne gelten nach § 233 Abs. 3 BauGB fort; ihre Festlegungen sind daher ebenfalls im Rahmen der Prüfung der Genehmigungsvoraussetzungen zu berücksichtigen.

32 Der Inhalt der Bebauungspläne richtet sich nach **§ 9 BauGB.** Sie enthalten damit insbesondere Festsetzungen über Art und Maß der baulichen Nutzung (Abs. 1 Nr. 1) sowie hinsichtlich der Bauweise und der überbaubaren Flächen (Abs. 1 Nr. 2). Einzelheiten regelt die Verordnung über die bauliche Nutzung der Grundstücke (Baunutzungsverordnung – BauNVO; idF der Bekanntmachung vom 21.11.2017 (BGBl. I 3786), zuletzt geänd. durch Art. 3 des Gesetzes v. 4.1.2023, BGBl. I Nr. 6). Danach sind **genehmigungsbedürftige Anlagen** im Regelfall nur in Industriegebieten nach § 9 BauNVO oder im unbeplanten Bereich zulässig (vgl. BVerwG NVwZ 1987, 884 (885); OVG Münster Beschl. v. 27.11.2009 - 8 B 1549/09, BeckRS 2009, 41948; Storost in Ule/Laubinger/Repkewitz Rn. C 32; Jarass Rn. 32). Seine frühere Sichtweise, der zufolge genehmigungsbedürftige Anlagen ausschließlich in diesen Gebieten zulässig sein sollten (sog. „Typisierungslehre“), hat das Bundesverwaltungsgericht zwischenzeitlich aber aufgegeben. Grundsätzlich müsse zwar, da die Genehmigungsbedürftigkeit einer Anlage ein anlagentypisches Konfliktpotenzial kennzeichne, auch ein konkretes Störpotenzial angenommen werden mit der Folge, dass solche Anlagen grundsätzlich nur im unbeplanten Bereich oder im Industriegebiet zulässig seien. Etwas Anderes gelte aber dann, wenn der konkrete Betrieb in der Weise atypisch sei, dass er nach seiner Art und Betriebsweise keine schädlichen Umwelteinwirkungen hervorrufen werde und damit von vornherein keine Störungen befürchten lasse (BVerwG NVwZ 1993, 987: für eine Schlachterei; VGH Mannheim NVwZ-RR 2003, 191; Jarass Rn. 32; Scheidler in Feldhaus BImSchR Rn. 44; Sellner/Reidt/Ohms Immissionsschutzrecht und Industrieanlagen Rn. 297). Grundsätzlich verbleibt es aber bei der **„begrenzt typisierenden Betrachtungsweise“.** Anlagen, die „industrietypisch“ und damit ihrer Art nach erheblich belästigend seien, sind daher nach der Rspr. etwa in einem Gewerbegebiet grundsätzlich unzulässig (vgl. § 8 Abs. 1 BauNVO; BVerwG NVwZ 2000, 679: für eine Bauschutt-Recyclinganlage; VGH Kassel NVwZ 1986, 226).

33 **(2) Unbeplanter Innenbereich.** Im unbeplanten Innenbereich richtet sich die bauplanungsrechtliche Zulässigkeit eines Vorhabens nach **§ 34 BauGB** (vgl. dazu näher Storost in Ule/Laubinger/Repkewitz Rn. C 34; Jarass Rn. 33; Kotulla in Kotulla Rn. 24). Entscheidend für die Frage, ob der Genehmigungserteilung möglicherweise eine baurechtliche Unzulässigkeit entgegensteht, ist nach § 34 Abs. 1 BauGB, ob sich die Anlage nach Art und Maß der baulichen Nutzung, der Bauweise und der überbauten Grundstücksfläche in die Eigenart der näheren Umgebung einfügt. Zudem muss die Erschlie-

ßung gesichert sein. Die Eigenart der näheren Umgebung ist hierbei insbesondere durch die vorhandene Bebauung gekennzeichnet. § 34 Abs. 2 BauGB erklärt zudem die Grundsätze für qualifizierte Bebauungspläne für anwendbar, sofern die Eigenart der näheren Umgebung einem der Baugebiete der BauNVO entspricht (vgl. Storost in Ule/Laubinger/Repkewitz Rn. C 34). In einem Gebiet, das vorrangig durch eine bestandsgeschützte gewerbliche Nutzung geprägt ist, die bis zu einer industriellen Nutzung reicht, bestehen etwa angesichts der vorhandenen Lärmbelästigung keine Bedenken gegen die Erteilung einer Genehmigung (BVerwG NVwZ 1990, 963 für eine genehmigungsbedürftige Aluminiumgießerei; Jarass Rn. 33).

(3) Außenbereich. Zum Außenbereich gehören alle Gebiete, die von den §§ 30 oder 34 BauGB nicht erfasst sind. Eine besondere Regelung haben hier die sog. **„privilegierten Vorhaben"** erfahren, also die Vorhaben **nach § 35 Abs. 1 BauGB** (Kotulla in Kotulla Rn. 26; dazu auch Storost in Ule/Laubinger/Repkewitz Rn. C 35). Handelt es sich bei der genehmigungsbedürftigen Anlage um ein solches Vorhaben, ist die Errichtung im Außenbereich zulässig. Zu den privilegierten Vorhaben, die zugleich der immissionsschutzrechtlichen Genehmigungsbedürftigkeit unterliegen, gehören etwa Steinbrüche (BVerwG NVwZ 1984, 303), Kies- und Sandgruben oder Ziegeleien, ebenso aber **Windenergieanlagen** (§ 35 Abs. 1 Nr. 5 BauGB, vgl. zur planungsrechtlichen Behandlung von Windenergieanlagen eingehend → § 16b Rn. 92 ff., zur Modifikation des § 35 Abs. 1 Nr. 5 BauGB durch das Wind-an-Land-Gesetz → § 16b Rn. 95 ff.). Zu den Vorhaben, die wegen ihrer besonderen Anforderungen an den Standort, ihrer nachteiligen Wirkung oder ihrer besonderen Zweckbestimmung nur im Außenbereich ausgeführt werden sollen, können wegen der von ihnen ausgehenden besonderen Belästigungen insbesondere Schweinemästereien, Betonrüttelwerke, Tierkörperbeseitigungsanstalten oder Zementfabriken gehören, ferner solche Anlagen, die wegen besonderer Gefahren nur im Außenbereich ausgeführt werden sollen (etwa Sprengstofffabriken oder -lager; zu einer Anlage zur Vergärung und Kompostierung von Bioabfällen im Außenbereich VGH Mannheim NVwZ 2001, 580). Sofern die Anforderungen des § 5 Abs. 1 Nr. 1 gewahrt sind, dürften regelmäßig auch keine Belange des § 35 Abs. 3 S. 1 Nr. 3 BauGB entgegen stehen (vgl. VGH München NVwZ 2004, 122 (123); Jarass Rn. 34). Zu beachten bleibt auch bei Anlagen im Außenbereich das bauplanungsrechtliche Rücksichtnahmegebot (Enders in BeckOK UmweltR Rn. 16). 34

Soweit Vorhaben **nicht** nach § 35 Abs. 1 BauGB **privilegiert** sind („sonstige Vorhaben"), können sie nach § 35 Abs. 2 BauGB im Einzelfall zugelassen werden, wenn ihre Ausführung oder Benutzung öffentliche Belange nicht beeinträchtigt und die Erschließung gesichert ist (Kotulla in Kotulla Rn. 27; zu den bestehenden gesetzlichen Vorgaben für ihre Zulassung vgl. eingehend Mitschang/Reidt in Battis/Krautzberger/Löhr BauGB § 35 Rn. 63 ff.). Auch die neue **Abwägungsvorrangklausel für erneuerbare Energien** (§ 2 S. 1, S. 2 EEG, vgl. dazu auch Art. 3 der neuen Dringlichkeitsverordnung 2022/2577/EU des Rates vom 22.12.2022, vgl. → § 16b Rn. 23e) dürfte insoweit nicht zu abweichenden Ergebnissen führen, da sie die der Zulässigkeit entgegenstehende „Beeinträchtigung" öffentlicher Belange nicht verhindert (Schlacke/Wentzien/Römling NVwZ 2022, 1577 (1579)). 35

(4) Ausnahmen nach § 38 BauGB. Nach § 38 S. 1 BauGB sind bei der Beteiligung einer Gemeinde die §§ 29 bis 37 BauGB in den auf Grund des Bundes-Immissionsschutzgesetzes für die Errichtung und den Betrieb **öffentlich zugänglicher Abfallbeseitigungsanlagen** geltenden Verfahren mit Ausnahme des § 37 Abs. 3 (§ 38 S. 3 BauGB) nicht anzuwenden (zur Vorschrift VGH Kassel DÖV 2001, 1055 Ls.). Eine Abfallbeseiti- 36 gungsanlage ist dann öffentlich zugänglich, wenn ihre Nutzung einem unbestimmten Personenkreis offen steht (OVG Lüneburg Beschl. v. 4.1.2005 Az. 7 ME 249/04; Jarass Rn. 38; Kotulla in Kotulla Rn. 28; Kutscheidt NVwZ 1994, 213; s. auch Storost in Ule/Laubinger/Repkewitz Rn. C 46 f.). Städtebauliche Belange sind gleichwohl durch Einbeziehung in Auslegungs- und Abwägungsvorgänge zu berücksichtigen (§ 38 S. 1 2. Hs. BauGB; zur raumordnungsrechtlichen Relevanz solcher Anlagen vgl. § 4 Abs. 4 S. 3 ROG sowie → Rn. 50).

37 **(5) Veränderungssperre.** Eine baurechtliche **Veränderungssperre gemäß §§ 14 ff. BauGB** hindert auch die Erteilung einer immissionsschutzrechtlichen Genehmigung (vgl. BVerwG NVwZ 1991, 62 ff.; VGH Mannheim NVwZ-RR 1990, 396 f.; Engelhardt/Schlicht Rn. 6; Sparwasser/Engel/Voßkuhle Umweltrecht § 10 Rn. 173 Fn. 186).

38 **bb) Bauordnungsrecht.** Als weitere öffentlich-rechtliche Vorschriften, die der Genehmigungserteilung entgegen stehen können, kommen insbesondere die Bestimmungen des **Bauordnungsrechts,** namentlich der **Landesbauordnungen** in Betracht. Hier sind etwa einzuhaltende Abstandsflächen zu berücksichtigen, außerdem ist für die Anlage regelmäßig ein Standsicherheitsnachweis zu erbringen (Ohms Praxishandbuch Immissionsschutzrecht Rn. 563; Jarass Rn. 40; zur Berücksichtigung des Bauordnungsrechts auch Scheidler in Feldhaus BImSchR Rn. 57 f.; Gärditz in Appel/Ohms/Saurer Rn. 25). Vgl. zur Standsicherheit speziell bei der Zulassung von Windenergieanlagen → § 16b Rn. 138 f.

39 **cc) Wasserrecht.** Die **Erlaubnis** und die **Bewilligung nach § 8 WHG** werden von der Konzentrationswirkung des § 13 BImSchG ausdrücklich nicht erfasst. Sie ergehen daher in einem besonderen wasserrechtlichen Zulassungsverfahren. Zu beachten ist aber, dass eine Anlage nicht immissionsschutzrechtlich genehmigt werden darf, wenn die zusätzlich erforderlichen wasserrechtlichen Gestattungen offenkundig nicht erteilt werden können (→ Rn. 24). In diesem Fall dürfte es an einem Sachbescheidungsinteresse fehlen, weil der Antrag sogleich abgelehnt werden kann (Jarass Rn. 24; OVG Saarlouis UPR 1985, 247 (248)). Eine detaillierte Prüfung etwa der Frage, ob den wasserrechtlichen Gestattungen Nebenbestimmungen beigefügt werden müssten, ist allerdings nicht erforderlich; es genügt, wenn die Erlaubnis- oder Bewilligungsfähigkeit grundsätzlich bejaht werden kann (zur wasserrechtlichen Prüfung im immissionsschutzrechtlichen Genehmigungsverfahren vgl. allg. VGH München NVwZ 2003, 1280 ff.). Im Übrigen kann die Genehmigungsbehörde das immissionsschutzrechtliche Genehmigungsverfahren bis zur Klärung der wasserrechtlichen Voraussetzungen durch die zuständige Behörde aussetzen (zur Koordinierungspflicht nach § 10 Abs. 5 → Rn. 25, → § 10 Rn. 103 f.; zum neuen Verfahren über die einheitliche Stelle iSd §§ 71a ff. VwVfG iVm § 10 Abs. 5a Nr. 1 für Anlagen zur Anlagen, die in den Anwendungsbereich der RL 2018/2001/EU fallen ergänzend auch → § 10 Rn. 270b ff.).

40 Damit sind die wasserrechtlichen Vorgaben, soweit sie nicht – wie im Abwasserbereich – bereits über § 5 Abs. 1 Nr. 3 iVm § 6 Abs. 1 Nr. 1 zu berücksichtigen sind (vgl. Jarass Rn. 28; zu § 7a WHG Kotulla in Kotulla Rn. 34), zumindest grundsätzlich auch im Rahmen der **Prüfung nach § 6 Abs. 1 Nr. 2** zu beachten.

41 Beispielhaft genannt seien hier etwa die § 12 (Voraussetzungen für die Erteilung der wasserrechtlichen Erlaubnis), § 32 (Reinhaltung oberirdischer Gewässer) und § 48 (Reinhaltung des Grundwassers) WHG, aber auch § 57 WHG (Vorschriften über die Einleitung von Abwässern in Gewässer), § 52 WHG (Anforderungen in Wasserschutzgebieten) und § 62 WHG (Bestimmungen über den Umgang mit wassergefährdenden Stoffen). Diese

Vorschriften dürfen der Genehmigungserteilung – soweit sie anlagenbezogen sind (vgl. auch Jarass Rn. 28) – nicht offenkundig entgegenstehen. Zwar gelten nach § 2 Abs. 2 die materiellen Anforderungen des Bundes-Immissionsschutzgesetzes nicht, soweit sich aus wasserrechtlichen Vorschriften des Bundes und der Länder etwas Anderes ergibt; § 2 Abs. 2 ist jedoch eine Kollisionsnorm, die nur dann den Anwendungsbereich der Vorschriften des Bundes-Immissionsschutzgesetzes sperrt, sofern wasserrechtliche Vorschriften abweichende Regelungen treffen.

dd) Bodenschutzrecht. Nach **§ 3 Abs. 1 Nr. 11 BBodSchG** findet das Bundes-Bodenschutzgesetz auf genehmigungsbedürftige Anlagen nur Anwendung, soweit Vorschriften des Bundes-Immissionsschutzgesetzes und der auf Grund dieses Gesetzes erlassenen Rechtsverordnungen über die Errichtung und den Betrieb von Anlagen Einwirkungen auf den Boden nicht regeln (vgl. → § 5 Rn. 71, 75). Die vom Ausschuss für Umwelt, Naturschutz und Reaktorsicherheit empfohlene Bestimmung, das Bodenschutzgesetz anzuwenden, soweit die immissionsschutzrechtlichen Vorschriften eine „weitergehende Anforderung zum Schutz des Bodens nicht enthalten" (BT-Drs. 13/8182, 2), hat keinen Eingang in das Gesetz gefunden. Das BImSchG ist somit vorrangig anzuwenden (so auch VG Gelsenkirchen Beschl. v. 4.4.2014 – 9 L 349/14 – BeckRS 2014, 50 879). Dabei ist insbesondere zu beachten, dass bodenschutzrechtliche Vorgaben ohnehin schon über die Grundpflichten des § 5 Abs. 1 und daher im Rahmen von § 6 Abs. 1 Nr. 1 zu berücksichtigen sind (dezidiert Jarass Rn. 27; aA Louis/Wolf NuR 2003, 213 (214) sowie wohl Kotulla in Kotulla Rn. 35, die § 4 Abs. 2 und 3 BBodSchG für als „andere öffentlich-rechtliche Vorschriften" relevant halten; zur Bedeutung der Unterscheidung von Nr. 1 und Nr. 2 → Rn. 16). 42

Materiell-rechtlich sind BImSchG und BBodSchG eng miteinander verzahnt (Erbguth/Stollmann NuR 2001, 241 (244); zur Bedeutung des BImSchG für den Bodenschutz Maaß ZUR 2000, 308 f.; Seibert NVwZ 1993, 16 f.; → § 5 Rn. 75). Denn § 1 BImSchG dient auch dem Schutz des Bodens (vgl. → § 1 Rn. 18 → § 5 Rn. 71 ff.); nach § 3 Abs. 1 und 2 BImSchG schließt der Begriff der schädlichem Umwelteinwirkungen Einwirkungen auf den Boden ein. Dies wird auch durch § 3 Abs. 3 BBodSchG bestätigt, der immissionsverursachte schädliche Bodenveränderungen als „schädliche Umwelteinwirkungen" nach § 3 Abs. 1 BImSchG deklariert und sonstige schädliche Bodenveränderungen den „sonstige(n) Gefahren, erhebliche(n) Nachteile(n) oder erhebliche(n) Belästigungen" im Sinne von § 5 Abs. 1 Nr. 1 BImSchG zuordnet. Als sonstige schädliche Bodenveränderungen, die nach der sich aus § 5 Abs. 1 Nr. 1 BImSchG ergebenden Grundpflicht zu vermeiden sind, gelten insbesondere Beeinträchtigungen der Bodenfunktionen, die nicht durch Immissionen verursacht werden, also zB Bodenbelastungen durch unmittelbares Einleiten von Schadstoffen in den Boden (→ § 5 Rn. 89). Die materiellen Anforderungen an den Bodenschutz werden dieser engen Verzahnung wegen sowie im Interesse einheitlicher Standards und der Vermeidung von Wertungswidersprüchen auch im Immissionsschutzrecht trotz § 3 Abs. 1 Nr. 11 BBodSchG allein von den Vorgaben des Bundes-Bodenschutzgesetzes geprägt. 43

Berücksichtigung finden daher insbesondere die Pflichten des **§ 4 Abs. 2 und 3 BBodSchG.** Absatz 2 verpflichtet den Anlagenbetreiber als Grundstückseigentümer bzw. als Inhaber der tatsächlichen Gewalt zur Vermeidung schädlicher Bodenverunreinigungen und zur Vornahme von Sicherungsmaßnahmen. Absatz 3 Satz 1 normiert Sanierungspflichten für den Verursacher einer schädlichen Bodenveränderung oder Altlast, dessen Gesamtrechtsnachfolger, den Grundstückseigentümer und den Inhaber der tatsächlichen Gewalt, die sich nicht nur auf den Boden selbst beziehen, sondern auch auf die durch die schädliche Veränderung verursachte Verunreinigung von Gewässern. **§ 7 S. 1 BBodSchG** 44 enthält eine Pflicht zur Ergreifung von Vorsorgemaßnahmen (vgl. im Einzelnen Kotulla in Kotulla Rn. 35).

45 Zu beachten sind gemäß § 3 Abs. 3 S. 2 BBodSchG insbesondere auch die immissionsschutzrechtlichen **Vorsorgepflichten,** soweit sie in einer Rechtsverordnung nach § 8 Abs. 2 BBodSchG festgelegt sind (zu genuin bodenschutzrechtlichen Vorsorgeanforderungen s. § 7 S. 3 BBodSchG; dazu Kotulla in Kotulla Rn. 35). Einzelheiten über Vorsorgewerte sind in Anhang 2 der Bundes-Bodenschutz- und Altlastenverordnung (BBodSchV) v. 12.7.1999 (BGBl. I 1554), zuletzt geändert durch Art. 5 des Gesetzes v. 9.7.2021 (BGBl. I 2595) geregelt (zur Bedeutung dieser Verordnung für Bodenwerte und sonstige Umweltstandards vgl. Kotulla in Kotulla Rn. 35).

46 **ee) Naturschutzrecht.** Die Regelungen des **Naturschutzrechts** sind neben den Bestimmungen des Bundes-Immissionsschutzgesetzes uneingeschränkt anwendbar und können daher „andere öffentlich-rechtliche Vorschriften" iSv § 6 Abs. 1 Nr. 2 sein. So ist beispielsweise eine genehmigungsbedürftige Anlage als „Projekt" iSv § 34 Abs. 1 BNatSchG zu verstehen; auch die Bestimmung des § 14 BNatSchG über Eingriffe in Natur und Landschaft ist zu beachten (hierzu Enders in BeckOK UmweltR Rn. 24). Anwendbar sind ferner die **schutzgebietsbezogenen Bestimmungen** der §§ 20 ff. BNatSchG, namentlich der §§ 31 ff. BNatSchG zum Aufbau und Schutz des Netzes „Natura 2000" (vgl. Jarass Rn. 29; Scheidler in Feldhaus BImSchR Rn. 68 ff.). Zu berücksichtigen sind ferner die Regelungen für den **Artenschutz** bei besonders geschützten Arten (§ 44 f. BNatSchG, vgl. dazu weiter → Bd. II § 44 BNatSchG Rn. 1 ff., § 45 BNatSchG Rn. 1 ff.; Scheidler in Feldhaus BImSchR Rn. 76 ff.; Enders in BeckOK UmweltR Rn. 25a). Für **das Repowering von Windenergieanlagen** sind insoweit die Spezialvorschriften aus § 45c Abs. 2 BNatSchG zu beachten, nach denen der Umfang der artenschutzrechtlichen Prüfung „unberührt" bleibt, gleichwohl aber die Auswirkungen der zu ersetzenden Bestandsanlage als Vorbelastung zu berücksichtigen sind (zur Auslegung dieser Bestimmung auch → 16b Rn. 72 ff.; → Bd. 2, BNatSchG, § 45c Rn. 1 ff.). Nach § 4 Abs. 2 S. 1 der 9. BImSchV (vgl. dazu → Bd. IV Nr. 2.9, 9. BImSchV § 4 Rn. 13) sind dem Antrag die Unterlagen beizufügen, die zur Prüfung der Zulässigkeit des Vorhabens nach den Vorschriften über Naturschutz und Landschaftspflege erforderlich sind. Die Anforderungen an den Inhalt der Unterlagen richten sich nach den naturschutzrechtlichen Vorschriften, und zwar entweder nach ausdrücklichen gesetzlichen Bestimmungen über den Umfang der Unterlagen oder anhand der materiell-rechtlichen Vorgaben des Naturschutzrechts. Die Unterlagen müssen nach § 4 Abs. 2 S. 2 der 9. BImSchV insbesondere Angaben über Maßnahmen zur Vermeidung, Verminderung oder zum Ausgleich erheblicher Beeinträchtigungen von Natur und Landschaft sowie über Ersatzmaßnahmen bei nicht ausgleichbaren Eingriffen in diese Schutzgüter enthalten.

Die jüngst mit Wirkung zum 30.12.2022 erlassene Dringlichkeitsverordnung des Rates vom 22.12.2022 (VO 2022/2577/EU, Abl. EU L 335 vom 29.12.2022, 36 ff.) ermöglicht in Art. 6 VO 2022/2577/EU für die Genehmigungserteilung für Projekte aus dem Bereich der erneuerbaren Energien unter gewissen Voraussetzungen Ausnahme-Regelungen von der artenschutzrechtlichen Prüfung innerhalb gewisser von den Mitgliedstaaten für erneuerbare Energien ausgewiesener Gebiete (→ § 16b Rn. 23d, 23g). Eine derartige nationale Ausnahmeregelung wurde für die Errichtung, den Betrieb und die Änderung von Windenergieanlagen durch § 6 WindBG betreffend die unter das WindBG fallenden Windenergiegebiete und hier für die artenschutzrechtliche Prüfung iSd § 44 Abs. 1 BNatSchG sowie die Umweltverträglichkeitsprüfung am 3.3.2023 erlassen (vgl. BR-Drs. 95/23, 13 f.).

47 Eine immissionsschutzrechtliche Genehmigung darf nicht erteilt werden, wenn die Beeinträchtigungen unvermeidbar sind, nicht ausgeglichen werden können, und der Ertei-

lung der Genehmigung wesentliche Belange des Naturschutzes entgegen stehen, so dass das Vorhaben zu einem unzulässigen **Eingriff in Natur und Landschaft** gemäß § 14 BNatSchG führen würde (vgl. VGH Mannheim NVwZ 1992, 998; Scheidler in Feldhaus BImSchR Rn. 64; Kotulla in Kotulla Rn. 31 sowie allg. Krauß NVwZ 1995, 961; beachte aber § 18 Abs. 2 BNatSchG, dem zufolge die Regelungen der §§ 14–17 BNatSchG auf Vorhaben in Gebieten mit Bebauungsplänen nach § 30 BauGB, während der Planaufstellung nach § 33 BauGB und im Innenbereich nach § 34 BauGB nicht anwendbar sind, vgl. dazu Jarass Rn. 30). Für **Modernisierungen iSd § 16b Abs. 1 und Abs. 2 bei Windenergieanlagen an Land** ist die Spezialregelung für Kompensationsmaßnahmen iSd § 15 BNatSchG in § 45c Abs. 3 BNatSchG zu beachten, die allerdings nur bei einer Beeinträchtigung des Landschaftsbildes Anwendung findet (→ § 16b Rn. 89 f.; → Bd. 2. BNatSchG, § 45c Rn. 11).

ff) Umweltverträglichkeitsprüfung. Die Vorschriften des UVPG sind im immissionsschutzrechtlichen Genehmigungsverfahren nicht (unmittelbar) anwendbar, da die Umweltverträglichkeitsprüfung **unselbstständiger Teil des Genehmigungsverfahrens** ist und sich das Verfahren zu ihrer Durchführung nach den Vorschriften der 9. BImSchV richtet (vgl. → Bd. IV Nr. 2.9, 9. BImSchV § 1 Rn. 9). Gleichwohl sind nach § 25 Abs. 2 UVPG bzw. § 20 Abs. 1b S. 4 der 9. BImSchV die Bewertung der Umweltauswirkungen bei der Genehmigungserteilung zu „berücksichtig[en]" (Jarass Rn. 39; → 10 Rn. 240), wie auch die Wechselwirkung zwischen den Schutzgütern (Kutscheidt NVwZ 1994, 209 (214)). Dabei ist allerdings zu beachten, dass nach § 25 Abs. 1 iVm Abs. 2 UVPG bzw. § 20 Abs. 1b S. 4 der 9. BImSchV eine Überprüfung nur „nach Maßgabe der geltenden Gesetze" eingefordert wird, womit die materiellen Voraussetzungen daher nicht über die des BImSchG hinaus gehen (vgl. auch OVG Münster Beschl. v. 27.11.2009 – 8 B 1549/09, BeckRS 2009, 42289; Jarass Rn. 39; Scheidler in Feldhaus BImSchR Rn. 82; jeweils mwN). Freilich ist die Behörde vor Art. 8 UVP-RL verpflichtet, ihre Feststellungen in angemessener und nicht lediglich in formal-schematischer Weise in die Zulassungsentscheidung einzubeziehen (s. Gärditz in Appel/Ohms/Saurer Rn. 44). Die Vorschriften des UVPG sind nur dann beachtlich, wenn eine Pflicht zur Durchführung einer Umweltverträglichkeitsprüfung besteht. 48

Art. 6 der mit Wirkung zum 30.12.2022 erlassenen **Dringlichkeitsverordnung des Rates** vom 22.12.2022 (VO 2022/2577/EU, Abl. EU L 335 vom 29.12.2022, 36 ff.) ermöglicht für die Genehmigungserteilung für Projekte aus dem Bereich der erneuerbaren Energien **Ausnahmen** von der Pflicht zur Durchführung einer Umweltverträglichkeitsprüfung, falls die Mitgliedstaaten ein solches Gebiet ausgewiesen haben und dieses Gebiet einer strategischen Umweltprüfung nach der SUP-RL 2001/42/EG unterzogen wurde (→ § 16b Rn. 23d, 23g). Eine Umsetzung dieser Vorgabe ist durch **§ 6 WindBG-E** betreffend die unter das WindBG fallenden Windenergiegebiete (vgl. § 2 Nr. 1 WindBG) erfolgt (vgl. BR-Drs. 95/23, 13 f.). Im Falle einer erforderlichen **UVP oder UVP-Vorprüfung beim Repowering** einer Anlage zur Erzeugung von Strom aus erneuerbaren Quellen sind diese Prüfungen nach Art. 5 Abs. 3 VO 2022/2577/EU überdies vergleichbar einer **„Delta-Prüfung"** beschränkt (→ § 16b Rn. 23f, Rn. 106a).

gg) Raumordnungs- und Landesplanungsrecht. Soweit sich Regelungen des Raumordnungs- und Landesplanungsrechts ausschließlich an öffentliche Planungsträger richten, nicht aber Anforderungen an konkrete Anlagen aufstellen, sind sie nicht zum Prüfungsprogramm des § 6 zu rechnen. Allerdings finden sich auch in diesen Regelungswerken verbindliche (Ziel-)Vorgaben, die für die Genehmigungserteilung bedeutsam sein können. 49

Hinsichtlich sog. „raumbedeutsamer Planungen und Maßnahmen" (Legaldefinition in § 3 Abs. 1 Nr. 6 ROG), die von Personen des Privatrechts durchgeführt werden und die 50 der Planfeststellung oder der Genehmigung mit der Rechtswirkung der Planfeststellung bedürfen, sind gemäß **§ 4 Abs. 1 S. 1 Nr. 3 des Raumordnungsgesetzes** v. 22.12.2008 – ROG – (BGBl. I 2986, zuletzt geändert durch Art. 3 des Gesetzes v. 20.7.2022, BGBl. I 1353 ff.) bei Entscheidungen öffentlicher Stellen über deren Zulässigkeit „Ziele der Raumordnung zu beachten sowie Grundsätze und sonstige Erfordernisse der Raumordnung in Abwägungs- oder Ermessensentscheidungen zu berücksichtigen" (eingehend Jarass Rn. 40; Scheidler in Feldhaus BImSchR Rn. 80 vgl. vgl. zum Verhältnis von Raumordnungs- und Immissionsschutzrecht auch Wagner ZUR 2019, 522 ff.).

51 Öffentliche Stellen müssen bei ihren raumbedeutsamen Maßnahmen und Planungen gemäß § 4 Abs. 1 S. 1 Nr. 1 ROG ebenfalls die Ziele der Raumordnung beachten sowie Grundsätze und sonstige Erfordernisse der Raumordnung in Abwägungs- oder Ermessensentscheidungen berücksichtigen. Nach Satz 2 gilt diese Bindungswirkung entsprechend bei raumbedeutsamen Planungen und Maßnahmen, die Personen des Privatrechts in Wahrnehmung öffentlicher Aufgaben durchführen, wenn öffentliche Stellen an diesen mehrheitlich beteiligt sind oder die Planungen und Maßnahmen überwiegend mit öffentlichen Mitteln finanziert werden.

52 **hh) Abfallrecht.** Abfallrechtliche Vorgaben zur Abfallvermeidung, -verwertung und -beseitigung sind meist schon über § 5 Abs. 1 Nr. 3 iVm § 6 Abs. 1 Nr. 1 Gegenstand des behördlichen Prüfungsprogramms (vgl. Jarass Rn. 26; Scheidler in Feldhaus BImSchR Rn. 60). Im Übrigen sind die materiell-rechtlichen Vorgaben des Abfallrechts nur zu berücksichtigen, soweit sie **anlagenbezogen** sind. Das ist zB bei der **Verwertungspflicht** des § 7 Abs. 3 S. 1 KrWG anzunehmen (OVG Münster BeckRS 2019, 38852 Rn. 29 ff.; Storost in Ule/Laubinger/Repkewitz Rn. C 27), **nicht** hingegen bei der **Beseitigungspflicht nach § 15 Abs. 2 KrWG** (BVerwG BeckRS 2014, 54718 Rn. 6; Jarass Rn. 26; Scheidler in Feldhaus BImSchR Rn. 60; Gärditz in Appel/Ohms/Saurer Rn. 38). Nicht anlagenbezogen sind auch die abfallrechtlichen **Register- und Nachweispflichten** iSd §§ 49 ff. KrWG oder Pflichten zur Erstellung eines Abfallwirtschaftskonzepts (Scheidler in Feldhaus BImSchR Rn. 60; Jarass Rn. 26). Soweit es um einen nach Maßgabe des § 30 Abs. 4 KrWG für verbindlich erklärten **Abfallwirtschaftsplan** geht, ist dieser hingegen als beachtliche anlagenbezogene öffentlich-rechtliche Vorschrift iSd § 6 Abs. 1 Nr. 2 zu beurteilen (Scheidler in Feldhaus BImSchR Rn. 61; Wasielewski in GK-BImSchG Rn. 42; Jarass Rn. 26; Storost in Ule/Laubinger/Repkewitz C 28). Bei **Anlagen**, in denen eine **Entsorgung von Abfällen** durchgeführt wird, ist nach § 35 Abs. 1 KrWG eine immissionsschutzrechtliche Genehmigung erforderlich (zur Zulässigkeit der Ersetzung des Planverfahrens durch das Genehmigungsverfahren für die genannten Anlagentypen VGH Mannheim NVwZ-RR 1999, 298 ff.). Zwar bedarf es nach Abs. 1 2. Hs. dieser Vorschrift „einer weiteren Zulassung nach diesem Gesetz" nicht. Damit aber ist lediglich das Zulassungserfordernis nach dem KrWG beseitigt, nicht dagegen die Geltung der materiell-rechtlichen Anforderungen des Gesetzes.

53 **ii) Weitere Vorschriften.** Die vorstehende **Aufzählung** im Genehmigungsverfahren von der Behörde zu prüfender öffentlich-rechtlicher Vorschriften ist **nicht abschließend**. Als weitere Bestimmungen sind gegebenenfalls die Anforderungen an die Errichtung und den Betrieb von Lagern, in denen **explosionsgefährliche Stoffe** aufbewahrt werden sollen (vgl. § 17 SprengG; nach § 17 Abs. 1 S. 3 SprengG gilt eine immissionsschutzrechtliche Genehmigung nach § 4 als Genehmigung iSd § 17 Abs. 1 S. 1 SprengG), bei der Prüfung der Genehmigungsvoraussetzungen zu berücksichtigen. Ferner sind beispielweise die Baubeschränkungen nach § 12 LuftVG im Bauschutzbereich und nach § 14 LuftVG für Bauwerke über 100 m über der Erdoberfläche außerhalb des Bauschutzbe-

reichs zu beachten; ebenso die **Katastrophenschutzgesetze** der Länder (Jarass Rn. 41) sowie im **Waldrecht** die §§ 9 ff. BWaldG, wobei auch hier wiederum zu beachten ist, dass nach § 12 BWaldG die Erklärung von Schutzwald auch zum Schutz gegen schädliche Umwelteinwirkungen im Sinne des BImSchG in Betracht kommt und daher meist schon § 5 Abs. 1 Nr. 1 tangiert ist (vgl. Kotulla in Kotulla Rn. 33). Anlagenbezogene Vorschriften des **Treibhausgas-Emissionshandelsgesetzes** sind zu berücksichtigen, soweit sie nicht schon über § 5 Abs. 2 S. 1 iVm § 6 Abs. 1 Nr. 1 in den Kreis der Genehmigungsvoraussetzungen einbezogen sind (vgl. → § 5 Rn. 154d). Vorschriften, welche die **Durchführung von Bürgerbegehren** regeln (zB § 26 GO NRW, § 16g Abs. 3 GO SchlH), stellen hingegen keine anlagenbezogenen öffentlich-rechtlichen Vorschriften dar, welche über § 6 Abs. 1 Nr. 2 zu beachten sind (OVG Schleswig Beschl. v. 14.12.2021 – 5 MR 10/21, BeckRS 2021, 42877 Rn. 22). Das **klimaschutzrechtliche Berücksichtigungsgebot des § 13 KSG** dürfte ebenso wenig als anlagenbezogene öffentlich-rechtliche Vorschrift eingeordnet werden können (Jarass Rn. 41; Uechtritz/Ruttloff NVwZ 2022, 9 (13). S. zur besonderen Bedeutung des **§ 2 EGG** bei den sonstigen öffentlich-rechtlichen Normen aber OVG Greifswald BeckRS 2023, 2396 Rn. 132 ff. (hier betreffend den Denkmalschutz).

b) Belange des Arbeitsschutzes. Weitere Voraussetzung für die Erteilung der Genehmigung ist nach § 6 Abs. 1 Nr. 2 Alt. 2, dass die (öffentlich-rechtlichen) **Belange des Arbeitsschutzes** der Errichtung und dem Betrieb der Anlage nicht entgegenstehen. Sind eine den Schutz der Arbeitnehmer hinreichend sichernde Errichtung und ein entsprechender Betrieb der Anlage nicht möglich, so muss die Genehmigung versagt werden (zur Anhörung der nach § 10 Abs. 5 zu beteiligenden Arbeitsschutzbehörden vgl. Scheidler in Feldhaus BImSchR Rn. 89; Hoppe/Beckmann/Kauch Umweltrecht Rn. 96). Die Belange des Arbeitsschutzes **stehen parallel neben § 6 Abs. 1 Nr. 1** und schränken die insoweit bereits bestehenden betreiberpflichtenspezifischen Anforderungen auch im Konfliktfall nicht ein (Jarass Rn. 42; Scheidler in Feldhaus in BImSchR Rn. 89; Müggenborg I+E 2013, 72 (74)). In aller Regel sind Belange des Arbeitsschutzes freilich bereits von § 6 Abs. 1 Nr. 2 Alt. 1 umfasst, da sich diese regelmäßig aus den öffentlich-rechtlichen Rechtsvorschriften ergeben (Kloepfer Umweltrecht § 15 Rn. 269). Insbesondere werden auch durch die zivilrechtlichen Regelungen des Arbeitsschutzes keine über das öffentliche Recht hinausgehenden Genehmigungsvoraussetzungen geschaffen (str., → Rn. 58). Der separaten Nennung der Belange des Arbeitsschutzes in § 6 Abs. 1 Nr. 2 Alt. 2 kommt damit im Ergebnis **keine maßgebliche eigene Rechtswirkung zu**, sie hebt vielmehr lediglich die besondere Bedeutung arbeitsschutzrechtlicher Belange beim Betrieb genehmigungsbedürftiger Anlagen hervor (Scheidler in Feldhaus BImSchR Rn. 86; weiter indes Wasielewski in GK-BImSchG Rn. 58, der auch privatrechtliche Regelungen unter die Norm fassen möchte, vgl. dazu → Rn. 58). 54

Bereits § 18 GewO aF hatte eine vergleichbare Regelung getroffen (→ Rn. 2). § 120a GewO aF, demzufolge die Arbeitnehmer gegen Gefahren für Leben und Gesundheit so weit zu schützen waren, „wie es die Natur des Betriebes gestattet", ist allerdings inzwischen aufgehoben worden. Die Einschränkung der Sicherung von Leben und Gesundheit durch die „Natur des Betriebes" ist damit entfallen. Die Novellierung des Arbeitsschutzrechts hat zu einer Verschärfung der Anforderungen auch an die „Belange des Arbeitsschutzes" in § 6 Abs. 1 Nr. 2 BImSchG geführt. 55

Ausführliche Regelungen zum Arbeitsschutz enthält nunmehr das „Gesetz über die Durchführung von Maßnahmen des Arbeitsschutzes zur Verbesserung der Sicherheit und des Gesundheitsschutzes der Beschäftigten bei der Arbeit" v. 7.8.1996 (Arbeitsschutzgesetz – ArbSchG –, BGBl. I 1246; zuletzt geändert durch Art. 6k des Gesetzes vom 56

16.9.2022, BGBl. I 1454). Nach **§ 4 Nr. 1 ArbSchG** ist die Arbeit so zu gestalten, dass eine Gefährdung von Leib und Gesundheit möglichst vermieden und die verbleibende Gefährdung möglichst gering gehalten wird. Schon der Wortlaut der Vorschrift verlangt somit nicht den Ausschluss jeglicher Gefährdung, sondern geht von der Existenz nicht vermeidbarer „Restrisiken" aus. Bei der Ausgestaltung der Arbeit ist der Stand der Technik zu berücksichtigen, also der „Entwicklungsstand fortschrittlicher Verfahren, Schutzvorkehrungen und Betriebsweisen" (vgl. § 3 Abs. 6).

57 Neben den Vorschriften des ArbSchG finden sich weitere Anforderungen des Arbeitsschutzes etwa in der Verordnung über Arbeitsstätten v. 12.8.2004 (BGBl. I 2179, zuletzt geändert durch Art. 4 des Gesetzes v. 22.12.2020, BGBl. I 3334), im Gesetz zum Schutz der arbeitenden Jugend v. 12.4.1976 (Jugendarbeitsschutzgesetz, BGBl. I 965, zuletzt geändert durch das Gesetz v. 16.7.2021, BGBl. I 2970), im Gesetz zum Schutz von Müttern bei der Arbeit, in der Ausbildung und im Studium v. 23.5.2017 (Mutterschutzgesetz, BGBl. I 1228, zuletzt geändert durch Art. 57 Abs. 8 des Gesetzes v. 12.12.2019, BGBl. I 2652), namentlich § 9 über die Gestaltung der Arbeitsbedingungen, im Gaststättengesetz und im Gesetz über explosionsgefährliche Stoffe idF v. 10.9.2002 (BGBl. I 3518, zuletzt geändert durch Gesetz v. 27.7.2021, BGBl. I 3146). Schließlich sind zu den Belangen des Arbeitsschutzes zu rechnen die Vorgaben der auf der Grundlage des § 8 des Gesetzes über die Bereitstellung von Produkten auf dem Markt – Produktsicherheitsgesetz (ProdSG) v. 27.7.2021 (BGBl. I 3146) erlassenen Rechtsverordnungen.

58 **Regelungen** zum Arbeitsschutz **zivil- oder arbeitsrechtlicher Natur** lassen sich zwar nach dem Wortlaut des § 6 dem Begriff der „Belange des Arbeitsschutzes" zuordnen. Nach herrschender Auffassung können aber nichtstaatliche Anforderungen nicht als Genehmigungsvoraussetzungen angesehen werden (tend. Jarass Rn. 42 f.; wie hier Scheidler in Feldhaus BImSchR Rn. 86; Gärditz in Appel/Ohms/Saurer Rn. 40; aA Wasielewski in GK-BImSchG Rn. 58). Zu den Belangen des Arbeitsschutzes gehören aber zumindest die von den Unfallversicherungsträgern erlassenen Unfallverhütungsvorschriften (Jarass Rn. 42; Scheidler in Feldhaus BImSchR Rn. 87; Ohms Praxishandbuch Immissionsschutzrecht Rn. 566; Kloepfer Umweltrecht § 15 Rn. 406; Hoppe/Beckmann/Kauch Umweltrecht Rn. 96).

III. Spezialfall der Antragsüberholung; Konkurrenzsituationen

58a Schwierigere Probleme treten auf, wenn zwei gestellte **Genehmigungsanträge** (und damit potentielle Genehmigungserteilungsansprüche der Antragsteller) miteinander **konkurrieren**, da die Genehmigung einer Anlage direkte Folgen für die einer anderen Anlage hat (Sittig-Behm in Maslaton Windenergieanlagen Kap. 2 Rn. 187; vgl. auch Jarass Rn. 48). Das kann zB der Fall sein, wenn von den Vorhaben Immissionen, genehmigungsschädliche „erhebliche" Beeinträchtigungen eines FFH-Gebiets iSd § 34 Abs. 2 BNatSchG oder auch Standsicherheitsgefahren bzw. Turbulenzen (vgl. → § 16b Rn. 139; 141 f.) ausgehen und diese nunmehr der einen oder anderen Anlage ganz oder teilweise entgegenstehen (vgl. zu denkbaren Anwendungsfällen speziell im Kontext der WEA-Zulassung Rolshoven NVwZ 2006, 516 ff.).

58b Konkrete Vorgaben für diese Fallkonstellationen lassen sich dem immissionsschutzrechtlichen Regelungssystem nicht entnehmen (Enders in BeckOK UmweltR Rn. 6a). Die Genehmigungsbehörde ist jedoch über § 10 S. 2 VwVfG zur zügigen Bearbeitung des jeweiligen Antrages gehalten, was zur Folge hat, dass sie sich des früher eingegangenen Antrages grundsätzlich auch früher anzunehmen hat (BVerwGE 169, 39 (45)). Die Behörde ist des Weiteren durch die gleichheitsrechtlichen Vorgaben des Art. 3 Abs. 1 GG gebunden, womit sie die Genehmigungsverfahren nicht ohne sachlichen Grund ungleich behandeln darf. Ein hinreichender Sachgrund ist mit dem BVerwG in der Anwendung des **Prioritätsprinzips** zu erblicken. Dieses gilt als materielles Ordnungsprinzip (Rolshoven NVwZ 2006, 516 (521 f.) mwN) nicht nur für das Verhältnis mehrerer Vollgenehmigungen iSd § 6, sondern auch im Verhältnis zwischen Vollgenehmigungen und Vorbescheiden iSd § 9 (BVerwGE 169, 39 (46 Rn. 22 f.); Jarass Rn. 48; Enders in BeckOK UmweltR Rn. 6a; Raschke/Roscher NVwZ 2021, 922 (927)).

Die konkreten Handlungsaufträge werden von den hierüber befindenden Senaten des **58c**
BVerwG freilich uneinheitlich beurteilt.

So stellte der 7. Senat des BVerwG in einer Entscheidung zum FFH-Recht aus dem Jahre 2019 (betreffend die Summationsprüfung in § 34 Abs. 1 S. 1 BNatSchG sowie unter Bezug auf die diesbezüglichen Richtlinienvorgaben aus Art. 6 Abs. 3 FFH-RL 92/43/EWG) fest, dass die Genehmigungsbehörde die Möglichkeit besitze, das früher entscheidungsreife („überholende") Projekt früher zu genehmigen, wobei der frühere Antrag das überholende Projekt berücksichtigen müsse. Hiermit wurde auf die **Genehmigungsreife des Antrags** abgestellt (BVerwGE 165, 340 (348 f. Rn. 28 f.); so auch Jarass Rn. 48; aA noch die Berufungsentscheidung, vgl. OVG Münster ZUR 2016, 613 (617)). Insbesondere sei der Schutz aus verfahrensrechtlichen Normen wie aus § 12 Abs. 2 UVPG, die auf die Vollständigkeit der Antragsunterlagen abstellen, nicht auf die materiellrechtliche Behandlung von Konkurrenzsituationen übertragbar (BVerwGE 165, 340 (348 Rn. 29)).

In einer neueren Entscheidung aus dem Jahr 2020 hingegen sprach sich der 4. Senat hinsichtlich der Turbulenzintensität einer Windenergieanlage – im Einklang mit der wohl herrschenden Auffassung in Rechtsprechung und Literatur (OVG Koblenz NVwZ-RR 2019, 990 (991); OVG Münster ZUR 2019, 102 (103); OVG Lüneburg BeckRS 2021, 34228 Rn. 72; nunmehr auch OVG Weimar BeckRS 2021, 8698 Rn. 21, jeweils mwN; s. auch Gärditz in Appel/Ohms/Saurer Rn. 31; Sitting/Behm in Maslaton Windenergieanlagen Kap. 2 Rn. 207 ff.) – dafür aus, dass für die Prioritätsbetrachtung der **Eingang der vollständigen** bzw. **prüffähigen Unterlagen** (→ § 10 Rn. 56 f.) für das Vorhaben insgesamt maßgeblich sei (BVerwGE 169, 39 (47 Rn. 27)). Abzustellen sei insoweit auf das Vorhaben insgesamt und nicht nur auf einzelne Genehmigungsvoraussetzungen; wenn ein Vorbescheid iSd § 9 beantragt wird, bedürfe es hierzu auch der Vorlage solcher Unterlagen, die eine vorläufige positive Gesamtbeurteilung ermöglichen (BVerwGE 169, 39 (47 Rn. 26); zur Kritik am Erfordernis der vorläufigen positiven Gesamtbeurteilung aber → § 9 Rn. 41). Insoweit führte der 4. Senat des BVerwG für sein Entscheidungsergebnis unter wertender Heranziehung der Regelungen aus § 3 Abs. 1 S. 2 SeeAnlG, § 12 Abs. 2 S. 1, Abs. 3 S. 1 UVPG und § 4 Abs. 3 S. 2 der 26. BImSchV einen „Vorsprung des Antragstellers" an, der bereits alles Erforderliche getan habe, um die Prüfung durch die Behörde zu ermöglichen (BVerwGE 169, 39 (46 f. Rn. 25 ff., 27)).

Die uneinheitliche Behandlung des Prioritätsprinzips sollte der Gesetzgeber zum Anlass **58d**
nehmen, taugliche Auswahlkriterien für Konkurrenzsituationen im Wege einer gesetzgeberischen Regelung zu schaffen (eine solche als sinnvoll erachtend auch Jarass Rn. 48; vgl. zu gesetzgeberischen Regelungspflichten bei Auswahlentscheidungen etwa BVerfGE 145, 20 (90 ff.)). Für den Antragsteller dürfte es in Konkurrenzsituation bis dahin regelmäßig zweckmäßig sein, **rangwahrende Vorbescheide** zu beantragen, was das BVerwG bis zur Grenze des Rechtsmissbrauches für möglich hält (BVerwGE 169, 39 (46 ff.)). Ein unbedingter Genehmigungserteilungsanspruch erwächst aus der verfahrensrechtlichen Vorrangstellung aber nicht, sodass insbesondere also eine **Antragsablehnung** nach § 20 Abs. 2 S. 1 der 9. BImSchV und eine Erteilung der Genehmigung an den späteren Antragsteller auch bei Anwendung des Prioritätsprinzips unverändert möglich bleibt (OVG Koblenz KommJur 2020, 37 (38 f.)).

C. Rahmengenehmigung (Absatz 2)

59 § 6 Abs. 2 stellt klar, dass auf Antrag (nicht: von Amts wegen, vgl. Kotulla in Kotulla Rn. 52) die Genehmigung auf unterschiedliche Betriebsweisen oder Stoffe zu erstrecken ist. Der Vorhabenträger kann damit bei der Fassung seines Antrags wählen, ob er sogleich eine Genehmigung für die Errichtung und den Betrieb einer Anlage erhalten möchte, in der mehrere Betriebsweisen und Stoffe verwendet werden, oder ob er dies nicht wünscht. Von der Möglichkeit des Abs. 2 kann der Antragsteller auch Gebrauch machen, wenn er von diesen Einsatzmöglichkeiten zunächst nur einzelne nutzen möchte. So kann er zB die Genehmigung für unterschiedliche Betriebsweisen (sog. **Mehrzweckanlagen**) beantragen oder für den Einsatz unterschiedlicher Stoffe (sog. **Vielstoffanlagen**). Nach herrschender Auffassung ist die Möglichkeit einer „Alternativ-" bzw. „Rahmengenehmigung" jedoch nicht auf die genannten Anlagen beschränkt, sondern kann sich auch auf andere Alternativentscheidungen wie zB Varianten der Beschaffenheit der Anlage beziehen (Jarass Rn. 6; Enders in BeckOK UmweltR Rn. 31; Ohms Praxishandbuch Immissionsrecht Rn. 484; iErg auch Hansmann NVwZ 1997, 105 (106), der die Regelung diesbezüglich für missverständlich hält). Die Option, eine Rahmengenehmigung zu beantragen, entbindet den Betreiber von den Notwendigkeiten der Anzeige- und Änderungsgenehmigungspflicht iSd §§ 15 und 16, soweit sich die Änderungen im Rahmen der Genehmigung nach Absatz 2 halten (vgl. Scheidler in Feldhaus BImSchR Rn. 90).

60 Die Genehmigungsvoraussetzungen müssen bei der „Rahmengenehmigung" **für sämtliche alternativen Betriebsweisen und Stoffe** gegeben sein (BT-Drs. 31/96, 15 f.; Jarass Rn. 6; Kotulla in Kotulla Rn. 50; Wasielewski in GK-BImSchG Rn. 59; eingehend Engelhardt/Schlicht Rn. 6a f.). Erfordert etwa der Wechsel der Betriebsweise andere bauliche Einrichtungen, so muss sich die Prüfung nach § 6 Abs. 1 auch hierauf erstrecken. Darüber hinaus muss die Rahmengenehmigung iSd § 6 Abs. 2 auch **hinreichend bestimmt** gefasst werden (Jarass Rn. 6; Kotulla in Kotulla Rn. 51). Dafür ist insbesondere erforderlich, dass die behördliche Überprüfung darauf, ob der konkret genehmigte Anlagenbetrieb zulässig ist, nach objektiven Kriterien bereits aus dem Bescheid selbst möglich ist. Hierfür kann sich die Behörde zB einer Klassifikation von Stoffen bedienen oder gewisse chemische oder physikalische Eigenschaften ausschließen (Scheidler in Feldhaus BImSchR Rn. 91).

61 Sind die Genehmigungsvoraussetzungen für unterschiedliche Betriebsweisen oder unterschiedliche Stoffe erfüllt und ist die (Rahmen-)Genehmigung diesbezüglich erteilt, so bedarf selbst der **mehrfache Wechsel zwischen Betriebsweisen und Stoffen** keiner erneuten Genehmigung oder Anzeige nach § 15 mehr. Nach § 18 Abs. 1 Nr. 1, der auch für die Rahmengenehmigung gilt, steht es im Ermessen der Genehmigungsbehörde, ob eine angemessene Frist für Errichtung oder Betriebsaufnahme der bei der Rahmengenehmigung gewählten Betriebsweise oder dem Einsatzstoff gesetzt wird. Wird eine Frist gesetzt, hat dies zur Folge, dass die Genehmigung erlischt, wenn innerhalb der Frist – je nach Ausgestaltung – nicht mit der Errichtung oder dem Betrieb der gewählten Betriebsweise oder dem Einsatzstoff begonnen wurde (→ § 18 Rn. 14; Jarass § 18 Rn. 3 ff.).

62 Bei der Erteilung einer Rahmengenehmigung soll der Antragsteller nach **§ 12 Abs. 2b** durch eine **Auflage** zum Genehmigungsbescheid verpflichtet werden, einen Wechsel der Betriebsweise oder die erstmalige Herstellung oder Verwendung eines anderen Stoffes mitzuteilen (Enders in BeckOK UmweltR Rn. 33; dazu auch Sparwasser/Engel/Voßkuhle Umweltrecht § 10 Rn. 176 unter Fn. 188). Dabei handelt es sich jedoch nicht um die Pflicht zur Anzeige einer Änderung nach § 15, sondern um eine bloße „Hilfspflicht"; ein

Verstoß ist daher mangels ordnungswidrigen Verhaltens nicht bußgeldbewehrt (Jarass § 12 Rn. 26, 28, 51). Auf die Festsetzung dieser Verpflichtung durch eine Auflage, die der behördlichen Überwachung dient (vgl. Storost in Ule/Laubinger/Repkewitz § 12 Rn. D 48), soll die Behörde nur in begründeten Ausnahmefällen verzichten.

D. Verbesserungsgenehmigung (Absatz 3)

Durch das Rechtsbereinigungsgesetz Umwelt vom 11.8.2009 (BGBl. I 2585) ist Absatz 3 in die Bestimmung eingefügt worden. Er enthält eine Sonderregelung für Änderungsgenehmigungen im Falle sog. **„Sanierungsänderungen“** (dazu Jarass Rn. 14 ff.; Scheidler in Feldhaus BImSchR Rn. 93 ff.; Storost in Ule/Laubinger/Repkewitz E 1; Enders in BeckOK UmweltR Rn. 33a ff.). Ausgangspunkt ist die Überlegung, dass bestehende Anlagen, die die gesetzlichen Anforderungen an eine Neuzulassung nicht erfüllen, nach zuvor geltender Rechtslage eine Änderungsgenehmigung nicht erhalten konnten, wenn die geplante Änderung die Inkongruenz mit den materiellen Vorgaben zwar teilweise, aber nicht vollständig beseitigen würde. Denn die Voraussetzungen für eine Änderungsgenehmigung entsprechen denen zur Erteilung einer erstmaligen Genehmigung (Jarass Rn. 14, § 16 Rn. 35). Für den Anlagenbetreiber verblieb damit nur die Alternative, die Anlage auf bisherigem Stand und auf der Grundlage einer bestehenden Genehmigung weiter zu betreiben. Dies ist allerdings mit den Schutzzielen des § 1 nicht vereinbar. Ließe man nun Sanierungsänderungen zu, die hinter den gesetzlichen Vorgaben des Immissionsschutzes zurückbleiben, könnte dies andererseits zu einer Verfestigung der (noch immer) rechtswidrigen Situation führen (Jarass § 6 Rn. 15; Gärditz in Appel/Ohms/Saurer Rn. 3; Jarass DVBl. 1985, 193 (198)). Dieses Dilemma sucht § 6 Abs. 3 zu lösen, der auf parlamentsgesetzlicher Ebene die ehemalige Vorgängerbestimmung in Nr. 3.5.4 a der TA Luft ersetzt (Enders in BeckOK UmweltR Rn. 33b; Scheidler in Feldhaus BImSchR Rn. 95; Jarass Rn. 14). Speziell im Rahmen des **Änderungsgenehmigungsverfahren für das Repowering von Windenergieanlagen** (§ 16b Abs. 1-6) ist nunmehr die durch das „Gesetz zur Umsetzung von Vorgaben der Richtlinie (EU) 2018/2001 des Europäischen Parlaments und des Rates vom 11. Dezember 2018 zur Förderung der Nutzung von Energie aus erneuerbaren Quellen (Neufassung) für Zulassungsverfahren nach dem Bundes-Immissionsschutzgesetz, dem Wasserhaushaltsgesetz und dem Bundeswasserstraßengesetz“ (BGBl. I 3901 ff.) eingeführte besondere **Verbesserungsgenehmigung für Schallimmissionen in § 16b Abs. 3** zu beachten (→ § 16b Rn. 64 ff.). Diese findet allerdings auf die in §§ 16b Abs. 7 f. genannten Sondervorschriften für Windenergieanlagen keine Anwendung (→ § 16b Rn. 128, 140). 62a

§ 6 Abs. 3 gilt **ausschließlich für Änderungsgenehmigungen,** nicht aber für Genehmigungen zur Neuerrichtung. Eine beantragte Änderungsgenehmigung darf nicht versagt werden – sie ist also zu erteilen –, wenn die in den **Nummern 1–4** aufgezählten Voraussetzungen **kumulativ** erfüllt sind. Das gilt auch dann, wenn nach ihrer Durchführung nicht alle Immissionswerte einer Verwaltungsvorschrift nach § 48 oder einer Rechtsverordnung nach § 48a eingehalten werden. 62b

Undeutlich verbleibt dabei allerdings der grundlegende Anwendungsbereich der Norm. So gilt sie nach ihrem Wortlaut zwar unterschiedslos für alle „Immissionswerte“, nimmt aber durch den Verweis auf § 17 Abs. 3a S. 3 in Nr. 1 implizit und durch Nr. 2 ausdrücklich auf Luftverunreinigungen iSd § 3 Abs. 2 Var. 1 Bezug. Hiervon ausgehend ist umstritten, ob die Verbesserungsgenehmigung nach § 6 Abs. 3 nur für **Luftverunreinigungen** gilt, oder aber auch für **Schallimmissionen** Anwendung findet (für umfassenden Regelungsanspruch der Norm etwa Reidt/Schiller → § 16 Rn. 173; Wasielewski in GK-BImSchG Rn. 63; Gärditz in Appel/Ohms/Saurer § 6 Rn. 56; tend. für entsprechende Anwendung auch Jarass Rn. 17; mit beachtlichen Gründen für alleinige Bedeutung bei Luftverunreinigungen indes Scheidler in Feldhaus BImSchR Rn. 94; ders. GewArch 2022, 315 (316); Schink NuR 2011, 250 (252); iErg wohl auch Enders in BeckOK UmweltR Rn. 33a). Eine spezielle Regelung für Schallimmissionen befindet sich für das **Repowering von Windenergieanlagen** iSd § 16 Abs. 1, 2 (→ § 16b Rn. 24 ff.; Rn. 62) nunmehr in § 16b Abs. 3 (→ § 16b Rn. 64 ff.). Ob eine Verbesserungsgenehmigung nach § 6 Abs. 3 ebenso im Rahmen von **Geruchsimmissionen** erteilt werden darf, ist nicht abschließend geklärt. Jedenfalls wurde von der Rechtsprechung der gesetzgeberische Grundgedanke hinter der Regelung auch in diesem Fall für anwendbar gehalten (vgl. unter Anlehnung an die Voraussetzungen des Rücksichtnahmegebotes des § 15 Abs. 1 S. 2 BauNVO ähnlich BVerwGE 159, 187 (189 ff.)), wobei es für die Frage der Genehmigungsfähigkeit und die Zumutbarkeit der Immissionen auf eine gerichtliche Einzelfallentscheidung ankommen soll (OVG Münster Beschl. v. 24.2.2014 – 8 B 1011/13, juris Rn. 46; mit gewichtigen Gründen für entsprechende Anwendung des § 6 Abs. 3 Gillich DÖV 2021, 931 (932 f.)).

Umstritten ist darüber hinaus, ob die Regelung des § 6 Abs. 3 auch auf nach Maßgabe des **Bauordnungsrechts** zu behandelnde **nichtgenehmigungsbedürftige Anlagen** angewendet werden kann (so etwa OVG Münster ZfBR 2013, 494 (495 f.); Scheidler in Feldhaus BImSchR Rn. 107; tend. auch Jarass Rn. 16) oder ob sie eine nicht verallgemeinerungsfähige Sonderregelung für das Immissionsschutzrecht darstellt (OVG Lüneburg BeckRS 2021, 38567 Rn. 22; Enders in BeckOK UmweltR Rn. 33b). Letzteres dürfte prinzipiell vorzugswürdig sein, da die in § 6 Abs. 3 normierten Anforderungen nicht in jedweder Hinsicht auf Baugenehmigungen übertragen werden können (weiter und für entsprechende Anwendung aber Gillich DÖV 2021, 931 f.; Scheidler GewArch 2022, 315 (318 f.)).

62c Nach **Nr. 1** ist zunächst erforderlich, dass der **Immissionsbeitrag** der Anlage durch das Änderungsvorhaben **deutlich** und über das durch nachträgliche Anordnungen nach § 17 Abs. 1 durchsetzbare Maß **reduziert** wird. Maßgebend ist nicht – wie noch bei Nr. 3.5.4 a der TA Luft – eine beabsichtigte, sondern eine **tatsächliche Reduzierung** (BT-Drs. 16/13301, 7; Scheidler in Feldhaus BImSchR Rn. 96; Gärditz in Appel/Ohms/Saurer Rn. 57) **im Vergleich zu dem rechtlich gesicherten Bestand** (OVG Lüneburg NVwZ-RR 2014, 298). Nicht abschließend geklärt ist aber, was genau unter diesem rechtlich gesicherten Bestand zu verstehen ist. Sicherlich fällt hierunter zunächst das in der Ursprungsgenehmigung festgehaltene und mit Regelungswirkung für zulässig erklärte Immissionsniveau. Weniger evident ist aber, inwieweit nachträgliche Rechtsänderungen zu einer Veränderung des rechtlich gesicherten Bestandes führen können. Zunächst spricht viel dafür, dass eine immissionsschutzrechtliche Genehmigung schon wegen des dynamischen Charakters der Grundpflichten nach § 5 jedenfalls keinen Bestandsschutz in dem Sinne entfalten kann, dass sie einer späteren grundpflichteninduzierten Anpassung im Wege stünde. Für den rechtlich gesicherten Bestand der Anlage zu berücksichtigen ist deshalb eine spätere Änderung iS einer Absenkung ihrer zulässigen Immissionsbeiträge durch nachträgliche Anordnungen gemäß § 17. Zumindest an dem so ermittelten Niveau ist dann zu messen, ob durch eine Verbesserungsänderung nach § 6 Abs. 3 das Immissionsniveau künftig deutlich gesenkt wird.

Darüber hinausgehend will das OVG Lüneburg auch solche nachträglichen Verschärfungen des materiellen Fachrechts, die nicht per nachträglicher Anordnung durchgesetzt wurden, als Veränderungen des rechtlich geschützten Bestandes der Anlage begreifen und in diesen hineinlesen (OVG Lüneburg NVwZ-RR 2014, 298 (300)). Dieser Ansatz bleibt nicht frei von Bedenken. Denn nach dieser Sichtweise gäbe es einen rechtlich geschützten Bestand de facto nur noch nach Maßgabe des sich kontinuierlich wandelnden Fachrechts.

Dies erscheint deshalb fraglich, weil auch sonst eine spätere Änderung des Anlagenbetriebs – trotz der Dynamik der Grundpflichten – sich idR nicht schon aus § 5 unmittelbar ergibt, sondern stets der administrativen Konkretisierung bedarf, der zudem ihrerseits Grenzen gesetzt sind, wie etwa die strikte Verpflichtung auf den Grundsatz der Verhältnismäßigkeit in § 17 Abs. 2 zeigt. Zudem geht § 6 Abs. 3 Nr. 1 selbst davon aus, dass das Änderungsvorhaben das Immissionsniveau über das durch nachträgliche Anordnungen durchsetzbare Maß hinaus verbessern können muss. Wollte man aber das zum Immissionsvergleich heranzuziehende Ausgangsniveau in obiger Weise definieren, so wäre nicht erkennbar, wie ein Änderungsvorhaben einen bereits durch das jeweils aktuelle Fachrecht vorgeprägten Stand noch verbessern könnte. Insofern sprechen gute Gründe dafür, verschärfte Anforderungen des Fachrechts solange nicht in den rechtlich gesicherten Bestand der Anlage hinein zu lesen, bevor ein Immissionsvergleich im Rahmen einer Verbesserungsgenehmigung nach § 6 Abs. 3 angestellt wird.

Der Sache nach muss es um eine **Verminderung des Immissionsbeitrags** gehen. Eine **Verrechnung** ist dabei möglich, wenn die Voraussetzungen des § 17 Abs. 3a S. 3 gewahrt werden und die Immissionen mit Blick auf die von ihnen ausgehenden Wirkungen vergleichbar sind (BT-Drs.16/13301, 7; Jarass Rn 18; Enders in BeckOK UmweltR Rn. 33c). Maßgeblich ist insoweit nicht die chemische Struktur eines Stoffes oder Messparameters, sondern vielmehr die ökologischen Auswirkungen auf das konkret beeinträchtigte Schutzgut (Gärditz in Appel/Ohms/Saurer Rn. 58; Scheidler GewArch 2022, 315 (316)). Zudem verdeutlicht der zweite Halbsatz, dass die Reduzierung des Immissionsbeitrags „ertragreicher" sein muss als die vorteilhaften Folgen einer möglichen nachträglichen Anordnung nach § 17 Abs. 1. Für diese Frage kommt es auf eine **hypothetische Vergleichsbetrachtung** an, in welche zunächst die Auswirkungen einer durchsetzbaren nachträglichen Anordnung einbezogen werden müssen. Über deren vorteilhafte Auswirkungen muss die vom Antragsteller beantragte Änderung in qualitativer oder quantitativer Hinsicht hinausgehen (z. Vorstehenden Gärditz in Appel/Ohms/Saurer Rn. 57). Zu berücksichtigen sind bei der Bewertung der möglichen Belastungsminderung dabei grundsätzlich alle denkbaren negativen Auswirkungen (Scheidler in Feldhaus BImSchR Rn. 96; Scheidler GewArch 2022, 315 (316 f.)). Darüber hinaus muss die Verminderung des Immissionsbeitrages auch **„deutlich"** sein. Dieser Begriff ist nicht allein auf das Verhältnis zu den Folgen denkbarer Anordnungen nach § 17 zu verstehen; die Reduzierung muss unabhängig davon „deutlich" sein. Das schließt zunächst gänzlich geringfügige Verbesserungen aus, diese müssen vielmehr **spürbar** und jedenfalls auch **messbar** sein (OVG Lüneburg. Beschl. v. 6.9.2016 – 12 LA 153/15 –, juris Rn. 13; Scheidler in Feldhaus BImSchR Rn. 98; Gärditz in Appel/Ohms/Saurer Rn. 59). Im Übrigen kommt es für die Deutlichkeit der Verminderung auf eine behördliche **Einzelfallbewertung** an. So sind verbleibende Überschreitungen umso eher hinzunehmen, je größer die Verbesserung ausfällt und je geringer die verbleibende Überschreitung des an sich zumutbaren Immissionswertes ist (OVG Münster, Beschl. v. 24.2.2014 - 8 B 1011/13, juris Rn. 46; Gärditz in Appel/Ohms/Saurer Rn. 59: Jarass Rn. 18; Scheidler GewArch 2022, 315 (317)). Beachtenswert ist auch die Erwägung, ob die Maßnahmen dem Stand der Technik entsprechen bzw. darüber hinausgehen (OVG NRW, Beschl. v. 24.2.2014 - 8 B 1011/13, juris Rn. 46).

Nr. 2 verlangt, dass **weitere Maßnahmen zur Luftreinhaltung** durchgeführt werden. Dieses Erfordernis soll gewährleisten, dass sich die Gesamtbelastung jedenfalls mittelfristig weiter verringern wird. Die vom Antragsteller eingeforderten Maßnahmen können sich grundsätzlich auf alle **Anlagenteile an der abgeänderten Anlage** beziehen, insbesondere auch auf solche, die nicht Gegenstand der Änderungsgenehmigung sein sollen. Allerdings müssen diese Maßnahmen an der Anlage selbst getroffen werden, eine kom- **62d**

pensatorische Verbesserung an anderen Anlagen kommt nicht in Betracht (Jarass Rn. 19; Scheidler in Feldhaus BImSchR Rn. 100). Die genannten Maßnahmen, die „über den Stand der Technik bei neu zu errichtenden Anlagen hinausgehen", werden nur als Beispiel genannt, woraus aber deutlich wird, dass vom Anlagenbetreiber ein „Plus" an entlastendem Engagement verlangt wird, damit die Änderungsgenehmigung erteilt werden kann. Die Maßnahmen können grundsätzlich auch über das hinausgehen, was von anderen Betreibern (ohne Grenzwertüberschreitung) in der Situation des Antragstellers unter Beachtung des Grundsatzes der Verhältnismäßigkeit eingefordert werden könnte (Jarass Rn. 19; Gärditz in Appel/Ohms/Saurer Rn. 60). Welche weiteren Maßnahmen der Antragsteller genau trifft, bleibt ihm überlassen; er wird die geplanten Maßnahmen aber regelmäßig schon in den Antragsunterlagen eingehend zu dokumentieren haben. Bislang ungeklärt ist die Frage ist, ob der Anlagenbetreiber gerade mit Blick auf die Stoffe, die zur Grenzwertüberschreitung führen, die weiteren Maßnahmen der Luftreinhaltung durchführen muss (Storost in Ule/Laubinger/Repkewitz E 9) oder diese auch für andere Emissionsarten vorsehen kann (so etwa Gärditz in Appel/Ohms/Saurer Rn. 61; offenlassend Jarass Rn. 19). Da sich die Begrenzung auf die betroffenen Stoffe nicht aus dem Wortlaut der Bestimmung ergibt, die Bestimmung vielmehr von „weiteren" Maßnahmen der Luftreinhaltung spricht, dürfte letzteres vorzugswürdig sein.

62e Das Ziel der mittel- bis langfristigen Verringerung der Gesamtbelastung durch die Anlage verfolgt auch **Nr. 3,** der zufolge der Antragsteller einen (schriftlichen oder jedenfalls „verschriftlichten" elektronischen; vgl. Scheidler in Feldhaus BImSchR Rn. 101) **Immissionsmanagementplan** vorzulegen hat. Dieser Plan ist Teil der vom Antragsteller eingeforderten Antragsunterlagen iSd § 4 der 9. BImSchV (Gärditz in Appel/Ohms/Saurer Rn. 62). Durch ihn soll eine „spätere" Einhaltung der Anforderungen nach § 5 Abs. 1 Nr. 1 erreicht werden; die Änderungsgenehmigung soll also nicht dazu führen oder gar gestatten, dass die Anlage dauerhaft die immissionsschutzrechtlichen Anforderungen unterschreitet (vgl. Jarass Rn. 20; Jarass UPR 2006, 45 (48 f.)). Der Begriff **„später"** ist dabei nicht näher spezifiziert; dies ermöglicht der Genehmigungsbehörde eine flexible Handhabung (Scheidler in Feldhaus BImSchR Rn. 101; Scheidler GewArch 2022, 315 (317)). An den Immissionsmanagementplan sind gewisse inhaltliche Anforderungen zu stellen: Er hat die Maßnahmen explizit zu benennen, mit deren Hilfe der Antragsteller seinen Immissionsbeitrag zu reduzieren beabsichtigt, um die Anforderungen des § 5 Abs. 1 Nr. 1 zu einem späteren Zeitpunkt zu erreichen (vgl. Scheidler in Feldhaus BImSchR Rn. 101). Er muss überdies auch realistisch und vollzugsfähig (Gärditz in Appel/Ohms/Saurer Rn. 62; Schink, DVBl. 2012, 197 (205)) sowie rechtlich durchsetzbar sein (Storost in Ule/Laubinger/Repkewitz E 10; Jarass Rn. 20).

62f Schließlich dürfen gemäß **Nr. 4** die konkreten Umstände keinen **Widerruf** iSv **§ 21** erfordern. Eine Verpflichtung der Behörde zum Widerruf kann sich ergeben, wenn die Gegebenheiten zu einer Ermessensreduzierung führen, etwa im Falle des § 17 Abs. 2 S. 2 und bei Vorliegen der Voraussetzungen des § 21 Nr. 3, 4 oder 5 (dazu Jarass Rn. 21, § 21 Rn. 22). Im Falle des **Ablaufs der in § 21 Abs. 2 normierten Widerrufsfrist** sind die Voraussetzungen der Nr. 4 nicht erfüllt, da in diesem Fall kein rechtmäßiger Widerruf mehr möglich ist (vgl. Jarass Rn. 21; Gärditz in Appel/Ohms/Saurer Rn. 63; Scheidler in Feldhaus BImSchR Rn. 103).

62g **Rechtsfolge** des § 6 Abs. 3 ist in erster Linie, dass der Antragsteller einen **klagbaren Rechtsanspruch** auf Erteilung der immissionsschutzrechtlichen Genehmigung trotz Überschreitung der einschlägigen Immissionswerte erhält (Jarass Rn. 22). Darüber hinaus wird in der Literatur bislang unterschiedlich beurteilt, ob die Behörde trotz Erteilung der Verbesserungsgenehmigung die Befugnis besitzt, **nachträgliche Anordnungen iSd § 17** zu erlassen. Teilweise werden solche weiterhin für zulässig gehalten (Jarass Rn. 22; vgl.

auch Jarass UPR 2006, 45 (50); Schink NuR 2011, 250 (256 f.); → § 17 Rn. 39), teilweise wird von einer privilegierenden Sperrwirkung des § 6 Abs. 3 ausgegangen (Scheidler in Feldhaus BImSchR Rn. 104; Gärditz in Appel/Ohms/Saurer Rn. 64; Scheidler GewArch 2022, 315 (318)). Vorzugswürdig dürfte es nach wie vor sein, eine derartige Sperrwirkung abzulehnen, zumal die Verbesserungsgenehmigung nach § 6 Abs. 3 lediglich als „Zwischenschritt" konzipiert ist und in § 6 Abs. 3 überdies vorausgesetzt wird, dass Maßnahmen nach § 17 Abs. 1 für die eingeforderten Verbesserungsmaßnahmen im konkreten Fall nicht ergehen können (Schink NuR 2011, 250 (256 f.)). Freilich ist die Erteilung der Verbesserungsgenehmigung im Rahmen des behördlichen Anordnungsermessens zu berücksichtigen (Jarass Rn. 22).

E. Rechtsschutz

I. Rechtsbehelfe des Antragstellers

1. Erteilung oder Ablehnung der Genehmigung. Wird die Genehmigung **antragsgemäß** erteilt, so steht dem Antragsteller ein Rechtsbehelf hiergegen mangels Beschwer nicht zu. Unabhängig hiervon kann er den Antrag freilich jederzeit zurück nehmen oder auf die Genehmigung verzichten (→ § 21 Rn. 8; BVerwG NVwZ 1990, 464), die dann erlischt. 63

Wird die Genehmigung hingegen (ganz oder teilweise) **versagt,** weil nach Auffassung der Genehmigungsbehörde die Voraussetzungen zu ihrer Erteilung nicht erfüllt sind, so kann der Antragsteller bei ordnungsgemäßer Rechtsbehelfsbelehrung innerhalb eines Monats, ansonsten innerhalb eines Jahres Widerspruch (vgl. § 70 VwGO) und nach erfolglos durchgeführtem Widerspruchsverfahren **Verpflichtungsklage** auf Genehmigungserteilung vor dem Verwaltungsgericht erheben (vgl. Storost in Ule/Laubinger/Repkewitz F 1; Scheidler in Feldhaus BImSchR Rn. 109 f.; Kotulla in Kotulla Rn. 44). Ein Widerspruch ist nicht erforderlich, wenn das Vorverfahren durch Landesrecht ausgeschlossen wurde (§ 68 Abs. 1 S. 2, Abs. 2 VwGO, vgl. auch Scheidler in Feldhaus BImSchR Rn. 109 sowie Jarass Rn. 70). Auf den Widerspruch kann ebenso im Falle des § 14a verzichtet werden (→ Rn. 65). Gleiches gilt, wenn auf einen Drittwiderspruch hin eine ursprünglich erteilte Genehmigung aufgehoben oder durch Nebenbestimmungen ergänzt wird (Enders in BeckOK UmweltR Rn. 34). Bei Kraftwerken mit einer Feuerungswärmeleistung von mehr als 300 MWatt (§ 48 Abs. 1 S. 1 Nr. 3 VwGO), bei Windenergieanlagen an Land mit einer Gesamthöhe von mehr als 50 m (§ 48 Abs. 1 S. 1 Nr. 3a VwGO), bei Kraft-Wärme-Koppelungsanlagen im Sinne des KWKG (§ 48 Abs. 1 S. 1 Nr. 3b VwGO), bei ortsfesten Anlagen zur Verbrennung oder thermischen Zersetzung von Abfällen mit einer jährlichen Durchsatzleistung von mehr als 100 000 t sowie bei besonders überwachungsbedürftigen Abfallbeseitigungsanlagen iSv § 48 KrWG (§ 48 Abs. 1 S. 1 Nr. 5 VwGO) ist das **Oberverwaltungsgericht (bzw. der Verwaltungsgerichtshof) erstinstanzlich zuständig** (s. auch Weiss in Appel/Ohms/Saurer § 10 Rn. 315 f.). Für Verfahren für Anlagen ua nach dem neuen **LNGG** (→ § 10 Rn. 28d) sowie dem **EnSiG** wurde vor dem Hintergrund der aktuellen Gasmangellage (vgl. den zugrundeliegenden Entwurf der Bundesregierung für ein „Gesetz zur Beschleunigung von verwaltungsgerichtlichen Verfahren im Infrastrukturbereich" vom 11.01.2023, BT-Drs. 20/5165; vgl. zu den rechtsschutzbezogenen Reformbestrebungen auch Schlacke/Wentzien/Römling, NVwZ 2022, 1577 (1584)) ein neuer § 50 Abs. 1 Nr. 6 und Nr. 7 VwGO eingefügt, der eine **erstinstanzliche Zuständigkeit des BVerwG** begründet. 64

Die benannten Zuständigkeiten des OVG für die Zulassung von Windenergieanlagen und Anlagen iSd KWKG wurden durch das Investitionsbeschleunigungsgesetz 2020 (BGBl. I 2694 ff.) neu in die VwGO eingeführt (Saurer NuR 2021, 649 (651)). Wird **fälschlicherweise beim VG Klage erhoben**, obwohl eigentlich das OVG erstinstanzlich zuständig gewesen wäre, so wahrt auch dies die Klagefrist, insbesondere die Regelung zur eingeschränkten Postulationsfähigkeit vor dem OVG in § 67 Abs. 4 VwGO sowie die Vorschriften über die Verweisung des Rechtsstreits nach § 83 S. 1 VwGO iVm § 17b Abs. 1 GVG stehen dem nicht entgegen (vgl. dazu jüngst BVerwGE 167, 245 (246 ff.); Scheidler in Feldhaus BImSchR Rn. 116; Jarass Rn. 89).

64a **Maßgeblicher Zeitpunkt** der Entscheidung bei Verpflichtungsklagen ist grundsätzlich jener der letzten mündlichen Verhandlung der Tatsacheninstanz; etwaige Rechtsänderungen sind grundsätzlich sowohl zum Vorteil als auch zum Nachteil des Betreibers zu berücksichtigen (BVerwGE 82, 260; NVwZ 1982, 624; Jarass Rn. 93; Kotulla in Kotulla Rn. 42; Ohms Praxishandbuch Immissionsschutzrecht Rn. 597). **Ob die Neuregelung für Anlagen zur Nutzung erneuerbarer Energien in § 10 Abs. 5 S. 3** (→ § 10 Rn. 108c), nach der nach einem entsprechenden Antrag des Vorhabenträgers die Behörde ihre Entscheidung „auf der Grundlage der geltenden Sach- und Rechtslage zum Zeitpunkt des Ablaufs der Monatsfrist zu treffen [hat]" auch den entscheidungserheblichen Zeitpunkt für die Verpflichtungsklage abändert, ist bislang nicht abschließend geklärt. Zwar adressiert die Neuregelung dem Wortlaut nach nur die Entscheidung der „Behörde" und nicht auch des „Gerichts". Angesichts der Änderung des materiellen Fachrechts, welches auch den prozessrechtlichen Beurteilungszeitpunkt in maßgeblicher Hinsicht bestimmt (stRspr, vgl. BVerwGE 120, 246 (250); 121, 140 (143); Riese in Schoch/Schneider, Verwaltungsrecht, VwGO, § 113 Rn. 236 mwN), könnte gleichwohl erwogen werden, auch den maßgeblichen Beurteilungszeitpunkt für den verwaltungsgerichtlichen Rechtsschutz entsprechend zu modifizieren.

65 Wird über den Widerspruch nicht innerhalb von drei Monaten entschieden, so kann der Antragsteller nach **§ 14a** sogleich verwaltungsgerichtliche Klage erheben, es sei denn, wegen besonderer Umstände des Falles wäre eine kürzere Frist geboten (→ § 14a Rn. 5 ff.; Storost in Ule/Laubinger/Repkewitz F 1). Die von den allgemeinen verwaltungsprozessualen Regelungen des § 75 VwGO abweichende Klagemöglichkeit hat nur geringe praktische Bedeutung (→ § 14a Rn. 2; Jarass § 14a Rn. 1; Guckelberger in Kotulla § 14a Rn. 3; Storost in Ule/Laubinger/Repkewitz § 14a Rn. B 1; Czajka in Feldhaus BImSchR § 14a Rn. 4 f., 25 ff. zur Verfassungsmäßigkeit der Bestimmung).

66 Eine **Beiladung** Dritter bei der Klage des Antragstellers auf Erteilung der Genehmigung ist nur dann iSd § 65 Abs. 2 VwGO **notwendig**, wenn es um zustimmungs- bzw. einvernehmenspflichtige Behörden geht (Jarass Rn. 72; Scheidler in Feldhaus BImSchR Rn. 110). Dies gilt etwa, wenn eine **nach § 9 Abs. 2 FStrG** notwendige Zustimmung der obersten Landesstraßenbaubehörde zu Baumaßnahmen in enger räumlicher Nähe zu Bundesfernstraßen versagt oder nur mit Einschränkungen erteilt wird oder das nach **§ 36 BauGB** erforderliche Einvernehmen fehlt. Über die Rechtskraftwirkung des § 121 Nr. 1 VwGO iVm § 63 Nr. 3 VwGO gilt die Zustimmung bzw. das Einvernehmen im Falle einer stattgebenden gerichtlichen Entscheidung als erteilt bzw. ersetzt. **Keine notwendige Beiladung** ergibt sich demgegenüber bei **Nachbarn bzw. Einwendern**, da diese nicht unmittelbar am Genehmigungserteilungsanspruch des Antragstellers teilhaben. Hier bietet sich indes ggf. aus prozessökonomischen Gründen (insb. zur Erstreckung der Rechtskraftwirkung nach § 121 Nr. 1 VwGO) eine **einfache Beiladung** iSd § 65 Abs. 1 VwGO an (vgl. auch Scheidler in Feldhaus BImSchR Rn. 111; Jarass Rn. 72). Die Beiladung eines **Umweltverbandes** stellt eine einfache und keine notwendige Beiladung dar, kann vor der Vorgabe aus Art. 9 Abs. 2 der Aarhus-Konvention aber dennoch im Rahmen pflichtgemäßer Ermessensausübung erfolgen, um diesem Gelegenheit zu geben, seinen Rechtsstandpunkt in das gerichtliche Verfahren einzubringen (VGH Kassel KlimR 2022, 386 ff.).

2. Nebenbestimmungen. Die Genehmigung wird in der Praxis regelmäßig mit Nebenbestimmungen versehen (vgl. § 12; zur Zulässigkeit der Einforderung sog. „Hilfspflichten" wie Ermittlungs- und Messanordnungen OVG Greifswald, Beschl. v. 2.7.2012 – 3 M 95/12, BeckRS 2012, 56538; → § 12 Rn. 140). Die Frage, in welcher Weise Rechtsschutz gegen **belastende Nebenbestimmungen** in Anspruch genommen werden kann, ist in Rechtsprechung und Literatur heftig umstritten. Hierzu wird auf die eingehenden Ausführungen von Mann → § 12 Rn. 241 ff., verwiesen (zur Problematik von Nebenbestimmungen zu Teilgenehmigung und Vorbescheid vgl. → § 8 Rn. 115 ff., → § 9 Rn. 58 ff.; ferner allgemein VGH Kassel NVwZ-RR 2002, 340; VG Minden NVwZ-RR 2004, 829; Mann → § 12 Rn. 189 ff.; Jarass Rn. 71; Kotulla in Kotulla Rn. 44; zur Abgrenzung von Inhaltsbestimmung und Auflage im immissionsschutzrechtlichen Genehmigungsbescheid → § 12 Rn. 112 ff.). Vgl. zu **Teilanfechtungsklagen** gegen belastende Nebenbestimmungen und dem nach jüngster Rechtsprechung des BVerwG nicht (mehr) bestehenden Erfordernis der Rechtmäßigkeit des verbleibenden Verwaltungsaktes „für sich" BVerwG ZfBR 2023, 71 ff. 67

3. Amtshaftungsansprüche. Erteilt die Genehmigungsbehörde die beantragte Genehmigung nicht, obwohl die Erteilungsvoraussetzungen des § 6 erfüllt waren, so macht sie sich potentiell schadensersatzpflichtig. Die Rechtslage entspricht der bei verzögerten baurechtlichen Genehmigungen (vgl. BGH NVwZ 1994, 405 ff.; NVwZ 2007, 485 ff.). Ein Amtshaftungsanspruch kommt auch bei Überschreitung der in § 10 Abs. 6a geregelten Entscheidungsfrist (vgl. dazu auch → § 10 Rn. 241 ff.) in Betracht (Ohms/Weiss in Johlen/Oerder MAH Verwaltungsrecht, 4. Aufl. 2017, Rn. 80; → § 10 Rn. 244). Es gilt der Grundsatz des **Vorrangs des Primärrechtsschutzes** (§ 839 Abs. 3 BGB), womit der Betreiber zunächst gehalten ist, eine Untätigkeitsklage iSd § 75 VwGO oder eine Versagungsgegenklage zu erheben. 67a

II. Rechtsbehelfe Dritter

Neben Rechtsschutzmöglichkeiten des Antragstellers sind auch die Rechtsbehelfe **Dritter** näher in den Blick zu nehmen. Für diese kommt Rechtsschutz gegen die Erteilung der Genehmigung insgesamt oder hinsichtlich der Beifügung, Ergänzung oder Verschärfung von Nebenbestimmungen in Betracht. Neben **in eigenen Rechten betroffenen Dritten** (zB Nachbarn, Anwohnern) einerseits sind Rechtsschutzmöglichkeiten andererseits auch für die **anerkannten Umweltvereinigungen iSd § 3 UmwRG** (bzw. Vereinigungen iSd § 2 Abs. 2 UmwRG) gegeben, für welche eine eigene Rechtsverletzung nicht zwingend erforderlich ist (vgl. § 2 Abs. 1, Abs. 4 UmwRG). 67b

1. Allgemeine Vorgaben. Für die spätere Erlangung gerichtlichen Rechtsschutzes müssen Dritte zunächst **Widerspruch** erheben. Das Widerspruchserfordernis besteht vielfach auch dann, wenn das Vorverfahren im Übrigen nach § 68 Abs. 1 S. 2 VwGO durch das Landesrecht ausgeschlossen ist (vgl. zB die Ausnahmen in § 110 Abs. 3 S. 1 JustG NRW; § 80 Nds. JustG). Bleibt der Widerspruch erfolglos, kann bei ordnungsgemäßer Rechtsbehelfsbelehrung innerhalb der **Frist** eines Monats, sonst innerhalb eines Jahres, Klage erhoben werden (§§ 74, 58 Abs. 2 VwGO; vgl. Jarass Rn. 90 f.; Kotulla in Kotulla Rn. 44: zur Nachbaranfechtungsklage Koehl DVP 2004, 447). Für Umweltverbände sind die besonderen Fristen nach § 2 Abs. 3 UmwRG zu beachten (Jarass Rn. 90). Neben der Frist zur Erhebung von Widerspruch und Klage in den §§ 70, 74 VwGO ist überdies noch die **Klagebegründungsfrist** in **§ 6 UmwRG** im Blick zu halten, die nicht nur für Umweltvereinigungen iSd § 2 Abs. 2, § 3 UmwRG, sondern ebenso für Individualkläger iSd § 4 Abs. 3 UmwRG gilt (Jarass Rn. 91; dazu eingehend auch Fellenberg/Schiller 68

→ Bd. 1, UmwRG, § 6 Rn. 1 ff.; Schlacke NVwZ 2019, 1392 (1396)). Nach § 6 S. 2 UmwRG können verfristete Erklärungen und Beweismittel nur im Falle einer genügenden Entschuldigung iSd § 87b Abs. 3 S. 1 Nr. 2 VwGO zugelassen werden (Enders in BeckOK UmweltR Rn. 50).

Die Sonderregelungen zur abweichenden **erstinstanzlichen Zuständigkeit** des **OVG (bzw des VGH) in § 48 Abs. 1** und des BVerwG nach § 50 Abs. 1 VwGO bei bestimmten Anlagenarten (→ Rn. 64) sind auch für Rechtsbehelfe Dritter zu beachten.

68a Wird über den Widerspruch ohne hinreichenden Grund in angemessener Frist nicht entschieden, so kann abweichend von den genannten Fristen ohne Widerspruchsentscheidung Klage erhoben werden, jedoch nicht vor Ablauf von drei Monaten, außer wenn wegen besonderer Umstände des Falles eine kürzere Frist geboten ist. Dies folgt aus der allgemeinen Regelung zur Untätigkeitsklage in § 75 VwGO, die Sonderregelung des **§ 14a** ist hingegen nur für den Antragsteller, **nicht** aber **für den Rechtsschutz Dritter** anwendbar. Liegt ein hinreichender Grund dafür vor, dass über den Widerspruch noch nicht entschieden ist, setzt das Gericht das Verfahren bis zum Ablauf einer von ihm bestimmten Frist aus (§ 75 S. 3 VwGO). Wird dann dem Widerspruch stattgegeben, so kann der Dritte die Hauptsache für erledigt erklären. Die Kosten des Verfahrens trägt in diesem Falle die beklagte Behörde (vgl. § 161 Abs. 3 VwGO). Wird der Widerspruch zurückgewiesen oder ergeht nach Ablauf der Frist kein Bescheid, so wird das Verfahren als normales Klageverfahren durchgeführt. Der Durchführung eines Vorverfahrens bedarf es nicht (BVerwGE 88, 204).

68b Der Anlagenbetreiber als **Genehmigungsinhaber** ist **gem. § 65 Abs. 2 VwGO** notwendig beizuladen, da die gerichtliche Entscheidung unmittelbar Einfluss auf seine Rechte aus der Anlagengenehmigung haben kann. Widrigenfalls soll die Entscheidung nicht auch gegenüber dem Anlagenbetreiber wirken (Scheidler in Feldhaus BImSchR Rn. 119; für Unwirksamkeit eines den Beigeladenen belastenden Gestaltungsurteils ohne notwendige Beiladung Bier/Steinbeiß-Winkelmann in Schoch/Schneider Verwaltungsrecht, VwGO, § 65 Rn. 42).

68c Seit der **Aufhebung der früheren materiellen Präklusionsregelung** in § 10 Abs. 3 S. 5 aF durch das Gesetz zur Anpassung des Umwelt-Rechtsbehelfsgesetzes und anderer Vorschriften an europa- und völkerrechtliche Vorgaben v. 2.6.2017 (BGBl. I 1298; → § 10 Rn. 179) ist das vorherige **Erheben von Einwendungen** auch im Rahmen des förmlichen Genehmigungsverfahrens keine zwingende Voraussetzung für das Bestehen der Klagebefugnis bzw. die Zulässigkeit der Klage mehr (zu den diesbezüglichen unionsrechtlichen Fragestellungen → § 10 Rn. 175 ff.; Weiß in Schoch/Schneider Verwaltungsrecht, VwVfG, § 73 Rn. 252 ff.). Mit der nunmehr nach § 10 Abs. 3 S. 5 nF geltenden (alleinigen) **formellen Präklusion** verliert der Drittbetroffene nur noch den Anspruch auf Berücksichtigung seiner Einwendung im Verwaltungsverfahren (s. eingehend → § 10 Rn. 180 f.). Die rein formelle Präklusion findet nach den Grundsätzen des **intertemporalen Prozessrechts** auch auf Altverfahren Anwendung (VGH München ZUR 2022, 367 (368 f.)). Auch die **privatrechtlichen Abwehransprüche** bleiben durch die Genehmigungserteilung grundsätzlich erhalten, nach der Ausschlussregelung des § 14 S. 1, 1. Hs. jedoch nicht gegen die Errichtung oder gegen den grundlegenden Betrieb der Anlage, falls die Anlage im förmlichen Genehmigungsverfahren genehmigt wird (→ § 14 Rn. 28 ff.). Eine **Unzulässigkeit der Klage** ergibt sich, wenn eine unanfechtbare Teilgenehmigung bzw. ein unanfechtbarer Vorbescheid im gestuften Genehmigungsverfahren vorliegt, soweit der vom Kläger vorgebrachte Aspekt bereits Gegenstand der Teilgenehmigung oder des Vorbescheids bzw. der ggf. bestehenden vorläufigen positiven Gesamtbeurteilung war (§ 11; dazu auch → § 11 Rn. 31 ff., 35 ff.; Scheidler in Feldhaus BImSchR

Rn. 134; zur Problematik der Gesamtbeurteilung beim Vorbescheid auch → § 9 Rn. 38 ff., 71 ff.).

Maßgeblicher Zeitpunkt für die gerichtliche Beurteilung der Sach- und Rechtslage ist im Fall der Drittanfechtung grundsätzlich der Zeitpunkt der letzten Behördenentscheidung, ggf. in Form des Widerspruchsbescheids (BVerwG NVwZ-RR 1991, 236 sowie BVerwG NVwZ 2019, 410 (412), dort auch zur Sonderkonstellation einer Aufhebung nach § 4 Abs. 1 UmwRG; vgl. auch Scheidler in Feldhaus BImSchR Rn. 118; Gärditz in Appel/Ohms/Saurer Rn. 70). **Ändert sich** zu einem späteren Zeitpunkt (bis zum Abschluss des Widerspruchsverfahrens sind Änderungen also zugunsten und zulasten des Antragstellers zu berücksichtigen, vgl. Jarass Rn. 73) die **Sach- und Rechtslage**, sollten solche Änderungen regelmäßig unbeachtlich sein (Gärditz in Appel/Ohms/Saurer Rn. 70; Scheidler in Feldhaus BImSchR Rn. 112). Uneinheitlich wurde in der Rechtsprechung dabei die Frage beantwortet, ob von diesem Grundsatz im Falle einer für den Anlagenbetreiber **günstigen Änderung** eine Ausnahme zu machen ist, da die Genehmigung sofort wieder erteilt werden müsste (befürwortend etwa OVG Münster ZUR 2015, 492 (495) unter Bezug auf BVerwG NVwZ 1998, 1179 (1179) für die Baugenehmigungserteilung; ablehnend VGH Mannheim NVwZ-RR 2015, 18 (19); gegen die Beachtlichkeit günstiger Änderungen mit Blick auf ein drohendes Unterlaufen einer ggf. erforderlichen UVP auch Gärditz in Appel/Ohms/Saurer Rn. 70). Das **BVerwG** hat sich jüngst auch für das Immissionsschutzrecht für die **Berücksichtigung** derartiger **günstiger Änderungen** zugunsten des Antragstellers ausgesprochen (BVerwGE 166, 321 (333 Rn. 43); vgl. auch Jarass Rn. 93). Unsicher ist allerdings auch an dieser Stelle, ob durch die **Neuregelung des § 10 Abs. 5 S. 3 für Anlagen zur Nutzung erneuerbarer Energien** (→ § 10 Rn. 108c) auch der für Drittanfechtungsklagen maßgebliche prozessuale Beurteilungszeitpunkt abzuändern ist. Auf die diesbezüglichen Ausführungen unter → Rn. 64a wird Bezug genommen. 68d

Folge eines erfolgreichen Drittanfechtungsrechtsbehelfs ist nach § 113 Abs. 1 S. 1 VwGO (bzw. für Umweltvereinigungen iVm § 2 Abs. 4 UmwRG) grundsätzlich die **Aufhebung** des erlassenen Genehmigungsbescheids. Der Dritten zustehende prozessuale Aufhebungsanspruch wird durch die zwischenzeitlich erlassenen formellen und materiellrechtlichen **Heilungsmöglichkeiten des UmwRG** allerdings in nicht unerheblicher Weise eingeschränkt (§ 4 Abs. 1b, § 7 Abs. 5 UmwRG; → Rn. 72d) 68e

2. Drittbetroffene. a) Eigene Rechtsverletzung. Der Rechtsschutz von Individualklägern gegen die Genehmigung setzt voraus, dass die **Verletzung eigener Rechte** geltend gemacht wird und geltend gemacht werden kann, eine Betroffenheit in eigenen subjektiv-öffentlichen Rechten also zumindest „möglich" erscheint. An diesem grundlegenden Erfordernis hat sich durch die Einfügung des **§ 4 Abs. 3 UmwRG** nichts geändert, da diese Bestimmung lediglich die Anwendbarkeit der Sonderregelungen des UmwRG für die Sachprüfung, insbesondere der Verfahrensfehlerregelungen des § 4 Abs. 1-1b (→ § 10 Rn. 283 ff.) begründet, nicht aber das Erfordernis der eigenen subjektiven Rechtsverletzung suspendiert (BVerwG NVwZ 2012, 573 (575); BVerwGE 148, 353 (364); Kahl/Gärditz Umweltrecht § 5 Rn. 36; Schlacke NVwZ 2019, 1392 (1400)). Auch § 4 Abs. 1, Abs. 1a UmwRG betreffen nur die Sachprüfung des Gerichts und verhalten sich nicht zur Zulässigkeit des Drittanfechtungsrechtsbehelfs (Jarass Rn. 76). Daher ist bei Drittanfechtungsklagen von Nachbarn bzw. Anwohnern weiterhin die Berufung auf eine drittschützende Norm erforderlich (hierzu → Rn. 71). Fehlt es an diesem Erfordernis, so ist die Klage unzulässig und muss erfolglos bleiben, selbst wenn sich die Genehmigung objektiv als rechtswidrig erweisen sollte (vgl. Scheidler in Feldhaus BImSchR Rn. 120 ff.; Jarass Rn. 75; Kotulla in Kotulla Rn. 45 f.; Spiegels NVwZ 2003, 1091). 69

70 Wird die Genehmigung im vereinfachten Verfahren erteilt und einem Dritten der **Bescheid nicht oder nicht ordnungsgemäß** bekanntgemacht, kann der Betroffene entsprechend § 58 Abs. 2 VwGO den Widerspruch innerhalb eines Jahres erheben, nachdem er von der Genehmigung Kenntnis erlangt hatte oder jedenfalls die Entscheidung hätte kennen müssen (BVerwG NVwZ 1988, 532; s. auch → § 19 Rn. 56 f.; Jarass Rn. 90).

71 **b) Drittschutz.** Voraussetzung einer möglichen Verletzung in eigenen Rechten ist, dass die Vorschrift, deren Verletzung der Dritte rügt, zumindest auch in seinem Interesse erlassen worden ist; es muss sich mithin um eine **drittschützende Norm** handeln (vgl. BVerwGE 85, 368 (372); 151, 138 (142); Kotulla in Kotulla Rn. 46). So steht die drittschützende Wirkung der **Schutzpflicht** aus § 5 Abs. 1 Nr. 1 außer Streit. Dritte können etwa geltend machen, durch Geruchs- oder Lärmbelästigungen oder durch Explosionsgefahren im Einwirkungsbereich der Anlage in ihren Rechten verletzt zu sein (vgl. im Einzelnen → § 5 Rn. 114 ff.). Der **Vorsorgegrundsatz** nach § 5 Abs. 1 Nr. 2 kann demgegenüber (grundsätzlich) nicht als drittschützend qualifiziert werden (Gärditz in Appel/Ohms/Saurer Rn. 68; vgl. auch Enders in BeckOK UmweltR Rn. 40 f. sowie die Ausführungen unter → § 5 Rn. 163 ff.) Zur drittschützenden Wirkung der übrigen Grundpflichten vgl. auch die Ausführungen unter → § 5 Rn. 130, 163 ff., 194 f., 205, 232 (sowie ferner Jarass Rn. 76 f.; Kotulla in Kotulla Rn. 46). Möglich ist auch die Berufung auf **drittschützende bauplanungsrechtliche Bestimmungen**, so etwa auf planungsrechtliche Vorgaben hinsichtlich der Art der baulichen Nutzung oder hinsichtlich des aus § 15 Abs. 1 S. 2 BauNVO folgenden Rücksichtnahmegebots (Storost in Ule/Laubinger/Repkewitz Rn. F 8 mwN; Enders in BeckOK UmweltR Rn. 42; vgl. zur WEA-Zulassung auch → § 16b Rn. 93, Rn. 99 f.). Drittschutz gebührt idR nur den **Nachbarn**, wobei zur Bestimmung der „Nachbarschaft" der Einwirkungsbereich der Anlage maßgeblich ist (Gärditz in Appel/Ohms/Saurer Rn. 69; Jarass Rn. 78; Enders in BeckOK Rn. 46).

Gemeinden sind nicht befugt, die Rechte ihrer Bürger gegen die Genehmigung anzuführen (st. Rspr., vgl. BVerwG NVwZ-RR 2022, 317 (318); Jarass Rn. 80), können sich für die Drittanfechtung aber auf ihr **Selbstverwaltungsrecht** aus Art. 28 Abs. 2 S. 1 GG, insbesondere in Form ihrer betroffenen Planungshoheit berufen (BVerwGE 84, 209 (214); Scheidler in Feldhaus BImSchR Rn. 124; Jarass Rn. 80). Eine Verletzung kommt namentlich in Betracht, soweit das nach § 36 BauGB erforderliche Einvernehmen nicht erteilt wurde (Storost in Ule/Laubinger/Repkewitz Rn. 10). Soweit die Gemeinde zugleich Grundstückseigentümerin ist, kann sie darüber hinaus – vermittelt über ihr privatrechtliches Grundeigentum – zugleich wie ein privater Grundeigentümer den Schutz von Lärmeinwirkungen oder sonstiger drittschützender Vorschriften verlangen (BVerwGE 69, 256 (261); BVerwG NVwZ 1993, 884 (886); VGH Kassel NVwZ-RR 2012, 544 (545); Storost in Ule/Laubinger/Repkewitz Rn. 10; Jarass Rn. 80). Eine Berufung auf die grundrechtliche Eigentumsfreiheit ist der Gemeinde demgegenüber verwehrt (BVerfGE 61, 82 (102); Jarass Rn. 80).

72 **c) Amtshaftungsansprüche.** Wird eine Genehmigung erteilt, obwohl die Genehmigungsvoraussetzungen nach § 6 nicht vorliegen, namentlich drittschützende Betreibergrundpflichten nicht erfüllt werden, so können geschädigte Nachbarn gegebenenfalls **Amtshaftungsansprüche nach § 839 BGB iVm Art. 34 S. 1 GG** geltend machen. Die Genehmigungsbehörde besitzt nämlich die Amtspflicht, die Genehmigung nur unter erfüllten Voraussetzungen des § 6 zu erteilen (vgl. Engelhardt/Schlicht Rn. 10; Kotulla in Kotulla Rn. 47; Schlick NJW 2011, 3341 (3343 f.)). Soweit es um die Verletzung

drittschützender Vorschriften (zB § 5 Abs. 1 Nr. 1) geht, ist diese Amtspflicht zugleich auch zugunsten der Nachbarschaft drittgerichtet. Immerhin obliegt es dem Geschädigten aber, eine rechtswidrige Entscheidung vorrangig mit den Mitteln des Primärrechtsschutzes aus der Welt zu schaffen. Anderenfalls ist der Amtshaftungsanspruch ausgeschlossen (§ 839 Abs. 3 BGB).

3. Umweltvereinigungen. Neben in eigenen Rechten betroffenen Dritten verschafft das Umweltrechtsbehelfsgesetz (UmwRG) auch den anerkannten **Umweltvereinigungen** iSd § 3 UmwRG bzw. **Vereinigungen im Gründungsprozess** iSd § 2 Abs. 2 UmwRG die Befugnis, Klage gegen die Genehmigung zu erheben. Diese Vereinigungen müssen sich im Gegensatz zu Nachbarn und Anwohnern nicht auf die Verletzung eigener subjektiver Rechte berufen, sie besitzen vielmehr prinzipiell auch die Möglichkeit, **objektives Umweltrecht** zu rügen (dazu eingehend auch → Bd. 1, UmwRG § 2 Rn. 18 ff.). Grundlegende Voraussetzung für die Rechtsschutzvorgaben des UmwRG ist dabei, dass für die Vereinigung eine Klagemöglichkeit nach § 1 Abs. 1 UmwRG gegeben ist. Eine solche besteht für immissionsschutzrechtliche „Genehmigungen", soweit diese im **förmlichen Verfahren** erteilt werden (§ 1 Abs. 1 S. 1 Nr. 2 UmwRG; vgl. auch Jarass Rn. 81; Scheidler in Feldhaus BImSchR Rn. 127; siehe für das störfallrechtliche Genehmigungsverfahren nach § 23b bzw. § 19 Abs. 4 auch die Spezialregelung in § 1 Abs. 1 S. 1 Nr. 2a UmwRG). Zusätzlich ist erforderlich, dass die Vereinigung zur Beteiligung am Verfahren berechtigt war (§ 2 Abs. 1 S. 1 Nr. 3 lit. b). Für im **vereinfachten Verfahren** des § 19 zu genehmigende Anlagen dürfte regelmäßig über § 1 Abs 1 Nr. 5 UmwRG eine Anwendbarkeit des UmwRG in Betracht kommen, welche dann eingreift, wenn „Vorhaben unter Anwendung umweltbezogener Rechtsvorschriften des Bundesrechts, des Landesrechts oder unmittelbar geltender Rechtsakte der Europäischen Union zugelassen" werden (Schlacke NVwZ 2019, 1392 (1399)). Dafür ist zusätzlich Voraussetzung, dass zugleich auch umweltbezogene Rechtsvorschriften iSd § 1 Abs. 4 UmwRG berührt werden (§ 2 Abs. 1 S. 2 UmwRG, weiterführend Schlacke NVwZ 2019, 1392 (1399)). Für alle benannten Klagemöglichkeiten iSd § 1 Abs. 1 UmwRG ist dabei zu beachten, dass von ihnen grds. **nur die Entscheidung über die Zulassung der Anlage** (Vollgenehmigung iSd § 6, Teilgenehmigung iSd 8, Vorbescheid iSd § 9) umfasst wird. Ob eine Klageoption gegen die Zulassung vorzeitigen Beginns eröffnet ist, ist nicht abschließend geklärt (abl. Fellenberg/Schiller → Bd. 1, UmwRG § 1 Rn. 47 mwN zum Streitstand). Keine Befugnis für gerichtlichen Rechtsschutz besteht für den Fall einer nachträglichen Nebenbestimmung, da diese weder eine Zulassungswirkung entfaltet, noch Elemente einer Zulassungsentscheidung enthält (BVerwG NVwZ-RR 2017, 229 (232); Scheidler in Feldhaus BImSchR Rn. 127). 72a

Für den Rechtsschutz von Umweltvereinigungen ist gem. § 2 Abs. 1 S. 1 Nr. 2 UmwRG weitere Zulässigkeitsvoraussetzung, dass die Vereinigung geltend macht, dass ihr **„satzungsgemäß[er] Aufgabenbereich der Förderung der Ziele des Umweltschutzes"** durch die Entscheidung **„berührt"** wird. Erforderlich ist insoweit ein plausibler Sachvortrag, aus dem sich ein Kausalzusammenhang zwischen dem Rechtsbehelf und dem Aufgabenbereich der Vereinigung ergibt (eingehend → Bd. 1, UmwRG § 2 Rn. 18 ff.; Kment NVwZ 2018, 921 (923)). Für die **Klagefrist** werden die allgemeinen Regelungen des § 74 VwGO durch § 2 Abs. 3 UmwRG modifiziert, falls die Genehmigung nicht der Vereinigung bekanntgegeben und auch nicht öffentlich bekanntgemacht wurde. Insoweit greift grds. eine Frist von einem Jahr ab dem Zeitpunkt, in dem die Vereinigung Kenntnis erlangt hat bzw. Kenntnis hätte erlangen können. Im Falle des vereinfachten Verfahrens und der Einschlägigkeit des § 1 Abs. 1 Nr. 5 UmwRG ist eine Höchstfrist von zwei Jahren ab Erteilung der Genehmigung vorgesehen. (→ Bd. 1, 72b

UmwRG § 2 Rn. 43 ff.; 51 f.; Jarass Rn. 90). Für die **Begründetheit** ist die Sonderregelung des **§ 2 Abs. 4 UmwRG** zu beachten, durch welche – im Unterschied zu § 113 Abs. 1 S. 1 VwGO – eine subjektive Rechtsverletzung nicht eingefordert wird. Diese Regelung ist gewissermaßen die materiellrechtliche Kehrseite zur Regelung des § 2 Abs. 1 UmwRG für die Begründetheit (Storost in Ule/Laubinger/Repkewitz F 14). Für Rechtsbehelfe gegen Genehmigungen im förmlichen Verfahren ist gem. § 2 Abs. 4 S. 1 Nr. 1 UmwRG notwendig, dass gegen Rechtsvorschriften verstoßen wurde, die für die Entscheidung von Bedeutung sind. Für Rechtsbehelfe gegen Genehmigungen im vereinfachten Verfahren wird über § 2 Abs. 4 S. 1 Nr. 2 UmwRG eingefordert, dass die Genehmigung gegen umweltbezogene Rechtsvorschriften verstößt, die für die Entscheidung von Bedeutung sind. Zusätzliche Begründetheitsvoraussetzung ist stets, dass tatsächlich Belange berührt werden, die zum satzungsmäßigen Aufgabenbereich der Verbände gehören (vgl. zum Vorstehenden auch Kment NVwZ 2018, 921 (927)). Neben materiellrechtlichen Regelungen umfasst die Norm zugleich auch das umweltbezogene Verfahrensrecht (Enders in BeckOK UmweltR Rn. 48).

72c Neben dem UmwRG hält auch das **BNatSchG** über § 64 BNatSchG Rechtsschutzoptionen für Naturschutzvereinigungen iSd § 63 BNatSchG bereit, die neben dem UmwRG Anwendung finden (Scheidler in Feldhaus BImSchR Rn. 126, 129; Enders in BeckOK UmweltR Rn. 48). Auch nach dieser Bestimmung besteht – unabhängig von eigenen Rechtsverletzungen – die Möglichkeit zu einer **„altruistischen" Verbandsklage**, die im Vergleich zu den Klagerechten nach dem UmwRG allerdings eingeschränkt ist, da sich die naturschutzrechtliche Verbandsklage gem. § 64 Abs. 1 Nr. 1 BNatSchG nur auf spezifisches **Naturschutzrecht des Bundes und der Länder** beziehen kann. Auch hier ist Voraussetzung, dass die Vereinigung in ihrem satzungsmäßigen Aufgaben- und Tätigkeitsbereich berührt wird (§ 64 Abs. 1 Nr. 2). Überdies muss die Naturschutzvereinigung zur Mitwirkung nach § 63 Abs. 1 Nr. 2 oder § 63 Abs. 2 Nr. 4a-5 BNatSchG berechtigt gewesen sein und sich in der Sache geäußert haben bzw. ihr keine Gelegenheit zur Äußerung gegeben worden sein (Kloepfer Umweltrecht § 12 Rn. 548 ff.; Groß in Rehbinder/Schink Grundzüge des Umweltrechts Kap. 4 Rn. 27).

72d **4. Fehlerheilung.** Allein damit, dass die Genehmigung rechtswidrig ist und eine subjektive Rechtsverletzung von Individualklägern bzw. eine Verletzung umweltbezogener Rechtsverletzungen vorliegt, ist inzwischen nicht mehr zwangsläufig die Aufhebung der Genehmigung verbunden. So sind von der prozessualen Grundregel in § 113 Abs. 1 S. 1 VwGO mittlerweile weitreichende Ausnahmen vorhanden.

So sieht **§ 4 Abs. 1b UmwRG** für formelle Fehler in seinem Satz 1 die Möglichkeit eines ergänzenden Verfahrens vor und erlaubt in seinem Satz 2 die Verfahrensfehlerheilung auch noch im gerichtlichen Verfahren (dazu weiter → § 10 Rn. 283a; → Bd. 1, UmwRG § 4 Rn. 76 ff.). Kommt eine Anwendung des § 4 Abs. 1b S. 1 in Betracht, ist eine gerichtliche Aufhebung der Genehmigung ausgeschlossen. Vielmehr stellt das Gericht wie auch im Rahmen der Planergänzung nach § 75 Abs. 1a S. 2 VwVfG bis zur Heilung von Amts wegen fest, dass der Genehmigungsbescheid rechtswidrig und nicht vollziehbar ist (BVerwGE 141, 282 (292); 155, 91 (100); Seibert NVwZ 2018, 97 (103); vgl. auch → Bd. 1, UmwRG § 4 Rn. 89 ff.). Im Falle des Rechtsschutzes gegen eine **Genehmigung im vereinfachten Genehmigungsverfahren iSd § 19** (§ 1 Abs. 1 Nr. 5 UmwRG) sind die Fehlerfolgenregelungen aus § 4 UmwRG grundsätzlich nicht anwendbar, vgl. § 4 Abs. 5 UmwRG, womit die Verfahrensfehlerregelungen des VwVfG gelten (→ Bd. 1, UmwRG § 4 Rn. 120). Als Rückausnahme von diesem Grundsatz ist allerdings das ergänzende Verfahren iSd § 4 Abs. 1b UmwRG auch für die Genehmigung im vereinfachten Genehmigungsverfahren heranzuziehen, da sich § 4 Abs. 1b UmwRG ebenso auf Entscheidungen iSd § 1 Abs. 1 Nr. 5 UmwRG bezieht (→ Bd. 1, UmwRG § 4 Rn. 121).

§ 7 Abs. 5 UmwRG sieht zudem eine Fehlerheilung auch für **materiell-rechtliche Fehler** vor. Die Bestimmung stellt die materiell-rechtliche Komplementärregelung zu § 4 Abs. 1b dar (→ Bd. 1, UmwRG § 7 Rn. 82). Sie wurde durch das UmwRG-Reformgesetz aus dem Jahr 2017 (BGBl. I 1298 ff.) neu eingeführt und ist merklich an die Regelung zur Planergänzung bei Planfeststellungsverfahren in § 75 Abs. 1a S. 2 VwVfG angelehnt (Jarass Rn. 85). § 7 Abs. 5 UmwRG gilt für alle Zulassungsentscheidungen iSd § 1 Abs. 1 Nr. 2-2a, Nr. 5 UmwRG, womit im Ergebnis alle immissionsschutzrechtlichen Zulassungsentscheidungen umfasst werden. Gem. § 7 Abs. 6 UmwRG findet die Norm sowohl auf Rechtsbehelfe anerkannter Umweltvereinigungen als auch auf Rechtsbehelfe von Individualklägern Anwendung. Voraussetzung für die Fehlerheilung nach § 7 Abs. 5 UmwRG ist jedenfalls, dass das Vorhaben durch den Fehler nicht als Ganzes infrage gestellt wird und dass die **Genehmigung** durch die isolierte Entscheidungsergänzung in absehbarer Zeit **rechtmäßig werden kann** (BVerwG NVwZ 2021, 1295 (1298 f.); Jarass Rn. 85; dazu die eingehenden Darstellungen bei Fellenberg/Schiller → Bd. 1, UmwRG § 7 Rn. 93 ff.). Liegen die Voraussetzungen für die Anwendung des § 7 Abs. 5 UmwRG vor, so kommt eine Aufhebung nicht in Betracht, stattdessen wird die Rechtswidrigkeit und Nichtvollziehbarkeit der Genehmigung bis zu ihrer Korrektur festgestellt (Jarass Rn. 87; Kahl/Gärditz Umweltrecht § 5 Rn. 37; vgl. auch BVerwG NVwZ 2018, 1734 (1737); BVerwG NVwZ 2021, 1295 (1299)).

III. Vorläufiger Rechtsschutz

Widerspruch und Anfechtungsklage Dritter gegen eine immissionsschutzrechtliche Genehmigung haben **grundsätzlich** (zum Sonderfall des § 63 bei der Zulassung von Windenergieanlagen → Rn. 74a) **aufschiebende Wirkung.** Obwohl über die Konzentrationswirkung des § 13 auch die bauaufsichtliche Zulassung von der Genehmigung umfasst ist, ist die Regelung des **§ 212a Abs. 1 BauGB nicht** auf die immissionsschutzrechtliche Genehmigung **anzuwenden** (Scheidler in Feldhaus BImSchR Rn. 136; Jarass Rn. 59). Dies gilt sogar dann, wenn die Behörde die immissionsschutzrechtliche Genehmigungspflicht übersehen und fälschlicherweise eine Baugenehmigung erlassen hat (OVG Koblenz BeckRS 2011, 50305; OVG Lüneburg EnWZ 2020, 129 (132); Kalp/Külpmann in Ernst/Zinkahn BauGB § 212a Rn. 26a; Jarass Rn. 59). 73

Die aufschiebende Wirkung entfällt, wenn die Genehmigungsbehörde oder das Gericht die Anordnung der sofortigen Vollziehung ausspricht (§ 80 Abs. 2 S. 1 Nr. 4 VwGO iVm § 80a Abs. 1 Nr. 1, Abs. 3 S. 1 VwGO). In diesem Fall ist das für die Anordnung erforderliche **„besondere Interesse“** an der sofortigen Vollziehung **schriftlich zu begründen** (§ 80 Abs. 3 VwGO). Aus der Begründung muss insoweit hervorgehen, dass eine umfängliche **Einzelfallabwägung angestellt worden ist,** bei der einerseits das Interesse des Dritten, zunächst von der Errichtung bzw. dem Betrieb der genehmigten Anlage verschont zu bleiben, andererseits aber das öffentliche oder ggf. auch rein private Interesse des Anlagenbetreibers einzubeziehen sind. Formelhafte und inhaltsleere Begründungen genügen dieser Anforderung nicht (stRspr, vgl. jüngst etwa OVG Münster NVwZ-RR 2021, 343 f. mwN). Im Falle einer **fehlenden oder unzureichenden Begründung** wird die Wirksamkeit der Anordnung nicht berührt, der Dritte kann indes über § 80 Abs. 5 S. 1 Var. 2 VwGO (iVm § 80a Abs. 3, Abs. 1 Nr. 2 VwGO) einen Antrag auf Wiederherstellung der aufschiebenden Wirkung stellen (Scheidler in Feldhaus BImSchR Rn. 136). Für die Frage der **Rechtmäßigkeit der Vollziehungsanordnung** kommt es auf das Überwiegen des Vollzugsinteresses des Anlagenbetreibers gegenüber 74 dem Aussetzungsinteresse des Dritten an, wofür die jeweiligen Umstände des konkreten Einzelfalls relevant sind. Maßgebliche Bedeutung kommt dabei insbesondere den Erfolgsaussichten des Rechtsbehelfs des Dritten zu (eingehend Schoch in Schoch/Schneider Verwaltungsrecht VwGO § 80 Rn. 372 ff. mwN). Die sofortige Vollziehung kann auch einschränkend angeordnet werden, etwa unter der Bedingung, dass der Betreiber von etwaigen Schadensersatzverpflichtungen Dritten gegenüber freigestellt wird (VG Frankfurt a.M. NVwZ 2000, 1324). In allen Fällen kann **nach § 80 Abs. 5 VwGO** (iVm § 80a Abs. 3 S. 2) das Gericht der Hauptsache die aufschiebende Wirkung ganz oder teilweise wieder herstellen.

74a **Keine aufschiebende Wirkung** haben Rechtsbehelfe gegen die Zulassung von **Windenenergieanlagen an Land** mit einer **Gesamthöhe von mehr als 50 m**, was sich aus der durch das Investitionsbeschleunigungsgesetz vom 3.12.2020 (BGBl. I 2694) mit Wirkung zum 10.12.2020 erlassenen Neuregelung in **§ 63** ergibt. Die Regelung umfasst auch **Neu-, Teil- und Änderungsgenehmigungen**, nicht hingegen Vorbescheide (→ § 63 Rn. 8 f.; Jarass § 63 Rn. 3 ff.). Der Genehmigungsinhaber besitzt bei entsprechenden Anlagen im Falle von Rechtsbehelfen Dritter also auch ohne separate behördliche Vollziehungsanordnung die Befugnis, mit der Realisierung seines Vorhabens zu beginnen (Scheidler in Feldhaus BImSchR Rn. 138). Er trägt freilich aber zugleich aber auch das Risiko, dass die von ihm ausgenutzte Erlaubnis einer späteren Aufhebung im Hauptsacheverfahren unterliegt. Im Falle des gerichtlichen Eilrechtsschutzes Dritter gegen entsprechende immissionsschutzrechtliche Zulassungen (§§ 80a Abs. 3 S. 2 VwGO iVm § 80 Abs. 5 S. 1 Var. 1 VwGO) ist von den Gerichten überdies in Rechnung zu stellen, dass der Gesetzgeber im Interesse der Verfahrensbeschleunigung mit dieser Regelung eine Vorabwägung getroffen hat, um die Ausbauziele für den Windkraftausbau an Land zu erreichen. Die Anordnung der sofortigen Vollziehung in diesen Fällen fordert daher ein, dass **besondere Einzelfallumstände** vorliegen und vom Antragsteller auch vorgetragen werden, die im Einzelfall eine **Abweichung von dieser gesetzgeberischen Grundentscheidung rechtfertigen**. Nicht ausreichend sind hingegen solche Umstände, die der Gesetzgeber als grundsätzliche Folge der Anordnung der sofortigen Vollziehung bereits in seine Grundentscheidung einbezogen hat (vgl. OVG Münster ZUR 2021, 371 (373 f.); VGH Mannheim EnWZ 2022, 132 (133 f.); OVG Berlin-Brandenburg BeckRS 2022, 4114 Rn. 9). Auch Rechtsbehelfen gegen unter das **LNGG** fallenden Vorhabenzulassungen (vgl. § 2 LNGG) kommt nach **§ 11 LNGG keine aufschiebende Wirkung** zu.

Zur Beschleunigung des Infrastrukturausbaus sowie zur Bekämpfung von Energieversorgungsengpässen wurden nach der neuesten Reform der VwGO (vgl. das Gesetz zur Beschleunigung von verwaltungsgerichtlichen Verfahren im Infrastrukturbereich vom 10.2.2023, BR-Drs. 57/23, 1 ff.; s. auch Schlacke/Wentzien/Römling, NVwZ 2022, 1577 (1584)) weitreichende **Beschränkungen für den verwaltungsgerichtlichen Eilrechtsschutz** in einem neuen **§ 80c VwGO** geschaffen. Dieser soll für die infrastrukturrelevanten Verfahren iSd § 48 Abs. 1 Nr. 3-15 (sowie § 50 Abs. 1 Nr. 6 VwGO) Anwendung finden (insbesondere also auch bei Windenergieanlagen, § 48 Abs. 1 Nr. 3a VwGO). Nach diesem soll das Gericht die Möglichkeit erhalten, etwa eine prognostisch mögliche Verfahrens- oder Abwägungsfehlerheilung bereits im gerichtlichen Eilrechtsschutz zu berücksichtigen, soweit kein absoluter Verfahrensfehler iSd § 4 Abs. 1 UmwRG vorliegt (§ 80c Abs. 2 VwGO). Im Falle einer Vollzugsfolgenabwägung sollen die vom Gericht anzuordnenden Maßnahmen nach Maßgabe des § 80c Abs. 3 VwGO beschränkt werden, wobei eine dergestalt beschränkte Anordnung auch von einer Sicherheitsleistung abhängig gemacht werden kann. Über den neuen § 80c Abs. 4 VwGO wird überdies die neue Abwägungsvorrangklausel für erneuerbare Energien in § 2 EEG in Bezug genommen werden, sodass die Bedeutung von Infrastrukturmaßnahmen auch in der Abwägung im Rahmen des Eilrechtsschutzes im Falle einer entsprechenden bundesgesetzlichen Feststellung „besonders zu berücksichtigen“ ist (vgl. auch Schlacke/Wentzien/Römling, NVwZ 2022, 1577 (1584)).

Gegen die Beschlüsse des Verwaltungsgerichts über die Anordnung bzw. Wiederherstellung der aufschiebenden Wirkung steht den Beteiligten die **Beschwerde** (§ 146 Abs. 1 VwGO) zu. Hierbei sind die weitergehenden Voraussetzungen des § 146 Abs. 4 VwGO für Beschwerden in Eilrechtsschutzverfahren zu wahren. Soweit die Beschwerde noch nicht die gem. § 146 Abs. 4 S. 1 VwGO erforderliche Begründung enthielt, ist diese binnen eines Monats unter Wahrung der Begründungsanforderungen des § 146 Abs. 4 S. 3 VwGO beim Oberverwaltungsgericht einzureichen (§ 146 Abs. 4 S. 2 VwGO). Das OVG als Beschwerdegericht ist in seiner Prüfung auf die in dieser Form dargelegten Gründe beschränkt (§ 146 Abs. 4 S. 6 VwGO). **74b**

IV. Gerichtlicher Prüfungsumfang

Die Entscheidung der Genehmigungsbehörde unterliegt, da es sich um eine **gebundene Entscheidung** handelt, in vollem Umfang verwaltungsgerichtlicher Kontrolle, auch soweit in den Genehmigungsvoraussetzungen **unbestimmte Rechtsbegriffe** Verwendung finden (stRspr, vgl. BVerwGE 55, 250 (253 f.); jüngst etwa OVG Münster ZUR 2018, 163 (164); Scheidler in Feldhaus BImSchR Rn. 139; Kloepfer Umweltrecht § 15 Rn. 857). Das gilt nicht nur etwa für den Begriff der „schädlichen Umwelteinwirkung" in § 5 Abs. 1 Nr. 1, sondern auch für die übrigen genehmigungsrelevanten unbestimmten Rechtsbegriffe. Im Streitfall unterliegen ihre Auslegung und Anwendung grundsätzlich der tatrichterlichen Bewertung durch die Gerichte auf Grund eigener Tatsachenfeststellungen (vgl. BVerwGE 94, 307). Die Gerichte sind weder an das Vorbringen der Parteien noch an Beweisanträge gebunden. **75**

In der Praxis bestehen bei der Ausfüllung unbestimmter Rechtsbegriffe, insbesondere bei der Entscheidung über Art und Umfang der dabei anzustellenden Ermittlungen und bei der „Normenkonkretisierung" durch Technische Anleitungen, gewisse **Gestaltungsspielräume für die Exekutive** (allg. Wickel UPR 2000, 92 ff.). Unbeschadet der Tatsache, dass der unbestimmte Rechtsbegriff der vollen gerichtlichen Überprüfung unterliegt, steht die genaue Art und Weise der Ermittlung des Sachverhalts, soweit nicht besondere Verfahrensvorschriften bestehen, im „pflichtgemäßen Ermessen" der Verwaltungsbehörde (vgl. § 26 Abs. 1 VwVfG). Die uneingeschränkte gerichtliche Kontrolle gilt zudem nur im Rahmen der geltenden Gesetze. Soweit etwa eine gesetzliche Ermächtigungsnorm zur **Normkonkretisierung durch Verwaltungsvorschriften** besteht, haben die in diesem Rahmen getroffenen Regelungen auch für die Gerichte Bindungswirkung (eingehend → § 48 Rn. 6 f.). So entspricht es der höchstrichterlichen Rechtsprechung, dass die auf Grund des § 48 erlassenen Emissions- und Immissionswerte der TA Luft sowie der TA Lärm auf einer besonderen Ermächtigungsvorschrift zur Normkonkretisierung (§ 48) beruhen, sie daher Außenwirkung besitzen und zudem auch von Gerichten zu beachten sind (vgl. zur TA Luft BVerwG NVwZ 1995, 994 f., BVerwGE 110, 216 (218); zur TA Lärm BVerwGE 129, 209 (211); 148, 353 (369); Kahl/Gärditz Umweltrecht § 5 Rn. 45; Schuh JuS 2022, 819 (822)). Die Bindungswirkung solcher normkonkretisierenden Verwaltungsvorschriften entfällt nur bei atypischen Sachverhalten, bei Verstößen gegen höherrangiges Recht oder bei gesicherten Erkenntnisfortschritten in Wissenschaft und Technik (BVerwG NVwZ-RR 1996, 498; NVwZ 2000, 440; vgl. auch Kahl/Gärditz Umweltrecht § 5 Rn. 45). **76**

§ 10 Genehmigungsverfahren

(1) **Das Genehmigungsverfahren setzt einen schriftlichen oder elektronischen Antrag voraus. Dem Antrag sind die zur Prüfung nach § 6 erforderlichen Zeichnungen, Erläuterungen und sonstigen Unterlagen beizufügen. Reichen die Unterlagen für die Prüfung nicht aus, so hat sie der Antragsteller auf Verlangen der zuständigen Behörde innerhalb einer angemessenen Frist zu ergänzen. Erfolgt die Antragstellung elektronisch, kann die zuständige Behörde Mehrfertigungen sowie die Übermittlung der dem Antrag beizufügenden Unterlagen auch in schriftlicher Form verlangen.**

(1a) **Der Antragsteller, der beabsichtigt, eine Anlage nach der Industrieemissions-Richtlinie zu betreiben, in der relevante gefährliche Stoffe verwendet, erzeugt oder freigesetzt werden, hat mit den Unterlagen nach Absatz 1 einen Bericht über den Ausgangszustand vorzulegen, wenn und soweit eine Verschmutzung des Bodens oder des Grundwassers auf dem Anlagengrundstück durch die relevanten gefährlichen Stoffe möglich ist.**
Die Möglichkeit einer Verschmutzung des Bodens oder des Grundwassers besteht nicht, wenn auf Grund der tatsächlichen Umstände ein Eintrag ausgeschlossen werden kann.

(2) **Soweit Unterlagen Geschäfts- oder Betriebsgeheimnisse enthalten, sind die Unterlagen zu kennzeichnen und getrennt vorzulegen. Ihr Inhalt muss, soweit es ohne Preisgabe des Geheimnisses geschehen kann, so ausführlich dargestellt sein, dass es Dritten möglich ist, zu beurteilen, ob und in welchem Umfang sie von den Auswirkungen der Anlage betroffen werden können.**

(3) **Sind die Unterlagen vollständig, so hat die zuständige Behörde das Vorhaben in ihrem amtlichen Veröffentlichungsblatt und außerdem entweder im Internet oder in örtlichen Tageszeitungen, die im Bereich des Standortes der Anlage verbreitet sind, öffentlich bekannt zu machen. Der Antrag und die vom Antragsteller vorgelegten Unterlagen, mit Ausnahme der Unterlagen nach Absatz 2 Satz 1, sowie die entscheidungserheblichen Berichte und Empfehlungen, die der Behörde im Zeitpunkt der Bekanntmachung vorliegen, sind nach der Bekanntmachung einen Monat zur Einsicht auszulegen. Weitere Informationen, die für die Entscheidung über die Zulässigkeit des Vorhabens von Bedeutung sein können und die der zuständigen Behörde erst nach Beginn der Auslegung vorliegen, sind der Öffentlichkeit nach den Bestimmungen über den Zugang zu Umweltinformationen zugänglich zu machen. Bis zwei Wochen nach Ablauf der Auslegungsfrist kann die Öffentlichkeit gegenüber der zuständigen Behörde schriftlich oder elektronisch Einwendungen erheben; bei Anlagen nach der Industrie-Emissionsrichtlinie gilt eine Frist von einem Monat Mit Ablauf der Einwendungsfrist sind für das Genehmigungsverfahren alle Einwendungen ausgeschlossen, die nicht auf besonderen privatrechtlichen Titeln beruhen. Einwendungen, die auf besonderen privatrechtlichen Titeln beruhen, sind auf den Rechtsweg vor den ordentlichen Gerichten zu verweisen.**

(3a) **Nach dem Umweltrechtsbehelfsgesetz anerkannte Vereinigungen sollen die zuständige Behörde in einer dem Umweltschutz dienenden Weise unterstützen.**

(4) **In der Bekanntmachung nach Absatz 3 Satz 1 ist**

1. **darauf hinzuweisen, wo und wann der Antrag auf Erteilung der Genehmigung und die Unterlagen zur Einsicht ausgelegt sind;**
2. **dazu aufzufordern, etwaige Einwendungen bei einer in der Bekanntmachung zu bezeichnenden Stelle innerhalb der Einwendungsfrist vorzubringen; dabei ist auf die Rechtsfolgen nach Absatz 3 Satz 5 hinzuweisen;**

3. ein Erörterungstermin zu bestimmen und darauf hinzuweisen, dass er auf Grund einer Ermessensentscheidung der Genehmigungsbehörde nach Absatz 6 durchgeführt wird und dass dann die formgerecht erhobenen Einwendungen auch bei Ausbleiben des Antragstellers oder von Personen, die Einwendungen erhoben haben, erörtert werden;
4. darauf hinzuweisen, dass die Zustellung der Entscheidung über die Einwendungen durch öffentliche Bekanntmachung ersetzt werden kann.
5. (weggefallen)

(5) Die für die Erteilung der Genehmigung zuständige Behörde (Genehmigungsbehörde) holt die Stellungnahme der Behörden ein, deren Aufgabenbereich durch das Vorhaben berührt wird. Hat eine zu beteiligende Behörde bei einem Verfahren zur Genehmigung einer Anlage zur Nutzung erneuerbarer Energien innerhalb einer Frist von einem Monat keine Stellungnahme abgegeben, so ist davon auszugehen, dass die beteiligte Behörde sich nicht äußern will. Die zuständige Behörde hat die Entscheidung in diesem Fall auf Antrag auf der Grundlage der geltenden Sach- und Rechtslage zum Zeitpunkt des Ablaufs der Monatsfrist zu treffen. Soweit für das Vorhaben selbst oder für weitere damit unmittelbar in einem räumlichen oder betrieblichen Zusammenhang stehende Vorhaben, die Auswirkungen auf die Umwelt haben können und die für die Genehmigung Bedeutung haben, eine Zulassung nach anderen Gesetzen vorgeschrieben ist, hat die Genehmigungsbehörde eine vollständige Koordinierung der Zulassungsverfahren sowie der Inhalts- und Nebenbestimmungen sicherzustellen.

(5a) Betrifft das Vorhaben eine Anlage, die in den Anwendungsbereich der Richtlinie (EU) 2018/2001 des Europäischen Parlaments und des Rates vom 11. Dezember 2018 zur Förderung der Nutzung von Energie aus erneuerbaren Quellen (Neufassung) (ABl. L 328 vom 21.12.2018, S. 82) fällt, gilt ergänzend Folgendes:

1. Auf Antrag des Trägers des Vorhabens wird das Genehmigungsverfahren sowie alle sonstigen Zulassungsverfahren, die für die Durchführung des Vorhabens nach Bundes- oder Landesrecht erforderlich sind, über eine einheitliche Stelle abgewickelt.
2. Die einheitliche Stelle nach Nummer 1 stellt ein Verfahrenshandbuch für Träger von Vorhaben bereit und macht diese Informationen auch im Internet zugänglich. Dabei geht sie gesondert auch auf kleinere Vorhaben und Vorhaben zur Eigenversorgung mit Elektrizität ein, soweit sich das Genehmigungserfordernis nach § 1 Absatz 2 der Verordnung über genehmigungsbedürftige Anlagen darauf erstreckt. In den im Internet veröffentlichten Informationen weist die einheitliche Stelle auch darauf hin, für welche Vorhaben sie zuständig ist und welche weiteren einheitlichen Stellen im jeweiligen Land für Vorhaben nach Satz 1 zuständig sind.
3. Die zuständige und die zu beteiligenden Behörden sollen die zur Prüfung des Antrags zusätzlich erforderlichen Unterlagen in einer einmaligen Mitteilung an den Antragsteller zusammenfassen. Nach Eingang der vollständigen Antragsunterlagen erstellt die Genehmigungsbehörde einen Zeitplan für das weitere Verfahren und teilt diesen Zeitplan in den Fällen der Nummer 1 der einheitlichen Stelle, andernfalls dem Antragsteller mit.

(6) Nach Ablauf der Einwendungsfrist kann die Genehmigungsbehörde die rechtzeitig gegen das Vorhaben erhobenen Einwendungen mit dem Antragsteller und denjenigen, die Einwendungen erhoben haben, erörtern.

(6a) Über den Genehmigungsantrag ist nach Eingang des Antrags und der nach Absatz 1 Satz 2 einzureichenden Unterlagen innerhalb einer Frist von sieben Monaten, in vereinfachten Verfahren innerhalb einer Frist von drei Monaten, zu entscheiden. Die zuständige Behörde kann die Frist um jeweils drei Monate verlängern, wenn

dies wegen der Schwierigkeit der Prüfung oder aus Gründen, die dem Antragsteller zuzurechnen sind, erforderlich ist. Die Fristverlängerung soll gegenüber dem Antragsteller begründet werden.

(7) **Der Genehmigungsbescheid ist schriftlich zu erlassen, schriftlich zu begründen und dem Antragsteller und den Personen, die Einwendungen erhoben haben, zuzustellen. Er ist, soweit die Zustellung nicht nach Absatz 8 erfolgt, öffentlich bekannt zu machen. Die öffentliche Bekanntmachung erfolgt nach Maßgabe des Absatzes 8.**

(8) **Die Zustellung des Genehmigungsbescheids an die Personen, die Einwendungen erhoben haben, kann durch öffentliche Bekanntmachung ersetzt werden. Die öffentliche Bekanntmachung wird dadurch bewirkt, dass der verfügende Teil des Bescheides und die Rechtsbehelfsbelehrung in entsprechender Anwendung des Absatzes 3 Satz 1 bekannt gemacht werden; auf Auflagen ist hinzuweisen. In diesem Fall ist eine Ausfertigung des gesamten Bescheides vom Tage nach der Bekanntmachung an zwei Wochen zur Einsicht auszulegen. In der öffentlichen Bekanntmachung ist anzugeben, wo und wann der Bescheid und seine Begründung eingesehen und nach Satz 6 angefordert werden können. Mit dem Ende der Auslegungsfrist gilt der Bescheid auch gegenüber Dritten, die keine Einwendung erhoben haben, als zugestellt; darauf ist in der Bekanntmachung hinzuweisen. Nach der öffentlichen Bekanntmachung können der Bescheid und seine Begründung bis zum Ablauf der Widerspruchsfrist von den Personen, die Einwendungen erhoben haben, schriftlich oder elektronisch angefordert werden.**

(8a) **Unbeschadet der Absätze 7 und 8 sind die Anlagen nach der Industrieemissions-Richtlinie folgende Unterlagen im Internet öffentlich bekannt zu machen:**

1. der Genehmigungsbescheid mit Ausnahme in Bezug genommener Antragsunterlagen und des Berichts über den Ausgangszustand sowie

2. die Bezeichnung des für die betreffende Anlage maßgeblichen BVT-Merkblatts.

Soweit der Genehmigungsbescheid Geschäfts- oder Betriebsgeheimnisse enthält, sind die entsprechenden Stellen unkenntlich zu machen. Absatz 8 Satz 3, 5 und 6 gilt entsprechend.

(9) **Die Absätze 1 bis 8 gelten entsprechend für die Erteilung eines Vorbescheides.**

(10) **Die Bundesregierung wird ermächtigt, durch Rechtsverordnung mit Zustimmung des Bundesrates das Genehmigungsverfahren zu regeln; in der Rechtsverordnung kann auch das Verfahren bei Erteilung einer Genehmigung im vereinfachten Verfahren (§ 19) sowie bei der Erteilung eines Vorbescheides (§ 9), einer Teilgenehmigung (§ 8) und einer Zulassung vorzeitigen Beginns (§ 8a) geregelt werden. In der Verordnung ist auch näher zu bestimmen, welchen Anforderungen das Genehmigungsverfahren für Anlagen genügen muss, für die nach dem Gesetz über die Umweltverträglichkeitsprüfung (UVPG) eine Umweltverträglichkeitsprüfung durchzuführen ist.**

(11) **Das Bundesministerium der Verteidigung wird ermächtigt, im Einvernehmen mit dem Bundesministerium für Umwelt, Naturschutz und nukleare Sicherheit durch Rechtsverordnung mit Zustimmung des Bundesrates das Genehmigungsverfahren für Anlagen, die der Landesverteidigung dienen, abweichend von den Absätzen 1 bis 9 zu regeln.**

Schrifttum (Auswahl): A. Erläuterungswerke und sonstige Schriften: *Agatz,* Windenergie-Handbuch, 18. Ausgabe 2021; *Appel/Ohms/Saurer,* Bundes-Immissionsschutzgesetz, 2021; *Bader/Ronellenfitsch,* BeckOK VwVfG, 58. Edition 2023; *Bunge,* Umwelt-Rechtsbehelfsgesetz Kommentar, 2. Aufl. 2019; *Dürig/Herzog/Scholz,* Grundgesetz, Loseblatt, 99. Ergänzungslieferung (September 2022); *Bunge,* Umweltrechtsbehelfsgesetz Kommentar, 2. Aufl. 2019; *Ehlers/Fehling/Pünder,* Besonderes Verwaltungsrecht, Bd. 2, 4. Aufl. 2020; *Eversberg,* Der Zeitfaktor im bundesimmissionsschutzrechtlichen Genehmigungsverfahren, 1999; *Feldhaus,* Bundesimmissionsschutzrecht, Loseblatt, 224. Ergänzungslieferung (November 2022), 220. Ergänzungslieferung (März 2022); *Führ,* Gemeinschaftskommentar zum Bundes-Immissionsschutzgesetz, 2. Aufl. 2019; *Giesberts/Reinhardt,* Beck'scher Onlinekommentar Umweltrecht, 65. Edition (Januar 2023); *Harder,* Das immissionsschutzrechtliche Genehmigungsverfahren, 1987; *Hett,* Öffentlichkeitsbeteiligung bei atom- und immissionsschutzrechtlichen Genehmigungsverfahren, 1994; *Hoppe/Beckmann/Kauch,* Umweltrecht, 2. Aufl. 2000; *Hufen/Siegel,* Fehler im Verwaltungsverfahren, 7. Aufl. 2021; *Jarass,* Bundes-Immissionsschutzgesetz, 14. Aufl. 2022; *Kloepfer,* Umweltrecht, 4. Aufl. 2016; *Kahl/Gärditz,* Umweltrecht, 12. Aufl. 2021; *Koch/Pache/Scheuing,* Gemeinschaftskommentar zum Bundes-Immissionsschutzgesetz, Loseblatt, 36. Ergänzungslieferung (Juni 2014); *Kopp/Ramsauer,* Verwaltungsverfahrensgesetz, 23. Aufl. 2022; *Kopp/Schenke,* Verwaltungsgerichtsordnung, 28. Aufl. 2022; *Kreppel,* Rechtsnachfolge in anlagenbezogene Zulassungsakte im Bereich des Umweltrechts, 1998; *Nicklas,* Implementationsprobleme des EG-Umweltrechts, 1997; *Redeker/von Oertzen,* Verwaltungsgerichtsordnung, 17. Aufl. 2021; *Ronellenfitsch,* Beschleunigung und Vereinfachung der Anlagenzulassungsverfahren, 1994; *Schlacke,* Umweltrecht, 8. Aufl. 2021; *Schlacke/Edenhofer u.a,* Wissenschaftsplattform Klimaschutz (2022): Die Beschleunigungsgesetzgebung („Osterpaket") 2022: Zukunftsorientiert über Windenergie an Land hinausdenken – Stellungnahme der Wissenschaftsplattform Klimaschutz; *Schmidt/Sailer,* Reformansätze zum Genehmigungsrecht von Windenergieanlagen, 2022; *Schoch/Schneider,* Verwaltungsrecht VwVfG, Loseblatt, 3. Ergänzungslieferung (August 2022); *Schönke/Schröder,* Strafgesetzbuch, 30. Aufl. 2019; *Sellner,* Immissionsschutzrecht und Industrieanlagen, 2. Aufl. 1988; *Stelkens/Bonk/Sachs,* Verwaltungsverfahrensgesetz, 10. Aufl. 2023; *Ule/Laubinger/Repkewitz,* Bundes-Immissionsschutzrecht, Loseblatt, 244. Ergänzungslieferung (Dezember 2022); *Wachs,* Das Recht auf Akteneinsicht im immissionsschutzrechtlichen Genehmigungsverfahren, 1996; *Wickel,* Bestandsschutz im Umweltrecht. Entwicklung einer einheitlichen Bestandsschutzkonzeption für genehmigte Anlagen, 1996; *Wilting,* Gestuftes atomrechtliches Genehmigungsverfahren und Bürgerbeteiligung, 1985; *Wolff/Bachof/Stober/Kluth,* Verwaltungsrecht I, 13. Aufl. 2017.

B. Aufsätze: *Augustin/Terfurth,* Gesetzliche Erleichterungen für die Brennstoffumstellung bei einer Gasmangellage, ARP 2022, 3444; *Balla/Borkenhagen/Günnewig,* Der UVP-Bericht nach dem Gesetz über die Umweltverträglichkeitsprüfung, ZUR 2019, 323; *Bothe,* Grenzüberschreitender Verwaltungsrechtsschutz gegen umweltbelastende Anlagen, UPR 1983, 1; *Breuer,* Anlagengenehmigung und Grundpflichten, in: FS f. Feldhaus, 1999, 49; *Breuer,* Schutz von Betriebs- und Geschäftsgeheimnissen im Umweltrecht, NVwZ 1986, 171; *Bunge,* Der Rechtsschutz in Umweltangelegenheiten in Deutschland – Stand und offene Fragen, ZUR 2015, 531; *Burgi/Nischwitz/Zimmermann,* Beschleunigung bei Planung, Genehmigung und Vergabe, NVwZ 2022, 1321; *v. Danwitz,* Umweltrechtliche Präklusionsnormen zwischen Verwaltungseffizienz und Rechtsschutzgarantie, UPR 1996, 323; *Degen,* Das neue Plansicherstellungsgesetz, NJW 2020, 364; *Degenhart,* Präklusion im Verwaltungsprozeß, in: FS f. Menger, 1985, 621; *Di Fabio,* Integratives Umweltrecht, NVwZ 1998, 329; *Dietrich,* Fragen zum Genehmigungsverfahren beim Repowering von Windenergieanlagen unter besonderer Berücksichtigung des neuen § 16b BImSchG und der Vorgaben aus der EE-Richtlinie (EU) 2018/2001, ZNER 2021, 539; *Dolde,* Grundrechtsschutz durch einfaches Verfahrensrecht?, NVwZ 1982, 65; *Dolde,* Die EG-Richtlinie über die integrierte Vermeidung und Verminderung der Umweltverschmutzung (IVU-Richtlinie), NVwZ 1997, 313; *Ekardt,* Das Umweltrechtsbehelfsgesetz vor dem EuGH und dem BVerwG, NVwZ 2012, 530; *Ekhardt/Pöhlmann,* Die neue EG-Öffentlichkeitsrichtlinie – mehr Partizipation für die Bürger?, ThürVBl. 2005, 252; *Enders/Krings,* Das Artikelgesetz aus immissionsschutz- und abfallrechtlicher Sicht, DVBl. 2001, 1389; *Feldhaus,* Entwicklung des Immissionsschutzrechts, NVwZ 1998, 1138; *Feldhaus,* Integriertes Anlagenzulassungsrecht – materiell- und verfahrensrechtliche Anforderungen nach neuem Recht, ZUR 2002, 1; *Fischerauer/Appel,* Die Vorgaben der Erneuerbare-Energien-Richtlinie II (RED II) für die Vorhabenzulassung und deren Umsetzung in deutsches Recht – „großer Wurf" oder „Sturm im Wasserglas"?, UPR 2021, 328; *Fluck,* Die Änderungen des Umweltrechts zur Investitionsbeschleunigung, DB 1993, 2011; *Fröhler,* Effektiver Rechtsschutz bei der Genehmigung technischer Großanlagen, in: FS f. Ule, 1987, 55; *Gärditz,* Verwaltungsgerichtlicher Rechtsschutz im Umweltrecht, NVwZ 2014, 1; *Gerhardt/Jacob,* Die ungeliebte Öffentlichkeit, DÖV 1986, 258; *Gieseke,* UVP-Portale des Bundes und der Länder: Vollzugs- und Rechtsfragen, ZUR 2022, 350; Grimm, Verfahrensfehler als Grundrechtsverstöße, NVwZ 1985, 865; *Hansmann,* Immissionsschutz und Föderalismus, Immissionsschutz 2001, 84; *Hildebrandt/Koch,* Unionsrechtswidrigkeit der Präklusion – Neues aus Leipzig?, NVwZ 2017, 1099; *Hofmann,* Ausgewählte Probleme des allgemeinen Umweltrechts, Die Verwaltung Bd. 50 (2017), 247; *Hofmann,* Der Abschied von der (ohnehin meist falsch verstandenen) Verfahrensautonomie der Mitgliedstaaten?,

EuR 2016, 188; *Hoppe/Püchel,* Zur Anwendung der Art. 3 und 8 EG-Richtlinie zur UVP bei der Genehmigung nach dem Bundes-Immissionsschutzgesetz, DVBl. 1988, 1; *Huber,* Der Immissionsschutz im Brennpunkt des modernen Verwaltungsrechts, AöR Bd. 114 (1989), 252; *Hufen,* Zur Systematik der Folgen von Verfahrensfehlern – eine Bestandsaufnahme nach zehn Jahren VwVfG, DVBl. 1988, 69; *Jarass,* Verfahrensfehler – Verfahrensverstöße im Genehmigungsverfahren: Folgen, Rechtsschutz, Präklusion, in: FS f. Battis, 2014, 467; *Jarass,* Grundstrukturen des Gesetzes über die Umweltverträglichkeitsprüfung, NuR 1991, 201; *Jarass,* Die Kontrolle gefährlicher Anlagen nach dem Bundesimmissionsschutzgesetz, JuS 1984, 351; *Keller,* Drittanfechtungen im Umweltrecht durch Umweltvereinigungen und Individualkläger, NVwZ 2017, 1080; *Kloepfer,* Grenzüberschreitende Umweltbelastungen als Rechtsproblem, DVBl. 1984, 245; *Kment/Fimpel,* LNG-Terminals ohne UVP-Pflicht – heiligt der Zweck die Mittel?, NuR 2022, 599; *Knäpple,* Gesetz zur Reduzierung und Beschleunigung von immissionsschutzrechtlichen Genehmigungsverfahren, Immissionsschutz 2008, 28; *Knopp,* Öffentlichkeitsbeteiligungsgesetz und Umwelt-Rechtsbehelfsgesetz, ZUR 2005, 281; *Konrad,* Verwaltungsrechtsschutz im Nachbarschaftsverhältnis, BayVBl. 1984, 33; *Korbmacher,* Das atomrechtliche Anhörungsverfahren, UPR 1994, 325; *Kormann,* Lastenverteilung bei Mehrheit von Umweltstörern, UPR 1983, 281; *Kutscheidt,* Die Umsetzung des Integrationsgebots im Anlagenzulassungsrecht, NVwZ 2001, Sonderheft, 26; *Kutscheidt,* in: Grundzüge des Umweltrechts, 1982, 237; *Laubinger,* Die Anfechtbarkeit von Nebenbestimmungen, VerwArch Bd. 73 (1982), 345; *Lecheler,* Planungsbeschleunigung bei verstärkter Öffentlichkeitsbeteiligung und Ausweitung des Rechtsschutzes?, DVBl. 2007, 713; *Lukes,* Klagebefugnis und Verwaltungsverfahrensbeteiligung für ausländische Nachbarn am Beispiel des Immissionsschutzrechts, GewArch 1986, 1; *Lorenzen,* Materielle Präklusion im deutschen Umwelt- und Planungsrecht, NVwZ 2022, 674; Maaß, Behördenkoordination im immissionsschutzrechtlichen Genehmigungsverfahren, DVBl. 2002, 364; *Manten,* Volle Kraft voraus – Gesetz zur Reduzierung und Beschleunigung von immissionsschutzrechtlichen Genehmigungsverfahren, DVBl. 2009, 213; *Meyer-Abich,* Grundrechtsschutz heute, in: Recht und Technik im Spannungsfeld der Kernenergiekontroverse, 1984, 221; *Michl,* Die Umweltverbandsklage nach dem Regierungsentwurf zur Anpassung des UmwRG an europa- und völkerrechtliche Vorgaben, NuR 2016, 543; *Müggenborg,* Einführung in das Artikelgesetz zur Umsetzung der UVP-Änderungsrichtlinie, der IVU-Richtlinie und weiterer EG-Richtlinien zum Umweltschutz, SächsVBl. 2001, 205; *v. Mutius,* Akteneinsicht in atom- und immissionsschutzrechtlichen Genehmigungsverfahren, DVBl. 1978, 665; *Neumann/Lißek,* Rechtliche Maßnahmen zur Bewältigung der Energiekrise, NundR 2022, 258; *Ochtendung,* Neuere Entwicklungen des Anlagengenehmigungsrechts nach BImSchG, ZUR 2006, 184; *Papier,* Einwendungen Dritter im Verwaltungsverfahren, NJW 1980, 313; *Paulus,* Immissionsschutzrechtliche Öffentlichkeitsbeteiligung im Lichte aktueller gemeinschaftsrechtlicher Vorgaben, AUR 2006, 167; *Perchermeier,* Aktuelle Entwicklungen im anlagenbezogenen Immissionsschutzrecht, UWP 2021, 6; *Pützenbacher/Sailer,* Der Zugang zu Umweltinformationen bei Kommunen und Landesbehörden nach der Neufassung des Umweltinformationsgesetzes (UIG), NVwZ 2006, 1257; *Rebentisch,* Probleme des Geheimnisschutzes im Rahmen der Emmissionserklärung, NJW 1980, 99; *Redeker,* Grundgesetzliche Rechte auf Verfahrensteilhaben, NJW 1980, 1593; *Reidt,* Rechtsprobleme bei Bodenuntersuchungen im Rahmen immissionsschutzrechtlicher Genehmigungsverfahren, UPR 1992, 172; *Reinhardt,* Wasserrechtliche Richtlinientransformation zwischen Gewässerschutzrichtlinie und Wasserrahmenrichtlinie, DVBl. 2001, 145; *Rieger/Groß,* Wegfall der Präklusion in UVP-Verfahren, NzBau 2017, 195; *Roßnagel,* Die Genehmigung von Großvorhaben durch Verweisung auf technischen Antragsunterlagen, UPR 1995, 121; *Roßnagel,* Kritischer Verstand für die praktische Vernunft?, DVBl. 1995, 644; *Saurer,* Heilung von Verfahrensfehlern in umweltrechtlichen Zulassungsverfahren, NVwZ 2020, 1137; *Schäfer,* Zur Beschleunigung des Genehmigungsverfahrens nach dem Bundes-Immissionsschutzgesetz, DÖV 1977, 88; *Scheidler,* Modifizierungen immissionsschutzrechtlicher Verfahrensvorschriften durch das Planungssicherstellungsgesetz in der Corona-Krise, GewArch 2020, 358; *Scheidler,* Brennstoffwechsel in Feuerungsanlagen bei einer der Gasmangellage, GewArch 2022, 482; *Schink/Erbguth,* Die Umweltverträglichkeitsprüfung im immissionsschutzrechtlichen Zulassungsverfahren, DVBl. 1991, 413; *Schlacke,* Die Novelle des UmwRG 2017, NVwZ 2017, 905; *Schmehl,* Die verfassungsrechtlichen Rahmenbedingungen des Bestands- und Vertrauensschutzes bei Genehmigungen unter Änderungsvorbehalt, DVBl. 1999, 19; *Schlacke/Wentzien/Römling,* Beschleunigung der Energiewende: Ein gesetzgeberischer Paradigmenwechsel durch das Osterpaket?, NVwZ 2022, 1577; *Schmidt-Preuß,* Integrative Anforderungen an das Verfahren der Vorhabenzulassung – Anwendung und Umsetzung der IVU-Richtlinie, NVwZ 2000, 252; *Schmitz/Prell,* Verfahren über eine einheitliche Stelle – Das Vierte Gesetz zur Änderung verwaltungsverfahrensrechtlicher Vorschriften, NVwZ 2009, 1; *Schüren/Kramer,* EuGH-Entscheidung zum UmwRG: Das Aus für materielle Präklusion und traditionelle Verfahrensfehlerfolgenlehre?, ZUR 2016, 400; *Schütte/Winkler,* Aktuelle Entwicklungen im Bundesumweltrecht, ZUR 2022, 440; *v. Schwanenflug/Strohmayr,* Rechtsschutz von Kommunen gegen UVP-pflichtige Vorhaben, NVwZ 2006, 395; *Seibert,* Die Beachtlichkeit von Fehlern im Verwaltungsverfahren gemäß § 46 VwVfG und die Konsequenzen für das verwaltungsgerichtliche Verfahren, in: FS f. Zeidler, 1987, 469; *Sellner,* Die Genehmigung nach dem Bundes-Immissionsschutzgesetz, NJW 1975, 801; *Sellner,* Kontrolle immissionsschutzrechtlicher und atomrechtlicher Entscheidungen im Verwaltungsgerichtsprozess, BauR 1980, 391; *Sendler,* Verwaltungsverfahrensgesetz und Umweltgesetzbuch, NVwZ 1999, 132; *Staupe,* Die vollständige Koordination des Behördenhandelns gemäß IVU-Richtlinie, ZUR 2000, 368; *Steinbeiß-Winkelmann,* Verfassungsrechtliche Vorgaben und Grenzen der Verfahrensbeschleunigung, DVBl. 1998, 809; *Stober,* Zur Bedeutung des Einwendungsausschlusses im atom- und immissionsschutzrechtlichen Genehmigungsverfahren, AöR Bd. 106 (1981), 41; *Streinz,* Materielle Präklusions und Verfahrensbeteiligung im Verwaltungsrecht, VerwArch Bd. 79 (1988), 272; *Thiel,* Zur verfassungsrechtlichen Zulässigkeit der (materiellen) Präklusion im Fachplanungsrecht, DÖV 2001, 814; *Ule,* Die Bedeutung des Verwaltungsverfahrensgesetzes für das Bundes-Immissionsschutzgesetz, DVBl. 1976, 729; *Ule,* Zur rechtlichen Bedeutung von Ausschlußfristen im Verwaltungsverfahren für den Verwaltungsprozeß, BB 1979, 1009; *Vallendar,* Bewertung von Umweltauswirkungen, UPR 1993, 417; *Wahl,* Materiellintegrative Anforderungen an die Vorhabenzulassung – Anwendung und Umsetzung der IVU-Richtlinie, NVwZ 2000, 502; *Weber,* Beteiligung und Rechtsschutz ausländischer Nachbarn im atomrechtlichen Genehmigungsverfahren, DVBl. 1980, 330; *Werres,* Information und Partizipation der Öffentlichkeit in Umweltangelegenheiten nach den Richtlinien 2003/4/EG und 2003/35/EG, DVBl. 2005, 611; *Wolf,* Die Umsetzung der UVP-Richtlinie 2014 in der Verordnung über das immissionsschutzrechtliche Genehmigungsverfahren, ZUR 2018, 457; *Wolfrum,* Der Ausschluß von Einwendungen im Anhörungsverfahren und sein Einfluß auf den Verwaltungsrechtsschutz, DÖV 1979, 497; *Wolfrum,* Die grenzüberschreitende Luftverschmutzung im Schnittpunkt von nationalem Recht und Völkerrecht, DVBl. 1984, 493; *Zuck,* Unwirksamkeit der gewerberechtlichen Ausschlußfrist für Einwendungen gegen „genehmigungspflichtige" Anlagen, BB 1963, 671.

Übersicht

A. Einleitung[1)]

1 Die Vorschrift enthält detaillierte Regelungen zum **Genehmigungsverfahren.** Geregelt werden – zumindest partiell – sowohl das Verfahren zum Erlass eines Vorbescheides nach § 9 (vgl. Abs. 9) als auch das Prüfungsverfahren seitens der Genehmigungsbehörde, die Mitwirkungs- und Anhörungsmöglichkeiten betroffener Dritter und schließlich der Erlass und die Bekanntgabe der Genehmigung nach § 4 selbst. In Anlehnung an die Vorgängerbestimmungen in §§ 17–22a GewO aF sieht § 10 eine **umfassende Prüfung** der geplanten Anlage durch die Genehmigungsbehörde vor. Dies dient sowohl der Gewährleistung der Grundpflichten nach § 5 und damit zumindest teilweise auch dem Schutz Dritter als auch der Sicherstellung der Einhaltung öffentlich-rechtlicher Vorschriften. Die detaillierten Regelungen zur Publizität und Öffentlichkeitsbeteiligung sichern zudem möglicherweise entgegenstehende Rechtspositionen Dritter. Die nunmehr als

1) Die Anpassung der Kommentierung erfolgte unter Mitarbeit von Wiss. Mit. Ass. Jur. Johannes Fabi.

Folge einer unterbliebenen bzw. nicht fristgerechten Erhebung von Einwendungen eintretende alleinige formelle Präklusionswirkung gemäß § 10 Abs. 3 S. 5 nach dem UmwRG-Reformgesetz mit Wirkung vom 2.6.2017 (BGBl. I 1298 ff.) führt zu einem nur noch eingeschränkten Schutz des Anlagenbetreibers: Ist die Genehmigung unter Beachtung der detaillierten Verfahrensregelungen erlassen worden, so kann der Betreiber der Anlage dennoch nicht auf ihren Bestand vertrauen; Drittanfechtungsklagen sind auch seitens der formell ausgeschlossenen Einwender vorbehaltlich der recht weiten Grenzen des § 5 UmwRG möglich. Diese nunmehrige – im Übrigen nur teilweise europarechtlich zwingende – Rechtslage (→ Rn. 175 ff.) ist angesichts der massiven Risikoüberwälzung auf den Antragsteller zu kritisieren. Die Übertragung der Streitigkeiten aus dem Verfahren der Öffentlichkeitsbeteiligung in der Genehmigungserteilung nachgelagerte gerichtliche Verfahren scheint nur wenig geeignet, um der komplexen Konfliktlage bei der Realisierung von Großvorhaben Herr zu werden (ähnlich Missling EnWZ 2016, 78 (84), Anm. zu EuGH, Urt. v. 15.10.2015 – C-137/14; Czajka in Feldhaus BImSchR Rn. 63a; Schack in BeckOK UmweltR Rn. 66). Begrenzt wird die Rechtssicherheit des Betreibers weiter durch die dynamischen Grundpflichten des § 5 und die daraus resultierende „Verpflichtbarkeit“ durch hoheitliche Anordnungen, die etwa durch die in §§ 7, 17 und 21 geregelten Eingriffsbefugnisse und Ermächtigungen konkretisiert werden (vgl. dazu → § 5 Rn. 12 ff.).

I. Bedeutung und Funktion des Genehmigungsverfahrens nach § 10 BImSchG

Die **Funktion** des mehrstufigen Genehmigungsverfahrens liegt zunächst darin, eine **umfassende Unterrichtung der Genehmigungsbehörde** herbeizuführen. Dies gilt gleichermaßen für die Vorschriften über die Antragsunterlagen, die Beteiligung anderer Behörden und die Einholung von Sachverständigengutachten wie für die Aufforderung an die (potenziell) Betroffenen, Einwendungen gegen das Vorhaben zu erheben. Namentlich die Öffentlichkeitsbeteiligung bildet in dieser Hinsicht ein „Mittel der Verwaltung, um möglichst umfassend den für ihre Entscheidung wesentlichen Sachverhalt zu ermitteln“ (BVerwGE 28, 131 (132 f.); vgl. auch Roßnagel/Hentschel in GK-BImSchG Rn. 3; und eingehend Hett Öffentlichkeitsbeteiligung, 81 ff.). Die einzelnen Schritte des Genehmigungsverfahrens ermöglichen eine Einbeziehung sowohl der Allgemeinheit als auch der möglicherweise in ihren materiellen Rechten Betroffenen sowie der in ihrem Aufgabenbereich berührten Behörden. Durch die Beteiligung potenzieller Betroffener einerseits, Fachkundiger aus den Behörden und von außerhalb andererseits soll die Entscheidung der Behörde über den Antrag – unter Berücksichtigung der komplexen Einflussfaktoren auf diese Entscheidung – vorbereitet und optimiert werden. 2

Darüber hinaus dient die Beibehaltung des bisher in der Gewerbeordnung (aF) geregelten, differenzierten Genehmigungsverfahrens bei der Schaffung des Bundes-Immissionsschutzgesetzes nach der Vorstellung der Bundesregierung der **Verfahrensbeschleunigung** (BT-Drs. 7/179, 27). Insbesondere die Konzentration des Verfahrens, die „Bündelung“ der Zustellungsvorgänge und die Mitwirkungsfristen sind – verglichen mit anderen denkbaren Verfahrensgestaltungen – durchaus geeignet, in der Praxis eine Beschleunigung herbeizuführen (vgl. Roßnagel/Hentschel in GK-BimSchG Rn. 2). Der Zweck der Verfahrensbeschleunigung ist bei der Auslegung der Regelung besonders zu berücksichtigen (Weiss in Appel/Ohms/Saurer Rn. 14). 3

Des Weiteren sollten die umfassende Prüfung seitens der Genehmigungsbehörde sowie die Beteiligungsrechte einschließlich der drohenden Präklusionswirkung ursprünglich dazu führen, dass der Adressat der Genehmigung, im Regelfall der Anlagenbetreiber, nach Erteilung der Genehmigung auf deren Bestand zumindest grundsätzlich vertrauen kann. 4

Dieser – heute freilich durch das Entfallen der materiellen Präklusionswirkung massiven Grenzen unterworfene (→ Rn. 1, 175 ff.) – **Bestands- bzw. Vertrauensschutz** (dazu eingehend vor → § 4 Rn. 22 ff.; zur Einschränkung des Bestandsschutzes der – errichteten – Anlage insbesondere durch §§ 7, 17 und 21 vgl. → § 7 Rn. 30; vgl. auch Wickel Bestandsschutz im Umweltrecht, passim; Hoppe/Beckmann/Kauch Umweltrecht § 21 Rn. 146 ff.; Schmehl DVBl. 1999, 19 ff.) korrespondierte mit einer von der Gesetzesbegründung für eine wesentliche Funktion des Bundes-Immissionsschutzrechts im Allgemeinen und des § 10 im Besonderen betrachteten **Rechts- und** damit **Investitionssicherheit** der Vorhabenträger industrieller Großanlagen (vgl. auch Weiss in Appel/Ohms/Saurer Rn. 14).

Inwieweit eine solche nunmehr durch die Kombination aus formeller Präklusion (→ Rn. 180 f.) und der prozessualen Missbrauchsbestimmung des § 5 UmwRG (→ Rn. 285d) gewährleistet werden kann, erscheint aus rechtspolitischer Sicht fraglich. Zu beobachten ist namentlich, dass trotz des nach § 10 im hohen Maße formalisierten und in der Praxis durchaus langwierigen Verwaltungsverfahrens oftmals erst nach Abschluss aller verwaltungsgerichtlicher Verfahren über den dauernden Bestand der Anlage Klarheit besteht, was im Einzelfall mehrere Jahre in Anspruch nehmen kann. Dies führt – nicht nur, aber insbesondere – beim Ausbau der Erneuerbaren Energien zu **bedeutenden Investitions- und Ausbauhemmnissen**. De lege ferenda ist die derzeitige (z.T. durch das EU-Recht veranlasste → Rn. 175 ff.) Rechtslage daher als nicht sachgerecht zu bezeichnen (zu Recht krit. auch Schack in BeckOK UmweltR Rn. 66). Auf der anderen Seite sind die in jüngerer Zeit kodifizierten verfahrensrechtlichen Erleichterungen nach Maßgabe des nationalen Rechts, die etwa durch das LNGG (→ Rn. 28d) sowie die §§ 31a ff. (→ Rn. 28e ff.) geschaffen wurden, bislang nicht in Gänze unkritisch, da der Gesetzgeber durchaus erhebliche verfahrensrechtliche Ausnahmen in einem Bereich schafft, in dem das Unionsrecht verfahrensmäßige Mindeststandards (vgl. Meßerschmidt in Ehlers/Fehling/Pünder Besonderes Verwaltungsrecht Bd. 2 Rn. 76) bereithält. Reformansätze müssten hier primär von der Europäischen Union ausgehen, es droht andernfalls das Verdikt der Unionsrechtswidrigkeit durch den EuGH. Insoweit lässt eine aktuelle Mitteilung der Kommission („REPowerEU, gemeinsames europäisches Vorgehen für erschwinglichere, sichere und nachhaltige Energie", Kommissionsmitteilung vom 8.3.2022, COM(2022) 108) sowie der **jüngst vorgelegt Entwurf einer erneuerten RL 2018/2001/EU** aber hoffen, dass die aufwändigen Verfahrensregelungen insbesondere aus dem UVP-Recht in Zukunft einige Erleichterungen erfahren werden (Schlacke/Wentzien/Römling NVwZ 2022, 1577 (1585); → § 16b Rn. 23a ff.). Auch die mit Wirkung zum 30.12.2022 erlassene **Dringlichkeitsverordnung des Rates** (VO 2022/2577/EU, Abl. EU L 335 vom 29.12.2022, 36 ff.) ermöglicht für die unter sie fallenden Genehmigungsverfahren nunmehr unter gewissen Voraussetzungen Ausnahmeregelungen von der UVP und der artenschutzrechtlichen Prüfung (→ § 16b Rn. 23d, 23g).

5 Durch die Beteiligung der Öffentlichkeit und die kooperative, auf Konsens gerichtete Problembewältigung im Erörterungstermin soll das immissionsschutzrechtliche Genehmigungsverfahren weiter dazu dienen, die **Akzeptanz** des Vorhabens **in der Bevölkerung** zu erhöhen (vgl. Hett Öffentlichkeitsbeteiligung, 118 ff.: „Befriedungsfunktion"; passim auch zu weiteren Ansätzen zu den Funktionen des Genehmigungsverfahrens; kritisch hinsichtlich der günstigen Wirkungen in der Praxis Czajka in Feldhaus BImSchR Rn. 11; Schack in BeckOK UmweltR Rn. 2; zur Problematik einer Verfahrensteilhabe der Bevölkerung insgesamt vgl. aber → Rn. 8).

6 Mittlerweile ist über diese dem Allgemeininteresse bzw. den Interessen des Antragstellers dienende Funktionen hinaus anerkannt, dass das Genehmigungsverfahren nach § 10 zumindest teilweise auch der Sicherung der Rechte Betroffener dient. Die subjektiv-

öffentlichen Rechte werden über die Verschaffung rechtlichen Gehörs hinaus nicht nur durch die materiellen Genehmigungsvoraussetzungen (insbesondere die über § 6 in die Prüfung der Genehmigungsbehörde einbezogenen, teilweise drittschützenden Betreiberpflichten), sondern auch durch die Verfahrensregelungen geschützt. Damit gewinnt das vom Bundesverfassungsgericht näher entfaltete Prinzip des **„Grundrechtsschutzes durch Verfahren"** auch im Immissionsschutzrecht Bedeutung (vgl. BVerfGE 53, 30 ff.; hierzu Redeker NJW 1980, 1593, und Sellner BauR 1980, 391; Jarass Rn. 1; Laubinger VerwArch 73 (1982), 60 (62 ff.); Huber AöR 14 (1989), 252 (270 ff.); Fröhler in FS Ule, 55 (67); Roßnagel/Hentschel in GK-BImSchG Rn. 4: „vorgezogener Rechtsschutz"; vgl. allgemein Dolde NVwZ 1982, 65 ff.; sowie VG Weimar ThürVBl. 2001, 233 (236)). Nach Ansicht des Gerichts besteht ein Rechtsanspruch auf ein geordnetes Verfahren. Eine Missachtung der in § 10 niedergelegten Mitwirkungsbefugnisse kann daher die Grundrechte des Betroffenen insbesondere aus Art. 2 Abs. 2 (vgl. zu den Voraussetzungen einer Verletzung in Art. 2 Abs. 2 GG durch die Nichtbeachtung von Verfahrensvorschriften BVerfGE 53, 30 (60 f.)), sowie aus Art. 12 und 14 GG (Weiss in Appel/Ohms/Saurer Rn. 16) verletzen. Neben der Wahrung des Allgemeininteresses an einem geordneten Genehmigungsverfahren dient § 10 damit auch dem Grundrechtsschutz. Dies hat insbesondere Auswirkungen auf die Frage, ob und inwieweit eine Verletzung der Verfahrensvorschriften gerichtlich geltend gemacht werden kann (vgl. dazu → Rn. 279 ff.). Ein neues Ausmaß an Wertigkeit haben die Verfahrensrechte der Öffentlichkeit schließlich mit Blick auf Art. 6, Art. 9 Abs. 2–4 der Aarhus-Konvention erhalten. Im Rahmen der UVP-, IE-RL und der Seveso-III-RL besteht über einen Verweis auf das Rechtsschutzsystem nach Art. 11 UVP-RL und Art. 25 IE-RL des Weiteren eine besondere unionsrechtliche Absicherung der Beteiligungsrechte der betroffenen Öffentlichkeit. Im Bereich dieser spezifischen Verfahrensgarantien, denen der EuGH zT unabhängig von der Richtigkeit der Genehmigungsentscheidung wehrfähige Gestalt zubilligt (→ Rn. 175 ff.), ließe sich möglicherweise die Erweiterung subjektiv-rechtlicher Gehalte erkennen (vgl. hierzu Kahl/Gärditz Umweltrecht § 5 Rn. 25; aA freilich die Rechtsprechung des BVerwG, s. nunmehr BVerwG NVwZ 2022, 724 (726); zum Problemkreis im Überblick Kloepfer Umweltrecht § 5 Rn. 716 ff. mwN). Durch die §§ 2 Abs. 1–4, 3 Abs. 1 UmwRG ist die Problematik immerhin für den Bereich der Verbandsklage entschärft.

Auch wenn Art und Umfang des gebotenen Grundrechtsschutzes durch Verfahren 7 nicht abschließend geklärt sind, bestehen an der **Verfassungsmäßigkeit des Genehmigungsverfahrens nach § 10** keine Zweifel. Das Bundesverfassungsgericht hat für das atomrechtliche Genehmigungsverfahren die Anforderungen an auch dem Grundrechtsschutz dienende Verfahrensregelungen deutlich gemacht: bürgerschaftliche Mitwirkungsbefugnisse, das Recht zur Einsichtnahme in relevante Unterlagen, die Bekanntmachung des Vorhabens und die Auslegung von Antrag und Unterlagen sowie die Rechte zur Teilnahme am Erörterungstermin und zur Geltendmachung von Einwendungen sind Bestandteile des Grundrechtsschutzes durch Verfahren. Das Gericht hat die Bestimmungen zum atomrechtlichen Genehmigungsverfahren als im Hinblick auf diese Vorgaben hinreichend angesehen (BVerfGE 61, 82 (115); vgl. auch BVerwG NVwZ 1985, 745; Roßnagel/Hentschel in GK-BImSchG Rn. 51 ff.). Da dieses dem Verfahren nach § 10 ähnlich ist, wird auch die Gestaltung des immissionsschutzrechtlichen Genehmigungsverfahrens den Anforderungen an eine grundrechtssichernde Verfahrensgestaltung gerecht.

Eine Besonderheit des Genehmigungsverfahrens nach § 10 liegt darin, dass die Einwen- 8 dungsbefugnis nach § 10 Abs. 3 S. 2 auch der interessierten Öffentlichkeit eingeräumt wird. § 10 Abs. 3 S. 2 gewährt insoweit eine **„Jedermann"-Einwendungsbefugnis** (vgl. → Rn. 124 ff.). Umstritten ist die zugrundeliegende Konzeption. Gelegentlich wird vertreten, die Jedermann-Einwendungsbefugnis diene im Sinne einer „Jedermann-Beteiligung" dazu, den Rechten der Bevölkerung zur demokratischen Teilhabe an umweltrelevanten Vorhaben Ausdruck zu verleihen, insbesondere durch die Mitwirkung an der Vorbereitung der behördlichen Entscheidung, die ohne diese Beteiligung wegen der Komplexität der zu regelnden und zu ordnenden Verhältnisse nicht möglich wäre (so insbes. Roßnagel/Hentschel in GK-BImSchG Rn. 29 ff; eingehend Roßnagel in Komitee für Grundrechte und Demokratie Jahrbuch 1985, 233 ff.; ähnlich Bender in 5. Deutsches Atomrechtssymposium, 237 (240); iErg ablehnend zur „Legitimationsfunktion" der Öffentlichkeitsbeteiligung Hett Öffentlichkeitsbeteiligung, 128 ff.). Richtigerweise dürfte die Einwendungsbefugnis nach § 10 Abs. 3 S. 2 jedoch in erster Linie Ausdruck des individualbezogenen Rechtsschutzes und damit in die Nähe der Klagebefugnis nach § 42 Abs. 2 VwGO zu rücken sein (vgl. Lukes GewArch 1986, 1 (8); Ossenbühl in FS Eichenberger, 183 ff.). Soweit darüber hinaus Nichtbetroffene Einwendungen erheben können – zB die Rüge der Verletzung öffentlich-rechtlicher Vorschriften – dient dies nicht dem Individualrechtsschutz oder der Realisierung demokratisch motivierter Partizipationserwägungen, sondern sichert eine umfassende Prüfung des Vorhabens durch die Genehmigungsbehörde und ist daher Instrument der Sachverhaltsermittlung (Weiss in Appel/Ohms/Saurer Rn. 15). Gegen ein Recht auf Verfahrensteilhabe der Bevölkerung insgesamt spricht auch, dass betroffene Dritte zwar ihre Rechte durch die Einwendungen durchzusetzen versuchen, nicht aber geltend machen können, andere hätten ihre Beteiligungsrechte nicht wahrnehmen können (BVerwG NVwZ 1985, 75; Sellner Immissionsschutz und Industrieanlagen Rn. 381 ff.; ablehnend auch Hoppe/Beckmann/Kauch Umweltrecht § 21 Rn. 104; Schmidt/Müller Einführung in das Umweltrecht § 3 Rn. 21; seiner Zeit bereits Kutscheidt in Grundzüge des Umweltrechts, 237 (275)).

9 Den Mitwirkungsrechten potenzieller Drittbetroffener korrespondiert im Interesse des Antragstellers und zur Verfahrensbeschleunigung eine **Mitwirkungslast.** Die nicht fristgemäße Erhebung solcher Einwendungen, die in Kenntnis der öffentlich gemachten Unterlagen hätten vorgebracht werden können, führt daher zu ihrer Unbeachtlichkeit im weiteren Verlauf des Genehmigungsverfahrens (BVerwGE 60, 297; BVerfGE 61, 82) und ehemals (vor Aufhebung der materiellen Präklusionsbestimmung des § 10 Abs. 3 S. 5 aF → Rn. 156 ff.) auch in einem etwaigen Klageverfahren. Zu den Rechtsfolgen der Nichtwahrnehmung der Mitwirkungsrechte innerhalb der in § 10 Abs. 3 S. 2 2. Hs. fixierten Frist und zur Frage der (verfassungsrechtlichen sowie unionsrechtlichen) Zulässigkeit der nunmehr nur noch formellen Präklusionswirkung → Rn. 155 ff., 175 ff.

II. Historische Entwicklung und Entstehungsgeschichte

10 Die amtliche Begründung nimmt ausdrücklich Bezug auf die in der Praxis bewährten Verfahrensregelungen der **§§ 17 ff. GewO aF** (Roßnagel/Hentschel in GK-BImSchG Rn. 1.; zur Entstehungsgeschichte des § 10 ausführlich Storost in Ule/Laubinger/Repkewitz A 1–21). Die Novellierung in § 10 sollte – unter Beibehaltung der verfahrensrechtlichen Grundstrukturen – nach der amtlichen Begründung eine Anpassung an die Bedürfnisse moderner wirtschaftlicher und technischer Entwicklung herbeiführen (BT-Drs. 7/179, 27), namentlich eine Beschleunigung des Genehmigungsverfahrens.

Die einschlägigen Vorschriften der §§ 17–22a GewO aF hatten die folgende Fassung:

§ 17. (1) Dem Antrag auf die Genehmigung einer solchen Anlage müssen die zur Erläuterung erforderlichen Zeichnungen und Beschreibungen beigefügt werden.

(2) Ist gegen die Vollständigkeit dieser Vorlagen nichts zu erinnern, so wird das Unternehmen mittels einmaliger Einrückung in das zu den amtlichen Bekanntmachungen der Behörde (§ 16) bestimmte Blatt zur öffentlichen Kenntnis gebracht, mit der Aufforderung, etwaige Einwendungen gegen die neue Anlage binnen vierzehn Tage anzubringen. Die Frist nimmt ihren Anfang mit

Ablauf des Tages, an welchem das die Bekanntmachung enthaltene Blatt ausgegeben worden ist, und ist für alle Einwendungen, welche nicht auf privatrechtlichen Titeln beruhen, präklusivisch.

§ 18. Werden keine Einwendungen angebracht, so hat die Behörde zu prüfen, ob die Anlage erhebliche Gefahren, Nachteile oder Belästigungen für das Publikum herbeiführen könne. Auf Grund dieser Prüfung, welche sich zugleich auf die Beachtung der bestehenden bau-, feuer- und gesundheitspolizeilichen Vorschriften erstreckt, ist die Genehmigung zu versagen oder, unter Festsetzung der sich als nötig ergebenden Bedingungen, zu erteilen. Zu den letzteren gehören auch diejenigen Anordnungen, welche zum Schutz der Arbeiter gegen Gefahr für Gesundheit und Leben notwendig sind. Der Bescheid ist schriftlich auszufertigen und muß die festgesetzten Bedingungen enthalten; er muß mit Gründen versehen sein, wenn die Genehmigung versagt oder nur unter Bedingungen erteilt wird.

§ 19. (1) Einwendungen, welche auf besonderen privatrechtlichen Titeln beruhen, sind zur richterlichen Entscheidung zu verweisen, ohne daß von der Erledigung derselben die Genehmigung der Anlage abhängig gemacht wird.

(2) Andere Einwendungen dagegen sind mit den Parteien vollständig zu erörtern. Nach Abschluß dieser Erörterung erfolgt die Prüfung und Entscheidung nach den in § 18 enthaltenen Vorschriften. Der Bescheid ist sowohl dem Unternehmer als auch dem Widersprechenden zu eröffnen.

§ 19a. In dem Bescheid kann dem Unternehmer auf seine Gefahr, unbeschadet des Rekursverfahrens (§ 20), die unverzügliche Ausführung der baulichen Anlagen gestattet werden, wenn er dies vor Schluß der Erörterung beantragt. Die Gestattung kann von einer Sicherheitsleistung abhängig gemacht werden.

(…)

§ 21a. Die Sachverständigen (§ 21 Nummer 1) haben über die Tatsachen, welche durch das Verfahren zu ihrer Kenntnis kommen, Verschwiegenheit zu beobachten und sich der Nachahmung der von dem Unternehmer geheim gehaltenen, zu ihrer Kenntnis gelangten Betriebseinrichtungen und Betriebsweisen, solange als diese Betriebsgeheimnisse sind, zu enthalten.

§ 22. (1) Die durch unbegründete Einwendungen erwachsenden Kosten fallen dem Widersprechenden, alle übrigen Kosten, welche durch das Verfahren entstehen, dem Unternehmer zur Last.

(2) In den Bescheiden über die Zulässigkeit der neuen Anlage wird zugleich die Verteilung der Kosten festgesetzt.

§ 22a. Anlagen im Sinne des § 16 können von den obersten Landesbehörden genehmigt werden, ohne daß es eines Verfahrens nach Maßgabe der Vorschriften der §§ 17 bis 21 bedarf, sofern ein öffentliches Interesse an der Errichtung der Anlage besteht.

Damit enthielten bereits die §§ 17 ff. GewO aF detaillierte rechtliche Vorgaben für das Genehmigungsverfahren, insbesondere Regelungen zum Inhalt des Antrags und der beizufügenden Unterlagen, zur öffentlichen Bekanntmachung, zur Anforderung und Einbeziehung von Sachverständigengutachten, zur Einwendungserhebung und zur Erörterung der Einwendungen mit dem Einwender sowie zur Präklusion. Die Besonderheiten des Massenverfahrens konnten die Vorschriften jedoch nicht erfassen, da sie auf das Verhältnis zwischen Antragsteller, Genehmigungsbehörde und Einwender zugeschnitten waren (vgl. Roßnagel in GK-BImSchG Rn. 11). Die wesentlichen Grundzüge des Genehmigungsverfahrens nach §§ 17 ff. GewO aF wurden auch in der Fassung des § 10 beibehalten (vgl. die Gesetzesbegründung der Bundesregierung zum damaligen § 9, BT-Drs. 7/179, 34). In den Beratungen des Innenausschusses des Bundestages wurde jedoch die Auslegungsfrist auf zwei Monate erweitert; zudem wurden Regelungen zur Massenzustellung eingefügt (vgl. BT-Drs. 7/1513, 3 (5)).

§ 10 wurde im Laufe seiner Geltung mehrfach geändert: **§ 99 des Verwaltungsverfahrensgesetzes vom 25.5.1976** (BGBl. I 1253) passte die (mittlerweile erneut geänderte) Regelung über den Zustellungsersatz bei Massenverfahren in Abs. 4 Nr. 4 und Abs. 8 S. 1 den Vorschriften des § 69 Abs. 2 S. 2 und § 74 Abs. 5 S. 1 VwVfG an. Hiernach waren Masseneinwendungen bereits bei 300 statt wie zuvor bei 500 erforderlichen Zustellungen anzunehmen, wobei ein Zustellungsersatz durch Massenzustellung erfolgen konnte (vgl. Roßnagel/Hentschel in GK-BImSchG Rn. 13). 11

12 Weitreichendere Änderungen, insbesondere zur Rechtsvereinheitlichung und zur Anpassung an die gemeinschaftsrechtlichen Vorgaben hinsichtlich einer Umweltverträglichkeitsprüfung, enthielt Art. 4 des „Gesetzes zur Umsetzung der Richtlinie des Rates vom 27.6.1985 über die Umweltverträglichkeitsprüfung bei bestimmten öffentlichen und privaten Projekten" (85/337/EWG) vom 14.2.1990 (BGBl. I 205). Die Auslegungsfrist wurde unter entsprechender Neufassung des Abs. 3 S. 2 und 3 auf einen Monat, die Einwendungsfrist auf einen Monat und zwei Wochen verkürzt. Abs. 10 wurde derart neu gefasst, dass die Bundesregierung in den enumerierten Fällen nunmehr nicht nur zur Regelung der Grundsätze, sondern des (gesamten) Genehmigungsverfahrens durch Rechtsverordnung mit Zustimmung des Bundesrates ermächtigt wurde. Zudem hat sie in der entsprechenden Verordnung zu bestimmen, welche Anforderungen das Genehmigungsverfahren im Hinblick auf die Umweltverträglichkeitsprüfung erfüllen muss (Abs. 10 S. 2).

13 Der **Einigungsvertrag** schuf durch Kap. XII Abschn. II a) der Anlage I in Verbindung mit dem Gesetz vom 23.9.1990 (BGBl. II 885) für das in Art. 3 des EinigungsV genannte Gebiet Sonderregelungen in § 10, um das übergeleitete Bundesrecht im Beitrittsgebiet zweckmäßig ausführen zu können (vgl. BT-Drs. 11/7760, 360). Nach Abs. 3 S. 3 konnten Einwendungen im Beitrittsgebiet nur schriftlich (nicht aber zur Niederschrift bei der Behörde) erhoben werden, die Zustellung des Genehmigungsbescheides erfolgte mit Ausnahme derjenigen an den Antragsteller gemäß Abs. 8 S. 2 durch öffentliche Bekanntmachung. Auf diese Besonderheit war schon in der Bekanntmachung des Vorhabens hinzuweisen (Abs. 4 Nr. 5).

14 Weitere Veränderungen insbesondere zur Verfahrensvereinfachung erfuhr § 10 durch **Art. 8** des **Investitions- und Wohnbaulandgesetzes** vom 22.4.1993 (BGBl. I 466; vgl. auch Storost in Ule/Laubinger/Repkewitz A 15 ff.; Roßnagel/Hentschel in GK-BImSchG Rn. 36 ff.; Czajka in Feldhaus BImSchR Rn. 16; kritisch Ronellenfitsch Beschleunigung und Vereinfachung der Anlagenzulassungsverfahren, 54 f.). Die bislang in Abs. 3 geregelte Möglichkeit, Einwendungen neben der schriftlichen Erhebung auch zur Niederschrift bei der Behörde einzulegen, wurde beseitigt. In die Absätze 4 und 8 wurde die Möglichkeit integriert, die Zustellungen an die Einwender – nunmehr unabhängig von deren Anzahl – durch öffentliche Bekanntmachung zu ersetzen, in Art. 10 die Ermächtigung zum Erlass von Rechtsverordnungen an die Bundesregierung auf das Verfahren für die Zulassung des vorzeitigen Beginns nach § 8a erweitert. Damit wurden die wesentlichen Sonderregelungen, die durch den EinigungsV für die neuen Bundesländer gegolten hatten, auch auf das Gebiet der alten Länder ausgedehnt. Als bedeutsamste Änderung ist die Einführung des **Absatzes 6a** anzusehen, der erstmals eine für die Genehmigungsbehörde verbindliche Frist zur Entscheidung über den Genehmigungsantrag enthält. Sinn der Vorschrift ist die Schaffung einer „Regelfrist" im Interesse des Antragstellers an einer möglichst zügigen Entscheidung, die nur in besonders gelagerten Ausnahmefällen überschritten werden darf (vgl. BT-Drs. 12/3944, 54). Schon im Gesetzgebungsverfahren sah sich die Novellierung heftiger Kritik ausgesetzt. Insbesondere wurde im Bundesrat bemängelt, durch die nunmehr notwendig werdenden Entscheidungen der Genehmigungsbehörden über eine etwaige Verlängerung der Frist im Einzelfall würden ihnen neue Aufgaben übertragen, die der geplanten Verfahrensbeschleunigung entgegen steuern könnten (vgl. BT-Drs. 12/4208, 16; Storost in Ule/Laubinger/Repkewitz A 17 ff.). Nicht minder bedeutsam erscheint der Einwand, dass zur formalen Fristwahrung die Gefahr von Abstrichen bei Prüfungsumfang und -intensität drohe (BT-Drs. 12/4208, 28). Im Vermittlungsausschuss wurde – ohne eine Einigkeit in der Sache erzielen zu können – lediglich der Wortlaut des § 6a dahingehend deutlicher gefasst, dass die Frist erst zu dem Zeitpunkt zu laufen beginne, zu dem der Behörde sämtliche von ihr zu prüfenden Unter-

lagen vorliegen und nicht nur die zur Unterrichtung der Öffentlichkeit notwendigen und auszulegenden (Teil-)Unterlagen.

Auch das **Gesetz zur Beschleunigung und Vereinfachung immissionsschutzrechtlicher Genehmigungsverfahren** vom 9.10.1996 (BGBl. I 1498; vgl. Feldhaus NVwZ 1998, 1138 f.; Steinbeiß-Winkelmann DVBl. 1998, 809 ff.; Führ in Koch Aktuelle Probleme des Immissionsschutzrechts, 73 (76 ff.) hat zur Verfahrensbeschleunigung weitere Vereinfachungen herbeigeführt, namentlich durch die Neuregelung der Zulassung vorzeitigen Beginns nach § 8a sowie im Bereich der (einfachen) Änderungsgenehmigung nach § 15 und durch Änderungen zahlreicher Vorschriften der 9. BImSchV. 15

Durch **Art. 2 Nr. 7 lit. a** des Gesetzes zur Umsetzung der UVP-Änderungsrichtlinie, der IVU-**Richtlinie und weiterer EG-Richtlinien zum Umweltschutz** vom 27.7.2001 (BGBl. I 1950) wurde in Abs. 5 der Satz 2 angefügt. Damit wird der Genehmigungsbehörde die Aufgabe übertragen, in bestimmten Fällen eine Koordination verschiedener Zulassungsverfahren durchzuführen. In Abs. 10 S. 2 wurde lediglich eine redaktionelle Änderung vorgenommen. 16

Absatz 11 wurde durch **Art. 49 Nr. 1** der **Siebenten Zuständigkeitsanpassungs-Verordnung** vom 29.10.2001 (BGBl. I 2785 (2795)) dahingehend geändert, dass nunmehr nicht mehr der jeweilige Minister, sondern das Ministerium als zuständige Behörde benannt wird. 17

Art. 68 des Dritten Gesetzes zur Änderung verwaltungsverfahrensrechtlicher Vorschriften vom 21.8.2002 (BGBl. I 3322 (3341)) fügte Abs. 1 S. 4 ein. Die Behörde wird zur zusätzlichen Anforderung schriftlicher Mehrausfertigungen des Antrags bzw. schriftlicher Fassungen der beizufügenden Unterlagen ermächtigt, sofern die Antragstellung in elektronischer Form erfolgt. Die Vorschrift ist zum 1.2.2003 in Kraft getreten. 18

Durch **Art. 2 Nr. 1** des **Gesetzes über die Öffentlichkeitsbeteiligung in Umweltangelegenheiten nach der EG-Richtlinie 2003/35/EG** (Öffentlichkeitsbeteiligungsgesetz) vom 9.12.2006 (BGBl. I 2819) ist Absatz 3 der Bestimmung neu gefasst worden (zum Gesetz s. etwa Lecheler DVBl. 2007, 713 ff.). Das Gesetz hat die Regelungen der Richtlinie 2003/35/EG des Europäischen Parlaments und des Rates vom 26.5.2003 über die Beteiligung der Öffentlichkeit bei der Ausarbeitung bestimmter umweltbezogener Pläne und Programme und zur Änderung der Richtlinien 85/337/EWG und 96/61/EG des Rates in Bezug auf die Öffentlichkeitsbeteiligung und den Zugang zu Gerichten vom 26.5.2003 (dazu eingehend Ekhardt/Pöhlmann ThürVBl. 2005, 252 ff.; Knopp ZUR 2005, 281 ff.; Paulus AUR 2006, 167 ff.; v. Schwanenflug/Strohmayr NVwZ 2006, 395 ff.; Werres DVBl. 2005, 611 ff.) in nationales Recht umgesetzt. Mit dem Erlass des „Gesetzes über ergänzende Vorschriften zu Rechtsbehelfen in Umweltangelegenheiten nach der EG-Richtlinie 2003/35/EG (Umwelt-Rechtsbehelfsgesetz)" vom 7.12.2006 (BGBl. I 2816) dient das Öffentlichkeitsbeteiligungsgesetz der Realisierung der 2. und 3. Säule der Aarhus-Konvention (Ochtendung ZUR 2006, 184 (187 f.)). Zunächst ist als Alternative zu der neben der Bekanntmachung im amtlichen Veröffentlichungsblatt geforderten Veröffentlichung des Vorhabens in örtlichen Tageszeitungen die Möglichkeit einer Publikation im Internet getreten. Der Kreis der auszulegenden Unterlagen wurde sprachlich konkretisiert und erweitert; war im Normtext bislang nur von den neben dem Antrag auszulegenden „Unterlagen" die Rede, hat die Behörde nunmehr die vom Antragsteller vorgelegten Unterlagen mit Ausnahme derjenigen Unterlagen, die Geschäfts- oder Betriebsgeheimnisse enthalten, sowie „die entscheidungserheblichen Berichte und Empfehlungen, die der Behörde im Zeitpunkt der Bekanntmachung vorliegen" zur Einsicht auszulegen (→ Rn. 91 ff.). Der neue Satz 3 begründet eine Pflicht der Behörde, der Öffentlichkeit auch nachträglich zur Kenntnis gelangte, entscheidungserhebliche Informationen nach den bundes- bzw. landesrechtlichen Bestimmungen über den Zugang 18a zu Umweltinformationen bekannt zu machen (→ Rn. 95a f.). Der geänderte Absatz 7 enthält nunmehr eine Verpflichtung, auch den Genehmigungsbescheid – zusätzlich zur Zustellung an die Einwender oder ersatzweise – zu publizieren (→ Rn. 257 ff.).

18b **Art. 1** des **Gesetzes zur Reduzierung und Beschleunigung von immissionsschutzrechtlichen Genehmigungsverfahren** vom 23.10.2007 (BGBl. I 2470) hat die Vorschrift weiter modifiziert (dazu Knäpple Immissionsschutz 2008, 28; Manten DVBl. 2009, 213). Der Hinweis auf den Verweis solcher Einwendungen, die auf besonderen privatrechtlichen Titeln beruhen, auf den Rechtsweg vor den ordentlichen Gerichten ist nunmehr an Absatz 3 angefügt worden. § 10 Abs. 3 fasst daher nunmehr die rechtlichen Regelungen zur Behandlung von Einwendungen, die nicht auf besonderen privatrechtlichen Titeln beruhen, in einer Vorschrift zusammen. Nach Abs. 6 *kann* die Genehmigungsbehörde nach Ablauf der Einwendungsfrist die rechtzeitig gegen das Vorhaben erhobenen Einwendungen mit dem Antragsteller und denjenigen, die Einwendungen erhoben haben, erörtern. Mit diesen Änderungen ist der obligatorische Erörterungstermin im förmlichen Genehmigungsverfahren mit Öffentlichkeitsbeteiligung entfallen; die Durchführung eines Erörterungstermins steht nunmehr im pflichtgemäßen Ermessen der Genehmigungsbehörde (→ Rn. 210). Nach Abs. 4 Nr. 3 hat die Behörde bei der Festsetzung des Erörterungstermins darauf hinzuweisen, dass dieser auf Grund einer Ermessensentscheidung der Genehmigungsbehörde nach Abs. 6 durchgeführt wird und die formgerecht erhobenen Einwendungen in diesem Termin auch bei Ausbleiben des Antragstellers oder des Einwenders erörtert werden.

18c Durch des **Art. 1** des **Achten Gesetzes zur Änderung des Bundes-Immissionsschutzgesetzes** vom 31.7.2010 (BGBl. I 1059), das der Umsetzung der Richtlinie 2008/50/EG des Europäischen Parlaments und des Rates vom 21.5.2008 über Luftqualität und saubere Luft für Europa (Abl. L 152 v. 11.6.2008, 1) dient, wurden im Normtext lediglich zwei Redaktionsversehen korrigiert, die im Zuge des Öffentlichkeitsbeteiligungsgesetzes (→ Rn. 18a) in der Vorschrift verblieben waren. Der Verweis in Abs. 4 Nr. 2 auf die Präklusionswirkung in Abs. 3 S. 5 ist richtiggestellt, der wegen Abs. 7 S. 2 überflüssig gewordene Satzteil in Abs. 7 S. 1 entfernt worden. Änderungen in der Sache haben sich durch diese Novelle nicht ergeben.

18d Durch **Art. 1 Nr. 7** des **Gesetzes zur Umsetzung der Richtlinie über Industrieemissionen** vom 8.4.2013 (BGBl. I 734) wurden mit Wirkung zum 2.5.2013 die Absätze 1a und 8a neu in § 10 eingefügt.

Diese Erweiterung trug mit Verzögerung der Umsetzung der Vorgaben aus der Industrieemissionsrichtlinie 2010/75/EU Rechnung („IE-RL"), wobei der Ausgangszustandsbericht nach Absatz 1a von Art. 12 Abs. 1 lit. e iVm Art. 22 Abs. 2 und die Bekanntmachungspflicht hinsichtlich des Genehmigungsbescheids via Internet von Art. 24 Abs. 2 IE-RL vorgeschrieben werden. Beide Absätze gelten allerdings nur für Anlagen iSd IE-RL, also nur für solche genehmigungsbedürftigen Anlagen nach § 4, die neuerdings in Spalte d) des Anhangs zur 4. BImSchV gesondert mit dem Buchstaben „E" gekennzeichnet sind (Schack in BeckOK UmweltR Rn. 15). Die entsprechenden Richtlinienanforderungen an den Genehmigungsantrag (Art. 12 IE-RL) werden insbesondere in den §§ 4a-4c der 9. BImSchV weiter ausgestaltet (Weiss in Appel/Ohms/Saurer Rn. 19; Schack in BeckOK UmweltR Rn. 15).

Über **Art. 76 Nr. 1** der **Zehnten Zuständigkeitsanpassungsverordnung** vom 31.8.2015 (BGBl. I 1474) wurde eine redaktionelle Anpassung vorgenommen, indem Absatz 11 an die Neubezeichnung des BMUB angepasst worden ist.

Anschließend erfolgte eine Anpassung durch **Art. 55 Nr. 1 des Gesetzes zum Abbau verzichtbarer Anordnungen der Schriftform im Verwaltungsrecht des Bundes (SchriftVG)** vom 29.3.2017 (BGBl. I 626). Hierdurch wurden die Schriftformerfordernisse in § 10 Abs. 1 S. 1 und 4, Abs. 3 S. 4 und Abs. 8 S. 6 durch den untechnischen Begriff „elektronisch" erweitert. Dieser knüpft nicht an die Schriftformersatzvorschrift des § 3a Abs. 2 des VwVfG an, sondern erlaubt auch die einfachste Textform, zB eine E-Mail (vgl. BT-Drs. 18/10183, 64).

Durch Art. 3 Nr. 1 des Gesetzes zur Anpassung des **Gesetzes zur Anpassung des Umwelt-Rechtsbehelfsgesetzes und anderer Vorschriften an europa- und völkerrechtliche Vorgaben** vom 2.6.2017 (BGBl. I 1298) wurde die Einwendungsfrist bei Vorhaben nach der Industrieemissionsrichtlinie auf einen Monat verlängert. Ferner wurde die ehemals in § 10 Abs. 3 S. 5 vorgesehene materielle Verwirkungspräklusion durch eine alleinige Präklusion im Verwaltungsverfahren ersetzt. Gleichzeitig wurde in § 10 Abs. 3a die Verfahrensrolle der anerkannten Umweltvereinigungen näher konturiert.

Eine redaktionelle Anpassung erfolgte durch **Art. 103** der **Elften Zuständigkeitsanpassungsverordnung** vom 19.6.2020 (BGBl. I 1328), in Abs. 11 wurde die Bezeichnung des BMU angepasst. **18e**

Weitere Änderungen ergaben sich aus **Art. 1 Nr. 2** des **Gesetzes zur Umsetzung von Vorgaben der Richtlinie (EU) 2018/2001** des Europäischen Parlaments und des Rates vom 11.12.2018 zur Förderung der Nutzung von Energie aus erneuerbaren Quellen (Neufassung) [RED II] für Zulassungsverfahren nach dem Bundes-Immissionsschutzgesetz, dem Wasserhaushaltsgesetz und dem Bundeswasserstraßengesetz vom 18.8.2021 (BGBl. I 3901). Das Gesetz diente der Umsetzung der RED II, welche in Art. 15, 16 nähere Vorgaben zum Verwaltungsverfahren bei der Zulassung von Anlagen zur Produktion von Energie aus erneuerbaren Quellen statuiert (vgl. auch → § 16b Rn. 23; Jarass Rn. 13). Insgesamt ist eine Verfahrensbeschleunigung intendiert. Der neu geschaffene § 10 Abs. 5a dient konkret der Umsetzung der Art. 15 Abs. 1 UAbs. 2 lit. a, Art. 16 Abs. 1 – Abs. 3 der RL 2018/2001/EU und regelt für Anlagen zur Produktion von Elektrizität, Wärme oder Kälte aus erneuerbaren Energien verfahrensrechtliche Erleichterungen, etwa zur Abwicklung über eine „einheitliche Stelle". **18f**

Darüber hinaus wurden durch das Gesetz in § 10 Abs. 5 nach S. 1 zwei neue Sätze eingefügt, die die Frist zur Behördenbeteiligung und die maßgebliche Sach- und Rechtslage nach Ablauf der Monatsfrist betreffen. Auch diese, erst im Gesetzgebungsverfahren eingeflossene Änderung dient der Verfahrensbeschleunigung. Ebenso wie § 10 Abs. 5a sind auch diese neuen Regelungen lediglich bei Verfahren für Anlagen zur Nutzung erneuerbarer Energien anwendbar (vgl. ausführlich zu diesen Änderungen auch Storost in Ule/Laubinger/Repkewitz A 75-82; Czajka in Feldhaus BImSchR Rn. 9i).

III. Anwendungsbereich der Vorschrift

§ 10 regelt das Verfahren der immissionsschutzrechtlichen Genehmigungserteilung. Zunächst gilt sie für die **Ersterteilung der Genehmigung,** auch in Form einer Teilgenehmigung (Jarass Rn. 2; Czajka in Feldhaus BImSchR). Gleichermaßen ist die Vorschrift anwendbar auf das Verfahren zur Erteilung einer **Änderungsgenehmigung** für wesentliche Änderungen gemäß § 16. Hierbei sind jedoch die Modifikationen des § 16 Abs. 2 zu beachten, nach dem die zuständige Behörde von der öffentlichen Bekanntmachung des Vorhabens (§ 10 Abs. 3 S. 1) sowie der Auslegung des Antrags und der Unterlagen (§ 10 Abs. 3 S. 2) absehen soll, wenn der Träger des Vorhabens dies beantragt und erhebliche nachteilige Auswirkungen auf in § 1 genannte Schutzgüter nicht zu besorgen sind (vgl. → § 16 Rn. 123 ff.). Für die Änderungsgenehmigung bei einer störfallrelevanten Änderung ist, wie sich durch den Verweis des Gesetzgebers auf § 1 Abs. 1 Nr. 2 des UmwRG in der Gesetzesbegründung zum Gesetz über das Störfallverfahren ergibt (vgl. BT-Drs. 18/9417, 32), grundsätzlich das reguläre förmliche Verfahren und nicht § 19 Abs. 4 **19**

BImSchG anzuwenden, wenn die Anlage selbst im förmlichen Verfahren nach § 10 BImSchG genehmigt wurde. Dies ergibt sich nach der Änderung der 9. BImSchV vom 8.12.2017 (BGBl. I 3882 ff.) unmittelbar aus § 1 Abs. 1 Nr. 1 lit. b der 9. BImSchV.

20 Soweit durch Rechtsverordnung nach § 4 Abs. 1 S. 3 vorgeschrieben wird, dass die Genehmigung von Anlagen bestimmter Art oder bestimmten Umfangs in einem **vereinfachten Verfahren** erteilt wird (§ 19), gelten lediglich § 10 Abs. 1, 5, 5a, 6a und 7. Die übrigen Absätze des § 10 sind lediglich im förmlichen Genehmigungsverfahren anwendbar. Verordnung im Sinne des § 4 Abs. 1 S. 3 und des § 19 ist die Verordnung über genehmigungsbedürftige Anlagen – 4. BImSchV idF vom 31.5.2017 (BGBl. I 1440), zuletzt geändert durch Art. 1 der Verordnung vom 12.10.2022 (BGBl. I 1799 ff.). Zu beachten ist allerdings, dass für **UVP-pflichtige Vorhaben** stets ein förmliches Genehmigungsverfahren durchzuführen ist, selbst wenn diese Vorhaben in Spalte c) des Anhangs 1 zur 4. BImSchV mit dem Buchstaben V aufgeführt sind und daher nach § 2 Abs. 1 S. 1 Nr. 2 der 4. BImSchV das vereinfachte Verfahren nach § 19 durchzuführen wäre. Diese Folge ergibt sich seit der Novellierung durch das Artikel-Gesetz vom 27.7.2001 (BGBl. I 1950) aus § 2 Abs. 1 S. 1 Nr. 1 lit. c der 4. BImSchV (vgl. dazu → 4. BImSchV § 2 Rn. 1 ff.). Des Weiteren ist § 19 Abs. 3 zu beachten (vgl. dazu → Rn. 31 und → § 19 Rn. 46 ff.). Durch die Umsetzung der Seveso-III-RL enthält nunmehr auch § 19 Abs. 4 einen (modifizierten) Verweis auf das Verfahren nach § 10 BImSchG für solche Vorhaben, die trotz ihrer Störfallrelevanz gem. § 2 Abs. 1 Nr. 2 der 4. BImSchV im vereinfachten Verfahren durchzuführen waren. Nach § 19 Abs. 4 S. 5 BImSchG entfällt die Pflicht eines förmlichen Verfahrens, sofern störfallrelevante Änderungen im Bereich der Raumplanung beachtet worden sind (vgl. → § 19 Rn. 58 ff.).

20a Verfahrensrechtliche Erleichterungen ergeben sich darüber hinaus für **Anlagen im Anwendungsbereich der RL 2018/2001/EU (RED-II)** insbesondere aus dem neuen § 10 Abs. 5a. Für solche Anlagen, die Energie, Wärme oder Kälte aus erneuerbaren Energien produzieren, soll das Genehmigungsverfahren durch die Abwicklung des Verfahrens über eine einheitliche Stelle, durch die Zurverfügungstellung eines Verfahrenshandbuchs und die Zusammenfassung der erforderlichen Unterlagen samt Zeitplanerstellung vereinfacht werden. Weitergehende Vereinfachungen im Bereich des Änderungsgenehmigungsverfahrens für das sogenannte **„Repowering“** (also die Modernisierung einer Anlage zur Erzeugung von Strom aus erneuerbaren Energien, vgl. → § 16b Rn. 24 ff.) enthält schließlich noch § 16b Abs. 1 und 2 iVm § 16b Abs. 5. Hiernach wird bei einem Repowering und einem diesbezüglichen Antrag des Vorhabenträgers der Prüfungsmaßstab auf eine Delta-Prüfung beschränkt und daneben auch die Verfahrensdurchführung u.a. durch einen regelmäßigen Verzicht auf den Erörterungstermin gestrafft. Weiter sind die in §§ 16b Abs. 7 f. geregelten Privilegierungen für das Änderungsgenehmigungen für Windenergieanlagen zu beachten (→ § 16b Rn. 110 ff.).

21 Gemäß § 10 Abs. 9 gelten die Absätze 1 bis 8 entsprechend auch für den **Vorbescheid** gemäß § 9 als Bestandteil des sogenannten „gestuften Genehmigungsverfahrens“, mit dem die Genehmigungsbehörde auf Antrag über einzelne Genehmigungsvoraussetzungen sowie über den Standort der Anlage entscheiden kann, sofern die Auswirkungen der geplanten Anlage ausreichend beurteilt werden können und ein berechtigtes Interesse an der Erteilung eines Vorbescheides besteht.

22 Umstritten ist, ob die Verfahrensregelungen des § 10 auf die Entscheidung über die **Zulassung eines vorzeitigen Beginns** der Anlagenerrichtung nach Maßgabe des § 8a anwendbar sind (so Sellner § 8a Rn. 23 ff.; ablehnend Jarass Rn. 2; wohl auch Hoppe/Beckmann/Kauch Umweltrecht § 21 Rn. 130: eigener Zulassungstatbestand). Ein förmliches Verfahren ist für die Zulassung eines vorzeitigen Beginns nach der Konzeption des § 8a zur Beschleunigung des Genehmigungsverfahrens im Interesse (auch) des Antragstellers jedenfalls nicht vorgesehen. Als Teil des Genehmigungsverfahrens („(...) in einem Verfahren zur Erteilung der Genehmigung (...)") müssen jedoch zumindest die Grundentscheidungen des Gesetzgebers bezüglich des Verfahrens auf § 8a übertragbar sein, namentlich die Verordnungsermächtigung in § 10 Abs. 10, nach der die Bundesregierung durch Rechtsverordnung mit Zustimmung des Bundesrates Verfahrensregelungen treffen kann. Die für alle, auch die nichtförmlichen Verfahrensarten geltenden Vorschriften der 9. BImSchV finden daher gemäß § 1 Abs. 1 Nr. 3 der 9. BImSchV ausdrücklich auf die Entscheidung nach § 8a Anwendung (namentlich §§ 2, 3, 6, 11, 13 und 20 der 9. BImSchV; vgl. Jarass § 8a Rn. 16). Nicht anwendbar sind demgegenüber die Bestimmungen über die Öffentlichkeitsbeteiligung, da das diesbezügliche Mitwirkungs- und Erörterungsverfahren der Intention des § 8a, die Errichtung zu beschleunigen, zuwiderliefe. Eine Beteiligung ist zudem nicht erforderlich: Zum einen muss nach § 8a Abs. 1 Nr. 1 der Kenntnisstand der Behörde schon so weit fortgeschritten sein, dass mit einer Entscheidung zugunsten des Antragstellers gerechnet werden kann, so dass die Unterrichtungsfunktion der Mitwirkungsregelungen entfällt. Zum Anderen werden die potenziellen Einwender für das später noch durchzuführende Verfahren der Öffentlichkeitsbeteiligung bei der Entscheidung über die Genehmigung des Vorhabens nicht durch den Errichtungsbeginn vor vollendete Tatsachen gestellt, da sich der Antragsteller für den Fall der Nichterteilung der Genehmigung gemäß § 8a Abs. 1 Nr. 3 zur Restitution verpflichten muss.

IV. Ergänzend anwendbare Vorschriften

Die Verfahrensregelungen des § 10 sind **nicht abschließend.** Ergänzend kommen na- 23
mentlich Vorschriften der Verordnung über das Genehmigungsverfahren – 9. BImSchV idF vom 29.5.1992 (BGBl. I 1001), zuletzt geändert am 11.11.2020 (BGBl. I 2428 ff.) zur Anwendung, die auf der Grundlage der Verordnungsermächtigung in Abs. 10 erlassen worden ist, sowie – mit Einschränkungen – das Verwaltungsverfahrensrecht und allgemeine Verwaltungsvorschriften der Länder (zur Problematik der Regelungskompetenz hinsichtlich der Behördenzuständigkeit vgl. → Rn. 266).

1. Die Verordnung über das Genehmigungsverfahren (9. BImSchV). Besonde- 24
re Bedeutung für die Ausgestaltung des Genehmigungsverfahrens nach § 10 besitzt die **Verordnung über das Genehmigungsverfahren (9. BImSchV).** Die Verordnung ist am 1.3.1977 in Kraft getreten (BGBl. IV 2129–8–1–9) und seitdem mehrfach geändert worden, zuletzt am 3.3.2023 (vgl. BR-Drs. 95/23, 11 f.). Die Vorschriften der 9. BImSchV konkretisieren in erster Linie § 10, namentlich die Anforderungen an den Genehmigungsantrag sowie die einzureichenden Antragsunterlagen, aber auch andere Normen des Bundes-Immissionsschutzgesetzes (zu Einzelheiten vgl. → 9. BImSchV §§ 1 ff. Rn. 1 ff. sowie unten die Erläuterungen zu den einzelnen Verfahrensstufen). Ihr Anwendungsbereich erstreckt sich auf alle im förmlichen Verfahren genehmigungsbedürftigen Anlagen, die im Anhang zur 4. BImSchV aufgeführt sind, und zwar für die Genehmigung zur Errichtung und zum Betrieb, für die Teilgenehmigung, die Änderungsgenehmigung, für den Vorbescheid, für die Zulassung vorzeitigen Beginns sowie für nachträgliche Anordnungen nach § 17 Abs. 1a (vgl. § 1 Abs. 1 der 9. BImSchV). Darüber hinaus gilt sie auch für solche Anlagen, die ehemals im vereinfachten Verfahren nach § 19 zu genehmigen waren und für die nunmehr in § 19 Abs. 4 ein partieller Rückverweis auf § 10 erfolgt. Das Verfahren ist in den letzteren Fällen mithin nicht iSv § 1 Abs. 1 aE „in § 19 (...) geregelt", was daher weiter zur vollständigen Anwendbarkeit der 9. BImSchV führt. Die Ausnahmebestimmung des § 24 der 9. BImSchV greift für diese Störfallanlagen nicht ein.

25 **2. Verwaltungsverfahrensgesetze der Länder.** Die Vorschriften der jeweiligen **Landesverwaltungsverfahrensgesetze** gelten nach hM subsidiär sowohl im Verhältnis zu den Verfahrensregelungen des § 10 als auch zu den Bestimmungen der 9. BImSchV (detailliert Czajka in Feldhaus BImSchR Rn. 13; Jarass Rn. 11; Roßnagel/Hentschel in GK-BImSchG Rn. 71). Dies ergibt sich aus Art. 84 Abs. 1 GG, der den Ländern insoweit eine Befugnis zur Regelung des Verwaltungsverfahrens einräumt, als nicht ein Bundesgesetz mit Zustimmung des Bundesrates etwas anderes bestimmt, sofern sie Bundesgesetze nach Maßgabe des Art. 83 GG als eigene Angelegenheiten ausführen. Eine Anwendung des Bundes-Verwaltungsverfahrensgesetzes kommt auf Grund der Konkurrenzvorschrift des § 1 Abs. 3 VwVfG (Bund) nicht in Betracht (vgl. Roßnagel/Hentschel in GK-BImSchG Rn. 101). Die subsidiäre Geltung der Verwaltungsverfahrensgesetze ist insbesondere hinsichtlich der 9. BImSchV nicht unproblematisch, da nicht alle Verwaltungsverfahrensgesetze der Länder eine Vorschrift enthalten, nach der Verfahrensregelungen in Rechtsvorschriften des Bundes unberührt bleiben. Allerdings hindert Art. 84 Abs. 1 GG die Länder an einer Regelung des Verwaltungsverfahrens, wenn und soweit ein Bundesgesetz mit Zustimmung des Bundesrates etwas Anderes bestimmt. § 10 und die 9. BImSchV stellen solche anderweitigen Bestimmungen dar. Die Regelungen zum Genehmigungsverfahren iSd § 10 BImSchG lassen sich als abschließendes Verfahrensrecht (§ 73 BImSchG) auf Art. 84 Abs. 1 S. 5 GG stützen (Weiss in Appel/Ohms/Saurer Rn. 17).

26 Eine Besonderheit ergibt sich hinsichtlich der Bestimmungen in **§§ 63 bis 71 VwVfG,** die das förmliche Verwaltungsverfahren regeln. Sie sind – obwohl zum Teil entsprechende Vorschriften in § 10 und der 9. BImSchV fehlen – nicht subsidiär anwendbar, da keine Anordnung durch Rechtsvorschrift im Sinne des § 63 Abs. 1 VwVfG erfolgt ist und das Bundes-Immissionsschutzgesetz keine Verweisung enthält (Jarass Rn. 11; Roßnagel/Hentschel in GK-BImSchG Rn. 102; Czajka in Feldhaus BImSchR Rn. 14; Weiss in Appel/Ohms/Saurer Rn. 27). In Betracht kommt allenfalls im Einzelfall bei Vorliegen einer klaren Regelungslücke die analoge Anwendung (Jarass Rn. 11). Bedeutung erlangt die Nichtgeltung der Regelungen über das förmliche Verwaltungsverfahren in §§ 63 ff. VwVfG insbesondere hinsichtlich **§ 70 VwVfG,** der die Notwendigkeit eines Vorverfahrens vor Erhebung einer verwaltungsgerichtlichen Klage beseitigt. Auch eine analoge Anwendung des § 70 VwVfG scheidet hier mangels einer bestehenden eindeutigen Rechtslücke aus (Ule DVBl. 1976, 729 ff.). Das Vorverfahren bleibt damit für Klagen gegen eine im Verfahren nach § 10 erlassene Genehmigung als Sachentscheidungsvoraussetzung bestehen, soweit keine landesrechtlichen Ausnahmen eingreifen. Die **§§ 71a bis 71e VwVfG** (zum entsprechenden Landesrecht siehe Reimer in Schoch/Schneider Verwaltungsrecht § 71a VwVfG Rn. 6) setzen nach § 71a Abs. 1 VwVfG ebenfalls eine Anordnung durch Rechtsvorschrift voraus. Eine solche findet sich für die Anlagen, die unter die RL 2018/2001/EU (RED-II) fallen, nunmehr in § 10 Abs. 5a Nr. 1 (Czajka in Feldhaus BImSchR Rn. 14). Bei einem entsprechenden Antrag des Vorhabenträgers wird bei solchen Anlagen daher das Verfahren über eine einheitliche Stelle und damit zusätzlich gemäß den Vorgaben der §§ 71a ff. VwVfG abgewickelt (→ Rn. 270b ff.). Während inhaltlich die §§ 71a – 71e VwVfG in allen Ländern übernommen wurden, unterscheidet sich die Organisation der einheitlichen Stelle bisweilen stark (vgl. Reimer in Schoch/Schneider Verwaltungsrecht § 71a VwVfG Rn. 20). Der Vorschlag des Bundesrates, die einheitliche Stelle in § 10 Abs. 5 konkretisierend auszugestalten und zugleich diese Aufgabe der Genehmigungsbehörde zuzuschreiben (BR-Drs. 25/21(BS), 2), wurde von der Bundesregierung abgelehnt und vom Bundestag letztlich nicht übernommen.

27 **3. Verwaltungsvorschriften der Länder.** Zur Vereinheitlichung des Genehmigungsverfahrens haben einige Länder **(allgemeine) Verwaltungsvorschriften zur**

Durchführung des Genehmigungsverfahrens erlassen. Solange der Bund nicht selbst nach § 48 eigene Verwaltungsvorschriften erlässt, bestehen gegenüber dieser Praxis keine Bedenken. Art. 84 Abs. 1 GG weist den Ländern die diesbezügliche Regelungsbefugnis zu, so dass ergänzende Verfahrensregelungen, insbesondere konkretisierende Anforderungen etwa an die Antragstellung, geschaffen werden können (zustimmend Roßnagel/Hentschel in GK-BImSchG Rn. 105; Storost in Ule/Laubinger/Repkewitz B 4). Die zuständigen Behörden haben diese Vorschriften daher zu beachten, soweit nicht Rechtsvorschriften etwas Anderes bestimmen. Im Übrigen handeln sie nach pflichtgemäßen Ermessen (Czajka in Feldhaus BImSchR Rn. 16).

4. Gesetz über die Umweltverträglichkeitsprüfung (UVPG). Für einige genehmigungsbedürftige Anlagen ist eine Umweltverträglichkeitsprüfung zwingend vorgesehen. Welche Anlagen dies sind, ergibt sich ebenso wie das diesbezügliche Verfahren aus dem **Gesetz über die Umweltverträglichkeitsprüfung (UVPG)** idF vom 18.3.2021 (BGBl. I 540 ff.), durch das die Richtlinie 2011/92/EU des Europäischen Parlaments und des Rates vom 13.12.2011 über die Umweltverträglichkeitsprüfung bei bestimmten öffentlichen und privaten Projekten (Abl. 2012 L 26, 1) idF der Richtlinie 2014/52/EU (Abl. L 124, 1) sowie die Richtlinie 2001/42/EG des Europäischen Parlaments und des Rates vom 27.6.2001 über die Prüfung der Umweltauswirkungen bestimmter Pläne und Programme (Abl. L 197, 30) umgesetzt wurden. Infolge der Abänderung der UVP-RL 2011/92/EU durch die UVP-Änderungs-RL 2014/52/EU wurde am 20.7.2017 das UVPG umfassend reformiert (BGBl. I 2808). Der Gesetzgeber wollte eine unmittelbare Anwendbarkeit des UVPG im immissionsschutzrechtlichen Genehmigungsverfahren vermeiden und hat daher die entsprechenden Vorschriften über die Verordnungsermächtigung in das Immissionsschutzrecht integriert (vgl. § 1 Abs. 4 UVPG sowie Roßnagel/Hentschel in GK-BImSchG Rn. 374; Jarass Rn. 14). In der 9. BImSchV sind die wesentlichen Regelungen über die Umweltverträglichkeitsprüfung enthalten (namentlich § 1a über die Schutzgüter der Umweltverträglichkeitsprüfung, § 2a über das „Scoping", also die behördliche Beratung vor der Antragstellung, § 4e zum UVP-Bericht, § 8 Abs. 1 S. 3 und 4, sowie Abs. 2 S. 3 für die Bekanntmachung, § 10 Abs. 1 für die Auslegung sowie § 20 Abs. 1a und b über die zusammenfassende Darstellung, die Bewertung und die Berücksichtigung bei UVP-pflichtigen Vorhaben; die grenzüberschreitende Öffentlichkeits- bzw. Behördenbeteiligung (§ 11a der 9. BImSchV) sowie die Regelungen für das Vorbescheids- und Teilgenehmigungsverfahren (§ 22 Abs. 3 der 9. BImSchV, § 23 Abs. 2 Nr. 5 der 9. BImSchV und Regelungen zum Verhältnis zwischen Raumordnungs- und Genehmigungsverfahren in § 23a der 9. BImSchV (zum Vorstehenden auch Czajka in Feldhaus BImSchR Rn. 122). Weitere Bestimmungen über die Verfahrensgestaltung enthält die Allgemeine Verwaltungsvorschrift zur Ausführung des Gesetzes über die Umweltverträglichkeitsprüfung vom 18.9.1995, GMBl. 671, die allerdings noch nicht an das aktuelle UVPG angepasst ist. Durch die verordnungsrechtliche Umsetzung kommen die Regelungen des **UVPG** infolge seiner **Subsidiarität** nicht mehr zur Anwendung (vgl. §§ 1 Abs. 4, § 4 UVPG). Die Umweltverträglichkeitsprüfung ist gem. § 1 Abs. 2 S. 1 der 9. BImSchV unselbstständiger Teil des Genehmigungsverfahrens (Weiss in Appel/Ohms/Saurer Rn. 32; Meßerschmidt in Ehlers/Fehling/Pünder Besonderes Verwaltungsrecht Bd. 2 § 46 Rn. 76; Jarass Rn. 16). Gem. § 1 Abs. 2 S. 1 der 9. BImSchV ist nunmehr ausdrücklich vorgeschrieben, dass sich die Frage der UVP-Pflicht nur nach den §§ 6–14 UVPG richtet. Vgl. zu Besonderheiten für UVP-pflichtige Anlagen im Genehmigungsverfahren → Rn. 38 ff., 50 f., 72, 75, 77a, 83a, 88, 91, 105, 232 ff., 256a sowie die entsprechenden Kommentierungen zu § 1 Abs. 2, § 1a, § 2a, § 4e, §§ 8–12, § 16, §§ 20 ff. der 9. BImSchV (→ 9. BImSchV § 1 Rn. 1 ff.). Zu § 6 WindBG → § 16b Rn. 106a. 28

28a **5. Anlagen nach dem Treibhausgas-Emissionshandelsgesetz (TEHG).** Da nach § 4 Abs. 4 S. 1 TEHG die für genehmigungsbedürftige Anlagen **vor dem 1.1.2013** erteilte Genehmigung nach dem BImSchG als **Emissionsgenehmigung** iSd Treibhausgas-Emissionshandelsgesetzes für Anlagen gilt, sind für diese Anlagen im Verfahren nach § 10 BImSchG eventuelle Besonderheiten des TEHG, namentlich besondere Verfahrensregelungen, zu berücksichtigen. Für die übrigen Anlagen, die **nach dem 1.1.2013** genehmigt werden, ist eine TEHG-Genehmigung nach § 4 Abs. 1 TEHG erforderlich. Für Altanlagen besteht die Möglichkeit der Beantragung einer zusätzlichen TEHG-Genehmigung, s. § 4 Abs. 4 S. 2 TEHG (zum Vorstehenden Czajka in Feldhaus BImSchR Rn. 16b). Die TEHG-Genehmigung iSd § 4 Abs. 1 TEHG wird von der Konzentrationswirkung des § 13 BImSchG erfasst, wodurch die Genehmigungsverfahren zwar synchronisiert, zusätzliche Überwachungsmaßnahmen aber nicht ausgeschlossen werden (Kahl/Gärditz § 6 Rn. 29 mwN).

28b **6. Umweltinformationsgesetze (UIG und landesrechtliche Regelwerke).** Mit der Änderung des § 10 Abs. 3 durch das Öffentlichkeitsbeteiligungsgesetz vom 9.12.2006 (BGBl. I 2819; → Rn. 18a) haben auch die Bestimmungen des Umweltinformationsgesetzes vom 22.12.2004 (BGBl. I 3704) idF vom 27.10.2014 (BGBl. I 1643), zuletzt geändert am 25.2.2021 mit Wirkung zum 4.3.2021 (BGBl. I 306 ff.), sowie der Umweltinformationsgesetze der Länder Bedeutung für das Genehmigungsverfahren nach dem Bundes-Immissionsschutzgesetz erlangt. Denn die Genehmigungsbehörde hat solche entscheidungserheblichen Informationen, die ihr selbst erst nach Beginn der Auslegung von Antrag und Unterlagen zur Einsichtnahme zur Kenntnis gelangen, der Öffentlichkeit „nach den Bestimmungen über den Zugang zu Umweltinformationen zugänglich zu machen" (§ 10 Abs. 3 S. 3). Diese Bezugnahme auf die Umweltinformationsgesetze hat zur Folge, dass – soweit entsprechende landesrechtliche Vorschriften erlassen worden sind – ein Anspruch auf Zugang zu den entscheidungserheblichen Informationen besteht. Nach den geltenden Landesgesetzen werden die gewünschten Informationen vorbehaltlich etwaiger Ablehnungsgründe (parallel zu den §§ 8 f. UIG(B)) auf Antrag zugänglich gemacht. S. im Einzelnen → Rn. 95a f.

28c **7. Verfahrenserleichterungen für die COVID-19-Pandemie.** Ergänzend anwendbare Verfahrenserleichterungen zur Minimierung der Infektionsrisiken infolge der COVID-19-Pandemie sind dem Plansicherstellungsgesetz („PlanSiG") vom 20.5.2020 (BGBl. 1041 ff.), in Kraft getreten am 29.5.2020, zuletzt geändert durch Art. 1 des Gesetzes vom 8.12.2022 (BGBl. I 2234 ff.), zu entnehmen. Dieses findet auch auf immissionsschutzrechtliche Genehmigungsverfahren Anwendung (§ 1 Nr. 2 PlanSiG). Das Gesetz gilt für alle immissionsschutzrechtlichen Verfahren, betroffen ist folglich ebenso die Öffentlichkeitsbeteiligung im störfallrechtlichen Verfahren des § 23b (Jarass Rn. 18). Die im PlanSiG enthaltenen Verfahrenserleichterungen sind **bis zum 31.12.2023 befristet** (§ 7 Abs. 2 S. 1 PlanSiG), wobei nach Maßgabe des § 6 Abs. 1 und Abs. 2 PlanSiG eine Übergangsregelung für begonnene, aber noch nicht abgeschlossene Verfahren besteht. Diese läuft erst mit Ablauf des 30.9.2028 ab (§ 7 Abs. 2 S. 2 PlanSiG).

Das Gesetz sieht in § 2 PlanSiG und § 3 PlanSiG weitergehende Möglichkeiten für Internetbekanntmachungen anstelle analoger Formen der Bekanntmachungen bzw. Auslegung vor, auf die ergänzend § 27a Abs. 1 S. 1, 2, Abs. 2 bzw. § 27a Abs. 1 S. 2 VwVfG Anwendung finden (Scheidler GewArch 2020, 358 (360 f.)). **§ 2 PlanSiG** regelt dabei Fälle der **ortsüblichen und öffentlichen Bekanntmachungen der Unterlagen** iSd § 10 Abs. 3 S. 1 (iVm § 8 Abs. 1 S. 1 der 9. BImSchV), § 10 Abs. 7 S. 2 (iVm § 21a der 9. BImSchV) sowie § 10 Abs. 8 S. 2, wohingegen **§ 3 PlanSiG** die **Auslegung der Unterla-**

gen iSd § 10 Abs. 3 S. 2 iVm § 10 der 9. BImSchV umfasst (Scheidler GewArch 2020, 358 (360 f.); vgl. aber die im Detail divergierende Abgrenzung der Anwendungsbereiche bei Schack in BeckOK UmweltR Rn. 103; Jarass Rn. 19; Degen NJW-Spezial 2020, 364). Im Anwendungsbereich des § 2 PlanSiG ist hierfür nach § 2 Abs. 1 S. 1 PlanSiG aber Voraussetzung, dass die Bekanntmachungsfrist spätestens mit Ablauf des 31.12.2023 endet. Gem. § 2 Abs. 1 S. 2 PlanSiG hat nebenbei trotz der Internetbekanntmachung zugleich eine Bekanntmachung in einem amtlichen Veröffentlichungsblatt oder einer örtlichen Tageszeitung zu erfolgen (Jarass Rn. 19). Im Anwendungsbereich des § 3 PlanSiG ist die Veröffentlichung im Internet zudem ausgeschlossen, wenn der Vorhabenträger der Veröffentlichung widerspricht, weil Geschäfts- oder Betriebsgeheimnisse betroffen sind. In diesem Fall ist das Verfahren auszusetzen (§ 3 Abs. 1 S. 7 PlanSiG, vgl. auch Schack in BeckOK UmweltR Rn. 105; Jarass Rn. 19; Scheidler GewA 2020, 358 (360 ff.)).

§ 5 PlanSiG hält weiter die Option bereit, infektionsschutzrechtliche Beschränkungen sowie Infektionsrisiken bei der Frage der Erforderlichkeit eines **Erörterungstermins** zu berücksichtigen, womit es für die Behörde möglich ist, bei ihrer Ermessensentscheidung iSd § 10 Abs. 6 in weiterem Umfang von einem Erörterungstermin abzusehen. Für den Fall der Notwendigkeit eines Erörterungstermins kann dieser anstelle von Präsenzveranstaltungen insbesondere auch über Videokonferenzen durchgeführt werden (§ 5 Abs. 4, Abs. 5 PlanSiG; vgl. auch Weiss in Appel/Ohms/Saurer Rn. 204; Jarass Rn. 19a; Degen NJW-Spezial 2020, 364; Scheidler GewArch 2020, 358 (361 f.)). Die mit dem PlanSiG geschaffenen Verfahrenserleichterungen sehen dabei ein Ermessen der Genehmigungsbehörde vor, wobei dem Gesundheitsschutz stattdessen oder daneben auch durch andere Maßnahmen (wie zB einem Lenken der Besucherströme) Rechnung getragen werden kann (Weiss in Appel/Ohms/Saurer Rn. 152). Eine Anragskonferenz, die unter § 5 Abs. 6 PlanSiG fällt, ist auch die Vorantragskonfernz iSd §§ 2, 2a der 9. BImSchV (Jarass Rn. 19a).

Überdies werden durch das PlanSiG weitere **Fehlerfolgenregelungen** bereitgehalten. So sind nach § 6 Abs. 3 S. 1 PlanSiG die Verfahrensfehlerregelungen der § 4 Abs. 1, Abs. 1a, Abs. 1b UmwRG sowie § 7 Abs. 5 UmwRG entsprechend anzuwenden. Darüber hinaus haben Bekanntmachungsfehler nach § 6 Abs. 3 S. 2 PlanSiG nur noch dann Auswirkungen auf die Rechtmäßigkeit des Verfahrens, wenn der Hinweiszweck der Bekanntmachung nicht erfüllt wurde (Weiss in Appel/Ohms/Saurer Rn. 298; Jarass Rn. 18).

8. Besondere Verfahrensregelungen für Flüssiggasanlagen (LNGG). Bedingt 28d
durch den russischen Krieg gegen die Ukraine seit dem Februar 2022 und der damit einhergehenden kurzfristig notwendigen Abkehr von russischen Gaslieferungen hat der Bundesgesetzgeber jüngst ergänzend anwendbare Vorgaben für das immissionsschutzrechtliche Genehmigungsverfahren im „Gesetz zur Beschleunigung des Einsatzes verflüssigten Erdgases – LNG Beschleunigungsgesetz – LNGG" vom 24.5.2022 geschaffen (BGBl. I 802 ff., in Kraft getreten am 1.6.2022; hierzu auch Schütte/Winkler ZUR 2022, 442 f.). Durch dieses Gesetz sollen verfahrensmäßige Erleichterungen ermöglicht werden, um die vormals nur unzureichende LNG-Infrastruktur so schnell wie möglich auszubauen (BT-Drs. 20/1742, 15; Schack in BeckOK UmweltR Rn. 109; eingehend zu den Neuregelungen des LNGG Neumann/Lißek NundR 2022, 258 (262 ff.)). Für diese Zwecke werden über § 4 LNGG für gewisse unter das Gesetz fallende Zulassungsentscheidungen (vgl. § 2 LNGG) insbesondere **Ausnahmen von der Umweltverträglichkeitsprüfung** vorgesehen (mit Zweifeln an der Unionsrechtskonformität vor der auf Einzelfälle ausgerichteten Ausnahmeregelung in Art. 2 Abs. 4 UVP-RL 2011/92/EU aber Kment/Fimpel NuR 2022, 599 (602 ff.); Schlacke/Edenhofer u.a WPKS, Stellungnahme Osterpaket, 18; Schlacke/Wentzien/Römling NVwZ 2022, 1577 (1585); vor den unionsrechtlichen Vor-

gaben für eine dementsprechend einschränkende Auslegung der Norm Neumann/Lißek NundR 2022, 258 (262 mit Fn. 66)). Zudem werden unter den näheren Voraussetzungen aus **§ 5 Abs. 1 LNGG** unterschiedliche Sonderregelungen **(insbesondere Fristverschärfungen)** für das **immissionsschutzrechtliche Genehmigungsverfahren** bereitgehalten.

Das Gesetz wurde jüngst erneut durch Art. 6 des Gesetzes zur Änderung des Energiesicherungsgesetzes und anderer energierechtlicher Vorschriften vom 8.10.2022 (BGBl. I 1726 ff.) mit Wirkung zum 13.10.2022 abgeändert. Hierbei wurde als zusätzliche Einschränkung für die von **§ 5 Abs. 1 Nr. 1-3 LNGG** umfasste **Zulassung von Anlagen nach § 2 Abs. 1 Nr. 1 LNGG** (stationäre schwimmende Anlagen zur Einfuhr, Entladung, Lagerung und Wiederverdampfung verflüssigten Erdgases) vorgesehen, dass **für das Verfahren keine Umweltverträglichkeitsprüfung** durchgeführt werden muss. Nach Maßgabe der § 5 Abs. 1 Nr. 1-3 LNGG wird für diesen Fall die Auslegungsfrist des § 10 Abs. 3 S. 2 von einem Monat auf grundsätzlich eine Woche verkürzt (§ 5 Abs. 1 Nr. 1 LNGG) und die in § 10 Abs. 3 S. 4 geregelten Einwendungsfristen durch § 5 Abs. 1 Nr. 2 LNGG von zwei Wochen (bzw. einem Monat bei Anlagen nach der IE-RL) ebenso auf eine Woche nach Ablauf der Auslegungsfrist begrenzt. § 5 Abs. 1 Nr. 3 LNGG ermöglicht weitergehende Ausnahmen vom Erörterungstermin, sodass wegen der hohen Eilbedürftigkeit des Ausbaus der Flüssiggasinfrastruktur auf diesen verzichtet werden kann (BT-Drs. 20/1742, 20). § 5 Abs. 1 Nr. 4 LNGG fordert überdies – unabhängig von der Pflicht zur Durchführung einer UVP und ebenso bei Anlagen nach § 2 Abs. 1 Nr. 2 LNGG (stationären landgebundenen Anlagen zur Einfuhr, Entladung, Lagerung und Wiederverdampfung verflüssigten Erdgases) die Aufnahme einer zeitlichen Begrenzung des Weiterbetriebs von Anlagen bis zum 31.12.2043 in die Genehmigung nach § 4 ein (vgl. auch Schack in BeckOK UmweltR Rn. 111 ff.).

Rechtsbehelfe gegen Entscheidungen nach dem LNGG haben gem. § 11 LNGG keine aufschiebende Wirkung. Weitere **rechtsschutzbezogene Erleichterungen** für LNGG-Anlagen wurden über das Gesetz zur Beschleunigung von verwaltungsgerichtlichen Verfahren im Infrastrukturbereich v. 10.2.2023 erlassen (BR-Drs. 57/23, 1 ff.). Hier ist eine erstinanzliche Zuständigkeit des BVerwG (§ 50 Abs. 1 Nr. 6 VwGO) geregelt worden, überdies Einschränkungen für den Eilrechtsschutz (§ 80c VwGO), sowie diverse prozessuale Präklusions- und Beschleunigungsregelungen (§ 87b Abs. 4 VwGO, § 87c VwGO; vgl. auch Schlacke/Wentzien/Römling NVwZ 2022, 1577 (1584) sowie Schack in BeckOK UmweltR Rn. 117, s.a. → § 6 Rn. 74a).

28e **9. Weitere Verfahrenserleichterungen zur Bewältigung der Gasmangellage.** Ebenso bedingt durch den seit Februar 2022 herrschenden Krieg zwischen Russland und der Ukraine und der durch diesen ausgelösten **Energiekrise,** hat der Gesetzgeber jüngst weitergehende verfahrensmäßige Erleichterungen geschaffen, um die **Gasmangellage** zu bekämpfen.

28f Hierfür wurden durch das Ersatzkraftwerkebereithaltungsgesetz vom 8.7.2022 (BGBl. I 1054 ff.) mit Wirkung zum 12.7.2022 zunächst die **§§ 31a-d** in das Bundes-Immissionsschutzgesetz eingefügt. In diesen werden für den Betreiber Abweichungsmöglichkeiten für einzelne **Anlagen** eröffnet, die unter die **IE-RL 2010/75/EU** oder die **RL 2015/2193/EU** fallen und den Vorgaben der 13. oder der 44. BImSchV unterliegen (Scheidler GewArch 2022, 482 (485); vgl. auch Scheidler in Feldhaus BImSchR Vor §§ 31a-d Rn. 1 ff., 5, 20). Für diese sind bei einem **Brennstoffwechsel** infolge einer **Gasmangellage** (→ Rn. 28h) die §§ 31a-d anzuwenden, die – als das Änderungsgenehmigungsverfahren iSd § 16 verdrängende Spezialregelungen – ein besonderes Änderungsgenehmigungsverfahren sui generis ohne Öffentlichkeitsbeteiligung vorsehen (vgl. auch die LAI-Vollzugshinweise „Immissionsschutz in der Gasmangellage", Stand: 31. Oktober 2022, 5, 14; Scheidler GewArch 2022, 482 (484)). Die ermöglichten Änderungen und Abweichungen sind nach Maßgabe der § 31a Abs. 1, § 31b Abs. 1, § 31c Abs. 1 und § 31d Abs. 1 zeitlich zu befristen (vgl. speziell für § 31b und § 31d Augustin/Terfurth ARP 2022, 344 (345)). Europarechtlich werden diese Abweichungsbefugnisse unter anderem auf **Art. 30 Abs. 5 und Abs. 6 der IE-RL 2010/75/EU** und **Art. 6 Abs. 11 und Abs. 12 der MCP-RL 2015/2193/EU** gestützt (Scheidler in Feldhaus BImSchR Vor §§ 31a–d Rn. 6 ff., 10 ff.; Scheidler GewArch 2022, 482 (483)). Für weitergehende Änderungen, insbesondere baulicher Art, bleibt es hingegen bei der Änderungsgenehmigungspflicht nach § 16 (Scheidler GewArch 2022, 482 (484)). Auch dauerhafte Änderungen des Brennstoffes sind weiterhin über § 16 zu genehmigen (vgl. LAI-Vollzugshinweise „Immissionsschutz in der Gasmangellage", Stand: 31. Oktober 2022, 5, 8). Allerdings sind hier ggf. die verfahrensmäßigen Erleichterungen der §§ 31e–k zu beachten (Scheidler in Feldhaus BImSchR Vor §§ 31-a–d Rn. 18).

Für **Anlagen bzw. Vorhaben**, die nicht unter den Anwendungsbereich der Privilegierungen der §§ 31a–d fallen, sind die neuen **§§ 31e–k** heranzuziehen, die der Gesetzgeber durch das „Vierzehnte Gesetz zur Änderung des Bundes-Immissionsschutzgesetzes" vom 19.10.2022 (BGBl. I 1792 ff.), in Kraft getreten am 20.10.2022., neu in das Bundes-Immissionsschutzgesetz eingefügt hat. Die Regelungen treten gem. Art. 2 Abs. 2 des Gesetzes am 26.10.2024 außer Kraft. So finden sich hier weitergehende Möglichkeiten eines vorzeitigen Beginns (§ 31e), Erleichterungen für das Genehmigungsverfahren iSd § 10 (§ 31f), und zusätzliche Vorgaben zur Entbehrlichkeit einer Änderungsanzeige oder Änderungsgenehmigung bei der Beantragung von Abweichungen von gewissen fachgesetzlichen Vorgaben (§ 31g). Weitere Ausnahmen werden für die Pflicht zur Durchführung eines förmlichen Genehmigungsverfahrens in § 31h sowie für die Pflicht eines Anzeige- und Änderungsgenehmigungsverfahrens iSd §§ 15 f. für Abweichungen speziell von der TA-Luft und TA-Lärm in den §§ 31i und § 31j geregelt. § 31k gestattet überdies erleichterte Abweichungen bei Windenergieanlagen ohne Öffentlichkeitsbeteiligung (→ § 16b Rn. 19a). § 31l enthält eine Übergangsregelung, wonach die Neuregelungen der §§ 31e - k auch auf solche Verfahren anzuwenden sind, die vor dem Inkrafttreten dieser Regelungen bereits begonnen wurden, wobei unter Umständen aber eine Wiederholung der Verfahrensschritte notwendig sein kann (vgl. § 31l Abs. 1 S. 2 und 3, Abs. 2). **28g**

Für das **förmliche Genehmigungsverfahren** iSd § 10 gelten die Erleichterungen des **§ 31 f.** Anwendungsvoraussetzung ist nach § 31f Abs. 1, dass es um ein förmliches Genehmigungsverfahren iSd § 10 (auch in Verbindung mit §§ 16, 16a) geht und dieses durchgeführt wird (1) im Zusammenhang mit einem Brennstoffwechsel wegen einer ernsten oder erheblichen Gasmangellage, (2) weil wegen einer ernsten oder erheblichen Gasmangellage notwendige Betriebsmittel für Abgaseinrichtungen nicht ausreichend zur Verfügung stehen oder (3) wegen einer anderen durch die ernste oder erhebliche Gasmangellage ausgelösten Notwendigkeit. **28h**

Zentrales Tatbestandsmerkmal für die Eröffnung des Anwendungsbereichs des § 31f ist in allen drei Ziffern des Absatzes 1 das Tätigwerden wegen einer **ernsten oder erheblichen Gasmangellage**. Die zu genehmigende Anpassung der Anlage muss folglich durch eine Gasmangellage veranlasst sein. Die auch in § 31a Abs. 1 und § 31c Abs. 1 verwendeten Begriffe einer ernsten bzw. erheblichen Mangellage entstammen der deutschsprachigen Fassung des Art. 30 Abs. 5 RL 2010/75/EU bzw des Art. 6 Abs. 11 der MCP-RL 2015/2193/EU. Das zusätzliche Bezugnehmen auf die „ernste" Mangellage (statt auf die „erhebliche" Mangellage wie nach der deutschen Richtlinienfassung) soll nur gewährleisten, dass die deutsche und die englische Richtlinienfassung übereinstimmen, die Begriffe sind mithin synonym zu verstehen (vgl. BT-Drs. 20/3498, 10; Scheidler GewArch 2022,

482 (485)). Eine solche „ernste oder erhebliche Gasmangellage" lag bei Ausrufung der Alarmstufe des auf VO (EU) 2017/1938 beruhenden „Notfallplans Gas der Bundesrepublik Deutschland" vor und musste vom einzelnen Anlagenbetreiber nicht erneut nachgewiesen werden (BT-Drs. 20/3498, 10; vgl. BT-Drs. 20/2664, 11; Scheidler GewArch 2022, 482 (486)). Künftige Mangellagen müssen mit dieser vergleichbar sein, um zur Anwendbarkeit der Regelung zu führen (Scheidler GewArch 2022, 482 (486)).

Die Tatbestandsvariante § 31f Abs. 1 Nr. 1 erfasst Genehmigungsverfahren **in Zusammenhang** mit einem **Brennstoffwechsel,** also dann, wenn nunmehr anstelle von Gas ein anderer Brennstoff verwendet wird. § 31f Abs. 1 Nr. 2 umfasst hingegen genehmigungsbedürftige Änderungen der Anlage die durch das **Fehlen von Betriebsmitteln für Abgaseinrichtungen** veranlasst sind, womit es also primär auf den vom Vorhabenträger verfolgten Zweck des Genehmigungsverfahrens ankommt. Diese Alternative ist allerdings durch das alleinige Abstellen auf die Zweckrichtung des Vorhabens wenig deutlich, sodass zB unklar ist, ob hiervon auch Konstellationen erfasst sein sollen, in denen die Änderung aus finanziellen Gründen erfolgt (abl. etwa die LAI-Vollzugshinweise „Immissionsschutz in der Gasmangellage", Stand: 31. Oktober 2022, 22). Die Variante des § 31f Abs. 1 Nr. 3 schließlich enthält mit der **„anderen durch die Gasmangellage ausgelösten Notwendigkeit"** eine Auffangklausel für noch nicht absehbare weitere Fallkonstellationen, auf welche ebenfalls die Verfahrenserleichterungen Anwendung finden sollen. Nach dem gesetzgeberischen Willen soll diese Regelung auch die mittelbar durch die Gasmangellage erzeugten Fälle erfassen (BT-Drs. 20/3498, 11).

28i Ist § 31f anwendbar, so ist grundsätzlich das förmliche Genehmigungsverfahren des § 10 nach Maßgabe der § 31f Abs. 2–4 durchzuführen (§ 31f Abs. 1 S. 1), wobei allerdings die Vorgaben aus § 16 Abs. 2 S. 1, 2 für das Absehen von der öffentlichen Bekanntmachung sowie des § 19 Abs. 4 S. 2–4 für die Durchführung des störfallrechtlichen Genehmigungsverfahrens (§ 19 Rn. 58 ff.) unberührt bleiben. Soweit die Ausnahmevorschrift des § 31f Anwendung findet, werden gewisse Verfahrensfristen vergleichbar der Regelung in § 5 LNGG (→ Rn. 28d) abgekürzt. So wird die **Auslegungsfrist** abweichend von § 10 Abs. 3 S. 2 auf eine Woche verkürzt (§ 31f Abs. 2). Ferner wird die **Einwendungsfrist** abweichend von § 10 Abs. 3 S. 4 – auch für Anlagen iSd IE-RL 2010/75/EU – auf eine Woche verkürzt (§ 31f Abs. 3). Ob diese durchaus drastische Verkürzungen der Verfahrensfristen mit unionsrechtlichen Vorgaben zur Öffentlichkeitsbeteiligung, insbesondere mit Art. 24 Abs. 1 UAbs. 1, UAbs. 2 IE-RL, Art. 6 UVP-RL 2011/92/EU sowie Art. 6 Abs. 2 der Aarhus-Konvention vereinbar sind, ist derzeit nicht abschließend geklärt (krit. Heß Ausschuss-Drs. 20(16)84-D, 10). Im Übrigen „soll" die Genehmigungsbehörde auf den **Erörterungstermin** verzichten, sodass die Genehmigungsbehörde im Regelfall von einem solchen absehen muss (zur ähnlichen Situation beim Anlagenrepowering nach § 16b Abs. 5 vgl. → § 16b Rn. 101 f.). Unionsrechtliche Probleme gibt es jedenfalls hier nicht, da ein Erörterungstermin von der UVP-RL 2011/92/EU, der IE-RL 2010/75/EU (→ Rn. 211a) sowie auch von der Seveso-III-RL 2012/18/EU nicht eingefordert wird.

V. Verhältnis zwischen formalem und vereinfachtem Verfahren

29 Nach der Konzeption des Bundes-Immissionsschutzgesetzes ist das Genehmigungsverfahren ein **förmliches Verfahren** mit detaillierten Anforderungen an die Öffentlichkeitsbeteiligung. Nach § 19 kann durch Rechtsverordnung nach § 4 Abs. 1 S. 3 vorgeschrieben werden, dass die Genehmigung von Anlagen bestimmter Art oder bestimmten Umfangs in einem **vereinfachten Verfahren** erteilt wird, sofern dies nach Art, Ausmaß und Dauer der von diesen Anlagen hervorgerufenen Umwelteinwirkungen und sonstigen

Gefahren, erheblichen Nachteilen und erheblichen Belästigungen mit dem Schutz der Allgemeinheit und der Nachbarschaft vereinbar ist. Nach § 19 Abs. 2 sind die Absätze 2, 3, 3a, 4, 6, 7 Satz 2 und 3, 8 und 9 des § 10 sowie die §§ 11 und 14 im vereinfachten Verfahren nicht anwendbar (vgl. zur Frage der drittschützenden Wirkung der Verfahrensvorschriften im vereinfachten Verfahren ablehnend BVerwGE 85, 368 ff.). Damit entfallen im vereinfachten Verfahren im Einzelnen:

- die Öffentlichkeitsbeteiligung im Verfahren auf Erteilung einer Genehmigung oder eines Vorbescheides (§ 10 Abs. 2–4, 6, 9);
- die (Ersatz-)Zustellung durch öffentliche Bekanntmachung (§ 10 Abs. 7 S. 2 und 3, Abs. 8);
- die (formelle) Präklusionswirkung nach § 10 Abs. 3 S. 5 sowie bei Teilgenehmigung und Vorbescheid (§ 11) und
- die privatrechtsgestaltende Wirkung der Genehmigung durch den Ausschluss privatrechtlicher Abwehransprüche (§ 14).

Aufgrund ihrer Geltung nur für Anlagen nach der IE-RL, bei welchen das vereinfachte Verfahren nicht statthaft ist, bleiben auch § 10 Abs. 1a, 8a unangewendet.

Von der Verordnungsermächtigung hat der Verordnungsgeber in **§ 2 Abs. 1, 3 und 4 der 4. BImSchV** Gebrauch gemacht und diejenigen Anlagen, für die das vereinfachte Verfahren nach § 19 durchgeführt wird, abschließend im Anhang zur 4. BImSchV (Spalte c) Anhang 1 Buchstabe V) niedergelegt. Nach § 2 Abs. 1 Nr. 2 der 4. BImSchV muss die Genehmigung im vereinfachten Verfahren für die in Spalte c) des Anhangs 1 mit dem Buchstaben V gekennzeichneten Anlagen erlassen werden, sofern für diese nicht nach Maßgabe der Nr. 1 lit. c eine Umweltverträglichkeitsprüfung durchzuführen ist (zur sog. Windfarmabgrenzung bei der WEA-Zulassung vgl. → § 16b Rn. 106). Die Entscheidung für das förmliche bzw. vereinfachte Verfahren liegt daher nicht im Ermessen der Genehmigungsbehörde. Nach § 2 Abs. 3 der 4. BImSchV wird allerdings das vereinfachte Verfahren durchgeführt, wenn die Genehmigung für einen Zeitraum von höchstens drei Jahren nach Inbetriebnahme einer Versuchsanlage mit dem Buchstaben G nach Spalte c) des Anhangs 1 erteilt werden soll (auf Antrag kann dieser Zeitraum um ein Jahr verlängert werden). Für UVP-pflichtige Vorhaben gilt dies gem. § 2 Abs. 3 S. 2 der 4. BImSchV allerdings nur, soweit nach den Vorschriften des UVPG keine Umweltverträglichkeitsprüfung durchzuführen ist. 30

Besonderheiten gelten nach der durch das „Vierzehnte Gesetz zur Änderung des Bundes-Immissionsschutzgesetzes“ vom 19.10.2022 (BGBl. I 1792 ff.) mit Wirkung zum 26.10.2022 eingefügten Neuregelung des **§ 31h**, die neben dem LNGG sowie den neuen §§ 31a–d dazu dient, die Gasmangellage infolge des russischen Krieges gegen die Ukraine zu bekämpfen (→ Rn. 28d, 28h f.). Hiernach sind **Anlagen nach Nr. 9.1.1. des Anhangs 1 der 4. BImSchV**, die nicht länger als zwei Jahren betrieben werden und ein Fassungsvermögen von nicht mehr 200 Tonnen haben, in den in § 31h definierten Fallkonstellationen in Verbindung mit einer erheblichen Gasmangellage im vereinfachten Verfahren nach § 19 (befristet) zu genehmigen, wobei jedoch die störfallrechtlichen Verfahrensvorgaben des § 19 Abs. 4 (→ § 19 Rn. 58 ff.) unberührt bleiben. 30a

Nach der Novellierung des § 19 durch das Dritte Gesetz zur Änderung des Bundes-Immissionsschutzgesetzes vom 14.5.1990 (BGBl. I 880) hat die Behörde gemäß § 19 Abs. 3 **auf Verlangen** des Antragstellers das förmliche Verfahren durchzuführen. Dieses Begehren wird dieser insbesondere dann äußern, wenn er die formelle Präklusionswirkung für verspätet erhobene Einwendungen herbeiführen möchte, Unsicherheiten über die UVP-Pflichtigkeit des Vorhabens bestehen (da ein Unterlassen ggf. zu einem absoluten Verfahrensfehler führt → Rn. 284b; zur in Betracht zu ziehenden Nichtigkeit 31

→ Rn. 281) oder wenn die privatrechtsgestaltende Wirkung nach § 14 begehrt wird. Gemäß § 3 S. 2 der 9. BImSchV muss der Antragsteller den Antrag auf Durchführung des förmlichen Verfahrens mit dem Genehmigungsantrag stellen (Jarass § 19 Rn. 12; Roßnagel/Hentschel in GK-BImSchG § 19 Rn. 39). Die Behörde ist nach dem eindeutigen Wortlaut des § 19 Abs. 3 („ist (…) zu erteilen") an den Antrag gebunden und muss das förmliche Verfahren einleiten. Die früher geltende Regelung, nach der die Entscheidung über den Antrag im pflichtgemäßen Ermessen stand, ist seit Inkrafttreten des Gesetzes zur Beschleunigung und Vereinfachung immissionsschutzrechtlicher Genehmigungsverfahren vom 9.10.1996 (BGBl. I 1498) durch eine Bindung der Behörde an den Antrag ersetzt worden. Es sind sämtliche Vorschriften über das förmliche Genehmigungsverfahren anwendbar.

32 Für Störfallanlagen, durch deren störfallrelevante Errichtung und Betrieb der Sicherheitsabstand iSd § 3 Abs. 5c unterschritten wird oder deren störfallrelevante Änderung zu einer erstmaligen bzw. weiteren Unterschreitung des angemessenen Sicherheitsabstands iSv § 3 Abs. 5c oder einer erheblichen Gefahrerhöhung führt, ist nunmehr in § 19 Abs. 4 ein besonderes förmliches Verfahren über einen eingeschränkten Rückverweis auf § 10 vorgesehen (→ § 19 Rn. 58 ff.). Die Möglichkeit des Antrags nach § 19 Abs. 3 schließt dieses besondere förmliche Verfahren allerdings nicht aus.

Erfolgt das Verfahren **fälschlicherweise** in einer der beiden Verfahrensarten, so ist die Genehmigung nicht ohne Weiteres nichtig, es sei denn, die Rechtslage war bei verständiger Würdigung aller in Betracht kommenden Umstände offenkundig (vgl. § 44 Abs. 1 VwVfG). Nach hM sind bei fälschlicherweise und ohne einen entsprechenden Antrag des Vorhabenträgers nach § 19 Abs. 3 durchgeführtem förmlichen Verfahren die §§ 13 und 14 anwendbar; insoweit kommt es nur auf die tatsächliche Durchführung im förmlichen Verfahren an (Jarass § 14 Rn. 3; Spindler in Feldhaus BImSchR Rn. 19; aA Roßnagel/Hentschel in GK-BImSchG § 14 Rn. 13). Die Genehmigung besitzt daher Einschlussfunktion für bestimmte andere behördliche Entscheidungen (§ 13) sowie die Präklusionswirkung nach § 14. § 19 Abs. 2 ist nicht einschlägig, weil die Vorschrift ein vereinfachtes Verfahren voraussetzt und daher formell an die Verfahrensart anknüpft. Problematischer ist die Durchführung des vereinfachten Verfahrens bei Anlagen, für die das förmliche Verfahren vorgesehen ist. Die Genehmigung ist nicht ipso iure unwirksam, jedoch seitens derjenigen Nachbarn anfechtbar, die von der Beteiligung ausgeschlossen worden sind. Die Anfechtung führt bei Indvidualklägern allerdings nur dann Aufhebung der Genehmigung, wenn der Betroffene durch die Unvollständigkeit des Verfahrens in seinen materiellen Rechten verletzt ist (eingehend BVerwGE 85, 368 ff.; aA OVG Lüneburg GewArch 1967, 79 (80), → Rn. 285 ff.). In diesem Fall liegt wegen § 4 Abs. 1 S. 1 Nr. 2 UmwRG regelmäßig ein **absoluter Verfahrensfehler** vor (→ Rn. 284b). Ist die **Einschlägigkeit** der konkreten Verfahrensart in der Praxis **zweifelhaft**, bietet es sich bereits mit Blick auf diese Fehlerfolge an, vorsorglich das weitergehende förmliche Verfahren anzuwenden (Weiss in Appel/Ohms/Saurer Rn. 21; vgl. allgemein auch Roßnagel/Hentschel in GK-BImSchG § 19 Rn. 4; Schäfer DÖV 1977, 88).

B. Genehmigungsverfahren

I. Mögliche Antragsteller

33 Über potenzielle Antragsteller enthält das Bundes-Immissionsschutzgesetz keine Angaben. § 2 der 9. BImSchV bestimmt, dass der Antrag vom **„Träger des Vorhabens"** zu stellen ist. Der Kreis der Antragsberechtigten wird dadurch freilich nicht exakt bestimmt, zumal die Genehmigung anlagenbezogen ist und der Hersteller bzw. Errichter einer Anla-

ge nicht notwendigerweise mit dem (späteren) Betreiber identisch sein muss, sich im Regelfall der Bauherr und der Inhaber der Anlage sogar voneinander unterscheiden. Der (spätere) Betreiber wird im Regelfall ein größeres Interesse an der Genehmigungserteilung besitzen als der Anlagenhersteller. Antragsteller kann daher nicht nur derjenige sein, der die Anlage errichten will (Roßnagel/Hentschel in GK-BImSchG Rn. 132; Czajka in Feldhaus BImSchR Rn. 22; OVG Koblenz GewArch 1977, 133 (137 ff.)). Für die Berechtigung zur Stellung eines Genehmigungsantrags nach § 10 genügt es daher, dass der Antragsteller ein berechtigtes Interesse an der Genehmigung nachweisen kann (BVerwGE 42, 115). Dies trifft regelmäßig zu auf den Inhaber der Anlage, aber auch auf den von diesem verschiedenen Anlagenhersteller, der auf Grund vertraglicher Vereinbarungen mit dem späteren Betreiber die Errichtung eigenverantwortlich übernimmt. Wer dagegen in fremden Namen und auf fremde Rechnung die Anlage errichtet – etwa ein Bauunternehmer – ist nicht Träger des Vorhabens (ähnlich Jarass Rn. 20; Weiss in Appel/Ohms/Saurer Rn. 59; Storost in Ule/Laubinger/Repkewitz C 15).

Erfolgt während der Errichtung oder des Betriebs der Anlage ein **Wechsel des Betreibers,** insbesondere nach der Erteilung einer Teilgenehmigung nach § 8, so kann der neue Betreiber weitere Teilgenehmigungen beantragen. Wegen der Anlagenbezogenheit der Genehmigung („Realkonzession") bedarf es einer förmlichen Übertragung der bereits erteilten Genehmigung auch im Falle der Einzelrechtsnachfolge nicht (BVerwGE 84, 209 (211); → Vor § 4 Rn. 17). Allerdings ist die Erteilung einer Genehmigung nicht (mehr) sinnvoll, wenn sie erkennbar nicht genutzt werden wird. Es ist daher entscheidend, ob beim Wegfall des Antragstellers (auch durch Tod oder Liquidation) anlässlich des Betreiberwechsels der Antrag übernommen wird (zB durch einen Insolvenzverwalter, vgl. OVG Lüneburg NuR 1998, 663; Weiss in Appel/Ohms/Saurer Rn. 61, 268; allgemein zur Rechtsnachfolge in immissionsschutzrechtliche Genehmigungen Kreppel Rechtsnachfolge in anlagenbezogene Zulassungsakte im Bereich des Umweltrechts, 153 ff.; Dietlein Nachfolge im Öffentlichen Recht, 414 ff.). Andernfalls ist das Genehmigungsverfahren einzustellen. **34**

Mangels abweichender Regelung im Bundes-Immissionsschutzgesetz und der 9. BImSchV richtet sich die Fähigkeit, Anträge zu stellen, nach **§§ 11, 12 VwVfG** (vgl. Czajka in Feldhaus BImSchR 9. BImSchV § 2 Rn. 11). Nach Maßgabe dieser Vorschriften sind natürliche Personen, juristische Personen des Zivilrechts und des öffentlichen Rechts (einschließlich jedenfalls der rechtlich verselbstständigten OHG und der KG, vgl. §§ 124, 161 HGB), Vereinigungen, soweit ihnen ein Recht zustehen kann, und Behörden antragsberechtigt. Jeder Antragsteller kann sich durch einen Bevollmächtigten vertreten lassen. Dieser hat auf Verlangen seine Bevollmächtigung schriftlich nachzuweisen (§ 14 VwVfG). **35**

II. Behördliche Beratung vor Antragstellung

Vor der Einleitung des Anlagenzulassungsverfahrens durch einen Antrag des Vorhabenträgers „soll" die Genehmigungsbehörde den potenziellen Antragsteller eingehend **beraten.** Es besteht damit ein **intendiertes Ermessen** der Genehmigungsbehörde, aus der ein grundsätzliche Beratungspflicht erwächst, von der lediglich in atypischen Sonderfällen abgewichen werden kann (→ 9. BImSchV § 2 Rn. 7 f.; Weiss in Appel/Ohms/Saurer Rn. 46; Jarass Rn. 21). Dem Antragsteller obliegt die Entscheidung, die Behörde vor dem Antrag über das geplante Vorhaben zu informieren und die Beratung in Anspruch zu nehmen oder nicht. Eine Pflicht der Behörde, die Beratung anzubieten, besteht daher selbst dann nicht, wenn sie nicht durch den Antragsteller, sondern auf anderem Wege Kenntnis von dem geplanten Vorhaben erlangt (Czajka in Feldhaus BImSchR **36**

9. BImSchV § 2 Rn. 18). § 2 Abs. 2 der 9. BImSchV sperrt auf der anderen Seite – sofern der Antragsteller auf eine Beratung nach dieser Vorschrift verzichtet – aber auch nicht eine Auskunft- und Hinweistätigkeit der Behörde auf der Grundlage anderer Vorschriften, namentlich des § 25 S. 2 VwVfG (vgl. Czajka in Feldhaus BImSchR 9. BImSchV § 2 Rn. 18; Weiss in Appel/Ohms/Saurer Rn. 46). Die Beratung vor der Antragstellung nach § 2 der 9. BImSchV dient in Konkretisierung des umweltrechtlichen Kooperationsprinzips dazu, zur Förderung des Verfahrens schon im Vorfeld bestimmte zu erwartende Probleme zu erörtern und den geplanten zeitlichen Ablauf des Genehmigungsverfahrens zu besprechen (sog. **„Vorantragskonferenz"**). Im Einzelnen soll die Behörde dahingehend auf den Vorhabenträger einwirken, dass der Antrag und die erforderlichen Unterlagen frist- und formgerecht sowie vollständig eingereicht werden. Zudem soll sie auf die für die Entscheidung über den späteren Genehmigungsantrag wesentlichen Gesichtspunkte hinweisen. In der Vorantragskonferenz sind schließlich alle für das Verfahren relevanten Fragen des Immissions-, Arbeits- und technischen Gefahrenschutzes zu erörtern, insbesondere im Hinblick auf am Standort gegebenenfalls bereits bestehende Immissionsbelastungen.

37 Die Vorbereitung darf indes **nicht** zu einer **Vorabentscheidung** der Behörde über den Antrag im Zusammenwirken mit dem Antragsteller führen, da hierdurch die Mitwirkungsrechte potenziell Betroffener verkürzt würden (vgl. Hett Öffentlichkeitsbeteiligung, 22 ff.; kritisch zur vergleichbaren atomrechtlichen Situation Meyer-Abich in Recht und Technik im Spannungsfeld der Kernenergiekontroverse, 221 (228); Wilting Gestuftes atomrechtliches Genehmigungsverfahren und Bürgerbeteiligung, 73 f.; mit Kritik überdies zur gebotenen Unparteiischkeit der Behörde und Akzeptanzwirkungen in der Öffentlichkeit Meßerschmidt in Ehlers/Fehling/Pünder Besonderes Verwaltungsrecht Bd. 3 § 46 Rn. 72). Insoweit werden Inhalt und Umfang der Beratung durch das Gebot fairer Verfahrensführung näher bestimmt und begrenzt (vgl. BVerwGE 75, 214 (230 ff.) mwN). Absprachen mit dem Vorhabenträger sind rechtlich unverbindlich und dürfen nicht zur Besorgnis der Befangenheit iSd § 21 VwVfG führen, sie sind überdies aktenkundig zu machen (Weiss in Appel/Ohms/Saurer Rn. 58). Begehrt der Vorhabenträger eine verbindliche Entscheidung der Genehmigungsbehörde, muss er einen Vorbescheid nach § 9 beantragen (Czajka in Feldhaus BImSchR Rn. 20). Bindendene **Zusicherungen** iSd § 38 VwVfG oder **öffentlich-rechtliche Verträge** kommen im Übrigen nicht in Betracht, hier dürfte in der Regel zugleich infolge der Evidenz des Mangels von einer Nichtigkeit iSd § 44 VwVfG (bzw. Unwirksamkeit iSd § 59 Abs. 2 Nr. 1 VwVfG) auszugehen sein (Czajka in Feldhaus BImSchR Rn. 20; Jarass Rn. 23; Roßnagel/Hentschel in GK-BImSchG Rn. 116; dazu auch → 9. BImSchV § 2 Rn. 20). Vgl. im Einzelnen und zu der Frage, ob sich aus dieser Vorschrift ein Rechtsanspruch des Antragstellers auf eine Beratung seitens der Behörde ergibt → 9. BImSchV § 2 Rn. 8 ff.

38 Besonderheiten hinsichtlich der behördlichen Beratung vor der Antragstellung ergeben sich bei **UVP-pflichtigen Vorhaben.** Durch die Erste Verordnung zur Änderung der 9. BImSchV vom 8.12.2017 (BGBl. I 3882 ff.) erfolgte zur Anpassung des Genehmigungsverfahrens an die Vorgaben der Richtlinie 2014/52/EU des Europäischen Parlaments und des Rates vom 16.4.2014 zur Änderung der Richtlinie 2011/92/EU über die Umweltverträglichkeitsprüfung bei bestimmten öffentlichen und privaten Projekten (Abl. L 124 v. 25.4.2014, 1) eine entsprechende Anpassung der Beratungspflichten der Behörde in **§ 2a der 9. BImSchV**. Die Vorschrift ist die Parallelbestimmung zum neuen **§ 15 UVPG (ehem. § 5 UVPG)** und beschreibt die Unterrichtung über den Untersuchungsrahmen und die vorzulegenden Unterlagen **(„Scoping")**. Durch die Normierung in der 9. BImSchV ist iSd §§ 1 Abs. 4, 4 UVPG (ehemals § 4 S. 1 UVPG) die unmittelbare Anwendung des UVPG ausgeschlossen. Das Scoping ist dabei insbesondere maßgeblich für Bestimmung von Inhalt und Umfang des UVP-Berichts (vgl. § 4e Abs. 3 S. 2 der 9. BImSchV).

Nach § 2a Abs. 1 der 9. BImSchV hat die Genehmigungsbehörde über die Beratung nach § 2 Abs. 2 der 9. BImSchV hinaus den Vorhabenträger entsprechend dem Planungsstand des Vorhabens und auf der Grundlage geeigneter Angaben zum Vorhaben frühzeitig über den **„Untersuchungsrahmen"** (vgl. die Legaldefinition in § 2a Abs. 1 S. 1 der 9. BImSchV) der UVP-Prüfung zu unterrichten. Diese Unterrichtung über den Untersuchungsrahmen muss nicht beantragt werden, sondern kann bereits dann erfolgen, wenn die Behörde sie für „zweckmäßig" hält (§ 2a Abs. 1 der 9. BImSchV). Sie muss die Unterrichtung demnach nicht mehr – wie noch in der Altfassung – für „erforderlich" halten. Im Gegenzug hat der Betreiber nach § 2a Abs. 2 der 9. BImSchV der Genehmigungsbehörde zur Vorbereitung der Beratung und der Festlegung des Untersuchungsrahmens Unterlagen zu den „Merkmalen" (einschließlich der Größe und Leistung, des Standorts sowie zu den möglichen Auswirkungen auf die in § 1a benannten Schutzgüter) des UVP-pflichtigen Vorhabens vorzulegen (im Einzelnen → 9. BImSchV § 2a Rn. 5a f.). Nach § 2a Abs. 3 S. 1 der 9. BImSchV besteht eine Option einer behördlichen Beratung über Art, Inhalt, Umfang sowie Detailtiefe der voraussichtlich nach den §§ 3–4e der 9. BImSchV beizubringenden Unterlagen. **38a**

Die Unterrichtung und Beratung der Behörde „kann" sich gem. § 2a Abs. 1 S. 2 der 9. BImSchV darüber hinaus auch auf andere, nicht unmittelbar dem Gegenstand der Umweltverträglichkeitsprüfung zuzuordnende Informationen erstrecken, bspw. auf den zeitlichen Ablauf, die zu beteiligenden Behörden oder auf das Beibringen von Sachverständigengutachten (→ 9. BImSchV § 2a Rn. 15; vgl. auch Jarass Rn. 24) **38b**

Darüber hinaus hat der Antragsteller neben den in § 2a Abs. 3 S. 1, 2 der 9. BImSchV normierten Beratungsrechten gem. § 2a Abs. 1 S. 3, Abs. 3 S. 4 auch einen Rechtsanspruch auf **Erteilung** bei der Genehmigungsbehörde oder einer zu beteiligenden Behörde **vorhandener Informationen,** sofern diese für die Beibringung der nach §§ 3–4e der 9. BImSchV erforderlichen Unterlagen zweckdienlich sind und keine öffentlichen Interessen oder Rechte (privater) Dritter entgegenstehen. Diese Regelung entspricht weitestgehend dem bisherigen § 2a Abs. 1 S. 5 der 9. BImSchV und wurde – freilich nur deklaratorisch – um die Möglichkeit des Entgegenstehens öffentlicher Interessen erweitert (→ 9. BImSchV § 2a Rn. 16). **38c**

Teile des bisherigen § 2a Abs. 1 sind nunmehr in einem neuen § 2a Abs. 3 zusammengefasst. Gem. § 2a Abs. 3 S. 1 kann dem Träger sowie den nach § 11 der 9. BImSchV zu beteiligenden Behörden (→ Rn. 96 ff.) vor der Festlegung des Untersuchungsrahmens Gelegenheit zu einer umfassenden **Besprechung** über Art und Umfang der Unterlagen und über die Umweltverträglichkeitsprüfung selbst gegeben werden. Der Umfang der Besprechung, der früher in § 2a Abs. 1 S. 3 der 9. BImSchV geregelt war, ergibt sich nunmehr aus § 2a Abs. 3 S. 2. Hiernach soll sich die Besprechung auf den Gegenstand, den Umfang und die Methoden der Umweltverträglichkeitsprüfung sowie auf sonstige Fragen, die für die Durchführung der UVP erheblich sind, erstrecken. Gem. § 2a Abs. 3 S. 3 können Sachverständige und Dritte, insbesondere Vertreter der Standort- und Nachbargemeinden, hinzugezogen werden (hierzu auch Czajka in Feldhaus BImSchR 9. BImSchV § 2a Rn. 23). Inhaltlich hat sich durch diese Umstellung der Norminhalte nichts Wesentliches geändert. Die Entscheidung über die Besprechung steht allerdings nunmehr im Ermessen der Behörde und ist keine gebundene Entscheidung mehr. Der Inhalt dieser Besprechung steht weiterhin im pflichtgemäßen Ermessen der Behörde. Nach der amtlichen Begründung des Regierungsentwurfs (BR-Drs. 494/91) zu § 5 UVPG aF führte die Durchführung der Besprechung nicht zu einer Bindung der Genehmigungsbehörde an deren Ergebnisse, zumal das „Scoping" eher informellen Charakter **38d** besitzt und damit keinen Erörterungstermin gemäß den Verwaltungsverfahrensgesetzen darstellt (BT-Drs. 14/4599, 142). Hiervon wurde im neuen Gesetzesentwurf zum UVPG (vgl. BT-Drs. 18/11499) ebenso wenig abgewichen wie in dem Verordnungsentwurf zur Umsetzung der 9. BImSchV (BR-Drs. 268/17), sodass die Rechtslage insoweit beibehalten wird. Allerdings wird auch ohne strikte rechtliche Bindung – unbeschadet der Mitwirkungsrechte potenziell Betroffener – ein Vertrauenstatbestand geschaffen, der die Genehmigungsbehörde im Regelfall dazu verpflichten wird, ein möglicherweise beabsichtigtes wesentliches Abweichen vom Erörterungsergebnis besonders zu begründen (Weiss in Appel/Ohms/Saurer Rn. 54). Für die Zulassung durch mehrere Behörden gilt § 2a Abs. 4.

III. Antrag

39 **1. Antragserfordernis.** Die Genehmigung ist ein **mitwirkungsbedürftiger Verwaltungsakt** (Storost in Ule/Laubinger/Repkewitz C 1). Die Genehmigungsbehörde darf damit ein Genehmigungsverfahren nur dann durchführen, wenn ein entsprechender Antrag vorliegt (Abs. 1 S. 1). Dementsprechend darf sie auch nicht mit dem Verfahren beginnen, bevor ein – womöglich bereits angekündigter – Antrag gestellt ist (vgl. § 22 S. 2 Nr. 2 VwVfG).

40 Die Eigenschaft als antragsabhängiges Verfahren führt unmittelbar zu einer Einstellung, sofern der Antrag zurückgenommen wird (vgl. zu § 16 GewO BVerwG GewArch 1969, 247). Die **Rücknahme** ist jederzeit formlos möglich (Jarass Rn. 30; Storost in Ule/Laubinger/Repkewitz C 1; Roßnagel/Hentschel in GK-BImSchG Rn. 141; Schack in BeckOK UmweltR Rn. 9); BVerwGE 32, 41 ff.). Die Behörde hat gemäß § 20 Abs. 4 der 9. BImSchV den Antragsteller und gegebenenfalls die Einwender über die Einstellung zu benachrichtigen. Bei einer Rücknahme des Antrags nach Erteilung der Genehmigung und vor Eintritt der Unanfechtbarkeit (Jarass Rn. 30) sollte die Behörde zudem auf die Unwirksamkeit des Bescheides hinweisen (Czajka in Feldhaus BImSchR Rn. 26). Zulässig ist – was sich unter anderem aus § 8 Abs. 2 der 9. BImSchV ergibt (→ 9. BImSchV § 8 Rn. 9) auch die **Änderung des Antrages**, wobei insoweit die gleichen Formvorgaben wie für die Antragstellung gelten (Weiss in Appel/Ohms/Saurer Rn. 63, 84; zur Frage, ob eine erneute Bekanntmachung erforderlich ist → Rn. 84).

41 **Fehlt ein Antrag** oder wird dieser **zurückgenommen,** so ist eine dennoch erteilte Genehmigung nach der vorzugswürdigen Auffassung nichtig, da sie wegen des Antragserfordernisses an einem besonders schwerwiegenden Fehler gemäß § 44 Abs. 1 VwVfG leidet und dies bei verständiger Würdigung aller in Betracht kommender Umstände für die Behörde regelmäßig offenkundig ist. Eine nachträgliche Antragstellung bewirkt wegen der Nichtigkeit auch keine Heilung der fehlerhaften Genehmigung (§ 45 Abs. 1 Nr. 1 VwVfG; wie hier Storost in Ule/Laubinger/Repkewitz C 2). Soweit demgegenüber zunächst nur eine Rechtswidrigkeit bzw. Anfechtbarkeit der Genehmigung angenommen wird, die nach § 45 Abs. 1 Nr. 1 VwVfG geheilt werden kann, überzeugt dies wegen der dezidiert antragsbezogenen Ausrichtung des immissionsschutzrechtlichen Genehmigungsverfahrens nicht (so aber Sellner Immissionsschutzrecht Rn. 129; Jarass Rn. 27; Roßnagel/Hentschel in GK-BImSchG Rn. 509; Weiss in Appel/Ohms Saurer Rn. 64). Zwar erwähnt § 45 Abs. 1 Nr. 1 VwVfG ausdrücklich den Fall der nachträglichen Stellung eines erforderlichen Antrags. Das förmliche Genehmigungsverfahren nach § 10 ist jedoch wegen der verstärkten Öffentlichkeitsbeteiligung nicht mit einem einfachen Verwaltungsverfahren zu vergleichen. Das Fehlen eines Antrags führt, weil seine erforderliche Auslegung unabdingbare Voraussetzung für das Genehmigungsverfahren ist, zwingend zu einer fehlerhaften Beteiligung der Öffentlichkeit, was wiederum ohne Weiteres einen schwerwiegenden Fehler im Sinne des § 44 VwVfG herbeiführt. Selbst wenn man den fehlenden

Antrag nur als Rechtswidrigkeitsgrund ansehen möchte, bewirken zumindest die nachfolgenden Fehler auf den weiteren Verfahrensstufen unmittelbar die Nichtigkeit der erteilten Genehmigung. Gleiches gilt auch für das vereinfachte Verfahren nach § 19, weil auch bei diesen Verfahrensformen nicht auf die notwendige Mitwirkung des Antragstellers verzichtet werden kann.

Ist die Anlage dennoch auf der Grundlage einer nicht beantragten Genehmigung errichtet worden, kann die Behörde, sofern der Anlagenbetreiber die Stellung eines Antrags zwecks nachträglicher Legalisierung verweigert, gemäß **§ 20 Abs. 2** die **Stilllegung** oder Beseitigung anordnen und ist nach Maßgabe des Abs. 2 S. 2 dazu sogar verpflichtet. Der Betreiber kann nicht zur Stellung eines (erstmaligen) Antrags gezwungen werden; die Behörde kann allenfalls mittelbar Druck durch die Androhung der Stilllegung ausüben (BVerwG GewArch 1972, 94 ff.; Jarass Rn. 27). Zudem ist der Erlass eines die (fortdauernde) Genehmigungsbedürftigkeit feststellenden Verwaltungsakts denkbar. 42

Der Antrag ist bei der **zuständigen Genehmigungsbehörde** zu stellen (§ 2 der 9. BImSchV; zu den Behördenzuständigkeiten vgl. → Rn. 266 f.). Aus § 24 Abs. 3 VwVfG ergibt sich eine **Pflicht** der Behörde **zur Entgegennahme** des Antrags, selbst wenn sie ihn für unzulässig oder unbegründet hält. Sofern der Antrag in diesen Fällen nicht vom Antragsteller zurückgenommen wird, muss ihn die Behörde abschlägig bescheiden. Mit Zugang bei der Genehmigungsbehörde wird der Antrag wirksam; das Genehmigungsverfahren wird in Gang gesetzt (vgl. § 22 VwVfG). Der **Eingang** ist dem Antragsteller gemäß § 6 der 9. BImSchV unverzüglich **zu bestätigen.** Die Antragstellung bei einer nicht zuständigen Behörde löst eine entsprechende **Hinweispflicht** aus (vgl. Roßnagel/Hentschel in GK-BImSchG Rn. 130). Im Regelfall wird die Behörde den Antrag an die zuständige Genehmigungsbehörde weiterleiten. Eine Rechtspflicht besteht diesbezüglich jedoch nicht (Kallerhoff/Fellenberg in Stelkens/Bonk/Sachs VwVfG § 24 Rn. 81 mwN). 43

2. Inhalt. Den erforderlichen Inhalt des Antrags regelt **§ 3 der 9. BImSchV** (vgl. → Rn. 77). 44

Fehlen die erforderlichen Angaben, so ist der Antrag nicht unwirksam. Vielmehr hat die Behörde den Antragsteller gemäß § 7 Abs. 1 S. 3 der 9. BImSchV dazu aufzufordern, den Antrag unverzüglich entsprechend zu ergänzen (s. → Rn. 56 f.; vgl. zum Antragsinhalt im Einzelnen → 9. BImSchV § 3 Rn. 1 ff.).

Gemeinsam mit dem Antrag hat der Antragsteller auch den Verantwortlichen für die Erfüllung der Betreiberpflichten, insbesondere der Grundpflichten nach § 5, zu benennen **(§ 52b Abs. 1)**, sofern – bei Personengesellschaften – mehrere vertretungsberechtigte Gesellschafter vorhanden sind bzw. – bei Kapitalgesellschaften – das vertretungsberechtigte Organ aus mehreren natürlichen Personen besteht (vgl. Roßnagel/Hentschel in GK-BImSchG Rn. 132; weiter indes Weiss in Appel/Ohms/Saurer Rn. 69 sowie Jarass Rn. 29, die eine Nachreichung bis zur Errichtung zulassen). 45

3. Beizufügende Unterlagen. Dem Antrag sind die zur Prüfung nach § 6 erforderlichen Zeichnungen, Erläuterungen und sonstigen Unterlagen beizufügen (vgl. § 4 Abs. 1 S. 1 der 9. BImSchV). Dies dient in erster Linie dazu, **der Genehmigungsbehörde die Prüfung zu ermöglichen,** ob die Genehmigungsvoraussetzungen des § 6 erfüllt sind. Daher müssen die Unterlagen, die der Information der Behörde dienen, vollständig alle zur Feststellung der Genehmigungsfähigkeit bedeutsamen Gesichtspunkte umfassen. Zudem sollen die Unterlagen der **Unterrichtung der Nachbarschaft und der Allgemeinheit** über die möglichen Auswirkungen der Anlage dienen und sind deshalb zumindest teilweise mit dem Antrag zur Einsicht auszulegen. Ist die Anlage Teil eines eingetragenen Standorts einer nach den Art. 13 bis 15 iVm Art. 2 Nr. 22 der Verordnung (EG) 46

Nr. 1221/2009 des Europäischen Parlaments und des Rates vom 25.11.2009 über die freiwillige Teilnahme von Organisationen an einem Gemeinschaftssystem für Umweltmanagement und Umweltbetriebsprüfung (EMAS) und zur Aufhebung der Verordnung (EG) Nr. 761/2001 sowie der Beschlüsse der Kommission 2001/681/EG und 2006/193/EG (Abl. EU 2009 L 342, 1), zuletzt geändert durch die Verordnung (EU) 2018/2026 vom 19.12.2018 (Abl. L 325 v. 20.12.2018, 18, Berichtigung Abl. L 303 v. 17.9.2020, 24), registrierten Organisation und sind Angaben für diese Organisation in einer der zuständigen Genehmigungsbehörde vorliegenden und für gültig erklärten, der Registrierung zu Grunde gelegten Umwelterklärung oder in einem dieser Registrierung zu Grunde liegenden Umweltbetriebsprüfungsbericht enthalten, so sind diese Angaben „zu berücksichtigen" (§ 4 Abs. 1 S. 2 der 9. BImSchV; s. dazu auch → 9. BImSchV § 4 Rn. 10; vgl. zum Öko-Audit/Umwelt-Audit-System eingehend → Bd. 1, UAG). Die Auslegung der äußerst unbestimmten Formulierung „zu berücksichtigen" ist schwierig; gesetzgeberische Intention war die Deregulierung (vgl. eingehend Czajka in Feldhaus BImSchR 9. BImSchV § 4 Rn. 14 ff.). Jedenfalls werden, selbst wenn Anlagen Teil eines eingetragenen Standortes sind, die Anforderungen an die dem Antrag beizufügenden Unterlagen im Interesse eines ordnungsgemäßen Genehmigungsverfahrens nicht verringert werden können. Die praktische Bedeutung des § 4 Abs. 1 S. 2 der 9. BImSchV muss daher gering bleiben (vgl. ausführlich Czajka in Feldhaus BImSchR 9. BImSchV § 4 Rn. 12 ff.).

47 Allerdings decken sich die Unterlagen zur Unterrichtung der Behörde meist nicht mit denjenigen, die zur Öffentlichkeitsbeteiligung verwendet werden. Die Unterlagen, die der Behörde zur Prüfung der Genehmigungserfordernisse eingereicht werden, werden im Regelfall umfangreicher sein als diejenigen, die zur Unterrichtung der Nachbarschaft und der Allgemeinheit dienen (s. BVerwGE 24, 23). § 10 Abs. 1 der 9. BImSchV sieht daher **nicht** die **Offenlegung sämtlicher Unterlagen** vor, sondern nur derjenigen, die Angaben über die Auswirkungen der Anlage auf die Nachbarschaft und die Allgemeinheit enthalten. Ebenso ist von der Behörde gem. § 10 Abs. 1 S. 4 der 9. BImSchV auch der vom Antragsteller beigefügte UVP-Bericht (§ 4e der 9. BImSchV) auszulegen. Dieser muss wiederum vom Antragsteller nach § 10 Abs. 1 S. 7 der 9. BImSchV auch elektronisch bei der Behörde vorgelegt werden. Die Offenlegung der (Teil-)Unterlagen während der Einwendungsfrist soll dem Publikum, dem das Vorhaben durch die Bekanntmachung zur Kenntnis gebracht wird, die Prüfung ermöglichen, ob die Anlage zu ihren Lasten erhebliche Gefahren, Nachteile oder Belästigungen herbeiführen kann (so BVerwGE 24, 23 zu § 17 GewO, der aber ohne sachliche Änderung in § 10 Abs. 1 der 9. BImSchV übernommen wurde, vgl. OVG Lüneburg DVBl. 1977, 347).

48 Entsprechend der genannten Zweckbestimmung müssen die beigefügten Unterlagen geeignet sein, der Genehmigungsbehörde die **Prüfung nach § 6** zu ermöglichen. Dazu gehört die Prüfung, dass

1. schädliche Umwelteinwirkungen und sonstige Gefahren, erhebliche Nachteile und erhebliche Belästigungen für die Allgemeinheit und die Nachbarschaft nicht hervorgerufen werden können (§ 5 Abs. 1 Nr. 1),
2. Vorsorge gegen schädliche Umwelteinwirkungen und sonstige Gefahren, erhebliche Nachteile und erhebliche Belästigungen getroffen wird, insbesondere durch die dem Stand der Technik entsprechenden Maßnahmen (§ 5 Abs. 1 Nr. 2),
3. Abfälle vermieden, nicht zu vermeidende Abfälle verwertet und nicht zu verwertende Abfälle ohne Beeinträchtigung des Wohls der Allgemeinheit beseitigt werden (…) (§ 5 Abs. 1 Nr. 3),
4. Energie sparsam und effizient verwendet wird (§ 5 Abs. 1 Nr. 4),

5. nach Einstellung des Betriebs einer Anlage iSd IE-RL vom Betreiber für die Beseitigung erheblicher Boden- oder Grundwasserverschmutzungen Sorge getragen wird, um das Anlagengrundstück zu renaturieren (§ 5 Abs. 4),
6. sichergestellt ist, dass die sich aus einer auf Grund des § 7 erlassenen Rechtsverordnung ergebenden Pflichten erfüllt werden (§ 6 Abs. 1 Nr. 1 2. Alt.) und schließlich
7. andere öffentlich-rechtliche Vorschriften (insbesondere Vorschriften, welche eine behördliche Entscheidung erfordern, die gemäß § 13 von der Genehmigung eingeschlossen wird) und Belange des Arbeitsschutzes der Einrichtung und dem Betrieb der Anlage nicht entgegenstehen (§ 6 Abs. 1 Nr. 2).

Vorzulegen sind damit **Pläne, Zeichnungen, Beschreibungen der Anlage und ihres Betriebes,** aus denen sich die Erfüllung der o.g. Voraussetzungen ergibt. Die **§§ 4–4e der 9. BImSchV** enthalten zudem sehr detaillierte Regelungen über den Inhalt der vorzulegenden Unterlagen, die die Genehmigungsvoraussetzungen des § 6 sowie die Erfordernisse der Umweltverträglichkeitsprüfung konkretisieren. Nach § 4 Abs. 1 S. 3 der 9. BImSchV müssen dem Antrag insbesondere die Unterlagen nach §§ 4a–4d der 9. BImSchV beigefügt werden, bei UVP-pflichtigen Vorhaben zudem der nach § 4e der 9. BImSchV beigefügte UVP-Bericht. § 4 der 9. BImSchV enthält neben der allgemeinen Verpflichtung, dem Antrag die zur Prüfung der Genehmigungsvoraussetzungen erforderlichen Unterlagen beizufügen, Sonderregelungen über möglicherweise der Behörde bereits vorliegende, im Rahmen eines Öko-Audit-Verfahrens erstellte Umwelterklärungen (Abs. 1 S. 2) sowie für Vorhaben, deren Zulassung und Ausführung nach Vorschriften über Naturschutz und Landschaftspflege zu prüfen sind (Abs. 2). § 4a der 9. BImSchV bestimmt die erforderlichen anlagenbezogenen Angaben, die insbesondere Anhaltspunkte für die anfallenden Emissionen und Immissionen und damit verbundenen Auswirkungen auf die Schutzgüter enthalten sollen. § 4b der 9. BImSchV verlangt Angaben über die geplanten Schutzvorkehrungen im Hinblick auf schädliche Umwelteinwirkungen bzw. auf sonstige Anlagengefahren bei Betrieb und nach Stilllegung der Anlage, auf den Arbeitsschutz und die Überwachung der Emissionsabgabe in die Umwelt, weiter nach § 4b Abs. 2 der 9. BImSchV auch Angaben zu Teilen des Sicherheitsberichts mit Bezug auf solche Anlagen, für die nach § 9 der 12. BImSchV ein Sicherheitsbericht zu erstellen ist. § 4c der 9. BImSchV regelt die Angaben über die Maßnahmen zur Vermeidung, Verwertung und Beseitigung von Abfällen, § 4d der 9. BImSchV die Angaben über die Maßnahmen zur sparsamen und effizienten Energieverwendung (vgl. im Einzelnen die §§ 4 ff. der 9. BImSchV → 9. BImSchV § 4 Rn. 1 ff.). 49

Für Anlagen, die unter die IE-RL fallen (vgl. → Rn. 18d), schreibt § 10 Abs. 1a zusätzlich die Erstellung und Vorlage eines **Berichts über den Ausgangszustand** des Anlagengrundstücks vor. Die genauen Einzelanforderungen, denen dieser Ausgangszustandsbericht zu entsprechen hat, ergeben sich indes nicht aus § 10 Abs. 1a, sondern aus dem eigens hierfür erlassenen § 4a Abs. 4 der 9. BImSchV (s. dazu eingehend → 9. BImSchV § 4a Rn. 26 ff.). 49a

Die in § 10 Abs. 1a lediglich dem Grunde nach statuierte Pflicht zur Erstellung eines Ausgangszustandsberichts bei Neu- oder Änderungsbeantragung einer Anlage iSd IE-RL war vor allem mit Blick auf die Durchsetzung der späteren Beseitigungs- und Rückführungspflichten aus § 5 Abs. 4 notwendig. Er ist notwendig, wenn und soweit eine Verschmutzung von Boden und Grundwasser auf dem Anlagengrundstück möglich ist (Czajka in Feldhaus BImSchR Rn. 29d). Der Ausgangszustandsbericht wird mit feststellender Wirkung in den Genehmigungsbescheid aufgenommen und stellt den verbindlichen Maßstab für die Rückführungspflichten dar; er grenzt zugleich den Bereich der rückzuführenden Fläche ab (Weiss in Appel/Ohms/Saurer Rn. 97, 103). Weil diese Restitutionspflichten an einen quantifizierten Vergleich des Endzustandes der anlageninduzierten

Boden- und Grundwasserverschmutzung mit dem fixierten Ausgangszustand anknüpfen, sind sie nur realisierbar, wenn zuvor durch eine weitere Norm die Erfassung des Ausgangszustands sichergestellt wurde. Dem Ausgangszustandsbericht kommt insoweit also eine besondere Beweissicherungsfunktion zu (Weiss in Appel/Ohms/Saurer Rn. 96; Jarass Rn. 43). Vgl. zu den zeitlichen Anforderungen der Berichtspflicht bei Änderungsgenehmigungen § 25 Abs. 2 der 9. BImSchV.

49b **§ 4b Abs. 1 der 9. BImSchV** enthält die Verpflichtung des Antragstellers, in den Antragsunterlagen über vorgesehene **Schutzmaßnahmen,** insbesondere zur Erfüllung seiner Betreiberpflichten aus § 5 BImSchG vor und nach Betriebseinstellung, Maßnahmen des Arbeitsschutzes und über Überwachungsmaßnahmen zu informieren. Für **Anlagen iSd Seveso-III-RL,** die ein Betriebsbereich oder ein Teil eines Betriebsbereichs (vgl. § 3 Abs. 5a BImSchG) sind und für die durch Überschreiten der Mengenschwellen der Spalte 5 des Anhangs zur StörfallVO (12. BImSchV) ein **Sicherheitsbericht** gem. **§ 9 der 12. BImSchV** anzufertigen ist, wurden nunmehr in Umsetzung der Seveso-III-RL in **§ 4b Abs. 2** der 9. BImSchV weitere Vorlagepflichten eingefügt (vgl. auch Jarass Rn. 33). Vorzulegen sind hiernach die Teile des Sicherheitsberichts, die den Abschnitten II Nr. 1, 3 sowie 4 und III bis V des Anhangs II zur 12. BImSchV entsprechen. Letzteres gilt nur, sofern diese Angaben einen Bezug zur genehmigungsfähigen Anlage aufweisen oder im Falle einer Änderungsgenehmigung nach § 16 sicherheitsrelevante Anlagenteile betroffen sind (§ 4b Abs. 2 S. 2 der 9. BImSchV). In diesem Fall – und ebenso bei einer Änderungsgenehmigung nach § 16a – kann die Behörde nach § 4b Abs. 2 S. 3 der 9. BImSchV zulassen, dass sich die vorzulegenden Teile des Sicherheitsberichts nur auf diese Anlagenteile beziehen. S. explizit zu diesen Vorgaben → 9. BImSchV § 4b Rn. 1 ff.

50 Für **UVP-pflichtige Vorhaben** enthält § 4e der 9. BImSchV (dazu insgesamt → 9. BImSchV § 4e Rn. 1 ff., zu den Mindestinhalten Rn. 4 ff.) weitere Erfordernisse an die einzureichenden Unterlagen. Im Zuge der Anpassung der 9. BImSchV an die Vorgaben der UVP-RL 2014/52/EU (ABl. L 124 v. 25.4.2014, 1) wurden in § 4e der 9. BImSchV zentrale Anforderungen für den vom Antragsteller zu erstellenden **UVP-Bericht** herausgearbeitet. Gem. § 4e Abs. 1 der 9. BImSchV, der weitgehend **§ 16 UVPG** entspricht und der Umsetzung des **Art. 5 UVP-RL** dient (s. BT-Drs.18/11499, 88; Wolf ZUR 2018, 457 (460); eingehend zum UVP-Bericht auch Balla/Borkenhagen/Günnewig ZUR 2019, 323 ff.) werden zahlreiche und umfangreiche Pflichtvorgaben für den neuen beizufügenden UVP-Bericht aufgenommen. Durch eine neue Anlage zur 9. BImSchV werden die inhaltlichen Vorgaben für den UVP-Bericht näher konturiert.

50a Die Angaben des UVP-Berichts sollen dabei nach der Konzeption des Verordnungsgebers möglichst in einem **separaten Dokument** oder jedenfalls in einem **klaren, abgrenzbaren Teil eines zusammengefassten Dokuments** enthalten sein (Jarass Rn. 35; Wolf ZUR 2018, 457 (460); Balla/Borkenhagen/Günnewig ZUR 2019, 323 (324)). § 4e Abs. 4 der 9. BImSchV umschreibt materielle inhaltliche Kriterien, denen der UVP-Bericht entsprechen muss. Dieser soll sich am gegenwärtigen Wissensstand und den gegenwärtigen Prüfmethoden orientieren und muss dabei solche Angaben enthalten, die der Träger des Vorhabens mit zumutbaren Aufwendungen ermitteln kann (Balla/Borkenhagen/Günnewig ZUR 2019, 323 (324 f.)). Mit Blick auf die Zweckrichtung des UVP-Berichts muss dieser ausreichend sein, um der Genehmigungsbehörde eine inhaltlich fundierte Prüfung des Vorhabens zu ermöglichen und Dritten die Möglichkeit geben, eine eigene Betroffenheit in den in § 1a der 9. BImSchV genannten Schutzgütern zu beurteilen. Die Wahrung der Vorgaben des § 4e der 9. BImSchV ist dabei zentrale Voraussetzung für das Genehmigungsverfahren (BR-Drs. 268/17, 25). Der neue § 4e Abs. 1 der 9. BImSchV umschreibt als Eingangsbestimmung – in recht allgemeiner Form – die beizufügenden **Mindestanforderungen an den UVP-Bericht** (→ 9. BImSchV § 4e

Rn. 4 ff.; vgl. zu den Inhalten des UVP-Berichts auch Balla/Borkenhagen/Günnewig ZUR 2019, 323 (326 ff.)). Zur **Konkretisierung der Mindestanforderungen** des UVP-Berichts und zur Abstimmung ggf. bestehender weiterer inhaltlicher Anforderungen des UVP-Berichts nach § 4e der 9. BImSchV für das geplante Vorhaben sind ergänzend die **Absätze 2 und 3** des § 4e der 9. BImSchV zu berücksichtigen. Sollten sich aus der Anlage zu § 4e der 9. BImSchV weitere Kriterien mit Relevanz für das konkrete Vorhaben ergeben, sind auch diesbezügliche Angaben in den UVP-Bericht aufzunehmen (§ 4e Abs. 2 der 9. BImSchV). Ergänzend bestimmen sich Inhalt und Umfang nach Maßgabe des § 2a der 9. BImSchV nach dem behördlichen Untersuchungsrahmen und nach den Rechtsvorschriften, die für die Entscheidung über das UVP-pflichtige Vorhaben maßgeblich sind (§ 4e Abs. 3 der 9. BImSchV). Vor allem über die vorherige behördliche Beratung nach § 2a Abs. 1 der 9. BImSchV wird sich hier für den Vorhabenträger im Einzelfall weitere Klarheit ergeben können (VO BReg, Erste Verordnung zur Änderung der Verordnung über das Genehmigungsverfahren – 9. BImSchV, S. 27). Dies unterstreicht den diskursiven Charakter des Genehmigungsverfahrens und ist als Ausprägung des Kooperationsprinzips zu sehen. Nach § 4e Abs. 5 der 9. BImSchV sind zur Vermeidung von Mehrfachprüfungen andere Prüfungen für die Rechtmäßigkeit des Vorhabens in den UVP-Bericht mit einzubeziehen, wobei auch diese den Anforderungen des § 4e Abs. 4 der 9. BImSchV entsprechen müssen. Entspricht der UVP-Bericht nicht den Anforderungen der Abs. 1–5 des neuen § 4e der 9. BImSchV, hat die Genehmigungsbehörde nach § 4e Abs. 6 S. 2 der 9. BImSchV die Pflicht, innerhalb einer angemessenen Frist Nachreichungen zu verlangen. Bei einer UVP-Pflicht kumulierender Vorhaben kann gem. § 4e Abs. 7 der 9. BImSchV gegebenenfalls ein einheitlicher UVP-Bericht eingereicht werden.

Gemäß § 4 Abs. 3 S. 1 der 9. BImSchV ist dem Antrag zudem eine **Kurzbeschreibung** 51
beizufügen. Diese soll die wesentlichen Merkmale der Anlage sowie ihres Betriebs einschließlich der zu erwartenden Auswirkungen für die Allgemeinheit und die Nachbarschaft in allgemein verständlicher Form enthalten. Die Kurzbeschreibung dient vornehmlich dazu, potenziellen Einwendern mögliche für sie bedeutsame Auswirkungen offen zu legen. An dieser Funktion haben sich insbesondere Umfang und Ausführlichkeit der Beschreibung zu orientieren, vor allem aber ist die Kurzbeschreibung derart in verständlicher Form abzufassen, dass ein Nichtfachmann umfassend über das geplante Vorhaben unterrichtet werden kann. War die Beschreibung im Hinblick auf diese Anforderungen unzureichend, entfiel gegebenenfalls die Präklusionswirkung (vgl. → Rn. 163 ff.; vgl. auch Roßnagel/Hentschel in GK-BImSchG Rn. 199 f.). Nach der nunmehrigen Streichung der materiellen Präklusion kann freilich nur noch die weiterhin fortbestehende formelle Präklusionswirkung entfallen, wodurch gegebenenfalls Fristnachteile durch die fehlende Zustellung der Entscheidung beseitigt werden können. Die Kurzbeschreibung erstreckt sich gemäß § 4 Abs. 3 S. 1 2. Hs. der 9. BImSchV auch auf die nach § 4e erforderliche nichttechnische Zusammenfassung des UVP-Berichts iSd § 4e Abs. 1 S. 1 Nr. 7 der 9. BImSchV.

Zur Vereinfachung der nach Eingang der Unterlagen von der Genehmigungsbehörde 52
durchzuführenden Vollständigkeitsprüfung (→ Rn. 55 ff.) ist dem Antrag schließlich ein **Gesamtverzeichnis** der eingereichten Unterlagen beizufügen, in dem die Betriebs- und Geschäftsgeheimnisse enthaltenden Unterlagen (dazu → Rn. 58 ff.) zu kennzeichnen sind (vgl. § 4 Abs. 3 S. 2 der 9. BImSchV).

Dem Antrag auf Genehmigung nach § 10 sind im Geltungsbereich des **Treibhausgas-** 52a
Emissionshandelsgesetzes (TEHG) wegen der Antragserfordernisse des § 4 Abs. 2 TEHG (soweit nicht mit den in §§ 3 ff. der 9. BImSchV genannten Angaben inhaltsgleich – s. → 9. BImSchV § 3 Rn. 3 ff.) zusätzlich beizufügen: Eine Darstellung der

Tätigkeit, ihres Standortes und von Art und Umfang der dort durchgeführten Verrichtungen und der verwendeten Technologien (Nr. 2; meist mit § 3 Nr. 3 und 4 der 9. BImSchV inhaltsgleich); in den Fällen des § 2 Abs. 1 S. 2 TEHG eine Beschreibung der räumlichen Abgrenzung der Anlagenteile, Verfahrensschritte und Nebeneinrichtungen nach § 2 Abs. 2 (Nr. 3); Angaben über die Quellen von Emissionen (Nr. 4) sowie den Zeitpunkt, zu dem die Anlage in Betrieb genommen werden soll (Nr. 5).

53 **4. Form.** Das Genehmigungsverfahren kann nunmehr nach freier Entscheidung des Antragstellers sowohl durch einen **schriftlichen** als auch durch einen **elektronischen Antrag** gestartet werden (§ 10 Abs. 1 S. 1). Diese Änderung erfolgte durch Art. 55 Abs. 1 Nr. 1 des Gesetzes zum Abbau verzichtbarer Anordnungen der Schriftform im Verwaltungsrecht des Bundes (SchriftVG) vom 29.3.2017 (BGBl. I 626 ff.). Entsprechend wurde auch § 2 Abs. 1 der 9. BImSchV abgeändert.

53a Die **schriftliche Antragstellung** steht nunmehr gleichberechtigt neben der „elektronische(n)". Entscheidet sich der Antragsteller in dem Sinne gegen die elektronische, mithin datenmäßig fixierte, Übertragung seines Antrags (zB CD, USB-Stick oder E-Mail), reicht die einfache Textform iSv § 126b BGB mangels tauglicher Authentifizierungsmöglichkeiten nicht aus. Bei der Antragstellung über **körperliche Unterlagen** ist daher grundsätzlich Schriftform zu wahren. Das erfordert entsprechend § 126 Abs. 1 BGB idR die **eigenhändige Unterschrift des Antragstellers** oder eines Bevollmächtigten (vgl. BVerwGE 43, 113 (114); Czajka in Feldhaus BImSchR Rn. 23; Weiss in Appel/Ohms/Saurer Rn. 66; Schack in BeckOK UmweltR Rn. 6). Fehlt eine solche Unterschrift, ist der Antrag nur dann formwirksam gestellt, wenn sich aus dem Schriftstück oder aus den beigefügten Unterlagen ohne Zweifel ergibt, dass der Antrag vom Antragsteller stammt und von diesem gestellt wurde. In Betracht kommt insbesondere die telegraphische oder fernschriftliche Übermittlung des schriftlichen Antrags, sofern der Antragsteller unzweideutig erkennbar ist (Czajka in Feldhaus BImSchR 9. BImSchV § 2 Rn. 9 mwN). Bereits durch die in Artikel 1 des Dritten Gesetzes zur Änderung verwaltungsverfahrensrechtlicher Vorschriften vom 21.8.2002 (BGBl. I 3322 ff.) in das VwVfG eingefügten und am 1.2.2003 in Kraft getretenen **§ 3a Abs. 1 und 2 VwVfG** (Bund) konnte eine durch Rechtsvorschriften angeordnete Schriftform – soweit nicht durch Rechtsvorschriften etwas anderes bestimmt ist – durch die **elektronische Form ersetzt werden.** Sofern die Behörde nach § 3a Abs. 1 VwVfG einen Zugang für die Übermittlung elektronischer Dokumente eröffnet, sind diese – zur Ersetzung der schriftlichen Form – mit einer qualifizierten elektronischen Signatur zu versehen. Seit dem Erlass des **Vertrauensdienstegesetzes** im Jahr 2017 (VDG, BGBl. I 2745 ff.) zur Umsetzung der eIDAS-Verordnung 10/2014 des Europäischen Parlaments und des Rates vom 23.7.2014 über elektronische Identifizierung und Vertrauensdienste für elektronische Transaktionen im Binnenmarkt (Abl. EU v. 28.8.2014, L 257, 73 ff.), ergeben sich die Vorgaben zur elektronischen Form nicht mehr aus dem Signaturgesetz, sondern nur noch aus dem VDG (s. weiter Müller in BeckOK VwVfG § 3a Rn. 13 ff.). Dessen Anwendungsbereich wiederum bestimmt sich nach der eIDAS-Verordnung, insbes. deren Art. 1 und Art. 2 (s. BT-Drs. 18/12494, 34 ff.). Zur Sicherung der Vollständigkeit und Überprüfbarkeit der Unterlagen kann die Behörde aber gemäß § 10 Abs. 1 S. 4 Mehrfertigungen des Antrags in schriftlicher Form verlangen. Darüber hinaus kann sie die Übermittlung der beizufügenden Unterlagen in schriftlicher Form fordern. Nach der Änderung des § 10 durch Art. 55 Abs. 1 Nr. 1 des SchriftVG besteht dieses Recht der Behörde sowohl bei der elektronischen Form nach § 3a VwVfG als auch bei der elektronischen Antragstellung iwS gem. § 10 Abs. 1 S. 1, Var. 2 BImSchG.

Die **elektronische Antragstellung** setzt zunächst – wie auch im Rahmen des § 3a Abs. 1 VwVfG – eine Zugangsöffnung seitens der Behörde voraus. Das ist bereits dann der Fall, wenn Behörden öffentlich oder auf Behördenschreiben eine E-Mail-Adresse angeben (BT-Drs. 18/10183, 65). Nach der Gesetzesbegründung (vgl. BT-Drs. 18/10183, 64 f.) ist mit der Anfügung des Wortes „elektronisch" nicht etwa die Schriftformersatzvorschrift des § 3a Abs. 2 VwVfG („elektronische Form") gemeint. Diese steht vielmehr als Sonderart der Schriftform gleichberechtigt neben einer möglichen elektronischen Antragstellung iwS. Es handelt sich bei dem Begriff „elektronisch" um einen untechnischen und gleichsam „technikoffenen" Begriff. Dieser Begriff schließt sowohl derzeit bekannte als auch künftige, noch nicht institutionalisierte technische Verfahren ein. Auch ein Antrag in **einfachster elektronischer Form,** etwa per **E-Mail, genügt** damit grundsätzlich **dem Formerfordernis** (s. auch Czajka in Feldhaus BImSchR Rn. 23a; Jarass Rn. 28; Weiss in Appel/Ohms/Saurer Rn. 66; Schack in BeckOK UmweltR Rn. 6). Notwendig ist neben einer datenmäßigen Übertragung allerdings eine gewisse technische Fixierung des Antrags zu Dokumentationszwecken. Zweifel an der Identität des Antragstellers muss die Behörde ggf. durch Nachfragen beseitigen (Czajka in Feldhaus BImSchR 9. BImSchV § 2 Rn. 9b). Die mündliche oder fernmündliche Antragstellung ist mangels einer hinreichenden datenmäßigen Fixierung weiterhin ausgeschlossen. Hinzuweisen ist ferner darauf, dass die Verfahrensbehörde bei Benutzung der „elektronischen" Form ein **verfahrensrechtliches Ermessen** hat (BT-Drs. 18/10183, 64 f.,96 f.). Insbesondere bei vertraulichen Unterlagen kann sie hinsichtlich der ihrer Meinung nach erforderlichen Authentifikations- und Identifikationsinstrumente unterschiedliche Maßstäbe setzen. Die diesbezüglichen Ermessenskriterien sind nach der Gesetzesbegründung der „Handreichung mit Empfehlungen für die Zuordnung von Vertrauensniveaus in der Kommunikation zwischen Verwaltung und Bürgerinnen und Bürger bzw. der Wirtschaft" des IT-Planungsrates zu entnehmen (BT-Drs. 18/10183, 65). Da der Zweck des Gesetzes primär in der Verwaltungsvereinfachung besteht (vgl. BT-Drs. 18/10183, 2) wird für den Bürger wohl kein subjektives Recht auf eine bestimmte Art der elektronischen Kommunikation für den konkreten Verfahrensschritt, sondern allenfalls ein solches auf **fehlerfreie Ermessensausübung** begründet. Ob die Einräumung eines solchen Ermessens mit dem Grundsatz des Vorbehalts des Gesetzes vereinbar ist, wird teilweise bezweifelt (Czajka in Feldhaus BImSchR Rn. 23a). Jedenfalls wird man der Behörde aber wegen der gesetzgeberischen Entscheidung für die Verwaltungsvereinfachung nicht das Recht zubilligen können, voraussetzungslos eine qualifizierte elektronische Form zu wählen. Die Genehmigungsbehörde wird weiter auch die nötige Transparenz der Antragsbehandlung zu gewährleisten haben, sodass sich der Einzelne auf die tatsächliche behördliche Zugangsöffnung verlassen können muss (ähnlich insoweit auch Czajka in Feldhaus BImSchR Rn. 23a). Nach § 10 Abs. 1 S. 4 kann die Behörde für jede Art der elektronischen Antragstellung **Mehrfertigungen** sowohl des Antrags als auch der dem Antrag beizulegenden Unterlagen in schriftlicher Form verlangen. Auch in Bezug auf diese Entscheidung besitzt die Behörde ein verfahrensrechtliches Ermessen. Soweit teils erwogen wird, eine Ermessensreduktion anzunehmen, soweit das Verfahren mit Öffentlichkeitsbeteiligung durchgeführt und daher nach § 10 Abs. 3 S. 2 eine Auslegung der Unterlagen notwendig wird (Czajka in Feldhaus BImSchR Rn. 23b), überzeugt das in dieser Pauschalität nicht. Die Behörde hätte namentlich bei Anträgen in Zwischen-Druck-Formaten (zB pdf-Dateien) die Möglichkeit, den Antrag ohne weitere Bearbeitung auszudrucken und die elektronischen Unterlagen auf diese Weise auslegungsfähig zu machen. Dazu verpflichtet ist sie freilich immerhin bei erheblicherem Umfang der Antragsunterlagen nicht (vgl. auch Weiss in Appel/Ohms/Saurer Rn. 66). 53b

§ 64 VwVfG findet keine **Anwendung.** Eine Antragstellung zur Niederschrift kommt daher ebenso wenig in Betracht wie eine mündliche oder gar stillschweigende Antragstellung, etwa durch die Herstellung einer genehmigungsbedürftigen Anlage (Czajka in Feldhaus BImSchR Rn. 23; Storost in Ule/Laubinger/Repkewitz C 7). Die Nachweispflicht nach **§ 14 Abs. 1 S. 3 VwVfG** für Vertreter gilt als allgemeine Verfahrensnorm auch bei elektronischen Anträgen juristischer Personen und wird nicht über § 73 gesperrt.

54 Einige Länder sehen in ihren Verwaltungsvorschriften die Verwendung bestimmter **Antragsformulare** bzw. **-vordrucke** vor. Dies dient der Sicherung der Vollständigkeit der Antragsunterlagen, zur Erhöhung der Übersichtlichkeit und Prüffähigkeit und damit der Verfahrensbeschleunigung. § 5 der 9. BImSchV ermächtigt die Genehmigungsbehörde, die Verwendung solcher Vordrucke verbindlich festzuschreiben. Vgl. im Einzelnen → 9. BImSchV § 5 Rn. 1 ff.; zur Ergänzung des Bundes-Immissionsschutzgesetzes und der Rechtsverordnungen durch Verwaltungsvorschriften der Länder → Rn. 27. Diese Wahlmöglichkeit nach § 5 der 9. BImSchV könnte man nach der Einführung der „elektronischen Form“ auf die schriftliche Antragstellung begrenzen bzw. im Zusammenhang mit § 3a Abs. 2 S. 4 Nr. 1 VwVfG lesen (Czajka in Feldhaus BImSchR Rn. 23, terd. weiter Weiss in Appel/Ohms/Saurer Rn. 67).

55 Im Verfahren zur Genehmigung von Anlagen, die zugleich dem Anwendungsbereich des **Treibhausgas-Emissionshandelsgesetzes** (TEHG) unterliegen, kann die Behörde vorschreiben, dass der Antragsteller nur die auf ihrer Internetseite zur Verfügung gestellten elektronischen Formularvorlagen zu benutzen hat und die vom Antragsteller ausgefüllten Formularvorlagen in elektronischer Form zu übermitteln sind (§ 23 Abs. 1 S. 3 TEHG). Solche Anforderungen sind von der Behörde rechtzeitig vor Ablauf der Antragsfristen nach § 23 Abs. 1 S. 4 TEHG im Bundesanzeiger, bzw. im amtlichen Veröffentlichungsblatt der zuständigen Behörde bekannt zu geben.

IV. Vollständigkeitsprüfung

56 **1. Prüfung der Unterlagen.** § 10 Abs. 1 S. 3 enthält eine Pflicht der Genehmigungsbehörde zur **Prüfung** der eingereichten Unterlagen **auf Vollständigkeit,** bevor diese (auch nur partiell) veröffentlicht werden. § 7 der 9. BImSchV konkretisiert und erweitert diese Prüfungspflicht, die schon in § 17 Abs. 2 GewO enthalten war: Eine Veröffentlichung durfte erst dann erfolgen, wenn „gegen die Vollständigkeit der Unterlagen nichts zu erinnern“ war (so ähnlich auch § 8 Abs. 1 der 9. BImSchV). Zur Beschleunigung des Verfahrens und im Interesse des Antragstellers hat die Genehmigungsbehörde die Vollständigkeit der Unterlagen **unverzüglich,** in der Regel innerhalb eines Monats zu überprüfen (kritisch Eversberg Der Zeitfaktor im bundesimmissionsschutzrechtlichen Genehmigungsverfahren, 80). In begründeten Fällen kann die Frist einmal um zwei Wochen verlängert werden (§ 7 Abs. 1 S. 2 der 9. BImSchV). Zudem besteht gemäß § 7 Abs. 1 S. 4 der 9. BImSchV die Verpflichtung, **Teilprüfungen** schon vor Vorlage der vollständigen Unterlagen vorzunehmen, soweit dies möglich ist. Schließlich kann die Behörde nach S. 5 die **Nachreichung** von für die Beurteilung der Genehmigungsfähigkeit des Vorhabens nicht unmittelbar einschlägigen Unterlagen zulassen. Auch die Vollständigkeitsprüfung orientiert sich an dem doppelten Zweck der mit dem Antrag einzureichenden Unterlagen (vgl. → Rn. 46). Zunächst muss sich die Prüfung darauf erstrecken, ob die Unterlagen zur ausreichenden Unterrichtung der Allgemeinheit und der Nachbarschaft über die möglicherweise von der Anlage ausgehenden Gefahren, Nachteile und Belästigungen sowie über die vorgesehenen Schutzvorkehrungen (vgl. § 4b der 9. BImSchV) geeignet sind. Darüber hinaus ist zu klären, ob sie auch die Prüfung der sonstigen, die Allgemeinheit und die Nachbarschaft nicht berührenden Genehmigungsvoraussetzungen **ermögli-**

chen. Nicht erforderlich ist hingegen, dass die vorgelegten Unterlagen und Gutachten bereits in jeder fachlichen Hinsicht auch zur Klärung der Genehmigungsfähigkeit hinreichen (BVerwGE 169, 39 (47); VGH München BeckRS 2017, 101082 Rn. 14 f.; OVG Magdeburg BeckRS 2018, 16009 Rn. 239; Czajka in Feldhaus BImSchR § 10 Rn. 33; Weiss in Appel/Ohms/Saurer Rn. 89; zu den Prüfungsanforderungen im Einzelnen → 9. BImSchV § 7 Rn. 1 ff.). Dementsprechend lassen auch behördliche Nachforderungen im Laufe des Verfahrens die ursprüngliche Vollständigkeit der Unterlagen nicht entfallen (vgl. zum Lauf der Frist iSd § 10 Abs. 6a OVG Magdeburg BeckRS 2018, 35226 Rn. 72). Hinzuweisen ist noch auf die über eine Vollständigkeitsprüfung hinausgehende, durch **§ 10 Abs. 5a Nr. 3 S. 1** eingefügte Verpflichtung, die erforderlichen Unterlagen für in den Anwendungsbereich der Norm fallende Verfahren in **einer einmaligen Mitteilung** dem Antragsteller zusammenzufassen (näher → Rn. 270f).

Die Vollständigkeit der Unterlagen hat gleich in verschiedener Hinsicht eine zentrale 56a
Bedeutung für das Genehmigungsverfahren. Sie führt namentlich zu einer **Privilegierung kumulierender UVP-pflichtiger Vorhaben** (§ 12 Abs. 2 UVPG) und bedingt nach Ansicht der neueren Rechtsprechung des BVerwG auch bei der materiell-rechtlichen Prüfung iSd § 6 Abs. 1 eine verfahrensrechtliche **Vorrangstellung in Konkurrenzsituationen** (BVerwGE 169, 39 (46 f. Rn. 25 f., 27); OVG Münster ZUR 2019, 102 (103); aA noch BVerwGE 165, 340 (348 f. Rn. 28 f.); zur Behandlung dieser Fälle → § 6 Rn. 58a ff.). Überdies beginnt die **Entscheidungsfrist des § 10 Abs. 6a** zu laufen (→ Rn. 241; zum Vorstehenden auch Weiss in Appel/Ohms/Saurer Rn. 88; Jarass Rn. 50). Darüber hinaus kann ohne Vollständigkeit der Unterlagen die Einvernehmensfiktion des § 36 Abs. 2 S. 2 BauGB (grundsätzlich) nicht eingreifen (Weiss in Appel/Ohms/Saurer Rn. 88; vgl. zur abweichenden Behandlung einer Verletzung gemeindlicher Mitwirkungslasten aber OVG Münster BauR 2011, 1296 f.). In der Literatur wurde vor dem Hintergrund dieser weitreichenden Wirkungen vorgeschlagen, im Falle der pflichtwidrigen behördlichen Untätigkeit von einer „Fiktion der Vollständigkeitsbescheinigung“ auszugehen, da der Antragsteller dann auf die Vollständigkeit der Unterlagen vertrauen dürfe (Weiss in Appel/Ohms/Saurer Rn. 86 f.). Dies erscheint freilich nicht eindeutig, zumal es für eine derartige Fiktion an einer gesetzlichen Grundlage fehlt. Überdies hätte selbst eine erteilte behördliche sog. „Vollständigkeitsbescheinigung“ oder „Vollständigkeitsbestätigung“ gundsätzlich keine solche Regelungswirkung iSe Verwaltungsakts, sie kann höchstens als Indiz für die Vollständigkeit herangezogen werden (VGH München Beschl. v. 14.3.2017 – 22 ZB 16.1466, juris Rn. 13 f.; so denn auch Weiss in Appel/Ohms/Saurer Rn. 87; vgl. hierzu ebenso Jarass Rn. 50). Insoweit spricht einiges dafür, dass auch die behördliche Untätigkeit keine derartigen Folgen zeitigen kann. Hiermit wird nicht übersehen, dass die Frist für die Vollständigkeitsprüfung in der Praxis nicht selten zeitlich überdehnt wird, womit letztlich zugleich auch die Entscheidungsfrist des § 10 Abs. 6a in der Praxis an Bedeutung verliert und das Interesse des Vorhabenträgers an einem beschleunigten Genehmigungsverfahren insgesamt „konterkariert“ wird (vgl. Burgi/Nischwitz/Zimmermann NVwZ 2022, 1321 (1326)). Für eine Lösung dieses Problems müsste allerdings der Gesetzgeber sorgen, der ohne Weiteres eine entsprechende Fiktionsbestimmung einführen könnte. Vgl. zur möglichen konkludenten Vollständigkeitsbestätigung im Rahmen des § 10 Abs. 6a S. 1 aber → Rn. 241.

2. Ergänzung der Unterlagen. Reichen die Unterlagen nach der Einschätzung der 57
Genehmigungsbehörde zur Prüfung der Genehmigungsvoraussetzungen des § 6 nicht aus, so hat sie der Antragsteller auf Verlangen der zuständigen Behörde in angemessener Frist **zu ergänzen** (§ 10 Abs. 1 S. 3 iVm § 7 Abs. 1 S. 3 der 9. BImSchV). Das Ergänzungsverlangen wird seitens der Behörde zweckmäßigerweise schriftlich gestellt und muss eine

hinreichend genaue Beschreibung der Anforderungen an die nachzureichenden Unterlagen sowie die Festsetzung der Frist enthalten. Hierbei ist einerseits zu berücksichtigen, welche Zeit der Antragsteller für die Nachreichung der angeforderten Unterlagen benötigen wird, andererseits muss die Behörde der Tatsache Rechnung tragen, dass die Genehmigungserteilung im Interesse des Antragstellers liegt und die Frist daher seinetwegen nicht unverhältnismäßig lang gewählt werden muss (vgl. Czajka in Feldhaus BImSchR Rn. 33). Unter systematischer Anlehnung an § 20 Abs. 2 S. 2 der 9. BImSchV dürfte idR eine Höchstfrist von drei Monaten anzunehmen sein (Weiss in Appel/Ohms/Saurer Rn. 90; Schack in BeckOK UmweltR Rn. 16; Czajka in Feldhaus BImSchR Rn. 33; Jarass Rn. 50). Für die Fristsetzung gilt § 31 VwVfG, eine – auch nachträgliche – Verlängerung ist nach § 31 Abs. 7 VwVfG möglich. Bei der Anforderung der Unterlagen und der Fristsetzung handelt es sich um eine **behördliche Verfahrenshandlung nach § 44a VwGO,** die nicht isoliert angefochten werden kann. Ein Rechtsbehelf kann daher nur gleichzeitig mit einem Rechtsbehelf gegen die Sachentscheidung – die Ablehnung des Antrags – eingelegt werden (vgl. zu § 44a VwGO eingehend → Rn. 280a).

58 **Ergänzt der Antragsteller** trotz Anforderung mit Fristsetzung die Unterlagen **nicht oder nicht vollständig,** soll der Antrag ohne Weiteres, also insbesondere ohne Bekanntmachung und Auslegung, abgelehnt werden (§ 20 Abs. 2 S. 2 der 9. BImSchV). Die Ergänzung der Unterlagen kann ebenso wenig erzwungen werden wie die (nachträgliche) Antragstellung (→ Rn. 42; Jarass Rn. 50).

58a Für den UVP-Bericht gilt die spezielle Nachforderungsermächtigung in § 4e Abs. 6 S. 2 der 9. BImSchV (→ 9. BImSchV § 4 Rn. 33 ff.), für die angesichts der Komplexität des UVP-Berichts keine Höchstfristen in Betracht kommen sollen (Weiss in Appel/Ohms/Saurer Rn. 91).

V. Geschäfts- und Betriebsgeheimnisse (Absatz 2)

59 Im förmlichen Genehmigungsverfahren sind Unterlagen, soweit sie **Geschäfts- und Betriebsgeheimnisse** enthalten, vom Antragsteller zu kennzeichnen und gesondert vorzulegen.

60 **1. Geschäfts- und Betriebsgeheimnisse. a) Begriff.** Das Bundes-Immissionsschutzgesetz enthält ebenso wie die amtliche Begründung keine Begriffsbestimmung der **Geschäfts- und Betriebsgeheimnisse.** Die Formulierung wird jedoch auch in § 27 Abs. 3 und dem inzwischen aufgehobenen § 65 (jetzt: §§ 203 bis 205 StGB) verwendet, wobei eine Orientierung an diesen Vorgaben möglich erscheint. § 65 ging auf § 145a GewO zurück, der nach einhelliger Meinung das „Betriebsgeheimnis" im wettbewerbsrechtlichen Sinne verstanden hat. Ein Betriebsgeheimnis ist danach „jede Tatsache, die im Zusammenhang mit einem Geschäftsbetrieb steht, nur einem eng begrenzten Personenkreis bekannt, also nicht offenkundig ist und nach dem bekundeten Willen des Betriebsinhabers geheimgehalten werden soll" (Czajka in Feldhaus BImSchR Rn. 31; Sellner Immissionsschutzrecht und Industrieanlagen Rn. 131; Rebentisch NJW 1980, 99 (100); vgl. eingehend zur Begriffsbestimmung Breuer NVwZ 1986, 171 ff.). **Geschäftsgeheimnisse** sind solche Tatsachen, die im Zusammenhang mit der kaufmännischen Seite des Betriebes stehen (Jarass Rn. 36; Storost in Ule/Laubinger/Repkewitz C 41). Als **Betriebsgeheimnisse** sind solche Tatsachen anzusehen, die sich auf technische Gesichtspunkte der geplanten Anlage beziehen (Eisele in Schönke/Schröder StGB § 203 Rn. 11; Rebentisch NJW 1980, 99 (100)). Betriebsgeheimnisse können daher neben technischem Know-how insbesondere auch Maßnahmen zum Sabotageschutz sein (vgl. VG Koblenz GewArch 1975, 294; Czajka in Feldhaus BImSchR Rn. 31; Weiss in Appel/Ohms/Saurer Rn. 106; Schack in BeckOK UmweltR Rn. 12). Eine die bisherige Doppelung von Ge-

schäfts- und Betriebsgeheimnis aufgebende Definition enthält überdies § 2 Nr. 1 GeschGehG. Zwar ist das Gesetz auf das Staat-Bürger-Verhältnis grds. unanwendbar (BT-Drs. 19/4724, 23). Dennoch erschiene auch eine Orientierung an dieser Definition möglich. Ähnlichkeiten bestehen ebenso zur Legaldefinition in Art. 2 Ziff. 1 der Geschäftsgeheimnisrichtlinie 2016/94/EU (Abl. EU L 157/1 v. 15.6.2016; vgl. Roßnagel/Hentschel in GK-BImSchG Rn. 236).

Objektiv muss die Tatsache **geheim,** dh nicht offenkundig und allein dem Antragsteller und den von ihm eingeschalteten Personen bekannt und zugänglich sein (vgl. auch Jarass Rn. 37). **Subjektiv** soll sie nach dem Willen des Antragstellers weiterhin geheim gehalten werden, wobei dieser Wille nach außen hin erkennbar bekundet werden muss. Die subjektive Bekundung der Geheimhaltungsbedürftigkeit geschieht in der Regel durch die vom Gesetz vorgesehene gesonderte Kennzeichnung und getrennte Vorlage der nach Ansicht des Antragstellers geheim zu haltenden Unterlagen. Darüber hinaus muss der Wunsch weiterer Geheimhaltung dadurch begründet sein, dass andernfalls – also bei Bekanntwerden der Tatsachen – (wirtschaftliche) Nachteile für den Antragsteller drohen könnten. Die Absicht, Tatsachen nicht der Öffentlichkeit vorzulegen, um sie über bestimmte Auswirkungen der geplanten Anlage im Unklaren zu lassen, ist daher als nicht hinreichend anzusehen (Czajka in Feldhaus BImSchR Rn. 31). 61

b) Schutzwürdiges Interesse. Neben das objektive Kriterium der Geheimhaltung des Betriebs- bzw. Geschäftsgeheimnisses und den – vom Bedürfnis der Nachteilsabwendung geleiteten – subjektiven Willen zur (weiteren) Geheimhaltung muss ein **schutzwürdiges Interesse des Antragstellers** an der weiteren Geheimhaltung bestehen (Rebentisch NJW 1980, 99; ähnlich Jarass Rn. 38; Eisele in Schönke/Schröder StGB § 203 Rn. 7; Roßnagel/Hentschel in GK-BImSchG Rn. 239 f.; Weiss in Appel/Ohms/Saurer Rn. 106). Dieser ist daher bei der Entscheidung über die Geheimhaltungsbedürftigkeit von ihm vorgelegter Unterlagen nicht frei, die Genehmigungsbehörde folglich an entsprechende Erklärungen des Antragstellers nicht gebunden (Czajka in Feldhaus BImSchR Rn. 30). Das Interesse des Antragstellers ist gegen den dem § 10 zugrundeliegenden Rechtsgedanken abzuwägen, dass diejenigen Unterlagen im Interesse der Nachbarschaft und der Allgemeinheit möglichst vollständig auszulegen sind, die eine Beurteilung der Auswirkungen der Anlage auf die Umgebung ermöglichen. Es ist im Einzelfall nur dann schutzwürdig, wenn es bei verständiger Würdigung der Belange des Betroffenen (uU auch eines Dritten, etwa des späteren Betreibers oder des Lieferanten der Anlage) das Informationsinteresse der Allgemeinheit und der Nachbarschaft überwiegt (im Ergebnis ähnlich Jarass Rn. 38; Roßnagel/Hentschel in GK-BImSchG Rn. 239 f.). Zu berücksichtigen ist insbesondere die Relevanz des Betriebs- bzw. Geschäftsgeheimnisses für den Betrieb der Anlage, auch unter Berücksichtigung des mit solchen Geheimnissen verbundenen, mitunter nur vorübergehenden Wettbewerbsvorsprungs. Die für geheimhaltungsbedürftig erklärten Tatsachen lassen demgegenüber im Hinblick auf § 6 häufig wichtige Rückschlüsse auf die Auswirkungen der Anlage zu. Namentlich Angaben über die Verwendung bestimmter Arbeitsstoffe und Produktionsverfahren können entscheidende Anhaltspunkte für Art und Ausmaß der Emissionen und der damit verbundenen schädlichen Folgen geben. Auch (geheime) Unterlagen, die Sicherheitsvorkehrungen gegen schädliche Umwelteinwirkungen betreffen, werden daher nur dann nicht auslegungsfähig sein, wenn der Antragsteller auch unter Berücksichtigung der Bedeutung der Unterlagen für die Einschätzung der Genehmigungsfähigkeit einen unverhältnismäßig schwerwiegenden Nachteil erlitte. Gleiches gilt für die Immissionsdaten der geplanten Anlage; diese sind im Regelfall auszulegen (Roßnagel/Hentschel in GK-BImSchG Rn. 240; Jarass Rn. 38). 62

63 **c) Prüfung durch die Genehmigungsbehörde.** Die Genehmigungsbehörde ist an die Erklärung bzw. den Geheimhaltungswillen des Antragstellers **nicht gebunden** (Czajka in Feldhaus BImSchR Rn. 30; Kloepfer Umweltrecht § 15 Rn. 426; Rebentisch NJW 1980, 99 (100); Breuer NJW 1986, 171 (176)). Sie hat vielmehr zunächst zu prüfen, ob die als geheimhaltungsbedürftig gekennzeichneten und gesondert vorgelegten Unterlagen nicht bereits offenkundig sind und schon daher keiner weiteren Geheimhaltung bedürfen. Sodann hat sie das schutzwürdige Interesse des Antragstellers an der Geheimhaltung zu prüfen. Will sie bestimmte Unterlagen dem erklärten Willen des Antragstellers entgegen auslegen, muss sie vor der Entscheidung über die Auslegung gemäß § 10 Abs. 3 S. 2 der 9. BImSchV den Antragsteller anhören (vgl. auch VG München NVwZ 1996, 410; Weiss in Appel/Ohms/Saurer Rn. 108). Stimmt dieser einer Auslegung weiterhin nicht zu, kann die Behörde die Unterlagen nicht gegen seinen Willen auslegen. Der Antragsteller bestimmt Art und Umfang seines Antrags und damit auch, in welchem Umfang Unterlagen zur Auslegung freigegeben werden. Insbesondere liegt in der Antragstellung nicht das konkludente Einverständnis, dass im Zweifel auch die für geheimhaltungsbedürftig erklärten Unterlagen ausgelegt werden. Soweit die Gegenauffassung eine Befugnis der Behörde zur Auslegung von Unterlagen auch gegen den Willen des Antragstellers annimmt, kann dem nicht gefolgt werden (so aber Jarass Rn. 40; Czajka in Feldhaus BImSchR Rn. 30; Schack in BeckOK UmweltR Rn. 12; Breuer NVwZ 1986, 171 (176)). Zwar wird diese Ansicht von der amtlichen Begründung zu § 10 der 9. BImSchV gestützt, nach der die „Genehmigungsbehörde (...) auch als Geschäfts- und Betriebsgeheimnisse gekennzeichnete Unterlagen auslegen" kann, „falls sie von der Notwendigkeit einer Geheimhaltung dieser Unterlagen nicht überzeugt ist" (vgl. amtl. Begr. zur 9. BImSchV, BT-Drs. 7/179, 27). Dies würde aber dazu führen, dass der Antragsteller einer drohenden, von ihm aber für unrechtmäßig gehaltenen Veröffentlichung ausschließlich durch die Rücknahme seines Antrags begegnen könnte. Das Verfahren wäre dann unmittelbar einzustellen (vgl. → Rn. 40; Czajka in Feldhaus BImSchR Rn. 26; zur Einstellung bei Antragsrücknahme schon BVerwG GewArch 1969, 247). Der Antragsteller besitzt vielmehr ein schutzwürdiges Interesse an einer Entscheidung darüber, ob der Antrag nur nach Auslegung *aller,* auch der von ihm für geheimhaltungsbedürftig gehaltenen Unterlagen genehmigungsfähig ist.

64 Die Behörde hat somit den **Antrag** auf Erteilung der Genehmigung **abzulehnen,** wenn der Antragsteller sein Einverständnis zur Offenlegung der betreffenden Unterlagen verweigert. In diesem Fall fehlt es an einer wesentlichen Genehmigungsvoraussetzung (aA Jarass Rn. 40; wie hier Weiss in Appel/Ohms/Saurer Rn. 109, 310). Der Antragsteller kann gegebenenfalls Verpflichtungsklage auf Genehmigungserteilung erheben. Die isolierte Einlegung eines Rechtsbehelfs gegen die behördliche Entscheidung über die fehlende Geheimhaltungsbedürftigkeit kommt wegen ihrer Einstufung als Verfahrenshandlung entgegen einer vielfach vertretenen Auffassung nicht in Betracht (vgl. § 44a VwGO; → Rn. 280a; aA Jarass Rn. 40; Czajka in Feldhaus BImSchR Rn. 30; Storost in Ule/Laubinger/Repkewitz D 18). Dies gilt auch, wenn die Behörde durch gesonderten **Bescheid** die **Auslegungsfähigkeit der Unterlagen** feststellt. § 44a VwGO sperrt nach hM auch isolierte Rechtsmittel gegen Verfahrenshandlungen in Gestalt eines Verwaltungsaktes (→ Rn. 280a).

65 **d) Betriebs- und Geschäftsgeheimnisse im gerichtlichen Verfahren.** Wird die Geheimhaltungsbedürftigkeit der Unterlagen im Rahmen eines gerichtlichen Verfahrens relevant, etwa bei der Anfechtungsklage eines Nachbarn gegen die erteilte Genehmigung, richtet sich die Entscheidung ausschließlich nach **§ 99 VwGO.** Die oberste Aufsichtsbehörde – nicht die Genehmigungsbehörde (§ 99 Abs. 1 S. 2 VwGO) – kann demgemäß

die Vorlage der Akten an das Gericht verweigern. Auf Antrag eines Beteiligten hat das Gericht der Hauptsache sodann durch beschwerdefähigen Beschluss zu entscheiden, ob die Geheimhaltungsbedürftigkeit glaubhaft gemacht ist (§ 99 Abs. 2 S. 1 VwGO). Dabei ist jedoch zu berücksichtigen, dass das Geheimhaltungsinteresse des Antragstellers im Prozess anders gelagert sein kann als im Verwaltungsverfahren, bei dem jedermann ein Einsichtsrecht in die offen gelegten Unterlagen zusteht. Sind die Unterlagen zu Recht auch im Gerichtsverfahren für geheimhaltungsbedürftig erklärt, kann das Gericht seiner Sachaufklärungspflicht notfalls dadurch genügen, dass es die Unterlagen einem Sachverständigen zuleiten lässt, der sein Gutachten unter Berücksichtigung der geheimzuhaltenden Tatsachen erstellt (vgl. zur Akteneinsicht im gerichtlichen Verfahren Sellner Immissionsschutzrecht und Industrieanlagen Rn. 373 ff.).

2. Kennzeichnung. Die geheimhaltungsbedürftigen Unterlagen sind gem. § 10 Abs. 2 S. 1 durch den Antragsteller **zu kennzeichnen** und **gesondert vorzulegen.** In welcher Weise die Kennzeichnung erfolgt, ist nicht vorgeschrieben. Es empfiehlt sich, jedes einzelne Schriftstück mit einem entsprechenden Aufdruck zu versehen. Die gesonderte Vorlage erfolgt zweckmäßigerweise in einem besonderen, verschlossenen Umschlag. In dem nach § 4 Abs. 3 der 9. BImSchV vorzulegenden Verzeichnis sind diese Unterlagen nochmals besonders zu kennzeichnen (s. → 9. BImSchV § 4 Rn. 18). 66

3. Inhaltsdarstellung. An die Stelle der nicht ausgelegten Unterlagen tritt eine **Inhaltsdarstellung** (§ 10 Abs. 2 S. 2). Der Inhalt der genehmigungsbedürftigen Unterlagen ist – soweit dies ohne Preisgabe des Geheimnisses möglich ist – so ausführlich darzustellen, dass es Dritten möglich ist zu beurteilen, ob und in welchem Umfang sie von den Auswirkungen der Anlage betroffen werden können. Die Inhaltsdarstellung dient dabei nicht nur dem Informationsinteresse der Allgemeinheit, sondern sichert zugleich das Beteiligungsrecht potenziell Betroffener am Verwaltungsverfahren (s. dazu → Rn. 6, 46; BVerwG NJW 1983, 1507 (1508)). Nur wenn und soweit diese die Möglichkeit hatten, anhand der ausgelegten Unterlagen zu prüfen, ob und in welchem Ausmaß sie von den Auswirkungen der Anlage betroffen werden, kann der (formelle) Einwendungsausschluss des § 10 Abs. 3 S. 5 greifen, der nach der Rechtsprechung an die ausgelegten Unterlagen anknüpft (BVerwG DVBl. 1980, 1001 (1004) – für den Einwendungsausschluss nach § 3 Abs. 1 AtAnlV). Die Inhaltsdarstellung muss hingegen nicht so detailliert erfolgen, dass auch die Richtigkeit der Darstellungen überprüft werden kann (Czajka in Feldhaus BImSchR Rn. 32). 67

4. Vereinfachtes Verfahren. Im vereinfachten Verfahren gilt gemäß § 19 Abs. 2 der § 10 Abs. 2 nicht. Gleichwohl kann es sich auch hier anbieten, die geheimhaltungsbedürftigen Unterlagen gesondert zu kennzeichnen, um eine entsprechende innerbehördliche Behandlung sicherzustellen. 68

VI. Bekanntmachung (Absatz 3 Satz 1, Absatz 4)

Sind die Unterlagen nach der Prüfung der Behörde vollständig, so hat diese das Vorhaben nach Maßgabe des Abs. 3 **öffentlich bekannt** zu geben. Für die ergänzend anwendbaren Modifikationen und Erleichterungen nach dem PlanSiG, dem LNGG und dem neuen § 31f wird auf die Ausführungen oben unter → Rn. 28c, → Rn. 28d, → Rn. 28h ff. Bezug genommen. 69

1. Zweck. Die Bekanntmachung des Vorhabens dient der **Unterrichtung der Allgemeinheit und der Nachbarschaft** über das geplante Vorhaben und damit auch der 70

Gewährleistung der Teilhaberechte am Verfahren in Form eines vorgelagerten Grundrechtsschutzes (vgl.→ Rn. 6, 46; vgl. auch Czjaka in Feldhaus BImSchR Rn. 35; Weiss in Appel/Ohms/Saurer Rn. 114). Gemeinsam mit der Auslegung eröffnet die Bekanntmachung der Behörde zudem die Möglichkeit, sich umfassend über den Sachverhalt zu informieren. Durch die auf der Grundlage der bekannt gemachten Dokumente erhobenen Einwendungen erhält sie frühzeitig eine möglichst umfassende und ausgewogene Kenntnis von den verschiedenen Bedenken gegen das Vorhaben (BVerwGE 28, 131 (132)) und kann sich im Rahmen ihres Entscheidungsfindungsprozesses mit ihnen auseinandersetzen.

71 **2. Zeitpunkt.** Die Bekanntmachung hat zu erfolgen, **sobald die** (zur Auslegung erforderlichen) **Unterlagen vollständig sind** (vgl. § 8 Abs. 1 der 9. BImSchV). Nicht erforderlich ist wegen der einschränkenden Vorgabe aus § 8 Abs. 1 der 9. BImSchV hingegen, dass bereits auch alle solche Unterlagen vorhanden sind, die keine Relevanz für Dritte besitzen, womit **behördliche Nachforderungen** einer Vollständigkeit iSd § 10 Abs. 3 S. 1 iVm § 8 Abs. 1 der 9. BImSchV nicht zwingend entgegenstehen (Czajka in Feldhaus BImSchR Rn. 36; Schack in BeckOK UmweltR Rn. 18; vgl. auch → 9. BImSchV § 8 Rn. 3). Sind die vorhandenen Unterlagen damit nach der maßgeblichen prognostischen Einschätzung der Behörde (BVerwG NVwZ-RR 2017, 229 (231); Weiss in Appel/Ohms/Saurer Rn. 117) geeignet, den Einsicht nehmenden, potenziellen Einwendern ein hinreichend gesichertes Urteil über die möglichen Auswirkungen der geplanten Anlage zu ermöglichen, und kann der Zeitpunkt eines von der Behörde im Rahmen ihrer Ermessensentscheidung festgesetzten Erörterungstermins bereits abgesehen werden, so soll die Bekanntmachung **unverzüglich** veranlasst werden. Dies dient in erster Linie der Verfahrensbeschleunigung, zugleich aber auch dem Interesse des Antragstellers an einer zügigen Verfahrensführung, sodass die schuldhafte Verletzung dieser Pflicht unter Umständen Amtshaftungsansprüche nach sich ziehen kann (Weiss in Appel/Ohms/Saurer Rn. 118). Die Bekanntgabe ist ein wesentlicher Anknüpfungspunkt für den weiteren Verfahrensverlauf. Gemäß § 10 Abs. 4 Nr. 3 ist bereits in der Bekanntmachung ein Erörterungstermin zu bestimmen, die Auslegungsfrist soll gemäß § 9 Abs. 2 der 9. BImSchV eine Woche nach Bekanntgabe beginnen. Diese Orientierung des Verfahrens an der Bekanntgabe trägt zwar dem primären Zweck der Regelung Rechnung, die Öffentlichkeitsbeteiligung zu sichern, führt aber wegen der „Mehrgleisigkeit" der Maßnahmen im Genehmigungsverfahren zu Schwierigkeiten. Insbesondere kann die Behörde auch bei Vollständigkeit der Antragsunterlagen noch nicht absehen, wann die nach § 10 Abs. 5 einzuholenden Stellungnahmen der anzuhörenden Behörden und gegebenenfalls einzuholende Gutachten eingehen werden. Diese sollten jedoch, um nicht die Öffentlichkeitsbeteiligung mangels hinreichender Informationen leer laufen zu lassen, zu einem eventuell seitens der Behörde festgesetzten Erörterungstermin vorliegen. Im ungünstigsten Fall werden daher die Einwender hinsichtlich der sie interessierenden Fragen auf noch nicht vorliegende Stellungnahmen und Gutachten verwiesen (s. dazu Ule-Laubinger 52. Deutscher Juristentag I B 78; vgl. → Rn. 81).

72 **3. Veröffentlichungsorgane. a) Amtliches Veröffentlichungsblatt.** Das amtliche Veröffentlichungsblatt ist dasjenige **Veröffentlichungsorgan,** das durch Rechtssatz (zB Satzung bzw. Rechtsverordnung) oder durch Gewohnheitsrecht von der Behörde für amtliche Bekanntmachungen allgemein vorgesehen ist. Dies können insbesondere sein das Ministerial-, Regierungs- oder Amtsblatt, aber auch bestimmte Tageszeitungen (vgl. Stober in Wolff/Bachof/Stober/Kluth Verwaltungsrecht I § 28 Rn. 6; Weiss in Appel/Ohms/Saurer Rn. 120). Bei **UVP-pflichtigen Vorhaben** muss die Bekanntmachung durch die

Genehmigungsbehörde nach § 8 Abs. 1 S. 3 der 9. BImSchV außerdem über das jeweilige zentrale Internetportal nach § 20 UVPG erfolgen, wobei im Zweifel der Inhalt der ausgelegten Unterlagen maßgeblich ist. Die Regelung dient der Umsetzung des Art. 6 Abs. 5 S. 2 UVP-RL 2014/52/EU. Bei Bundesvorhaben ist die Veröffentlichung im einzurichtenden Bundesportal, bei Ländervorhaben im jeweiligen Landesportal zu veröffentlichen (Wolf ZUR 2018, 457 (461)). Zu beachten ist nach § 8 Abs. 1 S. 3 letzter Halbsatz der 9. BImSchV darüber hinaus, dass die Vorgaben der **UVP-Portale-Verordnung** vom 11.11.2020 (BGBl. I 2428) Anwendung finden (→ Rn. 75b). Weitergehende verfahrensrechtliche Erleichterungen im Wege einer Internetbekanntmachung sind § 2 PlanSiG (→ Rn. 28c) zu entnehmen.

b) Örtliche Tageszeitungen. Auch in **örtlichen Tageszeitungen** muss das Vorhaben bekannt gemacht werden, soweit nicht die Veröffentlichung über das Internet gewählt wird. Dazu gehören diejenigen Tageszeitungen, die durch einen besonderen Ortsteil regelmäßig über die Ereignisse der Region berichten. Nicht erforderlich ist eine Veröffentlichung in sämtlichen örtlichen Tageszeitungen, etwa auch in lokalen Anzeigenblättern, sondern nur in denjenigen, die üblicherweise amtliche Bekanntmachungen veröffentlichen. 73

c) Bereich des Standortes der Anlage. Die örtlichen Tageszeitungen müssen im Bereich des Standortes der Anlage verbreitet sein. Hierunter ist dasjenige **Verbreitungsgebiet der Tageszeitungen** zu verstehen, in dem der Standort der Anlage liegt bzw. in denen bei ortsveränderlichen Anlagen die geplanten Standorte vorgesehen sind. Auf den – mutmaßlichen – Einwirkungsbereich der Anlage kann schon deshalb nicht abgestellt werden, weil dieser im Laufe des Genehmigungsverfahrens erst ermittelt werden soll (so aber die hM Sellner Immissionsschutzrecht und Industrieanlagen Rn. 134; Sellner NJW 1975, 801 (805); Jarass Rn. 73; Roßnagel/Hentschel in GK-BImSchG Rn. 250; Ronellenfitsch Beschleunigung und Vereinfachung der Anlagenzulassungsverfahren, 56; Czajka in Feldhaus BImSchR Rn. 37; Weiss in Appel/Ohms/Saurer Rn. 122). Der Bereich ist wegen des Zweckes der Bekanntmachung, die potenziell Betroffenen von dem Vorhaben zu unterrichten, weiter zu fassen (für eine weite Fassung zur optimalen Information der möglicherweise Betroffenen im Erg. auch die hM, vgl. Sellner Immissionsschutzrecht und Industrieanlagen Rn. 134 Fn. 34 aE; Huber AöR 114 (1989), 274). Das Vorhaben ist daher in denjenigen Tageszeitungen bekannt zu machen, deren Verbreitungsgebiet den Lebensbereich potenziell Betroffener möglichst vollständig abdeckt. In der Praxis dürfte dies wegen der weiten Verbreitung der gängigen Tageszeitungen regelmäßig unproblematisch sein. Im Einzelfall bietet es sich darüber hinaus aber an, benachbarte Tageszeitungen zur Veröffentlichung zu nutzen (dies fordern für Großvorhaben etwa Jarass Rn. 73; sowie Schack in BeckOK UmweltR Rn. 23). 74

Bei Vorhaben, die in Grenznähe geplant sind und von denen eine Wirkung auf das Nachbarland zu erwarten ist (→ § 5 Rn. 121 ff.), ist **§ 11a der 9. BImSchV** zu beachten (→ Rn. 193 ff.). § 11a der 9. BImSchV hat eine umfangreiche Neustrukturierung erfahren. Der Verordnungsgeber arbeitet hier zum erheblichen Teil mit Verweisungen auf die Vorschriften des 5. Teils (§§ 54–59, 64 ff.) des UVPG in der Form des UVP-Modernisierungsgesetzes aus dem Jahr 2017 (vgl. § 11a Abs. 1, 2 der 9. BImSchV; dazu die Einführung bei Grandjot DVBl. 2018, 161 ff.). Neben der **grenzüberschreitenden Beteiligungspflicht** bei UVP-Pflicht des Vorhabens (§ 11a Abs. 2) ist eine solche nunmehr **auch ohne UVP-Pflichtigkeit** vorgesehen (§ 11a Abs. 1). Durch die einheitliche Geltung der Vorschriften des UVPG soll die grenzüberschreitende Behörden- u. Öffentlichkeitsbeteiligung durch einheitliche Verfahrensabläufe koordiniert werden, womit sich die 75

Beteiligungspflicht bei nicht UVP-pflichtigen Vorhaben erklärt (BR-Drs. 268/17, 29; s. im Einzelnen → 9. BImSchV § 11a Rn. 1 ff.). Diesbezügliche Vorgaben für die Bekanntmachung sind den §§ 55 f. UVPG zu entnehmen, wobei von den zuständigen deutschen Behörden insbesondere darauf hingewirkt werden muss, dass das Vorhaben im anderen Land auf geeignete Weise bekanntgemacht wird (vgl. § 56 Abs. 2 Nr. 1, → 9. BImSchV § 11a Rn. 9; s. auch Schack in BeckOK UmweltR Rn. 24; Czajka in Feldhaus BImSchR Rn. 37a). Voraussetzung für die grenzüberschreitende Öffentlichkeitsbeteiligung ohne UVP-Pflicht ist allerdings die Durchführung eines förmlichen Genehmigungsverfahrens (vgl. § 24 der 9. BImSchV; dazu auch Jarass Rn. 71).

75a **d) Internet.** Mit der Änderung des § 10 Abs. 3 durch das Öffentlichkeitsbeteiligungsgesetz vom 9.12.2006 (→ Rn. 18a) ist als zusätzliche Möglichkeit der Bekanntmachung des Vorhabens alternativ zur Nutzung örtlicher Tageszeitungen das Internet in die Verfahrensbestimmungen aufgenommen worden. Die Genehmigungsbehörde „kann" daher Vorhaben nunmehr auch auf eigens zu diesem Zweck bereit gestellten Internetseiten öffentlich bekannt geben. Weitergehende Möglichkeiten einer Internetbekanntmachung sind § 2 PlanSiG (→ Rn. 28c) zu entnehmen.

Die Genehmigungsbehörde besitzt ein **verfahrensrechtliches Ermessen** für die Art der Bekanntmachung, wobei bei der Ermessensausübung auch der Zweck der Verwaltungsvereinfachung einbezogen werden kann (VGH Mannheim NVwZ-RR 2019, 713 (715)). Die Anforderungen für die Bekanntmachung im Internet ergeben sich dabei einzig aus der Norm des § 10 Abs. 3 S. 1. § 27a Abs. 1 S. 3 VwVfG, welcher für die Bekanntmachung im Internet weitergehende Vorgaben formuliert, wird durch die abschließende Regelung im Bundes-Immissionsschutzgesetz gesperrt. § 27a Abs. 2 VwVfG, der einen Hinweis auf die Internetbekanntmachung vorsieht und dessen Anwendbarkeit neben den immissionsschutzrechtlichen Bestimmungen ebenso wenig eindeutig ist (für Anwendbarkeit tend. Jarass Rn. 73; aA Weiss in Appel/Ohms/Saurer Rn. 73; zur abweichenden Behandlung der Internetbekanntmachung unter Anwendung des PlanSiG vgl. oben unter → Rn. 28c), sieht jedenfalls keine über § 10 Abs. 3 hinausgehenden Anforderungen vor. Notwendig ist für die Internetbekanntmachung jedenfalls, dass diese – ggf. auch über eine **Suchmaschine – unschwer auffindbar** ist (VGH München BeckRS 2014, 49816 Rn. 19, 21; Weiss in Appel/Ohms/Saurer Rn. 121). Ausreichend ist im Übrigen grundsätzlich bereits die Nennung der „Startseite" der Behörde, falls über diese die Bekanntmachung einfach zugänglich ist. Komplexere Domainnamen und Links auf die konkrete Bekanntmachungsseite sind daher nicht erforderlich (vgl. zum Vorstehenden auch OVG Koblenz NuR 2018, 45 (45)). Soweit in der Literatur darüber hinaus eingefordert wird, dass auf die konkrete Internetbekanntmachung über eine Veröffentlichung in einer Tageszeitung hinzuweisen ist (Roßnagel/Hentschel in GK-BImSchG Rn. 253; Storost in Ule/Laubinger/Repkewitz D 5; wohl auch Jarass Rn. 73), dürfte dies die Anforderungen an die Bekanntmachung im Ergebnis überspannen. Auch aus normsystematischen Gründen kann ein solcher Schluss nicht überzeugen, zumal die Internetbekanntmachung alternativ neben der Bekanntmachung in der Tageszeitung vorgesehen ist (VGH Mannheim NVwZ-RR 2019, 713 (715); Weiss in Appel/Ohms/Saurer Rn. 121 mit Fn. 359 und Rn. 123; Czajka in Feldhaus BImSchR Rn. 37a).

75b Bei **UVP-pflichtigen Vorhaben** muss darüber hinaus die Pflicht zur öffentlichen Bekanntmachung im zentralen **UVP-Internetportal des Landes** beachtet werden (→ 9. BImSchV § 8 Rn. 3; dazu eingehend auch Gieseke ZUR 2022, 350 ff.), für die der mit Wirkung zum 24.11.2020 neu in § 8 der 9. BImSchV eingeführte **§ 8 Abs. 1 S. 3 2. Hs. der 9. BImSchV** Geltung beansprucht (vgl. Art. 2 der „Verordnung zum Erlass einer Verordnung über zentrale Internetportale des Bundes und der Länder im Rahmen der Umweltverträglichkeitsprüfung, zur Änderung der Verordnung über das Genehmigungsverfahren und zur Änderung der Atomrechtlichen Verfahrensverordnung“, BGBl. I. 2428 ff.). Dieser sieht eine entsprechende Anwendung der **UVP-Portale-Verordnung** vom 11.11.2020 (BGBl. 2428 ff.) vor, in welcher insbesondere die Art und Weise der Veröffentlichung sowie die Speicherung von Daten genauer geregelt werden (Weiss in Appel/Ohms/Saurer Rn. 124). Nicht abschließend geklärt ist dabei, ob diese Art der Bekanntmachung zugleich die Internetbekanntmachung im Genehmigungsverfahren ersetzt. Dagegen dürfte allerdings anzuführen sein, dass die Vorhaben „auch“ im UVP-Portal bekanntzumachen sind, was wiederum dafür spricht, dass die Internetbekanntmachung im Genehmigungsverfahren weiterhin auf einer Website der Behörde zu erfolgen hat (Weiss in Appel/Ohms/Saurer Rn. 124).

4. Inhalt (Absatz 4). Der notwendige Inhalt der Bekanntmachung richtet sich nach § 10 Abs. 4 und § 9 Abs. 1 der 9. BImSchV. Zusätzliche Vorgaben für UVP-pflichtige Vorhaben befinden sich in § 9 Abs. 1a der 9. BImSchV (→ Rn. 83a). 76

a) Angaben zum Antrag. Die Bekanntmachung muss zunächst die nach § 3 der 9. BImSchV vorgesehenen Angaben enthalten (vgl. § 9 Abs. 1 Nr. 1 der 9. BImSchV): 77
- den Namen und den Wohnsitz des Antragstellers;
- die Angabe, ob eine Genehmigung, Änderungsgenehmigung, Teilgenehmigung oder ein Vorbescheid beantragt wird;
- die Angabe des Standortes der Anlage, bei ortsveränderlichen Anlagen der vorgesehenen Standorte;
- Angaben über Art und Umfang der Anlage;
- die Angabe des voraussichtlichen Zeitpunktes der Inbetriebnahme.

Insbesondere ist darauf zu achten, dass potenziell Betroffene erkennen können, ob und inwieweit sie durch das Vorhaben betroffen sein können. In der Bekanntmachung ist das Vorhaben und dessen Standort daher entsprechend **genau und verständlich** zu beschreiben (vgl. Roßnagel/Hentschel in GK-BImSchG Rn. 252; Weiss in Appel/Ohms/Saurer Rn. 126). Eine hinreichend genaue Beschreibung in diesem Sinne fordert allerdings nicht ein, dass das Vorhaben entsprechend der Vorgabe des § 4 Abs. 1a der 9. BImSchV in allen Einzelheiten detailliert beschrieben wird (OVG Koblenz NVwZ-RR 2017, 409 (410); → 9. BImSchV § 8 Rn. 13).

Des Weiteren sind nach § 9 Abs. 1 Nr. 3 der 9. BImSchV, der der Regelung des § 19 Abs. 1 Nr. 6 des UVPG entspricht, die Bezeichnung der für das Vorhaben maßgeblichen entscheidungserheblichen Berichte und Empfehlungen, die der Genehmigungsbehörde zum Zeitpunkt des Beginns des Beteiligungsverfahrens vorliegen, vorzulegen. Diese Änderung soll im Einklang mit den Beteiligungsvorgaben der Aarhus-Konvention den Umfang der Informationspflichten näher konturieren. Der Begriff der „entscheidungserheblichen Berichte und Empfehlungen“ ist wie in §§ 10 Abs. 3 S. 2, 23a Abs. 2 S. 2 auszulegen (BR-Drs. 268/17, 28 f.). Zudem ist gem. § 9 Abs. 1 S. 2 auf die zuständige Genehmigungsbehörde, die für eine Beteiligung der Öffentlichkeit maßgeblichen Vorschriften sowie eine grenzüberschreitende Behörden- und Öffentlichkeitsbeteiligung iSd § 11a der 9. BImSchV hinzuweisen. Vgl. im Einzelnen → 9. BImSchV § 9 Rn. 3. 77a

b) Auslegungsort. Nach § 10 der 9. BImSchV sind Antrag und Unterlagen bei der Genehmigungsbehörde und, soweit erforderlich, bei einer geeigneten Stelle in der Nähe des Standortes des Vorhabens zur Einsicht **auszulegen.** Geeignete Stellen in der Nähe des Standortes sind etwa die Amtsräume der Standortgemeinde, die diese im Wege der Amtshilfe zur Verfügung stellen muss (Czajka in Feldhaus BImSchR Rn. 44). Es genügt 78 dabei die Angabe einer Adresse, die Angabe eines konkreten Raumes ist nicht erforderlich, wenn durch spätere Maßnahmen am Auslegungsort sichergestellt ist, dass Einwender diesen finden können (Weiss in Appel/Ohms/Saurer Rn. 125). Der oder die Auslegungsorte sind in der Bekanntmachung anzugeben. Dabei sollte auch darauf hingewiesen werden, dass die Einsichtnahme während der Dienstzeiten erfolgen kann (zu den notwendigen Auslegungszeiten → Rn. 90).

78a Sonderregelungen für die **Auslegung im Ausland** sind der Regelung zur grenzüberschreitenden Behörden- und Öffentlichkeitsbeteiligung in § 11a der 9. BImSchV zu entnehmen. Hier gelten die Vorschriften des UVPG zur grenzüberschreitenden Umweltverträglichkeitsprüfung sinngemäß, wobei es keinen Unterschied macht, ob das betreffende Vorhaben UVP-pflichtig ist oder nicht (Czajka in Feldhaus BImSchR Rn. 37b; dazu eingehend → § 11a der 9. BImSchV Rn. 3 ff., 6 ff.). Auch ist es irrelevant, ob es sich bei dem Vorhaben um ein solches in einem anderen EU-Mitgliedstaat handelt, da die Neuregelung in § 11a der 9. BImSchV gleichzeitig der Umsetzung der völkerrechtlichen Vorgaben der Espoo-Konvention dient (Weiss in Appel/Ohms/Saurer Rn. 131).

79 **c) Auslegungszeit.** Nach § 9 Abs. 1 Nr. 2 der 9. BImSchV ist durch Angabe des ersten und des letzten Tages der Auslegung auf die Auslegungsdauer hinzuweisen. Zur Bestimmung und Berechnung der Einwendungsfrist → Rn. 89, 144.

80 **d) Einwendungsaufforderung.** In der Bekanntmachung ist dazu **aufzufordern,** etwaige **Einwendungen** bei der Genehmigungsbehörde innerhalb der Einwendungsfrist (§ 10 Abs. 3 S. 2 2. Hs.) **vorzubringen.** Liegen die Unterlagen bei einer weiteren Stelle aus, ist darauf hinzuweisen, dass die Einwendungen auch dort erhoben werden können (§ 10 Abs. 4 Nr. 2 iVm § 12 Abs. 1 der 9. BImSchV). Zudem ist darauf hinzuweisen, dass mit Ablauf der Frist Einwendungen, die nicht auf besonderen privatrechtlichen Titeln beruhen, für das Genehmigungsverfahren ausgeschlossen werden. Hierzu genügt der Hinweis auf den Wortlaut des § 10 Abs. 3 S. 5 (Czajka in Feldhaus BImSchR Rn. 35; Schack in BeckOK UmweltR Rn. 20; Weiss in Appel/Ohms/Saurer Rn. 127). Schließlich muss die Behörde auf die Möglichkeit aufmerksam machen, die Anonymisierung der Einwendungen vor ihre Bekanntgabe an den Antragsteller und beteiligten Behörden zu verlangen, wenn der Name und die Anschrift des Einwenders zur ordnungsgemäßen Durchführung des Genehmigungsverfahrens nicht erforderlich sind (§ 12 Abs. 2 S. 3 der 9. BImSchV).

81 **e) Bestimmung des Erörterungstermins.** Die Behörde hat den Erörterungstermin nach Abs. 4 Nr. 3 in der öffentlichen Bekanntmachung des Vorhabens zu bestimmen. Sie hat gleichzeitig darauf hinzuweisen, dass dieser auf Grund einer Ermessensentscheidung nach Abs. 6 durchgeführt wird. Ferner ist ein Hinweis anzubringen, dass die formgerecht erhobenen Einwendungen auch dann erörtert werden, wenn der Antragsteller bzw. diejenigen Personen, die die Einwendungen erhoben haben, nicht bei dem festgesetzten Erörterungstermin anwesend sind. Die Durchführung des zunächst bestimmten und öffentlich bekannt gemachten Erörterungstermins steht mithin unter dem Vorbehalt, dass sich die Behörde nach Ablauf der Einwendungsfrist nach § 10 Abs. 6 tatsächlich im Rahmen ihrer Ermessensentscheidung für die Erörterung der Einwendungen entscheidet (Knäpple Immissionsschutz 2008, 28). Ort und Zeitpunkt des Erörterungstermins sind dann öffentlich bekannt zu machen. Vorsorglich sollten bereits Fortsetzungstermine bestimmt werden (Jarass Rn. 100; Weiss in Appel/Ohms/Saurer Rn. 129).

f) Zustellungshinweis. Die Behörde muss zudem nach Abs. 4 Nr. 4 darauf hinweisen, dass die Zustellung der Entscheidung über die Einwendungen unabhängig von der Anzahl der Einwender durch öffentliche Bekanntmachung ersetzt werden kann (vgl. zur öffentlichen Bekanntmachung als Zustellungsersatz § 10 Abs. 8). 82

g) Veröffentlichende Behörde. Da das Vorhaben von der Genehmigungsbehörde bekannt zu machen ist, ist ihre Benennung notwendig. Ferner wird in entsprechender Anwendung des § 37 Abs. 3 VwVfG die Unterschrift oder Namenswiedergabe des Behördenleiters, seines Vertreters oder seines Beauftragten erforderlich sein (aA Weiss in Appel/Ohms/Saurer Rn. 128). Die Angabe von Ort und Datum der Bekanntmachung ist nicht zwingend vorgeschrieben, jedoch zweckmäßig und üblich. 83

h) Bekanntmachungspflichten bei UVP-pflichtigen Vorhaben. Als Parallelbestimmung zum neuen § 19 Abs. 1 Nr. 1, 5 UVPG wurden für UVP-pflichtige Vorhaben weitere Bekanntmachungspflichten in **§ 9 Abs. 1a der 9. BImSchV** eingeführt. Hiernach ist über die UVP-Pflicht (Nr. 1) und über die Tatsache, dass ein UVP-Bericht gem. § 4e vorgelegt wurde (Nr. 2), zu informieren. Die Vorschrift dient der Umsetzung von Art. 6 Abs. 2 UVP-RL. Durch sie sollen die Beteiligungsrechte nach der UVP-RL über einen frühzeitigen Kenntnisgewinn der durch die Entscheidung betroffenen Personen abgesichert werden. 83a

5. Absehen von der Bekanntmachung. In den Fällen des **§ 16 Abs. 2** soll die Behörde bei Genehmigungen zur wesentlichen Änderung genehmigungsbedürftiger Anlagen von der Bekanntmachung absehen. Diese Vorschrift gilt allerdings lediglich für selbstständige Änderungsgenehmigungsverfahren nach Erlass der Genehmigung (Jarass Rn. 110), nicht jedoch in Fällen, in denen das erstmalige Genehmigungsverfahren für die Anlage noch nicht vollständig abgeschlossen wurde (Weiss in Appel/Ohms/Saurer Rn. 136 f.; vgl. auch → 9. BImSchV § 8 Rn. 7). Für eben diese Fälle lässt es **§ 8 Abs. 2 der 9. BImSchV** in bestimmten Fällen und unter besonderen Voraussetzungen zu, von einer erneuten Bekanntmachung abzusehen. Die Vorschrift ist anwendbar, wenn das Vorhaben während eines **Vorbescheidverfahrens**, nach Erteilung eines **Vorbescheides** oder während des Genehmigungsverfahrens geändert wird, es sei denn, in den nach § 10 Abs. 1 auszulegenden Unterlagen wären Umstände darzulegen, die nachteilige Auswirkungen für Dritte besorgen lassen (s. im Einzelnen → 9. BImSchV § 8 Rn. 4 ff.). Über § 8 Abs. 1 S. 2 der 9. BImSchV ist die Regelung auch auf das **Teilgenehmigungsverfahren** anzuwenden (→ 9. BImSchV § 8 Rn. 6; VGH Mannheim BeckRS 2011, 54899 Rn. 34; Jarass Rn. 112; Weiss in Appel/Ohms/Saurer Rn. 136; Schack in BeckOK UmweltR Rn. 33). Wird der Antrag schon vor einem von der Behörde im Rahmen der Ermessensentscheidung nach Abs. 6 festgesetzten Erörterungstermin abgelehnt, etwa weil die erforderlichen Unterlagen nicht beigebracht worden sind, ist eine Bekanntmachung ebenfalls nicht erforderlich. Für **UVP-pflichtige Anlagen** kommt nach § 8 Abs. 2 S. 3 ein Absehen von der weiteren Bekanntmachung nur in Betracht, wenn keine zusätzliche oder andere erhebliche Auswirkungen iSd § 1a der 9. BImSchV zu besorgen sind (→ 9. BImSchV § 8 Rn. 10). Werden die **Antragsunterlagen** während des Verfahrens in Form von einzelnen Nachbesserungen **modifiziert,** ohne das Vorhaben abzuändern, erfordert dies (regelmäßig) keine neue öffentliche Bekanntmachung, hier ist vielmehr die Regelung des **§ 10 Abs. 3 S. 3** zum Informationszugang nach den Umweltinformationsgesetzen (→ Rn. 95a f.) anzuwenden (vgl. Weiss in Appel/Ohms/Saurer Rn. 139). 84

85 **6. Folgen fehlerhafter Bekanntmachung.** Eine **fehlerhafte Bekanntmachung** macht die erteilte Genehmigung nicht ohne weiteres nichtig. Sie ist jedoch **anfechtbar,** sofern Dritte an der Ausübung ihrer Teilhaberechte gehindert sind (vgl. Roßnagel/Hentschel in GK-BImSchG Rn. 513; sowie schon Landmann/Rohmer GewO 12, Aufl., § 17 Rn. 4). Ob eine Heilung nach § 45 VwVfG möglich ist (so unter Einschränkungen etwa Roßnagel/Hentschel in GK-BImSchG Rn. 513), erscheint zweifelhaft, da die Bekanntmachung die *vorherige* Mitwirkung der möglicherweise Betroffenen und damit ihr Teilhaberecht am Verfahren sichern soll (vgl. ähnlich für die Anhörung etwa Sachs in Stelkens/Bonk/Sachs VwVfG § 45 Rn. 27 mwN). Problematisch erscheint daher auch ein ergänzendes Verfahren nach § 4 Abs. 1b UmwRG für die Fehlerbehebung.

VII. Auslegung (Absatz 3 Satz 2)

86 Der **Antrag** und die vom Antragsteller vorgelegten **Unterlagen** (soweit es sich nicht um solche Unterlagen handelt, die Geschäfts- oder Betriebsgeheimnisse enthalten) sind ebenso wie die **entscheidungserheblichen Berichte und Empfehlungen** (insbesondere anderer Behörden), die der Behörde im Zeitpunkt der Bekanntmachung vorliegen, nach der Bekanntmachung einen Monat zur Einsicht **auszulegen** (§ 10 Abs. 3 S. 2). Konkretisierende Regelungen sind § 10 der 9. BImSchV zu entnehmen (vgl. → 9. BImSchV § 10 Rn. 1 ff.). Siehe zu den Modifikationen und Erleichterungen nach dem PlanSiG, dem LNGG sowie § 31f oben unter → Rn. 28c, 28d, 28e ff.

87 **1. Zweck.** Die Auslegung des Antrags, der das Genehmigungsvorhaben beschreibenden Unterlagen und der entscheidungserheblichen Berichte und Empfehlungen, die der Genehmigungsbehörde zum Zeitpunkt der Bekanntmachung bereits vorliegen, dient dem Zweck, Dritten die Beurteilung zu ermöglichen, ob und in welchem Maße Auswirkungen der Anlage auf die Allgemeinheit und die Nachbarschaft zu erwarten sind. Auf der Grundlage dieser Informationen ist es ihnen möglich, Einwendungen gegen das Vorhaben vorzubringen. Die Regelungen über die Auslegung haben daher **drittschützende Wirkung,** soweit Rechtspositionen Dritter betroffen sein können (zum neben dem mit der Auslegung verbundenen Recht auf Einsichtnahme nach dem UIG vgl. EuGH NVwZ 1998, 945, mAnm Schrader NVwZ 1999, 40 ff.; Wachs Das Recht auf Akteneinsicht, 202 ff.). Umfang und Inhalt der ausgelegten Unterlagen haben zugleich entscheidenden Einfluss auf die **Reichweite des (nunmehr rein formellen) Einwendungsausschlusses.** So endete die (ehemalige) materielle Präklusion nach der Rechtsprechung des Bundesverwaltungsgerichts im Atomrecht dort, „wo die Genehmigung nicht mehr mit den ausgelegten Unterlagen kongruent" war (BVerwG DVBl. 1980, 1001 (1004) – zu § 3 Abs. 1 AtAnlV). Auch mit Blick auf den neuen § 5 UmwRG (→ Rn. 285d) dürfte das dort sanktionierte „missbräuchliche" Verhalten bei einer fehlenden Kongruenz von Genehmigung und ausgelegten Unterlagen regelmäßig zu verneinen sein. Des Weiteren ermöglichen die auf Grund der ausgelegten Unterlagen erhobenen Einwendungen der Behörde, ihren Kenntnisstand hinsichtlich des Sachverhalts zu erweitern und sich über Bedenken gegen das Vorhaben zu informieren. Gemeinsam mit dem Erörterungstermin dient die Auslegung daher der „sachlichen Bewältigung des Vorhabens durch die Genehmigungsbehörde" (BVerwG DVBl. 1980, 1001 (1004)).

88 **2. Ort der Auslegung.** Das Bundes-Immissionsschutzgesetz schreibt keinen bestimmten **Auslegungsort** vor. Nach § 10 Abs. 1 der 9. BImSchV sind Antrag und Unterlagen **bei der Genehmigungsbehörde** und, soweit erforderlich, bei einer geeigneten Stelle in der **Nähe des Standortes** des Vorhabens auszulegen. Letzteres kann insbesondere dann notwendig sein, wenn die Genehmigungsbehörde ihren Sitz in einer anderen

Gemeinde oder unzumutbar weit entfernt vom Standort des Vorhabens hat. Die Entscheidung über eine zusätzliche Auslegung an einer weiteren Stelle liegt im pflichtgemäßen Ermessen der Genehmigungsbehörde (vgl. → 9. BImSchV § 10 Rn. 1). Bei **UVP-pflichtigen Anlagen** sind die Unterlagen zudem in den Gemeinden auszulegen, in denen sich das Vorhaben voraussichtlich auswirkt (§ 10 Abs. 1 S. 4 2. Hs. der 9. BImSchV). Das mutmaßliche Auswirkungsgebiet ist anhand der eingereichten Antragsunterlagen abzuschätzen; im Zweifel ist es weit zu fassen. Vgl. zur **grenzüberschreitenden Öffentlichkeitsbeteiligung** bei sonstigen Vorhaben auch die Ausführungen unter → Rn. 78a; → 9. BImSchV § 11a Rn. 1 ff.

3. Auslegungsfrist. Die Auslegungsfrist beträgt – vorbehaltlich der Sonderregelungen in § 5 Abs. 1 Nr. 1 LNGG, § 31f Abs. 2 – grds. **einen Monat.** Sie kann frühestens am Tag nach der letzten Bekanntmachung in einem Veröffentlichungsblatt beginnen. Zwischen der Bekanntmachung und dem Beginn der Auslegungsfrist soll jedoch eine Woche liegen (§ 9 Abs. 2 der 9. BImSchV; vgl. → 9. BImSchV § 9 Rn. 2). Der zeitliche Abstand dient einzig dazu, mögliche Verzögerungen beim Erscheinen der Tageszeitungen zu berücksichtigen (Storost in Ule/Laubinger/Repkewitz D 22). Die Nichteinhaltung dieses Zeitabstands stellt daher keinen relevanten Verfahrensverstoß dar (Jarass Rn. 75). Für die **Berechnung** der Frist gilt **§ 31 VwVfG,** welcher auf die §§ 187–193 BGB verweist. Hiernach läuft sie an mit dem Beginn des in der Bekanntmachung genannten Tages und endet mit Ablauf desjenigen Tages des nächsten Monates, welcher nach seiner Benennung oder seiner Zahl dem Tage entspricht, der dem ersten Tage der Auslegung vorangeht (§ 31 Abs. 1 VwVfG iVm § 188 Abs. 2 BGB). Fehlt in dem betreffenden Monat der maßgebliche Tag, so endet die Frist mit Ablauf des letzten Tages dieses Monates (§ 188 Abs. 3 BGB). Fällt der letzte Tag der Frist auf einen Sonntag, einen gesetzlichen Feiertag oder einen Sonnabend, so endet die Frist am nächstfolgenden Werktag (§ 31 Abs. 3 VwVfG). 89

4. Auslegungszeiten. Gemäß § 10 Abs. 1 S. 6 der 9. BImSchV ist **während der Dienststunden** – worauf in der Bekanntmachung hinzuweisen ist – Einsicht in den Antrag und die ausgelegten Unterlagen zu gewähren. Die Auslegung hat somit an jedem behördlichen Arbeitstag zu erfolgen, und zwar ohne generelle Beschränkung auf die Stunden des – sonstigen – Publikumsverkehrs, auf Kern- oder Sprechzeiten (Jarass Rn. 77; Czajka in Feldhaus BImSchR Rn. 45; Storost in Ule/Laubinger/Repkewitz D 27; Weiss in Appel/Ohms/Saurer Rn. 151; OVG Lüneburg NVwZ 1985, 506 (508)). Ist gleitende Arbeitszeit vorgesehen, obliegt es dem Landesrecht, im Zweifel den jeweiligen Genehmigungsbehörden, kraft ihrer Organisationsgewalt die Zeiten der Offenlegung festzusetzen. Bundesrecht gebietet es nicht, dass die Auslegung während der gesamten Arbeitszeit erfolgt (BVerwG DVBl. 1981, 405 (408) – für das AtG – unter Hinweis auf BVerwG NJW 1981, 594 f. – für Bebauungsplanentwürfe). Im Übrigen hat die Genehmigungsbehörde nach pflichtgemäßem Ermessen zu verfahren (Czajka in Feldhaus BImSchR Rn. 45). 90

5. Auszulegende Unterlagen. Auszulegen sind: 91

- der **Antrag;**
- die **Unterlagen,** die die Angaben über die Auswirkungen der Anlage auf die Nachbarschaft und die Allgemeinheit enthalten (§ 10 Abs. 1 der 9. BImSchV), mit Ausnahme der Unterlagen, die Geschäfts- oder Betriebsgeheimnisse enthalten (an deren Stelle tritt eine Inhaltsdarstellung nach § 10 Abs. 3 S. 1 der 9. BImSchV);
- die **Kurzbeschreibung** der Anlage und ihrer voraussichtlichen Auswirkungen auf die Allgemeinheit und die Nachbarschaft (§ 4 Abs. 3 der 9. BImSchV);

- die **Inhaltsdarstellung** der Unterlagen, die Geschäfts- oder Betriebsgeheimnisse enthalten (§ 10 Abs. 2 iVm § 10 Abs. 3 S. 2 iVm § 10 Abs. 3 S. 1 der 9. BImSchV);
- der anlagenbezogene **Sicherheitsbericht** nach § 9 der 12. BImSchV (Störfall-Verordnung) bei denjenigen Anlagen, für die ein solcher anzufertigen ist (s. OVG Lüneburg DVBl. 1984, 891 ff.). Kann die Auslegung von Unterlagen nach § 4b Abs. 1 und 2 der 9. BImSchV zu einer Gefahr oder Störung im Sinne des § 4b Abs. 3 der 9. BImSchV führen, so ist stattdessen die Darstellung nach § 4b Abs. 3 auszulegen (§ 10 Abs. 1 S. 5 der 9. BImSchV);
- sonstige **entscheidungserhebliche behördliche Unterlagen,** die Angaben über die Auswirkungen der Anlage auf die Nachbarschaft und die Allgemeinheit oder Empfehlungen zur Begrenzung dieser Auswirkungen enthalten und die der Behörde zum Zeitpunkt der Bekanntmachung bereits bekannt sind (§ 10 Abs. 1 S. 2 der 9. BImSchV);
- bei **UVP-pflichtigen Anlagen** ist zudem nach § 10 Abs. 1 S. 4 der 9. BImSchV auch der vom Antragsteller zur Durchführung einer Umweltverträglichkeitsprüfung zusätzlich beigefügte UVP-Bericht iSd § 4e der 9. BImSchV auszulegen. Gem. § 10 Abs. 1 S. 7 der 9. BImSchV muss der Vorhabenträger zusätzlich im Fall der UVP-Pflichtigkeit des Vorhabens den UVP-Bericht und die entscheidungserheblichen Berichte und Empfehlungen, die der Genehmigungsbehörde zum Zeitpunkt des Beginns des Beteiligungsverfahrens vorgelegen haben, auch elektronisch vorlegen. Über § 10 Abs. 1 S. 8 der Verfahrensverordnung erfolgt ein Verweis auf ihren § 8 Abs. 1 S. 3, 4. Über diesen wird die Genehmigungsbehörde dazu verpflichtet, die Unterlagen entsprechend § 20 Abs. 1 des UVPG über das jeweilige zentrale Internetportal auszulegen, wobei die Vorgaben der **UVP-Portale-Verordnung** entsprechend (BGBl. I 2428 ff.) zu beachten sind. Maßgeblich ist nach § 8 Abs. 1 S. 4 im Zweifel der Inhalt der ausgelegten Unterlagen. § 27a VwVfG ist nicht entsprechend anzuwenden (s. Wolf ZUR 2018, 457 (462)), soweit nicht von den verfahrensrechtlichen Ausnahmen des PlanSiG Gebrauch gemacht wird, die auf § 27a VwVfG verweisen (vgl. etwa § 2 Abs. 2 PlanSiG, § 3 Abs. 1 S. 2 PlanSiG → Rn. 28c; Weiss in Appel/Ohms/Saurer Rn. 154).

92 Entsprechend der Zweckbestimmung der Auslegung brauchen indes **nicht sämtliche** mit dem Antrag eingereichte, nachgeforderte oder auf anderem Wege erlangten **Unterlagen ausgelegt** zu werden, sondern nur diejenigen, die bei objektiver Betrachtungsweise die zur umfassenden Unterrichtung der Öffentlichkeit erforderlichen Angaben über die Auswirkungen der Anlage auf die Nachbarschaft und die Allgemeinheit enthalten (§ 10 Abs. 1 der 9. BImSchV). Maßgeblich ist die **Anstoßwirkung** der Öffentlichkeitsbeteiligung (Weiss in Appel/Ohms/Saurer Rn. 116). Unterlagen, die keinerlei entsprechenden Informationswert für Dritte besitzen, brauchen deshalb nicht ausgelegt werden, sofern nicht im Falle der Fehlerhaftigkeit ihres Inhalts nachteilige Auswirkungen für die Nachbarschaft oder die Allgemeinheit befürchtet werden müssen (Roßnagel/Hentschel in GK-BImSchG Rn. 266; für einen generellen Ausschluss etwa baustatischer Unterlagen oder Sicherheitsspezifikationen zu Unrecht Czajka in Feldhaus BImSchR Rn. 38; Schack in BeckOK UmweltR Rn. 25a; wie hier nunmehr Jarass Rn. 80). Ob die vorgelegten Unterlagen den Anforderungen entsprechen, ist nicht rückblickend, sondern aus der Perspektive der Genehmigungsbehörde vor der Öffentlichkeits- bzw. Behördenbeteiligung zu beurteilen (BVerwG NVwZ-RR 2017, 229 (231); Weiss in Appel/Ohms/Saurer Rn. 146). Zu beachten ist jedoch, dass die ausgelegten Unterlagen die Reichweite der (nunmehr formellen) Präklusion bestimmen (s. → Rn. 163 ff.; → Rn. 180), so dass im Zweifel auch im Interesse des Antragstellers die von diesem mit dem Antrag eingereichten Unterlagen möglichst vollständig ausgelegt werden sollten. Wenngleich § 10 Abs. 1 S. 1 der 9. BImSchV die Auslegungspflicht nur auf dem Antrag beigefügte Unterlagen bezieht,

sind auch die auf Anforderung der Behörde nachgereichten Unterlagen und Gutachten auszulegen (vgl. Czajka in Feldhaus BImSchR Rn. 39). Nicht angeforderte, nachgereichte „sonstige Unterlagen" im Sinne des § 13 Abs. 2 der 9. BImSchV sind dann auszulegen, wenn sie die Antragsunterlagen in im Hinblick auf die Einschätzung der Auswirkungen der Anlage ergiebiger Weise ergänzen, nicht aber, wenn es sich um bloße Beweismittel handelt. Mit der (weiteren) Auslegung nachgereichter Unterlagen beginnt eine neue Einwendungsfrist (BVerwGE 75, 214 (226); Weiss in Appel/Ohms/Saurer Rn. 146; Schack in BeckOK UmweltR Rn. 27).

Eine Erweiterung des Kreises auszulegender Unterlagen hat das Öffentlichkeitsbeteiligungsgesetz vom 9.12.2006 (→ Rn. 18a) herbeigeführt. Nach der Neufassung des § 10 Abs. 3 sind über die bereits genannten Unterlagen hinaus auch sämtliche **„entscheidungserheblichen Berichte und Empfehlungen"** auszulegen, die der Behörde im Zeitpunkt der Bekanntmachung vorliegen. § 10 Abs. 1 S. 2 der 9. BImSchV beschreibt diese Unterlagen näher. Auszulegen sind danach die der Behörde vorliegenden „behördlichen Unterlagen", die „Angaben über die Auswirkungen der Anlage auf die Nachbarschaft und die Allgemeinheit enthalten". Ferner sind solche Unterlagen auszulegen, in denen sich „Empfehlungen zur Begrenzung dieser Auswirkungen" finden. Bei den vorgenannten Unterlagen kann es sich zB um die **Stellungnahmen anderer Behörden** nach Abs. 5 oder um **BVT-Merkblätter bzw. BVT-Schlussfolgerungen** handeln. Ebenso gehören hierzu **fachgutachterliche Stellungnahmen** und behördliche Gutachten (vgl. Jarass Rn. 78; Storost in Ule/Laubinger/Repkewitz D 15; Weiss in Appel/Ohms/Saurer Rn. 147 f., dieser jedoch einschränkend für behördliche Stellungnahmen). **Privatgutachten** des Antragstellers sind wie die sonstigen Unterlagen nach § 10 Abs. 1 S. 2 zu behandeln und auszulegen (§ 13 Abs. 2 der 9. BImSchV). Dies gilt wegen des maßgeblichen Einflusses des Antragstellers auf diese Gutachten (vgl. → Rn. 204) auch dann, wenn das Privatgutachten im Einvernehmen mit der Behörde eingeholt worden ist. Die Einbeziehung der entscheidungsrelevanten Berichte und Empfehlungen in den Kreis der auszulegenden Unterlagen trägt in besonderer Weise den Publizitätsinteressen der potenziell Betroffenen Rechnung, die sich durch die Möglichkeit der Einsichtnahme ein möglichst umfassendes Bild über die drohenden schädlichen Auswirkungen der projektierten Anlage machen können (zum Ziel der Öffentlichkeitsbeteiligung im Anlagenzulassungsrecht Werres DVBl. 2005, 611 (616 f.)). 92a

6. Einsichtgewährung. Einsicht in die ausgelegten Unterlagen und den Antrag ist jedermann zu gewähren. Sie geschieht durch tatsächliche Einsichtnahme in die ausgelegten Schriftstücke. Der Einsichtnehmende darf **Aufzeichnungen** über deren Inhalt anfertigen (Jarass Rn. 81), hat aber im Übrigen keinen Anspruch auf Abschriften oder Fotokopien mit Ausnahme einer Abschrift der Kurzbeschreibung (s. dazu → 9. BImSchV § 10 Rn. 6 f.; so auch Sellner Immissionsschutzrecht und Industrieanlagen Rn. 142; Czajka in Feldhaus BImSchR Rn. 45; Schack in BeckOK UmweltR Rn. 31; v. Mutius DVBl. 1978, 665 (672); aA Jarass, Rn. 81: soweit sich in der Behörde ein entsprechendes Gerät befinde, sei eine ggf. kostenpflichtige Ablichtung zu ermöglichen). 93

7. Überlassung der Kurzbeschreibung. Auf Anforderung ist dem Einsichtnehmenden eine **Abschrift oder Vervielfältigung der Kurzbeschreibung iSd § 4 Abs. 3 S. 1 der 9. BImSchV** zu überlassen (§ 10 Abs. 2 der 9. BImSchV). 94

8. Akteneinsicht. Die Einsicht in die übrigen, nicht ausgelegten Verwaltungsvorgänge des Genehmigungsverfahrens richtet sich nach **§ 10a der 9. BImSchV** (→ 9. BImSchV § 10a Rn. 1 ff.). § 29 VwVfG wird durch diese Vorschrift verdrängt, 95

allerdings über Rückverweise partiell wieder für anwendbar erklärt. § 10a wurde anstelle des § 10 Abs. 4 durch die Verordnung zur Änderung der 9. Verordnung zur Durchführung des Bundes-Immissionsschutzgesetzes vom 20.3.1992 (BGBl. I 536) eingeführt. Die alte Vorschrift war dahingehend missverstanden worden, Akteneinsicht in die nicht ausgelegten Verfahrensunterlagen sei nur während der Auslegungsfrist möglich (vgl. BR-Drs. 494/91). Die Akteneinsicht liegt nunmehr unabhängig von dieser Frist nach § 10a im **pflichtgemäßen Ermessen** der Behörde (vgl. zu einem möglichen verfassungsrechtlichen Informationsanspruch im Rahmen des § 10a S. 2 Roßnagel/Hentschel in GK-BImSchG Rn. 289 f.; vgl. auch Streinz VerwArch 79 (1988), 368 f.; sowie eingehend → 9. BImSchV § 10a Rn. 1 ff.; kritisch insbes. auch Wachs Recht auf Akteneinsicht, 167 ff.: „einsichtsrechtlicher Rückschritt"). Da jedoch die übrigen Informationsgesetze – etwa die Umweltinformationsgesetze der Länder – neben § 10a der 9. BImSchV anwendbar bleiben und sich vorbehaltlich ihrer Ausnahmebestimmungen auch auf die Antragsunterlagen erstrecken, ist seine Bedeutung ohnehin eingeschränkt (s. Czajka in Feldhaus BImSchR Rn. 46b). Keine Anwendung findet § 10a der 9. BImSchV für die Einsichtnahme des Antragstellers, die zuvörderst im Rahmen der Behördenbeteiligung (ggf. auch bei Einwendungen iSd § 12 Abs. 2 S. 1 der 9. BImSchV) Relevanz erlangt. Hier findet § 29 VwVfG Anwendung (→ Rn. 117; → Bd. 4, 9. BImSchV § 10a Rn. 6; vgl. auch Schack in BeckOK UmweltR Rn. 31).

95a **9. Öffentlichkeitsbeteiligung nach Beginn der Auslegung.** Nach dem durch das Öffentlichkeitsbeteiligungsgesetz vom 9.12.2006 (→ Rn. 18a) eingeführten § 10 Abs. 3 S. 3 sind solche entscheidungsrelevanten Informationen, die der Behörde **nach Beginn der Auslegung** und bis zur Entscheidung über den Genehmigungsantrag bekannt werden, der Öffentlichkeit nach den Bestimmungen des Bundes und der Länder über den Zugang zu Umweltinformationen zugänglich zu machen. Die Regelung findet entsprechende Anwendung auf Unterlagen, die nach der Bekanntmachung, aber vor der Auslegung eingereicht werden (Schack in BeckOK UmweltR Rn. 28; Weiss in Appel/Ohms/Saurer Rn. 158). Wegen des über § 10 Abs. 3 S. 3 bestehenden Informationszugangs für die Öffentlichkeit verpflichten nachgereichte Unterlagen die Genehmigungsbehörde nicht ohne Weiteres, weitere Maßnahmen der Öffentlichkeitsbeteiligung oder einen neuen Erörterungstermin durchzuführen (BVerwG NVwZ-RR 2017, 229 (232); Jarass Rn. 82; Schack in BeckOK UmweltR Rn. 27 f.; Storost in Ule/Laubinger/Repkewitz D 19; strikter und für grundsätzliche Unzulässigkeit einer erneuten Beteiligung der Öffentlichkeit über Auslegung der Unterlagen Weiss in Appel/Ohms/Saurer Rn. 157). § 10 Abs. 3 S. 3, der insoweit dem § 10a der 9. BImSchV über die Akteneinsicht gegenüber vorrangig ist (§ 10a S. 2 der 9. BImSchV), spricht dabei in einer recht weiten Formulierung von sämtlichen „Informationen". § 10 Abs. 1 S. 3 der 9. BImSchV, der ebenfalls die Ermöglichung des Zugangs nach den Regelungen des Umweltinformationsrechts anordnet, bezieht sich demgegenüber nur auf „zusätzliche behördliche Stellungnahmen" oder „von ihr angeforderte Unterlagen". Angesichts der Zielrichtung des Öffentlichkeitsbeteiligungsgesetzes dürfte der Begriff der „Informationen" in § 10 Abs. 3 S. 3 weit zu verstehen sein, wobei § 10 Abs. 1 S. 3 der 9. BImSchV den Begriff aber jedenfalls dahingehend konkretisiert, dass diese Informationen Angaben über die Auswirkungen der Anlage auf die Nachbarschaft und die Allgemeinheit oder Empfehlungen zur Begrenzung dieser Auswirkungen enthalten müssen. Dies ist vor dem Hintergrund zu sehen, dass mit § 10 Abs. 3 S. 3 kein allgemeines Akteneinsichtsrecht geschaffen werden sollte. Vielmehr dient diese Regelung der **Fortsetzung der Öffentlichkeitsbeteiligung** (vgl. auch Weiss in Appel/Ohms/Saurer Rn. 160).Grenzen findet die Pflicht zur Verschaffung des Zugangs zu entscheidungserheblichen Informationen in den Regelungen der Umweltinformationsgesetze (vgl. zB §§ 8 f. UIG (B) bzw. die entsprechenden landesrechtlichen Parallelregelungen).

Die Struktur der Umweltinformationsgesetze des Bundes und der Länder ist ähnlich, **95b** so dass hier auf die Regelungen des Umweltinformationsgesetzes des Bundes vom 22.12.2004 (BGBl. I 3704) Bezug genommen wird (zur Entstehung und zum Zweck des UIG → UIG Vorb. Rn. 1 ff., mwN), das freilich nur für informationspflichtige Stellen des Bundes und der bundesunmittelbaren juristischen Personen des öffentlichen Rechts gilt (§ 1 Abs. 2 UIG; s. Pützenbacher/Sailer NVwZ 2006, 1257 ff.). Soweit die Länder Umweltinformationsgesetze erlassen haben, sind diese im immissionsschutzrechtlichen Genehmigungsverfahren anzuwenden (zur Zuständigkeit der Behörden nach Landesrecht → Rn. 266 ff.). Nach § 1 Abs. 1 UIG dient das Gesetz dazu, den „rechtlichen Rahmen für den freien Zugang zu Umweltinformationen bei informationspflichtigen Stellen sowie für die Verbreitung dieser Umweltinformationen zu schaffen". Es besteht ein Anspruch auf freien Zugang zu Umweltinformationen, über die eine informationspflichtige Stelle verfügt und bezüglich derer keine Ablehnungsgründe (vgl. §§ 8 f. UIG), etwa im Interesse des Schutzes öffentlicher Belange oder personenbezogener Daten bestehen (§ 3 Abs. 1 UIG). Möglich und zB bei Sachverständigengutachten anzudenken sind überdies **urheberrechtliche Ausschlussgründe** (§ 9 Abs. 1 Nr. 2 UIG). So hat das BVerwG entsprechenden **Gutachten** urheberrechtlichen Werkcharakter beigemessen und allein in der Vorlage der sachverständigen Ausarbeitungen durch den Antragsteller noch keine urheberrechtliche Veröffentlichung iSd § 12 UrhG angenommen. Auch der Ausnahmegrund des § 45 Abs. 1 UrhG wurde durch das BVerwG abgelehnt (vgl. auch BVerwG GRUR 2020, 189 (190 ff.)). Stehen keine Ausschlussgründe entgegen, kann der Informationszugang durch Auskunftserteilung, Gewährung von Akteneinsicht oder in sonstiger Weiser eröffnet werden (vgl. § 3 Abs. 2 UIG) und erfolgt auf Antrag (§ 4 Abs. 1 UIG). Die Verweisung in § 10 Abs. 3 S. 3 auf die Umweltinformationsgesetze ist mit der vorzugswürdigen Ansicht als Rechtsgrundverweisung zu verstehen und setzt folglich einen Antrag nach dem UIG voraus, womit eine aktive Auslegung der nachgereichten Unterlagen nicht mehr erforderlich ist (OVG Magdeburg BeckRS 2016, 52845 Rn. 116 ff., dort auch zur Vereinbarkeit mit der UVP-RL; ebenso Czajka in Feldhaus BImSchR Rn. 40; Weiss in Appel/Ohms/Saurer Rn. 162 f.; aA Roßnagel/Hentschel in GK-BImSchG Rn. 270; Jarass Rn. 82). Die Behörde hat die nachträglich erlangten Informationen daher nicht wie die Antragsunterlagen von Amts wegen, sondern nur auf Antrag und unter den sonstigen Voraussetzungen des einschlägigen Umweltinformationsgesetzes zugänglich zu machen (dazu eingehend auch Weiss in Appel/Ohms/Saurer Rn. 163; Ochtendung ZUR 2006, 184 (188)). Zu weiteren Einzelheiten → Bd. 1, UIG §§ 1 ff. Rn. 1 ff.

Legt man die hier befürwortete Auslegung des § 10 Abs. 3 S. 3 als Rechtsgrundverwei- **95c** sung zugrunde, dürfte entsprechend der bundesrechtlichen Vorgabe in § 6 UIG (bzw. den entsprechenden landesrechtlichen Parallelregelungen) und ohne Anwendung des **§ 44a S. 1 VwGO** zugleich auch **selbstständiger Rechtsschutz** gegen die Nichtgewährung des Informationszugangs erlangt werden können. Denn zwar geht es hier um die Fortsetzung der Öffentlichkeitsbeteiligung im Genehmigungsverfahren. Die Informationsgewährung nach diesen Vorschriften stellt aber eine eigenständige Sachentscheidung durch Verwaltungsakt dar (iErg ebenso Weiss in Appel/Ohms/Saurer Rn. 163; ähnlich auch Czajka in Feldhaus BImSchR 9. BImSchV § 10a Rn. 34).

VIII. Beteiligung anderer Behörden (Absatz 5)

Nach § 10 Abs. 5 holt die Genehmigungsbehörde die **Stellungnahmen** der Behörden **96** ein, deren Aufgabenbereich durch das Vorhaben berührt wird. Die Vorschrift folgt der früheren Verwaltungspraxis zum Genehmigungsverfahren nach § 16 GewO (vgl. Nr. 16 der Ausführungsanweisung zur Gewerbeordnung für das Deutsche Reich v. 1.5.1904, HMBl. 123). Die Stellungnahmen sollen – gleichsam als zweite Quelle neben den Einwendungen Betroffener gegen das Vorhaben – der vollständigen Ermittlung des Sachverhaltes durch die Genehmigungsbehörde dienen und damit die Prüfung ermöglichen, ob das Vorhaben den Genehmigungsvoraussetzungen des § 6 entspricht.

97 **1. Rechtsnatur der Beteiligung.** Die ersuchten Behörden leisten der Genehmigungsbehörde in der Regel **Amtshilfe** (aA Czajka in Feldhaus BImSchR 9. BImSchV § 11 Rn. 16; Weiss in Appel/Ohms/Saurer Rn. 188) im Sinne von Art. 35 Abs. 1 GG, §§ 4 ff. VwVfG, sofern sie nicht ohnehin deren Weisungen unterstehen (§ 4 Abs. 2 Nr. 1 VwVfG) oder ihnen die Stellungnahme durch Landesrecht als eigene Aufgabe übertragen ist (§ 4 Abs. 2 Nr. 2 VwVfG). Die Amtshilfepflicht wird durch § 10 Abs. 5 lediglich konkretisiert. Die ersuchten Behörden sind wegen des Charakters der Stellungnahme als Amtshilfe bzw. weisungsgebundene Handlung **keine Verfahrensbeteiligten** im Sinne des § 13 VwVfG. § 11 der 9. BImSchV, der von einer „Beteiligung" anderer Behörden spricht, ist insoweit missverständlich.

98 Von den bloßen Stellungnahmen sind **eigenständige Entscheidungen** anderer Behörden in Bezug auf das Vorhaben zu unterscheiden, so etwa Zustimmungen bzw. Erklärungen des Einvernehmens. Auch die **Koordination** im Sinne des § 10 Abs. 5 S. 4 (dazu → Rn. 103 f.) ist keine Einholung einer Stellungnahme, sondern dient der medienübergreifenden, integrierten Vorhabenzulassung bei parallellaufenden Genehmigungsverfahren nach dem Bundes-Immissionsschutzgesetz und anderen Fachgesetzen. Ebenfalls sind von den Stellungnahmen beteiligter Behörden **Einwendungen** anderer öffentlich-rechtlicher Körperschaften, etwa benachbarter Gemeinden, abzugrenzen.

99 **2. Zu beteiligende Behörden. a) Kreis der zu beteiligenden Behörden.** Da die einzuholenden Stellungnahmen der Ermittlung des Sachverhaltes und damit der Vorbereitung der behördlichen Entscheidung über den Genehmigungsantrag dienen, sind alle, aber auch nur diejenigen Behörden zur Stellungnahme aufgefordert, deren Äußerung auf Grund ihres Aufgabenbereiches von Einfluss auf die Entscheidung sein kann. Der Kreis der zu beteiligenden Behörden wird damit durch deren sachlichen und örtlichen Aufgabenbereich bestimmt. Es kommen insbesondere in Betracht:

100 1. Die Behörden, deren Entscheidung infolge der **Konzentrationswirkung** (§ 13) durch die Genehmigung ersetzt wird, zB die **Baubehörden.** Sie haben das Vorhaben daraufhin zu prüfen, ob die gesetzlichen Voraussetzungen für die Erteilung der von der Genehmigung eingeschlossenen Erlaubnis usw vorliegen. Die Baubehörden haben damit insbesondere die Übereinstimmung des Vorhabens mit den bauplanungs- und bauordnungsrechtlichen Vorschriften zu untersuchen.

101 2. Die Behörden, die auf Grund ihres Aufgabenbereiches öffentlich-rechtliche Belange zu wahren haben, die durch das Vorhaben berührt werden, zB **Gewerbeaufsichtsämter,** Gesundheitsbehörden, Landschaftsschutzbehörden, Forstbehörden, Landesplanungsbehörden, Gemeinden in Bezug auf die kommunale Entwicklungsplanung, Verkehrsbehörden, Wehrbereichsverwaltungen, die für die Ordnung des Abfalls zuständigen Behörden, Berufsgenossenschaften (im Hinblick auf den Arbeitsschutz), schließlich die **Überwachungsbehörden** (§ 52 Abs. 1), sofern sie nicht mit der Genehmigungsbehörde oder einer der vorgenannten Behörden identisch sind (Czajka in Feldhaus BImSchR Rn. 51, der dies aber für die Berufsgenossenschaften einschränkt, wenn bereits das Gewerbeaufsichtsamt zu Fragen des Arbeitsschutzes gehört worden ist). Nicht zu beteiligen sind dagegen in der Regel die Industrie- und Handelskammern bzw. die Hand-

werkskammern, weil wirtschaftspolitische Fragestellungen bei der Entscheidung über die Genehmigung keine Rolle spielen.

3. Die Behörden, die nach anderen Gesetzen eine eigene Entscheidung in Bezug auf das Vorhaben zu treffen haben (§ 12), zB die Wasserbehörden, Atombehörden und die **Gemeinden** (im Hinblick auf das Einvernehmen bzw. die Zustimmung nach § 36 BauGB). Ihre Stellungnahme ersetzt indes nicht die von ihnen zu treffende eigene Entscheidung. Insbesondere ist eine Äußerung darüber zu vermeiden, ob und gegebenenfalls unter welchen Einschränkungen eine positive Entscheidung zu erwarten ist. Allerdings sind die Behörden nicht daran gehindert, bei Vorliegen der Voraussetzungen auch schon sogleich zu entscheiden, etwa eine erforderliche Zustimmung zu erteilen. Die nur unvollständige Konzentrationswirkung des § 13, die etwa wasserrechtliche Erlaubnisse und Planfeststellungsverfahren nicht erfasst, führt im Rahmen der immissionsschutzrechtlichen Genehmigungsverfahren regelmäßig zu Kompetenz- und Koordinationsproblemen und damit zu Vollzugsschwierigkeiten hinsichtlich eines medienübergreifenden und integrierten Umweltschutzes (vgl. Maaß DVBl. 2002, 364 (365); Nicklas Implementationsprobleme des EG-Umweltrechts, 82 mwN). 102

4. Die **Beteiligung ausländischer Behörden** bei Anlagen mit grenzüberschreitenden Umweltauswirkungen wird nach der Reform der 9. BImSchV vom 8.12.2017 (BGBl. I 3882 ff.) nicht mehr gesondert in § 11a der 9. BImSchV geregelt. Stattdessen richtet sich diese nach den entsprechend anzuwendenden Regelungen der §§ 54 ff. UVPG, auf welche wiederum durch § 11a Abs. 1, 2 der 9. BImSchV unabhängig von der Frage verwiesen wird, ob das betreffende Vorhaben selbst UVP-pflichtig ist (dazu eingehend → 9. BImSchV § 11a Rn. 3 ff., 6 ff.; Czajka in Feldhaus BImSchR Rn. 53). Eine grenzüberschreitende Behördenbeteiligung nach diesen Vorschriften soll auch im vereinfachten Genehmigungsverfahren geboten sein, da § 24 der 9. BImSchV eine Ausnahme nur für die Öffentlichkeitsbeteiligung enthält (Jarass Rn. 63). Dagegen hängt die Behördenbeteiligung nicht davon ab, ob die Auswirkungen in einem EU-Staat auftreten (Weiss in Appel/Ohms/Saurer Rn. 131; Jarass Rn. 63). 102a

§ 10 Abs. 5 S. 4 nF (bis zum 31.8.2021 noch § 10 Abs. 5 S. 2) formuliert eine **Koordinierungsaufgabe** der Genehmigungsbehörde. Sie betrifft gegenständlich diejenigen zu genehmigenden Vorhaben sowie die im Hinblick auf die Genehmigung relevanten und in unmittelbarem Zusammenhang mit dem zu genehmigenden Vorhaben stehenden anderen Vorhaben, für die eine Zulassung nach anderen Gesetzen vorgeschrieben ist. Diese Koordinierungsaufgabe dient der Durchsetzung der Konzeption eines **medienübergreifenden, integrierten Umweltschutzes** und setzt insoweit die unionsrechtlichen Direktiven namentlich der IVU- bzw. der IE-RL in nationales Recht um (vgl. hierzu Feldhaus ZUR 2002, 1 ff.; Kutscheidt NVwZ 2001 Sonderheft, 26 ff.; Schmidt-Preuß NVwZ 2000, 252 ff.; Staupe ZUR 2000, 368 ff.; Wahl NVwZ 2000, 502 ff.; zur Kritik an der Umsetzung eingehend Maaß DVBl. 2002, 364 ff.; zur Problematik der Rechtmäßigkeit organisationsrechtlicher Vorgaben der EG vgl. kritisch Reinhardt DVBl. 2001, 145 (149)). Relevanz besitzt das Koordinierungsgebot etwa durch die nur begrenzte Konzentrationswirkung des § 13, soweit sich ein **Abstimmungsbedarf mit anderen Genehmigungen** für das **gleiche Vorhaben** ergibt (OVG Lüneburg ZUR 2019, 534 (538); Czajka in Feldhaus BImSchR Rn. 54c; Schack in BeckOK UmweltR Rn. 40). Daneben kann aber auch ein **Koordinierungsbedarf mit anderen Vorhaben** bestehen. Voraussetzung ist insoweit, dass (1.) ein räumlicher und betrieblicher Zusammenhang der Vorhaben besteht, diese (2.) Auswirkungen auf die Umwelt haben können und dass (3.) das jeweils andere Vorhaben für die immissionsschutzrechtliche Genehmigung bedeutsam sein kann (dazu eingehend Czajka in Feldhaus BImSchR Rn. 54d–54h; Schack in BeckOK UmweltR 103

Rn. 42 ff.; Weiss in Appel/Ohms/Saurer Rn. 192). Letzteres kann insbesondere auch dann der Fall sein, wenn es um parallele Zulassungsverfahren bei der gleichen Behörde geht (OVG Lüneburg KommJur 2021, 132 (138 f.); OVG Münster BeckRS 2016, 51171 Rn. 593; Jarass Rn. 56; Weiss in Appel/Ohms/Saurer Rn. 193; zum Problem materiellrechtlicher Konkurrenzsituationen in Genehmigungsverfahren vgl. auch → § 6 Rn. 58a ff.).

104 Die Koordinationspflicht führt indes nicht zu der Notwendigkeit einer Zentralisierung der Entscheidungen bei einer Behörde (Feldhaus ZUR 2002, 1 (6); zur IVU-RL Maaß DVBl. 2002, 363 (367); Di Fabio NVwZ 1998, 329 (334); Dolde NVwZ 1997, 313 (317); aA Kühling/Röckinghausen DVBl. 1997, 1614 (1621)). Zur Gewährleistung der legislativen Zielvorgaben wird jedoch eine **enge Zusammenarbeit** der Behörden bzw. eine **Abstimmung unterschiedlicher Zulassungsverfahren** bei der Behörde erforderlich sein. Insbesondere bei komplexen Vorhaben führt die Koordinationspflicht regelmäßig zu einem wechselseitigen Austausch von Information über die Grenzen des § 10 Abs. 5 S. 1 hinaus (Jarass Rn. 60; kritisch Wasielewski in Dolde Umweltrecht im Wandel, 231). Die zu treffenden **Entscheidungen** im Hinblick auf Inhalt und Nebenbestimmungen der Genehmigungen sind **frühzeitig aufeinander abzustimmen** (Weiss in Appel/Ohms/Saurer Rn. 194). Die Koordinationspflicht lässt sich daher im Sinne einer Pflicht zur Kommunikation und wechselseitigen Information verstehen; die Behörden sind verpflichtet, durch die Übermittlung bzw. die Zugangsgewährung zu relevanten Unterlagen die anderen Behörden vom Sachstand in Kenntnis zu setzen (vgl. Schack in BeckOK UmweltR Rn. 48; Maaß DVBl. 2002, 363 (367)). Die Vorschrift des § 10 Abs. 5 S. 4 sieht sich infolge ihres unklar verbleibenden Handlungsauftrages der Kritik ausgesetzt (vgl. zur Vorgängerregelung des § 10 Abs. 5 S. 2 insbesondere Maaß DVBl. 2002, 363 (369); Hansmann ZUR 2002, 19 (20); Böhm ZUR 2002, 6 ff.). So lässt sie insbesondere offen, in welchem Umfang ein Konsens der koordinierten Behörden zu verlangen ist, und mittels welcher Maßnahmen die Abstimmung durchgeführt werden soll. Damit liegt die Umsetzung des Koordinationskonzepts im Detail bei den Ländern (vgl. Feldhaus ZUR 2002, 1 (6) mwN; Maaß DVBl. 2002, 363 (373), dort auch zu Beispielen für Handlungsinstrumente; kritisch Sendler NVwZ 1999, 132 (134 f.): Gefahr der „Zersplitterung"). **Umstritten** ist insoweit insbesondere, ob das Koordinierungsgebot des § 10 Abs. 5 S. 4 auch einen **gleichzeitigen Verfahrensablauf** einfordert (so etwa OVG Magdeburg, Beschl. v. 22.3.2011 – 2 M 5/11, juris Rn. 13; Jarass Rn. 61; Storost in Ule/Laubinger/Repkewitz E 7; offenlassend OVG Lüneburg ZUR 2019, 534 (538)). Angesichts des Umstands, dass die Art und Weise der eingeforderten Konkretisierung keine genaue Ausgestaltung erfahren hat, dürfte einiges dafür sprechen, eine Pflicht zur gleichzeitigen Verfahrensdurchführung jedenfalls insoweit abzulehnen, als durch andere Maßnahmen sichergestellt werden kann, dass das spätere Verfahren auf das frühere Rücksicht nimmt (Czajka in Feldhaus BImSchR Rn. 54n; Weiss in Appel/Ohms/Saurer Rn. 194; Schack in BeckOK UmweltR Rn. 47 f.). Auch findet **keine Verklammerung der beiden Verfahren** in einer Art und Weise statt, die die Entscheidung in dem einen Verfahren gewissermaßen zur Vorfrage eines anderen Verfahrens machen würde. So müssen etwa die Voraussetzungen des wasserrechtlichen Bewilligungsverfahrens – vorbehaltlich evidenter Genehmigungshindernisse (→ § 6 Rn. 24) – **nicht inzident** im immissionsschutzrechtlichen Genehmigungsverfahren **mitgeprüft werden,** zumal insbesondere auch die Möglichkeit besteht, ergänzende Verfahren durchzuführen, um so zB bereits ergangene immissionsschutzrechtliche oder wasserrechtliche Bescheide koordiniert anzupassen (OVG Lüneburg KommJur 2021, 132 (138 f.)).

105 Soweit das Vorhaben **UVP-pflichtig** ist, hat die Genehmigungsbehörde sich mit den anderen Behörden abzustimmen, die für das Vorhaben eine eigene Zulassungsentschei-

dung zu treffen haben. Maßgeblich dafür ist die Bestimmung des § 31 UVPG, die § 10 Abs. 5 S. 4 aufgrund des § 1 Abs. 4 UVPG vorgeht (Czajka in Feldhaus BImSchR Rn. 54r; Schack in BeckOK UmweltR Rn. 51). Die Behörden sollen die Prüfung gemeinschaftlich durchführen; die sog. **„federführende Behörde"** im Sinne des § 31 Abs. 1 UVPG hat ein Letztentscheidungsrecht lediglich in organisatorischen Fragen (s. Jarass Rn. 62; Weiss in Appel/Ohms/Saurer Rn. 196). Sie soll eine gemeinsame zusammenfassende Darstellung für das Vorhaben erarbeiten (vgl. § 31 Abs. 4 S. 1 UVPG, siehe zum Folgenden auch Czajka in Feldhaus BImSchR Rn. 54r), auf deren Grundlage eine Gesamtbewertung über das Vorhaben erfolgt (§ 31 Abs. 4 S. 2 UVPG). Die federführende Behörde stellt gem. § 31 Abs. 4 S. 3 UVPG das Zusammenwirken unter den Behörden sicher. Gem. § 31 Abs. 2 S. 2 haben die Länder nunmehr eine weitergehende Befugnis zur Zuständigkeitsübertragung auf die „federführende" Behörde, welche insbesondere nicht mehr auf die Erstellung von UVP-Unterlagen und die Öffentlichkeitsbeteiligung begrenzt ist (siehe BT-Drs. 18/11499, 97). Möglich (vgl. § 20 Abs. 1b S. 3 2. Hs. der 9. BImSchV) und regelmäßig zweckmäßig ist es überdies, die immissionsschutzrechtliche **Genehmigungsbehörde** zur federführenden Behörde zu bestimmen (Weiss in Appel/Ohms/Saurer Rn. 196; Jarass Rn. 61).

b) Auswahl durch die Genehmigungsbehörde. § 10 Abs. 5 gebietet die Beteili- **106**
gung anderer Behörden nur, soweit ihr Aufgabenbereich berührt wird. Der Kreis der zu beteiligenden Behörden wird allerdings weder in § 10 noch in der 9. BImSchV abschließend bestimmt. Soweit entsprechende Rechtsvorschriften fehlen und sich die Notwendigkeit einer Beteiligung nicht aus dem Erfordernis einer eigenen Zulassungsentscheidung der betroffenen Behörde (die nach § 13 durch die immissionsschutzrechtliche Genehmigung ersetzt wird) oder der klaren Berührung ihres Aufgabenbereiches ergibt, steht der Genehmigungsbehörde bei der Ermittlung des Sachverhaltes ein gewisser Ermessensspielraum zu. Dies resultiert aus dem Zweck der Behördenbeteiligung, die Entscheidung über den Antrag durch die Schaffung einer breiten Informationsbasis vorzubereiten. Die Auswahl der zu beteiligenden Behörden liegt damit im **pflichtgemäßen Ermessen** der Genehmigungsbehörde (§§ 24 Abs. 1, 26 Abs. 1 VwVfG; Weiss in Appel/Ohms/Saurer Rn. 187).

3. Einholung der Stellungnahmen; Fristsetzung zur Behördenbeteiligung. **107**
a) Aufforderung. Die Genehmigungsbehörde hat die zu beteiligende Behörde **aufzufordern,** ihre Stellungnahme zu den Genehmigungsvoraussetzungen innerhalb einer bestimmten Frist abzugeben (§ 11 der 9. BImSchV; dazu eingehend auch → 9. BImSchV § 11 Rn. 3 ff.). Der Aufforderung sind eine Ausfertigung des Antrages und diejenigen Antragsunterlagen beizufügen, die für die abzugebende Stellungnahme von Belang sein können. Insbesondere ist der Aufgabenbereich der jeweils aufgeforderten Behörde zu berücksichtigen, bautechnische Nachweise sind daher im Regelfall nur der Baubehörde zuzuleiten (Czjaka in Feldhaus BImSchR 9. BImSchV § 11 Rn. 10; Weiss in Appel/Ohms/Saurer Rn. 188). Die Kennzeichnung von Unterlagen als Geschäfts- oder Betriebsgeheimnisse hindert die Vorlage an die zur Stellungnahme aufgeforderte Behörde nicht. Allerdings wird in diesem Fall sorgsam zu prüfen sein, ob die Kenntnis dieser Unterlagen zur Abgabe der behördlichen Stellungnahme unerlässlich ist oder ob nicht auch die Inhaltsdarstellung hinreichend wäre.

b) Zeitpunkt der Einholung und Fristsetzung. Zur Beschleunigung des Verfah- **108**
rens schreibt § 11 der 9. BImSchV vor, dass die zu beteiligenden Behörden spätestens **gleichzeitig mit der öffentlichen Bekanntmachung** des Vorhabens aufzufordern sind,

ihre Stellungnahme zu den Genehmigungsvoraussetzungen innerhalb einer **einmonatigen Frist** abzugeben, vgl. § 11 S. 1 der 9. BImSchV. Gibt eine Behörde innerhalb dieser Frist keine Stellungnahme ab, so ist nach § 11 S. 3 der 9. BImSchV davon auszugehen, dass die Behörde sich nicht äußern möchte (siehe auch Czajka in Feldhaus BImSchR Rn. 51; Weiss in Appel/Ohms/Saurer Rn. 190). Die Genehmigungsbehörde muss unter Beachtung der hiervon unberührt bleibenden Sachverhaltsermittlungspflicht aus § 24 Abs. 1 VwVfG dann die entsprechende Sachverhaltsaufklärung selbst betreiben und der Genehmigung – nach Einverständnis des Antragstellers – gegebenenfalls einen Auflagenvorbehalt nach § 12 Abs. 2a beifügen (Jarass Rn. 55; Roßnagel/Hentschel in GK-BImSchG Rn. 350; Weiss in Appel/Ohms/Saurer Rn. 190). Kommt die aufgeforderte Behörde auch nach einer Erinnerung der Aufforderung nicht nach, kann – etwa im Falle dringender Erforderlichkeit ihrer Stellungnahme zur Entscheidung über die Genehmigungsfähigkeit des Vorhabens – die Aufsichtsbehörde eingeschaltet werden. Unberührt von der Frist nach § 11 S. 1, 3 der 9. BImSchV bleibt die Fiktion für die **Einholung des gemeindlichen Einvernehmens**, für das die **zweimonatige Frist** aus **§ 36 Abs. 2 S. 2 BauGB** iVm den landesrechtlichen Ausführungsvorschriften in der Bauordnung gilt (Weiss in Appel/Ohms/Saurer Rn. 29). Hierdurch wird allerdings die Stellungnahmefrist der beteiligten Gemeinde im Genehmigungsverfahren nicht verlängert, auch insoweit bleibt also die Monatsfrist aus § 11 S. 1, 3 der 9. BImSchV maßgeblich (Weiss in Appel/Ohms/Saurer Rn. 191).

108a **c) Besonderheiten bei Anlagen zur Nutzung erneuerbarer Energien.** Sonderregelungen für **Anlagen zur Nutzung erneuerbarer Energien** (zum Begriff der erneuerbaren Energien → § 16b Rn. 35 f.) wurden mit Wirkung zum 31.8.2021 durch das am 18.8.2021 erlassene „Gesetz zur Umsetzung von Vorgaben der **Richtlinie (EU) 2018/2001** des Europäischen Parlaments und des Rates vom 11.12.2018 zur Förderung der Nutzung von Energie aus erneuerbaren Quellen (Neufassung) für Zulassungsverfahren nach dem Bundes-Immissionsschutzgesetz, dem Wasserhaushaltsgesetz und dem Bundeswasserstraßengesetz" in § 10 Abs. 5 S. 2 und S. 3 aufgenommen. Die erst durch den federführenden Ausschuss vorgeschlagene Einfügung wurde mit der Förderung der Energiewende und des Klimaschutzes begründet (BT-Drs. 19/30954, 11).

108b Die Regelung in **§ 10 Abs. 5 S. 2** ist an die oben dargestellte Vorschrift aus **§ 11 S. 1, 3** der 9. BImSchV angelehnt (Storost in Ule/Laubinger/Repkewitz E 4: „im Ergebnis nichts Neues"; Czajka in Feldhaus BImSchR Rn. 51a: „Überflüssigkeit der Regelung"; vgl. auch Jarass Rn. 55a). Wie bei der Verordnungsregelung gilt auch hier eine **Monatsfrist**; eine Notwendigkeit der Aufforderung zur Stellungnahme ist nicht explizit in § 10 Abs. 5 S. 2 verankert, dürfte aber ebenfalls vorauszusetzen sein. Die **Rechtsfolge** der ausgebliebenen Stellungnahme entspricht derjenigen in § 11 S. 1, 3 der 9. BImSchV. Insoweit hat der Gesetzgeber lediglich die ohnehin bereits durch die 9. BImSchV geltende verordnungsrechtliche Rechtslage einer parlamentsgesetzlichen Regelung zugeführt.

108c Ein wesentlicher Unterschied im Vergleich zur bisherigen Rechtslage wird jedoch durch die Neuregelung in **§ 10 Abs. 5 S. 3** begründet. Hiernach hat die Behörde **auf Antrag des Vorhabenträgers** eine Entscheidung auf Grundlage der Sach- und Rechtslage im Zeitpunkt des Ablaufs der Monatsfrist für die Behördenbeteiligung zu treffen, wobei der diesbezügliche Antrag form- und fristlos gestellt werden kann (vgl. die LAI/LANA-Vollzugshinweise zu § 10 Absatz 5 Satz 2 und Satz 3, § 16b und § 23b Absatz 3a Nummer 4 BImSchG, Stand: 10. August 2022, 4). Diese Neuregelung soll eine Verfahrensverzögerung durch zu spät eingehende behördliche Stellungnahmen verhindern (BT-Drs. 19/30954, 11). Die Regelung des § 10 Abs. 5 S. 3 meint mit der hier genannten und von der Behörde zu treffenden **„Entscheidung"** die Entscheidung über die Genehmigungsfähigkeit des Vorhabens (vgl. auch Jarass Rn. 55a, der von einer abweichenden Festlegung des „Beurteilungszeitpunkt" spricht; iErg ebenso die LAI/LANA-Vollzugshinweise zu § 10 Absatz 5 Satz 2 und Satz 3, § 16b und § 23b Absatz 3a Nummer 4 BImSchG, Stand: 10. August 2022, 4: „Entscheidung über die Genehmigungsfähigkeit des Vorhabens). Für den Zeitpunkt der Genehmigungsentscheidung im Verfahren gilt dabei unverändert die Entscheidungsfrist aus § 10 Abs. 6a (Czjaka in Feldhaus BImSchR Rn. 51b). Durch die Wendung **„in diesem Fall"** wird ein Bezug zur Regelung des § 10 Abs. 5 S. 2 hergestellt, womit § 10 Abs. 5 S. 3 nur im Falle des Ablaufs der Monatsfrist iSd § 10 Abs. 5 S. 2 Anwendung findet (Czajka in Feldhaus BImSchR Rn. 51b; Jarass Rn. 55a; sowie die LAI/LANA-Vollzugshinweise zu § 10 Absatz 5 Satz 2 und Satz 3, § 16b und § 23b Absatz 3a Nummer 4 BImSchG, Stand: 10. August 2022, 4). Grundsätzlich ist zwar für die Rechtmäßigkeit der Genehmigung die Sach- und Rechtslage im Zeitpunkt der Genehmigungsentscheidung maßgeblich (→ § 6 Rn. 1; Czajka in Feldhaus BImSchR Rn. 51b). § 10 Abs. 5 S. 3 weicht augenscheinlich aber von diesem Grundsatz ab (krit. Storost in Ule/Laubinger/Repkewitz E 4), wobei die Bestimmung des genauen Regelungsgehalts der Bestimmung Schwierigkeiten bereitet. So wird teilweise etwa befürwortet, dass die Sach- und Rechtslage nach Ablauf der Monatsfrist nicht vollumfänglich für die Genehmigungsentscheidung heranzuziehen sei, sondern dies nur den konkreten Belang betreffe, den die sich nicht äußernde Behörde zu beurteilen hatte (Dietrich ZNER 2021, 539 (547); Agatz Windenergie-Handbuch, 71; vgl. auch die LAI/LANA-Vollzugshinweise zu § 10 Absatz 5 Satz 2 und Satz 3, § 16b und § 23b Absatz 3a Nummer 4 BImSchG, Stand: 10. August 2022, 4). Freilich droht hiermit eine Zersplitterung der für die Genehmigungsentscheidung maßgeblichen Sach- und Rechtslage (vgl. Schmidt/Sailer Reformansätze zum Genehmigungsrecht von Windenergieanlagen, 57). Auch verbleibt insoweit undeutlich, welche Sach- und Rechtslage zugrunde zu legen ist, wenn Behörden zu ein und demselben Themenbereich Stellungnahmen abgeben bzw. sich ihre Stellungnahmen thematisch überschneiden.

Beschleunigend soll die Neuregelung des § 10 Abs. 5 S. 3 insofern wirken, als dass sie die nach dem **Amtsermittlungsgrundsatz** iSd § 24 VwVfG sonst bestehende Pflicht zur umfassenden Sachverhaltsaufklärung über eine Stichtagsregelung einschränkt (Fischerauer/Appel, UPR 2021, 328 (331)). Hiervon ausgehend dürfte für die Frage der Beachtlichkeit für die Genehmigungsentscheidung und den Fortbestand der Sachverhaltsermittlungspflicht wie folgt zu differenzieren sein: Die sich zum Stichtag ergebende Sach- und Rechtslage ist trotz § 10 Abs. 5 S. 3 – ggf. auf Basis vorgelegter Privatgutachten – *eigenständig* durch die Genehmigungsbehörde zu ermitteln (vgl. auch OVG Greifswald BeckRS 2023, 2396 Rn. 87 f.). Insoweit müssten auf Grundlage des Amtsermittlungsgrundsatzes des § 24 VwVfG wohl aber auch Stellungnahmen anderer Behörden herangezogen werden, soweit sie sich denn auch auf die „alte" Sach- und Rechtslage beziehen (krit. zum Nichtberücksichtigen dieser Umstände auch Schmidt/Sailer Reformansätze zum Genehmigungsrecht von Windenergieanlagen, 57; Dietrich ZNER 2021, 539 (547)). Demgegenüber sind Änderungen der Sach- und Rechtslage nach dem Stichtag unbeachtlich für die Genehmigungsentscheidung. Diesbezügliche Informationen können nicht mehr in das Verfahren eingeführt werden. Ob es sich noch um die alte oder um eine neue Sach- und Rechtslage handelt, ist wiederum eigenständig durch die Genehmigungsbehörde zu ermitteln, was gerade mit Blick auf Unklarheiten bezüglich der Sachlage in der Praxis zu nicht unerheblichen Problemen führen kann. Im Falle der Unaufklärbarkeit dürfte im Zweifel von der fortbestehenden Beachtlichkeit auszugehen sein. Für den **Antragsteller** kann der Antrag nach § 10 Abs. 5 S. 3 dabei durchaus beachtliche **Risiken** bergen, da auch für ihn günstige Änderungen der Sach- und Rechtslage unbeachtlich werden können (krit. daher Czajka in Feldhaus BImSchR Rn. 51b). Ob die Norm das intendierte 108d

Ziel der Verfahrensbeschleunigung daher tatsächlich erreichen wird, erscheint eher zweifelhaft. Auch ist derzeit nicht abschließend geklärt, ob und inwieweit die Regelung neben dem verwaltungsverfahrensrechtlichen Zeitpunkt für die Genehmigungsfähigkeit auch den entscheidungserheblichen Zeitpunkt für den Rechtschutz des Vorhabenträgers bzw. Dritter modifizieren soll (LAI/LANA-Vollzugshinweise zu § 10 Absatz 5 Satz 2 und Satz 3, § 16b und § 23b Absatz 3a Nummer 4 BImSchG, Stand: 10. August 2022, 4; dazu auch → § 6 Rn. 64a, 68d).

108e Vor dem **Rechtsstaatsprinzip aus Art. 20 Abs. 3 GG** erscheint die Abweichung von dem bislang geltenden Grundsatz, dass die aus § 6 folgenden Genehmigungsvoraussetzungen auch noch zum Zeitpunkt der Genehmigungserteilung vorliegen müssen und bis dahin auftretende Änderungen vollumfänglich zu berücksichtigen sind, nicht völlig unproblematisch. Teilweise wird daher bereits die Verfassungswidrigkeit der Norm angenommen (so Storost in Ule/Laubinger/Repkewitz E 4). Zwingend ist eine solche Annahme jedoch nicht, da der modifizierte zeitliche Prüfungsmaßstab aus § 10 Abs. 5 S. 3 an der Gesetzesbindung der Verwaltung aus Art. 20 Abs. 3 GG teilhat und ein Gesetzesverstoß durch die Genehmigungserteilung daher nicht erfolgt. Mit Blick auf etwaige verfassungsrechtliche Vorabbindungen des Gesetzgebers (zB aus Grundrechten der Anwohner oder aus Art. 19 Abs. 4 GG) können zudem bei Vorhaben aus dem Bereich der erneuerbaren Energien gewichtige verfassungsrechtliche Positionen (Art. 20a GG) bzw. infrastrukturelle gesetzgeberische Zielvorstellungen für die Verfahrensbeschleunigung angeführt werden, die zeitliche Modifikationen des Prüfungsmaßstabes verfassungsrechtlich durchaus legitimieren können. Zu einem anderen Schluss zwingt auch nicht die **mögliche Beeinträchtigung von Rechten Drittbetroffener** (hierauf abstellend zB Storost in Ule/Laubinger/Repkewitz E 4). So haben diese mit der ihnen zukommenden Einwendungsbefugnis aus § 10 Abs. 3 S. 4 die Möglichkeit, ihre Belange aktiv in das Verfahren einzuführen. Überdies bleiben im Falle der Genehmigungserteilung infolge der dynamischen Betreiberpflichten auch die repressiven Eingriffsmöglichkeiten der §§ 17, 20 bzw. § 21 erhalten, womit deren Rechte bei einer Änderung der Sachlage nach Ablauf der Monatsfrist hinreichend geschützt werden können. Sollte im Einzelfall der Ausschluss der Berücksichtigung einer geänderten Sach- und Rechtslage evident willkürlich erscheinen, etwa weil die Änderung (zB durch eine anderweitige Genehmigungserteilung) durch die Behörde selbst veranlasst wurde, ließe sich insofern eine verfassungskonforme Auslegung dahingehend andenken, dass der Amtsermittlungsgrundsatz weiterhin greift. Soweit hingegen das **Unionsrecht** und das **Effektivitätsgebot aus Art. 4 Abs. 3 EUV** eine weitergehende Berücksichtigung der Belange einfordern, kann dem der durch § 10 Abs. 5 S. 3 eingeschränkte zeitliche Prüfungsmaßstab nicht entgegengehalten werden (Agatz Windenergie-Handbuch, 71 f.). Letzteres ist zB mit Blick auf die artenschutzrechtlichen Vorgaben bzw. die Vorgaben der FFH-RL 92/43/EWG zu erwägen. So fordert der EuGH bspw. für die von Art. 16 FFH-RL vorgesehenen Ausnahmegründe ein, dass nach den besten einschlägigen wissenschaftlichen und technischen Erkenntnissen feststeht, dass der günstige Erhaltungszustand einer Art nicht beeinträchtigt ist (vgl. EuGH BeckRS 2020, 11927 Rn. 58 sowie die LAI/LANA-Vollzugshinweise zu § 10 Absatz 5 Satz 2 und Satz 3, § 16b und § 23b Absatz 3a Nummer 4 BImSchG, Stand: 10. August 2022, 4). Werden entsprechende Anhaltspunkte also nach Fristablauf offenbar, sind diese trotz § 10 Abs. 5 S. 3 zu berücksichtigen. Anderes mag freilich gelten, sobald die derzeit geplanten weiteren verfahrensrechtlichen Erleichterungen in die RL 2018/2001/EU im Rahmen der für sie anstehenden Reform übernommen werden, die die Vorgaben des EU-Umweltrechts künftig teilweise modifizieren sollen (→ § 16b Rn. 23a ff), oder soweit von den über **Art. 6 der Dringlichkeitsverordnung des Rates** vom 22.12.2022 (VO 2022/2577/EU, Abl. EU L 335 vom 29.12.2022, 36 ff.) eröffneten und über **§ 6 WindBG** umgesetzten nationalen Ausnahmen von der FFH-RL 92/43/EWG bzw. der Vogelschutz-RL 2009/147/EG Gebrauch gemacht wird (→ § 16b Rn. 23d, 23g).

4. Inhalt der Stellungnahmen. Die aufgeforderten Behörden haben ihre Stellungnahmen zu den Genehmigungsvoraussetzungen des § 6 abzugeben. Sie haben somit **selbstständig zu prüfen,** ob sichergestellt ist, dass bei Errichtung und Betrieb der Anlage die Pflichten, die sich aus § 5 und einer auf Grund des § 7 erlassenen Rechtsverordnung ergeben, erfüllt werden, und dass andere öffentlich-rechtliche Vorschriften und Belange des Arbeitsschutzes der Errichtung und dem Betrieb der Anlage nicht entgegenstehen. Dabei haben sie sich jeweils auf ihren Aufgaben- und Zuständigkeitsbereich zu beschränken. 109

Die Behörden geben ihre Stellungnahmen anhand des Antrags und der vorgelegten Unterlagen auf der Grundlage eigener Sachkenntnis ab. Lassen die vorgelegten Unterlagen eine abschließende Beurteilung nicht zu, so haben sie dies der Genehmigungsbehörde mitzuteilen. Diese fordert sodann den Antragsteller zur Ergänzung der Unterlagen auf (§ 10 Abs. 1; § 7 der 9. BImSchV). Siehe hierzu im Einzelnen → Rn. 57 f. sowie → 9. BImSchV § 7 Rn. 1 ff. Ein und dieselbe Behörde kann somit **unter verschiedenen Gesichtspunkten** zu einer Stellungnahme aufgefordert werden. Bei Divergenzen zwischen einzelnen Dienststellen sollen diese Widersprüche ausgeräumt und eine einheitliche Stellungnahme abgegeben werden; im Übrigen können die Stellungnahmen der Genehmigungsbehörde zusammengefasst oder getrennt zugeleitet werden. Kann die ersuchte Behörde eine abschließende Stellungnahme aus anderen Gründen nicht abgeben, so hat sie dies der Genehmigungsbehörde mitzuteilen und gleichzeitig anzugeben, ob sie die Beteiligung weiterer Behörden oder die Einholung eines Sachverständigengutachtens für erforderlich hält. Die Einholung eines Gutachtens durch die Stellung nehmende Behörde selbst kommt nur ausnahmsweise und grundsätzlich nur mit Zustimmung der Genehmigungsbehörde in Betracht, die auch im Hinblick auf die Maßnahmen zur Sachverhaltsermittlung „Herrin des Verfahrens" ist. 110

Im Regelfall wird die zur Stellungnahme aufgeforderte Behörde für den Fall, dass sie das Vorhaben grundsätzlich für genehmigungsfähig hält, die Aufnahme von **Nebenbestimmungen** in die Genehmigung vorschlagen. Dies ist insbesondere dann geboten, wenn die in ihren Aufgabenbereich fallende Genehmigung oder Erlaubnis von der Genehmigung eingeschlossen wird (§ 13), aber nach Maßgabe der einschlägigen Vorschriften nur unter Beifügung von Nebenbestimmungen erteilt werden kann. Zur Behandlung dieser Vorschläge s. → Rn. 112. 111

5. Behandlung der Stellungnahmen. a) Keine Bindung der Genehmigungsbehörde. Die Stellungnahmen dienen der Unterstützung der Genehmigungsbehörde bei der Entscheidung über den Genehmigungsantrag; dies entspricht ihrem Charakter als Amtshilfeleistung. Die Genehmigungsbehörde hat gleichwohl über die Genehmigungsfähigkeit der Anlage in **eigener Verantwortung** zu entscheiden und ist an die Stellungnahmen der ersuchten Behörden nicht gebunden (OVG Greifswald BeckRS 2023, 2396 Rn. 86; Jarass Rn. 54; Czajka in Feldhaus BImSchR Rn. 52; Storost in Ule/Laubinger/Repkewitz E 3; Weiss in Appel/Ohms/Saurer Rn. 186; Schack in BeckOK UmweltR Rn. 38). Namentlich darf sie die vorgeschlagenen **Nebenbestimmungen** nicht ungeprüft übernehmen. Diese müssen vielmehr auf ihre Verhältnismäßigkeit und ihre Widerspruchsfreiheit zu anderen (vorgeschlagenen) Nebenbestimmungen überprüft werden. Nebenbestimmungen dürfen wegen der Gebundenheit der Genehmigungsentscheidung (dazu → § 6 Rn. 1) insbesondere nur dann erlassen werden, wenn sie der Sicherung der Genehmigungsvoraussetzungen dienen. Bei abweichenden Stellungnahmen und bei 112

Meinungsverschiedenheiten über die Genehmigungsfähigkeit des Vorhabens bietet sich eine **gemeinsame Besprechung** an, zu der gegebenenfalls auch der Antragsteller hinzugezogen werden kann. Die Letztentscheidungsbefugnis liegt bei der Genehmigungsbehörde; sie kann insbesondere die Genehmigung erteilen, auch wenn die beteiligten Behörden Bedenken geäußert haben.

113 Auch die Stellungnahmen der Behörden, deren Entscheidung nach **§ 13** durch die Genehmigung eingeschlossen wird, binden die Genehmigungsbehörde nicht (hM, vgl. Jarass Rn. 54; Czajka in Feldhaus BImSchR Rn. 52). § 13 begründet nicht etwa ein qualifiziertes Mitwirkungsrecht oder einen „internen Zustimmungsvorbehalt" (Czajka in Feldhaus BImSchR Rn. 52). Allerdings können die Länder die Genehmigungsbehörde etwa in den jeweiligen Verwaltungsvorschriften verpflichten, die Genehmigung nicht ohne das Einvernehmen dieser Behörden zu erteilen (Jarass Rn. 54; aA Weiss in Appel/Ohms/Saurer Rn. 186). Wird die Genehmigung mangels Einvernehmens verweigert, so ist eine etwaige Verpflichtungsklage jedoch gegen die Genehmigungsbehörde oder die entsprechende Körperschaft zu richten, nicht gegen diejenige Behörde, die ihr Einvernehmen verweigert hat (zum Rechtsschutz bei einem sog. „mehrstufigen Verwaltungsakt" vgl. Kopp/Schenke VwGO Anh. § 42 Rn. 82: das VG ersetzt bei einer antragsgemäßen Verurteilung das fehlende Einvernehmen).

114 **b) Bekanntgabe und Auslegung.** Die Stellungnahmen anderer Behörden nach Absatz 5 werden häufig als „entscheidungserhebliche Berichte und Empfehlungen" im Sinne des § 10 Abs. 3 S. 3 bzw. als zusätzliche Unterlagen im Sinne des § 10 Abs. 1 S. 3 der 9. BImSchV anzusehen sein. Seit der Änderung des § 10 durch das Öffentlichkeitsbeteiligungsgesetz vom 9.12.2006 (→ Rn. 18a) dürften sie mit dem Antrag, den vom Antragsteller eingereichten Unterlagen und den übrigen entscheidungserheblichen Unterlagen auszulegen sein.

115 Dies gilt freilich nur dann, wenn die Stellungnahmen „entscheidungserheblich" sind, wenn sie also – das ergibt sich aus dem Sinn und Zweck der Öffentlichkeitsbeteiligung und aus § 10 Abs. 1 S. 3 der 9. BImSchV – Informationen über die Auswirkungen der geplanten Anlage auf Nachbarschaft und Allgemeinheit oder Empfehlungen über die Begrenzungen dieser Auswirkungen und somit relevante Inhalte hinsichtlich möglicher Einwendungen enthalten. Fehlt es ausnahmsweise an derartigen Inhalten, so sind die Stellungnahmen nicht zwingend auszulegen. Die Behörde ist andererseits an der – im Hinblick auf die Unterrichtung potenzieller Einwender gegebenenfalls zweckmäßigen – Auslegung nicht gehindert, sofern die Unterlagen keine Geschäfts- oder Betriebsgeheimnisse offenlegen.

116 **c) Behandlung im Erörterungstermin.** Sofern die Stellungnahmen zu einem von der Behörde festgesetzten Erörterungstermin bereits vorliegen, sind sie **in die Erörterung einzubeziehen,** sofern sie für die Beurteilung der Genehmigungsvoraussetzungen relevant sind (vgl. → Rn. 226). Dazu sollen Vertreter der beteiligten Behörden eingeladen werden. Sie sind jedenfalls zum Termin und zur Erörterung stets zuzulassen (Jarass Rn. 101; Sellner Immissionsschutzrecht und Industrieanlagen Rn. 172). Da gemäß § 10 Abs. 4 Nr. 3 der Erörterungstermin bereits bei der Bekanntmachung zu bestimmen ist, kann indes nicht sichergestellt werden, dass alle Stellungnahmen zum Termin eingegangen sind. Die Genehmigungsbehörde sollte dies jedoch durch eine entsprechende Zeitplanung zu erreichen versuchen, ohne aber die Intention des § 10 Abs. 4 Nr. 3 zu vernachlässigen, das Verfahren insgesamt zu beschleunigen. Liegen die Stellungnahmen noch nicht vor, kann jedenfalls der Erörterungstermin seine Funktion nur unzureichend erfüllen und sollte daher gegebenenfalls verschoben werden (vgl. dazu → Rn. 225).

6. Einsichtnahme. Sind die Stellungnahmen der Behörden nach Absatz 5 nicht ohnehin gemäß § 10 Abs. 3 S. 3 BImSchG, § 10 Abs. 1 S. 3 der 9. BImSchV zu veröffentlichen bzw. auszulegen, hat der Antragsteller nach Maßgabe des § 29 VwVfG ein **Recht auf Einsichtnahme** in die Stellungnahmen der beteiligten Behörden (vgl. Czajka in Feldhaus BImSchR Rn. 46 ff.; Weiss in Appel/Ohms/Saurer Rn. 188). Darüber hinaus kann er gegebenenfalls Ansprüche gemäß den Umweltinformationsgesetzen des Bundes bzw. der Länder geltend machen (→ Rn. 95a f.). Dritte, insbesondere Einwender, haben ein über die – durch das Öffentlichkeitsbeteiligungsgesetz vom 9.12.2006 erheblich erweiterten – Auslegungspflichten hinaus gehendes Einsichtsrecht unter den Voraussetzungen des § 10a der 9. BImSchV. S. im Einzelnen → 9. BImSchV § 10a Rn. 1 ff. sowie → Rn. 95. 117

7. Bekanntgabe der Einwendungen. Den angehörten Behörden ist der Inhalt der gegen das Vorhaben erhobenen **Einwendungen,** die ihren Aufgabenbereich berühren, **bekannt zu geben** (§ 12 Abs. 2 der 9. BImSchV). Sie können nach Abschluss des Erörterungstermins erneut Stellung nehmen, soweit dies zur Klärung entscheidungserheblicher Fragen erforderlich erscheint. 118

8. Vereinfachtes Verfahren. § 10 Abs. 5 gilt auch im vereinfachten Verfahren (s. § 19 Abs. 2). § 11 der 9. BImSchV ist nach § 24 S. 2 der 9. BImSchV sinngemäß anzuwenden (→ 9. BImSchV § 24 Rn. 6). 119

IX. Beteiligung des Betriebsrates

Soweit der Antragsteller ein Unternehmen mit Betriebsrat ist, kann der Betriebsrat nach Maßgabe der § 89 Abs. 2 sowie § 90 Betriebsverfassungsgesetz (BetrVG) ggf. **unternehmensintern zu beteiligen** sein. Das führt freilich nicht dazu, dass dieser auch im Außenverhältnis zur Genehmigungsbehörde Verfahrensbeteiligter iSd § 13 VwVfG wird (s. auch Jarass Rn. 20). 119a

1. (Interne) Beteiligung vor Antragstellung. Vgl. zur Beteiligung des Betriebsrates vor der Antragstellung nach **§ 90 Abs. 1 Nr. 1, 2 BetrVG** im Einzelnen → 9. BImSchV § 2 Rn. 11. 120

2. (Interne) Beteiligung nach Antragstellung. Nach Antragstellung kann sich eine Pflicht zur Beteiligung des Betriebsrates aus **§ 89 Abs. 2 BetrVG** ergeben. Nach dieser Vorschrift sind u.a. die für den Arbeitsschutz bestimmten Mitglieder des Betriebsrates bei allen im Zusammenhang mit dem Arbeitsschutz oder der Unfallverhütung stehenden Besichtigungen und Fragen hinzuzuziehen. Dem Betriebsrat (Gesamtbetriebsrat) muss deshalb ermöglicht werden, zu Angelegenheiten des Arbeitsschutzes und der Unfallverhütung Stellung zu nehmen. Er kann auch von sich aus mit entsprechenden Bedenken und Anregungen an die Behörde herantreten. Seine Gegenvorstellungen sind indes **keine Einwendungen** im Sinne des § 10 Abs. 3, was zur Folge hat, dass diese nach Ablauf der Einwendungsfrist nicht präkludiert werden (→ 9. BImSchV § 2 Rn. 11). Demgegenüber hat der Betriebsrat keinen Anspruch auf eine über die Fragen des Arbeitsschutzes und der Unfallverhütung hinausgehende Beteiligung am Genehmigungsverfahren. Es ist ausschließlich **Sache des Arbeitgebers,** ihn über die Planung von Neu-, Um- und Erweiterungsbauten zu unterrichten und die vorgesehenen Maßnahmen mit ihm zu beraten (arg. ex § 90 BetrVG). 121

X. Einwendungen

122 **1. Zweck.** Die Vorschriften über die Einwendungsbefugnis und den Einwendungsausschluss dienen der umfassenden Information der Genehmigungsbehörde, der Sicherung der Abwehrrechte Drittbetroffener und dem Schutz des Betreibers vor nachträglichen Einwendungen gegen das Vorhaben. Siehe dazu im Einzelnen → Rn. 2 ff.

123 **2. Rechtsnatur der Einwendungen.** Unter einer Einwendung ist allgemein das **Vorbringen von Tatsachen** zu verstehen, durch welche der behauptete Anspruch beseitigt werden soll. Einwendungen im Sinne des § 10 sind daher „**sachliches,** auf die Verhinderung oder Modifizierung des beantragten Vorhabens abzielendes **Gegenvorbringen**" (BVerwGE 60, 297 (300)). Da sie bereits vor der Entscheidung der Behörde erhoben werden müssen, sind sie weder Rechtsmittel noch Rechtsbehelf, ebenso wenig Petition (vgl. Jarass Rn. 83; Roßnagel/Hentschel in GK-BImSchG Rn. 294; Weiss in Appel/Ohms/Saurer Rn. 166; Schack in BeckOK UmweltR Rn. 53). Sie eröffnen vielmehr nach Maßgabe der § 10 Abs. 6 und 7 die weitere Teilhabe am Genehmigungsverfahren, namentlich den Anspruch auf Erörterung ihrer Einwendung im Rahmen des Erörterungstermins.

124 **3. Einwendungsbefugnis.** Die Befugnis, Einwendungen gegen das Vorhaben auf der Grundlage der ausgelegten Unterlagen zu erheben, steht im Grundsatz **jedermann** zu. Zwar wurde unter der Geltung der §§ 16 ff. GewO früher nur nachbarliches Gegenvorbringen als Einwendung verstanden (s. noch Nr. 22 der Preußischen Ausführungsanweisung zur Gewerbeordnung v. 1.5.1904, HMBl. 123). Das Bundesverwaltungsgericht hat jedoch schon früh ausgeführt, dass die Einwendungen in erster Linie dazu dienen sollten, der Genehmigungsbehörde umfassend Kenntnis davon zu verschaffen, wie sich die Anlage voraussichtlich auf „das Publikum" auswirken wird. Die öffentliche Aufforderung, Einwendungen zu erheben, sei ein Mittel der Verwaltung, möglichst umfassend den für die Entscheidung wesentlichen Sachverhalt zu ermitteln. Deshalb stehe das Recht zur Erhebung von Einwendungen jedermann zu (BVerwGE 28, 131 (133)). Die Literatur ist dieser Sichtweise gefolgt (Jarass Rn. 84; Roßnagel/Hentschel in GK-BImSchG Rn. 300; Storost in Ule/Laubinger/Repkewitz D 40; Hoppe/Beckmann/Kauch Umweltrecht § 21 Rn. 104; vgl. auch Landmann/Rohmer GewO § 19 Rn. 1a mwN). Der Gesetzgeber hat auf der Grundlage dieser Ansicht bewusst davon abgesehen, den damals schon im Entwurf vorliegenden § 73 Abs. 4 S. 1 VwVfG in die Verfahrensregelungen bezüglich der immissionsschutzrechtlichen Anlagengenehmigung zu übernehmen. Nach dieser Vorschrift kann Einwendungen nur derjenige erheben, „dessen Belange durch das Vorhaben berührt werden". Wegen der bewussten Beibehaltung der bisherigen verfahrensrechtlichen Bestimmungen und damit zugleich der Konzeption der „Jedermann"-Einwendung, aber auch wegen der Funktion der Einwendungsoption, Belange auch der Allgemeinheit in die Entscheidung einzubeziehen, kann § 73 Abs. 4 S. 1 VwVfG nicht entsprechend auf das Genehmigungsverfahren angewendet werden (vgl. auch Weiss in Appel/Ohms/Saurer Rn. 167). Aufgrund der auch auf die Allgemeinheit bezogenen Schutzrichtung des Bundes-Immissionsschutzgesetzes können daher durchaus auch solche Einwendungen erhoben werden, die lediglich der Wahrnehmung eines öffentlichen Interesses dienen (BVerwGE 60, 297 (301)).

124a Im Bereich des besonderen förmlichen Verfahrens nach § 19 Abs. 4 BImSchG für (ehemals im vereinfachten Verfahren zu genehmigende) **Störfallanlagen** (vgl. § 19 Abs. 4 Rn. 58 ff.) hat der Gesetzgeber die Einwendungsbefugnis ähnlich zu § 74 Abs. 4 S. 1 VwVfG auf die „betroffene Öffentlichkeit" (vgl. Art. 1 Abs. 2 lit. e UVP-RL; Art. 3

Nr. 18 Seveso-III-RL) beschränkt. Das gleiche gilt im Störfallverfahren gem. § 23b (§ 23b Abs. 2 S. 3). Für solche störfallrelevanten Anlagen, die bereits nach § 2 Abs. 1 der 4. BImSchV im förmlichen Verfahren zu genehmigen sind, verbleibt es aber bei der Einwendungsbefugnis für Jedermann nach § 10 Abs. 3 S. 1.

Die **Jedermanns-Einwendungsbefugnis** ermöglicht es der Behörde, sich möglichst umfassende Kenntnis über den Sachverhalt und gegen das Vorhaben bestehende Bedenken zu verschaffen. Aus diesem Grund ist sie zunächst nicht auf Einwendungen beschränkt, die auf materiellen Rechten potenzieller Drittbetroffener beruhen. Erst das Genehmigungsverfahren soll klären, ob und inwieweit die Einwender durch die Auswirkungen des Vorhabens in ihren Belangen berührt werden können. Eine Einschränkung der Befugnisse der Einwender findet erst später auf der Ebene des Rechtsschutzes statt, insbesondere bei der Frage nach dem Drittschutz der Verfahrensregelungen auf der einen, der Pflichtenstellung des Betreibers aus § 5 auf der anderen Seite. Zu unterscheiden ist damit zwischen **Jedermanns-Einwendungen** und den **Einwendungen Drittbetroffener:** 125

4. Jedermanns-Einwendungen. Jedermanns-Einwendungen können auf alle, nicht unmittelbar und ausschließlich dem Nachbarschutz dienenden Vorschriften hinweisen, die die Genehmigungsbehörde bei der Prüfung des Vorhabens zu berücksichtigen hat. Das sind insbesondere die Pflicht zur Vorsorge (§ 5 Abs. 1 Nr. 2), zur Abfallverwertung bzw. -entsorgung (§ 5 Abs. 1 Nr. 3), zur effizienten Energienutzung (§ 5 Abs. 1 Nr. 4), die sonstigen öffentlich-rechtlichen Vorschriften (§ 6 Nr. 2), namentlich solche des Naturschutz- und Bauplanungsrechts, sowie diejenigen Vorschriften, auf Grund derer eine Entscheidung zu treffen ist, die nicht von der Konzentrationswirkung des § 13 erfasst wird (zur diesbezüglichen Koordinierung → Rn. 99 ff.). Die möglichen Einwendungen beschränken sich damit nicht auf solche Nachteile, Gefahren oder Belästigungen, welche in der physischen Einwirkung der Anlage auf ihre Umgebung ihren Grund haben (so aber noch Nr. 22 der Preußischen Ausführungsanweisung zur Gewerbeordnung v. 1.5.1904, HMBl. 123). Eine solchermaßen restriktive Sichtweise ist angesichts der weitreichenden Prüfungs- und Entscheidungspflicht der Genehmigungsbehörde nicht haltbar. **Ausgeschlossen** sind jedoch solche **Einwendungen,** die sich auf Umstände beziehen, die **nicht Prüfungsgegenstand des immissionsschutzrechtlichen Genehmigungsverfahrens** sind, etwa nachteilige wirtschaftliche Folgen, die ihre Ursache nicht in der physischen Einwirkung der Anlage haben. 126

Mit der Jedermanns-Einwendungsbefugnis ist jedoch in aller Regel **kein eigenes durchsetzbares Recht** des Einwenders auf Verfahrensbeteiligung verbunden, sofern dieser nicht zusätzlich eine eigene Betroffenheit geltend macht. Im Grundsatz hat er deshalb ebenfalls kein Recht zur Anfechtung der erteilten Genehmigung, da ihm eine eigene materiell-rechtliche Rechtsposition nicht zukommt (vgl. BVerwGE 61, 256 (262 ff.) – für Klagen gegen Betriebsgenehmigungen nach § 7 AtG. Zu Ausnahmen sogleich → Rn. 128). Soweit § 10 Abs. 3 über den Kreis der potenziell in ihren Rechten Betroffenen hinaus jedermann die Befugnis zur Erhebung von Einwendungen zuerkennt, geschieht dies ausschließlich im öffentlichen Interesse, eine vom materiellen Recht losgelöste verfahrensrechtliche Rechtsstellung wird damit nicht begründet (s. BVerwG NVwZ 1985, 745 – für § 4 AtomVfV). 127

Sofern die Einwendung nicht zur Wahrnehmung eigener Rechte, sondern im Interesse der Allgemeinheit erhoben wird, steht die Einwendungsbefugnis auch **Verbänden** und **juristischen Personen des öffentlichen Rechts** zu (Jarass Rn. 84; Czakja in Feldhaus BImSchR Rn. 57; Storost in Ule/Laubinger/Repkewitz D 40). 128

Darüber hinaus haben Umweltverbände nach dem EuGH über Art. 11 der RL 2011/92/EU (UVP-RL) – das Recht, einen Verstoß gegen umweltschützende Rechtsnormen (vgl. § 1 Abs. 4 UmwRG) auch dann geltend zu machen, wenn diese selbst keinen subjektiven Rechtsschutz Einzelner gewähren (vgl. EuGH NVwZ 2011, 801 – Trianel). Über die Regelungen der § 1 Abs. 1, Abs. 4, § 2 Abs. 1, 2, 4 UmwRG kommt Umweltverbänden nunmehr unabhängig von einer subjektiven Rechtsverletzung die Befugnis zu, die Genehmigung anzufechten (→ Rn. 285b).

Einwendungsbefugt sind im Hinblick auf die Belange der Allgemeinheit schließlich auch Personen mit ausländischem Wohnsitz, weil auch sie zur Sachverhaltsermittlung beitragen können (OVG Saarlouis NVwZ 1995, 97 f.; Wolfrum DVBl. 1984, 499).

128a Einwendungsbefugt ist auch die Öffentlichkeit im Ausland, was aus § 11a Abs. 1, 2 der 9. BImSchV iVm § 54 Abs. 5, 6 UVPG folgt. Ausländer können hiernach gem. § 55 Abs. 6, § 56 Abs. 1 UVPG ebenso wie Inländer Einwendungen gegen das Vorhaben erheben (Czajka in Feldhaus BImSchR Rn. 58), wobei sie dies auch in der Amtssprache ihres Landes dürfen (→ Rn. 138).

129 **5. Einwendungen Drittbetroffener.** Neben der Jedermanns-Befugnis zur Erhebung von Einwendungen im öffentlichen Interesse eröffnet die Einwendungsbefugnis Drittbetroffenen die Möglichkeit, **eigene Abwehransprüche** gegen das geplante Vorhaben geltend zu machen. Die **Rechtsgrundlage** solcher Abwehransprüche wurde unter der Geltung der §§ 16 ff. GewO aF sowohl im **privaten** als auch im **öffentlichen Recht** gesehen (s. Landmann/Rohmer GewO 12. Aufl. § 17 Rn. 8 ff. mwN). Das Bundesverwaltungsgericht hat für das vergleichbare atomrechtliche Verfahren lediglich § 7 Abs. 2 Nr. 3 AtG als Rechtsgrundlage des Abwehranspruches angesehen (BVerwGE 60, 297 ff.). Diese Sichtweise ist zu eng; auch privatrechtliche Abwehransprüche können Grundlage der Einwendungen sein. Dies ergibt sich schon aus § 14, nach dem solche Ansprüche zumindest teilweise nach unanfechtbarer Genehmigung ausgeschlossen werden. Zudem hätten ansonsten die auf besonderen privatrechtlichen Titeln beruhenden Einwendungen nicht gesondert erwähnt werden müssen (ebenso Konrad BayVBl. 1984, 33 (74)). Zwischen öffentlich-rechtlichen und privatrechtlichen Abwehransprüchen besteht aber ein weitgehender „Gleichlauf" (vgl. Konrad BayVBl. 1984, 34 ff.). Rechtsgrundlagen für die Abwehransprüche können daher sein:

130 **a) Öffentlich-rechtliche Vorschriften.** Öffentlich-rechtliche Vorschriften können Grundlage von Betroffenen-Einwendungen sein, wenn sie (auch) dem Schutz der Nachbarn zu dienen bestimmt sind, vorrangig also § 5 Abs. 1 Nr. 1 und – soweit ihnen drittschützende Wirkung zuzuerkennen ist – die übrigen Grundpflichten des Anlagenbetreibers nach § 5 (vgl. hierzu → § 5 Rn. 114 ff., 130, 163 ff., 194 f., 205, 232) sowie die nachbarschützenden Vorschriften des Bauplanungs- und Bauordnungsrechts. Wer außerhalb des Beurteilungsgebietes der TA Luft lebt und seine eigene Betroffenheit durch **Luftverunreinigungen** geltend machen will, muss sie besonders darlegen (OVG Lüneburg NVwZ 1985, 357 ff.). Soweit eine Beeinträchtigung durch **schädliche Umwelteinwirkungen** geltend gemacht wird, muss sie auf von der Anlage herrührenden Immissionen beruhen, was darzulegen ist.

131 **b) Auf besonderen privatrechtlichen Titeln beruhende Abwehransprüche.** Auf **besonderen privatrechtlichen Titeln** beruhende Abwehransprüche sind solche, deren Grundlage persönliche oder dingliche Titel bilden, insbesondere Verträge, letztwillige Verfügungen, Dienstbarkeiten, Nießbräuche, Grundpfandrechte und das Eigentum an dem Grundstück, auf dem die Anlage errichtet werden soll (vgl. Czajka in Feldhaus BImSchR Rn. 74). Solche Ansprüche können zwar als Einwendungen geltend gemacht werden, sie sind jedoch ohne weitere Erörterung durch schriftlichen Bescheid auf den ordentlichen Rechtsweg **zu verweisen** (§ 10 Abs. 3 S. 6 iVm § 15 der 9. BImSchV). Hierin liegt allerdings **keine Verweisung im prozessrechtlichen Sinne** wie zB in § 17a GVG, da die Genehmigungsbehörde nicht die Zuständigkeit der ordentlichen Gerichte durch Bescheid begründen kann. „Verweisung" bedeutet vielmehr, dass diese Einwendungen für das weitere Genehmigungsverfahren ohne Bedeutung bleiben; dies soll im Wesentlichen eine Verfahrensvereinfachung und -beschleunigung herbeiführen. Sie sind weder Gegenstand der Verfahrenspräklusion des § 10 Abs. 3 S. 5, noch gemäß § 14 ausgeschlossen. Die Erhebung solcher Einwendungen im Verfahren kann gleichwohl sinnvoll sein, um dem Antragsteller frühzeitig die dem Vorhaben entgegenstehenden Rechte aufzuzeigen. Im Übrigen ist die Behörde trotz der Verweisungsanordnung nicht gehindert, mangels eines schutzwürdigen Interesses den Antrag abzulehnen, wenn bereits eine entsprechende unanfechtbare zivilgerichtliche Entscheidung vorliegt, die der Ausnutzung der Genehmigung entgegenstehen würde. Dagegen kann eine ablehnende Bescheidung des Antrags nicht auf die bloße Einwendung hin erfolgen.

c) Ansprüche aus dem privaten Nachbarrecht. Ansprüche aus dem privaten Nachbarrecht sind nach der amtlichen Begründung (BT-Drs. 7/179) „**bürgerlich-rechtliche Einwendungen aus dem Nachbarrecht,** zB aus §§ 1004, 903, 907 BGB oder dem Besitzschutzrecht, etwa §§ 858, 862, 869 BGB"; ferner Ansprüche aus den Landesnachbarrechtsgesetzen (Art. 124 EGBGB) und uU auch Rücksichtnahmeansprüche aus dem nachbarschaftlichen Gemeinschaftsverhältnis. Von den auf besonderen Titeln beruhenden privatrechtlichen Abwehransprüche unterscheiden sie sich dadurch, dass sie sich **unmittelbar auf** das allgemeine **Zivilrecht stützen** (zum früher bestehenden Meinungsstreit vgl. Landmann/Rohmer GewO 12. Aufl. § 17 Rn. 8 ff.) und daher den der Präklusion unterliegenden allgemeinen Einwendungen weitgehend ähneln (vgl. Czajka in Feldhaus BImSchR Rn. 74). Sie sind Gegenstand des Prüfungsverfahrens mit der Folge, dass sie bei nicht rechtzeitiger Geltendmachung (formell) präkludiert werden, und unterliegen daher auch nicht der Verweisung nach § 10 Abs. 6 iVm § 15 der 9. BImSchV (vgl. Czajka in Feldhaus BImSchR Rn. 74). 132

6. Darlegung der Einwendungen. a) Darlegungspflicht. Die Einwendungen sind **substantiiert darzulegen** (Storost in Ule/Laubinger/Repkewitz D 42; Jarass Rn. 85; Roßnagel/Hentschel in GK-BImSchG Rn. 297 f.; Weiss in Appel/Ohms/Saurer Rn. 166; Korbmacher UPR 1994, 325 (326)). Dies ergibt sich aus dem Zweck der Auslegung und der Einwendungsoption, der Genehmigungsbehörde umfassende Kenntnis des Sachverhalts zu vermitteln, und aus der mit Ablauf der Frist eintretenden Präklusionswirkung bezüglich verspätet vorgebrachter Einwendungen. Um die Rechtzeitigkeit einer Einwendung feststellen zu können, müssen die Einwendungen substantiiert erhoben werden (§ 10 Abs. 4 Nr. 2: „vorzubringen"). Insbesondere muss der Einwender darlegen, ob die Einwendung im eigenen Interesse oder lediglich im allgemeinen Interesse erhoben wird und welche Rechtsgüter durch das Vorhaben als gefährdet angesehen werden (Schack in BeckOK UmweltR Rn. 56; tend. weiter indes Weiss in Appel/Ohms/Saurer Rn. 166; Czajka in Feldhaus BImSchR Rn. 56). Ein nicht näher spezifizierter **Protest** gegen das Vorhaben oder die **bloße Mitteilung,** es würden Einwendungen erhoben, genügen nicht (vgl. BVerwGE 60, 297 (311) zur vergleichbaren Rechtslage im Atomrecht; OVG Lüneburg NVwZ 1987, 341; Hoppe/Beckmann/Kauch Umweltrecht § 21 Rn. 105; Jarass Rn. 85; Storost in Ule/Laubinger/Repkewitz D 42). Ebenso wenig reicht ein Hinweis auf ein Vorbringen in anderen Verwaltungsverfahren aus (Czajka in Feldhaus BImSchR Rn. 56; Weiss in Appel/Ohms/Saurer Rn. 166; Schack in BeckOK UmweltR Rn. 55). 133

134 Allerdings dürfen die **Anforderungen an die Substantiierungslast** nicht zu hoch gesetzt werden. Dem Zweck des Genehmigungsverfahrens, insbesondere auch der (nunmehr nur noch formellen) Präklusionswirkung, wird es bereits gerecht, wenn das als gefährdet angesehene Rechtsgut – möglichst genau – bezeichnet und die befürchtete Beeinträchtigung dargelegt wird (vgl. auch Czajka in Feldhaus BImSchR Rn. 64; Schack in BeckOK UmweltR Rn. 56), soweit die ausliegenden Unterlagen dies ermöglichen. **Nicht erforderlich** ist eine **Begründung,** weshalb der Einwender die Gefährdung befürchtet; dies gehört nicht zur Substantiierung, sondern zur – nicht geforderten – Begründung der Einwendung (vgl. BVerwGE 60, 297 (311)). Eine eingehende Auseinandersetzung der Genehmigungsbehörde mit den rechtzeitig erhobenen Einwendungen findet jedenfalls in einem von dieser festgesetzten Erörterungstermin statt. In dessen Verlauf können die Einwendungen weiter konkretisiert und ausführlich begründet werden (vgl. Hoppe/Beckmann/Kauch Umweltrecht § 21 Rn. 105). Es ist daher nicht opportun, eine Begründung bereits bei Erhebung der Einwendung zu verlangen, zumal namentlich bei komplexen Verfahren die Einwendungsfrist in der Regel zur Formulierung einer Begründung – insbesondere bei Nichtjuristen – nicht ausreichen wird (Schack in BeckOK UmweltR Rn. 69). Schon im eigenen Interesse wird indes der potenziell drittbetroffene Einwender die befürchteten nachteiligen Auswirkungen des Vorhabens möglichst präzise darlegen, da der Inhalt der Einwendung zugleich die Reichweite der Präklusion bestimmt. Ferner ist für die Jedermanns-Einwendungen die Substantiierungslast niedriger anzusetzen, da für die Einwender die nachteiligen Folgen der materiellen Präklusionswirkung mangels eigener präklusionsfähiger Rechtspositionen nicht eintreten können und die Genehmigungsbehörde sich auch ohne detaillierte Darlegung der möglicherweise tangierten öffentlichen Belange ein umfassendes Bild von der Situation machen kann.

134a In der Rechtsprechung war schon bislang die Tendenz zu erkennen, die **Substantiierungslast bei Umweltvereinigungen iSd UmwRG** zu erhöhen. Nach dem BVerwG war es erforderlich, dass sie ihre Einwendungen derart sachverständig formulieren, „dass dadurch die der Planfeststellungs- bzw. Genehmigungsbehörde aufgetragene Problembewältigung gefördert wird" (vgl. BVerwG NVwZ 2012, 176 (178); Jarass Rn. 85). Inzwischen hat der Gesetzgeber diesen Gedanken des BVerwG durch den neuen § 10 Abs. 3a (Rolle der Umweltvereinigungen) aufgegriffen (zu diesem → Rn. 179b).

135 Unter Berücksichtigung dieser Einschränkungen waren die Anforderungen an die Substantiierung der Einwendungen bereits unter Geltung der materiellen Präklusionsnorm des § 10 Abs. 3 S. 5 aF **verfassungsrechtlich unbedenklich.** Das Bundesverfassungsgericht hatte zwar in Zweifel gezogen, ob sich der Betroffene anhand der auszulegenden Unterlagen ein abschließendes Bild darüber verschaffen könne, ob und mit welchen Gefährdungen er zu rechnen hat. Letztlich sah aber auch das Bundesverfassungsgericht keine durchgreifenden Bedenken. Um angesichts der drohenden Ausschlusswirkung der Darlegungslast zu genügen, musste es allerdings genügen, wenn die Einwendungen des Betroffenen in groben Zügen erkennen lassen, welche Rechtsgüter als gefährdet angesehen und welche Beeinträchtigungen befürchtet werden (BVerfGE 61, 82 (117 f.)). Durch die nunmehr in § 10 Abs. 3 S. 5 enthaltene bloße formelle Präklusion hat sich dieses Problem weitgehend erledigt.

136 **b) Form der Einwendungen.** Einwendungen sind wie auch die Antragstellung gemäß § 10 Abs. 3 S. 4 **schriftlich** oder **elektronisch** bei der Genehmigungsbehörde oder bei der Stelle vorzubringen, bei der Antrag und Unterlagen zur Einsicht ausliegen (§ 12 Abs. 1 der 9. BImSchV). Auch hier ist mit der **elektronischen Form** nicht die Vorschrift des § 3a VwVfG für den Ersatz der Schriftform gemeint (Weiss in Appel/Ohms/Saurer Rn. 173; Roßnagel/Hentschel in GK-BImSchG Rn. 311; aA wohl Schack

in BeckOK UmweltR Rn. 54). Es genügt für die Einwendung als Formmindestmaß eine textliche, datenspezifische Übertragung, sofern die Behörde hierfür einen Zugang eröffnet hat. Dem entspricht bereits – vorbehaltlich einer anderweitigen Ausübung des diesbezüglichen Ermessens durch die Behörde – eine einfache E-Mail (vgl. → Rn. 53 ff.). Die früher ebenfalls statthafte Erhebung zur Niederschrift ist seit der Novellierung durch das Investitions- und Wohnbaulandgesetz vom 22.4.1993 (BGBl. I 466; → Rn. 14) nicht mehr möglich. Die von der Rechtsprechung entwickelten Grundsätze zur **Schriftform,** insbesondere bei Klageerhebung, sind mangels anderweitiger Bestimmungen auch hier anzuwenden. Danach genügt **fernschriftliche** oder **telegraphische,** nicht aber **telefonische Übermittlung** (vgl. Schmitz in Stelkens/Bonk/Sachs VwVfG § 22 Rn. 31 f.; Wysk in Kopp/Ramsauer VwVfG § 64 Rn. 12; Redeker/von Oertzen VwGO § 81 Rn. 8 ff.; auch zu den Anforderungen an die Art und Weise der Übermittlung). Unberührt durch die Änderungen in Folge des SchriftVG (→ Rn. 53 ff.) bleiben mündliche oder fernmündliche Einwendungen unbeachtlich. Wie bei der Antragstellung können die Behörden auch im Bereich des § 10 Abs. 3 S. 4 im Rahmen ihres verfahrensrechtlichen Ermessens über die konkreten Anforderungen hinsichtlich der elektronischen Form befinden (BT-Drs. 18/10183, 97; Weiss in Appel/Ohms/Saurer Rn. 173). Mit Blick auf die bei Einwendungen eher selten aufzufindenen empfindlichen Informationen dürfte das Zulassen der **Einwendung per E-Mail** – sofern sie die ausreichende Identifikation des Einwendenden ermöglicht (→ Rn. 137) – regelmäßig pflichtgemäßer Ermessensausübung entsprechen. Bei einer (denkbaren) hohen Auslastung behördlicher Infrastruktur hat die Behörde ein Ermessen über die Kriterien für die „elektronische“ Form, sodass es in diesem Fall denkbar erschiene, auch qualifizierte Anforderungen an diese zu stellen. Ratsam sollte es für Behörden aus diesen Gründen nach der Änderung des § 10 Abs. 3 S. 4 durch das SchriftVG ohnehin sein, gesonderte Mailportale für Einwendungen einzurichten. Im Übrigen gilt, dass etwaige **Beschränkungen der elektronischen Form** für ihre Wirksamkeit entsprechend § 10 Abs. 4 Nr. 2 in der öffentlichen Bekanntmachung anzugeben sind (Weiss in Appel/Ohms/Saurer Rn. 173).

Die Einwendungen – gleich in welcher Form – müssen insbesondere **Name und** 137
Anschrift des Einwenders erkennen lassen, schon weil andernfalls der Genehmigungsbescheid nicht ordnungsgemäß zugestellt werden kann und mit Ablauf der Einwendungsfrist nicht feststeht, welche Einwendungen ausgeschlossen sind (ebenso Jarass Rn. 86). Entgegen der Auffassung des Bundesrates im Gesetzgebungsverfahren zum SchriftVG (vgl. BT-Drs. 18/10183, 144) ist die Möglichkeit einer hinreichenden **Identifikation der Einwender** grundsätzlich auch bei einer einfachen E-Mail im Falle der elektronischen Einwendung gegeben. Denn selbst bei der herkömmlichen Schriftform ist – wie die Bundesregierung in ihrer Gegenäußerung vermerkt – eine abschließende Kontrolle der Identität nicht möglich (BT-Drs. 18/10183, 147). Gleichwohl ist der Einwender gehalten, seine Identität und seine Anschrift deutlich kundzutun (Jarass Rn. 86). Einfache Namens-E-Mailadressen reichen hierfür wohl ebenso wenig aus wie die Angabe des Namens ohne die Anschrift des Einwenders. Eine umfassende **Nachprüfungspflicht** der Behörde **besteht** durch die durch das SchriftVG 2017 erfolgte Änderung des § 10 Abs. 3 S. 4 BImSchG jedenfalls bei Massenverfahren **nicht.** Verletzt der Einwender seine diesbezügliche Identifikationsobliegenheit, so kann dies nach den Umständen des Einzelfalls zur Unbeachtlichkeit der Einwendung führen (→ Rn. 141).

Nach § 12 Abs. 2 S. 3 der 9. BImSchV sind Name und Anschrift des Einwenders vor der Bekanntgabe an den Antragsteller (vgl. § 12 Abs. 2 S. 1 der 9. BImSchV) unkenntlich zu machen, wenn der Einwender dies verlangt und die Angaben zur ordnungsgemäßen Durchführung des Genehmigungsverfahrens nicht erforderlich sind (unter Hinweis auf sonst mögliche Persönlichkeitsrechtsverletzungen Jarass Rn. 89).

138 Die Einwendungen müssen **grundsätzlich** in **deutscher Sprache** erhoben werden (§ 23 Abs. 1 VwVfG). Werden sie in fremder Sprache vorgebracht, so soll die Behörde unverzüglich die Vorlage einer Übersetzung verlangen (§ 23 Abs. 2 VwVfG). Dazu ist eine angemessene Frist zu setzen, innerhalb derer eine Übersetzung vorzulegen ist. Die Einwendungsfrist ist nur dann gewahrt, wenn innerhalb der hierzu gesetzten Frist oder innerhalb der Einwendungsfrist die angeforderte Übersetzung der Behörde zugeht. Auf die diesbezüglich drohende Präklusionswirkung ist bei der Fristsetzung hinzuweisen (§ 23 Abs. 4 VwVfG). Im Unterschied hierzu ergibt sich im Falle einer **grenzüberschreitenden Behördenbeteiligung** iSd § 11a der 9. BImSchV die Möglichkeit, dass Ausländer ihre Einwendung in der Amtssprache ihres Landes übermitteln (§ 56 Abs. 4 UVPG iVm § 11a Abs. 1, 2 der 9. BImSchV, vgl. auch → 9. BImSchV § 11a Rn. 3 ff., Rn. 6; Czajka in Feldhaus BImSchR Rn. 58; Weiss in Appel/Ohms/Saurer Rn. 173).

139 Wählt der Einwender eine körperliche Dokumentenform, so bedarf es grundsätzlich der **Unterzeichnung** des Schriftstückes. Das Fehlen der Unterschrift ist ausnahmsweise dann unschädlich, wenn die Absicht zur Erhebung der Einwendung eindeutig erkennbar ist, etwa durch eigenhändige Namenszeichnung auf dem Umschlag oder durch **vervielfältigte Unterschrift** (vgl. Redeker/von Oertzen VwGO § 81 Rn. 4 ff.; Schmitz in Stelkens/Bonk/Sachs VwVfG § 22 Rn. 31; Wysk in Kopp/Ramsauer VwVfG § 64 Rn. 7, jeweils mwN; tend. weiter indes Weiss in Appel/Ohms/Saurer Rn. 173). Derartige Einwendungen **juristischer Personen** müssen durch eine vertretungsberechtigte natürliche Person unterschrieben sein. Der Einwender kann sich durch einen **Bevollmächtigten** vertreten lassen; § 14 Abs. 1 VwVfG ist insoweit entsprechend anwendbar. Auf Verlangen der Behörde hat der Bevollmächtigte seine Vollmacht schriftlich nachzuweisen (§ 14 Abs. 1 S. 3 VwVfG). Diese formgebende Nachweispflicht wird durch das SchriftVG nicht abgeändert.

140 Die **Bezugnahme auf andere Schriftstücke** ist nur zulässig, wenn sie der Einwendungsschrift beigefügt oder in dem betreffenden Verfahren der Behörde anderweitig bekannt gegeben worden sind. Eine Bezugnahme auf in anderen Verfahren eingereichte Dokumente reicht nicht aus (BVerwG NVwZ 1981, 433).

141 Die Behörde hat die Einwendungen entgegenzunehmen; sie darf sie **nicht zurückweisen,** etwa weil sie sie für unzulässig oder unbegründet hält (§ 24 Abs. 3 VwVfG). Auf etwaige formelle **Fehler** soll die Behörde **hinweisen** und deren Berichtigung anregen (restriktiver Roßnagel/Hentschel in GK-BImSchG Rn. 312; Weiss in Appel/Ohms/Saurer Rn. 173: alle Einwendungen, die nicht den Erfordernissen entsprechen, gelten als nicht eingelegt). Gleiches gilt, wenn die Einwendungen offenkundig nicht den Anforderungen an die Substantiierungslast entsprechen. Auf Verlangen hat die Behörde die erforderlichen **Auskünfte** zu erteilen (§ 25 VwVfG).

142 **c) Masseneinwendungen.** Für sogenannte **Massenverfahren** sehen die §§ 17–19 VwVfG **besondere Vorschriften** hinsichtlich der **Vertreterbestellung** vor. Dabei wird unterschieden zwischen Anträgen und Eingaben in gleicher äußerer Form (§ 17 VwVfG) und einer Beteiligung am Verwaltungsverfahren im gleichen Interesse (§ 18 VwVfG). Die Anwendung dieser Vorschriften im Genehmigungsverfahren nach § 10 ist umstritten (allgemein zur Anwendung des VwVfG vgl. → Rn. 25, zum Streitstand Roßnagel in GK-BImSchG, Lsbl. Altaufl. Stand Juni 2014 Rn. 364 ff.). Werden Einwendungen von mehr als 50 Personen auf Unterschriftslisten unterzeichnet oder in Form vervielfältigter gleich lautender Texte eingereicht **(gleichförmige Eingaben)**, müssen für deren Behandlung jedoch nach dem Grundsatz subsidiärer Geltung der verwaltungsverfahrensrechtlichen Vorgaben §§ 17 und 19 VwVfG gelten, da weder § 10 noch die 9. BImSchV entsprechende oder entgegenstehende Regelungen enthalten (Sellner Immissionsschutz-

recht und Industrieanlagen Rn. 161; Czajka in Feldhaus BImSchR Rn. 55; Hett Öffentlichkeitsbeteiligung, 52 f.; Storost in Ule/Laubinger/Repkewitz D 52; Weiss in Appel/Ohms/Saurer Rn. 175; Schack in BeckOK UmweltR Rn. 54; Jarass Rn. 86; aA Roßnagel/Hentschel in GK-BImSchG Rn. 314). Für eine lediglich entsprechende Anwendung besteht schon deshalb kein Anlass, weil § 17 VwVfG sich nicht nur auf Beteiligte im Verwaltungsverfahren bezieht, sondern auf alle, die in einem Verwaltungsverfahren „Eingaben" eingereicht haben. Eine Beteiligtenstellung im Sinne des § 13 wird von § 17 – im Gegensatz zu § 18 – daher nicht vorausgesetzt; diese Vorschrift wurde gerade auch im Hinblick auf Masseneinwendungen im Genehmigungsverfahren nach dem Bundes-Immissionsschutzgesetz eingefügt (s. Schmitz in Stelkens/Bonk/Sachs VwVfG § 17 Rn. 1 ff., 11; vgl. auch Ramsauer in Kopp/Ramsauer VwVfG § 17 Rn. 3).

Erheben mehr als 50 Personen **im gleichen Interesse** Einwendungen, so findet § 18 VwVfG Anwendung. Dieser setzt zwar eine **Beteiligtenstellung nach § 13 VwVfG** voraus, die durch das bloße Vorbringen der Einwendung allerdings nicht begründet wird. Als sondergesetzliche Befugnis zur Erhebung von Einwendungen verleiht § 10 Abs. 3 S. 2 jedoch den Einwendern für den von der Vorschrift umfassten Bereich den Beteiligtenstatus, ohne dass es einer förmlichen Hinzuziehung nach § 13 Abs. 1 Nr. 4 VwVfG bedürfte (str., wie hier Ramsauer in Kopp/Ramsauer VwVfG § 18 Rn. 4, ähnlich Schmitz in Stelkens/Bonk/Sachs VwVfG § 18 Rn. 3, der auf die im Grundsatz notwendige Heranziehung als Beteiligter gemäß § 13 Abs. 1 Nr. 4 VwVfG hinweist, sie aber als durch die Ladung zur Teilnahme am Verfahren ersetzt sieht; aA v. Mutius DVBl. 1978, 665: nur nach förmlicher Heranziehung). Bei mehr als 50 Einwendern kann die Behörde daher zur Bestellung eines gemeinsamen Vertreters auffordern (im Ergebnis ebenso: Sellner Immissionsschutzrecht und Industrieanlagen Rn. 161). Bei **Betroffenen-Einwendungen,** etwa seitens der Nachbarn, wird dies allerdings nur selten der Fall sein, da das unterschiedliche Maß der Betroffenheit die Annahme eines gleichen Interesses regelmäßig ausschließt. 143

Die insbesondere bei **elektronischen Massenprotesten** mögliche Überlastung behördlicher Infrastrukturen hielt den Gesetzgeber trotz Bedenken des Bundesrates bei der Schaffung des SchriftVG nicht davon ab, Einwendungen auch auf elektronischem Wege zuzulassen (BT-Drs. 18/10183, 147). Hält man wie hier § 17 VwVfG für anwendbar, so geben dessen Verfahrensoptionen für die Behörde mangels der für die gleichförmigen Eingaben notwendigen körperlichen Unterlagenform („(…) *unterzeichnet* oder in Form vervielfältigter gleichlautender Texte *eingereicht* worden sind (…)"; vgl. auch Schmitz in Stelkens/Bonk/Sachs VwVfG § 17 Rn. 15) für elektronische Einwendungen nur wenig her. Insbesondere § 17 Abs. 2 S. 1 VwVfG muss wegen des ausdrücklichen Vorsehens einer elektronischen Form durch das SchriftVG ohnehin als allgemeineres Gesetz und damit als gesperrt angesehen werden. 143a

7. Einwendungsfrist. a) Frist. Die Einwendungen können grundsätzlich **bis zwei Wochen nach Ablauf der** einmonatigen **Auslegungsfrist** erhoben werden, vgl. § 10 Abs. 3 S. 4 1. Hs. Auslegungs- und Einwendungsfrist decken sich damit entgegen der früheren Rechtslage nicht. Gibt die Behörde in der Bekanntmachung irrtümlicherweise eine längere Frist an, so gilt diese, weil Voraussetzung für den Einwendungsausschluss die ordnungsgemäße Bekanntmachung der Frist ist. Die Fristberechnung erfolgt über die § 31 Abs. 1-3 VwVfG iVm §§ 187 ff. BGB (Schack in BeckOK UmweltR Rn. 29; Weiss in Appel/Ohms/Saurer Rn. 169). 144

Für **Vorhaben,** die unter die **IE-RL** fallen, ist gem. § 10 Abs. 3 S. 4 letzter Hs. die Einwendungsfrist durch Art. 3 Abs. 1 lit. a lit. aa der BImSchG-Novelle vom 29.5.2017 auf **einen Monat** verlängert worden (BGBl. I 1298 (1301 f.)). Auch für UVP-pflichtige

Vorhaben beträgt die Einwendungsfrist einen Monat nach Ablauf der Auslegungsfrist (s. § 12 Abs. 1 S. 2 der 9. BImSchV). Diese Gleichstellung von UVP-pflichtigen Vorhaben und Vorhaben nach der IE-RL dient der Rechtsvereinheitlichung und der besseren Übersichtlichkeit im Vollzug (vgl. BR-Drs. 268/1/17, 10). Damit gilt die Einwendungsfrist von zwei Wochen folglich nur noch bei solchen Vorhaben, die weder UVP-pflichtig sind noch unter die IE-RL fallen. Dies dürfte im Wesentlichen für solche Anlagen zutreffen, für die eine UVP-Vorprüfung vorgeschrieben ist, deren Durchführung die Entbehrlichkeit einer UVP ergeben hat (Czajka in Feldhaus BImSchR Rn. 42b).

145 Die ansonsten bestehende Kopplung der Einwendungsfrist an die Auslegungsfrist ist **verfassungsrechtlich nicht zu beanstanden,** zumal die Gesetzeslage durch die Verlängerung der Einwendungsfrist über die (verkürzte) Auslegungsfrist hinaus den Bedürfnissen der potenziellen Einwendern angepasst worden ist. Die Frist gewährt angesichts der Anforderungen an die auszulegenden Unterlagen, die den Umfang der Präklusion beeinflussen, ausreichende Zeit zur Erhebung von Einwendungen und ist daher auch unter Berücksichtigung der schwerwiegenden Folgen des Einwendungsausschlusses für den Nachbarn zumutbar. Dies gilt umso mehr, als die nachträglichen Auswirkungen lediglich vorsorglich erhobener, aber unbegründeter Einwendungen begrenzt sind: Den Einwendern können im Gegensatz zur früheren Rechtslage (§ 22 GewO aF) besondere Kosten nicht mehr aufgebürdet werden.

145a Abweichende Einwendungsfristen ergeben sich **§ 5 Abs. 1 Nr. 2 LNGG** sowie der privilegierenden Verfahrensregelung für Gasmangellagen in **§ 31f Abs. 2**, die die Einwendungsfrist auf eine Woche verkürzen (→ Rn. 28d, 28h f.).

146 **b) Fristversäumnis und Wiedereinsetzung in den vorigen Stand.** Wird die Frist versäumt, hat das den formellen Ausschluss der Einwendungen zur Folge (zur formellen Präklusion → Rn. 180 ff.). Auf Antrag kann jedoch nach Maßgabe des **§ 32 VwVfG** Wiedereinsetzung in den vorigen Stand gewährt werden (BVerwGE 60, 297 (313 f.); Czajka in Feldhaus BImSchR Rn. 59; Schack in BeckOK UmweltR Rn. 61; Sellner Immissionsschutzrecht und Industrieanlagen Rn. 159; Ramsauer in Kopp/Ramsauer VwVfG § 32 Rn. 4). Nicht berührt vom Fristversäumnis oder der Frage der Wiedereinsetzung wird allerdings die (umfassende) Untersuchungspflicht der Behörde aus § 24 VwVfG (Jarass Rn. 88, 92; → Rn. 185). Im Falle eines erfolgreichen Wiedereinsetzungsantrages wird der Einwender so gestellt, als hätte er die Einwendung rechtzeitig erhoben. Dies gilt allerdings nur im jeweiligen Abschnitt des Verfahrens, womit bereits abgeschlossene Verfahrenshandlungen nicht wiederholt werden (Schack in BeckOK UmweltR Rn. 62).

147 Die Wiedereinsetzung in den vorigen Stand ist nach § 32 Abs. 5 VwVfG unzulässig, wenn sich aus einer Rechtsvorschrift ergibt, dass sie ausgeschlossen ist. Ferner ist sie **ausgeschlossen,** wenn die **Genehmigung** bereits **erteilt** wurde (zum Atomrecht BVerwGE 60, 297 (309)). Dies ergibt sich aus den Besonderheiten der Mitwirkungsrechte im Genehmigungsverfahren: Eine Wiedereinsetzung – mit der Folge, dass die Genehmigung unwirksam würde – widerspräche dem Gebot der Rechtssicherheit im Hinblick auf den Antragsteller (ebenso Papier NJW 1980, 313 (321); Sellner Immissionsschutzrecht und Industrieanlagen Rn. 159). Zudem fehlt es nach dem Erlass des Genehmigungsbescheides als abschließende Entscheidung an der für die Wiedereinsetzung erforderlichen Nachholbarkeit der versäumten (Verfahrens-)Handlung.

148 Früher hatte die zu Recht gewährte Wiedereinsetzung in den vorigen Stand nicht nur Einfluss auf die verfahrensrechtlichen, sondern auch auf die **materiell-rechtlichen Folgen** der Fristversäumnis. Insbesondere beeinflusste die Wiedereinsetzung die **zivilrechtlichen Folgen** eines Einwendungsausschlusses, da die Beschränkung der zivilrechtlichen

Abwehransprüche an die Unanfechtbarkeit der Genehmigung anknüpft (s. § 14). Mit dem **Entfallen der materiellen Präklusionswirkung** und der Einführung einer nunmehr allein formellen Präklusion nach § 10 Abs. 3 S. 5 nF ist dies freilich nicht mehr möglich (→ Rn. 182 ff.).

Eine **zu Unrecht gewährte Wiedereinsetzung** in den vorigen Stand hatte umgekehrt keinen Einfluss auf die Präklusionswirkung: Der verspätete Einwender blieb daher mit seinen Einwendungen ausgeschlossen (BVerwGE 60, 297 (300 f.)), sodass die Rechtmäßigkeit vom Gericht selbstständig nachzuprüfen war (vgl. Ramsauer in Kopp/Ramsauer VwVfG § 32 Rn. 61 mwN: keine Bindung des Verwaltungsgerichts an die Entscheidung über die Wiedereinsetzung). 149

c) Verfrüht erhobene Einwendungen. Ausgeschlossen sind nicht nur die nach Ablauf der Frist eingehenden Einwendungen, sondern auch die **vor** ihrem **Beginn** vorgebrachten (str., wie hier BVerwG, Beschl. v. 18.12.2012 – 9 B 24.12, juris Rn. 5; Frenz in Kotulla Rn. 108; aA die wohl hM, vgl. Sellner Immissionsschutzrecht und Industrieanlagen Rn. 158; Jarass Rn. 87; Roßnagel/Hentschel in GK-BImSchG Rn. 309; Czajka in Feldhaus BImSchR Rn. 66; Schack in BeckOK UmweltR Rn. 70; Weiss in Appel/Ohms/Saurer Rn. 171). Nach der eindeutigen Aussage des Gesetzes können Einwendungen (nur) **innerhalb einer Zeitspanne von „Bis zwei Wochen" (bzw. einen Monat für Anlagen der Industrieemissionsrichtlinie) nach Ende der Auslegungsfrist** erhoben werden. Zu der – vom Gesetzgeber bewusst übernommenen – Rechtslage gemäß §§ 16 ff. GewO aF war anerkannt, dass auch verfrüht angebrachte Einwendungen ausgeschlossen waren (vgl. BVerwG GewArch 1974, 19). Hätte der Gesetzgeber von dieser Regelung abweichen wollen, hätte dies zum Ausdruck gebracht werden müssen. Zudem dient die Fristregelung dem Zweck, im Interesse der Rechtssicherheit für die Verfahrensbeteiligten eindeutig feststellen zu können, welche Einwendungen im Verfahren zu beachten sind (zum Verweis auf außerhalb des Verfahrens angebrachte Einwendungen vgl. → Rn. 133 sowie BVerwG NVwZ 1981, 433). Deshalb bestimmt § 14 Abs. 2 der 9. BImSchV zu Recht, dass rechtzeitig erhoben nur solche Einwendungen sind, die **innerhalb der Einwendungsfrist** bei der Genehmigungsbehörde eingegangen sind (aA Jarass Rn. 87: korrigierende Auslegung des § 14 Abs. 2 der 9. BImSchV). 150

Bei verfrüht eingegangenen Einwendungen hat die Behörde den Einwender jedoch auf die Tatsache des Ausschlusses und auf die Einwendungsfrist (formlos) hinzuweisen (§ 25 VwVfG; ebenso Frenz in Kotulla Rn. 108), so dass die Verfrühung in der Praxis regelmäßig unproblematisch durch ein (erneutes) Vorbringen der Einwendung innerhalb der Einwendungsfrist geheilt werden kann. 151

8. Bekanntgabe der Einwendungen. Gemäß § 12 Abs. 2 der 9. BImSchV ist der **Inhalt der Einwendungen** dem Antragsteller **bekannt zu geben** (ggf. unter Anonymisierung gemäß § 12 Abs. 2 S. 2 der 9. BImSchV; → Rn. 80). Ferner sind die nach § 11 beteiligten Behörden jeweils hinsichtlich derjenigen Einwendungen in Kenntnis zu setzen, die ihren Aufgabenbereich berühren. S. im Einzelnen die Erläuterungen zu § 12 der 9. BImSchV, → 9. BImSchV § 12 Rn. 5 ff. 152

9. Stellung des Einwenders im Verfahren. Einwender sind **nicht Beteiligte im Sinne des § 13 VwVfG** (Czajka in Feldhaus BImSchR Rn. 102; Weiss in Appel/Ohms/Saurer Rn. 167; s. bereits v. Mutius DVBl. 1978, 665 (674)). § 13 VwVfG ist im förmlichen Genehmigungsverfahren nicht anwendbar. Die Vorschrift wird durch die spezielleren Vorschriften des § 10 und der 9. BImSchV verdrängt, die die Beteiligtenrechte und -pflichten der Einwender in einer zum Teil vom VwVfG abweichenden Weise regeln 153 (vgl. zu § 18 VwVfG → Rn. 143). Angesichts der Differenzierung zwischen Jedermann-Einwendern, betroffenen Einwendern und solchen, die eine Betroffenheit zu Unrecht geltend machen, ist eine einheitliche Zuweisung des Beteiligtenstatus nach § 13 VwVfG ohnehin nicht opportun.

154 Eine Einräumung der **Beteiligtenbefugnis kraft sondergesetzlicher Regelung** wird durch die Nichtanwendbarkeit des § 13 VwVfG allerdings nicht gesperrt. Im Rahmen der von § 10 und der 9. BImSchV gesteckten Rechte und Pflichten sind die Einwender damit Beteiligte im weiteren Sinne (vgl. Weiss in Appel/Ohms/Saurer Rn. 167; teilw. anders Czajka in Feldhaus BImSchR Rn. 102 f., der nur Nachbarn als Beteiligte im weiteren Sinne einordnen möchte, nicht hingegen Einwender aus dem Kreis der Allgemeinheit). Einer – ohnehin nach hM nur förmlich möglichen – **Heranziehung als Beteiligter** bedarf es daher nicht (ähnlich Ramsauer in Kopp/Ramsauer VwVfG § 13 Rn. 14: „partiell Beteiligte"; aA v. Mutius DVBl. 1978, 665 (674)).

155 **10. Präklusion, § 10 Absatz 3 Satz 5. a) Arten der Präklusion im BImSchG.** Das deutsche Verwaltungsrecht kennt bei grober Untergliederung zwei Arten der Präklusion. Neben der Verwirkungspräklusion, die die Nichtwahrnehmung der Mitwirkungslasten durch die Versäumung der Einwendungsfrist bzw. die fehlende Substantiierung der vorgebrachten Einwendungen sanktioniert, gibt es die Bestandskraftpräklusion, die über die Unanfechtbarkeit einer Genehmigungsentscheidung Einwände im Rahmen des bereits verbeschiedenen Lebenssachverhalts ausschließt. Das Bundes-Immissionsschutzgesetz macht sich beide Arten der Präklusion zu Eigen und statuiert in **§ 10 Abs. 3 S. 5** eine **Verwirkungspräklusion** sowie in **§ 11** eine **Bestandskraftpräklusion** für den Regelungsgehalt unanfechtbarer Vorbescheide und Teilgenehmigungen (Roßnagel/Hentschel in GK-BImSchG Rn. 322; Schack in BeckOK UmweltR Rn. 64; s. dazu eingehend → § 11 Rn. 1 ff.). Für die hier maßgebliche Verwirkungspräklusion ist bei weiterer dogmatischer Aufschlüsselung die **formelle Präklusion,** das meint den Ausschluss der Einwendungen im Genehmigungsverwahren, von der **materiellen Präklusion** zu unterscheiden. Letztere führt zu einem vollständigen Rechtsverlust auch im nachgehenden verwaltungsgerichtlichen Verfahren bzw. zu einer dauernden Durchsetzungssperre für diese von der Präklusion betroffene Rechtspositionen (offen gelassen BVerwGE 60, 297 (301); vgl. auch Schack in BeckOK UmweltR Rn. 66).

156 **b) Verwirkungspräklusion nach § 10 Abs. 3 S. 5.** Nach der ursprünglichen Fassung in **§ 10 Abs. 3 S. 5 aF** waren Einwendungen nicht nur formell, sondern entsprechend dem Vorbild der Präklusionsvorschrift für das ehemalige gewerberechtliche Zulassungsverfahren des § 17 Abs. 2 aF GewO auch **materiell,** mithin weiter für das verwaltungsgerichtliche Verfahren **präkludiert** (s. Czjaka in Feldhaus BImSchR Rn. 63; Degenhart in FS Menger, 621 (622 f. mwN)). Leitmotiv hinter der hierdurch geschaffenen Abweichung von der für das verwaltungsbehördliche und -gerichtliche Verfahren geltenden Inquisitionsmaxime waren die Komplexität der immissionsschutzrechtlichen Genehmigungsentscheidung durch eine Interessenvielzahl im mehrpoligen Verwaltungsrechtsverhältnis und eine hieraus folgende **Mitwirkungslast** der Beteiligten (s. auch Hufen/Siegel Fehler im Verwaltungsverfahren Rn. 319a f.; Degenhart in FS Menger, 621 (624); Czajka in Feldhaus BImSchR Rn. 63).

157 Neben der vieldiskutierten verfassungsrechtlichen Problematik der Präklusionsbestimmung und der hieraus folgenden einschränkenden Auslegung (→ Rn. 158 ff.) entstanden um das Feld der materiellen Präklusion unionsrechtliche Konfliktpunkte (→ Rn. 175 ff.). Inzwischen hat sich der Gesetzgeber zu einer vollständigen Streichung der materiellen Präklusionsvorschriften durchgerungen. Die materielle Präklusion nach § 10 Abs. 3 S. 5

aF ist durch die **Neufassung** der Vorschrift vom 2.6.2017 durch Art. 3 des **„Gesetzes zur Anpassung des Umweltrechtsbehelfsgesetzes und anderer Vorschriften an europa- und unionsrechtliche Vorgaben“** (BGBl. I 1298, (1301 f., 1304)) entfallen (→ Rn. 179 ff.) und durch eine **alleinige formelle Präklusion** in § 10 Abs. 3 S. 5 nF (→ Rn. 180 f.) ersetzt worden.

aa) Vormalige materielle Präklusion nach § 10 Abs. 3 S. 5 aF. Die Regelung zur ehemaligen materiellen Präklusion in § 10 Abs. 3 S. 5 aF wurde durch den Gesetzgeber aufgehoben. Durch diese verlor der Einwendungsberechtigte neben der gleichsam vorhandenen formellen Präklusionswirkung zugleich den Anspruch, seine Abwehransprüche in einem **Verwaltungsstreitverfahren** geltend zu machen (sog. „materielle (Anspruchs-)Präklusion“; str., wie hier BVerwG DVBl. 1973, 645 – zu § 17 Abs. 2 GewO aF; BVerwGE 60, 297 ff. zur vergleichbaren Rechtslage im Atomrecht; Sellner Immissionsschutzrecht und Industrieanlagen Rn. 156; Stober AöR 106 (1981), 41 (56); aA Wolfrum DÖV 1979, 497 ff.; Ule BB 1979, 1009 ff.; Papier NJW 1980, 313 (314)). 158

Die materielle Präklusion führte dazu, dass der Einwender selbst im Rahmen einer **Anfechtungsklage** gegen die Genehmigung mit den präkludierten Einwendungen ausgeschlossen war. Eine solche Klage war daher nur dann zulässig, wenn der Kläger neben der Rechtsverletzung durch die angefochtene Genehmigung geltend machte, er sei mit seinen Einwendungen nicht ausgeschlossen (für den Einwendungsausschluss nach § 17 Abs. 3 aF Wasserstraßengesetz ebenso BVerwG NJW 1984, 1250). Gleiches galt für eine Klage mit dem Ziel, der Genehmigung (weitere) nachbarschützende Nebenbestimmungen beizufügen. 159

(1) Verfassungsrechtliche Bewertung der materiellen Präklusion. Soweit mit Blick auf die Rechtsschutzgarantie in **Art. 19 Abs. 4 GG** Bedenken gegen die Verfassungsmäßigkeit der früheren, nunmehr abgeschafften materiellen Präklusion vorgebracht worden waren (vgl. etwa Papier NJW 1980, 313 ff.), griffen diese im Ergebnis nicht durch (eingehend Schmidt-Aßmann in Dürig/Herzog/Scholz GG Art. 19 IV Rn. 260 mwN; Kloepfer Umweltrecht § 15 Rn. 439; Thiel DÖV 2001, 814 (817 ff.); Streinz VerwArch 79 (1988), 272 (292 ff.)). Zwar konnte eine Betroffenheit des Art. 19 Abs. 4 GG nicht mit dem Argument verneint werden, dass der zu subjektiven Rechten „akzessorische“ Charakter des Art. 19 Abs. 4 GG mangels eines noch im gerichtlichen Verfahren vorhandenen Rechts zu seiner fehlenden Einschlägigkeit führte (Degenhart in FS Menger, 621 (626)). 160

Die materielle Präklusion rechtfertigte sich jedoch aus dem Gesetzeszweck, den Rechtsschutz potenziell betroffener Dritter in das verwaltungsbehördliche Verfahren vorzuverlagern mit dem Ziel, dem Antragsteller nach Erteilung der Genehmigung einen erhöhten Bestandsschutz zu sichern. Der Antragsteller sollte vor Einwendungen und Ansprüchen geschützt werden, die nicht innerhalb der vorgesehenen Frist vorgebracht worden sind. Daneben trat der Verwirkungsgedanke: Es sollte verhindert werden, dass „jemand eine Verwaltungsentscheidung nachträglich vor dem VG zu Fall bringt, obwohl er im Verwaltungsverfahren auf sie hätte hinreichend Einfluss nehmen können, dies aber unterlassen hat“ (BVerwGE 60, 297 (306); BVerwG NVwZ 1984, 234; in der Sache auch BVerfGE 61, 82 (110); s. auch Redeker NJW 1980, 1593 (1597 f.)). Schon für die Vorgängerregelungen in den §§ 16 ff. GewO aF war anerkannt, dass der Einwendungsausschluss auch das gerichtliche Verfahren erfasste (BVerwGE 9, 9 ff.; BVerwG DVBl. 1973, 645; aA Zuck BB 1963, 671) und der Bestand der Genehmigung keinesfalls in Frage gestellt werden dürfe. Die Ausschlusswirkung für den Verwaltungsstreit war im Ergebnis verfassungsrechtlich nicht zu beanstanden, zumal die zivilrechtlichen Abwehransprüche auch nach Maßgabe des § 14 nicht vollständig beseitigt werden, weil auf ihrer Grundlage zwar nicht mehr die Errichtung und der Betrieb der Anlage gehindert, jedoch die Errichtung nachbarschützender Vorrichtungen bzw. Schadensersatz begehrt werden kann (§ 14 S. 1 2. Hs., S. 2). Insoweit war die materielle Präklusionswirkung nach § 10 Abs. 3 S. 5 aF ohnehin eingeschränkt (str., vgl. die Nachweise unter → § 14 Rn. 40). 161

(2) Einschränkende Auslegung des § 10 Abs. 3 S. 5 aF. Angesichts ihrer einschneidenden Folgewirkungen waren dem Eintritt der (materiellen) Präklusion des § 10 Abs. 3 S. 5 aF gewisse **Grenzen** gesetzt. Als Verwirkungspräklusion knüpfte die Präklusionsnorm des § 10 Abs. 3 S. 5 aF an die nicht wahrgenommene Möglichkeit an, Einwendungen innerhalb der Einwendungsfrist 162 vorzutragen. Sie fand ihre Grenzen damit dort, wo diese Möglichkeit nicht oder nicht mehr bestand. Im Einzelnen wurde dieses Feld durch eine Vielzahl gerichtlicher Entscheidungen und einschlägiger **Fallgruppen** geprägt. War die Präklusion hiernach ausgeschlossen, so war auch eine Klageerhebung durch den eigentlich präkludierten Einwender – vorbehaltlich einer Verwirkung des Klagerechts (s. OVG Lüneburg UPR 1986, 189; vgl. nunmehr zur neuen Missbrauchsbestimmung des § 5 UmwRG → Rn. 285d) – möglich. Im Einzelnen galt dabei folgendes:

163 **Verfahrensfehler** standen einer Präklusion entgegen, wenn sie für das Unterlassen der Einwendung nicht kausal waren und keine schuldhafte Verletzung der Mitwirkungslast vorlag (vgl. Roßnagel/Hentschel in GK-BImSchG Rn. 330; Schack in BeckOK UmweltR Rn. 72). Hierin konnte ein begrenzter Ausgleich für die vormals weitreichende Folgenlosigkeit von Verfahrensfehlern im verwaltungsgerichtlichen Rechtsschutz gesehen werden (Jarass in FS Battis, 467 (475)). Prominent waren in diesem Kontext Bekanntmachungs- und Auslegungsfehler. **Mängel der Bekanntmachung** konnten dem Eintritt der Präklusion entgegenstehen, wenn sie geeignet waren, von der fristgerechten Erhebung von Einwendungen abzuhalten, sie zu verhindern oder zu erschweren. Insbesondere das Fehlen des Hinweises, dass mit Ablauf der Einwendungsfrist Einwendungen ausgeschlossen sind, stellte einen solchen Mangel dar. Dagegen brauchte nach Auffassung der Verwaltungsgerichte nicht darauf hingewiesen zu werden, dass sich der Einwendungsausschluss auch auf das gerichtliche Verfahren bezieht und welche Anforderungen an eine formgerechte Einwendung zu stellen sind (BVerwGE 60, 297 (312)). Auch **Mängel der Auslegung** konnten präklusionshindernd sein, wenn sie geeignet waren, die Einsichtnahme in Antrag und ausgelegte Unterlagen zu erschweren. Wurden sie beispielsweise entgegen § 10 Abs. 1 S. 2 der 9. BImSchV nicht während der gesamten Dienststunden (→ Rn. 85) ausgelegt, so trat die Präklusionswirkung nicht ein (OVG Lüneburg NVwZ 1985, 506) bzw. eine erneute Öffentlichkeitsbeteiligung muss durchgeführt werden. Sowohl Auslegungs- und Bekanntmachungsfehler werden nunmehr für die Fehlerkausalität der Anfechtungsklage iSd § 113 Abs. 1 S. 1 aE VwGO von der Spezialnorm der § 4 Abs. 1, 1a UmwRG umfasst und dort abweichend zu § 46 VwVfG geregelt (→ Rn. 283 ff.).

164 Materiell fand die Präklusion zudem ihre Grenzen dort, wo die ausgelegten Unterlagen eine **hinreichende Beurteilung** der möglichen Beeinträchtigungen **nicht erlaubten** (BVerwGE 60, 297 (310); VGH München NVwZ 1989, 482 (483); VGH Kassel NVwZ-RR 1990, 128 (131)). Gleiches galt für die anstelle geheimhaltungsbedürftiger Unterlagen auszulegende **Inhaltsdarstellung** (→ Rn. 67; ebenso BVerwG NJW 1983, 1507 f.). Dies betraf etwa Fälle, in denen die Unterlagen so **unvollständig** waren, dass sie eine hinreichende Beurteilung der Auswirkungen der Anlage nicht ermöglichten. Sie durften auch nicht so **kompliziert formuliert** sein, dass mögliche Beeinträchtigungen „versteckt", also auch dem sachkundigen Leser nicht ohne Weiteres offenbar werden. Hinsichtlich der **Verständlichkeit** war jedoch zu berücksichtigen, dass es sich gegebenenfalls um technisch-naturwissenschaftliche Angaben handelt, deren Verständnis eine gewisse Sachkunde erfordert. Der Anschaulichkeit der Angaben für den Laien dient in erster Linie die beizufügende Kurzbeschreibung (→ 9. BImSchV § 4 Rn. 14 ff.). Die Allgemeinverständlichkeit der Unterlagen hatte indes weniger Auswirkungen auf die Präklusion als auf die Substantiierungslast bei den Einwendungen (s. dazu → Rn. 133 f.; BVerfGE 61, 82 (117 f.)).

165 Des Weiteren waren solche Einwendungen nicht präkludiert, die sich gegen eine im Laufe des Genehmigungsverfahrens **geänderte Anlagenkonzeption** richteten, sofern sie nachteilige Auswirkungen besaß und diese aus den ausgelegten Unterlagen nicht zu ersehen war. Deshalb schreibt § 8 Abs. 2 aE der 9. BImSchV für diesen Fall eine erneute Auslegung vor (s. im Einzelnen → 9. BImSchV § 8 Rn. 4 ff.).

166 Schließlich war die Präklusion ausgeschlossen, wenn ausgelegte **Unterlagen und Genehmigung nicht** (mehr) **kongruent** waren, die Genehmigung also Errichtung und Betrieb einer Anlage erlaubte bzw. durch Nebenbestimmungen vorschrieb, deren Auswirkungen auf die Nachbarschaft aus den ausgelegten Unterlagen nicht ersichtlich gewesen sind (BVerwGE 60, 297 (307 f.)). Die Präklusionswirkung wurde jedoch nur durch **wesentliche Veränderungen** im Vergleich der Unterlagen mit der Entscheidung ausgeschlossen. Fortschritte etwa beim Stand der Technik, die eine von den Antragsunterlagen nur unwesentlich abweichende Genehmigung bewirken, konnten daher im Einzelfall unbeachtlich sein (vgl. hierzu BVerwGE 60, 297 (308); vgl. auch → Rn. 172 f.).

167 Die Präklusionswirkung wurde im Planfeststellungsrecht vom BVerwG für solche Personen, die **außerhalb des Auslegungsbereichs** wohnen, eingeschränkt (BVerwG NVwZ 2014, 730 (731); für Übertragung auf § 10 Abs. 3 S. 5 etwa Jarass Rn. 93; wohl auch Czajka in Feldhaus BImSchR Rn. 60). Mit dem Gebot der Rechtssicherheit und dem Zweck des detaillierten Genehmigungs-

verfahrens, die Behörde und den Antragsteller umfassend über bestehende Einwände gegen das Vorhaben zu informieren, war eine solche Ausnahme von der Präklusionsfolge auch unter Berücksichtigung des Art. 19 Abs. 4 GG nicht ohne Weiteres vereinbar. Denn der Bekanntmachungsbereich ist in rechtsstaatlich unbedenklicher Weise so gewählt, dass er den Lebensraum potenziell Betroffener möglichst vollständig abdeckt (vgl. → Rn. 72 ff.). Wer außerhalb dieses Bereichs wohnt und gleichwohl Einwendungen erheben will, dem war es durchaus zuzumuten, sich die erforderliche Kenntnis durch Einsicht in die – ohnehin breit zu streuenden – Veröffentlichungsblätter zu verschaffen. Machte die Behörde von der durch das Öffentlichkeitsbeteiligungsgesetz vom 9.12.2006 (→ Rn. 18a) eröffneten Möglichkeit Gebrauch, das Vorhaben statt in örtlichen Tageszeitungen im Internet bekannt zu machen (→ Rn. 75a), entschärfte sich die Problematik der Kenntnisnahme weiter.

Anders war der **Zuzug in den Einwirkungsbereich der Anlage** zu beurteilen. Wer erst nach Ablauf der Einwendungsfrist in den Einwirkungsbereich der Anlage zuzog, konnte zwar innerhalb der Frist Einwendungen allgemeiner Art („Jedermanns-Einwendungen") vorbringen; mit ihnen blieb er somit auch nach Ablauf der Einwendungsfrist ausgeschlossen. Er konnte jedoch mangels persönlicher Betroffenheit innerhalb der Frist keine Tatsachen zur Stützung persönlicher Abwehransprüche darlegen. Die früher vertretene Auffassung, die nur auf die **objektive Möglichkeit,** Einwendungen zu erheben, abstellte und damit den Einwender auch hinsichtlich seiner Abwehransprüche für präkludiert betrachtete (vgl. hierzu BVerwGE 9, 9 ff.), war angesichts des gewandelten Verständnisses der Präklusionswirkung als Ausfluss der Mitwirkungslast potenziell Betroffener nicht haltbar. Sie griff daher nicht ein, wo der Einwender aus **subjektiven Gründen** gehindert war, rechtzeitig Einwendungen zu erheben. Dies galt sowohl für den später in den Einwirkungsbereich der Anlage **Zugezogenen** als auch für den später innerhalb dieses Bereiches **Geborenen** (vgl. OVG Lüneburg UPR 1986, 189; Papier NJW 1980, 313 (317)). Der Dritte konnte deshalb grundsätzlich erst später entstandene Abwehransprüche auch noch nach Ablauf der Einwendungsfrist geltend machen, soweit es sich nicht um eigentumsrechtliche Ansprüche handelt (→ Rn. 171). 168

Nach Ablauf der Einwendungsfrist und vor Erteilung der Genehmigung konnten Dritte auf Grund ihrer erst später erworbenen Abwehransprüche stets die Versagung der Genehmigung oder die Beifügung von Nebenbestimmungen verlangen, wenn andernfalls ihr Schutz im Sinne des § 6 Abs. 1 Nr. 1 nicht sichergestellt werden konnte. Dies rechtfertigte sich bereits aus der Kontrollüberlegung, dass dasjenige, was ihnen nach Erteilung der Genehmigung ohnehin zugestanden werden müsste, ihnen ohne Beeinträchtigung des Grundsatzes der Verfahrenskonzentration auch schon während des Genehmigungsverfahrens zugebilligt werden kann. Zudem korrespondierte dies mit der Aufgabe der Behörde, von Amts wegen auch nach Ablauf der Einwendungsfrist bekanntgewordene Einwendungen zu berücksichtigen (BVerwG NJW 1981, 359 (361); → Rn. 185). Sofern die nachträglichen Einwendungen nicht ausgeschlossen waren, eröffneten sie dem Dritten zudem prinzipiell einen **Anspruch auf weitere Verfahrensteilhabe,** etwa hinsichtlich der Erörterung seiner Einwendungen. 169

Nach Erteilung der Genehmigung in den Einwirkungsbereich der Anlage **zugezogene Dritte** konnten die Genehmigung, sofern sie noch nicht bestandskräftig war und die Einwendungen durchgriffen, ebenfalls mit Erfolg anfechten (Schack in BeckOK UmweltR Rn. 75). Zwar konnte sie die behördliche Entscheidung bei deren Erlass noch nicht in ihren – erst später erworbenen – Rechten verletzen. Wenn man aber gerade deshalb zu ihren Gunsten von einem Ausschluss der Präklusion ausging und für die Beurteilung der Rechtmäßigkeit der Genehmigung auf den Zeitpunkt der letzten mündlichen Verhandlung abstellte, erwies sich die Genehmigung in Ansehung der zwischenzeitlich erworbenen Abwehrrechte Dritter als rechtswidrig und aufhebungsbedürftig. Etwas anderes galt aber, wenn der Betroffene zwar erst nach Ablauf der Einwendungsfrist, aber bereits **vor Erteilung der Genehmigung** im Einwirkungsbereich der Anlage lebte und die Genehmigung **erst nach Erteilung angefochten hatte,** sofern das Vorhaben ordnungsgemäß bekannt gemacht worden war. Hier war dem Betroffenen zuzumuten, seine Abwehransprüche geltend zu machen, sobald diese entstehen. Aus dem Umstand, dass er sie trotz Ablauf der Einwendungsfrist noch gegen das Vorhaben vorbringen konnte, durfte nicht gefolgert werden, dass er mit ihrem Vorbringen bis nach Erteilung der Genehmigung warten durfte. Dies hätte dem Zweck des förmlichen Genehmigungsverfahrens widersprochen, dem Antragsteller bereits mit der Genehmigungserteilung größtmögliche Rechtssicherheit zu verschaffen: Er erwarb, anders als etwa im Baugenehmigungsverfahren, gegenüber dem Dritten, der keine Einwendungen erhoben hat, mit der Genehmigung eine Rechtsposition, die die Behörde regelmäßig nicht zu seinem Nachteil wieder 170 beseitigen konnte (str., aA OVG Lüneburg UPR 1986, 189; vgl. aber auch BVerwG NJW 1970, 263 f.). Die Betroffenen waren hier nicht rechtsschutzlos. Sie konnten ebenso wie diejenigen, deren Einwendungen ausgeschlossen oder zurückgewiesen sind, auf Grund der nachträglich entstandenen Abwehransprüche den Erlass nachträglicher Anordnungen nach § 17 oder den Widerruf der Genehmigung, einer Teilgenehmigung oder eines Vorbescheides nach § 21 verlangen, wenn dies zu ihrem Schutz erforderlich sein sollte. In weiteren Teilgenehmigungsverfahren konnten sie entsprechende Einwendungen vorbringen, soweit dem der Regelungsgehalt bereits erteilte Teilgenehmigungen oder eines Vorbescheides nicht entgegenstand (vgl. → Rn. 183).

171 Einwendungen, mit denen eine **Verletzung des im Einwirkungsbereich belegenen Grundeigentums** geltend gemacht wurde, blieben allerdings auch dann ausgeschlossen, wenn die Eigentumsrechte erst nach Ablauf der Einwendungsfrist erworben werden, weil hier die Einwendungsbefugnis dem **Rechtsvorgänger** schon vor Ablauf der Einwendungsfrist zustand. Waren solche Einwendungen ausgeschlossen, weil der Rechtsvorgänger sie nicht rechtzeitig erhoben oder zurückgenommen hat oder über erhobene Einwendungen in einer Genehmigung, einer Teilgenehmigung oder einem Vorbescheid unanfechtbar entschieden ist, so konnten sie nicht infolge des Eigentumsübergangs wieder „aufleben". Denn die Einwendungsbefugnis und damit die Präklusionswirkung knüpften an das zu schützende Rechtsgut an (BVerwGE 60, 297 (300 f., 306)).

172 Probleme ergaben sich zudem bei Einwendungen, die mit Blick auf einen **fortgeschrittenen Erkenntnisstand** von Naturwissenschaft und Technik nicht fristgerecht vorgebracht werden konnten (BVerwGE 60, 297 (308 f.)). Ein betroffener Dritter konnte mangels legitimen Sanktionierungszwecks daher auch nach Ablauf der Einwendungsfrist noch Abwehransprüche geltend machen, die auf Tatsachen beruhen, welche erst auf Grund eines fortgeschrittenen Erkenntnisstandes in Naturwissenschaft oder Technik bekannt geworden sind (aA und für eine Abwägung mit dem Vertrauensinteresse des Vorhabenträgers hingegen Degenhart in FS Menger, 621 (635)).

173 Von der Problematik des fortgeschrittenen Erkenntnisstandes abzugrenzen war der Gesichtspunkt einer ggf. **speziellen Erkenntniszuständigkeit.** War nach der Rechtsordnung eine bestimmte Fachbehörde mit der Prüfung und verbindlichen Entscheidung einer Sachfrage betraut, die nach § 6 Abs. 1 Nr. 2 unmittelbar Einfluss auf die immissionsschutzrechtliche Genehmigung hat, so sollte die für den Vorhabenträger negative Beantwortung dieser Sachfrage durch die Fachbehörde zugleich einen Drittbetroffenen von seiner grundsätzlichen Einwendungsobliegenheit entheben.

174 Da der materielle Einwendungsausschluss seine **äußerste Grenze** in der **Bestandskraft** der erteilten Genehmigung fand, „heilte" er auch keine schweren und offenkundigen Fehler, die zur Nichtigkeit eines erlassenen Verwaltungsakts führen. Er beseitigte daher auch nicht die Befugnis, gegen eine erteilte Genehmigung **Nichtigkeitsfeststellungsklage** zu erheben (BVerwGE 60, 297 (308)).

175 **bb) Unionsrechtliche Entwicklungen.** Brisant war die Frage der Vereinbarkeit der Präklusionsbestimmung des § 10 Abs. 3 S. 5 aF mit unionsrechtlichen Vorgaben. Nach der „Trianel-Entscheidung" des EuGH (EuGH Urt. v. 12.5.2011 – C-115/09 = ZUR 2011, 368 ff.) kamen in der Literatur Zweifel an der Vereinbarkeit der materiellen Präklusion mit unionsrechtlichen Rechtsschutz- bzw. Gerichtszugangsvorgaben in den einschlägigen Verfahrensrichtlinien auf (s. bereits Ekardt NVwZ 2012, 530 (533 ff.)). Das betraf insbesondere die UVP- und die Industrieemissionsrichtlinie. Durch den Verweis in Art. 23 lit. b Seveso-III-RL dürften diese Erwägungen allerdings auch auf die Seveso-III-RL übertragen werden können.

176 Zwar ist die Ausgestaltung der Verwaltungs- und Gerichtsverfahren nach dem Grundsatz der Verfahrensautonomie grundsätzlich den Rechtsordnungen der Mitgliedsstaaten vorbehalten. Durch konkrete **Gerichtszugangsvorgaben** in den neueren **EU-Umweltrichtlinien** (zB Art. 11 UVP-RL, Art. 25 der IE-RL, weiter auch Art. 23 lit. b der Seveso-III-RL, vgl. hierzu Schlacke NVwZ 2017, 905 (910)) wird diese mitgliedsstaatliche Regelungsfreiheit aber – teils erheblich – eingeschränkt. Insbesondere kann die dort etwa in Art. 11 Abs. 3 UVP-RL angedeutete Befugnis der Mitgliedsstaaten zur selbstständigen Definition subjektiver Rechtsverletzungen nicht als Übertragung einer inhaltlichen Ent-

scheidungskompetenz für die Rechtsschutzgewährung angesehen werden (s. Hofmann EuR 2016, 188 (192)). Viel eher versteht der Gerichtshof sie – durch strikte Anforderungen an die „Wirksamkeit" der Richtlinienumsetzung (vgl. exemplarisch EuGH EnWZ 2016, 78 (80 f., 82)) – wie eine Mittelauswahlfreiheit, die nicht das durch die Richtlinien verfolgte Ziel der Gewährung umfassenden Rechtsschutzes aushöhlen kann. Angeleitet wurde diese Rechtsprechung auch durch die völkerrechtlichen Rechtsschutzvorgaben aus **Art. 9 Abs. 2, 3 der Aarhus-Konvention,** die der EuGH in den Rechtssachen „Slowakischer Braunbär I" und „Slowakischer Braunbär II" ebenso für die mitgliedsstaatliche Richtlinienumsetzung fruchtbar gemacht hatte. Diese sind nach der Rechtsauffassung des EuGH durch die über sie erfolgte Aufladung der einschlägigen Rechtsschutzvorgaben (vgl. EuGH NVwZ 2011, 673 (675 f.); EuGH ZUR 2017, 86 (89)) vom mitgliedstaatlichen Gericht bei seiner Normauslegung „so weit wie möglich" zu beachten (Hofmann Die Verwaltung 50 (2017), 247 (254 f.)).

Das deutsche Verständnis „relativer Verfahrensrechte" stieß mit der durch diese Vorga- **177**
ben herausgebildeten, unionsrechtlichen Konzeption gestalterischer Beteiligung in Trägerverfahren an seine Grenzen. Im Urteil **„Kommission./.Deutschland" aus 2015** zeigte der **EuGH** mit aller Deutlichkeit die Divergenzen zwischen den deutschverfahrensrechtlichen Leitprinzipen und den Beteiligungsvorgaben der UVP- und Industrieemissionsrichtlinie auf. Lediglich das von der Kommission ebenso angezweifelte Verletztenprinzip des § 113 Abs. 1 S. 1 VwGO hielt der Prüfung des Gerichtshofs stand (EuGH EnWZ 2016, 78 (79 f.); mit anderer Deutung der Entscheidung allerdings Hofmann Die Verwaltung 50 (2017), 247 (264): lediglich Billigung der subj. Rechtsverletzung für die Zulässigkeit des Rechtsbehelfs). Sowohl die Beweislastumkehr für die Fehlerkausalität des § 46 VwVfG (und des inzwischen reformierten § 4 Abs. 1 aF UmwRG) als auch die Präklusionsvorschriften der § 2 Abs. 3 UmwRG und § 73 Abs. 4 S. 3 VwVfG erwiesen sich als unionsrechtswidrig. Sie verstießen nach Ansicht des EuGH gegen das Gebot des weiten Gerichtszugangs in Art. 11 der UVP-RL und 25 der IE-RL (EuGH EnWZ 2016, 78 (80 f., 82)).

Die Folgen dieser Rechtsprechung für andere Verfahren außerhalb der Planfeststellung **178**
und der Umweltverbandsklage waren unklar und umstritten. Neben der Frage der Übertragbarkeit auf das bauplanungsrechtliche Verfahren stellte sich insbesondere die nach den **Auswirkungen** auf die **Präklusionsnorm des § 10 Abs. 3 S. 5 aF.** Die wohl überwiegende Ansicht in Literatur und Rechtsprechung befürwortete allerdings eine Unanwendbarkeit auch dieser Bestimmung zumindest im Bereich der UVP- und der Industrieemissionsrichtlinie (vgl. etwa OVG Münster NVwZ-RR 2016, 610; Schüren/Kramer ZUR 2016, 400 (406); vgl. ferner Rieger/Groß NzBau 2017, 195 (198); teilw. anders Czajka in Feldhaus BImSchR Rn. 63a).

In der nachfolgenden Rechtssache **„Protect"** hatte der EuGH seine Rechtsprechung **178a**
zwar dahingehend abgeschwächt, dass die Gerichtszugangsvorgabe in **Art. 9 Abs. 3 der Aarhus-Konvention** auch materielle Präklusionsbestimmungen der Mitgliedstaaten zulassen könne, zumal diese nach ihrem Wortlaut ausdrücklich Bezug auf die nach „ihrem innerstaatlichen Recht festgelegt[en] Kriterien" nehme (EuGH NVwZ 2018, 225 (230)). Eine grundlegende Abkehr von der bisherigen Rechtsprechung war damit indes nicht verbunden, zumal der EuGH in der neueren Entscheidung **„Stichting Varkens in Nood"** klargestellt hat, dass sich diese eingeschränkte Befugnis zur Einführung einer materiellen Präklusion lediglich auf die Öffentlichkeitsbeteiligungsvorgabe des Art. 9 Abs. 3 und **nicht zugleich auf Art. 9 Abs. 2 der Aarhus-Konvention** beziehe, für die er eine materielle Präklusion weiterhin ausschließt (EuGH ZUR 2021, 229 (233 f.); krit. Lorenzen NVwZ 2022, 674 (677 ff.) mwN). Für den Anwendungsbereich der Rechtsschutzgarantie des Art. 9 Abs. 2 der Aarhus-Konvention, worunter etwa die Öffentlich-

keitsbeteiligungsvorgaben der UVP-RL und der IE-RL (vgl. auch Lorenzen NVwZ 2022, 674 (679)) sowie wegen des Verweises in Art. 23 lit. b Seveso-III-RL auch die der Seveso-III-RL fallen, kommt eine materielle Präklusion nach dem EuGH folglich weiterhin nicht in Betracht.

179 **cc) Reform des § 10 Abs. 3 S. 5; Rolle der Umweltvereinigungen, § 10 Abs. 3a.** Die soeben umrissene Rechtsprechung des EuGH bezieht sich allein auf das Instrument der materiellen Präklusion. Am 2.6.2017 hat der Gesetzgeber die Präklusionsregelung des § 10 Abs. 3 S. 5 daher an die Rechtsprechung des EuGH angepasst und lediglich einen Ausschluss von Einwendungen **„im Genehmigungsverfahren"**, also eine formelle Präklusion, vorgesehen (BGBl. I 2017 1298 ff.; Hufen/Siegel Fehler im Verwaltungsverfahren Rn. 411). Diese findet über die Grundsätze des **intertemporalen Prozessrechts** auch für auf Altverfahren Anwendung, sodass § 10 Abs. 3 S. 5 aF einer derartigen Klage – auch unter Berücksichtigung des Vertrauensschutzes des Genehmigungsinhabers – nicht entgegensteht (VGH München ZUR 2022, 367 (368 f.)). Das Beibehalten der formellen Präklusion ist nach zutreffender Ansicht des Gesetzgebers legitim, da diese – als Kernmaterie administrativer Rechtssetzung (vgl. Degenhart in FS Menger, 621 (622)) – nicht der über Art. 11 UVP-RL und Art. 25 der Industrieemissions-RL allein rechtsschutzspezifischen Prüfungskompetenz des EuGH unterliegt (vgl. BT-Drs. 18/9526; s. auch Rieger/Groß NZBau 2017, 195 (197); ähnlich auch Roßnagel/Hentschel in GK-BImSchG Rn. 328; Czajka in Feldhaus BImSchR Rn. 63c).

179a Beachtlich ist, dass der Gesetzgeber im Wege einer „großen Lösung", durch die Reform der zentralen Verfahrensnorm des § 10 Abs. 3 S. 5, darauf verzichtet hat, die materielle Präklusion nur im Bereich der UVP- und Industrieemissionsrichtlinie aufzuheben. Nur zu diesen hatte sich der EuGH in seiner Rechtsprechung zur Unanwendbarkeit der Präklusionsnormenexplizit explizit verhalten, wobei die EuGH-Rechtsprechung sich wegen der Verweisungsnorm in Art. 23 lit. b der Seveso-III-RL auch auf die störfallrechtlichen Verfahrens- und Rechtsschutzvorgaben beziehen dürfte (→ Rn. 178a). **SPD, B90/Grüne und FDP** planen nach eigenen Angaben im **Koalitionsvertrag 2021-2025** (vgl. ebd. S. 11) allerdings die **Wiedereinführung** einer „unionsrechtlich zulässige[n] Form der materiellen Präklusion", sodass es durchaus denkbar erscheint, dass diese Rechtslage künftig wieder abgeändert wird (krit. vor den unionsrechtlichen Vorgaben und für Notwendigkeit einer durch die EU veranlassten Reform der Richtlinien Burgi/Nischwitz/Zimmermann NVwZ 2022, 1321 (1323)).

179b Im Einklang mit der EuGH-Rechtsprechung hat der Gesetzgeber ferner die Einführung einer **Missbrauchsbestimmung** in einem neuen **§ 5 UmwRG** vorgenommen, der den Wegfall der materiellen Präklusion nach § 10 Abs. 3 S. 5 aF kompensieren soll. Vor dem Hintergrund dieser Bestimmung ist auch die Konturierung der **Rolle der Umweltvereinigungen** im Genehmigungsverfahren in **§ 10 Abs. 3a** zu sehen. Neben der gesetzlichen Anerkennung der bereits durch die Rechtsprechung zuletzt erhöhten Anforderungen an die Substantiierungslast (→ Rn. 134a; so auch Weiss in Appel/Ohms/Saurer Rn. 183) hat die Neuregelung des § 10 Abs. 3a vor allem im Bereich des Rechtsschutzausschlusses nach § 5 UmwRG Bedeutung. Die Norm weist zweifelsohne eine gewisse Ambivalenz auf: zwar „sollen" die Umweltschutzvereinigungen die Behörde bei der Entscheidungsfindung unterstützen, eine Teilnahmepflicht quasi „durch die Hintertüre" wird durch die Vorschrift allerdings nicht begründet. Es handelt sich um eine bloße **Mitwirkungsobliegenheit**, die allerdings nur bei Einschlägigkeit des § 10 Abs. 3, Abs. 3a eingreift, nicht also im vereinfachten Verfahren (vgl. § 19 Abs. 2; OVG Greifswald BeckRS 2018, 19247 Rn. 121; Jarass Rn. 91). Im Übrigen kann infolge der zu beachtenden unionsrechtlichen Rechtsschutzvorgaben auch die bloße Nichtteilnahme am Verfahren nicht zur Rechtsmissbräuchlichkeit führen (Jarass Rn. 95; Weiss in Appel/Ohms/Saurer Rn. 183; vgl. auch → Rn. 285d). Die Bestimmung hat damit eher den Charakter einer gesetzlichen Zielangabe. Sie mag insoweit als Vergleichspunkt für die Prüfung der Rechtsmissbräuchlichkeit des Verhaltens einer Umweltvereinigung im Verfahren (§ 5 UmwRG) verstanden werden, indem sie das gesetzgeberische Idealbild der Umweltvereinigungen nachzeichnet (ähnlich wohl Storost in Ule/Laubinger/Repkewitz D 66). Die systematische Verortung der Vorschrift im immissionsschutzrechtlichen Genehmigungsverfahren ist freilich eher unglücklich (s. Czajka in Feldhaus BImSchR Rn. 54t).

dd) Formelle Präklusion gem. § 10 Abs. 3 S. 5 nF. Nach § 10 Abs. 3 S. 5 nF sind nunmehr alle **Einwendungen** nur noch **für das Genehmigungsverfahren ausgeschlossen,** die **nicht innerhalb der Einwendungsfrist** in gehöriger Form und hinreichend substantiiert **vorgebracht** worden sind und die nicht auf besonderen privatrechtlichen Titeln beruhen. Hat ein Einwender etwa innerhalb der Einwendungsfrist nur Einwendungen wegen befürchteter Gesundheitsbeeinträchtigungen dargelegt, ist er mit Einwendungen, die eine Beeinträchtigung anderer Rechtsgüter betreffen, lediglich im weiteren Verfahrensablauf ausgeschlossen (vgl. auch § 14 Abs. 1 S. 1, § 21 Abs. 1 Nr. 5 der 9. BImSchV). Dem steht der Fall gleich, dass ein Einwender seine fristgerechte Einwendung zurückgenommen hat (Jarass Rn. 89; Weiss in Appel/Ohms/Saurer Rn. 177). Nicht mehr ausgeschlossen ist indes die Möglichkeit, eine Verletzung von Rechten erst im Klageverfahren geltend zu machen (Czajka in Feldhaus BImSchR Rn. 63b). Der Einwendungsberechtigte verliert gem. § 10 Abs. 3 S. 5 nun also (lediglich) den Anspruch auf Anbringung und Behandlung seiner Einwendungen im **Verwaltungsverfahren** (sog. „formelle Präklusion"; s. BVerwGE 60, 297 (300 f.); Jarass Rn. 92; Weiss in Appel/Ohms/Saurer Rn. 177; Papier NJW 1980, 313 (314) mwN; allgemein Thiel DÖV 2001, 814 (815)). Da auch die formelle Präklusion eine Form der Verwirkungspräklusion ist, führt überdies – wie auch noch unter Geltung der früheren materiellen Präklusionsbestimmung – nicht jedwede Nichtteilnahme am Verfahren zur Präklusion (so auch Jarass Rn. 93; Roßnagel/Hentschel in GK-BImSchG Rn. 330; Weiss in Appel/Ohms/Saurer Rn. 178). Mit Blick auf mögliche, der formellen **Präklusion** gegebenenfalls **entgegenstehende Verfahrensfehler** kann man sich an den oben benannten Fallgruppen zur früheren materiellen Präklusion orientieren (→ Rn. 162 ff.; ähnlich auch Weiss in Appel/Ohms/Saurer Rn. 178). 180

Der formell Präkludierte hat keinen Anspruch auf Teilnahme am Erörterungstermin bei Ausschluss der Öffentlichkeit (§ 18 Abs. 1 der 9. BImSchV) und kann nicht die sachliche Erörterung seiner Einwendungen verlangen (§ 14 Abs. 1 der 9. BImSchV). Er wird weder von einer Verlegung des Erörterungstermins unterrichtet (§ 17 Abs. 2 der 9. BImSchV), noch muss ihm auf Verlangen eine Abschrift der Niederschrift des Erörterungstermins erteilt werden (§ 19 Abs. 2 der 9. BImSchV). Seine Einwendungen müssen ferner von der Behörde auch nicht iSd § 21 Abs. 1 Nr. 5 bzw. § 23 Abs. 2 S. 1 Nr. 5 der 9. BImSchV behandelt oder gar verbeschieden werden (Czajka in Feldhaus BImSchR Rn. 63; vgl. zum Vorstehenden auch Weiss in Appel/Ohms/Saurer Rn. 177). Schließlich ist ihm auch die behördliche Entscheidung nicht zwingend zuzustellen (so auch Schack in BeckOK UmweltR Rn. 85; Roßnagel/Hentschel in GK-BImSchG Rn. 455; aA Storost in Ule/Laubinger/Repkewitz J 9; Weiss in Appel/Ohms/Saurer Rn. 258; Jarass Rn. 131, die jeweils nur auf die Einwendungserhebung abstellen und die Fristwahrung nicht zur Voraussetzung machen wollen). Zur aus **§ 24 Abs. 1 VwVfG** folgenden Pflicht zur Berücksichtigung verspäteter Einwendungen, insbesondere der im Interesse der Allgemeinheit erhobenen, durch die Behörde → Rn. 185. 181

182 **c) Behandlung ausgeschlossener Einwendungen.** Verspätete Einwendungen, für die keine Wiedereinsetzung in den vorigen Stand gewährt wurde, sind im Genehmigungsverfahren als verspätet zurückzuweisen. Die Frist ist eine **Ausschlussfrist** (vgl. dazu Stober AöR 106 (1981), 41 (45 f.) mwN). Dagegen lässt der Fristablauf allein die zugrunde liegenden zivilrechtlichen Ansprüche unberührt (→ Rn. 187 ff.; offen gelassen von BVerwGE 60, 297 ff.). Anspruchsändernd bzw. -beseitigend wirkt sich insoweit erst die privatrechtsgestaltende Genehmigung aus (vgl. → § 14 Rn. 1 ff.).

183 Infolge der materiellen Präklusion nach § 10 Abs. 3 S. 5 aF verlor der Betroffene zudem die Befugnis, eine erteile Genehmigung, Teilgenehmigung oder einen Vorbescheid unter entsprechenden Gesichtspunkten anzugreifen (vgl. BVerwGE 60, 297 (303 f.)). Dieser Rechtsverlust ist mit der Neufassung des § 10 Abs. 3 S. 5 nicht mehr möglich. Für den Vorbescheid und die Teilgenehmigung ist allerdings weiterhin der § 11 und die in ihm normierte Bestandskraft präklusiv zu beachten.

184 Einwendungen sind nach § 10 Abs. 3 S. 5 für das gesamte Genehmigungsverfahren von der weiteren **formellen Behandlung** ausgeschlossen, insbesondere von der Erörterung in einem gegebenenfalls stattfindenden Erörterungstermin (§ 10 Abs. 6, § 14 Abs. 1 und § 16 Abs. 1 Nr. 1 der 9. BImSchV) und der sachlichen Bescheidung im Genehmigungsbescheid („formelle Präklusion"). Die Befugnis, Einwendungen mit bindender Wirkung hinsichtlich ihrer Berücksichtigung seitens der Genehmigungsbehörde zu erheben, erlischt mit Ablauf der Einwendungsfrist.

185 Die formelle Präklusion lässt den Umfang der **Amtsermittlungspflicht** gemäß **§ 24 Abs. 1 VwVfG unberührt** (Weiss in Appel/Ohms/Saurer Rn. 177; Czajka in Feldhaus BImSchR Rn. 62, 63c; Schack in BeckOK UmweltR Rn. 64). Aus diesem Grund hatte der Gesetzgeber letztlich darauf verzichtet, die Maßgeblichkeit der Einwendung für die „Rechtmäßigkeit für die Entscheidung" (vgl. noch den Entwurf BT-Drs. 18/9526, 15) als – in dieser Form überflüssigen – Ausschlusstatbestand für die formelle Präklusion zu definieren. Insoweit sind auch verspätete, namentlich die im Interesse der Allgemeinheit vorgebrachten Einwendungen bei der Prüfung der Genehmigungsvoraussetzungen zu berücksichtigen (BVerwGE 60, 297 (309 f.); zu §§ 16 ff. GewO aF ausdrücklich auch schon BVerwGE 9, 9 (12); s. auch Weiss in Appel/Ohms/Saurer Rn. 177).

186 Sollte sich auf Grund verspätet erhobener Einwendungen ergeben, dass die begehrte Genehmigung, Teilgenehmigung oder der Vorbescheid gegen die Genehmigungsvoraussetzungen des § 6 verstoßen würde, darf sie nicht oder nur mit solchen Nebenbestimmungen erteilt werden, die den Verstoß ausschließen. Gleiches gilt auch für die Einwendungen Drittbetroffener. **Vor der Reform des § 10 Abs. 3 S. 5** hatte der mit seinen Einwendungen ausgeschlossene Dritte durch die materielle Präklusion **keinen durchsetzbaren Anspruch auf** eine **Berücksichtigung im Rahmen der Genehmigungsentscheidung** (vgl. BVerwGE 60, 297 (310); BVerfG NJW 1982, 2173 ff.). Durch die nunmehrige allein formelle Präklusion ist die diesbezügliche Rechtsprechung allerdings überholt. Durch den alleinigen Ausschluss im Verfahren bleibt der **klägerische Aufhebungsanspruch** voll justiziabel und gerichtlich durchsetzbar.

187 **d) Verhältnis zu zivilrechtlichen Ansprüchen.** Die Präklusion der auf privatrechtliche Abwehransprüche gestützten Einwendungen lässt den **Bestand dieser Ansprüche** grundsätzlich unberührt (Sellner Immissionsschutzrecht und Industrieanlagen Rn. 216). Denn die Genehmigung wird unbeschadet der privaten Rechte Dritter ausgesprochen (BGHZ 69, 118 – zur Genehmigung nach dem LuftVG). Kann also ihre Zurückweisung im Genehmigungsverfahren nach Erörterung nicht zum Rechtsverlust führen, so muss dies auch dann gelten, wenn sie wegen Fristversäumnis ohne weitere Behandlung zurück-

gewiesen wurden. Ansonsten besäße die Präklusion eine nicht vorgesehene Sanktionswirkung im Hinblick auf die zivilrechtlichen Rechtspositionen.

Der Nachbar kann damit trotz Präklusionswirkung im Zivilrechtsweg auf **Herstellung von Einrichtungen,** die die benachteiligenden **Einwirkungen beseitigen oder mindern** sollen (§ 14 S. 1 2. Hs.), bzw. nach Maßgabe des § 14 S. 2 auf Entschädigung klagen. Lediglich mit der Klage gegen die Errichtung der Anlage ist er gemäß § 14 S. 1 1. Hs. ausgeschlossen. Die Ansprüche nach § 14 S. 1 2. Hs. und S. 2 treten als Surrogate an die Stelle der privatrechtlichen Abwehransprüche gegen die Anlage selbst (vgl. im Einzelnen Rehbinder → § 14 Rn. 28 ff., 35). 188

e) Präklusion und maßgeblicher Beurteilungszeitpunkt. Der Ausschluss von Einwendungen ist gem. § 10 Abs. 3 S. 5 nF nunmehr lediglich auf das Genehmigungsverfahren begrenzt. Für die nachträgliche verwaltungsgerichtliche Kontrolle spielt der Einwendungsausschluss mithin keine Rolle mehr. **Neue Erkenntnisse aus Wissenschaft, Technik oder Forschung** könnten allein nach dieser Überlegung unmittelbar wieder zum Prüfungsgegenstand gemacht werden. Dabei ist jedoch zu beachten, dass bei neuen Erkenntnissen auch die Behörde die Tatsachen bis zu ihrem Bekanntwerden nicht berücksichtigen konnte. 189

Die **Behörde handelt demnach rechtmäßig,** wenn sie den im jeweiligen Zeitpunkt ihrer Entscheidung vorhandenen Erkenntnisstand berücksichtigt; spätere Erkenntnisse lassen ihre Entscheidung nicht rückwirkend rechtswidrig werden. Diesen Erkenntnissen ist daher, soweit erforderlich, durch nachträgliche Anordnungen nach § 17 oder durch Widerruf der Genehmigung nach § 21 Rechnung zu tragen (→ Rn. 189b). Derjenige, der erst nach Ablauf der Einwendungsfrist unter Berufung auf den fortgeschrittenen Erkenntnisstand Abwehransprüche geltend macht, kann indes von der Behörde nicht mehr verlangen, als sie auf Grund der veränderten Sachlage im jeweiligen Verfahrensstand in seinem Interesse nunmehr zu tun verpflichtet war. Im Übrigen bleibt die Bestandskraft unanfechtbarer Genehmigungen, Teilgenehmigungen oder Vorbescheide unberührt. Wurden auf einem fortgeschrittenen Erkenntnisstand beruhende Abwehransprüche **vor Erteilung der Genehmigung,** aber nach Ablauf der Einwendungsfrist geltend gemacht, so kann die Versagung der Genehmigung nur dann begehrt werden, wenn auf Grund des neuen Erkenntnisstandes der Schutz des Dritten anders nicht sichergestellt werden kann. Ansonsten kann lediglich die Beifügung solcher Nebenbestimmungen verlangt werden, die zu dessen Schutz erforderlich sind (vgl. zur früheren Rechtslage schon BVerwGE 9, 9 (12 f.)). 189a

Nach Erteilung der Genehmigung, einer Teilgenehmigung oder eines Vorbescheides erhobene Abwehransprüche können diesen Entscheidungen – auch sofern noch keine Bestandskraft eingetreten ist – im Rahmen eines Anfechtungsrechtsbehelfs nicht mit Erfolg entgegengesetzt werden. Dass die Behörde zum Zeitpunkt ihrer Entscheidung den inzwischen fortgeschrittenen Stand von Wissenschaft und Technik nicht berücksichtigen konnte, entbindet sie zwar nicht von einer **fortlaufenden Überprüfung des Anlagenbetriebs auf seine Vereinbarkeit mit den Betreibergrundpflichten nach den §§ 5, 7.** Diese Kontrollpflichten sind allerdings keine Frage der Rechtmäßigkeit der Genehmigungsentscheidungen mehr, sondern gehören zum davon abzugrenzenden Überwachungsauftrag der Behörde nach den §§ 17, 20, 21. Für die Frage der Rechtmäßigkeit der Genehmigung verbleibt es damit bei althergebrachten Grundsätzen. Maßgeblich ist grundsätzlich der Zeitpunkt der Sach- und Rechtslage im **Zeitpunkt der letzten Behördenentscheidung,** bei Durchführung des Widerspruchverfahrens ist dies der Widerspruchbescheid. Abweichungen können sich indes bei der Beurteilung von **Anlagen zur Nutzung erneuerbarer Energien** iSd Richtlinie 2018/2001/EU ergeben, für welche 189b

§ 10 Abs. 5 S. 3 auf Antrag des Vorhabenträgers die Sach- und Rechtslage nach Ablauf der Monatsfrist für die Behördenbeteiligung für maßgeblich erklärt (zur Auslegung dieser Bestimmung vgl. → Rn. 108c). Die immissionsschutzrechtliche Genehmigung ist insbesondere **kein Dauerverwaltungsakt, der für die Zukunft rechtswidrig werden könnte.** Die Behörde hat nachträglichen Änderungen vielmehr nach den §§ 17, 20, 21 Rechnung zu tragen (s. BVerwG NVwZ-RR 1991, 236; VGH München BayVBl 2014, 502 (505); eingehend Kloepfer Umweltrecht § 8 Rn. 140 ff.). Ist – wie im Regelfall – der **Zeitpunkt der letzten Behördenentscheidung** der maßgebliche für die Beurteilung der Rechtmäßigkeit, so sind insbesondere auch Änderungen zwischen dem Erlass des Ausgangsbescheides und dem Erlass des Widerspruchbescheids zu berücksichtigen. Die Rechtsprechung des BVerwG zu Baugenehmigungen, nach welcher Änderungen im Widerspruchsverfahren zu Ungunsten des Genehmigungsinhabers nicht zu berücksichtigen waren, ist auf die immissionsschutzrechtliche Genehmigung nicht übertragbar (s. VGH Mannheim NVwZ-RR 2012, 640; NVwZ-RR 2015, 18 (19)). Möchte sich der Nachbar gegen die Auswirkungen der Anlage wehren, so ist er gehalten, den Erlass **von Entscheidungen nach §§ 17, 20, 21 BImSchG** im Wege einer Verpflichtungs-, bzw. Bescheidungsklage zu verlangen, wenn dies nach dem nunmehrigen Erkenntnisstand zu seinem Schutze erforderlich sein sollte (BVerwG NVwZ-RR 1991, 236).

189c Selbiges gilt für das Geltendmachen von Abwehransprüchen im gestuften Verfahren (vgl. für die abweichende Beurteilung beim Betrieb atomarer Anlagen BVerwGE 61, 256 (217 ff.)). Damit ist der Einwender auch hier darauf verwiesen, den Erlass nachträglicher Anordnungen oder gegebenenfalls den Widerruf der früheren Teilgenehmigung oder des Vorbescheides zu verlangen, wenn die Voraussetzungen hierfür vorliegen.

190 Das in früheren Teilgenehmigungen oder einem Vorbescheid ausgesprochene **vorläufige positive Gesamturteil** kann in diesem Kontext der Berufung auf einen fortgeschrittenen Erkenntnisstand *per se* nicht entgegenstehen, sofern es auf dem – inzwischen überholten – Erkenntnisstand beruht. Denn die feststellende Wirkung dieses Urteils (→ § 8 Rn. 15 ff.) ist ohnehin unter den Vorbehalt neuer Erkenntnisse auf Grund einer geänderten Sachlage gestellt (vgl. allgemein Hoppe/Beckmann/Kauch Umweltrecht § 21 Rn. 121).

191 **f) Präklusion und Entscheidungen nach Genehmigungserteilung.** Die nunmehr explizit auf das Genehmigungsverfahren beschränkte Präklusion lässt einen **Widerruf** der Genehmigung nach § 21 und **sowie die Möglichkeit des Erlasses nachträglicher Anordnungen** nach § 17 unberührt. Sowohl die grundsätzliche Möglichkeit eines Anspruchs auf nachträgliches immissionsschutzrechtliches Einschreiten als auch die inhaltliche Reichweite dieses Anspruchs im Rahmen eines nachfolgenden, vom ursprünglichen Genehmigungsverfahren losgelösten Verpflichtungsbegehrens werden durch die Präklusionswirkung des § 10 Abs. 3 S. 5 nicht eingeschränkt.

192 Der Anspruch auf immissionsschutzrechtliches Einschreiten kann daher auch auf solche Tatsachen gestützt werden, mit denen der Einwender mit Bezug zur Genehmigungsentscheidung eigentlich präkludiert gewesen ist. Wollte man dies anders sehen, kann dieser Anspruch immerhin dort und für den Zeitraum nicht verweigert werden, wo die Präklusionsbestimmung des § 10 Abs. 3 S. 5 aF wegen Verstoß gegen Art. 11 UVP-RL, Art. 25 der Industrieemissions-RL nicht anwendbar gewesen ist.

193 **11. Beteiligung ausländischer Nachbarn. a) Bekanntmachung des Vorhabens.** Vormals bestand keine Verpflichtung, das Vorhaben im **Ausland** gemäß § 10 Abs. 3 S. 1 bekannt zu machen und die Unterlagen auszulegen (dazu auch → Rn. 74 f.). Durch die „Erste Verordnung zur Änderung der Verordnung über das Genehmigungsverfahren vom 8.12.2017" (BGBl. I 3882 ff.) hat sich dies allerdings geändert. Nicht nur für UVP-pflichtige Vorhaben (§ 11a Abs. 2 der 9. BImSchV), sondern auch für nicht UVP-pflichtige Anlagen besteht nun eine Beteiligungspflicht entsprechend den §§ 54 ff. UVPG (vgl. im Einzelnen → 9. BImSchV § 11a Rn. 3 ff., 6 ff.).

b) Inländische Interessen. Personen, die zwar im Ausland ansässig sind, aber im **Inland schutzwürdige Vermögensinteressen** haben, können sich dieser Interessen wegen wie jeder Inländer am Verwaltungsverfahren beteiligen, namentlich Einwendungen erheben (vgl. Jarass Rn. 84). Die Einwendungspflicht knüpft an das zu schützende Rechtsgut an, so dass diese Ausländer die gleiche Rechtsposition innehaben wie ein inländischer Nachbar: Sie sind am Genehmigungsverfahren zu beteiligen und werden mit den nicht rechtzeitig vorgebrachten Einwendungen ausgeschlossen. § 14 wirkt ihnen gegenüber rechtsgestaltend, und sie können die Genehmigung anfechten und ihre Abwehransprüche klageweise geltend machen. 194

c) Einwendungsbefugnis. Im Ausland lebende Personen ohne schutzwürdige Vermögensinteressen im Inland können gleichfalls **Jedermanns-Einwendungen** erheben, da der Kreis der Einwender insoweit nicht begrenzt ist. Das sogenannte Territorialitätsprinzip wird durch die Einräumung dieser Befugnis nicht verletzt, weil keine Hoheitsgewalt im Ausland ausgeübt wird (ebenso Jarass Rn. 84; Weber DVBl. 1980, 330 (332); Bothe UPR 1983, 1; Wolfrum DVBl. 1984, 493 (499); aA Lukes GewArch 1986, 1 (7 f.)). Der Einwendungsbefugnis steht nicht entgegen, dass das Vorhaben am Wohnsitz des Ausländers nicht veröffentlicht wird, da sie nicht an das Verbreitungsgebiet der Veröffentlichung anknüpft. Da durch Einwendungen auf alle im Genehmigungsverfahren zu berücksichtigenden öffentlichen Belange hingewiesen werden kann, können auch solche Einwendungen wertvolle Hinweise auf die Genehmigungsfähigkeit des Vorhabens geben, die sich auf die Auswirkungen der Anlage im Ausland beziehen (vgl. auch Jarass Rn. 84). 195

Darüber hinaus können **ausländische Nachbarn** – nach allerdings nicht unumstrittener Auffassung – Einwendungen wegen einer möglichen Gefährdung von Leben, körperlicher Unversehrtheit und Eigentum infolge einer Verletzung der **Grundpflicht aus § 5 Abs. 1 Nr. 1** geltend machen (vgl. → § 5 Rn. 121); für die übrigen Grundpflichten, namentlich die Vorsorgepflicht des § 5 Abs. 1 Nr. 2 einschließlich der diese konkretisierenden Regelungen, gilt dies zudem dort, wo das Unionsrecht die Gewährung individueller Anspruchspositionen verlangt. 196

d) Private Abwehransprüche. Auf **besonderen privatrechtlichen Titeln** beruhende Einwendungen können zwar auch durch im Ausland lebende Betroffene erhoben werden, sie sind jedoch auf den ordentlichen Rechtsweg zu verweisen (vgl. → Rn. 131). Dagegen können sich die Einwendungen – soweit nicht inländische Vermögensinteressen geltend gemacht werden (→ Rn. 194) – **nicht** auf **private Abwehransprüche** des Ausländers, die nicht auf besonderen privatrechtlichen Titeln beruhen, stützen. Sie richten sich nach dem Recht des Einwirkungsortes (*lex rei sitae;* vgl. BGH DVBl. 1979, 226; krit. Kloepfer DVBl. 1984, 245 (246)). Die Geltendmachung von Abwehransprüchen – etwa nach §§ 906, 1004 BGB – scheidet deshalb aus. 197

Abwehransprüche nach ausländischem Privatrecht können zwar vor ausländischen Gerichten geltend gemacht werden. Ihrer Berücksichtigung im Genehmigungsverfahren steht jedoch entgegen, dass § 5 nicht durch ausländisches Recht umgesetzt werden kann, soweit keine bilateralen Vereinbarungen bestehen. Das Genehmigungsverfahren schließt deshalb nicht die Prüfung ein, ob das Vorhaben mit dem ausländischen Recht übereinstimmt. Umgekehrt kann das deutsche Recht das ausländische Recht nicht be- 198 schränken, also insbesondere auf ausländisches Recht gestützte Ansprüche nicht nach § 14 ausschließen (wie hier für das Atomrecht BVerwGE 75, 285 (287)). Der Durchsetzung eines entsprechenden Anspruchs stünde jedoch gegebenenfalls Art. 6 EGBGB (ordre public) entgegen. Abwehransprüche nach §§ 906, 1004 BGB wegen der Verletzung inländischer Vermögensinteresse können jedoch nach § 14 ausgeschlossen werden. Andere, einem Ausschluss zugängliche Positionen gibt es wegen des Grundsatzes „lex rei sitae" nicht.

199 **e) Berufung auf Grundrechte.** Auch unter Berücksichtigung des Umstandes, dass die Grundrechte nach heutigem Erkenntnisstand Schutzansprüche auch für ausländische Nachbarn vermitteln können, folgt aus Art. 2 Abs. 2 GG oder Art. 14 GG grundsätzlich kein unmittelbar anwendbarer Abwehranspruch des ausländischen Nachbarn gegen eine erteilte Genehmigung (hierzu etwa Kloepfer DVBl. 1984, 245 (249); Lukes GewArch 1986, 1 (3, 8)). Vielmehr hat der Staat durch die Ausgestaltung der Grundpflichten in § 5 seiner Schutzpflicht bislang hinreichend Rechnung getragen, so dass ein unmittelbarer „Rückgriff" auf das Verfassungsrecht nicht in Betracht kommt (vgl. dazu BVerfG NJW 1983, 2931; → § 5 Rn. 43 f.). Unabhängig hiervon steht auch ausländischen Nachbarn selbstverständlich das Recht zu, vermeintliche Schutzdefizite in Bezug auf ihr Leben, ihre Gesundheit oder ihr Eigentum ggf. verfassungsgerichtlich geltend zu machen. Ein entsprechender Schutzgewährungsanspruch wird angesichts des weitreichenden Gestaltungsspielraums des Gesetzgebers indes allenfalls in dem seltenen Fall einer Verletzung des legislativen „Untermaßverbotes" begründet sein.

200 **f) Klagebefugnis.** Dass die immissionsschutzrechtliche Genehmigung nach dem **Territorialitätsprinzip** in ihrer Wirkung auf das deutsche Staatsgebiet begrenzt ist, nimmt ausländischen Nachbarn nicht die Möglichkeit einer Drittanfechtung der Genehmigung. Maßgeblich ist allein die Frage, ob die Genehmigungsbehörde auch solche Vorschriften zu prüfen hatte, die den ausländischen Nachbarn in seinen Rechten schützen sollen (zum AtomG BVerwGE 75, 285 (286 f.); zum LuftVG BVerwGE 132, 151 (157); Kloepfer Umweltrecht § 8 Rn. 222 ff.; Kahl/Gärditz Umweltrecht § 5 Rn. 33). **Ausländische Nachbarn** sind demnach **klagebefugt,** soweit sie eine Verletzung der drittschützenden Bestimmungen des § 5 geltend machen. Eine Pflicht zur Durchführung einer **grenzüberschreitenden Öffentlichkeitsbeteiligung** nach § 56 UVPG iVm § 11a der 9. BImSchV soll eine Erstreckung der Schutzrechte des nationalen Rechts auf die ausländischen Nachbarn indizieren (Kahl/Gärditz Umweltrecht § 5 Rn. 34). Einen unmittelbar auf Art. 2 Abs. 2 S. 1 GG gestützten Abwehranspruch gegen die erteilte Genehmigung könnten sie – wie deutsche Nachbarn auch – lediglich für den (höchst theoretischen) Fall geltend machen, dass die öffentliche Gewalt Schutzvorkehrungen entweder überhaupt nicht getroffen hat oder die getroffenen Regelungen und Maßnahmen offensichtlich gänzlich ungeeignet oder völlig unzulänglich sind, das Schutzziel zu erreichen (vgl. BVerfGE 79, 174 (201 f.)). In keinem Fall können ausländische Nachbarn die Verletzung ausländischer privater Abwehransprüche im Wege der Anfechtungsklage gegen eine erteilte Genehmigung geltend machen, da sie entsprechende Rechte nicht beseitigt (zum Meinungsstand s. Redeker/von Oertzen VwGO § 42 Rn. 19).

XI. Sachverständigengutachten

201 **1. Zweck.** Nicht immer kann die Genehmigungsbehörde anhand der eingereichten Unterlagen eine abschließende Entscheidung über die Genehmigungsfähigkeit des Vorhabens treffen. Die möglichen Folgen und Auswirkungen der geplanten Anlage sind häufig nur schwer überschaubar und hochkomplex, so dass die Behörde zur Schaffung einer

hinreichenden Entscheidungsgrundlage auf externe Sachkenntnis zurückgreifen muss. Dies erfolgt – sofern nicht eine zuverlässige Beurteilung des Sachverhalts durch eine der nach Abs. 5 beteiligten Behörden, ggf. aber auch durch Privatgutachten (OVg Greifswald BeckRS 2023, 2396 Rn. 88), möglich ist – zumeist durch die Anforderung von **Sachverständigengutachten.**

2. Behördliche Gutachten. Gemäß § 13 Abs. 1 S. 1 der 9. BImSchV kann die Behörde entsprechende Gutachten einholen, soweit dies für die Prüfung der Genehmigungsvoraussetzungen notwendig ist (sog. **behördliche Gutachten**). Der Gutachtenauftrag soll von der Behörde gem. § 13 Abs. 1 S. 2 der 9. BImSchV möglichst bis zum Zeitpunkt der Bekanntmachung nach § 8 der 9. BImSchV erfolgen. Eine Notwendigkeit hierzu ergibt sich dann, wenn die Genehmigungsbehörde nicht in der Lage ist, die Genehmigungsvoraussetzungen abschließend und sachkundig zu prüfen. Das schließt insbesondere auch die Stellungnahmen der nach § 10 Abs. 5 S. 1 beteiligten Behörden ein, die die Genehmigungsbehörde im Falle von inhaltlichen Zweifeln nicht ungeprüft übernehmen darf (Weiss in Appel/Ohms/Saurer Rn. 39). Für die Notwendigkeit einer sachverständigen Untersuchung zählt der § 13 Abs. 1 in der Neufassung vom 9.1.2017 (BGBl. I 47) diverse Regelbeispiele in nunmehr numerischer Reihenfolge in seinem Satz 3 auf. Die § 13 Abs. 1a und 2 blieben durch die Reform des § 13 Abs. 1 der 9. BImSchV im Übrigen unverändert (vgl. daher → Rn. 203 ff. sowie → 9. BImSchV § 13 Rn. 1 ff.). Es handelt sich bei den Änderungen in Abs. 1 neben einer redaktionellen Anpassung an die Anzeigepflichten in § 4b Abs. 2 der 9. BImSchV in erster Linie um eine „kosmetische" Anpassung der Vorschrift (BR-Drs. 238/16, 57). 202

Gem. § 13 Abs. 1 S. 3 Nr. 1 ist ein Sachverständigengutachten **in der Regel** notwendig, sofern es um die Beurteilung derjenigen Angaben iSd Abschnitts II Nr. 1, 3 und 4 und der Abschnitte III-V des Anhangs II der 12. BImSchV im Sicherheitsbericht iSd § 9 der 12. BImSchV geht, die nach § 4b Abs. 2 der 9. BImSchV beizufügen sind (→ Rn. 49b). Gem. § 13 Abs. 1 S. 3 Nr. 2 und 3 können Gutachten auch zur Wirtschaftlichkeitsanalyse und zu Angaben der Finanzlage des Betreibers in den Fällen der §§ 6, 8 Abs. 2 der Kosten-Nutzen-Vergleichsverordnung (KNV-V) verlangt werden (→ 9. BImSchV § 13 Rn. 3). Auch außerhalb dieser Regelbeispiele sind Gutachten möglich, sofern die Beurteilung mit besonderen Schwierigkeiten im Einzelfall einhergeht bzw. die Genehmigungsbehörde nicht selbst in der Lage ist, die Antragsunterlagen mit Blick auf die Genehmigungsvoraussetzungen sachverständig zu prüfen (vgl. Roßnagel/Hentschel in GK-BImSchG Rn. 364). Inhalt der behördlichen Gutachten sind in der Regel Tatsachenfragen aus dem Bereich der Naturwissenschaft und Technik. Gegenstand können aber auch **Rechtsfragen** sein (Jarass Rn. 64; Weiss in Appel/Ohms/Saurer Rn. 38). Mit der in der 9. BImSchV ausgesprochenen Befugnis zur Einholung von Sachverständigengutachten ist lediglich die Verwaltungshilfe erlaubt, nicht hingegen die (faktische) Beleihung von Sachverständigen. Damit haben die Behörden insbesondere keine Befugnis, genuine behördliche Entscheidungsbefugnisse auf Dritte zu übertragen. Daher wurde in der neueren Rechtsprechung etwa angenommen, dass die Bewertung der **Umweltauswirkungen nach § 20 Abs. 1b S. 1** der 9. BImSchV nicht durch private Sachverständige oder Projektmanager, sondern im Regelfall nur durch eigene Bedienstete der Behörde vorgenommen werden darf (OVG Lüneburg ZUR 2019, 429 (431); dazu auch → Rn. 239a). 202a

Zudem können, sofern dies nicht schon gemäß § 13 Abs. 1 S. 1 der 9. BImSchV erforderlich ist, Gutachten nach § 13 Abs. 1 S. 4 der 9. BImSchV eingeholt werden, um eine **Beschleunigung des Verfahrens** herbeizuführen. Hierfür ist jedoch die Zustimmung des Antragstellers erforderlich. Denkbar ist insbesondere eine Hinzuziehung von Sachverständigen, wenn eine Beurteilung der Genehmigungsfähigkeit durch die Behörde zwar 202b grundsätzlich möglich ist, aus personellen Gründen aber unverhältnismäßig lange Zeit in Anspruch nehmen würde (vgl. § 13 Abs. 1 S. 4 der 9. BImSchV; Jarass Rn. 64; Roßnagel/Hentschel in GK-BImSchG Rn. 365).

203 **3. Privatgutachten.** Abzugrenzen von den behördlichen Gutachten sind solche, die zB vom Antragsteller oder von Einwendern vorgelegt werden **(Partei- oder Privatgutachten).** Entscheidend ist hierbei der Auftraggeber des Gutachtens. Privatgutachten sind als **Teil der Antragsunterlagen** („sonstige Unterlagen" im Sinne des § 10 Abs. 1 S. 2) mit diesen auszulegen (§ 13 Abs. 2 der 9. BImSchV). Zudem entbindet die Anforderung von Sachverständigengutachten die Genehmigungsbehörde nicht davon, die Stellungnahmen bei den zu beteiligenden Behörden einzuholen.

204 Vom Antragsteller eingereichte Privatgutachten können das behördliche Gutachten entbehrlich machen (OVg Greifswald BeckRS 2023, 2396 Rn. 88). Zudem kommt die Möglichkeit in Betracht, **im Einverständnis** mit der Genehmigungsbehörde ein **Privatgutachten** einzuholen und es so zum behördlichen Gutachten zu machen (§ 13 Abs. 2 S. 2 der 9. BImSchV; vgl. dazu BR-Drs. 869/1/92, 11; Jarass Rn. 67). Das Gutachten ist dann wie ein behördliches Gutachten zu behandeln. Dieselbe Folge tritt ein, wenn ein gemäß § 29a Abs. 1 S. 1 bekannt gegebener Sachverständiger oder ein Sachverständiger im Sinne des § 29a Abs. 1 S. 2 mit der Erstellung des Gutachtens beauftragt wird. Nach hM ist § 13 Abs. 2 S. 2 der 9. BImSchV allerdings dahingehend restriktiv auszulegen, dass die Vorschrift nur dann zur Anwendung kommt, wenn die Behörde **maßgeblichen Einfluss** auf den Inhalt des Auftrags nimmt bzw. sich eine inhaltliche Prüfung vorbehält (Jarass Rn. 67; Storost in Ule/Laubinger/Repkewitz F 2; vgl. zur Frage, ob der Antragsteller zur Beibringung eines Gutachtens gezwungen werden kann, Reidt UPR 1992, 172 ff.). Damit wird der Tatsache Rechnung getragen, dass sich auch das vom Antragsteller im Einverständnis der Behörde in Auftrag gegebene Gutachten noch in seinem finanziellen und sachlichen Einflussbereich befindet und daher eine uneingeschränkte Objektivität nicht in jedem Fall gegeben sein wird (vgl. die kritische Stellungnahme des BR-Ausschusses für Umwelt, Naturschutz und Reaktorsicherheit anlässlich der Novellierung der 9. BImSchV 1993, BR-Drs. 869/1/92, 11).

205 **4. Gutachterauswahl und Mehrfachvergabe von Gutachten.** Bei der **Auswahl der Gutachter** sind §§ 20 f. VwVfG sowie § 65 Abs. 1 S. 2 VwVfG entsprechend anzuwenden (Jarass Rn. 65; Czajka in Feldhaus BImSchR 9. BImSchV § 13 Rn. 56; Roßnagel/Hentschel in GK-BImSchG Rn. 370; Weiss in Appel/Ohms/Saurer Rn. 42). Bei Überschreitung der relevanten Schwellenwerte sind gegebenenfalls die rechtlichen Vorgaben des Vergaberechts zu beachten (Czjaka in Feldhaus BImSchR 9. BImSchV § 13 Rn. 50) Auf besondere Sachkunde, insbesondere aber auf (fachliche) Unabhängigkeit der Gutachter ist Wert zu legen. Insbesondere muss jeder Anschein einer Befangenheit des Gutachters ausgeschlossen werden. Eine Beauftragung kommt daher nur dann in Betracht, wenn er nicht in derselben Sache die Interessen des Antragstellers vor Behörden oder Gerichten vertreten hat und nicht schon für einen anderen Beteiligten tätig gewesen ist (vgl. dazu noch eingehend Roßnagel in GK-BImSchG, Lsbl. Altaufl. Stand Juni 2014 Rn. 437).

206 Gegebenenfalls müssen im Hinblick auf eine Frage **mehrere Gutachten** eingeholt werden, insbesondere, wenn die Gutachter etwa auf Grund unterschiedlicher wissenschaftlicher Maßstäbe zu einem differierenden Ergebnis hinsichtlich der Einschätzung der Genehmigungsfähigkeit kommen können. Die Genehmigungsbehörde kann sich in diesem Fall nur dann eingehend und vollständig informieren, wenn sie alle Standpunkte in ihre Erwägungen einbezieht. Die Wahl nur eines Gutachters kann andernfalls eine

(unzulässige) Antizipierung des Ergebnisses bedeuten (vgl. Roßnagel in GK-BImSchG, Lsbl. Altaufl. Stand Juni 2014 Rn. 436 mwN; zu den Anforderungen an die Vergabe von Parallelgutachten vgl. Roßnagel DVBl. 1995, 644 (645); enger Czjaka in Feldhaus BImSchR 9. BImSchV § 13 Rn. 52). Zur Vermeidung von **Doppelgutachten** (behördliche und Privatgutachten) bzw. weithin kongruente Fragen behandelnder Gutachten soll in der Beratung vor Antragstellung erörtert werden, welche Gutachten voraussichtlich erforderlich sind und wie doppelte Gutachten verhindert werden können (§ 2 Abs. 2 Nr. 3 der 9. BImSchV). Die Behörde ist jedoch auch bei Vorliegen eines das behördliche Gutachten ersetzenden Privatgutachtens nicht daran gehindert, selbst weitere Gutachten in Auftrag zu geben, sofern diese nach § 13 Abs. 1 S. 1 der 9. BImSchV notwendig sind. Dies dürfte entgegen der amtlichen Gesetzesbegründung der Bundesregierung (BR-Drs. 869/92, 10) nicht nur dann der Fall sein, wenn sich neue Tatsachen oder Erkenntnisse ergeben, die die Erteilung eines weiteren Auftrags zwingend erforderlich machen, sondern auch dann, wenn die vorhandenen Gutachten nicht dem Anspruch genügen, die Entscheidung der Behörde über die Genehmigungsfähigkeit des Vorhabens zu ermöglichen, zB wenn die Objektivität des Gutachters oder die wissenschaftliche Qualität des Gutachtens zweifelhaft sind (vgl. Roßnagel in GK-BImSchG, Lsbl. Altaufl. Stand Juni 2014 Rn. 434).

Die behördlichen Gutachten sind gemäß § 13 Abs. 1 S. 2 der 9. BImSchV möglichst **vor der Bekanntmachung** des Vorhabens in Auftrag zu geben, damit sie gegebenenfalls schon mit ausgelegt, zumindest aber in einem von der Behörde festgesetzten Erörterungstermin Gegenstand der Besprechung und Verhandlung sein können (vgl. Sellner Immissionsschutzrecht und Industrieanlagen Rn. 148). Zur Sicherung des rechtzeitigen Eingangs des Gutachtens zum Erörterungstermin ist daher dem Gutachter eine **angemessene Frist** zur Erstellung einzuräumen. Liegen die Gutachten beim Erörterungstermin noch nicht vor, kann eine zusätzliche Anhörung des Antragstellers und potenzieller Drittbetroffener nach § 28 VwVfG notwendig sein (Jarass Rn. 65; Roßnagel in GK-BImSchG, Lsbl. Altaufl. Std. Juni 2014 Rn. 441; aA Weiss in Appel/Ohms/Saurer Rn. 42), um dem Zweck der Öffentlichkeitsbeteiligung, einen vorgezogenen Rechtsschutz zu gewährleisten, Rechnung zu tragen. 207

Die **Kosten** sowohl der notwendigen als auch der mit Zustimmung des Antragstellers zur Beschleunigung des Verfahrens eingeholten Gutachten sind gemäß § 52 Abs. 4 S. 1 grundsätzlich dem Antragsteller aufzuerlegen (Weiss in Appel/Ohms/Saurer Rn. 38). 208

5. Anderweitige Beteiligung von Sachverständigen. Sachverständige können nicht nur zur Anfertigung behördlicher Gutachten in das Genehmigungsverfahren einbezogen werden. Vielmehr eröffnet § 13 Abs. 1 S. 4 der 9. BImSchV die Möglichkeit, Sachverständige mit Einwilligung des Antragstellers für **andere Hilfsleistungen** einzusetzen. In Betracht kommen etwa die Sichtung und Ordnung der Einwendungen, die Vorbereitung des Erörterungstermins (BR-Drs. 869/92 (Beschluss), 9) oder die Zusammenstellung der Antragsunterlagen (Fluck DB 1993, 2011 (2016)). Auch ohne Einwilligung des Antragstellers können Sachverständige mit derartigen Aufgaben betraut werden, allerdings nur, soweit dies für die Sachverhaltsaufklärung erforderlich ist, nicht also zur bloßen Verfahrensbeschleunigung (Jarass Rn. 68). Die Ermächtigung zur Heranziehung von Sachverständigen für die genannten Hilfsdienste gewährt diesen die Befugnis, auch datenschutzrechtlich relevante personenbezogene Daten zu verarbeiten (vgl. Roßnagel/Hentschel in GK-BImSchG Rn. 366). 209

XII. Erörterungstermin (Absatz 6)

210 Nach § 10 Abs. 6 entscheidet die Genehmigungsbehörde im Einzelfall, ob im förmlichen Genehmigungsverfahren ein **Erörterungstermin** durchgeführt wird oder nicht. Der Erörterungstermin ist demnach fakultativ. Die Entscheidung ergeht gemäß § 12 Abs. 1 S. 3 der 9. BImSchV nach Ablauf der Einwendungsfrist, die für UVP-pflichtige Vorhaben einen Monat beträgt (§ 12 Abs. 1 S. 2), sonst grundsätzlich zwei Wochen (§ 10 Abs. 3 S. 4), und steht im pflichtgemäßen Ermessen der Behörde. Die erstmals durch das Gesetz zur Reduzierung und Beschleunigung von immissionsschutzrechtlichen Genehmigungsverfahren v. 23.10.2007 (BGBl. I 2470) umgesetzte Abkehr von einem obligatorisch durchzuführenden Erörterungstermin soll das Genehmigungsverfahren insgesamt beschleunigen. Die Bestimmungen des Gesetzes über die Öffentlichkeitsbeteiligung sind durch die Novelle indes unangetastet geblieben. Ein Erörterungstermin wird nunmehr nur noch in den Fällen stattfinden, in denen die Behörde nach einer Beurteilung des konkreten Genehmigungsverfahrens und unter Berücksichtigung des in § 14 der 9. BImSchV niedergelegten Zwecks des Erörterungstermins zu dem Ergebnis kommt, dass seine Durchführung sachgerecht und erforderlich ist (vgl. auch § 16 Abs. 1 Nr. 4 der 9. BImSchV, der inzwischen ebenso für UVP-pflichtige Anlagen gilt) bzw. wenn Rechtsvorschriften aus anderen Regelwerken einen Erörterungstermin vorschreiben (vgl. die Begründung des Gesetzentwurfs, BT-Drs. 16/1337, 10). Darüber hinaus wird die Behörde regelmäßig dann einen Erörterungstermin festsetzen, wenn der Antragsteller dies begehrt. In allen anderen Fällen können durch den Verzicht auf einen Erörterungstermin tatsächlich ein unnötiger Aufwand vermieden und der für die behördliche Entscheidung über den Genehmigungsantrag erforderliche Zeitraum verkürzt werden; die Entlastung der Behörden sowie der Bürokratieabbau durch eine Reduzierung der materiellen und verfahrensrechtlichen Anforderungen im Bereich der dem Regime des BImSchG unterliegenden genehmigungsbedürftigen Anlagen sind erklärtes Ziel der Novelle (vgl. Stellungnahme der BReg, BT-Drs. 16/1337, Anlage 2, 17). Ein Erörterungstermin wird insbesondere dann nicht sachgerecht sein, wenn keine Einwendungen oder nur solche erhoben worden sind, die auf besonderen privatrechtlichen Titeln beruhen (vgl. auch § 16 Abs. 1 Nr. 1, 3 der 9. BImSchV). Gleiches gilt selbstverständlich, wenn der Antragsteller seinen Antrag auf Genehmigungserteilung zurücknimmt, etwa angesichts der Vielzahl oder der Überzeugungskraft der vorgebrachten Einwendungen. Ausnahmen können zudem denkbar sein, wenn die Tatsachen alle unstreitig sind oder die Behörde bereits die Gründe der Einwendungen kennt, sodass diese im Erörterungstermin nur wiederholt werden würden (VGH Mannheim EnWZ 2019, 131 (134); Czajka in Feldhaus BImSchR Rn. 76). Ein Erörterungstermin ist nicht schon deshalb erforderlich, weil vom Vorhabenträger neue Unterlagen vorgelegt werden, zumal diese der Öffentlichkeit primär über § 10 Abs. 3 S. 3 nach den Vorschriften der Umweltinformationsgesetze zur Verfügung zu stellen sind (BVerwG NVwZ-RR 2017, 229 (232)).

Die behördliche Entscheidung über die Durchführung eines Erörterungstermins ist nach § 12 Abs. 1 S. 5 der 9. BImSchV **öffentlich bekannt zu machen**. Der Wortlaut der Vorschrift könnte so verstanden werden, dass die Pflicht zur Bekanntmachung nur den Fall einer Entscheidung *für* die Durchführung des bereits bestimmten und öffentlich bekannt gemachten Erörterungstermins erfasst; für Antragsteller und Einwender führt das zu einer Unsicherheit hinsichtlich des Stattfindens des Termins, so dass – zumal diese Unsicherheit Rückfragen bei der Behörde provozieren kann – aus Praktikabilitätsgründen auch eine Entscheidung *gegen* den Erörterungstermin öffentlich bekannt zu machen ist. Insgesamt ist die Kombination aus der Notwendigkeit, einen Erörterungstermin bereits in der öffentlichen Bekanntmachung des Vorhabens zu bestimmen, und der Ermessensentscheidung hinsichtlich des Stattfindens dieses Termins als unpraktikabel zu bewerten (s. auch Knäpple Immissionsschutz 2008, 28 (33)). Ein von der Behörde festgesetzter Erörterungstermin kann jedoch auch zu einem späteren Zeitpunkt **entbehrlich werden** und entfallen, wenn alle Einwendungen nach Ablauf der Einwendungsfrist zurückgenommen worden sind (vgl. § 16 Abs. 1 Nr. 2 der 9. BImSchV) oder nach Einschätzung der Genehmigungsbehörde keiner Erörterung mehr bedürfen (§ 16 Abs. 1 Nr. 4 der 9. BImSchV). Hierunter fallen etwa Fallkonstellationen, in denen lediglich mit Wiederholungen oder mit allgemeinen Ausführungen ohne Bezug zur Genehmigungsbedürftigkeit zu rechnen ist (Weiss in Appel/Ohms/Saurer Rn. 204).

Das Verfahren des nunmehr nicht mehr obligatorischen Erörterungstermins ist in den §§ 14–19 der 9. BImSchV detailliert geregelt. Die Verfahrensbestimmungen sind im Zuge der Novellierung im Jahre 2007 nicht substanziell geändert worden. Soweit eine anderweitige Regelung nicht besteht, liegt die Verfahrensgestaltung des Termins im Übrigen im pflichtgemäßen Ermessen der Genehmigungsbehörde bzw. des Verhandlungsleiters (vgl. Roßnagel/Hentschel in GK-BImSchG Rn. 397). 211

Der Gesetzgeber hat klargestellt, dass der Erörterungstermin auch für **UVP-pflichtige Anlagen fakultativ** und nicht obligatorisch ist (§ 12 Abs. 1 S. 4 der 9. BImSchV). Das grundsätzliche Absehen von einem Erörterungstermin ist vor den Vorgaben der UVP-RL (sowie der IE-RL) europarechtlich unbedenklich, da diese Richtlinien einen Erörterungstermin nicht zwingend einfordern (Jarass Rn. 97; Czajka in Feldhaus BImSchR Rn. 76b). Unschädlich ist hierbei zudem, dass § 18 Abs. 1 S. 4 UVPG iVm § 73 Abs. 6 VwVfG einen Erörterungstermin vorsieht, da diese Regelung wegen der spezielleren immissionsschutzrechtlichen Verfahrensnormen nicht ergänzend herangezogen werden kann (Czajka in Feldhaus BImSchR Rn. 76b; Wolf ZUR 2018, 457 (462 f.); BR-Drs. 268/17 (Beschluss), 6; aA aber Schack in BeckOK UmweltR Rn. 76, der einen Erörterungstermin für erforderlich hält, wenn das UVPG einen solchen vorschreibt. Zur Anwendbarkeit des UVPG siehe oben unter → Rn. 28). Bei der verfahrensrechtlichen Entscheidung über die Durchführung des Erörterungstermins hat die Behörde bei der Ermessensausübung allerdings dem Grundsatz der effektiven Öffentlichkeitsbeteiligung hinreichend Rechnung zu tragen (Wolf ZUR 2018, 457 (463)). Im Bereich des **störfallrechtlichen förmlichen Verfahrens** des § 19 Abs. 4 ist ein Erörterungstermin durch eine alleinige Mindestumsetzung der Seveso-III-RL, die einen solchen in den Verfahrensvorgaben des Art. 15 Seveso-III-RL nicht kennt, von vornherein nicht vorgesehen (s. eingehend → § 19 Rn. 112). 211a

Für den Fall des **Repowerings von Anlagen** zur Erzeugung von Strom aus erneuerbaren Energien iSd § 16b Abs. 1 und Abs. 2 (sowie für Änderungsgenehmigungsverfahren nach § 16b Abs. 7 und Abs. 8) „soll" nach § 16b Abs. 5 ohne Antrag des Vorhabenträgers auf einen Erörterungstermin verzichtet werden, womit in der Regel von einem solchen abzusehen ist (dazu → § 16b Rn. 101 f.). Auch im Falle eines Vorhabens iSd **§ 31f Abs. 1** zur Bekämpfung der **Gasmangellage** ist gem. § 31f Abs. 4 regelmäßig von einem Erörterungstermin abzusehen. Weitergehende Erleichterungen für die Festsetzung und/oder Durchführung des Erörterungstermins sind **§ 5 PlanSiG** (→ Rn. 28c) und **§ 5 Abs. 1 Nr. 3 LNGG** (→ Rn. 28d) zu entnehmen. 211b

1. Zweck. Zweck des Erörterungstermins ist nach § 14 Abs. 1 S. 1 der 9. BImSchV, die rechtzeitig erhobenen Einwendungen zu erörtern, soweit diese für die Prüfung der Genehmigungsvoraussetzungen von Bedeutung sind. Im **Erörterungstermin** ist den Einwendern zur Vertiefung ihres Vorbringens bei der Einwendungserhebung Gelegenheit zu geben, ihre **Einwendungen zu erläutern.** Der Erörterungstermin verfolgt damit im 212

Wesentlichen zwei Ziele: Die Behörde soll durch die Erörterung der Einwendungen ein umfassendes Bild des Sachverhaltes gewinnen. Das kontradiktorische Verfahren der Besprechung im Erörterungstermin führt zu einer Darstellung des Sachverhaltes aus allen denkbaren Blickwinkeln und ermöglicht der Behörde eine objektive Beurteilung der Genehmigungsfähigkeit sowie den Ausgleich widerstreitender Interessen. Zudem gewährt der Erörterungstermin als Form vorgezogenen Rechtsschutzes den Einwendern rechtliches Gehör (vgl. auch Weiss in Appel/Ohms/Saurer Rn. 197; Sellner Immissionsschutzrecht und Industrieanlagen Rn. 165; Jarass JuS 1984, 351 (354)) und soll eine Aussprache über gegensätzliche Positionen ermöglichen (Jarass Rn. 96 f.), was auch der Akzeptanzsteigerung zugutekommt (Czajka in Feldhaus BImSchR Rn. 76). Freilich besteht keine darüberhinausgehende Pflicht, im Rahmen des Erörterungstermins ein Einvernehmen über das Vorhaben herzustellen (Jarass Rn. 98; Weiss in Appel/Ohms/Saurer Rn. 197; tend. weiter indes Roßnagel/Hentschel in GK-BImSchG Rn. 407: Erarbeitung von Lösungsvorschlägen, die allen Interessen gerecht werden). Er dient ebensowenig dem Zweck, Aspekte ohne Relevanz für die Genehmigungsentscheidung (wie zB allgemeinpolitische Erwägungen) zu erörtern (Weiss in Appel/Ohms/Saurer Rn. 198 sowie → 9. BImSchV § 14 Rn. 8).

213 **2. Festsetzung des Erörterungstermins.** Die Genehmigungsbehörde hat bereits in der Bekanntmachung einen Erörterungstermin zu bestimmen und damit auch **Termin und Ort** nach pflichtgemäßem Ermessen festzusetzen (vgl. § 10 Abs. 4 Nr. 3). Die Durchführung dieses Termins steht dann nach § 10 Abs. 6 allerdings im Ermessen der Behörde; darauf hat diese in der öffentlichen Bekanntmachung hinzuweisen. Einer gesonderten Ladung des Antragstellers bzw. derjenigen, die Einwendungen erhoben haben, bedarf es daher nicht.

214 Ein bestimmter Zeitraum zwischen dem Ende der Einwendungsfrist und dem Erörterungstermin braucht nicht eingehalten zu werden (BVerwG DVBl. 1972, 678 (680) – zu § 7 AtG). Angesichts des Zwecks des Erörterungstermins ist dieser jedoch erst dann anzusetzen, wenn durch das Vorliegen der erforderlichen Unterlagen, namentlich angeforderter Sachverständigengutachten, und durch den Kenntnisstand der Einwender eine hinreichend problembezogene Erörterung des Sachverhalts ermöglicht wird (vgl. BVerwGE 75, 214 (226) – zu Art. 73 Abs. 6 BayVwVfG; Roßnagel/Hentschel in GK-BImSchR Rn. 419; aA Weiss in Appel/Ohms/Saurer Rn. 202). Zudem ist sicher zu stellen, dass möglichst alle Einwender sowie der Antragsteller an dem Erörterungstermin teilnehmen können (vgl. Jarass Rn. 99). Er sollte daher möglichst in der Nähe des geplanten Anlagenstandortes stattfinden und sich zumindest partiell auch in die Abendstunden hinein erstrecken (Weiss in Appel/Ohms/Saurer Rn. 201). Problematisch ist die Festsetzung von mehreren Erörterungsterminen für bestimmte Gruppen von Einwendern (hierzu eingehend Korbmacher UPR 1994, 325 (328 f.)). Für eine Trennung der Einwender nach ihren jeweiligen Belangen besteht allerdings in der Regel kein Sachbedürfnis; eine solche Aufteilung führt auch kaum zu einer effizienteren Erörterung der Einwendungen.

215 Nach § 17 Abs. 1 S. 1 der 9. BImSchV kommt eine **Verlegung** des in der Bekanntmachung angegebenen Erörterungstermins in Betracht, wenn dies im Hinblick auf dessen zweckgerechte Durchführung erforderlich ist. Ein Fernbleiben des Antragstellers bzw. der Einwender hindert allerdings nicht die Erörterung der rechtzeitig vorgebrachten Einwendungen, wie sich aus § 10 Abs. 4 Nr. 3 ergibt. Allerdings wird eine Verlegung dann zu erwägen sein, wenn bei einem Ausbleiben des Antragstellers bzw. der Einwender eine sinnvolle Erörterung der Einwendungen überhaupt nicht möglich ist. Dies wird aber angesichts der Zielrichtung der Bestimmung in § 10 Abs. 4 Nr. 3, das Genehmigungsverfahren insgesamt zu beschleunigen, der Ausnahmefall bleiben. Eine Verlegung kommt

aber dann in Frage, wenn angeforderte Gutachten oder Stellungnahmen noch nicht bei der Behörde eingegangen sind. Ort und Zeit des neuen Termins sind so früh wie möglich zu bestimmen (§ 17 Abs. 1 S. 2 der 9. BImSchV). Nach § 17 Abs. 2 der 9. BImSchV sind der Antragsteller und die Einwender von der Verlegung zu unterrichten.

Kein Fall der Verlegung ist die **Vertagung** im Sinne des § 18 Abs. 5 der 9. BImSchV, 216
die erst **nach Eröffnung des Termins** möglich ist. Sie ist denkbar in den Fällen, in denen nicht alle Einwendungen innerhalb eines Termines erörtert werden konnten (Weiss in Appel/Ohms/Saurer Rn. 213; iErg auch Roßnagel/Hentschel in GK-BImSchG Rn. 413 ff., der bei der Weiterführung des Termins am Folgetag aber von „Fortsetzung", sonst von „Vertagung" spricht), aber auch unter sitzungspolizeilichen Gesichtspunkten, etwa bei nachhaltiger Störung durch Sitzungsteilnehmer. Bei zu erwartenden umfangreichen Vorhaben sollte schon in der Bekanntmachung auf mögliche Folgetermine hingewiesen werden (Jarass Rn. 100; Weiss in Appel/Ohms/Saurer Rn. 213; Ohms Praxishandbuch Immissionsschutzrecht Rn. 517). Eine Pflicht der Behörde, diese Termine schon in der Bekanntmachung verbindlich festzusetzen, kann nicht angenommen werden, da im Regelfall die Dauer eines Termins vor der Einwendungsfrist kaum eingeschätzt werden kann (wie hier Jarass Rn. 100; Roßnagel/Hentschel in GK-BImSchG Rn. 414; aA Sellner Immissionsschutzrecht und Industrieanlagen Rn. 170: Hinweis auf Folgetermine sollte nicht unterbleiben).

3. Teilnehmer. Im Erörterungstermin behandelt werden solche Einwendungen, die 217
rechtzeitig vorgebracht worden sind. Rechtzeitig vorgebracht sind nach § 14 Abs. 2 der 9. BImSchV nur solche Einwendungen, die innerhalb der Einwendungsfrist bei der Genehmigungsbehörde oder den sonstigen Auslegungsstellen formgerecht eingegangen sind, oder hinsichtlich derer dem Einwender gemäß § 32 VwVfG Wiedereinsetzung in den vorigen Stand gewährt wurde. **Teilnahmeberechtigt** sind zudem der Antragsteller und Vertreter der beteiligten Behörden (Czajka in Feldhaus BImSchR Rn. 76d; Weiss in Appel/Ohms/Saurer Rn. 208). Antragsteller und Einwender können sich nach § 14 VwVfG durch einen **Bevollmächtigten** vertreten lassen oder mit Rechtsbeiständen erscheinen (→ 9. BImSchV § 14 Rn. 6).

Soweit der Erörterungstermin nunmehr **öffentlich** ist (§ 18 Abs. 1 S. 1 der 218
9. BImSchV; kritisch Enders/Krings DVBl. 2001, 1389 (1399), insb. Fn. 72), kann zwar auch die Öffentlichkeit an der Sitzung teilnehmen, insbesondere Personen, die keine oder verspätet Einwendungen erhoben haben. Es können aber wegen der Einwendungsfrist weder im Erörterungstermin erstmals Einwendungen erhoben werden, noch haben die genannten Personen einen Anspruch darauf, dass ihre Einwendungen in der Sache erörtert werden (zur Frage, ob ihnen das Wort erteilt werden kann, vgl. → Rn. 227).

Die **Teilnahme** am Erörterungstermin ist **weder für den Antragsteller noch für** 219
die Einwender zwingend. Insbesondere sind an die Nichtteilnahme keine rechtlichen Folgen geknüpft. Die Klagebefugnis gegen die Genehmigung ist insbesondere nicht von der Mitwirkung im Erörterungstermin abhängig. Allerdings ergibt sich aus § 10 Abs. 4 Nr. 3, dass bei einem Fernbleiben des Antragstellers bzw. der Einwender die rechtzeitig vorgebrachten Einwendungen gleichwohl im Erörterungstermin behandelt werden. Auf diese Tatsache ist im Rahmen der Bekanntmachung hinzuweisen.

4. Verlauf des Erörterungstermins. § 18 der 9. BImSchV bestimmt den Verlauf des 220
Erörterungstermins. Nach Abs. 1 S. 1 ist der Erörterungstermin **öffentlich.** Die Öffentlichkeit kann jedoch im Einzelfall aus besonderen Gründen ausgeschlossen werden (S. 2), wozu nicht anders abzuwendende Störungen oder etwa Geschäfts- oder Betriebsgeheinisse gehören können (Czajka in Feldhaus BImSchR Rn. 76d; Weiss in Appel/Ohms/Saurer

Rn. 207; dazu auch → 9. BImSchV § 18 Rn. 4). In diesem Fall haben jedoch Vertreter der Aufsichtsbehörde sowie Personen, die bei der Behörde zur Ausbildung beschäftigt sind, einen Anspruch auf Teilnahme am Erörterungstermin (S. 3). Die **Presse** dürfte mit Blick auf die Pressefreiheit iSd Art. 5 Abs. 1 GG zugleich grundsätzlich dazu berechtigt sein, am Erörterungstermin teilzunehmen (Roßnagel/Hentschel in GK-BImSchG Rn. 420). Der Verhandlungsleiter kann die Anfertigung privater **Bild- oder Tonaufzeichnungen** zulassen (vgl. Czajka in Feldhaus BImSchR 9. BImSchV § 18 Rn. 4, strikter und für analoge Anwendung des § 169 Abs. 3 GVG Jarass Rn. 101; Weiss in Appel/Ohms/Saurer Rn. 207).

221 Über den Verlauf des Erörterungstermins ist nach § 19 der 9. BImSchV eine **Niederschrift** zu fertigen. Bei dieser handelt es sich um eine **öffentliche Urkunde** mit Beweiskraft nach §§ 415, 418 f. ZPO (Jarass Rn. 105; Weiss in Appel/Ohms/Saurer Rn. 214). Zu den Anforderungen an die Niederschrift vgl. § 19 Abs. 1 S. 2, zur Möglichkeit der Erstellung einer – nach der Niederschrift zu löschenden – Tonaufnahme vgl. § 19 Abs. 1 S. 5 und 6. Dem Antragsteller und auf Anforderung auch den nicht präkludierten Einwendern ist eine Abschrift der Niederschrift zu überlassen (§ 19 Abs. 2 der 9. BImSchV).

222 Der in § 18 Abs. 2–5 der 9. BImSchV erwähnte **Verhandlungsleiter** ist ein Vertreter der Genehmigungsbehörde. Er wird nicht aus der Mitte der Versammlung gewählt (Storost in Ule/Laubinger/Repkewitz G 8). Bei seiner Bestimmung durch die Behörde ist darauf zu achten, dass er nicht im Sinne des § 20 VwVfG beteiligt und nicht gemäß § 21 VwVfG befangen ist (Jarass Rn. 102; Roßnagel/Hentschel in GK-BImSchG Rn. 422; Weiss in Appel/Ohms/Saurer Rn. 209). Er hat für die **Konzentration** des Termins zu sorgen, insbesondere durch die Entscheidung über die zusammengefasste Erörterung einzelner Einwendungen (§ 18 Abs. 2), sowie die **Sachlichkeit der Erörterungen** sicherzustellen. Er erteilt und entzieht das Wort (§ 18 Abs. 3). Nach § 18 Abs. 4 der 9. BImSchV stehen ihm zur Durchsetzung seiner Befugnisse **Ordnungsrechte und sitzungspolizeiliche Befugnisse** zu. Insbesondere kann er aus Gründen rationaler Verhandlungsführung und im Interesse der anderen Einwender die Redezeit begrenzen (hierzu eingehend Korbmacher UPR 1994, 325 (328 f.)).

223 Im Erörterungstermin werden die rechtzeitig vorgebrachten Einwendungen unter Leitung des Verhandlungsleiters mit den Teilnehmern besprochen. Nicht im Erörterungstermin zu behandeln sind Einwendungen, die auf besonderen privatrechtlichen Titeln beruhen; sie sind durch schriftlichen Bescheid auf den ordentlichen Rechtsweg zu verweisen (hierzu → Rn. 131). Ebenso wenig sind Einwendungen Gegenstand des Erörterungstermins, die für die Genehmigungserteilung nicht von Relevanz sind (vgl. § 14 Abs. 1 S. 1 der 9. BImSchV). Nicht zu berücksichtigen sind etwa Zweifel am (wirtschaftlichen bzw. infrastrukturellen) Bedarf der geplanten Anlage, da der Bedarfsnachweis keine Voraussetzung für die Genehmigung darstellt.

224 Die übrigen Einwendungen sind nicht nur bloß entgegenzunehmen, sondern **substantiell zu behandeln** (vgl. BVerwGE 75, 214 (227) – zu Art. 73 Abs. 6 BayVwVfG; Storost in Ule/Laubinger/Repkewitz G 12; Czajka in Feldhaus BImSchR Rn. 76d). Dem liegt der Gedanke kommunikativer Auseinandersetzung mit den von den Einwendern aufgezeigten Problemen zugrunde, die der Behörde die Prüfung der Genehmigungsvoraussetzungen sowie einen eventuell notwendigen Interessenausgleich ermöglicht und die Einwender zu erhöhter Akzeptanz des Vorhabens führen soll. Insoweit reicht der Zweck des Erörterungstermins als multifunktionale, konsensgerichtete Verfahrensausgestaltung über den einer bloßen Anhörung hinaus.

225 Aufgrund der Notwendigkeit einer sachlichen Auseinandersetzung mit den Einwendungen ist eine Teilnahme des Antragstellers, der behördlichen Gutachter und von Vertretern der beteiligten Behörden jedenfalls zweckmäßig. Eine Pflicht zur Teilnahme besteht

jedoch nicht (Weiss in Appel/Ohms/Saurer Rn. 199; s. für den Antragsteller → Rn. 219); es kann aber einen schwerwiegenden Verfahrensfehler darstellen, wenn mangels Sachkunde der (anwesenden) Behördenvertreter bzw. Sachverständigen eine Erörterung der Einwendungen in der Sache nicht möglich ist (vgl. VG Weimar BeckRS 2014, 57657; Roßnagel/Hentschel in GK-BImSchG Rn. 430; aA Weiss in Appel/Ohms/Saurer Rn. 200).

Ob der Verhandlungsleiter darüber hinaus auch über die **Stellungnahmen** der nach § 10 Abs. 5 beteiligten Behörden und über die eingegangenen behördlichen **Gutachten** zu berichten hat, ist in der 9. BImSchV nicht geregelt. Die Entscheidung darüber steht damit im pflichtgemäßen Ermessen des Verhandlungsleiters (vgl. Storost in Ule/Laubinger/Repkewitz G 11; aA und für Unzulässigkeit hingegen Weiss in Appel/Ohms/Saurer Rn. 199). Dieses Ermessen ist angesichts des rechtsstaatlichen Grundsatzes, dass sich Betroffene zu den entscheidungserheblichen Tatsachen äußern können müssen, unter Umständen auf Null reduziert, wenn der Inhalt der Stellungnahmen bzw. Gutachten Relevanz für die erörterten Einwendungen besitzt, womit er in diesem Fall den Einwendern bzw. dem Antragsteller zur Kenntnis gebracht werden muss (Storost in Ule/Laubinger/Repkewitz G 11; Sellner Immissionsschutzrecht und Industrieanlagen Rn. 165 f.; für eine Pflicht zum Bericht über Stellungnahmen und Gutachten auch Czajka in Feldhaus BImSchR Rn. 76). Gleichermaßen müssen die Teilnehmer auch über nach dem Erörterungstermin eingegangene Stellungnahmen und Gutachten informiert werden, soweit diese neue, zur Beurteilung der Genehmigungsfähigkeit bedeutsame Tatsachen enthalten (vgl. Jarass Rn. 104; Czajka in Feldhaus BImSchR Rn. 76; zurückhaltender hinsichtlich diesbezüglicher Informationspflichten indes Weiss in Appel/Ohms/Saurer Rn. 200). Zwar ist kein weiterer Erörterungstermin durchzuführen, die Möglichkeit der Stellungnahme muss jedoch eröffnet werden. Hier ist insbesondere eine analoge Anwendung des § 18 Abs. 5 S. 3 der 9. BImSchV mit der – befristeten – Möglichkeit einer schriftlichen Erläuterung der Einwendungen denkbar (s. dazu → Rn. 230). 226

Der Verhandlungsleiter kann auf Grund seiner weitreichende Sitzungsgewalt und zur Förderung des Zwecks des Erörterungstermins, eine umfassende Unterrichtung der Genehmigungsbehörde zu erreichen, auch **solchen Teilnehmern** das **Wort erteilen,** die **nicht oder verspätet Einwendungen** erhoben haben (Jarass Rn. 104; Roßnagel/Hentschel in GK-BImSchG Rn. 424 unter Hinweis auf die schon unter Geltung der früheren Fassung des § 18 im nicht öffentlichen Termin bestehende Möglichkeit, andere Personen zu Wort kommen zu lassen; restriktiver indes Weiss in Appel/Ohms/Saurer Rn. 208). 227

Gleichermaßen dürfte es auch im Ermessen des Verhandlungsleiters stehen, **Beweisanträge** der Teilnehmer zuzulassen, insbesondere Anträge auf Vernehmung anwesender Sachverständiger. Eine Pflicht zu antragsgemäßer Beweiserhebung besteht jedenfalls nicht, weil die Behörde selbst als „Herrin des Verfahrens" nach pflichtgemäßem Ermessen darüber entscheidet, welcher Beweismittel sie sich bedient (VGH München NVwZ 1989, 482 (483); Roßnagel/Hentschel in GK-BImSchG Rn. 425; tend. strikter und mit nicht unbeachtlichen Argumenten für Unzulässigkeit von Beweisanträgen im Erörterungstermin aber Weiss in Appel/Ohms/Saurer Rn. 211). 228

5. Beendigung des Erörterungstermins. Nach § 18 Abs. 5 S. 1 der 9. BImSchV **beendet** der Verhandlungsleiter den Erörterungstermin, wenn sein Zweck erreicht ist (§ 18 Abs. 5 S. 1 der 9. BImSchV). Hierzu ist nicht erforderlich, dass die Vertreter der Genehmigungsbehörde zu allen einzelnen Einwendungen abschließend Stellung nehmen, diese können vielmehr auch zusammengefasst erörtert werden (Roßnagel/Hentschel in GK-BImSchG Rn. 417). Es genügt eine substantielle Erörterung der vorgebrachten Bedenken. Allerdings soll die Behörde sich möglichst schon im Termin eine vorläufige Mei- 229 nung bilden und diese mit den hierzu maßgeblichen Erwägungen im Verlaufe des Erörterungstermins offenlegen (Storost in Ule/Laubinger/Repkewitz G 12).

230 Zudem kann der Verhandlungsleiter den Termin nach Maßgabe des § 18 Abs. 5 S. 2 **für beendet erklären,** wenn – auch nach einer Vertagung – der Erörterungstermin aus dem Kreis der Teilnehmer (erneut) so gestört wird, dass seine ordnungsgemäße Durchführung nicht mehr gewährleistet ist. Im Fall der Beendigung durch den Verhandlungsleiter wegen solcher Störungen eröffnet Satz 3 denjenigen Einwendern, deren Einwendungen nicht mehr erörtert werden konnten, die Möglichkeit, innerhalb einer Frist von einem Monat nach Aufhebung des Termins ihre Einwendungen gegenüber der Genehmigungsbehörde **schriftlich oder elektronisch zu erläutern.** Auf diese Option sind die Teilnehmer am Erörterungstermin vor der Beendigung hinzuweisen (§ 18 Abs. 5 S. 3 2. Hs. der 9. BImSchV).

XIII. Prüfung des Vorhabens

231 **1. Allgemeines.** Nachdem der Erörterungstermin stattgefunden hat oder wenn die Genehmigungsbehörde im Rahmen ihrer Ermessensentscheidung nach § 10 Abs. 6 auf die Durchführung eines Erörterungstermins verzichtet hat, führt die Genehmigungsbehörde eine **abschließende Prüfung** des Vorhabens im Hinblick auf seine Genehmigungsfähigkeit durch. Hierbei ist sie grds. nicht daran gehindert, auch nach Abschluss des Erörterungstermins weitere sachliche Fragen zu klären oder gutachterliche Stellungnahmen einzuholen, wenn dies zur zweifelsfreien Feststellung des Sachverhalts erforderlich ist. Das Schwergewicht der tatsächlichen Feststellungen darf jedoch nicht erst nach Abschluss des Beteiligungsverfahrens liegen, so dass eine substantielle Einflussnahme der Betroffenen nicht oder nur unter erheblichen Schwierigkeiten möglich wäre (BVerwGE 75, 214 (226 f.)). Die Stellungnahmen nach § 11 der 9. BImSchV beteiligter Behörden dürfen, sofern sie erst nach Abschluss des Erörterungstermins eingehen, allerdings nur dann in die Entscheidung einbezogen werden, wenn (1) die vorgebrachten Belange der Genehmigungsbehörde bereits bekannt sind oder ihr hätten bekannt sein müssen oder (2) sie für die Beurteilung der Genehmigungsvoraussetzungen von Bedeutung sind (§ 20 Abs. 1 S. 2 der 9. BImSchV). Diesbezüglich ergeben sich nunmehr zusätzliche Grenzen aus der Neuregelung des **§ 10 Abs. 5 S. 3**, nach der auf Antrag des Antragstellers ggf. die Sach- und Rechtslage nach Ablauf der Stellungnahmefrist iSd § 10 Abs. 5 S. 2 maßgeblich ist (→ Rn. 108c).

232 **2. Sonderregelungen bei UVP-pflichtigen Vorhaben.** Besonderheiten ergeben sich hinsichtlich der Entscheidungsvorbereitung bei **UVP-pflichtigen Vorhaben.** Für diese enthalten § 20 Abs. 1a und 1b der 9. BImSchV Sonderregelungen (→ Rn. 233 ff.). Falls in einem vorausgegangenen Raumordnungsverfahren bereits eine Umweltverträglichkeitsprüfung (künftig „Raumverträglichkeitsprüfung" nach § 15 ROG nF, vgl. § 23a nF der 9. BImSchV, BR-Drs. 95/23, 11) erfolgt ist, sind gemäß § 23a Abs. 1 der 9. BImSchV die dort ermittelten, beschriebenen und bewerteten Auswirkungen zu berücksichtigen; zur Vermeidung einer „doppelten" Umweltverträglichkeitsprüfung entfällt dann diejenige nach § 20 Abs. 1a und 1b der 9. BImSchV. Dies gilt allerdings nur, sofern in der vorangegangenen Planung eine adäquate und dem Art. 6 UVP-RL 2011/92/EU in der durch die RL 2014/52/EU geänderten Fassung entsprechende Öffentlichkeitsbeteiligung stattgefunden hat (vgl. Roßnagel/Hentschel in GK-BImSchG Rn. 388).

233 **a) Zusammenfassende Darstellung.** In einem ersten Schritt hat die Genehmigungsbehörde bei UVP-pflichtigen Vorhaben eine **zusammenfassende Darstellung** zu erstellen (dazu auch → 9. BImSchV § 20 Rn. 6 ff.). Die Inhalte werden dabei in § 20

Abs. 1a S. 1 der 9. BImSchV genannt. Darzustellen sind unter anderem die zu erwartenden Auswirkungen des Vorhabens auf die in § 1a der 9. BImSchV genannten Schutzgüter einschließlich ihrer Wechselwirkungen (Nr. 1). Die Darstellung muss sich nunmehr ausdrücklich auch auf die Merkmale des Standorts und des Vorhabens erstrecken, durch die erhebliche nachteilige Auswirkungen auf die in § 1a genannten Schutzgüter vermieden, vermindert oder ausgeglichen werden sollen (Nr. 2). Zur Verfolgung des gleichen Regelungsziels müssen auch sonstige Maßnahmen dargestellt werden, durch die es zu einer Reduktion der Auswirkungen auf die Schutzgüter des § 1a kommen soll (Nr. 3). Schließlich muss sich die Darstellung mit den inzwischen gleichrangigen Ausgleich- und Ersatzmaßnahmen iSd § 15 Abs. 2 S. 1 BNatSchG befassen (Nr. 4).

Grundlage der zusammenfassenden Darstellung sind die nach §§ 4–4e der 9. BImSchV beizufügenden Unterlagen, die behördlichen Stellungnahmen nach den §§ 11 und 11a der 9. BImSchV, die Ergebnisse eigener Ermittlungen – zu denen auch die behördlichen Gutachten gehören – sowie die Äußerungen und Einwendungen Dritter (§ 20 Abs. 1a S. 2 der 9. BImSchV). Die zusammenfassende Darstellung ist eine medienübergreifende Aufbereitung des Sachverhalts unter Beifügung der behördlichen Prognosen (Roßnagel/Hentschel in GK-BImSchG Rn. 392). Wertende Aussagen über die voraussichtlichen Auswirkungen oder gar über die Genehmigungsfähigkeit des Vorhabens sind dabei noch nicht zu treffen; eine Entscheidung über die immissionsschutzrechtliche Relevanz ist der nachfolgenden Bewertung vorbehalten. 234

Die Darstellung ist ein **behördeninternes Dokument,** das als Grundlage der Bewertung der Auswirkungen des Vorhabens nach Abs. 1b dient. Zudem wird sie gemäß § 21 Abs. 1a Nr. 2 lit. a der 9. BImSchV **Bestandteil des Genehmigungsbescheids.** Sie ist nach § 20 Abs. 1a S. 3 der 9. BImSchV möglichst innerhalb eines Monats nach Beendigung des Erörterungstermins zu erstellen; eine Überschreitung dieser Frist ist allenfalls in besonders komplexen Einzelfällen zulässig (vgl. auch Jarass Rn. 117: „atypische Einzelfälle"; Weiss in Appel/Ohms/Saurer Rn. 234: „begründete Einzefälle"). 235

Soweit das Vorhaben durch **mehrere Behörden** zugelassen werden muss, so ist die zusammenfassende Darstellung nur dann von der Genehmigungsbehörde zu erstellen, wenn sie nach § 31 Abs. 1 und Abs. 2 S. 1 und 2 als federführende Behörde bestimmt ist. Auch in diesem Fall hat sie die Darstellung im Zusammenwirken zumindest mit den anderen Zulassungsbehörden und der für Naturschutz und Landschaftspflege zuständigen Behörde zu erarbeiten, deren Aufgabenbereich durch das Vorhaben berührt wird (§ 20 Abs. 1a S. 5 2. Hs. der 9. BImSchV). 236

b) Bewertung. Nach § 20 Abs. 1b S. 1 der 9. BImSchV hat die Genehmigungsbehörde bei UVP-pflichtigen Vorhaben sodann auf der Grundlage der zusammenfassenden Darstellung und nach den für ihre Entscheidung maßgeblichen Rechts- und Verwaltungsvorschriften die Auswirkungen des Vorhabens auf die in § 1a der 9. BImSchV genannten Schutzgüter zu **bewerten** (→ 9. BImSchV § 20 Rn. 9). Diese Bewertung ist in Anlehnung an die Norm des § 25 Abs. 1 S. 2 des UVPG von der Behörde zu begründen (S. 2). Nach der Begriffsdefinition des Art. 1 Abs. 2 lit. g UAbschn. Iv UVP-RL handelt es sich bei dieser „begründeten Schlussfolgerung" um einen selbstständigen Verfahrensschritt. Bei Zulassungsbedürftigkeit durch mehrere Behörden ist eine Gesamtbewertung im Zusammenwirken zu erstellen; ist die Genehmigungsbehörde federführende Behörde im Sinne des § 31 UVPG, hat sie das Zusammenwirken sicher zu stellen (§ 20 Abs. 1b S. 3 der 9. BImSchV). Gem. § 20 Abs. 1b S. 5 müssen die zusammenfassende Darstellung und die Bewertung des Vorhabens noch **hinreichend aktuell** sein, damit die Genehmigungsbehörde dem Antrag auf Genehmigungserteilung stattgeben kann. Anderenfalls darf das Vorhaben nicht zugelassen werden. Die Darstellung und die Bewertung sind dann nicht 237 mehr hinreichend aktuell, wenn sich die tatsächlichen oder rechtlichen Umstände in der Zwischenzeit so geändert haben, dass sie für die Genehmigungserteilung keine tragfähige Entscheidungsgrundlage mehr bilden können (BR-Drs. 268/17, 31).

238 Die zusammenfassende Darstellung dient als Sachverhaltsgrundlage. Zu beachten sind zudem die einschlägigen Rechts- und Verwaltungsvorschriften, namentlich die Genehmigungsvoraussetzungen des § 6 Abs. 1 Nr. 1 und 2 sowie die Verwaltungsvorschriften zur Auslegung und Anwendung dieser Normen (Jarass Rn. 118a). Die Sonderbestimmungen über die Bewertung im Rahmen der Zulassung UVP-pflichtiger Vorhaben sollen aber nicht generell die Prüfung der Vereinbarkeit des Vorhabens mit den genannten Vorschriften ermöglichen, sondern die **Einschätzung der Auswirkungen** dieses Vorhabens **auf die Umwelt** bzw. die in § 1a der 9. BImSchV aufgezählten Schutzgüter und damit der Beziehungen zwischen dem Vorhaben und der Umwelt (amtl. Begründung zum UVPG, BT-Drs. 11/3919, 27; Roßnagel/Hentschel in GK-BImSchG Rn. 392; Jarass Rn. 118; Jarass NuR 1991, 201 (206) mwN; Hoppe/Püchel DVBl. 1988, 1 (2); Schink/Erbguth DVBl. 1991, 413 (417); Peters UPR 1994, 93 (94); aA Vallendar UPR 1993, 417 (418 f.)).

239 Zudem werden nur „Rechts- und Verwaltungsvorschriften" als Maßstab für die Bewertung benannt, die Einbeziehung **außerrechtlicher Maßstäbe** kommt daher nicht in Betracht (wie hier Jarass Rn. 118a; Weiss in Appel/Ohms/Saurer Rn. 238). Auch Rechtsvorschriften, die allein oder im Wesentlichen außerökologische Aspekte erfassen, bleiben bei der Bewertung unberücksichtigt (Jarass Rn. 119; Weiss in Appel/Ohms/Saurer Rn. 238; Roßnagel/Hentschel in GK-BImSchG Rn. 394: rein ökologisch ausgerichtet). Soweit Vorschriften neben ökologischen Aspekten auch andere Gesichtspunkte mitberücksichtigen, können sie als Maßstab für die Bewertung allenfalls unter Einschränkungen – etwa im Rahmen unbestimmter Rechtsbegriffe – Berücksichtigung finden (Jarass Rn. 119, am Beispiel ökonomischer Aspekte).

239a Ob und inwieweit die Bewertung nach § 20 Abs. 1b S. 1 **externen Dritten** bzw. **Sachverständigen** überlassen werden kann, ist nicht abschließend geklärt. Das OVG Lüneburg lehnte eine solche Befugnis in einer neueren Entscheidung mit dem Argument ab, dass die begründete Bewertung eine genuine Hoheitsaufgabe der Genehmigungsbehörde darstelle, womit diese grundsätzlich nicht über § 13 Abs. 1 der 9. BImSchV auf Dritte übertragen werden könne. Anderenfalls handele es sich wegen einer zu befürchtenden Vorabbindung der Genehmigungsbehörde um eine unzulässige Form einer „faktischen Beleihung", da § 13 der 9. BImSchV lediglich die Inanspruchnahme eines Sachverständigen als Verwaltungshelfer erlaube (OVG Lüneburg ZUR 2019, 429 (431 f.)). Dieser Sicht ist zwar grundsätzlich beizupflichten. Ein vollständiger Ausschluss der Befugnis, Sachverständige für die begründete Bewertung heranzuziehen, lässt sich damit indes nicht begründen. Immerhin darf sich der Sachverständige aber – wie sonst auch – nur auf eine **vorbereitende Prüfung** beschränken, die Behörde darf sein Urteil folglich nicht ungeprüft übernehmen und muss die eigentliche Sachentscheidung selbst treffen (zutr. Weiss in Appel/Ohms/Saurer Rn. 240).

240 **c) Berücksichtigung.** Den letzten Schritt bildet die Übernahme der Bewertung in die Entscheidung der Genehmigungsbehörde: Nach § 20 Abs. 1b S. 4 der 9. BImSchV hat diese die vorgenommene Bewertung oder Gesamtbewertung bei der Entscheidung über den Antrag nach Maßgabe der hierfür geltenden Vorschriften zu **berücksichtigen** (→ 9. BImSchV § 20 Rn. 11 ff.). Die Behörde darf die Bewertung daher nicht nur einfach zur Kenntnis nehmen, sondern muss sich inhaltlich mit dem Ergebnis auseinandersetzen. Sie muss außerdem hinreichend aktuell sein (→ Rn. 237). Der Charakter der immissionsschutzrechtlichen Genehmigung als gebundene Entscheidung führt dazu, dass die Bewertung die Entscheidung der Genehmigungsbehörde weitgehend indiziert, soweit es um die

Frage nach schädlichen Umwelteinwirkungen geht. Die Art und Weise der Berücksichtigung der Bewertung gem. § 20 Abs. 1b S. 4 der 9. BImSchV im behördlichen Entscheidungsprozess zur Genehmigung ist von der Genehmigungsbehörde nach § 21 Abs. 1a Nr. 2 lit. c der 9. BImSchV in die **Begründung** zum Genehmigungsbescheid **aufzunehmen.** Die Behörde darf die zusammenfassende Darstellung nicht nur zur Kenntnis nehmen, sondern muss sich auch inhaltlich mit ihr auseinandersetzen (vgl. zu § 25 UVPG BT-Drs. 18/11499, 94). Trotz der sprachlichen Abweichung zur Norm des Art. 8 der UVP-RL 2014/52/EU, welcher nunmehr einfordert, dass die Angaben nach Art. 5–7 „gebührend zu berücksichtigen" sind, ergeben sich keine Kollisionen mit der UVP-Änderungsrichtlinie 2014/52/EU. Denn auch mit dieser enthält die Umweltverträglichkeitsprüfung nach wie vor **keinen materiellrechtlichen Regelungsansatz** (Czajka in Feldhaus BImSchR 9. BImSchV § 20 Rn. 23; Weiss in Appel/Ohms/Saurer Rn. 242; Schink DVBl. 2014, 577 (578); tend. weiter wohl Kahl/Gärditz Umweltrecht § 4 Rn. 110). Das bedeutet, dass prinzipiell auch bei einer UVP-Pflicht die materiellrechtlichen Anforderungen des Fachrechts maßgeblich bleiben. Insoweit mag es zwar Friktionen zum Verständnis der UVP in anderen europäischen Mitgliedsstaaten geben (s. Sangenstedt ZUR 2014, 526 (534 f.)). Eine weitere materiellrechtliche Abwägung anhand der Ergebnisse der UVP (vgl. Kahl/Gärditz Umweltrecht § 4 Rn. 89; s. aber speziell mit Blick auf § 20 Abs. 1b der 9. BImSchV verneinend Kahl/Gärditz Umweltrecht unter § 7 Rn. 45) darf damit aber schon deswegen nicht erfolgen, weil sich entsprechende Vorschläge im Prozess zur Änderung der Richtlinie nicht durchgesetzt haben (Sangenstedt ZUR 2014, 526 (534)). Das schließt freilich nicht aus, der Bewertung im Rahmen der Normauslegung ein gewisses Gewicht zuzumessen (Jarass Rn. 121; Kahl/Gärditz Umweltrecht § 4 Rn. 111; Schink NuR 2018, 21 (22 f.)).

XIV. Entscheidung

1. Frist. Nach § 10 Abs. 6a S. 1 muss die Entscheidung über den Genehmigungsantrag innerhalb einer bestimmten Frist erfolgen. Die Vorschrift dient der Verfahrensbeschleunigung und damit dem Interesse des Antragstellers an einer zeitnahen Bescheidung (vgl. Storost in Ule/Laubinger/Repkewitz J 5). Im **förmlichen Genehmigungsverfahren** beträgt diese Frist **sieben Monate,** im **vereinfachten Verfahren drei Monate.** Fristbeginn ist der Zeitpunkt, zu dem die Antragsunterlagen **vollständig eingereicht** bzw. nach Aufforderung durch die Genehmigungsbehörde ergänzt worden sind, auch soweit eine Auslegungspflicht nicht besteht (Jarass Rn. 123; Roßnagel/Hentschel in GK-BImSchG Rn. 439; dazu auch → Rn. 56 f.). Bei nicht offenkundiger Unvollständigkeit der Unterlagen beginnt der Lauf der Frist jedenfalls mit der positiven Entscheidung der Behörde über die Vollständigkeit, zB explizit durch eine Vollständigkeitsbestätigung der Behörde, ggf. aber auch konkludent mit der Bekanntmachung des Vorhabens (Weiss in Appel/Ohms/Saurer Rn. 221; Schack in BeckOK UmweltR Rn. 78) oder dem Beginn der Behördenbeteiligung nach § 10 Abs. 5 (OVG Greifswald BeckRS 2023, 2396 Rn. 71 f.). 241

Spricht die Behörde dem Antragsteller gegenüber eine Vollständigkeitsbestätigung aus, so bleiben die Unterlagen auch dann vollständig, wenn sich im Nachgang herausstellt, dass tatsächlich weitere Unterlagen erforderlich waren. Die Vollständigkeitsbestätigung kann mithin nicht zurückgenommen oder widerrufen werden, womit die Frist des § 10 Abs. 6a S. 1 unverändert zu laufen beginnt (OVG Magdeburg BeckRS 2018, 35226 Rn. 72; Weiss in Appel/Ohms/Saurer Rn. 221) Siehe zur in der Literatur diskutierten, tendenziell aber abzulehnenden „Vollständigkeitsfiktion" bei behördlicher Untätigkeit weiter unter → Rn. 56a

Eine Möglichkeit der **Fristverlängerung** folgt aus **§ 10 Abs. 6a S. 2**. Diese Fristverlängerungsoption wird durch die Neuregelung in § 10 Abs. 5 S. 3 zur maßgeblichen Sach- 242 und Rechtslage bei Anlagen zur Nutzung erneuerbarer Energien nicht verdrängt (vgl. die LAI/LANA-Vollzugshinweise zu § 10 Absatz 5 Satz 2 und Satz 3, § 16b und § 23b Absatz 3a Nummer 4 BImSchG, Stand: 10. August 2022, 4; → Rn. 108c; zu den **unionsrechtlichen Höchstfristen** aber → Rn. 242a). Die Frist kann nach § 10 Abs. 6a S. 2 um drei Monate verlängert werden, wenn dies wegen der Schwierigkeit der Prüfung oder aus Gründen, die dem Antragsteller zuzurechnen sind, erforderlich ist. Das kann bspw. im Falle einer notwendigen Hinzuziehung von Sachverständigen bei einem komplexen Sachverhalt (Weiss in Appel/Ohms/Saurer Rn. 221) oder einer UVP-Pflicht (Czajka in Feldhaus BImSchR Rn. 78) in Betracht kommen. Dem Antragsteller zuzurechnen sind demgegenüber von ihm verschuldete Verfahrensverzögerungen, was beispielsweise auch dann der Fall sein kann, wenn an dem eingereichten Antrag Änderungen vorgenommen oder umfangreiche Unterlagen nachgereicht werden (vgl. Jarass Rn. 124; Czajka in Feldhaus BImSchR Rn. 78; Weiss in Appel/Ohms/Saurer Rn. 221; Schack in BeckOK UmweltR Rn. 79). Kein hinreichender Grund für die Fristverlängerung ist eine Überlastung der Genehmigungsbehörde (Jarass Rn. 124; Roßnagel/Hentschel in GK-BImSchG Rn. 441; Czajka in Feldhaus BImSchR Rn. 79; Weiss in Appel/Ohms/Saurer Rn. 218; aA Storost in Ule/Laubinger/Repkewitz J 4: unter Berücksichtigung der der Behörde zur Verfügung stehenden persönlichen und sächlichen Mitteln zu beurteilen; allgemein zu zeitsparendem Verfahrensmanagement Eversberg Der Zeitfaktor im bundesimmissionsschutzrechtlichen Genehmigungsverfahren, 133 ff.). Die **Fristverlängerung** soll dem Antragsteller gegenüber **begründet** werden (S. 3), sie muss dem Antragsteller gegenüber vor dem Ablauf der Frist aus § 10 Abs. 6a S. 1 **mitgeteilt** werden (OVG Greifswald BeckRS 2023, 2396, Rn. 79; OVG Magdeburg BeckRS 2018, 35226 Rn. 72; OVG Hamburg NordÖR 2009, 425 (427 f.); Weiss in Appel/Ohms/Saurer Rn. 224). Eine Verlängerung der Frist ist dem Wortlaut nach unzweifelhaft auch **mehrfach möglich** (Schack in BeckOK UmweltR Rn. 79), sollte angesichts des Zwecks der Frist, im Interesse des Antragstellers eine Verfahrensbeschleunigung herbeizuführen, allerdings auf seltene Einzelfälle und dem Antragsteller zurechenbare Verzögerungen beschränkt werden. Zudem muss die Fristverlängerung – sollten drei Monate nicht ausreichen – gegebenenfalls mehrfach vorgenommen werden, eine Verlängerung der Frist um mehr als drei Monate ist demgegenüber nicht möglich (Czajka in Feldhaus BImSchR Rn. 80). Die Verlängerung der Entscheidungsfrist ist wegen § 44a VwGO nicht selbstständig anfechtbar (Czajka in Feldhaus BImSchR Rn. 82).

242a Ob die Regelung des **§ 10 Abs. 6a** für Anlagen aus dem Bereich der Erneuerbaren Energien (zum Anwendungsbereich → Rn. 270a) **mit der RL 2018/2001/EU (RED II)** vereinbar ist, ist nicht abschließend geklärt. Nach deren Art. 16 Abs. 4 darf das Verfahren für die Erteilung von Genehmigungen iSd Art. 16 Abs. 1 RL 2018/2001/EU bei den für Kraftwerke geltenden Verfahren grds. nicht länger als zwei Jahre dauern, bei Kleinanlagen unter 150kw Stromerzeugungskapazität (Art. 16 Abs. 5 RL 2018/2001/EU) und bei Repowering-Vorhaben (Art. 16 Abs. 6 RL 2018/2001/EU; dazu auch → § 16b Rn. 24 ff.) hingegen nicht länger als ein Jahr. Indes ist bei „außergewöhnlichen Umstände[n]" in „hinreichend begründeten Fällen" eine Verlängerung um bis zu ein Jahr möglich. Über den aktuellen Entwurf zur Anpassung der RL 2018/2001/EU sollen diese Fristen abgeändert bzw. verkürzt werden (→ § 16b Rn 23c). Für das **Repowering** von Anlagen zur Erzeugung von Strom aus erneuerbaren Quellen ist überdies die nicht verlängerbare Höchstfrist von **sechs Monaten** in **Art. 5 Abs. 1** der mit Wirkung zum 30.12.2022 neu erlassenen **Dringlichkeitsverordnung 2022/2577/EU** zu beachten, soweit das Verfahren in den Anwendungsbereich dieser Verordnung fällt (→ § 16b Rn. 23d, 23f.).

Damit folgen aus dem Unionsrecht also **absolute Höchstfristen** für die Genehmigungsverfahren, die das deutsche Recht in dieser Form nicht kennt. Bei der Anpassung des Bundes-Immissionsschutzgesetzes an die RL 2018/2001/EU wurde ein Anpassungsbedarf infolge des bereits geltenden Verfahrensfristen im BImSchG gleichwohl nicht gesehen (BT-Drs. 17/27672, 17), was aus den soeben benannten Gründen problematisch erscheint.

Insoweit dürfte jedenfalls die Verlängerungsregelung des § 10 Abs. 6a S. 2 (auch im Falle der verkürzten Fristen für das Änderungsgenehmigungsverfahren, vgl. § 16 Abs. 3) dahingehend richtlinienkonform auszulegen sein, dass die unionsrechtlichen Höchstfristen nicht überschritten werden dürfen und ein strenger Maßstab an die Fristverlängerung anzulegen ist (vgl. für die RL 2018/2001/EU Dietrich ZNER 2021, 539 (546 f.)). Im Anwendungsbereich der **Dringlichkeitsverordnung 2022/2577/EU** für das Anlagenrepowering wird § 10 Abs. 6a S. 2 zudem durch den unmittelbar geltenden **Art. 5 Abs. 1 VO 2022/2577/EU überlagert**.
Ob eine Unionsrechtswidrigkeit bereits daraus folgt, dass das deutsche Recht für die Frist auf die **Vollständigkeit der Antragsunterlagen** (→ Rn. 56 f.; Rn. 241) und nicht wie die RL 2018/2001/EU auf die Bestätigung des Eingangs des Antrags (vgl. Art. 16 Abs. 1 S. 4 RL 2018/2001/EU) abstellt, erscheint demgegenüber weniger eindeutig (für Unionsrechtswidrigkeit Dietrich ZNER 2021, 539 (545 ff.); aA Fischerauer/Appel UPR 2021, 328 (329 f.)). So könnte sich hinsichtlich der konkreten Anforderungen an den eingegangenen Antrag nämlich durchaus ein mitgliedstaatlicher Konkretisierungsspielraum ergeben. Nach der derzeit **geplanten Reform der RL 2018/2001/EU** (→ § 16b Rn 23a ff.) soll es zukünftig überdies auf die „Bestätigung der Gültigkeit des Antrages" für den Fristbeginn ankommen, für welche eine behördliche Vorprüfung in einem neuen Art. 16 Abs. 2 RL 2018/2001/EU geschaffen werden soll. Jedenfalls damit dürfte dem Unionsrecht über § 10 Abs. 6a im Ergebnis Rechnung getragen werden können. Freilich wäre die Regelung zur Vollständigkeitsprüfung in § 7 der 9. BImSchV anzupassen. Auch nach der mit Wirkung zum 30.12.2022 erlassenen **Dringlichkeitsverordnung 2022/2577/EU** wird für die unmittelbar geltenden Fristen für das **Anlagenrepowering** (Art. 5 Abs. 1 VO 2022/2577/EU) auf die Bestätigung der Vollständigkeit des Antrages abgestellt (→ § 16b Rn. 23b, 23f), weswegen insoweit keine Kollisionen mit unionsrechtlichen Vorgaben drohen dürften.
Kritisch angemerkt wird überdies, dass auch das Verstreichenlassen der unionsrechtlichen Höchstfristen **keine weitergehenden Rechtsfolgen** auslöst, sodass der Antragsteller keine praktische Möglichkeit besitze, die Behörde in hinreichend effektiver Weise zur Wahrung der Fristen anzuhalten. Diesem bleibe insoweit, neben einer Untätigkeitsklage, lediglich die Möglichkeit eines staatshaftungsrechtlichen Vorgehens oder das Einlegen informeller Rechtsbehelfe (Dietrich ZNER 2021, 539 (546); vgl. auch → Rn. 244). Gleichwohl dürfte insbesonderer der RL 2018/2001/EU derzeit keine Pflicht des Gesetzgebers zu entnehmen sein, über § 42a VwVfG zugleich eine Genehmigungsfiktion einzuführen (so auch Fischerauer/Appel UPR 2021, 328 (329) unter Verweis auf die entsprechenden Erwägungen auch auf Ebene der EU). Ähnliches dürfte auch für die VO 2022/2577/EU gelten, die eine Genehmigungsfiktion lediglich für Solarenergieanlagen (Art. 4 Abs. 3 VO 2022/2577/EU), nicht aber für Repowering-Verfahren iSd Art. 5 Abs. 1, 2 VO 2022/2577/EU normiert.

Unabhängig von der Frist hat die Behörde nach Ermittlung aller entscheidungserheblichen Umstände **unverzüglich** über den Antrag zu entscheiden (§ 20 Abs. 1 der 9. BImSchV), im förmlichen Verfahren – sofern ein Erörterungstermin stattgefunden hat – frühestens nach Abschluss dieses Termins bzw. bei Abbruch des Termins nach § 18 Abs. 5 S. 3 der 9. BImSchV nach Ablauf der Monatsfrist zur schriftlichen Erläuterung der Einwendungen. Hat kein Erörterungstermin stattgefunden, erfolgt die Entscheidung unverzüglich nach dem Ablauf der Einwendungsfrist (s. auch § 20 Abs. 1 S. 2 der 9. BImSchV). Im Übrigen setzt die Unverzüglichkeit (als spezielle Ausprägung des Zügigkeitsgebot iSd § 10 S. 2 VwVfG) die **Sachentscheidungsreife** voraus, sodass die Behörde die Entscheidung unabhängig von der Frist zu treffen hat, sobald **alle für die Entscheidung maßgeblichen Umstände ermittelt** worden sind (Jarass Rn. 122). Daher ist etwa eine Entscheidung auch vor einer absehbaren Rechtsänderung nicht zu beanstanden (vgl. VGH München BeckRS 2020, 28631 Rn. 27), ein Absehen von der Entscheidung gerade 243 wegen einer anstehenden Rechtsänderung ist vielmehr durch das Unverzüglichkeitsgebot ausgeschlossen (Jarass Rn. 122).

244 Die **Fristversäumnis** seitens der Genehmigungsbehörde hat keine unmittelbaren Rechtsfolgen in Bezug auf Errichtung oder Betrieb der Anlage (vgl. auch Meßerschmidt in Ehlers/Fehling/Pünder Besonderes Verwaltungsrecht Bd. 2 § 46 Rn. 75: bei den Fristen handele es sich „eher um Versprechen"). Insbesondere fehlt eine Regelung über eine Erteilungsfiktion wie in anderen Gesetzen (§ 42a VwVfG iVm spezialgesetzlicher Anordnung). Gleichfalls ist nicht von einer stillschweigenden Erteilung auszugehen. Nach fruchtlosem Ablauf der Frist kann der Antragsteller unverzüglich Verpflichtungsklage in Gestalt der **Untätigkeitsklage** erheben (§ 75 VwGO; sowie jüngst OVG Greifswald BeckRS 2023, 2396 Rn. 65 ff.; vgl. auch § 14a BImSchG und zum Verhältnis der beiden Vorschriften → § 14a Rn. 5 f.) und – bei verschuldeter Fristversäumnis – gegebenenfalls **Amtshaftungsansprüche** geltend machen (Jarass Rn. 125; Storost in Ule/Laubinger/Repkewitz J 5; Weiss in Appel/Ohms/Saurer Rn. 216; vgl. BGH NVwZ 1993, 299 f. – zu verspätet beschiedenen Bauvoranfragen). Daneben bleiben informelle Rechtsbehelfe möglich, so etwa das Mittel der Dienstaufsichtsbeschwerde (Czajka in Feldhaus BImSchR Rn. 84; Storost in Ule/Laubinger/Repkewitz J 5). Die Regelung des § 10 Abs. 6a ist aber nicht drittschützend zugunsten der Nachbarn bzw. Einwender, sodass sich nur der Antragsteller auf sie berufen kann (Weiss in Appel/Ohms/Saurer Rn. 216).

245 **2. Entscheidungskriterien.** Der behördlichen Entscheidung sind die im gesamten Genehmigungsverfahren gewonnenen Erkenntnisse einschließlich der Einwendungen, der Stellungnahmen beteiligter Behörden, der behördlichen und einbezogenen Privatgutachten etc. zugrunde zu legen. Die Genehmigungsbehörde hat bei ihrer Entscheidung über den Antrag zudem die Bewertung der Auswirkungen eines UVP-pflichtigen Vorhabens nach § 20 Abs. 1b S. 4 der 9. BImSchV zu berücksichtigen (→ Rn. 237 ff.). Dies gilt auch für die in einem vorgeschalteten Raumordnungsverfahren ermittelten, beschriebenen und bewerteten Auswirkungen des Vorhabens auf die Umwelt (§ 23a Abs. 1 iVm § 20 Abs. 1b der 9. BImSchV).

246 **3. Ablehnende Entscheidung.** Die Genehmigungsbehörde **muss den Antrag ablehnen,** wenn feststeht, dass die Anlage nicht genehmigungsfähig ist und die Genehmigungsfähigkeit nicht durch den Erlass von ergänzenden Nebenbestimmungen herbeigeführt werden kann (§ 20 Abs. 2 S. 1 der 9. BImSchV). Aus dieser Vorschrift ergibt sich, dass eine ablehnende Entscheidung der Behörde grundsätzlich **in jedem Stadium des Verfahrens möglich** ist (vgl. Sellner Immissionsschutzrecht und Industrieanlagen Rn. 189; Jarass Rn. 139). Steht schon nach der Antragstellung bzw. nach Ergänzung der Antragsunterlagen fest, dass die Anlage nicht genehmigt werden kann, so sollen insbesondere die der Öffentlichkeitsbeteiligung dienenden Verfahrensbestandteile nicht zwingend durchzuführen sein (Jarass Rn. 139; Czajka in Feldhaus BImSchR Rn. 87). Voraussetzung ist für § 20 Abs. 2 S. 1 der 9. BImSchV indes die **endgültige Genehmigungsunfähigkeit**. Ein Vorgehen nach dieser Vorschrift kommt folglich nicht in Betracht, wenn das Genehmigungshindernis über Nebenbestimmungen iSd § 12 beseitigt werden kann (Jarass Rn. 139; Weiss in Appel/Ohms/Saurer Rn. 245). Zudem „soll" der Antrag abgelehnt werden, wenn der Antragsteller einer Aufforderung zur Ergänzung der Unterlagen innerhalb einer ihm gesetzten Frist, die auch im Falle ihrer Verlängerung drei Monate nicht überschreiten soll, nicht nachgekommen ist (§ 20 Abs. 2 S. 2 der 9. BImSchV). Diese Regelung knüpft an die Nachforderung von Unterlagen iSd § 7 Abs. 1 S. 3 der 9. BImSchV an (Czajka in Feldhaus BImSchR 9. BImSchV § 20 Rn. 27; Weiss in Appel/Ohms/Saurer Rn. 247). Sie sieht ein intendiertes Ermessen vor, womit nur im Ausnah-

mefall eine andere Entscheidung in Betracht kommt. Ein derartiger Ausnahmefall kann etwa dann angenommen werden, wenn der Antragsteller ohne sein Verschulden die Unterlagen auch innerhalb der dreimonatigen Frist nicht hätte beschaffen können (Czajka in Feldhaus BImSchR 9. BImSchV § 20 Rn. 27).

Die ablehnende Entscheidung hat gemäß § 20 Abs. 3 der 9. BImSchV iVm § 10 Abs. 7 **247** **schriftlich** zu erfolgen und ist schriftlich zu begründen. Eine vorherige **Anhörung** des Antragstellers nach **§ 28 Abs. 1 VwVfG** ist nicht zwingend erforderlich, da die Ablehnung einer den Antragsteller begünstigenden Genehmigung kein belastender Verwaltungsakt iSd § 28 Abs. 1 VwVfG ist (BVerwGE 66, 184 (186 f.); 68, 267 (270); aA Weiß in Appel/Ohms/Saurer Rn. 253; str., s. zur gegensätzlichen Ansicht der Literatur Maurer/Waldhoff Allgemeines Verwaltungsrecht, 19. Aufl. 2020 Rn. 28; Schneider in Schoch/Schneider Verwaltungsrecht § 28 Rn. 24; Ramsauer in Kopp/Schenke § 28 Rn. 26a, jeweils mwN). Auch ein selbstständiger Eingriff in die Baufreiheit aus Art. 14 Abs. 1 S. 1 durch die Ablehnung (so etwa Weiss in Appel/Ohms/Saurer Rn. 253) kommt nicht in Betracht, da diese allenfalls in den Grenzen des in den § 4, § 6 und § 10 gesetzlich ausgeformten Antragsverfahrens grundrechtlichen Schutz bietet (vgl. dazu allgemein auch Dietlein in Stern Staatsrecht der Bundesrepublik Deutschland, Bd. IV/1 1. Aufl. 2006 § 113, 2187). Indes sind der Bescheid und die Begründung dem Antragsteller sowie allen Personen, die rechtzeitig Einwendungen erhoben haben, **förmlich zuzustellen.** § 10 Abs. 8 ist für die **Ersetzung der Zustellung** durch öffentliche Bekanntmachung auf die ablehnende Entscheidung entsprechend anzuwenden (Jarass Rn. 140 mwN). Handelt es sich um ein **UVP-pflichtiges Vorhaben,** muss zudem die zusammenfassende Darstellung – nicht hingegen die begründete Bewertung – beigefügt werden (§ 20 Abs. 3 S. 2 der 9. BImSchV). In diesem Fall ist ebenso eine öffentliche Bekanntmachung der Antragsablehnung erforderlich (§ 21a Abs. 2 der 9. BImSchV: „Entscheidung über den Antrag"; zutr. Weiss in Appel/Ohms/Saurer Rn. 280). Gegen eine ablehnende Entscheidung kann der Antragsteller mit der **Verpflichtungsklage** (Versagungsgegenklage) vor dem Verwaltungsgericht vorgehen.

4. Zusprechende Entscheidung. Die **positive Entscheidung** der Genehmigungs- **248** behörde über den Genehmigungsantrag, gegebenenfalls mit Einschränkungen und Nebenbestimmungen, mündet in den Erlass eines **Genehmigungsbescheides** (→ Rn. 250 ff.). Das Genehmigungsverfahren endet mit Erlass und Zustellung des Bescheides. Die Genehmigung kann, insbesondere von betroffenen Dritten, mit einer Anfechtungsklage angegriffen werden (→ Rn. 280 ff.).

5. Vorabentwurf. In der Praxis übersendet die Genehmigungsbehörde dem Antrag- **249** steller regelmäßig einen **Vorabentwurf** des Bescheides zur Stellungnahme. Diese Vorgehensweise dient dazu, offensichtliche Unrichtigkeiten zu korrigieren. Allerdings darf der Antragsteller keinen wesentlichen inhaltlichen Einfluss mehr auf die Entscheidung nehmen, zB Nebenbestimmungen streichen. Die Behörde hat auf der Grundlage der Antragsunterlagen, der Gutachten und Stellungnahmen beteiligter Behörden sowie des Erörterungstermins eine abschließende Entscheidung hinsichtlich der Genehmigungsfähigkeit getroffen, die seitens des Vorhabenträgers vor Erlass nicht mehr verändert werden kann. Sofern diese Grenze beachtet wird, stehen der Übersendung eines Vorabentwurfs zur bloß redaktionellen Überarbeitung keine Bedenken entgegen (Czajka in Feldhaus BImSchR Rn. 87a; Schack in BeckOK UmweltR Rn. 83; Jarass Rn. 115). Ob aus Gründen der Gleichbehandlung im Verfahren auch eine vorherige Zuleitung an die Einwender zu erfolgen hat (so etwa Roßnagel/Hentschel in GK-BImSchG Rn. 452.; Czajka in Feldhaus BImSchR Rn. 87a; Jarass Rn. 115), erscheint demgegenüber zweifelhaft, da Einwender keine Verfahrensbeteiligten im engeren Sinne sind (iErg gegen notwendige Zuleitung auch Weiss in Appel/Ohms/Saurer Rn. 257).

XV. Genehmigungsbescheid

250 **1. Form.** Der Genehmigungsbescheid – als ganz oder teilweise dem Antrag entsprechende behördliche Entscheidung – ist **schriftlich zu erlassen** und **schriftlich zu begründen** (§ 10 Abs. 7). Mündlich oder stillschweigend erteilte Bescheide sind daher ohne Weiteres nichtig (Jarass Rn. 126; Roßnagel/Hentschel in GK-BImSchG Rn. 447). Erst recht kann die immissionsschutzrechtliche Genehmigung nicht durch erklärte oder stillschweigende Duldung der Behörde erlangt oder ersetzt werden (BVerwGE 85, 368 (371 f.); 55, 118 (124)). Auch eine **elektronische Erteilung** ist **nicht möglich** (Czajka in Feldhaus BImSchR Rn. 84; Jarass Rn. 126; Weiss in Appel/Ohms/Saurer Rn. 255). Überdies findet **§ 37 Abs. 3 VwVfG** Anwendung, sodass der Bescheid die erlassende Behörde erkennen lassen und die Unterschrift oder die Namenswiedergabe des Behördenleiters, seines Vertreters oder seines Beauftragten enthalten muss (Czajka in Feldhaus BImSchR Rn. 84).

251 **2. Inhalt.** § 21 Abs. 1 der 9. BImSchV enthält den **zwingenden Inhalt** des Genehmigungsbescheides. Enthalten sein müssen die Angabe des Namens und des Wohnsitzes oder des Sitzes des Antragstellers (Nr. 1), die Angabe, dass eine Genehmigung, eine Teilgenehmigung oder eine Änderungsgenehmigung erteilt wird, und die Angabe der Rechtsgrundlage (Nr. 2) sowie die genaue Bezeichnung des Gegenstandes der Genehmigung einschließlich des Standortes der Anlage sowie den Bericht über den Ausgangszustand (Nr. 3). Ferner muss der Bescheid die Festlegung der erforderlichen Emissionsbegrenzung (Nr. 3a) und die Nebenbestimmungen zur Genehmigung enthalten (Nr. 4, vgl. § 12). Es ist eine Begründung aufzunehmen, aus der die wesentlichen tatsächlichen und rechtlichen Gründe, die die Behörde zu ihrer Entscheidung bewogen haben, und die Behandlung der Einwendungen hervorgehen sollen (Nr. 5, s. dazu → Rn. 256). Schließlich sind Angaben über das Verfahren zur Beteiligung der Öffentlichkeit zu machen (Nr. 6), die meist in Berichts- bzw. Protokollform beigefügt werden dürften, und es ist eine Rechtsbehelfsbelehrung zu erteilen (Nr. 7). Im Fall einer **UVP-Pflicht** muss nach § 21 Abs. 1a Nr. 1 der 9. BImSchV ebenso eine Beschreibung der vorgesehenen Überwachungsmaßnahmen erfolgen. Zur näheren Bestimmung dieser Vorgaben wird in der Verordnungsbegründung auf Art. 8a Abs. 4 UAbs. 3 UVP-RL verwiesen. Um in diesem Sinne eine „Doppelgleisigkeit" der Überwachungsmaßnahmen zu verhindern, sollen sich Inhalt und Dauer der Überwachungsmaßnahmen nach den einschlägigen Vorschriften der §§ 27–29a, 52, 52a BImSchG bestimmen (BR-Drs. 268/17, 32). Aus der Vorschrift folgt indes keine Pflicht zum Erlass bzw. Aufstellen von zusätzlichen Überwachungsmaßnahmen, das Bestehen eben solcher ist demnach Voraussetzung des § 21 Abs. 1a (Weiss in Appel/Ohms/Saurer Rn. 265; Wolf ZUR 2018, 457 (463)). Durch § 21 Abs. 1a Nr. 2 der 9. BImSchV werden zusätzliche Maßgaben für die Begründung aufgestellt (→ Rn. 256a f.).

252 Darüber hinaus **soll** der Bescheid nach § 21 Abs. 2 der 9. BImSchV den Hinweis enthalten, dass der Genehmigungsbescheid unbeschadet der behördlichen Entscheidungen ergeht, die nach § 13 des Bundes-Immissionsschutzgesetzes nicht von der Genehmigung eingeschlossen werden.

253 Für **Abfallverbrennungsanlagen** (Anlagen, auf die die Verordnung über Verbrennungsanlagen für Abfälle und ähnlich brennbare Stoffe anzuwenden ist) enthält § 21 Abs. 3 der 9. BImSchV weitere Anforderungen, namentlich Angaben über Art und Menge der zur Verbrennung zugelassenen Abfälle (Nr. 1), über die Gesamtkapazität der Verbren-

nungsanlage (Nr. 2), über die kleinsten und größten Massenströme der zur Verbrennung zugelassenen Abfälle (Nr. 3), über die kleinsten und größten Heizwerte der zur Verbrennung zugelassenen Abfälle (Nr. 4) und über den größten Gehalt an Schadstoffen in den zur Verbrennung zugelassenen Abfällen (Nr. 5). Vgl. im Einzelnen die Erläuterungen zu § 21 der 9. BImSchV. § 23 der 9. BImSchV bestimmt ergänzende Anforderungen an den Inhalt eines **Vorbescheides,** wobei der zwingende Inhalt weitgehend dem § 21 Abs. 1 der 9. BImSchV entspricht, aber nach Abs. 2 der Soll-Inhalt erweitert ist. Bei **UVP-pflichtigen Vorhaben** gelten für die Erteilung des Vorbescheides § 20 Abs. 1a und § 20 Abs. 1b der 9. BImSchV entsprechend (§ 23 Abs. 2 S. 2 der 9. BImSchV). Weitergehende Begründungsanforderungen für Anlagen iSd IE-RL sind § 21 Abs. 2a der 9. BImSchV zu entnehmen (→ 9. BImSchV § 21 Rn. 5).

Nach § 4 Abs. 3 **TEHG** enthält die Genehmigung im Anwendungsbereich des TEHG, **253a** die nach § 4 Abs. 4 S. 1 TEHG als Emissionsgenehmigung gilt, nunmehr nur noch die Angaben des Genehmigungsantrags nach § 4 Abs. 2 TEHG.

Für Anlagen iSd **LNGG** (→ Rn. 28d) ist die vorgegebene zeitliche Befristung des § 5 **253b** Abs. 1 Nr. 4 LNGG zu beachten, die die Aufnahme der Bestimmung in den Bescheid verlangt, dass der Betrieb der Anlage mit verflüssigtem Erdgas spätestens am 31.12.2043 einzustellen ist (Schack in BeckOK UmweltR Rn. 82; 114).

Verstöße gegen die zwingenden Vorschriften über den Inhalt des Genehmigungsbe- **254** scheides machen diesen **rechtswidrig.** Unter Umständen ergibt sich die Möglichkeit der Berichtigung gemäß § 42 VwVfG. Werden die Soll-Anforderungen nicht erfüllt, berührt dies die Wirksamkeit des Bescheides nicht; fehlt allerdings die Rechtsbehelfsbelehrung, ist § 58 Abs. 2 VwGO anwendbar (Jarass Rn. 126).

Über die in der 9. BImSchV ausdrücklich genannten Anforderungen an den Genehmi- **255** gungsbescheid hinaus gelten ergänzend die Vorschriften der **Verwaltungsverfahrensgesetze,** namentlich § 37 VwVfG, der eine hinreichende Bestimmtheit verlangt (vgl. Storost in Ule/Laubinger/Repkewitz J 8; Czajka in Feldhaus BImSchR Rn. 84; Weiss in Appel/Ohms/Saurer Rn. 260). Ein Verstoß gegen das Bestimmtheitsgebot macht den Bescheid (materiell) rechtswidrig, nur unter den zusätzlichen Voraussetzungen der § 44 Abs. 1, 2 VwVfG führt er zur Nichtigkeit (so zB, wenn die Genehmigungsbehörde nicht erkennbar ist, vgl. § 44 Abs. 2 Nr. 1 VwVfG). Er beschwert überdies den Antragsteller, dem sodann Rechtsschutz über die Verpflichtungsklage offensteht. Insoweit kommt zugleich aber auch eine rückwirkende Heilung (zB durch einen ergänzenden Bescheid) in Betracht (Czajka in Feldhaus BImSchR Rn. 85).

3. Begründung. Nach § 21 Abs. 1 Nr. 5 der 9. BImSchV muss der Genehmigungs- **256** bescheid eine **Begründung** enthalten, aus der die wesentlichen tatsächlichen und rechtlichen Erwägungen hervorgehen sollen, die die Behörde zur Grundlage ihrer Entscheidung gemacht hat, und in der zugleich die vorgebrachten Einwendungen erörtert und beurteilt werden.

Bei **UVP-pflichtigen Vorhaben** waren die zusammenfassende Darstellung nach § 20 **256a** Abs. 1a und die Bewertung nach § 20 Abs. 1b der 9. BImSchV vormals Bestandteil der Begründung nach § 21 Abs. 1 Nr. 5, 2. Hs. der 9. BImSchV. Dieser Norminhalt wurde im Jahre 2017 in die Bestimmung des § 21 Abs. 1a Nr. 2 der 9. BImSchV transferiert. Hiernach muss zum Genehmigungsbescheid im Falle einer UVP-pflichtigen Anlage neben den Angaben zu Überwachungsmaßnahmen auch eine ergänzende Begründung vorhanden sein (Nr. 2). Deren Inhalte werden in den nachfolgenden lit. a–c aufgezählt: Sie muss hiernach sowohl die zusammenfassende Darstellung als auch die begründete Bewertung nach § 20 Abs. 1b enthalten (lit. a, b). Darüber hinaus muss die Behörde ihren Entscheidungsprozess darlegen und erläutern, wie sie die Bewertung nach § 20 Abs. 1b berücksichtigt hat und wie sie deren Anforderungen anderweitig Rechnung getragen hat (lit. c). Hierzu ist insbesondere auf die Angaben des UVP-Berichts nach § 4e der 9. BImSchV einzugehen (BR-Drs. 268/17, 32). S. weiter hierzu → 9. BImSchV § 21 Rn. 3e.

256b Bezüglich der Inhaltsvorgaben für die Begründung gilt das gleiche wie für die Vorgängerbestimmung des § 21 Abs. 1 Nr. 5, 2. Hs. der 9. BImSchV. Da die Gründe für die behördliche Entscheidung genannt werden sollen, ist es nicht ausreichend, wenn nur die Ergebnisse etwa des Erörterungstermins und die entscheidenden Rechtsvorschriften aufgeführt werden (Jarass Rn. 127). Auf Antragsunterlagen darf nur dann verwiesen werden, wenn die Begründung für sich genommen für die Drittbetroffenen, denen die Begründung zugestellt wird, verständlich bleibt (Jarass Rn. 127; Weiss in Appel/Ohms/Saurer Rn. 263; Roßnagel UPR 1995, 121 ff.).

257 **4. Zustellung bzw. öffentliche Bekanntmachung. a) Zustellung.** Nach § 10 Abs. 7 ist der Genehmigungsbescheid dem Antragsteller sowie Personen, die rechtzeitig Einwendungen erhoben haben, **förmlich zuzustellen** sowie gemäß Satz 2, sofern die Zustellung nicht nach Abs. 8 ohnehin durch öffentliche Bekanntmachung ersetzt wird, nach Maßgabe dieser Bestimmung (zusätzlich) **öffentlich bekannt zu machen.** Die Pflicht zur Zustellung hängt zwar nach dem Wortlaut des Abs. 7 nicht von der Rechtzeitigkeit der Einwendungserhebung ab (Storost in Ule/Laubinger/Repkewitz J 10 mwN). Durch die Grundsätze zur formellen Präklusion nach § 10 Abs. 3 S. 5 ist hier allerdings die Entscheidung nicht zwingend zuzustellen (Roßnagel/Hentschel in GK-BImSchG § 10 Rn. 455; Czajka in Feldhaus BImSchR Rn. 91; auch Schack in BeckOK UmweltR Rn. 85, der die Mitteilung über ein einfaches Schreiben gleichwohl für zweckmäßig hält; aA und für notwendige Zustellung an alle Einwender unabhängig der Fristwahrung indes Storost in Ule/Laubinger/Repkewitz J 10; Weiss in Appel/Ohms/Saurer Rn. 258; Jarass Rn. 131). Das schließt die Möglichkeit einer Zustellung freilich nicht aus. Zur Zustellung an ausländische Behörden bei Vorhaben mit grenzüberschreitendem Bezug vgl. § 11a Abs. 1, 2 der 9. BImSchV sowie → 9. BImSchV § 11a Rn. 10; zu Besonderheiten der Zustellung im vereinfachten Verfahren vgl. → § 19 Rn. 38.

258 Die Zustellung des Genehmigungsbescheids erfolgt nach den Vorschriften des einschlägigen **Verwaltungszustellungsgesetzes des Landes.** Für die elektronische Übermittlung des Bescheides statt der Zustellung gelten die diesbezüglichen Vorgaben des Landeszustellungsgesetzes. Möglich ist etwa die elektronische Zustellung gegen Abholbestätigung über De-Mail-Dienste iSd § 5 Abs. 9 DeMailG (§ 5a VwZG NRW; Art. 6 BayVwZG; Roßnagel/Hentschel in GK-BImSchG § 10 Rn. 446; Weiss in Appel/Ohms/Saurer Rn. 258 mit Fn. 831). Ist die Zustellung unter Verletzung des vorgeschriebenen (Zustellungs-)Verfahrens erfolgt, berührt dies die Wirksamkeit der Genehmigung nicht. Lediglich der Lauf der Rechtsmittelfristen wird gehindert (Storost in Ule/Laubinger/Repkewitz J 12; Jarass Rn. 130; Czajka in Feldhaus BImSchR Rn. 106). Mängel der Zustellung können nach § 8 VwZG geheilt werden (Jarass Rn. 130). Unentbehrlich für die Wirksamkeit ist freilich, dass der Verwaltungsakt den jeweiligen Betroffenen überhaupt bekannt gegeben wird. Insofern kann eine rechtswidrig unterbliebene und nicht nachgeholte Bekanntgabe dazu führen, dass die Genehmigung den Betroffenen gegenüber nicht wirksam wird. Nach dem allgemeinen Grundsatz der relativen Wirksamkeit (Ramsauer in Kopp/Ramsauer VwVfG § 43 Rn. 57) wird der Bescheid für den Antragsteller dabei bereits mit der an ihn erfolgenden Zustellung wirksam (§ 43 Abs. 1, § 41 Abs. 5 VwVfG). Eine noch ausstehende Zustellung an Dritte verhindert folglich nicht, dass der Antragsteller von der Genehmigung bereits Gebrauch machen kann, sie führt freilich zu unter-

schiedlichen Rechtsmittelfristen (Czajka in Feldhaus BImSchR Rn. 89; Weiss in Appel/Ohms/Saurer Rn. 259; Jarass Rn. 130; Schack in BeckOK UmweltR Rn. 85).

b) Öffentliche Bekanntmachung. Mit den Änderungen durch das Öffentlichkeitsbeteiligungsgesetz vom 9.12.2006 (→ Rn. 18a) ist die **öffentliche Bekanntmachung** für jede Genehmigung zwingend vorgeschrieben. Verfahrensrechtliche Erleichterungen ergeben sich insoweit aus den §§ 2 f. PlanSiG (→ Rn. 28c). 259

Nach § 10 Abs. 8 kann die Behörde in einem Genehmigungsverfahren mit Öffentlichkeitsbeteiligung die Zustellung an Einwender durch eine öffentliche Bekanntmachung **ersetzen.** Dies gilt nach der Novelle von 1993 ohne Einschränkung im Hinblick auf eine Mindestzahl erforderlicher Zustellungen. Zwar steht die Entscheidung darüber im pflichtgemäßen Ermessen der Genehmigungsbehörde, sie benötigt aber einen hinreichenden Grund für das Absehen von der Einzelzustellung (vgl. zur verfassungsrechtlichen Zulässigkeit der öffentlichen Bekanntmachung als Zustellungsersatz BVerwGE 67, 206 (209 ff.)). Geringfügige Erschwerungen für Dritte können ein entsprechendes Interesse noch nicht begründen, umgekehrt dürften wenige Einwender tendenziell für eine durchzuführende Individualzustellung sprechen (Czajka in Feldhaus BImSchR Rn. 93). Auf eine Mindestanzahl von Einwendern dürfte hingegen nicht abzustellen sein (aA unter Hinweis auf die §§ 17 f. VwVfG Schack in BeckOK UmweltR Rn. 87), zumal der Gesetzgeber die Ersatzbekanntmachung gerade unabhängig von der Zahl der Einwender vorsehen wollte (Czajka in Feldhaus BImSchR Rn. 92 f.; Weiss in Appel/Ohms/Saurer Rn. 269). Die Zustellung an den Antragsteller kann nicht durch die öffentliche Bekanntmachung ersetzt werden (Jarass Rn. 129; Czajka in Feldhaus BImSchR Rn. 92). 260

Ist eine Zustellung erfolgt, muss die Genehmigung **zusätzlich öffentlich bekannt gemacht** werden. Ist die Zustellung nach Absatz 8 ersetzt worden, genügt die Bekanntmachung als Ersatzzustellung, wie sich aus Absatz 7 S. 2 ergibt. Schon vor Inkrafttreten des Öffentlichkeitsbeteiligungsgesetzes vom 9.12.2006 sah allerdings § 21a der 9. BImSchV vor, dass die Entscheidung über den Antrag öffentlich bekannt zu machen war, wenn das Verfahren mit Öffentlichkeitsbeteiligung durchgeführt wurde oder der Träger des Vorhabens dies beantragt hatte (vgl. § 21a der 9. BImSchV; s. Sellner/Reidt/Ohms Immissionsschutzrecht und Industrieanlagen, 188). Nunmehr ist für alle Genehmigungsverfahren nach § 10 die öffentliche Bekanntmachung des Genehmigungsbescheids obligatorisch. Nach § 21a Abs. 2 S. 1 ist auch bei **UVP-pflichten Anlagen** eine Veröffentlichung des Bescheids und seine Auslegung erforderlich (→ 9. BImSchV § 21a Rn. 5). Für das vereinfachte Verfahren ist die öffentliche Bekanntmachung über § 21a Abs. 1 iVm § 24 S. 1 der 9. BImSchV fakultativ (vgl. zum Streit um die Frage, ob diese auch die Rechtsmittelfristen in Gang setzen kann, die Darstellungen unter → § 19 Rn. 38 f., 56 sowie § 16b Rn. 105). Die öffentliche Bekanntmachung auf Wahl des Antragstellers wird für das **Anlagenrepowering** iSd § 16b Abs. 1, 2 (sowie für die in §§ 16b Abs. 7 f. geregelten Sonderfälle der Änderung) von Windenergieanlagen in § 16b Abs. 6 S. 3 nunmehr auch auf formalgesetzlicher Grundlage geregelt (→ § 16b Rn. 107 ff.). 261

Für die obligatorische, die Zustellung ergänzende öffentliche Bekanntmachung gelten die Regelungen über die die Zustellung ersetzende öffentliche Bekanntmachung in § 10 Abs. 8 entsprechend (so § 10 Abs. 7 S. 3; vgl. Sellner/Reidt/Ohms Immissionsschutzrecht und Industrieanlagen, 188). Für beide Fälle sind die Bestimmungen über die Bekanntgabe von Antrag und Unterlagen in **§ 10 Abs. 3 S. 1 entsprechend** anwendbar (→ Rn. 69 ff.). Bekannt zu machen ist der **verfügende Teil der Genehmigung,** und dies jedenfalls, soweit er für Drittbetroffene Anstoßfunktion besitzt (vgl. Storost in Ule/Laubinger/Repkewitz J 13; tend. weiter und gegen eine Beschränkung auf Drittbetroffene Weiss in Appel/Ohms/Saurer Rn. 272 mit Fn. 871; Jarass Rn. 133). Dazu gehören insbesondere 261a die Genehmigungsinhalte nach § 21 Abs. 1 Nr. 1–3a der 9. BImSchV (Weiss in Appel/Ohms/Saurer Rn. 272). Auf im Bescheid enthaltene Auflagen sowie auf sonstige Nebenbestimmungen iSd § 12 (Czajka in Feldhaus BImSchR Rn. 93a; Roßnagel/Hentschel in GK-BImSchG Rn. 460; Weiss in Appel/Ohms/Saurer Rn. 273) ist hinzuweisen. Weitergehende Veröffentlichungen kursorischer oder stichwortartiger Angaben zum Inhalt oder Gegenstand der Nebenbestimmung werden demgegenüber nicht zwingend eingefordert (BVerwG BeckRS 2022, 42135 Rn. 10). Neben der öffentlichen Bekanntmachung ist der **gesamte Genehmigungsbescheid** für zwei Wochen **zur Einsichtnahme auszulegen** (§ 10 Abs. 8 S. 2, 3). Gem. Abs. 8 S. 4 muss in der öffentlichen Bekanntmachung darauf hingewiesen werden, wo und wann der Genehmigungsbescheid und seine Begründung eingesehen und nach Abs. 8 S. 6 angefordert werden können. Mit Ablauf der Auslegungsfrist, die nach § 31 VwVfG zu berechnen ist, gilt der Bescheid als zugestellt (Abs. 8 S. 5) mit der Folge, dass die Widerspruchs- bzw. Klagefrist – auch für Dritte – zu laufen beginnt (Jarass Rn. 134; Roßnagel/Hentschel in GK-BImSchG Rn. 461; Weiss in Appel/Ohms/Saurer Rn. 282). Auch hierauf ist in der öffentlichen Bekanntmachung hinzuweisen. Maßgeblich ist für den Fristbeginn in Bezug auf die Zustellungsfiktion der Tag, der auf den letzten Tag der Auslegung folgt (Roßnagel/Hentschel in GK-BImSchG, § 10 Rn. 461). Die Zustellungsfiktion gilt auch dann, wenn die öffentliche Bekanntmachung im Einzelfall übersehen worden ist (Czajka in Feldhaus BImSchR Rn. 96). Unter Umständen kommt aber bei Fristüberschreitung die Wiedereinsetzung in den vorigen Stand in Betracht (so für den Fall schuldloser Unkenntnis von der Bekanntmachung Jarass Rn. 134; Roßnagel-Hentschel in GK-BImSchG Rn. 462, mit vor der Funktion der öffentlichen Bekanntmachung beachtlichen Gründen enger indes Czjaka in Feldhaus BImSchR Rn. 96; tend. auch Weiss in Appel/Ohms/Saurer Rn. 282). Auch nach der EuGH-Rechtsprechung zur Unanwendbarkeit der materiellen Präklusion im Bereich der UVP- und IE-RL bestehen an der Anwendbarkeit der **Zustellungsfiktion des § 10 Abs. 8 S. 5** aufgrund der durch sie erfolgenden lediglich mittelbaren Verkürzung des Rechtsschutzes keine Bedenken (OVG Münster BeckRS 2017, 107199 Rn. 10 f.; Jarass Rn. 134; Weiss in Appel/Ohms/Saurer Rn. 282).

261b Nach der Änderung des § 10 Abs. 8 S. 6 durch das SchriftVG kann der **Genehmigungsbescheid** und seine Begründung bis zum Ablauf der Widerspruchsfrist durch die **Einwender** nunmehr **schriftlich oder elektronisch angefordert werden.** Notwendig ist dabei, dass die Person tatsächlich Einwendungen erhoben hat, ansonsten besitzt sie keine Möglichkeit, den Bescheid anzufordern (Czajka in Feldhaus BImSchR Rn. 97). Wurden keine Einwendungen erhoben, kann sich ein Anspruch auf Zurverfügungstellung des Genehmigungsbescheides aus dem **Umweltinformationsgesetz** des jeweiligen Landes ergeben (Czajka in Feldhaus BImSchR Rn. 97; Jarass Rn. 134; Weiss in Appel/Ohms/Saurer Rn. 284 aE).

261c Die Regelungen des § 10 Abs. 8 S. 2–6 finden über die Neuregelung des § 16b Abs. 6 ergänzend auch für Repowering-Verfahren iSd § 16b Abs. 1, 2 (sowie Änderungsgenehmigungsverfahren für Windenergieanlagen iSd § 16b Abs. 7 f.) im vereinfachten Verfahren Anwendung (→ § 16b Rn. 107 ff.)

261d **c) Öffentliche Bekanntmachung im Internet.** Die Regelungen über die öffentliche Bekanntmachung werden durch Abs. 8a erweitert. Dieser gilt zwar im Grundsatz nur für **Anlagen iSd IE-RL.** Durch einen Verweis in § 21a Abs. 2 S. 5 der 9. BImSchV gelten § 10 Abs. 8a S. 1 und S. 2 allerdings auch für **UVP-pflichtige Anlagen** entsprechend. Hiermit wird vom Gesetzgeber sowohl für die Veröffentlichungspflichten (Satz 1) als auch für die Geheimhaltungspflichten für Betriebs- und Geschäftsgeheimnisse (Satz 2) eine Gleichstellung zu den Anlagen iSd IE-RL angestrebt. Dieser Gleichlauf gilt auch für den Fall, dass eine UVP-pflichtige Anlage nicht zugleich der Industrieemissionsrichtlinie unterliegt. Intendiert war damit vor allem eine Harmonisierung der Ausschlussgründe für die Internetveröffentlichung (BR-Drs. 268/17 (Beschluss), 8; siehe auch Wolf ZUR 2018, 457 (463)). Die Regelung gilt nicht nur für die Erteilung des Genehmigungsbescheids, sondern auch für die Ablehnung des Antrags oder die Einstellung des Verfahrens (Weiss in Appel/Ohms/Saurer Rn. 281).

Der deutsche Gesetzgeber will durch § 10 Abs. 8a die Vorgaben aus **Art. 24 Abs. 2 IE-RL** zur Öffentlichkeitsbeteiligung und zum Informationszugang im Genehmigungsverfahren umsetzen. Für die UVP-pflichtigen Anlagen, die nicht zugleich Anlagen iSd IE-RL sind und erst über den Verweis in § 21a Abs. 2 S. 5 der 9. BImSchV von der Veröffentlichungspflicht nach § 10 Abs. 8a erfasst werden, war eine Umsetzung des **Art. 9 Abs. 1 UVP-RL** intendiert (vgl. Wolf ZUR 2018, 457 (463)). Anders als nach Art. 24 Abs. 2 Industrieemissions-RL ist zwar ein Zugänglichmachen der Entscheidung über das Internet nach Art. 9 Abs. 1 der UVP-RL nicht erforderlich. Eine entsprechende Veröffentlichungspflicht erfolgt aber aus Art. 7 Abs. 2 lit. f und g Umweltinformations-RL 2003/4/EG (ABl. EG Nr. L 041 v. 14.2.2003, 26 ff.). Daher wird mit Blick auf diese Anlagen nach der Entwurfsbegründung zu § 21a Abs. 2 der 9. BImSchV ebenso eine Umsetzung des **Art. 7 Abs. 1, Abs. 2 lit. f, g Umweltinformations-RL** bezweckt (s. BR-Drs. 268/17, 33).

In Bezug auf die Bekanntmachung sind – unbeachtet des üblichen Gegenstands und Umfangs der Bekanntmachungspflichten aus den Abs. 7 und 8, die neben der Internetbekanntmachung stehen – folgende Unterlagen **über das Internet** öffentlich bekanntzumachen: der Genehmigungsbescheid (Nr. 1), indes ohne in Bezug genommener Antragsunterlagen und ohne den Ausgangszustandsbericht (Jarass Rn. 136), sowie die Bezeichnung des anlagenspezifischen BVT-Merkblatts für Anlagen iSd IE-RL (Nr. 2). In Bezug auf die **UVP-pflichtigen Anlagen,** die keine Anlagen iSd IE-RL sind, läuft der Verweis auf das BVT-Merkblatt ins Leere. Insgesamt ist die gewählte Verweisung für die UVP-pflichtigen Anlagen in § 21a Abs. 2 der 9. BImSchV nur teilweise gelungen. Der angestrebte Gleichlauf der Ausschlussgründe für die Internetveröffentlichung hätte einfacher über eine ausdrückliche Regelung in § 21a Abs. 2 der 9. BImSchV erreicht werden können (vgl. noch den Reg-Entwurf der VO, u. BR-Drs. 268/17, 33).

Der Veröffentlichungstatbestand des § 10 Abs. 8a, wäre – sofern er mit dem „Genehmigungsbescheid" lediglich den verfügenden Teil iSd § 10 Abs. 8 S. 2 meinen würde – mit Blick auf die Richtlinienvorgaben nur eine unzureichende Umsetzung. So legt Art. 24 Abs. 2 IE-RL in lit. a, b und f fest, dass die zuständige Behörde der Öffentlichkeit **über das Internet** nicht nur den Inhalt der Genehmigungsentscheidung (lit. a), sondern auch die Entscheidungsgründe (lit. b) sowie die Gründe für eine nach Art. 15 Abs. 4 gewährte Abweichung von den Bandbreiten der BVT-Schlussfolgerungen und die damit verbundenen Auflagen (lit. f) bekanntzumachen hat. Auch die Berücksichtigung der öffentlichen Anhörung soll entsprechend nachgezeichnet werden (lit. b). Ähnliches gilt für die **UVP-pflichtigen Anlagen** gem. Art. 7 Abs. 2 Umweltinformations-RL, der neben der Genehmigung (lit. f) auch die Umweltverträglichkeitsprüfung einschließlich der „Risikobewertung" für die in Art. 2 Abs. 1 lit. a Umweltinformations-RL genannten Schutzgüter veröffentlicht wissen will (Art. 7 Abs. 2 lit. g).

Um ein Umsetzungsdefizit zu vermeiden, muss man deshalb den in Abs. 8a Nr. 1 enthaltenen Terminus des Genehmigungsbescheides – abweichend zum engeren Begriffsverständnis des „verfügenden Teils" in Absatz 8 – in einem weiten Sinne auslegen. Mit Blick auf die **Anlagen iSd IE-RL** folgt daraus, dass der Genehmigungsbescheid auch die zugehörige Entscheidungsbegründung sowie insb. die Begründung eines etwaigen Emissionsgrenzwertdispenses iSd § 21 Abs. 1 Nr. 3a der 9. BImSchV mit umfasst (Roßnagel/Hentschel in GK-BImSchG Rn. 464; Czajka in Feldhaus BImSchR Rn. 97d; Jarass Rn. 136; Weiss in Appel/Ohms/Saurer Rn. 285; in diesem Sinne spricht auch die Begr. d. Reg.-Entw., BR-Drs. 314/12, 99 von der Veröffentlichung des *„gesamten Genehmigungsbescheids*). Ein in Bezug auf seinen Umfang in diesem Sinne verstandener Genehmigungsbescheid kann und muss bei Anlagen iSd IE-RL dann nach Absatz 8a via Internet öffentlich bekanntgemacht werden. Für diese Anlagen verliert § 21a Abs. 1 der 9. BImSchV damit künftig seine Bedeutung. Für die **UVP-pflichtigen Anlagen** sollten in Ansehung des Art. 7 Abs. 2 lit. g Umweltinformations-RL und der gesetzgeberischen Intention der Umsetzung dieser Vorgabe (BR-Drs. 268/17, 33, unverändert durch BR-Drs. 268/17 (Beschluss), S 8) auch die Inhalte der Umweltverträglichkeitsprüfung einschließlich des UVP-Berichts im Internet veröffentlicht werden. Auch hier ist also ein anderer Begriff des Genehmigungsbescheids als in § 10 Abs. 8 gemeint, eine Orientierung an § 21 Abs 1a Nr. 2 der 9. BImSchV erschiene angebracht.

Abgesehen werden darf nach Abs. 8a Nr. 1 in beiden Fällen lediglich von der Bekanntmachung sonstiger, EU-rechtlich nicht geforderter Antragsunterlagen bzw. des Ausgangszustandsberichts.

Der Verweis in Abs. 8a S. 3 auf § 10 Abs. 8 S. 3, 5 und 6 gilt lediglich für Anlagen iSd IE-RL. Die Verweisungsvorschrift für UVP-pflichtige Anlagen in § 21a Abs. 2 nimmt diese Veröffentlichungspflichten explizit von der entsprechenden Anwendung aus. Der Verweis dient nach der Entwurfsbegründung des Gesetzes zur Umsetzung der IE-RL der Rechtssicherheit (BR-Drs. 314/12, 100) und erklärt sich im Übrigen von selbst. Dass es mit der Internetveröffentlichung allein nicht sein Bewenden haben kann, sondern die betreffenden Unterlagen der Öffentlichkeit *auch* auf andere Weise zugänglich zu machen sind – in Deutschland nach Abs. 8a S. 3 iVm Abs. 8 durch Auslegung und Vorhaltung – folgt bereits aus Art. 24 Abs. 2 IE-RL.

262 **5. Kosten und Gebühren.** Die das Genehmigungsverfahren beendende Entscheidung muss zudem eine Entscheidung darüber enthalten, wer die Kosten des Verfahrens zu tragen hat, also die **Gebühren** und **Auslagen.** Nicht entschieden wird im Genehmigungsbescheid über die Erstattung der den Beteiligten entstandenen Kosten (zB für Privatgutachten oder den Rechtsbeistand; vgl. Roßnagel/Hentschel in GK-BImSchG Rn. 470; Weiss in Appel/Ohms/Saurer Rn. 267).

263 **Kostenschuldner** ist regelmäßig der **Antragsteller.** Eine Inanspruchnahme von Einwendern kommt nicht in Betracht. Der Kostenschuldner hat damit zunächst die **Gebühren,** die Gegenleistung für die Amtshandlungen der Genehmigungsbehörde, zu tragen. In welcher Höhe Gebühren anfallen, ist den Gebührengesetzen der Länder und den Allgemeinen Verwaltungsgebührenordnungen zu entnehmen. Diesbezüglich sind oftmals Bestimmtheitsdefizite festzustellen, die das BVerfG zuletzt für das Land Rheinland-Pfalz bemängelt hatte (BVerfG NJW 2019, 57 (59 f.)). Zudem sind ihm die **Auslagen** aufzuerlegen, also die Kosten, die der Genehmigungsbehörde infolge der Durchführung des Genehmigungsverfahrens entstanden sind, etwa durch die öffentliche Bekanntmachung des Vorhabens oder die Durchführung des Erörterungstermins (vgl. § 52 Abs. 4). Kosten eines eingeschalteten **Projektmanagers** sind gesondert und auf Grundlage der gem. § 2 Abs. 2 Nr. 5 der 9. BImSchV vom Antragsteller erteilten Kostenzusage zu erstatten (Weiss in Appel/Ohms/Saurer Rn. 267).

XVI. Änderungsgenehmigung

264 Die nach Maßgabe des § 16 erforderliche Genehmigung zur **wesentlichen Änderung** genehmigungsbedürftiger Anlagen wird im **förmlichen Verfahren** erteilt, sofern die Anlage in Spalte c) des Anhangs 1 zur 4. BImSchV mit dem Buchstaben G aufgeführt ist.

Mit der Anpassung der 9. BImSchV zwecks Umsetzung der Vorgaben der UVP-RL 2014/52/EU vom 8.12.2017 (BGBl. I 3882 ff.) wurde normiert, dass die 9. BImSchV ebenfalls Anwendung findet, wenn eine „störfallrelevante" anstatt einer „wesentliche(n)" Änderung vorgenommen wurde (§ 1 Abs. 1 Nr. 1 lit. b aE; BR-Drs. 268/17, 3).

Auch für Vorhaben, die ehemals lediglich unter einer einfachen Genehmigungspflicht standen, ist ein (modifiziertes) förmliches Verfahren nach Maßgabe des § 19 Abs. 4 iVm § 10 durchzuführen, wenn es um störfallrelevante Anlagenmodifikationen innerhalb des angemessenen Sicherheitsabstandes iSd § 3 Abs. 5c BImSchG geht (→ § 19 Rn. 58 ff.). In allen sonstigen Fällen ist die Änderungsgenehmigung im vereinfachten Verfahren zu erlassen (§ 16 Abs. 2 S. 3). Vorgaben für ein entschlacktes Änderungsgenehmigungsverfahren für das Repowering von Anlagen (§ 16b Abs. 1, 2) sowie für die in § 16 Abs. 7 f. geregelten Änderungen von Windenenergieanlagen sind § 16b zu entnehmen, wobei die Regelungen der §§ 10, 19 sowie des § 16 Abs. 2 und Abs. 3 indes ergänzend heranzuziehen sind (→ § 16b Rn. 100; vgl. zur Frist aber → Rn. 242a).

Nicht wesentliche Änderungen sind nach § 15 Abs. 1 lediglich anzeigepflichtig (zur Möglichkeit des Antragstellers, die Durchführung eines vereinfachten Verfahrens für bloß anzeigepflichtige Änderungen zu beantragen, vgl. § 16 Abs. 4). Vorbehaltlich abweichender Bestimmungen in § 16 gelten die verfahrensrechtlichen Bestimmungen in § 10 Abs. 1–8, 10. Ein wesentlicher Unterschied zum Verfahren der Erstgenehmigung ist, dass nach § 16 Abs. 2 die Genehmigungsbehörde von der öffentlichen Bekanntmachung des Vorhabens sowie der Auslegung des Antrags und der Unterlagen absehen soll, wenn der Träger des Vorhabens dies beantragt und erhebliche nachteilige Auswirkungen auf die in § 1 genannten Schutzgüter nicht zu besorgen ist. Dies ist nach § 16 Abs. 2 S. 2 insbesondere dann der Fall, wenn erkennbar ist, dass die Auswirkungen durch die getroffenen oder vom Träger des Vorhabens vorgesehenen Maßnahmen ausgeschlossen werden oder die Nachteile im Verhältnis zu den jeweils vergleichbaren Vorteilen gering sind. Vgl. im Einzelnen zum Verfahren der Erteilung einer Änderungsgenehmigung → § 16 Rn. 111 ff. Im Bereich einer störfallrelevanten Änderung nach § 16a ist die Anwendbarkeit des § 16 Abs. 2 fraglich. Sollte eine störfallrelevante Änderung zugleich eine wesentliche Änderung iSd § 16 Abs. 1 S. 1 sein und damit durch Subsidiarität aus § 16a S. 1 aE unzweifelhaft auch der § 16 Abs. 2 anwendbar sein, so wird die Behörde trotz des nach § 16 Abs. 2 S. 1 intendierten Ermessens nicht von der Auslegung des Antrags und der Unterlagen absehen können. Die Regelwirkung des § 16 Abs. 2 S. 1 muss hier durch die unionsrechtliche Pflicht zur Öffentlichkeitsbeteiligung nach Art. 15 Seveso-III-RL als widerlegt gelten, sodass im Falle einer störfallrelevanten Änderung durch Gefährdung der Schutzgüter des § 1 niemals auf die Auslegung des Antrags und der Unterlagen verzichtet werden kann (s. zum Vorstehenden Jarass § 16 Rn. 60a; Czjaka in Feldhaus BImSchR § 16 Rn. 80a; Schoppen NVwZ 2017, 1561 (1565)).

XVII. Verhältnis zu anderen Vorschriften

Die Regelungen in § 10 und der 9. BImSchV im Hinblick auf das förmliche und auf **265**
das vereinfachte Genehmigungsverfahren sind gegenüber den allgemeinen Verwaltungsverfahrensgesetzen vorrangig. Sie sind nicht anwendbar, soweit die immissionsschutzrechtliche Genehmigung gemäß § 4 von einer atomrechtlichen Genehmigung nach § 7 AtG erfasst wird (§ 8 Abs. 2 AtG). Vgl. im Einzelnen → Rn. 23 ff.

XVIII. Zuständige Behörden

Die **zuständige Genehmigungsbehörde** bestimmt sich nach Landesrecht; meist er- **266**
gibt sie sich aus besonderen Verordnungen (s. dazu → Rn. 269). Nach Art. 83 GG wird

das Bundes-Immissionsschutzgesetz von Landesbehörden als eigene Angelegenheit ausgeführt. Damit regeln sie vorbehaltlich anderweitiger Regelungen auf Bundesebene nach Art. 84 Abs. 1 GG auch die Einrichtung der Behörden und das Verwaltungsverfahren (vgl. auch Jarass Einl. Rn. 42, § 73 Rn. 2; BVerwGE 109, 272 (281); Hansmann Immissionsschutz 2001, 84 ff.). Bundesrechtliche Regelungen zur Verfahrenskoordinierung (etwa § 10 Abs. 10 iVm 9. BImSchV) sind wegen der Option des Art. 84 Abs. 1 GG kompetenzrechtlich unbedenklich (vgl. Maaß DVBl. 2002, 364 (370); aA Staupe ZUR 2000, 368 (372): Annexkompetenz zur materiellen Regelungszuständigkeit in Art. 74 Abs. 1 Nr. 22 GG). Von der Möglichkeit zur Festlegung der zuständigen Behörde durch Bundesgesetz mit Zustimmung des Bundesrates hat der Bund jedoch keinen Gebrauch gemacht.

267 Eine spezifische verfassungsrechtliche Legitimation für Bundesbehörden zum **Vollzug des Bundes-Immissionsschutzgesetzes als Ausnahme zu Art. 83 GG** ist nicht ersichtlich. Denkbar ist allenfalls in Fällen der untrennbaren Verknüpfung der Genehmigungsentscheidung mit Aufgabenbereichen, in denen der Bund die ausschließliche Verwaltungskompetenz besitzt, eine Exekutivkompetenz kraft Sachzusammenhangs (dazu Jarass Einl. Rn. 43 mwN). Auch diese muss aber durch Bundesgesetz angeordnet werden. Solche Zuweisungen, nach denen Bundesbehörden für den „Vollzug" des Bundes-Immissionsschutzgesetzes zuständig sind, finden sich etwa in § 59 und der auf seiner Grundlage erlassenen Verordnung über Anlagen der Landesverteidigung – 14. BImSchV vom 9.4.1986 (→ 14. BImSchV Vorb. Rn. 1 ff.). Allerdings ist die Durchführung des Genehmigungsverfahrens nach diesen Sonderregelungen nicht den entsprechenden Bundesbehörden übertragen, so dass es insoweit bei der jeweils durch Landesrecht bestimmten Zuständigkeit bleibt.

268 Auf **Landesebene** ist die Zuständigkeit sehr unterschiedlich geregelt; zumeist sind aber die Kreisverwaltungen, die Bezirksregierungen, die Gewerbeaufsichtsämter oder besondere Umwelt- oder Immissionsschutzbehörden zuständig. In einzelnen Ländern bestehen Sonderzuständigkeiten der Bergämter oder der Ministerien. In einigen Ländern weicht zudem die Zuständigkeit für das förmliche Genehmigungsverfahren von der für das vereinfachte Verfahren ab, bei Letzteren differiert sie teilweise je nach Anlagentyp.

269 In den einzelnen Bundesländern ergibt sich die **sachliche Zuständigkeit** für die Genehmigung genehmigungsbedürftiger Anlagen aus den folgenden Regelwerken:

Baden-Württemberg: § 2 der Verordnung des Ministeriums für Umwelt, Naturschutz und Verkehr über Zuständigkeiten für Angelegenheiten des Immissionsschutzes (Immissionsschutz-Zuständigkeitsverordnung – ImSchZuVO) v. 11.5.2010 (GBl., 406); zuletzt geändert am 17.12.2020 (GBl. 1233 (1248))

Bayern: Art. 1 des Bayerischen Immissionsschutzgesetzes v. 10.12.2019 (GVBl. 686), zuletzt geändert am 9.11.2021 (GVBl. 608)

Berlin: Nr. 18 des Zuständigkeitskatalogs Ordnungsaufgaben (ZustKatOrd); Anlage nach § 2 Abs. 4 S. 1 zum Allgemeinen Gesetz zum Schutz der öffentlichen Sicherheit und Ordnung in Berlin (ASOG Bln) idF v. 11.10.2006 (GVBl. 930), zuletzt geändert am 3.1.2023

Brandenburg: § 1 iVm Anlage, Verzeichnis lfd. Nr. 1 der Verordnung zur Regelung der Zuständigkeiten auf dem Gebiet des Immissions- und Strahlenschutzes (Immissionsschutzzuständigkeitsverordnung – ImSchZV v. 31.3.2008 (GVBl. II 122), zuletzt geändert am 25.7.2022 (GVBl. II Nr. 49)

Bremen: Bekanntmachung der Zuständigkeiten für Aufgaben des Immissionsschutzes v. 31.5.2011 (Brm.ABl. 647), zuletzt geändert am 30.1.2013 (Brm.ABl. 67)

Hamburg: Abschnitt I der Anordnung zur Durchführung des Bundes-Immissionsschutzgesetzes v. 21.6.2004 (Amtl. Anz. 1309), zuletzt geändert am 6.10.2020 (Amtl. Anz. 2089 (2094))

Hessen: §§ 1 und 2 der Verordnung über Zuständigkeiten nach dem Bundes-Immissionsschutzgesetz, dem Gesetz über die Umweltverträglichkeitsprüfung, dem Treibhausgas-Emissionshandelsgesetz, dem Gesetz zur Ausführung des Protokolls über Schadstofffreisetzungs- und -verbringungsregister und dem Benzinbleigesetz (Immissionsschutz-Zuständigkeitsverordnung – ImSchZuV) v. 26.11.2014 (GVBl. Nr. 23, 331), zuletzt geändert am 13.3.2019 (GVBl. 42)

Mecklenburg-Vorpommern: § 3 der Verordnung über die Zuständigkeiten der Immissionsschutzbehörden (Immissionsschutz-Zuständigkeitslandesverordnung – ImmSchZustLVO M-V) v. 12.2.2015 (GVOBl. M-V 70), zuletzt geändert am 1.7.2017 (GVOBl. M-V 114)

Niedersachsen: § 1 iVm Anlage 2, Verzeichnis lfd. Nr. 8.1 der Verordnung über die Regelung von Zuständigkeiten im Gewerbe- und Arbeitsschutzrecht sowie in anderen Rechtsgebieten (ZustVO-Umwelt-Arbeitsschutz) v. 27.10.2009 (Nds. GVBl. 374), zuletzt geändert am 26.8.2021 (Nds. GVBl. 618)

Nordrhein-Westfalen: § 14 Abs. 4 LImSchG NRW v. 18.3.1975 (GV. NRW. 232), zuletzt geändert am 1.2.2022 (GV. NRW. 122) iVm § 1 Abs. 2, § 2 Abs. 1 S. 1 iVm Anh. I, II der Zuständigkeitsverordnung Umweltschutz (ZustVU) v. 3.2.2015 (GV. NRW. 268), zuletzt geändert am 1.2.2022 (GV. NRW. 122)

Rheinland-Pfalz: § 1 der Landesverordnung über die Zuständigkeiten auf dem Gebiet des Immissionsschutzes (ImSchZuVO) v. 14.6.2002 (GVBl. 280), zuletzt geändert am 1.12.2020 (GVBl. 672)

Saarland: §§ 1–4 der Verordnung über die Zuständigkeiten nach dem Bundes-Immissionsschutzgesetz und nach dem Treibhausgas-Emissionshandelsgesetz (ZVO-BImSchG-TEHG) v. 17.2.2014 (ABl. I 64)

Sachsen: §§ 1, 2 des Ausführungsgesetzes zum Bundes-Immissionsschutzgesetz und zum Benzinbleigesetz (AGImSchG) v. 4.7.1994 (SächsGVBl. 1281), idF vom 23.3.2022 (SächsGVBl. 256) iVm §§ 1 ff. der Sächsischen Immissionsschutz-Zuständigkeitsverordnung (SächsImSchZuVO) v. 14.12.2018 (SächsGVBl. 831), zuletzt geändert am 9.2.2022 (SächsGVBl. 144)

Sachsen-Anhalt: §§ 1, 2 iVm Anhang, Nr. 1 der Verordnung über Zuständigkeiten auf dem Gebiet des Immissionsschutzes (Immi-ZustVO) v. 8.10.2015 (GVBl. LSA 518), zuletzt geändert am 18.12.2018 (GVBl. LSA 430 (431))

Schleswig-Holstein: § 2 der Landesverordnung über die zuständigen Behörden nach immissionsschutzrechtlichen sowie sonstigen technischen und medienübergreifenden Vorschriften des Umweltschutzes (ImSchV-ZustVO) v. 20.10.2008 (GVOBl. 540 (544)) zuletzt geändert am 21.11.2022 (GVOBl 956)

Thüringen: § 2 Abs. 1 der Thüringer Verordnung zur Regelung von Zuständigkeiten und zur Übertragung von Ermächtigungen auf den Gebieten des Immissionsschutzes und des Treibhausgas-Emissionshandels (Thüringer Immissionsschutz-Zuständigkeitsverordnung-ThürImZVO) v. 6.4.2008 (GVBl. 78) zuletzt geändert am 7.7.2021 (GVBl. 355)

Die **örtliche Zuständigkeit** richtet sich unbeschadet abweichender Bestimmungen in den genannten Rechtsvorschriften nach § 3 (L)VwVfG. Für ortsfeste Anlagen ist damit die Behörde zuständig, in deren Bezirk die Anlage sich befindet (§ 3 Abs. 1 Nr. 1 VwVfG). Nach § 3 Abs. 1 Nr. 2 VwVfG kommt es bei ortsveränderlichen Anlagen demgegenüber auf den vorgesehenen Betriebsort an (Jarass Einl. Rn. 47). 270

XIX. Besonderheiten bei RED-II-Anlagen (Absatz 5a)

In Umsetzung der Vorgaben aus der Richtlinie 2018/2001/EU des Europäischen Parlaments und des Rates vom 11.12.2018 zur Förderung der Nutzung von Energie aus 270a erneuerbaren Quellen (RED II) hat der Gesetzgeber durch Umsetzungsgesetz vom 18.8.2021 (→ Rn. 18 f.) den neuen § 10 Abs. 5a eingefügt. Die Anwendung ist beschränkt auf solche (genehmigungsbedürftigen) Anlagen iSd § 3 Abs. 5, welche in den Anwendungsbereich der bezeichneten Richtlinie fallen. Die Norm regelt die Anwendbarkeit dabei über einen statischen Verweis auf diese Richtlinie (Fischerauer/Appel UPR 2021, 328 (331)). Die Gesetzesbegründung definiert den Begriff der erneuerbaren Energien nicht weiter, sondern führt beispielhaft die Regelung in **Art. 15 Abs. 1 RL 2018/2001/EU** an (BT-Drs. 19/27672, 18 f.; krit. Fischerauer/Appel UPR 2021, 328 (331).

Art. 15 Abs. 1 UAbs. 1 RL 2018/2001/EU lautet: „Die Mitgliedstaaten stellen sicher, dass einzelstaatliche Vorschriften für die Genehmigungs-, Zertifizierungs- und Zulassungsverfahren, die auf Anlagen zur Produktion von Elektrizität, Wärme oder Kälte aus erneuerbaren Quellen und die angegliederten Übertragungs- und Verteilernetze sowie auf den Vorgang der Umwandlung von Biomasse in Biokraftstoffe, flüssige Biobrennstoffe und Biomasse-Brennstoffe oder sonstige Energieprodukte und auf flüssige oder gasförmige erneuerbare Kraftstoffe für den Verkehr nicht biogenen Ursprungs angewandt werden, verhältnismäßig und notwendig sind und zur Umsetzung des Prinzips Energieeffizienz an erster Stelle (energy efficiency first) beitragen."

Obwohl hier Anlagen unter Einsatz von Wasserstoff nicht explizit genannt werden, dürften auch diese unter den Begriff der erneuerbaren Energien fallen, der in der obigen Definition genannte Begriff der „flüssigen oder gasförmigen erneuerbaren Kraftstoffe" wird über Art. 2 Nr. 36 RL weiter konkretisiert (zum Vorstehenden Weiss in Appel/Ohms/Saurer Rn. 317). Der Begriff der „erneuerbaren Energien" wird überdies in **Art. 2 Nr. 1–3 RL 2018/2001/EU legaldefiniert** (→ § 16b Rn. 35 f.). Im Gesetzentwurf (BT-Drs. 19/27672, 18 f.) werden als Beispielsfälle für derartige Anlagen etwa Anlagen zur Erzeugung oder Aufbereitung von Biogas (Anhang 1 Ziff. 1.15, 1.16 oder 8.6 der 4. BImSchV), Anlagen zur Erzeugung von Strom, Dampf, Warmwasser, Prozesswärme oder erhitztem Abgas, die mit biogenen Brennstoffen oder Abfällen bedient werden (Anhang 1 Ziff. 1.2, 1.4 oder 8.1 der 4. BImSchV) sowie Windenergieanlagen mit einer Gesamthöhe von mehr als 50m (Anhang 1 Ziff. 1.6 der 4. BImSchV) genannt. Ebenso scheint die Einschlägigkeit dieses Verfahrens etwa bei Anlagen iSd Ziff. 1.1, 1.8., 4.1.1, 4.1.12, 4.3.1, 8.6, sowie 8.11 des Anhangs zur 4. BImSchV denkbar (Weiss in Appel/Ohms/Saurer Rn. 317).

Für entsprechende Anlagen aus diesem Bereich gelten **„ergänzend"** die Regelungen des § 10 Abs. 5a, welche also neben die sonstigen Vorschriften des § 10 sowie der 9. BImSchV treten (Jarass Rn. 13c). Vom Bundesrat waren noch verschiedene Präzisierungen gefordert worden (BR-Drs. 25/21 (Beschluss), 2 f.). Dies betrifft neben der Benennung der konkreten Anlagenarten des Anhangs 1 der 4. BImSchV, auf welche die Regelung Anwendung finden soll, auch die Benennung der durch die einheitliche Stelle abzuwickelnden (→ Rn. 270b) anderen Verfahren und die konkreten Aufgaben dieser Stelle. Die Änderungsvorschläge des Bundesrates wurden indes nicht übernommen (BT-Drs. 19/27672, 14: zur Gegenäußerung der Bundesregierung BT-Drs. 19/27672, 37). Die Norm des § 10 Abs. 5a enthält im Einzelnen drei Sonderregelungen:

270b **1. Verfahren über eine einheitliche Stelle.** Zunächst wird dem Vorhabenträger die Möglichkeit eröffnet, die Abwicklung des **Verfahrens über eine einheitliche Stelle** zu beantragen (Abs. 5a Nr. 1). Umgesetzt wird hiermit Art. 16 Abs. 1, 2 der RL 2018/2001/EU (Schack in BeckOK UmweltR Rn. 51c). Die Norm ist eine das Verfahren über eine einheitliche Stelle anordnende Rechtsvorschrift iSd § 71a Abs. 1 VwVfG (BT-Drs. 19/27672, 19). Das Verfahren über eine einheitliche Stelle ist in den **§§ 71a–71e VwVfG** näher ausgestaltet (vgl. Jarass Rn. 13c; weiterführend Schmitz/Wiegand in Stelkens/Bonk/Sachs VwVfG § 71a Rn. 8 ff.; Hufen/Siegel Fehler im Verwaltungsverfahren

Rn. 579 ff.; Schmitz/Prell NVwZ 2009, 1 (3 ff.)). Die Anwendung der §§ 71a ff. VwVfG ist freiwillig und findet nur auf Antrag statt (Fischerauer/Appel UPR 2021, 328 (331)). Ausweislich des Wortlauts des § 10 Abs. 5a Nr. 1 schließt das Verfahren über eine einheitliche Stelle alle sonstigen Zulassungsverfahren mit ein, die für die Durchführung des Vorhabens nach Bundes- oder Landesrecht erforderlich sind. Im Falle einer **Anzeigepflicht** umfasst das Verfahren über eine einheitliche Stelle auch die Anzeige (§ 71b VwVfG; BT-Drs. 19/27672, 19). § 71c sieht überdies umfangreiche verfahrensrechtliche Auskunftspflichten vor (Jarass Rn. 13c). In Anbetracht der ohnehin nach § 13 bestehenden Konzentrationswirkung dürfte das Verfahren über eine einheitliche Stelle iSd § 10 Abs. 5a Nr. 1 vor allem dann in Anspruch genommen werden, wenn es um Ausnahmen zu dieser Verfahrenskonzentration geht, namentlich also um Planfeststellungen, Zulassungen bergrechtlicher Betriebspläne, behördlichen Entscheidungen auf Grund atomrechtlicher Vorschriften und wasserrechtlichen Erlaubnissen und Bewilligungen nach § 8 iVm § 10 WHG (BT-Drs. 19/27672, 13; in diese Richtung auch Perchermeier UWP 2021, 6 (8); Fischerauer/Appel UPR 2021, 238 (332); Storost in Ule/Laubinger/Repkewitz E 9; Weiss in Appel/Ohms/Saurer Rn. 318; Schack in BeckOK UmweltR Rn. 51c; Jarass Rn. 13a; diff. Czajka in Feldhaus BImSchR Rn. 54w). Für letztere etwa ist zugleich ein mit § 10 Abs. 5a Nr. 1 korrespondierender neuer § 11a WHG geschaffen worden (Weiss in Appel/Ohms/Saurer Rn. 318).

Die einheitliche Stelle hat keine materiellen Entscheidungsbefugnisse, ihr kommen primär verfahrensbezogene Aufgaben als Mittlerin im Genehmigungsverfahren zu (Czajka in Feldhaus BImSchR Rn. 54v; Jarass Rn. 13a; Schmitz/Prell NVwZ 2009, 1 (4)); Fischerauer/Appel UPR 2021, 328 (331): „Ansprechpartnerin und aktive Unterstützerin"; vgl. im Einzelnen auch die in §§ 71b f. VwVfG genannten Unterstützungsleistungen). Die **Zuständigkeit** der Genehmigungsbehörde für die von ihnen vorzunehmende **Sachprüfung** bleibt daher **unberührt** (BT-Drs. 19/27672, 19; Czajka in Feldhaus BImSchR Rn. 54v; Hufen/Siegel Fehler im Verwaltungsverfahren Rn. 581: „Zweigleisigkeit" des Verfahrens). Gewisse **verfahrensbezogene Zuständigkeiten** wie etwa zur Entgegennahme des Antrags, der Antragsunterlagen sowie der Eingaben des Antragstellers gehen allerdings gem. 71b VwVfG auf die einheitliche Stelle über. Bei der Genehmigungsbehörde bleibt demgegenüber die Zuständigkeit zur Prüfung der Vollständigkeit der Unterlagen iSd § 7 der 9. BImSchV sowie zur Entgegennahme von Einwendungen nach § 12 der 9. BImSchV (Czajka in Feldhaus BImSchR Rn. 54x). Eine **Verfahrenskonzentration** nach § 13 findet durch das Verfahren über eine einheitliche Stelle folglich nicht statt (Schmitz/Wiegand in Stelkens/Bonk/Sachs VwVfG § 71a Rn. 9; Weiss in Appel/Ohms/Saurer Rn. 318; Jarass Rn. 13a; Fischerauer/Appel UPR 2021, 328 (331)). Auch die Koordinierungspflichten nach § 10 Abs. 5 S. 4, §§ 11, 11a der 9. BImSchV sowie die Unterrichtungspflicht nach § 2 Abs. 2 und § 2a der 9. BImSchV bleiben beim Verfahren über eine einheitliche Stelle bei der Genehmigungsbehörde (zum Vorstehenden Storost in Ule/Laubinger/Repkewitz E 9; Czajka in Feldhaus BImSchR Rn. 54x). 270c

Die **Errichtung bzw.** die **Benennung der einheitlichen Stelle** obliegt nach Art. 84 Abs. 1 S. 1 GG dem Landesgesetzgeber, dabei kann durch ihn auch die Behörde als einheitliche Stelle benannt werden, die für die Durchführung des immissionsschutzrechtlichen Genehmigungsverfahrens zuständig ist (BT-Drs. 19/27672, 19; Fischerauer/Appel UPR 2021, 328 (332)). Möglich ist es daneben auch, im Rahmen eines Landes mehrere einheitliche Stellen zu bilden, deren Zuständigkeit nach sachlichen oder örtlichen Gesichtspunkten aufgeteilt wird (Czajka in Feldhaus BImSchR Rn. 54v). **Abzugrenzen** ist die einheitliche Stelle iSd § 71a VwVfG von der **federführenden Behörde iSd § 31 Abs. 1 UVPG**, beide Stellen sind nicht identisch. Während die federführende Behörde die in § 31 Abs. 2 UVPG benannten Teilaufgaben übernimmt und dabei für die Umwelt- 270d verträglichkeitsprüfung zwischenbehördliche Koordinierungsfunktionen erfüllt (→ Rn. 105, 236, 237), dient die einheitliche Stelle der Unterstützung des Antragstellers (zum Vorstehenden Czajka in Feldhaus BImSchR Rn. 54v).

270e **2. Verfahrenshandbuch.** Nach § 10 Abs. 5a Nr. 2 S. 1 muss die einheitliche Stelle darüber hinaus ein **Verfahrenshandbuch** im Internet zur Verfügung stellen. Die Vorgabe dient der Umsetzung des Art. 16 Abs. 3 RL 2018/2001/EU, um so insbesondere für die Vorhabenträger Transparenz über das Verfahren und die von ihn getätigten Investitionen zu verschaffen (Schack in BeckOK UmweltR Rn. 51d). Dabei sollen hier sämtliche für den Vorhabenträger **erforderliche oder nützliche Informationen über den Gang des Verfahrens** aufgenommen werden (Czajka in Feldhaus BImSchR Rn. 54y). Die sonstigen Regelungen zur Unterrichtung des Vorhabenträgers iSd §§ 2 Abs. 2, § 2a der 9. BImSchV werden von der „ergänzend" geltenden Norm des § 10 Abs. 5a Nr. 2 nicht verdrängt, wobei die hiernach geschuldete Unterrichtung indes – soweit das Informationsbedürfnis des Vorhabenträgers bereits anderweitig befriedigt ist – ggf. weniger ausführlich erfolgen kann (Czajka in Feldhaus BImSchR Rn. 54y). Wenngleich der Wortlaut der RL 2018/2001/EU dies nicht explizit anspricht, ergibt sich aus Erwägungsgrund 51, dass sich das Handbuch auch an Bürger richten soll, die in erneuerbare Energien investieren möchten. Diesen soll das Verständnis des Verfahrens erleichtert werden (Storost in Ule/Laubinger/Repkewitz E 10; Schack in BeckOK UmweltR Rn. 51d; Jarass Rn. 13b; Fischerauer/Appel/UPR 2021, 328 (332)). Die einheitliche Stelle stellt das Verfahrenshandbuch dabei lediglich bereit, zur zuständigen Stelle für die Ausgestaltung verhält sich § 10 Abs. 5a Nr. 2 S. 1 nicht. Die Zuständigkeit liegt insoweit bei den jeweiligen Bundesländern (BT-Drs. 17/27672, 19). Möglich ist es dabei aber auch, dass sich mehrere Bundesländer eines gemeinsamen Verfahrenshandbuches bedienen (BT-Drs. 17/27672, 14; Fischerauer/Appel UPR 2021, 328 (332)). **Zusätzliche** inhaltliche **Vorgaben** folgen aus **§ 10 Abs. 5a Nr. 2 S. 2, 3**. Danach sind insbesondere auch Informationen für kleinere Vorhaben, die nach § 1 Abs. 2 4. BImSchV genehmigungsbedürftig sind (Satz 2) sowie ein Hinweis auf die Vorhaben, für welche die einheitliche Stelle zuständig ist, bereitzustellen (Satz 3, vgl. auch Art. 16 Abs. 3 S. 2, 3 RL 2018/2001/EU; vgl. Fischerauer/Appel UPR 2021, 328 (332)).

270f **3. Einmalige Mitteilung.** Eine weitere Erleichterung für den Vorhabenträger sieht § 10 Abs. 5a Nr. 3 vor. Im Gegensatz zu § 10 Abs. 5a Nr. 1 und Nr. 2 richtet sich § 10 Abs. 5a Nr. 3 nicht an die einheitliche Stelle, sondern an die **Genehmigungsbehörde und die beteiligten Behörden** (Czajka in Feldhaus BImSchR Rn. 54z). Umgesetzt werden hiermit Vorgaben der RL 2018/2001/EU, die die Herstellung einer hinreichenden Verfahrenstransparenz betreffen (Art. 16 Abs. 2 RL 2018/2001/EU; vgl. auch Schack in BeckOK UmweltR Rn. 51e). Durch die Soll-Bestimmung in § 10 Abs. 5a Nr. 3 S. 1 werden die Genehmigungsbehörde und die beteiligten Behörden zunächst aufgefordert, die vom Antragsteller beizubringenden Unterlagen **„in einer einmaligen Mitteilung"** zusammenzufassen. Die hiernach regelmäßig bestehende Pflicht (Jarass Rn. 13b) der benannten Behörden besteht dabei generell und ist unabhängig von der Verfahrensabwicklung über eine einheitliche Stelle iSd § 10 Abs. 5a Nr. 1. Von ihr kann nur in atypischen Fällen abgewichen werden (Storost in Ule/Laubinger/Repkewitz E 11; Jarass Rn. 13b). Die einmalige Mitteilung meint zugleich auch eine **einheitliche Mitteilung der Behörden**, sodass die einzureichenden Unterlagen auf einen Blick überschaut werden können. Dafür dürfte erforderlich sein, dass sich die Genehmigungsbehörde und die zu beteiligenden Behörden bereits vor Beginn des Beteiligungsverfahrens im Wege einer „Vorabbeteiligung" hierüber verständigen (Storost in Ule/Laubinger/Repkewitz E 11). Erforderlich ist überdies auch eine Vereinheitlichung der dem Vorhabenträger gesetzten Fristen (Czajka in Feldhaus BImSchR Rn. 54z). Fällt die Bearbeitung des Antrages bei mehreren Behörden zeitlich eklatant auseinander, soll im Einzelfall die Pflicht zur einheitlichen Mitteilung entfallen können (Czajka in Feldhaus BImSchR Rn. 54z). Satz 2 fordert überdies von der Genehmigungsbehörde zwingend – anders als § 10 Abs. 5a Nr. 3 S. 1 also nicht nur als bloße Sollbestimmung (Jarass Rn. 13b) – das Erstellen eines **Zeitplans** für das weitere Verfahren ein. Soweit das Genehmigungsverfahren über eine einheitliche Stelle abgewickelt wird, ist der Zeitplan eben dieser zuzuleiten, anderenfalls dem Antragsteller. Im erstgenannten Fall hat dann die einheitliche Stelle den Antragsteller zu informieren. Europarechtlicher Hintergrund ist insbesondere Art. 15 Abs. 1 UAbs. 2 lit. a RL 2018/2001/EU, welcher die Aufstellung vorhersehbarer Zeitpläne fordert (Fischerauer/Appel UPR 2021, 328 (332)). Die Regelungen aus § 2 Abs. 2 und § 7 Abs. 2 der 9. BImSchV bleiben hiervon aber unberührt bzw. werden lediglich ergänzt. Nach der letztgenannten Vorschrift war die Aufstellung und Mitteilung von Zeitplänen ohnehin bereits üblich, weshalb die Norm vor allem aus Klarstellungsgründen eingefügt wurde (vgl. auch Schack in BeckOK UmweltR Rn. 51e; Fischerauer/Appel UPR 2021, 328 (332)). Inhaltlich muss sich der der Zeitplan an den in § 10 Abs. 6a normierten Verfahrensfristen orientieren (Fischerauer/Appel UPR 2021, 328 (332)), wobei richtigerweise wegen des sehr frühen Verfahrensstadiums kein in jederlei Hinsicht präzisier Zeitplan eingefordert werden dürfte (Czajka in Feldhaus BImSchR Rn. 54z).

C. Verordnungsermächtigungen (Absatz 10, Absatz 11)

I. Allgemeines

Die Absätze 10 und 11 enthalten **Verordnungsermächtigungen** an die Bundesregierung (Abs. 10) bzw. das Bundesministerium der Verteidigung (Abs. 11) zur (ergänzenden) Regelung der Verfahrensvorschriften in Abs. 1–9. Die Ermächtigungen erfüllen die Voraussetzungen des Art. 80 Abs. 1 S. 2 GG, nach dem Inhalt, Zweck und Ausmaß der Ermächtigung im Gesetz selbst bestimmt werden müssen. Zwar sind die Absätze 10 und 11 hinsichtlich dieses Erfordernisses eher knapp gehalten. Dennoch ist die **Ermächtigungsvorschrift** als **hinreichend bestimmt** zu betrachten, weil sie den Erlass von Rechtsverordnungen lediglich im von § 10 grundsätzlich gesteckten Rahmen zulässt. Hinsichtlich der Ermächtigung in Abs. 10 führt dies dazu, dass die in § 10 Abs. 1–9 enthaltenen verfahrensrechtlichen Vorgaben lediglich ausgefüllt, ergänzt bzw. konkretisiert, nicht aber modifiziert oder gar verdrängt werden dürfen (vgl. allgemein BVerfGE 40, 237 (247); Roßnagel/Hentschel in GK-BImSchG Rn. 58; Storost in Ule/Laubinger/Repkewitz L 1). Im Hinblick auf Abs. 11 ergeben sich aus den Vorgaben des Art. 80 GG allerdings gewisse Einschränkungen der Reichweite der Ermächtigung (s. eingehend dazu → Rn. 270). 271

Die nach Maßgabe der Absätze 10 und 11 zustande gekommenen Rechtsverordnung bedürfen der **Zustimmung des Bundesrates.** Erst nach Vorliegen der Zustimmung kann die Bundesregierung abschließend über die Verordnung beschließen. Sie ist nach Art. 82 Abs. 1 S. 2 GG im Bundesgesetzblatt **zu verkünden.** 272

II. § 10 Absatz 10

Abs. 10 enthält eine Verordnungsermächtigung nur zugunsten der **Bundesregierung.** Damit ist keine Ermächtigung an einzelne Bundesministerien verbunden; die Rechtsverordnung muss daher von der Bundesregierung nach den in ihrer Geschäftsordnung enthaltenen Regelungen über das Verfahren als Kollegialorgan erlassen werden (Roßnagel/ 273

Hentschel in GK-BImSchG Rn. 60; Weiss in Appel/Ohms/Saurer Rn. 289; zur Unzulässigkeit des sog. „Umlaufverfahrens" BVerfGE 91, 148). Soweit die Bundesregierung von der Verordnungsermächtigung Gebrauch macht, hat sie nach der Vorschrift des § 10 Abs. 10 S. 2 zugleich in der Verordnung näher zu bestimmen, welchen Anforderungen das Genehmigungsverfahren für Anlagen genügen muss, für die nach dem Gesetz über die Umweltverträglichkeitsprüfung eine **Umweltverträglichkeitsprüfung** durchzuführen ist. Der Gesetzgeber hat damit seine Intention realisiert, eine unmittelbare Anwendung des UVPG im Rahmen des immissionsschutzrechtlichen Genehmigungsverfahrens auszuschließen und stattdessen die Umweltverträglichkeitsprüfung als unselbstständigen Teil in das Genehmigungsverfahren nach § 10 zu integrieren (vgl. § 2 Abs. 1 S. 1, § 4 UVPG; Czajka in Feldhaus BImSchR Rn. 122 sowie → Rn. 25). Zur Sicherung dieser Integration sollen die Grundgedanken des UVPG auch in gemäß § 10 Abs. 10 erlassenen Rechtsverordnungen Berücksichtigung finden.

274 Auf der Grundlage der Verordnungsermächtigung in Absatz 10 wurde die **Verordnung über das Genehmigungsverfahren (9. BImSchV)** erlassen, die am 17.2.1977 verkündet wurde und am 1.3.1977 in Kraft trat (BGBl. I 274; zur Entstehungsgeschichte und den seit Inkrafttreten erfolgten Änderungen eingehend Roßnagel in GK-BImSchG, Lsbl. Altaufl. Stand Juni 2014 Rn. 111 ff., sowie → Bd. 4, 2.9 Vorbem. Rn. 1 ff.). Neben der Vereinheitlichung des Genehmigungsverfahrens regelt die 9. BImSchV insbesondere das Verfahren für solche Vorhaben, bei denen eine Umweltverträglichkeitsprüfung durchzuführen ist. Die UVP ist damit unmittelbar durch die 9. BImSchV – in unionsrechtskonformer Weise (Weiss in Appel/Ohms/Saurer Rn. 289; Wolf ZUR 2018, 457 f.) angeordnet; ein Rückgriff auf das UVPG ist nicht erforderlich (→ Rn. 25). Partiell auf die Verordnungsermächtigung des § 10 Abs. 10 wurden auch die **Störfallverordnung** (12. BImSchV), die **EMAS-Privilegierungsverordnung** (BGBl. I 2477 ff.) und die **Versatzverordnung** (BGBl. I 2833 ff.) gestützt (Jarass Rn. 8; Weiss in Appel/Ohms/Saurer Rn. 290).

III. § 10 Absatz 11

275 Absatz 11 ermächtigt das **Bundesministerium der Verteidigung,** im Einvernehmen mit dem Bundesministerium für Umwelt, Naturschutz, und nukleare Sicherheit in einer mit Zustimmung des Bundesrates erlassenen Rechtsverordnung zur Regelung des Genehmigungsverfahrens von Anlagen, die der Landesverteidigung dienen, von den Vorgaben des § 10 Absätze 1–9 abzuweichen. Die Vorschrift dient dazu, eine Modifizierung des normalen Genehmigungsverfahrens für solche Anlagen zu ermöglichen, die in besonderer Weise der Geheimhaltung unterliegen. Im Zusammenhang mit Anlagen, die die Bundeswehr oder die alliierten Streitkräfte im Geltungsbereich des Bundes-Immissionsschutzgesetzes betreiben, besteht die Schwierigkeit, dass auch diese Anlagen von der Genehmigungspflicht des § 4 erfasst werden und sich insbesondere im Genehmigungsverfahren aus der Veröffentlichung und Auslegung der vollständigen Unterlagen Schwierigkeiten ergeben können. Über § 10 Abs. 11 können daher Sonderregelungen für das Genehmigungsverfahren hinsichtlich der Landesverteidigung dienender Anlagen getroffen werden. Allerdings wird die Ermächtigung wegen der verfassungsrechtlichen Vorgaben des Art. 80 GG dahingehend zu beschränken sein, dass die Abweichungen in auf ihrer Grundlage erlassenen Rechtsverordnungen in erster Linie dem Geheimhaltungsschutz dienen müssen (so Jarass Rn. 9; wohl auch Czajka in Feldhaus BImSchR Rn. 123). Von der Ermächtigung wurde durch § 2 der 14. BImSchV Gebrauch gemacht.

276 Neben der Sonderregelung in Bezug auf den Verordnungserlass finden sich auch in anderen Vorschriften modifizierende Bestimmungen im Hinblick auf Anlagen der Lan-

desverteidigung, die den Abs. 11 flankieren. **§ 59** ermächtigt die Bundesregierung zu abweichenden Regelungen hinsichtlich der **Behördenzuständigkeit.** Durch Rechtsverordnung kann die Bundesregierung mit Zustimmung des Bundesrates bestimmen, dass der Vollzug des Bundes-Immissionsschutzgesetzes und der auf dieses Gesetz gestützten Rechtsverordnungen bei Anlagen, die der Landesverteidigung dienen, in Abweichung von Art. 83 GG Bundesbehörden obliegt. Eine entsprechende Regelung ist in § 1 der 14. BImSchV erfolgt. Nach **§ 60** kann das Bundesministerium der Verteidigung Abweichungen von den materiellrechtlichen Erfordernissen des Bundes-Immissionsschutzgesetzes sowie der einschlägigen, darauf gestützten Rechtsverordnungen zulassen, sofern dies aus zwingenden Gründen der Verteidigung bzw. zur Erfüllung zwischenstaatlicher Verpflichtungen erforderlich ist. § 2 Abs. 1 der 14. BImSchV hat dieser Sonderbefugnis Rechnung getragen und verlangt, dass der Genehmigungsantrag zusätzlich zu den nach anderen Vorschriften erforderlichen Angaben die zugelassenen oder geforderten Ausnahmen im Sinne des § 60 bezeichnet. Dies dient Publizitätsgesichtspunkten und gewährleistet eine Information der Genehmigungsbehörde und der Öffentlichkeit über diese Ausnahmen, wobei insgesamt durch die Ausnahmen eine verbesserte Geheimhaltung bezweckt wird (Czajka in Feldhaus BImSchR Rn. 123). Schließlich regelt **§ 1 Abs. 2 UVPG** ergänzend, dass das Bundesministerium der Verteidigung oder eine von ihm benannte Stelle für Vorhaben, die ausschließlich Zwecken der Verteidigung dienen, *im Einzelfall* entscheiden kann, das UVPG ganz oder teilweise nicht anzuwenden, soweit sich die Anwendung nach Einschätzung des Ministeriums oder der benannten Stellen nachteilig auf diese Zwecke auswirken kann. Anstelle der ehemaligen Einvernehmensregelung in § 3 Abs. 2 UVPG aF ist nun eine Unterrichtungspflicht an das Bundesministerium für Umwelt, Naturschutz, und nukleare Sicherheit in § 1 Abs. 2 S. 5 UVPG getreten.

Anders als bei Abs. 10 muss die Rechtsverordnung nach Abs. 11 **nicht von der Bundesregierung** als Kollegialorgan beschlossen werden. Die Ermächtigung richtet sich an das **Bundesministerium der Verteidigung,** das allerdings das Einvernehmen mit dem Bundesministerium für Umwelt, Naturschutz und nukleare Sicherheit herstellen muss. Im Interesse der Schutzgüter des Bundes-Immissionsschutzgesetzes sind an dieses „Einvernehmen" gewisse Publizitätsanforderungen zu stellen. Eine informale Zustimmung wird daher regelmäßig nicht genügen. Im Ergebnis ist eine auf der Grundlage des Abs. 11 erlassene Rechtsverordnung nur dann formell rechtmäßig erlassen, wenn das Bundesministerium für Umwelt, Naturschutz und nukleare Sicherheit einem vom Bundesministerium der Verteidigung vorgelegten Entwurf förmlich zugestimmt hat (für notwendige förmliche Zustimmung auch Roßnagel/Hentschel in GK-BImSchG Rn. 68). Wie bei der Rechtsverordnung auf der Grundlage des Abs. 10 ist die Zustimmung des Bundesrates einzuholen. 277

Inhaltlich unterscheidet sich die Verordnungsermächtigung nach Abs. 11 von derjenigen in Abs. 10 dadurch, dass das Bundesministerium der Verteidigung das **Genehmigungsverfahren abweichend von den Abs. 1–9** regeln kann, während Abs. 10 lediglich eine Konkretisierung der Verfahrensbestimmungen gestattet. Aus diesen Gründen bestehen gegenüber Abs. 11 verfassungsrechtliche Bedenken, die man nur durch eine entsprechende Auslegung der Ermächtigung ausräumen kann. Die nach dem Wortlaut uneingeschränkte Modifizierungsoption wirft Zweifel hinsichtlich der Frage auf, ob die Verordnungsermächtigung nach Inhalt, Zweck und Ausmaß noch als hinreichend bestimmt angesehen werden kann. Ließe man eine ins freie Ermessen des Bundesministeriums der Verteidigung gestellte Abweichung von den Verfahrensregelungen in den Abs. 1–9 zu, läge darin ein Verstoß gegen Art. 80 Abs. 1 S. 2 GG. Die Ermächtigung ist daher restriktiv unter Berücksichtigung der Entstehungsgeschichte und des Normzwecks auszulegen. Abs. 11 dient – ebenso wie die anderen Regelungen im Bundes-Immissionsschutzgesetz 278 über Anlagen, die der Landesverteidigung dienen – in erster Linie einem verbesserten Geheimhaltungsschutz militärischer Anlagen. Die Verordnungsermächtigung erfasst daher nur solche Änderungen gegenüber Abs. 1–9, die zur Geheimhaltung zwingend erforderlich sind (vgl. Roßnagel/Hentschel in GK-BImSchG Rn. 70; ähnlich Jarass Rn. 9; Storost in Ule/Laubinger/Repkewitz L 6). Damit bezieht sich die Ermächtigung auch ausschließlich auf solche Anlagen der Bundeswehr oder der stationierten Streitkräfte, bei denen die Gefahr einer Kenntnisnahme von den Unterlagen seitens unbefugter Dritter besteht, sofern die Verfahrensvorgaben der Abs. 1–9 eingehalten würden (Storost in Ule/Laubinger/Repkewitz L 6). Die in § 2 der 14. BImSchV erfolgte Regelung wird diesen Anforderungen gerecht.

D. Rechtsschutz

I. Allgemeines

279 Nicht nur die Vorschriften über die Genehmigungsfähigkeit der beantragten Anlage besitzen zumindest teilweise drittschützende Wirkung, auch die verfahrensrechtlichen Regelungen hinsichtlich der Öffentlichkeitsbeteiligung sollen – neben der umfassenden Unterrichtung der Genehmigungsbehörde – betroffene Dritte vor den nachteiligen Auswirkungen einer Anlage schützen. Insbesondere dienen die Verfahrensrechte wenigstens partiell auch dem Grundrechtsschutz (→ Rn. 6). Damit ist den betroffenen Dritten zumindest grundsätzlich die Möglichkeit eröffnet, eine Verletzung solcher Verfahrensvorschriften gerichtlich geltend zu machen, die ihrem Schutze dienen (vgl. Roßnagel/Hentschel in GK-BImSchG Rn. 590; Czajka in Feldhaus BImSchR Rn. 106). Als drittschützend sind somit alle das Genehmigungsverfahren betreffenden Vorschriften anzusehen, die potenziell materiell betroffene Personen, etwa die Nachbarn, in das Verfahren einbeziehen, namentlich die Vorschriften über die Öffentlichkeitsbeteiligung (VGH Kassel NVwZ-RR 1997, 404 (406); zu § 10 Abs. 2 S. 2 BVerwGE 85, 368 (374); dort auch – ablehnend – zur Frage der drittschützenden Funktion der Vorschriften für das vereinfachte Zulassungsverfahren nach § 19). Zum Rechtsschutz des Antragstellers und Drittbetroffener siehe ergänzend auch → § 6 Rn. 63 ff.

II. Rechtsschutzmöglichkeiten

280 **1. Gegenstand des gerichtlichen Rechtsschutzes. a) Anfechtungsklage bei Verfahrensfehlern.** Rechtsbehelfe gegen Verfahrenshandlungen können nach **§ 44a S. 1 VwGO** nicht isoliert eingelegt werden, sondern nur gleichzeitig mit den gegen die Sachentscheidung zulässigen Rechtsbehelfen. Die Norm gilt ebenso für den vorläufigen Rechtsschutz. Nach § 1 Abs. 1 S. 3 Nr. 1 UmwRG findet sie auch im Rahmen einer Verbandsklage Anwendung. Eine fehlerhafte Öffentlichkeitsbeteiligung oder sonstige Verfahrenshandlung kann daher nicht gesondert gerichtlich oder mit dem Instrumentarium des vorläufigen Rechtsschutzes (für die Geltung des § 44a S. 1 VwGO auch dort VGH München NVwZ-RR 2001, 373; NVwZ 1988, 1054; aA Sellner Immissionsschutzrecht und Industrieanlagen Rn. 143) angegriffen werden, sondern lediglich der darauf beruhende Genehmigungsbescheid. Dies gilt nach § 44a S. 2 VwGO nicht für Verfahrenshandlungen gegen Nichtbeteiligte; da die Einwender aber durch die Erhebung ihrer Einwendungen die Rechtsstellung eines Beteiligten im weiteren Sinne erlangen (vgl. → Rn. 154) und ansonsten mit ihren Einwendungen präkludiert werden, ist die gesetzliche Einschränkung diesbezüglich unproblematisch (Weiss in Appel/Ohms/Saurer Rn. 303; VGH München NVwZ-RR 2001, 373; OVG Koblenz NVwZ 1988, 76; aA Roßnagel/Hentschel

in GK-BImSchG Rn. 484 f.). Als Beteiligter im Sinne des § 44a S. 1 VwGO ist jeder anzusehen, der wegen seiner sachlichen Betroffenheit in der Lage ist, den Genehmigungsbescheid aus Sachgründen anzufechten (Czajka in Feldhaus BImSchR Rn. 102 f.; Schack in BeckOK UmweltR Rn. 94). Die Vorschrift gilt nach hM selbst dann, wenn Handlungen der Behörde während des Verfahrens selbst Verwaltungsaktcharakter besitzen, so etwa die Ablehnung eines Antrags auf Akteneinsicht gemäß § 10a (BVerwG NJW 1979, 177; NJW 1982, 120; OVG Münster DVBl. 1980, 964 f.; Laubinger VerwArch 73 (1982), 78 ff.; Gerhardt/Jacob DÖV 1986, 258 (272 f.); aA VGH München NVwZ 1988, 1054; Weiss in Appel/Ohms/Saurer Rn. 303: unzumutbarer Nachteil für den Fall der verweigerten Akteneinsicht). Die abweichende Auffassung, nach der § 44a S. 1 VwGO dahingehend restriktiv auszulegen ist, dass er unionsrechtlich bzw. grundrechtliche begründete Verfahrensgarantien nicht erfassen soll (so etwa Roßnagel/Hentschel in GK-BImSchG Rn. 483; krit. auch Hufen/Siegel Fehler im Verwaltungsverfahren Rn. 996 f.), ist angesichts des eindeutigen Wortlauts abzulehnen. Gleiches gilt für die Auffassung, die § 44a S. 1 VwGO nur dann anwenden will, wenn tatsächlich eine Verfahrensverzögerung zu besorgen ist (Jarass in FS Battis, 467 (471)). Eine Differenzierung zwischen Verfahrensregelungen, die das Grundrecht auf Verfahrensteilhabe konkretisieren, und übrigen Verfahrensregelungen lässt die Konzeption des Genehmigungsverfahrens und die Interessen des Antragstellers außer Acht: Zunächst soll das Verfahren durch eine umfassende Sachverhaltsermittlung der Behörde vollständig durchgeführt werden, so dass die behördliche Entscheidung das Ergebnis möglichst umfassender Kenntnis und detaillierter Abwägung ist. Könnte schon während des Verfahrens durch die Inanspruchnahme gerichtlichen Schutzes auf die behördliche Entscheidung Einfluss genommen werden, würde diese differenzierte Entscheidungsgrundlage der Behörde gestört. Die Möglichkeit gerichtlichen Vorgehens gegen den Genehmigungsbescheid im Wege der **Anfechtungsklage** genügt den Anforderungen an wirksamen und zeitnahen Rechtsschutz; dies gewährleisten auch die Zustellungsregelungen in Bezug auf den Genehmigungsbescheid. Zum prozessualen Vorgehen bzw. zur statthaften Rechtsschutzform im Falle des ergänzenden Verfahrens nach § 4 Abs. 1b UmwRG vgl. eingehend → Bd. 1, UmwRG, § 4 Rn. 89 ff.

b) Nichtigkeit durch Verfahrensfehler; Nichtigkeitsfeststellungsklage. Die 281
Feststellung der **Nichtigkeit** einer Genehmigung kann zusätzlich und ohne Fristenbindung mit der **Feststellungsklage** gemäß § 43 VwGO begehrt werden. Nichtig ist eine Genehmigung, wenn sie an einem besonders schwerwiegenden Fehler leidet und dieses bei verständiger Würdigung aller in Betracht kommenden Umstände offenkundig ist (§ 44 Abs. 1 VwVfG), wenn sie etwa nicht in der erforderlichen Schriftform erlassen wurde. Genehmigungen, die mit anderen, nicht schwerwiegenden und offenkundigen Fehlern im Genehmigungsverfahren zustande gekommen sind, sind mit der Anfechtungsklage angreifbar. Eine Nichtigkeit tritt nach § 44 Abs. 3 VwVfG nicht schon dadurch ein, dass eine örtlich unzuständige Behörde die Genehmigung erteilt, dass an der Entscheidung Personen mitgewirkt haben, die als befangen anzusehen sind, oder dass die nach § 10 Abs. 5 gebotene Beteiligung anderer Behörden nicht stattgefunden hat. Eine Genehmigung kann im Einzelfall insbesondere dann nichtig sein, wenn schwerwiegende und offensichtliche Fehler bei der Öffentlichkeitsbeteiligung unterlaufen sind (Roßnagel/Hentschel in GK-BImSchG Rn. 503; Czajka in Feldhaus BImSchR Rn. 110c; aA und für Verdrängung des § 44 VwVfG durch § 4 Abs. 1 Nr. 2 UmwRG in diesem Fall Weiss in Applel/Ohms/Saurer Rn. 294), etwa durch das völlige Fehlen von Bekanntmachung, der Auslegung oder des Erörterungstermins, wenn die Voraussetzungen für das vereinfachte Genehmigungsverfahren ersichtlich nicht gegeben sind. Allerdings gibt es keine allgemeine Regel, die in diesem Fall die Nichtigkeit ohne Evidenz des Fehlers vorsieht

(aA wohl Schlacke Umweltrecht § 9 Rn. 67 u. S. 236). Auch das gesetzeswidrige Unterlassen einer UVP kann im Einzelfall als Nichtigkeitsgrund angesehen werden, wobei freilich die für eine Nichtigkeit iSd § 44 Abs. 1 VwVfG erforderliche Offensichtlichkeit des Fehlers problematisch sein kann (vgl. Czajka in Feldhaus BImSchR Rn. 99). Das Unterbleiben des Erörterungstermins kann ebenso wenig als grundsätzlicher Nichtigkeitsgrund angesehen werden (Czajka in Feldhaus BImSchR Rn. 99).

282 **c) Leistungsklage auf Unterlassen der Genehmigung.** Eine **(vorbeugende) Unterlassungsklage** sowie vorbeugender Eilrechtsschutz gegen die Genehmigungserteilung kommen im Rahmen des immissionsschutzrechtlichen Genehmigungsverfahrens durch die gesetzgeberische Wertung in § 123 Abs. 5 VwGO regelmäßig nicht in Betracht, da der Antragsteller zunächst die behördlichen Entscheidungen abzuwarten und sich gegen diese sodann vorrangig mit einem Antrag gem. §§ 80, 80a VwGO zu wehren hat. Eine Verkürzung seiner Rechtspositionen – namentlich des Rechts auf effektiven Rechtsschutzes iSd Art. 19 Abs. 4 GG – im Hinblick darauf, dass die Verwaltung „sehenden Auges" eine auf Verfahrensfehlern beruhende Genehmigung erteilt, liegt darin nicht (VGH München NVwZ-RR 2001, 373 ff.).

283 **d) Möglichkeiten der Fehlerbehebung.** Mit der Novellierung des UmwRG im Jahr 2017 (BGBl. I 1298 ff.) sind nunmehr verschiedene Formen der Fehlerbehebung zu unterscheiden. Neben der Heilung von formellen Fehlern im Verwaltungs- und im Gerichtsverfahren nach den §§ 45 VwVfG, 4 Abs. 1 UmwRG wird durch § 4 Abs. 1b die Fehlerbehebung durch Entscheidungsergänzung oder ergänzendes Verfahren ermöglicht. § 7 Abs. 5 UmwRG erlaubt ein solches Vorgehen nunmehr auch bei materiellrechtlichen Fehlern. Die Genehmigungserhaltungsvorschriften der §§ 4 Abs. 1b, 7 Abs. 5 UmwRG sind an § 75 Abs. 1a S. 2 VwVfG angelehnt (s. BT-Drs. 18/9526, 45). Die Vorschriften des UmwRG kommen über § 1 Abs. 1 S. 1 Nr. 2 UmwRG für im förmlichen Verfahren erteilte Genehmigungen und über für § 1 Abs. 1 S. 1 Nr. 2a UmwRG für störfallrechtliche Genehmigungen zur Anwendung. Zwar ist § 4 UmwRG über die Auffangklausel des § 1 Abs. 1 S. 1 Nr. 5 UmwRG auch für im vereinfachten Verfahren erteilte Genehmigungen zur Anwendung anwendbar (Fellenberg/Schiller → Bd. 1, UmwRG, § 1 Rn. 99; Weiss in Appel/Ohms/Saurer Rn. 297). Beim Rechtsschutz gegen Anlagen im vereinfachten Genehmigungsverfahren bleibt es wegen des Rückverweises auf das Verwaltungsverfahrensgesetz in § 4 Abs. 5 UmwRG allerdings grundsätzlich bei den Verfahrensfehlerregelungen des VwVfG (BT-Drs. 18/9526, 41; Weiss in Appel/Ohms/SaurerRn. 299; Jarass Rn. 151 sowie Fellenberg/Schiller → Bd. 1, UmwRG, § 4 Rn. 120). Als Rückausnahme von diesem Grundsatz ist allerdings das ergänzende Verfahren iSd § 4 Abs. 1b UmwRG auch für die Genehmigung im vereinfachten Genehmigungsverfahren anzuwenden, da sich § 4 Abs. 1b UmwRG als speziellere Regelung ebenso auf Entscheidungen iSd § 1 Abs. 1 Nr. 5 UmwRG bezieht (→ Bd. 1, UmwRG § 4 Rn. 121).Vgl. zu den ergänzenden Fehlerfolgenregelungen des § 6 Abs. 3 PlanSiG auch oben unter → Rn. 28c.

283a **aa) Verfahrensfehlerheilung; ergänzendes Verfahren.** Eine Heilung durch Nachholung der fehlenden oder fehlerhaften Verfahrenshandlung kam bereits nach der Grundnorm des § 45 VwVfG bei den der Öffentlichkeitsbeteiligung dienenden Verfahrensabschnitten regelmäßig nicht in Betracht. Ein fehlender Erörterungstermin konnte hier wegen der Unterschiede zur bloßen Anhörung (s. dazu → Rn. 224) nicht gemäß § 45 Abs. 1 Nr. 3 VwVfG nachgeholt werden. Sind Bekanntmachung, Auslegung und Erörterungstermin durchgeführt worden, führen Fehler im Rahmen dieser Verfahrensabschnitte in der Regel nicht zur Nichtigkeit, sondern zur (bloßen) Anfechtbarkeit der Genehmigung (vgl. Roßnagel/Hentschel in GK-BImSchG Rn. 513). Die Bestimmung des § 45 Abs. 1 VwVfG wird für das immissionsschutzrechtliche Genehmigungsverfahren (s. § 1 Abs. 1 S. 1 Nr. 2 UmwRG) nunmehr durch **§ 4 Abs. 1b S. 1 UmwRG** ergänzt, der ein besonderes Verfahren zur Entscheidungsergänzung und Fehlerbehebung im ergänzenden Verfahren vorsieht (Roßnagel/Hentschel in GK-BImSchG Rn. 494; Weiss in Appel/Ohms/Saurer Rn. 298; Bunge UmwRG § 4 Rn. 99 ff; vgl. auch → Bd. 1, UmwRG § 4 Rn. 78 ff.). Inwieweit der Entscheidungsergänzung ein sinnvoller Anwendungsbereich bei gebundenen Zulassungsentscheidungen verbleibt, ist nicht abschließend geklärt (krit. Seibert NVwZ 2018, 97 (99)). Jedenfalls ist einzufordern, dass das Verfahren ergebnisoffen durchgeführt wird und die Möglichkeit besteht, dass der Fehler in absehbarer Zeit behoben werden kann (Bunge UmwRG § 4 Rn. 103 f). Ist eine Fehlerbehebung im ergänzenden Verfahren möglich, so muss das Gericht die bis dato rechtswidrige Genehmigungsentscheidung für vorübergehend nicht vollziehbar erklären bzw. die Nichtvollziehbarkeit feststellen (Seibert NVwZ 2018, 97 (100); vgl. auch → Bd. 1, UmwRG § 4 Rn. 89 f., dort auch zur kostenrechtlichen Behandlung entsprechender Klageanträge). Ist die Fehlerbehebung im ergänzenden Verfahren hingegen nicht möglich, so hat das Gericht die Entscheidung aufzuheben (Keller NVwZ 2017, 1080 (1084); vgl. auch Jarass § 6 Rn. 86). Die oben benannten Problemlagen bei der Nachholung von Verfahrenshandlungen zur Öffentlichkeitsbeteiligung ergeben sich auch hier. Jedenfalls ausgeschlossen ist eine Heilung dann, wenn der Verfahrensmangel das Vorhaben als Ganzes in Frage stellt oder eine Heilung in absehbarer Zeit nicht in Betracht kommt (Keller NVwZ 2017, 1080 (1084)). Über die Verweisung in **§ 4 Abs. 1b S. 2 Nr. 1 UmwRG** bleibt die Norm des § 45 Abs. 2 VwVfG anwendbar, womit die Verfahrensfehlerheilung auch weitergehend im gerichtlichen Verfahren möglich bleibt. Nach **§ 4 Abs. 1b S. 3 UmwRG** kann das Gericht zudem das Verfahren zur Behebung von Fehlern iSd § 4 Abs. 1, Abs. 1a UmwRG aussetzen, sofern dies im Sinne der Verfahrenskonzentration sachdienlich ist. Für diese Bestimmungen wird ebenso gefordert werden müssen, dass eine Fehlerbehebung unter wertendem Einbezug der konkreten Natur der Verfahrenshandlung noch möglich ist. Keine Aussetzungsoption wird für das Gericht demnach bestehen, wenn die Verfahrenshandlung zwingend vor der behördlichen Entscheidung durchgeführt werden muss (vgl. hierzu einschränkend für die UVP bzw. UVP-Vorprüfung etwa Kahl/Gärditz Umweltrecht § 5 Rn. 40; vgl. auch Jarass § 6 Rn. 87). Speziell für den Bereich der **Umweltverträglichkeitsprüfung,** für welche zusätzlich nach Maßgabe des § 4 Abs. 1 UmwRG Nachholungsmöglichkeiten gegeben sind, bestehen für das ergänzende Verfahren nach § 4 Abs. 1b nunmehr gewisse Rechtsunsicherheiten. Dabei ordnete § 4 Abs. 1 S. 1 Nr. 1 UmwRG vormals nur eine Fehlerheilung im Verwaltungsverfahren und nicht auch im gerichtlichen Verfahren an. Der Kläger konnte somit durch den Zweck der UVP als der Entscheidung vorstehendes Explorationsverfahren die Aufhebung der Genehmigung ohne Heilungsmöglichkeit im gerichtlichen Verfahren verlangen, sofern der Fehler das vollständige Unterlassen der UVP-Vollprüfung betraf. Lediglich eine unterbliebene UVP-Vorprüfung konnte iSd § 4 Abs. 1 UmwRG im gerichtlichen Verfahren nachgeholt werden, anderenfalls musste das Verfahren komplett wiederholt werden. Selbiges hatte die Rechtsprechung in der Vergangenheit auch für die Aussetzung des Verfahrens nach § 4 Abs. 1b aF (nunmehr § 4 Abs. 1b S. 3 nF) UmwRG angenommen (zum vorstehenden OVG Greifswald Urt. v. 5.4.2016 – 5 K 4/14, Ls. 5; im Anschluss an das Urteil BVerwGE 131, 360 zur Heilung entsprechender Verfahrensfehler nach § 45 Abs. 1 VwVfG analog; BVerwGE 131, 352 ff.; vgl. ferner Kloepfer Umweltrecht § 5 Rn. 738 f.). Das **BVerwG** schließt eine Heilbarkeit im Wege des ergänzenden Verfahrens auch bei fehlender Umweltverträglichkeitsprüfung inzwischen allerdings nicht mehr generell aus, sondern stellt vielmehr auf die Frage ab, ob der Fehler die **Gesamtkonzeption des Vorhabens** infrage stellt

(BVerwG NVwZ 2018, 1647 (1649 f.); BVerwG NVwZ 2019, 410 (413); Saurer NVwZ 2020, 1137 (1143)).

Die diesbezüglich einschlägigen Entscheidungen des EuGH vermitteln hinsichtlich der **Unionsrechtskonformität** entsprechender Heilungsmöglichkeiten insgesamt nur wenig Klarheit. In der Irland-Entscheidung aus dem Jahr 2008 hatte der EuGH Heilungsvorschriften im UVP-Bereich etwa dann zugelassen, wenn sie vor dem Grundsatz der loyalen Zusammenarbeit (vgl. Art. 4 Abs. 3 EUV) nicht die Umgehung oder Missachtung der Vorgaben der UVP-RL ermöglichen und die Anwendung dieser Normen die Ausnahme bleibt. Hierzu fordert der EuGH regelmäßig den Nachweis „außergewöhnliche[r] Umstände" ein (s. EuGH, C-215/06, ECLI:EU:C:2008:380, 6 f.; Saurer NVwZ 2020, 1137 (1142 f.)). Ferner hält der EuGH für erforderlich, dass dem Verfahrensfehler abgeholfen wird, wobei bei der diesbezüglichen Prüfung auch die bereits eingetretenen nachteiligen Umweltauswirkungen in die Betrachtung einzustellen sind (vgl. EuGH NVwZ 2017, 133 (135); NVwZ 2017, 1611 (1613); Saurer NVwZ 2020, 1137 (1143)). Falls diese Rechtsprechung fortgeführt wird, dürfte mit Blick auf die objektiv bindenden und für den Antragsteller ausnahmslos geltenden Vorschriften in der 9. BImSchV kein zwingender Grund für eine Unionsrechtswidrigkeit bestehen (vgl. zu § 75 Abs. 1a VwVfG und der Absicherung in den §§ 3a aF ff. UVPG BVerwG 2012, 303 (307 f.); vgl. auch BVerwG NVwZ 2018, 1647 (1650); BVerwG NVwZ 2019, 410 (413); Bunge UmwRG § 4 Rn. 23, dieser indes mit weitergehenden Einschränkungen unter Rn. 27; mit gewichtigen Gegenargumenten gegen die Unionsrechtskonformität indes Seibert NVwZ 2018, 97 (101); Schlacke NVwZ 2017, 905 (912); Krit. und für einschränkende Auslegung des § 4 Abs. 1b UmwRG auch Saurer NVwZ 2020 1137 (1143)).

283b **bb) Materiellrechtliche Fehlerheilung.** Neu ist auch die Norm des § 7 Abs. 5 UmwRG. In Anlehnung an die in § 75 Abs. 1a S. 2 VwVfG angelegten Grundsätze zur Planerhaltung hat der Gesetzgeber mit dem UmwRG-Reformgesetz aus dem Jahr 2017 (BGBl. I 1298 ff.) nunmehr die Möglichkeit geschaffen, auch materiell fehlerhafte, nunmehr sogar gebundene Genehmigungsentscheidungen zu heilen. Die Norm des § 7 Abs. 5 verhält sich dabei jedoch weder zu den Rechtsschutzmöglichkeiten noch zu den anwendbaren Verfahrensvorschriften für ein ergänzendes Verfahren bzw. die Entscheidungsergänzung durch die Behörde. Ob diese Norm durch die unklaren Erfolgschancen künftiger Klagen für den Kläger den Rechtsschutzvorgaben der Art. 11 UVP-RL und Art. 25 der Industrieemissions-RL entspricht, erscheint offen (krit. Schlacke NVwZ 2017, 905 (911 f.)). Zur Auslegung dieser Bestimmung wird weiter auf die eingehenden Ausführungen unter → Bd. 1, UmwRG § 7 Rn. 1 ff. verwiesen.

284 **e) (Un-)Beachtlichkeit von Verfahrensfehlern.** Ein Verfahrensfehler, der weder zur Nichtigkeit führt noch nach den vorstehenden Vorgaben geheilt wird, bewirkt jedoch nach der Unbeachtlichkeitsnorm des § 46 VwVfG nur dann die **Rechtswidrigkeit des Genehmigungsbescheides,** wenn sich der Mangel auf die Entscheidung ausgewirkt haben kann. Wenn keine andere Entscheidung in der Sache hätte getroffen werden können, sind Verfahrensfehler nach der Grundregel § 46 VwVfG regelmäßig unbeachtlich (Hufen/Siegel Fehler im Verwaltungsverfahren Rn. 979 ff). Die Verfahrensausgestaltung im deutschen Verwaltungsrecht dient nicht (nur) dazu, der Behörde eine breite Basis für eine Ermessensentscheidung zu verschaffen, sondern soll eine weitreichende Kenntnis über den Sachverhalt herbeiführen, die für die Beurteilung der Genehmigungsfähigkeit des beantragten Vorhabens unerlässlich ist. Ebenso besteht angesichts der Komplexität der Entscheidung teilweise ein Beurteilungsspielraum der Behörde im Hinblick etwa auf die Validität gutachterlicher Aussagen der Genehmigungsfähigkeit. Obwohl das Genehmi-

gungsverfahren in eine gebundene Entscheidung einmündet, kam es trotz entsprechender Entscheidungsspielräume und einem ausdifferenzierten Verfahren nach überkommenem Verständnis des § 46 VwVfG dennoch häufig nur auf die materiell-rechtliche Rechtmäßigkeit der Entscheidung an. Ein Verfahrensfehler blieb daher nur dann nicht sanktionslos, wenn der Genehmigungsbescheid zugleich bzw. in Folge des Verfahrensfehlers gegen eine drittschützende materiell-rechtliche Vorschrift verstieß (vgl. VGH München NVwZ-RR 2001, 373 mwN; dazu auch Czajka in Feldhaus BImSchR Rn. 112 mwN). Dieses Ergebnis wurde von der hM im Schrifttum zu Recht als untragbar betrachtet (Roßnagel/Hentschel in GK-BImSchG Rn. 497 f.; Hufen DVBl. 1988, 69 (76); Seibert in FS Zeidler, 469 (474); Grimm NVwZ 1985, 865 (871 f.); einschr. Czajka in Feldhaus BImSchR Rn. 116). Vor dem Grundrechtsschutz durch Verfahren musste ein Verstoß gegen eine drittschützende Verfahrensregelung daher schon dann zur Aufhebbarkeit der Genehmigung führen, wenn sich der Verstoß auf die Einhaltung materieller Vorschriften mit drittschützender Wirkung ausgewirkt haben *könnte* (vgl. Roßnagel/Hentschel in GK-BImSchG Rn. 498; vgl. hierzu weiter auch Czajka in Feldhaus BImSchR Rn. 111a; Meßerschmidt in Ehlers/Fehling/Pünder Besonderes Verwaltungsrecht Bd. 2 § 46 Rn. 77). Liegen die Voraussetzungen des § 6 vor, ist die Genehmigung zwar zu erteilen (hM, vgl. eingehend Breuer in FS Feldhaus, 49 (52 ff.); Storost in Ule/Laubinger/Repkewitz H 2; Sellner Immissionsschutzrecht und Industrieanlagen, Rn. 382; Hoppe/Beckmann/Kauch Umweltrecht § 21 Rn. 114, dort auch zum Streitstand hinsichtlich eines „Versagungsermessens"). In den überwiegend sehr komplexen Genehmigungsverfahren dürfte die Möglichkeit einer anderen Entscheidung aber nicht ohne Weiteres ausgeschlossen werden können. Hervorzuheben ist, dass der EuGH (vgl. EuGH ZUR 2014, 36 (40); EuGH EnWZ 2016, 78 (80 f.)) bei UVP-pflichtigen Vorhaben und solchen nach der Industrieemissionsrichtlinie selbst eine einschränkende Auslegung des § 46 VwVfG für mit unionsrechtlichen Rechtsschutzvorgaben unvereinbar gehalten hatte. Vielmehr sei das Überbürden einer jedweden Beweislast der Fehlerkausalität auf den Rechtsbehelfsführer ein Verstoß gegen die Gerichtszugangsvorgaben der einschlägigen **UVP- und IE-Richtlinien** (vgl. dazu die Anm. zum Altrip-Urteil des EuGH von Meitz ZUR 2014, 36 (43 f.)). Dem ist aus den oben benannten Gründen grundsätzlich zuzustimmen. Die UVP-RL schützt nach der Begründung auch die menschliche Gesundheit, so dass Personen, die in ihrer Gesundheit beeinträchtigt sein könnten, die Geltendmachung eines Verfahrensfehlers unabhängig von seiner Wirkung auf die materielle Rechtslage möglich sein muss (Meßerschmidt in Ehlers/Fehing/Pünder Besonderes Verwaltungsrecht Bd. 2 § 46 Rn. 78). Übertragbar scheinen diese Überlegungen auch auf die Genehmigung von Störfallanlagen innerhalb des angemessenen Sicherheitsabstandes iSd Art. 13 Abs. 2 Seveso-III-RL, bzw. § 3 Abs. 5c (sowohl im hiesigen förmlichen Verfahren iSd § 10 als auch im modifizierten förmlichen Verfahren nach § 19 Abs. 4).

Die europarechtliche Problematik ist durch die Einführung der § 4 Abs. 1, 1a UmwRG 284a
wesentlich entschärft worden. Mit dem auf das Altrip-Urteil folgenden **UmwRG-Reformgesetz von 2015** (BGBl. I 2015, 2069) hat der Gesetzgeber Verfahrensfehler für bestimmte Anlagenzulassungen iSd § 1 Abs. 1 UmwRG abweichend von der Unbeachtlichkeitsnorm des § 46 VwVfG geregelt. Betroffen sind hiervon sowohl Anlagen nach der UVP- und IE-RL, als auch andere Vorhaben im förmlichen Verfahren (vgl. § 1 Abs. 1 Nr. 2 UmwRG). Nach den Grundsätzen des sog. „intertemporalen Prozessrechts" findet sie auch auf bereits anhängige Gerichtsverfahren Anwendung (BVerwG NVwZ 2016, 844 (848); vgl. auch § 8 UmwRG). Damit wird für die **immissionsschutzrechtliche Anlagenzulassungen iSd § 1 Abs. 1 Nr. 1, 2, 2a UmwRG** die Unbeachtlichkeitsnorm des § 46 VwVfG von der **Norm des § 4 Abs. 1, 1a UmwRG (iVm § 4 Abs. 3 UmwRG)** überlagert. Die neuen Vorgaben des UmwRG finden für sämtliche Genehmi-

gungsarten Anwendung, gleichviel ob es sich um eine Erstgenehmigung oder Änderungsgenehmigung handelt (s. Jarass Rn. 145). Sowohl bei schweren als auch bei leichteren Verfahrensfehlern wird nun abweichend von § 46 VwVfG die Beweislast für die Fehlerkausalität auf die Behörde übertragen. Da der nach dem Altrip-Urteil reformierte § 4 UmwRG auch eine Bedeutung für **Individualklagen** hat (vgl. **§ 4 Abs. 3 UmwRG**), hat sich mit der dort nunmehr auf die Behörde umgekehrten Beweislast in § 4 Abs. 1, 1a der unionsrechtliche Reformbedarf weitestgehend erledigt (Schlacke Umweltrecht § 6 Rn. 13). Relevanz besitzt dies indes nur für die Begründetheit der Klage, für die Klagebefugnis kommt es auch nach Erlass des § 4 Abs. 3 UmwRG noch auf § 42 Abs. 2 VwGO und ein entsprechendes subjektives Recht des Klägers an (Jarass § 6 Rn. 76, Saurer NVwZ 2020, 1137 (1141); Kahl/Gärditz Umweltrecht § 5 Rn. 36; dazu auch unten → Rn. 285a).

284b Die **Fehlerbestimmungen der § 4 Abs. 1 und § 4 Abs. 1a UmwRG** regeln dabei insbesondere Fehler bei Bekanntmachung oder Auslegung. Soweit es um Verstöße gegen die Beteiligungsrechte der UVP-, IE- und Seveso-III-RL geht, welche nach Ansichten in der Literatur absolute Verfahrensrechte begründen sollen (Gärditz NVwZ 2014, 1 (3)), ist für die Beachtlichkeit eines Auslegungsfehlers vorrangig auf die sog. **„absoluten Verfahrensfehler"** des § 4 Abs. 1 UmwRG abzustellen (vgl. Czajka in Feldhaus BImSchR Rn. 110c; Storost in Ule/Laubinger/Repkewitz H 4; Bunge UmwRG § 4 Rn. 39). Für diese wird – aus dem Umkehrschluss zu § 4 Abs. 1a UmwRG – der § 46 VwVfG verdrängt (→ Bd. 1, UmwRG § 4 Rn. 62). Möglich ist auch insoweit aber unter Umständen ein **ergänzendes Verfahren** nach Maßgabe des **§ 4 Abs. 1b UmwRG** (vgl. auch Czajka in Feldhaus BImSchR Rn. 105; → Rn. 283a; einschränkend Bunge UmwRG § 4 Rn. 24 ff., 46, 104). **Das vollständige Unterlassen** einer Umweltverträglichkeitsprüfung, UVP-Vorprüfung oder einer (ggf. nachfolgenden) Öffentlichkeitsbeteiligung gem. § 18 UVPG bzw. § 10 BImSchG wird von **§ 4 Abs. 1 S. 1 Nr. 1** und **Nr. 2 UmwRG** umfasst und stellt einen absoluten Verfahrensfehler dar (Storost in Ule/Laubinger/Repkewitz H 4; eingehend auch Bunge UmwRG § 4 Rn. 42 ff., 47 ff.; dazu auch → Bd. 1, UmwRG § 4 Rn. 26 ff.). Für andere Auslegungs- und Bekanntmachungsfehler kommen § 4 Abs. 1 S. 1 Nr. 3 und § 4 Abs. 1a des UmwRG zur Anwendung. Während § 4 Abs. 1 S. 1 Nr. 3 UmwRG ebenfalls nur für sog. „absolute Verfahrensfehler" gilt, findet § 4 Abs. 1a UmwRG für sog. **„relative Verfahrensfehler"** Anwendung (BT-Drs. 18/5927, 9). Das bedeutet, dass anders als bei § 4 Abs. 1 UmwRG, der für sich – ohne eine Anwendung des § 46 VwVfG – zur Begründetheit der Drittanfechtungsklage führt, für § 4 Abs. 1a UmwRG eine zusätzliche Schutzrechtsverletzung des Klägers notwendig ist (Keller NVwZ2017, 1080 (1083)). Beide Normen verhalten sich allerdings ausschließlich zur **Begründetheit der Anfechtungsklage,** nicht auch zu ihrer Zulässigkeit, sodass für Kläger iSd § 4 Abs. 3 UmwRG weiterhin § 42 Abs. 2 VwGO zur Anwendung kommt (→ Rn. 285a). Die § 4 Abs. 1 und § 4 Abs. 1a UmwRG befinden sich nicht in einem Ausschließlichkeitsverhältnis zueinander. § 4 Abs. 1a UmwRG kann also auch dann einschlägig sein, wenn – etwa bei UVP-Fehlern – die strengeren Voraussetzungen des § 4 Abs. 1 UmwRG nicht vorliegen (BT-Drs. 18/5927, 10). Die Voraussetzungen des **§ 4 Abs. 1 Nr. 3 UmwRG** müssen für eine Beachtlichkeit eines „sonstigen absoluten Fehlers" allerdings kumulativ vorliegen. Als denkbare „andere Verfahrensfehler" im Sinne der Vorschrift kommen solche in Betracht, die die vom EuGH geforderte öffentliche Kenntnisnahmemöglichkeit beschränken. Dieser weit gefasste Anwendungsbereich wird allerdings durch § 4 Abs. 1 S. 1 Nr. 3 lit. b, c UmwRG wieder eingeschränkt. Dieser fordert zum einen die Vergleichbarkeit des Fehlers nach Art und Schwere mit den in Nr. 1 und 2 genannten Fällen sowie zum anderen das Nehmen der „gesetzlichen Möglichkeit der Beteiligung" für die betroffene Öffentlichkeit ein. Als Beispiel für die dort geforderte **„Vergleichbarkeit"** des Auslegungsfehlers zu den in § 4 Abs. 1 S. 1 Nr. 1, 2 UmwRG genannten Verfahrensmängeln kommt insbesondere ein vollständiges Unterlassen der Auslegung der für die Öffentlichkeitsbeteiligung relevanten Unterlagen nach § 19 UVPG infrage. Weiter eingegrenzt wird dieser Anwendungsbereich des § 4 Abs. 1 Nr. 3 UmwRG durch dessen lit. c, der einfordert, dass Personen oder Vereinigungen bei Individualklagen iSd § 4 Abs. 3 UmwRG durch den Auslegungsfehler um die **Möglichkeit der Teilnahme am Entscheidungsprozess** und den dazugehörigen öffentlichen Unterlagen gebracht worden sein müssen (vgl. auch die personale Konkretisierung dieses Grundsatzes in § 4 Abs. 3 S. 2 UmwRG: notwendig ist hier, dass gerade dem Kläger die Möglichkeit der Beteiligung fehlt, s. Czajka in Feldhaus BImSchR Rn. 105; Weiss in Appel/Ohms/Saurer Rn. 306; Storost UPR 2018, 52 (53); mit Zweifeln an der Unionsrechtskonformität der Einschränkung des § 4 Abs. 1 S. 1 Nr. 3 lit. c UmwRG Bunge UmwRG § 4 Rn. 19). Durch die voran benannten Eingrenzungen des § 4 Abs. 1 Nr. 3 soll vor allem die Unbeachtlichkeit eines Fehlens einzelner Unterlagen klargestellt werden (s. dazu BT-Drs. 18/5927, 10; vgl. auch Kahl/Gärditz Umweltrecht § 5 Rn. 39). Beispielsweise reichen eine fehlerhafte Einwendungsaufforderung nach § 10 Abs. 4 Nr. 2 BImSchG ebenso wenig wie kleinere Bekanntmachungsfehler für eine Vergleichbarkeit mit den Fehlern nach Abs. 1 Nr. 1 und 2 – und damit eine „Absolutheit" des Fehlers – aus (BVerwG NVwZ 2016, 844 (848)). Gleiches soll für materielle Fehler im Rahmen einer durchgeführten Umweltverträglichkeitsprüfung gelten (VGH Mannheim BeckRS 2019, 851 Rn. 9 ff). Eine Vergleichbarkeit des Fehlers kann sich hingegen im Einzelfall aus einer Fehlerkumulation ergeben (ebenso Weiss in Appel/Ohms/Saurer Rn. 302). Ferner wird bei Fehlen des UVP-Berichts nach § 4e eine Vergleichbarkeit des Fehlers anzunehmen sein (zum Vorstehenden Storost UPR 2018, 52 (53 ff.); Wolf ZUR 2018, 457 (459); zu Fehlern im UVP-Bereich eingehend Seibert, NVwZ 2019, 337 (338 ff.); vgl. zur Einordnung einzelner Fehlerarten auch die (umfangreichen) Listungen bei Roßnagel/Hentschel in GK-BImSchG Rn. 505 ff.; Weiss in Appel/Ohms/Saurer Rn. 302 sowie → Bd. 1, UmwRG § 4 Rn. 26 ff., 66 ff.).

Liegen die Voraussetzungen des § 4 Abs. 1 UmwRG nicht vor, findet **§ 4 Abs. 1a UmwRG** Anwendung. In erster Linie bekräftigt der Gesetzgeber mit dieser Norm die grundsätzliche Geltung der Unbeachtlichkeitsvorschrift **§ 46 VwVfG für relative Verfahrensfehler** (Czajka in Feldhaus BImSchR Rn. 105; Weiss in Appel/Ohms/Saurer Rn. 301), modifiziert allerdings die Beweislast für die Fehlerkausalität in ihrem Satz 2. Darüber hinaus hat die Rechtsprechung die Stellschrauben für die Sachverhaltsermittlung durch die Gerichte merklich angezogen. Nach der noch bis zum Trianel-Urteil des EuGH in der Rechtsprechung aufzufindender „Marginalisierung" von UVP-Fehlern über das Kausalitätserfordernis des § 46 VwVfG (so Schink NuR 2018, 21 (21)) fordert die Rechtsprechung des Bundesverwaltungsgerichts und verschiedener Instanzgerichte von den Gerichten nun in äußerster Strenge ein, dass sie im Rahmen der vom Gesetzgeber in § 4 Abs. 1a UmwRG näher ausgeformten Pflicht zur Amtsaufklärung (§ 86 VwGO) **alle verfügbaren Erkenntnismöglichkeiten ausschöpfen.** Hierzu haben sie von Amts wegen Planunterlagen, Akten und Beweise und sonst näher erkennbarer Umstände zu untersuchen und von dieser auf die konkrete Möglichkeit einer anderen Entscheidung ohne den Verfahrensfehler zu schließen (BVerwG NVwZ 2016, 844 (847 f.); OVG Koblenz NuR 2018, 45 (46 f.); vgl. auch Czajka in Feldhaus BImSchR Rn. 110a; Storost in Ule/Laubinger/Repkewitz H 5; Weiss in Appel/Ohms/Saurer Rn. 301; Bunge UmwRG § 4 Rn. 98). Aufgabe des Gerichts ist es dabei ebenso, den Verfahrensfehler nach seiner Ermittlung der Schwere nach zu gewichten und unter den korrekten Absatz des § 4 UmwRG einzuordnen (BVerwG NVwZ 2016, 844 (848)). Erhebliche Bedeutung hat in diesem Problemkreis die Norm **des § 4 Abs. 1a S. 2 UmwRG,** welche die Folge eines „non-liquets", also der nicht aufklärbaren Kausalität des Verfahrensfehlers regelt. In diesem Fall wird nun (widerleglich) zugunsten des Klägers vermutet, dass der Verfahrensfehler kausal für dessen Rechtsverletzung gewesen ist (BT-Drs. 15/5927, 10). Dies steht nach zutreffender Auffassung im Einklang mit den unionsrechtlichen Anforderungen für die Beachtlichkeit von Verfahrensfehlern (BVerwG NVwZ 2016, 844 (848)). Für die Entscheidung, dass ein derartiger **„non-liquet"-Fall** vorliegt und der Verfahrensfehler damit iSd § 4 Abs. 1a S. 2 entgegensteht, kann unter anderem die Frage relevant sein, ob die Behörde die von dem Betreffenden normalerweise ins Feld geführte Einwendung bereits von sich aus beachtet hat (so etwa OVG Koblenz NuR 2018, 45 (47)), zum anderen auch die, ob der Betroffene durch das beanstandete Vorhaben unzumutbaren Beeinträchtigungen ausgesetzt wäre und dies bei einer ordnungsgemäßen Bekanntmachung und Offenlegung offenbar geworden wäre. Da Umweltvereinigungen iSd § 3 UmwRG keine eigene Rechtsverletzung für die Klage benötigen, reicht für diese bereits die konkrete Möglichkeit einer anderen Sachentscheidung für die Begründetheit der Klage aus, wobei sich die fehlende Möglichkeit einer anderen Sachentscheidung aus der objektiven Aktenlage ergeben muss (Czajka in Feldhaus BImSchR Rn. 110a; Weiss in Appel/Ohms/Saurer Rn. 301).

284c Als Destillat dieser Neuregelung gilt grundsätzlich Folgendes: Eine Aufhebung der Genehmigung kommt zumindest dann regelmäßig nicht in Betracht, wenn der Betroffene trotz Vorliegens eines Verfahrensfehlers dennoch seine **Rechte wahrgenommen,** also insbesondere im Verwaltungsverfahren Einwendungen erhoben hat (vgl. bereits BVerwGE 24, 23 (31); siehe hierzu explizit auch die neue Bestimmung des **§ 4 Abs. 3 S. 2 UmwRG** für **Individualkläger** im Bereich des § 4 Abs. 1 Nr. 3 UmwRG; ähnlich auch Czajka in Feldhaus BImSchR Rn. 110c). Sie ist ferner ausgeschlossen, wenn die Wahrnehmung des Beteiligungsrechtes nachweislich **nicht zu einer anderen Entscheidung** in der Sache hätte führen können. Dabei ging das BVerwG bspw. bisher davon aus, dass eine unvollständige Auslegung von Unterlagen über die Gefährlichkeit einer Anlage als nicht wesentlich anzusehen ist, wenn der Betroffene auch bei Vermeidung des Fehlers keine weitergehenden Kenntnisse gewonnen hätte (BVerwG NJW 1983, 1507 (1508); OVG Lüneburg NVwZ 1985, 506 ff.). Umgekehrt können unklare Tatsachenfragen sowie Rechtsbegriffe, die durch eine Einzelfallabwägung zu konkretisieren sind, für einen beachtlichen Verfahrensfehler sprechen (für offensichtliche Nichtkausalität des Verfahrensfehlers und daher für einschränkende Anwendung des § 46 VwVfG auch Jarass Rn. 151).

284d **f) Kostenrechtliche Behandlung.** Diese neuen Fehlerfolgenbestimmungen sind aufgrund der seitens des Klägers kaum noch zu prognostizierenden Erfolgsaussichten der Klage vor Art. 19 Abs. 4 GG problematisch. Im Ergebnis lassen sich diese Probleme allerdings durch **verfassungskonforme Anwendung des kostenrechtlichen Verursacherprinzips** zumindest entschärfen. Im Fall der Nichtvollziehbarerklärung der Genehmigung bei Durchführung des ergänzenden Verfahrens (§ 4 Abs. 1b) ist der Kläger daher von den Kosten freizustellen. Anknüpfungspunkt kann hierfür § 155 Abs. 1 S. 3 VwGO sein (Bunge UmwRG § 4 Rn. 21). Denn das ergänzende Verfahren soll lediglich die Folge der Kassation der Genehmigung verhindern, sodass das Risiko der verfahrensrechtlichen Rechtmäßigkeit weiter in die Sphäre von Antragsteller und Genehmigungsbehörde fällt (Seibert NVwZ 2018, 97 (103)). Gleiches gilt für die mögliche Unbeachtlichkeit von Verfahrensfehlern. Werden erst im Laufe des Gerichtsverfahrens die Umstände offenbar, die dartun, dass eine unzumutbare Beeinträchtigung in verfahrensrechtlichen Positionen ausgeschlossen ist, so kann der Kläger seinen Rechtsbehelf zurücknehmen bzw. die Hauptsache für erledigt erklären. Der beklagten Behörde sind in diesem Fall regelmäßig gemäß § 161 Abs. 2 VwGO unter Anwendung der Grundsätze von § 155 Abs. 4 und

§ 156 VwGO die Kosten des Verfahrens aufzuerlegen (vgl. Redeker/von Oertzen VwGO § 161 Rn. 5 und § 156 Rn. 3; → Bd. 1, UmwRG § 4 Rn. 17).

2. Klagebefugnis. Im Hinblick auf die **Klagebefugnis** ist zwischen Individualbetroffenen und Verbandsklagen zu unterscheiden. 285

Zunächst ist zu beachten, dass **Individualkläger nur** die Verletzung ihrer **eigenen Rechte** geltend machen können. Es besteht kein durchsetzbarer (Gesetzesvollzugs-)Anspruch darauf, dass auch andere Betroffene oder die Öffentlichkeit verfahrensrechtlich in fehlerfreier Weise beteiligt werden (vgl. BVerwGE 24, 23 (30); NVwZ 1985, 745). Zudem deckt sich die Klagebefugnis nicht mit der Möglichkeit, während der Einwendungsfrist Einwendungen zu erheben. Die Einwendungsbefugnis reicht dabei weiter als die gerichtliche Klagebefugnis. Der Kläger muss überdies stets geltend machen und geltend machen können, in eigenen materiellen Rechten verletzt zu sein (Roßnagel/Hentschel in GK-BImSchG Rn. 476; Weiss in Appel/Ohms/Saurer Rn. 305; einschr. unter Hinweis auf Art. 2 Nr. 5 der Aarhus-Konvention Bunge UmwRG § 4 Rn. 122). **Materielle Rechte** in diesem Sinne sind dabei nur solche, die vom Schutzzweck des Bundes-Immissionsschutzgesetzes erfasst werden und im Prüfungsprogramm der Genehmigungsbehörde stehen (vgl. BVerwGE 85, 368 (373); Weiss in Appel/Ohms/Saurer Rn. 304). Dies schließt es allerdings nicht aus, dass auch **verfahrensrechtliche Bestimmungen** zugleich **subjektiv-rechtlicher Natur** sind, wobei ein solches subjektives Recht allerdings nur derivativer Art ist und den materiellen Schutz gewissermaßen in das Verfahren „vorverlagert". Hieraus ergibt sich zugleich das Erfordernis der möglichen Betroffenheit in materiellen Rechten neben der konkret geltend gemachten Verfahrensrechtsverletzung (zu den einzelnen Verfahrensfehlern Czajka in Feldhaus BImschR Rn. 105–108). So wird man etwa der Bestimmung des § 10 Abs. 3 S. 2 lediglich für Betroffene im Bereich des näheren Einwirkungsbereichs der Anlage eine drittschützende Wirkung zubilligen können (vgl. Kahl/Gärditz Umweltrecht § 7 Rn. 48). Drittschützende Verfahrensbestimmungen im Sinne eines „vorverlagerten Rechtsschutzes" wird man unter der gleichen Einschränkung auch § 4b Abs. 2 und § 10 Abs. 1 der 9. BImSchV sowie § 9 der 12. BImSchV entnehmen können, weitergehend wohl auch den in § 4 Abs. 1 Nr. 1–3 genannten absoluten Verfahrensrechten (Czajka in Feldhaus BImSchR Rn. 110c; Storost in Ule/Laubinger/Repkewitz H 4; Hufen/Siegel Fehler im Verwaltungsverfahren Rn. 46). 285a

Eine mögliche Rechtsverletzung iSd § 42 Abs. 2 VwGO muss ein Individualkläger auch nach der **Reform des UmwRG** noch geltend gemacht werden, wenn der Kläger die Verletzung von Verfahrensvorschriften rügt (s. OVG Koblenz NVwZ-RR 2017, 563 (564); Czajka in Feldhaus BImSchR Rn. 110c; Weiss in Appel/Ohms/Saurer Rn. 304; Jarass Rn. 148; Kahl/Gärditz Umweltrecht § 5 Rn. 36; aA noch OVG Münster ZUR 2015, 492 (495) für die Beteiligungsrechte aus Art. 11 UVP-RL; siehe nunmehr jedoch unter Abkehr von der früheren Rspr. OVG Münster ZUR 2018, 288 ff.). Nur die Beweislast für die Kausalität zwischen Verfahrensfehler und der materiellen Rechtsverletzung obliegt dem Kläger gem. § 4 Abs. 1, 1a iVm § 4 Abs. 3 UmwRG nicht mehr, um hieraus folgend einen Aufhebungsanspruch (bzw. im Fall des § 4 Abs. 1b einen Aussetzungsanspruch) hinsichtlich der rechtswidrigen Genehmigung zu erlangen. Damit kann § 4 Abs. 3 UmwRG keine eigene Klagebefugnis vermitteln, sondern ordnet die Abweichungen zum verwaltungsgerichtlichen Verfahren nur dort an, wo der Kläger bereits klagebefugt ist (s. nur BVerwG NVwZ 2012, 573 (575); BVerwG NVwZ 2019, 410 (413); Kahl/Gärditz Umweltrecht § 5 Rn. 36; differenzierend Keller NVwZ 2017, 1080 (1081) mwN). Freilich mag die Darlegungs- bzw. Substantiierungslast des Klägers bei Verfahrensfehlern gegebenenfalls abzuschwächen sein (vgl. Czajka in Feldhaus BImSchR Rn. 107 f.).

285b Die **Verbandsklagerechte** wurden im Anschluss an das Trianel-Urteil des EuGH (s. EuGH NVwZ 2011, 801 ff.) umfassend **reformiert.** Früher waren auch Verbände darauf beschränkt, sich auf subjektiv-rechtliche Normen des BImSchG zu berufen, vgl. § 2 Abs. 1 aF UmwRG. Eine Geltendmachung fremder oder objektiver Rechte schied nach dem vorigen System der schutznormakzessorischen Verbandsklage somit aus (vgl. dazu VGH Mannheim NVwZ-RR 1999, 241 (242)). Diese Schutznormakzessorität der Verbandsklage hielt der EuGH für nicht mit der Rechtsschutzvorgabe des Art. 10a (nunmehr Art. 11) UVP-RL kompatibel. Mit der UmwRG-Reform aus dem Jahre 2013 (BGBl. I 95 ff.) entschied sich der Gesetzgeber im Sinne einer „großen Lösung" dafür, in **§ 2 Abs. 1 UmwRG** eine allgemeine **altruistische Verbandsklagemöglichkeit** auch außerhalb des Anwendungsbereichs der UVP-RL einzuführen (umfassend Schlacke Umweltrecht § 6 Rn. 15 f.; allgemein Hufen/Siegel Fehler im Verwaltungsverfahren Rn. 856 ff.). Nunmehr sind gem. § 2 Abs. 1 Nr. 1 – sofern gem. § 2 Abs. 1 Nr. 2 UmwRG ein Bezug zum satzungsmäßigen Aufgabenkreis besteht – alle anerkannten Verbände iSd § 3 UmwRG (vgl. erweiternd für den Verband „in Gründung" § 2 Abs. 2 UmwRG) zur umfassenden Erhebung von umweltspezifischen Einwendungen und Klagen befugt. Im Rahmen der Begründetheit verdrängt die Bestimmung des § 2 Abs. 4 UmwRG die allgemeine Norm des § 113 Abs. 1 S. 1 VwGO, eine subjektive Rechtsverletzung ist nicht notwendig; stattdessen ist maßgeblich, ob gegen (umweltbezogene) Normen verstoßen wird, die einen Bezug zum satzungsmäßigen Aufgabenkreis haben (vgl. zum Vorstehenden Keller NVwZ 2017, 1080 (1082)). Für den Satzungsbezug ist nicht erforderlich, dass der konkrete Verstoß einen Satzungsbezug hat. Maßgeblich sind viel mehr der hinter der Vorschrift stehende Sinn und Zweck, so dass auch mittelbare Normziele beachtlich sein können. Auf diese Weise kann bspw. ein Verstoß gegen § 10 Abs. 4 Nr. 2 gerügt werden, obwohl die konkrete Einwendungsart keinen direkten Satzungsbezug aufweist (OVG Koblenz NuR 2018, 45 (45)). Anwendbar neben den Verbandsklagerechten des UmwRG bleiben auch die Verbandsklagerechte für Naturschutzvereinigungen iSd §§ 63 ff. BNatSchG (Czajka in Feldhaus BImSchR Rn. 109a).

285c Auch die ehemalige Präklusionsregelung in **§ 2 Abs. 3 UmwRG** wurde durch den Gesetzgeber am 29.5.2017 aufgehoben (BGBl. I 1298 ff.; dazu BT-Drs. 18/9526, 39). Durch den Verstoß gegen Art. 11 UVP-RL und Art. 25 Industrieemissions-RL war diese Regelung im Bereich der **UVP- und Industrieemissionsrichtlinie nicht anwendbar** (→ Rn. 175 ff.). In § 2 Abs. 1 Nr. 3 aF UmwRG wurde für das Klagerecht der Verbände zudem die Obliegenheit des Verbandes aufgestellt, sich im vorigen Verwaltungsverfahren zu beteiligen. Ob diese Bestimmung mit der aktuellen EuGH-Rechtsprechung zu vereinbaren war (hierfür mit zweifelhafter Begr. OVG Koblenz NVwZ-RR 2016, 619 (620 f.)), erschien mangels einer normativen Stütze dieser Bestimmung in den einschlägigen Richtlinien fraglich (zu Recht krit. Bunge ZUR 2015, 531 (535); Michl NuR 2016, 543 (549); wie hier Hofmann Die Verwaltung 50 (2017), 247 (257)). Begrüßenswert war daher die gesetzgeberische Anpassung in dem Sinne, dass die Klagerechte der Verbände im nachfolgenden gerichtlichen Verfahren nun auch in ihrer Entstehung nicht mehr von der Beteiligung im Verwaltungsverfahren abhängig sind. Nach der Neufassung des § 2 Abs. 1 Nr. 3 lit. a UmwRG ist für den hier maßgeblichen Bereich der Einzelgenehmigungen nur noch maßgeblich, ob die Vereinigung an der Teilnahme im Verwaltungsverfahren *berechtigt war* (vgl. BT-Drs. 18/9526, 36).

285d Nach dem kompensatorisch eingefügten **§ 5 UmwRG** kann bei missbräuchlichen oder unredlichen Einwendungen das Klagerecht ausgeschlossen sein, was wohl bereits weitestgehend der bisherigen Rechtsprechung zum Rechtsmissbrauch und der Verwirkung des Klagerechts entspricht. Bei Vereinigungen kann ein Rechtsmissbrauch in Zukunft insbesondere dann anzunehmen sein, wenn diese sich gemessen an ihrer Rolle als „Quasiverwaltungshelfer" unvernünftig im Verwaltungsverfahren verhält (vgl. z. Vorstehenden BT-Drs. 18/9526, 41; Weiss in Appel/Ohms/Saurer Rn. 180; krit. indes Bunge UmwRG § 5 Rn. 28). Vor diesem Hintergrund ist auch die Einführung des § 10 Abs. 3a zu sehen, der die Verfahrensrolle der Umweltvereinigungen im Einklang mit der bundesverwaltungsgerichtlichen Rechtsprechung näher konturieren soll (s. BVerwG NVwZ 2015, 1532 (1534)). Allerdings soll über die Missbrauchsbestimmung des § 5 UmwRG keine echte Rechtpflicht der Vereinigungen zur Verfahrensteilnahme begründet werden. Eine bloße Nichtteilnahme am Verfahren kann – und darf durch die Richtlinienbestimmungen der Art. 11 UVP-RL, Art. 25 IE-RL – damit nicht zum Ausschluss der Klagebefugnis führen (BT-Drs. 18/9526, 49 f.). Dies hat das BVerwG in mehreren aktuellen Entscheidungen bestätigt (s. etwa BVerwGE 166, 1 (6 Rn. 38); BVerwG BeckRS 2022, 21990 Rn. 14). Anzudenken wäre ein Rechtsmissbrauch iSd § 5 UmwRG dahingegen etwa bei einem rein taktischen Zurückhalten von Einwendungen im Verwaltungsverfahren, um die Verwirklichung des Vorhabens zu verhindern oder zeitlich hinauszuzögern (Weiss in Appel/Ohms/Saurer Rn. 180). Ein widersprüchliches Verhalten ist ebenso dort möglich, wo im Genehmigungsverfahren berechtigtes Vertrauen darauf erweckt wurde, dass von einer Einwendung oder einer späteren Anfechtung abgesehen wird, insbesondere dann, wenn dem gegenständlichen Sachverhalt zugestimmt wird (vgl. OVG Münster NWVBl. 2018, 65 (73); Weiss in Appel/Ohms/Saurer Rn. 180). Darüber hinaus wird in der Literatur weiter vorausgesetzt, dass dem missbräuchlichen Verhalten auch eine subjektive Komponente innenwohnen muss, wofür die Behörde die Darlegungs- bzw. materielle Beweislast im Prozess hat (s. Bunge UmwRG § 5 Rn. 24; Schlacke NVwZ 2017, 905 (910)). Die weitere Auslegung des „missbräuchlichen" oder „unredlichen" Verhaltens bleibt darüber hinaus den Gerichten vorbehalten. Durch den unmittelbar unionsrechtlichen Bezug des § 5 UmwRG wären Zweifelsfälle im Wege eines Vorabentscheidungsverfahrens nach Art. 267 AEUV zu klären (vgl. Schlacke NVwZ 2017, 905 (910); Michl NuR 2016, 543 (550)). Anzumerken ist ferner, dass durch § 5 UmwRG die (kuriose) Folge entstehen kann, dass eine Beteiligung im Verwaltungsverfahren durch die gegebenenfalls konkludente Erklärung, weitere Einwendungen seien nicht vorhanden, mit rechtlichen Nachteilen einhergehen kann, eine vollständige Nichtbeteiligung im Verfahren dahingegen nicht. Insgesamt ist daher zu erwarten, dass sich wesentliche Aspekte des Genehmigungsverfahren nunmehr in das Gerichtsverfahren verlagern werden (Siegel ZUR 2017, 451 (455)).

§ 16b Repowering von Anlagen zur Erzeugung von Strom aus erneuerbaren Energien; Sondervorschriften für Windenergieanlagen

(1) **Wird eine Anlage zur Erzeugung von Strom aus erneuerbaren Energien modernisiert (Repowering), müssen auf Antrag des Vorhabenträgers im Rahmen des Änderungsgenehmigungsverfahrens nur Anforderungen geprüft werden, soweit durch das Repowering im Verhältnis zum gegenwärtigen Zustand unter Berücksichtigung der auszutauschenden Anlage nachteilige Auswirkungen hervorgerufen werden und diese für die Prüfung nach § 6 erheblich sein können.**

(2) **Die Modernisierung umfasst den vollständigen oder teilweisen Austausch von Anlagen oder Betriebssystemen und -geräten zum Austausch von Kapazität oder zur Steigerung der Effizienz oder der Kapazität der Anlage. Bei einem vollständigen Austausch der Anlage sind zusätzlich folgende Anforderungen einzuhalten:**

1. **Die neue Anlage wird innerhalb von 24 Monaten nach dem Rückbau der Bestandsanlage errichtet und**
2. **der Abstand zwischen der Bestandsanlage und der neuen Anlage beträgt höchstens das Zweifache der Gesamthöhe der neuen Anlage.**

(3) **Die Genehmigung einer Windenergieanlage im Rahmen einer Modernisierung nach Absatz 2 darf nicht versagt werden, wenn nach der Modernisierung nicht alle Immissionsrichtwerte der technischen Anleitung zum Schutz gegen Lärm eingehalten werden, wenn aber**

1. **der Immissionsbeitrag der Windenergieanlage nach der Modernisierung niedriger ist als der Immissionsbeitrag der durch sie ersetzten Windenergieanlagen und**
2. **die Windenergieanlage dem Stand der Technik entspricht.**

(4) **Die Prüfung anderer öffentlich-rechtlicher Vorschriften, insbesondere des Raumordnungs-, Bauplanungs- und Bauordnungsrechts, und der Belange des Arbeitsschutzes nach § 6 Absatz 1 Nummer 2 bleibt unberührt.**

(5) **Auf einen Erörterungstermin soll verzichtet werden, wenn nicht der Antragsteller diesen beantragt.**

(6) **§ 19 findet auf Genehmigungsverfahren im Sinne von Absatz 1 für das Repowering von bis zu 19 Windenergieanlagen Anwendung. § 2 Absatz 1 Satz 1 Nummer 1 Buchstabe c der Verordnung über genehmigungsbedürftige Anlagen bleibt unberührt. Im vereinfachten Verfahren ist die Genehmigung auf Antrag des Trägers des Vorhabens öffentlich bekannt zu machen. In diesem Fall gilt § 10 Absatz 8 Satz 2 bis 6 entsprechend.**

(7) **Werden bei einer genehmigten Windenergieanlage vor der Errichtung Änderungen am Anlagentyp vorgenommen oder wird er gewechselt, müssen im Rahmen des Änderungsgenehmigungsverfahrens nur dann Anforderungen geprüft werden, soweit durch die Änderung des Anlagentyps im Verhältnis zur genehmigten Anlage nachteilige Auswirkungen hervorgerufen werden und diese für die Prüfung nach § 6 erheblich sein können. Die Absätze 5 und 6 sind entsprechend anzuwenden.**

(8) **Wird die Leistung einer Windenergieanlage an Land ohne bauliche Veränderungen oder ohne den Austausch von Teilen und ohne eine Änderung der genehmigten Betriebszeiten erhöht, sind ausschließlich die Standsicherheit sowie die schädlichen Umwelteinwirkungen durch Geräusche und nachteilige Auswirkungen durch Turbulenzen zu prüfen. Die Absätze 5 und 6 sind entsprechend anzuwenden.**

Schrifttum: A. Erläuterungswerke und sonstige Schriften: *Agatz,* Arbeitshilfe BNatSchG-Novelle, 2022; *Agatz,* Windenergie-Handbuch, 18. Ausgabe 2021; *Appel/Ohms/Saurer,* Bundes-Immissionsschutzgesetz, 1. Aufl. 2021; *Battis/Krautzberger/Löhr,* Baugesetzbuch, 15. Aufl. 2022; *Ehlers/Fehling/Pünder,* Besonderes Verwaltungsrecht, Bd. 2, 4. Aufl. 2020; *Dietlein,* Die Lehre von den grundrechtlichen Schutzpflichten, 2. Aufl. 2005; *Feldhaus,* Bundesimmissionsschutzrecht, Loseblatt, 223. Ergänzungslieferung (September 2022); *Otto,* Öffentliches Baurecht Bd. II, Bauordnungsrecht, Nachbarschutz, Rechtsschutz, 8. Aufl. 2023; *Giesberts/Reinhardt,* Beck'scher Onlinekommentar Umweltrecht, 64. Edition (Oktober 2022); *Jarass,* Bundes-Immissionsschutzgesetz, 14 Aufl. 2022; *Kahl/Gärditz,* Umweltrecht, 12. Aufl. 2021; *Kloepfer/Durner,* Umweltschutzrecht, 3. Aufl. 2020; *Kotulla,* Bundes-Immissionsschutzgesetz, Loseblatt, 24. Ergänzungslieferung (Januar 2022); *Posser/Wolff,* Beck'scher Onlinekommentar VwGO 65. Edition (Januar 2023); *Maslaton,* Windenergieanlagen, 2. Aufl. 2018; *Rehbinder/Schink,* Grundzüge des Umweltrechts, 5. Aufl. 2018; *Schink/Reidt/Mitschang,* Umweltverträglichkeitsprüfungsgesetz/Umwelt-Rechtsbehelfsgesetz, 2. Aufl. 2023; *Schmidt/Sailer,* Reformansätze zum Genehmigungsrecht von Windenergieanlagen, Würzburger Studien zum Umweltenergierecht Nr. 25, 28.01.2022; *Säcker/Ludwigs,* Berliner Kommentar zum Energierecht, Bd. 3: Energieumweltrecht, Energieeffizienzrecht, Energieanlagenrecht, 5. Aufl. 2022; *Säcker/Hennigs,* Berliner Kommentar zum Energierecht, Bd. 7, 5. Aufl. 2021; *Schlacke/Edenhofer u.a,* Wissenschaftsplattform Klimaschutz (2022): Die Beschleunigungsgesetzgebung („Osterpaket") 2022: Zukunftsorientiert über Windenergie an Land hinausdenken, 2022; *Schneider/Theobald,* Recht der Energiewirtschaft, 5. Aufl. 2021; *Schoch,* Besonderes Verwaltungsrecht, 2018; *Spannowsky/Uechtritz,* Beck'scher Onlinekommentar BauGB, 57. Edition (Dezember 2022); *Tholen,* Das Artenschutzregime der Flora-Fauna-Habitat-Richtlinie im deutschen Recht, 2014; *Ule/Laubinger/Repkewitz,* Bundes-Immissionsschutzrecht, Loseblatt, 244. Ergänzungslieferung (Dezember 2022).

B. Aufsätze: *Albrecht/Zschiegner,* Viel Wirbel um nichts? – Zur Bedeutung der von Windkraftanlagen hervorgerufenen Turbulenzen im immissionsschutzrechtlichen Genehmigungsverfahren, UPR 2019, 90; *Attendorn,* Umweltrechtliche Ausnahmeabwägungen über die Zulassung von Wasser- und Windkraftanlagen nach dem „Osterpaket", NVwZ 2022, 1586; *Czudaj,* Die Anwendung der artenschutzrechtlichen Ausnahme nach § 45 Abs. 7 BNatSchG auf Windenergieanlagen an Land, VR 2021, 367; *Decker,* § 249 Abs. 3 BauGB reloaded, ZfBR 2021, 19; *Decker,* Die geplante Änderung der 10-H-Regelung in Bayern – Reform oder bloßes Alibi, ZfBR 2022, 735; *Dietrich,* Fragen zum Genehmigungsverfahren beim Repowering von Windenergieanlagen unter besonderer Berücksichtigung des neuen § 16b BImSchG und der Vorgaben aus der EE-Richtlinie (EU) 2018/2001, ZNER 2021, 539; *Dix,* Repowering-Projekte vor dem Aus?, NVwZ 2020, 184; *Eichberger,* Gerichtliche Kontrolldichte, naturschutzfachliche Einschätzungsprärogative und Grenzen wissenschaftlicher Erkenntnis, NVwZ 2019, 1560; *Faßbender/Brade,* Die jüngsten Rechtssetzungsaktivitäten auf EU- und Bundesebene zur Beschleunigung des Ausbaus der Windenergie an Land, NuR 2022, 813; *Fischerauer/Appel,* Die Vorgaben der Erneuerbare-Energien-Richtlinie II (RED II) für die Vorhabenzulassung und deren Umsetzung in deutsches Recht - "großer Wurf" oder "Sturm im Wasserglas"?, UPR 2021, 328; *Gellermann,* Windkraftnutzung im Lichte der Vogelschutzrichtlinie 2009/147/EG, NuR 2020, 178; *Gellermann,* Das Vierte Gesetz zur Anpassung des Bundesnaturschutzgesetzes, NuR 2022, 589; *Grigoleit/Engelbert/Strothe/Klanten,* Booster für die Windkraft – Aspekte zur Beschleunigung der Windenergieplanung Onshore, NVwZ 2022, 512 *Häffner/Kron/Frey,* Planungs- und genehmigungsrechtliche Voraussetzungen und betriebswirtschaftliche Aspekte des Repowerings von Windenergieanlagen in Baden-Württemberg, ZNER 2019, 529; *Hentschel,* Verfahrenserleichterungen für Repowering - kein Grund zum Aufatmen, KommPraxSpez 2021, 135; *Hermsdorf,* Die Vorschläge zur Reform der bauplanungsrechtlichen Rahmenbedingungen für Windenergievorhaben auf dem Prüfstand, ZUR 2022, 341; *Kirch/Mainz/Löffler,* Änderung des Energiesicherungsgesetzes zur Erhöhung der Stromproduktion aus erneuerbaren Energien und der Auslastung der Transportkapazitäten im Stromnetz – EnSiG 3.0, juris-PR UmwR 9/2022, Anm. 1; *Kliem,* Repowering von EE-Anlagen, ER 2022, 22; *Kment,* Eine neue Ära beim Ausbau von Windenergieanlagen – Das aktuelle Wind-an-Land-Gesetzespaket in der Analyse, NVwZ 2022, 1153; *Kümper,* Quantitative Vorgaben zur Reduzierung des kommunalen Flächenverbrauchs durch Raumordnungsziele – Regelungsperspektiven und Rechtsfragen, DÖV 2021, 1056; *Leisner-Egensperger,* Artenschutzrechtliche Ausnahmen für Windenergieanlagen, NVwZ 2022, 745; *Löffler,* Das Gesetz zur Erhöhung und Beschleunigung des Ausbaus von Windenergieanlagen an Land, juris-PR UmwR 7/2022, Anm. 2; *Löffler/Schwerdtfeger,* Das Vierte Gesetz zur Änderung des Bundesnaturschutzgesetzes, juris-PR UmwR 8/2022, Anm. 1; *Operhalsky/Fechler,* Länderspezifische Ersatzgeldregelungen für Windenergieanlagen, ZUR 2016, 649; *Rectanus,* Genehmigungsrechtliche Fragen der Windenergieanlagen-Sicherheit, NVwZ 2009, 871; *Reidt,* Die Änderungsgenehmigung nach § 16 BImSchG, NVwZ 2017, 356; *Scheidler,* Genehmigungsvoraussetzungen für Windenergieanlagen, VR 2012, 397; *Schlacke/Wentzien/Römling,* Beschleunigung der

Energiewende: Ein gesetzgeberischer Paradigmenwechsel durch das Osterpaket?, NVwZ 2022, 1577; *Schmidt-Eichstaedt,* Die Festlegung von Windenergieflächen, Terminkalender und Pflichtenheft, ZfBR 2023, 10 ff.; *Schober/Calabro,* Qualitätssicherung bei artenschutzrechtlichen Prüfungen von Windenergieprojekten, NVwZ 2022, 115; *Seiferth/Samp,* Rechtliche Herausforderungen für die Umsetzung von Repowering-Projekten, EnWZ 2014, 106; *Scheidler,* Neuausrichtung der planerischen Steuerung von Windkraftanlagen durch das Wind-an-Land-Gesetz, UPR 2022, 321; *Spannowsky,* ZfBR 2023, 18 (22); *Vollprecht/Lehnert/Kather,* Die neue Erneuerbare-Energien-Richtlinie (RED II): Steife Brise oder laues Lüftchen aus Europa?, ZUR 2021, 204; *Walker,* Der neue § 16b – erleichterte Genehmigungsvoraussetzungen beim Repowering von Erneuerbare Energien-Anlagen, jurisPR-UmwR 10/2021, Anm. 1; *Wömmel/Hinsch,* Anwendbarkeit des Interimsverfahrens zur Lärmprognoseberechnung von Windenergieanlagen, NVwZ 2021, 1590.

Übersicht

A. Allgemeines

1 Der neue § 16b **wurde am 18.8.2021 mit Wirkung zum 31.8.2021** durch Art. 1 Nr. 3 des „Gesetzes zur Umsetzung von Vorgaben der Richtlinie 2018/2001/EU des Europäischen Parlaments und des Rates vom 11.12.2018 zur Förderung der Nutzung von Energie aus erneuerbaren Quellen (Neufassung) für Zulassungsverfahren nach dem Bundes-Immissionsschutzgesetz, dem Wasserhaushaltsgesetz und dem Bundeswasserstraßengesetz" (BGBl. I 3901 ff.) in das Bundes-Immissionsschutzgesetz eingefügt.

I. Bedeutung der Vorschrift

2 Mit der Neuregelung bezweckt der Gesetzgeber, den rechtssicheren und effizienten Ausbau erneuerbarer Energien zu ermöglichen und die Vorgaben der Richtlinie 2018/2001/EU für das Anlagenrepowering (→ Rn. 20 ff.) in das nationale Recht zu übertragen. Dabei soll nach Auffassung des Gesetzgebers insbesondere dem Umstand Rechnung getragen werden, dass eine **Erneuerung des Anlagenbestandes** unter Ausnutzung bereits erschlossener Standorte für den Ausbau erneuerbarer Energien sowohl energetisch-wirtschaftlich als auch mit Blick auf die Auswirkungen auf Menschen und Tiere in aller Regel **Vorteile gegenüber dem Anlagenneubau** bietet (BT-Drs. 19/30954, 12). Die Einfügung des § 16b ist nach seiner Einschätzung geboten, **um das Änderungsgenehmigungsverfahren bei Repowering-Maßnahmen** zu erleichtern und zudem die **Prüfungsreichweite** im Rahmen des durchzuführenden Änderungsgenehmigungsverfahrens einzugrenzen (BT-Drs. 19/30954, 12; dazu eingehend → Rn. 58 ff.). In dieser Hinsicht will der Gesetzgeber durch die Neuregelung **verfahrensmäßige Erleichterungen** schaffen (BT-Drs. 19/27672, 20, 34). Bei einem Blick auf die innere Normsystematik ist § 16b wie folgt aufgebaut:

3 **§ 16b Abs. 1** regelt den **Anwendungsbereich** und den (eingeschränkten) materiell-rechtlichen Prüfungsumfang für das über § 16b mögliche **Änderungsgenehmigungsverfahren** beim „Repowering" von Anlagen zur Erzeugung von Strom aus erneuerbaren Energien, welcher jedoch nur „auf Antrag" des Vorhabenträgers gilt. **§ 16b Abs. 2** enthält eine Legaldefinition für die von § 16b Abs. 1 (vgl. den 1. Hs. „Repowering") umfasste **Modernisierung**, die über § 16b Abs. 2 S. 2 Konkretisierungen und Einschränkungen für den vollständigen Anlagenaustausch erfährt. **§ 16b Abs. 3** modifiziert die Prüfung bei von **Windenergieanlagen** ausgehenden **Schallbelastungen** infolge einer Modernisierung iSd § 16b Abs. 2, wonach eine Überschreitung der Immissionsrichtwerte der TA Lärm nicht zur Versagung der Änderungsgenehmigung nach § 16b führen darf, wenn es zu einer Reduktion des Immissionsbeitrages der Anlage nach der Modernisierung kommt und die Anlage dem Stand der Technik (§ 3 Abs. 6) entspricht. **§ 16b Abs. 4** weitet den über § 16b Abs. 1 S. 1 2. Hs. eingeschränkten materiell-rechtlichen Prüfungsumfang für das Änderungsgenehmigungsverfahren nach § 16b wieder aus und bestimmt, dass die Prüfung **anderer öffentlich-rechtlicher Vorschriften** sowie der **Belange des Arbeits-**

schutzes iSd Genehmigungsvoraussetzungen aus § 6 Abs. 1 Nr. 2 im Übrigen **unberührt** bleiben

Für die nach § 16b Abs. 4 prinzipiell ebenso „unberührt" bleibende artenschutzrechtliche Prüfung fanden sich vormals zusätzliche Spezialregelungen in **§ 16b Abs. 4 S. 1, 2 aF,** für Kompensationen bei Beeinträchtigungen des Natur- und Landschaftsbildes iSd § 15 Abs. 2 BNatSchG eine weitere Sonderregelung in § 16b Abs. 4 S. 3 aF. Diese wurden durch das „Vierte Gesetz zur Änderung des Bundesnaturschutzgesetzes vom 20.7.2022" (BGBl. I 1362 ff.) aufgrund ihres naturschutzrechtlichen Sachzusammenhangs aus § 16b herausgelöst und in einen neuen **§ 45c BNatSchG** aufgenommen. Hier befinden sich ergänzende materiell-rechtliche Prüfungsvorgaben, die auf Modernisierungsmaßnahmen iSd § 16b Abs. 1, 2 ausgerichtet sind. Sie sind allerdings in ihrem Anwendungsbereich auf **Windenergieanlagen an Land** beschränkt, ferner finden die räumlichen und zeitlichen Grenzen des § 16b Abs. 2 S. 2 für den Anlagenaustausch nur modifiziert Anwendung (§ 45c Abs. 1 aE BNatSchG). Vgl. dazu weiter → Rn. 73 ff. und → Rn. 89 f. **4**

§ 16b Abs. 5 ändert für das förmliche Genehmigungsverfahren die Grundregel des § 10 Abs. 6 ab, nach der die Durchführung eines **Erörterungstermins** im verfahrensrechtlichen Ermessen der Genehmigungsbehörde steht (→ § 10 Rn. 213 ff.) und ordnet im Interesse der Verfahrensbeschleunigung im Regelfall den Verzicht auf den Erörterungstermin an, wenn der Antragsteller einen solchen nicht beantragt. Über **§ 16b Abs. 6 S. 1 und S. 2** wird schließlich – soweit keine UVP-Pflicht besteht (§ 2 Abs. 1 S. 1 Nr. 2 lit. a der 4. BImSchV, → Bd. 4, 4. BImSchV, § 2 Rn. 2), eine Anwendung des vereinfachten Genehmigungsverfahrens für das Repowering von bis zu 19 Windenergieanlagen ermöglicht. Darüber hinaus erhält der Vorhabenträger über **§ 16 Abs. 6 S. 3 und S. 4** – über den engeren Anwendungsbereich des § 21a Abs. 1 der 9. BImSchV hinaus (→ 9. BImSchV, § 21a Rn. 1 ff.) – die Möglichkeit, die **öffentliche Bekanntmachung des Genehmigungsbescheids** gegenüber Dritten im vereinfachten Genehmigungsverfahren zu verlangen, wobei § 10 Abs. 8 S. 2 bis 6 (→ § 10 Rn. 261a f.) entsprechende Anwendung finden. **5**

Die mit Wirkung zum 13.10.2022 durch Art. 2 des „Gesetzes zu Änderung des Energiesicherungsgesetzes und anderer energiewirtschaftlicher Vorschriften" vom 8.10.2022 (BGBl. 1726 ff.) neu eingefügten § 16b Abs. 7 und 8 enthalten weitere **Sondervorschriften für Windenergieanlagen,** die unabhängig von einem Antrag des Vorhabenträgers oder einer Modernisierung iSd § 16b Abs. 2 Anwendung finden. Absatz 7 sieht eine eingeschränkte Prüfung im Änderungsgenehmigungsverfahren für den Fall von Änderungen am Anlagentyp (einschließlich des Anlagentypenwechsels) vor, die nach der Genehmigung, aber vor der Errichtung vorgenommen werden. Absatz 8 enthält Vorgaben zu einem noch stärker eingeschränkten Prüfungsumfang für die Leistungserhöhung, die nicht mit baulichen Veränderungen, dem Austausch von Teilen oder einer Änderung der Betriebszeiten einhergeht; diese Regelung sieht der Gesetzgeber auf leistungssteigernde Software-Updates bezogen (BT-Drs. 20/3497, 35). Auf beide Fälle finden die Absätze 5 und 6 entsprechende Anwendung. **5a**

Die über die Einfügung des § 16b **bezweckten verfahrensmäßigen Erleichterungen** dürften dem Gesetzgeber gleichwohl **nur bedingt gelungen** sein (infolge der Komplexität der Regelung zweifelnd auch Jarass Rn. 1). Es handelt sich um eine insgesamt nur schwer zugängliche Norm, die für den Vorhabenträger zwar einige Erleichterungen, dafür aber auch viele Auslegungsunklarheiten und damit potentielle Investitionsrisiken bereithält. So ist trotz entsprechender Kritik des Bundesrates im Gesetzgebungsverfahren (→ Rn. 9) das Verhältnis vom Neugenehmigungsverfahren iSd § 4 zum Änderungsgenehmigungsverfahren iSd § 16b weiterhin undeutlich, zumal sich die in § 16b Abs. 2 eingefügte Modernisierungsdefinition keiner eindeutigen Auslegung zuführen lässt **6**

(→ Rn. 16 f., 40 ff.). Da nach § 16b Abs. 4 die praktisch überaus relevanten bauplanungs- und artenschutzrechtlichen Vorschriften „unberührt" bleiben, gingen mit der Einführung des § 16b zunächst auch keine materiellen Erleichterungen einher (vgl. auch Hentschel KommPraxSpez 2021, 135 (139)). Insoweit hat der Bundesgesetzgeber zwischenzeitlich aber bspw. über das „Vierte Gesetz zur Änderung des Bundesnaturschutzgesetzes" vom 20.7.2022 (BGBl. I 1362 ff.), das „Gesetz zur Erhöhung und Beschleunigung des Ausbaus von Windenenergieanlagen an Land" vom 20.7.2022 (BGBl. I 1353 ff.) sowie das „Gesetz zur sofortigen Verbesserung der Rahmenbedingungen für die erneuerbaren Energien im Städtebaurecht" vom 4.1.2023 (BGBl. I Nr. 6 v. 11.01.2023) weitergehende Erleichterungen für den Ausbau bzw. das Repowering von Windenergieanlagen geschaffen (→ Rn. 73 ff., → Rn. 95 ff., → Rn. 99 f.). Die in § 16b Abs. 3 geregelte Privilegierung für Schallimmissionen von Windenergieanlagen erweist sich hingegen wegen der vormals schon bestehenden Ausnahmemöglichkeiten der TA Lärm nicht als maßgebliche Erleichterung (→ Rn. 66 f.). Auch über den neuen § 16b Abs. 6 wird – bis auf kleinere Modifikationen und Klarstellungen – überwiegend die bisherige Rechtslage nachgezeichnet (→ Rn. 104 f.). Vorteile für Vorhabenträger sind immerhin über § 16b Abs. 5 und den hiernach – ohne anderweitigen Antrag des Vorhabenträgers – regelmäßig erfolgenden Verzicht auf den Erörterungstermin iSd § 10 Abs. 6 gegeben. Dem Regelungsziel nach undeutlich und systematisch nur wenig stimmig ist hingegen die Neueinfügung der neuen Absätze 7 und 8. Soweit der Gesetzgeber namentlich bei Absatz 7 eine klarstellende Regelung bezweckt hat (BT-Drs. 20/3497, 35), ist davon nur wenig ersichtlich. Die Regelungswirkungen gehen hierüber vielmehr hinaus, da die hier benannten Fälle unabhängig vom Vorliegen eines Repowerings iSd § 16b Abs. 1 und Abs. 2 einem eingeschränkten Prüfungsmaßstab unterstellt werden, wobei die Tatbestandsvoraussetzungen dieser Bestimmung überdies unklar gehalten sind (→ Rn. 120 ff.). Ähnliches gilt für § 16b Abs. 8 (→ Rn. 132 f.). Kritisch zu sehen ist nicht zuletzt, dass der Gesetzgeber die in § 16b Abs. 7 und Abs. 8 geregelten Fallkonstellationen in § 16b beim Repowering geregelt hat, obgleich sie eine Modernisierung iSd § 16b Abs. 2 nach ihrem Tatbestand nicht voraussetzen. Diese beiden Absätze hätten systematisch stimmiger in § 16 aufgenommen werden können.

II. Rechtsentwicklung

7 § 16b ist als relativ junge Norm bereits mehrfach abgeändert worden. Schon die erstmalig beschlossene Gesetzesfassung des § 16b war Ergebnis **weitreichender Änderungen** des Ausgangsentwurfes **im Gesetzgebungsverfahren**, wobei diese überwiegend erst im beratenden Ausschuss eingeführt wurden (→ Rn. 10).

8 So enthielt die Ausgangsfassung des § 16b unter Art. 1 Nr. 3 des Entwurfs der Bundesregierung (vgl. BT-Drs. 19/27672, 8) lediglich zwei anstelle der erstmals vom Bundestag beschlossenen sieben Absätze. § 16b-E Abs. 1 war dem heutigen § 16b Abs. 1 weitestgehend ähnlich formuliert, wobei dieser aber noch eine Prüfung im Rahmen des **„Genehmigungsverfahrens"** und nicht – wie nach der umgesetzten Fassung – im Rahmen des **„Änderungsgenehmigungsverfahrens"** einforderte. Ferner sollten die in § 16b Abs. 1 S. 1 3. Hs. genannten Anforderungen noch geprüft werden, **„wenn"** (und nicht wie nach der umgesetzten Fassung: **„soweit"**) durch das Repowering nachteilige Auswirkungen hervorgerufen werden bzw. für die Prüfung nach § 6 erheblich sein können. Überdies war in § 16b-E Abs. 1 S. 2 noch ein zwingender Verzicht auf den Erörterungstermin vorgesehen. Die bereits in § 16b-E Abs. 2 enthaltene **Legaldefinition der „Modernisierung"** (vgl. BT-Drs. 19/27672, 8) enthielt überdies noch keine Einschränkungen für den

Fall eines **vollständigen Austauschs der Anlage,** die sich nunmehr in § 16b Abs. 2 S. 2 wiederfinden (→ Rn. 47 ff.).

In der nachfolgenden Stellungnahme des **Bundesrates** übte dieser erhebliche **Kritik** am Gesetzentwurf und forderte die vollständige Streichung des § 16b-E, jedenfalls aber seine grundlegende Überarbeitung. Er bemängelte einerseits die fehlende Erforderlichkeit einer Neuregelung für das Repowering von Anlagen, andererseits das unklare Verhältnis des Neu- zum Änderungsgenehmigungsverfahren, einen nicht hinreichend definierten materiell-rechtlichen Prüfungsmaßstab sowie überdies eine seiner Auffassung nach eintretende unzulässige Verquickung von verfahrens- und materiell-rechtlichen Regelungselementen (BR-Drs. 19/27672, 32 ff.). **9**

Die **Bundesregierung** folgte der Forderung des Bundesrates nach einer Streichung des § 16b aus dem Entwurf nicht, ließ diesen jedoch im **Bundestagsausschuss für Umwelt, Naturschutz und nukleare Sicherheit** in umfangreicher Weise überarbeiten, wo er seine vormalige Fassung mit insgesamt sieben Absätzen erhielt (vgl. BT-Drs. 19/30954, 4 f.; Czajka in Feldhaus BImSchR Rn. 2). So wurde im neugefassten § 16b Abs. 1 eine Prüfung im Rahmen des – als solches nunmehr explizit gekennzeichneten – **Änderungsgenehmigungsverfahrens** eingefordert, **„soweit“** durch das Repowering im Verhältnis zum gegenwärtigen Zustand unter Berücksichtigung der auszutauschenden Anlage nachteilige Auswirkungen hervorgerufen werden und diese für die Prüfung nach § 6 erheblich sein können. Diese Änderung verfolgte den Zweck, den materiell-rechtlichen Prüfungsumfang zu präzisieren und eine Eingrenzung auf eine sog. „Delta-Prüfung“ (→ Rn. 60 ff.) vorzunehmen (BT-Drs. 19/30954, 12). Der vormals noch zwingende Verzicht auf den Erörterungstermin in § 16b-E Abs. 1 S. 2 wurde überdies entschärft und dafür in **§ 16b Abs. 6 aF** mit der **fakultativen Durchführung eines Erörterungstermins auf Antrag** des Vorhabenträgers ersetzt. In § **16b Abs. 2** wurde **der Satz 2** eingefügt, welcher ergänzende Kriterien für den **vollständigen Austausch der Anlage** enthält und konturiert, wann auch in diesem Falle ein Repowering im Änderungsgenehmigungsverfahren nach § 16b möglich ist. Mit **§ 16b Abs. 3** wurde ferner ein Repowering auch dann erlaubt, falls es zu schädlichen Umwelteinwirkungen in Form von Schallimmissionen kommt, der Immissionsbeitrag der Neuanlage aber geringer als bei der Ausgangsanlage ist und die neu geschaffene Anlage dem Stand der Technik entspricht. Über **§ 16b Abs. 4 S. 1, 2 aF** erfuhr der **Umfang bei der artenschutzrechtlichen Prüfung** eine separate Regelung, deren Umfang zwar unberührt blieb, bei der aber auch die Anlagenvorbelastung zu berücksichtigen war. **§ 16b Abs. 4 S. 3 aF** enthielt eine Regelung für Kompensationen bei Beeinträchtigungen des Landschaftsbildes. In **§ 16b Abs. 5 aF** wurde das Verhältnis zu **sonstigen öffentlich-rechtlichen Vorschriften** geregelt, welche vom modifizierten Prüfungsumfang unberührt blieben. In **§ 16b Abs. 6 und Abs. 7 aF** wurden überdies konkretisierende Regelungen hinsichtlich des einschlägigen Genehmigungsverfahrens aufgenommen. **10**

Diesem überarbeiteten Entwurf wurde im Bundestag mit den Stimmen der regierungstragenden **Fraktionen der CDU/CSU** und **SPD** gegen die Stimmen der übrigen Fraktionen zugestimmt (BT-Prot. 19/236, 30656 C). Auch der Bundesrat stimmte dem Gesetzentwurf zu, wobei jedoch von einzelnen Ländern weiterhin Kritik an der Bestimmung sowie – etwa mit Blick auf die nach § 16b Abs. 4 S. 2 aF eingeschränkte Prüfung artenschutzrechtlicher Vorgaben vor dem Tötungsverbot des § 44 Abs. 5 BNatSchG und der engen Ausnahmebestimmung des § 45 Abs. 7 BNatSchG – Zweifel an der Handhabbarkeit der Norm geäußert wurden (vgl. BR-Prot. 1006, 317 mit den zugehörigen Anlagen 30 f.; s. auch Storost in Ule/Laubinger/Repkewitz A 10). **11**

Durch Art. 2 des nachfolgenden **„Vierten Gesetzes zur Änderung des Bundesnaturschutzgesetzes“** vom 20.7.2022 (BGBl. I 1362 ff.), das am 29.7.2022 in Kraft getre- **12** ten ist, wurde § 16b kurze Zeit nach seinem Erlass erneut abgeändert. So wurden § 16b Abs. 4 aF und die in ihm vormals enthaltenen Regelungen für die artenschutzrechtliche Prüfung und geleistete Kompensationen für Beeinträchtigungen des Landschaftsbildes gestrichen und durch eine präzisierende Neuregelung in § **45c BNatSchG** (dazu auch → Bd. 2 BNatSchG, § 45c Rn. 1 ff.) ersetzt, die für Modernisierungen iSd § 16b Abs. 1, 2 bei Windenergieanlagen an Land Anwendung findet. Die Einschränkungen des § 16b Abs. 2 S. 2 für den vollständigen Anlagenaustausch wurden für diese Neuregelung allerdings deutlich abgemildert (→ Rn. 73 ff.). Die ehemaligen § 16b Abs. 5–7 aF wurden infolge der Streichung des § 16b Abs. 4 verschoben und zu den § 16b Abs. 4–6 der heutigen Gesetzesfassung.

13 Nur kurze Zeit später wurde § 16b durch Art. 2 Nr. 2 und Nr. 3 des **„Gesetzes zur Änderung des Energiesicherungsgesetzes und anderer energiewirtschaftlicher Vorschriften"** vom 8.10.2022 mit Wirkung zum 13.10.2022 erneut Anpassungen unterzogen und die neuen Absätze 7 und 8 angefügt, die weitere „Sondervorschriften" für die Zulassung von Windenenergieanlagen beinhalten. Die Regelungen dienen der weiteren Erleichterung des Ausbaus der erneuerbaren Energien, um so die durch den Russland-Ukraine-Krieg ausgelöste Energiekrise zu bekämpfen, den Gasverbrauch zu reduzieren und die Stromversorgung sicherzustellen (BT-Drs. 20/3497, 1). Die neuen Absätze 7 und 8 gelten allerdings unbefristet und sind nicht vom Bestehen einer ernsten oder erheblichen Gasmangellage abhängig (Kirch/Mainz/Löffler juris-PR UmwR 9/2022, Anm. 1 II. 1). Der ursprüngliche Gesetzentwurf wurde durch den beratenden **25. Ausschuss für Klimaschutz und Energie** in einigen Punkten abgeändert. So war § 16b Abs. 7 S. 1 in der Ausgangsfassung des Gesetzentwurfs (BT-Drs. 20/3497, 7) noch so formuliert, dass eine Prüfung der Anforderung nur dann erfolgen sollte, „sofern", und nicht – wie in der durch den Ausschuss korrigierten Fassung „soweit" – im Verhältnis zur genehmigten Anlage nachteilige Auswirkungen hervorgerufen werden und diese für die Prüfung nach § 6 erheblich sein können. Ebenso wurden vor den Änderungen durch den Ausschuss von § 16b Abs. 7 S. 1 lediglich Änderungen am Anlagentyp, nicht aber auch der vollständige Wechsel des Anlagentyps umfasst. § 16b Abs. 8 S. 1 war überdies tatbestandlich auf das Vorliegen einer errichteten Windenergieanlage beschränkt. Diese Einschränkungen wurden durch den Ausschuss beseitigt, was der Klarstellung dienen sollte (BT-Drs. 20/3743, 4, 21).

III. Abgrenzung zu anderen Vorschriften

14 Mit Blick auf die äußere Normsystematik stellt die Regelung des § 16b eine Regelung für das **Änderungsgenehmigungsverfahren** für die Modernisierung von Anlagen zur Erzeugung von Strom aus erneuerbaren Energien (sog. „Repowering") dar (Storost in Ule/Laubinger/Repkewitz B 1), was in **§ 16b Abs. 1 S. 1 2. Hs.** explizit hervorgehoben wird. Ähnliches gilt für die in **§ 16b Abs. 7** und **Abs. 8** geregelten Sondervorschriften für Windenenergieanlagen.

15 **1. Abgrenzung zwischen Neu- und Änderungsgenehmigungsverfahren.** Die genaue **Regelungsreichweite** des § 16b ist mit Blick auf die Abgrenzung des Neu- vom Änderungsgenehmigungsverfahren nicht in jedweder Hinsicht deutlich. So wurde vor Erlass des § 16b **bei** verschiedenen **Repoweringvorhaben betreffend Windenergieanlagen** unterschiedlich beurteilt, wann eine Errichtungs- bzw. Betriebsgenehmigung iSd § 4 Abs. 1 S. 1 oder eine Änderungsgenehmigung iSd § 16 erforderlich war. Die Abgrenzung zur Neugenehmigung erfolgte dabei durch einen Abgleich des Genehmigungsinhalts mit dem vom Vorhabenträger geplanten Änderungsvorhaben. Hier war zu überprüfen, ob es sich mit Blick auf Anlagenbestandteile wie die Nabenhöhe oder Leistung bzw.

auf die und Immissionen bei einer wertenden Betrachtung aller Einzelfallumstände um ein rechtliches **„aliud"** zur Bestandsanlage handelte (vgl. dazu allgemein auch Schmidt-Kötters in BeckOK UmweltR § 4 Rn. 110; Czajka in Feldhaus BImSchR § 16 Rn. 23: „Kernbestand der Anlage"). Unter Anwendung dieser wertungsoffenen Kriterien wurde der **vollständige Anlagenaustausch,** insbesondere mit einem mit dem Vorhaben verbundenen **Typenwechsel** oder auch zusammen mit **Standortverschiebungen** häufig als Neuerrichtung, teilweise aber auch als Änderung aufgefasst (vgl. zur unterschiedlichen Behandlung in der Rspr. etwa OVG Berlin-Brandenburg BeckRS 2023, 404 Rn. 8; OVG Lüneburg Beschl. v. 24.7.2013 – 12 ME 37/13, juris Rn. 14; OVG Münster Urt. v. 25.2.2015 – 8 A 959/10, juris Rn. 113 ff.; VGH München Beschl. v. 5.4.2019 – 22 CS 18.2572 u.a., juris Rn. 49; weiterführend Agatz Windenergie-Handbuch, 14 ff.; Fehling/Schings in Schneider/Theobald Recht der Energiewirtschaft § 9 Rn. 87; Seiferth/Samp EnWZ 2014, 106 (111); Häffner/Kron/Frey ZNER 2019, 529 (533); Dietrich ZNER 2021, 539 (542 f.); Kliem ER 2022, 22 f.).

Der Aussagegehalt des § 16b Abs. 1 sowie auch der des § 16 Abs. 7 S. 1, wo diese problematischen Fallkonstellationen aufgegriffen werden, wirft hiervon ausgehend bislang ungeklärte Fragen auf. So könnte aus dem Wortlaut der Regelungen einerseits geschlossen werden, dass sie lediglich den Prüfungsumfang für nach den bekannten Maßstäben im Änderungsgenehmigungsverfahren zu genehmigende Anlagen regeln (so für § 16b Abs. 1 tend. Kliem ER 2022, 22 (23 f.)). Da andererseits aber nun auch der vollständige Anlagenaustausch im Änderungsgenehmigungsverfahren nach § 16b (vgl. § 16b Abs. 2, § 16b Abs. 7 S. 1) – unter den einschränkenden Voraussetzungen des Abs. 2 S. 2 sogar im Falle von Standortverschiebungen – eine Regelung erfahren hat, sprechen die besseren Gründe dafür, dass im Wege einer **klarstellenden gesetzgeberischen Regelung** für alle in § 16b benannten (Repowering-)Vorhaben eine Verfahrensdurchführung im **Änderungsgenehmigungsverfahren** eröffnet werden sollte (so für § 16b Abs. 1 auch Czajka in Feldhaus BImSchR Rn. 6; Agatz Windenergie-Handbuch, 17; Hentschel KommPrax-Spez 2021, 135 (136); Schmidt/Sailer Reformansätze zum Genehmigungsrecht von Windenergieanlagen, 73; Dietrich ZNER 2021, 539 (544 f.); Walker juris-PR UmwR 10/2021, Anm. 1 B)). Folglich dürfte im Rahmen von **Repowering-Maßnahmen** iSd § 16b Abs. 1, 2 für die alte **„aliud"-Rechtsprechung kein Raum mehr** sein (Agatz Windenergie-Handbuch, 23; vgl. auch Walker juris-PR UmwR 10/2021, Anm. 1 B). Diese Auffassung überzeugt mit Blick auf § 16b Abs. 1 und Abs. 2 schon deswegen, da die Bestimmung des § 16b Abs. 2 S. 2 ansonsten keinen relevanten Anwendungsbereich mehr hätte (so denn auch Kliem ER 2022, 22 (23 f.)). Ähnlich ist die Lage auch bei **§ 16b Abs. 7** und den hier geregelten **Veränderungen am Anlagentyp** bzw. dem **Wechsel des Anlagentyps** von Windenergieanlagen zu beurteilen, für die der Gesetzgeber die Einschlägigkeit des Änderungsgenehmigungsverfahrens überdies ausdrücklich klarstellen wollte (OVG Berlin-Brandenburg BeckRS 2023, 404 Rn. 6; BT-Drs. 20/3497, 35). Entsprechend der systematischen Verortung im Änderungsgenehmigungsverfahren kann die Genehmigung einer **(erstmaligen) Neuerrichtung** einer Anlage freilich auch weiterhin nicht unter § 16b gefasst werden (vgl. Storost in Ule/Laubinger/Repkewitz C 4; Jarass Rn. 3); sodass jedenfalls bereits eine wirksame Errichtungs- und Betriebsgenehmigung iSd § 4 erforderlich ist (→ Rn. 33 f., Rn. 113 ff.). Auch soweit die Maßnahme über die in § 16b Abs. 2 benannten Grenzen für Modernisierungen hinausgeht, ist wiederum eine Errichtungsgenehmigung erforderlich (Czajka in Feldhaus BImSchR Rn. 6). **16**

Auch mit der hier bevorzugten Lesart des § 16b Abs. 1 iVm Abs. 2 (bzw. des § 16b Abs. 7) als klarstellende Regelungen für die Einschlägigkeit des Änderungsgenehmigungsverfahrens bleibt die Reichweite dieser Klarstellung – und insoweit wiederum das Verhältnis zur Errichtungsgenehmigung iSd § 4 – aber in Teilen undeutlich. So wird in der **17** konturenarmen Modernisierungsdefinition des § 16b Abs. 2 S. 1 auf jegliche konkretisierenden Einschränkungen verzichtet (Henschel KommPraxSpez 2021, 135 (136)). Probleme wirft dies im Falle von **erheblichen Kapazitätserweiterungen** bzw. im Falle des **„Zubaus“ von Anlagen** auf. Ob und inwieweit auch diese von § 16b Abs. 1, 2 umfasst werden können (so etwa für den Zubau auch die LAI/LANA-Vollzugshinweise zu § 10 Absatz 5 Satz 2 und Satz 3, § 16b und § 23b Absatz 3a Nummer 4 BImSchG, Stand: 10. August 2022, 8; ebenso Agatz Windenergie-Handbuch, 13 f.) geht aus dem Modernisierungsbegriff des § 16b Abs. 2, welcher expressis verbis immerhin auch den vollständigen Anlagenaustausch zu Zwecken der „Kapazitätssteigerung“ umfasst, nicht eindeutig hervor (→ Rn. 46). Unklar bleibt mit Blick auf die Regelung des § 16b Abs. 7 S. 1 auch die genaue Reichweite der von ihm umfassten **Anlagentypenmodifikationen**, da einschränkende Kriterien auch hier nicht genannt werden und somit etwa fraglich ist, ob zB erhebliche Abänderungen des Anlagentyps noch unter diesen Tatbestand gefasst werden können (vgl. auch → Rn. 122). Die abschließende Konturierung dieser Normen wurde damit augenscheinlich in die Hände der Rechtsprechung gelegt, womit für den Vorhabenträger Risiken verbunden sein können, soweit das von ihm geplante Projekt nach gerichtlicher Auslegung nicht mehr unter § 16b Abs. 1, 2 (bzw. § 16b Abs. 7 S. 1) fallen sollte. Hier könnten je nach Lage des Einzelfalles neben einer Rücknahme der Genehmigung nach § 48 VwVfG ggf. auch behördliche Betriebsuntersagungen iSd § 20 Abs. 2 drohen. Im Falle eines Verzichts auf die Öffentlichkeitsbeteiligung im Änderungsgenehmigungsverfahren (§ 16 Abs. 2) bei eigentlicher Einschlägigkeit des Neugenehmigungsverfahrens iSd § 4 kann überdies wegen § 4 Abs. 1 Nr. 2 UmwRG ein absoluter Verfahrensfehler vorliegen.

18 **2. Verhältnis zu § 16 und § 16a.** Das Verhältnis des § 16b zur allgemeinen Norm des Änderungsgenehmigungsverfahrens in § 16 hat keine konkrete Regelung erfahren. Da § 16b seine Anforderungen allerdings „im Rahmen des Änderungsgenehmigungsverfahrens“ aufstellt, liegt der Schluss nahe, **§ 16b** als partielle **Spezialregelung zu § 16** zu begreifen, der im Übrigen aber subsidiär anwendbar bleibt. Damit bleibt der Rückgriff auf § 16 eröffnet, soweit § 16b keine abweichenden Regelungen beinhaltet (vgl. auch Jarass Rn. 3; Czajka in Feldhaus BImSchR Rn. 6 f.; Agatz Windenergie-Handbuch, 16). Solche dürften in der gesetzgeberischen Klarstellung für die Durchführung des Änderungsgenehmigungsverfahrens in § 16b Abs. 1 und 2, § 16b Abs. 7, dem modifizierten Prüfungsumfang nach § 16b Abs. 1 aE, Abs. 3 – 4 sowie § 16b Abs. 7 f. sowie auch in den (geringfügigen) verfahrensmäßigen Anpassungen in § 16b Abs. 5 und 6 zu finden sein. Undeutlich ist, ob für Repowering-Maßnahmen, die sich als nur **unwesentliche Änderungen iSd § 16 Abs. 1 S. 1** erweisen (→ § 16 Rn. 71 ff., 87 ff.) bzw. unter die **Bagatellklausel iSd § 16 Abs. 1 S. 2** fallen (→ § 16 Rn. 93 ff.) und daher genehmigungsfrei wären, über § 16b eine Genehmigungspflicht bestehen soll. Hiergegen spricht allerdings der vom Gesetzgeber verfolgte Zweck der Verfahrenserleichterung, sodass es vorzugswürdig erscheint, die Prüfung der Genehmigungsbedürftigkeit der Änderung unverändert durchzuführen (so auch Jarass Rn. 3; Czajka in Feldhaus BImSchR Rn. 7). Folgt man diesem Ansatz, ist eine Genehmigungsfreiheit etwa dort anzudenken, wo auf Basis der vorliegenden Erkenntnisse einschließlich der Antragsunterlagen änderungsbedingte nachteilige Umweltauswirkungen durch die Repowering-Maßnahme nach praktischer Vernunft ausgeschlossen sind (dazu auch Agatz Windenergie-Handbuch, 16 f.). Zurückgegriffen werden kann auch auf die **verfahrensmäßigen Erleichterungen in § 16b Abs. 2 und Abs. 3** (Czajka in Feldhaus BImSchR Rn. 7; vgl. auch die LAI/LANA-Vollzugshinweise zu § 10 Absatz 5 Satz 2 und Satz 3, § 16b und § 23b Absatz 3a Nummer 4 BImSchG, Stand: 10. August 2022, 5), wobei mit Blick auf § 16b Abs. 3 die Höchstfrist

aus Art. 5 Abs. 1 VO 2022/2577/EU zu beachten ist. Anwendbar ist ebenso die Regelung zur Genehmigungsfreiheit für **Austausch- bzw. Ersatzmaßnahmen** iSd **§ 16 Abs. 5** (Jarass Rn. 3; dazu auch →§ 16 Rn. 176 ff.). Auch für bloß anzeigebedürftige Änderungen iSd § 15 Abs. 1 besteht nach **§ 16 Abs. 4** allerdings die Möglichkeit eines **fakultativen Genehmigungsverfahrens** (→ § 16 Rn. 93 ff.), womit im Falle eines entsprechenden Antrages auch von den verfahrensmäßigen Erleichterungen des § 16b Gebrauch gemacht werden kann. Darüber hinaus dürfte § 16b schließlich auch dann Anwendung finden, wenn es um eine **störfallrechtliche Änderungsgenehmigung iSd § 16a** geht. Dies folgt implizit aus § 23b Abs. 3a Nr. 4, der die Regelungen des § 16b auch im störfallrechtlichen Änderungsgenehmigungsverfahren für eigentlich genehmigungsfreie Anlagen für anwendbar erklärt (Jarass Rn. 3; dazu auch → § 23b Rn. 49b ff.). Für die bauplanungsrechtliche Prüfung, ob der **angemessene Sicherheitsabstand** iSd Art. 13 Abs. 2 Seveso-III-RL gewahrt ist (→ § 23b Rn. 57a, 61 ff.), finden die aus § 16b Abs. 1 folgenden Erleichterungen für den behördlichen Prüfungsumfang wegen der Ausnahme von der Delta-Prüfung in § 16b Abs. 4 allerdings keine Anwendung (→ § 23b Rn. 49h).

3. Verhältnis zu § 15. Viel spricht wegen des alleinigen Bezugs des § 16b auf das Änderungsgenehmigungsverfahren dafür, dass das vorgeschaltete Anzeigeverfahren auch im Falle eines Repowerings iSd § 16b **unverändert durchzuführen** ist, **sofern keine Genehmigung beantragt** wird. Insoweit richtet sich insbesondere der **Umfang der vorzulegenden Unterlagen** weiterhin nach § 15 Abs. 1 S. 2 iVm § 10 Abs. 1 S. 2 (→§ 15 Rn. 52 ff.; → § 10 Rn. 46 ff.); er wird durch den modifizierten Prüfungsumfang des § 16b (→ Rn. 56 ff., 125 ff.) nicht eingeschränkt. Da nämlich die Anforderungen des § 16b Abs. 1 und Abs. 7 „im Rahmen des Änderungsgenehmigungsverfahrens" (und nicht auch im Rahmen des Anzeigeverfahrens) gelten, können sie erst bei der Untersuchung der **Genehmigungsfähigkeit** der Anlage bedeutsam werden. Ähnliches dürfte auch für § 16b Abs. 8 gelten. 19

Soweit sich im Anzeigeverfahren keine immissionsschutzrechtliche Genehmigungsbedürftigkeit ergibt und eine **Freistellungserklärung** ausgesprochen wird (vgl. § 15 Abs. 2 S. 2), ist die Änderung möglicherweise **baugenehmigungspflichtig** (BVerwG ZUR 2013, 100 (102); Reidt NVwZ 2017, 356 (358)). Auch für das in diesem Fall durchzuführende Baugenehmigungsverfahren gelten die Erleichterungen des § 16b nicht (Kliem ER 2022, 22 (23)).

4. Verhältnis zu § 31k. Zur Bekämpfung der durch den Russland-Ukraine-Krieg ausgelösten Gasmangellage hat der Gesetzgeber verfahrensrechtliche Erleichterungen in den neuen **§§ 31a ff.** geschaffen (→ § 10 Rn. 28e ff.). Für Windenergieanlagen ist die Abweichungsbefugnis in § 31k zu beachten, die durch Art. 2 Nr. 4 des Gesetzes zur Änderung des Energiesicherungsgesetzes und anderer energierechtlicher Vorschriften vom 8.10.2022 (BGBl. I 1726 ff.) mit Wirkung zum 13.10.2022 eingeführt wurde. Die **Norm** tritt nach Art. 12 Abs. 3 des vorbenannten Gesetzes **am 16.4.2023 außer Kraft**. Möglich sind nach § 31k Abs. 1 zeitlich befristete Abweichungen von einzelnen in einer Genehmigung enthaltenen Anforderungen an die Geräusche zur Nachtzeit und an die optischen Immissionen der Windenergieanlage. Diese müssen zudem darauf abzielen, die Strommenge einer Windenergieanlage zu erhöhen, deren Betriebszeit zur Verminderung oder Vermeidung von Schattenwurf beschränkt ist (§ 31k Abs. 1 Nr. 1) oder die Leistung oder Strommenge einer Windenergieanlage zur Nachtzeit (vgl. Ziff. 6.4. TA Lärm) zu erhöhen, soweit sich der Schallpegel der Anlage in dieser Zeit um maximal 4 db(A) gegenüber dem bisherigen Wert erhöht (§ 31k Abs. 1 Nr. 2). Jedoch ist Abschaltung einer Windenergieanlage beizubehalten, wenn die Schattenabschaltung oder die Betriebsbeschränkung 19a wegen Lärms und Artschutzabschaltung parallel erfolgen (vgl. BT-Drs. 20/3497, 36 sowie die LAI-Vollzugshinweise „Immissionsschutz in der Gasmangellage" vom 31. Oktober 2022, 37).

Bei **§ 31k** handelt es sich um ein **besonderes gesetzliches Abweichungsverfahren**. Ausweislich des **§ 31k Abs. 4** ist das Verfahren nach § 31k gegenüber dem **Änderungsgenehmigungsverfahren** des § 16 sowie auch gegenüber dem Anzeigeverfahren des § 15 **spezieller,** da eine Genehmigungs- oder Anzeigepflicht in seinem Anwendungsbereich nicht gegeben ist (Kirch/Mainz/Löffler juris-PR UmwR 9/2022, Anm. 1 II. 2). Zwar wird das Verhältnis zu § 16b nicht explizit geregelt. Da § 16b seine Anforderungen aber ebenso auf die Durchführung des Änderungsgenehmigungsverfahrens bezieht, dürfte davon auszugehen sein, dass § 31k als besonderes Abweichungsverfahren ebenso einem **Repowering** iSd § 16b Abs. 1 und Abs. 2 (bzw. einem Änderungsgenehmigungsverfahren nach § 16b Abs. 7 und Abs. 8) vorgeht, soweit es um Abweichungen iSd § 31k Abs. 1 geht. Sonstige Änderungen, insbesondere solche dauerhafter oder baukonstruktiver Art, fallen hingegen unter die §§ 16, 16b.

IV. EU-Recht

20 **1. Vorgaben der RL 2018/2001/EU.** Die Einführung des § 16b fußt auf der Richtlinienvorgabe für das Repowering in Art. 16 Abs. 6 RL 2018/2001/EU (RED-II) v. 11.12.2018 (vgl. Abl. EU L 328 v. 21.12.2018, 82 ff; sowie auch BT-Drs. 19/27672, 11 ff., 20; Ohms in Appel/Ohms/Saurer § 16 Rn. 47; Jarass Rn. 2). Die Richtlinie war gem. Art. 36 Abs. 1 RL 2018/2001/EU bis spätestens zum 30.6.2021 umzusetzen. Der Gesetzgeber beabsichtigte dabei eine **„1:1"-Umsetzung der Richtlinienvorgaben** (BT-Drs. 19/27672, 12, 20; Elixmann UWP 2021, 118 (119)).

21 Der Richtlinie 2018/2001/EU liegt das ganzheitliche Ziel zugrunde, den Ausbau erneuerbarer Energien unter besonderer Betonung des Aspekts der **Energieeffizienz** voranzutreiben (Art. 1 S. 1, Art. 15 Abs. 1 RL 2018/2001/EU) und zugleich die zugehörigen **Verwaltungs- und Zulassungsverfahren zu straffen** bzw. **zu beschleunigen** (Erwgr. 51 sowie Art. 15 Abs. 1 UAbs. 2 lit. a RL 2018/2001/EU). Für diese Zwecke hält Art. 16 RL 2018/2001/EU umfangreiche Vorgaben sowohl zur **Organisation als auch zur Dauer der Genehmigungsverfahren** bei der Zulassung von Anlagen zur Erzeugung erneuerbarer Energien bereit (zum Verfahren über die sog. „einheitliche Anlaufstelle" iSd Art. 16 Abs. 1 RL 2018/2001/EU → § 10 Rn. 270b; zu den Entscheidungsfristen nach Art. 16 Abs. 4 und Abs. 6 RL 2018/2001/EU → § 10 Rn. 242a).

22 In Art. 16 Abs. 6 RL 2018/2001/EU ist die mitgliedstaatliche Pflicht normiert, bei Genehmigungsverfahren für das in Art. 2 Nr. 10 der Richtlinie legaldefinierte **„Repowering"** bestehender Anlagen zur Erzeugung **erneuerbarer Energien** ein **„vereinfachtes, zügiges Verfahren"** zu schaffen (dazu weiter Dietrich ZNER 2021, 539 (541)). Im Vergleich zur **Vorgängerrichtlinie** (vgl. Art. 13 Abs. 1 aE RL 2009/28/EG, wonach Genehmigungsverfahren „verhältnismäßig und notwendig" sein mussten) wurden die Anforderungen an die mitgliedstaatliche Verfahrensgestaltung durch Art. 16 RL 2018/2001/EU ausgeweitet und verschärft. So waren separate Vorgaben für das Repowering bestehender Anlagen iSd Art. 16 Abs. 6 RL 2018/2001/EU bislang ohne Vorbild (vgl. Storost in Ule/Laubinger/Repkewitz A 1). Für das Genehmigungsverfahren für das Repowering wird eine **Höchstfrist** vorgesehen. So darf das Repowering-Verfahren nach Art. 16 Abs. 6 UAbs. 1 RL 2018/2001/EU grds. **nur ein Jahr** dauern. Dies betrifft den Zeitraum von der Bestätigung des Eingangs des Antrages bis zur Übermittlung der Entscheidung (vgl. Art. 16 Abs. 1 S. 4, Abs. 2 RL 2018/2001/EU), wobei Rechtsbehelfs- bzw. Gerichtsverfahren allerdings ausgeklammert werden (Art. 16 Abs. 7 RL 2018/2001/

EU; vgl. auch Vollprecht/Lehnert/Kather ZUR 2021, 204 (209)). Im Falle der in Art. 16 Abs. 6 UAbs. 2 RL 2018/2001/EU benannten „außergewöhnlichen Umstände" in „hinreichend begründeten Fällen" kann sich die Frist um maximal ein weiteres Jahr verlängern. Als Beispiele werden in der Richtlinie etwa übergeordnete Sicherheitsgründe bei wesentlichen Auswirkungen eines Repowering-Projekts auf das Netz oder die ursprüngliche Kapazität, Größe oder Leistung der Anlage genannt, wobei diese Gründe aber nicht abschließend sind (Dietrich ZNER 2021, 539 (541)). In Anbetracht der insoweit bereits aus **§ 10 Abs. 6a** (bzw. für die Änderungsgenehmigung aus § 16 Abs. 3) folgenden Entscheidungsfrist (→ § 10 Rn. 241 ff., → § 16 Rn. 147 ff.) ergab sich nach Auffassung des Gesetzgebers kein weiterer Umsetzungsbedarf (vgl. auch BT-Drs. 19/27672, 32; krit. Dietrich ZNER 2021, 539 (546); zu den unionsrechtlichen Zweifeln an dieser Einschätzung → § 10 Rn. 242a). Durch die seit dem 30.12.2022 geltende **Dringlichkeits-Verordnung 2022/2577/EU** werden die **Höchstfristen** für unter diese Verordnung fallende Genehmigungsverfahren für das Repowering von Anlagen zur Erzeugung von Strom aus erneuerbaren Quellen allerdings auf **sechs Monate** verkürzt (→ Rn. 23d, 23g).

Die Vorgaben der RL 2018/2001/EU sind bislang rein formeller Art, womit sie ledig- 23
lich für die **Ausgestaltung des Zulassungsverfahrens** relevant sind. Das ergibt sich aus **Art. 16 Abs. 7 RL 2018/2001/EU** und **Erwgr. 51** der Richtlinie, in denen festgehalten wird, dass die in der Richtlinie enthaltenen verfahrensmäßigen Vorgaben die Verpflichtungen nach dem **Umweltrecht der Europäischen Union unberührt** lassen. Daraus folgt, dass die sich aus dem Europäischen Umweltrecht ergebenden materiellen und formellen Zulassungsanforderungen auch unter Geltung der Richtlinie 2018/2001/EU bislang vollumfänglich beachtet werden mussten (Fischerauer/Appel UPR 2021, 328 (329 f.); Hentschel KommPraxSpez 2021, 135 (136)). Derartige Bindungen bestehen im Falle der Anlagenzulassung aus dem Bereich der erneuerbaren Energien insbesondere aus der Richtlinie 2000/60/EG („Wasserrahmen-Richtlinie", Abl. L 327 v. 22.12.2000, 1 ff.), der Richtlinie 2011/92/EU („UVP-Richtlinie", Abl. EU L 26 v. 28.1.2012, 1 ff.) sowie mit Blick auf das Repowering von Windenergieanlagen nicht zuletzt auch aus der Richtlinie 92/43/EWG („FFH-Richtlinie", Abl. L 206 v. 22.7.1992, 7 ff.) sowie der Richtlinie 2009/147/EG („Vogelschutz-Richtlinie", Abl. EU L 20 v. 26.1.2010, 7 ff.). Aus diesem Grund konnten sich durch unionsrechtliche Verfahrensvorgaben auch die über Art. 16 Abs. 6 RL 2018/2001/EU vorgesehenen **Entscheidungsfristen verlängern** (vgl. Dietrich ZNER 2021, 539 (540)). Nunmehr sind jedoch für das Anlagenrepowering ebenso die neuen Vorgaben der am 30.12.2022 in Kraft getretenen **Dringlichkeits-Verordnung 2022/2577/EU** (→ Rn. 23d ff.) zu beachten, die in Art. 5 Abs. 1 VO 2022/2577/EU eine eigene Fristbestimmung enthält und nach Maßgabe des Art. 6 VO 2022/2577/EU unter gewissen Voraussetzungen auch materielle Abweichungen vom EU-Umweltrecht zulässt.

2. Geplante Reform der RL 2018/2001/EU. Infolge des Russland-Ukraine-Krie- 23a
ges und der europäischen Energieversorgungskrise sind derzeit umfangreiche **Änderungen der RL 2018/2001/EU** in Planung. So hat die Europäische Kommission bereits am 18.5.2022 als Teil des sog. **„REPowerEU-Plans"** zur Erreichung der Energieversorgungsunabhängigkeit von Russland einen Entwurf einer Änderungsrichtlinie zur RL 2018/2001/EU **(„RED IV")** veröffentlicht (vgl. die Kommissionsmitteilung COM(2022) 222, 23 ff.). Nach dem zuletzt am 14.12.2022 durch das Europäische Parlament abgeänderten Richtlinienentwurf (COM(2022)0222 – C9-0184/2021, 2022/0160(COD)) sollen künftig bei der Zulassung von Projekten aus dem Bereich der erneuerbaren Energien sowie entsprechenden Repowering-Vorhaben noch weiterreichende Erleichterungen innerhalb der von den Mitgliedsstaaten auszuweisenden **Beschleuni-**

gungsgebiete (sog. „Go-To-Areas") für erneuerbare Energien (vgl. Art. 2 Nr. 9a sowie Art. 15c des Entwurfs der Änderungsrichtlinie zur RL 2018/2001/EU) geschaffen werden, wobei unter gewissen Voraussetzungen auch bereits ausgewiesene Gebiete für erneuerbare Energien (zB Windenergiegebiete nach dem neuen WindBG) zu Beschleunigungsgebieten erklärt werden können sollen.

23b Dabei sollen die Vorgaben der sonstigen EU-Umweltrichtlinien teilweise modifiziert und in das Verfahren der Ausweisung der Beschleunigungsgebiete bzw. Go-To-Areas übertragen werden (vgl. zB die geplante grundsätzliche **Ausnahme** von der **UVP-Pflicht sowie der FFH-Verträglichkeitsprüfung** in Beschleunigungsgebieten nach Art. 16a Abs. 3 des Richtlinienentwurfs sowie die geplante Modifizierung des Tötungsverbots nach **der Vogelschutz-RL** in Art. 15c Abs. 1 lit. b des Entwurfs; dazu auch Faßbender/Brade NuR 2022, 813 (814)). Darüber hinaus soll in einem neuen Art. 16d eine neue **Gewichtungsvorgabe für erneuerbare Energien** vergleichbar der Neuregelung in § 2 EEG eingeführt werden, nach welcher durch die Mitgliedstaaten sicherzustellen ist, dass Anlagen zum Ausbau der erneuerbaren Energien im überwiegenden öffentlichen Interesse liegen und der **öffentlichen Sicherheit** dienen (vgl. auch Schlacke/Wentzien/Römling NVwZ 2022, 1577 (1579, 1585)).

23c Innerhalb und außerhalb der Beschleunigungsgebiete sollen **verfahrensrechtliche Höchstfristen** vorgesehen werden, die aber noch nicht abschließend feststehen. So ist derzeit **innerhalb der Beschleunigungsgebiete** eine Frist von neun Monaten geplant, die ebenso die erforderlichen Energienetzbestandteile und den Netzanschluss umfassen soll. Diese soll in außergewöhnlichen Umständen in hinreichend begründeten Fällen um bis zu drei Monate verlängert werden können (Art. 16a Abs. 1 des Richtlinienentwurfs). Anderes soll insbesondere für das **Repowering** gelten, hier soll eine Frist von grds. sechs Monaten gelten, welche um bis zu sechs Monate verlängert werden kann (Art. 16a Abs. 2 des Richtlinienentwurfs). Anstelle der „Bestätigung des Eingangs des Antrages" soll künftig die „Bestätigung der Gültigkeit des Antrages" für den Fristbeginn maßgeblich sein, wofür eine fristgebundene Vorprüfung einzuführen ist (vgl. Art. 16 Abs. 1 S. 2, Abs. 2 des Entwurfs). Zudem soll sich die **UVP bzw. UVP-Vorprüfung für das Repowering** gem. Art. 16a Abs. 2c sowie Art. 16a Abs. 4 UAbs. 1 S. 2 des Richtlinienentwurfs nunmehr auch nach den diesbezüglichen unionsrechtlichen Vorgaben auf eine Delta-Prüfung beschränken. **Entscheidungen** im Rahmen der genannten Genehmigungsverfahren sollen nach dem geplanten Art. 16a Abs. 2d **veröffentlicht** werden. **Außerhalb der Beschleunigungsgebiete** sollen nach Art. 16b Abs. 1 und Abs. 2 des Richtlinienentwurfs modifizierte Verfahrenshöchstfristen eingeführt werden (grds. 18 Monate; für das Repowering sechs Monate bei einer Verlängerungsmöglichkeit um bis zu drei Monate). Überdies sind weitergehende verfahrensmäßige Erleichterungen in Form einer kombinierten Umweltverträglichkeitsprüfung nach der UVP-RL 2011/92/EU und der FFH-RL 92/43/EWG geplant, wobei im Falle des Treffens aller erforderlicher Minderungsmaßnahmen Tötungen oder Störungen von geschützten Arten iSd Art. 12 Abs. 1 der FFH-RL 92/43/EWG und Art. 5 der Vogelschutz-RL 2009/147/EG nicht als absichtlich gelten sollen (Faßbender/Brade NuR 2022, 813 (814); vgl. zum Tötungsverbot der FFH- bzw. Vogelschutz-RL ergänzend auch Tholen Das Artenschutzregime der FFH-RL im deutschen Recht, 77 ff.). Auch außerhalb der Beschleunigungsgebiete sollen **unionsrechtliche Umweltprüfungen** bei einem Anlagen-Repowering auf eine **Delta-Prüfung** beschränkt werden (vgl. Art. 16b Abs. 2 UAbs. 2, Art. 16b Abs. 2c des Richtlinienentwurfs). Überdies soll nach dem geplanten Art. 16b Abs. 2d eine Veröffentlichung der Entscheidung im Genehmigungsverfahren erfolgen.

3. Dringlichkeitsverordnung des Rates (VO 2022/2577/EU). Zur Überbrückung der Zeit des ordentlichen Gesetzgebungsverfahrens zur Änderung der RL 2018/2001/EU hat der Rat der EU am 22.12.2022 mit Wirkung zum 30.12.2022 eine **Dringlichkeitsverordnung** (vgl. die „Verordnung zur Festlegung eines Rahmens für einen beschleunigten Ausbau der Nutzung erneuerbarer Energien", VO 2022/2577/EU, Abl. EU L 335 vom 29.12.2022, 36 ff.) im beschleunigten Gesetzgebungsverfahren nach **Art. 122 Abs. 1 AEUV** erlassen. Auch mit dieser wird auf die Energieversorgungskrise durch den Russland-Ukraine-Krieg reagiert, zu deren Bekämpfung vorübergehende Notfallvorschriften für die Beschleunigung von Genehmigungsverfahren aus dem Bereich der erneuerbaren Energien festgelegt werden (Art. 1 sowie Erwgr. 1, 2 der VO 2022/2577/EU). Die unmittelbar geltende Verordnung ist auf 18 Monate befristet und durch die Europäische Kommission zu überprüfen, wobei auf ihren Vorschlag eine Verlängerung möglich ist (Art. 9 f. VO 2022/2577/EU). **Sachlich** findet die Verordnung auf alle einschlägigen behördlichen Genehmigungen für den Bau, das Repowering und den Betrieb von **Anlagen zur Erzeugung von Energie aus erneuerbaren Quellen** sowie gewisse Genehmigungen für den Netzanschluss und Umweltverträglichkeitsprüfungen Anwendung (Art. 1 UAbs. 1, Art. 2 Abs. 1 lit. a VO 2022/2577/EU). **Zeitlich** gilt die Verordnung im Ausgangspunkt nur für solche Genehmigungsverfahren, die nach ihrem Inkrafttreten beginnen (Art. 1 UAbs. 3 VO 2022/2577/EU, vgl. für den Beginn des Verfahrens auch Art. 2 Abs. 1 lit.b VO 2022/2577/EU). Die Mitgliedsstaaten können die Verordnung nach Maßgabe des Art. 1 UAbs. 3 jedoch für laufende Verfahren für anwendbar erklären, sofern vor dem 30.12.2022 in diesen noch keine endgültige Entscheidung ergangen ist, das Genehmigungsverfahren damit verkürzt wird und bereits bestehende Rechte Dritter gewahrt werden. 23d

Die Dringlichkeitsverordnung hält nunmehr eine dem § 2 EEG vergleichbare **Gewichtungsvorgabe** für erneuerbare Energien bereit (Art. 3 VO 2022/2577/EU), bei der es sich ausweislich Erwgr. 8 der Verordnung um eine **widerlegliche Vermutung** handeln soll. Hiernach wird bei der Ausnahmeerteilung nach Art. 6 Abs. 4 und Art. 16 der FFH-RL, Art. 4 Abs. 7 der Wasserrahmen-RL sowie Art. 9 Abs. 1 lit. a der Vogelschutz-RL bei der Abwägung der rechtlichen Interessen im Einzelfall angenommen, dass die Planung, der Bau und der Betrieb der hier benannten Anlagen und Einrichtungen zur Erzeugung von Energie aus erneuerbaren Quellen im **überwiegenden öffentlichen Interesse** liegen und der **öffentlichen Sicherheit** dienen. Die Mitgliedstaaten haben allerdings die Befugnis, diese Gewichtungsvorgabe im Einklang mit ihren Klimaplänen auf Teile ihres Hoheitsgebietes oder bestimmte Technologien oder Projekte zu beschränken (Art. 3 Abs. 1 S. 2 VO 2022/2577/EU). Soweit die Mitgliedsstaaten den Projekten ein überwiegendes öffentliches Interesse zugebilligt haben, müssen diese nach Art. 3 Abs. 2 VO 2022/2577/EU bei der **fallweisen Abwägung** allerdings **Priorität** genießen, wobei aber Einschränkungen für den Artenschutz gelten (vgl. Art. 3 Abs. 2 VO 2022/2577/EU). 23e

Vorgaben für das **Repowering** von Anlagen zur Erzeugung von Strom aus erneuerbaren Quellen sind in **Art. 5 VO 2022/2577/EU** enthalten. Dieses wird in Art. 5 Abs. 1 VO 2022/2577/EU unter anderem mit einer nicht verlängerbaren **Genehmigungsverfahrenshöchstfrist von grds. sechs Monaten** einschließlich etwaiger gesetzlich erforderlicher Umweltprüfungen bedacht. Kürzere mitgliedstaatliche Fristen werden dadurch aber nicht ausgeschlossen (Art. 1 UAbs. 2 VO 2022/2577/EU). Dabei ist die Umweltverträglichkeitsprüfung bzw. die UVP-Vorprüfung iSd UVP-RL 2011/92/EU – soweit eine solche erforderlich ist – allerdings auf eine **Delta-Prüfung** beschränkt, bei welcher die Ermittlung und/oder Umweltverträglichkeitsprüfung sich auf die potenziellen erheblichen Auswirkungen der Änderung oder Erweiterung im Vergleich zum ursprünglichen 23f

Projekt bezieht (Art. 5 Abs. 3 VO 2022/2577/EU; vgl. auch Erwgr. 14 der Verordnung). Das **„Genehmigungsverfahren"** soll für diese Fristen nach **Art. 2 Abs. 1 lit. b VO 2022/2577/EU** mit der Bestätigung des Eingangs des vollständigen Antrages beginnen und mit der Mitteilung der endgültigen Entscheidung enden, ergänzende Vorgaben für die **Fristberechnung** sind **Art. 8 VO 2022/2577/EU** zu entnehmen. Alle Entscheidungen, die auf einen derartigen Genehmigungsverfahren beruhen, müssen nach **Art. 5 Abs. 5 VO 2022/2577/EU** „im Einklang mit bestehenden Verpflichtungen" **veröffentlicht** werden (vgl. dazu auch → Rn. 108).

23g Darüber hinaus können die Mitgliedsstaaten nach **Art. 6 VO 2022/2577/EU** für Projekte im Bereich der erneuerbaren Energien (einschließlich gewisse Projekte betreffend die Energiespeicherung oder Stromnetze) **Ausnahmen von der Pflicht zur Umweltverträglichkeitsprüfung** und von der **artenschutzrechtlichen Prüfung nach Art. 12 Abs. 1 FFH-RL 92/43/EWG** und nach **Art. 5 Vogelschutz-RL 2009/147/EG** vorsehen. Voraussetzung für eine entsprechende mitgliedstaatliche Ausnahmeregelung ist, dass das Projekt bspw. in einem für erneuerbare Energien vorgesehenen und von den Mitgliedsstaaten ausgewiesenen Gebiet (zB nach dem WindBG) durchgeführt wird und dieses Gebiet einer strategischen Umweltprüfung nach der SUP-RL 2001/42/EG unterzogen worden ist. Die zuständige Behörde muss dabei sicherstellen, dass geeignete und verhältnismäßige Minderungsmaßnahmen ergriffen werden oder – falls diese nicht verfügbar sind – der Betreiber einen finanziellen Ausgleich für Artenschutzprogramme zahlt. Der Gesetzgeber hat am 3.3.2023 eine entsprechende Ausnahmeregelung für Windenergieanlagen innerhalb der Windenergiegebiete nach dem WindBG über den neuen § 6 WindBG erlassen (BR-Drs. 95/23, S. 13 f.).

B. „Repowering" als Anwendungsvoraussetzung

24 Die Absätze 1–6 des § 16b finden – anders als die später eingefügten Sondervorschriften in den Absätzen 7 und 8 – unmittelbar nur auf das „Repowering" von Anlagen Anwendung. § 16b Abs. 1 S. 1 1. Hs. setzt für dieses eine in § 16b Abs. 1 1. Hs. genannte Anlage zur Erzeugung von Strom aus erneuerbaren Energien (→ Rn. 26 ff.) und eine Modernisierung iSd § 16b Abs. 2 (→ Rn. 40 ff.) voraus.

25 Mit Blick auf den zeitlichen Anwendungsbereich hat der Gesetzgeber Übergangsregelungen nicht vorgesehen. Insofern ist davon auszugehen, dass die Neuregelungen nicht nur für die nach dem **Inkrafttreten der Norm am 31.8.2021** gestarteten Antragsverfahren, sondern auch auf bereits **laufende Verfahren** Anwendung finden (Jarass Rn. 3; Fischerauer/Appel UPR 2021, 328 (330)).

I. Anlage zur Erzeugung von Strom aus erneuerbaren Energien

26 In gegenständlicher Hinsicht werden von § 16b Abs. 1, Abs. 2 „Anlagen" zur Erzeugung von Strom aus erneuerbaren Energien umfasst (→ Rn. 27 ff.). § 16b Abs. 1 beansprucht dabei prinzipiell Geltung für **alle Anlagen aus dem Bereich der erneuerbaren Energien** (→ Rn. 35 f.). Gleichwohl dürfte der Regelung im Bereich der Windenergieanlagen die praktisch größte Bedeutung zukommen. Speziell auf das Repowering von Windenergieanlagen sind die § 16b Abs. 3 und Abs. 6 zugeschnitten (vgl. Czajka in Feldhaus BImSchR Rn. 5).

27 **1. (Genehmigungsbedürftige und genehmigte) Anlage.** Anwendungsvoraussetzung des § 16b Abs. 1 1. Hs. ist zunächst das Vorliegen einer Anlage im Sinne des Bundes-Immissionsschutzgesetzes. Von der Norm sind in Anbetracht ihrer systematischen Stellung in den §§ 4–21 und ihrer Verortung im Änderungsgenehmigungsverfahren nur genehmigungsbedürftige und bereits genehmigte oder anderweitig immissionsschutzrechtlich legalisierte Anlagen umfasst.

a) Anlage. Der **Anlagenbegriff** des § 16b dürfte dem des § 3 Abs. 5 (→ § 3 Rn. 82 ff.) entsprechen (Kliem ER 2022, 22 (23)) und damit prinzipiell auf **Einzelanlagen** ausgerichtet sein (tend. auch Dietrich ZNER 2021, 539 (542 f.)). Abweichungen können sich im Falle einer **gemeinsamen Anlage** (§ 1 Abs. 3 der 4. BImSchV) ergeben, für die im Falle eines räumlichen und betrieblichen Zusammenhangs eine Gesamtbetrachtung und nur eine einzige Genehmigung erforderlich ist, was sich auch im Rahmen des Änderungsgenehmigungsverfahrens widerspiegelt. In diesem Fall kann bereits nach herkömmlicher immissionsschutzrechtlicher Dogmatik der Zubau als Anlagenänderung zu qualifizieren sein (→ Bd. 4, 4. BImSchV § 1 Rn. 22). 28

Probleme wirft ein Abstellen auf Einzelanlagen bei Windenergieanlagen auf, die in der Praxis häufig als Anlagengruppen genehmigt werden (vgl. auch Czajka in Feldhaus BImSchR Rn. 5). Ob auch **Windparks bzw. Gruppen von Windenergieanlagen** unter den Begriff einer gemeinsamen Anlage fallen können (dafür etwa OVG Lüneburg BeckRS 2021, 34228 Rn. 72; speziell mit Blick auf § 16b Abs. 1, 2 Agatz Windenergie-Handbuch, 13; tend. abl. Dietrich ZNER 2021, 539 (542 f.); krit. auch Czajka in Feldhaus BImSchR Rn. 5), ist allerdings zweifelhaft. So hatte das BVerwG in seiner Windfarm-Entscheidung aus dem Jahr 2004 (zur Vorgängerfassung der 4. BImSchV) eine gemeinsame Anlage bei mehreren Windenergieanlagen abgelehnt. Zwar nahm es infolge der damals noch für die Genehmigungspflicht maßgeblichen „Windfarm"-Eigenschaft aus anderen Gründen eine rechtliche Einheit mehrerer Windenergieanlagen an, weshalb sich die Anwendung des § 1 Abs. 3 der 4. BImSchV erübrigte (BVerwGE 121, 182 (186 f.)). Inzwischen stellt Ziff. 1.6 des Anh. 1 zur 4. BImSchV für die Frage der **Genehmigungsbedürftigkeit** aber nur noch auf das Vorliegen einer einzelnen Windenergieanlage mit einer Gesamthöhe von mehr als 50m ab (dazu eingehend auch → § 4 Rn. 51), womit eine solche einheitliche Betrachtung mehrerer Windenergieanlagen für die Genehmigungsbedürftigkeit nicht mehr zwingend erforderlich erscheint (infolge des kumulativen Belastungs- und Gefährdungspotenzials der Anlagen tend. weiter und für einheitliche Betrachtung aber Czajka in Feldhaus BImSchR Rn. 5). Insbesondere kommt es für die Genehmigungspflicht weiterhin nicht auf das Erreichen gemeinsamer Leistungsgrenzen oder Anlagengrößen durch Windenergieanlagen an (vgl. BVerwGE 121, 182 (186)). Anderes gilt demgegenüber für den Modus des Genehmigungsverfahrens. Hier bestimmt das Vorliegen einer einheitlichen „Windfarm" über die **UVP-Pflicht** (vgl. § 2 Abs. 5 UVPG) bzw. die Frage, ob eine Verfahrensdurchführung im vereinfachten oder förmlichen Verfahren vonnöten ist (→ Rn. 105). 29

b) Genehmigungsbedürftige Anlage. Die Anlage muss für die Anwendung des § 16b ferner grundsätzlich **genehmigungsbedürftig** iSd § 4 Abs. 1 S. 1 iVm § 1 und Anh. 1 der 4. BImSchV sein (Kliem ER 2022, 22 (24)). Für nicht genehmigungsbedürftige Anlagen findet die Bestimmung des § 16b über die Verweisungsvorschrift des **§ 23b Abs. 3a Nr. 4** allerdings ebenso im Rahmen des **störfallrechtlichen Genehmigungsverfahrens** (und hier bei störfallrelevanten Änderungen) entsprechende Anwendung (→ § 23b Rn. 49ff ff.). Relevant dürften mit Blick auf die immissionsschutzrechtlich genehmigungsbedürftigen Anlagen zur Erzeugung von Strom aus erneuerbaren Energien vor allem Windenergieanlagen mit einer Gesamthöhe von mehr als 50m (vgl. Ziff. 1.6 des Anh. 1 zur 4. BImSchV) sein. Zu denken ist zB aber ebenso an Anlagen zur Verbrennung von Biogas (vgl. etwa Ziff. 1.2.2., Ziff. 1.4 des Anh. 1 der 4. BImSchV). 30

31 Mit Blick auf die Frage, ob die fragliche Anlage **genehmigungsbedürftig** ist oder nicht, kann es für die Überschreitung der Leistungsgrenzen bzw. Kapazitäten der 4. BImSchV unter Umständen nicht nur auf die konkret beantragte Einzelanlage, sondern auch auf Anlagengesamtheiten (vgl. § 1 Abs. 1 S. 4 der 4. BImSchV) bzw. auf gemeinsame Anlagen iSd § 1 Abs. 3 der 4. BImSchV ankommen. Insoweit ist für die Betrachtung der Genehmigungsbedürftigkeit unter Umständen also die Betrachtung mehrerer Anlagen erforderlich (→ Bd. 4, 4. BImSchV § 1 Rn. 6 f., 21 ff.).

32 Entsprechend seiner Verortung im Änderungsgenehmigungsverfahren ist für die Anwendung des § 16b ferner einzufordern, dass bereits die Bestandsanlage, also die **Anlage vor der Modernisierung, genehmigungsbedürftig** ist, weil sie die im Anh. 1 der 4. BImSchV genannten Schwellenwerte überschreitet (vgl. dazu allg. auch → § 16 Rn. 31). Werden bei bis dahin nicht genehmigungsbedürftigen Anlagen solche Modernisierungsmaßnahmen ergriffen, die zu einer **erstmaligen Überschreitung der Schwellenwerte** des Anh. 1 der 4. BImSchV führen, ist § 16b folglich nicht einschlägig, sondern weiterhin eine reguläre Errichtungs- und Betriebsgenehmigung iSd § 4 erforderlich.

33 **c) Genehmigte Anlage.** Wie auch im Bereich des § 16 (→ § 16 Rn. 35) erscheint es geboten, die Regelung des § 16b lediglich auf solche Anlagen anzuwenden, die **immissionsschutzrechtlich genehmigt bzw. legalisiert** sind (zB über eine Errichtungs- und Betriebsgenehmigung iSd § 4, über die Fortgeltung von Baugenehmigungen iSd § 67 Abs. 9 oder die Überleitungsregelung in § 67a; vgl. auch Jarass § 16 Rn. 5 f., § 16b Rn. 3; Agatz Windenergie-Handbuch, 17; Kliem ER 2022, 22 (23); sowie die LAI/LANA-Vollzugshinweise zu § 10 Absatz 5 Satz 2 und Satz 3, § 16b und § 23b Absatz 3a Nummer 4 BImSchG, Stand: 10. August 2022, 7). Entsprechend diesem Gedanken dürfte § 16b Abs. 1, 2 auch bei nach § 67 Abs. 2, 3 anzeigepflichtigen oder anzeigefreien Anlagen anwendbar sein (zur Einschlägigkeit des Änderungsgenehmigungsverfahrens in diesem Fall Jarass § 16 Rn. 5; Czajka in Feldhaus BImSchR § 16 Rn. 18). Die Norm findet hingegen **keine Anwendung auf formell illegale Anlagen** sowie auch auf die **erstmalige Neugenehmigung** von Anlagen. Dies folgt aus der systematischen Stellung der Norm im Änderungsgenehmigungsverfahren, bei welchem die Änderung über die Abweichung vom bereits für die Anlage bestehenden Genehmigungsbestand definiert wird (vgl. Reidt NVwZ 2017, 356 (358); Dietrich ZNER 2021, 539 (542); Czajka in Feldhaus BImSchR § 16 Rn. 19). Aus der Verortung des § 16b im Änderungsgenehmigungsverfahren und dem Erfordernis einer erteilten Genehmigung ist darüber als ungeschriebene Voraussetzung einzufordern, dass beim Anlagen-Repowering grundsätzlich eine **„Betreiberidentität"** notwendig ist, der Betreiber der Altanlage also mit dem der repowerten Anlage übereinstimmen muss (vgl. Schmidt/Sailer Reformansätze zum Genehmigungsrecht von Windenergieanlagen, 74; Agatz Windenergie-Handbuch, 17, 148; Hentschel KommPraxSpez 2021, 135 (137)).

34 Die erforderliche Erstgenehmigung muss für eine Anwendung des § 16b lediglich **wirksam erteilt sein** (vgl. § 43 Abs. 1, 2, § 44 VwVfG); sie darf ferner **nicht erloschen** (§ 18 Abs. 1, Abs. 2) bzw. **aufgehoben** (§ 21, § 48 VwVfG, § 113 Abs. 1 VwGO) sein. Darüber hinaus ist indes nicht erforderlich, dass die Genehmigung rechtmäßig erlassen wurde. Auch eine Unanfechtbarkeit der Genehmigung ist nicht notwendig (vgl. auch Czajka in Feldhaus BImSchR § 16 Rn. 21; sowie → § 16 Rn. 35). Ob von der Genehmigung bereits **Gebrauch gemacht** worden sein muss, ist nicht abschließend geklärt. Dafür ließe sich immerhin anführen, dass der Gesetzgeber in § 16b Abs. 1 auf den „gegenwärtigen Zustand" der Anlage (anstelle wie in § 16 Abs. 7 auf die „genehmigte Anlage") abstellt und in § 16b Abs. 2 einen „Austausch" einfordert. Auch die vom Gesetzgeber umgesetzte Vorgabe des Art. 16 Abs. 6 RL 2018/2001/EU ist auf das Repowering „bestehen-

der Anlagen" bezogen. Freilich würden hierdurch systematische Brüche zum Änderungsgenehmigungsverfahren nach § 16 auftreten, für welches nach hM nicht erforderlich ist, dass es bereits zu einer tatsächlichen Errichtung gekommen ist (vgl. dazu allgemein im Kontext des § 16 → § 16 Rn. 35; Büge/Ziegler in BeckOK UmweltR § 16 Rn. 7; Czajka in Feldhaus BImSchR § 16 Rn. 25; Frenz in Kotulla § 16 Rn. 29; vgl. für § 16b auch Dietrich ZNER 2021, 539 (542)). Eine klarstellende **Sonderregelung für Windenergieanlagen** sowie einen weiter eingeschränkten Prüfungsumfang für eben diesen Fall iVm gewissen Anlagentypenmodifikationen hält § 16b Abs. 7 S. 1 bereit (→ Rn. 112, 115 ff.).

2. Erneuerbare Energien. § 16b Abs. 1 S. 1 1. Hs. beansprucht Geltung für alle genehmigungsbedürftigen Anlagen (→ Rn. 30 ff.) aus dem Bereich der erneuerbaren Energien. Die Regelung ist insbesondere **nicht auf Windenergieanlagen beschränkt** (Storost in Ule/Laubinger/Repkewitz C 1; Lang in Säcker/Ludwigs Bd. 3 Teil 3 BImSchG § 16b Rn. 4; Jarass Rn. 4; Ohms in Appel/Ohms/Saurer § 16 Rn. 47; Fischerauer/Appel UPR 2021, 328 (333)). Zu beachten ist indes, dass bereits die **vorhandene Anlage** der Energiegewinnung aus erneuerbaren Energien dienen muss. Wird die Bestandsanlage mit fossilen Energien betrieben und soll ihr Betrieb auf Brennstoffe aus erneuerbaren Quellen umgestellt werden, so ist § 16b Abs. 1 nicht anwendbar (Czajka in Feldhaus BImSchR Rn. 10). 35

§ 16b Abs. 1 S. 1 1. Hs. und der Begriff der „erneuerbaren Energien" sind entsprechend der mit ihm umgesetzten Richtlinie 2018/2001/EU auszulegen, welche diesen Begriff in **Art. 2 Nr. 1 RL 2018/2001/EU legaldefiniert** (Storost in Ule/Laubinger/Repkewitz C 1; Czajka in Feldhaus BImSchR Rn. 3; Jarass Rn. 4). Ausweislich dieser Bestimmung fällt unter den Begriff der erneuerbaren Energie die Energie aus 36

> „erneuerbaren, nichtfossilen Energiequellen, das heißt Wind, Sonne (Solarthermie und Photovoltaik), geothermische Energie, Umgebungsenergie, Gezeiten-, Wellen- und sonstige Meeresenergie, Wasserkraft, und Energie aus Biomasse, Deponiegas, Klärgas und Biogas".

Für einzelne Unterformen der erneuerbaren Energien hält die Richtlinie überdies weitergehende Konkretisierungen bzw. Legaldefinitionen bereit, so für die „Umgebungsenergie" in Art. 2 Nr. 2 RL 2018/2001/EU und die „geothermische Energie" in Art. 2 Nr. 3 RL 2018/2001/EU.

3. Erzeugung von Strom aus erneuerbaren Energien. Die Anlage muss darüber hinaus der „Erzeugung von Strom" dienen, wobei die Stromerzeugung wiederum „aus" erneuerbaren Energien iSd RL 2018/2001/EU (→ Rn. 35 f.) erfolgen muss. Derartige Anlagen sind insbesondere in Nr. 1.2 und 1.6 des Anh. 1 zur 4. BImSchV aufzufinden (Storost in Ule/Laubinger/Repkewitz C 1). Damit werden bspw. Windenergieanlagen sowie Anlagen zur Erzeugung von Strom aus biogenen Brennstoffen von der Regelung umfasst, nicht aber Anlagen, die zur Verteilung erneuerbarer Energien bestimmt sind (vgl. Jarass Rn. 4). 37

Unsicher verbleibt die Bewertung solcher Anlagen, für die eine **Mischnutzung** vorgesehen ist. Dies betrifft auf der einen Seite etwa Anlagen, bei denen die Stromgewinnung zwar Hauptzweck ist, diese aber nur zum Teil aus erneuerbaren Energien erfolgt, auf der anderen Seite solche Anlagen, bei denen die Stromerzeugung nur Nebenzweck ist. In Ermangelung einer ausdrücklichen Regelung für diesen Fall könnte erwogen werden, für die Verortung aus dem Bereich der erneuerbaren Energien (→ Rn. 35 f.) auf den Schwerpunkt der Anlagennutzung abzustellen. Mit Blick auf die Frage, ob die Anlage Strom erzeugt, erschiene infolge des offen gehaltenen Wortlauts auch denkbar, dass bereits der Nebenzweck der Stromerzeugung für die Anwendung des § 16b Abs. 1 1. Hs. hinreicht, 38 womit bspw. auch solche Heizkraftwerke (vgl. Ziff. 1.1 des Anh. 1 zur 4. BImSchV) unter Verwendung erneuerbarer Energien von der Norm umfasst wären, die neben der Stromerzeugung auch der Fernwärmeversorgung dienen. Die Behandlung dieser Fallkonstellationen wird im Einzelnen durch die Rechtsprechung aufzuklären sein.

39 Ob die durch den Gesetzgeber vorgenommene Beschränkung des Anwendungsbereichs des § 16b auf Anlagen zur Stromerzeugung überhaupt mit **der Richtlinie 2018/2001/EU** im Einklang steht, ist nicht in Gänze eindeutig. So bezieht sich Art. 16 Abs. 6 RL 2018/2001/EU auf alle „Anlagen zur Erzeugung erneuerbarer Energien" und ist damit nicht direkt auf die Stromerzeugung beschränkt, was für eine derzeit nur unzureichende Umsetzung sprechen könnte (vgl. Kliem ER 2022, 22 (23 f.)). Allerdings dürfte die Regelung des Art. 16 Abs. 6 RL 2018/2001/EU über die Legaldefinition in Art. 2 Nr. 10 RL 2018/2001/EU eine Einschränkung erfahren, die lediglich **„Kraftwerke, die erneuerbare Energie produzieren"**, umfasst. Richtlinienfassungen in anderen Sprachen legen insoweit nahe, dass der Kraftwerksbegriff auf die Elektrizitätsgewinnung bezogen sein soll (vgl. etwa die französische Richtlinienfassung: „centrale électriques"; sowie die italienische Fassung: „centrali elettriche"). Jedenfalls die neue Vorgabe aus **Art. 5 der Dringlichkeits-Verordnung 2022/2577/EU** richtet ihre Vorgaben für das Repowering nur an solche Anlagen „zur Erzeugung von Strom aus erneuerbaren Quellen" (→ Rn. 23f), sodass insoweit keine unionsrechtlichen Konflikte drohen dürften.

II. Modernisierung

40 Die Anlage zur Erzeugung von Strom aus erneuerbaren Energien muss für das Vorliegen eines von § 16b umfassten „Repowerings" überdies „modernisiert" werden. Der Begriff der Modernisierung wird in § 16b Abs. 2 legaldefiniert. Bei **systematischer Betrachtung** des § 16b Abs. 2 enthält § 16b Abs. 2 S. 1 die grundlegende Definition der Modernisierung, welche über § 16b Abs. 2 S. 2 für den vollständigen Austausch von Anlagen räumliche und zeitliche Einschränkungen erfährt.

41 **1. Grunddefinition des § 16b Abs. 2 S. 1.** Gem. § 16b Abs. 2 S. 1 umfasst die Modernisierung den „vollständigen oder teilweisen Austausch von Anlagen oder Betriebssystemen und -geräten zum Austausch von Kapazität oder zur Steigerung der Effizienz oder der Kapazität der Anlage." Dies entspricht – bis auf den nationalen Begriff der „Anlage" zur Stromerzeugung (vgl. → Rn. 37 ff.) anstelle des in der Richtlinie verwendeten Begriffs der „Kraftwerke" – wörtlich der Legaldefinition des Repowerings in **Art. 2 Nr. 10 RL 2018/2001/EU** (vgl. auch Storost in Ule/Laubinger/Repkewitz C 1; Jarass Rn. 5; Czajka in Feldhaus BImSchR Rn. 3, 10). Hiernach fällt unter das Repowering

> „die Modernisierung von Kraftwerken, die erneuerbare Energie produzieren, einschließlich des vollständigen oder teilweisen Austauschs von Anlagen oder Betriebssystemen und -geräten zum Austausch von Kapazität oder zur Steigerung der Effizienz oder der Kapazität der Anlage".

Diese Definition weist eine **systematische Zweiteilung** auf, indem sie einerseits – mit Blick auf die geplante Anlagenmodifikation – einen Austausch von Anlagen, Betriebssystemen bzw. -geräten einfordert und andererseits eine Zielrichtung der Anlagenmodifikation dergestalt verlangt, dass der Austausch auf einen Kapazitätsaustausch bzw. eine Effizienz- oder Kapazitätssteigerung gerichtet sein muss.

42 **a) Austausch von Anlagen, Betriebssystem und -geräten.** Für den Begriff der **Anlage** dürften für die nationale Umsetzung in § 16b Abs. 2 S. 1 die gleichen Voraussetzungen wie im Bereich des § 16b Abs. 1 gelten, auch hier wird daher auf den Anlagenbegriff des § 3 Abs. 5 abzustellen sein (→ Rn. 32).

Die Begriffe „Betriebssystem" und „Betriebsgerät" finden im Bundes-Immissionsschutzgesetz bislang keine Entsprechung. Soweit es sich es um Maschinen, Geräte und sonstige ortsveränderliche technische Einrichtungen und Fahrzeuge handelt, sind diese vielmehr bereits über § 3 Abs. 5 Nr. 2 vom Anlagenbegriff umfasst. Diese neu in § 16b eingeführten Begrifflichkeiten sind wörtlich der **Richtliniendefinition des Repowerings in Art. 2 Nr. 10 RL 2018/2001/EU** entnommen worden (vgl. Lang in Säcker/Ludwigs Bd. 3 Teil 3 BImSchG § 16b Rn. 6). Als ein **„Betriebssystem"** ist nach Ansätzen in der Literatur die Summe aller zum Betrieb der Anlage erforderlichen technischen Einrichtungen zu verstehen, unter den Begriff des **„Betriebsgerätes"** sollen wiederum selbstständige Teile des Betriebssystems fallen (Czajka in Feldhaus BImSchR Rn. 5). Von diesen beiden Begriffen werden im Ergebnis sämtliche betriebsorganisatorische und betriebsinfrastrukturelle Elemente einer Anlage iSd § 3 Abs. 5 umfasst, die wiederum unterschiedlichste Gestalt haben können. Es lassen sich Überschneidungen mit den in § 15 Abs. 1 S. 1 behandelten Begriffen der „Beschaffenheit" oder des „Betriebs" von Anlagen (→ § 15 Rn. 26 ff.) ausmachen. Einbezogen werden können so bspw. Motoren, Turbinen, Mäste, Generatoren und Rotorblätter, daneben aber – infolge des offen gehaltenen Wortlauts – auch IT-Infrastrukturen (zB Ablaufsteuerung durch Computer). Für **Windenergieanlagen an Land** ist für letzteres – speziell mit Blick auf Software-Updates – aber die **Sonderregelung des § 16b Abs. 8** zu beachten (→ Rn. 129 ff.). 43

Hinsichtlich Anlage, Betriebssystem oder Betriebsgeräten muss es überdies zu einem **vollständigen oder teilweisen Austausch** kommen. Der **Repowering-Begriff** ist damit im Ansatz **weit zu verstehen**, sodass Nachrüstungen, aber auch der Komplettaustausch von diesem Begriff umfasst werden (Kliem ER 2022, 21 (24)). Unter ihn lassen sich damit jedenfalls alle Konstellationen eines **1:1-Repowerings** subsumieren, in denen eine Anlage durch eine modernere oder effizientere Anlage ausgetauscht wird. Auch der (leistungssteigernde) **Wiederaufbau** oder der **Typenwechsel** kann unter § 16b Abs. 2 fallen (Agatz Windenergie-Handbuch, 16). Für eine Änderung oder einen Wechsel des Anlagentyps bei einer genehmigten Windenergieanlage vor Errichtung gilt dabei die Sondervorschrift des § 16b Abs. 7 S. 1 (dazu unter → Rn. 112, 115 ff.). 44

Unklar erscheint indes die Bewertung solcher Repowering-Maßnahmen, bei denen es zugleich zu einer **erheblichen Kapazitätssteigerung** durch **neue Anlagenteile** oder sogar zu einem **Zubau von neuen Anlagen** kommen soll (für eine Repowering-Maßnahme in diesem Fall etwa Agatz Windenergie-Handbuch, 13 f., 16 f.; LAI/LANA-Vollzugshinweise zu § 10 Absatz 5 Satz 2 und Satz 3, § 16b und § 23b Absatz 3a Nummer 4 BImSchG, Stand: 10. August 2022, 8). Während die Definition des § 16b Abs. 2 S. 1 mit der hier genannten „Kapazitätssteigerung" derartige Konstellationen ihrem Wortlaut nach erfassen könnte (→ Rn. 46 f.), fehlt es bei einer derartigen Auslegung freilich an rechtssicher handhabbaren Abgrenzungskriterien des über § 16b Abs. 1 und Abs. 2 geregelten Änderungsgenehmigungsverfahrens zum Neugenehmigungsverfahren iSd § 4 (krit. daher Agatz Windenergie-Handbuch, 91 f.; Kliem ER 2022, 22 (24)). 45

b) Kapazitätsaustausch, Steigerung der Anlageneffizienz oder-kapazität. Der vollständige oder teilweise Austausch muss überdies auf einen Kapazitätsaustausch oder eine Steigerung der Anlageneffizienz oder Anlagenkapazität ausgerichtet sein. 46

Auch dieser Passus wurde der Repowering-Definition in **Art. 2 Nr. 10 RL 2018/2001/EU** entnommen. Der Auslegung ohne Weiteres zugänglich ist lediglich Begriff der „Effizienz", der den Wirkungsgrad der Anlage meint (vgl. Czajka in Feldhaus BImSchR Rn. 11). Undeutlich verbleibt hingegen der Begriff der **„Kapazitätssteigerung"**. Diese könnte einerseits auf die alleinige physikalische Leistungssteigerung der Anlagenteile bezogen werden (zB Erhöhung der Ladefähigkeit von Kondensatoren). Andererseits könnte ihm aber auch ein mengenbezogenes Verständnis zugrunde liegen, wofür immerhin spricht, dass die Richtlinie in **Art. 16 Abs. 6 S. 3 RL 2018/2001/EU** zwischen den Begriffen der „Leistung" und der „Kapazität" unterscheidet (Dietrich ZNER 2021, 539 (540)). Legt man die letztere Auslegung zugrunde, könnte der Bestimmung möglicherweise auch ein Anwendungsfeld für den Zubau von Anlagen zugesprochen werden (so iErg auch die LAI/LANA-Vollzugshinweise zu § 10 Absatz 5 Satz 2 und Satz 3, § 16b und § 23b Absatz 3a Nummer 4 BImSchG, Stand: 10. August 2022, 8; → Rn. 45). Der Terminus des **„Kapazitätsaustausch[s]"** ist ebenso wenig gerichtlich geklärt, könnte aber bspw. für das Ersetzen oder die räumliche Verlagerung von Anlagen Geltung beanspruchen (so etwa Czajka in Feldhaus BImSchR Rn. 10).

Da in der Richtliniendefinition für das Vorliegen eines Repowerings in Art. 2 Nr. 10 RL 2018/2001/EU überdies eine **„Modernisierung"** eingefordert wird, wird darüber hinaus in allen Fällen einzufordern sein, dass bei dem vom Vorhabenträger geplanten Projekt entweder eine Erhöhung des Produktionsvermögens oder der Effizienz der Anlage bzw. eine Verringerung etwaiger nachteiliger Auswirkungen auf Menschen oder Umwelt eintritt. Als Beispiele zu nennen ist etwa die **Reduzierung der Anlagenzahl** bei einem **Austausch durch effizientere Anlagen** oder die **Erneuerung** einzelner Bauteile durch effizientere Modelle (Jarass Rn. 5). In Betracht kommt ebenso aber auch die **räumliche Konzentrierung verstreut errichteter Anlagen** (vgl. Storost in Ule/Laubinger/Repkewitz C 2; Czajka in Feldhaus BImSchR Rn. 10; Dix NVwZ 2020, 184 f.). Infolge der räumlichen Grenzen des § 16b Abs. 2 S. 2 Nr. 2 nicht mehr umfasst ist hingegen das **standortverlagernde Repowering** (→ Rn. 53). Soweit es um den Austausch einer Anlage durch eine **funktional vollkommen andere Anlage** geht (zB: Biogasanlage wird durch Windenergieanlage ausgetauscht), dürfte eine alleinige Modernisierung ebenfalls abzulehnen sein, womit hier wiederum eine Errichtungsgenehmigung iSd § 4 erforderlich ist (vgl. Czajka in Feldhaus BImSchR Rn. 6).

47 **2. Einschränkungen für den vollständigen Anlagenaustausch (§ 16b Abs. 2 S. 2).** Ausgehend von der weit gehaltenen Repowering- bzw. Modernisierungsdefinition in § 16b Abs. 2 S. 1 hält § 16b Abs. 2 S. 2 „Anforderungen" in Form von definitorischen Einschränkungen für den Fall eines **vollständigen Anlagenaustauschs** bereit. Wenngleich die Regelung des § 16b Abs. 2 S. 2 grundsätzlich alle Anlagenmodernisierungen umfasst, ist sie – insbesondere mit Blick auf die räumlichen Grenzen aus § 16b Abs. 2 S. 2 Nr. 2 – erkennbar auf die Zulassung von Windenergieanlagen zugeschnitten (Czajka in Feldhaus BImSchR Rn. 5). Die Norm wurde erst durch späte **Anpassungen des Gesetzentwurfs** seitens des Ausschusses für Umwelt, Naturschutz und nukleare Sicherheit eingefügt, welche durch die Kritik des Bundesrates an der unklaren Reichweite des § 16b-E veranlasst wurden (→ Rn. 9 f.). § 16b Abs. 2 S. 2 zielt insoweit vornehmlich darauf ab, zeitliche und räumliche Grenzen für den Anlagenaustausch vorzusehen und für diesen Fall eine Abgrenzung zur Errichtungs- und Betriebsgenehmigung iSd § 4 zu ermöglichen. Die hier enthaltenen definitorischen Einschränkungen finden allerdings weder in Art. 2 Nr. 10 RL 2018/2001/EU noch in Art. 16 Abs. 6 RL 2018/2001/EU eine Entsprechung (→ Rn. 55). Für die **naturschutzrechtlichen Privilegierungen des Anlagenrepowerings** nach § 45c nF BNatSchG werden die räumlichen und zeitlichen Grenzen nach Maßgabe des § 45c Abs. 1 BNatSchG schließlich weiter modifiziert (→ Rn. 74).

48 **a) Zeitliche Grenzen (§ 16b Abs. 2 S. 2 Nr. 1).** § 16b Abs. 2 S. 2 Nr. 1 fordert ein, dass die neue Anlage **innerhalb von 24 Monaten nach dem Rückbau der Bestandsanlage errichtet** wird. Die Bestimmung führt zu nicht unerheblichen Auslegungs-

schwierigkeiten, da die Begriffe des Rückbaus bzw. der Errichtung, die notwendige Betrachtungsperspektive für die Fristwahrung sowie auch die Rechtsfolgen einer Fristüberschreitung durch den Gesetzgeber nicht näher aufgeklärt werden.

So bleibt für den neu in das Bundes-Immissionsschutzgesetz eingeführten Begriff des **Rückbaus** undeutlich, ob für diesen auf den Beginn oder die Vollendung der Rückbaumaßnahme abzustellen ist. Die Nominalformulierung in Verbindung mit dem Wort „nach" spricht tendenziell allerdings für die Erforderlichkeit eines vollständigen **Abschlusses der Rückbaumaßnahme**. Mit beiden Lesarten bietet der vom Gesetzgeber gewählte Ausgangspunkt für die Fristberechnung freilich Raum für Umgehungsmöglichkeiten, sei es durch die verzögerte Aufnahme des Rückbauprozesses, sei es durch die verzögerte Durchführung nach seinem Beginn. Eine behördliche Fristsetzung iSd § 18 Abs. 1 Nr. 1 für den Anlagenrückbau dürfte ausscheiden, da sich diese lediglich auf den Beginn der Errichtung oder den Betrieb der Anlage beziehen kann (→ § 18 Rn. 15; Appel in Appel/Ohms/Saurer § 18 Rn. 6). 49

Die Auslegung des Begriffs **„errichtet"** bereitet ähnliche Auslegungsschwierigkeiten. Unklar ist auch hier, ob der Beginn oder der Abschluss der Errichtung entscheidend ist. So werden über diesen Begriff zwar zunächst – wie auch im Rahmen des § 4 Abs. 1 S. 1 (→ § 4 Rn. 69 ff.) – sämtliche bau-konstruktiven bzw. technisch-konstruktiven Maßnahmen an der Anlage ab Beginn der Bauarbeiten erfasst und vom späteren „Betrieb" der Anlage abgegrenzt. Da der Errichtungsbegriff iSd § 4 Abs. 1 S. 1 allerdings lediglich die Reichweite der Genehmigungsbedürftigkeit sowie der Gestattungswirkung der Genehmigung bestimmt, kann er keine passenden zeitlichen Abgrenzungskriterien für § 16b Abs. 2 S. 2 Nr. 1 liefern. Prinzipiell erscheint daher eine Anlehnung an § 18 Abs. 1 Nr. 1 (vgl. → § 18 Rn. 20) überzeugender, wobei § 16b Abs. 2 S. 2 Nr. 1 jedoch von „errichtet" spricht, wohingegen für § 18 Abs. 1 Nr. 1 bereits ausreichend ist, dass die „Errichtung (…) begonnen" hat. Unter Rücksicht auf den Wortlaut und die Gesetzessystematik wird man daraus wohl folgern müssen, dass die **Errichtung** im Rahmen des § 16b Abs. 2 S. 2 Nr. 1 **vollständig abgeschlossen** sein muss (so auch die LAI/LANA-Vollzugshinweise zu § 10 Absatz 5 Satz 2 und Satz 3, § 16b und § 23b Absatz 3a Nummer 4 BImSchG, Stand: 10. August 2022, 9). Das ist erst mit dem Abschluss aller Bauarbeiten und der Einrichtung der Anlage der Fall, sodass diese betriebsbereit ist (Jarass § 4 Rn. 54; Kotulla in Kotulla § 4 Rn. 70; Storost in Ule/Laubinger/Repkewitz § 4 C 2). Hingegen ist ausweislich des insoweit klaren Gesetzeswortlauts **keine** zusätzliche **Inbetriebnahme** erforderlich. 50

Einer hinreichenden gesetzgeberischen Konkretisierung entbehrt überdies die für die Fristwahrung erforderliche **Betrachtungsperspektive.** Unproblematisch ist lediglich der Fall, in dem zwischen Rückbau und der Antragstellung die Frist bereits abgelaufen ist, hier ist § 16b infolge der Fristüberschreitung unanwendbar und der Antragsteller bei einem vollständigen Anlagenaustausch ggf. auf eine Errichtungsgenehmigung iSd § 4 zu verweisen (Czajka in Feldhaus BImSchR Rn. 12). Schwierigkeiten ergeben sich jedoch, wenn die Frist bei Antragstellung noch gewahrt werden kann. Da der Modernisierungsbegriff des § 16b Abs. 2 den Begriff des Repowerings iSd § 16b Abs. 1 inhaltlich konturiert, welcher wiederum Anwendungsvoraussetzung für § 16b ist, könnte erwogen werden, die Wahrung der Frist nur **prognostisch** einzufordern. Damit könnte entweder **auf plausible Angaben im Antrag** des Antragstellers oder auf die Möglichkeit der **Fristwahrung im Zeitpunkt der Genehmigungserteilung** abzustellen sein (vgl. Czajka in Feldhaus BImSchR Rn. 12; ähnlich auch die LAI/LANA-Vollzugshinweise zu § 10 Absatz 5 Satz 2 und Satz 3, § 16b und § 23b Absatz 3a Nummer 4 BImSchG, Stand: 10. August 2022, 9). Hierfür spricht immerhin, dass für die Genehmigungserteilung grundsätzlich die Sach- und Rechtslage im Erteilungszeitpunkt relevant ist (→ § 6 Rn. 1; 51

hierauf hinweisend Czajka in Feldhaus BImSchR Rn. 12). Freilich bleibt diese Auslegung nicht ohne Bedenken, da hiernach die **praktische Durchsetzung** der normierten Frist nicht ohne Weiteres gewährleistet ist. So sind wegen des abschließenden Charakters des § 12 (→ § 12 Rn. 7), der die Anforderungen aus § 16b nicht umfasst, keine entsprechenden Nebenbestimmungen zum Genehmigungsbescheid über § 36 Abs. 1 Var. 2 VwVfG möglich (LAI/LANA-Vollzugshinweise zu § 10 Absatz 5 Satz 2 und Satz 3, § 16b und § 23b Absatz 3a Nummer 4 BImSchG, Stand: 10. August 2022, 9). Eine **Fristsetzung** iSd **§ 18 Abs. 1 Nr. 1** (dafür etwa Czajka in Feldhaus BImSchR Rn. 12) kann sich mit Blick auf die Errichtung lediglich auf den **Beginn der Errichtung**, nicht aber auf die vollständige Errichtung iSd § 16b Abs. 2 S. 2 Nr. 1 (→ Rn. 50) beziehen (→ § 18 Rn. 15; vgl. auch Schack in BeckOK UmweltR § 18 Rn. 10). Allenfalls wäre noch eine Fristsetzung zur Inbetriebnahme iSd § 18 Abs. 1 Nr. 1 Var. 2 anzudenken, welche zwar für § 16b Abs. 2 S. 2 Nr. 1 nicht erforderlich ist (→ Rn. 51), über die ggf. aber mittelbar der Abschluss der Errichtung erreicht werden könnte.

52 Mit Blick auf den Normwortlaut („sind …folgende Anforderungen einzuhalten") könnte allerdings ebenso einzufordern sein, dass die Anforderungen des § 16b Abs. 2 S. 1 Nr. 1 auch noch **nach der Genehmigungsentscheidung einzuhalten** sind. Undeutlich verblieben dann freilich die Rechtsfolgen eines Fristenverstoßes. Dies betrifft insbesondere die derzeit noch nicht geklärte – und am ehesten durch den Gesetzgeber selbst zu klärende – Frage, ob bereits erteilte Genehmigungen ipso iure ihre legitimierende Wirkung verlieren oder rechtswidrig werden, da das Vorhaben nunmehr als Neuerrichtung iSd § 4 und nicht mehr über § 16b Abs. 2 als Repowering im Änderungsgenehmigungsverfahren nach § 16b anzusehen wäre (s. zur problematischen Unterscheidung zwischen Neu- und Änderungsgenehmigung auch → Rn. 14 ff.). **Gegen** ein **Erlöschen der Genehmigung** dürfte tendenziell aber die einschneidende Wirkung für den Vorhabenträger sprechen, sodass für eine solche Rechtsfolge eine explizite gesetzliche Regelung einzufordern gewesen wäre (Czajka in Feldhaus BImSchR Rn. 12). Hält man Auswirkungen auf die Rechtmäßigkeit oder den Bestand der Genehmigung hingegen für möglich, ließe sich immerhin – zB für den Fall einer **schuldlosen Verzögerung des Bauprozesses – analog § 18 Abs. 3** die Möglichkeit einer Fristverlängerung andenken, da die Interessenlage vergleichbar wäre und § 16b Abs. 2 S. 2 Nr. 1 erst im federführenden Ausschuss eingeführt wurde, was auf eine planwidrige Regelungslücke hindeutet (vgl. auch die LAI/LANA-Vollzugshinweise zu § 10 Absatz 5 Satz 2 und Satz 3, § 16b und § 23b Absatz 3a Nummer 4 BImSchG, Stand: 10. August 2022, 9).

53 **b) Räumliche Grenzen (§ 16b Abs. 2 S. 2 Nr. 2).** Gem. 16b Abs. 2 S. 2 Nr. 2 ist für die Bewertung des vollständigen Anlagenaustauschs als Repowering-Maßnahme neben der Wahrung der Frist aus § 16b Abs. 2 S. 2 Nr. 1 zusätzlich erforderlich, dass der Abstand zwischen der Bestandsanlage und der neuen Anlage **höchstens das Zweifache der Gesamthöhe der neuen Anlage** beträgt. Diese Einschränkungen dürften vor allem die praktisch überaus relevante **Umpositionierung einzelner Windanlagen** im Blick haben (Czajka in Feldhaus BImSchR Rn. 5), was für den Vorhabenträger etwa vorteilhaft sein kann, um verstreute Anlagen räumlich zu konzentrieren und einer effizienteren Nutzung zuzuführen. Infolge der mit § 16b Abs. 2 S. 2 Nr. 2 geschaffenen Abstandsvorgaben wurde vom Gesetzgeber allerdings das sog. **„standortverlagernde" Repowering**, bei dem die Neuanlagen außerhalb des engeren Einwirkungskreises der abzubauenden Bestandsanlagen wiederrichtet werden sollen, aus dem Anwendungsbereich des § 16b **ausgeklammert** (Walker juris-PR UmwR 10/2021, Anm. 1 D). In diesem Fall sind vom Vorhabenträger also weiterhin reguläre Errichtungs- bzw. Betriebsgenehmigungen iSd § 4 einzuholen. Die Norm regelt im Übrigen lediglich eine definitorische Grenze für das

Vorliegen einer Modernisierung iSd § 16b Abs. 2, aus ihr ergeben sich hingegen **keine Wirkungen für das Bauplanungsrecht** (vgl. Czajka in Feldhaus BImSchR Rn. 13). Im Falle strikterer landesrechtlicher Mindestabstandsregelungen für Windenergieanlagen (→ Rn. 93 f., Rn. 97 f.) kann die Anlage daher trotz Wahrung der räumlichen Grenzen iSd § 16b Abs. 2 S. 2 Nr. 2 bauplanungsrechtlich unzulässig sein.

Keine ausdrückliche Regelung hat das **Berechnungsverfahren** für die einzuhaltenden Abstände gefunden. Allerdings lassen sich hierzu für Windenergieanlagen hilfreiche Hinweise in den Gesetzgebungsmaterialien finden: Nach den zugehörigen Erläuterungen in der Ausschussdrucksache soll für die Abstandsberechnung der **Mastmittelpunkt** maßgeblich sein (BT-Drs. 19/30954, 12; Jarass Rn. 6; Fischerauer/Appel UPR 2021, 328 (333)). Die **Gesamthöhe** eines Windkraftrades ergibt sich wiederum aus einer Addition der Nabenhöhe mit dem Rotorradius (OVG Schleswig NVwZ 2020, 1211 (1216).; Müller in Maslaton Windenergieanlagen Kap. 1 Rn. 106). Liegen mehrere Bestandsanlagen vor, kommt es für das Repowering nur auf die konkret zu repowernde bzw. rückzubauende Anlage an, womit es folglich unschädlich ist, dass andere Altanlagen sich in einem größeren Abstand zur Neuanlage befinden (vgl. die LAI/LANA-Vollzugshinweise zu § 10 Absatz 5 Satz 2 und Satz 3, § 16b und § 23b Absatz 3a Nummer 4 BImSchG, Stand: 10. August 2022, 10). Zur genauen Abstandsberechnung bei anderen Anlagen zur Erzeugung von Strom aus Erneuerbaren Energien hat sich der Gesetzgeber hingegen nicht näher verhalten, eine abschließende Klärung durch die Rechtsprechung steht aus. 54

c) Unionsrechtskonformität der Einschränkung. Da die Einschränkungen für den vollständigen Anlagenaustausch nicht in der Richtlinie 2018/2001/EU vorgesehen sind, stellt sich die Frage nach ihrer Unionsrechtskonformität. Ob und inwieweit für den in der Richtlinie bereits ausdrücklich definierten Repowering-Begriff (Art. 2 Nr. 10 RL 2018/2001/EU) eine weitergehende **mitgliedsstaatliche Konkretisierungsbefugnis** besteht, ist derzeit nicht abschließend geklärt. Allerdings ist der in der Art. 2 Nr. 10 RL 2018/2001/EU verwendete Begriff der Modernisierung relativ unkonkret gehalten, sodass einiges für eine solche Konkretisierungsbefugnis sprechen dürfte (für eine solche, insbesondere mit Blick auf die räumlichen Grenzen einer Repowering-Maßnahme etwa Dietrich ZNER 2021, 539 (540)). 55

C. Genehmigungsprüfung beim Repowering

§ 16b Abs. 1 enthält in seinem 2. und 3. Hs. eine modifizierende Regelung für den **Prüfungsumfang im Rahmen des Änderungsgenehmigungsvefahrens** für das Anlagenrepowering. Dieser wird bei einem entsprechenden Antrag des Vorhabenträgers (→ Rn. 59) grundsätzlich auf eine sog. „Delta-Prüfung" begrenzt (→ Rn. 60 ff.), wobei die Sonderregelung für die schallschutzrechtliche Prüfung von Windenergieanlagen in § 16b Abs. 3 (→ Rn. 64 ff.) sowie die Ausnahme für die Prüfung der öffentlich-rechtlichen Vorschriften iSd § 6 Abs. 1 Nr. 2 in § 16b Abs. 4 zu beachten sind (→ Rn. 71 ff.). 56

I. Systematik

Die Vorgaben aus § 16b Abs. 1 2. und 3. Hs. betreffen den **Prüfungsumfang** im Änderungsgenehmigungsverfahren. Keine Aussage enthält die auf das „Änderungsgenehmigungsverfahren" bezogene Norm hingegen zu den materiellen Betreiberpflichten, womit die **repressiven Eingriffsbefugnisse** der Genehmigungsbehörde nach den §§ 17, 20, 21 nach allgemeinen immissionsschutzrechtlichen Grundsätzen durch die Genehmigungsentscheidung unberührt bleiben dürften (vgl. dazu allg. auch Kloepfer Umweltrecht 57

§ 15 Rn. 515 ff.; zu den Auswirkungen auf den Rechtsschutz → Rn. 147). Die **Erteilungsvoraussetzungen** folgen weiterhin aus § 6 (→ § 6 Rn. 17 ff., 23 ff.; Dietrich ZNER 2021, 539 (544)).

58 Der eingeschränkte Prüfungsumfang ist im Zusammenhang mit Absatz 4 zu lesen. Dieser weitet die Prüfung der sonstigen **öffentlich-rechtlichen Vorschriften iSd § 6 Abs. 1 Nr. 2** wieder auf den regulären Umfang aus. Damit sind von der Delta-Prüfung nach § 16b Abs. 1 2. und 3. Hs. letztlich nur noch § 6 Abs. 1 Nr. 1 und die in ihm genannten **Anforderungen aus § 5** sowie die **Pflichten** aus den **auf Grund des § 7 erlassenen Rechtsverordnungen** umfasst (→ § 6 Rn. 17 ff.). Infolge der Sonderregelung in § 16b Abs. 3 für die von Windenergieanlagen ausgehenden Lärmeinwirkungen (→ Rn. 64 ff.) dürfte § 16b Abs. 1 3. Hs. beim Repowering von Windenergieanlagen vor allem noch für schädliche Umwelteinwirkungen wie zB den Schattenwurf oder etwa Lichtimmissionen bedeutsam werden (Kliem ER 2022, 22 (24); Hentschel KommPraxSpez 2021, 135 (136); ebenso bei Turbulenzeinwirkungen (dazu auch → Rn. 141 ff.). Keine Rolle spielt die „Delta-Prüfung" wegen § 16b Abs. 4 hingegen bei Abschattungseffekten für andere Windenergieanlagen. Denn diese fallen nicht als schädliche Umwelteinwirkungen unter § 6 Abs. 1 Nr. 1, 5 Abs. 1 Nr. 1, sondern unter das bauplanungsrechtliche Rücksichtnahmegebot (BVerwG ZfBR 2019, 579 f.), welches von § 16b Abs. 4 aufgegriffen wird (→ Rn. 94). Im Übrigen fallen wegen § 16b Abs. 4 die artenschutzrechtliche Prüfung, die naturschutzrechtliche Eingriffsprüfung sowie die bauplanungsrechtliche Prüfung nicht unter die die „Delta-Prüfung" iSd § 16b Abs. 1. Hier bestehen speziell für die Zulassung bzw. das **Repowering von Windenergieanlagen** allerdings besondere **fachgesetzliche Privilegierungen** (→ Rn. 73 ff.; → Rn. 89 f.; → Rn. 91 ff.; → Rn. 99).

II. Antrag des Vorhabenträgers

59 Der modifizierte Prüfungsumfang iSd § 16b Abs. 1 2. und 3. Hs. ist von einem (form- und fristlosen) **Antrag** des Vorhabenträgers abhängig. Infolge des **Antragsrechts des Vorhabenträgers** kann sich dieser stattdessen ebenso für ein Genehmigungsverfahren mit dem regulären Prüfungsumfang entscheiden (Jarass Rn. 9; Hentschel KommPraxSpez 2021, 135 (137); Kliem ER 2022, 22 (24); vgl. auch Storost in Ule/Laubinger/Reptrewitz C 3, der den Antrag indes für alle Regelungen in den Abs. 1–6 für erforderlich hält; zweifelnd und für ein Leerlaufen des Antragsrechts allerdings Czajka in Feldhaus BImSchR Rn. 9; vgl. zur abweichenden Lage bei § 16b Abs. 7 und Abs. 8 unten unter → Rn. 112). Die Regelung ist im Bundes-Immissionsschutzgesetz bislang ohne Vorbild, da der Vorhabenträger durch seinen Antrag erstmals den materiell-rechtlichen Prüfungsumfang modifizieren kann (Hentschel KommPraxSpez 2021, 135 (137)). Der Antrag muss vom **„Vorhabenträger"** gestellt werden. Dieser Begriff ist wie im Rahmen des **§ 2 Abs. 1 der 9. BImSchV** auszulegen, sodass Vorhabenträger derjenige ist, der das Antragsverfahren betreibt. Er muss nicht mit dem späteren Anlagenbetreiber übereinstimmen, welcher sich für das Antragsverfahren vielmehr auch dritter natürlicher oder juristischer Personen bedienen kann, soweit diese ein berechtigtes Eigeninteresse an der Genehmigung haben (→ Bd. 4, 9. BImSchV, § 2 Rn. 3).

Über die **Neuregelung des § 10 Abs. 5 S. 3** besteht für den Vorhabenträger daneben noch eine weitere Möglichkeit, über einen von ihm stammenden Antrag das behördliche Prüfungsprogramm zu beeinflussen. Hiernach kann es für die maßgebliche Sach- und Rechtslage für die (Genehmigungs-)Entscheidung im Falle eines Antrages des Vorhabenträgers ggf. auf den Zeitpunkt des Ablaufs der Frist für die Behördenbeteiligung in § 10 Abs. 5 S. 2 ankommen (→ § 10 Rn. 108c ff.).

III. Delta-Prüfung (§ 16b Abs. 1 2. und 3. Hs.)

Die beim Anlagenrepowering nach § 16b Abs. 1 2. und 3. Hs. im Falle eines entsprechenden Antrags vorzunehmende **„Delta-Prüfung"** (vgl. BT-Drs. 19/39054, 12; Hentschel KommPraxSpez 2021, 135 (136)) wurde vor dem Hintergrund eingeführt, dass im Rahmen eines regulären Änderungsgenehmigungsverfahrens iSd § 16 ggf. auch die gesamte (geänderte) Anlage auf die Anforderungen des § 6 überprüft werden muss (Reidt/Schiller → § 16 Rn. 165; Storost in Ule/Laubinger/Repkewitz C 10; Jarass § 16 Rn. 32 ff.; zu einzelnen Fallgruppen Ohms in Appel/Ohms/Saurer § 16 Rn. 20). Mit ihr sollen verfahrensmäßige Erleichterungen geschaffen werden (BT-Drs. 19/27672, 34; BT-Drs. 19/30954, 12). Aus der Norm folgt, dass auf Antrag des Vorhabenträgers **„nur Anforderungen geprüft werden [müssen]"**, soweit durch das Repowering im Verhältnis zum gegenwärtigen Zustand unter Berücksichtigung der auszutauschenden Anlage nachteilige Auswirkungen hervorgerufen werden und diese für die Prüfung nach § 6 erheblich sein können. Vor diesem Wortlaut, der ein verfahrensrechtliches Ermessen nahelegt, erscheint undeutlich, ob die Behörde befugt ist, den Prüfungsumfang im Einzelfall weiter zu fassen (diese Frage aufwerfend Dietrich ZNER 2021, 539 (545)). Hiergegen dürfte allerdings der hinter § 16b stehende Beschleunigungsgedanke sprechen (iErg auch Storost in Ule/Laubinger/Repkewitz C 10: „Eine weitergehende Prüfung (…) findet nicht statt"). Eine klarstellende Regelung durch den Gesetzgeber wäre allerdings wünschenswert. **60**

Bei der behördlichen Delta-Prüfung kommt es nach der überwiegenden Auffassung der Literatur auf eine **Vergleichsbetrachtung** zwischen den nachteiligen Auswirkungen der Neu- und der Altanlage an. Die Prüfung ist hiernach auf die zusätzlichen für die Prüfung nach § 6 erheblichen nachteiligen Auswirkungen beschränkt, die sich aus diesem Vergleich ergeben (Storost in Ule/Laubinger/Repkewitz Rn. D 1; Lang in Säcker/Ludwigs Bd. 3 Teil 3 BImSchG § 16b Rn. 8; Kliem ER 2022, 22 (24); Walker juris-PR UmwR 10/2021 Anm. 1 C; vgl. auch Jarass Rn. 7). Dies würde namentlich dort zu Erleichterungen bei Genehmigungsentscheidung führen, wo die bisherige Anlage den nunmehr geltenden Vorgaben nicht gerecht wird (Jarass Rn. 7; einschr. Czajka in Feldhaus BImSchR Rn. 8). Fehlt es an solchen Auswirkungen im Vergleich zur Altanlage, so bedarf es hiernach keiner weiteren Prüfung (vgl. auch die LAI/LANA-Vollzugshinweise zu § 10 Absatz 5 Satz 2 und Satz 3, § 16b und § 23b Absatz 3a Nummer 4 BImSchG, Stand: 10. August 2022, 7), wobei ggf. nach § 16 Abs. 1 S. 1 bereits kein Genehmigungsverfahren erforderlich ist (Jarass Rn. 8). **61**

Von diesem Ansatz abweichend wird von einzelnen Literaturstimmen allerdings ein inhaltliches Leerlaufen der Norm und eine notwendige Prüfung der gesamten geänderten Anlage jedenfalls dort weiter angenommen, wo dies messtechnisch oder anhand der Grenzwerte für die Zulassungsentscheidung nicht anders durchführbar sei (vgl. Czajka in Feldhaus BImSchR Rn. 8 f., dort am Beispiel der Geräuschimmissionen). Ob die Rechtsprechung diese Bedenken aufgreifen wird, bleibt abzuwarten. Immerhin müsste dann aber noch eine verstärkte wertende Einbeziehung der Vorbelastung angedacht werden (zB über eine Sonderfallprüfung nach Ziff. 3.2.2 lit. b Var. 3 TA Lärm, vgl. zur Beachtlichkeit der Vorbelastung allg. auch BVerwGE 159, 187 (192 ff., Rn. 13 ff. mwN)).

Unter dem Begriff der **Auswirkungen** iSd § 16b Abs. 1 3. Hs. sind wie bei § 16 Abs. 1 S. 1 solche für die Schutzgüter des § 1 relevanten nachteiligen Folgen zu verstehen, die aus der Änderung an der Anlage resultieren (Frenz in Kotulla § 16 Rn. 44 ff.; Reidt/Schiller → § 16 Rn. 73 ff.; Jarass Rn. 8). Es genügt die **Möglichkeit** von negativen Auswirkungen nach dem Maßstab der praktischen Vernunft, wobei **Schutzvorkehrungen** in die prognostische Betrachtung der Behörde einbezogen werden können (Jarass § 16 **62**

Rn. 14). Eine Saldierung positiver und negativer Auswirkungen ist hingegen nicht möglich (Jarass Rn. 8; Jarass § 16 Rn. 15). Im Unterschied zur Regelung für die Genehmigungsbedürftigkeit in § 16 Abs. 1 1. Hs. sind die nachteiligen Auswirkungen iSd § 16b Abs. 1 allerdings nicht auf solche beschränkt, die für die Prüfung nach § 6 Abs. 1 Nr. 1 erheblich sein können. Vielmehr werden im Ansatz sämtliche **Erteilungsvoraussetzungen des § 6** einschließlich § 6 Abs. 1 Nr. 2 erfasst (Jarass Rn. 8), die über § 16b Abs. 4 aber wieder von der Delta-Prüfung ausgenommen werden.

63 Die Delta-Prüfung iSd § 16b Abs. 1 2. und 3. Hs. muss vom **„gegenwärtigen Zustand unter Berücksichtigung der auszutauschenden Anlage"** ausgehen, womit die Auswirkungen der zu ersetzenden Bestandsanlage einbezogen werden sollen (BT-Drs. 19/309545, 12). Nicht abschließend geklärt ist mit Blick auf den Wortlaut, ob lediglich der **„Ist-Zustand"** der Anlage (diesen Begriff verwendet etwa die Ausschussdrucksache, vgl. BT-Drs. 19/30954, 12; hierauf abstellend auch Kliem ER 2022, 22 (24)) oder stattdessen der genehmigte Anlagenzustand entscheidend ist. Da ein Blick nur auf die realen Auswirkungen zu einer systemwidrigen Privilegierung des illegalen Anlagenbetriebs führen würde und die Prüfung im Änderungsgenehmigungsverfahren auch sonst von der erteilten Erstgenehmigung auszugehen hat, dürfte einiges dafür sprechen, **einschränkend** auf den **genehmigten „gegenwärtigen Zustand" der Anlage** abzustellen (vgl. auch Dietrich ZNER 2021, 539 (545); sowie die LAI/LANA-Vollzugshinweise zu § 10 Absatz 5 Satz 2 und Satz 3, § 16b und § 23b Absatz 3a Nummer 4 BImSchG, Stand: 10. August 2022, 7; iErg auch Storost in Ule/Laubinger/Reptrewitz C 10).

IV. Lärmschutzrechtliche Privilegierung von Windenergieanlagen (§ 16b Abs. 3)

64 § 16b Abs. 3 regelt eine Privilegierung für die von Windenergieanlagen ausgehenden **Schallbelastungen**. Hiernach darf eine **Überschreitung der Immissionsrichtwerte der TA Lärm** nicht zur Versagung der Änderungsgenehmigung führen, wenn es zu einer Reduktion des Immissionsbeitrages der Windenergieanlage nach der Modernisierung iSd § 16b Abs. 2 kommt und die Windenergieanlage dem Stand der Technik entspricht. Praktische Relevanz dürfte die Vorschrift vor allem für die Schallbelastungsprüfung bei Repowering-Maßnahmen in älteren Windparks erlangen; neuere Windenenergieanlagen halten die schallschutzrechtlichen Anforderungen demgegenüber regelmäßig ein (Kliem ER 2022, 22 (25)).

65 **1. Systematik.** § 16b Abs. 3 stellt eine besondere Form einer **Verbesserungsgenehmigung für Schallimmissionen** von **Windenergieanlagen** dar. Auf andere EE-Anlagen findet sie keine Anwendung (Jarass Rn. 4, 10). Die Regelung geht im Fall einer Überschreitung der heranzuziehenden Immissionsgrenzwerte der „Delta-Prüfung" nach § 16b Abs. 1 als **spezialgesetzliche Regelung** vor (vgl. auch Hentschel KommPraxSpez 2021, 135 (136); Kliem ER 2022, 22 (25); Dietrich ZNER 2021, 539 (545); iErg aber für „Konkretisierung" der Delta-Prüfung nach § 16b Abs. 1 Walker juris-PR UmwR 10/2021, Anm. 1 C). § 16b Abs. 3 ähnelt in seinem systematischen Aufbau der bereits über § 6 Abs. 3 möglichen Verbesserungsgenehmigung (Czajka in Feldhaus BImSchR Rn. 14). Unabhängig von der streitigen Anwendbarkeit des § 6 Abs. 3 auf Schallimmissionen (→ § 6 Rn. 62b) geht **§ 16b Abs. 3** der Verbesserungsgenehmigung iSd **§ 6 Abs. 3** jedenfalls als **speziellere Regelung** vor. Soweit § 16b Abs. 3 auf **sonstige Anlagen zur Erzeugung von Strom** aus erneuerbaren Energien sowie auf **Luftimmissionen** keine Anwendung findet, bleibt hier ggf. der Rückgriff auf § 6 Abs. 3 eröffnet. § 16b Abs. 3 bezieht seine Privilegierungen nach seinem Wortlaut überdies nur auf die **Genehmigungserteilung**. Ob und inwieweit hierdurch zugleich auch **nachträgliche Anord-**

nungen iSd § 17 ausgeschlossen werden sollen, ist wie bei § 6 Abs. 3 fraglich (→ § 6 Rn. 62g).

2. Verhältnis zur TA Lärm. Ohne Rücksicht auf den neuen § 16b Abs. 3 gibt es die sog. **„Irrelevanzregelung"** in der **Regelfallprüfung** nach Ziff. 3.2.1 TA Lärm (dazu auch Hansmann → Bd. 4, Ziff. 3 TA Lärm Rn. 14), die eingreift, wenn die von der Anlage ausgehende Zusatzbelastung die Immissionsrichtwerte am maßgeblichen Immissionsort um 6 dB(A) unterschreitet. Streitig ist jedoch, ob die Irrelevanzregelungen der TA Lärm auch nach Erlass des § 6 Abs. 3 noch auf Änderungsgenehmigungen angewandt werden können (abl. etwa Reidt/Schiller → § 16 Rn. 173 mwN), was wiederum mit der umstrittenen Anwendbarkeit der Verbesserungsgenehmigung iSd § 6 Abs. 3 auf Schallimmissionen zusammenhängt (dazu → § 6 Rn. 62a). 66

Ferner war über **Ziff. 3.2.2 lit. c TA Lärm** und die hier geregelte **Sonderfallprüfung** bereits unter der bisherigen Rechtslage eine Abweichung von den Immissionsrichtwerten bei einer Verbesserung der Belastungssituation möglich (Agatz Windenergie-Handbuch, 150 f.; Kliem ER 2022, 22 (25)). Zwar wird von Ziff. 3.2.2 lit. c TA Lärm neben der **Verbesserung der Immissionssituation** alternativ auch die Verbesserung der **Emissionssituation** umfasst, welche von § 16b Abs. 3 nicht aufgegriffen wird. Maßgebliche Regelungsunterschiede entstehen dadurch aber nicht, da die weiter gehaltene Formulierung in Ziff. 3.2.2 lit. c TA Lärm nur als Hinweis darauf zu verstehen ist, dass neben der Immissionsminderung nicht zugleich auch eine Emissionsminderung eintreten muss, womit auch bei Anwendung von Ziff. 3.2.2 lit. c stets eine zusätzliche Verbesserung der Immissionssituation erforderlich ist (→ Bd. 4, Ziff. 3 TA Lärm Rn. 39). Im Unterschied zu § 16b Abs. 3 ist die Sonderfallprüfung nach Ziff. 3.2.2 aber nicht auf eine Verbesserung der Immissionssituation beschränkt, sondern lässt eine Abweichung auch in anderen Fällen zu (→ Bd. 4, Ziff. 3 TA Lärm Rn. 34 ff.). Überdies muss nach § 16b Abs. 3 die Anlage selbst dem Stand der Technik entsprechen, wohingegen Ziff. 3.1 lit. b TA Lärm den Stand der Technik auf Emissionsvorsorgemaßnahmen bezieht.

Das Konkurrenzverhältnis der Regelungen der TA Lärm zur neuen Bestimmung in § 16b Abs. 3 ist nicht abschließend geklärt. Prinzipiell geht zwar § 16b Abs. 3 als formelles Gesetzesrecht der untergesetzlichen TA Lärm vor, sodass ihm im Konfliktfalle der Vorrang eingeräumt werden müsste. Allerdings entfielen die vom Gesetzgeber durch die Einfügung des § 16b Abs. 3 offensichtlich bezweckten Genehmigungsvorteile (BT-Drs. 19/30954, 12), wollte man die Norm als eine die sonstigen Privilegierungen der TA Lärm verdrängende Sonderregelung interpretieren. Vielmehr käme es durch § 16b Abs. 3 in Teilen sogar zu einer **gesetzeszweckwidrigen Verschärfung** der bisher geltenden Zulassungsanforderungen. Einiges dürfte daher dafür anzuführen sein, dass die Sonderfall- bzw. Irrelevanzregelungen der TA Lärm weiterhin Anwendung finden (so auch Kliem ER 2022, 22 (25); Agatz Windenergie-Handbuch, 149 ff. sowie die LAI/LANA-Vollzugshinweise zu § 10 Absatz 5 Satz 2 und Satz 3, § 16b und § 23b Absatz 3a Nummer 4 BImSchG, Stand: 10. August 2022, 11). Eine (eingeschränkte) eigene Bedeutung dürfte die Norm des § 16b Abs. 3 damit nur insoweit erlangen, als sie das Ergebnis der Sonderfallprüfung iSd Ziff. 3.2.2 lit. c TA Lärm unter den für sie geltenden Voraussetzungen vorwegnimmt und in diesem Fall stets die schallschutzrechtliche Zulässigkeit der beantragten Windenergieanlage bestimmt. 67

3. Tatbestandsvoraussetzungen. Für die Anwendung des § 16b Abs. 3 ist zunächst erforderlich, dass die **Immissionsrichtwerte** für Lärm **überschritten** werden. Maßgeblich für die Prüfung von Schallimmissionen von Windenergieanlagen ist die **TA-Lärm.** Die maßgeblichen Immissionswerte richten sich abhängig vom planungsrechtlichen Ge- 68 bietscharakter nach **Ziff. 6.1 TA Lärm**, wobei es bei mehreren Anlagen auf die **Gesamtbelastung** ankommt (Czajka in Feldhaus BImSchR Rn. 14). Nach der Feststellung der Überschreitung der Richtwerte sind die konkreten Immissionsbeiträge der Neuanlage und der ersetzten Altanlage zu **vergleichen**; die Genehmigung ist zu erteilen, wenn der Immissionsbeitrag der neuen Windenergieanlage niedriger ist als der Altanlage (vgl. die LAI/LANA-Vollzugshinweise zu § 10 Absatz 5 Satz 2 und Satz 3, § 16b und § 23b Absatz 3a Nummer 4 BImSchG, Stand: 10. August 2022, 10). Da unterschiedliche Berechnungsverfahren für Schallbelastungen von Windenergieanlagen möglich sind (eingehend Wömmel/Hinsch NVwZ 2021, 1590 ff.), muss für die hinreichende Vergleichbarkeit der Anlagen das gleiche **Schallberechnungsverfahren** (etwa in der Form des Interimsverfahrens) gewählt werden (LAI/LANA-Vollzugshinweise zu § 10 Absatz 5 Satz 2 und Satz 3, § 16b und § 23b Absatz 3a Nummer 4 BImSchG, Stand: 10. August 2022, 11). Durch die Bezeichnung **„niedriger"** wird weiter klargestellt, dass eine erstmalige Überschreitung der Lärmgrenzwerte von § 16b Abs. 3 nicht erfasst wird (vgl. Jarass Rn. 10; Fischerauer/Appel UPR 2021, 328 (333)). Angesichts des Wortlauts **„ist"** ist zusätzlich einzufordern, dass es – ähnlich wie auch bei § 6 Abs. 3 – zu einer **tatsächlichen** und nicht nur zu einer geplanten **Reduzierung des Immissionsbeitrages** kommt (→ § 6 Rn. 62b). Eine zusätzliche **Emissionsverminderung** ist wie auch im Rahmen der Sonderfallprüfung Ziff. 3.2.2 lit. c TA Lärm **nicht erforderlich** (→ Rn. 66), sodass § 16b Abs. 3 insbesondere auch dann Anwendung finden dürfte, wenn der Immissionsbeitrag der Anlage an den Immissionsorten infolge einer **Umpositionierung** einer gleich emittierenden Windenergieanlage verringert wird.

69 Anforderungen an die **Höhe der Verringerung** wurden ausweislich der Gesetzesmaterialien bewusst nicht in die Regelung aufgenommen, um auf diese Weise weitere Zulassungshemmnisse zu verhindern (BT-Drs. 19/30954, 10). Da der TA Lärm lediglich Zahlenwerte in Form von ganzen Zahlen bekannt sind, dürfte jedenfalls eine Immissionsminderung von **mind. 1 db(A)** erforderlich sein (Agatz Windenergie-Handbuch, 149). Ob zur Erhöhung der gesellschaftlichen Akzeptanz eine darüberhinausgehende „substanzielle Verbesserung" einzufordern ist (so etwa Agatz Windenergie-Handbuch, 149), erscheint demgegenüber zweifelhaft, da eine derartige Einschränkung dem Normwortlaut nicht entnommen werden kann (für das Ausreichen einer unwesentlichen Verbesserung auch Czajka in Feldhaus BImSchR Rn. 14). So steht die Regelung des § 16b Abs. 3 insbesondere auch nicht unter dem in § 6 Abs. 3 Nr. 1 explizit normierten Vorbehalt, dass der Immissionsbeitrag „deutlich" (→ § 6 Rn. 62b) reduziert wird.

70 Die Windenergieanlage muss für die Anwendung des § 16b Abs. 3 überdies dem **Stand der Technik** entsprechen. Maßgeblich ist diesbezüglich die allgemeine Legaldefinition in § 3 Abs. 6 (→ § 3 Rn. 103 ff.). In der Praxis wird der Stand der Technik für Windenergieanlagen von unterschiedlichen ministeriellen Vollzugshinweisen aufgegriffen, die sich an den **„Hinweise[n] zum Schallimmissionsschutz bei Windkraftanlagen"** der LAI vom 30.6.2016 orientieren (vgl. zB Ziff. 5.2.1.1 des Windenergieerlasses NRW vom 8.5.2018, MBl. NRW, 258 sowie Ziff. 7.3.1 des Windenergieerlasses Bayern vom 19.7.2016, 2129.1-W). Hier kann insbesondere die sog. **„Tonhaltigkeit"** einer Windenergieanlage durch abstrahlende Umgebungsgeräusche näher in den Blick zu nehmen sein (vgl. dazu eingehend Agatz Windenergie-Handbuch, 100 f.). Zu berücksichtigen ist daneben auch **Ziff. 3.1 lit. b der TA Lärm**, wonach Vorsorge gegen schädliche Umwelteinwirkungen durch Geräusche, insbesondere durch die dem Stand der Technik zur Lärmminderung entsprechenden Maßnahmen zur Emissionsbegrenzung zu treffen ist (teilw. abweichend Czajka in Feldhaus BImSchR Rn. 16, der die Prüfung des Stands der Technik auf diesen Aspekt beschränken möchte).

V. Öffentlich-rechtliche Vorschriften iSd § 6 Abs. 1 Nr. 2 (§ 16b Abs. 4)

1. Allgemeines. Abweichend von § 16b Abs. 1 bleibt nach **§ 16b Abs. 4** die Prüfung der **Anforderungen aus § 6 Abs. 1 Nr. 2** (→ § 6 Rn. 23 ff.) **unberührt**, wobei das Raumordnungs-, Bauplanungs- und Bauordnungsrecht in der Norm exemplarisch hervorgehoben werden. Hintergrund dieser Ausnahmen von der Delta-Prüfung ist, dass der Gesetzgeber sich über § 16b Abs. 4 im Wege einer Abwägung gegen das Bestandsschutzinteresse des Vorhabenträgers entschieden und den über § 6 Abs. 1 Nr. 2 zu prüfenden öffentlich-rechtlichen Vorschriften (bzw. genauer: den hinter ihnen stehenden öffentlichen Interessen) auch bei Modernisierungsmaßnahmen iSd § 16b Abs. 1, 2 einen prinzipiellen Vorrang eingeräumt hat (Storost in Ule/Laubinger/Repkewitz C 12; krit. daher Kliem ER 2022, 22 (26); Hentschel KommPraxSpez 2021, 135 (139); für „deklaratorischen" Charakter der Bestimmung indes Czajka in Feldhaus BImSchR Rn. 17). 71

Rechtsfolge der in § 16b Abs. 4 geregelten Ausnahme ist, dass die Delta-Prüfung keine Anwendung findet und die abgeänderte Gesamtanlage einer weitergehenden Prüfung zu unterziehen ist. Wie auch im Rahmen des § 6 Abs. 1 Nr. 2 sind hiernach also **sämtliche (anlagenbezogene) öffentlich-rechtliche Vorschriften** bzw. **Belange des Arbeitsschutzes** unverändert zu prüfen (Jarass Rn. 12; siehe im Einzelnen → § 6 Rn. 23 ff., 54 ff.). Dies schließt die beim Repowering von Anlagen aus dem Bereich der erneuerbaren Energien im hohen Maße bedeutsamen naturschutzrechtlichen Vorgaben mit ein, insbesondere also die naturschutzrechtliche Eingriffsregelung (§§ 14 ff. BNatSchG) sowie die artenschutzrechtlichen Bestimmungen der §§ 44 ff. BNatSchG (→ § 6 Rn. 46 f.). Unverändert zu prüfen ist daneben etwa auch das Bauordnungsrecht, so bspw. die Prüfung der Standsicherheit einer zu repowernden Windenergieanlage (→ Rn. 138 ff.). Zwischenzeitlich hat der Gesetzgeber allerdings einige **Privilegierungen** speziell **für Windenergieanlagen** geschaffen, die die Zulassung bzw. das Repowering durch eine Abschwächung der materiellrechtlichen Vorgaben weiter erleichtern sollen (→ Rn. 73 ff., 92 ff.). Angesichts der neuen unionsrechtlichen Ausnahmemöglichkeit in **Art. 6 der Dringlichkeitsverordnung 2022/2577/EU** des Rates (→ Rn. 23g) wurden für die Windenergieanlagenzulassung weitere Privilegierungen im neuen § 6 WindBG geschaffen (BR-Drs. 95/23 13 f.). 72

2. Insbesondere: WEA-Repowering und Naturschutzrecht. Fachgesetzliche **Spezialregelungen** für das **Repowering von Windenergieanlagen an Land** (→ Rn. 113) sind in **§ 45c Abs. 2–4 BNatSchG** einerseits für die artenschutzrechtliche Prüfung, andererseits auch für die Inanspruchnahme bereits geleisteter Kompensationen bei Beeinträchtigungen des Landschaftsbildes aufzufinden (→ Rn. 74 ff.; → Rn. 89 f. sowie auch → Bd. 2, BNatSchG, § 45c Rn. 4 ff.; → Bd. 2, BNatSchG, § 45c Rn. 21 ff.). Diese nunmehr in § 45c Abs. 2 BNatSchG befindlichen Sonderregelungen waren bis zum 29.7.2022 noch in § 16b Abs. 4 aF geregelt. Diese Bestimmungen gingen der Delta-Prüfung iSd § 16b Abs. 1 als Spezialregelung vor (Hentschel KommPraxSpez 2021, 135 (136)). Durch das „Vierte Gesetz zur Änderung des Bundesnaturschutzgesetzes" vom 20.7.2022 (BGBl. I 1362 ff.) hat der Gesetzgeber die früheren Vorgaben über die Norm des **§ 45c Abs. 2 und Abs. 3 BNatSchG** in das Naturschutzrecht überführt und dabei einigen Anpassungen unterzogen (vgl. BT-Drs. 20/2354, 29; sowie BT-Drs. 20/2593, 2 f.). Überdies ist die zeitgleich eingeführte privilegierte Zulässigkeit von Windenergieanlagen in **Landschaftsschutzgebieten** nach **§ 26 Abs. 3 BNatSchG** (→ Rn. 91) zu beachten. 73

74 **a) Artenschutzrechtliche Prüfung. aa) Anwendungsbereich.** Die Privilegierungen für das Anlagenrepowering nach § 45c Abs. 1 S. 1 BNatSchG gelten ausschließlich für die **Modernisierung iSd § 16 Abs. 1, 2** (→ Rn. 40 ff.) von **Windenergieanlagen an Land** (→ Rn. 113). Zudem werden die Einschränkungen für den vollständigen Anlagenaustausch aus § 16b Abs. 2 S. 2 modifiziert. So werden gem. § 45c Abs. 1 S. 2 BNatSchG auch „neue" Windenergieanlagen erfasst, die innerhalb von 48 (statt 24) Monaten nach dem Rückbau der Bestandsanlage errichtet werden, wenn der Abstand zwischen der Bestandsanlage und der neuen Anlage höchstens das Fünffache (statt des Zweifachen) der Gesamthöhe der neuen Anlage beträgt (Löffler/Schwerdtfeger juris-PR UmwR 8/2022, Anm. C II 3). Hierdurch soll eine gegenüber § 16b Abs. 2 S. 2 erhöhte Flexibilität beim Repowering von Bestandsanlagen erreicht werden (BT-Drs. 20/2658, 13; krit. wegen der divergierenden Anwendungsvoraussetzungen und ein „Leerlaufen" der Norm befürchtend aber Gellermann → Bd. 2 BNatSchG § 45c Rn. 3). Damit sind hiervon nicht nur Modernisierungen iSd § 16b Abs. 1, 2 im engeren Sinne, sondern **auch Genehmigungen iSd § 4** erfasst (Agatz Arbeitshilfe BNatSchG-Novelle 2022, 20).

75 **bb) Umfang der Prüfung (§ 45c Abs. 2 S. 1 BNatSchG).** Nach § 45c Abs. 2 S. 1 BNatSchG bleibt der **Umfang der artenschutzrechtlichen Prüfung** bei einem Änderungsgenehmigungsverfahren iSd § 16b Abs. 1 **„unberührt"**. § 45c Abs. 2 S. 1 BNatSchG dient wie seine Vorgängernorm (§ 16b Abs. 4 S. 1 aF) der Absicherung der Unionsrechtskonformität des beschleunigten Änderungsgenehmigungsverfahrens für das Repowering, da die Anforderungen der sonstigen EU-Richtlinien nach Art. 16 Abs. 7 RL 2018/2001/EU bislang nicht von den verfahrensbezogenen Regelungen der RL 2018/2001/EU modifiziert wurden (Czajka in Feldhaus BImSchR Rn. 15; vgl. auch oben unter → Rn. 23). Beim Repowering von Windenergieanlagen betrifft dies allen voran die artenschutzrechtlichen Anforderungen der **Vogelschutz-Richtlinie 2009/147/EG** und der **FFH-Richtlinie 92/43/EWG** (vgl. zu letzterem etwa Tholen Das Artenschutzregime der Flora-Fauna-Habitat-Richtlinie, 60 ff., 94 ff., 106 ff.). Infolgedessen durfte die artenschutzrechtliche Prüfung bei einem Repowering also bislang auch nicht weniger umfangreich oder kürzer ausfallen (Lang in Säcker/Ludwigs Bd. 3 Teil 3 BImSchG § 16b Rn. 15). Unverändert bleiben insoweit auch die Anforderungen an die vom Vorhabenträger **vorzulegenden Unterlagen** (→ Bd. 4, 9. BImSchV § 4 Rn. 1 ff.; vgl. auch Hentschel KommPraxSpez 2021, 135 (138)). Entsprechende Vorhabenauswirkungen sind über § 1a sowie § 4e Abs. 5 der 9. BImSchV zugleich Gegenstand der durchzuführenden **Umweltverträglichkeitsprüfung** im immissionsschutzrechtlichen Genehmigungsverfahren (Czajka in Feldhaus BImSchR Rn. 15).

75a Inzwischen bestehen über **Art. 6 der Dringlichkeitsverordnung 2022/2577/EU** des Rates vom 22.12.2022 allerdings weitere Ausnahmemöglichkeiten für die Mitgliedstaaten innerhalb gewisser von ihnen ausgewiesener Gebiete für erneuerbare Energien betreffend die arten- und vogelschutzrechtliche Prüfung und die Umweltverträglichkeitsprüfung (→ Rn. 23d, 23g). Ähnliche mitgliedstaatliche Ausnahmemöglichkeiten sind auch für die derzeit anstehende **Reform der RL 2018/2001/EU** für **Beschleunigungsgebiete** bzw. **„Go-To-Areas"** für erneuerbare Energien in Vorbereitung (→ Rn. 23a ff.). Vor diesem Hintergrund hat der Gesetzgeber nun einen neuen **§ 6 WindBG für Windenergiegebiete nach § 2 Nr. 1 WindBG** erlassen, wonach hier bei einem (Änderungs-)Genehmigungsverfahren für Windenergieanlagen eine **UVP** und eine **artenschutzrechtliche Prüfung iSd. § 44 Abs. 1 BNatSchG nicht durchzuführen** ist, soweit das Windenergiegebiet nicht in einem Natura-2000-Gebiet, einem Naturschutzgebiet oder einem Nationalpark liegt, wobei die Behörde Minderungsmaßnahmen anordnen muss bzw. vom Betreiber einen Ersatz verlangen kann. Das Gebiet muss vorher aber einer Umweltprüfung unterzogen worden sein (vgl. § 6 Abs. 1 WindBG).

Adressiert werden mit § 45c Abs. 2 BNatSchG die **artenschutzrechtlichen Zugriffsverbote** des § 44 Abs. 1 iVm Abs. 5 BNatSchG (→ Bd. 2, BNatSchG § 44 Rn. 6 ff.; Kloepfer/Durner Umweltschutzrecht § 12 Rn. 70; Schober/Calabro NVwZ 2022, 115). Diese werden bei der Genehmigung von Windenergieanlagen durch ihre Auswirkungen auf geschützte Fledermaus- oder Vogelarten besonders beim Verletzungs- bzw. Tötungsverbot aus **§ 44 Abs. 1 Nr. 1 BNatSchG**, ggf. aber auch beim Störungsverbot iSd **§ 44 Abs. 1 Nr. 2 BNatSchG** (jeweils iVm **§ 44 Abs. 5 BNatSchG**) bedeutsam. Diese Vorgaben sind von der Genehmigungsbehörde nach § 17 Abs. 1 BNatSchG im Rahmen des immissionsschutzrechtlichen Genehmigungsverfahrens zu prüfen (Czajka in Feldhaus BImSchR Rn. 15). Beim **Tötungs- und Verletzungsverbot** kommt es dabei auf eine individuenbezogene, nicht hingegen auf eine populationsbezogene Betrachtungsweise an (→ Bd. 2, BNatSchG § 44 Rn. 9). Der Tatbestand ist nach dem die höchstrichterliche Rechtsprechung des BVerwG nachzeichnenden § 44 Abs. 5 S. 2 Nr. 1 BNatSchG allerdings nur erfüllt, wenn es zu einer **signifikanten Erhöhung des Tötungs- bzw. Verletzungsrisikos** kommt, welches sich folglich in beachtlicher Weise von etwaigen natürlichen Risiken abheben muss. Ferner darf diese Beeinträchtigung auch bei Anwendung der gebotenen, fachlich anerkannten Schutzmaßnahmen nicht vermieden werden können (vgl. dazu aus neuerer Zeit etwa BVerwG NVwZ 2020, 788 (802) mwN; Kupke in Maslaton Windenergieanlagen Kap. 1 Rn. 147; Lau in Rehbinder/Schink Grundzüge des Umweltrechts Kap. 11 Rn. 121). Vgl. zum Störungsverbot iSd § 44 Abs. 1 Nr. 2 BNatSchG weiter → Bd. 2, BNatSchG § 44 Rn. 12; zum Schutz von Fortpflanzungs- und Ruhestätten iSd § 44 Abs. 1 Nr. 3 BNatSchG → Bd. 2, BNatSchG § 44 Rn. 15 ff. 76

Bei der für das Verfahren nach § 16b zuvörderst relevanten **Zulassung von Windenergieanlagen an Land** richtet sich die Beurteilung, ob iSd § 44 Abs. 5 S. 2 BNatSchG das **Tötungs- und Verletzungsrisiko kollisionsgefährdeter Brutvogelarten** signifikant erhöht ist, nunmehr nach den durch das „Vierte Gesetz zur Änderung des Bundesnaturschutzgesetzes" vom 20.7.2022 (BGBl. I 1362 ff.) eingeführten Neuregelungen in **§ 45b Abs. 2–5 BNatSchG** (eingehend Gellermann → Bd. 2, BNatSchG, § 45b Rn. 6 ff.). Hier werden bundeseinheitliche Anforderungen für die Beurteilung des signifikanten Tötungs- und Verletzungsrisikos von Brutvögeln durch den **Betrieb von Windenergieanlagen an Land** geregelt. Demgegenüber ist eine Risikoerhöhung durch die Errichtung von Windenergieanlagen von den neuen Regelungen nicht umfasst, auch auf die übrigen Verbotstatbestände aus § 44 Abs. 1 Nr. 2 und Nr. 3 BNatSchG findet sie keine Anwendung. Ebenso wenig gilt sie für betriebsbedingte Kollisionsgefährdungen von Ansammlungen sowie während der Zeiten des Vogelzuges (BT-Drs. 20/2354, 25; Löffler/Schwerdtfeger juris-PR UmwR 8/2022, Anm. C II 1). Gleiches gilt für die nicht in der Norm genannten Tierarten wie Zugvögel oder die Tierarten aus den Anhängen der FFH-RL 92/43/EWG wie zB streng geschützte Fledermausarten (Gellermann NuR 2022, 589 (590)). **Übergangsregelungen** sind in **§ 74 Abs. 4, 5 BNatSchG** vorhanden, der Vorhabenträger kann sich hiernach für einen Übergangszeitraum bis zum 1.2.2024 für die neuen oder alten Prüfungsvorgaben entscheiden. 77

Der Gesetzgeber möchte mit der Neuregelung in § 45b BNatSchG die Genehmigungsverfahren beschleunigen und überdies der jüngeren Rechtsprechung des **BVerfG** Rechnung tragen, welches der **naturschutzfachlichen Einschätzungsprärogative** für das Tötungs- bzw. Verletzungsrisiko (vgl. dazu etwa Tholen Das Artenschutzregime der Flora-Fauna-Habitat-Richtlinie, 136 ff.) über das Erfordernis einer zumindest untergesetzlichen Maßstabsbildung zuletzt Grenzen gesetzt hatte (BT-Drs. 20/20354, 25; Löffler/Schwerdtfeger juris-PR UmwR 8/2022, Anm. 1 C II. 1; s. dazu auch BVerfGE 149, 407 (412 ff.), → Bd. 2, § 44 BNatSchG Rn. 24 ff.; Eichberger NVwZ 2019, 1560 (1561 ff.)). Die **Unionsrechtskonformität** dieser Prüfungsvorgaben, die der Gesetzgeber für Brutvögel als **abschließend** verstanden wissen möchte (BT-Drs. 20/2354, 25; Attendorn NVwZ 2022, 1586 (1590); krit. Gellermann NuR 2022, 589 (591); Schlacke/Wentzien/Römling NVwZ 2022, 1577 (1578)) erscheint allerdings zweifelhaft (zur Unzulässigkeit gefährdungsorien- 78 tierter Legalausnahmen vor Art. 5 RL 2009/147/EG etwa EuGH ZUR 2021, 292 (294 f.); für Unionsrechtswidrigkeit der Neuregelung Gellermann → Bd. 2, BNatSchG, § 45b Rn. 9; Schlacke/Wentzien/Römling NVwZ 2022, 1577 (1578)). Infolge des neuen **Art. 6 der Dringlichkeitsverordnung VO 2022/2577/EU** des Rates und der geplanten Ausnahmemöglichkeiten für die **Reform der RL 2018/2001/EU** besteht hier absehbar freilich ein größerer mitgliedstaatlicher Regelungsspielraum innerhalb der von den Mitgliedsstaaten ausgewiesenen Gebiete für erneuerbare Energien (→ Rn. 23a ff., 23d, 23g).

79 **cc) Vorbelastungsprüfung (§ 45c Abs. 2 S. 2–4 BNatSchG).** Nach § 45c Abs. 2 S. 2 BNatSchG müssen bei einem Repowering iSd § 16b Abs. 1 von Windenergieanlagen an Land überdies die „**Auswirkungen der zu ersetzenden Bestandsanlage** (…) bei der artenschutzrechtlichen Prüfung als **Vorbelastung** berücksichtigt werden". § 45c Abs. 2 S. 2 BNatSchG stimmt inhaltlich mit der Vorgängerregelung in § 16b Abs. 4 S. 2 aF überein. Die Regelbeispiele in § 45c Abs. 2 S. 3 BNatSchG sowie die Vermutungsregelung in § 45c Abs. 2 S. 4 BNatSchG wurden hingegen erstmals durch das Vierte Gesetz zur Änderung des Bundesnaturschutzgesetzes vom 20.7.2022 (BGBl. I 1362 ff.) eingefügt und dienen dem Zweck, die artenschutzrechtliche Prüfung beim Repowering weiter zu konkretisieren (BT-Drs. 20/2354, 18; BT-Drs. 20/2658, 2).

80 Bei der Prüfung des Tötungs- und Verletzungsverbot iSd § 44 Abs. 1 Nr. 1 BNatSchG **lehnte** es die ober- und bundesverwaltungsgerichtliche **Rechtsprechung** bislang **ab**, die **Altanlage** als **Vorbelastung** in die Signifikanzprüfung **einzubeziehen**. Ein aufgrund bereits bestehender Anlagen erhöhtes Grundrisiko bzw. ein sog. „Belastungsbestandsschutz" wurde für die Anwendung der artenschutzrechtlichen Verbotstatbestände in der Folge für unbeachtlich erklärt (vgl. BVerwG BeckRS 2018, 7740 Rn. 11; BVerwG NVwZ 2017, 1294 (1304); OVG Greifswald BeckRS 2018, 19247 Rn. 80 f. und BeckRS 2021, 29456 Rn. 66; ebenso VGH Mannheim BeckRS 2018, 51759 Rn. 206; Agatz Windenergie-Handbuch, 247 f.; Schmidt/Sailer Reformansätze zum Genehmigungsrecht von Windenergieanlagen, 76; Kliem ER 2022, 22 (25)).

81 Demgegenüber ordnet § 45c Abs. 2 S. 2 BNatSchG nunmehr an, dass bei einem Anlagenrepowering iSd § 16b Abs. 1 die Auswirkungen der zu ersetzenden **Bestandsanlagen als „Vorbelastung"** zu berücksichtigen sind. Der Wortlaut des § 45c Abs. 2 S. 2 BNatSchG legt – wie bereits § 16b Abs. 4 S. 2 aF – eine Prüfung gerade daraufhin nahe, ob allein durch die Repowering-Maßnahme das Tötungs- und Verletzungsrisiko signifikant erhöht wird und diese Beeinträchtigung nicht durch die in § 44 Abs. 5 BNatSchG (bzw. § 45b Abs. 6 BNatSchG) genannten Schutzmaßnahmen ausgeschlossen werden kann. Auf der anderen Seite wurde in der Ausschussdrucksache zu § 16b Abs. 4 S. 2 aF aber klargestellt, dass Verschlechterungen des artenschutzfachlichen Ausgangszustandes über **die Schwelle der Signifikanz weiterhin unzulässig** bleiben sollten (BT-Drs. 19/30954, 12; Fischerauer/Appel UPR 2021, 328 (334); Walker juris-PR UmwR 10/2021, Anm. 1 C), womit eine Beschränkung auf die Zusatzbelastung jedenfalls nach der bisherigen Rechtsprechung nicht in Betracht kommen dürfte (→ Rn. 80; s. für § 16b Abs. 4 aF auch Agatz Windenergie-Handbuch, 248; Kliem ER 2022, 22 (25); offenlassend OVG Greifswald BeckRS 2021, 29456 Rn. 67). Gegen eine Beschränkung auf die Zusatzbelastung spricht tendenziell, dass die Altanlage nunmehr wegfällt und von ihr keine realen Auswirkungen mehr ausgehen können (Czajka in Feldhaus BImSchR Rn. 16). Gesetzgeberischer Wille dürfte demgegenüber vor allem gewesen sein, dass Repowering-Vorhaben dann zugelassen werden, wenn sich die artenschutzrechtliche Situation verglichen mit der Bestandsanlage insgesamt verbessert oder jedenfalls gleichbleibt (vgl. auch Lang in Säcker/Ludwigs Bd. 3 Teil 3 BImSchG § 16b Rn. 9; so für § 16b Abs. 4 S. 2 aF auch Czajka in Feldhaus BImSchR Rn. 16). Bestätigt wird dies nunmehr durch die neue **Vermutungs-**

regelung in § 45c Abs. 2 S. 4 BNatSchG, die für den Fall festgestellter geringerer oder gleicher Auswirkungen der Neuanlagen grundsätzlich bestimmt, dass die Signifikanzschwelle nicht überschritten wird (→ Rn. 85; → Bd. 2, BNatSchG, § 45c Rn. 7 f.).

Für die **genaue Prüfungsweise** finden sich erläuternde Regelbeispiele in § 45c Abs. 2 S. 3 BNatSchG. Hiernach sind „insbesondere" – also nicht ausschließlich – die nachfolgenden Aspekte in die Prüfung einzubeziehen: **82**

„1. Die Anzahl, die Höhe, die Rotorfläche, der Rotordurchgang und die planungsrechtliche Zuordnung der Bestandsanlagen,
2. die Lage der Brutplätze kollisionsgefährdeter Arten,
3. die Berücksichtigung der Belange des Artenschutzes zum Zeitpunkt der Genehmigung und
4. die durchgeführten Schutzmaßnahmen."

Darüber hinaus lassen sich noch die folgenden ergänzenden **Hinweise** zur Vorgängernorm des **§ 16b Abs. 4 S. 2 aF** aus der **Ausschussdrucksache** des federführenden Ausschusses für Umwelt, Naturschutz und nukleare Sicherheit (vgl. BT-Drs. 19/30954, 12 f.) auffinden, deren Inhalte sich auch auf § 45c Abs. 2 S. 2 BNatSchG übertragen lassen dürften: **83**

„Im Rahmen der Signifikanzprüfung ist grds. zu prüfen, ob durch die Änderungen im Rahmen des Repowerings die Belastungen für die vor Ort auftretenden Arten sinken oder steigen. Durch eine Verringerung der Anlagenanzahl und größeren Anlagenhöhen sind die Eingriffe in den Artenschutz in sehr vielen Fällen geringer. Dies resultiert insbesondere aus den mit den größeren Anlagenhöhen einhergehenden größeren Abständen zwischen Bodenniveau und unterer Rotorblattspitze, da in diesem Bereich ein überwiegender Anteil der Flugbewegungen vieler Vogelarten stattfindet. Bei der Signifikanzprüfung sind folgende Aspekte zu berücksichtigen:
1. Die Bestandsanlage ist als Vorbelastung zu werten. Sie wird im Rahmen des Repowering zurückgebaut und entfällt nach dem Repowering als Belastung;
2. bei der nachträglichen Ansiedlung geschützter Arten in der Nähe von Windenergieanlagen ist immer ein Gewöhnungseffekt zu prüfen;
3. die Veränderung des Abstandes zwischen Neuanlage zur geschützten Art im Verhältnis zum Abstand der Bestandsanlage zur geschützten Art;
4. die individuelle Flughöhe der geschützten Art sowie der Anlagenanzahl. Wie bereits ausgeführt ist regelmäßig davon auszugehen, dass durch eine Verringerung der Anlagenanzahl und größeren Anlagenhöhen die Eingriffe in den Artenschutz geringer sind. Dies resultiert insbesondere aus den mit den größeren Anlagenhöhen einhergehenden größeren Abständen zwischen Bodenniveau und unterer Rotorblattspitze, da in diesem Bereich ein überwiegender Anteil der Flugbewegungen vieler Vogelarten erfolgt;
5. das individuelle Flugverhalten zum Nahrungshabitat der geschützten Art"

Freilich erweist sich die Tauglichkeit der hier benannten **Kriterien**, mit denen unter anderem Vorgaben aus den landesrechtlichen Windenergieerlassen aufgegriffen werden (Fischerauer/Appel UPR 2021, 328 (334)), als **einzelfallabhängig** (vgl. auch Gellermann → Bd. 2, BNatSchG, § 45c Rn. 5). So ist namentlich bei einer Standortverschiebung iSd § 16b Abs. 2 S. 2 derzeit nicht abschließend fachwissenschaftlich geklärt, ob und inwieweit Gewöhnungseffekte oder eine Anlagenvorbelastung Auswirkungen auf geschützte Arten ausschließen können. Auch die genannte Verringerung der Anlagenzahl dürfte nicht immer ein Grund für eine verringerte Belastungsintensität sein, da mit ihr oftmals eine erhebliche Vergrößerung der Rotorfläche einhergehen wird. **84**

Soweit sich die Auswirkungen der Neuanlagen nach der Vorbelastungsprüfung unter Berücksichtigung der gebotenen, fachlich anerkannten Schutzmaßnahmen als gleich bzw. als geringer als die der zu ersetzenden Bestandsanlagen erweisen, bestimmt **§ 45c Abs. 2 S. 4 BNatSchG** in Form einer **Regelvermutung** (Löffler/Schwerdtfeger juris-PR UmwR 8/2022, Anm. C II 3), dass davon auszugehen ist, dass die Signifikanzschwelle in der Regel nicht überschritten ist. Dies steht allerdings unter dem Vorbehalt, dass sich **85** das Vorhaben außerhalb eines Natura-2000-Gebietes mit den in der Norm benannten kollisionsgefährdeten Arten befindet. Trotz des widerleglichen Charakters wird die Bestimmung vor den Richtlinienvorgaben kritisch beurteilt (für Unionsrechtswidrigkeit wegen Abweichung vom „Regelfall" des Tötungsverbotes aus Art. 5 Abs. 1 lit. a der Vogelschutz-RL 2009/147/EG etwa Gellermann → Bd. 2, BNatSchG, § 45c Rn. 8; Gellermann NuR 2022, 589 (597)). Die **materielle Beweislast** für ein dennoch signifikantes Tötungsrisiko liegt bei der Genehmigungsbehörde.

86 **dd) Ausnahmeerteilung.** Für den Fall, dass die Verbotstatbestände des § 44 Abs. 1, Abs. 5 BNatSchG berührt werden, besteht über § 45 Abs. 7 BNatSchG die Möglichkeit, im Ausnahmewege zur Zulässigkeit der Anlage zu gelangen. Hierzu bedarf es eines **Antrages** des Vorhabenträgers (→ Bd. 2, BNatSchG § 45 Rn. 21). Überdies ist das Vorliegen einer der in § 45 Abs. 7 S. 1 BNatSchG normierten **Ausnahmegründe** erforderlich (→ Bd. 2, BNatSchG § 45 Rn. 22 ff.). Auf eine eingehende Prüfung einer Ausnahmeerteilung im Rahmen des § 16b wurde durch den federführenden Ausschuss ausdrücklich hingewiesen (BT-Drs. 19/30954, 13), wobei von diesem betont wurde, dass **Alternativstandorte** regelmäßig nicht in Betracht kämen und zugleich die Bestandsanlage als Vorbelastung wegfalle.

87 Probleme bereitete bei Windenergieanlagen vielfach schon die Einschlägigkeit eines tauglichen **Ausnahmegrundes** iSd § 45 Abs. 7 S. 1 BNatSchG, der beinahe wörtlich den Ausnahmebestimmungen aus Art. 16 der FFH-Richtlinie nachempfunden ist (Tholen Das Artenschutzregime der Flora-Fauna-Habitat-Richtlinie im deutschen Recht, 159 ff.). So kam unter Verfolgung der Belange des Klimaschutzes zwar die Heranziehung des § 45 Abs. 7 S. 1 Nr. 5 BNatSchG in Betracht, der für die Zulassung die **„zwingenden Gründe des überwiegenden öffentlichen Interesses"** anführt. Friktionen traten jedoch bei einem Zugriff auf unionsrechtlich geschützte Vogelarten auf, da die enger formulierte Ausnahmeregelung des Art. 9 Abs. 1 Vogelschutz-RL 2009/147/EG – anders als Art. 16 Abs. 1 lit. c FFH-RL 92/43/EG – diese Ausnahme nicht aufführt.

Teilweise wurde eine Ausnahmeerteilung für Windenergieanlagen im Anwendungsfeld der Vogelschutz-RL 2009/147/EG daher abgelehnt (VG Gießen ZUR 2020, 430 (433 f.); VG des Saarlandes KlimR 2022, 158 (161); so auch Storost in Ule/Laubinger/Repkewitz § 6 C 17), teilweise wurde eine solche dennoch für möglich gehalten (weiterführend hierzu Gellermann NuR 2020, 178 (180 f.); Czudaj VR 2021, 367 (371 f.); Leisner-Egensperger NVwZ 2022, 745 (748 ff.)). Neben der Heranziehung ungeschriebener Ausnahmegründe oder einer Gleichstellung mit Art. 16 FFH-RL 92/43/EWG (vgl. OVG Münster ZUR 2021, 371 (372 f.)) wurde etwa die entsprechende Anwendung des Art. 9 Abs. 1 lit. c Vogelschutz-RL 2009/147/EG diskutiert (Lau in Rehbinder/Schink Grundzüge des Umweltrechts Kap. 11 Rn. 130). Daneben wurde auch die Heranziehung des Rechtfertigungsgrundes der **öffentlichen Sicherheit iSd Art. 9 Abs. 1 lit. a Spiegelstrich 1, Var. 2 Vogelschutz-RL 2009/147/EG** vorgeschlagen (vgl. VG Wiesbaden BeckRS 2020, 45272 Rn. 115 ff.; abl. Scheidler in Feldhaus BImSchR § 6 Rn. 79a; zur Diskussion eingehend → Bd. 2, BNatSchG § 45 Rn. 26 mwN).

Für **Windenergieanlagen an Land** hat der Gesetzgeber das Vorliegen eines Ausnahmegrundes nunmehr gesetzlich vorgegeben. Nach § 45b Abs. 8 Nr. 1 BNatSchG gilt § 45 Abs. 7 BNatSchG unter anderem mit der Maßgabe, dass der Betrieb von Windenergieanlagen im **überragenden öffentlichen Interesse** liegt und der **öffentlichen Sicherheit** dient (vgl. **§ 45 Abs. 7 S. 1 Nr. 4 BNatSchG;** dazu auch Attendorn NVwZ 2022, 1589 (1590)). Das entspricht der neuen Gewichtungsvorgabe in **§ 2 S. 1 EEG**. Allerdings wird die im Rahmen der Ausnahmeerteilung anzustellende Gewichtung auch über den relativen Abwägungsvorrang für erneuerbare Energien in § 2 S. 2 EEG dadurch nicht vollständig vorweggenommen, womit eine weitergehende Einzelfallabwägung erforderlich bleibt (Schlacke/Edenhofer u.a. WPKS, Stellungnahme Osterpaket, 10; Faßbender/Brade NuR

2022, 813 (816); vgl. auch Attendorn NVwZ 2022, 1586 (1590), der ein Überwiegen artenschutzrechtlicher Belange indes nur noch in atypischen Ausnahmefällen zulassen möchte). Freilich zeitigten diese bundesrechtlichen Festlegungen bislang keine Auswirkungen auf das Unionsrecht (vgl. auch Faßbender/Brade NuR 2022, 813 (816)), wobei der **EuGH** die Ausnahmegründe in der Vergangenheit relativ eng auslegte (vgl. EuGH NuR 2013, 718 Rn. 39 – Kommission./.Polen). Angesichts jüngster gesellschaftlicher Entwicklungen und drohender Energieversorgungsengpässe, die nicht zuletzt auch die sicherheitspolitischen Auswirkungen einer Energieversorgungsabhängigkeit von Drittstaaten haben anschaulich werden lassen, erscheint die Ablehnung dieses Ausnahmegrundes freilich nicht mehr in jeder Hinsicht zwingend (Leisner-Egensperger NVwZ 2022, 745 (748); krit. aber Gellermann NuR 2022, 589 (595)). Durch die derzeit **geplante Einfügung eines neuen Art. 16d in die RL 2018/2001/EU** im Rahmen der anstehenden Reform der RL 2018/2001/EU (→ Rn. 23a ff.) **sowie** den jüngst erlassenen **Art. 3 der Dringlichkeitsverordnung 2022/2577/EU vom 22.12.2022** (→ Rn. 23d) dürften diese rechtlichen Konflikte nunmehr allerdings aufgelöst werden (vgl. auch Schlacke/Wentzien/Römling NVwZ 2022, 1577 (1585); Faßbender/Brade NuR 2022, 813 (816); einschränkend unter Hinweis auf Art. 3 Abs. 2 S. 2 VO 2022/2577/EU aber Gellermann → Bd. 2, BNatSchG § 45b Rn. 43).

Zusätzliche **Erleichterungen für die Ausnahmeerteilung** für **Windenergieanlagen an Land** befinden sich in § 45b Abs. 8 Nr. 2–6 sowie § 45b Abs. 9 BNatSchG, die speziell für **Repowering-Vorhaben** iSd § 16b Abs. 1 und Abs. 2 durch § 45c Abs. 4 BNatSchG ergänzt werden. So wird die **Alternativenprüfung** in § 45b Abs. 8 Nr. 2 und Nr. 3 BNatSchG näher ausgestaltet, wobei Vorgaben zu Alternativstandorten unter Anlehnung an das neue WindBG (→ Rn. 96) getroffen werden (→ Bd. 2, BNatSchG § 45b Rn. 46 ff.). Im Falle eines **Repowerings einer Windenergieanlage iSd § 16b Abs. 1, 2** (iVm § 45c Abs. 1 BNatSchG) gilt hierzu nach § 45c Abs. 4 BNatSchG, dass Standortalternativen für den Antragsteller regelmäßig unzumutbar sind. Dies steht jedoch unter dem Vorbehalt, dass sich der Anlagenstandort nicht in einem Natura-2000-Gebiet mit kollisionsgefährdeten oder störungsempfindlichen Vogel- oder Fledermausarten befinden darf. Hinsichtlich des günstigen Erhaltungszustandes sind die Privilegierungen in § 45b Abs. 8 Nr. 4, 5 BNatSchG zu beachten (vgl. Gellermann NuR 2022, 589 (595)). Über § 45b Abs. 8 Nr. 6 BNatSchG wird das ansonsten bestehende behördliche Ausnahmeermessen beseitigt, sodass der Vorhabenträger unter den hier geregelten Voraussetzungen einen **Rechtsanspruch auf Ausnahmeerteilung** erhält (BT-Drs. 20/2354, 28). § 45b Abs. 9 BNatSchG regelt die für die Ausnahmeerteilung ggf. anzuordnenden Schutzmaßnahmen für Brutvogelarten iSd Anl. 1 Abschn. 1 zum BNatSchG abschließend und bestimmt **Höchstbeträge für den Verlust des Jahresenergieertrages** für den Fall ggf. anzuordnender Abschaltmaßnahmen (sog. „Basisschutz", BT-Drs. 20/2354, 28; für Unionsrechtswidrigkeit Gellermann → Bd. 2, BNatSchG § 45b Rn. 57). 88

b) Kompensationen bei naturschutzrechtlichen Eingriffen (§ 45c Abs. 3 BNatSchG). § 45c Abs. 3 BNatSchG enthält eine Sonderregelung für **die naturschutzrechtliche Eingriffsprüfung** (§§ 13 ff. BNatSchG; zur Prüfungsstruktur → Bd. 2, BNatSchG § 15 Rn. 3 ff.), die im Übrigen Teil der gem. § 16b Abs. 4 nF unverändert zu prüfenden „anderen öffentlich-rechtlichen Vorschriften" iSd § 6 Abs. 1 Nr. 2 ist (vgl. § 17 Abs. 1 BNatSchG; dazu auch Czajka in Feldhaus BImSchR Rn. 16). Die Regelung entspricht weitestgehend ihrer Vorgängerregelung in § 16b Abs. 4 S. 3 aF (BT-Drs. 20/2354, 29), allerdings ist auch sie entsprechend dem neu in § 45c Abs. 1 BNatSchG geregelten Anwendungsbereich auf Modernisierungsmaßnahmen iSd **§ 16b Abs. 1 und 2 bei Windenergieanlagen an Land** beschränkt (→ Rn. 74). Die Norm adressiert die Kom- 89 pensationsleistung iSd § 15 Abs. 2 S. 1 BNatSchG durch Ausgleich- oder Ersatzmaßnahmen für **unvermeidbare Beeinträchtigungen des Landschaftsbildes** (→ Bd. 2, BNatSchG § 45c Rn. 11). Nicht durch § 45c Abs. 3 BNatSchG modifiziert werden demgegenüber die in § 14 Abs. 1 BNatSchG ebenso genannten Beeinträchtigungen des Naturhaushalts oder der belebten Bodenschicht, die zB bei einem Ausbau der Zufahrtswege oder der Fundamente einer Windenergieanlage vorliegen können (zu § 16b Abs. 4 aF etwa Hentschel KommPraxSpez 2021, 135 (138); Kliem ER 2022, 22 (26)).

90 Die Regelung bewirkt, dass ein Ausgleich für die Neuanlage nur insoweit erforderlich ist, als dass die durch die Neuanlage bewirkten Eingriffe in Natur und Landschaft über die bisherigen hinausgehen, da entsprechende Kompensationen nunmehr übertragen werden können (vgl. zu § 16b Abs. 4 S. 3 aF Czajka in Feldhaus BImSchR Rn. 16). Soweit sich die Regelung auf **„bereits geleistet[e]" Kompensationen** beschränkt, scheint aus dem insoweit missverständlichen Wortlaut allerdings zu folgen, dass Kompensationsmaßnahmen für eine Anrechnung abgeschlossen sein müssen. Damit würde eine beachtliche Verschärfung der bisher in der Praxis gelebten und durch die Rechtsprechung akzeptierten Zulassungsanforderungen eintreten. So konnte bei einem Repowering bislang auch der bei der Genehmigungserteilung noch unvollendete **Anlagenrückbau** als Maßnahme der partiellen Realkompensation in Abzug gebracht werden, womit sich die Ausgleichsmaßnahme bei einer höheren Anlage etwa auf die Höhendifferenz beschränken konnte (vgl. VGH München NVwZ-RR 2014, 920 (921); Agatz Windenergie-Handbuch, 214; Operhalsky/Fechler ZUR 2016, 649 (654); Kliem ER 2022, 22 (26); siehe zB auch Ziff. 8.2.2.1 des Windenergieerlasses NRW, MBl. NRW 2018, 258; Ziff. 3.6.4.2.2 des Windenergieerlasses Niedersachsen, MU-52-29211/1/305; Ziff. 8.3.3 lit. a, b des Windenergieerlasses Bayern, 2129.1-W). In Anbetracht des vom Gesetzgeber verfolgten Zwecks der Verfahrensbeschleunigung sprechen die besseren Gründe dafür, die Bestimmung als partielle **Sonderregelung** nur für den Bereich der **bereits erbrachten Kompensationsleistungen** anzusehen. Daneben bleiben die **bisherigen Anrechnungsmethoden** für das Repowering **anwendbar** (Agatz Arbeitshilfe BNatSchG-Novelle 2022, 22; Kliem ER 2022, 22 (26)).

91 **c) Zulassung in Landschaftsschutzgebieten (§ 26 Abs. 3 BNatSchG).** Durch Art. 1 Nr. 2 des Vierten Gesetzes zur Änderung des Bundesnaturschutzgesetzes vom 20.7.2022 (BGBl. 1362 ff.) wurde für die Windenergiezulassung überdies eine neue **Ausnahmeregelung zu den Zulassungsverboten des § 26 Abs. 2 BNatSchG** in Landschaftsschutzgebieten geschaffen. Die Norm tritt gem. Art. 3 Abs. 2 ab dem 1.2.2023 in Kraft. Sofern die Zulassung in einem festgesetzten Windenergiegebiet iSd § 2 WindBG (→ Rn. 96) stattfindet, sind Errichtung und Betrieb von Windenergieanlagen und zugehörigen Nebenanlagen nicht verboten (§ 26 Abs. 3 S. 1 BNatSchG; krit. Gellermann NuR 2022, 589 (589 f.); Spannowsky ZfBR 2023, 18 (22); eingehend auch → Bd. 2, BNatSchG § 26 Rn. 21 ff.), wobei dies selbst dann gilt, wenn die Unterschutzstellung iSd § 22 Abs. 1 BNatSchG Abweichendes bestimmt (§ 26 Abs. 3 S. 2 BNatSchG). Ausnahmen und Befreiungen sind in diesem Falle obsolet (§ 26 Abs. 3 S. 3 BNatSchG). Diese Wirkungen treten auch außerhalb von Windenergiegebieten ein, solange das Land seine (Teil-)Flächenziele nach dem WindBG nicht erfüllt hat, wobei die Regelung aber in Gänze keine Anwendung findet, wenn es um ein Natura-2000-Gebiet oder Welterbe-Gebiete geht (§ 26 Abs. 3 S. 4 u. S. 5 BNatSchG).

92 **3. Insbesondere: WEA-Repowering und Bauplanungsrecht. a) Überblick über die bisherige planungsrechtliche Lage.** Eine hervorgehobene Rolle beim Repowering von Windenergieanlagen nimmt ebenso das Bauplanungsrecht ein. So scheiter-

te das Ausbauziel für Windenenergie bisher im überwiegenden Umfang an den bauplanungsrechtlichen Vorschriften bzw. an dem durch diese induzierten Problem der **Flächenverfügbarkeit** (Kümper DÖV 2021, 1056 (1056); Dix NVwZ 2020, 184 (185 f.); Kment NVwZ 2022, 1153 jeweils mwN).

Zwar waren Windenergieanlagen nach § 35 Abs. 1 Nr. 5 BauGB auch bislang im Außenbereich privilegiert, indes stand diese Privilegierung über **§ 35 Abs. 3 S. 3 BauGB** unter einem „Planvorbehalt" (Kloepfer Umweltrecht § 11 Rn. 354; Kümper DÖV 2021, 1056 (1057); Grigoleit/Engelbert/Strothe/Klanten NVwZ 2022, 512 (513)). Damit konnte zB bei einer anderweitigen Standortzuweisung durch **Konzentrationszonen** im Flächennutzungsplan oder durch **Ziele der Raumordnung** die planungsrechtliche Privilegierung wegen des Entgegenstehens öffentlicher Belange wieder entfallen (Falke in Maslaton Windenergieanlagen Kap. 1 Rn. 243 ff., Rn. 279 ff.; Scheidler UPR 2022, 321 (322); vgl. auch Raschke/Roscher ZfBR 2022, 531 (533)). Entsprechende Planungen hatten also eine Ausschlusswirkung, die auch gegenüber Repowering-Vorhaben iSd § 16b Abs. 1 uneingeschränkt galt (Hermsdorf ZUR 2022, 341 (349)). In der Praxis stellte sich überdies nicht selten das Problem der (unzulässigen) **Verhinderungs- bzw. Feigenblattplanung** (vgl. dazu weiter BVerwGE 117, 287 (295); 145, 231 (237); Kümper DÖV 2021, 1056 (1057); Grigoleit/Engelbert/Strothe/Klanten NVwZ 2022, 512 (513)). Probleme bereiteten bei geplanten Repowering-Maßnahmen häufig auch **Darstellungen in älteren Raumordnungs- oder Flächennutzungsplänen**, die Windenergieanlagen mit einer geringen Gesamthöhe vorsahen, welche nicht mehr dem Stand der Technik entsprachen bzw. nicht mehr am Markt erworben werden konnten und zu einer wirtschaftlichen Verhinderung von Repowering-Vorhaben führten (Hermsdorf ZUR 2022, 341 (348); Walker juris-PR UmwR 10/2021, Anm. 1 D).

In diesem Fall können mitunter Abwägungsfehler bei der Aufstellung von Änderungsplänen auftreten (OVG Münster Urt. v. 25.1.2021 – 2 D 98/19.NE, juris Rn. 128), auch kann eine zwischenzeitlich eingetretene **Funktionslosigkeit der planungsrechtlichen Festsetzungen** zu erwägen sein (vgl. Dix NVwZ 2020, 184 (186 f.)). Das VG Braunschweig entschied jüngst trotz Überschreitung einer Höhenbegrenzung von 100m in einem Flächennutzungsplan um 107m, dass für ein **„Entgegenstehen"** iSd § 35 Abs. 3 BauGB eine weitere nachvollziehende Abwägung mit den Belangen des Klimaschutzes aus § 1 S. 3 KSG und Art. 20a GG durchzuführen sei, die zur Zulässigkeit des Vorhabens führen könne (VG Braunschweig KlimR 2022, 319 (320 ff.)).

Weitreichende Zulassungshemmnisse traten zudem durch die 2014 eingeführte und 93 mit dem „Gesetz zur Vereinheitlichung des Energieeinsparrechts für Gebäude und zur Änderung weiterer Gesetze" vom 8.8.2020 (BGBl. I 1728 ff.) überarbeitete **Länderöffnungsklausel für Windenergieausbaumaßnahmen** (§ 249 Abs. 3 BauGB) ein. Mit auf diese Öffnungsklausel gestützten Landesgesetzen durfte die Außenbereichsprivilegierung iSd § 35 Abs. 1 Nr. 5 BauGB innerhalb von Mindestabständen bis zu 1000m von der Mitte des Mastfußes einer Windenergieanlage bis zur nächstgelegenen Wohnnutzung ausgeschlossen werden (weiterführend Decker ZfBR 2021, 19 ff.). Im Falle entsprechender landesrechtlicher Vorgaben handelt es sich bei Windenergieanlagen innerhalb der Mindestabstände wieder um regelmäßig unzulässige „sonstige Vorhaben" iSd § 35 Abs. 2 BauGB (Söfker in BeckOK BauGB § 249 Rn. 20). Insoweit ergibt sich für die Unzulässigkeit auch durch die neue **Gewichtungsvorgabe des § 2 EEG** nichts Anderes, da diese die Beeinträchtigung öffentlicher Belange iSd § 35 Abs. 2 BauGB nicht verhindert (Schlacke/Wentzien/Römling NVwZ 2022, 1577 (1579)). Hinsichtlich der Mindestabstände genossen **bestehende Anlagen** zwar Bestandsschutz. Die Bestimmung erlaubte im Übrigen aber die Entprivilegierung sämtlicher Errichtungs- oder Änderungsvorhaben iSd § 29 Abs. 1 BauGB (Mitschang/Reidt in Battis/Krautzberger/Löhr BauGB § 249 Rn. 19). Entsprechende landesrechtliche Abstandsvorgaben können ein Repowering daher unabhängig davon erfassen, ob eine Neu- oder Änderungsgenehmigung erforderlich ist (→ Rn. 14 ff.). Derartige Landesgesetze wurden etwa in **NRW** (**§ 2 Abs. 1 BauGB-AG NRW**) in **Sachsen** (**§ 84 SächsBO**, vgl. für das Repowering aber nunmehr § 84 Abs. 4 SächsBO) und **Brandenburg** (**§ 1 BbgWEAAbG**) erlassen, in weiteren Bundesländern werden diese vorbereitet (vgl. auch Raschke/Roscher ZfBR 2022, 531 (532)). Für die ehemals noch fortgeltende **„10-H-Regelung"** in **Bayern** (**Art. 82 Abs. 1 BayBO**) wurde für das Anlagenrepowering iSd § 16b Abs. 1, Abs. 2 in der am 31.8.2021 geltenden Fassung des BImSchG mit Wirkung zum 16.11.2022 (BayGVBl. 2022, 650 ff.) eine Ausnahme geschaffen, sodass für diese Fälle nur noch ein fester **Mindestabstand von 1000m zu Wohngebäuden** greift (Art. 82b Abs. 5 Nr. 4, Art. 82a BayBO; Decker ZfBR 2022, 735 (737 f.)). Ob die Länder das **Anlagenrepowering** zukünftig weiter privilegieren und die Abstandsregelungen für diese Vorhaben abschaffen (so geplant etwa in NRW, vgl. den Gesetzentwurf der Landesregierung vom 13.12.2022, LT-NRW-Drs. 18/2140, 4), bleibt abzuwarten, denn auch unter der Ägide des neuen Wind-an-Land-Gesetzes werden Mindestabstandsregelungen der Länder nicht per se ausgeschlossen (→ Rn. 97, 98).

94 Standen der Windenenergieanlage weder § 35 Abs. 3 S. 3 BauGB noch öffentliche Belange iSd § 35 Abs. 2, 3 BauGB im Falle landesrechtlicher Abstandsregelungen entgegen, war deren **optisch bedrängende Wirkung** über das **Rücksichtnahmegebot** des § 15 Abs. 1 S. 2 BauNVO zu prüfen (BVerwG NVwZ 2007, 336 (337)). Den richterrechtlich ausgeformten Abwägungsprozess hat der Gesetzgeber nun teilweise in einem **neuen § 249 Abs. 10 BauGB** kodifiziert und die Anforderungen für eine optisch bedrängende Wirkung hierbei erhöht (→ Rn. 99). Verstöße gegen das Rücksichtnahmegebot können sich bei Windenergieanlagen ferner durch Auswirkungen auf **seismologische Messstationen** (BVerwG NVwZ 2021, 1075 ff.) oder durch den **„Windklau"** von anderen Windenergieanlagen (BVerwG ZfBR 2019, 579 ff.; vgl. dazu auch Scheidler in Feldhaus BImSchR § 6 Rn. 50) ergeben.

95 **b) Neuerungen durch das Wind-an-Land-Gesetz.** Durch das „Gesetz zur Erhöhung und Beschleunigung des Ausbaus von Windenergieanlagen an Land" („Wind-an-Land-Gesetz", BGBl. I 1353 ff.) vom 20.7.2022 wurden die bauplanungsrechtlichen Vorgaben für die Windenergieanlagenzulassung weitreichenden Modifikationen unterzogen, um bis zum Jahr 2032 insgesamt **2 Prozent des Bundesgebietes** für Windenergieanlagen an Land auszuweisen (BT-Drs. 20/2355, 17). Die Neuregelungen treten nach **Art. 5 des Wind-an-Land-Gesetzes am 1.2.2023 in Kraft**. Neben dem Neuerlass eines sog. „Windenergieflächenbedarfsgesetz" (WindBG), enthält das Wind-an-Land-Gesetz umfangreiche Änderungen der § 35 und § 249 BauGB und Übergangsregelungen in einem neuen § 245e BauGB.

96 Über das **WindBG** wird zunächst ein Auftrag zur windenergiebezogenen Raumplanung für die einzelnen Bundesländer begründet. Hierzu wird den Ländern (bzw. über sie auch regionalen oder kommunalen Planungsträgern) die Verpflichtung auferlegt, einen ihnen zugewiesenen Anteil ihrer Landesfläche durch sog. „Windenergiegebiete" (vgl. § 2 Nr. 1 WindBG) für Windenergie auszuweisen und nach Maßgabe des § 5 WindBG festzustellen und bekanntzumachen, wobei die diesbezüglichen Zeitpunkte und Flächen(teil)ziele § 3 Abs. 1 sowie Anl. 1, Spalte 1 und 2 WindBG zu entnehmen sind (dazu auch Kment NVwZ 2022, 1153 (1154 ff.); Scheidler UPR 2022, 321 (323 ff.)). Das Gesamtziel ist für das Ende des Jahres 2032 vorgesehen, ein Teilziel für das Ende des Jahres 2027 (Scheidler UPR 2022, 321 (323); Raschke/Roscher ZfBR 2022, 531 (534); zu den einzelnen Terminen Schmidt-Eichstaedt ZfBR 2023, 10 ff.). Die **Rechtsfolgen** der Erfüllung bzw. Nichterfüllung der **Flächenausweisungspflichten** des WindBG folgen

sodann aus dem **Bauplanungsrecht**, dessen Vorgaben eng mit denen des WindBG verzahnt wurden (Löffler juris-PR UmwR 7/2022, Anm. III. 2). Hierzu wurde vom Bundesgesetzgeber zunächst § 35 Abs. 1 Nr. 5 nF BauGB dahingehend abgeändert, dass die Außenbereichsprivilegierung für Windenergieanlagen nur noch „nach Maßgabe des § 249 BauGB" gilt, der in seinen inhaltlich umfangreichen „Sonderregelungen für Windenergieanlagen an Land" die Frage der planungsrechtlichen Zulässigkeit zu weiten Teilen vom Erreichen bzw. Verfehlen der jeweiligen Flächenausweisungsziele abhängig macht. Die **unbeschränkte Außenbereichsprivilegierung** für Windenergieanlagen an Land wird hiermit zum wesentlichen **Druckmittel** für die Bundesländer gemacht. Die ehemalige Konzentrationsflächenplanung iSd § 35 Abs. 3 S. 3 BauGB wird nunmehr durch das neue WindBG und die mit ihm einhergehenden Änderungen im BauGB ersetzt (Schlacke/Edenhofer u.a. WPKS Stellungnahme Osterpaket, 13).

So ist nach § 249 Abs. 1 nF BauGB die Ausschlussregelung des **§ 35 Abs. 3 S. 3 nF BauGB** bei der Zulassung von Windenergieanlagen an Land **nicht mehr anzuwenden**, mit der Folge, dass grundsätzlich die Außenbereichsprivilegierung nach § 35 Abs. 1 Nr. 5 nF BauGB eingreift. Für **Bestandsplanungen**, die bis zum 1.2.2024 wirksam geworden sind, ist jedoch die **Übergangsfrist** des **§ 245e Abs. 1 BauGB** zu beachten (Kment NVwZ 2022, 1153 (1158 f.); Scheidler UPR 2022, 321 (322 f.)). Die Rechtswirkungen des § 35 Abs. 3 S. 3 BauGB entfallen hier erst mit dem Erfüllen des Teilflächenzieles aus § 5 Abs. 1 oder Abs. 2 WindBG, spätestens aber mit Ablauf des 31.12.2027. Für **Repoweringvorhaben** iSd § 16b Abs. 1, 2 findet diese Übergangsregelung nach § 245e Abs. 3 BauGB hingegen (grundsätzlich) keine Anwendung (→ Rn. 98).

Für den Fall des **Erreichens der Flächenausweisungsziele** iSd § 5 Abs. 1, 2 WindBG bestimmt § 249 Abs. 2 nF BauGB sodann, dass die ausgewiesenen Windenergiebiete mit der Feststellung der Erreichung des Flächenbeitragswertes eine Konzentrationswirkung innehaben, womit Windenergieanlagen außerhalb dieser Gebiete zu nichtprivilegierten Vorhaben iSd § 35 Abs. 2 BauGB werden (Kment NVwZ 2022, 1153 (1157); Scheidler UPR 2022, 321 (326)). Die vorbenannte Rechtsfolge beschränkt sich indes auf das Gebiet der jeweiligen Region oder Gemeinde, wenn das Land regionale oder kommunale Teilflächenziele (§ 3 Abs. 2 S. 1 Nr. 1, S. 2 WindBG) vorgesehen hat und deren Erreichen festgestellt wird. Soweit bereits davor Planungsverfahren für Windenergiegebiete laufen, besteht nach § 245e Abs. 2 iVm § 15 Abs. 3 BauGB allerdings die Möglichkeit einer **Zurückstellung des Baugesuchs**.

Sobald und solange die länderspezifischen **Flächenbeitragswerte bzw. Flächenziele** nach Ablauf des Stichtages iSd § 3 Abs. 1 S. 2 WindBG (vgl. Schlacke/Edenhofer u.a. WPKS Stellungnahme Osterpaket, 13) **nicht erreicht werden**, entfällt die in § 249 Abs. 2 nF ermöglichte Konzentrationswirkung der ausgewiesenen Windenergiegebiete, womit Windenergieanlagen iSd § 35 Abs. 1 Nr. 5 BauGB privilegierte Vorhaben darstellen (§ 249 Abs. 7 Nr. 1 BauGB; Raschke/Roscher ZfBR 2022, 531 (536); Spannowsky ZfBR 2023, 18 (22)). Ihnen können in diesem Fall weder Darstellungen in einem Flächennutzungsplan, Ziele der Raumordnung oder sonstige Maßnahmen der Landesplanung entgegengehalten werden (§ 249 Abs. 7 Nr. 2 BauGB), womit sich die Windenergieanlagen frei im Außenbereich entfalten können (Kment NVwZ 2022, 1153 (1157); Scheidler UPR 2022, 321 (327)). Ebenso drohen Folgen für landesrechtliche Mindestabstandsregelungen für Windenergieanlagen (→ Rn. 97).

Ein **Überschreiten der Flächenausweisungsziele** ist ohne Weiteres weiterhin legitim, da es sich bei diesen gem. § 249 Abs. 4 BauGB lediglich um Mindestziele handelt.

Landesrechtliche Mindestabstandsregelungen für Windenergieanlagen mit 97 einem Abstand von bis zu 1000m von der Mitte des Mastfußes bis zu den nächstgelegenen im Landesgesetz bezeichneten zulässigen baulichen Nutzungen für Wohnflächen sind weiterhin über § 249 Abs. 9 BauGB möglich, die ehemalige Regelung des § 249 Abs. 3 BauGB aF geht in diesem neuen Absatz auf (Scheidler UPR 2022, 321 (327)). Bereits erlassene Landesgesetze gelten auf Grundlage des § 249 Abs. 9 S. 4 BauGB fort. Dies steht allerdings gem. § 249 Abs. 7 S. 2 BauGB unter dem Vorbehalt, dass das Land seine ihm nach § 3 Abs. 3 WindBG obliegenden Nachweispflichten erfüllt bzw. der landesrechtliche Flächenbeitragswert bzw. das landesrechtliche Teilflächenziel iSd § 3 Abs. 1, 2 WindBG zum jeweiligen Stichtag erreicht wird. Anderenfalls verlieren sie ihre Wirkung. Überdies ist für diese Landesgesetze bis zum 31.5.2023 zu regeln, dass die Mindestabstände nicht mehr auf Flächen innerhalb der Windenergiegebiete iSd § 2 Nr. 1 WindBG anzuwenden sind (§ 249 Abs. 9 S. 5 BauGB; dazu auch Schmit-Eichstaedt ZfBR 2023, 10 (12)). Bei einer Verletzung dieser Pflicht ist dem Bundesland die Kompetenzgrundlage für die Abstandsflächenregelung entzogen (Scheidler UPR 2022, 321 (327)).

98 Das **Anlagenrepowering von Windenergieanlagen** an Land iSd § 16b Abs. 1, 2 wird künftig einerseits im Rahmen der Übergangsfristen des § 245e BauGB, andererseits hinsichtlich des Eintritts der Konzentrationswirkung in § 249 Abs. 2 nF BauGB **privilegiert.** So bestimmt **§ 245e Abs. 3 nF BauGB**, dass die Rechtswirkungen aus § 35 Abs. 3 S. 3 BauGB einem entsprechenden Repowering-Vorhaben trotz der eigentlich zu beachtenden Übergangsfrist des § 245e Abs. 1 BauGB regelmäßig nicht mehr entgegengehalten werden können, wenn nicht die Grundzüge der Planung berührt werden. Keine Anwendung findet die Privilegierung des § 245e Abs. 3 BauGB aber, wenn das Vorhaben in einem Natura-2000-Gebiet iSd § 7 Abs. 1 Nr. 8 BNatSchG oder einem Naturschutzgebiet iSd § 23 BNatSchG realisiert werden soll. Der erst im federführenden Ausschuss neu eingefügte **§ 249 Abs. 3 BauGB nF** (BT-Drs. 20/2583, 17) sieht überdies vor, dass die nach Maßgabe des § 249 Abs. 2 BauGB eintretende **Konzentrationswirkung** auch für den Fall des Erreichens der Flächenausweisungsziele einem **Repowering** iSd § 16b Abs. 1, 2 **bis zum 31.12.2030 nicht entgegengehalten werden kann**, wenn dieses nicht innerhalb eines Natura-2000-Gebietes iSd § 7 Abs. 1 Nr. 8 BNatSchG oder eines Naturschutzgebiets iSd § 23 BNatSchG liegt. Eine hiervon unabhängige Absicherung des Anlagenrepowerings **außerhalb der Windenergiegebiete** auch gegenüber **landesrechtlichen Mindestabstandsklauseln** (→ Rn. 93, 98) hat der Bundesgesetzgeber hingegen nicht vorgesehen, sodass diese einem Repowering-Vorhaben unter den oben genannten Vorbehalten (→ Rn. 97) weiterhin die Außenbereichsprivilegierung entziehen können.

99 **c) Optisch bedrängende Wirkung von Windenergieanlagen.** Für die Prüfung der optisch bedrängenden Wirkung von Windenergieanlagen über das **bauplanungsrechtliche Rücksichtnahmegebot (§ 15 Abs. 1 S. 2 BauNVO)** als entgegenstehender öffentlicher Belang iSd § 35 Abs. 3 BauGB bediente sich die Rechtsprechung bisher eines mehrstufigen Abwägungsprozesses, der durch einen über die **Gesamthöhe der Windenergieanlage** (Nabenhöhe zzgl. Rotorradius) ermittelten **Mindestabstand** vorbestimmt wurde: Während bei einem Abstand von mindestens dem Dreifachen der Anlagengesamthöhe ein Verstoß gegen das Rücksichtnahmegebot regelmäßig ausschied, sollte bei einer Unterschreitung eines Abstandes von weniger als dem Zweifachen der Gesamthöhe ein Verstoß in der Regel anzunehmen sein. Dazwischen kam es auf eine Einzelfallabwägung an, in der zB topografische Aspekte, die Höhe und der Standort der Windenergieanlage, der Rotordurchmesser, der Blickwinkel, die Hauptwindrichtung sowie die Lage der Aufenthaltsräume und der Fenster möglicherweise betroffener Nachbarbauten einzubeziehen waren (jüngst etwa OVG Münster BeckRS 2022, 13643 Rn. 33 ff.; vgl. auch OVG Münster BeckRS 2006, 25596 Rn. 51 ff., 67 ff.; VGH München NVwZ 2009, 338 (339); Müller in Maslaton Windenergieanlagen Kap. 1 Rn. 105 ff; Agatz Windenergie-Handbuch, 196); Scheidler VR 2012, 397 (399)).

99a Um den Windenergieausbau zur Bekämpfung der Energiekrise infolge des Russland-Ukraine-Krieges weiter voranzutreiben und kurzfristig neue Flächen für den Ausbau erneuerbarer Energien bereitzustellen (vgl. BT-Drs. 20/4227, 2), hat der Bundesgesetzgeber das „Gesetz zur sofortigen Verbesserung der Rahmenbedingungen für die erneuerbaren Energien im Städtebaurecht“ vom 4.1.2023 (BGBl. I Nr. 6 v. 11.1.2023) erlassen, das die

Prüfung der optisch bedrängenden Wirkung in einem **neuen § 249 Abs. 10 BauGB** konkretisiert. Die endgültig beschlossene und zuvor durch den beratenden 24. Ausschuss geänderte Gesetzesfassung (BT-Drs. 20/4704, 8, 19; vgl. auch den Entwurf der Bundesregierung unter BT-Drs. 20/4227, 8, 15) sieht nunmehr vor, dass bei einem Abstand von mindestens dem **Zweifachen** der **Gesamthöhe der Anlage** (Nabenhöhe zzgl. Rotorradius, vgl. § 249 Abs. 10 S. 2 BauGB) von der Mitte des Mastfußes der Windenergieanlage bis zu einer zulässigen baulichen Wohnnutzung regelmäßig nicht von einer Verletzung des Rücksichtnahmegebotes auszugehen ist **(„2-H-Regel")**. Damit wird die vormals anzustellende Einzelfallabwägung bei einem Abstand zwischen der zwei- und dreifachen Anlagengesamthöhe durch den Gesetzgeber nun in Richtung einer grundsätzlichen Zulässigkeit des Vorhabens gelenkt.

D. Verfahrensrechtliche Vorgaben für das Repowering

Durch die neuen § 16b Abs. 5 und Abs. 6 werden überdies **partielle Sonderregelungen für das Genehmigungsverfahren** bei Repowering-Vorhaben iSd § 16b Abs. 1, 2 geschaffen. Diese finden gem. § 16b Abs. 7 S. 2 und § 16b Abs. 8 S. 2 auch auf die neu eingefügten Sondervorschriften für Windenergieanlagen Anwendung. Neben den in den Absätzen 5 und 6 nur teilweise normierten Verfahrensregelungen gelten die Vorschriften für das immissionsschutzrechtliche Genehmigungsverfahren, das sich – je nach der konkreten Zuweisung in Anh. 1 zur 4. BImSchV (→ § 10 Rn. 30) – nach den Verfahrensregelungen für das förmliche (→ § 10 Rn. 1 ff.) oder das vereinfachte Genehmigungsverfahren (→ § 19 Rn. 1 ff.) richtet. Über § 23b Abs. 3a Nr. 4 gelten die Regelungen bei genehmigungsfreien Anlagen auch im störfallrechtlichen Genehmigungsverfahren nach § 23b entsprechend, dürften hier allerdings weitestgehend leerlaufen (→ § 23b Rn. 49i). 100

Überdies sind für die von § 16b umfassten Repowering-Vorhaben die **ergänzend zu beachtenden Regelungen für Anlagen iSd Richtlinie 2018/2001/EU** in **§ 10 Abs. 5 S. 2 und S. 3 nF** (→ § 10 Rn. 108a) sowie in **§ 10 Abs. 5a** (→ § 10 Rn. 270a ff.) zu beachten. Wegen der subsidiären Anwendbarkeit des § 16 (→ Rn. 18) sind auch die verfahrensrechtlichen Privilegierungen für das Änderungsgenehmigungsverfahren in § 16 Abs. 2 (dazu → § 16 Rn. 123 ff.) und § 16 Abs. 3 (vgl. → § 16 Rn. 147 ff.) entsprechend heranzuziehen (→ Rn. 18; vgl. zur Höchstfrist aus Art. 5 Abs. 1 VO 2022/2577/EU aber → Rn. 23 f.).

I. Verzicht auf den Erörterungstermin (§ 16b Abs. 5)

§ 16b Abs. 5 enthält eine **Sonderregelung** für die Durchführung des **förmlichen Genehmigungsverfahrens** bei Repowering-Vorhaben iSd § 16b Abs. 1. Nur dieses sieht – im Unterschied zum vereinfachten Genehmigungsverfahren – einen fakultativen Erörterungstermin vor, dessen Festsetzung im Ermessen der Behörde steht („kann", dazu eingehend → § 10 Rn. 213 ff.). Nach § 16b Abs. 5 „soll" die Behörde nunmehr bei der Behandlung eines Repowering-Vorhabens auf den Erörterungstermin verzichten, wenn der Antragsteller einen solchen nicht beantragt. Aus der Formulierung „soll" folgt, dass die Genehmigungsbehörde grundsätzlich auf die Durchführung des Erörterungstermins verzichten muss, sie damit also nur noch in **atypischen Fallkonstellationen** die Befugnis zur **Durchführung eines Erörterungstermins** besitzt (Czajka in Feldhaus BImSchR Rn. 18; Kliem ER 2022, 22 (26); allgemein zu „Soll-Bestimmungen" auch Kluth in Wolff/Bachof/Stober/Kluth Verwaltungsrecht I § 31 Rn. 41; Maurer/Waldhoff Allgemeines Verwaltungsrecht § 7 Rn. 11 mwN). Nicht abschließend geklärt ist, wann von einer derartigen Ausnahmesituation ausgegangen werden kann; auch die Gesetzesbegründung 101 verhält sich zu dieser Frage nicht. Denkbar erscheint ein solcher atypischer Ausnahmefall etwa bei außerordentlich großen Einzelvorhaben bzw. Vorhaben mit erheblichen politischen Auswirkungen (vgl. auch Czajka in Feldhaus BImSchR Rn. 18: „besondere Unruhe“ in der Bevölkerung). Allein der Umstand, dass diese Vorhaben unter das förmliche Verfahren fallen, genügt allerdings noch nicht, da dies bereits die Pflicht zur Durchführung des Erörterungstermins im Sinne des gesetzlichen Regelfalls bedingt. Wegen des zusätzlichen Zweckes des Erkenntnisgewinns durch den Erörterungstermin nach § 10 Abs. 6 (→ § 10 Rn. 212) dürfte ein atypischer Sachverhalt auch in besonders komplexen Entscheidungskonstellationen anzunehmen sein, in denen durch die Anwohnerbeteiligung für das Verfahren nach prognostischer Betrachtung der Genehmigungsbehörde wesentliche neue (und für die Genehmigungsentscheidung zweckdienliche) Sachverhaltserkenntnisse zu erwarten sind.

102 Voraussetzung für die Anwendung des § 16b Abs. 5 ist weiter, dass kein entgegenstehender **Antrag des Antragstellers** vorliegt, der mit diesem den regelmäßigen Verzicht auf den Erörterungstermin durch die Behörde abwenden kann. Die Stellung eines solchen Antrages kann für den Antragsteller bzw. Vorhabenträger etwa nützlich sein, um die gesellschaftliche Akzeptanz seines geplanten Repowering-Vorhabens zu erhöhen. **Rechtsfolge** des Antrages iSd § 16b Abs. 5 ist allerdings noch nicht ohne Weiteres, dass der Erörterungstermin tatsächlich durchgeführt wird, zumal dieser auch nach der Grundregel des § 10 Abs. 6 einer behördlichen Ermessensentscheidung untersteht (weiter und für eine den § 10 Abs. 6 verdrängende Regelung allerdings Czajka in Feldhaus BImSchR Rn. 18). Da der Gesetzgeber das Zulassungsverfahren beschleunigen wollte, dürfte viel dafür sprechen, dass dem Antragsteller durch die Neuregelung auch weiterhin **kein Rechtsanspruch auf die Durchführung eines Erörterungstermins**, sondern lediglich ein **Anspruch auf ermessensfehlerfreie Entscheidung** über dessen Durchführung zusteht (so auch Storost in Ule/Laubinger/Repkewitz C 15; Jarass Rn. 13).

II. Sonderregelungen für das vereinfachte Verfahren (§ 16b Abs. 6)

103 Sonderregelungen zum vereinfachten Genehmigungsverfahren sind in § 16b Abs. 6 normiert. Sie sind auf das **Repowering von Windenergieanlagen** bezogen (Czajka in Feldhaus BImSchR Rn. 5; wohl auch Storost in Ule/Laubinger/Repkewitz, C 16 und C 17). So finden sich in § 16b Abs. 6 S. 1 und 2 Spezialregelungen für die Anwendbarkeit des vereinfachten Genehmigungsverfahrens beim Repowering von Windenergieanlagen, wohingegen § 16b Abs. 6 S. 3 und S. 4 Ergänzungen für die nach Antrag des Vorhabenträgers erfolgende öffentliche Bekanntmachung bereithält.

104 **1. Anwendbarkeit bei der Zulassung von Windenergieanlagen.** § 16b Abs. 6 S. 1 betrifft genehmigungsbedürftige Windenergieanlagen iSd Ziff. 1.6 des Anh. 1 zur 4. BImSchV (Czajka in Feldhaus BImSchR Rn. 19). Nach ihm findet das **vereinfachte Genehmigungsverfahren** für das Repowering von bis zu 19 Windenergieanlagen Anwendung, wobei das gem. § 16b Abs. 6 S. 2 wiederum dann nicht gilt und stattdessen ein förmliches Genehmigungsverfahren durchzuführen ist, wenn nach § 2 Abs. 1 S. 1 Nr. 1 lit. c der 4. BImSchV eine **UVP-Pflicht** nach den Vorschriften des UVPG besteht. Durch diese Neuregelung wird nicht maßgeblich von der bisherigen Rechtslage abgewichen, vielmehr wird die ohnehin bereits nach § 2 Abs. 1 sowie nach Ziff. 1.6 ff. des Anh. 1 der 4. BImSchV geltende Rechtslage im Wesentlichen einer Regelung durch Parlamentsgesetz zugeführt (vgl. Storost in Ule/Laubinger/Repkewitz C 17; Jarass Rn. 13; Kliem ER 2022, 22 (26)). Jedoch wird hierbei zugleich der **Bezugspunkt** für die Verfahrenswahl **modifiziert**. So dürfte es abweichend von § 16 Abs. 2 S. 3 nun regelmäßig auf die Zahl der zu modernisierenden (Bestands-)Anlagen ankommen (Czajka in Feldhaus

BImSchR Rn. 19). Wird die Anzahl der modernisierenden Windenergieanlagen erhöht (vgl. zur Problematik des Anlagenzubaus auch → Rn. 45, 46), spricht einiges dafür, auf die Zahl der zu errichtenden Anlagen abzustellen (vgl. Dietrich ZNER 2021, 539 (547); Kliem ER 2022, 22 (26)). **Unberührt** bleibt von § 16b Abs. 6 S. 1 auch weiterhin die Möglichkeit des Vorhabenträgers, über **§ 19 Abs. 3** eine Verfahrensdurchführung im förmlichen Genehmigungsverfahren zu beantragen (vgl. § 16 Abs. 2 S. 4 sowie Czajka in Feldhaus BImSchR Rn. 19 und die LAI/LANA-Vollzugshinweise zu § 10 Absatz 5 Satz 2 und Satz 3, § 16b und § 23b Absatz 3a Nummer 4 BImSchG, Stand: 10. August 2022, 12).

Voraussetzung für die Anwendung des § 16b Abs. 6 S. 1 und des vereinfachten Verfahrens nach § 19 ist, dass es um das Repowering von **weniger als 20 Windenenergieanlagen** geht. Entsprechend der bisherigen Auslegung der Regelung des § 2 Abs. 1 Nr. 2 der 4. BImSchV iVm Anh. 1 Ziff. 1.6.2 der 4. BImSchV dürfte für die Verfahrensabgrenzung das Vorliegen einer Einheit dieser Windenergieanlagen einzufordern sein, sodass etwa eine Aufspaltung durch den Betrieb auf mehrere Betreiber nicht ohne Weiteres dazu führt, dass die Verfahrensdurchführung im förmlichen Verfahren ausscheidet (vgl. Meßerschmidt in Ehlers/Fehling/Pünder Besonderes Verwaltungsrecht Bd. 2 § 46 Rn. 70; Jarass Rn. 14). Maßgeblich ist insoweit die Frage eines räumlichen Zusammenhangs der Windenergieanlagen, mithin also, ob sich die Anlagen innerhalb einer **bauleitplanerisch ausgewiesenen Fläche** befinden bzw. deren **Einwirkungsbereich** sich in Bezug auf die Schutzgüter aus § 1 **überschneidet oder berührt** (vgl. BVerwGE 121, 182 (188); vgl. auch Ziff. 5.1.1 des Windenergieerlasses NRW v. 8.5.2018, MBl. NRW 2018, 258; s. auch Storost in Ule/Laubinger/Repkewitz C 17; Agatz Windenergie-Handbuch, 9 f.). 105

Nach § 16b Abs. 6 S. 2 ist die Anwendung des § 16b Abs. 6 ausgeschlossen und stattdessen ein reguläres förmliches Genehmigungsverfahren gem. § 10 durchzuführen, wenn für die Genehmigung der Anlage eine **Umweltverträglichkeitsprüfung** nach den einschlägigen Vorschriften des UVPG erforderlich ist. Diese Vorschrift dient der Wahrung der Anforderungen der UVP-RL 2011/92/EU, die auch bei der Anwendung der Richtlinie 2018/2001/EU bislang stets einzuhalten waren (Art. 16 Abs. 7 RL 2018/2001/EU → Rn. 23 f; vgl. aber → 106a). Maßgeblich für diese Prüfung bei Windenergieanlagen sind allen voran die **§§ 6, 7 UVPG iVm Anl. 1, Ziff. 1.6.1–1.6.3 UVPG**. Hiernach besteht bei sog. „Windfarmen" mit Anlagen mit einer Gesamthöhe von jeweils mehr als 50m ab 20 Windenenergieanlagen eine UVP-Pflicht, ab sechs Windenergieanlagen eine Pflicht zur Durchführung einer allgemeinen UVP-Vorprüfung des Einzelfalls sowie ab drei Anlagen eine Pflicht zur Durchführung einer standortbezogenen UVP-Vorprüfung (Czajka in Feldhaus BImSchR Rn. 20). Maßgeblich für das Vorliegen einer einheitlichen **„Windfarm"** ist nach der zugehörigen Legaldefinition des **§ 2 Abs. 5 UVPG** das Vorliegen von drei oder mehr Windkraftanlagen, deren Einwirkungsbereich sich überschneidet und die in einem **funktionalen Zusammenhang** stehen, unabhängig davon, ob sie von einem oder mehreren Vorhabenträgern errichtet und betrieben werden. Ein funktioneller Zusammenhang kann sich nach § 2 Abs. 5 S. 2 UVPG insbesondere daraus ergeben, dass sich Windenenergieanlagen innerhalb derselben Konzentrationszone bzw. einem Gebiet iSd § 7 Abs. 3 ROG befinden (vgl. weiterführend auch Hamacher in Schink/Reidt/Mitschang UVPG/UmwRG § 2 UVPG Rn. 54 f.; OVG Münster BeckRS 2020, 35676 Rn. 54 ff.). Von Bedeutung ist in diesem Kontext auch das **Prioritätsprinzip** (vgl. § 12 Abs. 2 UVPG), das über den Zeitpunkt des Vorliegens einer einheitlichen Windfarm entscheiden kann, sodass ggf. erst für den späteren Antrag eine UVP-Pflicht oder UVP-Vorprüfungspflicht entsteht (vgl. OVG Lüneburg BeckRS 2021, 34228 Rn. 71 ff.). Vgl. weiter zur materiell-rechtlichen Bedeutung des Prioritätsprinzips → § 6 Rn. 58a ff. 106

Mit Blick auf die Frage der UVP-Pflicht ist nunmehr **Art. 6 der Dringlichkeitsverordnung VO 2022/2577/EU des Rates vom 22.12.2022** zu beachten (zur zeitlichen 106a

Anwendbarkeit → Rn. 23d), wonach die Mitgliedstaaten unter gewissen Voraussetzungen in für erneuerbare Energien ausgewiesenen Gebieten eine Ausnahme von der Pflicht zur Durchführung einer Umweltverträglichkeitsprüfung vorsehen können (→ Rn. 23g). Vergleichbare Ausnahmemöglichkeiten innerhalb sog. „Beschleunigungsgebiete" bzw. „Go-To-Areas" werden derzeit in einem neuen Art. 16a-E RL 2018/2001/EU geplant (dazu eingehend → Rn. 23a ff.). Der Gesetzgeber hat am 3.3.2023 eine entsprechende nationale Ausnahmeregelung u.a. von der UVP-Pflicht über einen neuen § 6 WindBG für Windenergiegebiete nach dem **WindBG** beschlossen (vgl. BR-Drs. 95/23, 13 f.), die auch für das Repowering gilt. Die UVP- bzw. UVP-Vorprüfung für das Repowering ist überdies – falls eine solche erforderlich ist – nach Maßgabe des **Art. 5 Abs. 3 VO 2022/2577/EU** im Sinne einer **Delta-Prüfung** auf die potenziellen erheblichen Auswirkungen der Änderung oder Erweiterung im Vergleich zum ursprünglichen Projekt beschränkt.

107 **2. Öffentliche Bekanntmachung der Genehmigung.** Nach § 16b Abs. 6 S. 3 ist die Genehmigung auf Antrag des Vorhabenträgers auch im vereinfachten Verfahren **öffentlich bekannt zu machen**, wobei für diesen Fall nach § 16b Abs. 6 S. 4 die § 10 Abs. 8 S. 2 bis 6 entsprechend gelten. Für Einzelheiten zu diesen Bestimmungen wird auf die Ausführungen unter § 10 (→ § 10 Rn. 259 ff.) verwiesen.

108 Mit der Neuregelung in § 16b Abs. 6 S. 3 sind zunächst keine maßgeblichen Änderungen zur bisher geltenden Rechtslage verbunden, soweit dies die **Wahlmöglichkeit des Vorhabenträgers** zur Durchführung einer öffentlichen Bekanntmachung auch im vereinfachten Genehmigungsverfahren iSd § 19 betrifft. Hierdurch wird lediglich die über **§ 21a Abs. 1 S. 1 der 9. BImSchV** ohnehin bereits bestehende verordnungsrechtliche Rechtslage (→ § 21a der 9. BImSchV Rn. 4) auf parlamentsgesetzlicher Ebene nachgezeichnet (Czajka in Feldhaus BImSchR Rn. 21).

Ob die derzeit nur auf Antrag des Vorhabenträgers erfolgende Bekanntmachung der Genehmigung mit den Vorgaben der Dringlichkeitsverordnung für das Repowering (vgl. **Art. 5 Abs. 5 der Dringlichkeitsverordnung VO 2022/2577/EU,** → Rn. 23d, 23f) zu vereinbaren ist, nach der alle Entscheidungen aus entsprechenden Genehmigungsverfahren **„im Einklang mit bestehenden Verpflichtungen veröffentlicht werden"**, ist nicht abschließend geklärt. Im Wesentlichen wird es hierfür auf die Frage ankommen, welche „bestehenden Verpflichtungen" mit dieser Norm angesprochen werden sollen. Erwgr. 20 der VO 2022/2577/EU impliziert, dass es hierbei um die Verpflichtungen aus der Aarhus-Konvention (vgl. Art. 6 der Aarhus-Konvention) geht, die im Unionsrecht für die Vorhabenzulassung vornehmlich über die Beteiligungsvorgaben der UVP-RL 2011/92/EU, der IE-RL 2010/75/EU sowie der Seveso-III-RL 2012/18/EU umgesetzt werden. Hier wird für die genehmigungsbedürftigen BImSchG-Anlagen die öffentliche Bekanntmachung bereits über das für UVP-pflichtigen Anlagen bzw. IE-Anlagen anwendbare förmliche Genehmigungsverfahren iSd § 10 bzw. das modifizierte vereinfachte Verfahren für Störfallanlagen in § 19 Abs. 4 abgesichert. Ob es durch Art. 5 Abs. 5 der VO 2022/2577/EU nun zu einer weitergehenden Veröffentlichungspflicht für entsprechende Vorhaben auch im vereinfachten Verfahren iSd § 19 kommen soll, erscheint durch den Bezug auf die „bestehenden" Veröffentlichungspflichten fraglich.

109 Änderungen treten aber über die in § 16b Abs. 6 S. 4 angeordnete **Anwendbarkeit auch des § 10 Abs. 8 S. 4–6** ein, wohingegen sich § 21a Abs. 1 S. 2 der 9. BImSchV auf die Bestimmungen der § 10 Abs. 8 S. 2 und S. 3 beschränkt, welche nur die Art und Weise der öffentlichen Bekanntmachung regeln (Storost in Ule/Laubinger/Repkewitz C 16). Damit erfahren nunmehr auch der Hinweis auf den Auslegungs- bzw. Anforderungsort für den Genehmigungsbescheid bzw. die Bescheidbegründung (§ 10 Abs. 8 S. 4), die Zustellungswirkung der öffentlichen Bekanntmachung (§ 10 Abs. 8 S. 5) sowie auch das Anforderungsrecht der Einwender (§ 10 Abs. 8 S. 6) eine Regelung im Anwendungsbereich

des vereinfachten Verfahrens (vgl. auch Jarass Rn. 14; Czajka in Feldhaus BImSchR Rn. 21). Durch die **entsprechend geltende Zustellungswirkung nach § 10 Abs. 8 S. 5** sind sinnvolle Ergänzungen geschaffen worden, welche die insoweit bislang bestehenden Auslegungsunklarheiten im Rahmen des § 21a Abs. 1 S. 2 der 9. BImSchV (teilweise) beseitigen. So ist umstritten, ob durch die fakultative öffentliche Bekanntgabe auch **Rechtsbehelfsfristen** in Gang gesetzt werden, obwohl die Zustellungswirkung iSd § 10 Abs. 8 S. 5 ausdrücklich nicht vom bisherigen Teilverweis des § 21a Abs. 1 S. 2 der 9. BImSchV auf die Regelungen des § 10 Abs. 8 umfasst war (dafür nun das BVerwG, BeckRS 2022, 40068 Rn. 4 sowie auch die oberverwaltungsgerichtliche Rechtsprechung, vgl. VGH Mannheim BeckRS 2019, 3918 Rn. 8; OVG Münster Beschl. v. 24.9.2009 – 8 B 1343/09.AK juris Rn. 57; jüngst auch OVG Bautzen BeckRS 2021, 44176 Rn. 41; dagegen etwa VG Ansbach BeckRS 2011, 31134 Rn. 41; Roßnagel/Hentschel in GK-BImSchG § 19 Rn. 62; sowie auch die hier vertretene Auffassung unter → § 19 Rn. 39, 56; offenlassend Jarass § 19 Rn. 30). Wegen § 10 Abs. 8 S. 5 iVm § 16b Abs. 6 S. 3 ist dieser Auslegungsstreit für Repowering-Vorhaben im Anwendungsbereich des § 16b Abs. 6 nicht mehr von Bedeutung. Wenig plausibel erscheint jedoch, warum der Gesetzgeber die Streitfrage keiner generellen gesetzgeberischen Klarstellung für das vereinfachte Verfahren iSd § 19 zugeführt hat. Da es im vereinfachten Genehmigungsverfahren keine einwendungsberechtigten Dritten gibt, bedeutet die „entsprechende" Anwendung in diesem Fall, dass der Bescheid **gegenüber jedermann als zugestellt gilt** und hierauf in der Bekanntmachung hinzuweisen ist (vgl. Czajka in Feldhaus BImSchR Rn. 21 sowie die LAI/LANA-Vollzugshinweise zu § 10 Absatz 5 Satz 2 und Satz 3, § 16b und § 23b Absatz 3a Nummer 4 BImSchG, Stand: 10. August 2022, 12). Die **entsprechende Anwendung des Bescheidanforderungsrechts iSd § 10 Abs. 8 S. 6** führt im Anwendungsbereich des vereinfachten Verfahrens hingegen zu Unstimmigkeiten, da auch dieses auf „Einwender" bezogen ist, welche es im vereinfachten Genehmigungsverfahren nicht gibt (vgl. auch Czajka in Feldhaus BImSchR Rn. 21). Ob der Gesetzgeber damit – erheblich weiter als im förmlichen Genehmigungsverfahren – ein allgemeines Bescheidanforderungsrecht für Jedermann normieren wollte, erscheint vor dem durch ihn verfolgten Zweck der Verfahrensbeschleunigung zweifelhaft (für ein redaktionelles Versehen des Gesetzgebers Czajka in Feldhaus BImSchR Rn. 21).

E. Sondervorschriften für Windenergieanlagen (§ 16b Abs. 7, 8)

Die durch Art. 2 Nr. 2 und Nr. 3 des „Gesetzes zur Änderung des Energiesicherungsgesetzes und anderer energierechtlicher Vorschriften" vom 8.10.2022 (BGBl. I 1726 ff.) mit Wirkung zum 13.10.2022 neu eingefügten Absätze 7 und 8 enthalten vom Gesetzgeber als solche bezeichnete „Sondervorschriften für Windenergieanlagen". **110**

I. Anwendungsbereich und Systematik

Die Absätze 7 und 8 gelten nur für immissionsschutzrechtlich genehmigungsbedürftige **Windenergieanlagen**, also – anders als die tatbestandlich weitere Regelung des § 16b Abs. 1 – **nicht für andere Anlagen** zur Erzeugung von Strom aus erneuerbaren Energien (→ Rn. 26 ff.). Eine „Modernisierung" iSd § 16b Abs. 2 ist für die Anwendung der § 16b Abs. 7 f. nicht erforderlich ist, womit bei Absatz 7 insbesondere auch solche Wechsel am Anlagentyp erfasst werden, die nicht zu einer Effizienzsteigerung bzw. einem Kapazitätsaustausch oder einer Kapazitätssteigerung iSd § 16b Abs. 2 S. 1 führen bzw. nicht auf eine solche ausgerichtet sind (vgl. auch Storost in Ule/Laubinger/Repkewitz B 3). Beide Neuregelungen sind ansonsten wie auch § 16b Abs. 1 auf die Verfahrensdurchführung im **111**

Änderungsgenehmigungsverfahren bezogen, wobei das bei § 16b Abs. 7 S. 1 aus dem Wortlaut, bei § 16b Abs. 8 hingegen aus der Bezugnahme auf die „Leistungserhöhung“ und die „genehmigten Betriebszeiten“ folgt.

112 Beachtlich ist, dass ein Wahlrecht des Antragstellers wie in § 16b Abs. 1 2. Hs. in den § 16b Abs. 7, 8 jeweils nicht durch den Gesetzgeber vorgesehen wurde, sodass der Prüfungsumfang **unabhängig vom Willen des Antragstellers** reduziert wird. Es ist folglich Aufgabe der Behörde, den Genehmigungsantrag des Vorhabenträgers unter die Regelungen der § 16b Abs. 7, 8 einzuordnen. Überdies hat der Gesetzgeber in beiden Absätzen nur die ergänzenden Verfahrensregelungen in § 16b Abs. 5, 6 für „entsprechend“ (→ Rn. 145) anwendbar erklärt, nicht hingegen die Vorgaben für den Anlagenaustausch in § 16b Abs. 2 S. 2, die schallschutzrechtliche Verbesserungsgenehmigung für Windenergieanlagen in § 16b Abs. 3 oder die Ausnahmen von der Delta-Prüfung in § 16b Abs. 4. Aus der systematischen Verortung der Absätze 7 und 8 als „Sondervorschriften“ (vgl. die amtliche Überschrift) am Ende des § 16b sowie aus dem nur partiellen Rückverweis auf die Absätze 5 und 6 dürfte wohl zu schließen sein, dass es sich bei § 16b Abs. 7 und Abs. 8 **um gegenüber § 16b Abs. 1, 2 speziellere verfahrensrechtliche Regelungen** handelt. Ob der Vorhabenträger daneben – über einen Antrag nach § 16b Abs. 1 – noch die Möglichkeit behält, auf die Privilegierungen für das Repowering nach § 16b Abs. 1–4 zuzugreifen und den Anwendungsbereich des § 16b Abs. 7 und Abs. 8 zu verlassen, erscheint daher fraglich, ist aber nicht abschließend geklärt.

113 Soweit § 16b Abs. 7 auf alle **„Windenergieanlagen“** Bezug nimmt, § 16b Abs. 8 hingegen nur auf **„Windenergieanlagen an Land“**, ergeben sich Unterschiede im Anwendungsbereich dieser beiden Absätze (vgl. Storost in Ule/Laubinger/Repkewitz D 8). Windenergieanlagen an Land sind nach der Legaldefinition in § 3 Nr. 48 EEG solche, die keine Windenergieanlagen auf See (§ 3 Nr. 49 EEG) sind (vgl. im Kontext des § 63 BImSchG Jarass § 63 Rn. 5). Zu letzteren gehören nach § 3 Nr. 11 WindSeeG solche Windenergieanlagen, die sich in einer Entfernung von mindestens drei Seemeilen von der Küstenlinie befinden (Jarass § 63 Rn. 5). Diese Windenergieanlagen unterfallen zwar im Falle ihrer wesentlichen Änderung grundsätzlich der Planfeststellung nach dem WindSeeG (§ 2 Abs. 1 Nr. 3, §§ 66 ff. WindSeeG). Allerdings gilt das WindSeeG nur für die Windenergieanlagen in der deutschen AWZ, nicht hingegen für die Windenergieanlagen im Küstenmeer innerhalb von drei bis zu 12 Seemeilen ab der Landgrenze, bis hierhin unterfallen Windenergieanlagen dem Bundes-Immissionsschutzgesetz (Jarass § 2 Rn. 39, § 63 Rn. 5; Saurer in Appel/Ohms/Saurer § 2 Rn. 59). Damit gilt § 16b Abs. 7 auch für entsprechende immissionsschutzrechtlich genehmigungsbedürftige Windenergieanlagen im **Küstenmeer** von drei bis 12 Seemeilen von der Landgrenze, § 16b Abs. 8 hingegen nicht. Die Hintergründe für diese Differenzierung erschließen sich aus den Gesetzgebungsmaterialien nicht.

114 Bei einem Blick auf den eingeschränkten Prüfungsumfang **für die Genehmigungsprüfung** liegt zwischen den § 16b Abs. 1, Abs. 7 S. 1 und Abs. 8 S. 1 ein **Stufenverhältnis** vor. So ist in § 16b Abs. 1 und Abs. 7 S. 1 jeweils eine Delta-Prüfung vorgesehen (→ Rn. 60 f., 125 ff.). Die Ausnahme für die Prüfung der öffentlich-rechtlichen Vorschriften iSd § 16b Abs. 4 (→ Rn. 61) gilt allerdings nur beim Anlagenrepowering iSd § 16b Abs. 1 und 2, nicht hingegen für die Absätze 7 und 8. Für den Fall des Absatzes 8 ist die von der Genehmigungsbehörde vorzunehmende Prüfung überdies auf eine alleinige Prüfung der Standsicherheit, schädlicher Umwelteinwirkungen sowie nachteiliger Einwirkungen durch Turbulenzen beschränkt worden. Wie auch im Bereich der Delta-Prüfung nach § 16b Abs. 1 (→ Rn. 58) dürfte der nach diesen Regelungen eingeschränkte Prüfungsumfang im Genehmigungsverfahren überdies **keinen Einfluss** auf die **materiel-**

len Betreiberpflichten und die **repressiven behördlichen Eingriffsbefugnisse** nach den §§ 17, 20 und 21 haben (zum Rechtsschutz vgl. → Rn. 147).

II. Anlagentypenmodifikationen vor Errichtung (Abs. 7)

Über den neuen § 16b Abs. 7 soll nach dem Willen des Gesetzgebers für bestimmte Anlagentypenmodifikationen vor Errichtung die **Einschlägigkeit des Änderungsgenehmigungsverfahrens** klargestellt und der Prüfungsumfang beschränkt werden (BT-Drs. 20/3497, 35; Kirch/Mainz/Löffler juris-PR UmwR 9/2022, Anm. 1 II. 1). **115**

1. Tatbestandsvoraussetzungen. Grundlegende Tatbestandsvoraussetzung für § 16 Abs. 7 S. 1 1. Hs. ist eine „genehmigt[e] Windenergieanlage", egal ob an Land oder im Küstenmeer (→ Rn. 113). Überdies muss es bei dem fraglichen Änderungsvorhaben um eine der in § 16b Abs. 7 S. 1 genannten Modifikationen betreffend den Anlagentyp gehen. Die Regelung findet schließlich nur dann Anwendung, wenn diese Modifikation vor der Errichtung stattfindet. **116**

a) (Genehmigungsbedürftige und) genehmigte Windenergieanlage. Die Voraussetzung einer bereits genehmigten Windenergieanlage entspricht der grundlegenden Systematik des Änderungsgenehmigungsverfahrens, da für dieses idR das Vorliegen einer **wirksamen (Vor-)Genehmigung iSd § 4** erforderlich ist (→ § 16 Rn. 35 ff.; Jarass § 16 Rn. 5; Czajka in Feldhaus BImSchR § 16 Rn. 16 ff.; sowie für das Repowering oben unter → Rn. 33 f.). Darüber hinaus dürfte § 16b Abs. 7 S. 1 – trotz des engeren Wortlauts („genehmigt") – entsprechend der allgemeinen Dogmatik zu § 16 (und wie auch § 16b Abs. 1, Abs. 2 → Rn. 33) – aber auch bei Einschlägigkeit der Übergangsvorschriften aus § 67 Abs. 1–3, § 67 Abs. 9, § 67a Anwendung finden können. **117**

Überdies ist der Geltungsbereich des § 16b Abs. 7 S. 1 angesichts seiner systematischen Stellung in den §§ 4 ff. auf nach **dem Bundes-Immissionsschutzgesetz genehmigungsbedürftige** Windenergieanlagen beschränkt (→ § 16 Rn. 31). Er gilt damit nur für Windenergieanlagen mit einer Gesamthöhe von mehr als 50m iSd Ziff. 1.6 des Anh. 1 zur 4. BImSchV. Wie auch im Rahmen des § 16b Abs. 1 muss die Anlage überdies bereits **bei Beginn der beantragten Änderung** genehmigungsbedürftig gewesen sein. Bei einer erstmaligen Überschreitung der Werte des Anh. 1 der 4. BImSchV ist demgegenüber eine Errichtungs- und Betriebsgenehmigung iSd § 4 erforderlich (→ Rn. 32; dazu im Kontext des § 16 auch → § 16 Rn. 31; sowie Czajka in Feldhaus BImSchR § 16 Rn. 15 f.). **118**

b) Modifikation betreffend den Anlagentyp. Mit Blick auf das beantrage Vorhaben muss es um eine Änderung am Anlagentyp bzw. einen Wechsel des Anlagentyps gehen. Andere als diese Änderungen fallen nicht unter § 16b Abs. 7 S. 1, sondern unter § 16 Abs. 1 bzw. im Falle des Vorliegens eines „Repowerings" unter § 16b Abs. 1, 2 (→ Rn. 26 ff., 40 ff., 112). **119**

Was unter dem Begriff des **„Anlagentyp[s]"** zu verstehen ist, wird weder im Gesetzentwurf noch in der Ausschussdrucksuche erläutert. In der Rechtsprechung wird dieser Begriff idR über die Typen- bzw. Hersteller- und Modellbezeichnung einer Windenergieanlage definiert (zB „Nordex N 117", „Enercon E 115", vgl. etwa VGH München NVwZ 2017, 79; OVG Greifswald NordÖR 2018, 391; VG Aachen EnWZ 2021, 233), wobei jedenfalls naheliegt, dass der Gesetzgeber sich hieran orientieren wollte. Abzugrenzen dürfte der Begriff des Anlagentyps überdies von der konkreten **Konfiguration** einer Windenergieanlage sein, die nach dem Verständnis in der Praxis die konkrete Ausführung der Anlage (untergliedert nach Anlagentyp, Leistungsvermögen, Rotordurchmesser und **120**

Nabenhöhe) meint (vgl. etwa https://windmonitor.iee.fraunhofer.de/windmonitor_de/3_Onshore/2_technik/4_anlagengroesse/ (zuletzt aufgerufen am 12.1.2023)).

121 Hiervon ausgehend muss das zu genehmigende Vorhaben auf eine **Änderung am Anlagentyp** oder einen **Wechsel des Anlagentyps** gerichtet sein. Die Tatbestandsalternative des Anlagentypenwechsels wurde erst durch den beratenden 25. Ausschuss eingeführt, der hiermit eine klarstellende Regelung bezweckte (BT-Drs. 20/3743, 4, 21). Die genaue Abgrenzung zwischen beiden Tatbestandsalternativen ist dennoch für die Frage bedeutsam, ob auch **konfigurationsbezogene Änderungen** umfasst werden sollen. Wenn man den Wechsel des Anlagentyps nach der hier vorgeschlagenen Auslegung als die Wahl einer anderen Typenbezeichnung versteht (→ Rn. 120), dürfte es – um die andere Tatbestandsvariante nicht leerlaufen zu lassen – naheliegen, dass die „Änderung *am* Anlagentyp (Hervorhebung durch die Verf.)" den Fall umfasst, in dem die „Konfiguration" (→ Rn. 120) unter Beibehaltung des Anlagentyps abgeändert wird. Die Rechtsfrage ist derzeit aber nicht abschließend geklärt.

122 Der Gesetzgeber dürfte mit der Neuregelung wohl vor allem den praktisch häufigen Fall im Blick gehabt haben, in dem – etwa wegen langwieriger Gerichtsverfahren – vom Vorhabenträger zunächst nicht von der Genehmigung Gebrauch gemacht wird, sodass infolge des Zeitablaufs auf einen anderen Anlagentyp oder ein Nachfolgemodell ausgewichen werden muss (zB weil der genehmigte Anlagentyp nicht mehr lieferbar ist oder nicht mehr dem Stand der Technik entspricht). Hier war vormals in der Praxis die Abgrenzung zwischen Neu- und Änderungsgenehmigung umstritten (→ Rn. 14 ff.; vgl. auch die LAI-Vollzugshinweise „Immissionsschutz in der Gasmangellage", Stand: 31. Oktober 2022, 35 f.), woraus sich in der Tat ein Klarstellungsbedarf ergeben hat. Auffällig ist, dass der Gesetzgeber **einschränkende Kriterien** für die Modifikationen am Anlagentyp **nicht vorgesehen** hat, sodass die Norm zumindest ihrem Wortlaut nach auch dann anzuwenden ist, wenn es zu erheblichen Abänderungen der Kapazität, der Größe oder des Leistungsvermögens der Windenergieanlage kommt. Neben geringfügigen Modifikationen sind beispielsweise auch solche Fallkonstellationen umfasst, in denen ein 75m hohes Windrad durch ein 240m hohes Windrad ersetzt wird. Ob der Gesetzgeber tatsächlich derart weitreichend die Einschlägigkeit des Änderungsgenehmigungsverfahrens „klarstellen" wollte (BT-Drs. 20/3497, 35), erscheint offen. Soweit mit Blick auf die Leistungsspezifika hingegen keine maßgeblichen Abweichungen auftreten, ist nach **§ 16 Abs. 1 S. 1** bzw. **§ 16 Abs. 1 S. 2** (zur Anwendbarkeit vgl. → Rn. 18) je nach Lage des Einzelfalls auch eine Genehmigungsfreiheit des Vorhabens anzudenken, wobei das Vorhaben gegebenenfalls aber anzeigepflichtig iSd § 15 ist (LAI-Vollzugshinweise „Immissionsschutz in der Gasmangellage", Stand: 31. Oktober 2022, 36). Aus ähnlichen Erwägungen ist auch eine **Umweltverträglichkeitsprüfung** bei einem Typenwechsel nicht ohne Weiteres erforderlich, insbesondere führt auch eine mit ihm einhergehende Erhöhung der Nennleistung noch nicht zwangsläufig zu nachteiligen Umwelteinwirkungen iSd UVPG (VG Kassel BeckRS 2021, 42778 Rn. 89 ff.).

123 Ob die Regelung schließlich auch dann Anwendung findet, wenn neben der Anlagentypenmodifikation weitere **Folgeänderungen** an der Anlage (zB eine **Änderung des Anlagenstandortes** im Fall anderer **bauplanungsrechtlicher Mindestabstandsflächen**) erforderlich werden, ist derzeit nicht abschließend geklärt. Nicht gegen, sondern vielmehr für eine solche weite Auslegung könnte zwar sprechen, dass § 16b Abs. 2 S. 2 vom Gesetzgeber nicht über § 16b Abs. 7 S. 2 für entsprechend anwendbar erklärt worden ist, da dieser normsystematisch eine Einschränkung der Modernisierungsdefinition für den Fall des vollständigen Anlagenaustauschs beinhaltet (→ Rn. 47 ff.), die wiederum bei § 16b Abs. 7 S. 1 augenscheinlich nicht gelten soll (§ 16b Abs. 7 S. 2 e contrario). Eine solche Auslegung würde freilich dazu führen, dass die räumlichen Grenzen des § 16b

Abs. 2 S. 2 nach Abschluss des Genehmigungsverfahrens unterlaufen werden könnten. In der Tendenz erscheint es daher vorzugswürdig, dass die Norm ausschließlich für die in ihr genannten Anlagentypenmodifikationen Geltung beanspruchen soll. Im Übrigen müsste für die Einschlägigkeit des Änderungsgenehmigungsverfahrens dann wieder auf die alte „aliud"-Rechtsprechung zurückgegriffen werden (→ Rn. 15).

c) Vor der Errichtung. § 16b Abs. 7 S. 1 findet schließlich nur Anwendung, wenn der Wechsel des Anlagentyps bzw. die Änderung am Anlagentyp „vor der Errichtung" vorgenommen werden soll. Ähnlich wie bei § 16b Abs. 2 S. 2 Nr. 1 wird durch den Gesetzgeber nicht näher definiert, wie der Begriff der **Errichtung** zu verstehen ist. Versteht man ihn als Umschreibung des Errichtungsprozesses, stünde bereits die begonnene Errichtung (zB Aushub der Baugrube, Errichtung eines Fundaments) der Anwendung entgegen. Versteht man ihn als Zustand, wäre dies nur bei einer abgeschlossenen Errichtung durch Herstellung der Betriebsfähigkeit der Anlage (vgl. Kotulla in Kotulla § 4 Rn. 70; Jarass § 4 Rn. 54) der Fall. Die Regelung lässt sich keiner eindeutigen Auslegung zuführen. Wie bei § 16b Abs. 2 S. 2 Nr. 1 dürfte in Abgrenzung zu § 18 Abs. 1 Nr. 1 aber einzufordern sein, dass der Abschluss der Errichtung entscheidend ist (oben unter → Rn. 50). Dem vergleichbar stellen die LAI-Vollzugshinweise „Immissionsschutz in der Gasmangellage" (Stand: 31. Oktober 2022, 36) unter systematischen Abgleich zur Modernisierungsdefinition in § 16b Abs. 2 auf die durchgeführte Errichtung der Gesamtanlage bzw. des genehmigten Anlagenteils am vorgesehenen Standort ab und unterstellen zeitlich nachfolgende Änderungen nicht mehr dem § 16b Abs. 7, sondern dem Regime des Repowering-Verfahrens iSd § 16b Abs. 1. 124

2. Eingeschränkter Prüfungsumfang. Bei Erfüllung der Tatbestandsvoraussetzungen des § 16b Abs. 7 S. 1 1. Hs. ist der **Prüfungsumfang im Genehmigungsverfahren** nach Maßgabe des § 16b Abs. 7 S. 1 2. und 3. Hs. **eingeschränkt**. Hiernach „müssen im Rahmen des Änderungsgenehmigungsverfahrens nur dann Anforderungen geprüft werden, soweit durch die Änderung des Anlagentyps im Verhältnis zur genehmigten Anlage nachteilige Auswirkungen hervorgerufen werden und diese für die Prüfung nach § 6 erheblich sein können". 125

Über die Regelung wird ähnlich wie bei der **Delta-Prüfung** nach § 16b Abs. 1 die **behördliche Prüfung** auf **zusätzliche Auswirkungen** durch das Änderungsvorhaben **beschränkt** (so auch die LAI-Vollzugshinweise „Immissionsschutz in der Gasmangellage", Stand: 31. Oktober 2022, 36; vgl. zur Delta-Prüfung eingehend → Rn. 60 ff.). Dies entspricht dem gesetzgeberischen Ziel, die Prüfungsreichweite auf solche Auswirkungen zu begrenzen, die sich im Vergleich zum genehmigten Zustand nachteilig auswirken (BT-Drs. 20/3497, 35). Anstelle des Gesetzentwurfs, der die Prüfung über das Wort „sofern" vollständig ausgeschlossen hätte, wurde im beratenden Ausschuss die Formulierung „soweit" eingefügt (vgl. auch BT-Drs. 20/3743, 4, 21: „Klarstellung des Gewollten"). Die Einschränkung „nur dann" wurde zwar nicht entsprechend an die Formulierung des § 16b Abs. 1 („nur") angepasst. Hierbei dürfte es sich allerdings um ein redaktionelles Versehen des Gesetzgebers gehandelt haben. 126

Wie auch bei § 16b Abs. 1 ist infolge der missverständlichen Gesetzesformulierung derzeit nicht abschließend geklärt, ob durch die Formulierung „müssen … nur Anforderungen geprüft werden" die Genehmigungsbehörde gleichwohl die Möglichkeit behalten soll, nach pflichtgemäßer Ermessensausübung im Einzelfall eine **weitergehende Prüfung** durchzuführen. Dies dürfte tendenziell allerdings mit dem durch den Gesetzgeber verfolgten Ziel der Verfahrenserleichterung in Konflikt geraten (→ Rn. 60).

127 § 16b Abs. 7 S. 1 erklärt für diese Prüfung die **„genehmigte Anlage"** zum maßgeblichen Vergleichspunkt, wohingegen bei § 16b Abs. 1 der „gegenwärtige Zustand unter Berücksichtigung der auszutauschenden Anlage" genannt wird. Ob dadurch beachtliche Unterschiede zur Delta-Prüfung iSd § 16b Abs. 1 2. und 3. Hs auftreten, ist allerdings fraglich, da auch dort eine einschränkende Auslegung auf den genehmigten gegenwärtigen Zustand zu erwägen ist (→ Rn. 63).

128 Die schallschutzrechtliche Verbesserungsgenehmigung iSd **§ 16b Abs. 3** sowie die Ausnahmen von der Delta-Prüfung in **§ 16b Abs. 4** wurden vom Gesetzgeber **nicht** für entsprechend **anwendbar** erklärt (§ 16b Abs. 7 S. 2 e contrario), wobei die Gründe dafür aus den Gesetzesmaterialien nicht ersichtlich werden. Der Gesetzgeber bleibt im Übrigen auch eine eindeutige Antwort auf die Frage schuldig, wie genau die eingeschränkte Prüfung bei einer Betroffenheit der **öffentlich-rechtlichen** Vorschriften iSd § 6 Abs. 1 Nr. 2 auszusehen hat. So erschließt sich nicht ohne Weiteres, wie etwa bei einem Anlagentypenwechsel mit ggf. auftretenden Kapazitätsabweichungen eine auf die Abweichung von der genehmigten Anlage eingeschränkte Prüfung **bauplanungsrechtlicher Vorgaben** erfolgen soll. Nimmt man Gesetzgeber beim Wort, ist auch diese Prüfung nicht mehr vorzunehmen, soweit diese Belange auch der bereits genehmigten Anlage entgegenstehen. Im Verhältnis zu § 16b Abs. 1 2. und 3. Hs. iVm § 16b Abs. 4 ist der Prüfungsumfang damit erheblich enger. Freilich können insbesondere aber die bauplanungsrechtlichen Anforderungen zwischen Alt- und Neuanlage divergieren (so etwa im Falle unterschiedlicher Anlagenhöhen und der optisch bedrängenden Wirkung von Windenergieanlagen, vgl. → Rn. 99 f.). Insoweit erschiene es ebenso denkbar, dass der Gesetzgeber den Begriff der nachteiligen Auswirkungen im Vergleich zur genehmigten Anlage so verstanden wissen wollte, dass wieder eine vollständige Neuprüfung dieser Belange erforderlich ist, was der geregelten Delta-Prüfung aber tendenziell zuwiderlaufen würde. Auch hier wäre eine klarstellende Regelung wünschenswert. Vor den unionsrechtlichen Vorgaben der Vogelschutz-RL 2009/147/EG und der FFH-RL 92/43/EWG immerhin bedenklich ist überdies, dass der Gesetzgeber auch die **artenschutzrechtlichen Zugriffsverbote** unter einen eingeschränkten Prüfungsrahmen gestellt hat. Innerhalb der von den Mitgliedstaaten ausgewiesenen Gebiete für erneuerbare Energien bestehen hier nunmehr allerdings unter gewissen Voraussetzungen weitergehende mitgliedsstaatliche Ausnahmemöglichkeiten nach **Art. 6 der jüngst erlassenen Dringlichkeitsverordnung VO 2022/2577/EU** vom 22.12.2022 (dazu auch → Rn. 23d, 23g).

III. Privilegierte Formen der Leistungserhöhung (§ 16b Abs. 8)

129 § 16b Abs. 8 regelt schließlich einen noch weiter eingeschränkten Prüfungsmaßstab für das durchzuführende Änderungsgenehmigungsverfahren für die hier einzeln benannten Fälle der Leistungserhöhung bei einer WEA-Zulassung an Land.

130 **1. Tatbestandsvoraussetzungen.** § 16b Abs. 8 S. 1 gilt nur für Windenergieanlagen an Land, die unter das BImSchG fallen (vgl. § 3 Nr. 11 WindSeeG e contrario; sowie → Rn. 113). Die Norm ist auf das **Änderungsgenehmigungsverfahren** bezogen (→ Rn. 111). Hieraus folgt, dass auch für die Anwendbarkeit des § 16b Abs. 8 S. 1 eine bereits vor der beantragten Änderung immissionsschutzrechtlich **genehmigte** oder anderweitig legalisierte Windenergieanlage an Land vorliegen muss (→ 113 ff.). Auf die Neugenehmigung oder formell illegale Anlagen findet er hingegen keine Anwendung. **Nicht erforderlich** ist, dass die Windenergieanlage bereits **errichtet** wurde. Diese noch im Gesetzentwurf enthaltene Einschränkung der Norm (BT-Drs. 20/3497, 7) wurde durch den beratenden 25. Ausschuss für Klimaschutz und Energie gestrichen (BT-Drs. 20/3743, 4).

Der Begriff der **Leistungserhöhung** wird durch den Gesetzgeber nicht weiter definiert und ist mit Unsicherheiten behaftet. Da es ihm bei Einfügung der Norm um die Bekämpfung des durch den Russland-Ukraine-Krieges ausgelösten Energieversorgungsengpasses gegangen ist (BT-Drs. 20/3497, 1), spricht einiges dafür, dass die in der Norm genannte Leistungserhöhung zugleich die elektrische Leistung der Windenergieanlage betreffen muss, nicht also bloß die mechanische Leistung des Generators oder des Rotors. Auszugehen sein dürfte für die Leistungserhöhung regelmäßig von der Nennleistung der Anlage (vgl. zu diesem Begriff BFH BeckRS 2011, 96290 Rn. 8). Daneben ließe sich indes auch die Erhöhung der tatsächlichen Leistung der Anlage unter die Norm subsumieren. 131

Darüber hinaus muss die Leistungserhöhung ohne bauliche Veränderungen oder ohne Austausch von Teilen und ohne eine Änderung der genehmigten Betriebszeiten eintreten, womit der Anwendungsbereich der Regelung erhebliche Einschränkungen erfährt. Hiernach gilt § 16b Abs. 8 einerseits nur dort, wo für die Leistungserhöhung **keine baukonstruktiven Maßnahmen** zu ergreifen sind, gleich ob sie den baulichen Bestand der Anlage verändern oder diesen – wie im Falle des bloßen Austauschs von Teilen – unberührt lassen. Andererseits dürfen auch die genehmigten **Betriebszeiten** nicht abgeändert werden, die sich – zB in Form von Auflagen iSd § 12 Abs. 1 – aus der erteilten **Vorgenehmigung** ergeben. 132

Der Gesetzgeber selbst gibt an, dass die Norm auf leistungssteigernde **Software-Updates** bezogen sei (BT-Drs. 20/3497, 35). Entgegen dieser Angabe in der Gesetzesbegründung ist sie tatbestandlich allerdings nicht auf Updates im engeren Sinne beschränkt worden, sodass sie auch in anderen Fällen der in § 16b Abs. 8 S. 1 1. Hs. benannten Leistungserhöhungen gelten könnte. Anzudenken wäre eine Anwendbarkeit daher bspw. bei **sonstigen Änderungen** in der IT-Ablaufsteuerung (zB **Erhöhung der (Rotor-)Drehzahl oder Änderungen der Betriebsmodi**, vgl. hierzu etwa Agatz Windenergie-Handbuch 103 f.; iErg ähnlich, unter Verwendung eines weiten Begriffs des Software-Updates auch die LAI-Vollzugshinweise „Immissionsschutz in der Gasmangellage" vom 31. Oktober 2022, 35: umfasst sei ebenso die Beseitigung von Leistungslimitierungen, die zur Verringerung des Anlagenverschleißes vorgesehen sind). 133

Genauer zu prüfen wird in der Praxis sein, ob überhaupt eine **Änderungsgenehmigungspflicht** nach § 16 Abs. 1 S. 1 oder § 16 Abs. 1 S. 2 besteht (dazu auch oben unter → Rn. 18), also erhebliche Auswirkungen für die in § 6 Abs. 1 Nr. 1 benannten Belange entstehen können. Das wird vor allem dann in Betracht kommen, wenn es zu einer Intensivierung der Schall- oder Turbulenzeinwirkungen kommen könnte, anderenfalls ist das Vorhaben ggf. nur nach § 15 anzeigepflichtig (vgl. auch die LAI-Vollzugshinweise „Immissionsschutz in der Gasmangellage" vom 31. Oktober 2022, 35). Weder eine Änderungsgenehmigungspflicht iSd § 16, noch eine Anzeigepflicht nach § 15 besteht hingegen, wenn ohne weitere Prüfung feststeht, dass das Update keine relevanten Auswirkungen auf die Schutzgüter iSd § 1 (etwa auf das Schallverhalten) hat, insbesondere also dann, wenn es zu rein elektrotechnischen Modifikationen innerhalb der Anlage zur Verbesserung des Wirkungsgrades kommt (Agatz Windenergie-Handbuch, 20 f.). 134

2. Eingeschränkter Prüfungsumfang. Liegen die Tatbestandsvoraussetzungen des § 16b Abs. 8 S. 1 1. Hs. vor, sind nach § 16b Abs. 8 2. Hs. von der Genehmigungsbehörde **ausschließlich** die Standsicherheit sowie schädliche Umwelteinwirkungen durch Geräusche sowie nachteilige Auswirkungen durch Turbulenzen zu prüfen. 135

a) Vereinbarkeit mit Unions- und Verfassungsrecht. Diese Beschränkung des Prüfungsumfangs wirft Zweifel an der Vereinbarkeit der Norm mit den **unionsrechtli-** 136

chen Vorgaben der **FFH-RL 92/43/EWG** und der **Vogelschutz-RL 2009/147/EG** auf. Nicht gänzlich ausgeschlossen ist nämlich, dass mit der Leistungserhöhung im Einzelfall auch die Zugriffsverbote aus § 44 Abs. 1 Nr. 1–3 BNatSchG betroffen sein können (vgl. zB bei Erhöhung der Rotorgeschwindigkeit und einer deswegen erhöhten Kollisionsgefahr von Vögeln VG Ansbach Urt. v. 2.11.2015 – AN 11 K 15.00639, juris Rn. 57; zur Bedeutung im Rahmen der Ausweichfähigkeit von Vögeln allg. auch OVG Lüneburg Beschl. v. 29.4.2019 – 12 ME 188/18, juris Rn. 36). Allerdings bestehen für die unter die neue Dringlichkeitsverordnung des Rates vom 22.12.2022 (VO 2022/2577/EU, Abl. EU L 335 vom 29.12.2022, 36 ff.) fallenden Verfahren innerhalb gewisser von den Mitgliedstaaten auszuweisender Gebiete für erneuerbaren Energien nach Art. 6 der VO 2022/2577/EU freilich weitergehende Möglichkeiten für den Gesetzgeber, von diesen Vorgaben abzuweichen (→ Rn. 23d, 23g; zur geplanten Reform der RL 2018/2001/EU auch → Rn. 23a ff.).

137 Die Begrenzung der Prüfungsreichweite kann mit **verfassungsrechtlichen Vorgaben** in Einklang gebracht werden. Insbesondere hat der Gesetzgeber seine Schutzpflicht für die Gesundheit der Nachbarn und Anwohner aus Art. 2 Abs. 2 S. 1 GG (vgl. Kahl/Gärditz Umweltrecht, § 3 Rn. 18 ff.; Kloepfer/Durner Umweltschutzrecht § 2 Rn. 6 ff.; zur Einschlägigkeit der Schutzpflichtendogmatik bei Genehmigungsentscheidungen auch Dietlein, Die Lehre von den grundrechtlichen Schutzpflichten, 90 ff., 97 f.) nicht verletzt. So sind die praktisch bedeutsamen Geräuscheinwirkungen weiterhin vollumfänglich zu prüfen. Mit Blick auf nicht mehr im Genehmigungsverfahren zu kontrollierende, aber ebenso unter § 5 Abs. 1 Nr. 1 fallende schädliche Umwelteinwirkungen (wie zB den Schattenwurf vgl. VGH Mannheim Beschl. v. 6.7.2016 – 8 S 534/15, juris Rn. 50 ff.) behält die Behörde trotz des in § 16b Abs. 8 beschränkten Prüfungsmaßstabes zudem wie auch in der Delta-Prüfung nach § 16b Abs. 1 und Abs. 7 ihre **repressiven Eingriffsbefugnisse** nach den §§ 17, 20 oder § 21 (→ Rn. 58; zum Rechtsschutz vgl. → Rn. 147). Ohnehin dürften bei Änderungsvorhaben iSd § 16b Abs. 8 zusätzliche erhebliche schädliche Umwelteinwirkungen allenfalls selten relevant sein, zumal sich auch die genehmigten Betriebszeiten nicht verändern dürfen (vgl. auch die LAI-Vollzugshinweise „Immissionsschutz in der Gasmangellage" vom 31. Oktober 2022, 35 mit Fn. 22).

138 **b) Die zu prüfenden Vorgaben im Einzelnen. aa) Standsicherheit.** Die immissionsschutzrechtlichen Anforderungen an die Standsicherheit entsprechen denen des materiellen **Bauordnungsrechts** (OVG Koblenz BeckRS 2014, 50908; Rectanus NVwZ 2009, 871 (874); Albrecht/Zschiegner UPR 2019, 90 (93)). Die Standsicherheit ist von der Konzentrationswirkung der Genehmigung iSd § 13 umfasst und durch einen Standsicherheitsnachweis zu belegen (→ § 6 Rn. 38; vgl. zB § 65 Abs. 1 Nds. BO, § 68 Abs. 1 BauO NRW, Art. 62a Abs. 1 BayBO; zur Umfassung auch der jeweiligen verfahrensrechtlichen Regelungen durch die Konzentrationswirkung des § 13 vgl. auch BVerwG NVwZ 2003, 750 (751); Albrecht/Zschiegner UPR 2019, 90 (101)). Dieser kann bei den regelmäßig standardisierten Windenergieanlagen allerdings durch eine **Typenprüfung der Standsicherheit** ersetzt werden (vgl. § 65 Abs. 7 ff. Nds. BO, § 68 Abs. 4 BauO NRW, § 15 BayPrüfVBau). Entsprechende Bescheinigungen über die Typenprüfung gelten bundesweit (Ruppel in Maslaton Windenergieanlagen, Kap. 2 Rn. 233). Fehlt eine Typenprüfung oder wird durch eine Leistungserhöhung nach § 16b Abs. 8 S. 1 von dieser in relevanter Weise abgewichen, muss die Standsicherheit individuell (zB über eine Einzelstatik) nachgewiesen werden. Die Prüfung der Standsicherheit wird auf Grundlage der DIN EN IEC 61400-1 durch die verbindliche technische Regel **„DIBt-Richtlinie Windenergieanlagen, Einwirkungen und Standsicherheitsnachweise für Turm und Gründung"** näher ausgestaltet; Anforderungen für die Maschine selbst sind der DIN-

EN IEC 61400-1 zu entnehmen (zum Vorstehenden Ruppel in Maslaton Windenergieanlagen Kap. 2 Rn. 233; Agatz Windenergie-Handbuch, 203 f.). Das ansonsten für die Prüfung der Standsicherheit von Windenergieanlagen zusätzlich erforderliche **Baugrundgutachten** (Ruppel in Maslaton Windenergieanlagen 2. Aufl. 2018 Kap. 2 Rn. 234) dürfte infolge des beschränkten Anwendungsbereichs des § 16b Abs. 8 S. 1 (→ Rn. 132 f.) und der bereits bei der Erstgenehmigung erfolgten Prüfung idR nicht mehr erneut von der Behörde eingefordert werden können. Ein sog. **Turbulenzgutachten** für den Nachweis der Standsicherheit kann nach Maßgabe des Ziff. 7.3.3 der DIBt-Richtlinie erforderlich sein (Agatz Windenergie-Handbuch, 203; Albrecht/Zschiegner UPR 2019, 90 (99)).

Neben der Standsicherheit der betreffenden Windenergieanlage ist ebenso zu prüfen, ob die Leistungserhöhung – etwa infolge schädlicher Umwelteinwirkungen durch **Turbulenzen** (→ Rn. 141 ff.) – auch die **Standsicherheit benachbarter Windenergieanlagen** gefährden kann (vgl. etwa § 12 Abs. 1 S. 2 BauO NRW, Art. 10 S. 3 BayBO, § 13 Abs. 1 S. 3 BauO BW; dazu im Kontext der Windenergieanlagenzulassung etwa OVG Münster NVwZ 2000, 1064 ff.; OVG Koblenz ZfBR 2018, 689 (690 ff.); OVG Berlin-Brandenburg BeckRS 2021, 29036 Rn. 24 ff.; Agatz Windenergie-Handbuch, 203; Ruppel in Maslaton Windenergieanlagen Kap. 2 Rn. 232; Rolshoven NVwZ 2006, 516 (517 f.); Scheidler VR 2012, 397 (402)). Schädlich ist nach der Rechtsprechung nur eine **hinreichend konkrete Gefährdung** der Standsicherheit anderer Anlagen, für die eine akute Einsturzgefahr gleichwohl nicht erforderlich ist. Es genügt vielmehr eine substanzielle Verkürzung der Lebensdauer oder die Erforderlichkeit über den Regelfall deutlich hinausgehender Wartungsarbeiten (zum Vorstehenden OVG Koblenz ZfBR 2018, 689 (690 f.); OVG Münster NVwZ 2000, 1064 (1065 f.); OVG Lüneburg BeckRS 2019, 10970 Rn. 25; Albrecht/Zschiegner UPR 2019, 90 (95); dazu auch unten unter → Rn. 143). 139

bb) Schädliche Umwelteinwirkungen durch Geräusche. Ebenso muss die Behörde die schädlichen Umwelteinwirkungen (§ 3 Abs. 1, 2) durch Geräusche in ihre Prüfung einbeziehen, wobei sich die Schädlichkeit bzw. Erheblichkeit dieser Umwelteinwirkungen nach der **TA Lärm** als normkonkretisierende Verwaltungsvorschrift richtet (→ § 3 Rn. 63; eingehend Scheidler VR 2012, 397 (398 f.); Wömmel/Hinsch NVwZ 2021, 1590 ff.). Die schallschutzrechtliche Verbesserungsgenehmigung für das Repowering von Windenergieanlagen iSd **§ 16b Abs. 3** ist auf § 16b Abs. 8 S. 1 **nicht** entsprechend **anwendbar** (§ 16b Abs. 8 S. 2 e contrario). Allerdings lassen sich über die Irrelevanzregelung in Ziff. 3.2.1 TA Lärm und die Sonderfallprüfung in Ziff. 3.2.2. lit. c TA Lärm im Ergebnis oftmals durchaus ähnliche Privilegierungen erreichen (→ Rn. 66). 140

cc) Nachteilige Auswirkungen durch Turbulenzen. Zuletzt sind von der Genehmigungsbehörde nachteilige Auswirkungen durch **Turbulenzen** zu prüfen. Turbulenzen können als **schädliche Umwelteinwirkungen unter die § 5 Abs. 1 Nr. 1 iVm § 3 Abs. 1 und Abs. 2** fallen. Sie stellen Immissionen iSd § 3 Abs. 2 dar, da sie auf sonstige Sachgüter einwirken und jedenfalls zu solchen Umwelteinwirkungen gehören, die den in § 3 Abs. 2 genannten Erschütterungen (→ § 3 Rn. 64) ähnlich sind (BVerwGE 169, 39 (43 Rn. 16); OVG Koblenz ZfBR 2018, 689 (690); Jarass § 3 Rn. 11). Ihre Schädlichkeit beurteilt sich nach § 3 Abs. 1, sodass sie nach Art, Ausmaß oder Dauer geeignet sein müssen, Gefahren, erhebliche Nachteile oder erhebliche Belästigungen für die Allgemeinheit oder Nachbarschaft herbeizuführen (BVerwGE 169, 39 (43 f. Rn. 16)). 141

Durch die Turbulenzen muss es zu **nachteiligen Auswirkungen** kommen. Auch an dieser Stelle ist der Begriff der nachteiligen Auswirkungen wie bei § 16 Abs. 1 S. 1 auszu- 142 legen, sodass es um nachteilige Folgen mit Blick auf die in § 1 benannten Schutzgüter geht (vgl. → § 16 Rn. 73 ff.). Bedeutsam sind hier bei Windenergieanlagen vor allem strömungsbedingte „Nachlaufeffekte" bei Anlagen im Windschatten einer anderen Anlage, bei denen die **Auslegungslasten** überschritten werden (→ § 3 Rn. 69; Albrecht/Zschiegner UPR 2019, 90 f.). Diese können zugleich Relevanz für die **Standsicherheit** (oben unter → Rn. 139) besitzen, wobei sich die Anforderungen für die Erheblichkeit der Immissionen iSd § 3 Abs. 1, 2 mit den bauordnungsrechtlichen Anforderungen an die Standsicherheit weitestgehend decken (BVerwGE 169, 39 (43 f. Rn. 16); OVG Koblenz BauR 2016, 2064 f.; OVG Koblenz ZfBR 2018, 689; Albrecht/Zschiegner UPR 2019, 90 (94)). Praktisch relevant ist in diesem Kontext auch die genehmigungsrechtliche Behandlung von Konkurrenzsituation benachbarter Windenergieanlagen nach dem Prioritätsprinzip, die maßgeblich die Zurechenbarkeit entsprechender Auswirkungen auf die eine oder andere Anlage bestimmt (→ § 6 Rn. 58a ff.; diff. Raschke/Roscher NVwZ 2021, 922 (926)).

143 In der Rechtsprechung wird die Erheblichkeit etwaiger standsicherheitsrelevanter Turbulenzeinwirkungen mangels diesbezüglich geltender Immissionsgrenzwerte im Wege einer typisierenden Einzelfallbetrachtung unter Rückgriff auf die **DIBt-Richtlinie „Einwirkungen und Standsicherheitsnachweise für Turm und Gründung"** als technische Regel geprüft (OVG Koblenz ZfBR 2018, 689 (690 f.)). Maßgeblich sind hiernach etwa räumliche Abstände sowie die effektive, von einer Windenergieanlage potenziell aufzunehmende Turbulenzintensität, wobei eine durchschnittliche Entwurfslebensdauer der Windenergieanlage von mind. 20 Jahren zugrunde gelegt wird (vgl. OVG Koblenz ZfBR 2018, 689 (690 f.); VGH München NVwZ-RR 2015, 655 (656 f.); Albrecht/Zschiegner UPR 2019, 90 (95 f.)). Allerdings sind diese 20 Jahre nicht als starre Zeitspanne zu verstehen, womit der Windenergieanlagenbetreiber auch darüber hinaus noch das Recht behält, gegen Turbulenzeinwirkungen vorzugehen, wobei aber zusätzliche, erhebliche Steigerungen des Betriebs- oder des Wartungsaufwandes für einen iSd § 3 Abs. 1 erheblichen Nachteils vorgetragen werden müssen. Die alleinige Verkürzung der Betriebsdauer genügt folglich nicht (OVG Koblenz ZfBR 2018, 689 (691)).

IV. Entsprechende Anwendung der Verfahrensregelungen

144 Nach § 16b Abs. 7 S. 2 und § 16b Abs. 8 S. 2 finden die für das Repowering geltenden Verfahrensvorschriften in § 16b Abs. 5 und Abs. 6 auf die Sondervorschriften für Windenergieanlagen entsprechende Anwendung. Wie im Rahmen des Repowerings gilt auch hier, dass diese nur ergänzend gelten, womit daneben die allgemeinen Verfahrensregelungen des § 10, § 16 und § 19 anwendbar bleiben (→ Rn. 100). Erleichterungen ergeben sich durch die neuen verfahrensrechtlichen Regelungen vor allem durch den nach § 16b Abs. 5 regelmäßig pflichtigen **Verzicht auf den Erörterungstermin** (→ Rn. 101 ff.) sowie durch die nach § 16b Abs. 6 S. 2 erfolgenden **Zustellungsfiktion durch fakultative öffentliche Bekanntmachung** auch im vereinfachten Genehmigungsverfahren (→ Rn. 105), im Übrigen erweisen sich die Verfahrensregelungen überwiegend als parlamentsgesetzliche Bestätigungen der bisherigen verordnungsrechtlichen Rechtslage (→ Rn. 104 ff., 108).

145 Durch die „entsprechende" Anwendung macht der Gesetzgeber deutlich, dass die Verfahrensregelungen zum Repowering nicht unmittelbar Anwendung finden, womit einerseits der Rückschluss darauf erfolgen werden kann, dass es sich bei den hier umfassten Sondervorschriften **nicht um Repowering-Maßnahmen iSd § 16b Abs. 1 handelt**. Infolgedessen liegt zugleich auch die Erwägung nahe, dass § **16b Abs. 7 und Abs. 8 speziellere Regelungen** zu dieser Vorschrift sind (→ Rn. 112). Durch den nur partiellen

Rückverweis auf § 16b Abs. 5 und 6 dürfte es zudem an einer planwidrigen Regelungslücke fehlen, womit eine **analoge Anwendung** der Vorschriften zum Repowering tendenziell ausscheiden dürfte. Eine abschließende Klärung dieser Frage steht freilich derzeit aus.

F. Rechtsschutz

Für den Rechtsschutz des Antragstellers bzw. Dritten wird zunächst auf die entsprechenden Ausführungen zu § 6 (→ § 6 Rn. 63 ff.), § 10 (→ § 10 Rn. 279 ff.) sowie § 16 (→ § 16 Rn. 183 ff.) Bezug genommen. Wegen des praktisch wohl relevantesten Anwendungsfeldes des § 16b für nach Ziff. 1.6. des Anh. 1 zur 4. BImSchV **genehmigungsbedürftige Windenergieanlagen** sei hier erneut Folgendes hervorgehoben: Für den gerichtlichen Rechtsschutz sowohl des Antragstellers als auch Dritter (einschließlich Umweltvereinigungen iSd § 3 UmwRG) ist die **erstinstanzliche Zuständigkeit** des OVG bzw. des VGH nach § 48 Abs. 1 S. 1 Nr. 3a VwGO gegeben. **Widerspruch und Anfechtungsklage** gegen die erteilte Änderungsgenehmigungen iSd § 16b haben bei der Zulassung einer Windenergieanlage an Land (→ Rn. 113) nach der Neuregelung des § 63 überdies **keine aufschiebende Wirkung** (vgl. dazu auch → § 6 Rn. 74a; zur Anwendbarkeit des § 63 auf die Änderungsgenehmigung auch → § 63 Rn. 8 f.). Über den neuen **§ 80c VwGO** erfährt zudem der verwaltungsgerichtliche Eilrechtsschutz bei der Windenergieanlagenzulassung weitreichende Modifikationen (vgl. dazu → § 6 Rn. 74a; sowie den Gesetzentwurf der Bundesregierung für ein „Gesetz zur Beschleunigung von verwaltungsgerichtlichen Verfahren im Infrastrukturbereich" idF v. 11.1.2023, BT-Drs. 20/5165, 15 f.; vgl. weiter auch Schlacke/Wentzien/Römling NVwZ 2022, 1577 (1584)). 146

Im Falle von **Drittanfechtungskonstellationen** – für die nach Maßgabe des Landesrechts ggf. ein vorausgeschaltetes Widerspruchsverfahren durchzuführen ist (vgl. etwa § 110 Abs. 3 S. 1 JustG NRW; § 80 Nds. JustG) – sind mit Blick auf § 16b überdies zwei wichtige Einschränkungen zu beachten. So stellt infolge der Verortung des § 16b im Änderungsgenehmigungsverfahren zunächst nur die Änderungsgenehmigung den Streitgegenstand der Drittanfechtungsklage dar, wodurch die gerichtliche Prüfung grundsätzlich darauf beschränkt ist, ob der **Regelungsgegenstand der Änderungsgenehmigung** rechtmäßig ist (→ § 16 Rn. 186; Czajka in Feldhaus BImSchR § 16 Rn. 106; Jarass § 16 Rn. 70). Zu beachten ist infolge des eingeschränkten Prüfungsumfangs bei § 16b Abs. 1, Abs. 7 und Abs. 8 weiter, dass nur eine vom Dritten vorgetragene Verletzung **der von der Behörde zu prüfenden Aspekte** geeignet ist, den Dritten durch die Genehmigungsentscheidung in seinen subjektiv-öffentlichen Rechten zu verletzen. Die Rechtslage ähnelt der im Bereich des vereinfachten bauordnungsrechtlichen Genehmigungsverfahrens, sodass es wie dort zu einer **Zweigleisigkeit des Rechtsschutzes** (Kaiser in Ehlers/Fehling/Pünder Besonderes Verwaltungsrecht Bd. 3 § 41 Rn. 190; Kersten in Schoch Besonderes Verwaltungsrecht, Kap. 3 Rn. 460) kommen dürfte. Geht es folglich um drittschützende Belange, die nach Maßgabe des in § 16b Abs. 1, Abs. 7 oder Abs. 8 eingeschränkten Prüfungsumfangs nicht von der Genehmigungsbehörde zu prüfen sind, kann vom Dritten keine Drittanfechtungsklage, sondern allenfalls eine Verpflichtungsklage unter Berufung auf einen **Anspruch auf immissionsschutzbehördliches Einschreiten** iSd § 17 Abs. 1 S. 1, S. 2 erhoben werden (dazu eingehend Hansmann/Ohms→ § 17 Rn. 292 ff.). Da die Abgrenzung des behördlichen Prüfungsumfangs infolge der verwendeten unbestimmten Rechtsbegriffe Schwierigkeiten aufwirft (→ Rn. 61) und für den Drittbetroffenen jedenfalls nicht in jedem Fall erkennbar ist, sind die Gerichte über **§ 86 Abs. 3 VwGO** ggf. zur Hinweiserteilung verpflichtet. 147

148 Unter den vorbenannten Modifikationen richtet sich die Frage des **Drittschutzes** gegen die Genehmigung nach allgemeinen Grundsätzen, womit vornehmlich der Schutzgrundsatz aus § 5 Abs. 1 Nr. 1 drittschützend ist (→ § 6 Rn. 73; → § 5 Rn. 114 ff.; zum nur partiellen Drittschutz aus dem Vorsorgegrundsatz des § 5 Abs. 1 Nr. 2 auch → § 5 Rn. 163 ff.). Drittschützend kann auch das **bauplanungsrechtliche Rücksichtnahmegebot** als Teil der anderen öffentlich-rechtlichen Vorschriften iSd § 16b Abs. 4 sein (→ Rn. 94; → Rn. 99 f.; vgl. allgemein dazu BVerwGE 67, 334 (339 f.); zur optisch bedrängenden Wirkung etwa OVG Münster BeckRS 2022, 13642 Rn. 27; zum „Windklau" durch Konkurrenzanlagen siehe BVerwG ZfBR 2019, 579 f.). Mit Blick auf die einzelnen Sonderregelungen des § 16b vermittelt daneben etwa die den Schutzgrundsatz modifizierende Regelung **des § 16b Abs. 3 Nr. 1** Drittschutz. Anderes gilt aber für die Regelung des **§ 16b Abs. 3 Nr. 2** als Ausprägung des Vorsorgegrundsatzes, sodass sich ein Dritter jedenfalls nicht ohne gleichzeitige akustische Beeinträchtigung darauf berufen können dürfte, dass die Windenergieanlage nicht dem Stand der Technik entspricht. Bei **§ 16b Abs. 8 S. 1 1. Hs.** kann die fehlende **Standsicherheit** sowie **Turbulenzeinwirkungen** Rechte des Anlagennachbarn berühren, soweit dieser als Betreiber einer anderen Windenergieanlage geltend macht, dass durch das Änderungsvorhaben – etwa in Folge von Turbulenzen – seine eigene Anlage konkret gefährdet ist (oben unter → Rn. 139, 143; dazu auch OVG Koblenz ZfBR 2018, 689 ff., Albrecht/Zschiegner UPR 2019, 90 (95); vgl. allgemein zum drittschützenden Charakter der Standsicherheit auch Otto, Bauordnungsrecht § 18 Rn. 43). Drittschützend sind ebenso die hier genannten schädlichen Umwelteinwirkungen durch **Geräusche,** wobei die ebenso drittschützenden Konkretisierungen der TA Lärm für die Prüfung heranzuziehen sind (→ Rn. 119).

149 Im Falle einer **Drittanfechtung** erscheint infolge des eingeschränkten Prüfungsumfangs der Behörde ebenso die Fallkonstellation denkbar, dass sich ein Dritter darauf beruft, dass die **Voraussetzungen für das Änderungsgenehmigungsverfahren nach § 16b** nicht vorlagen (zB, da es sich nicht um eine von § 16b Abs. 1 S. 1 1. Hs., Abs. 2 umfasste Repowering-Maßnahme handelt und eigentlich eine Errichtungs- und Betriebsgenehmigung iSd § 4 notwendig war) und die Prüfung daher unzulässig eingeschränkt wurde. Ob die Voraussetzungen für die begrenzten Prüfungsvorgaben iSd § 16b subjektiv-öffentliche Nachbarrechte vermitteln, erscheint zweifelhaft, da es dem Gesetzgeber mit § 16b in erster Linie um eine verfahrensbezogene Klarstellung bzw. Erleichterung ging (BT-Drs. 19/27672, 20, 34; BT-Drs. 20/3497, 1). Die Rechtsprechung geht dabei – wenngleich nur bedingt überzeugend – von einem mangelnden Drittschutz auch des Genehmigungsvorbehalts des § 4 aus (zur Kritik an diesem Verständnis → § 4 Rn. 105). Vergleichbar wie auch im Bereich des § 4 sollte aber nach hier vertretener Ansicht erwogen werden, Dritten ein Recht darauf zuzubilligen, dass ihre drittschützenden Belange (zB § 5 Abs. 1 Nr. 1) im Falle des Fehlens der Voraussetzungen für die privilegierten Änderungsgenehmigungsverfahrens iSd § 16b vollständig in den behördlichen Prüfungsprozess einbezogen worden sind.

150 Zuletzt kann auch zwischen dem Antragsteller und der **Genehmigungsbehörde** Streit darüber entstehen, ob die **Voraussetzungen für ein Änderungsgenehmigungsverfahren nach Maßgabe des § 16b Abs. 1, Abs. 7 oder Abs. 8** gegeben sind und damit die privilegierenden Verfahrens- und Prüfungsregelungen für das von ihm geplante Vorhaben Anwendung finden können. Insoweit wäre zwar prinzipiell eine Feststellungsklage (§ 43 Abs. 1 VwGO) bzw. ein Eilantrag nach § 123 VwGO anzudenken, um die Anwendung des § 16b auf das von ihm geplante Vorhaben (vorläufig) gerichtlich feststellen zu lassen. Dem dürfte voraussichtlich aber § 44a S. 1 VwGO entgegenstehen, wonach gerichtlicher Rechtsschutz gegen eine behördliche Verfahrenshandlung lediglich über einen Rechtsbehelf gegen die abschließende Sachentscheidung begehrt werden kann. Ob

die Regelung des § 44a S. 1 VwGO aus Gründen des effektiven Rechtsschutzes im Falle von nicht verfahrensfördernden Behördenhandlungen anwendbar ist, ist freilich umstritten (vgl. Posser in BeckOK VwGO § 44a Rn. 13.1; sowie auch → § 10 Rn. 280 mwN zum Streitstand). Weigert sich die Behörde, das Verfahren als Änderungsgenehmigungsverfahren iSd § 16b zu eröffnen, kommt ggf. aber Rechtsschutz über die Untätigkeitsklage iSd § 75 VwGO in Betracht (vgl. dazu allg. auch Stelkens/Schenk in Schoch/Schneider/Bier VwGO § 44a Rn. 14).

§ 23b Störfallrechtliches Genehmigungsverfahren

(1) **Ergibt die Feststellung nach § 23a Absatz 2 Satz 1, dass der angemessene Sicherheitsabstand erstmalig unterschritten wird, räumlich noch weiter unterschritten wird oder eine erhebliche Gefahrenerhöhung ausgelöst wird, bedarf die störfallrelevante Errichtung und der Betrieb oder die störfallrelevante Änderung einer nicht genehmigungsbedürftigen Anlage, die Betriebsbereich oder Bestandteil eines Betriebsbereichs ist, einer störfallrechtlichen Genehmigung. Dies gilt nicht, soweit dem Gebot, den angemessenen Sicherheitsabstand zu wahren, bereits auf Ebene einer raumbedeutsamen Planung oder Maßnahme durch verbindliche Vorgaben Rechnung getragen worden ist. Die Genehmigung setzt einen schriftlichen oder elektronischen Antrag voraus. § 10 Absatz 1 Satz 4 und Absatz 2 gilt entsprechend. Die Genehmigung ist zu erteilen, wenn sichergestellt ist, dass die Anforderungen des § 22 und der auf Grundlage des § 23 erlassenen Rechtsverordnungen eingehalten werden und andere öffentlich-rechtliche Vorschriften und Belange des Arbeitsschutzes nicht entgegenstehen. Die Genehmigung kann unter Bedingungen erteilt und mit Auflagen verbunden werden, soweit dies erforderlich ist, um die Erfüllung der Genehmigungsvoraussetzungen sicherzustellen. Die Genehmigung schließt andere die Anlage betreffende behördliche Entscheidungen ein mit Ausnahme von Planfeststellungen, Zulassungen bergrechtlicher Betriebspläne, behördlichen Entscheidungen auf Grund atomrechtlicher Vorschriften und wasserrechtlichen Erlaubnissen und Bewilligungen nach § 8 in Verbindung mit § 10 des Wasserhaushaltsgesetzes. Die §§ 8, 8a, 9 und 18 gelten entsprechend.**

(2) **Im Genehmigungsverfahren ist die Öffentlichkeit zu beteiligen. Dazu macht die zuständige Behörde das Vorhaben öffentlich bekannt und legt den Antrag, die vom Antragsteller vorgelegten Unterlagen mit Ausnahme der Unterlagen nach Absatz 1 Satz 4 sowie die entscheidungserheblichen Berichte und Empfehlungen, die der Behörde im Zeitpunkt der Bekanntmachung vorliegen, einen Monat zur Einsicht aus. Personen, deren Belange durch das Vorhaben berührt werden sowie Vereinigungen, welche die Anforderungen von § 3 Absatz 1 oder § 2 Absatz 2 des Umwelt-Rechtsbehelfsgesetzes erfüllen, können innerhalb der in § 10 Absatz 3 Satz 4 erster Halbsatz genannten Frist gegenüber der zuständigen Behörde schriftlich oder elektronisch Einwendungen erheben. § 10 Absatz 3 Satz 5 und Absatz 3a gilt entsprechend. Einwendungen, die auf besonderen privatrechtlichen Titeln beruhen, sind auf den Rechtsweg vor den ordentlichen Gerichten zu verweisen.**

(3) **Die Genehmigungsbehörde holt die Stellungnahmen der Behörden ein, deren Aufgabenbereich durch das Vorhaben berührt wird. Soweit für das Vorhaben selbst oder für weitere damit unmittelbar in Zusammenhang stehende Vorhaben, die Auswirkungen auf die Umwelt haben können und die für die Genehmigung Bedeutung haben, eine Zulassung nach anderen Gesetzen vorgeschrieben ist, hat die Genehmigungsbehörde eine vollständige Koordinierung der Zulassungsverfahren sowie der Inhalts- und Nebenbestimmungen sicherzustellen.**

(3a) **Betrifft das Vorhaben eine Anlage, die in den Anwendungsbereich der Richtlinie (EU) 2018/2001 des Europäischen Parlaments und des Rates vom 11. Dezember 2018 zur Förderung der Nutzung von Energie aus erneuerbaren Quellen (Neufassung) (ABl. L 328 vom 21.12.2018, S. 82) fällt, gilt ergänzend Folgendes:**

1. **Auf Antrag des Trägers des Vorhabens wird das störfallrechtliche Genehmigungsverfahren sowie alle sonstigen Zulassungsverfahren, die für die Durchführung des Vorhabens nach Bundes- oder Landesrecht erforderlich sind, über eine einheitliche Stelle abgewickelt.**

2. Die einheitliche Stelle nach Nummer 1 stellt ein Verfahrenshandbuch für Träger von Vorhaben bereit und macht diese Informationen auch im Internet zugänglich. In den im Internet veröffentlichten Informationen weist die einheitliche Stelle auch darauf hin, für welche Vorhaben sie zuständig ist und welche weiteren einheitlichen Stellen im jeweiligen Land für Vorhaben nach Satz 1 zuständig sind.

3. Die zuständige und die zu beteiligenden Behörden sollen die zur Prüfung des Antrags zusätzlich erforderlichen Unterlagen in einer einmaligen Mitteilung an den Antragsteller zusammenfassen. Nach Eingang der vollständigen Antragsunterlagen erstellt die zuständige Behörde einen Zeitplan für das weitere Verfahren und teilt diesen Zeitplan in den Fällen der Nummer 1 der einheitlichen Stelle, andernfalls dem Antragsteller mit.

4. § 16b ist entsprechend anzuwenden.

(4) **Über den Antrag auf störfallrelevante Errichtung und Betrieb einer Anlage hat die zuständige Behörde innerhalb einer Frist von sieben Monaten nach Eingang des Antrags und der erforderlichen Unterlagen zu entscheiden. Über den Antrag auf störfallrelevante Änderung einer Anlage ist innerhalb einer Frist von sechs Monaten nach Eingang des Antrags und der erforderlichen Unterlagen zu entscheiden. Die zuständige Behörde kann die jeweilige Frist um drei Monate verlängern, wenn dies wegen der Schwierigkeit der Prüfung oder aus Gründen, die dem Antragsteller zuzurechnen sind, erforderlich ist. Die Fristverlängerung soll gegenüber dem Antragsteller begründet werden. § 10 Absatz 7 Satz 1 gilt entsprechend.**

(5) **Die Bundesregierung wird ermächtigt, durch Rechtsverordnung mit Zustimmung des Bundesrates weitere Einzelheiten des Verfahrens nach den Absätzen 1 bis 4 zu regeln, insbesondere**

1. Form und Inhalt des Antrags,

2. Verfahren und Inhalt der Bekanntmachung und Auslegung des Vorhabens durch die zuständige Behörde sowie

3. Inhalt und Bekanntmachung des Genehmigungsbescheids.

Schrifttum (Auswahl)/s. weiter bei § 23a: A. Erläuterungswerke und sonstige Schriften: *Battis/Krautzberger/Löhr,* Baugesetzbuch, 15. Aufl. 2022; *Bracher/Reidt/Schiller,* Bauplanungsrecht, 9. Aufl. 2022; *Calliess/Ruffert,* EUV/AEUV Kommentar, 6. Aufl. 2022; *Erb/Schäfer,* Münchener Kommentar zum StGB, Band 5, 4. Aufl. 2020; *Feldhaus,* Bundesimmissionsschutzrecht, Loseblatt, 223. Ergänzungslieferung (September 2022); *Führ,* Gemeinschaftskommentar zum Bundes-Immissionsschutzgesetz, 2. Aufl. 2019; *Giesberts/Reinhardt,* Beck'scher Onlinekommentar Umweltrecht, 65. Edition Stand Januar 2023; *Jarass,* Bundes-Immissionsschutzgesetz, 14. Aufl. 2022; *Johlen/Oerder,* Müchener Anwalts Handbuch Verwaltungsrecht, 4. Aufl. 2017; *Kahl/Gärditz,* Umweltrecht, 12. Aufl. 2021; *Kloepfer,* Umweltrecht, 4. Aufl. 2016; *Kotulla,* Bundes-Immissionsschutzgesetz, Loseblatt, 24. Ergänzungslieferung (Januar 2022); *Rebentisch,* Umsetzung der Industrieemissionsrichtlinie in Deutsches Recht, 2013; *Schlacke,* Umweltrecht, 8. Aufl. 2021; *Schoch/Schneider,* Verwaltungsrecht, Band VwGO, Loseblatt, 43. Ergänzungslieferung (August 2022); *Streinz,* EUV/AEUV Kommentar, 3. Aufl. 2018; *Ule/Laubinger/Repkewitz,* Bundes-Immissionsschutzrecht, Loseblatt, 245. Ergänzungslieferung (Dezember 2022).

B. Aufsätze:

Fabi, Die Verortung des Abstandsgebotes der Seveso-III-RL bei der immissionsschutzrechtlichen Anlagengenehmigung, ZUR 2019, 341; *Farsbotter/Weise,* Der angemessene Sicherheitsabstand im Störfallrecht, I+E 2017, 50; *Hahn/Kraus,* Die Anwendung der Seveso-III-Richtlinie im Bauordnungsrecht, KommunalPraxis BY 2016, 294; *Hellriegel/Farsbotter,* Abstand ist nicht alles!, NVwZ 2013, 1117; *Hilbert,* Das Verhältnis von Immissionsschutzrecht und Baurecht, JuS 2014, 983; *Hohnerlein,* Die Zulassung des vorzeitigen Beginns umweltrelevanter Vorhaben als Interimsentscheidung, NVwZ 2022, 750 (756); *Jarass,* Die (umfangreichen) neuen Regelungen im Bundes-Immissionsschutzgesetz für Störfallanlagen, NVwZ 2018, 185; *Kahle* „Mücksch" und Seveso-III – Herausforderungen für das immissionsschutzrechtliche Genehmigungsverfahren in Jahrbuch des Umwelt- und Technikrechts 2017, 2017, 155; *Kliem,* Repowering von EE-Anlagen, ER 2022, 22; *Müggenborg,* Die Umsetzung der Seveso-III-Richtlinie in Deutschland, NuR 2015, 470; *Müggenborg,* Stellungnahme DAV, Möglichkeiten der Beschleunigung von Genehmigungsverfahren bei der Herstellung von grünem Wasserstoff und zur Vereinfachung von Störfallrecht, NuR 2022, 469; *Oerder/Schwertner/Wörheide,* Planung und Vorhabenzulassung im Umfeld eines Störfallbetrieb, BauR 2018, 436; *Otting/Olgemöller,* Nochmals: Abstand ist nicht alles!, NVwZ 2013, 1396; *Rövekamp,* Die Seveso-III-Richtlinie – Änderungen im Störfallrecht auch ohne Umsetzungsgesetz durch unmittelbar geltende Richtlinie, UPR 2015, 377; *Scheidler,* Die Pflicht zur Abgabe einer Emissionserklärung, UPR 2020, 9 ff.; *Schmidt-Becker,* Nationale Umsetzung der Seveso-III-Richtlinie, Immissionsschutz 2016, 61; *Schoppen,* Die Umsetzung der Seveso-III-Richtlinie in deutsches Recht, NVwZ 2017, 1561; *Uechtritz,* Angemessener Abstand zwischen Störfall-Betrieben und öffentlich genutzten Gebäuden, NVwZ 2013, 719; *Uechtritz,* Zur Umsetzung der Seveso-III-Richtlinie, DVBl. 2017, 659; *Uechtritz/Farsbotter,* Anforderungen an eine TA-Abstand, NVwZ 2020, 1160; *Ule/Laubinger/Repkewitz,* Bundes-Immissionsschutzrecht, Loseblatt, 243. Ergänzungslieferung (Oktober 2022); *Wasielewski,* Stand der Umsetzung der Seveso-III-RL in deutsches Recht, UPR 2017, 1; *Wörheide,* Öffentlichkeitsbeteiligung im Baugenehmigungsverfahren bei der Zulassung von Vorhaben im Umfeld von Störfallbetrieben, NWVBl. 2019, 221.

Übersicht

A. Einleitung

I. Entstehungsgeschichte und Europarechtlicher Hintergrund

1 Mit Ablösung der Seveso-II-Richtlinie (Richtlinie 96/82/EG des Rates vom 9.12.1996; ABl. L 10 v. 14.1.1997, 13) durch die Seveso-III-Richtlinie (Richtlinie des Europäischen Parlaments und des Rates 2012/18/EU vom 4.7.2012; ABl. L 197 v. 24.7.2012, 1) sind unter Anlehnung an die Aarhus-Konvention neue Verfahrensvorgaben für störfallrelevante Anlagenmodifikationen in Art. 15 Seveso-III-RL eingeführt worden. Um diese Richtlinienvorgaben umzusetzen, hat der Bundesgesetzgeber für Anlagen iSd § 3 Abs. 5a innerhalb des angemessenen Sicherheitsabstandes nach § 3 Abs. 5c oder im Falle einer erheblichen Gefahrenerhöhung besondere störfallrechtliche Verfahrensvorgaben geschaffen (vgl. eingehend dazu → § 19 Rn. 58 ff.). Da die Seveso-III-Richtlinie in ihren Planungs- und Beteiligungsverpflichtungen in Art. 11, 13, 15 für die Errichtung, den Betrieb und die Änderung von „Betrieben" nicht zwischen genehmigungsbedürftigen und genehmigungsfreien Anlagen im Sinne des BImSchG unterscheidet, waren ergänzende Verfahrensregelungen auch für ehemals genehmigungsfreie Anlagen (§§ 22 ff.) notwendig. Andere Alternativen, wie ein Öffentlichkeitsbeteiligungsverfahren für das bauaufsichtliche Verfahren oder eine Einstufung der Anlagen als genehmigungsbedürftige Anlagen iSd § 4 Abs. 1 S. 3 wurden durch den Gesetzgeber aus rechtspolitischen Gründen verworfen (s. BT-Drs. 18/9417, 17; → § 23a Rn. 4a).

1a Über Art. 55 des Gesetzes zum Abbau verzichtbarer Anordnungen der Schriftform im Verwaltungsrecht des Bundes vom 29.3.2017 (BGBl. I 626) wurde die elektronische Antragstellung in Abs. 1 S. 3 und die elektronische Einwendungserhebung in Abs. 2 S. 3 zugelassen. Überdies wurde die in § 23b Abs. 1 S. 4 angeordnete entsprechende Anwendung des § 10 Abs. 2 auf § 10 Abs. 1 S. 4 erweitert.

1b Über Art. 3 des Gesetzes zur Anpassung des Umwelt-Rechtsbehelfsgesetzes und anderer Vorschriften an europa- und völkerrechtliche Vorgaben vom 29.5.2017 (BGBl. I 1298) erfuhr § 23b Abs. 2 Anpassungen. Hier wurde der Verweis auf § 10 Abs. 4 S. 3 dahingehend spezifiziert, dass nunmehr auf § 10 Abs. 4 S. 3 Hs. 1 Bezug genommen wird. Überdies wurde ein neuer § 23b Abs. 2 S. 4 eingefügt und die Geltung des § 10 Abs. 3a (Rolle der Umweltvereinigungen) auch im störfallrechtlichen Genehmigungsverfahren angeordnet (vgl. auch Hentschel/Roßnagel in GK-BImSchG Rn. 7).

1c Der neue § 23b Abs. 3a wurde mit Wirkung zum 31.8.2021 durch Art. 1 Nr. 4 des „Gesetzes zur Umsetzung von Vorgaben der Richtlinie (EU) 2018/2001 des Europäischen Parlaments und des Rates vom 11.12.2018 zur Förderung der Nutzung von Energie aus erneuerbaren Quellen (Neufassung) für Zulassungsverfahren nach dem Bundes-Immissionsschutzgesetz, dem Wasserhaushaltsgesetz und dem Bundeswasserstraßengesetz" vom 18.8.2021 (BGBl. I 3901) eingeführt. Mit diesem Gesetz sollen die Regelungen der

Richtlinie zur Förderung der Nutzung von Energie aus erneuerbaren Quellen („RED-II", RL 2018/2001/EU des Europäischen Parlaments und des Rates vom 11.12.2018; ABl. L 328/82 v. 21.12.2018) umgesetzt und in das Störfallverfahren des § 23b übertragen werden. Entsprechender Anpassungsbedarf ergab sich insbesondere aus Art. 16 Abs. 1 ff., Art. 16 Abs. 6 RL 2018/2001/EU sowie Art. 15 Abs. 1 UAbs. 1 und UAbs. 2 lit. a RL 2018/2001/EU (BT-Drs. 19/27672, 20); dazu auch → § 16b Rn. 20 ff.

II. Systematischer Überblick

Das Verfahren nach § 23b stellt ein neues, **förmliches Verfahren** für den Bereich eigentlich **genehmigungsfreier Anlagen** zur Umsetzung von Art. 15 Seveso-III-RL dar. Im Bereich der genehmigungsbedürftigen Anlagen werden die störfallrechtlichen Öffentlichkeitsbeteiligungsvorgaben der Richtlinie über § 16a, § 19 Abs. 4 sowie § 10 abgesichert (Hentschel/Roßnagel in GK-BImSchG Rn. 119). Durch das Genehmigungsverfahren für eigentlich genehmigungsfreie Vorhaben kommt es unter Durchbrechung der ehemaligen Zweiteilung des immissionsschutzrechtlichen Zulassungssystems zwischen „genehmigungsbedürftigen" und „nicht genehmigungsbedürftigen" Anlagen zu einem dritten Anlagentyp. Durch diesen werden die von den §§ 23a f. umfassten Anlagen allerdings nicht zu solchen, die iSd § 4 Abs. 1 S. 2, 3 im Rechtssinne genehmigungsbedürftig sind (Czajka in Feldhaus BImSchR Rn. 8; Scheidler UPR 2020, 9 (10)). Die §§ 4 ff., darunter vor allem das Pflichtenprogramm der **§§ 5 und 7, gelten nicht** für Genehmigungen nach § 23b (vgl. insoweit unten zu § 23b Abs. 1 S. 5, → Rn. 50 ff.). Aufgrund des fehlenden auch materiell-rechtlichen „Regimewechsels" unterscheidet sich das Genehmigungsverfahren des § 23b von der gem. § 23 Abs. 1a durch Rechtsverordnung zu eröffnenden Wahloption für die Durchführung eines Genehmigungsverfahrens (vgl. hierzu → § 23 Rn. 44 ff.). Ebenso wenig finden die **Nebenpflichten** für die Anlagenzulassung, die nur auf genehmigungsbedürftige Anlagen ausgerichtet sind (so zB die Pflicht zur Abgabe einer **Emissionserklärung nach § 27**), Anwendung auf das störfallrechtliche Genehmigungsverfahren des § 23b (Scheidler UPR 2020, 9 (10)). 2

Ein **„Systembruch"** (s. Enders in BeckOK Rn. 4; Uechtritz DVBl. 2017, 659 (664); ähnlich Becher in Appel/Ohms/Saurer Rn. 2: „systematischer Einschnitt"; vgl. auch Jarass Rn. 3, der die Verwendung des Begriffs „Genehmigung" kritisiert) ist durch die Einführung des störfallrechtlichen Genehmigungsverfahrens nach § 23b in zweierlei Hinsicht festzustellen: Zum einen wird die Frage der „Genehmigungsbedürftigkeit" bei Vorliegen der Voraussetzungen des § 23b Abs. 1 S. 1 durch die unterschiedlichen Betreiberpflichten beider Anlagenregime zu einem eher materiell- statt formalrechtlichen Unterscheidungsmerkmal. Zum anderen wird das vormals repressive Eingriffskonzept der §§ 22 ff. um eine weitere immissionsschutzrechtliche Präventivkontrolle außerhalb des § 6 erweitert. Die (vor diesem Hintergrund immerhin konsequente) Stilllegungs- und Beseitigungsbefugnis bei formeller Illegalität einer eigentlich genehmigungsfreien Anlage (vgl. § 25a) muss man regelungstechnisch als paradox bezeichnen. 3

Durch § 23b Abs. 1 wird die Überprüfung der Voraussetzungen des § 22 und jenen aus den auf § 23 gestützten Rechtsverordnungen in anderen Genehmigungsverfahren – etwa solchen des Bauordnungs- oder Bergrechts (vgl. Kloepfer Umweltrecht § 15 Rn. 575) – zur Durchsetzung der Beteiligungsvorgaben des Art. 15 Seveso-III-RL und unter Berufung auf die konkurrierenden Bundeskompetenzen aus Art. 74 Abs. 1 Nr. 11, Nr. 24 GG (BT-Drs. 18/9417, 18) umfänglich in das Immissionsschutzrecht **verlagert.** Da diese Verlagerung mit Blick auf das BBergG und die dort ebenso bestehende Möglichkeit zur Umsetzung der Beteiligungsvorgaben zu weit geraten ist, hat der Gesetzgeber in § 23c die Anwendung der §§ 23a f. allerdings ausgeschlossen, sofern für die Anlage ein Betriebsplanzulassungsverfahren mit Öffentlichkeitsbeteiligung nach den §§ 51 ff. BBergG durchzuführen ist (→ § 23c Rn. 1 ff.; BT-Drs. 18/9417, 29). 4

5 Dem förmlichen Genehmigungsverfahren des § 23b ist das **Anzeigeverfahren** nach § 23a vorgeschaltet (→ § 23a Rn. 11 ff.). Hierdurch soll seitens der Behörde im Einzelfall geklärt werden, ob eine (weitere) Unterschreitung des **„angemessenen Sicherheitsabstands“ iSd § 3 Abs. 5c** oder eine **erhebliche Gefahrenerhöhung** als notwendige Tatbestandsvoraussetzung des § 23b Abs. 1 S. 1 vorliegt. Die „positive Feststellung“ der Behörde iSd § 23a Abs. 2 S. 1 VwVfG ist ein belastender feststellender Verwaltungsakt iSd § 35 VwVfG und kann (jedenfalls) mit der Verpflichtungsklage, gerichtet auf Erteilung einer negativen Feststellung, angegriffen werden (→ § 23a Rn. 42, 56). Gem. § 23a Abs. 3 erhält der Antragsteller allerdings auch einen Anspruch darauf, dass auf seinen Antrag hin ein entsprechendes Genehmigungsverfahren nach § 23b durchgeführt wird. Ein solcher Antrag kann – sofern bereits ausreichend Sicherheit über die Abstandsunterschreitung besteht – wegen der hierdurch eintretenden Zeitvorteile in der Beratungspraxis zu empfehlen sein, führt nach der hM allerdings noch nicht ohne Weiteres dazu, dass sich die Anlage als genehmigungsbedürftig erweist (→ Rn. 14).

6 Mit Blick auf die innere Systematik der Norm des § 23b enthält § 23b Abs. 1 eine nur wenig geordnete Sammlung grundlegender Bestimmungen sowohl für das neue Genehmigungsverfahren als auch für die Genehmigungsvoraussetzungen und -wirkungen. Die § 23b Abs. 2 und 3 regeln demgegenüber die Öffentlichkeits- und Behördenbeteiligung. § 23b Abs. 3a enthält Regelungen zur Umsetzung der Vorgaben aus Art. 16 Abs. 1 ff. RL 2018/2001/EU für Störfallanlagen aus dem Bereich der „Energie aus erneuerbaren Quellen“ (Art. 2 Nr. 1-3 RL 2018/2001/EU), so in Nr. 1 für das Verfahren über die einheitliche Stelle iSd §§ 71a–e VwVfG (Art. 16 Abs. 1 RL 2018/2001/EU), in Nr. 2 für das von Art. 16 Abs. 3 RL 2018/2001/EU eingeforderte Verfahrenshandbuch sowie in Nr. 3 zur „einmaligen“ Mitteilung über die erforderlichen Unterlagen an den Betreiber (vgl. Art. 15 Abs. 1 UAbs. 2 lit. a RL 2018/2001/EU). Gem. § 23b Abs. 3a Nr. 4 ist auch die Regelung für das modifizierte Änderungsgenehmigungsverfahren für das Anlagenrepowering nach § 16b (→ § 16b Rn. 1 ff.) entsprechend anzuwenden. § 23b Abs. 4 enthält Bestimmungen zur Entscheidungsfrist. In § 23b Abs. 5 befindet sich eine Verordnungsermächtigung der Bundesregierung, die mit Zustimmung des Bundesrates weitere Einzelheiten des Verfahrens regeln kann. Zur besseren Übersichtlichkeit bietet es sich an, zwischen dem Genehmigungsverfahren (→ Rn. 7 ff.) und den materiellen Genehmigungsvoraussetzungen (→ Rn. 50 ff.) und –wirkungen (→ Rn. 77 ff.) zu trennen.

B. Genehmigungsverfahren

7 Das Verfahren für die Störfallgenehmigung ist nach der gesetzgeberischen Konzeption im Wesentlichen **dem des § 10 nachempfunden** (BT Drs. 18/9417, 29). Von der Verordnungsermächtigung des § 23b Abs. 5 zur Ausgestaltung des Zulassungsverfahrens wurde in **§ 18 der 12. BImSchV** Gebrauch gemacht, in dem sich konkretisierende Verfahrensvorgaben für das Zulassungsverfahren befinden (dazu auch → Bd. IV, 12. BImSchV § 18 Rn. 5 ff.). Da in Anbetracht des Fehlens einer genehmigungsbedürftigen Anlage im herkömmlichen Sinne des Gesetzes die Anwendungsvoraussetzungen der Verfahrensverordnung (9. BImSchV) nicht gegeben waren (vgl. §§ 1 Abs. 1, 24 der 9. BImSchV), wurde eine Neuregelung der Verfahrensvoraussetzungen in § 18 der 12. BImSchV erforderlich. Die in § 23b sowie in § 18 der 12. BImSchV geschaffenen Verfahrensvorgaben sind nach dem Verständnis des Gesetzgebers nach Art. 84 Abs. 1 Satz 5 GG abweichungsfest (vgl. BT-Drs. 18/9417, S. 18 sowie § 73). Nur soweit das Bundes-Immissionsschutzgesetz keine speziellen Vorgaben bereithält, kann daher **subsidiär** auf die Vorschriften des jeweiligen **Landes-VwVfG** abgestellt werden (so zB für den Amtsermitt-

lungsgrundsatz aus § 24 VwVfG, vgl. auch Laubinger in Ule/Laubinger/Repkewitz D 2; Hentschel/Roßnagel in GK-BImSchG Rn. 20).

I. Anwendbarkeit im gestuften Genehmigungsverfahren

8 Die Regelungen für das gestufte Genehmigungsverfahren der **§§ 8, 8a, 9 gelten** für die Störfallgenehmigung **entsprechend (§ 23b Abs. 1 S. 8).** Damit verhält sich das Gesetz allerdings nicht direkt zu der verfahrensrechtlichen Einordnung entsprechender Anträge. Denn bei einer Orientierung am Wortlaut des § 23b Abs. 1 S. 8 sowie unter Berücksichtigung seiner systematischen Stellung im Anschluss an die Regelungen zum Entscheidungsinhalt regelt S. 8 nur die Möglichkeit der Beantragung der Störfallgenehmigung im gestuften Verfahren. Es verwundert insoweit, dass eine der Verweisungsnorm des § 10 Abs. 9 (Verfahren für den Vorbescheid) oder der Verordnungsermächtigung des § 10 Abs. 10 (Verfahren für Teilgenehmigung und Zulassung des vorzeitigen Beginns) vergleichbare Regelung zur Konkretisierung des Anwendungsbereichs des § 23b im gestuften Genehmigungsverfahren fehlt. Die missverständliche „entsprechend(e)" Geltung (insbesondere die Öffentlichkeitsbeteiligung nach Abs. 2 verhält sich nur zum „Genehmigungsverfahren") wird man mit Blick auf die Beteiligungsvorgabe des Art. 15 Abs. 1 lit. a, b Seveso-III-RL im Wege der unionsrechtskonformen Auslegung allerdings so zu verstehen haben, dass das **förmliche Verfahren nach § 23b** zumindest in den abschließenden (Teil-)Entscheidungen der **§§ 8, 9 BImSchG** Anwendung findet (so für den Vorbescheid auch Wiebe in Kotulla Rn. 38 sowie Czajka in Feldhaus BImSchR Rn 46). Ansonsten drohen die Beteiligungsrechte aus Art. 15 Seveso-III-RL partiell leerzulaufen. So wird zwar § 11 über § 23b Abs. 1 S. 8 nicht für anwendbar erklärt. Zu weitergehenden Rechtsschutzmöglichkeiten gegen die Genehmigung führt dies allerdings nicht (aA Kahle Jahrbuch des Umwelt- und Technikrechts 2017, 155 (176)). Denn aufgrund des weitestgehend deklaratorischen Charakters des § 11 verbleibt es bei der Bindungswirkung der Vorentscheidungen nach den §§ 8, 9, die auch gegenüber Dritten Wirkung entfaltet und nachbarliche Abwehransprüche ausschließt (→ § 11 Rn. 36; dazu weiter Wasielewski in GK-BImSchG § 11 Rn. 47). Insoweit erscheint die Durchführung des Öffentlichkeitsbeteiligungsverfahren schon deswegen angebracht, um die Vorgaben aus Art. 15 Abs. 1 Seveso-III-RL hinreichend umzusetzen. Die verfahrensrechtliche Behandlung von Anträgen zur **Zulassung vorzeitigen Beginns gem. § 8a** ist demgegenüber nicht abschließend geklärt. Wenngleich hier keine bindende hoheitliche Entscheidung über die Zulässigkeit der Anlage erfolgt, könnten auch mit dieser störfallrechtlich erhebliche Gefahren- bzw. Risikoerhöhungen entstehen, die nach Art. 15 Abs. 1 Seveso-III-RL möglicherweise aus unionsrechtlicher Perspektive eine Öffentlichkeitsbeteiligung einfordern könnten (vgl. zur Kritik an der Öffentlichkeitsbeteiligung im Rahmen der Zulassung des vorzeitigen Beginns aber → § 10 Rn. 22). Erforderlich dürfte zur Erreichung einer hinreichenden Tatsachengrundlage ohnehin idR sein, dass die Einwendungsfrist bereits abgelaufen ist (vgl. Becher in Appel/Ohms/Saurer Rn. 9; vgl. dazu allgemein auch Jarass § 8a Rn. 2, 11; Hohnerlein NVwZ 2022, 750 (756)).

II. Genehmigungsbedürftigkeit (Abs. 1 S. 1, S. 2, Sonderfall des § 23a Abs. 3)

9 In den § 23b Abs. 1 S. 1 iVm § 23a Abs. 2 S. 1, §§ 23b Abs. 1 S. 2, 23c S. 1, § 23a Abs. 3 werden die tatbestandlichen Voraussetzungen für die Notwendigkeit des neuen störfallrechtlichen **Genehmigungsverfahrens** geregelt. Die Tatbestände in § 23b Abs. 1 S. 1 iVm § 23a Abs. 2 S. 1 statuieren hiervon zu unterscheiden die **Genehmigungsbedürftigkeit** der Anlage für das förmliche Verfahren des § 23b. Diese wird in der Folge über die Befugnis zu behördlichen repressiven Maßnahmen nach §§ 25 Abs. 1 S. 3 Nr. 2,

25a und über den Ordnungswidrigkeitstatbestand des § 62 Abs. 1 Nr. 4a abgesichert. Dahingegen statuieren die § 23b Abs. 1 S. 2 und § 23c S. 1 Tatbestände der **Genehmigungsfreiheit.** Anders als die fehlende Genehmigungsbedürftigkeit mangels einer (weiteren) Unterschreitung des angemessenen Sicherheitsabstands oder erheblichen Gefahrenerhöhung werden diese Tatbestände nicht bereits im Anzeige-, sondern erst im anschließenden Genehmigungsverfahren nach § 23b geprüft (→ § 23a Rn. 37 ff.). Bei § 23c S. 1 gilt dies wegen der Unstatthaftigkeit des Anzeigeverfahrens nach § 23a allerdings nur dann, wenn der Anlagenbetreiber nach § 23a Abs. 3 auf ein Anzeigeverfahren verzichtet hat und somit nicht bereits das Anzeigeverfahren nach § 23c S. 1 eingestellt wird.

10 **1. Erfasste Anlagen.** Von § 23b erfasst werden alle Anlagen iSv § 3 Abs. 5, **die Betriebsbereich oder Bestandteil eines Betriebsbereichs nach § 3 Abs. 5a** sind (Wiebe in Kottula Rn. 6; Jarass Rn. 5; dazu auch → § 16a Rn. 5 ff.). Aus der ausdrücklichen gesetzlichen Anordnung in § 23b Abs. 1 S. 1 Hs. 3 ergibt sich, dass es sich hierbei nur um Anlagen handeln kann, die nicht gem. § 4 Abs. 1 S. 3 im Anh. der 4. BImSchV genehmigungsbedürftig sind. Für genehmigungsbedürftige störfallrelevante Anlagenmodifikationen gilt das reguläre förmliche Verfahren nach § 10 (→ § 10 Rn. 1 ff.), das Änderungsgenehmigungsverfahren nach § 16a (→ § 16a Rn. 1 ff.) oder das modifizierte förmliche Verfahren nach § 19 Abs. 4 (→ § 19 Rn. 58 ff.). Die Vorschrift gilt überdies nur für Anlagenmodifikationen seit Inkrafttreten des Gesetzes zur Umsetzung der Seveso-III-RL (BGBl. I 2016, 2749 ff.) am 7.12.2016 (Jarass Rn. 5; Czajka in Feldhaus BImSchR § 23a Rn. 5, § 23b Rn. 5). Für die Zeit davor kann indes mit Ablauf der Umsetzungsfrist am 31.5.2015 eine unmittelbare Anwendbarkeit der Öffentlichkeitsbeteiligungsvorgaben der Richtlinie angedacht werden (vgl. Rövekamp UPR 2015, 377 (380)).

Durch das Tatbestandsmerkmal des „Betriebsbereichs" oder der Anlage als Teil eines Betriebsbereichs iSv § 3 Abs. 5a werden mangels einer entsprechenden Bundeskompetenz auch solche Anlagen von der Genehmigungspflicht des § 23b Abs. 1 S. 2 ausgenommen, die als **heranrückende Bauten** eine Störfallrelevanz auslösen. Anlagen in der Nachbarschaft von Störfallbetrieben werden daher nicht erfasst (Jarass Rn. 5). Auch hier gilt wie im Rahmen des § 19 Abs. 4 das Verdikt einer „unvollständigen" Transformation der Richtlinie bei einer fortbestehenden Umsetzungspflicht der Landesgesetzgeber jedenfalls für solche Vorhaben, die als heranrückende Schutzobjekte (§ 3 Abs. 5d) nicht bereits über die Umweltverträglichkeitsprüfung (ggf. auch über die neue Vorgabe des § 8 UVPG) einer Öffentlichkeitsbeteiligung unterliegen (vgl. → § 19 Rn. 85; BT-Drs. 18/9417, 16). Außerhalb des bundesrechtlichen Kompetenzbereichs des UVPG und des BImSchG sind damit die jeweiligen **Landesgesetzgeber** zur Ausarbeitung entsprechender Beteiligungsvorgaben gehalten. Diese haben die diesbezüglichen Vorgaben aus den Art. 13, 15 überwiegend in den **Landesbauordnungen** durch den Ausschluss des Genehmigungsfreistellungsverfahrens sowie die Ausweitung der Öffentlichkeitsbeteiligung im bauaufsichtlichen Verfahren umgesetzt (vgl. z.B. Art. 58 Abs. 1 Nr. 4, Art. 66a Abs. 2 BayBO; § 63 Abs. 1 S. 2, § 72 Abs. 3 S. 2 BauO NRW, § 64 Abs. 2, § 72 Abs. 2 und 3 HBO; § 70 Abs. 5 SächsBO; vgl. weiter auch Hentschel/Roßnagel in GK-BImSchG Rn. 22; Oerder/Schwertner/Wörheide BauR 2018, 436 (451); Wörheide NWVBl. 2019, 221 ff.; Hahn/Kraus KommunalPraxis BY 2016, 294 ff.). Zum Teil haben die Länder überdies Vorgaben in **Landesstörfallgesetzen** geschaffen, um für die – nicht durch das BImSchG umfassten (dazu auch → Bd. IV, 12. BImSchV Vorbem. Rn. 12) – nicht gewerblichen bzw. nicht wirtschaftlichen Zwecken dienenden Störfallanlagen im Falle einer störfallrelevanten Anlagenmodifikation iSd § 3 Abs. 5b ein Störfallgenehmigungsverfahren mit Öffentlichkeitsbeteiligung vorzusehen (vgl. §§ 1 ff Landes-StörfG MV; § 3a NdsStörfG, dazu auch Enders in BeckOK UmweltR Rn. 4a; Jarass Rn. 2).

11 **2. Auslösung der Genehmigungsbedürftigkeit.** Die (grundsätzliche) Genehmigungspflicht entsteht im Falle des § 23b Abs. 1 S. 1 erst nach einem **feststellenden Verwaltungsakt** in Anwendung des § 23a Abs. 2 S. 1. Mit diesem wird festgestellt, dass im Rahmen der störfallrelevanten Errichtung, des störfallrelevanten Betriebs oder störfallrelevanten Änderung der angemessene Sicherheitsabstand entweder (weiter) unterschritten wird oder eine erhebliche Gefahrenerhöhung ausgelöst wird (positive Feststellung). Dieser feststellende Verwaltungsakt ist grds. auch dann verbindlich, wenn er rechtswidrig ist. Maßgeblich ist nur die Wirksamkeit bzw. fehlende Nichtigkeit (Jarass Rn. 6; Hentschel/Roßnagel in GK-BImSchG Rn. 24; Becher in Appel/Ohms/Saurer Rn. 5). Bis zur Feststellung ist das Vorhaben lediglich anzeigepflichtig (→ § 23a Rn. 36 ff., 44). Gleichwohl wird eine Vorhabendurchführung ohne vorherige Anzeige durch das hohe finanzielle Risiko, etwa über die Möglichkeit von Untersagungsverfügungen, nachfolgend auch Stilllegungs- und Beseitigungsverfügungen, kaum zu empfehlen sein (vgl. §§ 23a Abs. 2 S. 4, 25 Abs. 1a Nr. 2, 25a). Die **Bindungswirkung** der positiven Feststellung ist auf die Genehmigungsbedürftigkeit beschränkt (→ § 23a Rn. 45). Die Behörde kann die Feststellung nach § 48 VwVfG zurücknehmen oder nach § 49 VwVfG widerrufen (Laubinger in Ule/Laubinger/Repkewitz C 3). Im Übrigen dürfte ebenso einiges dafür angeführt werden können, dass die Bindungswirkung der positiven Feststellung auf die der Feststellung zugrundeliegenden Tatsachen beschränkt ist, was zu ihrem Entfallen führt, wenn es in der Zwischenzeit zu einer **Änderung dieser Tatsachengrundlage** gekommen ist. In diesem Falle ist die Prüfung im Rahmen des Genehmigungsverfahrens zu wiederholen (Becher in Appel/Ohms/Saurer Rn. 5).

12 **a) Störfallrelevante Modifikation, Abstandsunterschreitung, Gefahrenerhöhung.** Die Verfahrensvorgaben des § 23b gelten gem. § 23b Abs. 1 S. 1 sowohl für die **störfallrelevante Errichtung und den Betrieb** als auch die **störfallrelevante Änderung** einer bereits bestehenden Anlage. Für das Eingreifen der Genehmigungspflicht muss der „angemessene Sicherheitsabstand" iSd § 3 Abs. 5c entweder erstmals unterschritten, räumlich noch weiter unterschritten oder eine erhebliche Gefahrerhöhung ausgelöst werden. Da diese Begriffe denen der §§ 16a S. 1, 19 Abs. 4 entsprechen, gelten die dortigen Ausführungen hier gleichermaßen (→ §§ 16a Rn. 8 ff, 19 Rn. 79–90). Auffällig ist im Rahmen der §§ 23a f. allerdings, dass sich das nachfolgende Gefährdungselement der **„erheblichen Gefahrenerhöhung"** (anders als im Rahmen des modifizierten förmlichen Verfahrens nach § 19 Abs. 4) ebenso auf die Neugenehmigung einer Anlage und nicht nur auf die störfallrelevante Änderung beziehen kann. Inwieweit dies auf eine unterschiedliche Beteiligungsreichweite des Störfallverfahrens nach § 23b zu dem nach § 19 Abs. 4 hinweisen soll oder ob dieser Unterschied lediglich einer fehlerhaften Korrektur des Gesetzesentwurfs beruht, wird durch die Gesetzesbegründung nicht hinreichend erkennbar (vgl. BT-Drs. 18/9417, 51 → § 23a Rn. 41).

13 Notwendig ist auch im Rahmen des § 23b das Vorliegen einer **Gefährdungskausalität**, dh einer (weiteren) Abstandsunterschreitung gerade durch die Anlagenmodifikation oder eine der Anlagenmodifikation nachfolgende erhebliche Gefahrenerhöhung (s. Wasielewski UPR 2017, 1 (8)).

13a Nicht abschließend geklärt ist, ob im Falle der störfallrelevanten Änderung iSd § 23b Abs. 1 S. 1 auch **§ 16 Abs. 5** für den genehmigungsfreien **Ersatz bzw. den Austausch von Anlagenteilen** auf das störfallrechtliche Genehmigungsverfahren entsprechende Anwendung finden soll (befürwortend Jarass Rn. 7; ähnlich auch Czajka in Feldhaus BImSchR § 23a Rn. 6, der allerdings bereits das Anzeigeverfahren ausschließen möchte; vgl. zur ähnlichen Problematik bei § 16a auch → § 16a Rn. 31). Freilich dürfte diese Frage infolge der für die Genehmigungspflicht jedenfalls notwendigen „erheblichen Gefahrenerhöhung" selten zu größeren Problemen führen. Umgekehrt dürfte jedoch die Anzeigepflicht nach § 23a jedenfalls nicht ohne Weiteres durch einen Austausch oder einen Ersatz von Anlagenteilen entfallen können, womit das Anzeigeverfahren in diesem Fall unverändert durchzuführen ist (Jarass § 23a Rn. 4; Hentschel/Roßnagel in GK-BImSchG § 23a Rn. 14; weiter und für Entbehrlichkeit der Anzeige Czajka in Feldhaus BImSchR § 23a Rn. 6).

14 **b) Sonderfall: Antrag nach § 23a Abs. 3.** § 23a Abs. 3 eröffnet die Möglichkeit, das Genehmigungsverfahren nach § 23b auf Antrag des Vorhabenträgers ohne ein vorgeschaltetes Feststellungsverfahren durchzuführen. Nicht abschließend geklärt ist bislang, ob durch diese Verfahrensregelung zugleich die tatbestandlichen Voraussetzungen für das Bestehen einer Genehmigungspflicht aus § 23b Abs. 1 S. 1 dispensiert werden. Die Gesetzesbegründung (vgl. BT-Drs. 18/9417, 28 f.), die einen schon dem Grunde nach unpassenden Vergleich zu § 19 Abs. 3 herstellt (bei welchem die Genehmigungsbedürftigkeit des Vorhabens freilich schon feststeht), ist wenig eindeutig. Durch die Wahloption des § 23a Abs. 3 wollte der Gesetzgeber dem Vorhabenträger die Möglichkeit einräumen, über Beantragung des Verfahrens ein Genehmigungsverfahren mit Öffentlichkeitsbeteiligung ohne die Feststellung nach § 23a Abs. 2 S. 1 durchzuführen. Ein eindeutiger Ausschluss des Verfahrensdurchführungsanspruchs wurde vom Gesetzgeber nur für den Fall des § 23b Abs. 1 S. 2 (→ Rn. 15) angenommen (vgl. BT-Drs. 18/9417, 28 f.). Von der **hM** wird bislang dafür plädiert, dass die über § 23a Abs. 3 auf einen Antrag hin angeordnete Verfahrensdurchführung nach § 23b die **Feststellung** der Abstandsunterschreitung bzw. Gefahrenerhöhung **nicht entbehrlich** macht. Diese solle vielmehr während des Verfahrens nachgeholt werden, sodass sich nur bei positiver Feststellung der Abstandsunterschreitung bzw. Gefahrenerhöhung eine Genehmigungsbedürftigkeit ergebe (s. Becher in Appel/Ohms/Saurer Rn. 4; Hentschel/Roßnagel in GK-BImSchG Rn. 25; Jarass Rn. 6; Laubinger in Ule/Laubinger/Repkewitz C 5; aA Wiebe in Kotulla Rn. 10). Eine solche weitere Prüfung der Genehmigungsbedürftigkeit lässt sich zwar in § 18 der 12. BImSchV nicht auffinden. Immerhin aber verweist der von der Norm des § 23a Abs. 3 nicht explizit ausgeklammerte § 23b Abs. 1 S. 1 für die Genehmigungsbedürftigkeit wieder zurück auf die Feststellung nach § 23a Abs. 2 S. 1, sodass einiges dafür spricht, dass die Genehmigungspflicht auch im Rahmen des Antrags nach § 23a Abs. 3 erforderlich ist (iErg auch Becher in Appel/Ohms/Saurer Rn. 4; Hentschel/Roßnagel in GK-BImSchG Rn. 25; Jarass Rn. 6; Czajka in Feldhaus BImSchR Rn. 7). Im Falle einer nach der behördlichen Überprüfung in diesem Fall nicht bestehenden Genehmigungsbedürftigkeit hat die Behörde den **Antrag** daher **abzuweisen** (für fehlende Begründetheit Czajka in Feldhaus BImSchR Rn. 7; für Unzulässigkeit des Antrages wg. fehlenden Sachentscheidungsinteresses Laubinger in Ule/Laubinger/Repkewitz C 5). Dies konfligiert nicht ohne Weiteres mit der vom Gesetzgeber durch den Antrag nach § 23a Abs. 3 bezweckten Verfahrensbeschleunigung (aA Wiebe in Kotulla Rn. 10), da vor der durch ihn beabsichtigten **„1:1-Umsetzung" der Richtlinienvorgaben** (BT-Drs. 18/9417, 2, 19) auch nicht festgestellt werden kann, dass ein Genehmigungsverfahren mit Öffentlichkeitsbeteiligung auch dort eingeführt werden sollte, wo dies nach den Richtlinienvorgaben nicht erforderlich ist (weiter und für teleologische Reduktion des § 23b Abs. 1 S. 1 allerdings Wiebe in Kotulla Rn. 10; wie hier Czajka in Feldhaus BImSchR Rn. 7a). Der Antrag nach § 23a Abs. 3 kann daher für den Vorhabenträger mit **Risiken** verbunden sein. Denn sollte festgestellt werden, dass der Abstand gewahrt wird und keine weitere Gefahrenerhöhung eintritt, dann hätte dies anstelle des Stattgebens die abschlägige Bescheidung zur Folge. Damit wären mangels Eingreifen der nach § 23b Abs. 1 S. 7 bestehenden Konzentrationswirkung (→ Rn. 80) die übrigen Zulassungsverfahren (also insbesondere solche des Bau-

ordnungsrechts) erneut durchzuführen. Lediglich in eindeutigen Fällen der Abstandsunterschreitung oder Gefahrenerhöhung sollte daher ein entsprechender Antrag erwogen werden.

3. Genehmigungsfreiheit nach § 23b Abs. 1 S. 2. Nach § 23b Abs. 1 S. 2 gilt eine strikte **Subsidiarität** des Genehmigungsverfahrens nach § 23b gegenüber der Berücksichtigung des Sicherheitsabstandes in vorherigen raumbedeutsamen Planungen und Maßnahmen. Weder die Notwendigkeit noch die Möglichkeit eines Verfahrens nach § 23b sind daher gegeben, wenn nachweislich feststeht, dass dem Abstandsgebot bereits auf Ebene der vorgelagerten Raumplanung Rechnung getragen worden ist. Mit **Entfallen des Verfahrens- bzw. Genehmigungserfordernisses** durch eine planerische Berücksichtigung des Abstandsgebots wird insbesondere auch der Verfahrensdurchführungsanspruch im Falle einer Abstandsunterschreitung bzw. erheblichen Gefahrenerhöhung (→ Rn. 14) auf Antrag des Vorhabenträgers (§ 23a Abs. 3) aufgehoben (BT-Drs. 18/9417, 29). 15

Die Begriffe der **raumbedeutsamen Planungen und Maßnahmen** sind in Anlehnung an die Regelungen des § 50 S. 1 (Hentschel/Roßnagel in Führ GK-BImSchG Rn. 27) bzw. § 3 Abs. 1 Nr. 6 ROG formuliert, auf welche für die Auslegung der Norm grundsätzlich zurückgegriffen werden kann (eingehend → § 50 Rn. 67 ff.). Für entsprechende Planungen und Maßnahmen ist überdies auch eine hinreichend **konkrete**, **außenwirksame** und **rechtsförmliche** Planung notwendig. Darunter können etwa Ziele der Raumordnung in Raumordnungsplänen iSd § 3 Abs. 1 Nr. 2 ROG oder Festsetzungen in einem Bebauungsplan fallen (Czajka in Feldhaus BImSchR Rn. 6a). Da die Planung nach der Vorstellung des Gesetzgebers über den bloß verwaltungsinternen Bereich hinausgehen muss, reichen Flächennutzungspläne hingegen nicht aus (→ § 19 Rn. 116; vgl. auch Enders in BeckOK UmweltR Rn. 5; Jarass Rn. 7; Becher in Appel/Ohms/Saurer Rn. 7). 15a

Für die Genehmigungsfreiheit ist nicht nur das grundsätzliche Bestehen einer Planung, sondern zudem auch eine **hinreichende inhaltliche Auseinandersetzung** der planenden Stelle mit der Abwägungsdirektive des § 50 S. 1 iVm Art. 13 Abs. 2 Seveso-III-RL erforderlich (→ § 19 Rn. 117). Insbesondere muss es zu einer vollständigen **planungsrechtlichen Konfliktbewältigung** gekommen sein (Becher in Appel/Ohms/Saurer Rn. 5; Jarass Rn. 7). Die planungsrechtlichen Vorgaben müssen in diesem Sinne die Erfüllung des Gebotes zur Abstandswahrung gewährleisten (vgl. Czajka in Feldhaus BImSchR Rn. 6a). Besondere Festsetzungsmöglichkeiten folgen für das Verfahren zum Erlass eines Bebauungsplanes etwa aus § 9 Abs. 1 Nr. 23c, Nr. 24 sowie § 9 Abs. 2c BauGB (Becher in Appel/Ohms/Saurer Rn. 7; Farsbotter/Weise I+E 2017, 50 (52 f.)). Im Fall eines Bebauungsplanes sind in der nach § 9 Abs. 8 BauGB erforderlichen Begründung zudem weitere Angaben dazu erforderlich, auf welche Weise das Abstandsgebot umgesetzt wurde (Czajka in Feldhaus BImSchR Rn. 6a). Wie weit die **Prüfungskompetenz der Genehmigungsbehörde** diesbezüglich reicht, erscheint nicht in Gänze eindeutig (einschränkend Becher in Appel/Ohms/Saurer Rn. 8 f.). Unter Rücksicht darauf, dass die Pflicht zur Berücksichtigung des Sicherheitsabstands aus Art. 13 Abs. 2 Seveso-III-RL bei der Einzelvorhabenzulassung im Falle der ausgebliebenen Berücksichtigung im Planungsverfahren **unionsrechtlich determiniert** ist (vgl. EuGH EuZW 2011, 873 (876 Rn. 50 f.)), dürfte einiges dafür sprechen, von einer umfänglichen behördlichen **Prüfungs- und** ggf. bestehenden **Nichtanwendungspflicht** aus **Art. 4 Abs. 3 EUV** (dazu auch Streinz in Streinz EUV/AEUV Art. 4 EUV Rn. 39; Kahl in Calliess/Ruffert EUV/AEUV Art. 4 EUV Rn. 162) für entsprechende Planungsakte auf eine unzureichende Berücksichtigung des Abstandsgebots hin auszugehen. 15b

16 Das Verhältnis des § 23b Abs. 1 S. 2 zur behördlichen Prüfung im Anzeigeverfahren nach § 23a ist nicht abschließend geklärt. Einiges dürfte indes dafür sprechen, dass die Prüfung der Genehmigungsfreiheit „an sich", dh insbesondere die Prüfung des § 23b Abs. 1 S. 2 **nicht Teil der behördlichen Vorprüfung nach § 23a Abs. 2 S. 1** ist (so auch Becher in Appel/Ohms/Saurer § 23a Rn. 10; Wiebe in Kotulla Rn. 11; Büge/Ziegler in BeckOK UmweltR § 23a Rn. 44 ff., dort auch zu systematischen Friktionen durch diese gesetzgeberische Entscheidung; weiter und für ergänzende Prüfung des § 23b Abs. 1 S. 2 bereits im Anzeigeverfahren aber Jarass Rn. 7; Czajka in Feldhaus BImSchR Rn. 6). So unterscheidet sich der auf die Abstandsunterschreitung bzw. Gefahrenerhöhung **begrenzte Prüfungsrahmen nach § 23a Abs. 2 S. 1** bereits dem Wortlaut nach von dem des § 15, wo eine umfängliche Entscheidung über die Genehmigungsbedürftigkeit erfolgt. Auch ist § 23b Abs. 1 S. 2 im störfallrechtlichen Genehmigungsverfahren des § 23b und nicht im Anzeigeverfahren des § 23a geregelt, sodass auch aus gesetzessystematischen Gründen einiges dafür angeführt werden kann, dass die Prüfung nach § 23a Abs. 2 S. 1 auf die Abstandsunterschreitung bzw. erhebliche Gefahrenerhöhung beschränkt ist (dazu auch → § 23a Rn. 37 ff.). Die Genehmigungspflicht entfällt im Falle des § 23b Abs. 1 S. 2 daher nicht infolge einer behördlichen Feststellung iSd § 23a Abs. 2, sondern vielmehr ipso iure (so auch Wiebe in Kotulla Rn. 11), sofern trotz Feststellung der Abstandsunterschreitung im Anzeigeverfahren eine hinreichende Berücksichtigung des Abstandsgebotes im vorherigen Planungsverfahren erfolgt ist. Im Übrigen führt die Genehmigungsfreiheit nach § 23b Abs. 1 S. 2 nicht dazu, dass eine Anzeige nach § 23a Abs. 2 S. 1 entbehrlich wird, zumal der Gesetzgeber keinen entsprechenden Ausschluss für das Anzeigeverfahren geregelt hat (eing. → § 23a Rn. 40; aA und für teleologische Reduktion aber Büge/Ziegler in BeckOK UmweltR § 23a Rn. 46; iErg. gegen Entfall der Anzeigepflicht auch Czajka in Feldhaus BImSchR Rn. 6; Jarass § 23a Rn. 6).

17 Die Genehmigungsbehörde kann, sofern sie entgegen der Ansicht des Antragstellers von der Nichteinhaltung der Vorgabe des § 23b Abs. 1 S. 2 überzeugt ist, auf die ihrer Ansicht nach bestehende Genehmigungsbedürftigkeit der Anlage entweder **formlos hinweisen** oder einen entsprechenden **feststellenden Verwaltungsakt** erlassen. Die für die letztere Handlungsoption nach der herrschenden Rechtsprechung erforderliche Handlungsermächtigung (s. hierzu BVerwG NJW 1986, 1120 f.; NVwZ-RR 1992, 192) wird der allgemeinen Gesetzeskonzeption („Über- und Unterordnung") inzident zu entnehmen sein. Auch ist der Behörde im Falle eines bereits erfolgten Beginns der Vorhabendurchführung nach § 25a S. 1 der Erlass einer (Teil-)Stilllegungs-, Beseitigungsverfügung oder Untersagungsverfügungen nach § 25 Abs. 1a S. 3 Nr. 2 Var. 2 möglich.

18 Unionsrechtliche Konflikte mit den Beteiligungsvorgaben des Art. 15 Seveso-III-RL sind bei der hier favorisierten Normauslegung nicht zu befürchten. Sollte eine Genehmigungspflicht mangels hinreichender Berücksichtigung des Abstandsgebotes im vorangehenden Planungsverfahren tatsächlich existieren, so verhindern behördliche Eingriffsmöglichkeiten nach den §§ 25 Abs. 1a, 25a die weitere Vorhabenverwirklichung. Sofern die Behörde in **rechtswidriger** Weise die Genehmigungsfreiheit **durch Verwaltungsakt feststellt,** kann die „betroffene Öffentlichkeit" (→ Rn. 38) sich gegen diese gerichtlich zur Wehr setzen (vgl. dazu die entsprechenden Ausführungen unter → § 23a Rn. 58). Bei faktischer **Verfahrenseinstellung** durch die Behörde, etwa im Fall eines verschleppten Verfahrens, kann erwogen werden, der „betroffenen Öffentlichkeit" einen Anspruch auf den Erlass von **Stilllegungs- oder Beseitigungsverfügungen nach § 25a S. 1** zuzubilligen (dazu weiter → § 25a Rn. 12).

19 **4. Genehmigungsfreiheit nach § 23c S. 1 BImSchG.** Die Pflicht zur Einholung einer störfallrechtlichen Genehmigung nach § 23b Abs. 1 entfällt gem. § 23c S. 1 ferner,

wenn für die Anlage statt einer immissionsschutzrechtlichen Genehmigungspflicht eine Betriebsplanzulassungspflicht (§§ 51 ff. BBergG) nach dem BBergG besteht (→ § 23c Rn. 1 ff.). Hiermit wird die Umsetzung der Öffentlichkeitsbeteiligungsvorgaben der Seveso-III-RL der Regelung des § 57d Abs. 2 BBergG überantwortet (→ § 23c Rn. 2).

5. Rechtsfolgen formeller Illegalität. Das in § 23b Abs. 1 S. 1 statuierte Genehmigungserfordernis wird für die **„störfallrelevante Errichtung"** und die **„störfallrelevante Änderung"** vor allem über die Befugnis zu behördlichen Stilllegungs- und Beseitigungsverfügungen nach § 25a und über den Ordnungswidrigkeitstatbestand des § 62 Abs. 1 Nr. 4a Var. 2 abgesichert (Wiebe in Kotulla Rn. 49 f.; Hentschel/Roßnagel in GK-BImSchG Rn. 114, 117; Jarass Rn. 8). Entgegen der dortigen Erwähnung allein des § 23b Abs. 1 S. 1 greift der Bußgeldtatbestand freilich auch dann nicht ein, wenn eine Genehmigungsfreiheit nach §§ 23b Abs. 1 S. 2, 23c S. 1 besteht. Wie auch bei der regulären immissionsschutzrechtlichen Genehmigung bleibt das „Betreiben" ohne die erforderliche Genehmigung jedenfalls ordnungswidrigkeitsrechtlich ohne Belang (Wiebe in Kotulla Rn 50). Ebenso kann im Falle des störfallrelevanten Betreibens ohne die nach § 23b erforderliche Genehmigung nur eine **Untersagungsverfügung** nach § 25 Abs. 1a S. 3 Nr. 2 ergehen, nicht aber eine Stilllegungs- oder Beseitigungsverfügung (→ § 25a Rn. 2). 20

Nicht abschließend geklärt ist, ob das **Betreiben** einer Anlage iSd § 23b ohne die erforderliche Genehmigung eine Straftat nach § 327 Abs. 2 Nr. 1 StGB darstellt (hierfür etwa Hentschel/Roßnagel in GK-BImSchG Rn. 118; Laubinger in Ule/Laubinger/Repkewitz B 3; Wiebe in Kotulla Rn. 50). In der Tendenz dürfte bei einer nach § 23b (nur) störfallrechtlich genehmigungsbedürftigen Anlage aber keine **„genehmigungsbedürftige Anlage"** iSd § 327 Abs. 2 S. 1 Nr. 1 Var. 1 StGB vorliegen, da dieser Begriff infolge der in § 4 Abs. 1 Satz 3 enthaltenen Legaldefinition und nach seinem herkömmlichen Verständnis lediglich die Genehmigungspflicht iSd § 4 Abs. 1 und der 4. BImSchV umfasst (Becher in Appel/Ohms/Saurer Rn. 10; gegen Strafbarkeit ohne Untersagungsverfügung nunmehr auch Jarass Rn. 8; zum Begriff der genehmigungsbedürftigen Anlagen im StGB auch Alt in MüKo StGB § 327 Rn. 24; Heine/Schittenhelm in Schönke/Schröder StGB, § 327 Rn. 15; aA Wiebe in Kotulla Rn. 50). Angesichts der Platzierung des § 23b im 2. Abschnitt des Gesetzes und vor dem durch das durch Art. 103 Abs. 2 GG abgesicherte Bestimmtheitsgebot spricht einiges dagegen, dass der Tatbestand auch bei „genehmigungsbedürftigen nicht genehmigungsbedürftigen Anlagen" erfüllt ist. Ebenso wenig dürfte § 327 Abs. 2 Nr. 1 Var. 2 StGB einschlägig sein. Denn dieser setzt eine **„sonstige Anlage** im Sinne des Bundes-Immissionsschutzgesetzes" voraus „,deren Betrieb zum Schutz vor Gefahren untersagt worden ist". Im Falle eines Verstoßes gegen die Genehmigungspflicht aus § 23b ist dies allerdings noch nicht der Fall. Diese Bestimmung fordert vielmehr eine vorausgehende behördliche **Einzelfalluntersagung** ein, die etwa über §§ 20, 25 Abs. 1 (ggf. iVm § 24 S. 1) oder § 25 Abs. 2 auszusprechen ist (Alt in MüKo StGB § 327 Rn. 25). Überdies muss die Untersagung zugleich gerade auch dem **Schutz vor Umweltgefahren** dienen, sodass eine Untersagung aus bloß formellen Gründen iSd § 25 Abs. 1a S. 3 Nr. 2 Var. 2 für die Erfüllung des Tatbestands nicht ohne Weiteres ausreichen dürfte (so auch Becher in Appel/Ohms/Saurer Rn. 10 mwN; Jarass Rn. 8). 20a

III. Antrag auf Verfahrensdurchführung

Die Genehmigung ergeht als mitwirkungsbedürftiger Verwaltungsakt gem. § 23b Abs. 1 S. 3 nur auf Antrag (vgl. → § 10 Rn. 39 ff.). Eine automatische Überleitung vom Antragsverfahren des § 23a in das Genehmigungsverfahren des § 23b findet folglich nicht statt (Wiebe in Kotulla Rn. 13; Laubinger in Ule/Laubinger/Repkewitz D 3). Eine ohne den erforderlichen Antrag erteilte Genehmigung ist jedenfalls rechtswidrig. Gem. § 45 Abs. 1 21

Nr. 1 VwVfG kann die formelle Rechtswidrigkeit der Genehmigung allerdings nach vielfach vertretener Auffassung (Jarass § 10 Rn. 27 mwN; Roßnagel/Hentschel in GK-BImSchG § 10 Rn. 509) durch eine nachträgliche Antragstellung geheilt werden. Diese Sicht erscheint freilich nicht eindeutig. So legen der hervorgehobene **Antragsbezug** des BImSchG und die Öffentlichkeitsbeteiligungsvorgaben nach § 23b Abs. 2 eine **Nichtigkeit** der Genehmigung nach **§ 44 Abs. 1 VwVfG** nahe, was eine nachträgliche Heilung ausschließen würde (hierzu auch → § 10 Rn. 41 mwN). Der Antragsteller hat die Befugnis, seinen Antrag **zurückzunehmen** (Hentschel/Roßnagel in GK-BImSchG Rn. 48), was zur Verfahrenseinstellung führt (→ § 10 Rn. 40).

22 Der Antrag ist bei der zuständigen Genehmigungsbehörde zu stellen. Die **Zuständigkeit** wird dabei durch das **Landesrecht** festgelegt (Jarass Rn. 13; vgl. zur Zuständigkeit der Genehmigungsbehörde → § 10 Rn. 266 ff.). Antragsteller ist dabei vergleichbar zu § 2 Abs. 1 S. 2 der 9. BImSchV der **Träger des Vorhabens**. Dieser muss nicht zwingend mit dem späteren Betreiber der Anlage identisch sein (Laubinger in Ule/Laubinger/Repkewitz D 3; → Bd. IV, 9. BImSchV § 2 Rn. 3).

23 **1. Form des Antrags.** Durch das Gesetz zum Abbau verzichtbarer Anordnungen der Schriftform im Verwaltungsrecht des Bundes (BGBl. 2017 I 626 ff.; eingehend → § 10 Rn. 53 ff.) ist eine Antragstellung sowohl in schriftlicher als auch in elektronischer Form möglich. Gemeint ist durch die neu eingeführte **„elektronische" Form der Antragstellung** nicht die Schriftformersatzvorschrift des § 3a Abs. 2 VwVfG, die als besondere Art der Schriftform neben der elektronischen steht. Der Begriff der „elektronischen Form" ist vielmehr ein selbstständiger und technikoffener Begriff. Selbst die Einreichung des Antrags in einfacher datenmäßiger Übertragungsform (etwa per E-Mail) ist vorbehaltlich einer anderweitigen Ausübung des verfahrensrechtlichen Ermessens durch die Genehmigungsbehörde daher möglich (vgl. → § 10 Rn. 53 ff.). Erfolgt die Antragstellung elektronisch, so kann die Behörde zusätzlich Mehrfertigungen sowie die Übermittlung der dem Antrag beizufügenden Unterlagen auch in schriftlicher Form verlangen (vgl. §§ 23b Abs. 1 S. 4, 10 Abs. 1 S. 4 iVm § 18 Abs. 1 S. 3 der 12. BImSchV; s. Enders in BeckOK UmweltR Rn. 6; Jarass Rn. 14). Eine **Erörterung des Antrags** zwischen Vorhabenträger und Genehmigungsbehörde vor der Antragstellung wie in § 2 Abs. 2 und § 2a der 9. BImSchV ist in der Verfahrensregelung des § 18 der 12. BImSchV zwar nicht vorgesehen, sie kann allerdings auf Grundlage des **§ 25 Abs. 2 VwVfG** erfolgen (Czajka in Feldhaus BImSchR Rn. 12).

24 **2. Beizufügende Unterlagen.** Nach § 18 Abs. 1 S. 1 der 12. BImSchV sind der Antragstellung alle Unterlagen beizufügen, die zur Prüfung der Genehmigungsvoraussetzungen erforderlich sind. Anders als in etwa den §§ 3 ff. der 9. BImSchV befinden sich in § 18 der 12. BImSchV keine dezidierten Regelungen über die beizufügenden erforderlichen Unterlagen. Die **§§ 4–4a der 9. BImSchV** sind jedenfalls **nicht direkt anwendbar** (Becher in Appel/Ohms/Saurer § 23b Rn. 16; vgl. aber Hentschel/Roßnagel in GK-BImSchG Rn. 49, nach denen diese Normen als „Anhaltspunkt" heranzuziehen sind; ähnlich Jarass Rn. 4, 14; Czajka in Feldhaus BImSchR Rn. 11, 13; Laubinger in Ule/Laubinger/Repkewitz D 5). Die Behörde hat nach § 18 Abs. 1 S. 2 folglich grundsätzlich eine sachgemäße (Ermessens-)Entscheidung (vgl. Wiebe in Kotulla Rn. 14) darüber zu treffen, welche Unterlagen sie für erforderlich hält, wobei der Begriff der **„Erforderlichkeit"** diese Entscheidung zugleich eingrenzt. Anders als im Bereich des förmlichen Verfahrens sind jedenfalls nicht die Regelungen der §§ 5 ff. maßgeblich für die Erforderlichkeit der Unterlagen (vgl. → § 10 Rn. 48 ff.), da es sich bei Störfallanlagen iSd § 23b in materieller Hinsicht immer noch um genehmigungsfreie Vorhaben handelt. Maßgeblicher

Bezugspunkt ist insoweit § 23b Abs. 1 S. 5, der zur Genehmigungserteilung die **Wahrung der Anforderungen des § 22** und der auf **Grundlage des § 23 erlassenen Rechtsverordnungen** (insb. der 12. BImSchV) einfordert (Wiebe in Kotulla Rn. 14). Durch die nach § 23b Abs. 1 S. 7 bestehende Konzentrationswirkung ist auch an andere anlagenbezogene öffentlich-rechtliche Vorschriften zu denken, die in den Prüfungsbereich der Genehmigungsbehörde fallen. Durch die ebenso gegebene materielle Beachtlichkeit der Vorgaben der gem. § 23b Abs. 1 S. 7 umfassten Zulassungsverfahren (→ Rn. 58.), können auch diese eine Erforderlichkeit beizufügender Unterlagen begründen.

Besteht für das Vorhaben eine **UVP-Pflicht**, dann sind zur Erfüllung der Beteiligungsvorgaben der §§ 19 ff. UVPG die weiteren Inhaltsvorgaben des § 19 Abs. 1 UVPG maßgeblich (Jarass Rn. 21; Becher in Appel/Ohms/Saurer Rn. 19; vgl. auch § 18 Abs. 2 S. 4 der 12. BImSchV). Beizufügen ist dann ggf. auch der UVP-Bericht in entsprechender Anwendung des § 4e der 9. BImSchV (Jarass Rn. 21; dazu auch Czajka in Feldhaus BImSchR Rn. 15). 25

Weitere Pflichten zur Unterlagenvorlage gegenüber der Genehmigungsbehörde ergeben sich für den Betreiber von **Störfallanlagen** aus den **§§ 6–8, § 9 der 12. BImSchV,** sofern iSd § 1 Abs. 1 S. 1 der 12. BImSchV die Mengenschwelle der Spalte 4 bzw. für den Sicherheitsbericht nach § 9 der 12. BImSchV die Mengenwerte der Spalte 5 des Anhangs überschritten werden. Zu beachten ist dabei, dass die Einstufungsregeln im Anhang zur 12. BImSchV im Zuge der Umsetzung der Seveso-III-Richtlinie inhaltlich an die CLP-Verordnung angepasst worden sind (s. Schoppen NVwZ 2017, 1561 (1565)). Die sich nach § 1 Abs. 1 S. 1 der 12. BImSchV über die Zugehörigkeit eines Störfallbetriebes der unteren und der oberen Klasse unterscheidenden Vorlagepflichten sind dafür maßgeblich, dass die materiellen Voraussetzungen der Störfallverordnung gewahrt werden (vgl. → Rn. 55 ff.), was zugleich deren Erforderlichkeit iSd § 18 Abs. 1 S. 1 der 12. BImSchV für die Antragstellung begründet. 26

Um Rechtsklarheit für den Antragsteller und einen raschen Verfahrensablauf zu schaffen, hat die Behörde nach einer Vollständigkeitsprüfung gem. § 18 Abs. 1 S. 2 der 12. BImSchV gegenüber dem Antragsteller **„unverzüglich"** Mitteilung darüber zu machen, welche weiteren Unterlagen sie für erforderlich hält. Diese Bestimmung ist als Gegenstück der Vollständigkeitsprüfung für das Verfahren nach § 10 in § 7 der 9. BImSchV zu verstehen. Zum Begriff der Unverzüglichkeit verhält sich § 18 der 12. BImSchV nicht; starre Zeitangaben fehlen. In Ermangelung einer Regelangabe für die Unverzüglichkeit der Mitteilung wie etwa in § 7 Abs. 1 S. 1, 2 der 9. BImSchV könnte allenfalls eine Übertragung der in der 9. BImSchV enthaltenen Fristenbestimmungen erwogen werden. Dies muss mangels vergleichbarer Interessenlage aber schon deswegen ausscheiden, weil es durch die erheblich geringeren Betreiberpflichten der §§ 22 f. nicht zu einer ähnlich aufwändigen Prüfung der Behörde kommen wird. Insofern ist der Begriff der Unverzüglichkeit in § 18 Abs. 1 S. 2 der 12. BImSchV autonom und durch gerichtliche Auslegungsarbeit im Einzelfall zu bestimmen, wobei die Monatsfrist des § 7 Abs. 1 S. 1 der 9. BImSchV die äußerste zeitliche Grenze darstellen dürfte (so auch Enders in BeckOK UmweltR Rn. 6; Wiebe in Kotulla Rn. 15; Jarass Rn. 14; Hentschel/Roßnagel in GK-BImSchG Rn. 51). Eine ausdrücklich normierte **Option für Vorprüfungen** und **Nachreichungen besteht** im Verfahren des § 23b Abs. 1 BImSchG iVm § 18 Abs. 1 der 12. BImSchV, anders als bei § 7 Abs. 1 S. 3 und S. 4 der 9. BImSchV, **nicht** (vgl. davon abweichend die Norm des § 10 → § 10 Rn. 56 ff.). Gleichwohl dürfte die Behörde infolge der ihr obliegenden Verfahrensherrschaft **Nachreichungen** verlangen und hierfür eine **angemessene Frist** setzen können. Konsequenterweise wird man die Behörde nach fruchtlosem Ablauf dieser Frist für befugt ansehen müssen, den Antrag auch ohne weitergehende Sachprüfung zurückzuweisen (Laubinger in Ule/Laubinger/Repkewitz D 4, Hentschel/Roßnagel in 27

GK-BImSchG Rn. 52; Wiebe in Kotulla Rn. 15; für entsprechende Anwendung des § 20 Abs. 2 der 9. BImSchV Czajka in Feldhaus BImSchR Rn. 37).

28 **3. Geheimhaltungspflichten.** Nach § 23b Abs. 1 S. 4 iVm § 10 Abs. 2 treffen die Behörde auch bei der Störfallgenehmigung die im regulären Genehmigungsverfahren nach § 10 geltenden Verschwiegenheits- und Geheimhaltungspflichten für Geschäfts- und Betriebsgeheimnisse. Diese Unterlagen sind zu kennzeichnen, zugleich muss eine Kurzbeschreibung beigefügt werden (eingehend dazu → § 10 Rn. 60 ff.).

IV. Öffentlichkeitsbeteiligung

29 Mit Vollständigkeit der beigefügten Unterlagen beginnt die Phase der Öffentlichkeitsbeteiligung (vgl. 23b Abs. 2 iVm § 18 Abs. 2 der 12. BImSchV). Diese gliedert sich – wie auch bei § 10 Abs. 3 – in eine Phase der Bekanntmachung mit nachfolgender Auslegung und eine, in der Einwendungen erhoben werden können. Auch für das Verfahren nach § 23b wurde vom Gesetzgeber eine „1:1"-Umsetzung der Seveso-III-Richtlinie vorgenommen. Anstelle einer „Jedermann"-Beteiligungsoption ist die Einwendungsbefugnis somit auf die **betroffene Öffentlichkeit** beschränkt (Schoppen NVwZ 2017, 1561 (1567); → § 19 Rn. 114). Ein Erörterungstermin ist ebenfalls nicht vorgesehen (vgl. BT-Drs. 18/9417, 29). Dies ist unionsrechtskonform, da die Beteiligungsvorgaben in Art. 15 Seveso-III-RL einen Erörterungstermin nicht vorschreiben (vgl. auch Enders in BeckOK UmweltR Rn. 15; Wasielewski UPR 2017, 1 (3)). Die Vorschriften über die Öffentlichkeitsbeteiligung gelten gem. § 23c S. 2 iVm § 57 Abs. 1 und 2 (modifiziert) für das bergrechtliche Betriebszulassungsverfahren nach den § 51 Abs. 1 S. 1 BBergG und die bergrechtliche Planfeststellung nach § 52 Abs. 2a BBergG (§ 23c). Erleichterungen für die Durchführung der Öffentlichkeitsbeteiligung iSd § 23b sind dem **PlanSiG** (→ § 10 Rn. 28c) zu entnehmen, welche für alle immissionsschutzrechtlichen Verfahren und folglich auch für das Störfallverfahren iSd § 23b Geltung beansprucht (Jarass § 10 Rn. 18). Das LNGG (→ § 10 Rn. 28d) bezieht sich mit seinen in § 5 LNGG geregelten Verfahrenserleichterungen (wie auch der neue § 31f → § 10 Rn. 28h) hingegen nur auf das förmliche Genehmigungsverfahren iSd § 10.

30 **1. Öffentliche Bekanntmachung und Auslegung.** Gem. § 23b Abs. 2 S. 2 muss die zuständige Behörde das Vorhaben öffentlich bekanntmachen und den Antrag und bestimmte Vorhabenunterlagen auslegen.

31 **a) Öffentliche Bekanntmachung.** In **§ 18 Abs. 2 der 12. BImSchV** werden die behördlichen Bekanntmachungspflichten konkretisiert. Die Behörde hat gem. § 18 Abs. 2 S. 1 das Vorhaben im öffentlichen Amtsblatt und außerdem entweder im Internet oder einer örtlichen, verbreiteten Tageszeitung (vgl. dazu → § 10 Rn. 73 ff.) bekannt zu machen. Dies entspricht der Parallelbestimmung des § 10 Abs. 3 S. 1 für das reguläre Genehmigungsverfahren (→ § 10 Rn. 69 ff.).

32 In **§ 18 Abs. 2 S. 2** wird ein umfangreicher Katalog von Informationen genannt, die zwingend in der Bekanntmachung enthalten sein müssen. Diese **Mindestinhalte** sind unter Anpassung an die nationalen Begrifflichkeiten den Informationspflichten des **Art. 15 Abs. 2 Seveso-III-RL** entnommen worden und weichen insoweit zum Teil von den Bekanntmachungspflichten nach § 10 Abs. 4 im regulären förmlichen Verfahren ab. Durch die inzwischen nicht mehr vorgesehene materielle Präklusion (vgl. § 10 Abs. 3 S. 5 nF iVm § 23b Abs. 2 S. 4) steht der Unterrichtungseffekt der Informationspflichten im Vordergrund. Beizufügen sind zwingend gem. § 18 Abs. 2 S. 2 der 12. BImSchV Informationen

- über den Gegenstand des Vorhabens, Nr. 1,
- über die UVP-Pflicht des Vorhabens nach § 5 UVPG sowie grenzüberschreitende Beteiligungs- (§ 19 UVPG) und Informationspflichten (§ 11 Abs. 3 S. 4 der 12. BImSchV, vgl. dazu weiter die §§ 55 ff. UVPG), Nr. 2,
- über die für die Genehmigung zuständige Behörde, bei der Antrag nebst Unterlagen zur Einsicht ausliegen sowie ferner Ort und Zeitpunkt der Einsichtnahme, Nr. 3,
- die Befugnis der betroffenen Öffentlichkeit (vgl. die in der Bestimmung vorhandene Legaldefinition) Einwendungen innerhalb der Frist nach § 23b Abs. 2 S. 3 zu erheben (einschließlich Informationen über Befugnis, Form, Ort und Frist, vgl. Czajka in Feldhaus BImSchR Rn. 19), Nr. 4,
- die Art möglicher Entscheidungen und – falls vorhanden – ein Entscheidungsentwurf, Nr. 5,
- die Möglichkeit des Ersetzens der Zustellung der Entscheidung durch die öffentliche Bekanntmachung, Nr. 6, sowie
- gegebenenfalls weitere Einzelheiten des Verfahrens zur Unterrichtung der Öffentlichkeit und Anhörung der betroffenen Öffentlichkeit, Nr. 7. Über diese Regelung soll ergänzend auch auf die Inhalte iSd § 10 Abs. 4 sowie § 9 iVm § 3 der 9. BImSchV zurückgegriffen werden können, wonach auch Name und der Wohnsitz bzw. Sitz des Antragstellers zu nennen sind (Czajka in Feldhaus BImSchR Rn. 17).

Weitergehende Informationspflichten treffen die Behörde, wenn eine **Umweltverträglichkeitsprüfung** für die Anlage durchgeführt werden muss. In diesem Falle sind ferner Unterlagen über alle Informationen auszulegen, die in § 19 Abs. 1 des UVPG genannt sind (§ 18 Abs. 2 S. 4 der 12. BImSchV; vgl. auch Jarass Rn. 15). Zusätzlich bestehen gem. § 18 Abs. 2 S. 3 der 12. BImSchV Bekanntmachungspflichten nach Maßgabe des UIG für solche Informationen und Angaben, die der Behörde erst nach Beginn der Auslegung vorliegen. Insoweit ist die Gesetzesfassung missverständlich. Da das UIG des Bundes nach § 1 Abs. 2 UIG nur für informationspflichtige Stellen des Bundes einschließlich seiner juristischen Personen gilt und aus föderalstaatlichen Gründen durch Bundesgesetz keine weitergehenden Informationspflichten der Länder eingeführt werden können, sind auch hier richtigerweise iS einer Rechtsgrundverweisung durch § 18 Abs. 2 S. 3 der 12. BImSchV die Umweltinformationsgesetze der Länder anzuwenden (vgl. → § 10 Rn. 95b; so auch Wiebe in Kotulla Rn. 18; für verfassungsrechtliche Bedenklichkeit der Regelung Wasielewski UPR 2017, 1 (5 f.)). 32a

b) Auslegung der Unterlagen. Regelungen für die Auslegung des Antrages sowie der Unterlagen befinden sich in § 18 Abs. 3 S. 1. Hiernach erfolgt die Auslegung iSd § 23b Abs. 2 S. 2 bei der **Genehmigungsbehörde** und soweit erforderlich – man denke hier an Großvorhaben bei nur unzureichenden räumlichen Möglichkeiten der Genehmigungsbehörde oder aber an eine große räumliche Entfernung der Genehmigungsbehörde – bei einer „geeigneten Stelle" in der Nähe des Vorhabens (vgl. → § 10 Rn. 78, 87). Im Falle erheblicher **grenzüberschreitender Auswirkungen** ist nach Maßgabe der **§§ 54 ff. UVPG (vgl. § 56 UVPG)** eine grenzüberschreitende Öffentlichkeitsbeteiligung erforderlich (vgl. dazu auch → Bd. 1 § 54 UVPG Rn. 1 ff.; Czajka in Feldhaus BImSchR Rn. 26; Hentschel/Roßnagel in GK-BImSchG Rn. 80). Genaue Vorgaben zu den **Auslegungszeiten** sind – im Unterschied zur Regelung in § 10 Abs. 1 S. 6 der 9. BImSchV für das förmliche Genehmigungsverfahren – nicht vorhanden. Allerdings kann diese Regelung zur Bestimmung des Zeitpunkts ergänzend herangezogen werden, sodass die Einsicht während der **Dienststunden** der Behörde zu gewähren ist (Hentschel/Roßnagel in GK-BImSchG Rn. 65), eine Einschränkung auf die Kernzeit oder die normalen Besuchszeiten ist nicht möglich (Czajka in Feldhaus BImSchR Rn. 22). 33

Auszulegen sind jedenfalls der Antrag sowie die vom Antragsteller **beizulegenden Unterlagen**, mit Ausnahme der Unterlagen iSd § 23b Abs. 1 S. 4 iVm § 10 Abs. 1 S. 4, Abs. 2. Bei den ausgenommenen Mehrfertigungen erklärt sich dies bereits aus deren Zweck, gerade die behördliche Entscheidungsfindung zu unterstützen. Der Ausschluss von Geschäftsgeheimnissen dient, wie auch im Rahmen des § 10 Abs. 2, dem Schutz empfindlicher Informationen des Antragstellers (→ § 10 Rn. 59 ff.) und dadurch dem Betriebs- und Geschäftsgeheimnisschutz aus Art. 12 Abs. 1 GG (vgl. Wiebe in Kotulla Rn. 19). An die Stelle dieser **geheimhaltungsbedürftigen Unterlagen** tritt eine zusammenfassende Inhaltsbeschreibung (Becher in Appel/Ohms/Saurer Rn. 17; Jarass NVwZ 2018, 185 (189)). Im Übrigen sind – anders als bei § 10 Abs. 1 S. 1 der 9. BImSchV – keine einschränkenden Vorgaben für den Umfang der auszulegenden Unterlagen in § 23b ersichtlich. Es dürfte daher davon auszugehen sein, dass alle Unterlagen mit Ausnahme solcher, die Geschäfts- und Betriebsgeheimnisse enthalten, auszulegen sind (Czajka in Feldhaus BImSchR Rn. 23). **Nachträglich** durch die Behörde **erlangte Informationen** beeinflussen den Verlauf der Auslegung grundsätzlich nicht und sind der Öffentlichkeit über die Landesinformationsgesetze zugänglich zu machen (Hentschel/Roßnagel in GK-BImSchG Rn. 61; Czajka in Feldhaus BImSchR Rn. 24, der zur Absicherung dieses Rechts allerdings Hinweis- und Bekanntmachungspflichten betreffend die behördliche Informationserlangung befürwortet).

34 Auszulegen sind nach § 23b Abs. 2 ferner die **entscheidungserheblichen Empfehlungen und Berichte**, die der Behörde zum Zeitpunkt der Bekanntmachung vorlagen (s. hierzu → § 10 Rn. 92a).

35 Die Auslegungsfrist beträgt einen Monat, § 23b Abs. 2 S. 2 aE. Durch den Zweck der öffentlichen Information und der Absicherung nachfolgender Rechtsbehelfsmöglichkeiten haben die Auslegungspflichten auch an dieser Stelle **drittschützende Wirkung**, (jedenfalls) soweit im Einzelfall auch materielle Rechtspositionen betroffen sein könnten (vgl. → § 10 Rn. 87).

35a Über **§ 23b Abs. 2 S. 4 iVm § 10 Abs. 3a** sollen die nach dem UmwRG anerkannten **Umweltvereinigungen** die zuständige Behörde in einer dem Umweltschutz dienenden Weise unterstützen. Durch diese Norm werden allerdings keine rechtlich verbindlichen Mitwirkungspflichten geschaffen, die Teilnahme am Verfahren hat folglich keine unmittelbaren Auswirkungen auf die Zulässigkeit eines Rechtsbehelfs dieser Vereinigungen (BT-Drs. 18/9526, 49 f.; Enders in BeckOK UmweltR Rn. 14a; Hentschel/Roßnagel in GK-BImSchG Rn. 75). Diese Vorgabe weist damit eher den Charakter einer gesetzlichen Zielvorgabe auf (→ § 10 Rn. 179b). In Grenzen dürften § 10 Abs. 3a aber durchaus auch Kriterien für die Bewertung der Frage entnommen werden können, ob sich ein gerichtliches Vorgehen einer Umweltvereinigung im Einzelfall als iSd § 5 UmwRG rechtsmissbräuchlich erweist (Laubinger in Ule/Laubinger/Repkewitz D 16; dazu auch → § 10 Rn. 179b, 285d).

36 **2. Einwendungserhebung.** Gem. § 23b Abs. 2 S. 3 haben Personen, deren Belange durch das Vorhaben berührt werden, sowie Vereinigungen, die die Voraussetzungen der § 2 Abs. 2, bzw. § 3 Abs. 1 UmwRG erfüllen, innerhalb der in § 10 Abs. 3 S. 4 Hs. 1 genannten **zweiwöchigen Frist** die Befugnis, schriftlich oder elektronisch Einwendungen zu erheben. Hinsichtlich des **Inhalts der Einwendungen** sind keine zu strengen Anforderungen zu stellen. Sie müssen jedenfalls Name und Anschrift des Absenders enthalten. Die von Einzelpersonen erhobenen Einwendungen müssen überdies aber auch dartun, inwiefern bzw. sie betreffende Belange durch das Vorhaben berührt werden (Laubinger in Ule/Laubinger/Repkewitz, D 13; Wiebe in Kotulla Rn. 22; Czajka in Feldhaus BImSchR Rn. 28 → § 10 Rn. 133 f.). Einwendungen von Umweltvereinigungen müssen

demgegenüber erkennen lassen, welche (umweltbezogenen) Rechtsvorschriften durch das Vorhaben verletzt sein können (Czajka in Feldhaus BImSchR Rn. 28). Allein durch die Einwendungserhebung wird noch **nicht** die **Stellung eines Beteiligten iSd § 13 VwVfG** begründet, der zB über die §§ 28 f. VwVfG weiterreichende Verfahrensrechte für sich beanspruchen kann. Der Beteiligtenstatus kann Einwendern allerdings über eine Hinzuziehung nach § 13 Abs. 2 VwVfG zuteil werden, was insbesondere bei Inhabern benachbarter Schutzobjekte iSd § 3 Abs. 5d in Betracht kommen dürfte (vgl. Laubinger in Ule/Laubinger/Repkewitz D 23).

Im Bereich der „genehmigungsfreien" Anlagen der §§ 22 ff. ist die **Monatsfrist** für Anlagen nach der **Industrieemissionsrichtlinie** in **§ 10 Abs. 3 S. 4 2. Hs. damit bereits durch die Einschränkung der Verweisungsnorm nicht relevant** (s. Jarass Rn. 17; Becher in Appel/Ohms/Saurer Rn. 20; vgl. auch Hentschel/Roßnagel in GK-BImSchG Rn. 76). Da derzeit über lit. E des Anhangs zur 4. BImSchV Anlagen nach der Industrieemissionsrichtlinie regelmäßig im förmlichen Verfahren zu genehmigen sind (Rebentisch, Umsetzung der Industrieemissionsrichtlinie in Deutsches Recht, 2013, 45), ist dies unionsrechtlich grundsätzlich unbedenklich. 37

Der Kreis der möglichen Einwender entspricht im Rahmen des § 23b Abs. 2 S. 3 dem des § 19 Abs. 4. Das ist zwar enger als bei § 10 Abs. 3 S. 4, da lediglich „die betroffene Öffentlichkeit" (vgl. Art. 3 Nr. 18 Seveso-III-RL, Art. 2 Nr. 5 der Aarhus-Konvention) umfasst ist. Hiermit wird aber nicht eingefordert, dass die Personen auch in einem subjektiven Recht verletzt sein können, eine Berührung in eigenen Belangen ist vielmehr ausreichend (Jarass Rn. 17; Becher in Appel/Ohms/Saurer Rn. 21; Hentschel/Roßnagel in GK-BImSchG Rn. 73). Einwendungsbefugt sind ebenso Umweltschutzvereinigungen iSd § 2 Abs. 2, § 3 Abs. 1 UmwRG. Die Beschränkung der Einwendungsbefugnis auf die **„betroffene Öffentlichkeit"** iSd **Art. 3 Nr. 18 Seveso-III-RL** (vgl. insoweit bereits → § 19 Rn. 114) ist als Mindestumsetzung der Richtlinienvorgaben unionsrechtskonform (Enders in BeckOK Rn. 13). Wie die Antragstellung ist nun auch die Einwendungserhebung **schriftlich oder elektronisch** möglich. Für die diesbezüglichen Anforderungen an die Form gelten die Ausführungen zur Einwendungserhebung im förmlichen Verfahren nach § 10 entsprechend (→ § 10 Rn. 136 ff.). 38

Zuständige Behörde für die Erhebung von Einwendungen ist gem. § 18 Abs. 3 S. 2 der 12. BImSchV die **Genehmigungsbehörde** oder die Stelle, bei der die Unterlagen zur Einsicht ausliegen. Wird die Einwendung bei dieser Stelle erhoben, so kommt es auch hier für die Fristwahrung auf den Eingang bei der Genehmigungsbehörde an (vgl. → § 10 Rn. 150). 39

Anders als noch unter Geltung des § 10 Abs. 3 S. 5 aF iVm § 23b Abs. 2 S. 4 existiert seit der UmwRG-Reform vom 2.6.2017 (BGBl. I 2017 1298 ff.) keine Präklusionsnorm im materiellen Sinne mehr. Verspätet erhobene Einwendungen sind allerdings über eine formelle Verwirkungspräklusion für das weitere Verwaltungsverfahren unbeachtlich. Insoweit gleicht die Rechtsfolge verspäteter Einwendungen der neu eingeführten, alleinig **formellen Präklusion** im förmlichen Verfahren nach § 10 Abs. 3 S. 5 nF (→ § 10 Rn. 180 ff.; vgl. auch Hentschel/Roßnagel in GK-BImSchG Rn. 81; Czajka in Feldhaus BImSchR Rn. 30). Eine Nichtbeteiligung ist also nicht mit einhergehenden Rechtsnachteilen auch im gerichtlichen Verfahren verbunden. Infolge des ohnehin nicht stattfindenden Erörterungstermins läuft die gesetzlich angeordnete formelle Präklusion zwar weitgehend leer (vgl. Becher in Appel/Ohms/Saurer Rn. 21). Sie kann allerdings durch die nicht erfolgte Zustellung im Falle einer Fristversäumnis (vgl. Hentschel/Roßnagel in GK-BImSchG Rn. 103; aA Laubinger in Ule/Laubinger/Repkewitz D 31; str., dazu auch → § 10 Rn. 257) mit **Fristnachteilen bei Rechtsbehelfseinlegung** verbunden sein. Über § 32 VwVfG kommt allerdings bei Versäumung der Einwendungsfrist eine Wieder- 40 einsetzung in den vorigen Stand in Betracht (Hentschel/Roßnagel in GK-BImSchG Rn. 77; vgl. → § 10 Rn. 146 ff.). Trotz Eintritt der formellen Präklusion muss die Behörde den Sachverhalt vollumfänglich ermitteln und untersuchen. Der Amtsermittlungsgrundsatz des § 24 VwVfG wird durch sie nicht eingeschränkt (→ § 10 Rn. 185; vgl. auch Becher in Appel/Ohms/Saurer Rn. 21; Enders in BeckOK Rn. 14). Wie beim Verfahren nach § 10 kann unter den Voraussetzungen des **§ 5 UmwRG** ein sich anschließender Drittanfechtungsrechtsbehelf im Einzelfall aber als **rechtsmissbräuchlich** zu bewerten sein, das UmwRG findet auf störfallrechtliche Genehmigungen über § 1 Abs. 1 Nr. 2a UmwRG Anwendung. Über die entsprechende Geltung des § 10 Abs. 3a (Rolle der Umweltvereinigungen) gem. § 23 Abs. 2 S. 4 ist ein Vergleichspunkt vorhanden, um die Rechtsmissbräuchlichkeit des Handelns der Umweltvereinigungen zu ermitteln. Eine bloße Nichtteilnahme am Verfahren reicht hierfür freilich nicht aus (vgl. dazu → § 10 Rn. 285d).

41 Einwendungen, die auf besonderen privatrechtlichen Titeln beruhen, sind gem. § 23b Abs. 2 S. 4 auf den Rechtsweg vor den **ordentlichen Gerichten** verwiesen (§ 23b Abs. 1 S. 6). Einfache bürgerlich-rechtliche Abwehransprüche werden hiervon – wie im Rahmen des § 10 – nicht umfasst und bleiben weiterhin tauglicher Verfahrens- und Einwendungsgegenstand. Auch hier handelt es sich nicht um eine prozessrechtliche Verweisung iSd § 17a GVG, vielmehr bleiben die Einwendungen lediglich unter Hinweis auf den ordentlichen Rechtsweg für das weitere Verfahren unbeachtlich (zum Vorstehenden auch → § 10 Rn. 131 f.; Czajka in Feldhaus BImSchR Rn. 29).

41a Die erhobenen Einwendungen sind dem **Träger des Vorhabens** und den **beteiligten Behörden bekannt zu geben**. Dies folgt aus dem mit dem Einwendungsverfahren verfolgtem Zweck des Erkenntnisgewinns sowie aus dem rechtsstaatlichen Grundsatz rechtlichen Gehörs im Verfahren. Überdies kann hierzu auch auf den Rechtsgedanken aus § 12 Abs. 2 S. 1 und S. 2 der 9. BImSchV zurückgegriffen werden (vgl. auch Czajka in Feldhaus BImSchR Rn. 31; Jarass Rn. 19; Laubinger in Ule/Laubinger/Repkewitz D 22; Wiebe in Kotulla Rn. 24). Ein **Erörterungstermin** ist im Verfahren nach § 23b hingegen wegen der vom Gesetzgeber bezweckten 1:1-Umsetzung der Richtlinienvorgaben bewusst **nicht normiert** worden (vgl. BT-Drs. 18/9417, 29). Ob ein solcher Termin gleichwohl optional anberaumt werden kann, ist bislang nicht abschließend geklärt (dagegen Laubinger in Ule/Laubinger/Repkewitz D 26; Jarass Rn. 19; weiter und für die Möglichkeit eines Erörterungstermins aber Czajka in Feldhaus BImSchR Rn. 35).

V. Behördenbeteiligung

42 § 23b Abs. 3 S. 1 u. 2 schreibt parallel zu § 10 Abs. 5 S. 1, 2 eine Behördenbeteiligung vor. Unterschieden werden muss hier das **Stellungnahmerecht** für Behörden, deren Aufgabenbereich betroffen ist (§ 23b Abs. 3 S. 1), und die **Verfahrenskoordination** für sonstige Zulassungsverfahren (§ 23b Abs. 3 S. 2). Für die Abgrenzung und die sich hieraus ergebenden Rechtsfolgen kann wegen der gleichen Regelungsstruktur auf die Ausführungen zu § 10 Abs. 5 verwiesen werden (vgl. → § 10 Rn. 96 ff.). Die Genehmigungsbehörde dürfte zugleich das Recht besitzen, den zu beteiligenden Behörden eine Frist für die Abgabe der Stellungnahme zu setzen (hierfür und für entsprechende Anwendung des § 11 S. 3 der 9. BImSchV Jarass Rn. 20; Czajka in Feldhaus BImSchR Rn. 33). Die neuen Vorgaben für Anlagen iSd RL 2018/2001/EU aus **§ 10 Abs. 5 S. 3** (→ § 10 Rn. 108c ff.) für den modifizierten Zeitpunkt für die maßgebliche Sach- und Rechtslage nach Antrag des Vorhabenträgers wurden vom Gesetzgeber allerdings **nicht** für **entsprechend anwendbar** erklärt und erlangen damit nur im regulären Genehmigungsverfahren für genehmigungsbedürftige Anlagen Bedeutung. Für **UVP-pflichtige Vorhaben** kann über

§§ 54 f. UPVG ggf. eine grenzüberschreitende Behördenbeteiligung (vgl. § 55 UVPG) durchzuführen sein (dazu auch → Bd. 1 § 54 UVPG Rn. 1 ff.; § 55 UVPG Rn. 1 ff.; vgl. Hentschel/Roßnagel in GK-BImSchG Rn. 86).

Die **Letztentscheidungsbefugnis**, insbesondere über den Inhalt der Sachentscheidung, verbleibt auch bei der Störfallgenehmigung bei der Genehmigungsbehörde, welche trotz der Behördenbeteiligung in eigener Verantwortung über die Zulassung der Anlage befindet (Wiebe in Kotulla Rn. 26; dazu auch → § 10 Rn. 112). Auch die Konzentrationswirkung der Störfallgenehmigung nach § 23 Abs. 1 S. 7 ändert nichts an der eigenen Entscheidungskompetenz der Genehmigungsbehörde; sie begründet insbesondere **keinen** internen **Zustimmungsvorbehalt** zugunsten anderer Behörden (→ § 10 Rn. 113). 43

Die Entscheidung ergeht bei einer Behördenbeteiligung iSv § 23b Abs. 3 S. 1 als **mehrstufiger Verwaltungsakt**. Bei einem Rechtsbehelf gegen diese Entscheidung der Genehmigungsbehörde sind die in ihrem Aufgabenkreis berührten Behörden dann nach § 65 Abs. 2 VwGO notwendig beizuladen, wenn die Entscheidung nicht ohne sie ergehen kann (so bspw. beim bauplanungsrechtlichen Einvernehmen der Gemeinde nach § 36 BauGB). 44

VI. Entscheidungsfrist

Gem. § 23b Abs. 4 S. 1 muss die zuständige Behörde innerhalb einer Frist von sieben Monaten nach Eingang des Antrags einschließlich der nach § 18 Abs. 1 S. 2 der 12. BImSchV erforderlichen Unterlagen über den Genehmigungsantrag auf störfallrelevante Errichtung und Betrieb einer Anlage entscheiden. Für den Genehmigungsantrag auf die **störfallrelevante Änderung** einer bereits bestehenden Anlage billigt der Gesetzgeber der Behörde lediglich eine Frist von sechs Monaten zu (§ 23b Abs. 4 S. 2). Die Frist beginnt nach Eingang des Antrages sowie der nach § 18 Abs. 1 S. 1 der 12. BImSchV vorzulegenden (vollständigen) Unterlagen (Hentschel/Roßnagel in GK-BImSchG Rn. 92). 45

In **Ausnahmefällen** hat die Behörde aufgrund einer besonders schwierigen Sachprüfung oder aus Gründen, die der Sphäre des Antragstellers zuzurechnen sind, die Möglichkeit, die Frist nochmals um drei Monate zu **verlängern** (§ 23b Abs. 4 S. 3). Dies muss gem. § 23b Abs. 4 S. 4 gegenüber dem Antragsteller im Regelfall schriftlich begründet werden. Lediglich in atypischen Fällen hat die Behörde daher die Möglichkeit, von der Begründung abzusehen (Jarass Rn. 25). Ein **Mitarbeitermangel**, **krankheitsbedingte Ausfälle** oder eine bloße **Überlastung** der Genehmigungsbehörde reichen grundsätzlich nicht aus, um die Frist zu verlängern (→ § 10 Rn. 242). Verlängerungen sind aber insbesondere dann denkbar, wenn gegenüber dem eingereichten Antrag mehr als nur geringfügige Änderungen vorgenommen werden (Jarass Rn. 25). Auch hier wird aber der Blick auf den Einzelfall zu richten sein. Es besteht dem Grunde nach auch die Möglichkeit, mehrfache Fristverlängerungen vorzunehmen (→ § 10 Rn. 242), wobei insoweit allerdings Zurückhaltung geboten und jeweils das Vorliegen eines die Frist verlängernden Sachgrundes erforderlich ist. 46

Bei Störfallanlagen, die unter die **RL 2018/2001/EU (RED-II)** fallen (→ Rn. 49d), sind die Höchstfristen nach Maßgabe der Richtlinie zu beachten, die sich etwa aus Art. 16 Abs. 4 RL 2018/2001/EU (→ § 10 Rn. 242a) und für das Repowering dieser Anlagen (→ Rn. 49f ff.) aus Art. 16 Abs. 6 RL 2018/2001/EU ergeben (→ § 16b Rn 22; vgl. aber zu Art. 5 Abs. 1 VO 2022/2577/ → § 16b Rn. 23 f.). Weitere Verschärfungen dieser Verfahrensfristen dürften bald durch den Erlass der neuen Art. 16a Abs. 1, 2 und Art. 16b Abs. 1, 2 der geplanten Änderungsrichtlinie zur RL 2018/2001/EU eintreten (→ § 16b Rn. 23a ff.). Nach der jüngst erlassenen **Dringlichkeitsverordnung VO 2022/2577/EU** des Rates vom 22.12.2022 (Abl. EU L 335 vom 29.12.2022, 36 ff; dazu auch → § 16b Rn. 23d ff.) ist nunmehr bei unter diese Verordnung fallenden Verfahren die unionsrechtliche Höchstfrist von nur sechs Monaten einschließlich gesetzlich erforderlicher Umweltprüfungen für das Genehmigungsverfahren beim **Anlagenrepowering** zu beachten (Art. 5 Abs. 1 VO 2022/2577/EU).

47 Mangels einer diesbezüglichen gesetzlichen Anordnung findet **keine Genehmigungsfiktion** iSd § 42a VwVfG statt. Im Falle einer rechtswidrigen Fristüberschreitung kommen allerdings – neben einer vorrangig zu erhebenden Verpflichtungsklage bzw. Untätigkeitsklage – **Amtshaftungsansprüche** nach § 839 BGB iVm Art. 34 S. 1 GG in Betracht (zu etwaigen haftungsrechtlichen Folgen bei Fristüberschreitung → § 10 Rn. 241 ff., 244). Vgl. zur Vereinbarkeit dieser Regelung mit den unionsrechtlichen Fristbestimmungen der RL 2018/2001/EU (RED II) → § 10 Rn. 242a.

VII. Genehmigungsentscheidung

48 Ergibt die Prüfung des Antrags auf die Vereinbarkeit mit den materiell-rechtlichen Vorgaben des § 23b Abs. 1 S. 5, dass die Genehmigung – ggf. mit Nebenbestimmungen – erteilt werden kann, so ist der Genehmigungsbescheid in der nach **§ 18 Abs. 4 S. 1** der 12. BImSchV bestimmten **schriftlichen Form (zzgl. schriftlicher Begründung)** dem Antragsteller und den Einwendern zuzustellen. Die Schriftform kann nach Maßgabe des § 3a Abs. 2 VwVfG durch die elektronische Form ersetzt werden (Hentschel/Roßnagel in GK-BImSchG Rn. 98). Maßgeblich für die Zustellung sind die jeweils anwendbaren Verwaltungszustellungsgesetze der Länder (Czajka in Feldhaus BImSchR Rn. 43). Dies entspricht der Bestimmung des § 10 Abs. 7 S. 1. Zwingende Inhalte für die **Begründung des Bescheids** gibt § 18 Abs. 4 S. 2 der 12. BImSchV vor, hiernach sind die wesentlichen rechtlichen und tatsächlichen Entscheidungsgründe, die Behandlung der Einwendungen und Angaben zur Durchführung des Öffentlichkeitsbeteiligungsverfahrens in die Begründung aufzunehmen. Dies dient der Umsetzung der Vorgaben **aus Art. 15 Abs. 4 und Abs. 5 Seveso-III-RL** (→ Bd. IV, 12. BImSchV, § 18 Rn. 12). Im Vergleich zu § 21 der 9. BImSchV fehlen weitere, dezidierte Angaben zum Inhalt des Genehmigungsbescheids. Gem. § 18 Abs. 4 S. 3 kann die Zustellung durch die öffentliche Bekanntmachung ersetzt werden, wenn mehr als 50 Personen Einwendungen erheben. Gemeint ist trotz der sprachlichen Divergenz zu § 10 Abs. 8 S. 1 auch in diesem Fall lediglich die Ersetzung der Zustellung an die Einwender, womit für den Antragsteller immer eine Individualzustellung erforderlich ist (Czajka in Feldhaus BImSchR Rn. 43).

VIII. Öffentliche Bekanntmachung der Genehmigungsentscheidung

49 Wie auch in den Fällen der § 10 Abs. 7 S. 2, Abs. 8 ist der Genehmigungsbescheid nach § 18 Abs. 5 S. 1 der 12. BImSchV neben seiner Zustellung (→ Rn. 48) zwingend öffentlich bekannt zu machen. Die öffentliche Bekanntmachung wird dadurch bewirkt, dass der verfügende Teil des Bescheids und die Rechtsbehelfsbelehrung entsprechend § 18 Abs. 2 S. 1 der 12. BImSchV bekanntgemacht werden (Hentschel/Roßnagel in GK-BImSchG Rn. 106) Dies muss im amtlichen Veröffentlichungsblatt und außerdem entweder im Internet oder in örtlichen Tageszeitungen geschehen. (§ 18 Abs. 5 S. 2 der 12. BImSchV iVm § 18 Abs. 2 S. 1 der 12. BImSchV). Die Bestimmung dient der Umsetzung von **Art. 15 Abs. 5 Seveso-III-RL.** Die Durchführungsbedingungen für die Bekanntmachung und die weiteren Rechtsfolgen für die Einwender (§ 18 Abs. 5 S. 2–6 der 12. BImSchV) entsprechen denen des § 10 Abs. 8 S. 2–6 (vgl. daher die entsprechende Kommentierung zu → § 10 Rn. 261a). Mit dem Ende der zweiwöchigen Auslegungsfrist für den Bescheid (vgl. § 18 Abs. 5 S. 3 der 12. BImSchV) gilt dieser auch **Dritten** gegenüber als **zugestellt**, was für die Klagefrist bedeutsam werden kann (s. Jarass Rn. 27; Hent-

schel/Roßnagel in GK-BImSchR Rn. 108). Auf diese Rechtsfolge ist in der Bekanntmachung hinzuweisen (Enders in BeckOK § 23b Rn. 17).

Die **Form** und **Bekanntgabe einer ablehnenden Entscheidung** der Behörde werden in § 23b und in § 18 der 12. BImSchV nicht geregelt, weshalb ihre Behandlung umstritten und derzeit nicht abschließend geklärt ist. So wird teils eine entsprechende Anwendung des § 20 Abs. 3 der 9. BImSchV (vgl. → § 10 Rn. 246 f.) vorgeschlagen (Hentschel/Roßnagel in GK-BImSchG Rn. 111; Czajka in Feldhaus BImSchR Rn. 44). Damit würden für die ablehnende Entscheidung grundsätzlich die gleichen Vorgaben wie für die Genehmigungsentscheidung gelten, indes sei es in diesem Fall nicht – vorbehaltlich des § 18 Abs. 4 S. 3 der 12. BImSchV – erforderlich, den Bescheid den Einwendern stets auch individuell zuzustellen (vgl. Czajka in Feldhaus BImSchR Rn. 44 mit Fn. 33). Von anderen Stimmen wird in Ermangelung einer spezialgesetzlichen Regelung auf die Grundregeln der § 37 Abs. 2, §§ 41, 43 VwVfG abgestellt, womit weder eine bestimmte Form des Bescheides, noch eine öffentliche Bekanntgabe oder Auslegung durchzuführen seien (vgl. Laubinger in Laubinger/Repkwitz D 35; Wiebe in Kotulla Rn. 40). Vor den zu beachtenden Richtlinienanforderungen in **Art. 15 Abs. 5 Seveso-III-RL**, die nicht explizit zwischen stattgebenden oder ablehnenden „Entscheidungen" differenzieren und für diese eine Begründung und eine öffentliche Bekanntmachung einfordern, ließe sich jedenfalls mit guten Gründen anführen, dass die Vorgaben für stattgebende Entscheidungen entsprechend auch für die Ablehnung zu gelten haben. Dies könnte neben einer entsprechenden Anwendung des § 20 Abs. 3 der 9. BImSchV auch über eine analoge Anwendung von § 18 Abs. 4 und Abs. 5 der 12. BImSchV erreicht werden. **49a**

IX. Besonderheiten bei RED-II-Anlagen (§ 23b Abs. 3a)

Der am 18.8.2021 mit Wirkung zum 31.8.2021 neu eingefügte § 23b Abs. 3a (→ Rn. 1c) hält nunmehr Sonderregelungen für das Genehmigungsverfahren für Störfallanlagen bereit, die zugleich unter die **Richtlinie 2018/2001/EU („RED-II)"** (ABl. L 328 vom 21.12.2018, 82; → § 16b Rn. 20 ff.) fallen. Zur Umsetzung ihrer Vorgaben überträgt § 23b Abs. 3a die für genehmigungsbedürftige BImSchG-Anlagen geltenden Sonderregelungen aus § 10 Abs. 5a (→ § 10 Rn. 270a ff.) sowie aus § 16b (→ § 16b Rn. 1 ff.) in das störfallrechtliche Genehmigungsverfahren für nicht genehmigungsbedürftige Anlagen (Jarass Rn. 22). Die in § 23b Abs. 3a Ziff. 1-4 genannten Sonderregelungen gelten gem. § 23b Abs. 3a S. 1 aE allerdings nur **„ergänzend"**, womit sich das Verfahren im Übrigen unverändert nach § 23b sowie § 18 der 12. BImSchV richtet (BT-Drs. 27672, 20). Keine Entsprechung im störfallrechtlichen Genehmigungsverfahren haben demgegenüber die Neuregelungen des § 10 Abs. 5 S. 2 und S. 3 für die Behördenbeteiligung und den modifizierten Zeitpunkt für die maßgebliche Sach- und Rechtslage bei der Genehmigungsentscheidung im Falle eines entsprechenden Antrages des Vorhabenträgers (eingehend → § 10 Rn. 108a ff.) erfahren, die der Gesetzgeber nur dem regulären immissionsschutzrechtlichen Genehmigungsverfahren vorbehalten hat. **49b**

§ 23b Abs. 3a dient der Umsetzung der aus Art. 15 f. RL 2018/2001/EU folgenden Verfahrensvorgaben zur Erleichterung des Zulassungsverfahren bei **Anlagen aus dem Bereich der erneuerbaren Energien**. Die Norm adressiert etwa die Vorgaben für die Schaffung vorhersehbarer Zeitpläne und zur Verfahrenstransparenz in Art. 15 Abs. 1 UAbs. 2 lit. a und lit. b RL 2018/2001/EU, das Verfahren über eine „einheitliche Anlaufstelle" in Art. 16 Abs. 1 RL 2018/2001/EU, das durch Art. 16 Abs. 3 RL 2018/2001/EU eingeforderte Verfahrenshandbuch sowie zuletzt die über Art. 16 Abs. 6 RL 2018/2001/EU eingeforderten „vereinfachten, zügigen Verfahren" für das Repowering bestehender Anlagen aus dem Bereich der erneuerbaren Energien. Die Fristenregelung in Art. 16 **49c**

Abs. 4 RL 2018/2001/EU wurde demgegenüber keiner weiteren Umsetzung mehr zugeführt, da hierfür nach Ansicht des Gesetzgebers wegen der – etwa in § 23b Abs. 4 – bereits normierten Entscheidungsfristen (→ Rn. 45 ff.) kein weitergehender Umsetzungsbedarf mehr bestand (BT-Drs. 19/27672, 17). Ob dies den unionsrechtlichen Anforderungen gerecht wird, ist freilich nicht in Gänze eindeutig (vgl. auch die hier sinngemäß geltenden Ausführungen unter → § 10 Rn. 242a).

49d **1. Anwendbarkeit der Norm.** Die zusätzlichen Verfahrensvorgaben des § 23b Abs. 3a gelten nach § 23b Abs. 3a Hs. 1 nur für solche nicht genehmigungsbedürftige Störfallanlagen, die unter den Anwendungsbereich der RL 2018/2001/EU (RED-II) fallen (BT-Drs. 19/27672, 20). Für den **Anlagenbegriff** ist auf **§ 3 Abs. 5** abzustellen (BT-Drs. 19/27672, 20; → § 3 Rn. 82 ff.). Aus der systematischen Stellung in § 23b ergibt sich, dass es sich weiter um eine Anlage handeln muss, die als Betriebsbereich oder Bestandteil eines Betriebsbereiches iSd § 3 Abs. 5a dem **störfallrechtlichen Genehmigungsverfahren** unterliegt (→ Rn. 10 ff., § 3 Rn. 97 ff.). Überdies muss die Anlage iSd Art. 2 Nr. 1, Art. 15 Abs. 1 UAbs. 1 RL 2018/2001/EU der **Förderung der Nutzung erneuerbarer Energien** dienen (dazu auch → § 10 Rn. 270a; → § 16b Rn. 35 f.; vgl. weiter Czajka in Feldhaus BImSchR Rn. 35a). Der Gesetzentwurf führt als Beispiele für derartige Anlagen etwa Batteriespeicher und Speicher für Gase und Kraftstoffe inklusive Wasserstoff an (BT-Drs. 19/27672, 20; Czajka in Feldhaus BImSchR Rn. 35a). Weiter kann etwa an Anlagen zur Erzeugung oder Verbrennung von Biogas oder grünem Wasserstoff (hier ab einer Lagermenge von 5 Tonnen, vgl. Stellungnahme DAV NuR 2022, 469 (473)) gedacht werden. Infolge der Verortung des § 23b Abs. 3a im Bereich der nichtgenehmigungsbedürftigen Anlagen sind allerdings solche Anlagen nicht umfasst, für die iSd § 4 ein reguläres immissionsschutzrechtliches Genehmigungsverfahren durchzuführen ist (vgl. etwa Ziff. 1.2.2, 1.4.1, 1.15, 8.6.3 des Anhangs 1 zur 4. BImSchV). Vgl. zur Anwendbarkeit der Repowering-Regelung des § 23b Abs. 3a Nr. 4 iVm § 16b ergänzend auch → Rn. 49 f.

49e **2. Verfahrensunterstützung bei RED-II-Anlagen (§ 23b Abs. 3a Nr. 1-3).** Über § 23b Abs. 3a Nr. 1-3 werden die Sonderregelungen für behördliche Unterstützungsleistungen im Genehmigungsverfahren aus § 10 Abs. 5a auch für Störfallanlagen im Sinne der RED-II (→ Rn. 49d) im störfallrechtlichen Genehmigungsverfahren des § 23b umgesetzt. Anwendung findet demnach etwa das Verfahren über die **einheitliche Stelle iSd §§ 71a-71e VwVfG** (§ 23b Abs. 3a Nr. 1), das insbesondere dort relevant werden wird, wo die in § 23b Abs. 1 S. 7 normierte Konzentrationswirkung nicht eingreift, so etwa bei wasserrechtlichen Erlaubnissen und Bewilligungen (Jarass Rn. 23). Daneben gelten ebenso die Vorgaben für das von der Behörde bereitzustellende und im Internet zugänglich zu machende **Verfahrenshandbuch mit Zuständigkeitshinweisen** (§ 23b Abs. 3a Nr. 2) sowie die Vorgaben für die „einmalige Mitteilung" an den Antragsteller oder die einheitliche Stelle unter Beifügung eines Zeitplans für das weitere Verfahren (§ 23b Abs. 3a Nr. 3). Da diese Regelungen beinahe inhaltsgleich zur **Parallelnorm des § 10 Abs. 5a** ausgestaltet sind (vgl. auch Czajka in Feldhaus BImSchR Rn. 35b), wird auf die entsprechenden Ausführungen Bezug genommen werden (→ § 10 Rn. 270b f). Insbesondere findet auch hier – wie im Geltungsbereich des § 10 Abs. 5a Nr. 1 – keine Verfahrens- bzw. Zuständigkeitskonzentration über die Verfahrensabwicklung über die einheitliche Stelle iSd §§ 71a ff. VwVfG statt (→ § 10 Rn. 270c; vgl. auch Jarass Rn. 23). Im Unterschied zur Regelung für das reguläre immissionsschutzrechtliche Genehmigungsverfahren in § 10 Abs. 5a Nr. 2 S. 2 ist allerdings eine behördliche Hinweispflicht betreffend kleinere Vorhaben zur Eigenversorgung mit Elektrizität, auf die sich das Genehmigungserfordernis iSd § 1 Abs. 2 der 4. BImSchV erstreckt, nicht vorgesehen.

3. Sonderregelung für das Anlagenrepowering (§ 23b Abs. 3a Nr. 4). Über die Verweisung in § 23b Abs. 3a Nr. 4 ist die Neuregelung des § 16b für das sog. „Repowering" iSd § 16b Abs. 1 Hs. 1 (→ § 16b Rn. 24 ff.; insb. Rn. 40 ff.) „entsprechend" auch im störfallrechtlichen Genehmigungsverfahren anzuwenden. Ob der Anwendungsbereich dieser Bestimmung mit dem der sonstigen Verfahrensvorgaben in § 23b Abs. 3a Nr. 1-3 übereinstimmt, ist nicht abschließend geklärt, da die Repowering-Definition in § 16b Abs. 1 1.Hs. lediglich für **Anlagen „zur Erzeugung von Strom aus erneuerbaren Energien"** (→ § 16b Rn. 35 f., 37 ff.) Geltung beansprucht. So könnte einerseits infolge des in § 23b Abs. 3a eigens geregelten Anwendungsbereichs für unter die RL 2018/2001/EU fallende Anlagen eine Anwendung des § 16b auch für sonstige Anlagen zur Erzeugung von erneuerbaren Energien angedacht werden (so etwa Kliem ER 2022, 22 (23 f.)). Andererseits käme aber auch eine Auslegung vergleichbar einer Rechtsgrundverweisung in Betracht, mit welcher auch hier für die Anwendbarkeit des § 16b eine Stromerzeugung durch die betroffenen Anlagen erforderlich wäre (vgl. zur Frage der Unionsrechtskonformität des Erfordernisses der Stromerzeugung → § 16b Rn. 39; zur vom Gesetzgeber intendierten „1:1"-Umsetzung der Richtlinienvorgaben → § 16b Rn. 20). 49f

Der neue § 16b findet durch seine systematische Stellung im Rahmen des Änderungsgenehmigungsverfahrens (vgl. § 16b Abs. 1 S. 1 Hs. 2) überdies nur für **störfallrelevante Änderungen** iSd § 3 Abs. 5b S. 1 Var. 3 und S. 2 entsprechende Anwendung (vgl. dazu auch → § 16b Rn. 14 ff.). Genehmigungen für die störfallrelevante Errichtung und den störfallrelevanten Betrieb sind demnach nicht von den Privilegierungen des § 16b umfasst.

Die auf **Windenergieanlagen bezogenen Regelungen** in § 16b Abs. 3, Abs. 7 und Abs. 8 hätten im Anwendungsbereich der §§ 23a f. bei den nicht genehmigungsbedürftigen Anlagen wegen der Genehmigungspflicht für Windenergieanlagen ab 50m nach Ziff. 1.6. des Anhangs 1 zur 4. BImSchV allenfalls noch für Kleinwindanlagen unter 50m Gesamthöhe in Betriebsbereichen iSd § 3 Abs. 5a Bedeutung. Bei derartigen Repowering-Vorhaben wird es freilich regelmäßig an der Abstandsunterschreitung bzw. der erforderlichen Störfallrelevanz iSd § 23a Abs. 2 S. 1, § 23b Abs. 1 S. 1 fehlen (vgl. auch Czajka in Feldhaus BImSchR Rn. 35a), weshalb hier ein allenfalls theoretischer Anwendungsbereich bestehen dürfte.

Anwendungsvoraussetzung des § 16b ist wegen der Verortung im **Änderungsgenehmigungsverfahren** überdies, dass die Anlage bereits vor der Repowering-Maßnahme (störfallrechtlich) **genehmigungsbedürftig** war und dass im Vorfeld bereits eine **wirksame störfallrechtliche Genehmigung** erteilt wurde. Die Ausführungen für genehmigungsbedürftige Anlagen (→ § 16b Rn. 27 ff., 33 f.) gelten sinngemäß auch hier. Führt demgegenüber erstmals die geplante Repowering-Maßnahme dazu, dass der Sicherheitsabstand in nach § 23b Abs. 1 genehmigungspflichtiger Weise erstmalig bzw. räumlich weiter unterschritten oder eine erhebliche Gefahrenerhöhung iSd § 23a Abs. 2 S. 1 ausgelöst wird, so ist § 23b Abs. 3a Nr. 4 iVm § 16b nicht anzuwenden. Vielmehr ist in diesem Fall das Genehmigungsverfahren als Neugenehmigungsverfahren für die störfallrelevante Errichtung bzw. den störfallrelevanten Betrieb iSd § 23b Abs. 1 S. 1, § 23a Abs. 2 S. 1 Var. 1 und Var. 2 durchzuführen. Maßgeblich für die Frage der Abstandsunterschreitung bzw. Gefahrenerhöhung ist dabei stets die behördliche Feststellung nach der **Anzeige iSd § 23a**, welche nicht durch § 16b suspendiert wird (vgl. zur subsidiären Anwendbarkeit auch des § 15 → § 16b Rn. 19). Werden die Grenzen zu einer genehmigungsbedürftigen Anlage iSd § 4 Abs. 1 S. 3 iVm Anhang 1 der 4. BImSchV bei einer bislang (nur) störfallrechtlich genehmigungsbedürftigen Anlage überschritten und wird die Anlage deswegen 49g nun erstmals im Rechtsinne genehmigungsbedürftig, ist ebenso eine Neugenehmigung (in diesem Fall nach § 4) einzuholen, sodass es sich nicht mehr um ein Repowering im störfallrechtlichen Änderungsgenehmigungsverfahren iSd § 23b Abs. 3a Nr. 4 iVm § 16b handeln dürfte.

Zusätzliche Voraussetzung für die entsprechende Anwendung des § 16b Abs. 1 ist wegen seines Bezugs auf das Änderungsgenehmigungsverfahren das ungeschriebene Erfordernis der **Betreiberidentität**, sodass der Betreiber der alten mit dem der neuen bzw. „repowerten" Anlage übereinstimmen muss (→ § 16b Rn. 33).

49h Im Falle einer nach Maßgabe des § 16b Abs. 1 modifizierten Genehmigungsprüfung, die einen **Antrag des Vorhabenträgers** voraussetzt (→ § 16b Rn. 59), wird der **Prüfungsumfang** durch § 16b Abs. 1 aE iVm § 23b Abs. 3a Nr. 4 auf eine grundsätzliche „Delta-Prüfung" beschränkt. Diese soll sich über einen Vergleich der Auswirkungen der geplanten Repowering-Maßnahme mit dem Ausgangszustand der Anlage definieren (§ 16b Abs. 1 aE; vgl. auch → § 16b Rn. 60 ff.; sowie auch Jarass Rn. 24). Indes befinden sich zu dieser Grundregel in § 16b Abs. 4 weitreichende Ausnahmen für die anderen öffentlich-rechtlichen Vorschriften und die Belange des Arbeitsschutzes. Soweit das **Abstandsgebot aus Art. 13 Abs. 2 Seveso-III-RL** mit der hM über die Vorgaben des Bauplanungsrechts und nicht über die Betreiberpflichten in die Genehmigungsentscheidung einbezogen wird (→ Rn. 57a, 61 ff.), sind die für dieses maßgeblichen bauplanungsrechtlichen Vorgaben nach § 16b Abs. 4 nicht von der Delta-Prüfung iSd § 16b Abs. 1 aE umfasst. Damit wird jedenfalls die Prüfung, ob der angemessene Sicherheitsabstand iSd Art. 13 Abs. 2 Seveso-III-RL gewahrt wird, nicht über § 16b Abs. 1 aE eingeschränkt, sodass hierfür wieder die abgeänderte Gesamtanlage in den Blick zu nehmen ist. Ob daneben auch die Prüfung der zu wahrenden störfallrechtlichen **Betreiberpflichten** (zB § 3 Abs. 1, 3 der 12. BImSchV, Art. 5 Seveso-III-RL) durch die Delta-Prüfung abgeändert werden kann, ist wegen des betriebsbezogenen Regelungsansatzes der Seveso-III-RL, die ihre Vorgaben an den gesamten räumlichen Bereich unter der Aufsicht des Betreibers richtet (Art. 3 Nr. 1 Seveso-III-RL) nicht abschließend geklärt.

49i Die vorgesehenen **verfahrensbezogenen Erleichterungen** in § 16b Abs. 5 und 6 **laufen** im störfallrechtlichen Genehmigungsverfahren hingegen weitestgehend **leer**. So ist ein Erörterungstermin, auf den nach § 16b Abs. 5 im Regelfall verzichtet werden soll (→ § 16b Rn. 101 f.), im störfallrechtlichen Genehmigungsverfahren ohnehin nicht vorgesehen (→ Rn. 29, vgl. auch Jarass Rn. 19, 24). Ebenso wenig dürften die in § 16b Abs. 6 geregelten Ergänzungen für das vereinfachte Genehmigungsverfahren iSd § 19 (→ § 16b Rn. 103 ff.) in sinnvoller Weise auf das störfallrechtliche Genehmigungsverfahren übertragen werden können, da sich § 16b Abs. 6 S. 1 und S. 2 auf genehmigungsbedürftige Windenergieanlagen iSd 4. BImSchV beziehen bzw. die in § 16b Abs. 6 S. 3 und S. 4 geregelten Anforderungen an die öffentliche Bekanntmachung bereits spezieller in der pflichtigen öffentlichen Bekanntmachung nach § 18 Abs. 5 der 12. BImSchV normiert werden. Deren Rechtswirkungen aus § 18 Abs. 5 S. 2–6 der 12. BImSchV entsprechen ohnehin bereits denen aus § 10 Abs. 8 S. 2–6 (vgl. Czajka in Feldhaus BImSchR Rn. 43).

C. Materiellrechtliche Genehmigungsvoraussetzungen

50 Bei dem Erfordernis der Störfallgenehmigung nach § 23b Abs. 1 S. 5 handelt es sich um ein **präventives Verbot mit Erlaubnisvorbehalt** (Jarass Rn. 1; Wiebe in Kottula Rn. 1, 28). Nach den dort befindlichen Genehmigungsvoraussetzungen muss die Genehmigung erteilt werden, wenn sichergestellt ist, dass die Anforderungen des § 22 und der auf Grundlage des § 23 erlassenen Rechtsverordnungen eingehalten werden und andere öffentlich-rechtliche Vorschriften oder Belange des Arbeitsschutzes nicht entgegenstehen (Czajka in Feldhaus BImSchR Rn. 8; Jarass Rn. 10). Beachtlich ist, dass der Gesetzgeber mit der Überprüfung der materiell-rechtlichen Anforderungen der §§ 22 f. eine **überschießende Richtlinienumsetzung** vorgenommen hat (Wiebe in Kotulla Rn. 29). Da sich die Seveso-III-Richtlinie explizit nur zu den Verfahrensvoraussetzungen und der Öffentlichkeitsbeteiligung verhält, wäre eine alleinige prozedurale Zulassungsregelung wohl ausreichend gewesen (s. Uechtritz DVBl. 2017, 659 (665)). Auf der anderen Seite werden durch die neue Verfahrensregelung des § 23b natürlich auch keine neuen bzw. weitergehenden Grundpflichten für Betreiber nicht genehmigungsbedürftiger Anlagen geschaffen, insbesondere ist der weitergehende **Pflichtenkatalog des § 5 nicht anwendbar** (Enders in BeckOK UmweltR Rn. 7; Jarass Rn. 10; Czajka in Feldhaus BImSchR Rn. 8). Gleiches gilt für Nebenpflichten, die nur auf genehmigungsbedürftige Anlagen Anwendung finden, wie etwa die Pflicht zur Abgabe einer Emissionserklärung nach § 27 (vgl. Scheidler UPR 2020, 9 (10)).

Der Betreiber hat durch § 23b Abs. 1 S. 5 grundsätzlich einen einklagbaren **Rechtsanspruch** auf die Genehmigungserteilung. Ein planerisches Ermessen bzw. ein Bewirtschaftungsermessen kommt der Genehmigungsbehörde nicht zu (Enders in BeckOK UmweltR Rn. 2; Wiebe in Kotulla Rn. 28). Dieser Anspruch kann allerdings bei der „Berücksichtigung" des angemessenen Sicherheitsabstands im Rahmen der nachvollziehenden Abwägung der Genehmigungsbehörde aus rechtlichen Gründen eingeschränkt sein (→ Rn. 61 ff.). 51

Die Formulierung des § 23b Abs. 1 S. 5 ist nahezu deckungsgleich mit der des § 6 Abs. 1. Das Nichtübernehmen der Wortbestandteile der „Errichtung" und des „Betriebs" für die Wahrung der „anderen öffentlich-rechtlichen Vorschriften" (vgl. demgegenüber den Wortlaut § 6 Abs. 1 Nr. 2) ist damit zu erklären, dass sich die Bestimmung des § 23b Abs. 1 S. 5 auch auf den Tatbestand der Änderungsgenehmigung (vgl. § 23b Abs. 1 S. 1 Hs. 3 Var. 3) bezieht und alle dort benannten Genehmigungstatbestände in § 23b Abs. 1 S. 5 abschließend und einheitlich regelt. Dabei variiert freilich der **Bezugspunkt bzw. Prüfungsumfang der Genehmigungsentscheidung** mit der jeweiligen Anlagenmodifikation: Während bei der Errichtung und dem Betrieb stets die Anlage in ihrer Gesamtheit Gegenstand der Genehmigung ist, sind Gegenstand der Änderungsgenehmigung nur der abgeänderte Teil sowie die Teile der Anlage, auf die sich die Änderung auswirkt (Jarass Rn. 9). Hinsichtlich des **Prüfungsumfangs** sind ggf. weitere Besonderheiten zu beachten, sodass etwa im Falle einer qualitativen Anlagenänderung auch die Auswirkungen der Anlagenänderung auf die Gesamtanlage zu überprüfen sein können (→ § 16 Rn. 165). Weitere Einschränkungen hinsichtlich des Prüfungsumfangs gelten gem. § 16b Abs. 1 aE iVm § 23b Abs. 3a Nr. 4 für das Repowering von Störfallanlagen, das nach Maßgabe des § 16b Abs. 1, 4 auf eine Delta-Prüfung (→ § 16b Rn. 60 ff.) eingeschränkt wird (→ Rn. 49h). 52

I. Anforderungen des § 22 und der gem. § 23 erlassenen Rechtsverordnungen

Zunächst muss **„sichergestellt"** sein, dass durch die Anlage die „Anforderungen des § 22" eingehalten werden. Gesetzgebungstechnisch ist der Verweis auf den gesamten § 22 anstatt allein auf § 22 Abs. 1 missglückt: § 22 Abs. 1a hat im Rahmen des § 23b keinen denkbaren Anwendungsbereich. Der in § 22 Abs. 2 enthaltene Verweis auf weitergehende öffentlich-rechtliche Vorschriften läuft für die Frage der Genehmigungsfähigkeit ebenso leer, weil § 23 Abs. 1 S. 5 die Wahrung eben dieser selbst zur Genehmigungsvoraussetzung macht (Wiebe in Kotulla Rn. 30). Für die übrige Bestimmung der in § 22 Abs. 1 benannten Grundpflichten kann auf die dortige Kommentierung verwiesen werden (→ § 22 53

Rn. 14 ff.). Hervorzuheben ist hierbei, dass der Schutzgrundsatz des § 22 Abs. 1 Nr. 1 enger als der des § 5 ist und insbesondere immissionsunabhängige „sonstige Gefahren, erhebliche Nachteile und erhebliche Belästigungen“ (sowie diesbezügliche Vorsorgepflichten) nicht umfasst (Czajka in Feldhaus BImSchR Rn. 9). Insoweit ist die Eröffnungskontrolle an dieser Stelle eingeschränkter Art, was es allerdings nicht ausschließt, parallele Norminhalte unter den Tatbestand der Vereinbarkeit mit „anderen öffentlich-rechtlichen Vorschriften“ (§§ 22 Abs. 2, 23b Abs. 1 S. 5) fallen können (Kloepfer Umweltrecht § 15 Rn. 555). Entsprechend dem gewerberechtlichen Konzept der immissionsschutzrechtlichen Anlagengenehmigung ist mit dem Erfordernis des „Sicherstellens“ der Anforderungen wie auch im Rahmen des § 6 **eine positive Prognose**, also eine hinreichende Wahrscheinlichkeit des ordnungsgemäßen Betriebes gemeint (→ § 6 Rn. 19; s. auch Enders BeckOK Rn. 7; Wiebe in Kotulla Rn. 31). Ist eine derartige positive Prognose nicht möglich, so muss die Behörde primär die Genehmigung nach § 23b Abs. 1 S. 6 iVm § 36 Abs. 1 Var. 1 VwVfG mit **Bedingungen und Auflagen** versehen. Möglich sind daneben auch **Inhaltsbestimmungen** (vgl. Hentschel/Roßnagel in GK-BImSchG Rn. 40; Jarass NVwZ 2018, 185 (188)), die freilich keine Nebenbestimmungen iSd § 23b Abs. 1 S. 6, sondern vielmehr eine Teilversagung des ursprünglich beantragten Vorhabens darstellen. **Ausgeschlossen** sind durch die im Übrigen abschließende Regelung hingegen **Befristungen**, ein **Widerrufsvorbehalt** oder ein **Auflagenvorbehalt** (Laubinger in Ule/Laubinger/Repkewitz C 8; Wiebe in Kotulla Rn. 39; Jarass Rn. 12). Das in § 23b Abs. 1 S. 6 enthaltene Ermessen für Nebenbestimmungen verringert sich durch den in § 23b Abs. 1 S. 5 enthalten Rechtsanspruch auf Genehmigungserteilung – vergleichbar zur Rechtslage bei § 12 – zu einem **alleinigen Auswahlermessen** der Genehmigungsbehörde **für die konkrete Nebenbestimmung** (s. → § 12 Rn. 11 mwN; Jarass § 12 Rn. 27 u. § 23b Rn. 12; Wiebe in Kotulla Rn. 39). Auf die allgemeine Vorgabe zu Nebenbestimmungen in § 12 Abs. 1 kann infolge der abschließenden Regelung in § 23b Abs. 1 S. 6 weder direkt noch analog zurückgegriffen werden; das gilt ebenso für § 12 Abs. 2 und Abs. 2a, die im störfallrechtlichen Verfahren nach § 23b keine Entsprechung gefunden haben (Czajka in Feldhaus BImSchR Rn. 41).

54 Bezugspunkt der Betreiberpflichten ist wie in § 5 Abs. 1 das „Errichten“ und das „Betreiben“ einer Anlage. Durch die gesetzlichen Anforderungen an das „Betreiben“ wird die Bestandskraft der Genehmigung gelockert. Es handelt sich also wie bei denen des § 5 um **dynamische Grundpflichten**, (Wiebe in Kotulla Rn 31), die gegebenenfalls im Wege der Anordnung nach § 24 durchgesetzt werden können. Ein Bestands- oder Vertrauensschutz auf die in der Genehmigung enthaltenen Grenzwerte besteht damit nicht (→ Rn. 82 ff.).

55 Als relevante Rechtsverordnung auf Grundlage des § 23 ist für Betriebsbereiche iSv § 3 Abs. 5a vor allem **die Störfallverordnung (12. BImSchV)** einzuhalten (Czajka in Feldhaus BImSchR Rn. 9; Wiebe in Kotulla Rn. 32; Hentschel/Roßnagel in GK-BImSchG Rn. 34). Da es sich bei den materiell nicht genehmigungsbedürftigen Vorhaben iSd § 23b Abs. 1 mangels Überschreitung der Mengenschwelle der Spalte 5 zur Stoffliste im Anhang der Störfallverordnung in den meisten Fällen um solche der „unteren Klasse“ handeln wird, werden hier im Rahmen des § 23b vor allem die allgemeinen Betreiberpflichten der §§ 3 ff. der Störfallverordnung relevant werden. Diese werden zwar vorrangig in der laufenden Anlagenüberwachung nach § 52a überprüft (vgl. Schoppen NVwZ 2017, 1561 (1564 f., 1567)). Sie sind allerdings ebenso vom Verweis in § 23b Abs. 1 S. 5 umfasst und müssen daher auch für die Erteilung der Genehmigung vom Betreiber gewahrt werden (so auch Wiebe in Kotulla Rn. 32). Die Wahrung der Pflichten aus der Störfallverordnung befreit ihn allerdings nicht von den in § 22 Abs. 1 genannten und zu den Rechtsverordnungen nach § 23 koexistenten Betreibergrundrundpflichten. Anders als § 7 dient § 23

nämlich nicht nur der Konkretisierung der Betreiberpflichten, sondern steht selbstständig neben den Anforderungen des § 22. Er kann die grundlegenden Betreiberpflichten daher grundsätzlich nicht dispensieren (vgl. zum **systematischen Verhältnis** dieser Bestimmungen BVerwG NVwZ 1999, 651 (652); Jarass § 23 Rn. 7; zur Rechtslage im Bereich der genehmigungsbedürftigen Anlagen → § 7 Rn. 28 f.). Speziell für die Störfallverordnung (12. BImSchV) wird ein nichtabschließender Charakter darüber hinaus auch im Recht der genehmigungsbedürftigen Anlagen angenommen (s. Roßnagel/Hentschel in GK-BImSchG § 5 Rn. 192). Den Betreiber einer Störfallanlage treffen ferner im Falle des § 1 Abs. 1 S. 1 der 12. BImSchV weitere Informations-, Dokumentations- und Anzeigepflichten nach den §§ 6–8 der 12. BImSchV (vgl. auch Wiebe in Kotulla Rn. 32). Nach § 7 der 12. BImSchV muss der Anlagenbetreiber neben betriebsbezogenen Angaben ua zu seinen Personalien, seiner Firma und seinem Vorhaben auch Angaben über solche Gegebenheiten in der unmittelbaren Nähe seines Betriebsbereichs machen, insbesondere auch zu benachbarten Betriebsbereichen und zu weiteren Betrieben, die nicht unter den Anwendungsbereich der Verordnung fallen (vgl. § 7 Abs. 1 Nr. 7; s. zu den einzelnen neuen Informationspflichten eingehend Schoppen NVwZ 2017, 1561 (1563 f.)). Insbesondere muss vor der Inbetriebnahme der Anlage gem. § 8 der 12. BImSchV ein schriftliches Konzept zur Verhinderung von Störfällen ausgearbeitet und zur behördlichen Vorlage bereitgehalten werden.

Zu beachten ist weiter die im Verhältnis zu den sonstigen bestehenden Informationspflichten ergänzende **Verpflichtung der Anlagenbetreiber**, die in Anlage V Teil 1 der 12. BImSchV enthaltenen Informationen der Öffentlichkeit dauerhaft zugänglich zu machen, und zwar auch auf **elektronischem Wege** (vgl. § 8a Abs. 1 S. 1 der 12. BImSchV; dazu auch → Bd. IV, 12. BImSchV, § 8a Rn. 1 ff.). Hierfür dürfte sich am ehesten eine Homepage des Anlagenbetreibers anbieten. Im Falle einer störfallrelevanten Änderung nach § 3 Abs. 5b sind die Anlagenbetreiber gehalten, die Informationen für die Öffentlichkeit aktuell zu halten (§ 8a Abs. 1 S. 2). Gem. § 8a Abs. 1 S. 3 ist die Informationspflicht mindestens innerhalb eines Monats vor der Inbetriebnahme eines Betriebsbereichs oder vor der störfallrelevanten Änderung zu erfüllen. Gem. § 8a Abs. 2 der 12. BImSchV kommt ein Absehen von der Information nach den Vorschriften des UIG des Bundes, bzw. der für die Genehmigungserteilung zuständigen Länder in Betracht. Ebenso zu beachten ist Pflicht, die Öffentlichkeit über alle Vorort-Inspektionen im Betriebsbereich zu informieren (s. Anhang V Teil 1 Nr. 6 zur 12. BImSchV). Sollten neben den **Mengenwerten** der Spalte 4 auch die **der Spalte 5** der Stoffliste im Anhang zur Störfallverordnung überschritten werden, hat der Betreiber zusätzlich einen **Sicherheitsbericht nach § 9 der 12. BImSchV** vorzulegen (vgl. zu den Pflichten nach der Störfallverordnung insgesamt → Bd. IV. Kap. 2.12, 12. BImSchV; Kloepfer Umweltrecht § 15 Rn. 357 ff.). Auch hier erstrecken sich die Vorlagepflichten auf solche Gegebenheiten, die außerhalb des Betriebsbereichs liegen (vgl. den Anhang II zu § 9 Abs. 2 der 12. BImSchV). 56

Allgemeine störfallbezogene Pflichten folgen vor allem aus **§ 3 der 12. BImSchV** (→ s. dazu ausführlich Bd. IV, 12. BImSchV § 3 Rn. 1 ff.). Nach § 3 Abs. 1 der 12. BImSchV muss der Betreiber sog. „störfallverhindernde" Maßnahmen treffen, die vor allem durch die konkretisierenden Regelungen der §§ 4, 6 der 12. BImSchV näher umschrieben werden. Dabei wird nicht danach differenziert, ob die störfallauslösenden Ursachen durch den Anlagenbetreiber oder durch unbefugte Eingriffe Dritter bedingt sind, vgl. § 3 Abs. 2 der 12. BImSchV. Parallel zur atomrechtlichen Restrisikorechtsprechung des BVerfG (s. BVerfGE 49, 89 (137 f.); aus jüngerer Zeit Dolde NVwZ 2009, 679 (682 f.)) sind nach § 3 Abs. 2 allerdings solche Störfälle unbeachtlich, die iS der soeben genannten Rechtsprechung jenseits der „praktischen Vernunft" liegen (s. Kloepfer Umweltrecht § 15 Rn. 327; Roßnagel/Hentschel in GK-BImSchG § 5 Rn. 207 ff.). Aus der 57

Rechtsprechung des BVerfG zum Atomaussteig, die sich vornehmlich auf eine von den Grundsätzen des Restrisikos abweichende gesetzgeberische Risikobewertung bezogen hatte (BVerfG ZUR 2017, 161 (166 f.)) folgt keine Abänderung des Prüfungsmaßstabes für die Störfallverordnung. Von dieser Frage unabhängig hat der Anlagenbetreiber nach § 3 Abs. 3 der 12. BImSchV auch „störfallauswirkungsbegrenzende" Maßnahmen zu treffen (bezogen auf sog. „Dennoch-Störfälle", s. Köck NVwZ 2012, 1353 (1357)), welche über §§ 5, 6 der 12. BImSchV näher konkretisiert werden. Nach vorzugswürdiger Ansicht ist die Norm des **§ 3 Abs. 3 der 12. BImSchV** dem subjektiv-rechtlichen **Schutzgrundsatz** zuzuordnen (so auch Hansmann/König → Bd. IV 12. BImSchV § 3 Rn. 2; Hentschel/Roßnagel in GK-BImSchG Rn. 127). Nach § 3 Abs. 4 müssen Beschaffenheit und Betrieb der Anlage dem Stand der Sicherheitstechnik entsprechen, vgl. § 2 Nr. 5 der 12. BImSchV.

57a Die **Wahrung des Abstandsgebots aus Art. 13 Abs. 2 Seveso-III-RL** ist nach § 3 Abs. 5 der 12. BImSchV **keine Betreiberpflicht.** Dieses ist mit der herrschenden Meinung (vgl. nur Wasielewski in GK-BImSchG § 6 Rn. 34; Jarass § 6 Rn. 35, § 23b Rn. 10; Laubinger in Ule/Laubinger/Repkewitz C 6; Enders in BeckOK UmweltR Rn. 8; Tophoven in BeckOK UmweltR § 50 Rn. 6b; Wiese I+E 2017, 8 (11); Wiebe in Kotulla Rn 35; Fabi ZUR 2019 341 (346)) vielmehr als **bauplanungsrechtliche Vorgabe** und damit erst auf Ebene der **„anderen öffentlich-rechtlichen Vorschriften"** (§ 23b Abs. 1 S. 5 aE, im Falle genehmigungsbedürftiger Anlagen § 6 Abs. 1 Nr. 2) zu prüfen. Hiergegen wird zwar eingewandt, es sei hinreichend und aus Verhältnismäßigkeitsgründen zugleich geboten, das Abstandsgebot über die Pflichten aus § 3 Abs. 1, Abs. 3 der 12. BImSchV als Teil der dem Betreiber obliegenden Pflicht zur Störfallverhinderung bzw. Störfallauswirkungsbegrenzung in das nationale Recht zu übertragen (Rebentisch NVwZ 2017, 1569 (1572 f.); so auch Becher in Appel/Ohms/Saurer § 50 Rn. 145 ff.). Da aber Betreiberpflichten iSd § 3 Abs. 1 oder Abs. 3 der 12. BImSchV nur insoweit bestehen können, wie ihre Erfüllung für den Betreiber auch möglich ist *(„ultra posse nemo obligatur")*, wären hiermit aber gewisse störfallspezifische Faktoren, vor allem solche betreffend die anliegenden Schutzobjekte (→ § 19 Rn. 103a), aus der Abstandsermittlung ausgeschlossen. Trotz der hiermit einhergehenden wirtschaftlichen Vorteile wie etwa verbesserten Entfaltungspotenzialen für die industrielle Anlagenzulassung (darauf hindeutend Becher in Appel/Ohms/Saurer § 50 Rn. 149; Rebentisch NVwZ 2017, 1569 (1573)), dürften an dieser Lesart Zweifel bestehen. So gab der Gesetzgeber bei der Umsetzung der Vorgaben der Seveso-III-RL explizit an, dass zur Abstandsprüfung bei der Vorhabenzulassung die Vorschriften des Bauplanungsrechts maßgeblich sind (s. BT-Drs. 18/9417, 16 f.). Ferner entstünde durch eine andere Auslegung ein Widerspruch zu der Abstandsermittlung durch die Mücksch-Rechtsprechung des BVerwG, zu welcher der Gesetzgeber einen Gleichlauf erreichen wollte (→ § 19 Rn. 100 ff., iE, mit ausführlicher Darstellung des Normgebungsprozesses Hansmann/König → Bd. 4, 12. BImSchV § 3 Rn. 24, 28 ff.). Weiter erschlösse sich der Sinn der Einfügung des § 3 Abs. 5 der 12. BImSchV nicht, wollte der Gesetzgeber die Wahrung des angemessenen Abstands iSd Seveso-III-RL „über die Hintertüre" der Auswirkungsbegrenzung nach § 3 Abs. 3 der 12. BImSchV zu einer Betreiberpflicht machen. Auch die Sonderregelung des § 16a für die störfallrelevante Änderung ergäbe keinen Sinn mehr, wenn Betreiberpflichten und Sicherheitsabstand kongruent wären (Jarass Rn. 35). Daneben sprechen nicht unbeachtliche Gründe dafür, dass im Falle einer alleinigen **Überprüfung des Abstandsgebots über die Betreiberpflichten** infolge seiner dann nur noch gegenständlich begrenzt möglichen Berücksichtigung ein **Umsetzungsdefizit** anzunehmen wäre, zumal nach der Richtliniensystematik die Betreiberpflichten (Art. 5 Seveso-III-RL) sowie das als räumliche Vorgabe definierte Abstandsgebot (Art. 13 Abs. 2 Seveso-III-RL) – bis auf den Ausnahmetatbestand des Art. 13

Abs. 2 lit. c Seveso-III-RL für „bestehende Anlagen“ – parallel voneinander Verbindlichkeit einfordern (Fabi ZUR 2019, 341 (343 ff. mwN)).

Eine bauplanungsrechtliche Verortung des Sicherheitsabstands schließt es im Übrigen nicht per se aus, dass die Abstandsunterschreitung mit Blick auf anlagenbezogene Kriterien zugleich auch für die **Schutzpflichten des Betreibers** (§§ 5 Abs. 1 Nr. 1, 22 Abs. 1 Nr. 1) oder den allgemeinen Vorbeugegrundsatz aus § 3 Abs. 3 der 12. BImSchV Bedeutung haben kann (Farsbotter/Weise I+E 2017, 50 (56); → Bd. 4, 12. BImSchV § 3 Rn. 30). Insoweit bleiben insbesondere auch weiterhin Sicherheitsabstände über die Betreiberpflichten denkbar (vgl. hierzu etwa VGH Mannheim NVwZ 2002, 742 (744)), die vom bauplanungsrechtlichen Sicherheitsabstand freilich zu unterscheiden sind. Damit behält die Behörde auch weiterhin die Möglichkeit, Betreiberpflichten zur Störfallverhinderung und Störfallauswirkungsbegrenzung einschließlich diesbezüglich ggf. eingeforderter Sicherheitsabstände über repressive Maßnahmen nach §§ 17, 20, 21 sowie §§ 24 f., § 25a S. 2 durchzusetzen, wobei Betreiberpflichten und planungsrechtlicher Sicherheitsabstand wechselbezüglich aufeinander einwirken (Fabi ZUR 2019, 341 (344, 346 f.)). 57b

II. Andere öffentlich-rechtliche Vorschriften und Belange des Arbeitsschutzes

Die Pflicht zur Einhaltung anderer öffentlich-rechtlicher Vorschriften entspricht der des § 6 Abs. 1 Nr. 2. Wie dort ist der nach dem Wortlaut allumfassende Prüfungsauftrag der Genehmigungsbehörde für die Entscheidung nach § 23b Abs. 1 S. 5 allerdings beschränkt. Eine Begrenzung ergibt sich vornehmlich aus dem Charakter der immissionsschutzrechtlichen Genehmigung als Realkonzession, sodass nur solche öffentlich-rechtliche Vorschriften Prüfungsgegenstand sein können, die einen Anlagenbezug aufweisen (vgl. → § 6 Rn. 23; Kloepfer Umweltrecht § 15 Rn. 401 f.). Das umfasst insbesondere die Wahrung der materiellen Voraussetzungen der über die Konzentrationswirkung des § 23b Abs. 1 S. 7 benannten Zulassungsverfahren (Jarass Rn. 10), geht aber darüber hinaus: So kann aus der gegenständlich **beschränkten Verfahrenskonzentration in § 23b Abs. 1 S. 7** aE wie auch bei § 6 Abs. 1 Nr. 2 iVm § 13 nicht geschlossen werden, dass die von der Konzentrationswirkung nicht umfassten Zulassungsverfahren zu einer Unbeachtlichkeit der dort maßgeblichen Voraussetzungen für die Immissionsschutzbehörde führen. Die behördliche Pflicht zur vollständigen Koordination für Zulassungsverfahren (§ 23b Abs. 3 S. 2) führt auch im Rahmen des § 23b Abs. 1 S. 5 zu einem **umfassenden Prüfungsprogramm** der Genehmigungsbehörde für anlagenbezogene Vorschriften (→ § 6 Rn. 23 f.; Jarass Rn. 10; Wiebe in Kotulla Rn. 34). In Betracht kommen für genehmigungsfreie Anlagen dabei insbesondere Normen des Bauordnungs- und Bauplanungsrechts, des WHG und solche des BNatSchG. Auch soweit es um ein Anlagenrepowering iSd § 23a Abs. 3a Nr. 4 iVm § 16b geht, ergeben sich keine Abweichungen, da die Prüfung der anderen öffentlichen Vorschriften sowie der Belange des Arbeitsschutzes nicht von der eingeschränkten Delta-Prüfung iSd § 16b umfasst wird (→ Rn. 49h; → § 16b Rn. 71 f.). Dies gilt insbesondere für die Prüfung des Abstandsgebotes aus der Richtlinie, das über das Bauplanungsrecht zu prüfen ist (→ Rn. 57a, 61 ff.). 58

Für die „Belange des Arbeitsschutzes“ wird auf die Kommentierung zu § 6 verwiesen (→ § 6 Rn. 54 ff.). Maßgeblich können hier etwa solche arbeitsschutzrechtlichen Vorschriften bzw. Belange sein, die sich in den §§ 3 ff. ArbSchG, der BetrSiV, dem ÜAnlG, der GefStoffV oder der BioStoffVO finden (Wiebe in Kotulla Rn. 37). 59

Für das **„Entgegenstehen“** gilt inhaltlich das Gleiche wie für den Begriff des **„Sicherstellens“** (vgl. ferner → § 6 Rn. 28 mwN; ebenso Enders in BeckOK UmweltR Rn. 8; teilw. anders Wiebe in Kotulla Rn. 36; maßgeblich sei eine lediglich abschlägige Feststellung). Insbesondere muss die Behörde auch hier vorrangig von der in § 23b Abs. 1 60

S. 6 vorgesehen Möglichkeit der Erteilung der Genehmigung mit Nebenbestimmungen Gebrauch machen (→ Rn. 53).

III. Bauplanerische Konflikte, „Berücksichtigung" des Abstandsgebotes

61 Entgegen den Vorschlägen im Referentenentwurf zur Schaffung eines § 50 Abs. 2-E BImSchG (vgl. dazu Müggenborg NuR 2015, 470 (473 f.); Schmidt-Becker, Immissionsschutz 2016, 61 (64 f.)), ist die Beachtung des „angemessenen Sicherheitsabstands" im Rahmen von Einzelgenehmigungen durch das **Gesetz zur Umsetzung der RL 2012/18/EU zur Beherrschung der Gefahren schwerer Unfälle mit gefährlichen Stoffen, zur Änderung und anschließenden Aufhebung der Richtlinie 96/82/EG des Rates** (BGBl. I 2016 2749 ff.) nicht mehr separat in den Planungsvorgaben des § 50 geregelt worden. Der materiell-rechtliche Anknüpfungspunkt für die Frage der Wahrung des **„angemessenen Sicherheitsabstands"** bei Einzelgenehmigungen ist also auch weiterhin nicht dem BImSchG selbst zu entnehmen. Maßgebend sind nach der Gesetzesbegründung weiterhin die **„einschlägigen Maßgaben des Bauplanungsrechts"** als sonstige öffentlich-rechtliche Vorschriften iSd § 6 Abs. 1 Nr. 2 bzw. § 22 Abs. 1 (s. BT-Drs. 18/9417, 17; näher Uechtritz DVBl. 2017, 659 (666) sowie → Rn. 57a).

62 Der Gesetzgeber hat sich in diesem Sinne im Wesentlichen auf eine verfahrensrechtliche Regelung des „angemessenen Sicherheitsabstands" in § 3 Abs. 5c beschränkt, der dem bauplanungsrechtlichen Sicherheitsabstandsbegriff des BVerwG entspricht (→ § 19 Rn. 94 ff.). Der Anknüpfungspunkt für die Wahrung des „angemessenen Sicherheitsabstands" der Anlage als Vorhaben iSd § 29 Abs. 1 BauGB variiert nach der konkreten **planungsrechtlichen Situation des Anlagengrundstücks**. Die bauplanungsrechtlichen Vorschriften sind dabei in Ansehung des **Art. 13 Abs. 2 lit. a, b Seveso-III-RL** in Ermangelung einer anderen Umsetzungsnorm **richtlinienkonform** auszulegen (Farsbotter/Weise I+E 2017, 50 (55)). Neben den erweiterten Anforderungen für die materiell-rechtliche Genehmigungsprüfung wird den Behörden zu empfehlen sein, diese Abwägung auch im Rahmen der nach § 39 Abs. 1 VwVfG vorzunehmenden Begründung nachzuzeichnen.

63 **1. Qualifizierter Bebauungsplan.** Eine Berücksichtigung des Gebotes des „angemessenen Sicherheitsabstandes", vermittelt über das Gebot der Rücksichtnahme nach § 15 Abs. 1 S. 2 BauNVO in direkter Anwendung iVm § 30 Abs. 1 BauGB, wird für die Störfallgenehmigung nach § 23b in den meisten Fällen ausscheiden: Befindet sich das Grundstück im Bereich eines qualifizierten Bebauungsplanes, so ist das Abstandsgebot bei bereits erfolgtem Einbezug des **§ 50** in die hoheitliche Planung nicht noch einmal zu berücksichtigen. Der Planungsträger hatte dieses bereits als **Optimierungsgebot** (s. BVerwGE 71, 163 (165); Schlacke Umweltrecht § 9 Rn. 34) iRd § 1 Abs. 7 BauGB in die Planung einzubeziehen und musste das Abstandsgebot für eine Rechtswirksamkeit des Bebauungsplanes auch hinreichend inhaltlich verwerten (Wiebe in Kotulla Rn 35). Der Charakter eines zwingenden Planungsleitsatzes kommt ihm dabei zwar nicht zu. Durch das unionsrechtliche Effektivitätsgebot verbleibt ein Abwägungsspielraum gleichsam regelmäßig nur bei bereits bestehenden Gemengelagen (s. Farsbotter/Weise I+E 2017, 50 (51 f.)). Hat der Planungsträger dem angemessenen Sicherheitsabstand auf diese Weise ausreichend „Rechnung getragen" (bspw. über Festsetzungen nach §§ 9 Abs. 1 Nr. 23 lit. c, 24 BauGB oder nach dem neuen § 9 Abs. 2c BauGB), so ist der **Anwendungsbereich des Störfallverfahrens** gem. § 23b Abs. 1 S. 2 nicht eröffnet und das Vorhaben nicht nach dem BImSchG genehmigungsbedürftig. Ein das Abstandsgebot missachtender qualifizierter Bebauungsplan hingegen leidet an einem Abwägungsfehler und ist nach §§ 214 Abs. 3 S. 1, 215 Abs. 1 BauGB e contrario nichtig, sofern der Mangel – was regel-

mäßig der Fall sein wird – nicht nach § 214 Abs. 4 BauGB in einem ergänzenden Verfahren behoben werden kann (siehe näher zum Vorstehenden Farsbotter/Weise I+E 2017, 50 (52 ff.)).

Eine Störfallgenehmigung nach § 23b Abs. 1 ist bei bereits bestehenden qualifizierten Bebauungsplänen allerdings dann denkbar, wenn die planende Gemeinde in den Grenzen **zulässiger Konfliktverlagerung** das Abstandsgebot auf nachgelagerte Genehmigungsprozesse transferiert; diese Option dürfte sich vor allem auf den Bereich bereits **bestehender Gemengelagen** beschränken (vgl. hierzu näher Reidt in Bracher/Reidt/Schiller Bauplanungsrecht Rn. 11.379, dort ferner 11.394 ff.). In Betracht kommt eine Störfallgenehmigung unter Anwendung des § 30 Abs. 1 BauGB iVm § 15 Abs. 1 S. 2 BauNVO für die Genehmigungsfähigkeit der Anlage zudem dann, wenn der **Bebauungsplan so veraltet ist,** dass die Richtlinienvorgaben in der Planung nicht berücksichtigt werden konnten; hier muss die Vorgabe aus **Art. 13 Abs. 2 Seveso-III-RL** im Rahmen der Einzelgenehmigung über § 15 Abs. 1 BauNVO Anwendung finden (→ § 50 Rn. 95; die Frage, ob darüber hinaus eine Planergänzungspflicht existiert, ist hingegen ungeklärt, vgl. OVG Münster NUR 2017, 482 (489)). Im Rahmen der Prüfung der Genehmigungsfähigkeit kann im Falle eines hinreichenden Gewichts sozioökonomischer Faktoren der Abstand im Einzelfall unterschritten werden. 64

2. Abstandsgebot im unbeplanten Bereich. Hauptsächlich wird das Abstandsgebot daher bei Einzelgenehmigung im **unbeplanten Innen- und/oder Außenbereich** Beachtung finden. Dort ist es als Ausprägung des allgemeinen Rücksichtnahmegebotes des § 15 Abs. 1 S. 2 BauNVO Teil des Tatbestandsmerkmals **„Einfügen"** iSd 34 Abs. 1 S. 1 BauGB (BVerwG NVwZ 2013, 719 (723) mit. diesbzgl. Anm. Uechtritz NVwZ 2013, 719 (725); jüngst etwa OVG Münster BeckRS 2020, 35875 Rn. 37 ff.; OVG Lüneburg NVwZ-RR 2021, 1049 (1051)) bzw. ein entgegenstehender „sonstiger" **öffentlicher Belang** für Außenbereichsvorhaben iSd § 35 Abs. 2 (Tophoven in BeckOK BImSchG § 50 Rn. 6a; → § 50 Rn. 96 ff.). Hierdurch wird es möglich, die von Art. 13 Abs. 2 Seveso-III-RL geforderte abwägende Gegenüberstellung in das Recht der Einzelgenehmigung zu übertragen und außerhalb der allein störfallspezifischen Faktoren Abstandsermittlung auch sozioökonomische Faktoren zu beachten (s. Rebentisch NVwZ 2017, 1569 (1570)). 65

3. Vorgaben für die Anwendung des angemessenen Sicherheitsabstandes. Bei der Anwendung des Abstandsgebotes des § 50 S. 1 ist je nach der planungsrechtlichen Lage des Grundstücks eine zwei- bzw. dreistufige Prüfung vorzunehmen. Zunächst ist zu überprüfen, ob durch die Anlagenmodifikation iSd § 23b Abs. 1 S. 1 der angemessene Sicherheitsabstand (weiter) unterschritten wird, wobei ggf. die vorherige behördliche Feststellung iSd § 23a Abs. 2 S. 1 zu berücksichtigen sein kann (→ Rn. 67 f.). Anschließend ist zu prüfen, ob nicht im Einzelfall eine Genehmigung trotz Unterschreitung des angemessenen Sicherheitsabstands durch den Einbezug **„sozioökonomischer Faktoren"** in Betracht kommt (→ Rn. 69 ff.). Befindet sich das Anlagengrundstück im unbeplanten Bereich, ist zu fragen, ob das **„Gebot förmlicher Planung"** als Merkmal des allgemeinen Rücksichtnahmegebots aus § 15 Abs. 1 S. 2 BauNVO iVm § 34 BauGB oder als sonstiger öffentlicher Belang iSv § 35 Abs. 2 BauGB einer Anlagenerrichtung dennoch entgegensteht (→ Rn. 75 f.). 66

a) Unterschreitung des angemessenen Sicherheitsabstands. Eine Abstandsunterschreitung liegt vor, wenn sich die Anlage oder ein Anlagenteil nunmehr innerhalb des Abstandsbereichs iSd **3 Abs. 5c S. 2** befindet. Maßgeblich sind bei der hierfür anzustellenden Abstandsermittlung gem. § 3 Abs. 5c S. 2 lediglich störfallspezifische Faktoren 67

(BVerwGE 145, 290 (295); OVG Lüneburg NVwZ-RR 2021, 1049 (1054); OVG Saarlouis BeckRS 2022, 38087 Rn. 33; Jarass § 6 Rn. 35); eine sozioökonomische Korrektur des Abstands findet im Rahmen der Abstandsermittlung nicht statt. Geplant ist seit längerer Zeit die Einführung einer **TA-Abstand,** für die in § 48 Abs. 1 Nr. 6 eine entsprechende Ermächtigung vorgesehen worden ist (vgl. zur Abstandsermittlung insges. → § 19 Rn. 97 ff.). Der Erlass der TA-Abstand steht bis heute aus, ein für die Ausarbeitung gestartetes „Planspiel" ist in jüngerer Vergangenheit weitestgehend gescheitert (vgl. dazu auch Uechtritz/Farsbotter NVwZ 2020, 1160 (1161 ff.)).

68 Dabei ist zu beachten, dass die Frage, ob der angemessene Sicherheitsabstand unterschritten wird, bei der Anwendung des § 23b Abs. 1 S. 1 in der Regel im Anschluss an den **feststellenden Verwaltungsakt** zur Unterschreitung des angemessenen Sicherheitsabstands nach § 23a Abs. 2 S. 1 erfolgt. Die Feststellungswirkung und die daraus folgende Feststellungsbindungswirkung der Entscheidung nach § 23a Abs. 2 S. 1 sind allerdings auf die Frage der **Genehmigungsbedürftigkeit der Anlage** beschränkt. Eine behördliche Bindung kann insbesondere nicht auch für die Frage der Genehmigungsfähigkeit der Anlage angenommen werden (→ § 23a Rn. 44 ff.; so auch Wiebe in Kotulla § 23a Rn. 33; Jarass § 23a Rn. 17): Da das Schaffen einer neuen Gemengelage bei erstmaliger Abstandsunterschreitung idR unzulässig ist (→ Rn. 70 f.) und durch die Annahme der Bindungswirkung einer ggf. rechtswidrigen bestandskräftigen Entscheidung nach § 23a Abs. 2 S. 1 jedenfalls empfindlich in die Berufsfreiheit des Anlagenbetreibers aus Art. 12 Abs. 1 GG eingegriffen wird, stehen einer anderen Auslegungsvariante grundrechtliche Wertungen entgegen (→ § 23a Rn. 44). Die Frage der **Abstandsunterschreitung** ist auf materieller Ebene damit von der Behörde jedenfalls dann **erneut zu prüfen,** wenn **inhaltliche Zweifel an der Entscheidung nach § 23a Abs. 2 S. 1** offenbar werden bzw. sich der zugrundeliegende Sachverhalt ändert (→ Rn. 11).

69 **b) Möglichkeit der Abstandsunterschreitung im Einzelfall.** Sollte sich der Betriebsbereich, bzw. die Anlage als Teil des Betriebsbereich iSd § 3 Abs. 5a innerhalb des angemessenen Sicherheitsabstands befinden, ist auf zweiter Stufe zu untersuchen, ob eine Genehmigung der Anlage nicht ausnahmsweise durch überwiegende **„sozioökonomische Faktoren"** möglich ist (BVerwGE 145, 290 (301 f.); VGH Kassel ZUR 2015, 485 (491 f.); Enders in BeckOK UmweltR Rn. 8). Im Rahmen der Genehmigungsentscheidung hat hier eine „nachvollziehende Abwägung" stattzufinden. Eine „quasiplanerische" Gestaltungsfreiheit kommt der Behörde bei der Entscheidung über die Einzelgenehmigung nicht zu. Denn auch die wertende Rechtsanwendung unterliegt als solche einer **vollständigen gerichtlichen Kontrolle** (BVerwGE 145, 290 (299); VGH Kassel ZUR 2015, 485 (491)). Die Frage der Genehmigungsfähigkeit hängt auch hier wieder von verschiedenen Lagekonstellationen des Anlagengrundstücks ab. Typisierend gilt für die hier vorzunehmende „nachvollziehende Abwägung" folgendes:

70 **aa) Schaffen einer neuen Gemengelage.** Das Schaffen einer neuen Gemengelage wird regelmäßig gegen die Vorgabe des **§ 50 S. 1 iVm Art. 13 Abs. 2 Seveso-III-RL verstoßen**, da das Abstandsgebot des Art. 13 Abs. 2 Seveso-III-RL ein langfristiges, zukunftsorientiertes Ziel für die Mitgliedstaaten ist. Eine bestehende Vorbelastung des Gebiets ist damit Voraussetzung des Wertungsspielraums der sich aus Art. 13 Abs. 2 Seveso-III-RL für die mitgliedstaatliche Umsetzung und damit auch im Rahmen von Einzelentscheidungen ergibt (s. explizit BVerwGE 145, 290 (297 f.); VGH Kassel ZUR 2015, 485 (491); Reidt in Bracher/Reidt/Schiller Bauplanungsrecht Rn. 11.379; Rebentisch NVwZ 2017, 1569 (1570)).

Der VGH Kassel lässt darüber hinaus offen, ob auch bei bereits erfolgter Abstandsunterschreitung durch die vorhandene Bebauung eine **weitergehende Unterschreitung des angemessenen Sicherheitsabstands** durch zusätzliche Gebäude im Sinne dieser Fallgruppe stets unzulässig ist (VGH Kassel ZUR 2015, 485 (491)). Freilich dürfte manches dafür sprechen, die wertungsoffenere Abwägungsprüfung bei bestehenden Gemengelagen (→ Rn. 72 ff.) durchzuführen. Das betrifft insbesondere den Umstand, dass der Gesetzgeber in den §§ 16a S. 1, 19 Abs. 4 S. 1 Hs. 2, 23a f. Genehmigungstatbestände geschaffen hat, die ebenso die „weiter(e)" Unterschreitung des angemessenen Sicherheitsabstands umfassen und die bei anderer Normauslegung keinen sinnvollen Anwendungsbereich mehr hätten. 71

bb) Abstandsunterschreitung bei bereits bestehenden Gemengelagen. Bei bereits bestehenden Gemengelagen tendiert die anzustellende **„nachvollziehende Abwägung"** der Behörde ebenso nicht zur grundsätzlichen Zulässigkeit des Vorhabens. Vielmehr ist von der Genehmigungsbehörde zu untersuchen, ob die Abstandsunterschreitung auch im Einzelfall vertretbar ist. Denn auch im Bereich bereits bestehender Vorbelastungen trifft die Mitgliedsstaaten durch das von Art. 13 Abs. 2 Seveso-III-RL ua verfolgte Ziel des Gesundheitsschutzes die Pflicht, eine Abstandsunterschreitung nicht ohne Rücksicht auf die den Anlagengefahren ausgesetzten Personen zuzulassen (BVerwGE 145, 290 (302 f.)). 72

Kriterien, die eine Anlagenzulassung ermöglichen, sind nach Ansicht des BVerwG solche **„sozialer, ökologischer und wirtschaftlicher Art"**, sog. „sozioökonomische Faktoren" (s. BVerwGE 145, 290 (295 f.)). Dabei ist mit dem BVerwG allerdings sogleich eine Begrenzung dieser Faktoren auf **„individuelle" Faktoren** vorzunehmen. Insbesondere öffentliche Interessen oder städtebauliche Gesichtspunkte können nach Ansicht des BVerwG wegen des Vorbehalts der formellen Planung nicht zur Zulässigkeit des Vorhabens über die nachvollziehende Abwägung führen (→ Rn. 76; dazu jüngst ebenso OVG Lüneburg NVwZ-RR 2021, 1049 (1054 f.); OVG Münster BeckRS 2020, 35875 Rn. 39). **Nicht** im Wege der nachvollziehenden Abwägung **berücksichtigungsfähig** ist auch die bestehende Vorbelastung des Gebiets, diese ist vielmehr Grundvoraussetzung für die im Einzelfall eröffnete „nachvollziehende Abwägung" und kann damit nicht gleichzeitig für die Zulassung des Vorhabens angeführt werden (OVG Lüneburg NVwZ-RR 2021, 1049 (1054 f.); VGH Kassel NVwZ-RR 2020, 474 (476)). 73

Es kommt so im Ergebnis zu einer zweipoligen Abwägung, in welcher lediglich das **Vorhabeninteresse** des Antragstellers sowie das aus Art. 13 Abs. 2 Seveso-III-RL folgende **Abstandsinteresse** einzustellen sind (vgl. VGH Kassel ZUR 2015, 485 (491); Jarass § 6 Rn. 36). Letztlich streiten mit der Lösung der Rechtsprechung für den Antragsteller nur noch **wirtschaftliche Belange** (s. Uechtritz NVwZ 2013, 723 (725); Otting/Olgemöller NVwZ 2013, 1396 (1398); aA Hellriegel/Farsbotter NVwZ 2013, 1117 (1121 f.)). Anzudenken ist eine Ausnahme für das Abstandsgebot der § 50 S. 1 iVm Art. 13 Abs. 2 Seveso-III-RL demnach etwa aus Gründen des Bestandsschutzes oder der Verwertung von evident vorhandenen Grundstücksrestnutzungen. Das **„einfache" wirtschaftliche Interesse** an einer sinnvollen Grundstücksnutzung **kommt** als entgegenstehender wirtschaftlicher Belang des Vorhabenträgers für eine Abstandsunterschreitung im Einzelfall jedenfalls **nicht in Betracht**. Dieses muss vielmehr im Einzelfall so schwer zu gewichten sein, dass es das Interesse an der Einhaltung des Abstandsgebotes überwiegt (vgl. OVG Lüneburg NVwZ-RR 2021, 1049 (1055 f.)). 74

c) Gebot förmlicher Planung als Unzulässigkeitskriterium. Auch für den Fall, dass eine Zulassung des Vorhabens aus Abwägungsgesichtspunkten nicht ausgeschlossen 75 scheint, kann seine Genehmigung scheitern. Neben der Abstandsunterschreitung durch städtebauliche Gründe (su) kommen hier Fälle in Betracht, in denen die von der Genehmigungsbehörde vorzunehmende **„nachvollziehende" Abwägung** die Nutzungskonflikte nicht hinreichend lösen kann. Das soll nach Ansicht des BVerwG der Fall sein, wenn die Genehmigungsentscheidung „einen Koordinierungsbedarf auslöst, dem nicht das Konditionalprogramm des Rechts der Vorhabenzulassung, sondern nur eine förmliche Planung Rechnung zu tragen vermag" (BVerwGE 145, 290 (303)).

76 Den Vorbehalt der förmlichen Planung aktiviert das BVerwG bei Abstandsunterschreitungen insbesondere dann, wenn sozioökonomische Faktoren im Allgemeininteresse für die Zulassung des Vorhabens streiten (s. BVerwGE 145, 290 (303); u. hierauf folgend VGH Kassel ZUR 2015, 485 (491); Farsbotter/Weise I+E 2017, 50 (56); jüngst etwa OVG Lüneburg NVwZ-RR 2021, 1049 (1054)). Miteinhergehen kann in diesem Fall – vorbehaltlich des Vorliegens weiterer qualifizierter städtebaulicher Gründe (vgl. BVerwGE 119, 25 (32)) außerhalb der angestrebten, konfliktträchtigen Vorhabenzulassung – eine aus § 1 Abs. 3 BauGB folgende und mit aufsichtsbehördlichen Mitteln durchsetzbare **Planungspflicht der Gemeinde**. Eine solche ist allerdings wegen § 1 Abs. 3 S. 2 BauGB nicht einklagbar (Battis in Battis/Krautzberger/Löhr BauGB § 1 Rn. 31).

D. Genehmigungswirkungen

77 Trotz der dem § 10 in vielerlei Hinsicht gleichenden Verfahrensvoraussetzungen differieren die Genehmigungswirkungen der Entscheidung nach § 23b Abs. 1 S. 5 und der „klassischen" immissionsschutzrechtlichen Genehmigung nach § 4 (→ § 4 Rn. 52 ff.).

I. Feststellungs- und Legalisierungswirkung; gestuftes Verfahren

78 Wie auch die Entscheidung nach § 6 hat die Störfallgenehmigung nach § 23b Abs. 1 S. 5 zwei maßgebliche Regelungswirkungen; sie besitzt einen **feststellenden** und einen **verfügenden bzw. rechtsgestaltenden Teil**. Dies wird durch die entsprechende Geltung der §§ 8, 8a und 9 gem. § 23b Abs. 1 S. 8 unterstrichen. Während der feststellende Teil die Unbedenklichkeit des Vorhabens in Bezug auf die von der Genehmigungsbehörde in abschließender Kompetenz überprüften Genehmigungsvoraussetzungen bescheinigt (dazu gehören nach § 23b Abs. 1 S. 7 auch die von der Konzentrationswirkung umfassten Entscheidungsbestandteile, wie etwa die bauplanungsrechtliche Zulässigkeit der Anlage), hebt der „verfügende" bzw. – dogmatisch präzise – rechtsgestaltende Teil das in § 23b Abs. 1 S. 1 normierte präventive Verbot mit Erlaubnisvorbehalt und die daraus folgenden rechtlichen Wirkungen (→ Rn. 20) auf.

79 Begehrt der Antragsteller – etwa zur Absicherung der Anlagenplanung – eine Feststellung der Zulässigkeit des Vorhabens, so kann er nach § 9 iVm § 23b Abs. 1 S. 8 einen **Anlagenvorbescheid** als feststellenden Verwaltungsakt beantragen. Dieser entfaltet für Drittbetroffene im Verhältnis zu nachfolgenden Genehmigungsentscheidungen eine Bindungswirkung (→ Rn. 8), deren Zulässigkeit von der aktuellen EuGH-Rechtsprechung zur Präklusion im Genehmigungsverfahren nicht berührt wird (vgl. entsprechend zu § 11 Ohms/Weiss in Johlen/Oerder MAH Verwaltungsrecht § 10 Rn. 174 ff., 177). Selbiges kann über die Beantragung einer **Anlagenteilgenehmigung** nach § 23b Abs. 1 S. 8 iVm § 8 Abs. 1 erreicht werden, die für den geprüften Anlagenteil gestaltende und feststellende Wirkung hat (eingehend → § 8 Rn. 39 f.). Die Zulassung vorzeitigen Beginns gem. § 23b Abs. 1 S. 8 iVm § 8a entfaltet als selbstständiger Verwaltungsakt keine entsprechende Bindungswirkung für nachfolgende Entscheidungen (Jarass § 8a Rn. 19). Jedenfalls für die

Teilgenehmigung und den Vorbescheid gelten die verfahrensrechtlichen Vorgaben des § 23b entsprechend (→ Rn. 8).

II. Konzentrationswirkung

Gleichlaufend zur Genehmigung nach § 6 ist auch deren **formelle Konzentrationswirkung**, sog. **„Verfahrenskonzentration"** der Störfallgenehmigung. Sie schließt andere Erlaubnisse mit ein, nicht jedoch Planfeststellungen, die bergrechtliche Betriebsplanzulassung, behördliche Entscheidungen aufgrund atomrechtlicher Vorschriften sowie wasserrechtliche Erlaubnisse und Bewilligungen. Wie bei § 13 werden nach § 23b Abs. 1 S. 7 die dort benannten gesonderten Zulassungsverfahren durch das Verfahren nach § 23b entbehrlich und insoweit unstatthaft. Dies gilt insbesondere für Baugenehmigungen und naturschutzrechtliche Entscheidungen (Hentschel/Roßnagel in GK-BImSchG Rn. 42). Die Genehmigungsbehörde rückt hierbei an die verfahrensmäßige Stelle der eigentlich für die Entscheidung zuständigen Behörde und verfügt in präventiver Hinsicht über sämtliche Prüfungskompetenzen. Die Genehmigung tritt an die Stelle der sonst erforderlichen behördlichen Zulassungen (Laubinger in Ule/Laubinger/Repketiz B 1; Wiebe in Kotulla Rn. 45). Maßgebend sind für die Genehmigungsentscheidung nach § 23b Abs. 1 S. 5 somit auch die in diesem Verfahren geprüften Voraussetzungen (→ Rn. 57 ff.). Repressiv hingegen verbleiben die jeweiligen **Überwachungs- und Eingriffsbefugnisse**, soweit es um die Durchsetzung nicht immissionsschutzrechtlicher Vorgaben geht, bei der nach Fachrecht zuständigen Behörde (so die hM, vgl. Seibert → § 13 Rn. 122 ff.; Wiebe in Kotulla Rn 45; Jarass Rn. 28; Hilbert JuS 2014, 983 (986 f.) mwN). 80

III. Keine privatrechtsgestaltende Wirkung

Eine privatrechtsgestaltende Wirkung, wie sie § 14 statuiert, wird in § 23b nicht angeordnet. Wie sich aus der systematischen Stellung des § 14 bei den genehmigungsbedürftigen Anlagen und dort ferner bei den im förmlichen Verfahren zu genehmigenden Anlagen ergibt (vgl. Kloepfer Umweltrecht § 15 Rn. 475 f.), kann die Störfallgenehmigung – trotz des insoweit auch hier durchzuführenden Einwendungsverfahrens – über § 14 keine privatrechtsrechtsgestaltende Wirkung entfalten. Sie hat keine Auswirkungen auf das private Nachbarrecht (so auch Enders in BeckOK UmweltR Rn. 10; Wiebe in Kotulla Rn 44; Jarass Rn. 28). 81

IV. Bestandsschutz und nachträgliche Entscheidungen

Problematisch scheint das Verhältnis der Entscheidung nach § 23b Abs. 1 S. 5 zu den behördlichen Eingriffsbefugnissen der §§ 24 f. – namentlich zu den **„Anordnungen im Einzelfall"** gem. § 24 zwecks Durchsetzung der Betreibergrundpflichten oder der aus § 25 folgenden Untersagungsbefugnis. Denn diese fanden bislang nur bei Anlagen Anwendung, bei denen keine Genehmigung nach dem Bundesimmissionsschutzgesetz vorgelegen hat. Durch das für § 25a notwendige Tatbestandsmerkmal einer fehlenden Störfallgenehmigung stellen sich derartige Abgrenzungsfragen im Rahmen der Stilllegungs- und Beseitigungsbefugnis nach dieser Norm nicht. 82

1. Verhältnis zu Anordnungen nach §§ 24, 25 Abs. 1, 2 BImSchG. Für eine Sperrung des § 24 könnte erwogen werden, dass dieser nach bisheriger Rechtslage nur bei genehmigungsfreien Vorhaben Anwendung gefunden und somit bereits genehmigte Entscheidungen nicht umfasst hat. Auch spricht § 24, anders als § 17, nicht von „nachträgliche(n)" Anordnungen, sondern lediglich von „Anordnungen im Einzelfall". Für die Frage der Legitimität von Entscheidungen nach Genehmigungserteilung kann somit bei 83 der Störfallgenehmigung des § 23b Abs. 1 S. 5 jedenfalls nicht darauf abgestellt werden, dass diese bereits aus gesetzessystematischen Gründen lediglich unter dem Vorbehalt nachträglicher Anordnungen im Sinne eines „gesetzlich beigefügten Quasi-Auflagenvorbehalts" (vgl. Kloepfer Umweltrecht § 15 Rn. 515 mwN) ergeht. Vielmehr ist durch Auslegung der §§ 23b Abs. 1 S. 5, 22 f. der konkrete Verfügungsinhalt der Genehmigung in den Blick zu nehmen. Bei der vor der Einführung des § 23b durchgeführten Prüfung der Voraussetzungen des § 22 Abs. 1 im Baugenehmigungsverfahren wurde ein **Bestandsschutz** jedenfalls für die Betreibergrundpflichten des § 22 Abs. 1 durch deren dynamische Geltung von der Rechtsprechung und der herrschenden Lehre einheitlich **abgelehnt** (vgl. BVerwG NVwZ 1996, 379 (381); NVwZ 2000, 1050 (1053); Enders in BeckOK UmweltR § 24 Rn. 16). Maßgebend waren in den zitierten Entscheidungen damit nicht etwa – anzudenkende – kompetenzrechtliche Gründe gegen die Annahme einer Sperrung des § 24 durch eine Baugenehmigung nach Landesrecht, sondern der **materielle Inhalt der Betreiberpflichten des § 22 Abs. 1:** durch die Anforderungen an das „Betreiben" der Anlage sind die unmittelbar geltenden Pflichten des § 22 Abs. 1 über die gesamte Dauer des Betriebs einzuhalten (vgl. → § 22 Rn. 14). Eine Verfügung, die die Unbedenklichkeit der Anlage für die Grundpflichten des § 22 Abs. 1 auch über den konkreten Betrieb hinaus bescheinigen würde, wäre folglich rechtswidrig. Daher kommt es im Ergebnis zu **keinem Bestandsschutz für die Betreibergrundpflichten** bei der Störfallgenehmigung (so auch Jarass Rn. 28; Wiebe in Kotulla Rn. 44), sodass der § 24 auch bei erteilter Störfallgenehmigung anwendbar ist. Hieraus folgend bleiben auch die Absätze 1 und 2 des § 25 anwendbar.

84 **2. Verhältnis zur Untersagungsmöglichkeit nach § 25 Abs. 1a.** Für Betriebsbereiche iSd § 3 Abs. 5a statuiert auch § 25 Abs. 1a S. 1 eine zusätzliche Untersagungsmöglichkeit für „eindeutig unzureichend(e)" Maßnahmen des Betreibers zur Verhinderung schwerer Unfälle iSd Art. 3 Nr. 13 RL 2012/18/EU. Auch dieser bleibt neben der störfallrechtlichen Genehmigung nach § 23b Abs. 1 anwendbar (Hentschel/Roßnagel in GK-BImSchG Rn. 113; Wiebe in Kotulla Rn. 48). Eindeutig unzureichende Maßnahmen werden zwar durch die Präventivkontrolle bereits faktisch weitestgehend verhindert. Sie können aber, wie aus § 25 Abs. 1 S. 2 folgt, auch aus dem **Unterlassen von erforderlichen Folgemaßnahmen bei Betriebsbereichen der oberen Klasse** iSd § 16 Abs. 2 Nr. 1 der 12. BImSchV entstehen. Auch im Bereich der **genehmigungsbedürftigen Anlagen** besteht mit § 20 Abs. 1a im Übrigen eine inhaltsgleiche Eingriffsbefugnis (→ § 20 Rn. 37a ff.), was ebenso gegen eine Sperrung spricht. Darüber hinaus wurden die Eingriffsbefugnisse der Behörde in § 25 Abs. 1a S. 3 Nr. 2 speziell für das Unterlassen der Anzeige nach § 23a (Var. 1) und das störfallrelevante Errichten, Betreiben und die störfallrelevante Änderung ohne die nach § 23b erforderliche Genehmigung (Var. 2) erweitert. Diese beiden Varianten des § 25 Abs. 1a S. 3 Nr. 2 stehen im Übrigen in einem Exklusivitätsverhältnis zueinander. Bis zur Feststellung der Genehmigungsbehörde über die Genehmigungspflicht nach § 23a Abs. 2 gilt § 25 Abs. 1a S. 3 Nr. 2 Var. 1. Nach einer Negativentscheidung im Feststellungsverfahren wird diese Untersagungsmöglichkeit gesperrt (→ § 23a Rn. 34). Bei einer Positiventscheidung greift hingegen lediglich die Untersagungsmöglichkeit des § 25 Abs. 1a S. 2 Nr. 2 Var. 2.

85 **3. Widerruf und Rücknahme der Genehmigung.** § 21 als Spezialregelung für den Widerruf einer immissionsschutzrechtlichen Genehmigung gilt nicht für die störfallrechtliche Genehmigung des § 23b (Jarass Rn. 28; Wiebe in Kotulla Rn 51; aA Czajka in Feldhaus BImSchR Rn. 48). Insoweit ist der Eingangssatz des § 21 missverständlich. Zwar spricht dieser von einer „nach diesem Gesetz erteilte(n) rechtmäßige(n) Genehmigung",

was auch auf die störfallrechtliche Genehmigung des § 23b zutreffen würde. Der Anwendbarkeit steht allerdings die Gesetzessystematik entgegen, da sich § 21 im Bereich der genehmigungsbedürftigen Anlagen befindet, zu denen die Anlagen iSd § 23b mangels anderer materieller Betreibergrundpflichten allerdings nicht zählen (→ Rn. 2). Mangels spezialgesetzlicher Regelung für den **Widerruf** und die **Rücknahme** gelten nach allgemeiner Dogmatik die **§§ 48 f. VwVfG**. Vorrangig zum Widerruf nach § 49 Abs. 1 Nr. 3, Nr. 4 VwVfG sollte die Behörde jedenfalls im Ermessen aus Verhältnismäßigkeitsgründen – in Anlehnung an das Stufenverhältnis der §§ 17 ff. – von ihren Anordnungs-, bzw. Untersagungs- und Stilllegungsmöglichkeiten nach den §§ 24 f. Gebrauch machen. Richtigerweise ergibt sich die Sperrung des § 49 VwVfG in diesem Fall bereits daraus, dass die Behörde hier durch die Möglichkeit von Nebenbestimmung iSd § 23b Abs. 1 S. 6 nicht im Sinne des § 49 Abs. 2 VwVfG „berechtigt wäre", den Genehmigungsbescheid nicht zu erlassen (→ Rn. 53). Im Falle eines Widerrufs nach den § 49 Abs. 2 Nr. 3–5, insbesondere also bei einem Widerruf durch eine Verschärfung der gesetzlichen Vorgaben, kann nach § 49 Abs. 6 S. 1 eine Entschädigung an den Anlagenbetreiber zu leisten sein.

V. Erlöschen der Genehmigung

Gem. § 23b Abs. 1 S. 8 findet § 18 auf die Störfallgenehmigung des § 23b entsprechende Anwendung. Die Genehmigung erlischt daher, wenn der Vorhabenträger nicht binnen der durch die Behörde festgelegten, angemessenen Frist mit der Realisierung des Vorhabens beginnt (§ 18 Abs. 1 Nr. 1), die Anlage über drei durchgehende Jahre stilllegt (§ 18 Abs. 1 Nr. 2) oder das Genehmigungserfordernis für die Anlage aufgehoben wird (§ 18 Abs. 2). Die Genehmigungsbehörde kann auf Antrag die Fristen aus § 18 Abs. 1 aus wichtigem Grund verlängern, wenn hierdurch der Zweck des Gesetzes nicht gefährdet wird (vgl. § 18 Abs. 3). **86**

E. Rechtsschutz

Begehrt der Anlagenbetreiber Klarheit darüber, ob eine Genehmigungspflicht besteht oder ob ggf. die Ausnahme iSd § 23b Abs. 1 S. 2 greift, gelten die üblichen Grundsätze: Im Falle eines bloß formlosen Hinweises der Genehmigungsbehörde auf das Bestehen einer Genehmigungspflicht kann eine **Feststellungsklage gem. § 43 VwGO** gegen die Behörde (bzw. ihren Rechtsträger) mit dem Ziel erhoben werden, die (fehlende) Genehmigungspflicht iSd § 23b Abs. 1 S. 1 im Verhältnis zur Genehmigungsbehörde durch die bereits nach Abs. 1 S. 2 erfolgte Berücksichtigung im Planungsverfahren feststellen zu lassen (Wiebe in: Kotulla Rn 52). Entscheidet sich die Behörde für einen die Genehmigungspflicht feststellenden Verwaltungsakt, so kann sich der Betroffene mit der **Anfechtungsklage** wehren. Andernfalls ist Genehmigungspflicht mit Ablauf der Rechtsbehelfsfristen bestandskräftig festgestellt. **87**

Zum Rechtsschutz der betroffenen Öffentlichkeit bei **Nichtdurchführung des Genehmigungsverfahrens** siehe oben unter → Rn. 18. **88**

Gegen die **Versagung bzw. Nichterteilung der Störfallgenehmigung** kann sich der Antragsteller mit der Verpflichtungsklage (in Form der Versagungsgegenklage oder Untätigkeitsklage) nach § 42 Abs. 1, Var. 2 bzw. Var. 3 VwGO zur Wehr setzen. Sofern das Landesrecht dies vorsieht, ist gegebenenfalls vorrangig ein **Widerspruchsverfahren** nach den §§ 68 ff. VwGO durchzuführen (Hentschel/Roßnagel in GK-BImSchG Rn. 123). **89**

Individualbetroffene Dritte (zB Nachbarn) sowie auch **anerkannte Umweltvereinigungen iSd §§ 2, 3 UmwRG** können sich gegen die Genehmigung – als den Betrei- **90**

ber begünstigenden, aber Dritte ggf. belastenden Verwaltungsakt – über einen **Drittanfechtungsrechtsbehelf** wehren. Auch insoweit kann sich die Notwendigkeit eines vorherigen Widerspruchsverfahrens ergeben (vgl. etwa § 110 Abs. 3 JustG NRW). **Individualkläger** müssen für die Zulässigkeit des Rechtsbehelfs eine subjektive Rechtsverletzung geltend machen. Anderes ergibt sich dabei auch nicht aus § 4 Abs. 3 UmwRG, der lediglich für die Sachentscheidung relevant ist (stRspr., vgl. etwa BVerwG ZfBR 2019, 174 f.). Subjektive Rechte vermitteln dabei die Betreiberpflichten aus §§ 22 Abs. 1 Nr. 1 und Nr. 2, nicht hingegen die Nr. 3 (sa Hentschel/Roßnagel in GK-BImSchG Rn. 126; Wiebe in Kotulla Rn. 53; Enders in BeckOK UmweltR Rn. 20). Die **Vorschriften der 12. BImSchV** sind trotz ihres Vorsorgecharakters nach hM zugleich dem Schutzgrundsatz zuzuordnen und dementsprechend auch subjektiv-rechtlicher Natur (Enders in BeckOK Rn. 20; Becher in Appel/Ohms/Saurer Rn. 30; Hentschel/Roßnagel in GK-BImSchG Rn. 127, jeweils mwN). Das **Abstandsgebot** vermittelt dabei in beide Richtungen Schutzrechte, dh sowohl für Anlagennachbarn als etwaige Repräsentanten benachbarter Schutzobjekte iSd § 3 Abs. 5d (Laubinger in Ule/Laubinger/Repkewitz E 2; Wiebe in Kotulla Rn. 53; Jarass Rn. 29) als auch für die Störfallanlagenbetreiber; hier sichert es zugleich die Entwicklungsmöglichkeiten des Störfallbetriebs ab (s. VGH Kassel KommJur 2021, 32 (33); VGH Kassel NVwZ-RR 2020, 474 (474 mwN)). Denkbar ist daher neben „typischen" Nachbarklagen auch die umgekehrte Konstellation einer **„störungspräventiven Nachbarklage"** seitens der Betreiber genehmigter Anlagen gegen heranrückende Schutzvorhaben (vgl. dazu allg. auch Wahl/Schütz in Schoch/Schneider VwGO § 42 Abs. 2 Rn. 126).

91 Für anerkannte **Umweltvereinigungen** ist eine Berufung auf subjektive Rechte nicht erforderlich, sie müssen sich indes auf umweltbezogene Rechtsvorschriften iSd § 1 Abs. 4, § 2 Abs. 1 S. 2 UmwRG berufen (Enders in BeckOK UmweltR Rn. 21; Jarass Rn. 29). Eine Klagemöglichkeit gegen Genehmigungen nach § 23b wird ihnen durch § 1 Abs. 1 S. 1 Nr. 2a UmwRG zugebilligt.

92 Bei Klagen aller Kläger sind infolge der Anwendbarkeit des **UmwRG** (vgl.§ 1 Abs. 1 Nr. 2a UmwRG) zudem die Regelung zur **Fehlererheblichkeit** in § 4 Abs. 1 sowie die **Heilungsmöglichkeiten** in § 4 Abs. 1b sowie § 7 Abs. 5 UmwRG heranzuziehen (Jarass Rn. 30; Hentschel/Roßnagel in GK-BImSchG Rn. 130). Im Übrigen wird auf die Ausführungen zu → § 6 Rn. 63 ff, → § 10 Rn. 279 ff.; → § 16b Rn. 146 ff.; → § 19 Rn. 118 ff. Bezug genommen.

Vierter Abschnitt. Sonderregelungen zur Bewältigung einer Gasmangellage[1)]

§ 31a Abweichungen nach Artikel 30 Absatz 5 der Richtlinie 2010/75/EU

(1) **Die zuständige Behörde kann eine Abweichung von der Verpflichtung zur Einhaltung der in der Verordnung über Großfeuerungs-, Gasturbinen- und Verbrennungsmotoranlagen vom 6. Juli 2021 (BGBl. I S. 2514), in der jeweils geltenden Fassung, vorgesehenen Emissionsgrenzwerte für Schwefeldioxid für eine Dauer von bis zu sechs Monaten bei Feuerungsanlagen zulassen, in denen zu diesem Zweck normalerweise ein schwefelarmer Brennstoff verfeuert wird, wenn der Betreiber aufgrund einer sich aus einer ernsten Mangellage ergebenden Unterbrechung der Versorgung mit schwefelarmem Brennstoff nicht in der Lage ist, diese Grenzwerte einzuhalten.**

(2) **Die zuständige Behörde hat unverzüglich eine Ausfertigung der Zulassung der Abweichung nach Absatz 1 dem Bundesministerium für Umwelt, Naturschutz, nukleare Sicherheit und Verbraucherschutz zur Weiterleitung an die Europäische Kommission zuzuleiten. Das Bundesministerium für Umwelt, Naturschutz, nukleare Sicherheit und Verbraucherschutz unterrichtet die Europäische Kommission unverzüglich über jede nach Absatz 1 gewährte Abweichung.**

(Kommentierung folgt)

[1)] Dieser Abschnitt dient mit den §§ 31a und 31b der Umsetzung der Richtlinie 2010/75/EU des Europäischen Parlaments und des Rates vom 24. November 2010 über Industrieemissionen (integrierte Vermeidung und Verminderung der Umweltverschmutzung) (Neufassung) (ABl. L 334 vom 17.12.2010, S. 17) und mit den §§ 31c und 31d der Umsetzung der Richtlinie (EU) 2015/2193 des Europäischen Parlaments und des Rates vom 25. November 2015 zur Begrenzung der Emissionen bestimmter Schadstoffe aus mittelgroßen Feuerungsanlagen in die Luft (ABl. L 313 vom 28.11.2015, S. 1).

§ 31e Zulassung vorzeitigen Beginns bei einer Gasmangellage.

(1) § 8a ist nach Maßgabe der Absätze 2 bis 5 anzuwenden, wenn eine Genehmigung beantragt wird

1. im Zusammenhang mit einem Brennstoffwechsel wegen einer ernsten oder erheblichen Gasmangellage,
2. weil wegen einer ernsten oder erheblichen Gasmangellage notwendige Betriebsmittel für Abgaseinrichtungen nicht ausreichend zur Verfügung stehen oder
3. wegen einer anderen durch die ernste oder erhebliche Gasmangellage ausgelösten Notwendigkeit.

(2) [1]§ 8a Absatz 1 Nummer 1 findet mit der Maßgabe Anwendung, dass die Genehmigungsbehörde den vorzeitigen Beginn bereits vor dem Vorliegen vollständiger Antragsunterlagen zulassen kann, wenn

1. die Erstellung der fehlenden Unterlagen im Hinblick auf die Eilbedürftigkeit des Vorhabens bislang nicht möglich war und
2. auch ohne Berücksichtigung der fehlenden Unterlagen mit einer Entscheidung zugunsten des Antragstellers gerechnet werden kann.

[2]In diesem Fall hat der Antragsteller das Vorhaben, die voraussichtlichen Auswirkungen des Vorhabens und den Grund für die nicht rechtzeitige Erstellung der vollständigen Unterlagen darzulegen. [3]Der Antragsteller hat die fehlenden Unterlagen unverzüglich nachzureichen.

(3) § 8a Absatz 1 Nummer 1 findet mit der Maßgabe Anwendung, dass die Genehmigungsbehörde den vorzeitigen Beginn bereits vor der Beteiligung der Öffentlichkeit zulassen soll.

(4) In den in Absatz 1 genannten Fällen besteht ein öffentliches Interesse oder ein berechtigtes Interesse des Antragstellers an dem vorzeitigen Beginn im Sinne des § 8a Absatz 1 Nummer 2.

(5) [1]In einem Verfahren zur Erteilung einer Genehmigung kann die Genehmigungsbehörde unter den in § 8a Absatz 1 genannten Voraussetzungen auch den Betrieb der Anlage vorläufig zulassen. [2]Die Absätze 1 bis 4 gelten entsprechend. [3]Satz 1 ist nicht anzuwenden, soweit die Richtlinie 2010/75/EU oder die Richtlinie 2012/18/EU entgegenstehen.

(Kommentierung folgt)

§ 31f Beteiligung der Öffentlichkeit in Genehmigungsverfahren

(1) [1]§ 10 ist nach Maßgabe der Absätze 2 bis 4 anzuwenden, wenn ein Genehmigungsverfahren nach § 10, auch in Verbindung mit § 16 oder § 16a, durchzuführen ist

1. im Zusammenhang mit einem Brennstoffwechsel wegen einer ernsten oder erheblichen Gasmangellage,
2. weil wegen einer ernsten oder erheblichen Gasmangellage notwendige Betriebsmittel für Abgaseinrichtungen nicht ausreichend zur Verfügung stehen oder
3. wegen einer anderen durch die ernste oder erhebliche Gasmangellage ausgelösten Notwendigkeit.

[2]§ 16 Absatz 2 Satz 1 und 2 sowie § 19 Absatz 4 Satz 2 bis 4 bleiben unberührt.

(2) Abweichend von § 10 Absatz 3 Satz 2 sind der Antrag und die vom Antragsteller vorgelegten Unterlagen, mit Ausnahme der Unterlagen nach § 10 Absatz 2 Satz 1, sowie die entscheidungserheblichen Berichte und Empfehlungen, die der Behörde im Zeitpunkt der Bekanntmachung vorliegen, nach der Bekanntmachung eine Woche zur Einsicht auszulegen.

(3) Abweichend von § 10 Absatz 3 Satz 4 kann die Öffentlichkeit bis eine Woche nach Ablauf der Auslegungsfrist gegenüber der zuständigen Behörde schriftlich oder elektronisch Einwendungen erheben; diese Frist gilt auch bei Anlagen nach der Richtlinie 2010/75/EU.

(4) Die Genehmigungsbehörde soll auf die Durchführung eines Erörterungstermins nach § 10 Absatz 6 verzichten.

(Kommentierung folgt)

§ 31g Entbehrlichkeit einer Änderungsanzeige oder Änderungsgenehmigung

(1) [1]Es bedarf weder einer Anzeige nach § 15 noch einer Änderungsgenehmigung nach § 16, wenn der Betreiber einer Anlage bei der zuständigen Behörde die Zulassung einer Ausnahme nach einer der in Absatz 2 genannten Vorschriften beantragt

1. im Zusammenhang mit einem Brennstoffwechsel wegen einer ernsten oder erheblichen Gasmangellage,
2. weil wegen einer ernsten oder erheblichen Gasmangellage notwendige Betriebsmittel für Abgaseinrichtungen nicht ausreichend zur Verfügung stehen oder
3. wegen einer anderen durch die ernste oder erhebliche Gasmangellage ausgelösten Notwendigkeit.

[2]Ausnahmen nach den in Absatz 2 genannten Vorschriften sollen erteilt werden, wenn die Voraussetzungen hierfür vorliegen.

(2) Ausnahmevorschriften im Sinne des Absatzes 1 sind

1. die §§ 31a bis 31d,
2. § 23 der Verordnung über Großfeuerungs-, Gasturbinen- und Verbrennungsmotoranlagen in der jeweils geltenden Fassung,
3. § 6 Absatz 6 und § 24 der Verordnung über die Verbrennung und die Mitverbrennung von Abfällen vom 2. Mai 2013 (BGBl. I S. 1021, 1044, 3754), die durch Artikel 2 der Verordnung vom 6. Juli 2021 (BGBl. I S. 2514) geändert worden ist, in der jeweils geltenden Fassung,
4. § 16 der Verordnung über Anlagen zur biologischen Behandlung von Abfällen vom 20. Februar 2001 (BGBl. I S. 305, 317), die zuletzt durch Artikel 2 der Verordnung vom 13. Dezember 2019 (BGBl. I S. 2739) geändert worden ist, in der jeweils geltenden Fassung,
5. § 11 der Verordnung zur Begrenzung der Emissionen flüchtiger organischer Verbindungen bei der Verwendung organischer Lösemittel in bestimmten Anlagen vom 21. August 2001 (BGBl. I S. 2180), die zuletzt durch Artikel 13 des Gesetzes vom 27. Juli 2021 (BGBl. I S. 3146) geändert worden ist, in der jeweils geltenden Fassung und
6. § 32 der Verordnung über mittelgroße Feuerungs-, Gasturbinen- und Verbrennungsmotoranlagen in der jeweils geltenden Fassung.

(Kommentierung folgt)

§ 31h Abweichungen von der Vierten Verordnung zum Bundes-Immissionsschutzgesetz

[1]Anlagen nach Nummer 9.1.1 des Anhangs 1 der Verordnung über genehmigungsbedürftige Anlagen in der Fassung der Bekanntmachung vom 31. Mai 2017 (BGBl. I S. 1440), die durch Artikel 1 der Verordnung vom 12. Januar 2021 (BGBl. I S. 69) geändert worden ist, in der jeweils geltenden Fassung, die nicht länger als zwei Jahre betrieben werden und ein Fassungsvermögen von nicht mehr als 200 Tonnen haben, sind

1. im Zusammenhang mit einem Brennstoffwechsel wegen einer ernsten oder erheblichen Gasmangellage,
2. weil wegen einer ernsten oder erheblichen Gasmangellage notwendige Betriebsmittel für Abgaseinrichtungen nicht ausreichend zur Verfügung stehen oder
3. wegen einer anderen durch die ernste oder erhebliche Gasmangellage ausgelösten Notwendigkeit

im vereinfachten Verfahren nach § 19 des Bundes-Immissionsschutzgesetzes zu genehmigen. [2]Die Genehmigung ist entsprechend zu befristen. 3§ 19 Absatz 4 des Bundes-Immissionsschutzgesetzes bleibt von dieser Vorschrift unberührt.

(Kommentierung folgt)

§ 31i Abweichungen von der Technischen Anleitung zur Reinhaltung der Luft

(1) [1]**Die zuständige Behörde soll auf Antrag des Betreibers nach der Nummer 5.1.1 der Neufassung der Ersten Allgemeinen Verwaltungsvorschrift zum Bundes-Immissionsschutzgesetz (Technische Anleitung zur Reinhaltung der Luft – TA Luft) vom 18. August 2021 (GMBl S. 1050) Abweichungen von den Anforderungen der Nummer 5 der Ersten Allgemeinen Verwaltungsvorschrift zum Bundes-Immissionsschutzgesetz (Technische Anleitung zur Reinhaltung der Luft – TA Luft) vom 18. August 2021 (GMBl S. 1050) oder den Anforderungen der Nummer 5 der Ersten Allgemeinen Verwaltungsvorschrift zum Bundes-Immissionsschutzgesetz (Technische Anleitung zur Reinhaltung der Luft – TA Luft) vom 24. Juli 2002 (GMBl S. 511) zulassen, solange und soweit diese Abweichungen erforderlich sind**

1. **im Zusammenhang mit einem Brennstoffwechsel wegen einer ernsten oder erheblichen Gasmangellage,**
2. **weil wegen einer ernsten oder erheblichen Gasmangellage notwendige Betriebsmittel für Abgaseinrichtungen nicht ausreichend zur Verfügung stehen oder**
3. **wegen einer anderen durch die ernste oder erhebliche Gasmangellage ausgelösten Notwendigkeit.**

[2]**Bei Anlagen, die von der Richtlinie 2010/75/EU erfasst werden, müssen die Anforderungen der Richtlinie 2010/75/EU eingehalten werden.**

(2) **Es bedarf weder einer Anzeige nach § 15 noch einer Änderungsgenehmigung nach § 16, wenn der Betreiber einer Anlage bei der zuständigen Behörde Abweichungen nach Absatz 1 beantragt.**

(Kommentierung folgt)

§ 31i Abweichungen von der Technischen Anleitung zur Reinhaltung der Luft

(1) [1]Die zuständige Behörde soll auf Antrag des Betreibers nach der Nummer 5.1.1 der Neufassung der Ersten Allgemeinen Verwaltungsvorschrift zum Bundes-Immissionsschutzgesetz (Technische Anleitung zur Reinhaltung der Luft – TA Luft) vom 18. August 2021 (GMBl S. 1050) Abweichungen von den Anforderungen der Nummer 5 der Ersten Allgemeinen Verwaltungsvorschrift zum Bundes-Immissionsschutzgesetz (Technische Anleitung zur Reinhaltung der Luft – TA Luft) vom 18. August 2021 (GMBl S. 1050) oder den Anforderungen der Nummer 5 der Ersten Allgemeinen Verwaltungsvorschrift zum Bundes-Immissionsschutzgesetz (Technische Anleitung zur Reinhaltung der Luft – TA Luft) vom 24. Juli 2002 (GMBl S. 511) zulassen, solange und soweit diese Abweichungen erforderlich sind

1. im Zusammenhang mit einem Brennstoffwechsel wegen einer ernsten oder erheblichen Gasmangellage,
2. weil wegen einer ernsten oder erheblichen Gasmangellage notwendige Betriebsmittel für Abgaseinrichtungen nicht ausreichend zur Verfügung stehen oder
3. wegen einer anderen durch die ernste oder erhebliche Gasmangellage ausgelösten Notwendigkeit.

[2]Bei Anlagen, die von der Richtlinie 2010/75/EU erfasst werden, müssen die Anforderungen der Richtlinie 2010/75/EU eingehalten werden.

(2) Es bedarf weder einer Anzeige nach § 15 noch einer Änderungsgenehmigung nach § 16, wenn der Betreiber einer Anlage bei der zuständigen Behörde Abweichungen nach Absatz 1 beantragt.

(Kommentierung folgt)

§ 31j Überschreitung von Immissionsrichtwerten der Technischen Anleitung zum Schutz gegen Lärm

(1) **Die zuständige Behörde soll auf Antrag des Betreibers nach der Nummer 7.1 der Sechsten Allgemeinen Verwaltungsvorschrift zum Bundes-Immissionsschutzgesetz (Technische Anleitung zum Schutz gegen Lärm – TA Lärm) vom 26. August 1998 (GMBl S. 503), geändert durch die Allgemeine Verwaltungsvorschrift vom 1. Juni 2017 (BAnz AT 08.06.2017 B5) die Überschreitung von Immissionsrichtwerten zulassen, solange und soweit diese Überschreitung erforderlich ist**

1. **im Zusammenhang mit einem Brennstoffwechsel wegen einer ernsten oder erheblichen Gasmangellage,**
2. **weil wegen einer ernsten oder erheblichen Gasmangellage notwendige Betriebsmittel für Abgaseinrichtungen nicht ausreichend zur Verfügung stehen oder**
3. **wegen einer anderen durch die ernste oder erhebliche Gasmangellage ausgelösten Notwendigkeit.**

(2) **Es bedarf weder einer Anzeige nach § 15 noch einer Änderungsgenehmigung nach § 16, wenn der Betreiber einer Anlage bei der zuständigen Behörde eine Überschreitung nach Absatz 1 beantragt.**

(Kommentierung folgt)

§ 31j Überschreitung von Immissionsrichtwerten der Technischen Anleitung zum Schutz gegen Lärm

(1) Die zuständige Behörde soll auf Antrag des Betreibers nach der Nummer 7.1 der Sechsten Allgemeinen Verwaltungsvorschrift zum Bundes-Immissionsschutzgesetz (Technische Anleitung zum Schutz gegen Lärm – TA Lärm) vom 26. August 1998 (GMBl S. 503), geändert durch die Allgemeine Verwaltungsvorschrift vom 1. Juni 2017 (BAnz AT 08.06.2017 B5) die Überschreitung von Immissionsrichtwerten zulassen, solange und soweit diese Überschreitung erforderlich ist

1. im Zusammenhang mit einem Brennstoffwechsel wegen einer ernsten oder erheblichen Gasmangellage,
2. weil wegen einer ernsten oder erheblichen Gasmangellage notwendige Betriebsmittel für Abgaseinrichtungen nicht ausreichend zur Verfügung stehen oder
3. wenn es einen anderen durch die ernste oder erhebliche Gasmangellage ausgelösten Notstand gibt.

(2) Es bedarf weder einer Anzeige nach § 15 noch einer Änderungsgenehmigung nach § 16, wenn der Betreiber einer Anlage bei der zuständigen Behörde eine Überschreitung nach Absatz 1 beantragt.

(Kommentierung folgt)

§ 31k Abweichungen von Vorgaben zu nächtlichen Geräuschwerten und zur Vermeidung von Schattenwurf bei Windenergieanlagen

(1) Bei Vorliegen der Alarmstufe oder der Notfallstufe nach Artikel 8 Absatz 2 Buchstabe b und Artikel 11 Absatz 1 der Verordnung (EU) 2017/1938 des Europäischen Parlaments und des Rates vom 25. Oktober 2017 über Maßnahmen zur Gewährleistung der sicheren Gasversorgung und zur Aufhebung der Verordnung (EU) Nr. 994/2010 (ABl. L 280 vom 28.10.2017, S. 1), die durch die Delegierte Verordnung (EU) 2022/517 (ABl. L 104 vom 1.4.2022, S. 53) geändert worden ist, in Verbindung mit dem Notfallplan Gas des Bundesministeriums für Wirtschaft und Energie vom September 2019, der auf der Internetseite des Bundesministeriums für Wirtschaft und Klimaschutz veröffentlicht ist, soll die zuständige Behörde auf Antrag des Betreibers Abweichungen von einzelnen in der Genehmigung enthaltenen Anforderungen an die Geräusche zur Nachtzeit unter Abweichung von den Immissionsrichtwerten der Technischen Anleitung zum Schutz gegen Lärm und an die optischen Immissionen der Windenergieanlage zulassen,

1. **um die Strommenge einer Windenergieanlage zu erhöhen, deren Betriebszeit zur Verminderung oder Vermeidung von Schattenwurf beschränkt ist, oder**
2. **um die Leistung oder die Strommenge einer Windenergieanlage in der Nachtzeit zu erhöhen, soweit sich der Schallpegel der Anlage in dieser Zeit um maximal 4 Dezibel gegenüber dem bisher genehmigten Wert erhöht.**

(2) [1]Dem Antrag sind die zur Beurteilung erforderlichen Unterlagen beizufügen. [2]Die zuständige Behörde hat dem Betreiber den Eingang des Antrags unverzüglich zu bestätigen.

(3) Eine beantragte Abweichung gilt nach Ablauf eines Monats nach Eingang des Antrags als zugelassen, wenn der Antrag hinreichend bestimmt ist, sich die beantragte Abweichung auf Anforderungen an die Geräusche zur Nachtzeit oder die optische Immission beschränkt und alle weiteren Anforderungen des Absatzes 1 eingehalten sind.

(4) [1]Über die Zulassung der Abweichungen nach Absatz 1 hinaus bedarf es weder einer Änderungsgenehmigung nach § 16 noch einer Anzeige nach § 15. [2]Nach Absatz 1 zugelassene Abweichungen sind bis zum 15. April 2023 befristet. [3]Hebt das Bundesministerium für Wirtschaft und Klimaschutz die Alarmstufe oder Notfallstufe im Sinne des Absatzes 1 vor dem 15. April 2023 auf, endet die Zulassung der Abweichungen bereits zum Ablauf des letzten Tages des auf die Aufhebung folgenden Quartals.

(Kommentierung folgt)

§ 31k Abweichungen von Vorgaben zu nächtlichen Geräuschwerten und zur Vermeidung von Schattenwurf bei Windenergieanlagen

(1) Bei Vorliegen der Alarmstufe oder der Notfallstufe nach Artikel 8 Absatz 2 Buchstabe b und Artikel 11 Absatz 1 der Verordnung (EU) 2017/1938 des Europäischen Parlaments und des Rates vom 25. Oktober 2017 über Maßnahmen zur Gewährleistung der sicheren Gasversorgung und zur Aufhebung der Verordnung (EU) Nr. 994/2010 (ABl. L 280 vom 28.10.2017, S. 1), die durch die Delegierte Verordnung (EU) 2022/517 (ABl. L 104 vom 1.4.2022, S. 53) geändert worden ist, in Verbindung mit dem Notfallplan Gas des Bundesministeriums für Wirtschaft und Energie vom September 2019, der auf der Internetseite des Bundesministeriums für Wirtschaft und Klimaschutz veröffentlicht ist, soll die zuständige Behörde auf Antrag des Betreibers Abweichungen von einzelnen in der Genehmigung enthaltenen Anforderungen an die Geräusche zur Nachtzeit unter Abweichung von den Immissionsrichtwerten der Technischen Anleitung zum Schutz gegen Lärm und an die optischen Immissionen der Windenergieanlage zulassen,

1. um die Strommenge einer Windenergieanlage zu erhöhen, deren Betriebszeit zur Verminderung oder Vermeidung von Schattenwurf beschränkt ist, oder
2. um die Leistung oder die Strommenge einer Windenergieanlage in der Nachtzeit zu erhöhen, soweit sich der Schallpegel der Anlage in dieser Zeit um maximal 4 Dezibel gegenüber dem bisher genehmigten Wert erhöht.

(2) Dem Antrag sind die zur Beurteilung erforderlichen Unterlagen beizufügen. Die zuständige Behörde hat dem Betreiber den Eingang des Antrags unverzüglich zu bestätigen.

(3) Eine beantragte Abweichung gilt nach Ablauf eines Monats nach Eingang des Antrags als zugelassen, wenn der Antrag hinreichend bestimmt ist, sich die beantragte Abweichung auf Anforderungen an die Geräusche zur Nachtzeit oder die optische Immission beschränkt und die weiteren Anforderungen des Absatzes 1 eingehalten sind.

(4) Über die Zulassung der Abweichungen nach Absatz 1 hinaus bedarf es weder einer Änderungsgenehmigung nach § 16 noch einer Anzeige nach § 15. Nach Absatz 1 zugelassene Abweichungen sind bis zum 15. April 2023 befristet. Hebt das Bundesministerium für Wirtschaft und Klimaschutz die Alarmstufe oder Notfallstufe im Sinne des Absatzes 1 vor dem 15. April 2023 auf, endet die Zulassung der Abweichungen bereits mit Ablauf des letzten Tages des auf die Aufhebung folgenden Quartals.

(Kommentierung folgt)

§ 31l Übergangsregelungen zu den §§ 31e bis 31k

(1) [1]**Die Regelungen der §§ 31e bis 31k sind auf bereits vor ihrem Inkrafttreten begonnene, aber noch nicht abgeschlossene Verfahren anzuwenden. Ein Verfahrensschritt, der bereits begonnen, aber noch nicht abgeschlossen wurde, ist neu zu beginnen, wenn er nach den §§ 31e bis 31k durchgeführt wird.** [2]**Ein Verfahrensschritt nach Satz 2 muss nicht beendet werden, wenn er nach den §§ 31e bis 31k entfallen kann.**

(2) **Abweichend von Absatz 1 soll ein Verfahrensschritt, der bereits begonnen, aber noch nicht abgeschlossen wurde, nach den Vorschriften, die zum Zeitpunkt des Beginns des Verfahrens galten, beendet werden, wenn der Verfahrensschritt hiernach schneller abgeschlossen werden kann.**

(3) **Für Verfahrensschritte, bei denen von einer Regelung nach den §§ 31e bis 31k Gebrauch gemacht worden ist und die bei Außerkrafttreten der §§ 31e bis 31k noch nicht abgeschlossen sind, gelten die Bestimmungen der §§ 31e bis 31k bis zum Abschluss des jeweiligen Verfahrensschrittes weiter.**

(Kommentierung folgt)

§ 31l Übergangsregelungen zu den §§ 31e bis 31k

(1) [1]Die Regelungen der §§ 31e bis 31k sind auf bereits vor ihrem Inkrafttreten begonnene, aber noch nicht abgeschlossene Verfahren anzuwenden. [2]Ein Verfahrensschritt, der bereits begonnen, aber noch nicht abgeschlossen wurde, ist neu zu beginnen, wenn er nach den §§ 31e bis 31k durchgeführt wird. [3]Ein Verfahrensschritt nach Satz 2 muss nicht beendet werden, wenn er nach den §§ 31e bis 31k entfallen kann.

(2) Abweichend von Absatz 1 soll ein Verfahrensschritt, der bereits begonnen, aber noch nicht abgeschlossen wurde, nach den Vorschriften, die zum Zeitpunkt des Beginns des Verfahrens galten, beendet werden, wenn der Verfahrensschritt hiernach schneller abgeschlossen werden kann.

(3) Für Verfahrensschritte, bei denen von einer Regelung nach den §§ 31e bis 31k Gebrauch gemacht worden ist und die bei Außerkrafttreten der §§ 31e bis 31k noch nicht abgeschlossen sind, gelten die Bestimmungen der §§ 31e bis 31k bis zum Abschluss des jeweiligen Verfahrensschrittes weiter.

(Kommentierung folgt)

LANDMANN/ROHMER

UMWELTRECHT

BAND IV

KOMMENTAR

Herausgegeben von

Prof. Dr. Martin Beckmann
Rechtsanwalt und Fachanwalt für
Verwaltungsrecht,
Honorarprofessor der Universität Münster

Prof. Dr. Dr. Wolfgang Durner LL. M.
Rheinische Friedrich-Wilhelms-Universität
Bonn und Direktor des Instituts für das Recht
der Wasser- und Entsorgungswirtschaft

Prof. Dr. Thomas Mann
Direktor des Instituts für
Öffentliches Recht,
Lehrstuhl für Verwaltungsrecht der
Georg-August-Universität Göttingen

Prof. Dr. Marc Röckinghausen
Hochschule für Polizei und öffentliche
Verwaltung NRW, Abteilung Gelsenkirchen,
Fachbereich Allgemeine Verwaltung/
Rentenversicherung

Stand: 1. Januar 2023
(100. Ergänzungslieferung)

(Zum Bearbeitungsstand im Einzelnen siehe die Datumszeile
am unteren Ende jeder Seite)

C.H.BECK

Dieses Titelblatt stammt aus der 100. Ergänzungslieferung Januar 2023.

(Anschluss an die 99. Ergänzungslieferung September 2022)

ISBN 978 3 406 80443 4

Der Kommentar wurde von der 1. bis zur 50. Ergänzungslieferung von Prof. Dr. Klaus Hansmann und von der 51. bis zur 58. Ergänzungslieferung von Prof. Dr. Martin Beckmann herausgegeben.

Zitiervorschläge:

Beckmann in Landmann/Rohmer UmweltR KrWG § 17 Rn. 1
Landmann/Rohmer UmweltR/*Beckmann* KrWG § 17 Rn. 1

www.beck.de

Grundwerk ISBN 978 3 406 34327 8 ergänzt bis ISBN 978 3 406 80443 4

Wilhelmstraße 9, 80801 München
Druck: Druckerei C. H. Beck, Nördlingen
(Adresse wie Verlag)

Satz: mediaTEXT Jena GmbH, Jena

CO_2 neutral
chbeck.de/nachhaltig

Gedruckt auf säurefreiem, alterungsbeständigem Papier
(hergestellt aus chlorfrei gebleichtem Zellstoff)

Bearbeiterverzeichnis (Band I–IV)

Prof. Dr. Martin Beckmann Rechtsanwalt in Münster	Vorb. Abfallrecht, §§ 1–57, 62–68, 70–72 KrWG § 15 UVPG, Umweltschadensgesetz (mit Wittmann)
Anja Behnke Bundesministerium für Umwelt, Naturschutz, nukleare Sicherheit und Verbraucherschutz	TA Luft (mit Hansmann)
Dr. Christian-Dietrich Bracher Rechtsanwalt in Bonn	§§ 41 bis 43 BImSchG, 16. und 24. BImSchV
Prof. Dr. Peter Bruckmann Landesamt für Natur, Umwelt und Verbraucherschutz Nordrhein-Westfalen, Essen	39. BImSchV (mit Strecker und Vogt) 43. BImSchV (mit van Endern und Vogt)
Prof. Dr. Pascale Cancik O. Professorin an der Universität Osnabrück	Vorb. §§ 47a ff. BImSchG, §§ 47a–47f BImSchG (§§ 47a–47c, 47e und 47f mit Hansmann)
Prof. Dr. Johannes Dietlein O. Professor an der Universität Düsseldorf	§§ 1, 2, Vorb. §§ 4–21, 4 bis 8, 9 bis 11, 16a, 16b, 19, 23a–23c und 25a BImSchG, 9. BImSchV (§§ 16b, 23b BImSchG mit Fabi)
Dr. Robert Dix Syndikusrechtsanwalt der EWE AG, Oldenburg	§ 29–32, 70–73 UVPG
Prof. Dr. Matthias Dombert Rechtsanwalt in Potsdam	§§ 4–6, 8, 13, 14, 20, 24, 25 BBodSchG
Rolf-Dieter Dörr Ministerialrat a. D.	OberflächengewässerV (mit Walter)
Prof. Dr. Dr. Wolfgang Durner LL. M. O. Professor an der Universität Bonn	Umweltvölkerrecht, Vorb. §§ 27 ff. WHG, §§ 27–31, 34, 35, 82–85 WHG
Benedikt van Endern Ministerium für Umwelt, Naturschutz und Verkehr des Landes Nordrhein-Westfalen	43. BImSchV (mit Bruckmann und Vogt)
Prof. Dr. Astrid Epiney LL. M. O. Professorin an der Université de Fribourg	Art. 191–193 AEUV
Dr. Friederike Erxleben Umweltbundesamt	UERV (mit Wolke)

Bearbeiter

Prof. Dr. Wolfgang Ewer Rechtsanwalt in Kiel	Vorb. BBodSchG, §§ 9, 15, 16 BBodSchG
Johannes Fabi Wissenschaftlicher Mitarbeiter, Universität Düsseldorf	§§ 16b, 23b BImSchG (mit Dietlein)
Prof. Dr. Kurt Faßbender O. Professor an der Universität Leipzig	§§ 1–5, 33, 36–38 WHG
Dr. Frank Fellenberg LL. M. Rechtsanwalt in Berlin	Fluglärmgesetz (mit Reidt und Schiller), Umweltrechtsbehelfsgesetz (mit Schiller)
Dr. Henrik Flatter Bundesamt für Naturschutz, Bonn	§§ 69–74 BNatSchG
Prof. Dr. Sina Fontana, MLE O. Professorin an der Universität Augsburg	§§ 1, 2, 15–27 UAG
Dr. Matthias Ganske Rechtsanwalt in Bonn	§§ 25, 26, 54–61 WHG
Prof. Dr. Klaus Ferdinand Gärditz O. Professor an der Universität Bonn	Art. 20a GG
Prof. Dr. Martin Gellermann Rechtsanwalt, apl. Professor an der Universität Osnabrück	§§ 4, 7–51, §§ 52–56, §§ 57–68 BNatSchG (§§ 41–43 Mit Sanden)
Nela Gies Richterin am Verwaltungsgericht Gelsenkirchen	§§ 41, 42 WHG
Prof. Dr. Christoph Görisch Hochschule für Polizei und öffentliche Verwaltung NRW, Abteilung Münster	§§ 4–14 UAG
Moritz Grunow Rechtsanwalt in Düsseldorf	Vorb. AwSV, § 1 AwSV
Prof. Dr. Günter Hager † O. Professor an der Universität Freiburg	§§ 6, 7 UmweltHG (mit Rehbinder)
Dr. Joachim Hagman Rechtsanwalt in Münster	§§ 65–69 UVPG

Bearbeiter

Prof. Dr. Klaus Hansmann † Leitender Ministerialrat a. D.	§§ 17, 18, 20, 21, 26–37, 38–40, 47a–47c, 47e, 47f, 52, 52b–58d, 59, 60, 62, 64–72, 74 BImSchG (§§ 17, 18 mit Ohms, Vor § 26, §§ 26–31 mit Pabst, Vor § 38, §§ 38–40 mit Hofmann, §§ 20, 21, Vor 32, §§ 32–37, 52, 52b, 62, 66 und 67 mit Röckinghausen, §§ 47a–47c, 47e und 47f mit Cancik), Vor § 53, §§ 53–58d mit Maciejewski, 14., 32. und 34. BImSchV, TA Lärm, TA Luft (mit Behnke, Remus, Röckinghausen), 4., 11., 20., 21., 25., 27., 30., 34. und 35. BImSchV (mit Röckinghausen), 2. BImSchV (mit Mahrwald und Röckinghausen), 5. BImSchV mit Maciejewski, 12. BImSchV (mit König), BzBlG, 1. DVO BzBlG
Dr. Felix Hardach Bundesministerium für Umwelt, Naturschutz, nukleare Sicherheit und Verbraucherschutz	§§ 1, 8, 11–13, 17, 20, 22, 23, 26, 31, 32, 35 TEHG
Prof. Dr. Torsten Heilshorn Rechtsanwalt in Freiburg	Vor § 22 BImSchG, §§ 22–25 BImSchG (mit Sparwasser)
Dr. Franziska Heß Rechtsanwältin in Leipzig	§§ 1-3 BNatSchG (mit Wulff)
Michael Heugel Bundesministerium für Umwelt, Naturschutz, nukleare Sicherheit und Verbraucherschutz	§§ 5, 6 BNatSchG
Prof. Dr. Ekkehard Hofmann O. Professor an der Universität Trier	Vorb. § 38, §§ 38–40 BImSchG, §§ 16–23, 54–56 UVPG
Dr. Frank Hofmann Bundesministerium für Umwelt, Naturschutz, nukleare Sicherheit und Verbraucherschutz	§ 23 WHG
Dr. Georg Hünnekens Rechtsanwalt in Münster	§§ 50–53 WHG, Vorb. §§ 64–66, §§ 64–66 WHG, Vorb. §§ 72–81 WHG, §§ 72–81 WHG
Georg Kahl † Ministerialrat a. D.	7. BImSchV
Lutz Keppner Bundesministerium für Umwelt, Naturschutz, nukleare Sicherheit, und Verbraucherschutz	Grundwasserverordnung
Dr. Andreas Kersting Rechtsanwalt in Münster	§§ 58–61 KrWG

Bearbeiter

Dr. Heike Kieserling Deutsche Bahn AG	§§ 13, 14, 25–38 AwSV
Dr. Jens Martin König Hessisches Ministerium für Umwelt, Klimaschutz, Landwirtschaft und Verbraucherschutz	12. BImSchV (mit Hansmann)
Dr. Olaf Konzak Rechtsanwalt in Köln	§§ 2, 3 und 7 VerpackG (mit Körner)
Dr. Michael Körner, LL.M. Rechtsanwalt in Köln	§§ 2, 3 und 7 VerpackG (mit Konzak)
Dr. Philip Kubitza Richter auf Probe, Rheinland-Pfalz	§§ 100–102 WHG
Prof. Dr. Silke Ruth Laskowski O. Professorin an der Universität Kassel	§ 24 WHG, § 58e BImSchG mit der EMASPrivilegV
Prof. Dr. Joachim Lege O. Professor an der Universität Greifswald	§§ 96–99 WHG
Dr. Rasso Ludwig LL. M. Richter am Verwaltungsgericht München	§§ 19, 21–23, 26 BBodSchG
Prof. Dr. Karim Maciejewski Hochschule des Bundes für öffentliche Verwaltung	Vor § 53 BImSchG, §§ 53–58d BImSchG (mit Hansmann), 5. BImSchV (mit Hansmann)
Birgit Mahrwald Bundesministerium für Umwelt, Naturschutz, nukleare Sicherheit und Verbraucherschutz	2. BImSchV (mit Hansmann und Röckinghausen)
Prof. Dr. Thomas Mann O. Professor an der Universität Göttingen	§§ 8a, 12 BImSchG, Vorb. ElektroG, §§ 1, 2 ElektroG, §§ 1–14, 26–28, 30–39, 41, 42, 44–46, 48–50, 52, 53, 57–64, 72 UVPG, §§ 28–38 UAG
Dr. Cedric Christian Meyer Rechtsanwalt in Köln	§§ 46–49, 62–63 WHG
Dr. Uwe Neuser Bundesministerium für Umwelt, Naturschutz, nukleare Sicherheit und Verbraucherschutz	§§ 2, 27, 33, 34 TEHG
Volkmar Nies Landwirtschaftsdirektor bei der Landwirtschaftskammer Rheinland	§§ 1, 2, 7, 17, 18 BBodSchG
Dr. Martin Ohms Rechtsanwalt in Berlin	§§ 17, 18 BImSchG (mit Hansmann), 13. BImSchV, 17. BImSchV (z.T. mit Sahm)
Prof. Dr. Heinz-Joachim Pabst Hochschule des Bundes für öffentliche Verwaltung	Vor § 26, §§ 26–31 BImSchG (mit Hansmann), § 61 BImSchG, 41. BImSchV

Dr. Kay Artur Pape Rechtsanwalt in Bonn	Vorb. WHG, §§ 6–22 WHG
Dr. Malte Petersen LL. M. Ministerium für Umwelt, Naturschutz und Verkehr des Landes Nordrhein-Westfalen	§§ 89–95 WHG
Prof. Dr. Alexander Proelß O. Professor an der Universität Trier	§§ 43–45l WHG
Prof. Dr. Eckard Rehbinder Em. Professor an der Universität Frankfurt/Main	§ 14 BImSchG UmweltHG (§§ 6, 7 mit Hager)
Prof. Dr. Olaf Reidt Rechtsanwalt in Berlin	§ 16 BImSchG (mit Schiller), 18. BImSchV (mit Schiller), Fluglärmgesetz (mit Fellenberg und Schiller), Umweltinformationsgesetz (mit Schiller)
Rainer Remus Umweltbundesamt, Dessau	TA Luft (mit Hansmann)
Dr. Christoph Riese Rechtsanwalt in Berlin	§§ 67–71, 86 WHG
Prof. Dr. Marc Röckinghausen Hochschule für Polizei und öffentliche Verwaltung NRW, Abteilung Gelsenkirchen	§§ 20, 21, Vor § 32, §§ 32–37, 52, 52b, 62, 66, 67 BImSchG (mit Hansmann), §§ 37a bis 37f, Vor §§ 44–47, 52a, 63, 73 BImSchG, 1., 10., 26., 28., 36., 37., 38., 42. BImSchV, 4., 11., 20., 21., 25., 27., 30., 34 und 35. BImSchV, TA Luft (mit Hansmann), 2. BImSchV (mit Hansmann und Mahrwald), Schadstofffreisetzungs- und Verbringungsregistergesetz
Christoph Sahm LL. M. E. ON Kernkraft GmbH	§§ 23–25, 27 der 17. BImSchV (mit Ohms)
Prof. Dr. Dr. Joachim Sanden † Behörde für Stadtentwicklung und Umwelt, Freie und Hansestadt Hamburg, zugl. Apl. Prof. an der Universität Lüneburg	§§ 41–43 BNatSchG (mit Gellermann)
Dr. Gernot Schiller Rechtsanwalt in Berlin	§ 16 BImSchG (mit Reidt), 18. BImSchV (mit Reidt), Fluglärmgesetz (mit Reidt und Fellenberg), Umweltinformationsgesetz (mit Reidt) Umweltrechtsbehelfsgesetz (mit Fellenberg), §§ 14a, 15 BImSchG

Bearbeiter

Matthias Schleifenbaum, LL.M. Rechtsanwalt in Köln	Vorb. BattG, § 1 BattG
Prof. Dr. Hendrik Schoen Hochschule für Polizei und öffentliche Verwaltung NRW, Abteilung Münster	§ 50 BImSchG
Prof. Dr. Meinhard Schröder Em. Professor an der Universität Trier	EG-Abfallverbringungs-VO
Prof. Dr. Max-Jürgen Seibert Vorsitzender Richter am Oberverwaltungsgericht Münster	§ 13 BImSchG
Prof. Dr. Reinhard Sparwasser Rechtsanwalt in Freiburg	Vor § 22 BImSchG, §§ 22–25 BImSchG (mit Heilshorn)
Prof. Dr. Indra Spiecker genannt Döhmann, LL.M. O. Professorin an der Universität Frankfurt a.M.	UStatG BImSchG (mit Heilshorn)
Prof. Dr. Peter-Tobias Stoll O. Professor an der Universität Göttingen	EG-Artenschutzverordnung
Silvia Strecker Ministerium für Umwelt, Naturschutz und Verkehr des Landes Nordrhein-Westfalen	39. BImSchV (mit Bruckmann)
Prof. Dr. Dr. Markus Thiel Deutsche Hochschule der Polizei, Münster	§§ 3, 48–48b BImSchG
Dr. Christian Tünnesen-Harmes Rechtsanwalt in Duisburg	AbfAEV
Dr. Klaus Vogt Landesamt für Natur, Umwelt und Verbraucherschutz Nordrhein-Westfalen	39. BImSchV (mit Bruckmann und Strecker), 43. BImSchV (mit Bruckmann und van Endern)
Anne-Barbara Walter Umweltbundesamt	OberflächengewässerV (mit Dörr)
Dr. Dirk Weinreich Bundesministerium für Umwelt, Naturschutz, nukleare Sicherheit und Verbraucherschutz	Vorb. TEHG, §§ 7, 19 TEHG
Dr. Armin von Weschpfennig Akademischer Rat, Universität Bonn	§§ 13a, 13b, 103–107 WHG
Dr. Antje Wittmann Rechtsanwältin in Münster	UmweltschadensG (zusammen mit Beckmann), § 51 UVPG
Frank Wolke Bundesministerium für Umwelt, Naturschutz, nukleare Sicherheit und Verbraucherschutz	§§ 4, 18, 24 TEHG, UERV (mit Erxleben)
Justus Wulff LL.M. Juristischer Mitarbeiter in der Kanzlei Baumann-Rechtsanwälte, Leipzig	§§ 1-3 BNatSchG (mit Heß)

Dr. Reinhard Wulfhorst
Ministerium für Wirtschaft, Infrastruktur, Tourismus und Arbeit des Landes Mecklenburg-Vorpommern

§§ 24, 25, 40, 43 UVPG

Bearbeiter

2.4 Vierte Verordnung zur Durchführung des Bundes-Immissionsschutzgesetzes (Verordnung über genehmigungsbedürftige Anlagen – 4. BImSchV)

In der Bekanntmachung vom 31. Mai 2017

(BGBl. I S. 1440, geändert durch VO v. 12. Januar 2021, BGBl. I S. 69, und durch VO v. 12. Oktober 2022, BGBl. I S. 1799)

Vorbemerkung

Schrifttum: *Birkl/Kandzia,* Beschleunigung von Genehmigungsverfahren, I+E 2011, 172 ff.; *Engelhardt,* Bundes-Immissionsschutzgesetz, 3. Auflage, 2. Bd., 1. Teilbd.; *Feldhaus,* Bundesimmissionsschutzrecht, 2. Aufl., Band 2 (Bearbeiter: *Ludwig*); *Hansmann,* Neue Durchführungsvorschriften zum Bundes-Immissionsschutzgesetz, NVwZ 88, 1000; *ders.,* Änderungen der Störfallverordnung und der Verordnung über genehmigungsbedürftige Anlagen, NVwZ 91, 1138; *Henkel,* Der Anlagenbegriff des Bundes-Immissionsschutzgesetzes; *Jarass,* Bundes-Immissionsschutzgesetz, 10. Auflage, § 4 Rn. 12 ff.; *ders.,* Der Umfang einer immissionsschutzrechtlich genehmigungsbedürftigen Anlage, NVwZ 95, 529 ff.; *ders.,* Die jüngsten Änderungen des Immissionsschutzrechts, NVwZ 86, 607 ff.; *ders.,* Immissionsschutzrechtlicher Anlagenbegriff und Reichweite der Genehmigungsbedürftigkeit, UPR 2011, 201 ff.; *Knäpple,* Gesetz zur Reduzierung und Beschleunigung von immissionsschutzrechtlichen Genehmigungsverfahren, Immissionsschutz 2008, 28 ff.; *Koch/Scheuing/Pache,* GK-BImSchG, § 4 Rdnrn. 29 ff. (Bearbeiterin: *Böhm*); *Kotulla,* Bundes-Immissionsschutzgesetz, Bd. 3 (Bearbeiter: *Rolfsen*); *Marburger,* Massenstromwerte und Anlagenbegriff der TA Luft, 1993; *Michler,* Die Änderung der 4. BImSchV und die Zulassung von Abfallverwertungsanlagen, NVwZ 97, 977 ff.; *Schink,* Reichweite des Begriffs der Wärme- und Energieerzeugungsanlagen in Nr. 1 der 4. BImSchV, I+E 2011, 104 ff. *ders.,* Der Vorhabenbegriff „integrierte chemische Anlagen" im Sinne des UVPG und der 4. BImSchV, I+E 2013, 64 ff.; *Sellner/Reidt/Ohms,* Immissionsschutzrecht und Industrieanlagen, 3. Auflage, 1. Teil, Rn. 43–52; *Ule/Laubinger/Repkewitz,* Bundes-Immissionsschutzgesetz, § 4 Rn. 68 ff. (Bearbeiter: *Dörr*); *Wustlich,* Die Änderungen im Genehmigungsverfahren für Windenergieanlagen, NVwZ 05, 996 ff.

Übersicht

A. Allgemeines

I. Bedeutung und Rechtsgrundlage der Verordnung

1 Nach § 4 Abs. 1 Satz 1 BImSchG bedürfen die Errichtung und der Betrieb von Anlagen, die auf Grund ihrer Beschaffenheit oder ihres Betriebs in besonderem Maße geeignet sind, schädliche Umwelteinwirkungen hervorzurufen oder in anderer Weise die Allgemeinheit oder die Nachbarschaft zu gefährden, erheblich zu benachteiligen oder erheblich zu belästigen, sowie ortsfeste Abfallentsorgungsanlagen zur Lagerung oder Behandlung von Abfällen einer Genehmigung. Welche Anlagen im Einzelnen genehmigungsbedürftig sind, ist nicht durch Prüfung der im konkreten Einzelfall zu erwartenden Auswirkungen festzustellen (vgl. BVerwG, Beschluss vom 7.12.1961, GewA 62, 33; *Dörr* in *Ule/Laubinger/Repkewitz,* Bundes-Immissionsschutzgesetz, § 4 Rn. B13; *Ludwig,* in: *Feldhaus,* Bundes-Immissionsschutzrecht, Band 1 Teil I, § 4 BImSchG Anm. 16, und Band 2 – *Ludwig* –, B 2.4, § 1 der 4. BImSchV Rn. 4; *Dietlein* → BImSchG § 4 Rn. 1; *Sellner/Reidt/Ohms,* Immissionsschutzrecht und Industrieanlagen, 1. Teil, Rn. 38). Vielmehr werden die genehmigungsbedürftigen Anlagen nach § 4 Abs. 1 Satz 3 BImSchG generell durch eine Rechtsverordnung der Bundesregierung festgelegt (vgl. *Dietlein* → BImSchG § 4 Rn. 7; *Jarass,* BImSchG § 4 Rn. 4 und 12 ff.). Das gilt auch für die seit dem Inkrafttreten des Investitionserleichterungs- und Wohnbaulandgesetzes am 1.5.1993 in § 4 Abs. 1 Satz 1 BImSchG besonders erwähnten Abfallentsorgungsanlagen (vgl. *Jarass,* BImSchG § 4 Rn. 23; *Moormann* in UPR 93, 286). Auch diese sind nicht allein und unmittelbar auf Grund des Bundes-Immissionsschutzgesetzes genehmigungsbedürftig. Das ergibt sich aus der Systematik des § 4 Abs. 1 BImSchG und aus der Tatsache, dass durch Art. 9 des Investitionserleichterungs- und Wohnbaulandgesetzes (nur) bestimmte Anlagen (z.B. Kompostierungsanlagen erst ab einer bestimmten Durchsatzleistung) in den Anlagenkatalog der 4. BImSchV aufgenommen worden sind und dass dieser Katalog nach Art. 10 desselben Gesetzes durch Verordnung wieder geändert werden kann (vgl. dazu näher *Dietlein* → BImSchG § 4 Rn. 6). Deshalb gilt generell, dass die Vierte Verordnung zur Durchführung des Bundes-Immissionsschutzgesetzes (Verordnung über genehmigungsbedürftige Anlagen – 4. BImSchV) die Festlegung aller genehmigungsbedürftigen Anlagen nach dem Bundes-Immissionsschutzgesetz enthält.

2 Dass die genehmigungsbedürftigen Anlagen nicht im Bundes-Immissionsschutzgesetz selbst bestimmt werden, ist verfassungsrechtlich unbedenklich. Eine entsprechende detaillierte Regelung im Gesetz würde dieses starr und kasuistisch machen und die notwendige Anpassung an die raschem Fortschritt und Wandel unterworfene Naturwissenschaft und Technik erschweren (vgl. BVerfG, Beschluss vom 6.5.1987, GewA 87, 373, 374; *Dietlein* → BImSchG § 4 Rn. 10).

(Fortsetzung Seite 3)

8.15 des Anhangs zur Verordnung (in Kraft ab 1. Februar 2007). Das Gesetz zur Reduzierung und Beschleunigung von immissionsschutzrechtlichen Genehmigungsverfahren vom 23. Oktober 2007 (BGBl. I S. 2470/2472) hat eine Reihe von Anlagen aus der Genehmigungsbedürftigkeit entlassen sowie zahlreiche Anlagen aus der Spalte 1 in Spalte 2 verschoben. Ziel der Änderung war es, das deutsche Anlagenzulassungsrecht auf das gemeinschaftsrechtlich gebotene Mindestmaß zu reduzieren. Die mit Art. 13 des Rechtsbereinigungsgesetzes Umwelt (BGBl. I S. 2723/2728) vorgenommenen Änderungen sind am 1. März 2010 in Kraft getreten. Sie betreffen die Ziffern 3.25, 5.1, 9.11, 10.15 und 10.22. Mit dem überwiegenden Teil dieser Änderungen wurden Korrekturen gegenüber dem Reduzierungs- und Beschleunigungsgesetz vorgenommen. Bei Gelegenheit der Umsetzung der Dienstleistungsrichtlinie im Bereich des Umweltrechts hat der Verordnungsgeber die Ziffer 5.1 erneut geändert. Nach wie vor im Bemühen um eine Anpassung an die VOC-Richtlinie wurde der zuvor eingeführte Begriff des „Dampfdrucks" durch den Begriff „Flüchtigkeit" ersetzt. Gemeinsam mit der Neufassung der Gefahrstoffverordnung wurden die Verweise in den Ziffern 9.7 und 9.13 an die neue Rechtslage angepasst. Eine Erweiterung oder Verkürzung des Genehmigungserfordernisses war damit nicht verbunden. Mit der Ablösung des Kreislaufwirtschafts- und Abfallgesetzes durch das Kreislaufwirtschaftsgesetz zum 1. Juni 2012 wurde die Verordnung wieder geändert. Während im Regierungsentwurf (BT-Drs. 17/6052) lediglich Anpassungen an die neue Begrifflichkeit ohne Erweiterung oder Reduzierung der Genehmigungsbedürftigkeit vorgesehen waren, ist im Rahmen der Ausschussberatungen im Bundestag eine Genehmigungspflicht für Anlagen zur Erzeugung und Aufbereitung von Biogas geschaffen worden, die von der jährlichen Kapazität abhängig ist (Ziffer 1.15). Mit Inkrafttreten des Gesetzes zur Demonstration der dauerhaften Speicherung von Kohlendioxid am 24. August 2012 ist zugleich auch die Genehmigungsbedürftigkeit von Anlagen zur Abscheidung von Kohlendioxid aus Spalte 1-Anlagen zum Zweck der dauerhaften Speicherung in Ziffer 10.2 wirksam geworden. Diese Folgeänderung war durch die Änderung der Richtlinie 2008/1/EG durch die Richtlinie 2009/31/EG (sog. CCS-Richtlinie) notwendig.

III. Die Verordnung vom 2.5.2013

Im Kontext der Umsetzung der Industrieemissions-Richtlinie 2010/75/EU wurde die 4. BImSchV erneut neugefasst. Am 25.5.2012 legte die Bundesregierung dem Bundesrat die *Verordnung zur Umsetzung der Richtlinie über Industrieemissionen, zur Änderung der Verordnung über Immissionsschutz- und Störfallbeauftragte und zum Erlass einer Bekanntgabeverordnung* (BR-Drs. 319/12) zur Zustimmung vor. Artikel 1 dieser Mantelverordnung beinhaltete die neu gestaltete 4. BImSchV. Unionsrechtlich erforderlich war die Neufassung nicht (vgl. BR-Drs. 319/12, S. 93), eine Änderung war aber allein deshalb notwendig, weil die besonderen Anforderungen der Industrieemissions-Richtlinie ausschließlich für Anlagen gelten sollen, die in Anhang I der Richtlinie aufgeführt sind. Analog zu der in § 3 Abs. 8 BImSchG aufgenommenen Definition für „Anlagen nach der Industrieemissions-Richtlinie" werden mit der Neufassung der 4. BImSchV im Anhang 1 diese Anlagen besonders gekennzeichnet. Mit dem Gesetz zur Umsetzung der Richtlinie über Industrieemissionen vom 8.4.2013 (BGBl. I S. 734) wurde § 4 Abs. 1 BImSchG um einen Satz 4 ergänzt, der diese besondere Kennzeichnung vorschreibt. Das alte Spaltensystem wurde dafür aufgegeben und durch ein der Anlage 1 zum UVPG entsprechendes neues Spaltensystem ersetzt: Spalte a enthält die Anlagenziffer; in Spalte b findet sich die Anlagenbeschreibung; Spalte c enthält entweder den Buchstaben „G" für ein Verfahren mit Öffentlichkeitsbeteiligung nach § 10 BImSchG oder den Buchstaben „V" für ein vereinfachtes Verfahren nach § 19 BImSchG; sofern es sich um eine Anlage nach der Industrieemissions-Richtlinie handelt, **15 f** findet sich zusätzlich noch in Spalte d der Buchstabe „E". Über die geänderte Form hinaus waren auch inhaltliche Änderungen im Anlagenkatalog vorgenommen worden (vgl. dazu im Einzelnen die Erläuterungen zu Anhang 1). Die Ausschüsse des Bundesrates haben zu der Mantelverordnung Änderungen in erheblichem Umfang vorgeschlagen. Insgesamt gab es 101 Empfehlungen für Änderungen an den Bundesrat, wovon 30 auf die 4. BImSchV entfielen (vgl. BR-Drs. 319/1/12). Der Finanzausschuss hatte vorgeschlagen, eine Genehmigungsbedürftigkeit nur noch für Anlagen nach der Industrieemissions-Richtlinie vorzusehen. Das vereinfachte Verfahren war nicht mehr vorgesehen. Am 14.12.2012 stimmte der Bundesrat der Mantelverordnung zu (BR-Drs. 319/12 (Beschluss)). Der Änderungsantrag des Finanzausschusses fand zwar keine Mehrheit, dafür wurden fast alle übrigen Änderungen zur 4. BImSchV angenommen. Diese Änderungen wurden von der Bundesregierung übernommen und die Verordnung konnte am 2.5.2013 ausgefertigt und verkündet werden (BGBl. I S. 973). Gemäß Art. 11 der Mantelverordnung trat die neugefasste 4. BImSchV am selben Tage in Kraft. Zugleich trat die Vorgängerverordnung außer Kraft.

15g Eine erste Änderung erfolgte mit Inkrafttreten der *Verordnung zur Umsetzung von Artikel 14 der Richtlinie zur Energieeffizienz und zur Änderung weiterer umweltrechtlicher Vorschriften* vom 28. April 2015 (BGBl. I S. 670) am 1. Mai 2015. Wesentlicher Teil dieser Verordnung war der Erlass der KWK-Kosten-Nutzen-Vergleichs-Verordnung, mit dem die Verpflichtung zur Durchführung eines anlagenspezifischen Kosten-Nutzen-Vergleichs bezüglich hocheffizienter KWK, der Verwendung der Abwärme sowie der Anbindung an ein Fernwärme- oder Fernkältenetz umgesetzt wurde. Die Änderungen der 4. BImSchV stehen in keinem Zusammenhang mit dieser Pflicht, sondern dienen der Bereinigung von unbeabsichtigten Änderungen und Unklarheiten, die mit der Neufassung im Rahmen der Umsetzung der Industrieemissions-Richtlinie aufgetreten waren (vgl. BR-Drs. 538/14, S. 44). Auch die folgende Änderung der Verordnung diente – zumindest auch – dem Ziel einer weiteren Vervollständigung der Umsetzung der Industrieemissions-Richtlinie. Durch Art. 1 der *Verordnung zur Änderung der Verordnung über genehmigungsbedürftige Anlagen und zur Änderung der Verordnung über Emissionserklärungen* vom 9. Januar 2017 (BGBl. I S. 42), die am 14. Januar 2017 in Kraft trat, kam es zu einigen Änderungen in Anhang I, die das Verfahren nach § 10 BImSchG mit Öffentlichkeitsbeteiligung weiter auf die Anlagen beschränken soll, die Anlagen nach der Industrieemissions-Richtlinie sind. Des Weiteren erfolgten Änderungen in Nr. 10.22.1 des Anhangs I sowie in Anhang zwei mit dem Ziel der Anpassung an die Verordnung (EG) Nr. 1272/2008 über die Einstufung, Kennzeichnung und Verpackung von Stoffen und Gemischen (CLP-Verordnung). In der damit geschaffenen Fassung wurde die Verordnung am 31. Mai 2017 neu bekanntgemacht (BGBl. I S. 1440). Gegenüber dieser Bekanntmachung erfolgte mit Artikel 1 der *Ersten Verordnung zur Änderung der Verordnung über genehmigungsbedürftige Anlagen* vom 12. Januar 2021 (BGBl. I S. 69) eine weitere Ergänzung des Anhangs 1. Betroffen sind Anlagen zum Vulkanisieren von Natur- oder Synthesekautschuk (Nr. 10.7). Das Genehmigungserfordernis wurde erstreckt auf Anlagen, die halogenierte peroxidische Vernetzungsmittel einsetzen. Das Inkrafttreten dieser Änderung wurde auf den 1. April 2021 festgelegt. Eine geringfügige Änderung bewirkte die *Zweite Verordnung zur Änderung der Verordnung über genehmigungsbedürftige Anlagen* vom 12. Oktober 2022 (BGBl. I S. 1799). In Nr. 9.1.1 wurde die Grenze zum förmlichen Verfahren von einer Kapazität von 30 Tonnen auf 50 Tonnen Fassungsvermögen verschoben. Gemäß Art. 2 der Verordnung trat die Änderung am 26. Oktober 2022 in Kraft.

D. Übereinstimmung mit der Ermächtigungsgrundlage

I. Eingangsformel

Die Verordnung zur Umsetzung der Richtlinie über Industrieemissionen, zur Änderung der Verordnung über Immissionsschutz- und Störfallbeauftragte und zum Erlass einer Bekanntgabeverordnung vom 2.5.2013 (BGBl. I S. 973) enthält folgende Präambel: **16**

„Auf Grund

- *des § 4 Absatz 1 Satz 3 und 4, § 7 Absatz 1 Satz 1 Nummer 3 und 4, § 10 Absatz 10, § 19 Absatz 1, § 23 Absatz 1 Satz 1 Nummer 3 und Satz 2 und § 29b des Bundes-Immissionsschutzgesetzes, von denen § 7 Absatz 1 zuletzt durch Artikel 1 Nummer 6 des Gesetzes vom 8. April 2013 (BGBl. I S. 734) geändert sowie § 4 Absatz 1 Satz 4 und § 29b durch Artikel 1 Nummer 3 und 14 des Gesetzes vom 8. April 2013 (BGBl. I S. 734) eingefügt worden ist,*
- *des § 23 Absatz 1 Nummer 3, 5 und 8 bis 11 des Wasserhaushaltsgesetzes, der durch Artikel 1 Nummer 4 des Gesetzes vom 6. Oktober 2011 (BGBl. I S. 1986) geändert worden ist,*
- *des § 36 Absatz 4 Satz 4 und des § 43 Absatz 1 Satz 1 Nummer 2, 5, 6, 8 und 9 und Absatz 5 in Verbindung mit § 10 Absatz 2 Satz 1 Nummer 2 und 6 und des § 47 Absatz 7 Satz 3 des Kreislaufwirtschaftsgesetzes vom 24. Februar 2012 (BGBl. I S. 212), von denen durch Artikel 3 Nummer 1 und 2 des Gesetzes vom 8. April 2013 (BGBl. I S. 734) § 43 Absatz 1 Satz 1 Nummer 8 neu gefasst und § 47 Absatz 7 angefügt worden ist,*

verordnet die Bundesregierung nach Anhörung der beteiligten Kreise;

(Fortsetzung Seite 25)

Abfälle unterhalb der Mengenschwelle von 3 Tonnen je Stunde mit Ausnahme der Verbrennung von Altholz der Kategorie A II.

Mit Nummer 8.1.1.5 wird die bisher in Nummer 8.2 geregelte Verbrennung von Altholz der Kategorie A II ab einer Feuerungswärmeleistung von 1 Megawatt wieder hergestellt. Der Einsatz dieser Althölzer oberhalb der Mengenschwelle von 3 Tonnen je Stunde wird in europarechtskonformer Weise von Nummer 8.1.1.3 erfasst.

Dass neben der Altholzkategorie A II richtigerweise auch die Kategorie A I genannt wird, geht auf den Maßgabenbeschluss des Bundesrates zurück (BR-Drs. 476/16 (Beschluss), S. 4).

Nr.	Anlagenbeschreibung	Verfahrensart	Anlage gemäß Art. 10 der RL 2010/75/EU
a	b	c	d
9.	**Lagerung, Be- und Entladen von Stoffen und Gemischen**		
9.1	**Anlagen, die der Lagerung von Stoffen oder Gemischen, die bei einer Temperatur von 293,15 Kelvin und einem Standarddruck von 101,3 Kilopascal vollständig gasförmig vorliegen und dabei einen Explosionsbereich in Luft haben (entzündliche Gase), in Behältern oder von Erzeugnissen, die diese Stoffe oder Gemische z.B. als Treibmittel oder Brenngas enthalten, dienen, ausgenommen Erdgasröhrenspeicher und Anlagen, die von Nummer 9.3 erfasst werden,**		
9.1.1	**soweit es sich nicht ausschließlich um Einzelbehältnisse mit einem Volumen von jeweils nicht mehr als 1000 Kubikzentimeter handelt, mit einem Fassungsvermögen von**		
9.1.1.1	**50 Tonnen oder mehr,**	**G**	
9.1.1.2	**3 Tonnen bis weniger als 50 Tonnen,**	**V**	
9.1.2	**soweit es sich ausschließlich um Einzelbehältnisse mit einem Volumen von jeweils nicht mehr als 1000 Kubikzentimeter handelt, mit einem Fassungsvermögen entzündbarer Gase von 30 Tonnen oder mehr;**	**V**	
9.2	**Anlagen, die der Lagerung von Flüssigkeiten dienen, ausgenommen Anlagen, die von Nummer 9.3 erfasst werden, mit einem Fassungsvermögen von**		
9.2.1	**10 000 Tonnen oder mehr, soweit die Flüssigkeiten einen Flammpunkt von 373,15 Kelvin oder weniger haben,**	**G**	
9.2.2	**5000 Tonnen bis weniger als 10 000 Tonnen, soweit die Flüssigkeiten einen Flammpunkt unter 294,15 Kelvin haben und deren Siedepunkt bei Normaldruck (101,3 Kilopascal) über 293,15 Kelvin liegt;**	**V**	
9.3	**Anlagen, die der Lagerung von in der Stoffliste zu Nummer 9.3 (Anhang 2) genannten Stoffen dienen, mit einer Lagerkapazität von**		
9.3.1	**den in Spalte 4 der Stoffliste (Anhang 2) ausgewiesenen Mengen oder mehr,**	**G**	
9.3.2	**den in Spalte 3 der Stoffliste (Anhang 2) bis weniger als den in Spalte 4 der Anlage ausgewiesenen Mengen;**	**V**	

Nr.	Anlagenbeschreibung	Verfahrensart	Anlage gemäß Art. 10 der RL 2010/75/EU
9.4–9.10	**(nicht besetzt)**		
9.11	**Offene oder unvollständig geschlossene Anlagen, ausgenommen Anlagen die von Nummer 9.3 erfasst werden,**		
9.11.1	**zum Be- oder Entladen von Schüttgütern, die im trockenen Zustand stauben können, durch Kippen von Wagen oder Behältern oder unter Verwendung von Baggern, Schaufelladegeräten, Greifern, Saughebern oder ähnlichen Einrichtungen, soweit 400 Tonnen Schüttgüter oder mehr je Tag bewegt werden können, ausgenommen Anlagen zum Be- oder Entladen von Erdaushub oder von Gestein, das bei der Gewinnung oder Aufbereitung von Bodenschätzen anfällt, sowie Anlagen zur Erfassung von Getreide, Ölsaaten oder Hülsenfrüchten,**	**V**	
9.11.2	**zur Erfassung von Getreide, Ölsaaten oder Hülsenfrüchten, soweit 400 Tonnen oder mehr je Tag bewegt werden können und 25 000 Tonnen oder mehr je Kalenderjahr umgeschlagen werden können;**	**V**	
9.12–9.35	**(nicht besetzt)**		
9.36	**Anlagen zur Lagerung von Gülle oder Gärresten mit einer Lagerkapazität von 6500 Kubikmetern oder mehr;**	**V**	
9.37	**Anlagen, die der Lagerung von Erdöl, petrochemischen oder chemischen Stoffen oder Erzeugnissen dienen, ausgenommen Anlagen, die von den Nummern 9.1, 9.2 oder 9.3 erfasst werden, mit einem Fassungsvermögen von 25 000 Tonnen oder mehr;**	**G**	

1 Zur Auslegung der **Nr. 9.1** hat der LAI (vgl. Nr. 1 Rdnr. 1) auf folgendes hingewiesen:

Die Formulierung „in Behältern" in Nr. 9.1 beinhaltet lediglich eine Abgrenzung zur Kavernenanlagerung. Hieraus folgt, dass sich das Tatbestandsmerkmal „Fassungsvermögen" auf „Anlagen" und nicht auf „Behälter" bezieht. Demnach sind z.B. zwei Gasbehälter (jeder für sich weniger als 3 Tonnen, zusammen mehr als 3 Tonnen Fassungsvermögen) auf einem gewerblichen Campingplatz, die im Abstand von 2 m auf voneinander getrennten Bodenplatten stehen, wobei einer der Versorgung von Wohnmobilen, der andere zur Beheizung der Sanitäranlagen dient, genehmigungsbedürftig, da auf Grund der Verkehrsauffassung **eine** Anlage im Sinne von Nr. 9.1 vorliegt. (LAI 1989)

Bei der Berechnung des Fassungsvermögens der einzelnen Behälter ist die für die jeweilige Gasart höchst zulässige Füllung zu berücksichtigen. (LAI 1989)

2 Betreiber eines Flüssiggas-Lagerbehälters kann auch der Mieter sein (VG Gießen, Urteil vom 13. 11. 1990, NVwZ 1991, 914, 915).

3 Für die Auslegung der **Nr. 9.11** sind folgende Hinweise des LAI von Bedeutung:

Für die Beurteilung der Frage, ob eine „unvollständig geschlossene Anlage" vorliegt, ist maßgeblich, ob auf Grund der baulich vorgegebenen, nicht veränderbaren Konstruktion der Anlage die Emissionen praktisch denen einer geschlossenen Be- oder Entladeanlage – bei der es ja auch Türen geben muss – gleichkommen. Hierbei ist zu beachten, dass der Grund für die Genehmigungsbedürftigkeit in der Staubentwicklung der Anlagen zu sehen ist. Kann Staub auf Grund der baulichen Verhältnisse nicht nennenswert nach außen dringen, kann die Anlage als geschlossen angesehen werden. Dies ist z.B. der Fall bei Türen und schweren Plastikvorhängen ohne weitere Öffnungen, bei Lamellenvorhängen jedoch in der Regel nicht. (LAI 1989)

(Fortsetzung Seite 109)

2.30 Dreißigste Verordnung zur Durchführung des Bundes-Immissionsschutzgesetzes (Verordnung über Anlagen zur biologischen Behandlung von Abfällen – 30. BImSchV)

Vom 20. Februar 2001

(BGBl. I S. 305/317, geändert durch Art. 3 d. VO v. 27. April 2009, BGBl. I S. 900/950, durch Art. 3 d. VO v. 27. September 2017, BGBl. I S. 3465, durch Art. 2 d. VO v. 13. Dezember 2019, BGBl. I S. 2739, und durch Art. 1 d. VO v. 12. Oktober 2022, BGBl. I S. 1800)

Vorbemerkung

I. Bedeutung der Verordnung

Die 30. BImSchV ist als Art. 2 der Verordnung über die umweltverträgliche Ablagerung von Siedlungsabfällen und über biologische Abfallbehandlungsanlagen vom 20.2.2001 (BGBl. I S. 305) erlassen worden. Anlass für die Regelung der Anforderungen an die Ablagerung von Abfällen waren die Erfahrungen mit dem Vollzug der TA Siedlungsabfall, der nach Auffassung der Bundesregierung wegen der zahlreichen Ausnahmen unbefriedigend war. Deshalb sollten die Kriterien für die Ablagerung von Abfällen durch eine Rechtsverordnung eindeutig festgelegt und die Ausnahmemöglichkeiten eingeschränkt werden. 1

Zur Erfüllung der Kriterien für die Ablagerung ist in zahlreichen Fällen eine Vorbehandlung der Abfälle erforderlich. Dies kann durch thermische und durch biologische Verfahren geschehen. Die Anforderungen an Anlagen zur thermischen Behandlung von Abfällen sind in der 17. BImSchV (abgedruckt in diesem Band unter Nr. 2.17) festgelegt. Bisher fehlten jedoch konkrete rechtliche Anforderungen an biologische Abfallbehandlungsanlagen. Diese Lücke wird durch die 30. BImSchV geschlossen. Mit ihr werden insbesondere die Vorsorgepflichten aus § 5 Abs. 1 Nr. 2 BImSchG im Hinblick auf die Luftreinhaltung konkretisiert (vgl. § 1 Abs. 3); wegen der übrigen Anforderungen an die Errichtung und den Betrieb der Anlagen ist auf die allgemeinen Vorschriften bzw. deren Konkretisierung in anderen Regelwerken (zB in der TA Lärm, abgedruckt in diesem Band unter Nr. 3.1) zurückzugreifen. 2

II. Entstehungsgeschichte

Dem Erlass der 30. BImSchV ist eine längere Kontroverse zwischen dem Bundesumweltministerium und einzelnen Landesumweltministerien über die umweltgerechte Vorbehandlung von Abfällen vor ihrer Ablagerung vorausgegangen. Im Grundsatz einigte man sich darauf, dass an Anlagen zur mechanisch-biologischen Abfallbehandlung Anforderungen zu stellen sind, die denen für Abfallverbrennungsanlagen vergleichbar sind. Ein konkreter Verordnungsentwurf wurde eingehend diskutiert und der EG-Kommission zugeleitet (vgl. Rn. 6). Schließlich beschloss die Bundesregierung am 27.9.2000 die Verordnung über die umweltverträgliche Ablagerung von Siedlungsabfällen und über biologische Abfallbehandlungsanlagen und leitete sie am 29.9.2000 dem Bundesrat zur Zustimmung zu (BR-Drs. 596/00). Im allgemeinen Teil der Begründung wird zur 30. BImSchV folgendes ausgeführt: 3

„Nach § 7 BImSchG wird die Bundesregierung ermächtigt, nach Anhörung der beteiligten Kreise mit Zustimmung des Bundesrates in Rechtsverordnungen vorzuschreiben, dass genehmigungsbedürftige Anlagen bestimmten Anforderungen genügen müssen.

Die Verordnung enthält Anforderungen an die Errichtung, die Beschaffenheit und den Betrieb von biologischen Abfallbehandlungsanlagen für Siedlungsabfälle oder andere Abfälle mit biologisch abbaubaren Anteilen, die nach § 4 oder § 16 BImSchG iVm den im Anhang der Verordnung über genehmigungsbedürftige Anlagen genannten Abfallentsorgungsanlagen genehmigungsbedürftig sind, in denen Siedlungsabfälle oder andere Abfälle mit biologisch abbaubaren Anteilen mit biologischen oder einer Kombination von biologischen mit physikalischen Verfahren behandelt werden, soweit biologisch stabilisierte Abfälle, heizwertreiche Fraktionen, Ersatzbrennstoffe oder Biogase erzeugt werden.

Die Verordnung gilt für neue Anlagen und für Altanlagen. Die Zahl der bestehenden Anlagen mit biologischer Behandlung von Siedlungsabfällen zur Erzeugung biologisch stabilisierter Abfälle als Vorbehandlung zur Ablagerung in Deponien oder vor einer thermischen Behandlung sowie zur energetischen Verwertung einschließlich der Müllvergärungsanlagen zur Biogaserzeugung beträgt derzeitig ca. 30 Anlagen.

Bei überwiegend ungekapselt betriebenen Anlagen können durch das Freisetzen geruchsintensiver Stoffe erhebliche Geruchsbelästigungen in der Nachbarschaft auftreten. Auch die Möglichkeit des Freisetzens von gesundheitsrelevanten Mikroorganismen (zB thermophile Actinomyceten und Aspergillus fumigatus) aus diesen Anlagen, die zu Keimimmissionen in der Nachbarschaft führen können, hat eine besondere Bedeutung für die Umwelt. Weil die Keime und ihre Abbauprodukte (wie die Endotoxine gramnegativer Bakterien oder die krebserzeugenden Aflatoxine der Aspergillen) bei der Behandlung fester Stoffe in der Regel an Staubpartikel gebunden sind, müssen die auftretenden staubförmigen Emissionen entsprechend begrenzt werden. Neben bestimmten organischen Einzelstoffen, die als geruchsintensive Stoffe erhebliche Geruchsbelästigungen hervorrufen können, werden aus biologischen Abfallbehandlungsanlagen auch andere organische Stoffe im erheblichen Maße emittiert. So wird bei den organischen Stoffen der Wirkungsklasse I die Massenstromschwelle von 0,1 kg/h nach Nr. 3.1.7 der Ersten Allgemeinen Verwaltungsvorschrift zum BImSchG (Technische Anleitung zur Reinhaltung der Luft – TA Luft) häufig überschritten. Zu beachten sind dabei auch bestimmte kanzerogene Einzelstoffe (wie Benzol und Trichlorethan) sowie Stoffe mit möglicher krebserzeugender Wirkung (zB Dichlormethan und Tetrachlorethen), die unter Umständen mit wesentlicher Fracht emittiert werden können.

Als Produkte des biologischen Abbaus der Siedlungsabfälle und anderer Abfälle mit biologisch abbaubaren Anteilen werden zwangsläufig auch klimarelevante Gase wie Kohlendioxid (CO_2) und Methan (CH_4) gebildet. Während das auf der Grundlage von biogenem Kohlenstoff entstandene Kohlendioxid als treibhausneutral angesehen wird, muss das Methan mit einem wirkungsspezifischen CO_2-Äquivalent von 21 als klimarelevantes Gas beachtet werden. Insbesondere bei mit Ammoniak (NH_3) und Aminen beladenen Abgasströmen kann es bei der Abgasreinigung zur Bildung von Distickstoffoxid (N_2O) kommen, welches wegen seines wirkungsspezifischen CO_2-Äquivalents von 310 als Luftverunreinigung für den Treibhauseffekt besonders zu beachten ist.

Ziel der Verordnung über biologische Abfallbehandlungsanlagen für Siedlungsabfälle ist es daher, die Emissionsfrachten dieser relevanten Luftverunreinigungen durch geeignete bauliche und betriebliche Maßnahmen sowie durch die Festlegung anspruchsvoller Emissionsgrenzwerte so zu begrenzen, dass eine ausreichende Vorsorge für die Nachbarschaft und die Allgemeinheit gegen schädliche Umwelteinwirkungen durch Luftverunreinigungen gegeben ist. Hierzu sollen vor allem auch die Betriebsergebnisse und Auslegungen von neuen und geplanten Anlagen sowie die vorliegenden Erfahrungen bei der Emissionsminderung von anderen genehmigungsbedürftigen Anlagentypen mit vergleichbaren Abgasen berücksichtigt werden.

Zur Vermeidung von diffusen Emissionsquellen ist zunächst eine Ausführung aller emissionsrelevanten Anlagenteile und Verfahrensschritte der biologischen Abfallbehandlungsanlage in gekapselten

Einrichtungen oder in geschlossenen Räumen mit Schleusen und die Erfassung aller Abgasströme mit Zuführung zu einer Abgasreinigungseinrichtung vor ihrer Ableitung in die Atmosphäre erforderlich. Diese baulichen und betrieblichen Anforderungen werden deshalb sowohl an die Einrichtungen zur biologischen Behandlung als auch an die Einrichtungen zur Anlieferung, mechanischen Aufbereitung, physikalischen Trennung, Lagerung und zum Transport der Einsatzstoffe und der anfallenden Abfälle gestellt. Außerdem werden mit den baulichen und betrieblichen Anforderungen an den Abtransport staubender Güter und an Fahrwege und ihre Benutzung sowie an die Behandlung von Prozesswässern und Brüdenkondensaten weitere Vorkehrungen getroffen, dass auch von diesen Einrichtungen und Vorgängen keine relevanten Emissionen ausgehen können.

(Fortsetzung Seite 3)

Bis auf das Wort „Einrichtungen" in Absatz 2 entspricht die Vorschrift der Regierungsvorlage. In der Begründung zu § 14 heißt es (BR-DrS. 596/00, S. 89):

„Die Anforderungen der Verordnung gelten für neue Anlagen und für Altanlagen gleichermaßen. Für Altanlagen wird eine angemessene Übergangsfrist festgelegt. Die Vorschrift in Absatz 2 regelt dabei den Sonderfall der Erweiterung von Altanlagen während der eingeräumten Übergangsfrist."

Fünfter Teil. Gemeinsame Vorschriften

§ 15 Unterrichtung der Öffentlichkeit

Der Betreiber der biologischen Abfallbehandlungsanlage hat die Öffentlichkeit nach erstmaliger Kalibrierung der Messeinrichtung zur kontinuierlichen Feststellung der Emissionen nach § 8 Abs. 4 und erstmaligen Einzelmessungen nach § 11 Abs. 1 einmal jährlich sowie nach Messungen nach § 11 Abs. 3 über die Beurteilung der Messungen von Emissionen zu unterrichten. Die zuständige Behörde kann Art und Form der Öffentlichkeitsunterrichtung festlegen. Die Sätze 1 und 2 gelten nicht für solche Angaben, aus denen Rückschlüsse auf Betriebs- oder Geschäftsgeheimnisse gezogen werden können. Abweichend von den Sätzen 1 und 2 können Betreiber von Unternehmen, die in das Verzeichnis der Verordnung (EWG) Nr. 1836/93 des Rates vom 29. Juni 1993 über die freiwillige Beteiligung gewerblicher Unternehmen an einem Gemeinschaftssystem für das Umweltmanagement und die Umweltbetriebsprüfung (ABl. EG Nr. L 168 S. 1) eingetragen sind, die Unterrichtung der Öffentlichkeit durch Dokumente ersetzen, die im Rahmen des Umweltmanagementsystems erarbeitet wurden, sofern die erforderlichen Angaben enthalten sind.

Satz 3 geht auf den Beschluß des Bundesrates zurück (BR-DrS. 596/00-Beschluß, Nr. 44). Zu Satz 1 und 2 hat die Bundesregierung ausgeführt (BR-DrS. 596/00, S. 89):

„Die geforderte jährliche Unterrichtung der Nachbarschaft und der Allgemeinheit durch den Anlagenbetreiber über die von der biologischen Abfallbehandlungsanlage ausgehenden Emissionen dient vor allem zur vorbeugenden Abwehr schädlicher Umwelteinwirkungen beim Betrieb der Anlage. Durch eine weitgehende Transparenz für die Öffentlichkeit über die Einhaltung von zulässigen Emissionen kann auch ein Beitrag zur Verbesserung der Akzeptanz dieser Abfallentsorgungsanlagen geleistet werden."

§ 16 Zulassung von Ausnahmen

(1) **Abweichend von der in § 5 Abs. 1 Satz 1 festgelegten Kapselung von Einrichtungen zur biologischen Behandlung oder ihrer Ausführung in geschlossenen Räumen mit Schleusen und der in § 5 Abs. 2 festgelegten vollständigen Zuführung des beim Rottevorgang entstehenden Abgases zu einer Abgasreinigung kann die zuständige Behörde auf Antrag des Betreibers bei einer mehrstufigen biologischen Behandlung eine Nachbehandlung unter aeroben Bedingungen (Nachrotte) in nicht gekapselten Einrichtungen oder in nicht geschlossenen Räumen ohne Abgaserfassung und Abgasreinigung zulassen, wenn der zur Nachrotte vorgesehene Abfall den Wert von 20 mg O2/g Trockenmasse, bestimmt als Atmungsaktivität gemäß Anhang 4 Nummer 3.3.1 der Deponieverordnung vom 27. April 2009 (BGBl. I S. 900), unterschreitet und durch sonstige betriebliche Maßnahmen sichergestellt wird, dass der Vorsorge gegen schädliche Umwelteinwirkungen auf andere Weise Genüge getan ist.**

(2) **Die zuständige Behörde kann auf Antrag des Betreibers Ausnahmen von den Anforderungen der §§ 4 bis 6 und 13 zulassen, solange und soweit unter Berücksichtigung der besonderen Umstände des Einzelfalls**

1. **dies wegen einer durch eine ernste oder erhebliche Gasmangellage ausgelösten Notwendigkeit erforderlich ist,**
2. **einzelne Anforderungen der §§ 4 bis 6 und 13 nicht oder nur mit unverhältnismäßigem Aufwand erfüllbar sind und**
3. **die Anforderungen der Richtlinien 2010/75/EU eingehalten werden.**

Die Ausnahmen sind zu befristen. Die Zulassung der Ausnahme kann jederzeit widerrufen werden. Sie ist zu widerrufen, wenn die Voraussetzungen des Satzes 1 Nummer 1 nicht mehr vorliegen. Die zuständige Behörde dokumentiert die Gründe für die Zulassung von Ausnahmen im Anhang des Genehmigungsbescheids, einschließlich der festgelegten Auflagen. Diese Informationen sind der Öffentlichkeit zugänglich zu machen.

1 Die Bundesregierung hatte zunächst die Zulassung weitgehender Ausnahmen in einem Absatz 1 vorgesehen (vergleichbar § 33 Abs. 1 der 13. BImSchV und § 19 Abs. 1 der 17. BImSchV). Der Bundesrat hat jedoch die Streichung der Bestimmung mit folgender Begründung verlangt (BR-DrS. 596/00-Beschluß, Nr. 45):

„Mit der Zulassung weitgehender Ausnahmen für Alt- und Neuanlagen wird die Zielsetzung der Verordnung unterlaufen. Diese Regelung bedeutet auch eine gravierende Ungleichbehandlung von thermischen Abfallbehandlungsanlagen gegenüber mechanisch-biologischen Abfallbehandlungsanlagen."

2 Die Bundesregierung hat die aus ihrer Vorlage weitgehend übernommene Regelung in § 16 wie folgt begründet (BR-DrS. 596/00, S. 90):

„Die Ausnahmeregelung für eine Nachrotte, die ohne Ablufterfassung und -reinigung betrieben werden kann, gilt für neue Anlagen und für Altanlagen gleichermaßen. Ihre Zulassung wird an die Bedingung geknüpft, dass durch den offenen Betrieb dieser biologischen Verfahrensstufe keine schädlichen Umwelteinwirkungen hervorgerufen werden können. Das erfordert entsprechende betriebsorganisatorische Sicherstellungen wie die Einhaltung einer Atmungsaktivität von 20 mg Sauerstoff/g Trockensubstanz nach der sog. Intensiv- oder Hauptrotte und auch Immissionsprognosen durch Sachverständige vor allem hinsichtlich des Ausschlusses von Geruchsbelästigungen und von immissionsseitigen Keimbelastungen auch auf der Leeseite der Anlage unter Beachtung möglicher Kaltluftströmungen."

3 Auch in der jetzigen Fassung des § 16 gehen verschiedene Änderungen auf den Beschluß des Bundesrates zurück (BR-DrS. 596/00-Beschluß, Nrn. 46–48). Sie dienten neben der terminologischen Verbesserung der Konkretisierung und Verschärfung der Ausnahmevoraussetzungen. Zur Begründung hat der Bundesrat folgendes ausgeführt:

„Die Vorlage lässt grundsätzlich eine Nachrotte ohne Einhausung und Fassung der Abluft zu, sofern keine schädlichen Umwelteinwirkungen hervorgerufen werden. Die zuständigen Behörden können den unbestimmten Begriff „schädliche Umwelteinwirkungen" frei interpretieren. Das UBA hat in seinem Bericht darauf hingewiesen, dass in solchen Fällen zusätzliche Kriterien festzulegen sind, wie lange oder bis zu welchem Stabilisierungsgrad Abfälle in einer geschlossenen Intensivrotte behandelt werden müssen und unter welchen Bedingungen eine offene Nachrotte zulässig sein kann.

Mit der Ausnahmemöglichkeit von der Forderung der Kapselung von Einrichtungen werden die Anforderungen an die Anlage nur noch auf den Gefahrenschutz nach § 5 Abs. 1 Nr. 1 BImSchG reduziert; auf Vorsorgemaßnahmen würde mit dieser Ausnahme generell verzichtet. Dies steht im Widerspruch zu den Regelungen in § 5 Abs. 1 Nr. 2 BImSchG, auf welche in § 1 Abs. 3 des Verordnungsentwurfs hingewiesen wird. Ausnahmen können nur erteilt werden, soweit die Grundpflicht zur Vorsorge gegen schädliche Umwelteinwirkungen in einem Mindestmaß erfüllt wird. Eine Ausnahme von der Kapselung von Einrichtungen könnte evtl. zugelassen werden, wenn der Vorsorge gegen schädliche Umwelteinwirkungen auf andere Weise Genüge getan ist."

4 Für einen am 26. Oktober 2024 auslaufenden Übergangszeitraum wurde § 16 um einen zweiten Absatz ergänzt, der zusätzliche Ausnahmemöglichkeiten in einer Gasman-

gellage schafft. Die Regelung steht dabei in einer Reihe mit anderen Ergänzungen im Bundes-Immissionsschutzgesetz (§§ 31a bis 31l) und in § 32 der 44. BImSchV. Die Ergänzung wurde von der Bundesregierung wie folgt begründet (BT-Drs. 20/3213, S. 10):

„Der neue Absatz 2 ermöglicht es der zuständigen Behörde, auf Antrag des Betreibers, Ausnahmen von den Anforderungen der §§ 4 bis 6 und 13 der Verordnung zuzulassen, solange und soweit dies unter Berücksichtigung der besonderen Umstände wegen einer durch eine ernste oder erhebliche Gasmangellage ausgelösten Notwendigkeit erforderlich ist. Da die Auswirkungen einer Verschärfung der Gasmangellage derzeit nicht vollständig absehbar sind, wurde der Tatbestand, der eine Zulassung von Ausnahmen erlaubt, weit gefasst. Eine mögliche Fallgestaltung besteht in einer Reduzierung oder einem Stopp der Lieferung von Erdgas, welches in vielen Fällen für die thermische Behandlung der Abluftströme (mittels regenerativ-thermischer Oxidation) zur Einhaltung der vorgegebenen Emissionswerte erforderlich ist.

Die Zulassung der Ausnahme steht im Ermessen der Behörde und erfordert, dass einzelne Anforderungen der §§ 4 bis 6 und 13 im allfälligen Versorgungsnotstand nicht oder nur mit unverhältnismäßigem Aufwand erfüllbar sind. Soweit mit der Zulassung einer Ausnahme eine erhebliche Zunahme der Emissionen einhergeht, wird das Festhalten an den bisher genehmigten Emissionswerten nur dann als unverhältnismäßig gelten können, solange und soweit ein ernster Versorgungsengpass vorliegt. Nicht umfasst sind Fälle, in denen erforderliche Brenn- oder Betriebsstoffe am Markt lediglich zu höheren Preisen beschafft werden können. Den Betreiber trifft insoweit eine Beschaffungspflicht auf dem Weltmarkt. Die durch die Ausnahme zugelassenen Abweichungen vom genehmigten Emissionswert müssen zudem so gering wie möglich sein. Alle umsetzbaren und zumutbaren Mittel zur Minderung der Emission, z.B. ein Brennstoffwechsel im Betrieb der regenerativ-thermischen Oxidation oder die zeitliche Streckung im Einsatz von Betriebsmitteln, müssen ausgeschöpft werden.

Für Anlagen, die in den Anwendungsbereich der Richtlinie 2010/75/EU über Industrieemissionen fallen, darf eine Ausnahme nur im Einklang mit diesen Vorschriften zugelassen werden. Dies bedeutet insbesondere, dass bei einer Überschreitung der, in den relevanten BVT-Schlussfolgerungen Abfallbehandlung (Durchführungsbeschluss 2018/1147) enthaltenen, Emissionsbandbreiten, die Zulassung von Ausnahmen nach den Vorgaben des Artikels 15 Absatz 4 der Richtlinie – u.a. zur Öffentlichkeitsbeteiligung und zur Mitteilung an die Kommission – zu erfolgen hat.

Die Ausnahmen müssen befristet werden. Die Pflicht zur Einhaltung der Schutzvorgaben des BImSchG bleibt davon unberührt.

Die Vorgaben zur Information der Öffentlichkeit sind an die Regelungen des § 24 der Verordnung zur Verbrennung und Mitverbrennung von Abfällen (17. BImSchV) angelehnt und berücksichtigen das gesteigerte Informationsbedürfnis der Öffentlichkeit im Bereich der Abfallbehandlungsanlagen.“

§ 17 Weitergehende Anforderungen

Die Befugnis der zuständigen Behörde, andere oder weitergehende Anforderungen, insbesondere zur Vermeidung schädlicher Umwelteinwirkungen nach § 5 Abs. 1 Nr. 1 des Bundes-Immissionsschutzgesetzes zu treffen, bleibt unberührt.

§ 17 entspricht der Vorlage der Bundesregierung und ist von ihr wie folgt begründet worden (BR-DrS. 596/00, S. 90):

„Durch die der Vorsorge dienenden Vorschriften dieser Verordnung wird die Befugnis der zuständigen Behörde nicht eingeschränkt, aufgrund des § 5 Abs. 1 Nr. 1 BImSchG auch die notwendigen Anforderungen an Errichtung und Betrieb der biologischen Abfallbehandlungsanlage zum Schutz der Nachbarschaft und der Allgemeinheit vor schädlichen Umwelteinwirkungen oder sonstigen Gefahren, erheblichen Nachteilen und erheblichen Belästigungen zu stellen. Auch zusätzliche oder weitergehende Anforderungen an Errichtung und Betrieb der biologischen Abfallbehandlungsanlage zur Vorsorge gegen schädliche Umwelteinwirkungen durch Luftverunreinigungen werden nicht ausgeschlossen.“

§ 18 Ordnungswidrigkeiten

Ordnungswidrig im Sinne des § 62 Abs. 1 Nr. 2 des Bundes-Immissionsschutzgesetzes handelt, wer vorsätzlich oder fahrlässig

1. **entgegen § 6 eine Anlage nicht richtig errichtet oder nicht richtig betreibt,**
2. **entgegen § 8 Abs. 4 Satz 1 eine Messeinrichtung nicht oder nicht rechtzeitig kalibrieren oder nicht oder nicht rechtzeitig prüfen lässt oder die Kalibrierung nicht oder nicht rechtzeitig wiederholt,**
3. **entgegen § 8 Abs. 4 Satz 2, § 10 Abs. 3 Satz 1 oder § 12 Abs. 1 Satz 1 einen Bericht nicht oder nicht rechtzeitig vorlegt,**
4. **entgegen § 9 Satz 1 die Massenkonzentrationen der Emissionen oder eine dort genannte Bezugsgröße nicht, nicht richtig oder nicht vollständig auswertet,**
5. **entgegen § 10 Abs. 3 Satz 2 eine Aufzeichnung nicht oder nicht mindestens fünf Jahre aufbewahrt,**
6. **entgegen § 11 Abs. 1 Satz 1 oder 2 eine Messung nicht oder nicht rechtzeitig durchführen lässt,**
7. **entgegen § 13 Abs. 1 Satz 1 eine Mitteilung nicht, nicht richtig, nicht vollständig oder nicht rechtzeitig macht oder**
8. **entgegen § 15 Satz 1 die Öffentlichkeit nicht, nicht richtig, nicht vollständig oder nicht rechtzeitig unterrichtet.**

1 Zu § 18 heißt es in der amtlichen Begründung (BR-DrS. 596/00, S. 91):

„Um bestimmte Anforderungen dieser Verordnung nachhaltiger durchzusetzen, werden Verstöße gegen diese Vorschriften mit Bußgeld bewehrt. Nach dem Bußgeldrahmen des § 62 Abs. 3 BImSchG können Ordnungswidrigkeiten mit Bußgeld bis zu Hunderttausend Deutsche Mark geahndet werden."

2 Ordnungswidrigkeiten im Sinne des § 18 können bei vorsätzlichem Handeln mit einer Geldbuße bis zu 100 000 DM (§ 62 Abs. 3 BImSchG) und bei fahrlässigem Handeln mit einer Geldbuße bis zu 50 000 DM (§ 17 Abs. 2 OWiG) geahndet werden. Die Geldbuße soll in jedem Fall den wirtschaftlichen Vorteil übersteigen, den der Täter aus der Ordnungswidrigkeit gezogen hat (§ 17 Abs. 4 OWiG).

2.36 Sechsunddreißigste Verordnung zur Durchführung des Bundes-Immissionsschutzgesetzes (Verordnung zur Durchführung der Regelungen der Biokraftstoffquote – 36. BImSchV)

Vom 29. Januar 2007

(BGBl. I S. 60), geändert durch Art. 1 der 1. ÄndVO vom 17. Juni 2011 (BGBl. I S. 1105), durch Art. 5 Abs. 13a des G zur Neuordnung des Kreislaufwirtschafts- und Abfallrechts vom 24. Februar 2012 (BGBl. I S. 212/250), durch Art. 1 der VO vom 26. November 2012 (BGBl. I S. 2363), durch Art. 86 d. 10. Zuständigkeitsanpassungsv v. 31. 8. 2015 (BGBl. I S. 1474), durch Art. 1 d. VO zur Bereinigung quotenrechtlicher Vorschriften v. 4. 4. 2016 (BGBl. I S. 590), berichtigt am 1. 6. 2016 (BGBl. I S. 1318), und durch Art. 2 d. VO vom 12.11.2021 (BGBl. I S. 4932)

Inhaltsübersicht

Vorbemerkung

Schrifttum: *Scheidler,* Die gesetzliche Verpflichtung der Mineralölwirtschaft zur Einhaltung einer Biokraftstoffquote, GewArch 2007, 370.

I. Zweck und Inhalt der Verordnung

Die 36. BImSchV enthält begleitende und konkretisierende Regelungen zu den in den §§ 37a bis 37c BImSchG enthaltenen Pflichten zur Verwendung von Biokraftstoffen (vgl. dazu → § 37a BImSchG Rn. 1 f.). Da der Umfang der ordnungsrechtlichen Pflicht zur Verwendung von Biokraftstoffen von der Gesamtmenge des in einem Kalenderjahr in Verkehr gebrachten Kraftstoffs abhängt, müssen die für die Überwachung zuständigen Behörden dazu mit aussagekräftigen Unterlagen versorgt werden. Eine verlässliche Überprüfung setzt weiterhin voraus, dass die Eigenschaft als Biokraftstoff im Sinne des § 37b BImSchG (vgl. dazu → § 37b BImSchG Rn. 3 ff.) nachgewiesen wird. Entsprechende Überwachungsvorschriften enthalten die §§ 2 bis 4 der 36. BImSchV. § 5 erweitert in Übereinstimmung mit der Ermächtigungsgrundlage (vgl. dazu unten → Rn. 3) den Begriff des Biokraftstoffs im Bereich der Fettsäuremethylester (FAME). § 6 ergänzt die in § 37c Abs. 1 BImSchG enthaltenen Mitteilungspflichten für die Fälle, in denen die Erfüllung der Quotenpflicht vertraglich auf einen Dritten übertragen ist (vgl. dazu → § 37a BImSchG Rn. 12 f.). Eine Bagatellgrenze von 5000 l pro Kalenderjahr in Verkehr gebrachter Kraftstoffe führt § 7 ein. Die Quotenverpflichtung setzt demnach erst ein, wenn diese Grenze überschritten wird. 1

II. Entstehungsgeschichte

2 Die Entstehung der 36. BImSchV verlief parallel zum Gesetzgebungsverfahren für den Erlass des Biokraftstoffquotengesetzes (vgl. → Vor § 37a Rn. 3 ff.). Mit dem Biokraftstoffquotengesetz, dessen wesentliche Teile zum 1. Januar 2007 in Kraft traten, wurde dem Dritten Teil des Bundes-Immissionsschutzgesetzes ein neuer Zweiter Abschnitt (§§ 37a bis 37d) hinzugefügt und damit eine ordnungsrechtliche Pflicht zur Verwendung von Biokraftstoffen begründet. Der Entwurf für die Verordnung geht auf das Bundesministerium der Finanzen zurück, was vor allem damit zu begründen ist, dass die Quotenregelung einen engen Bezug zum Energiesteuerrecht hat. Da keine der in der Präambel genannten Ermächtigungsgrundlagen (vgl. Rn. 3) die Beteiligung des Bundestages oder des Bundesrates vorsieht, gibt es keinerlei Stellungnahmen oder Änderungsvorschläge dieser Organe. Eine mit der am 29. Januar 2007 (BGBl. I S. 60) verkündeten inhaltsgleiche Fassung der Verordnung war bereits am 22. Dezember 2006 im Bundesgesetzblatt verkündet worden (BGBl. I S. 3396). Da zu diesem Zeitpunkt die gesetzlichen Ermächtigungsgrundlagen jedoch noch in Kraft getreten waren, musste die Verkündung nach dem 1. Januar 2007 noch einmal wiederholt werden.

2 a Die 36. BImSchV wurde erstmals durch Art. 1 der *Ersten Verordnung zur Änderung der Verordnung zur Durchführung der Regelungen der Biokraftstoffquote vom 17. Juni 2011* (BGBl. I S. 1105) geändert. Dabei ging es im Wesentlichen um das Einfügen von § 7 und die damit verbundene doppelte Gewichtung bestimmter Biokraftstoffe bei der Erfüllung der Biokraftstoffquote. Damit wurde die Verpflichtung zur Umsetzung des Art. 21 Abs. 2 der Richtlinie 2009/28/EG zur Förderung der Nutzung von Energie aus erneuerbaren Quellen (ABl. EU Nr. L 140, S. 16) erfüllt. In Erweiterung der Regelungen zur doppelten Gewichtung wurde die 36. BImSchV durch die *Verordnung zur Änderung der Verordnung zur Durchführung der Regelungen der Biokraftstoffquote und der Biokraftstoff-Nachhaltigkeitsverordnung vom 26. November 2012* (BGBl. I S. 2363) um die §§ 8 bis 14 ergänzt. Außerdem wurde die Bagatellregelung in § 6a aufgenommen.

2 b Nach der Umstellung auf die Treibhausgasquote ab dem Verpflichtungsjahr 2015 wurde die 36. BImSchV erneut geändert und dabei auf diese Umstellung angepasst. Zugleich wurden die Vorschriften zur Doppelanrechnung, die seit dem 1. Januar 2015 nicht mehr anzuwenden waren, aufgehoben. Dies erfolgte durch die *Verordnung zur Bereinigung quotenrechtlicher Vorschriften und zur Umsetzung europarechtlicher Vorgaben zur Treibhausgas-Minderung von Biokraftstoffen vom 4. April 2016* (BGBl. I S. 590), die am 9. April 2016 in Kraft getreten ist.

2c Im Rahmen der Umsetzung der Neufassung der Erneuerbare-Energien-Richtlinie (EU) 2018/2001 (Renewable Energies Directive II – RED II) wurde neben dem Erlass eines Gesetzes zur Weiterentwicklung der Treibhausgasminderungs-Quote vom 24.9.2021 (BGBl. I S. 4458) eine *Verordnung zur Festlegung weiterer Bestimmungen zur Weiterentwicklung der Treibhausgasminderungs-Quote* vom 12.11.2021 (BGBl. I S. 4932) verkündet. Gemäß Art. 4 dieser Verordnung war das Inkrafttreten auf den 1. Januar 2022 festgelegt. Soweit neben der 38. BImSchV (→ 38. BImSchV) und der Upstream-Emissionsminderungs-Verordnung (→ UERV) auch die 36. BImSchV von Änderungen betroffen war, ging es vorrangig um Folgeänderungen und Bereinigungen.

III. Ermächtigungsgrundlage

3 Unter der Bezeichnung „Verordnung zur Durchführung des Bundes-Immissionsschutzgesetzes und zur Änderung der Energiesteuer-Durchführungsverordnung“ werden

zwei Verordnungen zusammengefasst. Die 36. BImSchV firmiert als Artikel 1 der Verordnung. Die Präambel der gesamten Verordnung lautet:

„Es verordnen
- *die Bundesregierung nach Anhörung der beteiligten Kreise auf Grund des § 37d Abs. 2 Nr. 1 in Verbindung mit § 51 des Bundes-Immissionsschutzgesetzes in der Fassung der Bekanntmachung vom 26. September 2002 (BGBl. I S. 3830), von denen § 37d Abs. 2 Nr. 1 durch Artikel 3 Nr. 4 des Gesetzes vom 18. Dezember 2006 (BGBl. I S. 3180) eingefügt worden ist,*
- *das Bundesministerium der Finanzen im Einvernehmen mit dem Bundesministerium für Umwelt, Naturschutz und Reaktorsicherheit auf Grund des § 37d Abs. 3 Nr. 1, 2 des Bundes-Immissionsschutzgesetzes und des § 66 Abs. 1 Nr. 11b des Energiesteuergesetzes vom 15. Juli 2006 (BGBl. I S. 1534), von denen § 37d des Bundes-Immissionsschutzgesetzes durch Artikel 3 Nr. 4 und § 66 Abs. 1 Nr. 11b des Energiesteuergesetzes durch Artikel 1 Nr. 12 des Gesetzes vom 18. Dezember 2006 (BGBl. I S. 3180) eingefügt worden sind, sowie*
- *das Bundesministerium der Finanzen auf Grund des § 66 Abs. 1 Nr. 9 Buchstabe d, Nr. 11 Buchstabe a, Nr. 14 und 17 des Energiesteuergesetzes:"*

Die Ermächtigungsgrundlagen der 36. BImSchV sind nicht allein dem Bundes-Immissionsschutzgesetz zu entnehmen. § 2 der Verordnung, der sich unter anderem mit der Durchführung des § 50 Energiesteuergesetz befasst, stützt sich auch auf § 66 Abs. 1 Nr. 11b des Energiesteuergesetzes. Gleichzeitig dient § 2 der Konkretisierung der Ermittlungspflichten bezüglich der Biokraftstoffmengen und stützt sich damit auch auf § 37d Abs. 3 BImSchG, was auch für die §§ 1, 3, 4 und 6 der 36. BImSchV gilt. Lediglich § 5, der sich mit Fettsäuremethylester befasst, findet seine Ermächtigungsgrundlage in § 37d Abs. 2 Satz 1 Nr. 1 BImSchG. Die Bestimmung der zuständigen Stelle in § 8 findet ihre Grundlage in § 37d Abs. 1 Satz 2 BImSchG. Mit der Regelung in § 9 zur Anrechenbarkeit von Biokraftstoffen, die aus tierischen Fetten oder Ölen hergestellt werden, wird die Ermächtigung in § 37d Abs. 2 Satz 1 Nr. 16 ausgenutzt. Zur Festlegung der Bagatellgrenze in § 7 ermächtigt § 37d Abs. 3 Nr. 4 BImSchG.

§ 1 Einlagerer

Dient das Steuerlager der Einlagerung von Energieerzeugnissen durch Dritte (Einlagerer) im Sinne des § 7 Absatz 4 Satz 1 des Energiesteuergesetzes, hat der Steuerlagerinhaber mit der monatlichen Energiesteueranmeldung die Einlagerer sowie die Energieerzeugnisse nach Art und zugehöriger Menge zu benennen. Andernfalls ist davon auszugehen, dass die Voraussetzungen des § 37a Absatz 3 Satz 2 des Bundes-Immissionsschutzgesetzes in Verbindung mit § 7 Absatz 4 Satz 1 des Energiesteuergesetzes nicht erfüllt sind.

§ 1 entspricht § 2 des vom Bundesministerium der Finanzen vorgelegten Entwurfs der Verordnung. Zur Begründung des § 2 (jetzt § 1) wurde Folgendes angeführt:

§ 2 stellt klar, dass die Fälle des § 37a Abs. 2 Satz 2 nur dann vorliegen, wenn der Steuerlagerinhaber die Einlagerer in der monatlichen Energiesteueranmeldung benennt.

§ 1 nimmt Bezug auf die für die Erfüllung der Quotenpflicht wichtige Frage nach dem Adressaten der ordnungsrechtlichen Pflicht. § 37a Abs. 2 Satz 1 BImSchG stellt dazu eine Verknüpfung zum Steuerschuldner im Sinne des Energiesteuergesetzes her, sieht in Satz 2 jedoch eine Ausnahme vor, sollte der Steuerschuldner Energieerzeugnisse einlagern, die nicht ihm, sondern Dritten gehören (vgl. dazu → § 37a BImSchG Rn. 7). § 1 enthält nun eine Beweislastregel, nach der den Steuerlagerinhaber eine qualifizierte Mitteilungspflicht trifft, ohne deren Erfüllung er Verpflichteter im Sinne des § 37a Abs. 2 Satz 1 BImSchG bleibt (vgl. auch → § 37c BImSchG Rn. 6).

§ 2 Ermittlung der für die Erfüllung der Quotenverpflichtung notwendigen Biokraftstoffmenge

(1) **Der nach § 37a Absatz 1 Satz 1 und 2 in Verbindung mit § 37a Absatz 3 des Bundes-Immissionsschutzgesetzes Verpflichtete (Verpflichteter) hat mittels geeigneter Aufzeichnungen für das jeweilige Verpflichtungsjahr die Art und zugehörige Menge der von ihm in Verkehr gebrachten Kraftstoffe nachzuweisen, die nach § 2 Absatz 1 Nummer 1, 4 und, soweit Biomethan zur Anrechnung kommt, nach § 2 Absatz 1 Nummer 7 oder § 2 Absatz 2 Nummer 1 des Energiesteuergesetzes zu versteuern sind. Er hat dabei insbesondere die Art und zugehörige Menge sowie die Treibhausgasemissionen der von ihm in Verkehr gebrachten Biokraftstoffe zu erfassen. Die Aufzeichnungen müssen so beschaffen sein, dass es einem sachverständigen Dritten innerhalb einer angemessenen Frist möglich ist, die Grundlagen für die Berechnung der für die Erfüllung der Quotenverpflichtung notwendigen Treibhausgasminderung festzustellen.**

(2) **Soweit Kraftstoffe zu einem in § 37a Absatz 1 Satz 3 bis 10 des Bundes-Immissionsschutzgesetzes genannten Zweck abgegeben wurden, sind auch hierüber Aufzeichnungen nach Absatz 1 Satz 1 zu führen. Die Abgabe zu dem in Satz 1 genannten Zweck ist in geeigneter Form nachzuweisen.**

§ 2 richtet sich an den gemäß § 37a BImSchG Verpflichteten (vgl. dazu → § 37a BImSchG Rn. 7), dem in § 37c Abs. 1 BImSchG Mitteilungspflichten auferlegt sind (vgl. dazu → § 37c BImSchG Rn. 3). Während § 37c Abs. 1 Satz 1 BImSchG die Pflicht zur Mitteilung nach Ablauf eines Kalenderjahres statuiert, legt § 2 Abs. 1 fest, dass den Verpflichteten Aufzeichnungspflichten im laufenden Kalenderjahr treffen. Mit Inkrafttreten der Verordnung zur Bereinigung quotenrechtlicher Vorschriften und zur Umsetzung europarechtlicher Vorgaben zur Treibhausgas-Minderung von Biokraftstoffen vom 4. April 2016 (BGBl. I S. 590) ist die zuvor in § 2 Absatz 1 enthaltene Differenzierung der Aufzeichnungen nach § 50 EnergieStG steuerlich entlasteter und nicht entlasteter Biokraftstoffe aufgehoben worden. Mit Einführung der Nachhaltigkeitsnachweise nach § 14 Biokraftstoff-Nachhaltigkeitsverordnung ist diese Differenzierung überflüssig geworden. Die steuerliche Entlastung ist in der Datenbank *Nabisy* der Bundesanstalt für Landwirtschaft und Ernährung hinterlegt und kann über die Nachweisnummer geprüft werden. Nach der Umstellung auf die Treibhausgasquote müssen vom Verpflichteten auch die Treibhausgasemissionen der in Verkehr gebrachten Biokraftstoffe aufgezeichnet werden.

§ 3 Erfüllung der Quotenverpflichtung

(1) **Der Verpflichtete hat durch die in § 2 genannten Aufzeichnungen und sonstige geeignete betriebliche Unterlagen die Erfüllung der Quotenverpflichtung nachzuweisen.**

(2) **In den Fällen des § 37a Absatz 6 und 7 des Bundes-Immissionsschutzgesetzes hat der Dritte im Hinblick auf die von ihm in Verkehr gebrachten Biokraftstoffmengen die in § 2 genannten Aufzeichnungen zu führen. Absatz 1 gilt entsprechend. Aus den Aufzeichnungen müssen für jeden Verpflichteten die in Verkehr gebrachten Mengen Biokraftstoffe ersichtlich sein.**

§ 3 entsprach weitgehend § 4 des Verordnungsentwurfs vom 30. November 2006. Die Begründung des Bundesministeriums der Finanzen zu dieser Vorschrift lautete:

> § 4 legt fest, anhand welcher Unterlagen die Erfüllung der Quote durch den Quotenverpflichteten bzw. den Dritten nachzuweisen ist und stellt klar, welche Auswirkung die Rückzahlung einer Steuerentlastung hat.

Während § 2 zum Nachweis der insgesamt in Verkehr gebrachten Kraftstoffmengen verpflichtet, legt § 3 Abs. 1 fest, dass der Nachweis über die Erfüllung der Biokraftstoffquotenpflicht grundsätzlich auch durch die in § 2 genannten Aufzeichnungen zu erbringen ist. Durch die Erweiterung auf *„sonstige geeignete betriebliche Unterlagen"* wird jedoch klargestellt, dass sich der Verpflichtete nicht mit befreiender Wirkung auf die Erfüllung der Aufzeichnungspflichten des § 2 berufen kann. § 3 Abs. 2 verlagert für die Fälle des § 37a Abs. 6 und 7 BImSchG die Aufzeichnungs- und Nachweispflichten auf den Dritten, der die Erfüllung der Quotenpflicht vertraglich übernommen hat (vgl. dazu → § 37a BImSchG Rn. 12). Eine in Absatz 3 enthaltene Bestimmung zur Übertragung von Mengen auf das Folgejahr ist nach der Aufhebung der entsprechenden Regelungen in § 50 Energiesteuergesetz und § 94 Energiesteuer-Durchführungsverordnung mit Wirkung zum 1. Januar 2022 aufgehoben worden.

§ 4 Nachweis der Biokraftstoffeigenschaft

Der Verpflichtete hat die Biokraftstoffeigenschaft nachzuweisen. Der Nachweis ist durch eine Herstellererklärung oder mit Zustimmung der nach § 8 zuständigen Stelle in anderer geeigneter Form zu führen und dieser auf Verlangen vorzulegen. Als Herstellererklärung im Sinne von Satz 2 gelten in Bezug auf die Biomasseeigenschaft im Sinne von § 37b Absatz 1 des Bundes-Immissionsschutzgesetzes ab dem 1. Januar 2017 der Nachhaltigkeitsnachweis nach § 18 der Biokraftstoff-Nachhaltigkeitsverordnung und der Nachhaltigkeits-Teilnachweis nach § 24 der Biokraftstoff-Nachhaltigkeitsverordnung. Daneben hat er auf Verlangen der nach § 8 zuständigen Stelle Proben zu entnehmen, diese auf die aus der Anlage zu dieser Verordnung ersichtlichen Normparameter zu untersuchen und der zuständigen Stelle die entsprechenden Analysezertifikate oder Untersuchungsergebnisse vorzulegen. Soweit Analysezertifikate oder Untersuchungsergebnisse vorliegen, die auf Grund anderer rechtlicher Bestimmungen gefordert sind, können diese anerkannt werden.

§ 4 befasst sich anders als § 3 nicht mit den Biokraftstoffmengen, sondern mit der Biokraftstoffeigenschaft (vgl. zum gesetzlichen Begriff des Biokraftstoffs → § 37b BImSchG Rn. 3 ff.). Die Nachweispflicht liegt nach § 4 Satz 1 beim Verpflichteten (vgl. zum Begriff des Verpflichteten → § 37a BImSchG Rn. 7). Über die in § 52 Abs. 3 BImSchG enthaltenen Duldungs- und Gestattungspflichten (vgl. dazu → § 52 BImSchG Rn. 75 ff.) hinaus, muss der Verpflichtete auf behördliches Verlangen hin selbst Proben entnehmen und diese auf die in der Anlage zur 36. BImSchV normierten Parameter untersuchen und die Ergebnisse vorlegen. Durch § 4 Satz 3 wird die Biomasseeigenschaft ab dem 1. Januar 2017 unwiderleglich vermutet, sofern ein Nachhaltigkeitsnachweis oder Nachhaltigkeits-Teilnachweis vorgelegt wird.

§ 5 Klimatisch abhängige Anforderungen für beigemischte Fettsäuremethylester (FAME)

Wird FAME Dieselkraftstoff beigemischt, gelten abweichend von § 37b Absatz 2 des Bundes-Immissionsschutzgesetzes in Verbindung mit § 5 der Verordnung über die Beschaffenheit und die Auszeichnung der Qualitäten von Kraft- und Brennstoffen vom 8. Dezember 2010 (BGBl. I S. 1849), die durch Artikel 1 der Verordnung vom 1. Dezember 2014 (BGBl. I S. 1890) geändert worden ist, die in der DIN EN 14 214, Ausgabe April 2010, im Nationalen Anhang NB unter Punkt 3 geregelten klimatisch abhängigen Anforderungen für den FAME-Anteil mit der Maßgabe, dass für den Zeitraum vom 16. November eines Jahres bis zum 28. Februar, in Schaltjahren bis zum 29. Februar, des Folgejahres der CFPP-Wert höchstens −10 °C beträgt; der

FAME-Anteil muss jedoch so beschaffen sein, dass durch Hinzufügung geeigneter Additive ein CFPP-Wert von –20 °C erreicht werden könnte. Der Verpflichtete hat dies der nach § 8 zuständigen Stelle auf deren Verlangen durch eine entsprechende Bescheinigung des Herstellers oder mit Zustimmung der zuständigen Stelle in anderer geeigneter Form nachzuweisen.

§ 5 der 36. BImSchV entspricht weitgehend § 6 des Verordnungsentwurfs des Bundesministeriums der Finanzen vom 30. November 2006. Zur Begründung wurde Folgendes angeführt:

Aufgrund möglicher Unverträglichkeiten zwischen Fließverbesserern des FAME und Dieselkraftstoff plant der europäische Normenausschuss eine Änderung in der EN 14 214 bezüglich der Kältefestigkeit bei Verwendung von FAME als Blendkomponente. Diese Änderung wird in dieser Vorschrift in der Form vorweggenommen, dass für den Winterzeitraum für die Blendkomponente nur ein CFPP-Wert in Höhe von –10 °C einzuhalten ist. Allerdings muss FAME so beschaffen sein, dass durch geeignete Additivierung die –20 °C hätten eingehalten werden können.

Durch Art. 1 Nr. 4 der Ersten Änderungsverordnung vom 17. Juni 2011 (BGBl. I S. 1105) wurde § 5 Satz 1 an die geänderte Biokraftstoffedifinition in § 37b BImSchG angepasst. Zugleich wurde die Verweisung auf die DIN EN 14214 an die aktuelle Fassung (April 2010) angepasst.

§ 6 Mitteilungspflichten des Dritten

Der Dritte hat der nach § 8 zuständigen Stelle die nach § 37c Absatz 1 Satz 4 bis 6 des Bundes-Immissionsschutzgesetzes erforderlichen Angaben bis zum 15. April des Jahres, das auf die Entstehung der Quotenverpflichtung folgt, mitzuteilen. Auf Verlangen der nach § 8 zuständigen Stelle ist diese Mitteilung durch die Vorlage der in § 3 Absatz 2 genannten Aufzeichnungen zu belegen.

§ 6 konkretisiert die in § 37c Abs. 1 Satz 4 bis 6 BImSchG begründete Mitteilungspflicht desjenigen, der die Erfüllung der Quotenpflicht vertraglich übernommen hat (vgl. dazu → § 37c BImSchG Rn. 5).

§ 7 Bagatellgrenze

Die Verpflichtung nach § 37a Absatz 1 Satz 1 und 2 in Verbindung mit § 37a Absatz 4 des Bundes-Immissionsschutzgesetzes entsteht erst, wenn im Laufe eines Verpflichtungsjahres insgesamt mindestens 5000 Liter Otto- und Dieselkraftstoffe, die nach § 2 Absatz 1 Nummer 1 und 4 des Energiesteuergesetzes zu versteuern sind, in Verkehr gebracht werden. Satz 1 gilt entsprechend, wenn ausschließlich Ottokraftstoff oder ausschließlich Dieselkraftstoff in Verkehr gebracht wird.

Mit Inkrafttreten der Änderungsverordnung vom 26. November 2012 (BGBl. I S. 2363) am 1. Dezember 2012 wurde die neu eingefügte Bagatellregelung wirksam. Damit greift sie auch schon für das Kalenderjahr 2012. Sie findet ihre Grundlage in der Ermächtigung des § 37d Abs. 3 Nr. 4 BImSchG. Zur Begründung der Vorschrift wurde Folgendes angeführt:

Aus Gründen der Verwaltungsvereinfachung soll die Quotenverpflichtung nicht entstehen, wenn nur Kleinstmengen quotenbegründender fossiler Kraftstoffe in den Verkehr gebracht werden. Damit werden bestimmte Fallgestaltungen, bei denen aufgrund des Verweises auf die energiesteuerrechtlichen Steuerentstehungstatbestände in § 37a Absatz 1 Satz 2 des Bundes-Immissionsschutzgesetzes formell zwar ein Inverkehrbringen von fossilen Kraftstoffen im Sinne des Bundes-Immissionsschutzgesetzes vorliegt, die aber nicth die eigentlichen Adressaten der Quotenpflicht – also Unternehmen der Mineralölwirtschaft – betreffen und bei denen die Überwachung der Quotenverpflichtung ausgenommen (z.B. Fälle, bei denen die Energiesteuer für in Reservebehältern von LKW in die Bundesrepublik Deutschland verbrachte Kraftstoffe entsteht, weil die nach § 15 Absatz 4 Nummer 2 EnergieStG steuerfreie Gesamtmenge überschritten wird).

§8 Zuständige Stelle

Zuständige Stelle im Sinne des §37d Absatz 1 Satz 1 des Bundes-Immissionsschutzgesetzes ist das Hauptzollamt Frankfurt (Oder), soweit diese Verordnung nichts anderes bestimmt.

§ 8 wurde der 36. BImSchV durch Art. 1 Nr. 8 der *Verordnung zur Bereinigung quotenrechtlicher Vorschriften und zur Umsetzung europarechtlicher Vorgaben zur Treibhausgas-Minderung von Biokraftstoffen vom 4. April 2016* (BGBl. I S. 590) neu formuliert. Die zuvor in § 14 enthaltene Bestimmung von Vollzugsbehörden und deren Zuständigkeit wurde aufgehoben und mit § 8 stattdessen eine allgemeine Bestimmung der zuständigen Stelle im Sinne des § 37d Absatz 1 Satz 1 BImSchG geschaffen. Die Regelung findet ihre Grundlage in der durch das 12. BImSchG-Änderungsgesetz vom 20. November 2014 (BGBl. I S. 1740) neu formulierten Vorschrift des § 37d Abs. 1 Satz 2 BImSchG (vgl. → § 37d BImSchG Rn. 3). Danach obliegt es der Bundesregierung, durch Rechtsverordnung die zuständige Stelle zu bestimmen, die in § 37a und § 37c BImSchG mit Verwaltungsaufgaben ausgestattet ist. Die vorherige Bestimmung der zuständigen Stelle durch einen Erlass des Bundesministeriums der Finanzen musste daher durch eine Verordnungsregelung ersetzt werden. Diese Aufgabe erfüllt nunmehr § 8. Mit Inkrafttreten der Verordnung zur Festlegung weiterer Bestimmungen zur Treibhausgasminderung bei Kraftstoffen – 38. BImSchV (BGBl. I S. 3892) am 14.12.2017 ist neben § 8 eine weitere Bestimmung über die zuständige Stelle getreten. Außer dem Hauptzollamt Frankfurt (Oder) fungiert seitdem auch das Umweltbundesamt als zuständige Stelle (vgl. → 38. BImSchV Vorbemerkung Rn. 37 f.).

§9 Tierische Fette und Öle

(1) **Biokraftstoffe, die zielgerichtet vollständig oder teilweise aus tierischen Fetten oder Ölen hergestellt werden, können nicht auf die Erfüllung der Verpflichtung nach §37a Absatz 1 Satz 1 und 2 in Verbindung mit §37a Absatz 4 des Bundes-Immissionsschutzgesetzes angerechnet werden. Ausgenommen von Satz 1 sind tierische Fette und Öle der Kategorie 1 und 2 gemäß Artikel 8 und 9 der Verordnung (EG) Nr. 1069/2009 des Europäischen Parlaments und des Rates vom 21. Oktober 2009 mit Hygienevorschriften für nicht für den menschlichen Verzehr bestimmte tierische Nebenprodukte und zur Aufhebung der Verordnung (EG) Nr. 1774/2002 in ihrer jeweils geltenden Fassung.**

(2) **Sofern Biokraftstoffe aus pflanzlichen Rohstoffen hergestellt wurden, die nicht gewollte, nicht zu vermeidende unwesentliche Verunreinigungen mit tierischen Fetten und Ölen enthalten, finden die Vorgaben von §37b Absatz 8 Satz 1 Nummer 3 des Bundes-Immissionsschutzgesetzes in Bezug auf diese Biokraftstoffe keine Anwendung. Eine nicht zu vermeidende unwesentliche Verunreinigung besteht, wenn die Verunreinigung mengenmäßig nur geringfügig ist und nicht oder nur mit erheblichem Aufwand beseitigt werden könnte.**

(3) **Sofern Biokraftstoffe aus pflanzlichen Fetten und Ölen, die zum Braten oder Frittieren von Speisen verwendet worden sind, hergestellt wurden, die in Folge ihrer üblichen Verwendung zum Frittieren oder Braten von tierischen Produkten einen Anteil an tierischen Fetten oder Ölen enthalten, finden die Vorgaben von §37b Ab-**

satz 8 Satz 1 Nummer 3 des Bundes-Immissionsschutzgesetzes in Bezug auf diese Biokraftstoffe keine Anwendung.

(4) Sofern Biokraftstoffe durch anaerobe Vergärung

1. **von Abfällen, die tierische Fette oder Öle enthalten, und die unter die Abfallschlüssel 02 01 06, 02 02 04, 02 05 02, 02 06 01, 02 06 03, 07 01 99, 19 08 09, 20 01 08, 20 01 25 oder 20 03 02 der Anlage der Abfallverzeichnis-Verordnung vom 10. Dezember 2001 (BGBl. I S. 3379), die zuletzt durch Artikel 1 der Verordnung vom 4. März 2016 (BGBl. I S. 382) geändert worden ist, fallen, oder**
2. **von getrennt erfassten Bioabfällen, die tierische Fette oder Öle enthalten, im Sinne des § 2 Nummer 1 in Verbindung mit Anhang 1 Nummer 1 Buchstabe a Spalte 2 und 3 der Bioabfallverordnung in der Fassung der Bekanntmachung vom 4. April 2014 (BGBl. I S. 658), die durch Artikel 5 der Verordnung vom 5. Dezember 2013 (BGBl. I S. 4043) geändert worden ist, zum Abfallschlüssel 20 03 01 der Anlage der Abfallverzeichnis-Verordnung**

hergestellt worden sind und der Betrieb, in dem die Stoffe angefallen sind, nachweislich kein Entgelt für die Abgabe dieser Stoffe erhalten hat, finden die Vorgaben von § 37b Absatz 8 Satz 1 Nummer 3 des Bundes-Immissionsschutzgesetzes in Bezug auf diese Biokraftstoffe keine Anwendung. Satz 1 gilt nur, sofern die tierischen Fette oder Öle den Abfällen oder den getrennt erfassten Bioabfällen nicht zielgerichtet zum Zwecke der Anrechenbarkeit zugefügt wurden. Die Einhaltung der Voraussetzungen nach den Sätzen 1 und 2 ist durch eine Herstellererklärung im Nachweis nach § 14 der Biokraftstoff-Nachhaltigkeitsverordnung nachzuweisen. Die nach § 8 Halbsatz 1 zuständige Stelle, die Zertifizierungsstelle, die ihr das Zertifikat nach § 25 der Biokraftstoff-Nachhaltigkeitsverordnung ausgestellt hat, sowie die Bundesanstalt für Landwirtschaft und Ernährung können verlangen, dass der Betreiber der Biogasanlage ihnen innerhalb einer angemessenen Frist Belege über die Einhaltung der Voraussetzungen nach den Sätzen 1 und 2 zur Verfügung stellt.

1 § 9 wurde der 36. BImSchV durch Art. 1 Nr. 8 der *Verordnung zur Bereinigung quotenrechtlicher Vorschriften und zur Umsetzung europarechtlicher Vorgaben zur Treibhausgas-Minderung von Biokraftstoffen vom 4. April 2016* (BGBl. I S. 590) neu hinzugefügt. Die Vorschrift nimmt Bezug auf den Anrechungsausschluss in § 37b Abs. 8 Satz 1 Nummer 3 BImSchG für Biokraftstoffe, die vollständig oder teilweise aus tierischen Fetten oder Ölen hergestellt wurden. § 9 sieht Ausnahmen von diesem Ausschluss vor, sofern Biokraftstoffe nicht zielgerichtet aus tierischen Fetten oder Ölen hergestellt wurden, sondern eine nicht gewollte und auch nicht zu vermeidenden Verunreinigung eines pflanzlichen Biokraftstoffs mit tierischen Fetten oder Ölen besteht. Eine darüber hinausgehende Anrechnung von Biomethan ermöglicht § 9 Abs. 4, der auf der Beurteilung beruht, dass es für die dort aufgeführten Abfälle keine höherwertige Verwertungsmöglichkeit gibt.

2 Nachdem mit § 37b Absatz 8 Satz 2 BImSchG eine Rückausnahme zur Anrechenbarkeit von tierischen Fetten und Ölen der Kategorie 1 und 2 auf die Treibhausgasminderungs-Quote geschaffen worden war, ist § 9 Absatz 1 um einen Satz 2 ergänzt worden, der auf Grund der Vorrangigkeit der gesetzlichen Regelung klarstellende Wirkung hat.

§ 10 Zugänglichkeit der DIN-Normen

DIN-Normen, auf die in dieser Verordnung verwiesen wird, sind im Beuth-Verlag GmbH, Berlin, erschienen und in der Deutschen Nationalbibliothek archivmäßig gesichert hinterlegt.

(Fortsetzung Seite 9)

2.38 Achtunddreißigste Verordnung zur Durchführung des Bundes-Immissionsschutzgesetzes (Verordnung zur Festlegung weiterer Bestimmungen zur Treibhausgasminderung bei Kraftstoffen – 38. BImSchV)

Vom 8. Dezember 2017

(BGBl. I S. 3892, geändert durch Art. 1 der VO vom 21. Mai 2019, BGBl. I S. 742, und durch Art. 1 der VO vom 12. November 2021, BGBl. I S. 4932)

Inhaltsübersicht

Vorbemerkung

Übersicht

A. Allgemeines

I. Zweck und Bedeutung der Verordnung

1 Ihrer Bezeichnung nach trifft die 38. BImSchV *weitere Bestimmungen zur Treibhausgasminderung bei Kraftstoffen*. Damit fügt sie sich in eine Reihe mit der 36. BImSchV (vgl. → 36. BImSchV Vorbemerkung Rn. 1) und der 37. BImSchV (vgl. → 37. BImSchV Vorbemerkung Rn. 1) ein. Mit der Umstellung des Systems im Biokraftstoffquotenrecht auf das Potenzial zur **Minderung der Treibhausgasemissionen** ab dem Verpflichtungsjahr 2015 (vgl. → BImSchG § 37a Rn. 10a ff.) verbunden ist die Ausgestaltung und Erweiterung des untergesetzlichen Regelwerks. Neben einem nachhaltigen Ausbau klimaschonender Kraftstoffe steht dabei der Versuch im Vordergrund, Verlagerungseffekte zu vermeiden, die durch einen solchen Ausbau entstehen könnten.

2 Mit dem Ziel der **Vermeidung indirekter Landnutzungsänderungen** verbunden sind die Regelungen der 38. BImSchV zu den **fortschrittlichen Kraftstoffen** (vgl. dazu → Rn. 19; vgl. auch → BImSchG § 37d Rn. 4: Biokraftstoffe der zweiten Generation). Um deren höheres Treibhausgasemissionsminderungspotenzial nutzen zu können, werden sie in den Kreis der Biokraftstoffe aufgenommen (§ 4 Abs. 1 iVm Anlage 1). Gleichzeitig legt § 14 Abs. 1 einen ab 2020 gültigen und bis 2025 steigenden Mindestanteil für fortschrittliche Kraftstoffe fest (vgl. → Rn. 20). Für die in ihrem Minderungspotenzial un-

günstiger eingestuften **konventionellen Biokraftstoffe** legt § 13 Abs. 1 demgegenüber eine Obergrenze von 6,5 % fest.

Um die Treibhausgasemissionen im Verkehrssektor weitergehend erfassen zu können, erweitert die 38. BImSchV die Quotenpflicht auf **weitere fossile Kraftstoffe** (§ 11 iVm Anlage 2; vgl. dazu → Rn. 16). Vor allem Flüssiggas und Erdgas kommen in relevantem Umfang in Fahrzeugen zum Einsatz. Die gleichzeitige Erhöhung des bislang in § 37a Abs. 4 S. 4 BImSchG festgelegten Basiswertes in § 3 (vgl. → BImSchG § 37a Rn. 10b) sowie neue Berechnungsregeln für die Treibhausgasemissionen fossiler Otto- und Dieselkraftstoffe in § 10 erleichtern es im Ergebnis den Verpflichteten, die vorgeschriebene Treibhausgasquote zu erfüllen (vgl. → Rn. 15). Auf der anderen Seite erweitert die 38. BImSchV ebenso wie die **37. BImSchV** vom 15.5.2017 (BGBl. I S. 1195) und die **Upstream-Emissionsminderungs-Verordnung** vom 22.1.2018 (BGBl. I S. 169) die Optionen zur Erfüllung dieser Quote erheblich. Neben den bereits genannten fortschrittlichen Kraftstoffen kann auch biogenes Flüssiggas zur Erfüllung der Minderungspflicht in Verkehr gebracht werden (§ 12). Darüber hinaus ermöglichen die §§ 5 bis 9 nunmehr eine Anrechnung von elektrischem Strom, der in Straßenfahrzeugen mit Elektroantrieb verwendet wird (vgl. dazu → Rn. 25 ff.). Nach der 37. BImSchV sind außerdem Methan und Wasserstoff als strombasierte Kraftstoffe (vgl. → 37. BImSchV Vorbemerkung Rn. 8 ff.) sowie gemeinsam mit mineralölstämmigen hydrierte biogene Öle (vgl. → 37. BImSchV Vorbemerkung Rn. 19 f.) anrechenbar. Ab dem Verpflichtungsjahr 2020 ermöglicht § 3 der Upstream-Emissionsminderungs-Verordnung eine Anrechnung von Emissionen, die verhindert werden, bevor der Raffinerierohstoff in eine Raffinerie oder Verarbeitungsanlage gelangt. **3**

Über eine Ergänzung des § 1 um einen Absatz 2 durch Art. 1 Nr. 2 der **Verordnung zur Änderung der 38. BImSchV** vom 21.5.2019 (BGBl. I S. 742, vgl. auch → Rn. 8a) soll die Verordnung instrumentalisiert werden, um die unionsrechtliche Verpflichtung aus Art. 3 Abs. 4 der *Richtlinie 2009/28/EG zur Förderung der Nutzung von Energie aus erneuerbaren Quellen* zur Erhöhung des Anteils erneuerbarer Energien im Verkehrssektor bis 2020 auf mindestens 10 % zu erfüllen. Abgesehen davon, dass die Ermächtigungsgrundlage in § 37d Abs. 3 BImSchG eine so weitreichende Regelung für den gesamten Verkehrssektor nicht tragen dürfte (vgl. auch → Rn. 10a), ist bereits vor Ausfertigung und Verkündung der Änderungsverordnung vom 21.5.2019 die Richtlinie (EU) 2018/2001 vom 11.12.2018 zur Förderung der Nutzung von Energie aus erneuerbaren Quellen (Neufassung) am 24.12.2018 in Kraft getreten. Das dort in Art. 25 Abs. 1 formulierte neue Ziel für den Verkehrssektor liegt bei mindestens 14 % und ist bis 2030 zu erreichen. Zum 1.7.2021 wird gemäß Art. 37 folgerichtig die Richtlinie 2009/28/EG aufgehoben. Angebracht erscheint es, auf Dauer eine eigenständige und vollständige normative Grundlage für den Einsatz erneuerbarer Energien im Verkehrssektor außerhalb des Bundes-Immissionsschutzgesetzes zu schaffen. **3a**

Bedeutung hat die 38. BImSchV schließlich auch noch für die in § 37 f BImSchG normierte **jährliche Berichtspflicht** des Verpflichteten (vgl. dazu → BImSchG § 37 f Rn. 6 ff.). §§ 16 ff. füllen den in § 37 f Abs. 1 S. 1 BImSchG formulierten Vorbehalt aus und lassen die Berichtspflicht ab dem Verpflichtungsjahr 2018 wirksam werden (vgl. → Rn. 33 ff.). **4**

II. Entstehungsgeschichte

Als 38. BImSchV firmierte ursprünglich die *Verordnung zur Quotenanrechnung bestimmter biogener Öle* vom 19.12.2007 (BGBl. I S. 3017). Damit sollte eine Anrechnung von bio- **5**

(Fortsetzung Seite 3)

[illegible]

3a [illegible]

4 [illegible]

II. Entstehungsgeschichte

5 [illegible]

§ 37 f Abs. 1 BImSchG genannte und auf § 37d Abs. 2 S. 1 Nr. 14 BImSchG gestützte Rechtsverordnung erlassen werden. Einzelheiten der Berichterstattung gegenüber der Europäischen Kommission ergeben sich aus Art. 5 und Anhang III der Richtlinie (EU) 2015/652. Um dem Umweltbundesamt eine Überprüfung der zahlenmäßigen Vollständigkeit der Berichte aller Verpflichteten zu ermöglichen, übermittelt das Hauptzollamt Frankfurt (Oder) als zuständige Stelle nach § 20 Abs. 2 Nr. 6 jährlich auf Ersuchen eine Liste der Verpflichteten (§ 16 Abs. 3).

§ 37 f Abs. 1 S. 2 Nr. 1 BImSchG verlangt, dass die Gesamtmenge jedes Typs von in Verkehr gebrachten Kraftstoffen und Energieerzeugnissen unter Angabe des **Erwerbsorts** und des **Ursprungs** berichtet wird. Bezüglich dieser Angaben werden mit §§ 17 und 18 die Vorgaben der Richtlinie (EU) 2015/652 umgesetzt: In Anhang I Teil 2 Nummer 2 wir als „Ursprung" der in Ziffer 7 dieses Anhangs aufgeführte Handelsname des Rohstoffs definiert. Auch die Einschränkungen in § 17 Abs. 1 Nr. 1 und 2 sowie der Verweis auf Anhang IV der Kraftstoffqualitätsrichtlinie 98/70/EG sind aus dieser Definition übernommen. Als „Erwerbsort" definiert § 18 S. 1 in Übereinstimmung mit Anhang I Teil 2 Nummer 3 der Richtlinie (EU) 2015/652 das Land und den Namen der Verarbeitungsanlage, in der die letzte wesentliche Be- oder Verarbeitung stattgefunden hat. Dabei nimmt sowohl § 18 als auch die Richtlinie (EU) 2015/652 Bezug auf die Verordnung (EWG) Nr. 2454/93 und die dortigen Bestimmungen über den Ursprung von Waren. 35

Ausgenommen von der Pflicht zur Benennung des Erwerbsorts und des Ursprungs nach den Regeln der §§ 17 und 18 sind nach § 19 **Kleinstunternehmen sowie kleine und mittlere Unternehmen**, die als Ursprung und Erwerbsort lediglich die Europäische Union oder ein Drittland angeben müssen. Art. 3 Abs. 4 der Richtlinie (EU) 2015/652 bezeichnet dies als vereinfachtes Verfahren. 36

F. Zuständige Stellen

Die Regelung des § 20 basiert auf der Ermächtigung in § 37d Abs. 1 S. 2 BImSchG, wonach die Bundesregierung durch Rechtsverordnung die zuständige Stelle zur Erfüllung von Aufgaben nach §§ 37a, 37c und 37 f BImSchG bestimmen kann, wobei es mehrere zuständige Stellen geben kann. Nach bisheriger Regelung war durch § 8 der 36. BImSchV das **Hauptzollamt Frankfurt (Oder)** als alleinige zuständige Stelle im Sinne des § 37d Abs. 1 BImSchG bestimmt (vgl. → 36. BImSchV § 8). Durch § 20 Abs. 1 wird nunmehr auch das **Umweltbundesamt** zur zuständigen Stelle. Anders als in § 8 der 36. BImSchV, die das Hauptzollamt Frankfurt (Oder) allgemein zur zuständigen Stelle erklärt, werden dem Umweltbundesamt in § 20 Abs. konkrete Aufgaben zur Erfüllung zugewiesen. Außerhalb dieser Aufgaben bleibt daher das Hauptzollamt Frankfurt (Oder) zuständige Stelle. 37

Zu einer Änderung der Zuständigkeit kommt es dadurch jedoch nicht. Die Aufgaben, die das Umweltbundesamt als zuständige Stelle nach § 20 Abs. 1 zu erfüllen hat, stammen weitgehend aus der 38. BImSchV selbst und waren daher zuvor nicht vom Hauptzollamt Frankfurt (Oder) zu erfüllen. Einzig die **Entgegennahme und Prüfung der Berichte nach § 37 f BImSchG** ist eine gesetzliche Aufgabe, die von § 8 der 36. BImSchV grundsätzlich erfasst war. Allerdings stand die Pflicht zur Vorlage der Berichte und damit auch zur Entgegennahme und Prüfung durch die zuständige Stelle unter dem Vorbehalt des Erlasses einer Rechtsverordnung. Daher wurde die Aufgabe erstmals wirksam mit dem Inkrafttreten der 38. BImSchV, so dass das Hauptzollamt Frankfurt (Oder) niemals für diese Aufgabe zuständig war. Diesem werden allerdings durch § 20 Abs. 2 weitere Aufga- 38 ben zur Erfüllung als zuständige Stelle zugewiesen. Dabei handelt es sich ausschließlich um Aufgaben, die sich aus der 38. BImSchV selbst ergeben.

Teil 1. Allgemeine Bestimmungen

§ 1 Anwendungsbereich

Diese Verordnung regelt Modalitäten zur Erfüllung der Verpflichtung zur Minderung der Treibhausgasemissionen nach § 37a Absatz 1 Satz 1 und 2 in Verbindung mit § 37a Absatz 4 des Bundes-Immissionsschutzgesetzes und zu den Berichtspflichten nach § 37 f des Bundes-Immissionsschutzgesetzes.

§ 2 Begriffsbestimmungen

(1) **Stromanbieter ist jedes Energieversorgungsunternehmen im Sinne des § 3 Nummer 18 des Energiewirtschaftsgesetzes vom 7. Juli 2005 (BGBl. I S. 1970, 3621), das zuletzt durch Artikel 2 Absatz 6 des Gesetzes vom 20. Juli 2017 (BGBl. I S. 2808; 2018 I S. 472) geändert worden ist, das elektrischen Strom an Letztverbraucher liefert.**

(2) **Ein Straßenfahrzeug mit Elektroantrieb ist ein reines Batterieelektrofahrzeug oder ein von außen aufladbares Hybridelektrofahrzeug der Klassen M 1 und N 1 im Sinne des § 2 Nummer 1 der Ladesäulenverordnung vom 9. März 2016 (BGBl. I S. 457), die zuletzt durch Artikel 1 der Verordnung vom 2. November 2021 (BGBl. I S. 4788) geändert worden ist, in der jeweils geltenden Fassung.**

(3) **Ein reines Batterieelektrofahrzeug ist ein Kraftfahrzeug im Sinne des § 2 Nummer 2 der Ladesäulenverordnung.**

(4) **Nahrungs- und Futtermittelpflanzen sind Kulturpflanzen mit hohem Stärkegehalt, Zuckerpflanzen oder Ölpflanzen, die als Hauptkulturen auf landwirtschaftlichen Flächen produziert werden, ausgenommen Reststoffe, Abfälle und lignozellulosehaltiges Material und Zwischenfrüchte wie Zweitfrüchte und Deckpflanzen, es sei denn, die Verwendung solcher Zwischenfrüchte führt zu einer zusätzlichen Nachfrage nach Land.**

(5) **Erneuerbare Energien sind Energien aus erneuerbaren, nichtfossilen Energiequellen in Form von**

1. Wind,
2. Sonne,
3. geothermischer Energie,
4. Umgebungsenergie,
5. Gezeiten-, Wellen- und sonstiger Meeresenergie,
6. Wasserkraft,
7. Energie aus Biomasse, Deponiegas, Klärgas und Biogas.

(6) **(weggefallen)**

(7) **(weggefallen)**

(8) **(weggefallen)**

(9) **(weggefallen)**

(10) **API-Grad ist eine Maßeinheit für die Dichte von Rohöl. Der API-Grad wird mit dem Testverfahren D287–12b der American Society for Testing and Materials gemessen.**

(11) **Konventionelles Rohöl ist jeder Raffinerierohstoff, der**

1. in einer Lagerstättenformation am Ursprungsort einen API-Grad von mehr als 10 aufweist, und

2. nicht unter die Definition des KN-Codes 2714 gemäß Anhang I der Verordnung (EWG) Nr. 2658/87 des Rates vom 23. Juli 1987 über die zolltarifliche und statistische Nomenklatur sowie den Gemeinsamen Zolltarif (ABl. L 256 vom 7.9.1987, S. 1; L 341 vom 3.12.1987, S. 38; L 378 vom 31.12.1987, S. 120; L 130 vom 26.5.1988, S. 42; L 151 vom 8.6.2016, S. 22), die zuletzt durch die Durchführungsverordnung (EU) 2017/1344 (ABl. L 186 vom 19.7.2017, S. 3) geändert worden ist, fällt.

(12) **Naturbitumen ist jede Quelle für Raffinerierohstoffe,**

1. die in einer Lagerstättenformation am Förderort einen API-Grad von höchstens 10 aufweist,

2. die eine Viskosität im jährlichen Durchschnitt bei Lagerstättentemperatur hat, die höher ist als die durch die Gleichung Viskosität (in Centipoise) = $518{,}98 \star e^{-0{,}038 \star T}$ berechnete Viskosität; wobei T die Temperatur in Grad Celsius ist,

3. die unter die Definition für bituminöse Sande des KN-Codes 2714 gemäß der Verordnung (EWG) Nr. 2658/87 fällt und

4. die durch Bergbau oder thermisch unterstützte Schwerkraftdrainage erschlossen wird, wobei die Wärmeenergie hauptsächlich aus anderen Quellen als der Rohstoffquelle selbst gewonnen wird.

(13) **Ölschiefer ist jede Quelle für Raffinerierohstoffe,**

1. die sich am Förderort innerhalb einer Felsformation befand,

2. die festes Kerogen enthält,

3. die unter die Definition für ölhaltigen Schiefer des KN-Codes 2714 gemäß der Verordnung (EWG) Nr. 2658/87 fällt und

4. die durch Bergbau oder thermisch unterstützte Schwerkraftdrainage erschlossen wird.

Die Begründung des Referentenentwurfs zu § 2 lautet wie folgt:

„Zu Absatz 2 *(jetzt Absatz 1)*
Absatz 2 bestimmt den Stromanbieter als das Unternehmen, das den elektrischen Strom an den Letztverbraucher abgibt.

Zu Absatz 3 *(jetzt Absatz 4)*
Die Verwendung von konventionellen Biokraftstoffen, dh Biokraftstoffe, die aus Anbaubiomasse hergestellt wurden, soll zur Vermeidung indirekter Landnutzungsänderungen begrenzt werden. Darunter fallen insbesondere die derzeit am Markt befindlichen Biokraftstoffe aus Getreide (und sonstigen Kulturpflanzen mit hohem Stärkegehalt), Ölpflanzen und Zuckerpflanzen.

Zu Absatz 4 *(jetzt Absatz 5)*
Absatz 4 bestimmt den Begriff der erneuerbaren Energien, der bei der Definition der fortschrittlichen Kraftstoffe Anwendung findet.

Zu Absatz 5 *(jetzt Absatz 6)*
Die Begriffsbestimmung für fortschrittliche Kraftstoffe ist für die Einführung einer Unterquote für diese Kraftstoffe erforderlich. Neben Biokraftstoffen, die aus den in Anlage 1 genannten Rohstoffen hergestellt wurden, gelten auch die in den Nummern 2 bis 4 genannten erneuerbaren Kraftstoffe als fortschrittliche Kraftstoffe.

Zu Absatz 6 *(jetzt Absatz 7)*
Der Begriff „Kulturpflanzen mit hohem Stärkegehalt" wird näher bestimmt. Dabei fallen Getreide unter diesen Begriff ungeachtet dessen, ob nur die Körner verwendet werden oder die gesamte Pflanze verwendet wird, wie bei Grünmais. Knollen- und Wurzelfrüchte sind beispielsweise Kartoffeln, Topinambur, Süßkartoffeln, Maniok und Yamswurzeln. Unter den Begriff Knollenfrüchte fallen zB Taro/Cocoyam.

Zu Absatz 7 *(jetzt Absatz 8)*
Lignozellulosehaltiges Material kann beispielsweise in Biomasse aus Wäldern, holzartigen Energiepflanzen sowie Reststoffen und Abfällen aus der Holz- und Forstwirtschaft enthalten sein.

Zu Absatz 8 (jetzt Absatz 9)
Zellulosehaltiges Non-Food-Material umfasst Reststoffe von Nahrungs- und Futtermittelpflanzen (zB Stroh, Spelzen, Hülsen und Schalen), grasartige Energiepflanzen mit niedrigem Stärkegehalt (zB Weidelgras, Rutenhirse, Miscanthus, Pfahlrohr und Zwischenfrüchte vor und nach Hauptkulturen), industrielle Reststoffe (einschließlich Nahrungs- und Futtermittelpflanzen nach Extraktion von Pflanzenölen, Zucker, Stärken und Protein) sowie Material aus Bioabfall.
Zu Absatz 9 bis 12 *(jetzt Absätze 10 bis 13)*
Die Begriffsbestimmungen zu API-Grad, konventionellem Rohöl, Naturbitumen und Ölschiefer dienen insbesondere der Abgrenzung der Raffinerierohstoffe in Zusammenhang mit der Berichterstattung nach § 37 f des Bundes-Immissionsschutzgesetzes. Auf die Begriffe wird in Anhang I Teil 2 Ziffer 7 der Richtlinie (EU) 2015/652 Bezug genommen."

Teil 2. Berechnung der Treibhausgasemissionen und weitere Optionen zur Erfüllung der Verpflichtung zur Minderung der Treibhausgasemissionen

Abschnitt 1. Allgemeine Bestimmungen zur Berechnung

§ 3 Basiswert

Der Basiswert nach § 37a Absatz 4 Satz 4 des Bundes-Immissionsschutzgesetzes wird auf 94,1 Kilogramm Kohlenstoffdioxid-Äquivalent pro Gigajoule festgelegt.

§ 4 Erweiterung der Definition der Biokraftstoffe

(1) **Zusätzlich zu den Biokraftstoffen nach § 37b Absatz 1 Satz 1 des Bundes-Immissionsschutzgesetzes sind Energieerzeugnisse, die aus den in Anlage 1 genannten Rohstoffen hergestellt wurden, Biokraftstoffe.**

(2) **Energieerzeugnisse, die anteilig aus den in Anlage 1 genannten Rohstoffen hergestellt wurden, gelten in Höhe dieses Anteils als Biokraftstoffe.**

(3) **Hiervon unberührt bleiben die Anforderungen an Biokraftstoffe nach der Biokraftstoff-Nachhaltigkeitsverordnung.**

§ 4a Regelungen für die Verpflichtungsjahre 2019 bis 2021

(1) **Abweichend von § 37a Absatz 6 Satz 5 und Absatz 8 Satz 1 des Bundes-Immissionsschutzgesetzes können Treibhausgasminderungsmengen, die den nach § 37a Absatz 4 des Bundes-Immissionsschutzgesetzes festgelegten Prozentsatz im Verpflichtungsjahr 2019 übersteigen, nicht auf den Prozentsatz des Verpflichtungsjahres 2020 angerechnet werden.**

(2) **Auf Antrag des Verpflichteten wird die Übererfüllung im Verpflichtungsjahr 2019 auf den Prozentsatz des Verpflichtungsjahres 2021 angerechnet. § 37a Absatz 6 Satz 5 des Bundes-Immissionsschutzgesetzes gilt für diese Anrechnung entsprechend. Der Antrag ist bis zum 15. April 2020 zu stellen.**

Zur Begründung des § 4a hat die Bundesregierung im Referentenentwurf zur Verordnung zur Änderung der 38. BImSchV Folgendes ausgeführt:

„Die Verordnung dient der Erreichung der EU-Ziele von Artikel 4 Absatz 3 der Richtlinie 2009/28/EG (Erneuerbare-Energien-Richtlinie) sowie Artikel 7a der Richtlinie 98/70/EG (Kraftstoffqualitätsrichtlinie). Die Ziele der EU-Richtlinie sind im jeweiligen Jahr zu erfüllen. Das nationale Quotenrecht sieht seit dem Jahr 2007 eine Flexibilisierung der Quotenerfüllung dahingehend vor, dass eine Übererfüllung der Quote in einem Verpflichtungsjahr auf Antrag auf das darauffolgende Verpflichtungsjahr übertragen werden kann. Dadurch ist es möglich, dass ein wesentlicher Teil der Quotenerfüllung im Jahr 2020 bereits im Jahr2019 erfolgt und die zusätzlichen Mengen auf das Folgejahr übertragen werden. Diese übertragenen Mengen wären nicht auf die Erreichung der nationalen EU-Ziele anrechenbar, da die EU-Richtlinien eine derartige Flexibilisierung nicht vorsehen. Die im Rahmen der Treibhausgasquote vorgesehene Flexibilisierung zur Übertragung von Übererfüllungen der Quote auf das Folgejahr wird daher einmalig für den Übergang vom Verpflichtungsjahr 2019 auf das Verpflichtungsjahr 2020 ausgesetzt, da nur auf diese Weise sichergestellt werden kann, dass die EU-Ziele erreicht werden. Übererfüllungen des Verpflichtungsjahres 2019 können – ebenso wie Übererfüllungen des Verpflichtungsjahres 2020 – auf das Verpflichtungsjahr 2021 übertragen werden."

Abschnitt 2. Straßenfahrzeuge mit Elektroantrieb

§ 5 Anrechnung von in Straßenfahrzeugen mit Elektroantrieb genutztem elektrischem Strom

(1) **Elektrischer Strom, der im Verpflichtungsjahr von Letztverbrauchern nachweislich zur Verwendung in Straßenfahrzeugen mit Elektroantrieb aus dem Netz entnommen wurde, kann auf die Erfüllung der Verpflichtung zur Minderung der Treibhausgasemissionen angerechnet werden, sofern die Entnahme im Steuergebiet des Stromsteuergesetzes erfolgte. Dritter im Sinne des § 37a Absatz 6 des Bundes-Immissionsschutzgesetzes ist der Betreiber eines Ladepunktes im Sinne des § 2 Nummer 8 der Ladesäulenverordnung oder eine von ihm bestimmte Person.**

(2) **Bei der Berechnung des Referenzwertes nach § 37a Absatz 4 Satz 3 des Bundes-Immissionsschutzgesetzes wird die energetische Menge elektrischen Stroms nach Absatz 1 mit dem Faktor 3 multipliziert. Die Treibhausgasemissionen des elektrischen Stroms nach Absatz 1 werden berechnet durch die Multiplikation der energetischen Menge des zur Verwendung in den Straßenfahrzeugen mit Elektroantrieb entnommenen Stroms**

1. **mit dem Faktor 3 sowie**
2. **mit dem Wert der für die durchschnittlichen Treibhausgasemissionen pro Energieeinheit des Stroms in Deutschland und dem Anpassungsfaktor für die Antriebseffizienz nach Anlage 3.**

(3) **Der Wert der durchschnittlichen Treibhausgasemissionen pro Energieeinheit des Stroms in Deutschland wird von der nach § 20 Absatz 1 zuständigen Stelle jährlich auf Basis geeigneter internationaler Normen ermittelt und bis zum Ablauf des 31. Oktober für das darauffolgende Verpflichtungsjahr im Bundesanzeiger bekannt gegeben.**

(4) **Zur Berechnung der Treibhausgasemissionen des elektrischen Stroms nach Absatz 2 wird der Wert der durchschnittlichen Treibhausgasemissionen pro Energieeinheit Strom der jeweiligen erneuerbaren Energie in Deutschland verwendet, wenn im Fall des § 6**

1. **ausschließlich Strom aus erneuerbaren Energien nach § 2 Absatz 5 Nummer 1 und 2 eingesetzt wird und**
2. **der Strom nicht aus dem Netz nach § 3 Nummer 35 des Erneuerbare-Energien-Gesetzes entnommen wird, sondern direkt von einer Stromerzeugungsanlage nach § 61a Nummer 2 des Erneuerbare-Energien-Gesetzes bezogen wird.**

Die Werte der durchschnittlichen Treibhausgasemissionen pro Energieeinheit Strom der erneuerbaren Energien in Deutschland werden von der nach § 20 Absatz 1 zuständigen Stelle jährlich auf Basis geeigneter internationaler Normen ermittelt und bis zum Ablauf des 31. Oktober für das darauffolgende Verpflichtungsjahr im Bundesan-

zeiger bekannt gegeben. Für Strommengen, die nur anteilig die Voraussetzungen nach Satz 1 erfüllen, gilt Satz 1 für den entsprechenden Anteil. Der Dritte nach Absatz 1 führt Aufzeichnungen über den Standort und die Art der Stromerzeugungsanlage sowie über die von ihr erzeugte Strommenge zur Verwendung in Straßenfahrzeugen mit Elektroantrieb und fügt die Aufzeichnung der Mitteilung nach § 8 bei.

Die Begründung des Referentenentwurfs zu § 5 lautet wie folgt:

„Zu Absatz 1
Elektrischer Strom, der in Straßenfahrzeugen mit Elektroantrieb verwendet wurde, kann künftig auf die Treibhausgasquote angerechnet werden. Der Stromanbieter gilt dementsprechend als Dritter im Sinne des Bundes-Immissionsschutzgesetz und kann die Strommengen über den Quotenhandel an die Quotenverpflichteten veräußern.
Zu Absatz 2
Zur Berechnung der Treibhausgasemissionen wird die energetische Menge des in den Straßenfahrzeugen mit Elektroantrieb verwendeten Stroms mit den durchschnittlichen spezifischen Treibhausgasemissionen (siehe Absatz 3) und der Antriebseffizienz (siehe Anlage 3) multipliziert.
Zu Absatz 3
Das Umweltbundesamt gibt jährlich die durchschnittlichen spezifischen Treibhausgasemissionen bekannt. Die Bekanntgabe erfolgt bis zum 31. Oktober und gilt für das folgende Verpflichtungsjahr.
Zu Absatz 4
Absatz 4 regelt, dass bestimmte allgemeine Regelungen zur Treibhausgasquote für die Anrechnung von in Straßenfahrzeugen mit Elektroantrieb genutztem elektrischen Strom entsprechend gelten. Dazu gehören die Ausnahme für die Bundeswehr und den Erdölbevorratungsverband und die Möglichkeit der Übertragung von Verpflichtungen auf Dritte. Außerdem bedeutet dies in Bezug auf die Berücksichtigung der erneuerbaren Kraftstoffe nicht-biogenen Ursprungs beim Referenzwert, dass die Regelung in § 37a Absatz 4 des Bundes-Immissionsschutzgesetzes entsprechend anzuwenden ist, dh dass für die Berechnung des Referenzwertes wird der (jeweils geltende) Basiswert mit der energetischen Menge des in Straßenfahrzeugen verwendeten elektrischen Stroms sowie dem jeweils geltenden Anpassungsfaktor multipliziert."

§ 6 Energetische Menge des elektrischen Stroms aus öffentlich zugänglichen Ladepunkten

(1) Der Dritte führt für jedes Verpflichtungsjahr Aufzeichnungen über die einzelnen öffentlich zugänglichen Ladepunkte im Sinne von § 2 Nummer 9 der Ladesäulenverordnung unter Angabe

1. des genauen Standortes, an dem sich der Ladepunkt befindet,
2. der energetischen Menge des zur Verwendung in Straßenfahrzeugen mit Elektroantrieb entnommenen Stroms in Megawattstunden und
3. des Zeitraums, in dem die Strommenge entnommen wurde, sofern der Zeitraum nicht das gesamte Verpflichtungsjahr umfasst.

(2) Der Dritte fügt bei Aufbau und Außerbetriebnahme von Ladepunkten den Aufzeichnungen die Anzeige des Ladepunktbetreibers gegenüber der Bundesnetzagentur für Elektrizität, Gas, Telekommunikation, Post und Eisenbahnen gemäß § 5 Absatz 1 der Ladesäulenverordnung bei. Für bereits bestehende Ladepunkte ist die Anzeige, die zum Zeitpunkt des Aufbaus gegenüber der Bundesnetzagentur für Elektrizität, Gas, Telekommunikation, Post und Eisenbahnen abgegeben wurde, beizufügen.

Die Begründung des Referentenentwurfs zu § 6 lautet wie folgt:

„Im Fall von öffentlichen Ladepunkten ist davon auszugehen, dass der dort entnommene elektrische Strom ausschließlich für den Betrieb von Straßenfahrzeugen mit Elektroantrieb eingesetzt wurde. Daher ist eine genaue Messung der entnommenen energetischen Menge des elektrischen

Stroms möglich. Diese Messung dürfte zu Abrechnungszwecken ohnehin nahezu flächendeckend vom Stromanbieter erfolgen. Vom Stromanbieter sind Aufzeichnungen über die öffentlichen Ladepunkte zu führen, u.a. mit den jeweils abgegebenen Strommengen."

§ 7 Energetische Menge des elektrischen Stroms in anderen Fällen

(1) **Die Anrechnung von Strom, der nicht über öffentlich zugängliche Ladepunkte entnommen wurde, auf die Erfüllung der Verpflichtung zur Minderung der Treibhausgasemissionen ist nur dann möglich, sofern dieser Strom für reine Batterieelektrofahrzeuge genutzt wurde und ein Schätzwert nach Absatz 3 bekanntgegeben wurde.**

(2) **Der Dritte nach § 5 Absatz 1 Satz 2 führt Aufzeichnungen über die Personen, auf die nachweislich ein reines Batterieelektrofahrzeug zugelassen ist, sowie über das reine Batterieelektrofahrzeug selbst. Als Nachweis gilt eine Zulassungsbescheinigung Teil I des reinen Batterieelektrofahrzeugs, die gemäß § 11 Absatz 1 Satz 1 der Fahrzeug-Zulassungsverordnung vom 3. Februar 2011 (BGBl. I S. 139), die zuletzt durch Artikel 8 des Gesetzes vom 12. Juli 2021 (BGBl. I S. 3091) geändert worden ist, ausgefertigt worden ist und als Kopie vorgelegt wird. Spätestens nach Ablauf eines Jahres ist eine Kopie der aktuellen Zulassungsbescheinigung Teil I als Nachweis erforderlich. Der Dritte bewahrt die Kopien der Zulassungsbescheinigungen Teil I für die Dauer von drei Jahren auf. Bei der Mitteilung nach § 8 fügt der Dritte die Aufzeichnungen bei. Die nach § 20 Absatz 1 zuständige Stelle kann Näheres zum Format und dem Inhalt der Aufzeichnungen nach Satz 3 im Bundesanzeiger bekannt geben.**

(3) **Das Bundesministerium für Umwelt, Naturschutz und nukleare Sicherheit gibt die Schätzwerte der anrechenbaren energetischen Mengen elektrischen Stroms für reine Batterieelektrofahrzeuge im Bundesanzeiger bekannt. Der Schätzwert basiert auf aktuellen Daten über den durchschnittlichen Stromverbrauch von reinen Batterieelektrofahrzeugen in Deutschland.**

(4) **Die energetische Menge des im jeweiligen Verpflichtungsjahr nach § 5 anrechenbaren elektrischen Stroms ergibt sich durch die Multiplikation der Zahl der reinen Batterieelektrofahrzeuge, die nach Absatz 2 zu den Dritten gerechnet werden, mit dem Schätzwert.**

(5) **Die Bestimmung der Person als Dritter, die nicht der Betreiber des Ladepunktes ist, erfolgt durch eine Vereinbarung in Textform. In jedem Verpflichtungsjahr kann nur ein Dritter bestimmt werden. Bestimmt der Betreiber eines Ladepunktes unter Verstoß gegen Satz 2 mehrere Dritte, stellt die gemäß § 20 Absatz 1 zuständige Stelle die Bescheinigung nach § 8 Absatz 2 nur an den Dritten aus, der die Angaben nach § 8 Absatz 1 zuerst mitgeteilt hat. Die Vereinbarung nach Satz 1 wird auf Verlangen der nach § 20 Absatz 1 zuständigen Stelle vorgelegt.**

Die Begründung des Referentenentwurfs zu § 7 (dort § 6 Abs. 2) lautet wie folgt:

„Im Fall der Abgabe von elektrischem Strom in Unternehmen oder Privathaushalten ist eine exakte Messung des abgegebenen Stroms kaum durchführbar, da in der Regel keine gesonderten Stromzähler für das Straßenfahrzeug mit Elektroantrieb und den übrigen Stromverbrauch vorhanden sind. Eine Quotenanrechnung des dort für die Verwendung in Straßenfahrzeugen mit Elektroantrieb abgegebenen elektrischen Stroms ist daher nur möglich, wenn ein Schätzwert für die durchschnittlich auf diese Weise pro Straßenfahrzeug mit Elektroantrieb abgegebene Strommenge bekanntgegeben wurde. Aus diesem Grund ist vom Stromanbieter nur nachzuweisen, dass auf den Stromkunden (bzw. in dessen Haushalt lebende Personen) ein bzw. mehrere Straßenfahrzeuge mit Elektroantrieb zugelassen sind. Anstelle einer exakten Messung des Stromverbrauchs wird ein Schätzwert für den jährlichen Stromverbrauch eines Straßenfahrzeugs mit Elektroantrieb vom BMUB bekanntgemacht und für die Quotenanrechnung zugrunde gelegt. Der Schätzwert soll

sich am durchschnittlichen Energieverbrauch von Straßenfahrzeugen mit Elektroantrieb und der typischen Jahresfahrleistung orientieren, abzüglich der geschätzten über öffentliche Ladepunkte abgegebenen Menge elektrischen Stroms.
Aufgrund der noch geringen Anzahl von Straßenfahrzeugen mit Elektroantrieb ist es angemessen, eine solche Schätzung zu ermöglichen, damit der Aufwand zur Erhebung der Daten durch den Stromanbieter in einem sinnvollen Verhältnis zu den von ihm im Quotenhandel erzielbaren Einnahmen steht. Das Verfahren soll mit steigender Zahl von Straßenfahrzeugen mit Elektroantrieb und zunehmend besserem Strommix (dh einer höheren Quotenanrechnung pro Energieeinheit Strom) überprüft und ggfs. durch ein genaues Messverfahren ersetzt werden."

§ 8 Mitteilung der energetischen Menge

(1) **Der Dritte teilt der nach § 20 Absatz 1 zuständigen Stelle die energetischen Mengen des elektrischen Stroms, der nach § 6 zur Verwendung in Straßenfahrzeugen mit Elektroantrieb und nach § 7 zur Verwendung in reinen Batterieelektrofahrzeugen im jeweiligen Verpflichtungsjahr entnommen wurde, bis zum 28. Februar des Folgejahres mit. Die nach § 20 Absatz 1 zuständige Stelle kann verlangen, dass der Dritte innerhalb einer angemessenen Frist die in den §§ 6 und 7 genannten Unterlagen zur Prüfung vorlegt. Sie prüft anhand dieser Unterlagen, ob die Voraussetzungen für die Anrechnung erfüllt sind.**

(2) **Die nach § 20 Absatz 1 zuständige Stelle stellt dem Dritten eine Bescheinigung über die mitgeteilte energetische Menge elektrischen Stroms aus. In der Bescheinigung sind die energetische Menge des elektrischen Stroms in Megawattstunden und die nach § 5 Absatz 2 errechneten Treibhausgasemissionen in Kilogramm CO_2-Äquivalent angegeben. Die Bescheinigung kann auf Antrag des Dritten in mehrere Teilbescheinigungen aufgeteilt werden. Die nach § 20 Absatz 1 zuständige Stelle übersendet der nach § 20 Absatz 2 zuständigen Stelle auf Verlangen Informationen über die erteilten Bescheinigungen.**

(3) **Die nach § 20 Absatz 1 zuständige Stelle kann Näheres zum Format und zur Art und Weise der Datenübermittlung im Bundesanzeiger bekanntgeben.**

Die Begründung des Referentenentwurfs zu § 8 (dort § 6 Abs. 3–5) lautet wie folgt:

„Zu Absatz 3
Um eine Überprüfung der in Absatz 1 und 2 vorgesehenen Aufzeichnungen zu ermöglichen teilt der Stromanbieter dem Umweltbundesamt die jeweiligen energetischen Mengen des in Straßenfahrzeugen mit Elektroantrieb genutzten Stroms mit. Das Umweltbundesamt verlangt stichprobenweise die Vorlage der Unterlagen und prüft ob die Anrechnungsvoraussetzungen erfüllt sind.
Zu Absatz 4
Als Grundlage für den Quotenhandel stellt das Umweltbundesamt dem Stromanbieter Bescheinigungen über die von ihm zur Verwendung in Straßenfahrzeugen mit Elektroantrieb abgegebene energetische Menge elektrischen Stroms (einschl. der damit verbundenen Treibhausgasemissionen) aus. Auf Antrag des Stromanbieters können auch mehrere Teilbescheinigungen ausgestellt werden.
Zu Absatz 5
Das Umweltbundesamt kann Näheres zu den vorzulegenden Unterlagen bekanntgeben."

§ 9 Nachweis durch den Verpflichteten

(1) **Im Zusammenhang mit der Mitteilung nach § 37c Absatz 1 des Bundes-Immissionsschutzgesetzes sind vom Verpflichteten folgende Unterlagen vorzulegen:**
1. **Bescheinigungen über die mitgeteilte Strommenge nach § 8 Absatz 2 und**
2. **eine Erklärung des Dritten, der den elektrischen Strom abgegeben hat, dass die jeweilige Strommenge nicht anderweitig zur Erfüllung der Verpflichtung zur Minderung der Treibhausgasemissionen verwendet wurde.**

§ 37c Absatz 3 Satz 4 und 5 und Absatz 5 des Bundes-Immissionsschutzgesetzes gilt entsprechend.

(2) **Die Anrechnung elektrischen Stroms auf die Erfüllung der Verpflichtung zur Minderung der Treibhausgasemissionen setzt voraus, dass die entsprechenden Mengen in der Mitteilung nach § 37c Absatz 1 des Bundes-Immissionsschutzgesetzes enthalten sind. § 37c Absatz 3 Satz 1 bis 3 des Bundes-Immissionsschutzgesetzes ist nicht anzuwenden.**

Die Begründung des Referentenentwurfs zu § 9 (dort § 7) lautet wie folgt:

„Quotenverpflichtete reichen im Rahmen der Quotenanmeldung zum Nachweis der zur Verwendung in Straßenfahrzeugen mit Elektroantrieb abgegebene energetische Menge elektrischen Stroms die vom UBA ausgestellten Bescheinigungen nach § 6 Absatz 4 sowie eine Erklärung des Stromanbieters, dass die entsprechenden Strommengen nicht anderweitig zur Quotenerfüllung eingesetzt wurden, ein."

Abschnitt 3. Kraftstoffe fossilen Ursprungs

§ 10 Treibhausgasemissionen von fossilen Otto- und Dieselkraftstoffen

(1) **Die Treibhausgasemissionen fossiler Ottokraftstoffe berechnen sich durch Multiplikation der vom Verpflichteten in Verkehr gebrachten energetischen Menge fossiler Ottokraftstoffe mit dem Wert 93,3 Kilogramm Kohlenstoffdioxid-Äquivalent pro Gigajoule.**

(2) **Die Treibhausgasemissionen fossiler Dieselkraftstoffe berechnen sich durch Multiplikation der vom Verpflichteten in Verkehr gebrachten energetischen Menge fossiler Dieselkraftstoffe mit dem Wert 95,1 Kilogramm Kohlenstoffdioxid-Äquivalent pro Gigajoule.**

§ 11 Treibhausgasemissionen von weiteren fossilen Kraftstoffen

(1) **Die Verpflichtung zur Minderung der Treibhausgasemissionen kann bis einschließlich des Verpflichtungsjahres 2021 auch durch Inverkehrbringen von in Anlage 2 genannten fossilen Kraftstoffen erfüllt werden. Als Inverkehrbringen gilt die Versteuerung nach § 2 Absatz 1 Nummer 1, 4, 7 oder 8 oder Absatz 2 des Energiesteuergesetzes vom 15. Juli 2006 (BGBl. I S. 1534; 2008 I S. 660, 1007), das zuletzt durch Artikel 2 des Gesetzes vom 27. August 2017 (BGBl. I S. 3299) geändert worden ist, in der jeweils geltenden Fassung. Soweit Kraftstoffe nach Anlage 2 keine Energieerzeugnisse nach § 1 Absatz 2 und 3 des Energiesteuergesetzes sind, gelten sie durch Abgabe an den Letztverbraucher zur Verwendung im Straßenverkehr im Sinne des § 37a Absatz 1 Satz 1 und 2 des Bundes-Immissionsschutzgesetzes als in den Verkehr gebracht. In diesem Fall ist Verpflichteter oder Dritter im Sinne des § 37a Absatz 6 des Bundes-Immissionsschutzgesetzes die Person, in deren Name und auf deren Rechnung die Abgabe an den Letztverbraucher erfolgt.**

(2) **Die Treibhausgasemissionen der fossilen Kraftstoffe nach Absatz 1 berechnen sich durch Multiplikation der vom Verpflichteten in Verkehr gebrachten energetischen Menge des jeweiligen Kraftstoffs auf Basis des nach § 37b Absatz 9 des Bundes-Immissionsschutzgesetzes bekanntgegebenen Energiegehalts für den unteren Heizwert mit dem in Anlage 2 genannten Wert für dessen Treibhausgasemissionen in Kohlenstoffdioxid-Äquivalent pro Gigajoule und dem jeweils geltenden Anpassungsfaktor für die Antriebseffizienz nach Anlage 3.**

(3) **Für die Anrechnung der fossilen Kraftstoffe nach Absatz 1 gelten die Regelungen des § 37a Absatz 4 Satz 3, 5, 6, 9 und 10, Absatz 6 bis 8 sowie des § 37c Absatz 1**

Satz 1, 3 bis 6, Absatz 3 Satz 4 und 5 und Absatz 5 des Bundes-Immissionsschutzgesetzes entsprechend, soweit sich aus den Regelungen der Absätze 1 und 2 nichts anderes ergibt.

(4) **Im Fall von Absatz 1 Satz 3 und 4 hat der Verpflichtete durch geeignete Aufzeichnungen für das jeweilige Verpflichtungsjahr die Art und zugehörige Menge der von ihm in Verkehr gebrachten Kraftstoffe nachzuweisen. Der Verpflichtete hat dabei insbesondere die Art und zugehörige Menge sowie die Treibhausgasemissionen der von ihm in Verkehr gebrachten Kraftstoffe zu erfassen. Auf Grundlage der Aufzeichnungen muss es einem sachverständigen Dritten innerhalb einer angemessenen Frist möglich sein, die Grundlagen für die Berechnung der Treibhausgasminderung festzustellen.**

Die Begründung des Referentenentwurfs zu § 11 (dort § 9) lautet wie folgt:

„Die Quote wird auf verschiedene nicht-biogene Kraftstoffe ausgeweitet, u.a. komprimiertes Erdgas (CNG) und Flüssiggaskraftstoff (LPG).
Bestimmte allgemeine Regelungen zur Treibhausgasquote für die Anrechnung dieser Kraftstoffe entsprechend gelten. Dazu gehören die Ausnahme für die Bundeswehr und den Erdölbevorratungsverband und die Möglichkeit der Übertragung von Verpflichtungen auf Dritte. Außerdem bedeutet dies in Bezug auf die Berücksichtigung der erneuerbaren Kraftstoffe nicht-biogenen Ursprungs beim Referenzwert, dass die Regelung in § 37a Absatz 4 des Bundes-Immissionsschutzgesetzes entsprechend anzuwenden ist, dh dass für die Berechnung des Referenzwertes wird der (jeweils geltende) Basiswert mit der energetischen Menge des jeweiligen Kraftstoffs sowie dem jeweils geltenden Anpassungsfaktor multipliziert."

Abschnitt 4. Biokraftstoffe

§ 12 Biogenes Flüssiggas

(1) **Die Verpflichtung zur Minderung der Treibhausgasemissionen kann auch erfüllt werden durch Inverkehrbringen von nach § 2 Absatz 1 Nummer 8 oder Absatz 2 Nummer 2 des Energiesteuergesetzes versteuerten Flüssiggasen,**

1. **die ganz oder anteilig aus Biomasse im Sinne der Biomasseverordnung vom 21. Juni 2001 (BGBl. I S. 1234), die zuletzt durch Artikel 8 des Gesetzes vom 13. Oktober 2016 (BGBl. I S. 2258) geändert worden ist, in der jeweils geltenden Fassung, in Verbindung mit § 4, hergestellt wurden und**
2. **deren Eigenschaften mindestens den Anforderungen an Flüssiggaskraftstoff nach § 7 der Verordnung über die Beschaffenheit und die Auszeichnung der Qualitäten von Kraft- und Brennstoffen vom 8. Dezember 2010 (BGBl. I S. 1849), die zuletzt durch Artikel 1 der Verordnung vom 1. Dezember 2014 (BGBl. I S. 1890) geändert worden ist, in der jeweils geltenden Fassung, entsprechen.**

(2) **Flüssiggaskraftstoff, der anteilig aus Biomasse hergestellt wurde, gilt in Höhe dieses Anteils als Biokraftstoff.**

Die Begründung des Referentenentwurfs zu § 12 (dort § 10) lautet wie folgt:

„Die Treibhausgasquote kann künftig auch durch Inverkehrbringen von biogenem Flüssiggaskraftstoff erfüllt werden. Voraussetzung ist, dass dessen Eigenschaften mindestens den jeweils geltenden Anforderungen für Flüssiggaskraftstoff nach § 7 der 10. BImSchV entsprechen. Flüssiggaskraftstoff, der anteilig aus Biomasse hergestellt wurde, gilt in Höhe dieses Anteils als Biokraftstoff. Die Vorschriften der Biokraftstoff-Nachhaltigkeitsverordnung gelten auch für biogenes Flüssiggas, dh es ist nur nachhaltiges biogenes Flüssiggas auf die Quote anrechenbar. Auch die für Biokraftstoffe geltenden Vorschriften des Bundes-Immissionsschutzgesetzes sind bei der Anrechnung von biogenem

Flüssiggas auf die Treibhausgasquote anzuwenden (zB Ausnahmeregelungen für Bundeswehr und Erdölbevorratungsverband, Erfüllung der Treibhausgasquote durch Dritte).“

§ 12a Verflüssigtes Biomethan

(1) **Die Verpflichtung zur Minderung der Treibhausgasemissionen kann auch erfüllt werden durch Inverkehrbringen von nach § 2 Absatz 1 Nummer 7 oder Absatz 2 Nummer 1 des Energiesteuergesetzes versteuertem verflüssigtem Biomethan,**

1. **das ganz oder anteilig aus Biomasse im Sinne der Biomasseverordnung in Verbindung mit § 4 hergestellt wurde und**
2. **wenn dessen Eigenschaften mindestens den Anforderungen an Erdgas und Biogas als Kraftstoffe nach § 8 der Verordnung über die Beschaffenheit und die Auszeichnung der Qualitäten von Kraft- und Brennstoffen vom 8. Dezember 2010 (BGBl. I S. 1849), die durch Artikel 8 Absatz 1 der Verordnung vom 2. Mai 2013 (BGBl. I S. 1021) geändert worden ist, in der jeweils geltenden Fassung entsprechen.**

(2) **Verflüssigtes Biomethan, das anteilig aus Biomasse hergestellt wurde, gilt in Höhe dieses Anteils als Biokraftstoff.**

Zur Begründung des § 12a hat die Bundesregierung im Referentenentwurf zur Verordnung zur Änderung der 38. BImSchV Folgendes ausgeführt:

„Mit der Vorschrift wird verflüssigtes Biomethan (Bio-LNG) künftig ebenfalls auf die Quote anrechenbar sein. Bislang ist verflüssigtes Biomethan nicht auf die Quote anrechenbar, da es sich dabei weder um Biomethan im Sinne von § 37b Absatz 6 des Bundes-Immissionsschutzgesetzes (darunter fällt nur komprimiertes Biomethan) noch um Biogenes Flüssiggas nach § 12 der 38. BImSchV (andere chemische Beschaffenheit) handelt. Gemäß § 8 der Biokraftstoff-Nachhaltigkeitsverordnung sind die über den gesamten Lebenszyklus des Biokraftstoffs verursachten Treibhausgasemissionen gemäß der in Anlage 1 der Biokraftstoff-Nachhaltigkeitsverordnung vorgegebenen Methodik zu bilanzieren. Die Treibhausgasemissionen, die bei der Verflüssigung von Biomethan entstehen, müssen daher im Nachhaltigkeitsnachweis, der gemäß § 11 der Biokraftstoff-Nachhaltigkeitsverordnung für alle Biokraftstoffe als Voraussetzung für die Anrechnung auf die Treibhausgasquote vorzulegen ist, berücksichtigt werden. Der Betreiber der Verflüssigungsanlage ist letzte Schnittstelle nach § 2 Absatz 4 in Verbindung mit Absatz 3 Nummer 3 der Biokraftstoff-Nachhaltigkeitsverordnung und muss einen neuen Nachhaltigkeitsnachweis ausstellen. Ein für Biomethan ggfs. bereits ausgestellter Nachhaltigkeitsnachweis ist dabei zu entwerten, um eine ansonsten mögliche Doppelanrechnung zu verhindern.“

Teil 3. Indirekte Landnutzungsänderungen

§ 13 Obergrenze für die Anrechenbarkeit von Biokraftstoffen aus Nahrungs- und Futtermittelpflanzen

(1) **Übersteigt in einem Verpflichtungsjahr der energetische Anteil der Biokraftstoffe aus Nahrungs- und Futtermittelpflanzen ab dem Kalenderjahr 2022 4,4 Prozent, so wird für die Treibhausgasemissionen der diesen Anteil übersteigenden Biokraftstoffe aus Nahrungs- und Futtermittelpflanzen der Basiswert zugrunde gelegt. Im Fall von biogenem Flüssiggas wird abweichend von Satz 1 anstelle des Basiswertes der Wert nach Anlage 2 Buchstabe a zugrunde gelegt. Im Fall von Biomethan wird abweichend von Satz 1 anstelle des Basiswertes der Wert nach Anlage 2 Buchstabe b zugrunde gelegt. Im Fall von verflüssigtem Biomethan nach § 12a wird abweichend von Satz 1 anstelle des Basiswerts der Wert nach Anlage 2 Buchstabe c zugrunde gelegt.**

(2) **Die Obergrenze nach Absatz 1 bezieht sich prozentual auf die energetische Menge der bei der Berechnung des Referenzwertes nach § 37a Absatz 4 Satz 3 des Bundes-Immissionsschutzgesetzes zu berücksichtigenden Kraftstoffe.**

(3) **Biokraftstoffe aus Nahrungs- und Futtermittelpflanzen können Gegenstand eines Vertrages nach § 37a Absatz 7 Satz 1 des Bundes-Immissionsschutzgesetzes sein. Der Vertrag muss zusätzlich die Angaben nach § 37a Absatz 6 Satz 2 und 3 des Bundes-Immissionsschutzgesetzes enthalten. § 37a Absatz 6 Satz 7 des Bundes-Immissionsschutzgesetzes gilt entsprechend.**

(4) **Für die Obergrenze nach Absatz 1 gilt § 37c Absatz 5 des Bundes-Immissionsschutzgesetzes entsprechend, soweit sich aus den Regelungen des Absatzes 1 nichts anderes ergibt.**

Die Begründung des Referentenentwurfs zu § 13 (dort § 11) lautet wie folgt:

„Zur Vermeidung von indirekten Landnutzungsänderungen wird eine Obergrenze für die Anrechnung konventioneller Biokraftstoffe auf die Treibhausgasquote festgelegt.
Hintergrund der Regelung ist die weltweit wachsende Nachfrage nach biogenen Rohstoffen, die teilweise durch eine Erweiterung der Flächen gedeckt wird. Aufgrund der Nachhaltigkeitskriterien dürfen in der EU nur Biokraftstoffe gefördert werden, die aus bereits landwirtschaftlich genutzten Flächen stammen. Nichtsdestoweniger dürfte die auch aufgrund der Förderung von Biokraftstoffen wachsende Nachfrage nach biogenen Rohstoffen zu einem Nettoanstieg der Anbauflächen führen. Studien, die u.a. im Auftrag der Europäischen Kommission durchgeführt wurden, kamen zum Ergebnis, dass damit erhebliche Treibhausgasemissionen verbunden sein können.
Die Höhe der Obergrenze orientiert sich an dem derzeit im Markt befindlichen Anteil dieser Biokraftstoffe. Der Anteil von 5 % bezieht sich dabei auf die energetische Menge aller fossiler Otto- und Dieselkraftstoffe zuzüglich aller zur Erfüllung der Treibhausgasquote eingesetzter Kraftstoffe. Die Obergrenze wird analog dem europäischen Recht als energetischer Anteil festgelegt. Die staatliche Förderung eines Anstiegs dieses Anteils ist aufgrund des Vorsorgeprinzips zu vermeiden. Die Verordnung verbietet hingegen nicht das Inverkehrbringen dieser Kraftstoffe in Deutschland, solange auf eine Anrechnung auf die Treibhausgasquote verzichtet wird."

§ 13a Obergrenze für die Anrechenbarkeit von abfallbasierten Biokraftstoffen

Übersteigt in einem Verpflichtungsjahr der energetische Anteil der Biokraftstoffe, die aus den in Anlage 4 genannten Rohstoffen hergestellt wurden, 1,9 Prozent, so wird für die Treibhausgasemissionen der diesen Anteil übersteigenden Biokraftstoffe, die aus den in Anlage 4 genannten Rohstoffen hergestellt wurden, der Basiswert zugrunde gelegt. § 13 Absatz 1 Satz 2, 3 und 4 sowie § 13 Absatz 2 bis 4 gelten entsprechend.

§ 13b Obergrenze für die Anrechenbarkeit von Biokraftstoffen aus Rohstoffen mit hohem Risiko indirekter Landnutzungsänderung

(1) **Übersteigt in einem Verpflichtungsjahr der energetische Anteil der Biokraftstoffe aus Rohstoffen mit hohen Risiko indirekter Landnutzungsänderung nach Artikel 3 der Verordnung (EU) 2019/807**

1. ab dem Kalenderjahr 2022 0,9 Prozent,

2. ab dem Kalenderjahr 2023 0 Prozent,

so wird für die Treibhausgasemissionen der diesen Anteil übersteigenden Biokraftstoffe aus Rohstoffen mit hohem Risiko indirekter Landnutzungsänderung nach Artikel 3 der Verordnung (EU) 2019/807 der Basiswert zugrunde gelegt. § 13 Absatz 1 Satz 2, 3 und 4 sowie § 13 Absatz 2 bis 4 gelten entsprechend.

(2) **Absatz 1 gilt nicht für Biokraftstoffe, die nach Artikel 4 der Verordnung (EU) 2019/807 zertifiziert sind.**

§ 14 Mindestanteil fortschrittlicher Biokraftstoffe

(1) **Der Verpflichtete nach § 37a Absatz 1 Satz 1 und 2 in Verbindung mit Absatz 4 Satz 1 bis 3 des Bundes-Immissionsschutzgesetzes hat jährlich einen Mindestanteil Kraftstoffe, die aus den in Anlage 1 genannten Rohstoffen hergestellt wurden (fortschrittliche Biokraftstoffe), in Verkehr zu bringen. Als Inverkehrbringen gilt die Versteuerung nach § 2 Absatz 1 Nummer 1, 4, 7 oder 8 oder Absatz 2 des Energiesteuergesetzes. Soweit Kraftstoffe nach Satz 1 keine Energieerzeugnisse nach § 1 Absatz 2 und 3 des Energiesteuergesetzes sind, gelten sie durch Abgabe an den Letztverbraucher zur Verwendung im Straßenverkehr im Sinne des § 37a Absatz 1 Satz 1 und 2 des Bundes-Immissionsschutzgesetzes als in den Verkehr gebracht. In diesem Fall ist Verpflichteter oder Dritter im Sinne des § 37a Absatz 6 des Bundes-Immissionsschutzgesetzes die Person, in deren Name und auf deren Rechnung die Abgabe an den Letztverbraucher erfolgt. Die Höhe des Mindestanteils beträgt**

1. **0,1 Prozent ab dem Kalenderjahr 2021 für Unternehmen, die im vorangegangenen Verpflichtungsjahr mehr als 10 Petajoule Kraftstoffe im Sinne von § 37a Absatz 1 Satz 1 und 2 des Bundes-Immissionsschutzgesetzes in Verkehr gebracht haben,**
2. **0,2 Prozent ab dem Kalenderjahr 2022 für Unternehmen, die im vorangegangenen Verpflichtungsjahr mehr als 10 Petajoule Kraftstoffe im Sinne von § 37a Absatz 1 Satz 1 und 2 des Bundes-Immissionsschutzgesetzes in Verkehr gebracht haben,**
3. **0,3 Prozent ab dem Kalenderjahr 2023 für Unternehmen, die im vorangegangenen Verpflichtungsjahr mehr als zwei Petajoule Kraftstoffe im Sinne von § 37a Absatz 1 Satz 1 und 2 des Bundes-Immissionsschutzgesetzes in Verkehr gebracht haben,**
4. **0,4 Prozent ab dem Kalenderjahr 2024 für Unternehmen, die im vorangegangenen Verpflichtungsjahr mehr als zwei Petajoule Kraftstoffe im Sinne von § 37a Absatz 1 Satz 1 und 2 des Bundes-Immissionsschutzgesetzes in Verkehr gebracht haben,**
5. **0,7 Prozent ab dem Kalenderjahr 2025,**
6. **1,0 Prozent ab dem Kalenderjahr 2026,**
7. **1,7 Prozent ab dem Kalenderjahr 2028 und**
8. **2,6 Prozent ab dem Kalenderjahr 2030.**

(2) **Der Mindestanteil bezieht sich auf die energetische Menge der bei der Berechnung des Referenzwertes nach § 37a Absatz 4 Satz 3 des Bundes-Immissionsschutzgesetzes zu berücksichtigenden Kraftstoffe zuzüglich der energetischen Menge der eingesetzten Erfüllungsoptionen. Absatz 5 bleibt hierbei unberücksichtigt.**

(3) **Für den Mindestanteil gelten § 37a Absatz 4 Satz 7 bis 10, Absatz 6 und 7 und § 37b des Bundes-Immissionsschutzgesetzes entsprechend. Soweit Verpflichtete der Verpflichtung nach Absatz 1 nicht nachkommen, setzt die zuständige Stelle für die nach dem Energiegehalt berechnete Fehlmenge eine Abgabe fest. § 37c Absatz 2 Satz 2 und 7 des Bundes-Immissionsschutzgesetzes gilt entsprechend. Die Höhe der Abgabe ergibt sich aus § 37c Absatz 2 Satz 3 des Bundes-Immissionsschutzgesetzes. Weiterhin gilt § 37c Absatz 3 Satz 4 und 5 und Absatz 5 des Bundes-Immissionsschutzgesetzes entsprechend, soweit sich aus den Regelungen der Absätze 1 und 2 nichts anderes ergibt.**

(4) **Übersteigen in einem Verpflichtungsjahr Mengen an fortschrittlichen Biokraftstoffen den Mindestanteil nach Absatz 1 in Verbindung mit Absatz 2, kann der Verpflichtete beantragen, dass**

1. die übersteigende Menge mit dem Doppelten ihres Energiegehalts auf die Erfüllung der Verpflichtung zur Minderung der Treibhausgasemissionen in dem Verpflichtungsjahr, in dem sie in Verkehr gebracht wurden, oder

2. ihre energetische Menge auf den Mindestanteil des folgenden Verpflichtungsjahres

angerechnet wird. Satz 1 Nummer 1 gilt nicht für Biokraftstoffe aus den Rohstoffen nach Anlage 1 Nummer 7.

(5) **Im Fall des Absatzes 4 Satz 1 Nummer 1 wird**

1. zur Berechnung des Referenzwertes nach § 37a Absatz 4 Satz 3 des Bundes-Immissionsschutzgesetzes die energetische Menge mit dem Faktor 2 multipliziert und

2. zur Berechnung der Treibhausgasemissionen die energetische Menge mit dem Faktor 2 sowie mit dem Wert der in den anerkannten Nachweisen nach § 14 der Biokraftstoff-Nachhaltigkeitsverordnung ausgewiesenen Treibhausgasemissionen in Kilogramm Kohlenstoffdioxid-Äquivalent pro Gigajoule multipliziert.

Treibhausgasminderungsmengen, die den nach § 37a Absatz 4 vorgeschriebenen Prozentsatz übersteigen, werden auf Antrag des Verpflichteten auf den Prozentsatz des folgenden Kalenderjahres angerechnet. Die Reihenfolge, in der die Nachweise nach § 14 der Biokraftstoff-Nachhaltigkeitsverordnung berücksichtigt werden, ist durch den Verpflichteten nach § 37a Absatz 1 Satz 1 und 2 mit Absatz 4 Satz 1 bis 3 des Bundes-Immissionsschutzgesetzes festzulegen.

Die Begründung des Referentenentwurfs zu § 14 (dort § 12) lautet wie folgt:

„Mit der Regelung in § 12 wird eine energetische Unterquote für fortschrittliche Kraftstoffe eingeführt. Die Unterquote steigt von 0,05 % im Jahr 2020 schrittweise auf 0,5 % im Jahr 2025 an. Das Unterziel wird – wie die Obergrenze – analog dem europäischen Recht als energetischer Anteil festgelegt.

Da die Kraftstoffe derzeit noch in geringen Mengen am Markt verfügbar sind, werden kleine Unternehmen in den Anfangsjahren von der Verpflichtung ausgenommen, da diese Unternehmen von Verfügbarkeitsproblemen stärker betroffen sind und einen schlechteren Zugang zu den Kraftstoffen hätten als Quotenverpflichtete, die größere Mengen Kraftstoffe abnehmen und in Verkehr bringen. Die Ausnahme für kleinere Unternehmen wird mit parallel zum Anstieg der Unterquote schrittweise zurückgefahren, da davon auszugehen ist, dass sich die Verfügbarkeit der auf das Unterziel anrechenbaren Kraftstoffe durch die mit der Unterquote (sowie den im Zuge der Richtlinienumsetzung erwarteten Regelungen in anderen Mitgliedstaaten) geschaffene Investitionssicherheit verbessert. Ab dem Jahr 2025 ist das Unterziel von allen Quotenverpflichteten zu erfüllen.

Hinsichtlich der Anrechnungsmodalitäten (Höhe der Ausgleichsabgabe, Übertragung von Übererfüllungen, Erfüllung durch Dritte, etc.) gelten die Regelungen des Bundes-Immissionsschutzgesetzes analog."

§ 15 Nachweis der Einhaltung der Regelungen zu indirekten Landnutzungsänderungen

Als Nachweis für die Einhaltung der Voraussetzungen nach den §§ 13, 13a, 13b und 14 gelten die Nachhaltigkeitsnachweise im Sinne der Biokraftstoff-Nachhaltigkeitsverordnung, die der Verpflichtete im Zusammenhang mit der Mitteilung nach § 37c Absatz 1 des Bundes-Immissionsschutzgesetzes vorgelegt hat. Sofern Biokraftstoffe anteilig aus Biokraftstoffen aus Nahrungs- und Futtermittelpflanzen und fortschrittlichen Biokraftstoffen hergestellt wurden, ist die Menge in Litern oder der Anteil in Volumenprozent jedes dieser Kraftstoffe auf dem Nachhaltigkeitsnachweis auszuweisen.

Teil 4. Berichtspflichten

§ 16 Berichte über in Verkehr gebrachte Kraftstoffe und Energieerzeugnisse

Die nach § 20 Absatz 2 zuständige Stelle übermittelt der nach § 20 Absatz 1 zuständigen Stelle jährlich bis zum Ablauf des 1. November

1. **die von Verpflichteten nach § 37c Absatz 1 des Bundes-Immissionsschutzgesetzes mitgeteilten Mengen und Treibhausgasemissionen sowie**
2. **die Schätzungen nach § 37c Absatz 3 des Bundes-Immissionsschutzgesetzes.**

Die Daten nach Satz 1 sind erstmals für das Verpflichtungsjahr 2021 zu übermitteln.

Die Begründung des Referentenentwurfs zu § 16 (dort § 14 Abs. 1) lautet wie folgt:

„Berichte nach § 37 f des Bundes-Immissionsschutzgesetzes sind dem Umweltbundesamt jährlich bis zum 31. März vorzulegen. Der Berichtszeitraum umfasst das vorangegangene Verpflichtungsjahr."

§ 17 (weggefallen)

§ 18 (weggefallen)

§ 19 (weggefallen)

Teil 5. Zuständigkeit

§ 20 Zuständige Stellen

(1) **Das Umweltbundesamt ist zuständig für**

1. **die Ermittlung und Bekanntgabe der Werte der durchschnittlichen Treibhausgasemissionen nach § 5 Absatz 3 und 4,**
2. **die Prüfung der nach § 8 Absatz 1 mitgeteilten energetischen Menge elektrischen Stroms,**
3. **die Ausstellung von Bescheinigungen über die nach § 8 Absatz 2 mitgeteilte energetische Menge elektrischen Stroms und**
4. **die Bekanntgabe nach § 7 Absatz 2 und § 8 Absatz 3.**

(2) **Das Hauptzollamt Frankfurt (Oder) ist zuständig für**

1. **eine Anrechnung von in Straßenfahrzeugen mit Elektroantrieb genutztem elektrischem Strom nach § 5 Absatz 1,**
2. **die Anrechnung von fossilen Kraftstoffen nach § 11,**
3. **die Anrechnung von biogenem Flüssiggas nach § 12,**
4. **die Anrechnung von verflüssigtem Biomethan nach § 12a,**
5. **die Überwachung der Einhaltung der Obergrenze für Biokraftstoffe aus Nahrungs- und Futtermittelpflanzen nach § 13,**
6. **die Überwachung der Einhaltung der Obergrenze für abfallbasierte Biokraftstoffe nach § 13a,**
7. **die Überwachung der Einhaltung der Obergrenze für Biokraftstoffe mit hohem Risiko indirekter Landnutzungsänderung nach § 13b,**

8. **die Überwachung der Erfüllung des Mindestanteils an fortschrittlichen Kraftstoffen nach § 14 und**
9. **die Übermittlung der Daten nach § 16.**

Teil 6. Übergangs- und Schlussbestimmungen

§ 21 Übergangsbestimmung

Diese Verordnung ist nicht anzuwenden auf elektrischen Strom, der vor dem 1. Januar 2018 aus dem Netz entnommen wurde, und auf Kraftstoffe, die vor dem Januar 2018 in Verkehr gebracht wurden.

§ 22 Inkrafttreten

Diese Verordnung tritt am Tag nach der Verkündung in Kraft.

Anlage 1 (zu § 1 Absatz 2 und § 14 Absatz 1)

Rohstoffe für die Herstellung fortschrittlicher Biokraftstoffe nach § 14 Absatz 1

Rohstoffe für die Herstellung fortschrittlicher Biokraftstoffe nach § 14 Absatz 1 sind:

1. Algen, die an Land in Becken oder Photobioreaktoren kultiviert worden sind,
2. Biomasse-Anteil an gemischten Siedlungsabfällen, nicht jedoch getrennte Haushaltsabfälle, für die Recycling-Ziele gemäß Artikel 11 Absatz 2 Buchstabe a der Richtlinie 2008/98/EG des Europäischen Parlaments und des Rates vom 19. November 2008 über Abfälle und zur Aufhebung bestimmter Richtlinien (ABl. L 312 vom 22.11.2008, S. 3), die zuletzt durch die Verordnung (EU) 2017/997 (ABl. L 150 vom 14.6.2017, S. 1) geändert worden ist, in der jeweils geltenden Fassung, gelten,
3. Bioabfall im Sinne des Artikels 3 Absatz 4 der Richtlinie 2008/98/EG aus privaten Haushaltungen, der einer getrennten Sammlung im Sinne des Artikels 3 Absatz 11 der Richtlinie 2008/98/EG unterliegt,
4. Biomasse-Anteil von Industrieabfällen, der ungeeignet zur Verwendung in der Nahrungs- oder Futtermittelkette ist, einschließlich Material aus Groß- und Einzelhandel, Agrar- und Ernährungsindustrie sowie Fischwirtschaft und Aquakulturindustrie; nicht jedoch die Rohstoffe, die in Anlage 4 aufgeführt sind,
5. Stroh,
6. Mist, Gülle und Klärschlamm,
7. Abwasser aus Palmölmühlen und leere Palmfruchtbündel,
8. Tallölpech,
9. Rohglyzerin,
10. Bagasse,
11. Traubentrester und Weintrub,
12. Nussschalen,
13. Hülsen,
14. entkernte Maiskolben,
15. Biomasse-Anteile von Abfällen und Reststoffen aus der Forstwirtschaft und forstbasierten Industrien, insbesondere Rinde, Zweige, vorkommerzielles Durchforstungs-

holz, Blätter, Nadeln, Baumspitzen, Sägemehl, Sägespäne, Schwarzlauge, Braunlauge, Faserschlämme, Lignin und Tallöl,

16. anderes zellulosehaltiges Non-Food-Material im Sinne des Artikels 2 Nummer 42 der Richtlinie 2018/2001/EU in der jeweils geltenden Fassung,
17. anderes lignozellulosehaltiges Material im Sinne des Artikels 2 Nummer 41 der Richtlinie 2018/2001/EU in der jeweils geltenden Fassung mit Ausnahme von Säge- und Furnierrundholz.

Anlage 2 (zu den §§ 11 und 13)

Treibhausgasemissionen fossiler Kraftstoffe

Für die Treibhausgasemissionen fossiler Kraftstoffe gelten folgende Werte:

	Kraftstoff	Rohstoffquelle und Verfahren	Spezifische Treibhausgasemissionen (in kg CO_2-Äquivalent pro GJ)
a)	Flüssiggaskraftstoff (LPG)	Alle fossilen Quellen	73,6
b)	Komprimiertes Erdgas (CNG)	EU-Mix	69,3
c)	Verflüssigtes Erdgas (LNG)	EU-Mix	74,5
d)	Komprimierter Wasserstoff in einer Brennstoffzelle	Erdgas mit Dampfreformierung	104,3
e)	Komprimierter Wasserstoff in einer Brennstoffzelle	Kohle	234,4
f)	Komprimierter Wasserstoff in einer Brennstoffzelle	Kohle mit Abscheidung und Speicherung von CO_2 aus Prozessemissionen	52,7
g)	Otto-, Diesel- und Gasölkraftstoff	Altkunststoff aus fossilen Rohstoffen	86

Anlage 3 (zu § 5 Absatz 2 und § 11 Absatz 2)

Anpassungsfaktoren für die Antriebseffizienz

Die Anpassungsfaktoren für die Antriebseffizienz sind:

Vorherrschende Umwandlungstechnologie	Anpassungsfaktor für die Antriebseffizienz
Verbrennungsmotor	1
Batteriegestützter Elektroantrieb	0,4
Wasserstoffzellengestützter Elektroantrieb	0,4

Anlage 4 (zu § 13a)

Rohstoffe für die Herstellung von Biokraftstoffen nach § 13a

Rohstoffe für die Herstellung von Biokraftstoffen, deren Beitrag zu dem in Artikel 3 Absatz 4 Unterabsatz 1 der Richtlinie 2009/28/EG genannten Ziel mit dem Doppelten ihres Energiegehalts angesetzt wird:

1. Gebrauchtes Speiseöl,
2. tierische Fette, die in den Kategorien 1 und 2 der Verordnung (EG) Nr. 1069/2009 des Europäischen Parlaments und des Rates vom 21. Oktober 2009 mit Hygienevorschriften für nicht für den menschlichen Verzehr bestimmte tierische Nebenprodukte und zur Aufhebung der Verordnung (EG) Nr. 1774/2002 (Verordnung über tierische Nebenprodukte) (ABl. L 300 vom 14.11.2009, S. 1) eingestuft sind.

1 Anwendungsbereich

Diese Technische Anleitung dient dem Schutz der Allgemeinheit und der Nachbarschaft vor schädlichen Umwelteinwirkungen durch Luftverunreinigungen und der Vorsorge gegen schädliche Umwelteinwirkungen durch Luftverunreinigungen, um ein hohes Schutzniveau für die Umwelt insgesamt zu erreichen.
Die Vorschriften dieser Technischen Anleitung sind zu beachten bei der

a) Prüfung der Anträge auf Erteilung einer Genehmigung zur Errichtung und zum Betrieb einer neuen Anlage (§ 6 Absatz 1 BImSchG), zur Änderung der Lage, der Beschaffenheit oder des Betriebs einer bestehenden Anlage (§ 16 Absatz 1, auch in Verbindung mit Absatz 4 BImSchG),
b) Prüfung der Anträge auf Erteilung einer Teilgenehmigung, eines Vorbescheids oder der Zulassung des vorzeitigen Beginns (§§ 8, 8a und 9 BImSchG),
c) Prüfung der Genehmigungsbedürftigkeit einer Änderung (§ 15 Absatz 2 oder Absatz 2a BImSchG),
d) Entscheidung über nachträgliche Anordnungen (§ 17 BImSchG) und
e) Entscheidung zu Anordnungen über die Ermittlung von Art und Ausmaß der von einer Anlage ausgehenden Emissionen und der Immissionen im Einwirkungsbereich der Anlage (§ 26, auch in Verbindung mit § 28 BImSchG).

Diese Verwaltungsvorschrift enthält auch Vorgaben für die Prüfung der Verträglichkeit von luftgetragenen eutrophierenden und versauernden Stoffeinträgen in Gebiete, die in die Liste nach Artikel 4 Absatz 2 Unterabsatz 3 der Richtlinie 92/43/EWG des Rates vom 21. Mai 1992 zur Erhaltung der natürlichen Lebensräume sowie der wildlebenden Tiere und Pflanzen (ABl. L 206 vom 22.7.1992, S. 7), die zuletzt durch die Richtlinie 2013/17/EU des Rates vom 13. Mai 2013 (ABl. L 158 vom 10.6.2013, S. 193) geändert worden ist, aufgenommen worden sind (Gebiete von gemeinschaftlicher Bedeutung).
Sie enthält zudem Vorgaben zur sparsamen und effizienten Verwendung von Energie und zur Vermeidung und Beseitigung von Abfällen.
Die Anforderungen der Nummern 5.1 bis 5.4 gelten nicht für genehmigungsbedürftige Anlagen, soweit in Rechtsverordnungen der Bundesregierung Anforderungen zur Vorsorge und zur Ermittlung von Emissionen an luftverunreinigenden Stoffen getroffen werden.
Soweit im Hinblick auf die Pflichten der Betreiber von nicht genehmigungsbedürftigen Anlagen nach § 22 Absatz 1 Satz 1 Nummer 1 und 2 BImSchG zu beurteilen ist, ob schädliche Umwelteinwirkungen durch Luftverunreinigungen vorliegen, sollen die in Nummer 4 festgelegten Grundsätze zur Ermittlung und Maßstäbe zur Beurteilung von schädlichen Umwelteinwirkungen herangezogen werden. Die Ermittlung von Immissionskenngrößen nach Nummer 4.6 unterbleibt, soweit eine Prüfung im Einzelfall ergibt, dass der damit verbundene Aufwand unverhältnismäßig wäre. Tragen nicht genehmigungsbedürftige Anlagen zum Entstehen schädlicher Umwelteinwirkungen in relevanter Weise bei, ist zu prüfen, ob die nach dem Stand der Technik gegebenen Möglichkeiten zu ihrer Vermeidung ausgeschöpft sind. Nach dem Stand der Technik unvermeidbare schädliche Umwelteinwirkungen sind auf ein Mindestmaß zu beschränken. Soweit zur Erfüllung der Pflichten nach § 22 Absatz 1 Satz 1 Nummer 1 und 2 BImSchG Anforderungen für nicht genehmigungsbedürftige Anlagen festgelegt werden können, können auch die in Nummer 5 für genehmigungsbedürftige Anlagen festgelegten Vorsorgeanforderungen als Erkenntnisquelle herangezogen werden. Luftreinhaltepläne sind bei Anordnungen nach §§ 24 und 25 BImSchG

zu beachten. Anlagen im Sinne der §§ 23a und 23b BImSchG sind nicht genehmigungsbedürftige Anlagen.

Übersicht

A. Allgemeines

I. Bedeutung der Vorschrift

1 Nr. 1 trägt die Überschrift „Anwendungsbereich". Die Bedeutung der Vorschrift geht jedoch über dessen Abgrenzung hinaus. **Absatz 1** umschreibt allgemein den Zweck der TA Luft und betont dabei im Hinblick auf die Industrieemissions-Richtlinie (vgl. → Vorb. Rn. 33) das Ziel eines hohen Schutzniveaus für die Umwelt insgesamt. **Absatz 2** spricht die Pflicht zur Beachtung der Regelungen bei bestimmten Prüfungen und Entscheidungen aus. Da hiervon nur genehmigungsbedürftige Anlagen betroffen sind, lässt sich aus Absatz 2 mittelbar entnehmen, dass die TA Luft auf diese Anlagen generell anwendbar ist. Der in die TA Luft 2021 neu aufgenommene **Absatz 4** stellt klar, dass der Regelungsbereich der TA Luft sich nunmehr auch auf die Grundpflicht des § 5 Abs. 1 Nr. 4 BImSchG erstreckt (vgl. Nr. 5.2.11). Wie **Absatz 5** ausdrücklich klarstellt, sind Vorsorgeanforderungen in Rechtsverordnungen aber vorrangig zu beachten. **Absatz 3** verdeutlicht die Ausweitung des Geltungsbereichs der TA Luft auf genuin naturschutzrechtliche Anforderungen (vgl. → Rn. 6 und → Vorb. Rn. 3). **Absatz 6** enthält schließlich eine Regelung über die Anwendung der TA Luft im Bereich der nicht genehmigungsbedürftigen Anlagen. Hier geht es nicht um die Anwendbarkeit bestimmter Vorschriften, sondern nur um die Heranziehung einzelner Grundsätze und Maßstäbe. Insoweit ist Absatz 6 eher als eine Relativierung des Anwendungsbereichs anzusehen.

II. Entstehungsgeschichte

2 Die Fassung der Nr. 1 entspricht der Vorlage der Bundesregierung (BR-Drs. 767/20). Der Bundesrat hat dazu keine Änderungen gefordert. Gegenüber dem Referentenentwurf

vom 9. 9. 2016, der nach einer zuvor durchgeführten Länder- und Verbändeanhörung erstellt worden war (vgl. → Vorb. Rn. 29 f.), hat sich nur noch eine geringfügige Änderung ergeben. Absatz 6 wurde um einen abschließenden Satz 7 zu §§ 23a und 23b BImSchG ergänzt (vgl. → Rn. 12).

B. Zweck der TA Luft

I. Positive Umschreibung der Zweckbestimmung (Absatz 1 und 4)

Als Zweck der TA Luft nennt Absatz 1 **den Schutz und die Vorsorge** in Bezug auf Luftverunreinigungen. Das steht in Übereinstimmung mit der Zweckbestimmung in § 1 BImSchG und mit den Grundpflichten in § 5 Abs. 1 Nrn. 1 und 2 und § 22 Abs. 1 Satz 1 Nrn. 1 und 2 BImSchG. Hier wird deutlich, dass die TA Luft der **Konkretisierung** der im Bundes-Immissionsschutzgesetz allgemein festgelegten Anforderungen dient (vgl. → Vorb. Rn. 4 f.). Durch die konkreten Regelungen zum Schutz und zur Vorsorge im Bereich der Luftreinhaltung soll letztlich ein **hohes Schutzniveau** für die Umwelt insgesamt erreicht werden. Das bedeutet einmal, dass bei der Auslegung und Anwendung der TA Luft die Umwelt insgesamt in den Blick genommen werden muss; stets sind auch die Auswirkungen auf andere Umweltbereiche (Wasser, Boden, Natur und Landschaft, Abfall u.a.) zu berücksichtigen. Zum anderen müssen alle Regelungen so ausgelegt und angewandt werden, dass die Umweltgüter möglichst weitgehend geschützt werden. Damit wird den Anforderungen der Industrieemissions-Richtlinie entsprochen (vgl. → Vorb. Rn. 33 ff.). 3

Anders als die TA Luft 2002 dient die TA Luft 2021 nun auch ausdrücklich der Konkretisierung der Grundpflicht aus § 5 Abs. 1 Nr. 4 BImSchG (vgl. dazu → BImSchG § 5 Rn. 197 ff.). Die sparsame und effiziente Energienutzung dient jedenfalls auch der **Vorsorge** (vgl. Anlage zu § 3 Absatz 6 BImSchG Nr. 9). Diese Grundpflicht – und damit auch die TA Luft – dürfte außerdem auch unmittelbar dem **Klimaschutz** dienen (vgl. auch Jarass BImSchG § 5 Rn. 96). 4

II. Negative Aussagen zur Zweckbestimmung

Ebenso wichtig wie die positive Umschreibung der Zweckbestimmung in Absatz 1 sind die aus der Vorschrift zu ziehenden Gegenschlüsse. Absatz 1 ist zu entnehmen, dass die TA Luft Regelungen über andere Umwelteinwirkungen als Luftverunreinigungen nicht enthält. Die Vorschrift klammert auch den Schutz vor sonstigen Gefahren, erheblichen Nachteilen und erheblichen Belästigungen und die Vorsorge gegen derartige Auswirkungen (den Bereich der sog. **Anlagensicherheit**) aus. Ferner wird klargestellt, dass die TA Luft nur dem Schutz der Nachbarschaft und der Allgemeinheit, nicht aber dem **Arbeitsschutz** dient. Schließlich verdeutlicht Absatz 1, dass zu der Grundpflicht aus § 5 Abs. 1 Nr. 3 BImSchG ebenso wenig eine Konkretisierung vorgenommen wird wie zu der abfallbezogenen Pflicht aus § 22 Abs. 1 Satz 1 Nr. 3 BImSchG. 5

III. Naturschutzrechtliche Zwecksetzung (Absatz 3)

Eine der wesentlichen Neuerungen der TA Luft 2021 liegt in der Aufnahme genuin naturschutzrechtlicher Anforderungen (vgl. → Vorb. Rn. 3). Zum Ausdruck kommt dies nicht nur durch die Erweiterung der Ermächtigungsgrundlagen auf § 54 Abs. 11 BNatSchG, sondern vor allem durch die Regelung zur Sonderfallprüfung in Nr. 4.8 i.V.m. Anhang 8 zur Notwendigkeit einer Verträglichkeitsprüfung in **Natura-2000-Ge-** 6

bieten nach § 34 BNatSchG. Konsequenterweise wurde mit Absatz 3 eine ausdrückliche Bezugnahme auf die unionsrechtliche Grundlage in der FFH-Richtlinie aufgenommen.

C. Pflicht zur Beachtung der Vorschriften

I. Aussagegehalt des Absatzes 2

7 In Absatz 2 werden die Prüfungen und Entscheidungen aufgeführt, bei denen die Bestimmungen der TA Luft zwingend „zu beachten" sind. Durch die Bestimmung wird klargestellt, dass es sich bei den nachfolgenden Regelungen um **generelle Weisungen** an die zur Durchführung des Bundes-Immissionsschutzgesetzes **zuständigen Behörden** (vgl. dazu → Vorb. Rn. 8 ff.) und nicht um allgemein verbindliches Recht handelt. Der Rahmen einer Verwaltungsvorschrift wird auf diese Weise gewahrt.

8 Die in Absatz 2 bezeichneten Prüfungen und Entscheidungen beziehen sich sämtlich auf **genehmigungsbedürftige Anlagen**. Damit wird deutlich, dass hier das Hauptanwendungsgebiet der TA Luft liegt. Die genehmigungsbedürftigen Anlagen werden uneingeschränkt erfasst. Ob sie aus Gründen der Luftreinhaltung oder aus anderen Gründen dem Genehmigungserfordernis unterworfen worden sind, spielt dabei ebenso wenig eine Rolle wie die Frage, ob sie im förmlichen oder im vereinfachten Verfahren zu genehmigen sind. Die Anwendung auf genehmigungsbedürftige Anlagen wird auch nicht gegenständlich beschränkt. Die in der TA Luft festgelegten Anforderungen gelten uneingeschränkt (nicht nur im Rahmen des Absatzes 6) auch für alle **Nebeneinrichtungen einer genehmigungsbedürftigen Anlage** (vgl. § 1 Abs. 2 der 4. BImSchV), selbst wenn diese Nebeneinrichtungen isoliert betrachtet nicht genehmigungsbedürftig sind. Hängt die Anwendbarkeit einzelner Regelungen der TA Luft von einer bestimmten Anlagengröße oder von einem bestimmten Emissionsmassenstrom ab, so ist – wenn nicht im Einzelfall etwas anderes zum Ausdruck gebracht ist – auf die gesamte (ggf. auch gemeinsame i.S. des § 1 Abs. 3 der 4. BImSchV) Anlage mit allen ihren Quellen abzustellen (vgl. Marburger, Massenstromwerte und Anlagenbegriff der TA Luft, S. 75).

9 Inhaltlich geht es bei Absatz 2 einerseits um die **Genehmigungserteilung** und andererseits um die **Überwachung und Nachrüstung** bestehender Anlagen. Soweit es um Prüfungen im Genehmigungsverfahren oder um Prüfungen zur Feststellung der Genehmigungsbedürftigkeit von Änderungen geht, dient die TA Luft in erster Linie der Konkretisierung der materiellen gesetzlichen Anforderungen. In Bezug auf die Entscheidungen nach §§ 17, 26 und 28 BImSchG hat die TA Luft dagegen vorrangig die Funktion einer **Ermessensrichtlinie** (vgl. dazu → Vorb. Rn. 4 ff.).

II. Anwendung auf Geruchsimmissionen

10 Die **TA Luft 2002** enthielt in Nr. 1 Absatz 3 noch eine ausdrückliche Klarstellung, dass allein Vorsorgeregelungen, aber keine Schutzanforderungen in Bezug auf Geruchsimmissionen getroffen werden. Während des Entstehungszeitraums gab es diesbezüglich eine starke Kontroverse mit Vertretern der Industrie und der Landwirtschaft. Um das Vorhaben einer Novellierung der TA Luft nicht insgesamt zu gefährden, wurde der Plan, einen Anhang zur TA Luft aufzunehmen, in dem die Anforderungen zum Schutz vor Geruchsimmissionen in Anlehnung an die Geruchsimmissionsrichtlinie des Länderausschusses für Immissionsschutz festgelegt werden sollten, dabei aufgegeben. Auch der letzte Novellierungsprozess war geprägt von der Kontroverse um die Aufnahme der Geruchsimmissionsrichtlinie in die TA Luft. Der jetzige **Anhang 7** entspricht weitgehend der Geruchsimmissions-Richtlinie in der Fassung, die vom Länderausschuss für Immissionsschutz im

Jahr 2008 beschlossen wurde (vgl. dazu auch Badewitz/Theuer/Willbrand UWP 2021, 176 (178 f.); Röckinghausen Immissionsschutz 2022, 160 (166)). Unter der Voraussetzung, dass von einer Anlage **erfahrungsgemäß relevante Geruchsemissionen** ausgehen können, kommt Anhang 7 zur Anwendung, was insbesondere zur regelmäßigen Ermittlung der Immissionskenngrößen führt.

III. Vorrang von anlagebezogenen Rechtsverordnungen (Absatz 5)

Absatz 5 enthält zunächst eine triviale Aussage, dass nämlich die Regelungen in den (höherrangigen) Rechtsverordnungen nach dem Bundes-Immissionsschutzgesetz denen in der allgemeinen Verwaltungsvorschrift TA Luft vorgehen. Darin erschöpft sich die Bedeutung der Bestimmung jedoch nicht. Wichtiger ist der aus Nr. 1 Abs. 5 zu ziehende **Gegenschluss**, dass der Vorrang nur gilt, *soweit* in den Rechtsverordnungen Anforderungen zur Vorsorge und zur Ermittlung von Emissionen an luftverunreinigenden Stoffen festgelegt worden sind. **Regelungslücken** in den Rechtsverordnungen sind deshalb durch Anwendung der TA Luft zu schließen. Praktisch bedeutsam ist das insbesondere für die anlagebezogenen Rechtsverordnungen, in denen nur die **Emissionsbegrenzung** durch bestimmte einzelne Schadstoffe geregelt wird (vgl. dazu Teil B Nr. 1 der amtlichen Begründung, abgedruckt in der Vorbemerkung bei → Rn. 32). Hier kommt der allgemeine, nicht nur im Verhältnis zu Nrn. 5.1 bis 5.4 TA Luft geltende Rechtsgrundsatz zum Tragen, dass die Anwendung nachrangigen Rechts nur ausgeschlossen ist, soweit das höherrangige Recht eine abschließende Regelung enthält. 11

D. Anwendung bei nicht genehmigungsbedürftigen Anlagen (Absatz 6)

I. Beurteilung von schädlichen Umwelteinwirkungen

1. Hinweis auf § 22 Abs. 1 Satz 1 Nr. 1 und 2 BImSchG. Absatz 6 regelt die Anwendung der TA Luft auf nicht genehmigungsbedürftige Anlagen. Dabei ist der Aufbau der Bestimmung nicht ohne weiteres einsichtig. Während die Sätze 1, 2 und 5 die **Anwendbarkeit** betreffen, geben die Sätze 3, 4, 6 und 7 lediglich die **Rechtslage** nach § 22 Abs. 1 Satz 1 Nr. 1 und 2 BImSchG, nach § 47 BImSchG und §§ 23a, 23b BImSchG wieder. Diese Hinweise hätten eher zu den rechtlichen Grundsätzen in Nr. 3 und 6 TA Luft gepasst. Der Referentenentwurf vom 9.9.2016 enthielt Satz 7 mit dem Hinweis auf die Rechtslage nach §§ 23a, 23b BImSchG noch nicht (vgl. → Rn. 2). Auch ohne diesen Hinweis ist klar, dass das Erfordernis einer **störfallrechtlichen Genehmigung** (vgl. dazu → BImSchG § 23b Rn. 9 ff.) eine nicht von der 4. BImSchV erfasste Anlage nicht zu einer genehmigungsbedürftigen Anlage macht. 12

2. Anwendung der Beurteilungsmaßstäbe nach Nr. 4. Der durch Nr. 4 der TA Luft konkretisierte Begriff der schädlichen Umwelteinwirkungen ist für die Beurteilung genehmigungsbedürftiger Anlagen ebenso von Bedeutung wie für die Beurteilung der von nicht genehmigungsbedürftigen Anlagen ausgehenden Immissionen. Das Gebot der **Vermeidung schädlicher Umwelteinwirkungen** gilt grundsätzlich in beiden Bereichen. Dabei ist die Schädlichkeit nach der Betroffenheit der potenziellen Akzeptoren zu beurteilen. Für die Betroffenen spielt es keine Rolle, von welchen Quellen die luftverunreinigenden Immissionen ausgegangen sind. Deshalb sind die in der TA Luft enthaltenen Konkretisierungen zum Begriff der schädlichen Umwelteinwirkungen durch Luftverunreinigungen grundsätzlich auch für die von nicht genehmigungsbedürftigen Anlagen ausgehenden Immissionen maßgebend (vgl. auch → Rn. 18). Das galt bereits für die früheren 13

Fassungen der TA Luft (einhellige Meinung; vgl. u.a. BVerwG, Urteil vom 24. 9. 1992, BVerwGE 91, 92, 94 f.; OVG Lüneburg, Urteil vom 24. 3. 1993, NVwZ-RR 1994, 555, 556). Allerdings dürfen die Regelungen **nicht schematisch** angewandt werden. Deshalb bestimmt Absatz 6 Satz 1 ausdrücklich, dass bei nicht genehmigungsbedürftigen Anlagen nicht die gesamte Nr. 4, sondern nur die dort festgelegten *Maßstäbe* zur Beurteilung von schädlichen Umwelteinwirkungen herangezogen werden sollen. Das eröffnet den zuständigen Behörden einen größeren Spielraum insbesondere hinsichtlich der **Relevanz der einzelnen Immissionsbeiträge**. Die Behörden dürfen zur Beurteilung der Immissionswirkungen jedoch keine anderen Maßstäbe anwenden, als sie den Immissionswerten zugrunde liegen.

14 **3. Ermittlungsverfahren.** Soweit es um die Beurteilung von schädlichen Umwelteinwirkungen durch Luftverunreinigungen geht, sieht die TA Luft bei nicht genehmigungsbedürftigen Anlagen Erleichterungen insbesondere bei der Ermittlung der Immissionen vor. Nach Absatz 6 Satz 1 sind die in Nr. 4.6 getroffenen Regelungen zur Bildung von **Immissionskenngrößen** nicht unmittelbar anzuwenden; vielmehr sind nur die dort festgelegten *Grundsätze* heranzuziehen. Das bedeutet insbesondere, dass ein **Messplan** mit den in Nr. 4.6.2.2 genannten Festlegungen nicht zwingend aufgestellt werden muss. Immissionskenngrößen zum Vergleich mit den Immissionswerten müssen allerdings – soweit nicht Nr. 4.6 selbst Ausnahmen zulässt – gebildet werden; doch können dafür orientierende Messungen oder begründete Schätzungen ausreichen. Bei unverhältnismäßigem Aufwand kann die Ermittlung von Immissionskenngrößen sogar ganz unterbleiben (Absatz 6 Satz 2). Ein solcher Fall wird aber nur selten gegeben sein. Auch wenn die **Bagatellmassenströme** nach Tabelle 7 mit der letzten Novellierung der TA Luft für die überwiegende Zahl der Schadstoffe um bis zu 90 Prozent herabgesetzt wurden (vgl. dazu Röckinghausen Immissionsschutz 2022, 160 (165)), werden diese bei kleineren Anlagen regelmäßig unterschritten sein und deshalb eine Bestimmung von Immissions-Kenngrößen auch nach den ausdrücklichen Regelungen der TA Luft entfallen können (Nr. 4.6.1.1). In Bezug auf größere Anlagen dürfte die Bildung von Kenngrößen aufgrund **orientierender Messungen** oder aufgrund **begründeter Schätzungen** in der Regel nicht unverhältnismäßig sein.

II. Beurteilung des Standes der Technik

15 Bei nicht genehmigungsbedürftigen Anlagen ist der Stand der Technik insoweit von Bedeutung, als er nach § 22 Abs. 1 Satz 1 Nr. 1 BImSchG zur Verhinderung von schädlichen Umwelteinwirkungen ausgeschöpft werden muss. Welche Maßnahmen dem Stand der Technik entsprechen, muss „bezogen auf Anlagen einer bestimmten Art" bestimmt werden (vgl. den Anhang zu § 3 Abs. 6 BImSchG). Insoweit können die auf genehmigungsbedürftige Anlagen ausgerichteten Regelungen in Nr. 5 TA Luft nicht ohne weiteres auf nicht genehmigungsbedürftige Anlagen übertragen werden. Nach Nr. 1 Abs. 6 Satz 5 können sie jedoch **als Erkenntnisquelle herangezogen** werden. Das bedeutet, dass die Anforderungen in Nr. 5 als Grundlage für die Prüfung dienen können, ob entsprechende Maßnahmen auch bei nicht genehmigungsbedürftigen Anlagen zur integrativen Begrenzung nachteiliger Auswirkungen auf die Umwelt praktisch geeignet sind. Bei dieser Prüfung geht es um die Frage, ob die Unterschiede zu einer vergleichbaren genehmigungsbedürftigen Anlage ein Abweichen von den Anforderungen der Nr. 5 TA Luft rechtfertigen. Derartige Unterschiede können sich aus der **angewandten Technik**, der **Größe der Anlage**, der **Wirksamkeit der Maßnahme** oder dem **erforderlichen Aufwand** ergeben. Bestehen derartige Unterschiede, sind die Anforderungen nach Nr. 5 zu modifizieren, durch andere zu ersetzen, oder es ist von ihnen ganz abzusehen. Die grund-

sätzlichen Anforderungen zur integrierten Vermeidung und Verminderung von Umweltverschmutzungen (Nr. 5.1.3) sind jedoch im Hinblick auf die allgemeine Definition des Standes der Technik in § 3 Abs. 6 BImSchG stets zu beachten.

III. Bedeutung von Luftreinhalteplänen

Absatz 6 Satz 6 enthält lediglich den Hinweis, dass Luftreinhaltepläne (gemeint sind die darin vorgesehenen bestimmten Maßnahmen) bei Anordnungen nach §§ 24 und 25 BImSchG zu beachten sind. Diese Folge ergibt sich bereits aus § 47 Abs. 6 BImSchG (vgl. dazu auch → BImSchG § 47 Rn. 58 ff.). Die Regelung in Satz 6 ist insoweit eher verwirrend, als sie sich nur auf §§ 24 und 25 BImSchG bezieht. Selbstverständlich müssen die Anforderungen aus Luftreinhalteplänen auch bei vielen anderen Entscheidungen, insbesondere bei nachträglichen Anordnungen gegenüber genehmigungsbedürftigen Anlagen (§ 17 BImSchG) beachtet werden. Im Zusammenhang mit Nr. 1 Abs. 6 Satz 5 (vgl. → Rn. 15) macht Satz 6 jedoch deutlich, dass Luftreinhaltepläne für nicht genehmigungsbedürftige Anlagen Anforderungen vorsehen können, die über den Stand der Technik hinausgehen. 16

E. Anwendung außerhalb des in Nr. 1 beschriebenen Geltungsbereichs

I. Anwendung im öffentlichen Recht

Die Anwendung der TA Luft ist nicht auf den in Nr. 1 beschriebenen Bereich beschränkt. In **verwaltungsrechtlichen Rechtsnormen** wird verschiedentlich auf einzelne Regelungen der TA Luft verwiesen. Beispiele hierfür sind § 10 Abs. 1, § 11 der 13. BImSchV, § 4 Abs. 10 und § 11 der 17. BImSchV, § 5 Abs. 1 der 25. BImSchV, § 6 und § 7 Abs. 2 der 31. BImSchV sowie § 19 Abs. 3 der 44. BImSchV. Durch eine solche Verweisung werden die in Bezug genommenen Regelungen Bestandteil der Rechtsvorschrift. Soweit noch auf bestimmte ältere Fassungen der TA Luft verwiesen ist, müssen diese bis zu einer Anpassung der Verweisungen zugrunde gelegt werden (statische Verweisung). Bestimmt dagegen eine Rechtsnorm, dass „die Anforderungen der TA Luft Anwendung" finden (vgl. z.B. § 10 Abs. 1 der 13. BImSchV), ist die Regelung so auszulegen, dass eine Lücke für die Anwendbarkeit der TA Luft geschaffen werden soll (vgl. Nr. 1 Abs. 5 TA Luft und oben → Rn. 11); dann kann der Prüfung und Entscheidung die neue Fassung der TA Luft zugrunde gelegt werden. Detailliertere Vorgaben (wie z.B. in § 19 Abs. 3 der 44. BImSchV: „… in der jeweils zum Zeitpunkt der Errichtung der Anlage geltenden Fassung …") gehen selbstverständlich vor. 17

Auch ohne eine ausdrückliche Verweisung auf die TA Luft können deren Regelungen herangezogen werden, soweit in verwaltungsrechtlichen Vorschriften Begriffe verwandt werden, die durch die TA Luft konkretisiert werden. Das gilt insbesondere für den Begriff der schädlichen Umwelteinwirkungen, der in zahlreichen immissionsschutzrechtlichen Gesetzen (vgl. u.a. § 50 BImSchG und die Landes-Immissionsschutzgesetze) und in **Rechtsvorschriften anderer Regelungsbereiche** (vgl. u.a. § 35 Abs. 3 Satz 1 Nr. 3 BauGB und § 5 Abs. 1 Nr. 3 GastG) enthalten ist. Hier können die Immissionswerte der TA Luft zur Konkretisierung dienen. Allerdings besteht eine Verpflichtung zur Anwendung der TA Luft nur, soweit das in den Normen selbst oder in entsprechenden Durchführungsvorschriften vorgesehen ist. Im Übrigen müssen die in der TA Luft enthaltenen Sachverständigenaussagen als Erkenntnisquellen genutzt werden, d.h. bei der Beurteilung, ob schädliche Umwelteinwirkungen durch Luftverun- 18 reinigungen vorliegen, muss der Rechtsanwender sich stets mit den Regelungen der TA Luft auseinandersetzen.

II. Anwendung im Zivilrecht

19 Im Zivilrecht enthält § 906 Abs. 1 Satz 2 i.V.m. Satz 3 BGB eine ausdrückliche Bezugnahme auf die in allgemeinen Verwaltungsvorschriften nach § 48 BImSchG festgelegten Grenz- und Richtwerte. Damit sind auch die Immissions- und die Emissionswerte der TA Luft angesprochen. Bei ihrer Einhaltung soll *in der Regel* nur eine unwesentliche Beeinträchtigung der Benutzung eines Grundstücks vorliegen. Bei einer Überschreitung besteht damit jedenfalls die Möglichkeit, auf besondere Umstände des Einzelfalls Rücksicht zu nehmen (vgl. Staudinger/Roth (2020) BGB § 906 Rn. 187). Soweit mit der Bezugnahme die Immissionswerte gemeint sind, ist das sinnvoll; die Schädlichkeitsgrenze von Immissionen sollte im Zivilrecht nicht anders bestimmt werden als im öffentlichen Recht. Weniger verständlich ist, wenn § 906 Abs. 1 Satz 3 BGB die gleiche Aussagekraft auch Werten zumisst, die in Verwaltungsvorschriften nach § 48 BImSchG enthalten sind und „den Stand der Technik wiedergeben". Dabei lässt der Wortlaut bereits offen, ob der Stand der Technik Gegenstand der Konkretisierung durch die Werte sein soll (dann wären nur die Emissionswerte der TA Luft gemeint) oder ob er eine Voraussetzung für die Anwendbarkeit der Immissionswerte ist. Beide Auslegungen ergeben keinen überzeugenden Sinn. Die Emissionswerte der TA Luft dienen der Vorsorge und sind unabhängig von der bestehenden Immissionsbelastung einzuhalten (vgl. BVerwG, Beschluss vom 10. 1. 1995, DVBl. 1995, 516 = NVwZ 1995, 994); zur Konkretisierung der Wesentlichkeit von Beeinträchtigungen sind sie nicht geeignet. Die Immissionswerte haben wiederum nichts mit dem Stand der Technik zu tun. Ob sie die Schädlichkeits-(Wesentlichkeits-)grenze (noch) zutreffend wiedergeben, hängt allein davon ab, ob sie mit den wissenschaftlichen Erkenntnissen über die Wirkungen von Luftverunreinigungen übereinstimmen.

5.2.2 Staubförmige anorganische Stoffe

Die nachstehend genannten staubförmigen anorganischen Stoffe dürfen, auch beim Vorhandensein mehrerer Stoffe derselben Klasse, insgesamt folgende Massenkonzentrationen oder Massenströme im Abgas nicht überschreiten; davon abweichend gelten für Stoffe der Klasse I die Anforderungen jeweils für den Einzelstoff:

Klasse I

- **Quecksilber und seine Verbindungen, angegeben als Hg**
- **Thallium und seine Verbindungen, angegeben als Tl**

jeweils den Massenstrom 0,05 g/h
oder
jeweils die Massenkonzentration 0,01 mg/m³;

Klasse II

- **Blei und seine Verbindungen, angegeben als Pb**
- **Cobaltverbindungen, angegeben als Co**
- **Nickelmetall, Nickellegierungen, Nickeltetracarbonyl, angegeben als Ni**
- **Selen und seine Verbindungen, angegeben als Se**
- **Tellur und seine Verbindungen, angegeben als Te**

den Massenstrom 2,5 g/h
oder
die Massenkonzentration 0,5 mg/m³;

Klasse III

- **Antimon und seine Verbindungen, angegeben als Sb**
- **Chrom und seine Verbindungen, angegeben als Cr**
- **Cyanide leicht löslich, zum Beispiel NaCN, angegeben als CN**
- **Fluoride leicht löslich, zum Beispiel NaF, angegeben als F**
- **Kupfer und seine Verbindungen, angegeben als Cu**
- **Mangan und seine Verbindungen, angegeben als Mn**
- **Vanadium und seine Verbindungen, angegeben als V**
- **Zinn und seine Verbindungen, angegeben als Sn**

den Massenstrom 5 g/h
oder
die Massenkonzentration 1 mg/m³.

Beim Vorhandensein von Stoffen mehrerer Klassen dürfen unbeschadet des Absatzes 1 beim Zusammentreffen von Stoffen der Klassen I und II im Abgas insgesamt die Emissionswerte der Klasse II sowie beim Zusammentreffen von Stoffen der Klassen I und III, der Klassen II und III oder der Klassen I bis III im Abgas insgesamt die Emissionswerte der Klasse III nicht überschritten werden.

Die nicht namentlich aufgeführten staubförmigen anorganischen Stoffe mit begründetem Verdacht auf karzinogenes, keimzellmutagenes oder reproduktionstoxisches Potenzial (Stoffe der Kategorien Carc., Muta. Oder Repr. 2 mit der Kennzeichnung H341, H351, H361d, H361f oder H361fd) sind der Klasse III zuzuordnen. Dabei sind

- **das „Verzeichnis krebserzeugender, erbgutverändernder oder fortpflanzungsgefährdender Stoffe" (TRGS 905) (GMBl 2016 S. 378-390 v. 3.5.2016, zuletzt geändert und ergänzt: GMBl 2020, S. 201 v. 13.3.2020) des Ausschusses nach § 20 Absatz 4 der Verordnung zum Schutz vor Gefahrstoffen vom 26. November 2010 (BGBl. I S. 1643, 1644) (GefStoffV), die durch Artikel 148 des**

Gesetzes vom 29. März 2017 (BGBl. I S. 626) geändert worden ist, in der jeweils geltenden Fassung, und

– der Anhang VI der Verordnung (EG) Nr. 1272/2008 des Europäischen Parlaments und des Rates vom 16. Dezember 2008 über die Einstufung, Kennzeichnung und Verpackung von Stoffen und Gemischen (ABl. L353 vom 31.12.2008, S. 1), die zuletzt durch die Verordnung (EU) 2016/1179 (ABl. L 195 vom 20.7.2016, S. 11) geändert worden ist, in der jeweils geltenden Fassung,

zu berücksichtigen. Bei unterschiedlichen Einstufungen innerhalb der Kategorien Carc., Muta. oder Repr., ist die strengere Einstufung der TRGS 905 oder des Anhangs VI der Verordnung (EG) Nr. 1272/2008 zugrunde zu legen.

Solange Einstufungen oder Bewertungen in der TRGS 905 oder der Verordnung (EG) Nr. 1272/2008 nicht vorliegen, können Bewertungen anerkannter wissenschaftlicher Gremien herangezogen werden, zum Beispiel die Einstufungen der Senatskommission zur Prüfung gesundheitsschädlicher Arbeitsstoffe der Deutschen Forschungsgemeinschaft.

Wenn Gemische nach Absatz 3 eingestuft sind, sollen ihre Inhaltsstoffe und ihre Anteile ermittelt und bei der Festlegung der emissionsbegrenzenden Anforderungen berücksichtigt werden.

Soweit für staubförmige anorganische Stoffe, die nach Absatz 3 eingestuft werden, die Emissionswerte nicht mit verhältnismäßigem Aufwand eingehalten werden können, ist die Emissionsbegrenzung im Einzelfall festzulegen.

Sind bei der Ableitung von Abgasen physikalische Bedingungen (Druck, Temperatur) gegeben, bei denen die Stoffe in flüssiger oder gasförmiger Form vorliegen können, sollen die in Absatz 1 für die Klassen I bis III genannten Massenkonzentrationen oder Massenströme für die Summe der festen, flüssigen und gasförmigen Emissionen eingehalten werden.

Schrifttum Hassauer, Dr. Martin, Kalberlah, Dr. Fritz, Voß, Dr. Jens-Uwe: Bewertung für die TA Luft Nr. 5.2.7.1.1 Krebserzeugende Stoffe; UBA-Texte 88/2015, Dessau, Oktober 2015, abrufbar unter http://www.umweltbundesamt.de/publikationen/bewertungen-fuer-die-ta-luft-nr-52711

Übersicht

A. Allgemeines

I. Anwendungsbereich

Nr. 5.2.2 gilt für die in Absatz 1 genannten staubförmigen anorganischen Stoffe sowie für sonstige staubförmige anorganische Stoffe mit begründetem Verdacht auf karzinogenes, keimzellmutagenes oder reproduktionstoxisches Potenzial (Abs. 3). Die Minderung anderer staubförmiger anorganischer Stoffe wird nur in Nr. 5.2.1 über die Begrenzung des Gesamtstaubes geregelt. Soweit Nr. 5.4 für bestimmte Anlagearten Sonderregelungen enthält, gehen diese den Regelungen in Nr. 5.2.2 vor (Nr. 5.1.1 Abs. 2 Satz 2). Soweit anorganische staubförmige Stoffe sowohl in Nr. 5.2.1 als auch in Nr. 5.2.7.1.1 aufgeführt sind (Cobalt-, Chrom- und Nickelverbindungen), gelten die Begrenzungen aus beiden Bestimmungen (Ludwig, TA Luft, 2. Auflage, S. 22); die jeweils schärfere ist durch eine Emissionsbegrenzung im Genehmigungsbescheid oder in einer nachträglichen Anordnung festzulegen. Das folgt daraus, dass Nr. 5.2 kein Vorrangverhältnis einzelner Anforderungen zu entnehmen ist, und ergibt sich außerdem aus Nr. 5.1.1 Abs. 2, in der nur ein Vorrang für bestimmte Anforderungen der Nr. 5.4 (nicht von einzelnen Unternummern innerhalb der Nr. 5.2) festgelegt wird. 1

Die Gleichrangigkeit der Anforderungen aus Nr. 5.2 ist auch insoweit von Bedeutung, als die Regelung in Nr. 5.2.2 nicht auf *den* Anteil an den in Absatz 1 genannten Verbindungen beschränkt ist, der nicht karzinogen, keimzellmutagen oder reproduktionstoxisch ist; hier sind *alle* Verbindungen zu berücksichtigen (wichtig für Chrom, Nickel und Cobalt). Nr. 5.2.7.1.1 ist keine Spezialregelung gegenüber Nr. 5.2.2. Das hat auch Bedeutung für die Frage, inwieweit sich in Nr. 5.4 getroffene Sonderregelungen zu Nr. 5.2.7 auch auf Nr. 5.2.2 auswirken. Wegen der Gleichrangigkeit der Anforderungen in Nr. 5.2 wird Nr. 5.2.2 durch Sonderregelungen zu Nr. 5.2.7 nicht berührt. 2

II. Entstehungsgeschichte

Die Nr. 5.2.2 in ihrer grundsätzlichen Struktur und den materiellen Anforderungen bestand bereits in der TA Luft 2002. Die risikobasierte Klassierung und die Emissionswerte in den Klassen II und III der TA Luft 2002 bleiben in der TA Luft 2021 erhalten. Erhalten bleiben auch folgende Festlegungen: 3

- Die Emissionswerte sind aufgrund neuer Erkenntnisse über die Wirkung der Stoffe deutlich herabgesetzt worden.
- Alternativ sind der Massenstrom oder die Massenkonzentration zu begrenzen.
- Arsen und seine Verbindungen sowie Cadmium und seine Verbindungen sind insgesamt nach Nr. 5.2.7.1.1 zu begrenzen.
- Platin, Palladium und Rhodium (einschließlich ihrer Verbindungen) werden wegen ihrer geringen Bedeutung für die Luftreinhaltung nicht aufgeführt und sind nach Nr. 5.2.1 zu begrenzen.
- Neben den Stoffen mit begründetem Verdacht auf karzinogenes Potenzial werden auch die Stoffe mit begründetem Verdacht auf keimzellmutagenes oder reproduktionstoxisches Potenzial der Klasse III zugeordnet.
- Die Regelpflicht beim Zusammentreffen staub-, dampf- und gasförmiger sowie flüssiger Emissionen in Absatz 7.
- Hervorzuheben sind folgende Änderungen:
- In Absatz 1:

- Die einzelstofflichen Emissionswerte der Klasse I für Quecksilber und Thallium wurden von 0,05 auf 0,01 mg/m^3 bzw. 0,25 auf 0,05 g/h herabgesetzt. Hierzu führt die Begründung zur TA Luft die Notwendigkeit an, die Emissionen an Quecksilber und seinen Verbindungen zu senken. Quecksilber in elementarer Form hat reproduktionstoxische Wirkung, Methyl-Quecksilber ist ein starkes Nervengift. Quecksilber und seine Verbindungen treten ubiquitär auf, das Schwermetall kann naturgemäß in der Umwelt nicht abgebaut werden, es kann sich jedoch in der Nahrungskette anreichern. Die Begrenzung der Quecksilberemissionen in die Luft aus Industrieanlagen zielt insbesondere darauf ab, die Hintergrundbelastung in allen Umweltkompartimenten auf das technisch unvermeidliche Maß zu reduzieren. Wo die Einhaltung des Emissionswerts aus Verhältnismäßigkeitsgründen nicht gefordert werden kann, sind in den besonderen Anforderungen der Nummer 5.4 allerdings abweichende Regelungen für bestimmte Anlagenarten festgelegt worden.
- In Klasse II werden jetzt nur die nicht karzinogenen Nickelverbindungen Nickelmetall, Nickellegierungen und Nickeltetracarbonyl namentlich angegeben. Die karzinogenen Verbindungen werden in Nr. 5.2.7.1.1 Kl. II klassiert. Diese Umklassierung erfolgte im Rahmen eines FE-Vorhabens (Hassauer, Dr. Martin et al., 2015).

– In Absatz 3:

- Statt der Gefahrstoffverordnung findet nun die Legaleinstufung der CLP Verordnung (Verordnung (EG) Nr. 1272/2008 des Europäischen Parlaments und des Rates vom 16. Dezember 2008 über die Einstufung, Kennzeichnung und Verpackung von Stoffen und Gemischen, zur Änderung und Aufhebung der Richtlinien 67/548/EWG und 1999/45/EG und zur Änderung der Verordnung (EG) Nr. 1907/2006 (ABl. L 353 vom 31.12.2008, S. 1) Anwendung sowie weiterhin die TRGS 905. Für einzustufende Gemische nach CLP Verordnung wird in Absatz 5 eine Sonderregelung getroffen.

  Der Bundesrat hat gegenüber der Vorlage der Bundesregierung folgende Änderungen zu Nr. 5.2.2 verlangt (BR-DrS. 314/21- Beschluss, Nr. 55):

  In Nummer 5.2.2 Absatz 1 Abschnitt Klasse II sind nach dem zweiten Spiegelstrich die Wörter „Cobalt und seine Verbindungen, angegeben als Co" durch die Wörter „Cobaltverbindungen, angegeben als Co" zu ersetzen. Begründet wird dies mit der Neueinstufung von Cobalt (metallisch) als karzinogen (Carc. 1B) durch die Verordnung (EU) 2020/217 der Kommission vom 4. Oktober 2019 zur Änderung der Verordnung (EG) Nr. 1272/2008 des Europäischen Parlaments und des Rates über die Einstufung, Kennzeichnung und Verpackung von Stoffen und Gemischen zwecks Anpassung an den technischen und wissenschaftlichen Fortschritt und zur Berichtigung der Verordnung (Amtsblatt der Europäischen Union L 44/1 vom 18.2.2020). Diese Verordnung gilt gemäß Artikel 3 ab dem 9. September 2021, so dass Cobalt ab diesem Zeitpunkt den strengeren Emissionsbegrenzungen für karzinogene Stoffe unterliegt.

B. Betroffene Stoffe

I. In Absatz 1 genannte Stoffe

4 In Absatz 1 werden 15 anorganische Stoffe und Verbindungen aufgeführt, die als staubförmige Emissionen auftreten können und die für die Luftreinhaltung von besonderer Bedeutung sind. Für die Auswahl der Stoffe waren das Wirkungspotenzial und die Häufigkeit ihres Vorkommens maßgebend. Die Stoffe und ihre Verbindungen sind drei Klas-

sen zugeteilt, für die unterschiedliche Emissionswerte gelten, die strengsten für die Klasse I, in der auch nicht die Summe der unter die Klasse fallenden Stoffe, sondern jeder einzelne Stoff zu betrachten ist. Die Klasseneinteilung berücksichtigt einerseits die Gefährlichkeit eines Stoffes und andererseits die Möglichkeiten der Emissionsvermeidung oder -verminderung. Zink (einschl. seiner Verbindungen) wurde nicht gesondert aufgeführt, weil der Stoff meist mit Cadmium und seinen Verbindungen vorkommt und somit eine ausreichende Emissionsbegrenzung durch die Einhaltung der Emissionsbegrenzungen für Cadmium (Nr. 5.2.7.1.1 Klasse I) sichergestellt wird. Cobalt und seine Verbindungen wird geändert in Cobaltverbindungen. Damit werden Neueinstufungen hinsichtlich karzinogenen wasserlöslichen Cobaltverbindungen sowie von metallischem Cobalt berücksichtigt, welche jetzt in Nr. 5.2.7.1.1 Kl. I klassiert werden.

Für Nickel und seine Verbindungen werden nur die nicht karzinogenen Nickelverbindungen Nickelmetall, Nickellegierungen und Nickeltetracarbonyl namentlich angegeben. Diese Überprüfung erfolgte im Rahmen eines Forschungsvorhabens (Hassauer, Dr. Martin et al., 2015) und dient der Umsetzung der CLP Verordnung.

II. Stoffe mit begründetem Verdacht auf karzinogenes, keimzellmutagenes oder reproduktionstoxisches Potenzial (Absatz 3 und 4)

Die Liste der staubförmigen anorganischen Stoffe in Absatz 1 ist grundsätzlich abschließend (vgl. auch oben → Rn. 1). Eine Ausnahme wird jedoch in Absatz 3 für Stoffe mit begründetem Verdacht auf karzinogenes, keimzellmutagenes oder reproduktionstoxisches Potenzial gemacht; diese sind der Klasse III zuzuordnen. Das bedeutet, dass für die Summe dieser und der in Absatz 1 der Klasse III ausdrücklich zugeordneten Stoffe entweder ein Massenstrom von 5 g/h (bezogen auf die gesamte Anlage; vgl. → Nr. 5.2.1 Rn. 7) oder an jeder Emissionsquelle (vgl. → Nr. 5.2.1 Rn. 9) eine Massenkonzentration von 1 mg/m^3 eingehalten werden muss (vgl. → Rn. 9). 5

Die Definitionen der Begriffe „karzinogen“, „keimzellmutagen“ und „reproduktionstoxisch“ (fortpflanzungsgefährdend) enthält die CLP Verordnung. Von der Regelung in Absatz 3 sind die Stoffe der Kategorien Carc.2, Muta.2 oder Repr. 2 mit der Kennzeichnung H341, H351, H361d, H361f oder H361fd betroffen. Welche Stoffe das sind, ist Anhang VI der CLP Verordnung und der TRGS 905 zu entnehmen. Dabei ist stets von der strengeren Einstufung auszugehen. Fehlen Einstufungen oder Bewertungen in der CLP Verordnung oder der TRGS 905, kann auf Bewertungen anerkannter wissenschaftlicher Gremien, zum Beispiel die der Senatskommission zur Prüfung gesundheitsschädlicher Arbeitsstoffe der Deutschen Forschungsgemeinschaft (DFG) zurückgegriffen werden (Absatz 4). Das ist erforderlich, wenn neue Erkenntnisse gewonnen wurden, aus denen möglicherweise ein Verdacht auf karzinogenes, keimzellmutagenes oder reproduktionstoxisches Potenzial abzuleiten ist. 6

III. Gemische (Absatz 5)

Werden aus einer Anlage Gemische (d.h. aus zwei oder mehreren Stoffen bestehende Gemenge oder Lösungen; § 3 Nr. 4 ChemG) mit staubförmigen anorganischen Stoffen nach Absatz 1 oder 3 emittiert, kommt es zunächst darauf an, ob die Gemische nach Absatz 3 einzustufen sind. Das setzt voraus, dass sie einen Stoff mit mindestens einem Gefährlichkeitsmerkmal nach CLP Verordnung oder der TRGS 905 enthalten. Ist das der Fall, sollen alle nicht zu vernachlässigenden Inhaltsstoffe der Gemische und deren Anteile ermittelt werden. Bei der Festlegung der emissionsbegrenzenden Anforderungen sollen die Inhaltsstoffe und die Anteile berücksichtigt werden (Absatz 5); d.h. die konkreten Emissionsbegrenzungen sollen der Bedeutung der Emissionen für die Luftreinhaltung ent- 7 sprechen. Dazu ist eine Bewertung erforderlich, die nicht allein vom rechnerischen Anteil eines Stoffes nach Absatz 1 oder 3 an den Gemischen auszugehen hat, sondern eine Gesamtbetrachtung der Gefährlichkeit der emittierten Gemische erfordert.

C. Anforderungen

I. Stoffe derselben Klasse

8 Für die in Absatz 1 aufgeführten staubförmigen anorganischen Stoffe und für die in Absatz 3 genannten staubförmigen anorganischen Stoffe mit begründetem Verdacht auf karzinogenes, keimzellmutagenes oder reproduktionstoxisches Potenzial sind Emissionsbegrenzungen entsprechend den in Absatz 1 genannten Emissionswerten festzulegen (vgl. → Rn. 12). Die im Genehmigungsbescheid oder in einer nachträglichen Anordnung festzulegende Begrenzung muss sich entweder auf den Massenstrom oder auf die Massenkonzentration aller den Klassen II oder III zuzuordnenden Stoffe oder – im Falle der der Klasse I zuzuordnenden Stoffe – des einzelnen Stoffes (nicht der Stoffklasse!) beziehen. Anders als beim Gesamtstaub (vgl. → Nr. 5.2.1 Rn. 6) ist nicht in jedem Fall auch die Massenkonzentration zu begrenzen (vgl. → Nr. 5.1.2 Abs. 2). Ist die Festlegung auf eine der beiden Alternativen (Massenstrom oder Massenkonzentration) erfolgt, ist sie verbindlich; eine Regelung, wonach der Betreiber im Betrieb jederzeit zwischen der Einhaltung des Massenstromwertes und der Einhaltung des Konzentrationswertes wechseln darf, ist unzulässig (vgl. dazu → Nr. 5.1.2 Rn. 14).

9 Wird der Massenstrom eines Stoffes (bei Klasse I) oder einer Stoffklasse (bei Klassen II oder III) entsprechend den in Absatz 1 für die verschiedenen Stoffklassen festgelegten Werten begrenzt, dürfen die Emissionen der gesamten Anlage bei bestimmungsgemäßem Betrieb auch unter den für die Luftreinhaltung ungünstigsten Betriebsbedingungen in keiner Stunde den angegebenen Wert übersteigen (Nr. 2.5 Buchst. b). Hierbei sind die Emissionen aus allen gefassten Quellen (vgl. → Nr. 5.2.1 Rn. 1) zu addieren. – Sollen die Anforderungen aus Nr. 5.2.2 durch die Begrenzung der Massenkonzentration erfüllt werden, muss sich die Festlegung auf jede einzelne gefasste Quelle beziehen; Abweichungen davon sind nur zulässig, wenn sie aus Gründen der Verhältnismäßigkeit geboten sind (vgl. → Nr. 5.2.1 Rn. 9 f.). Der in Absatz 1 vorgegebene Konzentrationswert ist dabei als Tagesmittelwert zu verstehen, wobei im Falle von kontinuierlichen Messungen kein Halbstundenwert das Zweifache der zugelassenen Konzentration überschreiten darf (Nr. 2.7 Abs. 2 Buchst. a) bb) und bei Einzelmessungen gefordert wird, dass kein Messwert die zugelassene Konzentration überschreiten darf (2.7 Abs. 2 Buchst. a) aa).

II. Stoffe verschiedener Klassen (Absatz 2)

10 Für den Fall, dass staubförmige anorganische Stoffe aus mehreren Klassen im Abgas enthalten sind, trifft Absatz 2 eine Sonderregelung. Beim Vergleich mit den Emissionswerten sind dann die einer strengeren Klasse zuzuordnenden Stoffe auch bei der Summenbildung für die weniger strenge Klasse zu berücksichtigen. Emittiert eine Anlage Stoffe aus allen drei Stoffklassen, so ist für die einzelnen Stoffe der Klasse I der hierfür maßgebende Wert, für die Summe der Stoffe der Klassen I und II der für Klasse II maßgebende Wert und für die Summe aller von Nr. 5.2.2 erfassten staubförmigen anorganischen Stoffe der für Klasse III maßgebende Wert festzulegen. Diese Regelung gilt sowohl für den einschlägigen Massenstromwert als auch für den jeweils zutreffenden Massenkonzentrationswert. Beim Massenstromwert, der stets die Emissionen der gesamten Anlage betrifft, bereitet die Festlegung einer entsprechenden Anforderung keine besonderen Schwierigkeiten (wohl ggf. der Nachweis ihrer Einhaltung). Beim Konzentrationswert ist dagegen eine quellenbezogene Betrachtung erforderlich. Das bedeutet, dass für unterschiedliche Quellen unterschiedliche Emissionsbegrenzungen festzulegen sein können. Werden über eine Quelle beispielsweise keine Stoffe der Klasse III abgeleitet (wohl aber über andere Quellen der Anlage), so braucht für diese Quelle eine Begrenzung der Emissionskonzentration entsprechend dem für Klasse III geltenden Summenwert nicht vorgenommen zu werden.

III. Zusammentreffen von festen, flüssigen und gasförmigen Emissionen (Absatz 6)

Absatz 7 regelt wie bereits in der TA Luft 2002, das Zusammentreffen von festen, flüssigen und gasförmigen Emissionen anorganischer Stoffe. Damit „sollen" die Emissionsbegrenzungen so festgelegt werden, dass die in Nr. 5.2.2 Abs. 1 genannten Emissionswerte von der Summe der festen, flüssigen und gasförmigen Emissionen eingehalten werden. Obwohl die Formulierung nicht sonderlich glücklich gewählt ist, bringt Absatz 7 mit dem Wort „sollen" zum Ausdruck, dass die Emissionswerte nach Absatz 1 im Regelfall für die Summe der Emissionen aller dort genannten anorganischen Stoffe heranzuziehen sind. Nur wenn das wegen der besonderen Umstände des Einzelfalls mit einem verhältnismäßigen Aufwand nicht möglich ist (z.B. aufgrund der Notwendigkeit unterschiedlicher Abscheidetechniken für Staub und Gas), kann hiervon abgesehen werden. Dann sind Emissionsbegrenzungen festzulegen, die dem Verhältnismäßigkeitsgrundsatz entsprechen. Auf die staubförmigen anorganischen Emissionen ist Nr. 5.2.2 Abs. 1–5 aber auch dann anzuwenden. 11

Wie bereits in der TA Luft 2002 sollen bei nach Absatz 3 eingestuften Gemischen die Anteile der Inhaltsstoffe bei der Festlegung der Anforderungen berücksichtigt werden. Für nicht namentlich genannte Stoffe die eine Berücksichtigung aufgrund von Absatz 3 erfahren, ist zu prüfen, ob Emissionsbegrenzungen entsprechend dem Verhältnismäßigkeitsgrundsatz festgelegt werden können, ggf. sind Begrenzungen im Einzelfall festzulegen (Absatz 6).

D. Festlegung der Emissionsbegrenzungen

Die in Nr. 5.2.2 genannten Emissionswerte sind für die Anlagenbetreiber nicht unmittelbar verbindlich. Sie müssen – wie auch alle anderen in der TA Luft festgelegten Emissionswerte – von der zuständigen Behörde als Emissionsbegrenzungen (Nr. 2.7 Abs. 2) in einem Genehmigungsbescheid oder in einer nachträglichen Anordnung für die einzelnen Anlagen festgesetzt werden. Hierbei handelt es sich um gerichtlich anfechtbare Verwaltungsakte. Zur Bedeutung der TA Luft für die behördliche Festlegung der Emissionsbegrenzungen wird auf die Ausführungen zu → Nr. 5.2.1 (Rn. 9 f.) verwiesen; die Erläuterungen gelten für Nr. 5.2.2 entsprechend. 12

5.2.3 Staubförmige Emissionen bei Umschlag, Lagerung oder Bearbeitung von festen Stoffen

5.2.3.1 Allgemeines

An Anlagen, in denen feste Stoffe be- oder entladen, gefördert, transportiert, bearbeitet, aufbereitet oder gelagert werden, sollen geeignete Anforderungen zur Emissionsminderung gestellt werden, wenn diese Stoffe aufgrund ihrer Dichte, Korngrößenverteilung, Kornform, Oberflächenbeschaffenheit, Abriebfestigkeit, Scher- und Bruchfestigkeit, Zusammensetzung oder ihres geringen Feuchtegehaltes zu staubförmigen Emissionen führen können.

Bei der Festlegung dieser Anforderungen sind unter Beachtung des Grundsatzes der Verhältnismäßigkeit insbesondere

- die Art und Eigenschaften der festen Stoffe und ihrer Inhaltsstoffe, zum Beispiel Gefährlichkeit und Toxizität im Sinne von § 3 GefStoffV, mögliche Wirkungen auf Böden und Gewässer, mögliche Bildung explosionsfähiger Staub-/Luftgemische, Staubungsneigung, Feuchte,
- das Umschlaggerät oder das Umschlagverfahren,
- der Massenstrom und die Zeitdauer der Emissionen,
- die meteorologischen Bedingungen,
- die Lage des Umschlagortes, zum Beispiel Abstand zur Wohnbebauung,

zu berücksichtigen.

Die Maßnahmen sind auch unter Beachtung ihrer möglichen Einwirkungen auf Wasser und Boden festzulegen.

5.2.3.2 Be- oder Entladung

Bei der Festlegung von Anforderungen an die Be- oder Entladung kommen folgende Maßnahmen in Betracht:

Maßnahmen, bezogen auf das Umschlagverfahren

- Minimierung der Fallstrecke beim Abwerfen, zum Beispiel bei Schüttgossen durch Leitbleche, Lamellen oder Blasstrahl,
- selbsttätige Anpassung der Abwurfhöhe bei wechselnder Höhe der Schüttungen,
- Anpassung von Geräten an das jeweilige Schüttgut, zum Beispiel bei Greifern Vermeidung von Überladung und Zwischenabwurf,
- sanftes Anfahren von Greifern nach der Befüllung,
- Rückführung von leeren Greifern in geschlossenem Zustand,
- Minimierung von Zutrimmarbeiten und Reinigungsarbeiten,
- Automatisierung des Umschlagbetriebes;

Maßnahmen, bezogen auf das Umschlaggerät

- regelmäßige Wartung der Geräte, zum Beispiel bei Greifern Prüfung der Schließkanten auf Dichtheit zur Verminderung von Rieselverlusten,
- vollständig oder weitgehend geschlossene Greifer zur Vermeidung oder Verminderung von Abwehungen von der Schüttgutoberfläche,
- Minimierung von Anhaftungen, insbesondere bei Greifern oder zum Beispiel Einsatz straffbarer Verladebälge bei Senkrechtbeladern oder Teleskoprohren,
- Schüttrohr mit Beladekopf und Absaugung,
- Konusaufsatz mit Absaugung bei Senkrechtbeladern,
- Reduzierung der Austrittsgeschwindigkeit bei Fallrohren durch Einbauten oder durch Einsatz von Kaskadenschurren,

- weitgehender Verzicht auf den Einsatz von Schleuderbändern außerhalb geschlossener Räume,
- Radlader möglichst nur bei befeuchteten oder nicht staubenden Gütern;

Maßnahmen, bezogen auf den Umschlagort

- vollständige oder weitgehend vollständige Einhausung, zum Beispiel Tore oder Streifenvorhänge bei Ein- und Ausfahrten, von Einrichtungen zur Be- und Entladung von Fahrzeugen, zum Beispiel von Füllstationen, Schüttgossen, Grabenbunkern und sonstigen Abwurfplätzen,
- Absaugung von Trichtern, Übergabestellen, Schüttgossen, Beladerohren (ausreichende Dimensionierung der Saugleistung),
- Verbesserung der Wirkung von Absaugungen, zum Beispiel durch Leitbleche,
- Anwendung von Trichtern, zum Beispiel mit Lamellenverschluss, Klappenboden, Pendelklappen, Deckel,
- Anwendung einer Wasserbedüsung oder -vernebelung vor Austrittsöffnungen und Aufgabetrichtern,
- Windschutz bei Be- und Entladevorgängen im Freien,
- Verlängerung der Verweilzeit des Greifers nach Abwurf am Abwurfort,
- Umschlagbeschränkungen bei hohen Windgeschwindigkeiten,
- Planung der Lage des Umschlagortes auf dem Betriebsgelände;

Maßnahmen, bezogen auf feste Stoffe

- Erhöhung der Materialfeuchte, ggf. unter Zusatz von Oberflächenentspannungsmitteln, soweit die Befeuchtung einer anschließenden Weiterbe- oder -verarbeitung, der Lagerfähigkeit oder der Produktqualität der umgeschlagenen Stoffe nicht entgegensteht,
- Einsatz von Staubbindemitteln,
- Pelletierung,
- Vereinheitlichung der Korngröße (Abtrennung des Feinstkornanteils),
- Verhinderung sperriger Verunreinigungen,
- Reduktion der Umschlagvorgänge.

5.2.3.3 Förderung oder Transport

Bei Transport mit Fahrzeugen sollen geschlossene Behältnisse, zum Beispiel Silofahrzeuge, Container, Abdeckplanen eingesetzt werden. Ansonsten sind bei Förderung und Transport auf dem Betriebsgelände geschlossene oder weitgehend geschlossene Einrichtungen, zum Beispiel eingehauste Förderbänder, Becherwerke, Schnecken-, Schrauben- oder pneumatische Förderer, zu verwenden. Bei pneumatischer Förderung ist die staubhaltige Förderluft einer Entstaubungseinrichtung zuzuführen oder im Kreislauf zu fahren. Offene kontinuierliche Förder- oder Transporteinrichtungen, zum Beispiel Förderbänder, sind soweit wie möglich zu kapseln oder einzuhausen.

Bei Befüllung von geschlossenen Transportbehältern mit festen Stoffen ist die Verdrängungsluft zu erfassen und einer Entstaubungseinrichtung zuzuführen.

Offene Übergabestellen sind zu befeuchten, soweit die Befeuchtung einer anschließenden Weiterbe- oder -verarbeitung, der Lagerfähigkeit oder der Produktqualität der umgeschlagenen Stoffe nicht entgegensteht. Alternativ sind die Übergabestellen zu kapseln; staubhaltige Luft ist einer Entstaubungseinrichtung zuzuführen.

Öffnungen von Räumen, zum Beispiel Tore, Fenster, in denen feste Stoffe offen transportiert oder gehandhabt werden, sind möglichst geschlossen zu halten. Tore dürfen nur für notwendige Fahrzeugein- und -ausfahrten geöffnet werden.

Können durch die Benutzung von Fahrwegen und anderen Betriebsflächen staubförmige Emissionen entstehen, sind diese im Anlagenbereich mit einer Decke aus Asphaltbeton, aus Beton oder gleichwertigem Material zu befestigen, in ordnungsgemäßem Zustand zu halten und entsprechend dem Verschmutzungsgrad zu säubern. Es ist sicherzustellen, dass Verschmutzungen durch Fahrzeuge nach Verlassen des Anlagenbereichs vermieden oder beseitigt werden. Dazu sind zum Beispiel Reifenwaschanlagen, Kehrmaschinen, Überfahrroste oder sonstige geeignete Einrichtungen einzusetzen. Satz 1 findet regelmäßig keine Anwendung innerhalb von Steinbrüchen und Gewinnungsstätten für Bodenschätze.

5.2.3.4 Bearbeitung oder Aufbereitung

Maschinen, Geräte oder sonstige Einrichtungen zur Bearbeitung, zum Beispiel zum Brechen, Mahlen, Sieben, Sichten, Mischen, Pelletieren, Brikettieren, Erwärmen, Trocknen, Abkühlen, von festen Stoffen sind zu kapseln oder mit in der Wirkung vergleichbaren Emissionsminderungstechniken auszurüsten.
Aufgabestellen und Abwurfstellen sind zu kapseln; staubhaltige Luft ist einer Entstaubungseinrichtung zuzuführen. Alternativ sind Aufgabestellen und Abwurfstellen zu befeuchten, soweit die Befeuchtung einer anschließenden Weiterbe- oder -verarbeitung, der Lagerfähigkeit oder der Produktqualität der umgeschlagenen Stoffe nicht entgegensteht.
Staubhaltiges Abgas aus den Bearbeitungsaggregaten ist zu erfassen und zu reinigen.

5.2.3.5 Lagerung

5.2.3.5.1 Geschlossene Lagerung

Bei der Festlegung von Anforderungen an die Lagerung ist grundsätzlich eine geschlossene Bauweise, zum Beispiel als Silo, Bunker, Speicher, Halle, Container, zu bevorzugen. Sofern die Lagerung nicht vollständig geschlossen erfolgt, soll durch entsprechende Gestaltung der Geometrie der Lagerbehälter oder Lagerstätten sowie der Einrichtungen zur Zuführung oder Entnahme des Lagergutes die Staubentwicklung – insbesondere bei begehbaren Lagern – minimiert werden. Abgase aus Füll- oder Abzugsaggregaten sowie Verdrängungsluft aus Behältern sind zu erfassen und einer Entstaubungseinrichtung zuzuführen. Bei
allen Füllvorrichtungen ist eine Sicherung gegen Überfüllen vorzusehen. Silo- und Containeraustragsöffnungen können zum Beispiel über Faltenbälge mit kombinierter Absaugung und Kegelverschluss entleert oder staubdicht verschlossen werden; ebenso ist der Einsatz von Zellenradschleusen in Verbindung mit Bandabzug oder pneumatischem Transport möglich.

5.2.3.5.2 Freilagerung

Bei der Festlegung von Anforderungen an die Errichtung oder den Abbau von Halden oder den Betrieb von Vergleichmäßigungsanlagen im Freien kommen folgende Maßnahmen in Betracht:
– Abdeckung der Oberfläche, zum Beispiel mit Matten,
– Begrünung der Oberfläche,
– Besprühung mit staubbindenden Mitteln bei Anlegung der Halde,
– Verfestigung der Oberfläche,
– ausreichende Befeuchtung der Halden und der Übergabe- und Abwurfstellen, ggf. unter Zusatz von Oberflächenentspannungsmitteln, soweit die Befeuchtung einer anschließenden Weiterbe- oder -verarbeitung, der Lagerfähigkeit oder der Produktqualität der gelagerten Stoffe nicht entgegensteht,
– Schüttung oder Abbau hinter Wällen,

– höhenverstellbare Förderbänder,
– Windschutzbepflanzungen,
– Ausrichtung der Haldenlängsachse in Hauptwindrichtung,
– Begrenzung der Höhe von Halden,
– weitgehender Verzicht auf Errichtungs- und Abbauarbeiten bei Wetterlagen, die Emissionen besonders begünstigen, zum Beispiel langanhaltende Trockenheit, Frostperioden, hohe Windgeschwindigkeiten,
unverzügliche Reinigung von verschmutzten oder staubbeladenen Lageflächen.

Durch Überdachung, Umschließung oder Kombination beider Maßnahmen kann eine derartige Lagerung einschließlich der Nebeneinrichtungen – unter Berücksichtigung von Nummer 5.2.3.1 Absatz 2 – in eine teilweise oder vollständig geschlossene Lagerung überführt werden.

5.2.3.6 Besondere Inhaltsstoffe

Bei festen Stoffen, die Stoffe nach Nummer 5.2.2 Klasse I oder II, nach Nummer 5.2.5 Klasse I oder nach Nummer 5.2.7 enthalten oder an denen diese Stoffe angelagert sind, sind die wirksamsten Maßnahmen anzuwenden, die sich aus den Nummern 5.2.3.2 bis 5.2.3.5 ergeben; die Lagerung soll entsprechend Nummer 5.2.3.5.1 erfolgen. Satz 1 findet keine Anwendung, wenn die Gehalte der besonderen Inhaltsstoffe in einer durch Siebung mit einer Maschenweite von 5 mm von den Gütern abtrennbaren Feinfraktion jeweils folgende Werte, bezogen auf die Trockenmasse, nicht überschreiten:
– Stoffe nach Nummer 5.2.2 Klasse I, Nummer 5.2.7.1.1 Klasse I oder Nummer 5.2.7.1.2 50 mg/kg,
– Stoffe nach Nummer 5.2.2 Klasse II, Nummer 5.2.7.1.1 Klasse II oder Nummer 5.2.7.1.3 0,50 g/kg,
– Stoffe nach Nummer 5.2.7.1.1 Klasse III 5,0 g/kg.

Übersicht

A. Allgemeines

I. Bedeutung der Vorschrift

1 Die Vorsorgeanforderungen zur Luftreinhaltung, die in der TA Luft durch Emissionswerte konkretisiert werden (vgl. → Nr. 2 Rn. 7), beziehen sich nur auf die Ableitung gefasster Abgase über bestimmte definierte Quellen (vgl. → Nr. 5.1.2 Rn. 5). Daneben gibt es diffuse Emissionen, insbesondere von Staubpartikeln (z.B. bei Haldenabwehungen

oder Emissionen aus Leckagen, Fensteröffnungen, Dachauslässen), deren Anteil an der Gesamtemission ständig zugenommen hat (vgl. Davids/Lange, Die TA Luft '86, vor Anm. 73 zu Nr. 3.1.5). Derartigen Emissionen kann nur durch eine weitreichende Verpflichtung zur Erfassung der Abgase (Nr. 5.1.3 Abs. 2 Satz 1; vgl. dazu → Nr. 5.1.3 Rn. 7) und durch ein im Einzelfall festzulegendes Konzept für bauliche und betriebliche Maßnahmen begegnet werden (vgl. Davids/Lange, a.a.O., Anm. 74 zu Nr. 3.1.5.1). Zur Verminderung der staubförmigen Emissionen bei Umschlag, Lagerung oder Bearbeitung von festen Stoffen enthält Nr. 5.2.3 grundlegende Anforderungen. Sie sind weder für die Anlagenbetreiber noch für die Genehmigungs- und Überwachungsbehörden unmittelbar verbindlich. Die Anwendung der in der TA Luft genannten Maßnahmen muss aber geprüft werden, und das Ergebnis der Prüfung ist dem Betreiber verbindlich vorzugeben (vgl. → Rn. 8).

II. Entstehungsgeschichte

Die Nr. 5.2.3 in ihrer grundsätzlichen Struktur und den materiellen Anforderungen bestand bereits in der TA Luft 2002 und wurde nur geringfügig geändert. **2**

Hervorzuheben sind folgende Änderungen:

- In 5.2.3.2 Maßnahmen, bezogen auf das Umschlagverfahren wurde zur Minimierung von Fallstrecken das Blasstrahlverfahren ergänzt und bei den Maßnahmen, bezogen auf den Umschlagort wurde im 5. Anstrich die Wasserbedüsung ergänzt. Wasserbedüsungen erweisen sich als wesentlich effektiver als Wasservernebelungen, da damit eine echte Abscheidung von Partikeln erreicht werden kann.
- 5.2.3.5.2 Satz 1 wurde um „insbesondere" ergänzt, womit zum Ausdruck gebracht wird, dass es sich nicht um eine abschließende Aufzählung handelt. Ergänzt wurde auch als letzter Anstrich die unverzügliche Reinigung von verschmutzten oder staubbeladenenen Lagerflächen, um eine möglichst zeitnahe Reinigung zu gewährleisten.

Die Fassung von 2021 entspricht weitgehend der Vorlage der Bundesregierung (BR-Drs. 314/21). Auf den Bundesrat geht lediglich eine Ergänzung in Nr. 5.2.3.3 Abs. 5 zurück (BR-Drs. 314/21 – Beschluss, Nr. 31). Danach wurde zusätzlich zu einer Befestigung der Oberfläche mittels Betons die mittels Verbundsteinen eingefügt, womit eine effektive Reinigung der Lagerflächen, analog zu den Befestigungsvarianten Asphalt und Beton, erreicht werden soll.

B. Anwendungsbereich

I. Betroffene Anlagen

Nr. 5.2.3 gilt unmittelbar für alle genehmigungsbedürftigen Anlagen, in denen unter die Vorschrift fallende Tätigkeiten vorgenommen werden. Dabei spielt es keine Rolle, ob die Emissionen von der Hauptanlage oder von einer Nebeneinrichtung (z.B. einem Lagerplatz oder einer Umschlageinrichtung) ausgehen; gerade für Nebeneinrichtungen sind diffuse staubförmige Emissionen charakteristisch. Bei nicht genehmigungsbedürftigen Anlagen können die in Nr. 5.2.3 festgelegten Anforderungen als Erkenntnisquellen im Rahmen des § 22 Abs. 1 Nrn. 1 und 2 BImSchG und darüber hinaus auch zur Konkretisierung anderer Vorsorgepflichten zur Luftreinhaltung (z.B. nach § 3 Abs. 3 LImschG NRW) herangezogen werden (Nr. 1 Abs. 5 Satz 5; vgl. → Nr. 1 Rn. 13). **3**

II. Betroffene Tätigkeiten

4 Unter die Regelungen in Nr. 5.2.3 fallen das Be- und Entladen (Umschlagen, Nr. 5.2.3.2), das Fördern und Transportieren (Nr. 5.2.3.3), das Bearbeiten und Aufbereiten (Nr. 5.2.3.4) und die Lagerung (Nr. 5.2.3 5) von festen Stoffen. Dabei kommt es nicht darauf, ob es sich bei den behandelten Stoffen als solchen um staubende Güter handelt. Entscheidend ist vielmehr, ob ihre Behandlung aufgrund der in Nr. 5.2.3.1 Abs. 1 genannten Eigenschaften zu staubförmigen Emissionen führen kann. Das ist z.B. auch der Fall, wenn als solche nicht staubende Güter mit Lastkraftwagen auf dem Betriebsgelände transportiert werden und nur die Fahrzeuge Staub aufwirbeln können (vgl. Nr. 5.2.3.3 Abs. 5).

C. Anforderungen

I. Inhalt der Anforderungen

5 **1. Allgemeine Anforderungen.** An alle Anlagen, in denen von Nr. 5.2.3 erfasste Tätigkeiten (vgl. → Rn. 4) durchgeführt werden, sollen nach Nr. 5.2.3.1 Abs. 1 „geeignete Anforderungen zur Emissionsminderung" gestellt werden. Hierdurch werden die Genehmigungs- und Überwachungsbehörden allgemein verpflichtet, der Emissionsminderung dienende Maßnahmen zu fordern. Welche Kriterien sie bei der Auswahl der in Nr. 5.2.3.2 bis Nr. 5.2.3.5 beispielhaft aufgelisteten Maßnahmen anzuwenden haben, wird in Nr. 5.2.3.1 Abs. 2 und 3 näher festgelegt. Dabei hebt Absatz 2 den Grundsatz der Verhältnismäßigkeit hervor, während Absatz 3 auf das Integrationsgebot (vgl. → Nr. 5.1.3 Rn. 1) verweist. Absatz 2 nennt auch beispielhaft einige Umstände, die bei der Beurteilung der Eignung und der Verhältnismäßigkeit zu berücksichtigen sind. Bei Anwendung des ersten Anstrichs (Art und Eigenschaften der festen Stoffe und ihrer Inhaltsstoffe) ist ergänzend Nr. 5.2.3.6 zu beachten (vgl. dazu → Rn. 7).

6 **2. Besondere Anforderungen.** In den Nummern 5.2.3.2 bis 5.2.3.5 werden einzelne Maßnahmen genannt, mit denen die Staubemissionen bei den verschiedenen Betriebsvorgängen vermindert werden können. Die Aufzählung ist nicht abschließend; die Genehmigungs- oder Überwachungsbehörde kann im Einzelfall auch andere oder weitergehende Maßnahmen fordern. Die Verbindlichkeit zur Umsetzung der aufgelisteten Maßnahmen ist unterschiedlich. Teilweise handelt es sich nur um eine Aufzählung von bestehenden technischen Möglichkeiten („kommen … in Betracht"; Nr. 5.2.3.2 und Nr. 5.2.3.5.2). Teilweise werden die Maßnahmen für den Regelfall vorgeschrieben („sollen … eingesetzt werden"; Nr. 5.2.3.3 Abs. 1; „sind möglichst geschlossen zu halten"; Nr. 5.2.3.3 Abs. 4; „soll … minimiert werden"; Nr. 5.2.3.5.1). Zum überwiegenden Teil werden die Anforderungen jedoch verbindlich vorgegeben („sind zu erfassen", „sind zu kapseln" u.a.). Auch dann muss geprüft werden, wie sie in ein wirksames Gesamtkonzept (vgl. → Rn. 1) einzufügen sind. In jedem Fall sind die allgemeinen Anforderungen nach Nr. 5.2.3.1 (vgl. → Rn. 5) zu beachten.

7 **3. Anforderungen bei besonderen Inhaltsstoffen.** Soweit es um die Verminderung diffuser staubförmiger Emissionen von anorganischen Stoffen nach Nr. 5.2.2 Klasse I oder II, von organischen Stoffen nach Nr. 5.2.5 Klasse I oder von karzinogenen, keimzellmutagenen oder reproduktionstoxischen Stoffen nach Nr. 5.2.7 geht, werden die Anforderungen durch Nr. 5.2.3.6 verschärft: Wenn die Güter, von denen staubförmige Emis-

sionen ausgehen können, die genannten Stoffe enthalten oder wenn solche an ihnen angelagert sind, müssen jeweils die wirksamsten Maßnahmen nach den Nummern 5.2.3.2 bis 5.2.3.5 angewandt werden. Es kommt dann darauf an, durch welche Maßnahmen die größte Verminderung der Emissionen dieser Stoffe erreicht werden kann. Nr. 5.2.3.1 bleibt daneben zu beachten. Das bedeutet insbesondere, dass keine Maßnahmen verlangt werden dürfen, die einen unverhältnismäßigen Aufwand erfordern (Nr. 5.2.3.1 Abs. 2). Bei der Abwägung im Rahmen der Verhältnismäßigkeitsprüfung ist dann aber der Gefährlichkeit der Stoffe, um deren Emissionsminderung es geht, ein besonderes Gewicht beizumessen (vgl. auch das Emissionsminimierungsgebot nach Nr. 5.2.7). In der Regel kann davon ausgegangen werden, dass dem Verhältnismäßigkeitsgebot durch die Bagatellregelung in Nr. 5.2.3.6 Satz 2 ausreichend Rechnung getragen wird.

II. Festlegung der Anforderungen

Die Verminderung der diffusen staubförmigen Emissionen kann nur durch ein umfassendes Konzept für bauliche und betriebliche Maßnahmen erreicht werden (vgl. → Rn. 1). Dieses Konzept muss von der zuständigen Behörde im Genehmigungsbescheid oder in einer nachträglichen Anordnung festgelegt werden. Die Festlegungen sind Verwaltungsakte, die der Anlagenbetreiber gerichtlich anfechten kann. Sind sie unanfechtbar, darf er von ihnen nur abweichen, nachdem sie durch die zuständige Behörde geändert worden sind. Ob die Behörde eine solche Änderung vornimmt, liegt in ihrem Ermessen. Im Widerspruch zu den Vorgaben in Nr. 5.2.3 darf sie die Anforderungen zur Begrenzung der diffusen staubförmigen Emissionen nicht herabsetzen. **8**

Eine beispielhafte Auflistung konkreter Maßnahmen zur Minderung diffuser Staubemissionen entsprechend der Nummern 5.2.3.2 bis 5.2.3.5.2 findet sich im öffentlichen Bereich der Bund/Länder-Arbeitsgemeinschaft für Immissionsschutz (http://www.lai-immissionsschutz.de/servlet/is/20172/).

5.2.4 Gasförmige anorganische Stoffe

Die nachstehend genannten gasförmigen anorganischen Stoffe dürfen jeweils die angegebenen Massenkonzentrationen oder Massenströme im Abgas nicht überschreiten:

Klasse I
- **Arsenwasserstoff**
- **Chlorcyan**
- **Phosgen**
- **Phosphorwasserstoff**

den Massenstrom je Stoff	**2,5 g/h**
oder	
die Massenkonzentration je Stoff	**0,5 mg/m³;**

Klasse II
- **Brom und seine gasförmigen Verbindungen, angegeben als Bromwasserstoff**
- **Chlor**
- **Cyanwasserstoff**
- **Fluor und seine gasförmigen Verbindungen, angegeben als Fluorwasserstoff**
- **Schwefelwasserstoff**

den Massenstrom je Stoff	**15 g/h**
oder	
die Massenkonzentration je Stoff	**3 mg/m³;**

Klasse III
- **Ammoniak**
- **gasförmige anorganische Chlorverbindungen, soweit nicht in Klasse I oder Klasse II enthalten, angegeben als Chlorwasserstoff**

den Massenstrom je Stoff	**0,15 kg/h**
oder	
die Massenkonzentration je Stoff	**30 mg/m³;**

Klasse IV
- **Schwefeloxide (Schwefeldioxid und Schwefeltrioxid), angegeben als Schwefeldioxid**
- **Stickstoffoxide (Stickstoffmonoxid und Stickstoffdioxid), angegeben als Stickstoffdioxid**

den Massenstrom je Stoff	**1,8 kg/h**
oder	
die Massenkonzentration je Stoff	**0,35 g/m³.**

Im Abgas von thermischen oder katalytischen Nachverbrennungseinrichtungen dürfen die Emissionen an Stickstoffmonoxid und Stickstoffdioxid, angegeben als Stickstoffdioxid, die Massenkonzentration 0,10 g/m³ nicht überschreiten; gleichzeitig dürfen die Emissionen an Kohlenmonoxid die Massenkonzentration 0,10 g/m³ nicht überschreiten. Soweit die der Nachverbrennung zugeführten Gase nicht geringe Konzentrationen an Stickstoffoxiden oder sonstigen Stickstoffverbindungen enthalten, sind Festlegungen im Einzelfall zu treffen; dabei dürfen die Emissionen an Stickstoffmonoxid und Stickstoffdioxid, angegeben als Stickstoffdioxid, den Massenstrom 1,8 kg/h oder die Massenkonzentration 0,35 g/m³ nicht überschreiten.

Übersicht

A. Allgemeines

I. Anwendungsbereich der Vorschrift

1 Nr. 5.2.4 Abs. 1 enthält für 13 anorganische Stoffe (Stoffgruppen) Emissionswerte zur Begrenzung der gasförmigen Emissionen. Außerdem werden in Absatz 2 Anforderungen an die Emissionen von Nachverbrennungseinrichtungen und in diesem Zusammenhang auch ein Emissionskonzentrationswert für Kohlenmonoxid festgelegt. Die Regelungen gelten für alle genehmigungsbedürftigen Anlagen nach der 4. BImSchV; bei nicht genehmigungsbedürftigen Anlagen können sie als Erkenntnisquelle herangezogen werden, soweit für derartige Anlagen der Stand der Technik zu ermitteln ist (Nr. 1 Abs. 5 Satz 5). Die Stoffliste des Absatzes 1 ist abschließend; die TA Luft enthält keine Zuordnungsregel für weitere anorganische gasförmige Emissionen. Insoweit sind aber die allgemeinen Anforderungen in Nr. 5.1 zu beachten. Die in Nr. 5.2.4 festgelegten Emissionswerte gelten für alle gefassten Quellen einer Anlage. Diffuse Emissionen, die nicht gemäß Nr. 5.1.3 Abs. 2 Satz 1 mit verhältnismäßigem Aufwand erfasst werden können, sind nach Nr. 5.2.6 durch bauliche und betriebliche Maßnahmen zu begrenzen.

II. Entstehungsgeschichte

2 Die Nr. 5.2.4 in ihrer Struktur und den materiellen Anforderungen bestand bereits in der TA Luft 2002 und enthält gegenüber der TA Luft 2021 keine Änderungen. D.h., Nr. 5.2.4 dient weiterhin der Begrenzung dampf- oder gasförmiger anorganischer Stoffe, einschließlich Ammoniak und enthält eine Regelung über die Emissionen von Nachverbrennungseinrichtungen (Absatz 2). – Die Fassung der Nr. 5.2.4 aus dem Jahre 2021 entspricht der Vorlage der Bundesregierung (BR-Drs. 314/21). Der Bundesrat hat keine Änderungen gefordert.

III. Verhältnis zu anderen Regelungen

3 Für zahlreiche Anlagenarten enthält Nr. 5.4 abweichende Regelungen zur Begrenzung der gasförmigen anorganischen Emissionen. Soweit diese Regelungen von Nr. 5.2.4 abweichen, gehen sie den dort festgelegten allgemeinen Anforderungen vor. Nr. 5.2.7 ist neben Nr. 5.2.4 anwendbar (vgl. → Nr. 5.2.2 Rn. 1). Für Geruchsstoffe (z.B. Schwefelwasserstoff) enthält Nr. 5.2.8 zusätzlich zu beachtende Anforderungen. Daraus kann sich im Einzelfall eine Verschärfung der nach Nr. 5.2.4 festzulegenden Emissionsbegrenzungen ergeben.

B. Anforderungen

I. Emissionswerte für die in Absatz 1 genannten Stoffe

Für die in Absatz 1 genannten Stoffe werden in Absatz 1 Emissionswerte für den Massenstrom und für die Massenkonzentration festgelegt. Sie sind alternativ einzuhalten und gelten nicht für die Summe der Stoffe einer bestimmten Klasse, sondern für jeden einzelnen Stoff (ggf. einschließlich der Stoffverbindungen). Für die Aufnahme der Stoffe in die Liste waren vorrangig Gesichtspunkte der Emissionsrelevanz maßgebend. Bei der Zuordnung zu den verschiedenen Klassen wurden bei 4

– Klasse I ein sehr hohes gesundheitsgefährdendes Potenzial,
– Klasse II ein hohes gesundheitsgefährdendes Potenzial oder eine hohe Geruchsintensität und bei
– Klassen III und IV ein geringeres Gefährdungspotenzial (auch in Bezug auf die Umwelt des Menschen) und der erforderliche Aufwand zur Emissionsminderung

zugrunde gelegt (vgl. dazu näher Davids/Lange, Die TA Luft '86, Anm. 81 und 82 zu Nr. 3.1.6). Für jeden in relevantem Umfang im Abgas enthaltenen Stoff (vgl. → Nr. 5.1.2 Rn. 10) ist im Genehmigungsbescheid oder in einer nachträglichen Anordnung entweder der Massenstrom oder die Massenkonzentration zu begrenzen (vgl. auch → Rn. 6). Dabei ist zu beachten, dass sich der Massenstrombegrenzung auf die gesamte Anlage und die Massenkonzentrationsbegrenzung auf jede einzelne gefasste Quelle beziehen muss (vgl. dazu die Ausführungen bei → Nr. 5.2.2 Rn. 9, die hier entsprechend gelten). Eine Regelung, wonach der Betreiber je nach den Betriebsverhältnissen jederzeit zwischen der Einhaltung des Massenstromwertes und der Einhaltung des Konzentrationswertes wechseln darf, ist unzulässig; die einmal getroffene Regelung ist verbindlich (vgl. → Nr. 5.1.2 Rn. 14).

II. Anforderungen bei Nachverbrennungseinrichtungen (Absatz 2)

Nr. 5.2.4 Abs. 2 enthält Anforderungen an das Abgas von thermischen oder katalytischen Nachverbrennungseinrichtungen (zu deren Einsatzbereich und Wirkweise vgl. Davids/Lange, Die TA Luft '86, Anm. 99 zu Nr. 3.1.7). In der Vorschrift geht es nicht darum, *wann* Nachverbrennungseinrichtungen zur Emissionsminderung einzusetzen sind, sondern um den Schadstoffgehalt der Abgase, die eine Nachverbrennungseinrichtung verlassen. Deren Emissionen müssen über die Anforderungen nach Absatz 1 hinaus so vermindert werden, dass auch die in Absatz 2 genannten Emissionswerte nicht überschritten werden. In der Regel dürfen die Emissionen an Stickstoffmonoxid und Stickstoffdioxid eine Massenkonzentration von 0,10 g/m^3 nicht überschreiten. Außerdem müssen die Emissionen an Kohlenmonoxid zur Gewährleistung eines weitgehenden Ausbrandes die Massenkonzentration von 0,10 g/m^3 einhalten. Diese Anforderungen gelten auch dann, wenn den Vorgaben nach Absatz 1 Klasse IV – 2. Anstrich – durch eine Begrenzung des Massen*stromes* Rechnung getragen wird. Eine Ausnahme gilt nach Absatz 2 Satz 2 dann, wenn bereits die der Nachverbrennungseinrichtung zugeführten Gase „nicht geringe Konzentrationen an Stickstoffoxiden oder sonstigen Stickstoffverbindungen" enthalten. „Nicht geringe Konzentrationen" sind gegeben, wenn der in Absatz 2 Satz 1 vorgegebene Konzentrationswert aufgrund der Rohgasbelastung mit einem verhältnismäßigen Aufwand nicht eingehalten werden kann. Dann ist unter Beachtung des Grundsatzes der Verhältnismäßigkeit eine Einzelfallregelung zu treffen. Dabei dürfen jedoch in keinem Fall die nach Absatz 1 vorgegebenen Emissionswerte überschritten werden. Das bedeutet, dass entweder der Massenstrom der gesamten Anlage auf 1,8 kg/h beschränkt sein muss 5 oder dass die Massenkonzentration der Abgase aus der Nachverbrennungseinrichtung mindestens unter Beachtung der Nr. 2.7. Abs. 2 Buchstabe a) bb) im Falle von kontinuierlichen Messungen den Wert von 0,35 g/m³ als Tagesmittelwert und von 0,70 g/m³ als Halbstundenmittelwert einhalten muss oder im Falle von Einzelmessungen kein Messwert die vorgegebene Konzentration überschreiten darf (Nr. 2.7 Abs. 2 Buchst. a) aa)). Der Massenkonzentrationswert von 0,10 g/m³ für Kohlenmonoxid, durch den ein hinreichender Ausbrand sichergestellt werden soll, wird hierdurch nicht berührt.

C. Festlegung der Anforderungen

6 Für die Anlagenbetreiber sind die in Nr. 5.2.4 genannten Anforderungen nicht unmittelbar verbindlich. Sie müssen durch die zuständige Behörde in einen Genehmigungsbescheid aufgenommen (vgl. Nr. 5.1.2 Abs. 1) oder durch eine nachträgliche Anordnung verbindlich vorgegeben werden (vgl. Nr. 6.2.1). Zur Bindung der Behörden durch die Vorgabe von Emissionswerten wird auf die Ausführungen bei → Nr. 5.2.1 Rn. 9 f. verwiesen. Hält der Anlagenbetreiber die ihn belastenden behördlichen Festsetzungen für rechtswidrig, kann er den Verwaltungsrechtsweg beschreiten. Zur Bindung der Rechtsprechung durch die TA Luft vgl. die Erläuterungen in der → Vorbemerkung vor Nr. 1 Rn. 7–9.

5.3 Messung und Überwachung der Emissionen

5.3.1 Messplätze

Bei der Genehmigung von Anlagen soll die Einrichtung von Messplätzen, einschließlich Messstrecken und Probenahmestellen, gefordert und näher bestimmt werden. Die Messplätze sollen ausreichend groß, leicht begehbar, so beschaffen sein und so ausgewählt werden, dass eine für die Emissionen der Anlage repräsentative und messtechnisch einwandfreie Emis¬sionsmessung ermöglicht wird. Die Messplätze sollen der DIN EN 15259 (Ausgabe Januar 2008) entsprechen.

Übersicht

A. Allgemeines zu Nr. 5.3

I. Bedeutung des Abschnitts

Nr. 5.3 regelt die Messung und Überwachung der Emissionen luftverunreinigender Stoffe aus genehmigungsbedürftigen Anlagen. Damit soll die tatsächliche Beachtung der auf Nr. 5.2 oder Nr. 5.4 beruhenden Anforderungen zur Emissionsbegrenzung gewährleistet werden. Regelungen zur Emissionsüberwachung konkretisieren dabei in erster Linie nicht die materiellen Pflichten, sondern den Aufwand bei der Sachverhaltsermittlung (vgl. § 24 Abs. 1 Satz 2 VwVfG). Insoweit ist Nr. 5.2.3.4 Abs. 2 zu Recht nur zu entnehmen, wann weitere Ermittlungen zur Überprüfung der Einhaltung von Emissionsbegrenzungen nach Nr. 2.7 Abs. 2 Buchst. a entfallen können. 1

II. Rechtsentwicklung

Die Regelungen in Nr. 5.3 waren bereits in der TA Luft 2002 enthalten. Änderungen in der TA Luft 2021 sind zum Großteil formaler oder klarstellender Natur. Der Wortlaut der Nr. 5.3.2.4 wurde mit dem Ziel einer klareren Darstellung des Gemeinten grundlegend überarbeitet. 2

Der Bundesrat hat zu Nr. 5.3.1 keine Änderungen verlangt. 3

III. Aufbau

Nr. 5.3 enthält zunächst eine allgemeine Vorschrift über die Einrichtung von Messplätzen einschließlich Messstrecken und Probenahmestellen an genehmigungsbedürftigen Anlagen. Sie betrifft die Schaffung der Voraussetzungen, unter denen Messungen durchgeführt werden können. Die wichtigsten Bestimmungen des Abschnitts folgen in Nr. 5.3.2 für Einzelmessungen und in Nr. 5.3.3 für kontinuierliche Messungen. In beiden Vor- 4 schriften werden das Messprogramm, die Planung und Auswahl der Messverfahren und der Messbedingungen sowie die Auswertung und Beurteilung der Messergebnisse behandelt. Anschließend werden in Nr. 5.3.4 Regelungen über die fortlaufende Überwachung der Emissionen bestimmter Stoffe getroffen. Schließlich eröffnet Nr. 5.3.5 die Möglichkeit, statt der in VDI-Richtlinien beschriebenen und in Nr. 5.3 zitierten Verfahren andere gleichwertige Verfahren anzuwenden.

IV. Festlegung der Anforderungen

5 Da die TA Luft keine allgemein verbindliche Rechtsnorm, sondern eine Verwaltungsvorschrift ist, werden durch die Regelungen in Nr. 5.3 unmittelbar nur die zuständigen Behörden verpflichtet (vgl. die Vorkommentierung zu Nr. 1, Rn 4-10 der TA, Stand EL 42, April 2004, abrufbar unter www.beck-online.de). In Nr. 5.3.1 Satz 1 wird das noch einmal ausdrücklich hervorgehoben: Die Einrichtung von Messplätzen oder Probenahmestellen „soll bei der Genehmigung gefordert" werden. Auch in Nummern 5.3.2.1, 5.3.3.1 und 5.3.4 wird bestimmt, dass die zuständige Behörde entsprechende Forderungen stellen soll. Das geschieht bei neu zu errichtenden oder (wesentlich) zu ändernden Anlagen durch eine Regelung (in der Regel eine Auflage; vgl. → BImSchG vor § 26 Rn. 8 ff.) im Genehmigungsbescheid (vgl. Nr. 5.1.2 Abs. 1). Gegenüber bestehenden Anlagen kommen Anordnungen nach § 28 bzw. § 29 i.V.m. § 26 BImSchG (nicht nach § 17 Abs. 1 BImSchG; vgl. → BImSchG vor § 26 Rn. 11) in Betracht (→ Rn. 6).

B. Messplätze und Probenahmestellen (Nr. 5.3.1)

I. Begriff

6 Nr. 5.3.1 regelt für alle genehmigungsbedürftigen Anlagen mit relevanten Emissionen (vgl. Nr. 5.1.2 Abs. 1 Satz 1), dass die Einrichtung von Messplätzen einschließlich Messstrecken und Probenahmestellen an den maßgeblichen Quellen gefordert und deren Lage und Beschaffenheit näher bestimmt werden sollen. Unter Messplätzen sind in diesem Zusammenhang besondere bauliche oder technische Vorrichtungen innerhalb der Anlage zu verstehen, von denen aus Probenahmen oder umfassende Messungen der Emissionen durchgeführt werden können.

II. Anforderungen

7 Nr. 5.3.1 Satz 2 enthält allgemeine Anforderungen an die Wahl und die Beschaffenheit von Messplätzen. Ziel der Festlegungen muss es sein, räumlich und zeitlich repräsentative und messtechnisch einwandfreie Messungen zu ermöglichen. Bei den Festlegungen müssen auch sonstige rechtliche Vorgaben, insbesondere aus dem Arbeitsschutz- und dem Anlagensicherheitsrecht, beachtet werden. Zur Frage, wie die Messplätze zu gestalten sind, verweist Nr. 5.3.1 der TA Luft auf die Norm DIN EN 15259 (Ausgabe Januar 2008). Dieser sollen die Messplätze entsprechen. Einzelheiten muss die zuständige Behörde in ihrer Entscheidung festlegen (→ Rn. 5). Dabei kann sie auch auf die vom Vorhabenträger vorgelegten Unterlagen Bezug nehmen.

5.3.2 Einzelmessungen

5.3.2.1 Erstmalige und wiederkehrende Messungen

Es soll gefordert werden, dass nach Errichtung, wesentlicher Änderung und anschließend wiederkehrend durch Messungen von Stellen, die nach § 29b BImSchG in Verbindung mit der 41. BImSchV für den Tätigkeitsbereich der Gruppe I Nummer 1 sowie gegebenenfalls Nummer 2 und für die jeweiligen Stoffbereiche gemäß der Anlage 1 der 41. BImSchV bekannt gegeben worden sind, die Emissionen aller luftverunreinigenden Stoffe, für die im Genehmigungsbescheid nach Nummer 5.1.2 Emissionsbegrenzungen festzulegen sind, festgestellt werden.
Die erstmaligen Messungen nach Errichtung oder wesentlicher Änderung sollen nach Erreichen des ungestörten Betriebes, jedoch frühestens nach dreimonatigem Betrieb und spätestens sechs Monate nach Inbetriebnahme vorgenommen werden.
Von der Forderung nach erstmaligen oder wiederkehrenden Messungen ist abzusehen, wenn die Feststellung der Emissionen nach Nummern 5.3.3 oder 5.3.4 erfolgt.
Auf Einzelmessungen nach Absatz 1 kann verzichtet werden, wenn durch andere Prüfungen, zum Beispiel durch einen Nachweis über die Wirksamkeit von Einrichtungen zur Emissionsminderung, die Zusammensetzung von Brenn- oder Einsatzstoffen oder die Prozessbedingungen, mit ausreichender Sicherheit festgestellt werden kann, dass die Emissionsbegrenzungen nicht überschritten werden.
Wiederkehrende Messungen sollen jeweils nach Ablauf von drei Jahren gefordert werden, es sei denn, es sind in Nummer 5.4 kürzere Fristen vorgesehen. Für diese zusätzlichen Ermittlungen kann auf Antrag zugelassen werden, dass sie durch den Immissionsschutzbeauftragten durchgeführt werden können, wenn dieser hierfür die erforderliche Fachkunde, Zuverlässigkeit und gerätetechnische Ausstattung besitzt. Absatz 1 Satz 1 bleibt unberührt. Bei Anlagen, für die die Emissionen durch einen Massenstrom begrenzt sind, kann die Frist auf fünf Jahre verlängert werden.

5.3.2.2 Messplanung

Messungen zur Feststellung der Emissionen sollen so durchgeführt werden, dass die Ergebnisse für die Emissionen der Anlage repräsentativ und bei vergleichbaren An-lagen und Betriebsbedingungen miteinander vergleichbar sind. Die Messplanung soll der DIN EN 15259 (Ausgabe Januar 2008) entsprechen. Die zuständige Behörde kann fordern, dass die Messplanung vorher mit ihr abzustimmen ist.
Bei Anlagen mit überwiegend zeitlich unveränderlichen Betriebsbedingungen sollen mindestens 3 Einzelmessungen bei ungestörter Betriebsweise mit höchster Emission und mindestens jeweils eine weitere Einzelmessung bei regelmäßig auftretenden Betriebszuständen mit schwankendem Emissionsverhalten, zum Beispiel bei Reinigungs- oder Regenerierungsarbeiten oder bei längeren An- oder Abfahrvorgängen oder im Teillastbetrieb, durchgeführt werden. Bei Anlagen mit überwiegend zeitlich veränderlichen Betriebsbedingungen sollen Einzelmessungen in ausreichender Zahl, jedoch mindestens sechs bei Betriebsbedingungen, die erfahrungsgemäß zu den höchsten Emissionen führen können, durchgeführt werden.
Die Dauer der Einzelmessung beträgt in der Regel eine halbe Stunde; das Ergebnis der Einzelmessung ist als Halbstundenmittelwert zu ermitteln und anzugeben. In besonderen Fällen, zum Beispiel bei Chargenbetrieb oder niedrigen Massenkonzentrationen im Abgas, ist die Mittelungszeit entsprechend anzupassen.
Bei Stoffen, die in verschiedenen Aggregatzuständen vorliegen, sind bei der Messung besondere Vorkehrungen zur Erfassung aller Anteile zu treffen.

5.3.2.3 Auswahl von Messverfahren

Messungen zur Feststellung der Emissionen sollen unter Einsatz von Messverfahren und Messeinrichtungen durchgeführt werden, die dem Stand der Messtechnik entsprechen. Die Nachweisgrenze des Messverfahrens sollte kleiner als ein Zehntel der zu überwachenden Emissionsbegrenzung sein. Die Nachweisgrenzen sind im Messbericht als Abgas-Konzentrationsgrößen auszuweisen. Im Falle von Summenemissionswerten sollte die Summe der einzelnen Nachweisgrenzen für die Bestimmung der zu summierenden Komponenten kleiner als ein Zehntel des Summenemissionswertes sein. Einzelergebnisse unterhalb der jeweiligen Nachweisgrenze gehen in die Summenbildung nicht ein.
Die Emissionsmessungen sollen unter Beachtung der in Anhang 5 aufgeführten Richtlinien und Normen des VDI/DIN–Handbuches "Reinhaltung der Luft" und der darin beschriebenen Messverfahren durchgeführt werden. Sofern für eine Messkomponente ein Standardreferenzverfahren nach CEN-Norm des Europäischen Komitees für Normung zur Verfügung steht, so ist dieses Verfahren anzuwenden. Stehen keine genormten Messverfahren zur Verfügung, so ist das Messverfahren mit der zuständigen Behörde abzustimmen. Die Probenahme soll der DIN EN 15259 (Ausgabe Januar 2008) entsprechen.
Die Bestimmung von Gesamtkohlenstoff ist mit geeigneten kontinuierlichen Messeinrichtungen, zum Beispiel nach dem Messprinzip eines Flammenionisationsdetektors, durchzuführen. Die Kalibrierung der eingesetzten Messeinrichtungen ist bei Emissionen von definierten Stoffen oder Stoffgemischen mit diesen Stoffen oder Stoffgemischen durchzuführen oder auf Grund zu bestimmender Responsefaktoren auf der Grundlage einer Kalibrierung mit Propan rechnerisch vorzunehmen. Bei komplexen Stoffgemischen ist ein repräsentativer Responsefaktor heranzuziehen. In begründeten Ausnahmefällen kann die Bestimmung des Gesamtkohlenstoffes durch die Bestimmung des durch Adsorption an Kieselgel erfassbaren Kohlenstoffs durchgeführt werden..

5.3.2.4 Auswertung und Beurteilung der Messergebnisse

Es soll gefordert werden, dass über das Ergebnis der Messungen ein Messbericht er-stellt und innerhalb von zwölf Wochen nach Abschluss der Messungen vorgelegt wird. Der Messbericht soll Angaben über die Messplanung, das Ergebnis jeder Einzelmessung, das verwendete Messverfahren und die Betriebsbedingungen, die für die Beurteilung der Einzelwerte und der Messergebnisse von Bedeutung sind, enthalten. Hierzu gehören auch Angaben über Brenn– und Einsatzstoffe und über den Betriebszustand der Anlage und der Einrichtungen zur Emissionsminderung; er soll dem Anhang A der Richtlinie VDI 4220 Blatt 2 (Ausgabe November 2018) entsprechen.
Die im Genehmigungsbescheid festgelegte Anforderung ist bei einer Messung immer dann überschritten, wenn das Ergebnis einer Einzelmessung abzüglich der Messunsicherheit die festgelegte Emissionsbegrenzung überschreitet.
Die im Genehmigungsbescheid festgelegte Anforderung bei einer Messung ist sicher eingehalten, wenn das Ergebnis jeder Einzelmessung zuzüglich der Messunsicherheit die festgelegte Emissionsbegrenzung nicht überschreitet.
Eine Überprüfung, ob das Messverfahren, besonders im Hinblick auf seine Messunsicherheit, dem Stand der Messtechnik entspricht, ist insbesondere für den Fall notwendig, wenn bei allen Einzelmessungen das Messergebnis abzüglich der Messunsicherheit die im Genehmigungsbescheid festgelegte Emissionsbegrenzung einhält, aber gleichzeitig mindestens bei einer Einzelmessung das Messergebnis zuzüglich der Messunsicherheit die im Genehmigungsbescheid festgelegte Emissionsbegrenzung überschreitet und hierfür keine anlagenspezifischen Ursachen erkennbar sind. Die Bestimmung der Messunsicherheit soll für diskontinuierliche Messverfahren nach der

Richtlinie VDI 4219 (Ausgabe August 2009) und für kontinuierliche Messverfahren auf Grundlage der Vorgaben der zugrundeliegenden Norm bzw. Richtlinie erfolgen. Bei olfaktometrischen Messungen ist die Berechnung der Messunsicherheit anhand der Vorgaben des zugrundeliegenden Standardreferenzverfahrens nach CEN-Norm des Europäischen Komitees für Normung durchzuführen. Des Weiteren ist zu prüfen, ob die Anforderungen der Nummern 5.3.2.2 und 5.3.1 erfüllt worden sind.
Ergibt die Prüfung nach Absatz 4, dass die in Absatz 4 genannten Anforderungen eingehalten sind, so ist die Messunsicherheit zugunsten des Betreibers zu berücksichtigen, indem sie vom Messergebnis abgezogen wird..

5.3.2.5 Messungen von Geruchsstoffen

Werden bei der Genehmigung einer Anlage die Emissionen von Geruchsstoffen durch Festlegung des Emissionsminderungsgrades für Geruchsstoffe einer Abgasreinigungseinrichtung oder als Geruchsstoffkonzentration begrenzt, sollen diese durch olfaktometrische Emissionsmessungen überprüft werden. Hierbei sind die Richtlinie VDI 3880 (Ausgabe Oktober 2011), die DIN EN 13725 (Ausgabe Juli 2003) und die VDI 3884 Blatt 1 (Ausgabe Februar 2015) zu berücksichtigen.

Übersicht

A. Allgemeines

I. Bedeutung der Vorschrift

Die in Nr. 5.3 geregelte Messung und Überwachung der Emissionen dient dazu, die Einhaltung der emissionsbegrenzenden Anforderungen der TA Luft beim Betrieb der einzelnen Anlagen sicherzustellen (→ Nr. 5.3.1 Rn. 1). Das wird am ehesten durch eine kontinuierliche Messung und Überwachung aller Emissionen aus sämtlichen Quellen einer Anlage gewährleistet. Die Installation und der Betrieb derart umfangreicher Mess- und Überwachungseinrichtungen verursacht jedoch einen Aufwand, der nicht immer in einem angemessenen Verhältnis zur Bedeutung der Emissionen steht, deren Verminderung sichergestellt werden soll. Auch stehen die dafür notwendigen Messeinrichtungen 1 nicht in allen Fällen zur Verfügung. Deshalb sieht Nr. 5.3.2 als weniger kostenaufwändige Lösung auch die Durchführung von Einzelmessungen vor, regelt die Voraussetzungen ihrer Anordnung, die Anforderungen an ihre Durchführung und die Aussagefähigkeit ihrer Ergebnisse.

II. Rechtsentwicklung

2 Die Fassung der Nr. 5.3.2 entspricht im Wesentlichen derjenigen der TA Luft 2002. Der Aufbau blieb unverändert, jedoch wurden einige Bestimmungen der rechtlichen und technischen Entwicklung und neueren Erkenntnissen angepasst und konkretisiert: Die Verweise auf Rechtsvorschriften und technische Normen wurden aktualisiert, eine Konkretisierung für Summenemissionswerte wurde aufgenommen und die Formulierung der Nr. 5.3.2.4 zur Auswertung und Beurteilung der Messergebnisse wurde mit dem Ziel der besseren Verständlichkeit verändert. Die Formulierungen in Nr. 5.3.2 der TA Luft 2021 entsprechen weitgehend der Vorlage der Bundesregierung (BR-Drs. 314/21 - Beschluss). Der Bundesrat hat bei seinem Zustimmungsbeschluss acht Änderungen verlangt, die weitgehend konkretisierenden oder klarstellenden Charakter haben. Hinzuweisen ist auf Konkretisierung im Hinblick auf europäische Normen, der zufolge CEN-Normen des Europäischen Komitees für Normung anzuwenden sind, soweit sie zur Verfügung stehen. Damit wird klargestellt, dass die Normen auch dann zur Anwendung kommen, wenn sie in Anhang 5 der TA Luft noch nicht enthalten sind.

B. Erforderlichkeit von Einzelmessungen (Nr. 5.3.2.1)

I. Gegenstand der Forderung

3 Nach Nr. 5.3.2.1 sollen durch die zuständige Genehmigungs- oder Überwachungsbehörde Einzelmessungen der Emissionen gefordert werden, soweit für die betroffenen luftverunreinigenden Stoffe nach Nr. 5.1.2 Emissionsbegrenzungen festzulegen sind (vgl. dazu die Vorkommentierung zu Nr. 5.1.2, Rn. 3, 42. EL, Stand April 2004, abrufbar unter www.beck-online.de) und die Feststellung der Emissionen nicht durch kontinuierliche Messungen nach Nr. 5.3.3 oder durch fortlaufende Ermittlungen nach Nr. 5.3.4 erfolgt (Nr. 5.3.2.1 Abs. 3). Einzelmessungen sind Messungen, die sich nicht auf die gesamte Betriebszeit, sondern nur auf ein begrenzte Probenahmezeit beziehen. Ihre Ergebnisse gelten unmittelbar nur für die Zeit der Messung. Ihnen können jedoch auch Aussagen für die Einhaltung von Anforderungen in sonstigen Betriebszeiten entnommen werden, wenn sie hierfür repräsentativ sind oder wenn die zugrundeliegenden Betriebsbedingungen vergleichsweise ungünstig sind (→ Rn. 19, 20). Es bleibt dem Betreiber einer Anlage überlassen, anstelle von Einzelmessungen kontinuierliche Messungen nach Nr. 5.3.3 durchzuführen. Dies kann sinnvoll sein, wenn etwa auf Basis von BVT-Schlussfolgerungen (vgl. Nr. 5.1.2) ansonsten häufige Einzelmessungen gefordert würden (→ Rn. 7) oder aber wenn kurzfristige Überschreitungen von Emissionsbegrenzungen nicht auszuschließen sind: während gemäß Nr. 2.7 Abs. 2 Buchstabe a) im Fall von Einzelmessungen kein Messergebnis die Emissionsbegrenzung überschreiten darf, sind im Fall von kontinuierlichen Messungen kurzfristige Überschreitungen der Emissionsbegrenzung bei gleichzeitiger Einhaltung der Tagesmittelwerte möglich.

II. Festlegung der Forderung

4 Die Forderung zur Durchführung von Einzelmessungen ist durch eine Auflage zum Genehmigungsbescheid (vgl. Nr. 5.3.1 Rn. 5) oder – insbesondere wenn das versäumt

worden ist – durch eine Anordnung nach §§ 26 und 28 BImSchG verbindlich festzulegen. Soweit den zuständigen Behörden durch §§ 12, 26 und 28 BImSchG ein Ermessensspielraum eröffnet ist, wird dieser durch Nr. 5.3.2.1 eingeschränkt. Die Festlegungen sind selbständig anfechtbare Verwaltungsakte.

Der Anlagenbetreiber hat die Messungen entsprechend den behördlichen Festlegungen 5
bei einer nach § 29b BImSchG in Verbindung mit der Bekanntgabeverordnung (41. BImSchV) vom 2. Mai 2013 (BGBl. I S. 973, 1001, 3756), die zuletzt durch Artikel 15 des Gesetzes vom 10. August 2021 (BGBl. I S. 3436) geändert worden ist für den jeweiligen Stoffbereich bekannt gegebenen Stelle (vgl. § 26 i.V.m. § 29b BImSchG) in Auftrag zu geben (Nr. 5.3.2.1 Abs. 1). Die Beschränkung auf die bekannt gegebenen Stellen ist auch dann zu beachten, wenn die Forderung nicht durch eine auf §§ 26, 28 BImSchG gestützte Anordnung, sondern durch eine Auflage zum Genehmigungsbescheid festgelegt wird. Lediglich zusätzlich erforderliche Messungen innerhalb des gemäß § 28 Abs. 1 Nr. 2 BImSchG vorgesehenen Zeitraums können gemäß Nr. 5.3.2.1 Abs. 5 der TA Luft durch den Immissionsschutzbeauftragen der Anlage durchgeführt werden, wenn dieser über die notwendige Fachkunde, Zuverlässigkeit und gerätetechnische Ausstattung verfügt. Diese Anforderungen entsprechen mit Ausnahme der nicht umsetzbaren Forderung nach Unabhängigkeit den Anforderungen, die an nach § 29b des BImSchG bekanntzugebende Stellen gestellt werden. Diese Anforderungen werden in § 4 Abs. 1 der 41. BImSchV konkretisiert.

Bei ihrer Forderung nach wiederkehrenden Messungen muss die zuständige Behörde 6
zusätzlich § 4 Satz 2 der EMAS-Privilegierungs-Verordnung (EMASPrivilegV) vom 24. 6. 2002 (BGBl. I S. 2247), die zuletzt durch Artikel 3 Absatz 2 der Verordnung vom 6. Juli 2021 (BGBl. I S. 2514) geändert worden ist, beachten: Bei EMAS-Anlagen (vgl. § 1 EMASPrivilegV) soll unter bestimmten Voraussetzungen die Durchführung von wiederkehrenden Messungen mit eigenem Personal gestattet werden. Diese Regelung in einer Rechtsverordnung ist gegenüber der TA Luft höherrangig. Sie gilt aber nur für nach § 28 Satz 1 Nr. 2 BImSchG anzuordnende Maßnahmen (nicht für Festlegungen in einer Auflage!) und belässt der anordnenden Behörde einen begrenzten Ermessensspielraum. Darüber hinaus hat die Behörde Anforderungen zur Überwachungshäufigkeit, die in Nr. 5.4 aufgrund von BVT-Schlussfolgerungen festgelegt sind, gesondert zu berücksichtigen. Für den Anlagenbetreiber ist in jedem Fall der Inhalt der behördlichen Forderung maßgebend. Wenn die Behörde nicht ausdrücklich die Durchführung von Einzelmessungen durch das eigene Personal des Betreibers gestattet hat, muss eine nach § 29b BImSchG in Verbindung mit der 41. BImSchV bekannt gegebene Stelle nach Maßgabe der behördlichen Forderung beauftragt werden.

III. Zeitpunkt der Messungen

Hinsichtlich des Zeitpunkts, zu dem die Einzelmessungen durchzuführen sind, soll die 7
zuständige Behörde nach Nr. 5.3.2.1 Abs. 2 und 5 fordern, dass sie

- nach der Errichtung (der erstmaligen Inbetriebnahme) der Anlage,
- nach einer wesentlichen Änderung im Sinne des § 16 Abs. 1 BImSchG und
- wiederkehrend im Abstand von 3 Jahren (bei der Überprüfung von Massenstromgrenzen im Abstand von 5 Jahren)

vorzunehmen sind. Für eine Reihe von Anlagenarten gelten abweichende Fristen, die in BVT-Schlussfolgerungen festgelegt und in Nr. 5.4 umgesetzt sind. Die Messungen sind an allen Emissionsquellen und dort für alle Stoffe zu fordern, für die Emissionsbegrenzungen nach Nr. 5.1.2 Abs. 1 in Form von Konzentrations- oder von Massenstrombegrenzungen festzulegen sind (vgl. dazu die Vorkommentierung zu Nr. 5.1.2, Rn. 4 ff., 42. EL,

Stand April 2004, abrufbar unter www.beck-online.de). Nach wesentlichen Änderungen können die Messungen auf die Quellen und auf die Stoffe beschränkt werden, auf die sich die Änderungen auswirken können.

8 Soweit Messungen erstmals nach der Inbetriebnahme oder nach einer wesentlichen Änderung vorzunehmen sind, soll zunächst das Erreichen eines ungestörten Betriebs abgewartet werden. Um das zu gewährleisten, öffnet Nr. 5.3.2.1 Abs. 2 nur ein begrenztes Zeitfenster: Die Messungen sind frühestens nach einem dreimonatigen Betrieb vorzunehmen, wobei Stillstandszeiten der Anlage infolge notwendiger Nachbesserungen nicht als Betriebszeiten anzusehen sind. Andererseits sollen sie spätestens sechs Monate nach der Inbetriebnahme (also ab dem Tag der Aufnahme des bestimmungsgemäßen Betriebs) abgeschlossen sein. Bei einem erheblichen Zeitbedarf für Nachbesserungsmaßnahmen kann es zu Schwierigkeiten bei der Einhaltung des Zeitfensters kommen. Dann muss die zuständige Behörde ihre zeitliche Festlegung u.U. nachträglich ändern.

9 Nach Nr. 5.3.2.1 Abs. 5 sollen über die Messungen nach der ersten Inbetriebnahme und nach einer wesentlichen Änderung hinaus bereits im Genehmigungsbescheid oder in einer Anordnung nach § 28 BImSchG auch wiederkehrende Messungen gefordert werden. Die Forderung kann (nicht: muss!) in einem Verwaltungsakt für alle wiederkehrenden Messungen während der gesamten Betriebszeit gestellt werden. Der von der Behörde festzulegende Abstand zwischen den Messungen soll bei der Überwachung konzentrationsbezogener Emissionsbegrenzungen jeweils 3 Jahre betragen, soweit nicht in Nr. 5.4 abweichende Fristen festgelegt sind; bei massenstrombezogenen Emissionsbegrenzungen kann er nach dem Ermessen der zuständigen Behörde auf 5 Jahre verlängert werden. Soweit die behördliche Forderung an den Betreiber einer EMAS-Anlage zu richten ist und auf § 28 Satz 1 Nr. 2 BImSchG gestützt wird, ist bei der Fristsetzung § 4 Satz 1 EMASPrivilegV zu beachten (→ Rn. 6). Durch diese Vorschrift wird der Ermessensspielraum der Behörde eingeschränkt, jedoch nicht vollständig beseitigt. Hinsichtlich des Umfangs der Fristverlängerung über den Dreijahreszeitraum hinaus ist § 4 Satz 1 EMASPrivilegV nichts zu entnehmen.

10 Die Frist für die Durchführung einer geforderten Wiederholungsmessung beginnt jeweils zu dem Zeitpunkt, zu dem der Anlagenbetreiber die zuvor geforderte Messung hätte durchführen lassen müssen. Wann sie tatsächlich durchgeführt worden ist, ist nicht entscheidend. Nach dem Zweck der Regelung kann es nicht in der Hand des Anlagenbetreibers liegen, durch die zögerliche Erfüllung seiner Pflichten den Zeitpunkt für die nächste geforderte Messung hinauszuschieben (vgl. → BImSchG § 28 Rn. 8).

IV. Ausnahmen

11 Nr. 5.3.2.1 Abs. 4 enthält eine Ausnahme von der grundsätzlichen Pflicht zur Forderung von Einzelmessungen nach Nr. 5.3.2.1 Abs. 1. Voraussetzung dafür ist, dass gleichwertige Prüfungen möglich sind und verbindlich (d.h. in einer Auflage oder durch eine selbständige Anordnung) gefordert werden. Beispiele für gleichwertige Ersatznachweise werden in der TA Luft genannt. Entscheidend ist, ob anhand der Ersatznachweise mit ausreichender Sicherheit (d.h. mit einer Sicherheit, die dem Ergebnis von Einzelmessungen entspricht) festgestellt werden kann, dass die Emissionsbegrenzungen eingehalten werden. Ist diese Voraussetzung gegeben und verursacht die Beibringung der Ersatznachweise eindeutig einen geringeren Aufwand als die Durchführung von Einzelmessungen, besteht im Hinblick auf das Verhältnismäßigkeitsgebot ein Anspruch auf eine Regelung nach Nr. 5.3.2.1 Abs. 4. In diesem Rahmen können auch teilweise Erleichterungen bei der Forderung von Einzelmessungen gewährt werden. Erleichterungen im Hinblick auf die Möglichkeit behördeneigener Ermittlungen nach § 52 BImSchG kommen jedoch in

keinem Fall in Betracht; die Überwachung des ordnungsgemäßen Anlagenbetriebs ist in erster Linie Sache des Betreibers.

C. Durchführung der Messungen

I. Messplanung (Nr. 5.3.2.2)

1. Allgemeine Anforderungen. Nach Nr. 5.3.2.2 muss die mit der Durchführung von Einzelmessungen beauftragte Stelle einen Plan aufstellen, der den Anforderungen der Richtlinien DIN EN 15259 (Ausgabe Januar 2008) entsprechen muss. Die die Messungen fordernde Behörde (→ Rn. 4) kann verlangen, dass die Messplanung vor Durchführung der Messungen mit ihr abzustimmen ist (Nr. 5.3.2.2 Abs. 1 Satz 3). Das ist insbesondere bei komplexen Messaufgaben sinnvoll, um kostspielige Wiederholungsmessungen zu vermeiden. Inhaltlich muss der Plan gewährleisten, dass die Messergebnisse repräsentativ und bei gleichen Voraussetzungen miteinander vergleichbar sind. Die Forderung nach Repräsentativität ist dabei auf den jeweils zu untersuchenden Betriebs- und Emissionszustand der Anlage (z.B. Dauerbetrieb oder Anfahrbetrieb) zu beziehen. Werden von einer Anlage Stoffe in verschiedenen Aggregatzuständen emittiert, muss sichergestellt werden, dass alle Anteile erfasst werden (Nr. 5.3.2.2 Abs. 4). 12

2. Anzahl der Einzelmessungen. Die Anzahl der zu fordernden Einzelmessungen wird in Nr. 5.3.2.2 Abs. 2 geregelt. Dabei wird zwischen Anlagen mit überwiegend zeitlich unveränderlichen Betriebsbedingungen und solchen mit überwiegend zeitlich veränderlichen Betriebsbedingungen unterschieden. Im ersten Fall sind mindestens 3 Einzelmessungen bei ungestörter Betriebsweise mit der höchsten Emission und zusätzliche Messungen bei regelmäßig auftretenden besonderen Betriebszuständen durchzuführen. Im zweiten Fall hängt die Zahl der Einzelmessungen von den möglichen unterschiedlichen Betriebsbedingungen ab; es sind jedoch mindestens 6 Messungen bei Betriebsbedingungen, die erfahrungsgemäß zu den höchsten Emissionen führen, durchzuführen. Die Zahl der Messungen ist im Messplan (→ Rn. 12) festzulegen. Dabei sind die konkreten Verhältnisse an der einzelnen Anlage zu berücksichtigen. Letztlich ist entscheidend, dass aus den Messergebnissen eine Aussage über die Einhaltung der Emissionsbegrenzungen abgeleitet werden kann. 13

3. Dauer der Einzelmessungen. Nach Nr. 5.3.2.2 Abs. 3 Satz 1 beträgt die Dauer der Einzelmessung (der Probenahme) in der Regel eine halbe Stunde. Abweichende Probenahmezeiten bedürfen einer Begründung. In bestimmten Fällen, insbesondere bei Chargenbetrieb oder bei niedrigen Massenkonzentrationen im Abgas ist die Mittelungszeit entsprechend anzupassen. (Absatz 3 Satz 2). Die Messergebnisse sind jeweils als Halbstundenmittelwerte anzugeben. Bei kürzeren oder längeren Probenahmezeiten sind sie entsprechend umzurechnen. 14

II. Messverfahren (Nr. 5.3.2.3)

1. Allgemeine Anforderungen. Nr. 5.3.2.3 Abs. 1 enthält allgemeine Anforderungen an die anzuwendenden Messverfahren. In Satz 1 wird verlangt, dass die Verfahren und die Messeinrichtungen dem Stand der Messtechnik entsprechen müssen. D. h.: Es muss sich um fortschrittliche Verfahren und Einrichtungen handeln, die zur Erfüllung der Messaufgabe praktisch geeignet sind. Die Nachweisgrenze des Messverfahrens sollte kleiner als ein Zehntel der zu überwachenden Emissionsbegrenzung für die betroffene 15

Anlage sein (Absatz 1 Satz 2). Zur Konkretisierung des Standes der Messtechnik verweist die TA Luft auf bestimmte Richtlinien und Normen des VDI/DIN-Handbuchs „Reinhaltung der Luft" sowie auf EN- und ISO-Normen, die in Anhang 5 zur TA Luft im Einzelnen aufgeführt sind. Die Aufzählung ist jedoch nicht abschließend: Im Fall von VDI-Richtlinien dürfen nach Nr. 5.3.5 auch nachgewiesen gleichwertige Verfahren angewandt werden.

16 **2. Messung von Gesamtkohlenstoff.** Die Bestimmung der Nr. 5.3.2.3 Abs. 2 befasst sich mit der Bestimmung von Gesamtkohlenstoff im Abgas. Vorrangig wird die Messung mit einem Flammenionisationsdetektor oder mit Messeinrichtungen mit einer entsprechenden Messgenauigkeit gefordert. Absatz 2 Satz 2 und 3 regelt die Kalibrierung der Messverfahren. Dabei soll vorrangig eine Kalibrierung mit den emittierten Stoffen oder Stoffgemischen vorgenommen werden.

D. Auswertung und Beurteilung der Messergebnisse (Nr. 5.3.2.4)

I. Formelle Anforderungen

17 Die zuständige Behörde soll bei der Anordnung von Einzelmessungen (vgl. → Rn. 4 f.) auch fordern, dass der Anlagenbetreiber mit der von ihm beauftragten Stelle die Erstellung eines Messberichtes vereinbart (Nr. 5.3.2.4 Abs. 1 Satz 1). Der Bericht soll den in Nr. 5.3.2.4 Abs. 1 Satz 2 und 3 beschriebenen Anforderungen genügen. Zu diesen zählt, dass der Messbericht dem Anhang A der Richtlinie VDI 4220 Blatt 2 (Ausgabe November 2018) entspricht. Gleichzeitig soll gefordert werden, dass der Bericht der zuständigen Überwachungsbehörde nach § 52 BImSchG innerhalb von 12 Wochen nach seiner Fertigstellung vorgelegt wird. In diesem Zusammenhang kann auch gefordert werden, dass der Anlagenbetreiber die beauftragte Stelle verpflichtet, ihren Bericht unmittelbar (also ohne vorherige Vorlage an den Betreiber) der zuständigen Behörde zuzuleiten (vgl. → BImSchG § 26 Rn. 27 mit weiteren Nachweisen).

II. Beurteilung der Messergebnisse

18 Hinsichtlich der Beurteilung der Messergebnisse hat die TA Luft in Nr. 5.3.2.4 Abs. 2 bis 4 eine differenzierte Regelung getroffen. Diese berücksichtigt unter anderem, dass sich die zu überprüfenden Emissionsbegrenzungen auf die gesamte Betriebszeit beziehen, die Ergebnisse von Einzelmessungen jedoch unmittelbar nur eine Aussage über die Zeit der Messung (die Probenahmezeit) zulassen.

19 Bei Schlussfolgerungen, die aus dem Emissionsverhalten der Anlage während eines begrenzten Zeitraums (nämlich des Messzeitraums) auf die Emissionen während der gesamten Betriebszeit gezogen werden sollen, spielen insbesondere Fragen der rechtlich gebotenen Aussagesicherheit eine Rolle. Nr. 2.7 Abs. 2 Buchstabe a) legt fest, dass im Fall von Einzelmessungen kein Messwert die zulässige Konzentrationsbegrenzung überschreiten darf (→ Nr. 2.7 Rn. 8). In Nr. 5.3.2.4 ist festgelegt, wie bei dieser Betrachtung die Messunsicherheit zu berücksichtigen ist. Zu unterscheiden sind dabei drei Fälle:

1. Jeder Messwert zuzüglich der Messunsicherheit unterschreitet das Messergebnis – in diesem Fall ist die Emissionsbegrenzung eingehalten.
2. Mindestens ein Messwert abzüglich der Messunsicherheit überschreitet die Emissionsbegrenzung – in diesem Fall ist die Emissionsbegrenzung nicht eingehalten.
3. In den übrigen Fällen lässt sich aufgrund der bestehenden Messunsicherheit nicht eindeutig feststellen, ob die Emissionsbegrenzung eingehalten ist oder nicht. In diesem

Fall schreibt die TA Luft vor, dass zu überprüfen ist, ob das verwendete Messverfahren dem aktuellen Stand der Messtechnik entspricht. So könnte in bestimmten Fällen durch eine verlängerte Probenahmezeit oder durch Anwendung eines anderen Messverfahrens die Messunsicherheit reduziert und dadurch bei einer weiteren Messung eine eindeutige Aussage über die Einhaltung der Emissionsbegrenzung erzielt werden. Auch ist zu überprüfen, ob anlagenbezogene Ursachen ersichtlich sind, die zu erhöhten Messergebnissen geführt haben können. Soweit die Messung dem aktuellen Stand der Messtechnik entsprochen hat und keine anlagenbezogenen Ursachen für erhöhte Messwerte erkennbar ist, wird die Messunsicherheit vor der Beurteilung, ob die Emissionsbegrenzung eingehalten ist, vom Messwert abgezogen.

Erst wenn die Ergebnisse dieser Betrachtung einen Verstoß gegen die Emissionsbegren- **20**
zung ergeben, kommt ein behördliches Einschreiten gegenüber dem Anlagenbetreiber in Betracht. Nachträgliche Anordnungen zur Verminderung der Emissionen setzen eine hinreichend sichere Feststellung der Verletzung von Betreiberpflichten voraus. Auf diesem Gedanken beruht auch die Regelung in Nr. 5.3.2.4 Abs. 5, nach der die Messunsicherheit bei vorgesehenen Eingriffen in die Rechte des Betreibers zu seinen Gunsten zu berücksichtigen ist.

5.3.3 Kontinuierliche Messungen

5.3.3.1 Messprogramm

Eine Überwachung der Emissionen relevanter Quellen durch kontinuierliche Messungen soll, unter Berücksichtigung des Absatzes 4, gefordert werden, wenn durch die Anlage die in Nummer 5.3.3.2 festgelegten Massenströme überschritten und Emissionsbegrenzungen festgelegt sind. Eine Quelle ist in der Regel dann als relevant zu betrachten, wenn ihre Emission mehr als 20 Prozent des gesamten Massenstroms der Anlage beträgt oder wenn der Massenstrom einer Quelle die in Nummer 5.3.3.2 festgelegten Werte überschreitet. Für die Bestimmung der Massenströme sind die Festlegungen des Genehmigungsbescheides maßgebend.

Wenn zu erwarten ist, dass bei einer Anlage die im Genehmigungsbescheid festgelegten zulässigen Massenkonzentrationen wiederholt überschritten werden, zum Beispiel bei wechselnder Betriebsweise einer Anlage oder bei Störanfälligkeit einer Einrichtung zur Emissionsminderung, kann die kontinuierliche Messung der Emissionen auch bei geringeren als den in Nummer 5.3.3.2 angegebenen Massenströmen gefordert werden. Bei Anlagen, bei denen im ungestörten Betrieb die Emissionsminderungseinrichtungen aus sicherheitstechnischen Gründen wiederholt außer Betrieb gesetzt oder deren Wirkung erheblich vermindert werden müssen, ist von den Massenströmen auszugehen, die sich unter Berücksichtigung der verbleibenden Abscheideleistung ergeben.

Auf die Forderung nach kontinuierlicher Überwachung einer Quelle soll verzichtet werden, wenn diese weniger als 500 Stunden im Jahr emittiert oder weniger als 10 Prozent zur Jahresemission der Anlage beiträgt.

Soweit die luftverunreinigenden Stoffe im Abgas in einem festen Verhältnis zueinander stehen, kann die kontinuierliche Messung auf eine Leitkomponente beschränkt werden. Im Übrigen kann auf die kontinuierliche Messung der Emissionen verzichtet werden, wenn durch andere Prüfungen, zum Beispiel durch fortlaufende Feststellung der Wirksamkeit von Einrichtungen zur Emissionsminderung, zum Beispiel durch Messung der Brennkammertemperatur bei einer thermischen Nachverbrennung anstelle der Messung der Massenkonzentration der organischen Stoffe oder durch Bestimmung des Differenzdruckes bei filternden Abscheidern anstelle der Messung der Massenkonzentration der staubförmigen Stoffe im Abgas, der Zusammensetzung von Brenn- oder Einsatzstoffen oder der Prozessbedingungen, mit ausreichender Sicherheit festgestellt werden kann, dass die Emissionsbegrenzungen nicht überschritten werden.

5.3.3.2 Massenstromschwellen für die kontinuierliche Überwachung

Bei Anlagen mit einem Massenstrom an staubförmigen Stoffen von 1 kg/h bis 3 kg/h sollen die relevanten Quellen mit Messeinrichtungen ausgerüstet werden, die in der Lage sind, die Funktionsfähigkeit der Abgasreinigungseinrichtung und die festgelegte Emissionsbegrenzung kontinuierlich zu überwachen (qualitative Messeinrichtungen).

Bei Anlagen mit einem Massenstrom an staubförmigen Stoffen von mehr als 3 kg/h sollen die relevanten Quellen mit Messeinrichtungen ausgerüstet werden, die die Massenkonzentration der staubförmigen Emissionen kontinuierlich ermitteln.

Bei Anlagen mit staubförmigen Emissionen an Stoffen nach Nummer 5.2.2 oder Nummer 5.2.5 Klasse I oder Nummer 5.2.7 sollen die relevanten Quellen mit Messeinrichtungen ausgerüstet werden, die die Gesamtstaubkonzentration kontinuierlich

ermitteln, wenn der Massenstrom das fünffache eines der dort genannten Massenströme überschreitet.

Bei Anlagen, deren Emissionen an gasförmigen Stoffen einen oder mehrere der folgenden Massenströme überschreiten, sollen die relevanten Quellen mit Messeinrichtungen ausgerüstet werden, die die Massenkonzentration der betroffenen Stoffe kontinuierlich ermitteln:

- **Schwefeldioxid 30 kg/h,**
- **Stickstoffmonoxid und Stickstoffdioxid, angegeben als Stickstoffdioxid 30 kg/h,**
- **Kohlenmonoxid als Leitsubstanz zur Beurteilung des Ausbrandes bei Verbrennungsprozessen 5 kg/h,**
- **Kohlenmonoxid in allen anderen Fällen 100 kg/h,**
- **Fluor und gasförmige anorganische Fluorverbindungen, angegeben als Fluorwasserstoff 0,3 kg/h,**
- **Ammoniak, außer bei Tierhaltungsanlagen 1,5 kg/h,**
- **Gasförmige anorganische Chlorverbindungen, angegeben als Chlorwasserstoff 1,5 kg/h,**
- **Chlor 0,3 kg/h,**
- **Schwefelwasserstoff 0,3 kg/h.**

Ist die Massenkonzentration an Schwefeldioxid kontinuierlich zu messen, soll die Massenkonzentration an Schwefeltrioxid bei der Kalibrierung ermittelt und durch Berechnung berücksichtigt werden. Ergibt sich auf Grund von Einzelmessungen, dass der Anteil des Stickstoffdioxids an den Stickstoffoxidemissionen unter 10 Prozent liegt, soll auf die kontinuierliche Messung des Stickstoffdioxids verzichtet und dessen Anteil durch Berechnung berücksichtigt werden.

Bei Anlagen, bei denen der Massenstrom organischer Stoffe, angegeben als Gesamtkohlenstoff, für

- **Stoffe nach Nummer 5.2.5 Klasse I 1 kg/h,**
- **Stoffe nach Nummer 5.2.5 2,5 kg/h**

überschreitet, sollen die relevanten Quellen mit Messeinrichtungen ausgerüstet werden, die den Gesamtkohlenstoffgehalt kontinuierlich ermitteln.

Bei Anlagen mit einem Massenstrom an Quecksilber und seinen Verbindungenvon mehr als 2,5 g/h, angegeben als Hg, sollen die relevanten Quellen mit Messeinrichtungen ausgerüstet werden, die die Massenkonzentration an Quecksilber kontinuierlich ermitteln, es sei denn, es ist zuverlässig nachgewiesen, dass die in Nummer 5.2.2 Klasse I genannte Massenkonzentration nur zu weniger als 20 Prozent in Anspruch genommen wird.

Die zuständige Behörde soll fordern, Anlagen mit Emissionen an Stoffen der Nummer 5.2.2 Klasse II oder Stoffen der Nummer 5.2.7 mit kontinuierlichen Messeinrichtungen zur Ermittlung der Massenkonzentrationen auszurüsten, wenn der Massenstrom das fünffache eines der dort genannten Massenströme überschreitet und geeignete Messeinrichtungen zur Verfügung stehen. Im Fall von Formaldehyd-Emissionen soll die zuständige Behörde die Anwendung der kontinuierlichen Messung nach Satz 1 im Einzelfall prüfen.

5.3.3.3 Bezugsgrößen

Anlagen, bei denen die Massenkonzentrationen der Emissionen kontinuierlich zu überwachen sind, sollen mit eignungsgeprüften Mess- und Auswerteeinrichtungen ausgerüstet werden, die die zur Auswertung und Beurteilung der kontinuierlichen Messungen erforderlichen Betriebsparameter, zum Beispiel Abgastemperatur, Ab-

gasvolumenstrom, Feuchtegehalt, Druck, Sauerstoffgehalt, jeweils einschließlich relevanter Statussignale, kontinuierlich ermitteln und registrieren.
Auf die kontinuierliche Messung der Betriebsparameter kann verzichtet werden, wenn die Parameter erfahrungsgemäß nur eine geringe Schwankungsbreite haben, für die Beurteilung der Emissionen unbedeutend sind oder mit ausreichender Sicherheit auf andere Weise ermittelt werden können.

5.3.3.4 Auswahl von Einrichtungen zur Feststellung der Emissionen

Für die kontinuierlichen Messungen sollen geeignete und nach der Reihe DIN EN 15267 zertifizierte Mess- und Auswerteeinrichtungen eingesetzt werden, die die Werte der nach Nummern 5.3.3.2, 5.3.3.3 oder 5.3.4 zu überwachenden Größen kontinuierlich ermitteln, registrieren und nach Nummer 5.3.3.5 auswerten.
Es soll gefordert werden, dass eine Stelle, die nach § 29b BImSchG in Verbindung mit der 41. BImSchV für den Tätigkeitsbereich der Gruppe II Nummer 1 und für die jeweiligen Stoffbereiche gemäß der Anlage 1 der 41. BImSchV bekannt gegeben worden ist, über den ordnungsgemäßen Einbau der kontinuierlichen Messeinrichtungen eine Bescheinigung ausstellt. Diese ist der zuständigen Behörde vor der Inbetriebnahme durch den Betreiber vorzulegen.
Das Bundesministerium für Umwelt, Naturschutz und nukleare Sicherheit veröffentlicht nach Abstimmung mit den zuständigen obersten Landesbehörden im Gemeinsamen Ministerialblatt Richtlinien über die Eignungsprüfung, den Einbau, die Kalibrierung., die Wartung von Mess- und Auswerteeinrichtungen und die Auswertung von Emissionsdaten (Bundeseinheitliche Praxis bei der Überwachung von Emissionen - BEP). Von den Ländern als geeignet anerkannte Mess- und Auswerteeinrichtungen werden vom Bundesministerium für Umwelt, Naturschutz und nukleare Sicherheit im Bundesanzeiger veröffentlicht.

5.3.3.5 Auswertung und Beurteilung der Messergebnisse

Aus den Messwerten soll grundsätzlich für jede aufeinanderfolgende halbe Stunde der Halbstundenmittelwert gebildet werden. Die Halbstundenmittelwerte sollen ggf. auf die jeweiligen Bezugsgrößen umgerechnet werden. Die validierten Halbstundenmittelwerte sollen mit den dazugehörigen Statussignalen gespeichert werden. Die Auswertung ist durch geeignete Auswerteeinrichtungen vorzunehmen, deren Einbau und Parametrierung von einer Stelle, die nach § 29b BImSchG in Verbindung mit der 41. BImSchV für den Tätigkeitsbereich der Gruppe II Nummer 1 und für die jeweiligen Stoffbereiche gemäß der Anlage 1 der 41. BImSchV bekannt gegeben worden ist, überprüft wurde. Für die Auswertung von Emissionsdaten sind die Anforderungen der unter Nummer 5.3.3.4 genannten Richtlinien des BMU (Bundeseinheitliche Praxis bei der Überwachung von Emissionen - BEP) zu beachten. Die Übermittlung der Daten an die zuständige Behörde soll auf deren Verlangen telemetrisch erfolgen.
Aus den Halbstundenmittelwerten soll für jeden Kalendertag der Tagesmittelwert, bezogen auf die tägliche Betriebszeit, gebildet und gespeichert werden.
Die Anlage entspricht den Anforderungen, wenn die im Genehmigungsbescheid oder in einer nachträglichen Anordnung festgelegten Emissionsbegrenzungen nicht überschritten werden; Überschreitungen sind gesondert auszuweisen und der zuständigen Behörde unverzüglich mitzuteilen.
Es soll gefordert werden, dass der Betreiber über die Ergebnisse der kontinuierlichen Messungen eines Kalenderjahres Auswertungen erstellt und innerhalb von drei Monaten nach Ablauf eines jeden Kalenderjahres der zuständigen Behörde vorlegt. Der Betreiber muss die Messergebnisse einschließlich der Aufzeichnung der Messgeräte

fünf Jahre lang aufbewahren. Die Forderung zur Abgabe der Auswertung entfällt, wenn die Daten der zuständigen Behörde telemetrisch übermittelt werden.

5.3.3.6 Kalibrierung und Funktionsprüfung der Einrichtungen zur kontinuierlichen Feststellung der Emissionen

Es soll gefordert werden, dass die Einrichtungen zur kontinuierlichen Feststellung der Emissionen durch eine Stelle, die nach § 29b BImSchG in Verbindung mit der 41. BImSchV für den Tätigkeitsbereich der Gruppe II Nummer 1 und für die jeweiligen Stoffbereiche gemäß der Anlage 1 der 41. BImSchV bekannt gegeben worden ist, kalibriert und auf Funktionsfähigkeit geprüft werden. Die Kalibrierung und Funktionsprüfung sollen nach der Richtlinie VDI 3950 Blatt 1 (Ausgabe Juni 2016) in Verbindung mit DIN EN 14181 (Ausgabe Februar 2015) durchgeführt werden. In besonderen Fällen, zum Beispiel bei Chargenbetrieb, bei einer längeren Kalibrierzeit als einer halben Stunde oder anderen Mittelungszeiten, ist die Mittelungszeit entsprechend anzupassen.
Die Kalibrierung der Messeinrichtungen soll nach einer wesentlichen Änderung und im Übrigen im Abstand von drei Jahren wiederholt werden. Die Berichte über das Ergebnis der Kalibrierung und der Prüfung der Funktionsfähigkeit sollen der zuständigen Behörde innerhalb von zwölf Wochen vom Betreiber vorgelegt werden. Die Kalibrierung und die Prüfung der Funktionsfähigkeit sind erst dann abgeschlossen, wenn gegebenenfalls notwendige Änderungen an der Parametrierung der Datenerfassungs- und Auswerteeinrichtung durchgeführt wurden und dies im Bericht dokumentiert ist.
Die Funktionsüberprüfung der Einrichtungen zur kontinuierlichen Feststellung der Emissionen ist jährlich zu wiederholen.
Es soll gefordert werden, dass der Betreiber für eine regelmäßige Wartung und Prüfung der Funktionsfähigkeit der Messeinrichtungen sorgt.

Übersicht

A. Allgemeines

I. Begriff der kontinuierlichen Messungen

1 Nr. 5.3.3 behandelt die kontinuierliche Messung luftverunreinigender Emissionen und der zugehörigen Betriebsparameter (vgl. Nr. 5.3.3.3). Kontinuierliche Messungen liegen vor, wenn die Emissionen und/oder die Betriebsparameter mit Hilfe entsprechender

Messgeräte lückenlos überwacht werden. Der kurzzeitige Ausfall eines Messgerätes stellt die Durchführung einer kontinuierlichen Messung nicht grundsätzlich in Frage. Die Ausfallzeiten müssen dann aber bei der Auswertung der Messergebnisse – ggf. durch Abschätzung – berücksichtigt werden.

II. Forderung durch die zuständige Behörde

Nach Nr. 5.3.3.1 Abs. 1 Satz 1 „soll" unter bestimmten Voraussetzungen eine Überwachung der Emissionen relevanter Quellen durch kontinuierliche Messungen „gefordert werden". Dadurch wird deutlich, dass Adressatin der Vorschrift die zuständige Genehmigungs- oder – insbesondere bei bereits genehmigten Anlagen – die nach § 29 BImSchG zuständige Behörde ist (vgl. auch → Nr. 5.3.1 Rn. 5). Für den Anlagenbetreiber sind lediglich die Festlegungen in einer Auflage oder in einer an ihn gerichteten Anordnung verbindlich. Hierbei handelt es sich um selbständig anfechtbare Verwaltungsakte. 2

Das behördliche Ermessen zur Forderung kontinuierlicher Messungen wird durch Nr. 5.3.3 eingeschränkt: Sie *soll* sie unter den in der Vorschrift genannten Voraussetzungen und mit den entsprechenden Maßgaben verlangen. D. h.: In der Regel muss sie entsprechende Anforderungen stellen, und nur in begründeten Ausnahmefällen darf sie hiervon absehen. 3

III. Rechtsentwicklung

Mit Nr. 5.3.3 weitgehend übereinstimmende Regelungen enthielt bereits Nr. 3.2.3 TA Luft 1986 und ebenso, in weiterentwickelter Form, die TA Luft 2002. In der TA Luft 2021 wurden Änderungen nur in relativ geringem Umfang vorgenommen. Hervorzuheben ist die Einführung einer Massenstromschwelle für eine kontinuierliche Überwachung für Ammoniak. Ausgenommen sind von dieser Verpflichtung Tierhaltungsanlagen, weil für diese in der Regel keine Konzentrationsbegrenzung für die Ammoniakemissionen in der Abluft festgelegt wird. Darüber hinaus wurden die Anforderungen für die kontinuierliche Messung von Einzelquellen einer Anlage konkretisiert. Generell liegt den Massenstromschwellen der TA Luft der Gedanke zugrunde, dass kontinuierliche Messungen bei einer dem Stand der Technik entsprechenden Anlage gefordert werden sollten, wenn der Abluftstrom der gesamten Anlage 50 000 m^3 überschreitet. 4

Die Fassung der Nr. 5.3.3 geht im Wesentlichen auf die Vorlage der Bundesregierung (BR-Drs. 1058/01) zurück. Der Bundesrat hat sieben Änderungen gefordert und durchgesetzt (BR-Drs. 314/21 – Beschluss, Nrn. 48 bis 54). Die geforderten Änderungen haben klarstellenden oder konkretisierenden Charakter. 5

B. Erforderlichkeit von kontinuierlichen Messungen

I. Überschreitung bestimmter Massenströme

Kontinuierliche Messungen sollen gemäß Nr. 5.3.3.1 Abs. 1 Satz 1 gefordert werden (vgl. → Rn. 2), soweit 6

1. bestimmte Emissions-Massenströme durch die Gesamtanlage überschritten werden (können) und
2. für die betroffenen Stoffe Emissionsbegrenzungen (im Genehmigungsbescheid oder in einer nachträglichen Anordnung) festgelegt werden (oder festgelegt worden sind).

Soweit die Vorschrift auf den Massenstrom verweist, ist die Definition in Nr. 2.5 Abs. 2 Buchst. b zu beachten. Danach geht es um die Masse der emittierten Stoffe, also den

Reingasmassenstrom. Die Massenstromangabe bezieht sich dabei auf „die während einer Betriebsstunde bei bestimmungsgemäßem Betrieb einer Anlage unter den für die Luftreinhaltung ungünstigsten Betriebsbedingungen auftretende Emission der gesamten Anlage". Es kommt also nicht auf den durchschnittlichen Massenstrom an, sondern auf die ungünstigste Betriebsstunde. Außerdem ist wichtig, dass die Emissionen aus allen Quellen einer (ggf. gemeinsamen) Anlage zu addieren sind. Das gilt auch dann, wenn nach Nr. 5.3.3.1 Abs. 1 oder Abs. 3 auf eine kontinuierliche Überwachung einzelner Quellen verzichtet werden soll. Im Übrigen ist zu beachten, dass es für die Bestimmung der Massenströme nicht auf die tatsächlichen Emissionen, sondern auf die Festlegungen im Genehmigungsbescheid oder in einer nachträglichen Anordnung ankommt (Nr. 5.3.3.1 Abs. 1 Satz 3).

7 Unter den in Nr. 5.3.3.1 Abs. 2 genannten Voraussetzungen (insbesondere wechselnde Betriebsweise oder Störanfälligkeit einer Emissionsminderungseinrichtung) können (behördliches Ermessen!) kontinuierliche Messungen (ggf. nur an einzelnen Quellen) auch bei geringeren als den in Nr. 5.3.3.2 angegebenen Massenströmen gefordert werden. Andererseits kann unter den in Nr. 5.3.3.1 Abs. 4 genannten Voraussetzungen auf die kontinuierliche Messung einzelner Komponenten (wenn die Messung einer Leitkomponente eine hinreichende Aussagekraft auch für die Emission anderer Komponenten hat) oder der Emissionen insgesamt (bei anderweitigen sicheren Feststellungen) verzichtet werden. Bei der Ermessensausübung muss die zuständige Behörde sich am Zweck der kontinuierlichen Überwachung orientieren. Es kommt demnach darauf an, ob die tatsächliche Beachtung der festgelegten Emissionsbegrenzungen zu jeder Zeit auch ohne kontinuierliche Überwachungsmessungen gesichert ist oder nicht.

II. Relevante Quellen

8 Wenn die Emissionen der gesamten Anlage eine Massenstromschwelle nach Nr. 5.3.3.2 überschreiten und auch kein Verzicht gemäß Nr. 5.3.3.1 Abs. 4 ausgesprochen worden ist, sind für den betroffenen Stoff kontinuierliche Messungen zu fordern, jedoch nur an den relevanten Quellen. Welche Quellen als relevant anzusehen sind, wird in Nr. 5.3.3.1 Abs. 1 Satz 2 und Abs. 3 näher erläutert. Eine negative Abgrenzung ergibt sich dabei aus Nr. 5.3.3.1 Abs. 3: In der Regel („soll") sind Quellen, über die weniger als 500 Stunden im Jahr oder weniger als 10 % der gesamten Jahresfracht emittiert wird, nicht als relevant anzusehen. Zur positiven Abgrenzung bestimmt Nr. 5.3.3.1.Abs. 1 Satz 2, dass eine Quelle in der Regel als relevant anzusehen ist, wenn – in Bezug auf den betroffenen Schadstoff – über sie mehr als 20 % des gesamten Massenstroms der Anlage emittiert wird oder aber dass die Quelle allein die in Nr. 5.3.3.2 Abs. 4 genannten Massenstromschwellen überschreitet. Bei der Anwendung der genannten Vorschriften ist zu beachten, dass es in Absatz 1 um den Massenstrom während der ungünstigsten Betriebsstunde (vgl. → Rn. 6) und im Falle des Absatzes 3 um die Jahresfracht geht.

9 Aus Nr. 5.3.3.1 Abs. 1 Satz 2 kann nicht der Gegenschluss gezogen werden, dass Quellen mit einem Massenstrom bis zu 20 % des Massenstroms der gesamten Anlage in der Regel nicht relevant sind. Wenn die TA Luft eine kontinuierliche Messung fordert, ist in jedem Fall die Quelle mit dem größten Anteil am Emissionsmassenstrom als relevant anzusehen. Außerdem sind alle Quellen als relevant anzusehen, bei denen der aus ihnen emittierte Massenstrom schon für sich genommen die Massenstromschwellen nach Nr. 5.3.3.2 überschreitet – auch wenn dieser Massenstrom geringer ist als 20 % des Massenstroms der gesamten Anlage. Im Übrigen hat die zuständige Behörde eine Ermessensentscheidung zu treffen, bei der sie einerseits die Effektivität der Überwachung und ande-

rerseits den Aufwand für die Ausrüstung mehrerer Quellen mit kontinuierlichen Messeinrichtungen zu berücksichtigen hat.

Nr. 5.3.3.2 Abs. 8 regelt die kontinuierliche Messung von besonders schädlichen Stoffen nach Nr. 5.2.2 Klasse I oder nach Nr. 5.2.7. Bei diesen Stoffen sollen kontinuierliche Messungen gefordert werden, wenn der genehmigte Massenstrom das fünffache der in diesen Nummern genannten Massenströme überschreitet und geeignete Messeinrichtungen zur Verfügung stehen. Der zuständigen Behörde wird jedoch für den Parameter Formaldehyd explizit ein Ermessensspielraum eingeräumt. Dies ermöglicht der Behörde den Verzicht auf die Anforderung, soweit sie im Einzelfall unverhältnismäßig wäre. Hintergrund ist, dass nach der Senkung der Emissionswerte für Formaldehyd eine große Zahl von Anlagen den Massenstrom überschreitet. **10**

III. Messung bestimmter Betriebsparameter

Soweit kontinuierliche Emissionsmessungen an den relevanten Quellen einer Anlage gefordert werden, soll nach Nr. 5.3.3.3 auch die kontinuierliche Ermittlung und Registrierung der zur Auswertung und Beurteilung der Messergebnisse erforderlichen Betriebsparameter verlangt werden. Die zuständige Behörde kann jedoch auf eine entsprechende Forderung verzichten, **11**

– wenn die Parameter erfahrungsgemäß nur eine geringe Schwankungsbreite haben,
– wenn sie mit ausreichender Sicherheit auf andere Weise (z.B. an vergleichbaren Anlagen) ermittelt werden können oder
– wenn sie für die Beurteilung der Messergebnisse praktisch unbedeutend sind.

C. Durchführung der Messungen

I. Messprogramm

Nr. 5.3.3.1 trägt die Überschrift „Messprogramm". Damit wird zum Ausdruck gebracht, dass bei kontinuierlichen Messungen ebenso wie bei Einzelmessungen (vgl. → Nr. 5.3.2 Rn. 12) eine besondere Messplanung erforderlich ist. Bei den kontinuierlichen Messungen geht es jedoch nicht um die Planung bestimmter einzelner Messungen, sondern um ein umfassendes Programm für die Messungen an allen relevanten Quellen der Anlage. In ihm sind die kontinuierlich zu messenden Schadstoffkomponenten und Betriebsparameter, die relevanten Quellen und die einzusetzenden Messeinrichtungen darzustellen. Dabei muss deutlich werden, dass die kontinuierlichen Messungen auf einem Gesamtkonzept zur Überwachung der Anlage beruhen. **12**

II. Messeinrichtungen

Die Auswahl der einzusetzenden Messeinrichtungen obliegt dem Anlagenbetreiber, soweit die Behörde hierzu keine näheren Bestimmungen getroffen hat. Das kann auch dadurch geschehen, dass die Behörde ausdrücklich oder konkludent die Beachtung der Anforderungen aus Nr. 5.3.3.4 fordert. Weitergehende konkrete Vorgaben zur Auswahl und zum Einbau der Messeinrichtungen sind zulässig. **13**

Nach Nr. 5.3.3.4 Abs. 1 sollen Mess- und Auswerteeinrichtungen eingesetzt werden, die geeignet und nach der Reihe DIN EN 15267 zertifiziert sind. Konkretisierende Anforderungen zur Eignungsprüfung, zu Einbau, Kalibrierung und Wartung von Mess- und Auswerteeinrichtungen sind im Gemeinsamen Ministerialblatt veröffentlicht (vgl. Bundeseinheitliche Praxis bei der Überwachung der Emissionen – RdSchr. d. BMUB v. 23.01.2017, GMBl. 2017 Nr. 13/14, S. 234). Die Mess- und Auswerteeinrichtungen müs- **14** sen in der Lage sein, entsprechend Nr. 5.3.3.2 die Schadstoffkonzentrationen, entsprechend Nr. 5.3.3.3 bestimmte Betriebsparameter und entsprechend Nr. 5.3.4 bestimmte Betriebsgrößen kontinuierlich zu ermitteln, zu registrieren und entsprechend Nr. 5.3.3.5 auszuwerten (→ Rn. 16). Es sollen nur von den Ländern als geeignet anerkannte Messeinrichtungen eingesetzt werden; diese anerkannten Messeinrichtungen werden vom Bundesumweltministerium im Bundesanzeiger bekannt gegeben (Nr. 5.3.3.4 Abs. 3 Satz 2). Gleichwertige Messeinrichtungen können – entsprechend dem in Nr. 5.3.5 behandelten Sachverhalt – im Einzelfall zugelassen werden.

15 Im Zusammenhang mit der Auswahl geeigneter Messeinrichtungen soll die zuständige Behörde auch fordern, dass eine gemäß § 29b BImSchG in Verbindung mit der 41. BImSchV bekannt gegebene Stelle den ordnungsgemäßen Einbau der kontinuierlichen Messeinrichtungen bescheinigt (Nr. 5.3.3.4 Abs. 2). Die Vorlage der Bescheinigung an die zuständige Überwachungsbehörde kann entweder bereits bei der Forderung kontinuierlicher Messungen oder auch nachträglich nach § 52 Abs. 2 BImSchG verlangt werden. Darüber hinaus soll nach Nr. 5.3.3.6 die regelmäßige Kalibrierung und Funktionsprüfung der Messeinrichtungen durch eine bekannt gegebene Stelle gefordert werden. Kalibrierung und Funktionsprüfung sollen nach den maßgeblichen Regularien der Richtlinie VDI 3950 Blatt 1 (Ausgabe Juni 2016) in Verbindung mit der DIN EN 14181 (Ausgabe Februar 2015) erfolgen.

D. Auswertung und Beurteilung der Messergebnisse

I. Auswertung

16 Auch bei kontinuierlichen Messungen sollen nach Nr. 5.3.3.5 Abs. 1 Satz 1 grundsätzlich Halbstunden-Mittelwerte gebildet werden. „Grundsätzlich" bedeutet in diesem Zusammenhang „in der Regel". Danach kann in begründeten Ausnahmefällen auch ein andere Mittelungszeit gewählt werden (z.B. im Falle der Nr. 5.1.2 Abs. 5). Soweit für die Emissionsbegrenzungen bestimmte Bezugsgrößen (z.B. der Sauerstoffgehalt) festgelegt sind, müssen die Messwerte unter Berücksichtigung der nach Nr. 5.3.3.3 gemessenen Betriebsparameter umgerechnet werden. Dazu sind geeignete Rechner einzusetzen. Aus den (ggf. umgerechneten) Halbstunden-Mittelwerten der Schadstoffkonzentration soll für jeden Kalendertag der über die Betriebszeit gemittelte Wert gebildet und gespeichert werden (Nr. 5.3.3.5 Abs. 2). Der Anlagenbetreiber soll verpflichtet werden, die Auswertungen der Messergebnisse innerhalb von 3 Monaten nach Ablauf eines jeden Kalenderjahres der zuständigen Überwachungsbehörde vorzulegen, es sei denn, die Daten seien der zuständigen Behörde telemetrisch übermittelt worden (Nr. 5.3.3.5 Abs. 4; zur Zulässigkeit der Forderung nach telemetrischer Übermittlung von Messergebnissen gemäß Nr. 5.3.3.5 Abs. 1 Satz 4 vgl. BVerwG NVwZ 1997, 998). Die Dokumentation der Messergebnisse muss der Anlagenbetreiber in jedem Fall 5 Jahre lang aufbewahren (§ 31 Abs. 5 Satz 1 BImSchG und Nr. 5.3.3.5 Abs. 4 Satz 2).

II. Beurteilung

17 Für kontinuierliche Messungen enthält Nr. 5.3.3.5 Abs. 3 eine mit Nr. 5.3.2.4 Abs. 2 vergleichbare Vorschrift über die Beurteilung der Messergebnisse (zur Beurteilung von Einzelmessungen → Nr. 5.3.2 Rn. 18–20). Anders als bei Einzelmessungen erlauben die Ergebnisse von kontinuierlichen Messungen aber ein abschließendes Urteil darüber, ob die im Genehmigungsbescheid oder in einer nachträglichen Anordnung festgelegten Emissionsbegrenzungen eingehalten sind oder nicht. Daher können, wenn kontinuierliche Messungen erfolgen, kurzfristige Überschreitungen des Emissionswertes bei gleichzeitiger Einhaltung im Tagesmittel akzeptiert werden (vgl. Nr. 2.7 Abs. 2 Buchstabe a) Doppelbuchstabe aa)). Dazu sind sowohl die Tagesmittelwerte als auch die Halbstunden-Mittelwerte mit den entsprechenden Emissionsbegrenzungen zu vergleichen.

Begrenzungen der zulässigen Massenströme – Nr. 2.7 Abs. 2 Buchst. b – kommen bei den größeren Anlagen, für die kontinuierliche Messungen zu fordern sind, praktisch nicht in Betracht.

Überschreitet ein Tages- oder ein Halbstunden-Mittelwert die vorgegebene Emissionsbegrenzung, ist das in der Dokumentation der Auswertung gesondert auszuweisen. Der zuständigen Überwachungsbehörde ist jede Überschreitung unverzüglich (ggf. telemetrisch; Nr. 5.3.3.5 Abs. 1 Satz 4) mitzuteilen (Nr. 5.3.3.5 Abs. 3 zweiter Halbsatz).

5.3.4 Fortlaufende Ermittlung besonderer Stoffe

Bei Anlagen mit Emissionen an Stoffen nach Nummer 5.2.2, Nummer 5.2.5 Klasse I oder Nummer 5.2.7 soll gefordert werden, dass täglich die Massenkonzentration dieser Stoffe im Abgas als Tagesmittelwert, bezogen auf die tägliche Betriebszeit, ermittelt wird, wenn das zehnfache der dort festgelegten Massenströme überschritten wird und keine Festlegungen zur kontinuierlichen Überwachung in Nummer 5.3.3.2 getroffen sind.
Unterliegen die Tagesmittelwerte nur geringen Schwankungen, kann die Ermittlung der Massenkonzentration dieser Stoffe im Abgas als Tagesmittelwert auch in größeren Zeitabständen, zum Beispiel wöchentlich, monatlich oder jährlich, erfolgen. Auf die Ermittlung der Emissionen besonderer Stoffe kann verzichtet werden, wenn durch andere Prüfungen, zum Beispiel durch kontinuierliche Funktionskontrolle der Abgasreinigungseinrichtungen, mit ausreichender Sicherheit festgestellt werden kann, dass die Emissionsbegrenzungen nicht überschritten werden.
Die Einhaltung der Anforderungen nach Nummer 5.2.7.2 ist durch fortlaufende Aufzeichnung oder Ermittlung geeigneter Betriebsgrößen oder Abgasparameter nachzuweisen, soweit wegen fehlender messtechnischer Voraussetzungen eine kontinuierliche Emissionsüberwachung nicht gefordert werden kann.
Es soll gefordert werden, dass der Betreiber über die Ergebnisse der fortlaufenden Überwachung der Emissionen besonderer Stoffe Auswertungen erstellt und innerhalb von drei Monaten nach Ablauf eines jeden Kalenderjahres der zuständigen Behörde vorlegt. Der Betreiber muss die Messergebnisse fünf Jahre lang aufbewahren..

Schrifttum Davids/Lange: Die TA Luft '86 – Technischer Kommentar; VDI-Buch, Springer-Verlag, Berlin/Heidelberg 1986

Übersicht

A. Allgemeines

I. Bedeutung der Vorschrift

Durch Nr. 5.3.4 soll sichergestellt werden, dass die Emissionsbegrenzungen bei Stoffen, die für die Luftreinhaltung wegen ihrer Wirkungsrelevanz von besonderer Bedeutung sind, nachweisbar eingehalten werden. Bei diesen Stoffen sind kontinuierliche Messungen 1 nach Nr. 5.3.3 in der Regel entweder aus messtechnischen Gründen nicht durchführbar, oder sie verursachen einen unverhältnismäßig hohen Aufwand. Deshalb sieht Nr. 5.3.4 Abs. 1 nur ab einem bestimmten Massenstrom die Ermittlung der Massenkonzentration vor, und zwar nur als Tagesmittelwert. Außerdem sind in Absatz 2 Einschränkungen der Ermittlungspflichten vorgesehen, durch die dem Grundsatz der Verhältnismäßigkeit Rechnung getragen wird. Absatz 3 trägt den Schwierigkeiten bei der Ermittlung bestimmter besonders umweltgefährdender Emissionen Rechnung.

II. Rechtsentwicklung

2 Nr. 5.3.4 entspricht weitgehend der entsprechenden Regelung in der TA Luft 2002, eine entsprechende Regelung war auch bereits in der TA Luft 1986 enthalten. Die Fassung der Vorschrift entspricht der Regierungsvorlage (BR-Drs. 314/21 - Beschluss). Der Bundesrat hat bei seinem Zustimmungsbeschluss keine Änderungen gefordert.

III. Anwendungsbereich

3 **1. Betroffene Stoffe.** Nr. 5.3.4 findet nur bei Anlagen Anwendung, aus denen
- problematische Staubinhaltsstoffe im Sinne der Nr. 5.2.2 (vgl. die Vorkommentierung zu Nr. 5.2.2 der TA Luft Rn. 4 ff, Stand EL 42, April 2004, abrufbar unter www.beck-online.de),
- gasförmige organische Stoffe nach Nr. 5.2.5 Klasse I (→ Nr. 5.2.5 Rn. 10 ff.) oder
- karzinogene (→ Nr. 5.2.7 Rn. 10), keimzellmutagene (→ Nr. 5.2.7 Rn. 11), reproduktionstoxische (→ Nr. 5.2.7 Rn. 12-13) oder organische Stoffe, die sowohl schwer abbaubar, leicht anreicherbar als auch hochtoxisch sind (→ Nr. 5.2.7 Rn. 15-17),

emittiert werden. Bei den Staubinhaltsstoffen ist zu berücksichtigen, dass auch die Stoffe mit begründetem Verdacht auf krebserzeugendes, erbgutveränderndes oder reproduktionstoxisches Potenzial der Klasse III nach Nr. 5.2.2 zuzuordnen sind (Nr. 5.2.2 Abs. 3). Welche Stoffe der Klasse I nach Nr. 5.2.5 unterfallen, ist dem Anhang 3 der TA Luft zu entnehmen. Darüber hinaus sind Stoffe, die nicht in Anhang 3 aufgeführt sind, der Klasse I zuzuordnen, wenn sie mindestens ein in Nr. 5.2.5 Abs. 6 aufgeführten Gefährdungsmerkmale aufweisen. (→ Nr. 5.2.5 Rn. 13-16). Bei den Stoffen nach Nr. 5.2.7 gilt ebenfalls, dass die TA Luft hierzu keine abschließende Aufzählung der betroffenen Stoffe enthält.

4 **2. Massenstromschwelle.** Die Anwendung der Nr. 5.3.4 setzt neben der Emission bestimmter Stoffe die Überschreitung bestimmter Massenströme voraus. Dabei ist die Massenstromschwelle auf die Emissionen bezogen, die während einer Betriebsstunde bei bestimmungsgemäßem Betrieb unter den für die Luftreinhaltung ungünstigsten Betriebsbedingungen auftreten (Nr. 2.5 Abs. 3 Buchst. b). Die in Nr. 5.3.4 Abs. 1 genannten Ermittlungen sollen gefordert werden, wenn das Zehnfache der in Nrn. 5.2.2, 5.2.5 Klasse I oder 5.2.7 festgelegten Massenströme überschritten wird. In diesem Zusammenhang ist zu beachten, dass sich die Massenstromangaben
- bei Nr. 5.2.2 Klasse I auf den jeweiligen Einzelstoff,
- bei den übrigen Klassen der Nr. 5.2.2, bei Nr. 5.2.5 Klasse I und bei Nr. 5.2.7.1.1 (unter Berücksichtigung der Nr. 5.2.7.1.1 Abs. 2!) auf die Summe der Stoffe der jeweiligen Klasse und
- bei den übrigen unter Nr. 5.3.4 fallenden Emissionen auf die Stoffe einer bestimmten Kategorie (z.B. alle erbgutverändernden Stoffe)

beziehen.

B. Anforderungen

I. Fortlaufende Ermittlung der Massenkonzentration

1. Regelfall (Absatz 1). Im Anwendungsbereich der Nr. 5.3.4 soll nach dessen Absatz 1 im Regelfall gefordert werden, dass die Massenkonzentration der relevanten Stoffe im Abgas fortlaufend (d.h. an jedem Betriebstag) als Tagesmittelwert ermittelt wird. Dabei ist die Mittelung nur für die Betriebszeit vorzunehmen. „Ermitteln“ heißt nicht in jedem Fall „messen“. Bei hierfür günstigen Umständen kann die Massenkonzentration auch mit hinreichender Genauigkeit aus Rohstoff- und Produktanalysen in Verbindung mit bestimmten Betriebsdaten abgeleitet werden (vgl. Davids/Lange, Die TA Luft ’86, Anm. 192 zu Nr. 3.2.4). Ob das möglich ist und zugelassen werden darf, muss im Einzelfall von der zuständigen Behörde geprüft werden. In der Regel werden Messungen erforderlich sein, für die ggf. eine längere Probenahmezeit (vgl. Nr. 5.2.7.2 Abs. 1 Satz 2) festzulegen ist. 5

2. Ausnahmen (Absatz 2). Absatz 2 regelt Ausnahmen von den nach Absatz 1 zu fordernden fortlaufenden (lückenlosen) Ermittlungen. Steht fest, dass die Tagesmittelwerte der jeweiligen emittierten Stoffe nur geringen Schwankungen unterliegen, darf zugelassen werden, dass die Ermittlungen in größeren Zeitabständen durchgeführt werden (Satz 1). Darüber hinaus kann (Ermessen!) die Behörde nach Satz 2 auf bestimmte Ermittlungen ganz verzichten, wenn auf andere Weise mit hinreichender Sicherheit festgestellt werden kann, dass die Emissionsbegrenzungen eingehalten werden. Adressatin des Absatzes 2 ist wie bei allen sonstigen Regelungen in Nr. 5.3 die zuständige Genehmigungs- oder Überwachungsbehörde (→ Rn. 9). Ohne deren Entscheidung darf der Betreiber nicht von den Erleichterungen des Absatzes 2 Gebrauch machen. 6

3. Ermittlungen bei besonders umweltgefährdenden Stoffen (Absatz 3). Nr. 5.3.4 Abs. 3 regelt die Überwachung der Einhaltung der Anforderungen nach Nr. 5.2.7.2. Soweit es um die Einhaltung der Mindestanforderungen an die Emissionen von Dioxinen und Furanen nach Nr. 5.2.7.2 Abs. 1 geht (→ Nr. 5.2.7 Rn. 32), sind zunächst die Anforderungen des Absatzes 1 zu beachten. Für Dioxine und Furane und für alle weiteren organischen Stoffe, die sowohl schwer abbaubar und leicht anreicherbar als auch von hoher Toxizität sind oder die aufgrund sonstiger besonders schädlicher Umwelteinwirkungen nicht der Klasse I in Nr. 5.2.5 zugeordnet werden können, gilt darüber hinaus das Emissionsminimierungsgebot nach Nr. 5.2.7 Satz 1 (Nr. 5.2.7.2 Abs. 2; → Nr. 5.2.7 Rn. 34). Zur Konkretisierung des Emissionsminimierungsgebotes hat die zuständige Behörde im Genehmigungsbescheid oder in einer nachträglichen Anordnung entsprechende Anforderungen festzulegen (→ Nr. 5.2.7 Rn. 35). Um deren Einhaltung zu überwachen, soll nach Nr. 5.3.4 Abs. 3 entweder eine kontinuierliche Emissionsüberwachung oder – soweit das aus tatsächlichen Gründen nicht oder nur mit einem unverhältnismäßig hohen Aufwand möglich ist – ein Nachweis durch fortlaufende Aufzeichnung oder Ermittlung geeigneter Betriebsgrößen oder Abgasparameter gefordert werden. Art und Ausmaß der Ermittlungen hängen von den zu überwachenden Anforderungen ab. Entscheidend ist, ob die Beachtung der geforderten Emissionsminimierungsmaßnahmen mit hinreichender Sicherheit festgestellt werden kann. 7

III. Erstellung und Aufbewahrung von Unterlagen (Absatz 4)

8 Nr. 5.3.4 Abs. 4 regelt die Erstellung und die Vorlage von Mess- oder Ermittlungsberichten zu den nach den Absätzen 1 bis 3 geforderten Überwachungsmaßnahmen und deren Vorlage an die Überwachungsbehörde nach § 52 BImSchG. Nach Absatz 4 Satz 2 ist die Aufbewahrung der den Ermittlungsberichten zugrunde liegenden Einzelmessergebnisse für die Dauer von 5 Jahren zu fordern (§ 31 Abs. 5 BImSchG). Bei der Aufbewahrungspflicht ist nicht zwischen den Messergebnissen zu Schadstoffkonzentrationen und solchen zu anderen Betriebsgrößen, aus denen auf die Emissionen bestimmter Stoffe geschlossen werden kann, zu unterscheiden.

IV. Verbindliche Festlegung der Anforderungen

9 Gegenüber den einzelnen Anlagenbetreibern werden die in Nr. 5.3.4 aufgeführten Anforderungen erst dadurch verbindlich, dass sie in eine Auflage zum Genehmigungsbescheid aufgenommen oder aufgrund der §§ 26, 28 oder 29 BImSchG selbständig angeordnet werden (→ Nr. 5.3.1 Rn. 5). Dies gilt auch für die Erstellung und die Vorlage von Messberichten (vgl. § 26 Satz 2 BImSchG) und die Aufbewahrung der Messergebnisse (vgl. § 31 Abs. 5 Satz 1 BImSchG). Nach § 31 Satz 2 BImSchG kann die zuständige Behörde auch die Art der Übermittlung der Messergebnisse (z.B. eine telemetrische Übermittlung; → Nr. 5.3.3 Rn. 15) vorschreiben. Die behördlichen Anordnungen und Festlegungen sind Verwaltungsakte, die von den betroffenen Anlagenbetreibern nach einem erfolglosen Widerspruchsverfahren verwaltungsgerichtlich angefochten werden können.

5.3.5 Gleichwertigkeit zu VDI-Richtlinien

Neben den Verfahren, die in den in Nummer 5.3 in Bezug genommenen VDI-Richtlinien beschrieben sind, können auch andere, nachgewiesen gleichwertige Verfahren angewandt werden.

Übersicht

A. Allgemeines

I. Inhalt und Bedeutung der Vorschrift

In Nr. 5.3 wird an verschiedenen Stellen (vgl. Nr. 5.3.2.3 Abs. 2 – insbesondere i.V.m. Anhang 5 –, Nr. 5.3.2.4 Abs. 1 und Abs. 4, Nr. 5.3.2.5 Satz 2 sowie Nr. 5.3.3.6 Abs. 1) auf Richtlinien des Vereins Deutscher Ingenieure (VDI) bzw. das VDI/DIN-Handbuch „Reinhaltung der Luft" verwiesen. Damit werden diese Richtlinien in den Inhalt der TA Luft einbezogen. Teilweise handelt es sich um beispielhafte Hinweise oder um Bezugnahmen auf in einer Richtlinie enthaltene Empfehlungen. In diesen Fällen liegt es auf der Hand, dass auch andere gleichwertige technische Normen zur Konkretisierung der Anforderungen an die Emissionsüberwachung herangezogen werden können. Teilweise dienen die in Bezug genommenen VDI-Richtlinien aber auch dazu, die von der Behörde zu beachtenden Anforderungen genau festzulegen (vgl. u.a. Nr. 5.3.2.2 Abs. 1 und Nr. 5.3.2.4 Abs. 1, 5.3.2.5 Satz 2). Für diese Fälle lockert Nr. 5.3.5 die Bindung der zuständigen Behörden. Sie können dann auch zulassen, dass andere Verfahren angewandt werden. **1**

II. Anwendungsbereich

Nr. 5.3 gilt nur für den Abschnitt 5.3 der TA Luft, nicht für die Bezugnahme auf VDI-Richtlinien in anderen Teilen der TA Luft. **2**

B. Voraussetzungen für die Anwendung anderer Verfahren

Voraussetzung für die Anwendung anderer Verfahren ist, dass diese im Verhältnis zu den in Bezug genommenen VDI-Richtlinien gleichwertig sind und dass das zur Überzeugung der die Überwachungsmaßnahmen fordernden Behörde nachgewiesen ist. Die Gleichwertigkeit ist jeweils im Hinblick auf den mit der Überwachung angestrebten Zweck (→ Nr. 5.3.1 Rn. 1) zu beurteilen. Der Nachweis erfordert das Vorliegen überzeugender Untersuchungsergebnisse. U. U. kann auch ein Sachverständigengutachten eingeholt werden. **3**

C. Bindung der Anlagenbetreiber

4 Die Anlagenbetreiber und die von ihnen beauftragten Messinstitute können aus Nr. 5.3.5 nicht unmittelbar ableiten, dass sie mit VDI-Richtlinien gleichwertige Verfahren anwenden dürfen. Für sie ist stets der Inhalt der behördlichen Anordnung maßgebend. Wird darin ausdrücklich oder konkludent auf bestimmte VDI-Richtlinien verwiesen, so darf davon nur abgewichen werden, nachdem der Verweis geändert und die Anwendung gleichwertiger Verfahren zugelassen worden ist.

Anhang 3 Organische Stoffe der Klasse I nach Nummer 5.2.5

Tabelle 18: Organische Stoffe der Klasse I nach Nummer 5.2.5 der TA Luft

Stoff	CAS-Nummer
1-Brom-3-Chlorpropan	109-70-6
1,3,5-Trioxan	110-88-3
Acetamid	60–35–5
Acrylsäure	79–10–7
Alkylbleiverbindungen	
Ameisensäure	64–18–6
Amino-4-nitrotoluol,2-	99–55–8
Aminoethanol,2-	141–43–5
Anilin	62–53–3
Benzochinon,p-	106–51–4
Benzolsulfonylchlorid	98–09–9
Benzoltricarbonsäure,1,2,4-	528–44–9
Benzoltricarbonsäure-anhydrid,1,2,4-	552–30–7
Benzoylchlorid	98–88–4
Bis(3-aminopropyl)-methylamin,N,N-	105–83–9
Bleiacetat (basisch)	1335–32–6
Brommethan	74–83–9
Butanthiol	109–79–5
Butenal,2- (Crotonaldehyd)	123–73–9
Butin-1,4-diol-2	110–65–6
Butylacrylat,n-	141–32–2
Butylamin,iso-	78–81–9
Butylamin,n-	109–73–9
Butylphenol,4-tert-	98–54–4
Butyltoluol	98–51–1
Caprolactam	105–60–2
Chlor-2-methylpropen,3-	563–47–3
Chlor-2-nitrobenzol,1-	88–73–3
Chlor-4-nitrobenzol,1-	100–00–5
Chlor-o-toluidin,5-	95–79–4
Chloressigsäure	79–11–8

Stoff	**CAS-Nummer**
Chlorethan	75–00–3
Chlorethanol,2-	107–07–3
Chlormethan	74–87–3
Chlorpropen,3-	107–05–1
Cyanacrylsäuremethylester	137–05–3
Cyclohexandicarbonsäureanhydrid,1,2-	85–42–7
Diaminoethan,1,2- (Ethylendiamin)	107–15–3
Dibenzoylperoxid	94–36–0
Dichlorethylen, 1,1-	75–35–4
Dichlormethan	75–09–2
Dichlornitroethan,1,1-	594–72–9
Dichlorphenole	
Dichlorpropan,1,2-	78–87–5
Dichlorpropionsäure,2,2-	75–99–0
Dichlortoluol,2,4-	95–73–8
Dichlortoluol,a,a-	98–87–3
Diethylamin	109–89–7
Diethylcarbamidsäurechlorid	88–10–8
Diethylentriamin (3-Azapentan-1,5-diamin)	111–40–0
Difluorethen,1,1- (R1132a)	75–38–7
Diglycidylether	2238–07–5
Dihydroxybenzol,1,4- (Hydrochinon)	123–31–9
Diisocyanattoluol,2,4-	584–84–9
Diisocyanattoluol,2,6-	91–08–7
Dimethylamin	124–40–3
Dimethylamino-N,Ń,Ń-trimethyl-1,2-diaminoethan, N-2-	3030–47–5

Stoff	**CAS-Nummer**
Dimethylanilin,N,N-	121–69–7
Dimethylethylamin,1,1-	75–64–9
Dinitronaphthaline (alle Isomere)	27478–34–8
Dioxan,1,4-	123–91–1
Diphenyl (Biphenyl)	92–52–4
Diphenylamin	122–39–4
Diphenylether	101–84–8
Diphenylmethan-2,4́-diisocyanat	5873–54–1
Diphenylmethan-4,4́-diisocyanat	101–68–8
Essigsäure-(2-ethoxyethyl)-ester	111–15–9
Essigsäureanhydrid	108–24–7
Ethandial (Glyoxal)	107–22–2
Ethanthiol (Ethylmercaptan)	75–08–1
Ethen	74–85–1
Ethylacrylat	140–88–5
Ethylamin	75–04–7
Ethylenglycoldinitrat	628–96–6
Ethylhexansäure,2-	149–57–5
Furaldehyd,2- (Furfuraldehyd)	98–01–1
Furanmethanamin,2-	617–89–0
Glutardialdehyd	111–30–8
Glycerintrinitrat	55–63–0
Hexachlor-1,3-butadien,1,1,2,3,4,4-	87–68–3
Hexachlorethan	67–72–1
Hexamethylendiamin	124–09–4
Hexamethylendiisocyanat	822–06–0
Hexanon,2-	591–78–6
Isocyanatmethyl-3,5,5-trimethyl-cyclohexyliso-cyanat,3-	4098–71–9
Isopropoxy-ethanol,2-	109–59–1
Kampfer	76–22–2
Keten	463–51–4

Stoff	CAS-Nummer
Kohlenoxidsulfid	463–58–1
Kresole	1319–77–3
Maleinsäureanhydrid	108–31–6
Methanol	67-56-1
Methanthiol (Methylmercaptan)	74–93–1
Methoxyanilin,4-	104–94–9
Methyl-2,4,6-N-tetranitroanilin,N-	479–45–8
Methylacrylat	96–33–3
Methylamin	74–89–5
Methylanilin,N-	100–61–8
Methylenbis(2-methyl-cyclohexylamin),4́,4́-	6864–37–5
Methylisocyanat	624–83–9
Methyljodid	74–88–4
Methylphenylendiamin,2-	823–40–5
Monochloressigsäure, Na-Salz	3926–62–3
Monochloressigsäure-1-methylethylester	105–48–6
Monochloressigsäure-ethylester	105–39–5
Monochloressigsäure-methylester	96–34–4
Montanwachssäuren, Zn-Salze	73138–49–5
Morpholin	110–91–8
Naphthylamin,1-	134–32–7
Naphthylen-1,5-diisocyanat	3173–72–6
Naphthylendiamin,1,5-	2243–62–1
Natriumtrichloracetat	650–51–1
Nitro-4-aminophenol,2-	119–34–6
Nitro-p-phenylendiamin,2-	5307–14–2
Nitroanilin,2-	88–74–4
Nitroanilin,m-	99–09–2
Nitroanilin,p-	100–01–6
Nitrobenzol	98–95–3
Nitrokresole	
Nitrophenole	

Stoff	**CAS-Nummer**
Nitropyrene	5522–43–0
Nitrotoluol,3-	99–08–1
Nitrotoluol,4-	99–99–0
Nitrotoluole (alle Isomere)	1321–12–6
Octamethylcyclotetrasiloxan (D4)	556-67-2
Oxalsäure	144–62–7
Pentachlorethan	76–01–7
Pentachlornaphthalin	1321–64–8
Phenol	108–95–2
Phenyl-1-(p-tolyl)-3-dimethyl-aminopropan,1-	5632–44–0
Phenyl-2-naphthylamin,N-	135–88–6
Phenyl-acetamid,N-	103–84–4
Phthalonitril	91–15–6
Phthalsäureanhydrid	85–44–9
Piperazin	110–85–0
Prop-2-in-1-ol	107–19–7
Propenal,2- (Acrolein, Acrylaldehyd)	107–02–8
Propylenglycoldinitrat	6423–43–4
Pyridin	110–86–1
Tetrabromethan,1,1,2,2-	79–27–6
Tetrachlorbenzol,1,2,4,5-	95–94–3
Tetrachlorethan,1,1,2,2-	79–34–5
Tetrachlorethylen	127–18–4
Tetrachlormethan	56–23–5
Thioalkohole	
Thioether	
Thioharnstoff	62–56–6
Toluidin,p-	106–49–0
Tribrommethan	75–25–2
Trichlorbenzole (alle Isomere)	12002–48–1
Trichloressigsäure	76–03–9
Trichlorethan,1,1,2-	79–00–5
Trichlormethan (Chloroform)	67–66–3

Stoff	CAS-Nummer
Trichlornaphthalin	1321–65–9
Trichlornitromethan	76–06–2
Trichlorphenol,2,4,5-	95–95–4
Trichlorphenole	
Triethylamin	121–44–8
Trikresylphosphat, (ooo,oom,oop,omm,omp,opp)	78–30–8
Tri-N-butylphosphat	126–73–8
Trimethyl-2-cyclohexen-1-on,3,5,5-	78–59–1
Trinitrofluoren-9-on,2,4,7-	129–79–3
Trinitrotoluol,2,4,6- (TNT)	118–96–7
Vinyl-2-pyrrolidon,N-	88–12–0
Vinylacetat	108–05–4
Xylenole (ausgenommen 2,4-Xylenol)	1300–71–6
Xylidin,2,4-	95–68–1

Anhang 4 Äquivalenzfaktoren für Dioxine, Furane und polychlorierte Biphenyle

Für den nach Nummer 4.5 und Nummer 5.2.7.2 der TA Luft zu bildenden Summenwert oder für die entsprechenden Anforderungen der Nummern 5.3 oder 5.4 sind die im Abgas ermittelten Konzentrationen der nachstehend genannten Dioxine, Furane und polychlorierten Biphenyle mit den angegebenen Äquivalenzfaktoren zu multiplizieren und zu summieren.

Tabelle 19: **Äquivalenzfaktoren für Dioxine, Furane und polychlorierte Biphenyle**

Stoff	**Äquivalenz-faktor**
2,3,7,8 – Tetrachlordibenzodioxin (TCDD)	1
1,2,3,7,8 – Pentachlordibenzodioxin (PeCDD)	1
1,2,3,4,7,8 – Hexachlordibenzodioxin (HxCDD)	0,1
1,2,3,7,8,9 – Hexachlordibenzodioxin (HxCDD)	0,1
1,2,3,6,7,8 – Hexachlordibenzodioxin (HxCDD)	0,1
1,2,3,4,6,7,8 – Heptachlordibenzodioxin (HpCDD)	0,01
Octachlordibenzodioxin (OCDD)	0,0003
2,3,7,8 – Tetrachlordibenzofuran (TCDF)	0,1
2,3,4,7,8 – Pentachlordibenzofuran (PeCDF)	0,3
1,2,3,7,8 – Pentachlordibenzofuran (PeCDF)	0,03
1,2,3,4,7,8 – Hexachlordibenzofuran (HxCDF)	0,1
1,2,3,7,8,9 – Hexachlordibenzofuran (HxCDF)	0,1
1,2,3,6,7,8 – Hexachlordibenzofuran (HxCDF)	0,1
2,3,4,6,7,8 – Hexachlordibenzofuran (HxCDF)	0,1
1,2,3,4,6,7,8 – Heptachlordibenzofuran (HpCDF)	0,01
1,2,3,4,7,8,9 – Heptachlordibenzofuran (HpCDF)	0,01
Octachlordibenzofuran (OCDF)	0,0003
PCB 77	0,0001
PCB 81	0,0003
PCB 126	0,1
PCB 169	0,03
PCB 105	0,00003
PCB 114	0,00003
PCB 118	0,00003
PCB 123	0,00003
PCB 156	0,00003
PCB 157	0,00003
PCB 167	0,00003
PCB 189	0,00003

Anhang 5 VDI-Richtlinien und Normen zur Emissionsmesstechnik

Tabelle 20: VDI-Richtlinien und Normen zur Emissionsmesstechnik

Messobjekt	Verfahren		VDI-Richtlinie		DIN EN/DIN EN ISO Norm	
	kontinuierlich	diskontinuierlich	Richtlinie/ Norm	Ausgabe	Richtlinie/ Norm	Ausgabe
Allgemeine Richtlinien						
Übersicht über wesentliche Regelungen zur Durchführung von Emissionsmessungen			3951	09.2013		
Kalibrierung			3950 Bl. 1	06.2018	DIN EN 14181	02.2015
Qualitätssicherung für automatische Mess- und Auswerteeinrichtungen			3950 Bl. 2	04.2020		
Messplanung					DIN EN 15259	01.2008
Durchführung von Emissionsmessungen (allgemein)					DIN EN 15259	01.2008
Durchführung von Emissionsmessungen an diffusen Quellen			4285 Bl. 1	06.2005		
		X	4285 Bl. 2	03.2011		
Messunsicherheit			4219	08.2009	DIN EN ISO 20988	09.2007
Laborinterne Validierung von Alternativverfahren					DIN EN 14793	05.2017
Anforderungen an Prüfstellen Allgemeine Anforderungen			4220 Bl. 1	11.2018		
Anforderungen an Prüfstellen Messberichte			4220 Bl. 2	11.2018		
Betriebsgrößen						
Abgasgeschwindigkeit		X			DIN EN ISO 16911-1	06.2013
	X				DIN EN ISO 16911-2	06.2013
Bezugsgrößen						
Wasserdampf		X			DIN EN 14790	05.2017
Sauerstoff		X			DIN EN 14789	05.2017

Messobjekt	Verfahren		VDI-Richtlinie		DIN EN/DIN EN ISO Norm	
	kontinuierlich	diskontinuierlich	Richtlinie/ Norm	Ausgabe	Richtlinie/ Norm	Ausgabe
Staub						
Staub (allgemein)		X	2066 Bl. 1	11.2006		
Staub	X				DIN EN 13284-2	02.2018
Staub (niedrige Konzentrationen)		X	2066 Bl. 1	11.2006	DIN EN 13284-1	02.2018
	X				DIN EN 13284-2	02.2018
Staub (höhere Konzentrationen)		X	2066 Bl. 1	11.2006		
Fraktionierende Staubmessung		X	2066 Bl. 8	11.1994		
Rußzahl		X	2066 Bl. 8	09.1995		
Staubfraktion $PM_{2,5}$/ PM_{10}		X	2066 Bl. 10	10.2004	DIN EN ISO 23210	12.2009
Quarz und Cristobalit in der PM_4-Fraktion		X	2066 Bl. 11	05.2018		
Staubinhaltsstoffe						
Schwermetalle		X			DIN EN 14385	05.2004
Schwermetalle (nur Probenahme)		X	3868 Bl. 1	12.1994		
Schwermetalle (nur Analytik)		X	2268 Bl. 1	04.1987		
		X	2268 Bl. 2	02.1990		
		X	2268 Bl. 3	12.1988		
		X	2268 Bl. 4	05.1990		
Quecksilber		X			DIN EN 13211	06.2001
		X			DIN EN 13211 Berichtigung 1	06.2005
Asbest		X	3861 Bl. 1	12.1989		
		X	3861 Bl. 2	01.2008		
Schwefelverbindungen						
Schwefeldioxid		X			DIN EN 14791	05.2017
Schwefeltrioxid		X	2462 Bl. 2	11.2011		
Schwefelwasserstoff		X	3486 Bl. 1	04.1979		
		X	3486 Bl. 2	04.1979		
Schwefelkohlenstoff		X	3487 Bl. 1	11.1978		
Stickstoffverbindungen						
Stickstoffoxide	X				DIN EN 14792	05.2017
Distickstoffmonoxid		X	2469 Bl. 1	02.2005		
	X				DIN EN ISO 21258	11.2010
Stickstoffmonoxid/-dioxid		X	2456	11.2004		

Messobjekt	Verfahren		VDI-Richtlinie		DIN EN/DIN EN ISO Norm	
	kontinuierlich	diskontinuierlich	Richtlinie/ Norm	Ausgabe	Richtlinie/ Norm	Ausgabe
Basische Stickstoffverbindungen		X	3496 Bl. 1	04.1982		
Ammoniak		X	3878	09.2017		
Kohlenmonoxid		X	2459 Bl. 1	12.2000		
	X				DIN EN 15058	05.2017
Chlorverbindungen						
Chlorwasserstoff		X			DIN EN 1911	12.201
Chlor		X	3488 Bl. 1	12.1979		
		X	3488 Bl. 2	11.1980		
Fluorverbindungen						
Fluorwasserstoff		X	2470 Bl. 1	10.1975		
Organische Stoffe						
Kohlenwasserstoffe (allgemein)			3481 Bl. 6	12.1994		
Kohlenwasserstoffe		x	3481 Bl. 2	09.1998		
Kohlenwasserstoffe (FID)	X		3481 Bl. 3	10.1995	DIN EN 12619	04.2013
	X		3481 Bl. 4	02.2007	DIN EN 12619	04.2013
Kohlenwasserstoffe (IR)			2460 Bl. 1	07.1996		
GC-Bestimmung organischer Verbindungen		X	2457 Bl. 1	11.1997	DIN CEN/ TS 13649	03.2015
		X	2457 Bl. 2	12.1996		
		X	2457 Bl. 3	12.1996		
		X	2457 Bl. 4	12.200		
		X	2457 Bl. 5	12.200		
Methan		X			DIN EN ISO 25139	08.2011
	X				DIN EN ISO 25140	12.2010
Aldehyde/Ketone		X	3862 Bl. 1	12.1990		
		X	3862 Bl. 2	12.2000		
		X	3862 Bl. 3	12.2000		
		X	3862 Bl. 4	05.2001		
		X	3862 Bl. 5	06.2008		
		X	3862 Bl. 6	02.2004		
		X	3862 Bl. 7	02.2004		
		X	3862 Bl. 8	06.2015		
Acrylnitril		X	3863 Bl. 1	04.1987		
		X	3863 Bl. 2	02.1991		
PAH						
		X	3874	12.2006		

Messobjekt	Verfahren		VDI-Richtlinie		DIN EN/DIN EN ISO Norm	
	kontinuierlich	diskontinuierlich	Richtlinie/ Norm	Ausgabe	Richtlinie/ Norm	Ausgabe
PAH (anlagenbezogen in der Kohlenstoffindustrie)		X	3467	11.2014		
Vinylchlorid		X	3493 Bl. 1	11.1982		
Dioxine und Furane		X	3499 Bl. 1	07.2003	DIN EN 1948–1	06.2006
		X	3499 Bl. 2	02.2004	DIN EN 1948-2	06.2006
		X	3499 Bl. 3	02.2004	DIN EN 1948-3	06.2006
Dioxin-ähnliche PCB		X			DIN EN 1948-4	03.2014
Gerüche		X	3880	10.2011	DIN EN 13725	07.2003
					DIN EN 13725 Berichtigung 1	04.2006
		X	3884 Bl. 1	02.2015		

Anhang 7 Feststellung und Beurteilung von Geruchsimmissionen

Inhaltsübersicht

1. Allgemeines

In der Umwelt können Geruchsbelästigungen vor allem durch Luftverunreinigungen aus Chemieanlagen, Mineralölraffinerien, Lebensmittelfabriken, Tierhaltungsanlagen und Abfallbehandlungsanlagen sowie aus dem Kraftfahrzeugverkehr, aus Hausbrand, Landwirtschaft und Vegetation verursacht werden.

Die Vorgehensweise bei der Beurteilung dieser Belästigungen unterscheidet sich grundlegend von der anderer Immissionen. In der Regel können Immissionen durch Luftverunreinigungen als Massenkonzentration mit Hilfe physikalisch-chemischer Messverfahren objektiv nachgewiesen werden. Der Vergleich gemessener oder ggf. berechneter Immissionskonzentrationen mit Immissionswerten bereitet dann im Allgemeinen keine besonderen Schwierigkeiten. Hingegen entzieht sich die Erfassung und Beurteilung von Geruchsimmissionen weitgehend einem solchen Verfahren. Da Geruchsbelästigungen meist schon bei sehr niedrigen Stoffkonzentrationen und im Übrigen durch das Zusammenwirken verschiedener Substanzen hervorgerufen werden, ist ein Nachweis mittels physikalisch-chemischer Messverfahren äußerst aufwändig oder überhaupt nicht möglich. Hinzu kommt, dass die belästigende Wirkung von Geruchsimmissionen stark von der Sensibilität und der subjektiven Einstellung der Betroffenen abhängt. Dies erfordert, dass bei Erfassung, Bewertung und Beurteilung von Geruchsimmissionen eine Vielzahl von Kriterien in Betracht zu ziehen ist.

So hängt die Frage, ob derartige Belästigungen als erheblich und damit als schädliche Umwelteinwirkungen anzusehen sind, nicht nur von der jeweiligen Immissionskonzentration, sondern auch von der Geruchsqualität (es riecht nach …), der Geruchsintensität, der Hedonik (angenehm, neutral oder unangenehm), der tages- und jahreszeitlichen Verteilung der Einwirkungen, dem Rhythmus, in dem die Belästigungen auftreten, der Nutzung des beeinträchtigten Gebietes sowie von weiteren Kriterien ab (vgl. Nummern 3.1 und 5 dieses Anhangs). Wissenschaftliche Erkenntnisse belegen, dass mit der Geruchshäufigkeit eine sachgerechte und hinreichend genaue Beschreibung des Belästigungsgrades von Anwohnerinnen und Anwohnern möglich ist.

Zur Beurteilung der Erheblichkeit der Geruchsimmission werden in diesem Anhang in Abhängigkeit von verschiedenen Nutzungsgebieten Immissionswerte als regelmäßiger Maßstab für die höchstzulässige Geruchsimmission festgelegt. Mit diesen Immissionswerten sind Kenngrößen zu vergleichen, die auch die durch andere Anlagen verursachte Vorbelastung berücksichtigen. Die Geruchsqualität (Tierhaltungsanlagen; vgl. Nummer 4.6 dieses Anhangs) und die Hedonik (Industrieanlagen; vgl. Nummer 5 dieses Anhangs) können dabei ergänzend durch Gewichtungsfaktoren berücksichtigt werden.

Bei nicht genehmigungsbedürftigen Tierhaltungsanlagen kann die zuständige Behörde die Entscheidung auf die Einhaltung der Abstände nach der Richtlinie VDI 3894 Blatt 2 (Ausgabe November 2012) in Verbindung mit der Richtlinie VDI 3894 Blatt 1 (Ausgabe September 2011) gründen.

Bei immissionsschutzrechtlich nicht genehmigungsbedürftigen Rinderhaltungsanlagen mit erheblich weniger als der Hälfte der die Genehmigungsbedürftigkeit einer derartigen Anlage auslösende Mengenschwelle nach § 1 i.V.m. Anhang 1 der 4. BImSchV können abweichend von der im Folgenden beschriebenen Vorgehensweise auch spezielle landesspezifische Regelungen angewendet werden.

Die Ermittlung der Vorbelastung hat im Allgemeinen durch olfaktorische Feststellungen im Rahmen von Rastermessungen gemäß DIN EN 16841 Teil 1 (Ausgabe März 2017) oder durch Geruchsausbreitungsrechnung zu erfolgen.

Die Ermittlung der Zusatzbelastung und der Gesamtzusatzbelastung (vgl. Nummer 2.2 der TA Luft) erfolgt durch Geruchsausbreitungsrechnung (vgl. auch Nummer 4.5 dieses Anhangs). Sie ist auf der Basis der Richtlinie VDI 3788 Blatt 1 (Ausgabe Juli 2000), des Anhangs 2 der TA Luft und der speziellen Anpassungen für Geruch (Janicke, L. und Janicke, U., 2004)*) durchzuführen. Die Gesamtbelastung, die mit dem Immissionswert zu vergleichen ist, ist nach Nummer 2.2 der TA Luft zu ermitteln.

Der Anhang enthält auch Regelungen für die Fälle, in denen bereits die Kenngröße für die Vorbelastung auf einer Beurteilungsfläche einen Immissionswert überschreitet (vgl. Nummer 3.3 und Nummer 5 dieses Anhangs) oder Geruchsimmissionen durch andere als in Nummer 3.1 dieses Anhangs aufgeführte Quellen auf einer Beurteilungsfläche relevant sind (vgl. Nummer 5 dieses Anhangs).

In den Fällen der Nummer 3.3 dieses Anhangs soll eine Genehmigung wegen der Überschreitung der Immissionswerte nicht versagt werden, wenn die Zusatzbelastung durch das zu beurteilende Vorhaben die in Nummer 3.3 dieses Anhangs genannten Kriterien der Irrelevanz erfüllt oder eine Einzelfallprüfung unter Berücksichtigung anderer die Zumutbarkeit der Geruchsimmission beeinflussender Kriterien ergibt, dass die Geruchsbelästigung nicht als erheblich zu qualifizieren ist. Darüber hinaus enthält der Anhang Vorschriften, in welchen Fällen von der Ermittlung der Vorbelastung abgesehen werden kann.

2. Anforderungen an die Begrenzung und Ableitung der Geruchsemissionen

Vor Bestimmung der Ableithöhe ist sicherzustellen, dass die Maßnahmen zur Begrenzung der Emissionen dem Stand der Technik entsprechen.

---

*) Janicke, L. und Janicke, U. 2004: Die Entwicklung des Ausbreitungsmodells AUSTAL2000G. Berichte zur Umweltphysik, Nummer 5, Ingenieurbüro Janicke, Dunum, 122 Seiten

2.1 Schornsteinhöhe. Die Schornsteinhöhe ist in der Regel so zu bemessen, dass die relative Häufigkeit der Geruchsstunden bezogen auf ein Jahr (vgl. Nummer 4.5 dieses Anhangs) auf keiner Beurteilungsfläche, für die Immissionswerte gelten, den Wert 0,06 überschreitet.*)★

In atypischen Fällen können sich unverhältnismäßige Schornsteinhöhen ergeben; in diesen Fällen ist eine Stellungnahme der zuständigen Fachbehörde einzuholen.

2.2 Bagatell-Geruchsstoffstrom. Die Bestimmung der Kenngröße der Geruchsimmission nach Nummer 4 dieses Anhangs ist im Genehmigungsverfahren nicht erforderlich, wenn die Gesamtemissionen der Anlage den Bagatell-Geruchsstoffstrom gemäß Abbildung 1 nicht überschreiten. Hierdurch ist sichergestellt, dass der immissionsseitige Beitrag der Anlage irrelevant im Sinne von Nummer 3.3 dieses Anhangs ist.

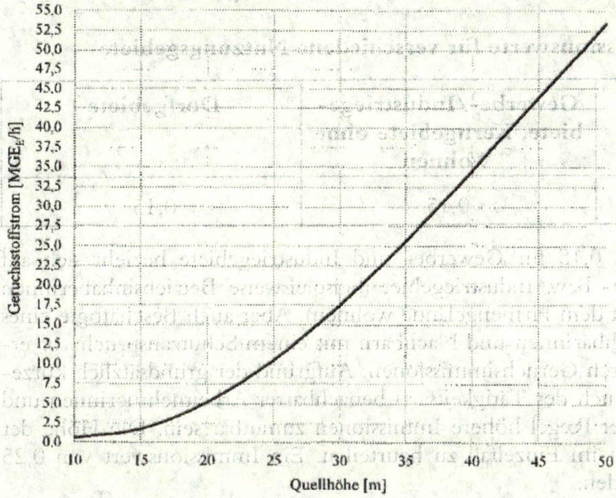

Abbildung 1: Bagatell-Geruchsstoffstromkurve

Zwischen 10 und 50 m Quellhöhe gilt für die Berechnung des Bagatell-Geruchsstoffstromes die Gleichung

$Q = -0{,}0005 \cdot h^3 + 0{,}0687 \cdot h^2 - 1{,}25 \cdot h + 6{,}78$

mit dem Geruchsstoffstrom Q in MGE$_E$/h und der Quellhöhe h in m.

Bei der Anwendung der Bagatell-Geruchsstoffströme nach Abbildung 1 sind folgende Bedingungen einzuhalten:

1. Es handelt sich um eine gefasste Quelle mit einer Höhe von mindestens 10 m und maximal 50 m.
2. Die Quellhöhe beträgt mindestens des 1,7 fache der zu berücksichtigenden Gebäudehöhen.
3. Die Emissionsquelle steht in ebenem Gelände.
4. Die Entfernung zwischen der Emissionsquelle und dem Immissionsort, an dem sich Personen nicht nur vorübergehend aufhalten, beträgt 100 m oder mehr.
5. Am Standort der Quelle treten mittlere Windgeschwindigkeiten von kleiner 1 m/s in weniger als 20 Prozent der Jahresstunden auf.

*) Bei der Berechnung der Schornsteinhöhe findet der Faktor für angenehme Gerüche nach Nummer 5 dieses Anhangs keine Anwendung. Gleiches gilt für die Faktoren der Tabelle 24 (Nummer 4.6 dieses Anhangs).

Für Schornsteinhöhen von mehr als 50 m gilt der Bagatell-Geruchsstoffstrom für die Schornsteinhöhe von 50 m.

3. Beurteilungskriterien

3.1 Immissionswerte. Eine Geruchsimmission ist nach diesem Anhang zu beurteilen, wenn sie gemäß Nummer 4.4.7 dieses Anhangs nach ihrer Herkunft aus Anlagen erkennbar, d.h. abgrenzbar ist gegenüber Gerüchen aus dem Kraftfahrzeugverkehr, dem Hausbrandbereich, der Vegetation, landwirtschaftlichen Düngemaßnahmen oder ähnlichem. Sie ist in der Regel als erhebliche Belästigung zu werten, wenn die Gesamtbelastung (Nummer 4.6 dieses Anhangs) die in Tabelle 22 angegebenen Immissionswerte überschreitet. Bei den Immissionswerten handelt es sich um relative Häufigkeiten der Geruchsstunden bezogen auf ein Jahr (vgl. Nummer 4 dieses Anhangs).

***Tabelle 22*: Immissionswerte für verschiedene Nutzungsgebiete**

Wohn-/Mischgebiete, Kerngebiete mit Wohnen, urbane Gebiete	Gewerbe-/Industriegebiete, Kerngebiete ohne Wohnen	Dorfgebiete
0,10	0,15	0,15

Der Immissionswert von 0,15 für Gewerbe- und Industriegebiete bezieht sich auf Wohnnutzung im Gewerbe- bzw. Industriegebiet (beispielsweise Betriebsinhaberinnen und Betriebsinhaber, die auf dem Firmengelände wohnen). Aber auch Beschäftigte eines anderen Betriebes sind Nachbarinnen und Nachbarn mit einem Schutzanspruch vor erheblichen Belästigungen durch Geruchsimmissionen. Aufgrund der grundsätzlich kürzeren Aufenthaltsdauer (ggf. auch der Tätigkeitsart) benachbarter Arbeitnehmerinnen und Arbeitnehmer können in der Regel höhere Immissionen zumutbar sein. Die Höhe der zumutbaren Immissionen ist im Einzelfall zu beurteilen. Ein Immissionswert von 0,25 soll nicht überschritten werden.

Sonstige Gebiete, in denen sich Personen nicht nur vorübergehend aufhalten, sind entsprechend den Grundsätzen des Planungsrechtes den einzelnen Spalten der Tabelle 22 zuzuordnen. Bei der Geruchsbeurteilung im Außenbereich ist es unter Prüfung der speziellen Randbedingungen des Einzelfalles möglich, Werte von 0,20 (Regelfall) bis 0,25 (begründete Ausnahme) für Tierhaltungsgerüche heranzuziehen.

Der Immissionswert der Spalte „Dorfgebiete" gilt nur für Geruchsimmissionen verursacht durch Tierhaltungsanlagen in Verbindung mit der belästigungsrelevanten Kenngröße der Gesamtbelastung (s. Nummer 4.6 dieses Anhangs). Er kann im Einzelfall auch auf Siedlungsbereiche angewendet werden, die durch die unmittelbare Nachbarschaft einer vorhandenen Tierhaltungsanlage historisch geprägt, aber nicht als Dorfgebiete ausgewiesen sind.

Wenn gewerblich, industriell oder hinsichtlich ihrer Geruchsauswirkungen vergleichbar genutzte Gebiete und zum Wohnen dienende Gebiete aneinandergrenzen (Gemengelage), können die für die zum Wohnen dienenden Gebiete geltenden Immissionswerte auf einen geeigneten Zwischenwert der für die aneinandergrenzenden Gebietskategorien geltenden Werte erhöht werden, soweit dies nach der gegenseitigen Pflicht zur Rücksichtnahme erforderlich ist. Es ist vorauszusetzen, dass der Stand der Emissionsminderungstechnik eingehalten wird. Für die Höhe des Zwischenwertes ist die konkrete Schutzwürdigkeit des betroffenen Gebiets maßgeblich. Wesentliche Kriterien sind die Prägung des Einwirkungsbereichs durch den Umfang der Wohnbebauung einerseits und durch Gewerbe- und Industriebetriebe andererseits, die Ortsüblichkeit der Geruchsauswirkung und die Frage, welche der unverträglichen Nutzungen zuerst verwirklicht wurde.

Gemäß § 3 Absatz 1 BImSchG sind schädliche Umwelteinwirkungen im Sinne dieses Gesetzes „Immissionen, die nach Art, Ausmaß oder Dauer geeignet sind, Gefahren, erhebliche Nachteile oder erhebliche Belästigungen für die Allgemeinheit oder die Nachbarschaft herbeizuführen". In der Regel werden die Art der Immissionen durch die Geruchsqualität, das Ausmaß durch die Feststellung von Gerüchen an ihrer Erkennbarkeit und über die Definition der Geruchsstunde (s. Nummer 4.4.7 dieses Anhangs) sowie die Dauer durch die Ermittlung der Geruchshäufigkeit hinreichend berücksichtigt.

Ein Vergleich mit den Immissionswerten reicht jedoch nicht immer zur Beurteilung der Erheblichkeit der Belästigung aus. Regelmäßiger Bestandteil dieser Beurteilung ist deshalb im Anschluss an die Bestimmung der Geruchshäufigkeit die Prüfung, ob Anhaltspunkte für die Notwendigkeit einer Prüfung nach Nummer 5 dieses Anhangs für den jeweiligen Einzelfall bestehen.

3.2 Anwendung der Immissionswerte. Die Immissionswerte gelten nur in Verbindung mit den im Folgenden festgelegten Verfahren zur Ermittlung der Kenngrößen für die Geruchsimmission. Über die Regelung in Nummer 4.4.1 dieses Anhangs hinausgehend berücksichtigt die Festlegung der Immissionswerte Unsicherheiten, die sich aus der olfaktometrischen Emissionsmessung sowie der Berechnung der Gesamtzusatzbelastung bzw. der Zusatzbelastung nach Nummer 4.5 dieses Anhangs ergeben.

3.3 Erheblichkeit der Immissionsbeiträge. Die Genehmigung für eine Anlage soll auch bei Überschreitung der Immissionswerte der dieses Anhangs auf einer Beurteilungsfläche nicht wegen der Geruchsimmissionen versagt werden, wenn der von dem zu beurteilenden Vorhaben zu erwartende Immissionsbeitrag (Kenngröße der Zusatzbelastung nach Nummer 4.5 dieses Anhangs) auf keiner Beurteilungsfläche, auf der sich Personen nicht nur vorübergehend aufhalten (vgl. Nummer 3.1 dieses Anhangs), den Wert 0,02 überschreitet. Bei Einhaltung dieses Wertes ist davon auszugehen, dass das Vorhaben die belästigende Wirkung der Vorbelastung nicht relevant erhöht (Irrelevanzkriterium)*). In Fällen, in denen übermäßige Kumulationen durch bereits vorhandene Anlagen befürchtet werden, ist zusätzlich zu den erforderlichen Berechnungen auch die Gesamtbelastung im Istzustand in die Beurteilung einzubeziehen. D.h. es ist zu prüfen, ob bei der Vorbelastung noch ein zusätzlicher Beitrag von 0,02 toleriert werden kann. Eine Gesamtzusatzbelastung von 0,02 ist auch bei übermäßiger Kumulation als irrelevant anzusehen. Für nicht immissionsschutzrechtlich genehmigungsbedürftige Anlagen ist auch eine negative Zusatzbelastung bei übermäßiger Kumulation irrelevant, sofern die Anforderungen des § 22 Absatz 1 BImSchG eingehalten werden.

4. Ermittlung der Kenngröße der Geruchsimmission

4.1 Allgemeines. Grundsätzlich gibt es verschiedene Methoden zur Ermittlung der Geruchsimmission als relative Häufigkeit (Tabelle 23). In allen Fällen wird die Geruchsimmission durch einen Wert (Kenngröße) gekennzeichnet, der ihre zeitliche Wahrnehmbarkeit oberhalb einer bestimmten Intensität (Erkennungsschwelle) beschreibt.

---

*) Bei der Prüfung auf Einhaltung des Irrelevanzkriteriums bei angenehmen Gerüchen findet der Faktor nach Nummer 5 dieses Anhangs keine Anwendung. Gleiches gilt für die Berücksichtigung der Faktoren der Tabelle 24 (Nummer 4.6 dieses Anhangs).

Die Ausbreitungsrechnung kann insbesondere dann vorgenommen werden, wenn auf Grund vorliegender Messungen oder Schätzungen anzunehmen ist, dass die Vorbelastung 70 Prozent des anzuwendenden Immissionswertes nach Tabelle 22 unterschreitet oder wenn die Ermittlung der Belastung durch Begehungen als unverhältnismäßig eingeschätzt werden muss. Wird die Ermittlung der Vorbelastung rechnerisch vorgenommen, so sind alle Emittenten von Geruchsstoffen, die das Beurteilungsgebiet beaufschlagen, zu erfassen.

Um in speziellen Fällen auf Emissionen zurückrechnen zu können (nicht zur Bestimmung von Geruchshäufigkeiten), können statische Fahnenmessungen nach DIN EN 16841 Teil 2 (Ausgabe März 2017) verwendet werden.

***Tabelle 23:* Methoden zur Ermittlung der Geruchsimmission**

Methode	Vorbelastung (Nummer 4.4 dieses Anhangs)	Zusatzbelastung Gesamtzusatzbelastung (Nummer 4.5 dieses Anhangs)
Ausbreitungsrechnung Berechnung der Geruchsimmission	Möglich, aber Ermittlung der Emissionsdaten mit Hilfe von olfaktometrischen Emissionsmessungen gemäß DIN EN 13725 (Ausgabe Juli 2003) oder auch statische Fahnenmessungen gemäß DIN EN 16841 Teil 2 (Ausgabe März 2017) erforderlich; bei Tierhaltungsanlagen können qualitätsgesicherte Emissionsfaktoren, insbesondere gemäß VDI 3894 Blatt 1 (Ausgabe September 2011) verwendet werden.	vorrangig anzuwenden
Rastermessung gemäß DIN EN 16841 Teil 1 (Ausgabe März 2017) Olfaktorische Ermittlung der Geruchsimmission	Möglich	nicht möglich

4.2 Ermittlung im Genehmigungsverfahren. Unterschieden werden die Kenngrößen für die Vorbelastung, die Zusatzbelastung, die Gesamtzusatzbelastung und die Gesamtbelastung gemäß Nummer 2.2 TA Luft, die für jede Beurteilungsfläche in dem für die Beurteilung der Einwirkung maßgeblichen Gebiet (Beurteilungsgebiet) ermittelt werden. Die Gesamtzusatzbelastung ist nach Nummer 4.5 dieses Anhangs zu ermitteln.

Die Kenngröße für die Gesamtbelastung ist aus den Kenngrößen für die Vorbelastung, die Zusatzbelastung und die Gesamtzusatzbelastung nach Nummer 4.6 dieses Anhangs unter Berücksichtigung von Nummer 2.2 TA Luft zu bilden.

Bei der Ermittlung der Vorbelastung ist bei zu betrachtenden Anlagen auf den ohne weitere Genehmigungen rechtlich und tatsächlich möglichen Betriebsumfang abzustellen.

4.3 Ermittlung im Überwachungsverfahren. Ermittlungen im Überwachungsverfahren können erforderlich sein für die Entscheidung über eine nachträgliche Anordnung. Eine nachträgliche Anordnung kommt in Betracht, wenn der Vergleich der Kenngröße für die Vorbelastung mit den Immissionswerten nach Tabelle 22 ergibt, dass die Immissionswerte nicht eingehalten sind (auch in dieser Situation ist eine Einzelfallprüfung erforderlich), oder wenn sich in den Fällen der Nummer 5 dieses Anhangs herausstellt, dass erhebliche Belästigungen hervorgerufen werden.

Im Überwachungsverfahren können zur Feststellung, ob die Voraussetzungen für nachträgliche Anordnungen vorliegen, bei der Durchführung von Rastermessungen innerhalb der Beurteilungsfläche nach Nummer 4.4.3 dieses Anhangs zusätzliche Messpunkte nach Nummer 4.4.6 dieses Anhangs oder eine höhere Messhäufigkeit nach Nummer 4.4.7 dieses Anhangs gefordert werden. Darüber hinaus kommen zur Verursacheranalyse auch statische Fahnenmessungen nach DIN EN 16841 Teil 2 (Ausgabe März 2017) in Betracht (Nummer 4.1 dieses Anhangs).

4.4 Kenngröße für die Vorbelastung. Die Ermittlung der Vorbelastung*) als relative Häufigkeit hat durch Rastermessung oder durch Geruchsausbreitungsrechnung zu erfolgen. Wird die Vorbelastung durch Rastermessung bestimmt, sind die Maßgaben unter Nummer 4.4.1 bis 4.4.7 dieses Anhangs zu beachten.

4.4.1 Allgemeines. Die Kenngröße für die Vorbelastung (IV) ergibt sich aus

$$IV = \frac{n_V}{N}$$

(1)

Hierbei bedeuten N den Erhebungsumfang (N = 52 oder 104) und nv die Summe der an den vier Eckpunkten der Beurteilungsfläche erhobenen Geruchsstunden (vgl. Nummer 4.4.7 dieses Anhangs).

Die Ermittlung der Vorbelastung durch Rastermessung ist nach einem mit der zuständigen Behörde abgestimmten Messplan durchzuführen, in dem unter anderem die Anlagenbeschreibung, das Beurteilungsgebiet, die Beurteilungsflächen, die einzelnen Messpunkte mit Dokumentation (Bild, Text), der Messzeitraum, die Messzeit innerhalb des Tages, der genaue zeitliche Messplan mit Angabe der Prüferinnen und Prüfer, die Namensliste der teilnehmenden Prüferinnen und Prüfer, die Erfassungsmethode zur Bestimmung des Geruchszeitanteils und ggf. die Gründe für die Freistellung von Messungen anzugeben sind.

Soweit dieser Anhang keine abweichenden Festlegungen trifft, erfolgt die Durchführung der Messungen nach DIN EN 16841 Teil 1 (Ausgabe März 2017).

Der Antragsteller kann von der Ermittlung der Vorbelastung der Geruchsimmission für die Beurteilungsflächen freigestellt werden, für die durch Abschätzungen zum Beispiel mittels Windrichtungshäufigkeitsverteilung, durch orientierende Begehungen o.ä. festgestellt wird, dass die Kenngröße für die Vorbelastung nicht mehr als 50 Prozent des Immissionswertes in Tabelle 22 beträgt.

In diesen Fällen ist bei der Ermittlung der Gesamtbelastung nach Nummer 4.6 dieses Anhangs als Vorbelastung die Hälfte des in Betracht kommenden Immissionswertes nach Tabelle 22 einzusetzen. Außerdem erübrigt sich die Ermittlung der Vorbelastung der Geruchsimmission, wenn die Gesamtzusatzbelastung der zu genehmigenden Anlage das Irrelevanzkriterium nach Nummer 3.3 dieses Anhangs erfüllt.

---

*) Bei der Ermittlung der Vorbelastung bleiben Geruchsimmissionen, die nach ihrer Herkunft dem Immissionsort zuzurechnen sind, unberücksichtigt.

Wenn das Vorhandensein anderer geruchsemittierender Anlagen auszuschließen ist, ist keine Vorbelastung anzusetzen.

Zurückliegende Messungen oder Feststellungen über Immissionen und Emissionen dürfen nur herangezogen werden, wenn dich die für die Immissionssituation im Beurteilungsgebiet maßgeblichen Verhältnisse in der Zwischenzeit nicht erheblich verändert haben.

4.4.2 Beurteilungsgebiet. Das Beurteilungsgebiet ist die Summe der Beurteilungsflächen nach Nummer 4.4.3 dieses Anhangs, die sich vollständig innerhalb eines Kreises um den Emissionsschwerpunkt mit einem Radius befinden, der dem 30-fachen der nach Nummer 2 dieses Anhangs ermittelten Schornsteinhöhe entspricht. Als kleinster Radius ist 600 m zu wählen.

Bei Anlagen mit diffusen Quellen von Geruchsimmissionen mit Austrittshöhen von weniger als 10 m über der Flur ist der Radius bei der Rastermessung zur Vorbelastungsermittlung so festzulegen, dass der kleinste Abstand vom Rand des Anlagengeländes bis zur äußeren Grenze des Beurteilungsgebietes mindestens 600 m beträgt. Das Rechengebiet einer Geruchsausbreitungsrechnung zur Ermittlung der Vorbelastung ist größer als das Beurteilungsgebiet. Das Rechengebiet ist so zu wählen, dass alle Geruchsemittenten, die das Beurteilungsgebiet relevant beaufschlagen, berücksichtigt werden.

4.4.3 Beurteilungsfläche. Die Beurteilungsflächen sind quadratische Teilflächen des Beurteilungsgebietes, deren Seitenlänge bei weitgehend homogener Geruchsbelastung in der Regel 250 m beträgt. Eine Verkleinerung der Beurteilungsfläche soll gewählt werden, wenn außergewöhnlich ungleichmäßig verteilte Geruchsimmissionen auf Teilen von Beurteilungsflächen zu erwarten sind, so dass die mit den Vorgaben nach Satz 1 auch nicht annähernd zutreffend erfasst werden können. Entsprechend ist auch eine Vergrößerung der Beurteilungsfläche zulässig, wenn innerhalb dieser Fläche eine weitgehend homogene Geruchsstoffverteilung gewährleistet ist. Die in diesem Anhang festgelegten Immissionswerte (Nummer 3.1 dieses Anhangs) bleiben hiervon unberührt, da deren Ableitung von der Flächengröße unabhängig ist. Das quadratische Gitternetz ist so festzulegen, dass der Emissionsschwerpunkt in der Mitte einer Beurteilungsfläche liegt.

4.4.4 Messhöhe. Die Geruchsimmissionen sind in der Regel etwa in 1,5 bis 2,0 m Höhe über der Flur sowie in mehr als 1,5 m seitlichem Abstand von Bauwerken oder anderen Hindernissen zu bestimmen.

4.4.5 Messzeitraum. Der Messzeitraum soll für das Gesamtjahr repräsentativ sein. Er kann in der Regel ein halbes Jahr betragen; eine Verkürzung auf drei Monate ist nur in besonderen Fällen zulässig. Die Repräsentativität ist nach DIN EN 16841 Teil 1 (Ausgabe März 2017) zu belegen.

Die Messungen sind repräsentativ auf die 24 Stunden des Tages zu verteilen. Sie können sich auch an der Betriebszeit der Emittenten orientieren, die für die Vorbelastung maßgeblich sind. Sie ermittelten Zahlen der Geruchsstunden sind in diesem Fall mit einem Faktor zu korrigieren, der das Verhältnis von Betriebszeit zu Gesamtzeit berücksichtigt.

4.4.6 Messpunkte. Die Messpunkte sind möglichst nahe an den Schnittpunkten des quadratischen Gitternetzes festzulegen, das dem Beurteilungsgebiet zu Grunde liegt. Bei Abweichungen wegen besonderer örtlicher Verhältnisse ist der nächst benachbarte Punkt auszuwählen. Bei Flächenquellen sind die Messpunkte außerhalb der Quellen festzulegen.

Grundsätzlich brauchen Messpunkte nur in den Bereichen der Umgebung der Anlage festgelegt zu werden, in denen die Geruchsimmission für die Entscheidung relevant ist. Dies sind insbesondere Gebiete, die nicht nur zum vorübergehenden Aufenthalt von Menschen bestimmt sind. Messpunkte sind daher zum Beispiel nicht erforderlich in Waldgebieten und auf zusammenhängenden landwirtschaftlich oder gartenbaulich genutzten Flächen.

4.4.7 Messverfahren und Messhäufigkeit. Jeder Eckpunkt der Beurteilungsfläche ist im Messzeitraum 13 oder 26 mal durch Prüferinnen oder Prüfer zu begehen. Diese Messungen sollten in zeitlich annähernd gleichen Abständen über den Messzeitraum verteilt sein. Bei einem Messzeitraum von einem halben Jahr ist jeder Eckpunkt 13 oder 26 mal, bei einem Messzeitraum von einem ganzen Jahr 26 mal zu begehen.

Aus den Ergebnissen, die an den vier Eckpunkten einer Beurteilungsfläche ermittelt wurden, ist durch Addition die Zahl der Geruchsstunden nv für die Beurteilungsfläche zu bestimmen. Die Begehung der Messpunkte ist in ihrer Reihenfolge so festzulegen, dass benachbarte Messpunkte an unterschiedlichen Tagen begangen werden. Dies stellt sicher, dass bei der räumlich gleitenden Auswertung für jede Beurteilungsfläche und Messperiode jeweils vier unterschiedliche Messtage in die Kenngrößenermittlung eingehen.

Die für jede einzelne Messung einzusetzenden Prüferinnen und Prüfer sind aus einem festen Pool auszuwählen. Über den gesamten Messzeitraum sind mindestens 10 Prüferinnen und Prüfer annähernd gleich verteilt einzusetzen. Die individuelle Geruchsempfindlichkeit der Prüferinnen und Prüfer ist vorab zu testen. Die Anforderungen der DIN EN 13725 (Ausgabe Juli 2003), der Richtlinien VDI 4220 Blatt 1 (Ausgabe November 2018) und VDI 3884 Blatt 1 (Ausgabe Februar 2015) sind zu beachten.

Der Einsatz der einzelnen Prüferinnen und Prüfer ist nicht systematisch auf einzelne Wochentage und einzelne Messpunkte (Messtouren) zu beschränken.

Es ist unbedingt darauf zu achten, dass **nur** deutlich wahrnehmbare Geruchsimmissionen registriert werden dürfen, d.h. solche Geruchsimmissionen, die mit hinreichender Sicherheit und zweifelsfrei ihrer Herkunft nach aus Anlagen oder Anlagengruppen **erkennbar** und damit abgrenzbar sind gegenüber Gerüchen aus dem Kraftfahrzeugverkehr, dem Hausbrandbereich, der Vegetation, landwirtschaftlichen Düngemaßnahmen oder ähnlichem (vgl. Nummer 3.1 dieses Anhangs).

Im Übrigen sollen nur Stellen mit der Durchführung der olfaktorischen Erhebung der Vorbelastung beauftragt werden, die nach § 29b BImSchG in Verbindung mit der 41. BImSchV für den Tätigkeitsbereich der Gruppe IV Nummer 1 und für den Stoffbereich O gemäß der Anlage 1 der 41. BImSchV bekannt gegeben worden sind.

Auf die differenzierte Erfassung von Geruchsintensitäten während des Messzeitintervalls ist zu verzichten. Ein hinreichender Zusammenhang zwischen diesem Merkmal und der Ausprägung der Geruchsbelästigung konnte nicht nachgewiesen werden. Bei der Anwendung der Immissionswerte nach Nummer 3.1 dieses Anhangs sind in jedem Fall alle anlagenbezogenen Geruchsimmissionen ab ihrer Erkennbarkeit zu berücksichtigen.

Die vorhandene Geruchsimmission wird durch eine Aufenthaltszeit von 10 Minuten an jedem Messpunkt (Messzeitintervall) bei Beachtung der oben beschriebenen Vorgaben hinreichend genau erfasst. Werden während des Messzeitintervalls in mindestens 10 Prozent der Zeit (Geruchszeitanteil) Geruchsimmissionen der vorbezeichneten Art erkannt, ist dieses Messzeitintervall als „Geruchsstunde" im Sinne der Nummer 2.1 Buchstabe c der TA Luft zu zählen. Die Geruchswahrnehmungen sind gemäß dem Datenaufnahmebogen der DIN EN 16841 Teil 1 (Ausgabe März 2017) festzuhalten.

4.5 Kenngröße für die Zusatzbelastung und die Gesamtzusatzbelastung. Die Kenngröße für die Zusatzbelastung und die Gesamtzusatzbelastung ist nach Nummer 1 dieses Anhangs mit dem in Anhang 2 Nummer 5 der TA Luft beschriebenen Ausbreitungsmodell und der speziellen Anpassung für Gerüche (Janicke, L. und Janicke, U. 2004*)) zu ermitteln.

Die Festlegung der Seitenlänge der Beurteilungsflächen erfolgt gemäß Nummer 4.4.3 dieses Anhangs. Bei der Festlegung der horizontalen Maschenweite des Rechengebietes sind die Vorgaben der TA Luft Anhang 2, Nummer 7 zu beachten.

Das Rechengebiet einer Geruchsausbreitungsrechnung zur Ermittlung der Zusatzbelastung bzw. der Gesamtzusatzbelastung ist größer als das Beurteilungsgebiet (s. Nummer 4.4.2 dieses Anhangs).

Bei der olfaktometrischen Ermittlung der Emissionen als Eingangsgröße für die Ausbreitungsrechnung müssen die Anforderungen der DIN EN 13725 (Ausgabe Juli 2003) in Verbindung mit den Richtlinien VDI 4220 Blatt 1 (Ausgabe November 2018), VDI 3884 Blatt 1 (Ausgabe Februar 2015) und VDI 3880 (Ausgabe Oktober 2011) beachtet werden.

4.6 Auswertung. Im Beurteilungsgebiet ist für jede Beurteilungsfläche die Kenngröße für die Vorbelastung aus den Ergebnissen der Rastermessung oder der Ausbreitungsrechnung zu bestimmen. Bei der Bestimmung der Zusatzbelastung und der Gesamtzusatzbelastung ist nach Nummer 4.5 dieses Anhangs zu verfahren.

Werden sowohl die Vorbelastung als auch die Gesamtzusatzbelastung über Ausbreitungsrechnung ermittelt, so ist die Gesamtbelastung in der Regel in einem Rechengang zu bestimmen.

Wird die Vorbelastung mit Hilfe der Rastermessung bestimmt, ergibt sich die Gesamtbelastung aus der Addition**) der Kenngrößen für die Vorbelastung und die Zusatzbelastung (vgl. Nummer 2.2 TA Luft).

Im Falle der Beurteilung von Geruchsimmissionen, verursacht durch Tierhaltungsanlagen, ist eine belästigungsrelevante Kenngröße der Gesamtbelastung zu berechnen und diese anschließend mit den Immissionswerten nach Tabelle 22 zu vergleichen. Nummer 5 dieses Anhangs bleibt unberührt.

Für die Berechnung der belästigungsrelevanten Kenngröße IG_b wird die Gesamtbelastung IG mit dem Faktor f_{gesamt} multipliziert:

$$IG_b = IG * f_{gesamt}$$

(2)

Der Faktor fgesamt ist nach der Formel

$$f_{gesamt} = (1/(H_1 + H_2 + ... + H_n)) * (H_1 * f_1 + H_2 * f_2 + ... + H_n * f_n)$$

(3)

zu berechnen. Dabei ist n = 1 bis 4
und

---

*) Janicke, L. und Janicke, U. 2004: Die Entwicklung des Ausbreitungsmodells AUSTAL2000G. Berichte zur Umweltphysik, Nummer 5, Ingenieurbüro Janicke, Dunum, 122 Seiten.

**) Grundsätzlich können Häufigkeitswerte voneinander unabhängiger Verteilungen nicht auf einfache Weise addiert werden. Die algebraische Addition der vorhandenen Belastung und der zu erwartenden Zusatzbelastung stellt eine für die praktische Anwendung gebotene Vereinfachung dar; sie beruht auf dem Multiplikationstheorem der Wahrscheinlichkeitsrechnung. Dabei wird davon ausgegangen, dass das Produkt pv•pz als Korrekturterm zu vernachlässigen ist, weil die Teilwahrscheinlichkeiten pv und pz deutlich unter 10 Prozent liegen. (hierbei bedeuten: pv = Wahrscheinlichkeit des Eintretens eines Geruchsereignisses in der Vorbelastung; pz = Wahrscheinlichkeit des Eintretens eines Geruchsereignisses in der Zusatzbelastung)

$H_1 = r_1$,
$H_2 = \min(r_2, r - H_1)$,
$H_3 = \min(r_3, r - H_1 - H_2)$,
$H_4 = \min(r_4, r - H_1 - H_2 - H_3)$
mit

r die Geruchshäufigkeit aus der Summe aller Emissionen (unbewertete Geruchshäufigkeit),

r1 die Geruchshäufigkeit für die Tierart Mastgeflügel,

r2 die Geruchshäufigkeit für sonstige Tierarten,

r3 die Geruchshäufigkeit für die Tierart Mastschweine, Sauen,

r4 die Geruchshäufigkeit für die Tierarten Milchkühe mit Jungtieren, Mastbullen, Pferde, Milch-/Mutterschafe, Milchziegen

und

f1 der Gewichtungsfaktor für die Tierart Mastgeflügel,

f2 der Gewichtungsfaktor 1 (sonstige Tierarten),

f3 der Gewichtungsfaktor für die Tierart Mastschweine, Sauen,

f4 der Gewichtungsfaktor für die Tierarten Milchkühe mit Jungtieren, Mastbullen, Pferde, Milch-/Mutterschafe, Milchziegen.

Die Gewichtungsfaktoren für die einzelnen Tierarten sind Tabelle 24 zu entnehmen.

Von den Gewichtungsfaktoren der Tabelle 24 kann abgewichen werden, wenn wissenschaftliche Untersuchungen eine abweichende Belästigungsreaktion der Betroffenen belegen.

***Tabelle 24:* Gewichtungsfaktoren f für die einzelnen Tierarten**

Tierartspezifische Geruchsqualität	**Gewichtungsfaktor f**
Mastgeflügel (Puten, Masthähnchen)	1,5
Mastschweine (bis zu einer Tierplatzzahl von 500 in qualitätsgesicherten Haltungsverfahren mit Auslauf und Einstreu, die nachweislich dem Tierwohl dienen)	0,65
Mastschweine, Sauen (bis zu einer Tierplatzzahl von 5.000 Mastschweinen bzw. unter Berücksichtigung der jeweiligen Umrechnungsfaktoren für eine entsprechende Anzahl von Zuchtsauen)	0,75
Milchkühe mit Jungtieren, Mastbullen (einschl. Kälbermast, sofern diese zur Geruchsimmissionsbelastung nur unwesentlich beiträgt)	0,5
Pferde*)	0,5
Milch-/Mutterschafe mit Jungtieren (bis zu einer Tierplatzzahl[1)]† von 1.000 und Heu/Stroh als Einstreu)	0,5

*) Ein Mistlager für Pferdemist ist ggf. gesondert zu berücksichtigen.

[1)] † Jungtiere bleiben bei der Bestimmung der Tierplatzzahl unberücksichtigt.

Tierartspezifische Geruchsqualität	Gewichtungsfaktor f
Milchziegen mit Jungtieren (bis zu einer Tierplatzzahl[1)]‡ von 750 und Heu/Stroh als Einstreu)	0,5
Sonstige Tierarten	1

Für die Berechnung der Kenngrößen der Gesamtbelastung sind die Kenngrößen für die Vorbelastung, die Zusatzbelastung und die Gesamtzusatzbelastung mit drei Stellen nach dem Komma zu verwenden.

Zum Vergleich der Kenngrößen der Gesamtbelastung mit dem Immissionswert (Tabelle 22) für das jeweilige Gebiet sind sie auf zwei Stellen hinter dem Komma zu runden.

5. Beurteilung im Einzelfall

Für die Beurteilung, ob schädliche Umwelteinwirkungen durch Geruchsimmissionen hervorgerufen werden, ist ein Vergleich der nach diesem Anhang zu ermittelnden Kenngrößen mit den in Tabelle 22 festgelegten Immissionswerten nicht ausreichend, wenn

a) in Gemengelagen Anhaltspunkte dafür bestehen, dass trotz Überschreitung der Immissionswerte aufgrund der Ortsüblichkeit der Gerüche keine erhebliche Belästigung zu erwarten ist, wenn zum Beispiel durch eine über lange Zeit gewachsene Gemengelage von einer Bereitschaft zur gegenseitigen Rücksichtnahme ausgegangen werden kann

oder

b) auf einzelnen Beurteilungsflächen in besonderem Maße Geruchsimmissionen aus dem Kraftfahrzeugverkehr, dem Hausbrandbereich, der Vegetation, landwirtschaftlichen Düngemaßnahmen oder anderen nicht nach Nummer 3.1 Absatz 1 dieses Anhangs zu erfassenden Quellen auftreten

oder

c) Anhaltspunkte dafür bestehen, dass wegen der außergewöhnlichen Verhältnisse hinsichtlich Hedonik und Intensität der Geruchswirkung, der ungewöhnlichen Nutzungen in dem betroffenen Gebiet oder sonstiger atypischer Verhältnisse
   - trotz Einhaltung der Immissionswerte schädliche Umwelteinwirkungen hervorgerufen werden (zum Beispiel Ekel und Übelkeit auslösende Gerüche) oder
   - trotz Überschreitung der Immissionswerte eine erhebliche Belästigung der Nachbarschaft oder der Allgemeinheit durch Geruchsimmissionen nicht zu erwarten ist (zum Beispiel bei Vorliegen eindeutig angenehmer Gerüche).

In derartigen Fällen ist zu ermitteln, welche Geruchsimmissionen insgesamt auftreten können und welchen Anteil daran der Betrieb von Anlagen verursacht, die nach Nummer 3.1 Absatz 1 dieses Anhangs zu betrachten sind. Anschließend ist zu beurteilen, ob die Geruchsimmissionen als erheblich anzusehen sind und ob die Anlagen hierzu relevant beitragen.

Im Falle hedonisch eindeutig angenehmer Gerüche besteht die Möglichkeit, deren Beitrag zur Gesamtbelastung mit dem Faktor 0,5 zu wichten. Die Entscheidung hierüber trifft die zuständige Behörde. Zur Feststellung eindeutig angenehmer Anlagengerüche ist die in der Richtlinie VDI 3940 Blatt 4 (Ausgabe Juni 2010) beschriebene Methode zur

---

[1)] ‡ Jungtiere bleiben bei der Bestimmung der Tierplatzzahl unberücksichtigt.

hedonischen Klassifikation von Anlagengerüchen – Methode der Polaritätenprofile – anzuwenden.

Nur diejenigen Geruchsbelästigungen sind als schädliche Umwelteinwirkungen im Sinne des § 3 Absatz 1 BImSchG zu werten, die erheblich sind. Die Erheblichkeit ist keine absolut festliegende Größe, sie kann in Einzelfällen nur durch Abwägung der dann bedeutsamen Umstände festgestellt werden.

Dabei sind – unter Berücksichtigung der evtl. bisherigen Prägung eines Gebietes durch eine bereits vorhandene Geruchsbelastung (Ortsüblichkeit) – insbesondere folgende Beurteilungskriterien heranzuziehen:

- der Charakter der Umgebung, insbesondere die in Bebauungsplänen festgelegte Nutzung der Grundstücke,
- landes- oder fachplanerische Ausweisungen und vereinbarte oder angeordnete Nutzungsbeschränkungen,
- besondere Verhältnisse in der tages- und jahreszeitlichen Verteilung der Geruchsimmission sowie Art (zum Beispiel Ekel erregende Gerüche; Ekel und Übelkeit auslösende Gerüche können bereits eine Gesundheitsgefahr darstellen) und Intensität der Geruchsimmission.

Außerdem ist zu berücksichtigen, dass bei der Grundstücksnutzung eine gegenseitige Pflicht zur Rücksichtnahme bestehen kann, die unter anderem dazu führen kann, dass die Belästigte oder der Belästigte in höherem Maße Geruchsimmissionen hinnehmen muss. Dies wird besonders dann der Fall sein, soweit einer emittierenden Anlage Bestandsschutz zukommt. In diesem Fall können Belästigungen hinzunehmen sein, selbst wenn sie bei gleichartigen Immissionen in anderen Situationen als erheblich anzusehen wären.

Anhang 10 Dokumentation und Massenbilanzierung bei nährstoffreduzierter Mehrphasenfütterung bei Nutztieren

Dokumentation

Folgende Unterlagen sind für die Erfüllung der Dokumentationspflicht zur nachvollziehbaren Umsetzung der einzelbetrieblichen N- und P-reduzierten Mehrphasenfütterung geeignet:

1. Verbrauchte Futtermengen: Lieferscheine, geeignete Aufzeichnungen von Fütterungscomputern;
2. Nährstoffgehalte im Futter: Angaben zum Gehalt an N und P von Eigen- und Zukauffutter durch Laboranalysen, wobei auf repräsentative Probenahmen aus dem Futter sowie auf geeignete Analyseeinrichtungen zu achten ist, oder gleichwertige Deklarationen von Futtermittellieferungen und Zukaufsfuttermitteln;
3. Futterplanung: Unterlagen zur Rationsberechnung der Fütterung nach Leistung und Fütterungsphasen von sachkundigem Personal;
4. Tierzahlen und Tiergewichte: Belege für Ein- und Verkauf, Beleg über Abgabe bei Tierverlust, Planungsdaten und Daten aus der Betriebszweigabrechnung, eigenen Aufzeichnungen oder aus beauftragten Auswertungen;
5. Tierleistungen: Planungsdaten für Sauen, Ferkel und Mastschweine sowie für Geflügel;
6. Tierplätze: Planungsdaten mit Auswertungen der Leistungsdaten, Stallgenehmigungen.

Massenbilanzierung

Zu bilanzieren sind Leistungen (Nährstoffaufnahme, Zuwachs an Lebendmasse, Nährstoffgehalt und Ansatz im Zuwachs), Nährstoffabgabe (Nährstoffe in den Produkten) und Nährstoffausscheidung mit den Bilanzierungsgliedern:

- Nährstoffaufnahme = Verbrauchte Futtermengen x Nährstoffgehalte im Futter auf Elementbasis;
- Ansatz im Zuwachs = Zuwachs an Lebendmasse in kg x Gehalt im Zuwachs auf Elementbasis
  Gehalt im Zuwachs: zum Beispiel 25,6 g N/kg, 5,1 g P/kg bei Schweinen;
- Nährstoffabgabe (Elementbasis) im Produkt (Fleisch, Eier, Milch) x Gehalt im Produkt;
- Angabe der Nährstoffausscheidung (Elementbasis oder Oxidbasis).

Grundprinzip der Massenbilanz:

Nährstoffaufnahme (Input) minus Nährstoffansatz (Retention) = Nährstoffausscheidung

Anerkennung gleichwertiger Nachweise

Entsprechen nach dem Düngerecht erforderliche Aufzeichnungen und Bilanzen den beschriebenen Anforderungen an die Dokumentation und Massenbilanzierung, sind sie als Nachweis anzuerkennen.

Anhang 11 Minderungstechniken im Stall zur Reduzierung von Ammoniakemissionen

Von den in diesem Anhang enthaltenen Emissionsfaktoren kann abgewichen werden, wenn in wissenschaftlichen Untersuchungen andere Emissionsfaktoren hergeleitet worden sind.

Teil 1 Schweine

1.) **Mastschweine (28-120 kg Lebendmasse):**
Ammoniak-Emissionsfaktoren:
Haltungsverfahren mit Flüssigmist und Zwangslüftung
Referenzwert unter Berücksichtigung der Fütterung nach Nummer 5.4.7.1 Buchstabe c: 2,91 kg/(TP•a)
Maximaler Emissionsfaktor bei Emissionsmiderung um 40 Prozent: 1,74 kg/(TP•a)

Außenklimaställe:
Bei tiergerechten Außenklimaställen ist eine Minderung unter den Emissionswert von 1,95 Kilogramm Ammoniak je Tierplatz und Jahr nicht erforderlich.

Tabelle 25: **Minderungstechniken Mastschweine**
Minderungstechniken in Haltungsverfahren mit Zwangslüftung und Flüssigmistverfahren

Kurzbezeichnung der Minderungstechnik*)	**Minderung in Prozent**	**Emissionsfaktor für Ammoniak der Minderungstechnik** in kg NH_3/(TP•a)
Teil- und Vollspaltenboden mit geneigten Seitenwänden im Güllekanal	50	1,45
Teilspaltenboden mit getrenntem Gülle- und Wasserkanal	40	1,74
Geneigter Teilspaltenboden mit Kotbändern (zum Beispiel V-förmig) und mehrmals täglicher Ausräumung des Mistes	60	1,16
Güllekühlung im Stallgebäude auf höchstens 10 °C (dauerhaft) Temperatur der Gülle 1. Kühlrippen an Gülleoberfläche 2. Kühlungsleitungen auf Fundament	 50 40	 1,45 1,74

*) Die hier aufgeführten Techniken sind nichtabschließend, Gleichwertige, qualitätsgesicherte Maßnahmen können angewendet werden.

Kurzbezeichnung der Minderungstechnik*)	**Minderung in Prozent**	**Emissionsfaktor für Ammoniak der Minderungstechnik** in kg NH_3/(TP•a)
Abluftreinigung (Gesamtvolumenstrom) nach Nummer 5.4.7.1. Buchstabe h) der TA Luft	70	0,87
Abluftreinigung (Teilstrombehandlung: mindestens 60 Prozent des Gesamtvolumenstromes mit 70 % Emissionsminderungsgrad für Ammoniak) nach Nummer 5.4.7.1. Buchstabe i) der TA Luft	40	1,74
Gülleansäuerung im Stallgebäude bei Voll- und Teilspaltenboden (pH-Wert 5,5 bis 6,0)	65	1,02

Minderungstechniken in Haltungsverfahren, die zusätzlich das Tierwohl verbessern

Tiergerechter Außenklimastall mit Kisten- oder Hüttensystem bei Teilspaltenboden	1,95
Tiergerechter Außenklimastall mit Schrägbodensystem	1,95

2.) **Zuchtsauen, Warte- und Deckbereich:**
Ammoniak-Emissionsfaktoren:
Haltungsverfahren mit Flüssigmist und Zwangslüftung

Referenzwert unter Berücksichtigung der Fütterung nach Nummer 5.4.7.1 Buchstabe c:	3,84 kg/(TP•a)
Maximaler Emissionsfaktor bei Emissionsminderung um 40 Prozent:	2,30 kg/(TP•a)

Bei Einsatz von tiergerechten Außenklimaställen sind zusätzliche Minderungsmaßnahmen nicht erforderlich.

*) Die hier aufgeführten Techniken sind nichtabschließend, Gleichwertige, qualitätsgesicherte Maßnahmen können angewendet werden.

Tabelle 26: Minderungstechniken Zuchtsauen (Warte- und Deckbereich) Minderungstechniken in Haltungsverfahren mit Zwangslüftung und Flüssigmistverfahren

Kurzbezeichnung der Minderungstechnik*)	Minderung in Prozent	Emissionsfaktor für Ammoniak der Minderungstechnik in kg NH_3/(TP•a)
Perforierter Boden mit geneigten Seitenwänden im Güllekanal	50	1,92
Teil- oder Vollspaltenboden mit verkleinertem Güllekanal	20	3,07**)
Güllekühlung im Stallgebäude auf höchstens 10 °C (dauerhaft) Temperatur der Gülle 1. Kühlrippen an Gülleoberfläche 2. Kühlungsleitungen im Fundament	 50 10	 Kühlrippen: 1,92 Kühlungsleitungen: 3,46
Abluftreinigung (Gesamtvolumenstrom) nach Nummer 5.4.7.1 Buchstabe h) der TA Luft	70	1,15
Abluftreinigung (auch Teilstrombehandlung: 60 Prozent des Gesamtvolumenstromes mit mindestens 70 Prozent Emissionsminderungsgrad für Ammoniak) nach Nummer 5.4.7.1 Buchstabe i) der TA Luft	40	2,30
Gülleansäuerung im Stallgebäude bei Voll- und Teilspaltenboden (pH-Wert 5,5 bis 6,0)	65	1,34

Minderungstechniken in Haltungsverfahren, die zusätzlich das Tierwohl verbessern

Tiergerechter Außenklimastall mit Kisten- oder Hüttensystem bei Teilspaltenboden	Einzelnachweis
Tiergerechter Außenklimastall mit Schrägbodensystem	Einzelnachweis

3.) **Zuchtsauen, Abferkelbereich und ferkelführend:**

Ammoniak-Emissionsfaktoren:

Haltungsverfahren mit Flüssigmist und Zwangslüftung

Referenzwert unter Berücksichtigung der Fütterung nach Nummer 5.4.7.1, Buchstabe c): 6,64 kg/(TP•a)

Maximaler Emissionsfaktor bei Emissionsminderung um 40 Prozent: 3,98 kg/(TP•a)

*) Die hier aufgeführten Techniken sind nichtabschließend, Gleichwertige, qualitätsgesicherte Maßnahmen können angewendet werden.

**) Kombinationen mit anderen Techniken sind erforderlich, um einen Emissionsminderungsgrad von 40 Prozent bezogen auf den Referenzwert zu erreichen. Der erreichbare Gesamtemissionsfaktor ist in diesem Fall zu ermitteln.

Bei Einsatz von tiergerechten Außenklimaställen sind zusätzliche Minderungsmaßnahmen nicht erforderlich.

***Tabelle 27:* Minderungstechniken Zuchtsauen (Abferkelbereich – ferkelführend) Minderungstechniken in Haltungsverfahren mit Zwangslüftung und Flüssigmistverfahren**

Kurzbezeichnung der Minderungstechnik*)	Minderung in Prozent	Emissionsfaktor für Ammoniak der Minderungstechnik in kg NH_3/(TP•a)
Perforierter Boden mit geneigten Seitenwänden im Güllekanal	30	4,65**)
Güllekühlung im Stallgebäude auf höchstens 10 °C (dauerhaft) Temperatur der Gülle 1. Kühlrippen an Gülleoberfläche 2. Kühlungsleitungen im Fundament	50 10	Kühlrippen: 3,32 Kühlungsleitungen: 6,0**
Abluftreinigung (Gesamtvolumenstrom) nach Nummer 5.4.7.1, Buchstabe h) der TA Luft	70	1,99
Abluftreinigung (auch Teilstrombehandlung: 60 Prozent des Gesamtvolumenstromes mit mindestens 70 Prozent Emissionsminderungsgrad für Ammoniak) nach Nummer 5.4.7.1 Buchstabe i) der TA Luft	40	3,98
Gülleansäuerung im Stallgebäude bei Voll- und Teilspaltenboden (pH-Wert 5,5 bis 6,0)	65	2,32

Minderungstechniken in Haltungsverfahren, die zusätzlich das Tierwohl verbessern

Eingestreute Bucht mit kombinierter Gülle-/Festmisterzeugung	Einzelnachweis
Teil- oder Vollspaltenboden mit „Güllepfanne"	Einzelnachweis

4.) **Ferkel (bis 28 kg Lebendmasse):**
Ammoniak-Emissionsfaktoren:
Haltungsverfahren mit Flüssigmist und Zwangslüftung
Referenzwert unter Berücksichtigung der Fütterung nach Nummer 5.4.7.1 Buchstabe c: 0,4 kg/(TP•a)
Maximaler Emissionsfaktor bei Emissionsminderung um 40 Prozent: 0,24 kg/(TP•a)

*) Die hier aufgeführten Techniken sind nichtabschließend, Gleichwertige, qualitätsgesicherte Maßnahmen können angewendet werden.

**) Kombinationen mit anderen Techniken sind erforderlich, um einen Emissionsminderungsgrad von 40 Prozent bezogen auf den Referenzwert zu erreichen. Der erreichbare Gesamtemissionsfaktor ist in diesem Fall zu ermitteln.

Bei Einsatz von tiergerechten Außenklimaställen sind zusätzliche Minderungsmaßnahmen nicht erforderlich.

***Tabelle 28:* Minderungstechniken Ferkel**
Minderungstechniken in Haltungsverfahren mit Zwangslüftung und Flüssigmistverfahren

Kurzbezeichnung der Minderungstechnik*)	Minderung in Prozent	Emissionsfaktor für Ammoniak der Minderungstechnik in kg NH_3/(TP•a)
Teil- oder Vollspaltenboden Boden mit geneigten Seitenwänden im Güllekanal	50	0,20
Teilspaltenboden mit getrenntem Gülle und Wasserkanal	75	0,10
Teilspaltenboden mit Kotbändern (zum Beispiel V-förmigen)	60	0,16
Güllekühlung im Stallgebäude auf dauerhaft höchstens 10 °C Temperatur der Gülle – Kühlrippen an Gülleoberfläche	75	0,10
Abluftreinigung (Gesamtvolumenstrom) nach Nummer 5.4.7.1 Buchstabe h)	70	0,12
Abluftreinigung (auch Teilstrombehandlung; 60 Prozent des Gesamtvolumenstromes mit mindestens 70 Prozent Emissionsminderungsgrad für Ammoniak) nach Nummer 5.4.7.1 Buchstabe i) der TA Luft	40	0,24
Gülleansäuerung im Stallgebäude bei Voll- und Teilspaltenboden (pH-Wert 5,5 bis 6,0)	65	0,14

Minderungstechniken in Haltungsverfahren, die zusätzlich das Tierwohl verbessern

Tiergerechter Außenklimastall mit Kisten- oder Hüttensystem bei Teilspaltenboden	Einzelnachweis
Tiergerechter Außenklimastall mit Schrägbodensystem	Einzelnachweis

*) Die hier aufgeführten Techniken sind nichtabschließend, Gleichwertige, qualitätsgesicherte Maßnahmen können angewendet werden.

Teil 2 Geflügel

Die Referenzwerte berücksichtigen eine Minderung der Ammoniakemissionen durch eine nährstoffangepasste Fütterung nach Nummer 5.4.7.1 Buchstabe c.

***Tabelle 29:* Minderungstechniken Geflügel**

Kurzbezeichnung der Verfahren/Minderungstechnik*)	**Referenzwert der Haltungsverfahren**	**Emissionsfaktor nach Nummer 5.4.7.1 Buchstabe h der TA Luft Minderung 70 Prozent**	**Emissionsfaktor nach Nummer 5.4.7.1 Buchstabe i der TA Luft Minderung: 40 Prozent**
	In kg NH_3/(TP•a)		
Legehennen			
Volierensysteme mit Kotband: a) Volierenhaltung, unbelüftetes Kotband, Kotabfuhr zweimal pro Woche, b) Volierenhaltung, belüftetes Kotband, (0,4-0,5 m^3/Tier und Stunde ohne Zuluftkonditionierung, Kotabfuhr einmal pro Woche, Trockensubstanzgehalt (TS) im Kot 55 Prozent. c) Volierenhaltung, Kotbelüftung mit Außenluft (0,7 m^3/TP und Stunde, 17 °C Lufttemperatur mit 55 Prozent TS im Kot, 80 Prozent TS in Einstreu	a) 0,050 b) 0,041 c) 0,033	a) 0,015 b) 0,012 c) 0,009	a) 0,030 b) 0,024 c) 0,019
Bodenhaltung/Auslauf (Entmistung einmal je Durchgang)	0,284	0,085	0,170
Junghennen bis 18 Wochen, Volierenhaltung,*unlüftetes***)★★ *Kotband, Kotabfuhr zweimal pro Woche*	0,0352	0,010	0,021

*) Die hier aufgeführten Techniken sind nicht abschließend. Gleichwertige, qualitätsgesicherte Maßnahmen können angewendet werden.

**) ** richtig wohl: *unbelüftetes*

Kurzbezeichnung der Verfahren/Minderungstechnik*)	Referenzwert der Haltungsverfahren	Emissionsfaktor nach Nummer 5.4.7.1 Buchstabe h der TA Luft Minderung 70 Prozent	Emissionsfaktor nach Nummer 5.4.7.1 Buchstabe i der TA Luft Minderung: 40 Prozent
	In kg NH_3/(TP•a)		
Junghennen bis 18 Wochen, Volierenhaltung, belüftetes Kotband, 0,1 m^3/(TP•h), Kotabfuhr einlam pro Woche	0,0289	0,0087	0,017
Masthähnchen			
Bodenhaltung, Zwangsentlüftung (Mast bis 33 Tage)	0,0315	0,010	0,019
Bodenhaltung, Zwangslüftung (Mast bis 42 Tage)	0,0437	0,013	0,026
Elterntiere und Großelterntiere von Masthähnchen (bis 19. Woche)	0,225	0,067	0,135
Elterntiere und Großelterntiere von Masthähnchen, Bodenhaltung mit Kotbunker (getrennte Aufzucht ab 20. Woche)	0,522	0,156	0,313
Putenhaltung			
Elterntiere von Puten - Aufzucht bis 6. Woche - 7. bis 30. Woche - Ab 30. Woche	 0,135 0,423 0,531		
Mast weiblich bis 16. Woche Mast männlich bis 21 Wochen Mast einschließlich Aufzucht, Hähne und Hennen	0,348 0,612 0,655		
Enten			
Mastenten	0,131	-	---

*) Die hier aufgeführten Techniken sind nicht abschließend. Gleichwertige, qualitätsgesicherte Maßnahmen können angewendet werden.

Anhang 12 Abluftreinigungseinrichtung Tierhaltung

Kriterien für die vorgezogene Qualitätsprüfung von Abluftreinigungen in der Tierhaltung zu Nummer 5.4.7.1 der TA Luft:

Die Durchführung der Qualitätsprüfung muss auf Grundlage eines der Tierart und dem Haltungsverfahren angepassten Messprogramm durch eine Stelle erfolgen, die nach § 29b BImSchG in Verbindung mit der 41. BImSchV für den Tätigkeitsbereich der Gruppe I Nummer 1 und für die Stoffbereiche P, G und O gemäß der Anlage 1 der 41. BImSchV bekannt gegeben worden ist.

Die Dauer des Messprogramms soll mindestens acht Wochen im Sommer und acht Wochen im Winter betragen. Prüfung und Bewertung der Ergebnisse des Messprogramms sollen durch eine unabhängige Prüfkommission oder durch einen geeigneten und unabhängigen Sachverständigen, der die Messungen nicht selbst durchgeführt hat, erfolgen. Im Erfolgsfall sind die Ergebnisse der Qualitätsprüfung lückenlos der zuständigen Behörde vorzulegen oder zu publizieren. Qualitätsprüfungen, die vor Inkrafttreten dieser Verwaltungsvorschrift durchgeführt wurden und die die zuvor genannten Bedingungen nicht vollständig erfüllen, können von der zuständigen Behörde im Einzelfall akzeptiert werden.

Bei der Qualitätsprüfung müssen folgende Mindestanforderungen erfüllt sein:

- Vor-Ort-Termin der Stelle, die nach § 29b BImSchG in Verbindung mit der 41. BImSchV für den Tätigkeitsbereich der Gruppe I Nummer 1 und für die Stoffbereiche P, G und O gemäß der Anlage 1 der 41. BImSchV bekannt gegeben worden ist, und die Messungen durchführt mit der unabhängigen Prüfkommission oder dem geeigneten und unabhängigen Sachverständigen, der für die Prüfung und Bewertung des Messprogramms verantwortlich ist; gemeinsame Begehung der Tierhaltungsanlage und der Abluftreinigungseinrichtung, Festlegung der Messpunkte und Messhäufigkeiten usw.
- Erstellung eines Messplanes durch die Stelle, die nach § 29b BImSchG in Verbindung mit der 41. BImSchV für den Tätigkeitsbereich der Gruppe I Nummer 1 und für die Stoffbereiche P, G und O gemäß der Anlage 1 der 41. BImSchV bekannt gegeben worden ist, und Abstimmung mit der unabhängigen Prüfkommission oder dem geeigneten und unabhängigen Sachverständigen, der selbst die Messungen nicht durchführt; generelle Anforderung: mindestens 70 Prozent Gesamtstaub und PM_{10}-Abscheidung, mindestens 70 Prozent Ammoniak-Abscheidung und N-Entfrachtung, Reingasgeruch $< 300\ GE_E/m^3$, außer bei Anlagen der Nummer 7.1.3.1 der *TA Luft*[*)] und kein Rohgasgeruch im Reingas wahrnehmbar. Im Regelfall wöchentliche Messung, mit Ausnahme des Parameters Ammoniak, welcher kontinuierlich über den gesamten Zeitraum (online) erfasst werden muss.
- Vorlage von Messberichten über die Sommer- und Wintermessung, nach den Kriterien der 41. BImSchV, erstellt durch eine Stelle, die nach § 29b BImSchG in Verbindung mit der 41. BImSchV für den Tätigkeitsbereich der Gruppe I Nummer 1 und für die Stoffbereiche P, G und O gemäß der Anlage 1 der 41. BImSchV bekannt gegeben worden ist;
- Prüfgespräch jeweils nach Sommer- und Wintermessung mit allen Beteiligten.

---

*) richtig wohl: *Anhang 1 der 4. BImSchV*

- Abschlussbericht über die Qualitätsprüfung der untersuchten Abluftreinigung von der Stelle, die die Prüfung und Bewertung der Ergebnisse des Messprogramms vorgenommen hat. Der Bericht ist fünf Jahre aufzubewahren und der zuständigen Behörde auf Verlangen vorzulegen.